Australien Ostküste

Cairns &
Daintree Rainforest
S. 474

Townsville &
Mission Beach
S. 451

Whitsunday Coast
S. 427

Capricorn Coast &
Southern Reef Islands
S. 411

Fraser Island &
Fraser Coast S. 389

Noosa &
Sunshine Coast S. 364

Brisbane & Umgebung
S. 301

Gold Coast
S. 345

Byron Bay &
Nordküste von NSW
S. 141

Sydney &
Central Coast S. 52

Melbourne &
Victorias Küste
S. 216

Canberra &
South Coast NSW
S. 181

Andy Symington, Kate Armstrong, Cristian Bonetto, Peter Dragicevich,
Paul Harding, Trent Holden, Kate Morgan, Charles Rawlings-Way,
Tamara Sheward, Tom Spurling, Donna Wheeler

REISEPLANUNG

REISEZIELE AN DER OSTKÜSTE AUSTRALIENS

KANGAROO POINT,
BRISBANE S. 303

WALTER BIBIKOW / GETTY IMAGES ©

FRASER ISLAND S. 405

OZAIR FALEÇO / 500PX ©

SYDNEY HARBOUR
BRIDGE S. 54

PISAPHOTOGRAPHY / SHUTTERSTOCK ©

Inhalt

GREAT BARRIER REEF
S. 529

PORT CAMPBELL
NATIONAL PARK S. 279

KÄNGURUS IN
CANBERRA S. 186

Inhalt

STOCKPERT CHILD 004 / GETTY IMAGES ©

DAINTREE NATIONAL PARK S. 509

MELBOURNE S. 218

Willkommen an der Ostküste

Koffer packen und auf geht's! Australiens Ostküste ist ein einziges Road-Trip-Nirvana – mit Stränden wie gemalt, Regenwäldern, hippen Städten und dem faszinierenden Great Barrier Reef.

Ab in die Wildnis

Auf mehr als 18 000 km wechseln sich an Australiens Ostküste Strände und Wildnis ab. Vor der Küste bildet das 2000 km lange, einzigartige Great Barrier Reef den Lebensraum für eine bunte Meeresfauna. Es gibt Hunderte Inseln, zerklüftete Naturreservate und Paradiese voller Palmen. Das Festland wird von tollen Stränden gesäumt, an denen sich die besten Surfwellen Australiens brechen. Im Landesinneren gibt es bezaubernde Nationalparks mit Regenwäldern, Gipfeln und einer Tierwelt, die von knuddelig (Koalas) über wunderschön (Odysseusfalter) bis hin zu furchterregend (Leistenkrokodile) alles bietet.

Fitness-Stationen

An der Ostküste entlangzureisen, bedeutet: Sport. Die Sonne scheint, und die Einheimischen sind draußen, laufen, schwimmen, surfen, radeln, rudern, schnorcheln und wandern. Also los, mitmachen! Man kann die schönste Unterwasserlandschaft des Planeten, das Great Barrier Reef, erkunden, Wildwasserstromschnellen hinuntersausen, durch eine Lagune paddeln, durch einen tropischen Archipel segeln, auf einen Berg klettern oder auf einem Fluss einen Nationalpark besichtigen. Oder man macht es sich einfach am Strand gemütlich und lässt es sich gut gehen.

Stadtszenen

Die Ostküste ist seit Jahrtausenden Heimat der Aborigines, doch hier wurde auch das moderne Australien geboren. Die erste Siedlung der Europäer entstand in Sydney. Auch heute noch ist die Stadt eine Versuchung für Vergnügungssüchtige. Die Sydneysider sind frech und ehrgeizig, aber unprätentös, sie essen, trinken, kaufen ein und feiern mit hedonistischer Unbekümmertheit. Weiter südlich liegt Melbourne, Australiens Kunst- und Kaffeehochburg – eine europäisch angehauchte Künstlerseele. Das boomende Brisbane wird vom Fluss in ein Flickwerk aus Vierteln unterteilt. Nicht zu vergessen: Dir Hauptstadt Canberra – sie bietet so viel mehr als Politik!

Essen, trinken & feiern

In den Städten entlang der Ostküste kann man viel Kulinarik genießen – in prima Cafés, auf Märkten oder in Spitzenrestaurants. Neben Weinbars und Studentenkneipen gibt's lärmige Pubs, wo man auch Sport gucken kann. Jenseits der Städte bekommt man Fish & Chips vom Boot, besucht Käsereien und Bäckereien oder genißt Verkostungsdinner, begleitet von Weinen von der Mornington Peninsula oder aus dem Hunter- und dem Yarra Valley. Das Schwierigste ist, sich zu entschließen, wo man anfangen will.

Warum ich die Ostküste Australiens liebe

von Charles Rawlings-Way, Autor

Für einen wie mich, der in einem südaustralischen Städtchen aufwuchs, war die Verlockung der Ostküste mit ihren Stränden und großen Städten immer gegenwärtig. Melbourne verführte mit Buchläden, Bars, dem Carlton Football Club und urbanem Vibe, Sydney mit großstädtischer Coolness und warmen Wellen, in denen ich mich als Surfer ausprobieren konnte. Städte wie Byron Bay, Noosa und Port Douglas hatten einen nahezu mythischen Status, den es zu erleben galt. Und mit dem Erkunden habe ich seitdem nicht mehr aufgehört. Von Süden nach Norden oder umgekehrt – die Ostküste zu bereisen, ist Australiens ureigenster Road-Trip.

Mehr zu unseren Autoren gibt's auf S. 586

Oben: Skyline von Sydney und die Sydney Harbour Bridge (S. 54)

Australien Ostküste

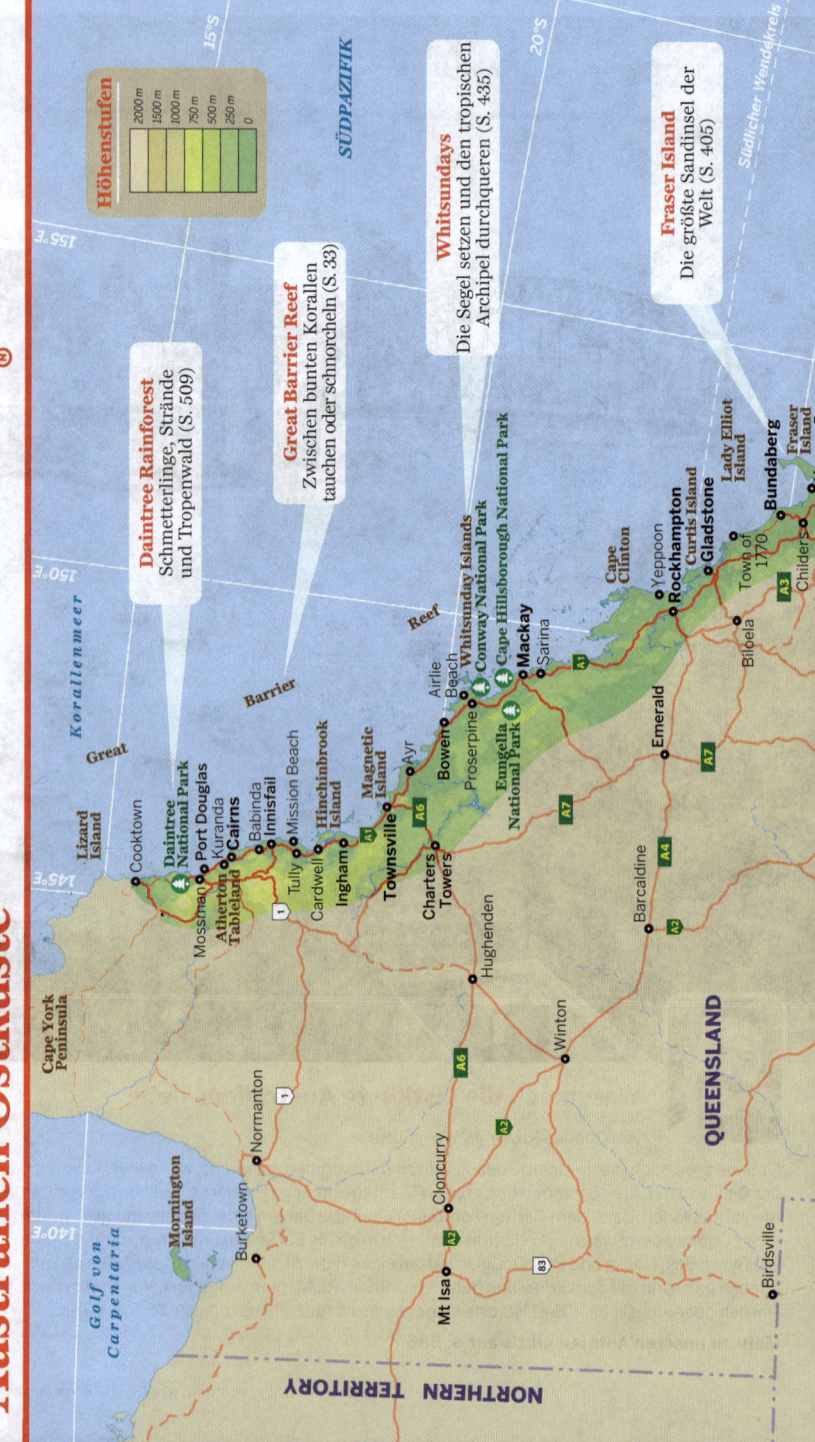

Höhenstufen

2000 m
1500 m
1000 m
750 m
500 m
250 m
0

Daintree Rainforest
Schmetterlinge, Strände und Tropenwald (S. 509)

Great Barrier Reef
Zwischen bunten Korallen tauchen oder schnorcheln (S. 33)

Whitsundays
Die Segel setzen und den tropischen Archipel durchqueren (S. 435)

Fraser Island
Die größte Sandinsel der Welt (S. 405)

SÜDPAZIFIK

15°S

20°S

Südlicher Wendekreis

155°E
150°E
145°E
140°E

Korallenmeer

Great

Barrier

Reef

Lizard Island

Cooktown

Mossman
Daintree National Park
Port Douglas
Atherton Tableland
Kuranda
Cairns
Babinda
Innisfail
Tully
Mission Beach
Cardwell
Ingham
Hinchinbrook Island

Magnetic Island

Townsville

Charters Towers

Ayr
Bowen
Proserpine
Airlie Beach
Whitsunday Islands
Conway National Park
Eungella National Park
Cape Hillsborough National Park
Mackay
Sarina

Cape Clinton

Yeppoon
Rockhampton
Gladstone
Curtis Island

Town of 1770

Biloela

Lady Elliot Island

Bundaberg

Childers

Fraser Island
Hervey Bay

Emerald

Barcaldine

A7

A4

A2

A7

A7

A6

A3

A2

A6

A3

A3

Hughenden

Winton

1

Normanton

Cloncurry

Mt Isa

83

Birdsville

QUEENSLAND

NORTHERN TERRITORY

Golf von Carpentaria

Cape York Peninsula

Mornington Island

Burketown

N

0 ────── 400 km

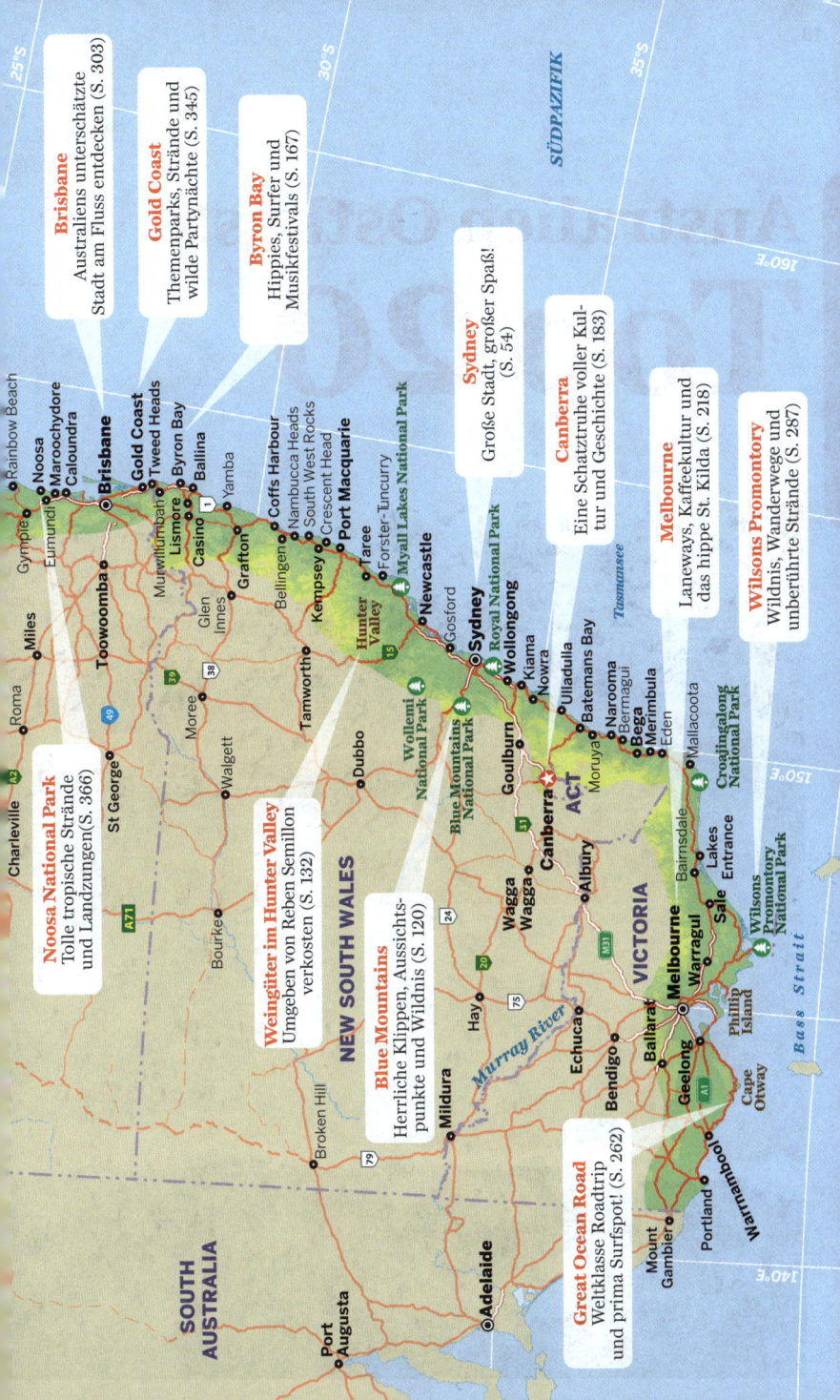

Brisbane
Australiens unterschätzte Stadt am Fluss entdecken (S. 303)

Gold Coast
Themenparks, Strände und wilde Partynächte (S. 345)

Byron Bay
Hippies, Surfer und Musikfestivals (S. 167)

Sydney
Große Stadt, großer Spaß! (S. 54)

Canberra
Eine Schatztruhe voller Kultur und Geschichte (S. 183)

Melbourne
Laneways, Kaffeekultur und das hippe St. Kilda (S. 218)

Wilsons Promontory
Wildnis, Wanderwege und unberührte Strände (S. 287)

Noosa National Park
Tolle tropische Strände und Landzungen (S. 366)

Weingüter im Hunter Valley
Umgeben von Reben Semillon verkosten (S. 132)

Blue Mountains
Herrliche Klippen, Aussichtspunkte und Wildnis (S. 120)

Great Ocean Road
Weltklasse Roadtrip und prima Surfspot! (S. 262)

SÜDPAZIFIK

Tasmansee

SOUTH AUSTRALIA

NEW SOUTH WALES

VICTORIA

ACT

Rainbow Beach
Gympie
Noosa
Eumundi
Maroochydore
Caloundra
Brisbane
Gold Coast
Tweed Heads
Murwillumbah
Byron Bay
Lismore
Casino
Ballina
Yamba
Grafton
Glen Innes
Coffs Harbour
Nambucca Heads
South West Rocks
Crescent Head
Kempsey
Port Macquarie
Bellingen
Forster-Tuncurry
Myall Lakes National Park
Taree
Hunter Valley
Newcastle
Gosford
Sydney
Royal National Park
Wollongong
Kiama
Nowra
Ulladulla
Batemans Bay
Moruya
Narooma
Bermagui
Bega
Merimbula
Eden
Mallacoota
Croajingalong National Park
Bairnsdale
Lakes Entrance
Sale
Wilsons Promontory National Park
Toowoomba
Miles
Roma
Charleville
St George
Moree
Tamworth
Walgett
Dubbo
Wollemi National Park
Blue Mountains National Park
Goulburn
Canberra
Albury
Wagga Wagga
Warragul
Melbourne
Geelong
Ballarat
Bendigo
Echuca
Hay
Mildura
Broken Hill
Bourke
Murray River
Phillip Island
Cape Otway
Warrnambool
Portland
Mount Gambier
Port Augusta
Adelaide

Bass Strait

Australien Ostküste
Top 20

1

Sydney

1 Sydney vereint jede Menge Highlights in einer einzigen Stadt (S. 54): Das Sydney Opera House, The Rocks und die Sydney Harbour Bridge stehen bei den meisten Besuchern ganz oben auf der Liste. Den echten Sydney-Vibe vermittelt aber nur ein Strandtag – einfach am Bondi Beach ein Fleckchen Sand in Beschlag nehmen, sich großzügig mit Sonnencreme einreiben und in die Brandung hüpfen. Alternativ geht's mit der Hafenfähre vom Circular Quay nach Manly, um dort zu schwimmen, zu surfen oder der gischtigen Promenade zum Shelly Beach zu folgen. Herrlich! Links: Bondi Beach (S. 70)

Great Barrier Reef

2 Das über 2000 km lange Great Barrier Reef (S. 33) entlang Queenslands Küste wird seinem Ruf in jeder Hinsicht gerecht. Sein komplexes Ökosystem bevölkern bunte Korallen, träge Meeresschildkröten, dahingleitende Rochen, scheue Riffhaie und 1500 Arten von farbenfrohen Tropenfischen. Egal, ob beim Tauchen oder Schnorcheln, ob man einen Panoramaflug macht, mit dem Glasbodenboot unterwegs ist, in einem Inselresort wohnt oder auf einem entlegenen Korallenatoll campt: Dieses lebendige Unterwasser-Königreich mit seinen 900 Koralleninseln ist ein unvergessliches Erlebnis.

RYAN PIERSE / GETTY IMAGES ©

JEFF HUNTER / GETTY IMAGES ©

2

Segeln auf den Whitsunday Islands

3 Während eines Seefahrerlebens könnte man wohl eine ganze tropische Inselgruppe erkunden und doch nirgendwo sonst die unglaubliche Schönheit der Whitsundays (S. 435) finden. Vom quirligen Airlie Beach aus stechen Traveller per Jacht in See, um langsam dahinschippernd auf einem dieser üppig grünen Eilande das Paradies zu finden (hier hat man wirklich die Qual der Wahl). Und wer würde das nicht gerne tun?

Daintree Rainforest

4 Die dichten, grünen Regenwälder des Weltkulturerbes Daintree Rainforest (S. 509) erstrecken sich bis zu einer herrlichen Küstenlinie mit weißem Sand. Dieses Wunderland beherbergt etwa 3000 Pflanzenarten, darunter Fächerpalmen, Farne und Mangroven, und empfängt seine Besucher mit Vogelgesang, Insektengebrumm und Froschgequake. Es gibt geführte Tierbeobachtungen, Wanderungen, Lehrpfade, Führungen über Obstplantagen, Ausritte sowie Baumwipfel-, Jeep-, Kajak- und Bootstouren. Unten: Mossman River

Aborigines in Queenslands hohem Norden

5 Die Geschichte des nördlichen Queensland ist so spektakulär wie seine Landschaft: Die Regenwälder und Strände sind seit über 40 000 Jahren besiedelt. Touren und Events unter der Leitung von Aborigines (S. 510) geben Besuchern die Möglichkeit, alles aus indigener Perspektive zu sehen. Ob Speerwerfen, Bumerangbauen, Regenwaldwandern, Buschessen probieren, Felskunst interpretieren oder Didgeridoo spielen: Hier taucht man ab in die Vergangenheit.

Byron Bay

6 Byron Bay (S. 167; für Einheimische schlicht „Byron") gehört zu den ewigen Kultsymbolen der Aussie-Kultur. Der östlichste Punkt des Landes lockt Familien, Surfer und Sonnenhungrige aus aller Welt mit entspannter Atmosphäre, tollen Restaurants, Surfstränden und verblüffend vielen Aktivitäten. Der Hippie-Vibe der Stadt an einem der schönsten Küstenstreifen Australiens zaubert jedem ein Lächeln ins Gesicht, auch wenn es hier zunehmend exklusiver zugeht.

Melbournes Gassen

7 Das Gewirr der Blaustein-Gassen in Melbournes Zentrum (S. 230) war früher von Mülltonnen, Ratten, Junkies und Pornokinos geprägt. Doch heute ist es einer der begehrten Hotspots der Stadt und punktet mit ein paar der weltbesten Straßenkunstwerke (u. a. versteckte Arbeiten von Banksy und Bilder einheimischer Künstler) – zu entdecken auf dem Weg zu urigen Rockbars, Melbournes schicksten Kellerrestaurants und Geheimtreppen, die hinauf zu Cocktaildachbars führen. Oben: Degraves St (S. 230)

Blue Mountains

8 Nur ein paar Stunden von Sydney entfernt ist der Blick vom Echo Point (Katoomba) und vom Govetts Leap (Blackheath) in den Blue Mountains (S. 120) so überwältigend, dass man sich durch die Menge drängelt und die Speicherkarte seiner Kamera bis zum Anschlag ausreizt. Danach wird im herrlichen Jamison Valley oder Grose Valley gewandert – umgeben von Eukalyptusduft, der wie ein feiner Dunst aus dem Baumwipfeldach strömt und dem Welterbegebiet seinen Namen gab. Unten: Echo Point, Blue Mountains (S. 124)

HOLGER METTE / GETTY IMAGES ©

AUSTRALIAN SCENICS / GETTY IMAGES ©

Noosa National Park

9 Der Noosa National Park (S. 366) bedeckt die Landzunge neben dem stilvollen Urlaubsort Noosa. Sandstrände und Schraubenbäume säumen seine perfekten Buchten. Surfer schätzen die langen, tosenden Wellen, Wanderer die Atmosphäre in der unberührten Natur. Und auf den malerischen Küstenpfaden erspäht man eventuell schläfrige Koalas in den Bäumen oder Delfine vor der felsigen Landzunge.

Fraser Island

10 Fraser Island (S. 405) ist ein ökologisches Wunder aus Flugsand, auf dem üppige Regenwälder wachsen und wilde Tiere umherstreifen. Zur Tierwelt dieses alten Inselparadieses gehören auch Australiens ursprünglichste Dingos. Die Insel lässt sich am besten per Geländewagen erkunden, wobei man den Stränden folgt und landeinwärts über Sandpisten holpert. Tropischer Regenwald, saubere Süßwasserbecken und Strandcamping unter den Sternen bringen einen zurück zur Natur.

Weingüter im Hunter Valley

11 Was für eine Vorstellung: Ein Glaspavillon mit Blick auf sanfte Hügel, über die sich viele Reihen üppig tragender Weinreben ziehen. Drinnen schlürfen Gäste golden schimmernden Semillon zu einem leckeren Mittagsmenü aus regionalen Spitzenprodukten. Einfach etwas auswählen, zurückgelehnt ein Glas erdigen Shiraz trinken und all das rundum genießen: Den Stoff für bleibende Reiseerinnerungen liefert das Hunter Valley (S. 132), die führende Weinbauregion in New South Wales.

Great Ocean Road

12 Die aus dem Wasser ragenden Twelve Apostles an der Great Ocean Road (S. 262) gehören zu Victorias schönsten Sehenswürdigkeiten. Schon die Fahrt dorthin ist beeindruckend: Die Route kurvt an den Stränden der Bass Strait vorbei, um landeinwärts Regenwälder und malerische Orte zu passieren. Jenseits der Twelve Apostles erreicht die Great Ocean Road das maritime Juwel Port Fairy und das versteckte Cape Bridgewater. Großartig: wandern auf dem Great Ocean Walk von der Apollo Bay zu den Apostles. Oben: Twelve Apostles, Port Campell National Park (S. 279)

Brisbane

13 All das Gerede kann man getrost vergessen – Brisbane (S. 301), das einst als kleinstädtischer Abklatsch von Sydney und Melbourne belächelt wurde, hat sich längst zu einem hippen Zentrum gemausert. Queenslands neue, blühende Hauptstadt verlässt sich nicht länger nur auf ihre 261 Tage Sonnenschein im Jahr. Sie bietet eine aufregende Kulturszene mit einem wachsenden Angebot an ambitionierter Street Art und Galerien, Buchläden, Cocktailbars und Mikrobrauereien. Das Ergebnis: australisches Großstadtflair mit subtropischem Vibe.

Tiere beobachten

14 Auf Phillip Island (S. 260), südöstlich von Melbourne, tollen Pelzrobben und niedliche Zwergpinguine am felsigen Ufer herum. Im hohen Norden Queenslands leben außerirdisch anmutende Kasuare und dinosaurierartige Krokodile. Dazwischen stößt man auf außergewöhnliche endemische Arten wie Koalas, Kängurus, Wombats und Schnabeltiere. Und ansonsten wären da auch noch das allgegenwärtige Gelächter der Kookaburras und tolle Walbeobachtungen entlang der Küste (Saison Mai–Nov.).

Canberra

15 Australiens eigens erbaute Hauptstadt (S. 183) ist gerade mal 100 Jahre alt und dennoch sehr geschichtsträchtig. Somit überrascht es nicht, dass sich die Hauptattraktionen – reich ausgestattete Museen und Galerien – vor allem der Landesgeschichte widmen. Institutionen wie die National Gallery of Australia, das National Museum of Australia, die National Portrait Gallery oder das Australian War Memorial geben faszinierende Einblicke in die Kultur und Historie der Nation. Unten: Australian Parliament House (S. 185), Canberra

ALASTAIR POLLOCK PHOTOGRAPHY / GETTY IMAGES ©

RICHARD I'ANSON / GETTY IMAGES ©

Montague Island

16 Montague Island (S. 207) gehört zu den meist unterschätzten Wildniszielen Australiens. Auf der kahlen Felsinsel vor Narooma brüten zahllose Meeresvögel (u. a. 10 000 Zwergpinguine). Heilige Aborigine-Stätten, ein ungewöhnlicher Leuchtturm aus Granit, renovierte Cottages und geführte Öko-Touren trennen Montague mehr vom Festland als die 9 km lange Anfahrt per Boot. Tauchen (hier kann man Sandtigerhaie sichten!), Robbenbeobachtungen und gelegentlich vorbeiziehende Wale tragen ebenfalls zum Reiz des Eilands bei.

Sydney nach Sonnenuntergang

17 Sydneys tolle Strände und der malerische Hafen sind toll, aber für viele lebt die Stadt erst abends wirklich auf (S. 101). Der Mix aus stilvollen Lounges, brummenden Nachtclubs, altmodischen Pubs und Independent-Rock sorgt überall für Geselligkeit. Wer's ruhiger mag, quetscht sich in Jazzclubs neben die Kellerbühne oder wählt eine Weinbar mit Blick aufs Wasser. Außerdem gibt's Bars in Galerien, Lounges in Hinterhöfen, Restaurants mit versteckten Tanzflächen und modern-asiatische Locations. Nichts wie los!
Unten links: Oper in Sydney (S. 111) und Opera Bar (S. 102)

Wilsons Promontory

18 Wilsons Promontory (S. 290, auch „Wilson's Prom" oder nur „The Prom") heißt das Paradies für Buschwanderer, Tierbeobachter, Surfer und Fotografen. Die Landschaft ist absolut außergewöhnlich: Selbst kurze Abstecher ab der Parkverwaltung am Tidal River führen zu Buchten mit breiten weißen Sandstränden. Die besten Bereiche von „The Prom" sind auf markierten Wanderpfaden (insgesamt über 80 km) zu erreichen. Trekkingfans wählen den Great Prom Walk (3 Tage) und übernachten in herrlich einsamen Leuchtturmwärterhütten.

Lady Elliot Island

19 Das umweltbewusste Inselresort (S. 417) gehört zu den schönsten und ruhigsten Ausgangspunkten für die Erkundung des Great Barrier Reef. Hier lässt es sich direkt vom weißen Sand aus schnorcheln: Das Riff rund um das winzige Korallenatoll wimmelt von Tropenfischen, Schildkröten und Mantarochen. Während der Brutzeit (Jan.–April) laufen Babyschildkröten über den Sand. Von Juni bis Oktober ziehen Buckelwale vorbei. Die ebenso denkwürdige Anreise erfolgt per Panoramaflug über türkisfarbenes Wasser.

Brückenklettern

20 Schwindelfrei? Dann auf zu den stählernen Höhen von Sydneys kultiger Harbour Bridge oder Brisbanes Story Bridge. Sydneys „großer Bogen" war einst die Domäne von Brückenkünstlern und illegal kletternden Draufgängern (darunter ein Autor, der nicht genannt werden will); heute kann er per BridgeClimb (S. 81) von allen erklommen werden. Genauso faszinierend ist der Story Bridge Adventure Climb. Dabei geht's nicht nur um den unglaublichen Ausblick: Die Brücken an sich sind bereits atemberaubend!

19

20

Gut zu wissen

Weitere Infos gibt's im Abschnitt „Praktische Informationen" (S. 543)

Währung
Australischer Dollar
(AU$)

Sprache
Englisch

Visa
Alle Besucher brauchen ein Visum. Das drei Monate gültige eVisitor-Visum kann man online beantragen: www.border.gov.au.

Geld
Geldautomaten gibt's nahezu überall. Kreditkarten werden in Hotels, Restaurants, Verkehrsmitteln und bei Buchungen weithin akzeptiert.

Handys
Europäische Handys sind mit dem australischen Netz kompatibel. Optionen sind (mitunter teures) Roaming oder eine australische (Prepaid-) SIM-Karte.

Zeit
An der Ostküste Australiens gilt die Australian Eastern Standard Time (AEST): MEZ + 9 Std.

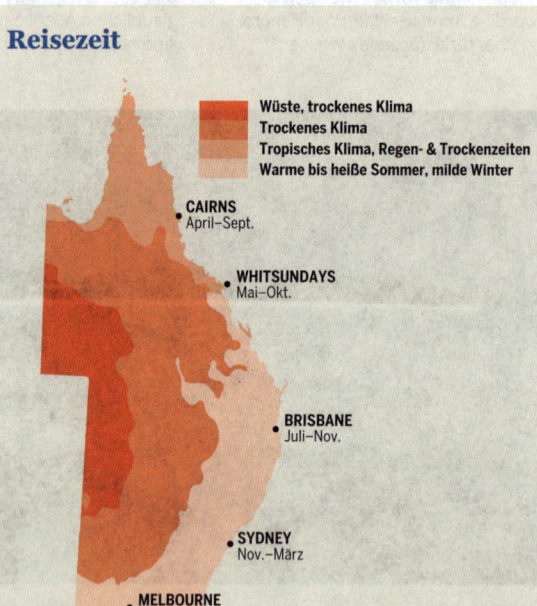

Reisezeit

Wüste, trockenes Klima
Trockenes Klima
Tropisches Klima, Regen- & Trockenzeiten
Warme bis heiße Sommer, milde Winter

CAIRNS
April–Sept.

WHITSUNDAYS
Mai–Okt.

BRISBANE
Juli–Nov.

SYDNEY
Nov.–März

MELBOURNE
Dez.–April

Hauptsaison
(Dez.–Feb.)

➡ Sommer: heiß und feucht im Norden, warm und trocken im Süden.

➡ Die Übernachtungspreise in Städten steigen um 25 %.

➡ Nebensaison im tropischen Norden. Nördlich von Agnes Water ist Baden von Nov. bis Mai gefährlich (Quallenalarm!).

Zwischensaison
(Sept.–Nov. & März–Mai)

➡ Warm, sonnig, blauer Himmel, weniger Wartezeiten.

➡ Frühlingsblumen (Okt.); Herbstfarben in Victoria (April).

➡ Die Geschäftsleute sind entspannter, als wenn die Touristenmassen da sind.

Nebensaison
(Juni–Aug.)

➡ Kühle, regnerische Tage und niedrige Unterkunftspreise im Süden.

➡ Hauptsaison in den Tropen: milde Tage, geringe Luftfeuchtigkeit, teure Unterkünfte.

➡ Gute Sicht am Great Barrier Reef.

Infos im Internet

Lonely Planet (www.lonelypla net.de/reiseziele/australien/) Reiseinfos, Hotelbuchungen, Traveller-Forum und mehr.

Tourism Australia (www.austra lia.com) Tourismuswebsite der Regierung mit Besucherinfos.

Queensland Holidays (www. queenslandholidays.com.au) Deckt Queensland ab.

Visit NSW (www.visitnsw.com) Infos über New South Wales.

Tourism Victoria (www.visitvic toria.com) Victorias offizielle Seite.

Coastalwatch (www.coastal watch.com) Für Surfer.

Wichtige Telefonnummern

Landesvorwahl	☏61
Vorwahl für internationale Gespräche	☏0011
Notfall (Krankenwagen, Feuerwehr, Polizei)	☏000
Telefonauskunft	☏1223
Regional-vorwahlen	Vic ☏03, NSW & ACT ☏02, Qld ☏07

Wechselkurse

Eurozone	1 €	1,52 AU$
	1 AU$	0,66 €
Schweiz	1 SFr	1,31 AU$
	1 AU$	0,76 SFr

Aktuelle Wechselkurse sind unter www.xe.com abrufbar.

Tagesbudget

Günstig – weniger als 150 AU$

➡ B im Schlafsaal: 25–35 AU$

➡ DZ im Hostel: 80–100 AU$

➡ Einfache Mahlzeit mit Pizza oder Pasta: 15–20 AU$

➡ Kurze Bus- oder Straßenbahnfahrt: 4 AU$

Mittelteuer – 150–300 AU$

➡ DZ in einem Motel oder B&B: 130–250 AU$

➡ Frühstück oder Mittagessen in einem Café: 20–30 AU$

➡ Mietwagen: ab 35 AU$/Tag

➡ Kurze Taxifahrt: 25 AU$

Teuer – mehr als 300 AU$

➡ DZ im Spitzenklassehotel: ab 250 AU$

➡ Dreigängiges Menü in einem Spitzenrestaurant: ab 80 AU$

➡ Unternehmungen: Segeln zu den Whitsundays ab 300 AU$/ Nacht, Tauchkurs 650 AU$

➡ Inlandsflug von Sydney nach Melbourne: ab 100 AU$

Öffnungzeiten

Die Öffnungszeiten variieren von Bundesstaat zu Bundesstaat – folgende Richtwerte gelten:

Banken Mo–Do 9.30–16, Fr bis 17 Uhr

Bars 16 Uhr–open end

Cafés 7–17 Uhr

Nachtclubs Do–Sa 22–4 Uhr

Geschäfte Mo–Sa 9–17 Uhr

Post Mo–Fr 9–17 Uhr, manche auch Sa 9–12 Uhr

Pubs 11–0 Uhr

Restaurants 12–14.30 & 18–21 Uhr

Supermärkte 7–20 Uhr; einige 24 Std.

Ankunft am …

Sydney Airport (S. 558) Züge von AirportLink ins Zentrum Sydneys fahren zwischen 5 und 0.14 Uhr alle zehn Minuten. Im Voraus zu buchende Shuttle-Busse bedienen die Hotels in der Stadt. Die Taxifahrt in die Stadt kostet 25 bis 50 AU$ (30 Min.).

Melbourne Airport (S. 558) SkyBus fährt rund um die Uhr alle zehn bis 30 Minuten in die Melbourner Innenstadt. Ein Taxi is Zentrum kostet rund 40 AU$ (25 Min.).

Brisbane Airport (S. 557) Airtrain-Züge steuern zwischen 5 und 22 Uhr alle 15 bis 30 Minuten Brisbanes Innenstadt an. Vorbuchbare Shuttle-Busse fahren zu den Hotels der Stadt. Eine Taxifahrt in die Stadt kostet 50 bis 60 AU$ (25 Min.).

Unterwegs vor Ort

Die Ostküste ist über 18 000 km lang! klar, dass es da ein wenig Planung erfordert, um von A nach B zu kommen.

Auto Man kann das Tempo selbst wählen, abgelegene Gebiete erkunden und ist nicht auf den Nahverkehr angewiesen. Mietwagen gibt's in größeren Städten; links fahren!

Flugzeug Schneller ans Ziel: Inlandsflüge sind recht günstig, regelmäßig und schnell. Fürs Gewissen kann man die CO_2-Bilanz ausgleichen.

Bus Verlässliche, häufige Langstreckenverbindungen im ganzen Land (nicht immer günstiger als Flüge).

Zug Langsam, teuer, unregelmäßig … aber die Landschaft ist toll! Lieber den Schlafwagen buchen als einen Liegesitz!

Mehr zum Thema **Unterwegs vor Ort** gibt's auf S. 558 ➡

Wie wär's mit ...

Strände

Bondi Beach Sydney pur: selbst die Brandung zerteilen oder herumlungern und Leute beobachten. (S. 70)

Wilsons Promontory Victorias tolle Küstenwildnis mit menschenleeren Stränden. (S. 290)

Fraser Island Die größte Sandinsel der Welt ist eigentlich ein einziger großer Strand. (S. 405)

Whitehaven Beach Das Juwel der Whitsundays, mit pudrigem weißem Sand und kristallklarem Wasser. (S. 449)

Cape Tribulation An diesen leeren Sandflächen küsst der Regenwald die Klippen. (S. 511)

The Spit Ein langer, wilder Abschnitt der Gold Coast mit unberührten Sanddünen, jenseits von Wolkenkratzern und Menschenmengen. (S. 351)

Four Mile Beach Bei Port Douglas sicher vor Quallen schwimmen oder sechs Kilometer am Strand spazieren gehen. (S. 503)

Clarkes Beach Kultiger Sandabschnitt der Byron Bay – bei Ebbe kann man bis zum Leuchtturm laufen. (S. 174)

Yeppoon Ein langer Sandstreifen in Queensland, wo sich Einheimische und Besucher aus Rockhampton abkühlen. (S. 421)

Rose Bay Eine der besten kleinen Buchten von Bowen.

Im Sand sitzen und eine Mango genießen. (S. 449)

Kultur der Ureinwohner

Aboriginal Heritage Tour Im Botanischen Garten von Sydney erfährt man viel über die Gadigal-Kultur und traditionelle Arznei- und Nahrungspflanzen. (S. 54)

Koorie Heritage Trust Dies ist ein großartiger Ort, um die Kultur der im Südosten lebenden Aborigines zu entdecken. (S. 222)

Kuku-Yalanji Dreamtime Walks Von Aborigines geführte Spaziergänge durch die Mossman Gorge in Queensland. (S. 509)

Ingan Tours Von Aborigines betriebene Regenwaldtouren im tropischen Norden von Queensland. (S. 467)

Tjapukai Aboriginal Cultural Park Interaktive Touren und lebhafte Vorführungen des örtlichen Volkes der Tjapukai in Cairns. (S. 479)

Worimi Conservation Lands Historische Muschelhügel der Worimi bei Stockton Bight entdecken. (S. 143)

Gallery of Modern Art Die Galerie in Brisbane ist ein Highlight mit einer bedeutenden Faserkunst-Sammlung von zeitgenössischen einheimischen Künstlern. (S. 309)

Conway National Park Bewaldete Berghänge und einsame Strände beim Airlie Beach erkunden, den einstigen Jagdgründen der Giru Dala. (S. 444)

Begegnungen mit Wildtieren

Phillip Island Penguins Die weltweit größte Kolonie von Zwergpinguinen; bei Sonnenuntergang kommen sie aus dem Meer. (S. 260)

Walbeobachtung in Eden Wale kann man in der Saison (Juli–Nov.) überall vor der Küste von Eden bis hoch zum Great Barrier Reef sichten. (S. 213)

Lone Pine Koala Sanctuary Unweit von Brisbane kann man auf Tuchfühlung mit den weichen, pelzigen Beuteltieren gehen. (S. 313)

Ben Boyd National Park Unzählige strubbelige Wombats gibt es in diesem weitläufigen Nationalpark bei Eden. (S. 214)

Montague Island Robben, Seevögel und Pinguine vor der Küste von Narooma sichten. (S. 207)

Hartley's Crocodile Adventures Ins Maul eines prähistorischen Zahnmonsters bei Port Douglas blicken. (S. 495)

Kuranda Koala Gardens Vögel, Fledermäuse, Schmetterlinge und natürlich auch Koalas warten im Kuranda bei Cairns. (S. 497)

Noosa National Park In diesem gut zugänglichen grünen Nest sieht man Koalas, Delfine und in der Saison auch Wale. (S. 366)

Fraser Island Die wilden Dingos hier sind von der reinsten Rasse in Australien. (S. 405)

Wildlife Habitat Port Douglas Koalas, Kängurus, Krokodile, Regenbogenpapageien und Kasuare in ihrem natürlichen Lebensraum beobachten. (S. 503)

Inseln

Montague Island Meeresvögel, Zwergpinguine, Seebären und eine Unterkunft in einem umgebauten Leuchtturm – was will man mehr? (S. 207)

Cockatoo Island Eine faszinierende Insel im Hafen von Sydney mit einer spektakulären Geschichte. (S. 72)

Fraser Island Ideal für Abenteuer per Jeep ist die größte Sandinsel der Welt mit riesigen Sanddünen, Süßwasserseen und einer großen Tierwelt. (S. 405)

Whitsundays Man kann in einem Resort absteigen oder mit einem Segelboot so viele unglaublichen Inseln wie möglich ansteuern. (S. 435)

Lady Elliot Island Umgeben vom Great Barrier Reef und nur per Leichtflugzeug zu erreichen – der perfekte Rückzugsort. (S. 404)

Lizard Island Ein Zelt aufschlagen oder in dem exklusiven Resort auf dieser Insel im hohen Norden nächtigen. (S. 511)

Oben: Männlicher Aborigine, Tjapukai Aboriginal Cultural Park (S. 479)
Unten: Wilsons Promontory (S. 287)

Monat für Monat

Januar

Der Januar beginnt lahm, weil sich die Australier erstmal von Weihnachten erholen müssen, bis plötzlich alle feststellen: „Hey, es ist Sommer!" Entlang der Küste ist es heiß und feucht, weiter nördlich gibt es monsunartige Regenfällen.

✺ Sydney Festival

It's big sagt die Werbung. Das Fest mit Musik, Tanz, Gesprächen, Theater und Kunst zieht sich drei Sommerwochen lang hin. Die meisten Veranstaltungen sind kostenlos und auf Familien ausgerichtet. (S. 81)

☆ Australian Open

Ende Januar ziehen die Australian Open Tennis-

Fans aus aller Welt in den Melbourne Park, wo sich die weltbesten Spieler auf dem Platz messen – bei größter Hitze. (S. 233)

✺ Australia Day

Australiens „Geburtstag" – die Landung der First Fleet 1788 – ist der 26. Januar: Die Australier feiern mit Picknicks, Barbecues, Feuerwerk und (zunehmend) patriotischem Gedöns. Die Aborigines sind weniger in Feierlaune, für sie ist dieser Tag der „Invasion Day".

Februar

Dies ist der wärmste Monat: Im Norden ist immer noch Regenzeit, es ist heiß und stickig, in Victoria dagegen traumhaft. Überall sonst gehen die Einheimischen zur Arbeit, an den Strand oder zum Cricket.

✺ Sydney Gay & Lesbian Mardi Gras

Das zweiwöchige Kunstfest dauert bis in den März und gipfelt in einer Parade durch Sydneys Oxford St; 300000 Zuschauer kommen. In Fitnessstudios herrscht Flaute und die Enthaarungsbranche zählt ihre Gewinne. After-Party-Tickets sind gefragt. (S. 552)

März

Im Süden wird es weniger schwül – die Massen lichten sich, die Preise in den Urlaubsorten sinken. Im Norden überwiegen Wärme und eine allgemeine Reizbarkeit. In den Weinbergen beginnt die Lese.

☆ Großer Preis von Australien – Formel 1 in Melbourne

Im normalerweise ruhigen Albert Park dröhnen Ende März vier Tage lang die Formel-1-Motoren. Der 5,3 km lange Rundkurs um den See ist bekannt für seinen glatten, schnellen Belag. (S. 229)

April

Der Herbst bringt Goldtöne nach Victoria und kühlere, mildere Temperaturen nach New South Wales. Im Norden endet die Regenzeit: lächelnde Gesichter und angenehmes Wetter. Ziemlich teure Unterkünfte über Ostern.

☆ Byron Bay Bluesfest

Musik prägt Ostern, wenn 20000 Festivalbesucher Byron Bay überschwemmen, um Blues-and-Roots-Bands aus der ganzen Welt zu hören (Ben Harper, Neil Young, Bonnie Raitt). Der Veranstaltungsort, die Tyagarah Tea Tree Farm, liegt 11 km nördlich von Byron. Campingplätze sind vorhanden. (S. 170)

Mai

Im Süden werden die Tage merklich kühler. Südlich der Gold Coast werden Strandtage rar. Unterkünfte sind überall günstiger.

⭐ Biennale of Sydney

Zwischen März und Juni in Jahren mit gerader Jahreszahl zeigt die Biennale in Sydney Werke Hunderter zeitgenössischer Künstler und ist so die größte Kunstausstellung des Landes. Es gibt Führungen, Gesprächsrunden, Vorführungen und erstklassige Ausstellungen. Die meisten Veranstaltungen sind kostenlos. (S. 81)

✕ Noosa Food & Wine

Eines der besten regionalen kulinarischen Feste Australiens mit Kochshows, Weinproben, Käseausstellungen, Schlemmergerichten und abendlichen Livekonzerten. Geht Mitte Mai über drei Tage. (S. 368)

⭐ Sydney Writers' Festival

Bücher, Wörter, Bücher voller Wörter... Für eine Woche im Mai beherbergt das Sydney Writers' Festival über 300 Romanautoren, Essayisten, Dichter, Historiker und Philosophen – nicht nur aus Australien –, die aus ihren Werken lesen, Work-

shops leiten und Diskussionen veranstalten. (S. 82)

⭐ Walbeobachtung

Zwischen Mai und November kommen die Südkaper und Buckelwale bei ihrer Wanderung entlang der südöstlichen australischen Küste selbiger ziemlich nahe, um hier zu fressen und zu kalben. Sehen kann man sie bei Eden (NSW), Warrnambool (Victoria), Hervey Bay und North Stradbroke Island (Queensland).

Juni

Der Süden zittert wegen des Winterwetters, im tropischen Norden mit den quallenfreien Stränden nimmt die Touristensaison Fahrt auf. Vor der Küste gibt's (bis Nov.) Wale.

⭐ Vivid Sydney

Ende Mai kann man 18 Tage lang in der Stadt Lichtinstallationen und Projektionen bestaunen. Neben den Auftritten lokaler und internationaler Musiker finden Vorträge und Diskussionen mit führenden kreativen Denkern aus aller Welt statt.

⭐ Sydney Film Festival

Grandioses Filmfestival, das vor allem im State Theatre stattfindet, mit anspruchsvollen nationalen und internationalen Filmen. (S. 82)

⭐ State of Origin Series

Für Fans der Rugby League sind diese drei Spiele zwischen Queensland und New South Wales der Höhepunkt des Sports. Das letzte Spiel findet im Juli statt.

Juli

Im Süden brennt in den Pubs das Feuer im Kamin, die Coffee-Shops sind heimelig und die Strände leer. Im Norden sind Märkte, Touren und Unterkünfte voll bzw. ausgebucht. Südlich von Brisbane ist warme Kleidung nötig. Das MIFF sollte man nicht verpassen.

⭐ Melbourne International Film Festival

Das seit 1952 veranstaltete MIFF ist auf Augenhöhe mit Toronto und Cannes. Die Tickets sind schnell ausverkauft. Unzählige Kurzfilme, Blockbuster und Dokus flimmern über die innerstädtischen Leinwände. (S. 233)

⭐ Splendour in the Grass

Das großartige Alt-Rock-Musikfestival in Byron Bay zieht Ende Juli drei Tage lang die großen Namen aus Australien und Übersee an (aufgrund des Winterwetters kann das Gras etwas matschig sein). (S. 170)

August

August ist, wenn die Bewohner des Südens den grauen Winterhimmel leid sind und für ein paar Sonnenstrahlen nach Queensland fahren. Ein guter Zeitpunkt, Far North Queensland zu erkunden, bevor die Hitze zurückkehrt.

⭐ Cairns Festival

Dieses gewaltige Kunst- und Kulturfest dauert von Ende August an zwei Wochen und liefert ein herausragendes Programm aus Musik, Theater, Tanz, Comedy, Filmen, Aborigines-Kunst und öffentlichen Ausstellungen. Viele Veranstaltungen finden im Freien statt. (S. 483)

⭐ Gympie Music Muster

Ideal für Freunde der Country- *und* der Western-Musik! Das Gympie Music Muster, bei dem das Geld für wohltätige Zwecke gesammelt wird, ist ein Musikereignis mit mehr Stiefeln und Banjos, als plausibel wäre. Zelt mitbringen! (S. 401)

September

Der Winter endet, der Frühling naht und bringt Wildblumen und bessere Laune in den Süden. Das Wetter bleibt gewöhnlich im ganzen Land mild. Die Football-Saison endet und der Rummel der Frühlingspferderennen beginnt.

⭐ Grand Final in der Australian Football League

Der Höhepunkt der Saison im Aussie Rules Football ist dieses äußerst erfolgreiche Spektakel in Melbourne und wird von Millionen (im Fernsehen) verfolgt. Zur Halbzeit werden alle nachbarschaftlichen Barbecues in den örtlichen Park verlegt, damit auch die Amateure ein bisschen hin- und herkicken können. (S. 233)

⭐ Brisbane Festival

Eines der größten und vielfältigsten Kunstfeste Australiens nimmt 22 Tage im September ein. Zum Programm gehören Konzerte, Schauspiele, Tänze und Randveranstaltungen. Es endet mit dem Riverfire, ei-

ner ausgeklügelten Feuerwerksshow über dem Brisbane River. (S. 317)

◉ Floriade

Von Mitte September bis Mitte Oktober schmilzt den Einwohnern Canberras angesichts dieses Festivals blühender Frühlingsblumen in all ihrer Pracht der Winterfrost aus der Seele. (S. 188)

Oktober

Nirgends extremes Wetter – eine Top-Zeit zum Campen oder um ein paar Weinberge zu besuchen. Nach dem Football und vor dem Cricket drehen die Sportfans Däumchen.

✨ Melbourne Festival

Einmal im Jahr bietet das Festival Oper, Theater, Tanz und Kunst aus Australien und der Welt auf höchstem Niveau. Es dauert von Anfang Oktober bis Anfang November. (S. 233)

November

Nördlich von Agnes Water sind manche Strände wegen der Quallen an den seichten Stellen gesperrt. Die Saison der Rettungssportler bricht an.

⭐ Melbourne Cup

Am ersten Dienstag im November wird bei Australiens (wenn nicht der Welt) bedeutendstem Pferderennen das Geläuf in Melbourne aufgewühlt. Tatsächlich legt das ganze Land eine Pause ein, um das „Rennen, das eine Nation stoppt" zu verfolgen. (S. 233)

⭐ Airlie Beach Music Festival

Das Musikfestival in der berühmten Party-Stadt bietet drei Tage lang Gelegenheit, bei jeder Menge Livemusik abzurocken. (S. 440)

Dezember

Die Schule ist aus! Eine oder zwei Wochen vor Weihnachten beginnen die Ferien. Die Städte sind voller Kauflustiger, es ist heiß. Im Norden bringen nachmittägliche Gewitter Platzregen mit sich.

⭐ Sydney-Hobart-Regatta

Mit einem Picknickkorb kann man sich am Boxing Day (26. Dezember) den Menschenmassen in Sydney anschließen, die vom Ufer aus den Start der beschwerlichsten Hochseeregatta der Welt beobachten (628 nautische Meilen von Sydney bis Hobart!). (S. 82)

⭐ Woodford Folk Festival

An der Sunshine Coast bringt das volkstümliche Woodford Folk Festival vom 27. Dezember bis 1. Januar eine Vielzahl unterschiedlichster Künstler aus aller Welt auf die Bühne. (S. 385)

⭐ Feuerwerk im Sydney Harbour

Eine fantastische Art, das neue Jahr zu begrüßen, ist es, inmitten der Massen zu beobachten, wie das Sydney Harbour Feuerwerk über dem Hafen die Nacht erhellt. Für Familien gibt es eine Vorführung um 21 Uhr, das Hauptereignis findet um 0 Uhr statt. (S. 83)

Reiserouten

Von Sydney nach Byron Bay

Berge, Wein, Strände, große und kleine Städte; dieser Roadtrip ist ein australischer Klassiker: Die Tour beginnt in **Sydney** mit den bekannten Sehenswürdigkeiten, einem Besuch am Bondi Beach, Einkaufen sowie Bars und Restaurants testen. Dann geht's ins Landesinnere, um die **Blue Mountains** zu erkunden: in Katoomba versteckt sich Art-Déco-Architektur, und die Three Sisters sind das Highlight der Gebirgskette. Alternativ sind ein paar Tage auf einem Hausboot auf dem **Hawkesbury River** ein sicheres Mittel gegen Stress.

Der nächste Halt ist die kunst- und surfbegeisterte Stadt **Newcastle**. Durstig? Dann auf ins Landesinnere zu den Weinbergen des **Hunter Valley**. Zurück an der Küste warten die tolle Landschaft und die unberührten Strände des **Myall Lakes National Park**.

Das nördliche New South Wales aalt sich in subtropischer Pracht. Man kann durch die Brandung am **Crescent Head** surfen und im Meer bei den **South West Rocks** schwimmen. In **Coffs Harbour** gibt's die Big Banana: eines der vielen „großen" Wahrzeichen der Ostküste, das zur Kitschverwirrung beiträgt. **Byron Bay** kann man nicht entrinnen – ein gemütliches Küstenstädtchen, in dem sich Surfer, Hipster und Hippies den Strand teilen. Im grünen Hinterland von Byron meditieren der alternative Kiffer-Hafen von **Nimbin** und das reiche **Bangalow** vor sich hin – beide sind einen Tagesausflug wert.

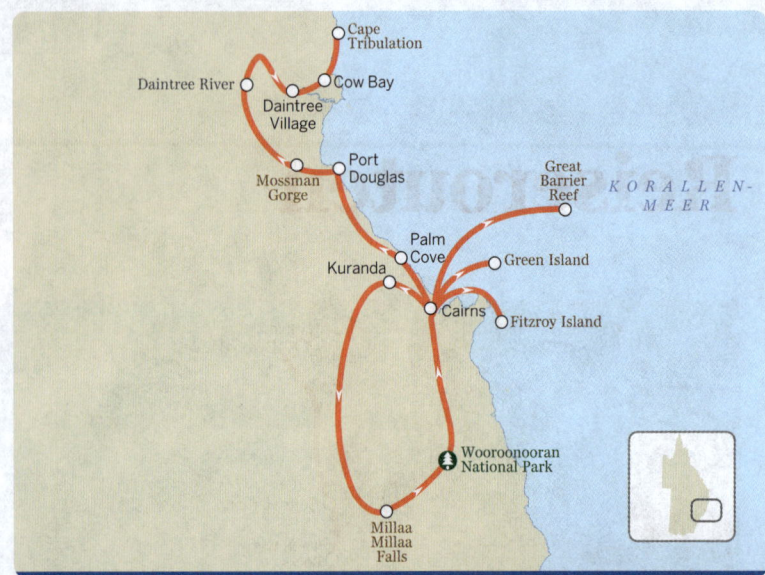

Von Cairns nach Cape Tribulation

Queenslands Norden ist mit seinen Korallenriffen, Atollen, Regenwäldern und aufregenden Städten einfach einzigartig: **Cairns**, Australiens Mekka der Rifftaucher und Tor zum Daintree Rainforest, ist ein Pflichtziel an der Ostküste. Hier verbringt man gern ein paar Tage, zwischen botanischen Gärten, hippen Restaurants und gut besuchten Kneipen pendelnd. Einen Katzensprung vor der Küste bieten die von Riffen gesäumten **Green Island** und **Fitzroy Island** grüne Vegetation und schöne Strände. Ein Schnorchel- oder Tauchausflug zum **Great Barrier Reef** ist obligatorisch, wahlweise auch einige Tage Tauchkreuzfahrt zum Cod Hole (Lizard Island), einem der besten Tauchspots des Landes.

Nach ein paar Tagen in Cairns geht's ins Landesinnere, mit der Gondelbahn oder dem malerischen Zug nach **Kuranda** für Spaziergänge im Regenwald und über die berühmten Märkte der Stadt. Wer mit dem eigenen Auto unterwegs ist, kann die **Millaa Millaa Falls** besuchen und im **Wooroonooran National Park** durch den Dschungel wandern.

Zurück auf Meereshöhe sollte man sich eine Nacht in einer Nobelunterkunft in **Palm Cove** gönnen. Noch eine Stunde weiter im Norden liegt **Port Douglas**, ein Ferienzentrum mit tollen Restaurants, Bars und einem großartigen Strand. Der Ort ist auch ein beliebter Ausgangspunkt für Bootstouren zum Außenriff. Der nächste Halt ist die **Mossman Gorge**, wo üppiger Tiefland-Regenwald den fotogenen Mossman River umgibt. Wer möchte kann eine geführte Wanderung machen und sich in Wasserlöchern abkühlen.

Weiter nördlich liegt der **Daintree River**, auf dem man Krokodile beobachten kann. Im unauffälligen **Daintree Village** gibt's Mittagessen. Zurück am Fluss setzt man mit der Autofähre zur Nordseite über und fährt weiter nach Norden (Vorsicht – hier ist Kasuar-Land!) zum Daintree Discovery Centre – ideal um diese prachtvolle Dschungelwildnis kennen zu lernen. Am Strand im nahen **Cow Bay** kann man locker ein paar Stunden herumspandern.

Der letzte Halt ist **Cape Tribulation**, wo Regenwald und Riff eine überwältigende Partnerschaft eingegangen sind. Wer die Pracht dieses Ortes aufnehmen will, sollte ein paar Nächte in einem der exklusiven, im Dschungel versteckten Häuschen verbringen.

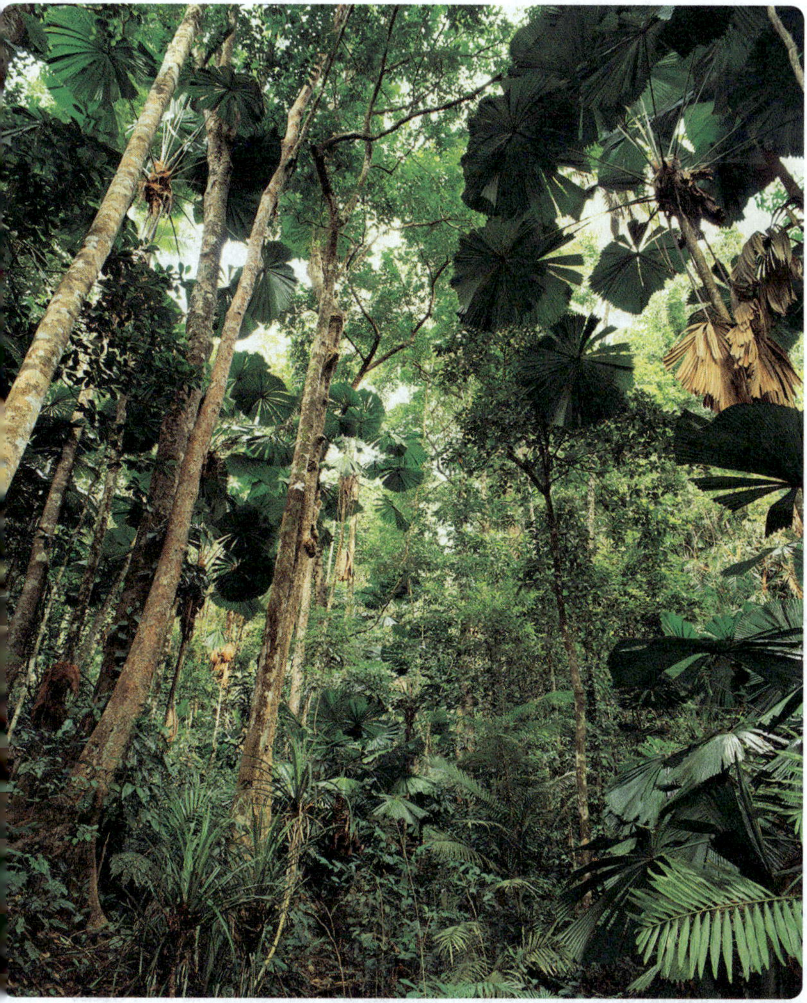

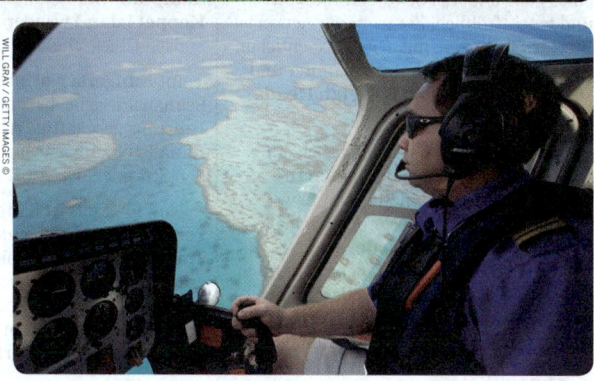

Oben: Fächerpalme, Cape Tribulation (S. 511)

Unten: Helikopterflug über das Great Barrier Reef (S. 33)

WILL GRAY / GETTY IMAGES ©

5 TAGE Die Küste des südlichen Queensland

Auf geht's an die Gold Coast und Sunshine Coast nördlich und südlich von Queenslands urbanem Herz: **Brisbane** hält viele Überraschungen bereit. Die Gallery of Modern Art und das Brisbane Powerhouse darf man nicht verpassen. Das gilt auch für das West End, das sich ständig verändernde Fortitude Valley sowie Teneriffe und Newstead mit ihren kulinarischen Hotspots, den Brauereien und Livemusik-Locations.

Nur eine Stunde südlich davon zeigt sich Queensland mit seiner Gold Coast von einer ganz anderen Seite – strandig, frech und feuchtfröhlich. Zentrum der Action ist **Surfers Paradise** mit seinem Nachtleben und den Themenparks. Entspannter und surferorientierter sind **Burleigh Heads** und **Coolangatta** im Süden.

Sofern man Zeit hat, lohnen sich ein paar Tage für die Strände auf **North Stradbroke Island** in Moreton Bay. Ansonsten geht's nach Norden nach **Caloundra** und **Maroochydore** – Erstere aufstrebend, Letztere angenehm unprätentiös. Eine weitere halbe Stunde nördlich liegt **Noosa**, ein nobler Urlaubsort mit herrlichen Stränden, einem Nationalpark und einer Reihe erstklassiger Restaurants.

12 TAGE Von Hervey Bay nach Cairns

Richtung Norden, entlang der Ostküste von Queensland, können unzählige Inseln besucht werden: Etwa zwei Stunden nördlich von Noosa liegt **Hervey Bay**, von wo aus sich die Dünen und die Seen auf **Fraser Island** erkunden lassen. Etwas weiter nördlich gibt es in **Bundaberg** einen Schluck von Australiens beliebtestem Rum.

Auf **Lady Musgrave Island** oder **Lady Elliot Island** erlebt man die Korallenwunder Queenslands, dann futtert man ein Steak in der „Rindfleischstadt" **Rockhampton**. Wer Zeit hat, kann auf **Great Keppel Island** wandern und an Stränden Südsee-Glückseligkeit tanken.

Im **Eungella National Park** lassen sich Schnabeltiere beobachten, dann geht die Fahrt ins geschäftige **Airlie Beach**, dem Einfallstor zum azurblauen Wasser und den Stränden der **Whitsunday Islands**.

Nun folgt das lebhafte **Townsville**. Wer Zeit hat, wandert über den Thorsborne Trail auf **Hinchinbrook Island**. Davon erholt man sich im extrem entspannten **Mission Beach**, wo Regenwald auf Ozean trifft. Die Reise endet in **Cairns** mit einem Ausflug zum Great Barrier Reef.

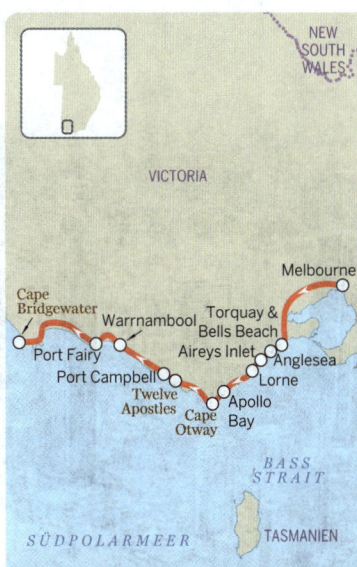

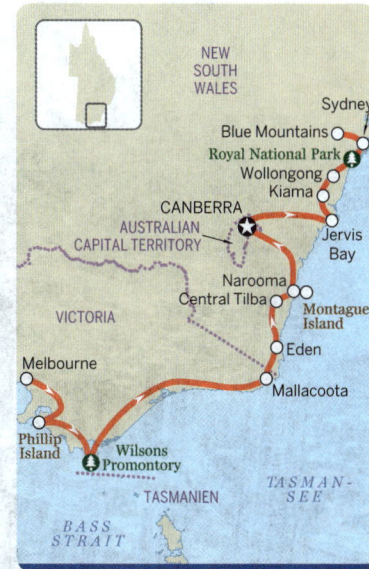

3 TAGE — Melbourne & die Great Ocean Road

Es geht in den tiefen Süden der Ostküste Australiens, ins hippe Melbourne und entlang der schönen Great Ocean Road: **Melbourne** bietet genug um Besucher monatelang zu beschäftigen – Bars, Galerien, Livemusik, Einkaufen, Australian Rules Football... Aber die Great Ocean Road wartet.

Start ist im Surfer-Mekka **Torquay**, wo man die Wellen am **Bells Beach** testet. In **Anglesea** gibt es eine Surfstunde und ein Picknick am Fluss. Als nächstes **Aireys Inlet**: nach dem Besuch im Leuchtturm übernachtet man im weltoffenen **Lorne**.

Westlich davon führt die Great Ocean Road zwischen dem Meer und den regenwaldbedeckten Otway Ranges hindurch. Im Künstlerdorf **Apollo Bay** entspannt man, dann geht's an **Cape Otway** vorbei – wegen der Koalas und des Leuchtturms.

Nun wartet der Port Campbell National Park und die **Twelve Apostles**. Um ein Gefühl für die Gegend zu bekommen, sollte man in **Port Campbell** übernachten. Vor der Küste von **Warrnambool** kann man nach Walen Ausschau halten, bevor es nach **Port Fairy** geht. Wenn noch Zeit bleibt, ist **Cape Bridgewater** einen Besuch wert.

10 TAGE — Von Melbourne nach Sydney

Die Küste zwischen den beiden größten Städten Australiens bietet viel wunderbare Wildnis: Start ist in **Melbourne** bevor **Phillip Island** erkundet wird, wo Pinguine, Seehunde und Surfer im Meer herumtollen. Dann folgt **Wilsons Promontory** mit Buschwanderungen und Stränden. Danach fährt man nach Nordosten bis **Mallacoota**, einer ruhigen Küstenstadt in Victoria.

Im wärmeren Teil der South Coast NSW kann man im verschlafenen **Eden** Wale beobachten, und das historische **Central Tilba** darf man nicht verpassen. Weiter geht's nach **Narooma** mit seinen Stränden. Von hier geht eine Fähre nach **Montague Island**. Auf dem Weg nach Norden lohnt ein Abstecher nach **Canberra**, der Hauptstadt Australiens. Zurück an der Küste bietet **Jervis Bay** weiße Strände, Delfine und Nationalparks. Weiter gen Norden fährt man durch **Kiama**, dann durch **Woolongong** zum Grand Pacific Drive. Südlich von Sydney warten die Klippen des **Royal National Park**.

Und dann... **Sydney**! Das Opernhaus, eine Tour mit der Hafenfähre, Bondi Beach... Etwas Zeit sollte aber für die **Blue Mountains** bleiben.

BANF-PHOTOGRAPHY / 500PX ©

Oben: Die Gold Coast (S. 345)

Unten: Cape Byron Lighthouse (S. 167)

Reiseplanung

Trips zum Great Barrier Reef

Das weltgrößte Korallenriff erstreckt sich über 2000 km vom südlichen Wendekreis nahe Gladstone bis südlich von Papua-Neuguinea. Es gibt viele Möglichkeiten, das Great Barrier Reef zu erleben. Beim Tauchen und Schnorcheln kommt man den Meeresbewohnern und Korallen am nächsten. Man kann das Riff aber auch in einem Halbtaucher- oder Glasbodenboot bestaunen oder ein Rundflug machen.

Reisezeit

Die Hauptsaison geht von Juni bis Dezember. Zwischen August und Januar ist die Unterwassersicht am besten.

Nord-Queensland (nördl. von Townsville) erlebt von Dezember bis März eine Regenperiode mit drückender Hitze und viel Regen. Kühler wird's von Juli bis September. Zwischen November und Mai haben die Würfelquallen Hochsaison. Die meisten Betreiber für Riffausflüge halten spezielle Anzüge für Schnorchler und Taucher bereit, sofern man nicht seinen eigenen dabei hat.

Die **Whitsundays** sind generell ganzjährig ein prima Ziel. Trotz eventuell angenehmer Wärme braucht man dort im Winter (Juni–Aug.) gelegentlich einen Pullover. Südlich der Whitsundays kann der Sommer (Dez.–März) heiß und feucht sein.

Der Winter im **südlichen und zentralen Queensland** (Juni–Aug.) ist mild genug fürs Tauchen oder Schnorcheln mit Nassanzug.

Reiseziele

Es gibt viele beliebte und außergewöhnliche Ausgangspunkte, von denen aus man

Riff-Highlights

Tierbeobachtung

Auf Lady Elliot oder Heron Island Schildkröten beobachten. (S. 404)

Vor Green Island beim Kajakfahren nach Riffhaien und Rochen Ausschau halten. (S. 492)

Auf Magnetic Island wild lebende Koalas sichten. (S. 460)

Schnorcheln

Knuckle Reef, Hardy Reef und Fitzroy Reef sind Top-Spots. (S. 37)

Die den Whitsunday Islands (S. 435) und Magnetic Island (S. 460) vorgelagerten Riffe wimmeln vor Leben.

Vogelperspektive

Panoramaflüge ab Cairns (S. 482) oder den Whitsunday Islands. (S. 437)

Fallschirmspringen über Airlie Beach. (S. 438)

Segeln

Von Airlie Beach zu den Whitsunday Islands. (S. 438)

Von Port Douglas zum Agincourt Reef. (S. 504)

zum „GBR" gelangt. Achtung: Das Wetter oder neue Schäden am Riff können mitunter zu veränderten Bedingungen an einzelnen Orten führen.

Zugang vom Festland

Vom Festland gibt es mehrere Zugänge zum Riff; jeder bietet ein wenig andere Erlebnisse und Aktivitäten. Hier eine Übersicht in Süd-Nord-Richtung.

Agnes Water & Town of 1770 Beides Kleinstädte und top für alle, die den Menschenmassen entfliehen wollen. Von beiden Ortschaften führen Touren zur Fitzroy Reef Lagoon, die dank bislang beschränkter Besucherzahl zu den am wenigsten berührten Bereichen des Riffs zählt. Die Lagune ist super zum Schnorcheln und auch vom Boot ein toller Anblick.

Gladstone Eine etwas größere Stadt, aber immer noch recht klein. Es dient als nächster Zugang zu den südlichen Riffinseln, zu den Eilanden vor der Capricorn Coast und zu vielen Atollen (z. B. Lady Elliot Island) – super für Taucher und Schnorchler.

Airlie Beach Eine Kleinstadt mit vielen Segelausrüstern. Hauptattraktion sind Bootstrips mit zwei oder mehr Bordtagen, die einige Korallen-Saumriffe der Whitsunday Islands zum Ziel haben. Egal ob die Finanzen null oder fünf Sterne zulassen: In Airlie gibt's etwas für jeden Geldbeutel und somit bestimmt eine passende Tour.

Townsville Berühmter Ausgangspunkt für Trips für Taucher und Tauchanfänger. Im Angebot sind Abstecher zu den vielen Inseln und Winkeln des Riffs mit vier oder fünf Übernachtungen an Bord. Das Kelso Reef und das Wrack der SS Yongala sind besonders artenreich. Alternativ finden diverse Tagesausflüge mit Glasbodenbooten statt. Für mehr Auswahl sollte man besser nach Cairns. Das riesige Reef HQ Aquarium befindet sich auch in Townsville.

Mission Beach Näher am Riff als alle anderen Ausgangspunkte. Von dieser Kleinstadt führen einige Boots- und Tauchausflüge zu Abschnitten des Außenriffs. Das Angebot ist so überschaubar wie die Besucherzahl.

Cairns Der Hauptausgangspunkt für Touren zum Great Barrier Reef mit jeder Menge Anbietern. Hier bekommt man alles, von günstigen Tagesausflügen auf großen Booten bis hin zu luxuriösen fünftägigen Charterfahrten in lauschiger Atmosphäre. Das Spektrum deckt einen großen Teil des Riffs ab. Manche Veranstalter schippern nordwärts bis nach Lizard Island. Günstige Trips gehen eher zu Innenriffen, die oft stärker beschädigt sind. In Cairns starten auch Panoramaflüge.

Port Douglas Ein schicker Ferienort und der Zugang zu den Low Isles und zum Agincourt Reef, einem äußeren Barriereriff mit kristallklarem Wasser und schönen Korallen. Tauch-, Schnorchel- oder Bootstrips sind hier vornehmer und teurer als in Cairns, weniger Menschen sind hier ebenfalls. Vor Ort beginnen Panoramaflüge.

Cooktown In der Nähe von Lizard Island; während der Regenperiode zwischen November und Mai machen Tourveranstalter den Laden dicht.

Inseln

Über das ganze Riff verteilt liegen zahlreiche Inseln, die ein paar der tollsten Zugänge bilden. Diese Übersicht nennt die besten Eilande von Süden nach Norden.

Lady Elliot Island Ein Korallenatoll, das mit ca. 57 Vogelarten ein Paradies für Fans der Piepmätze ist. Auch Meeresschildkröten legen hier ihre Eier ab, und Lady Elliot ist wohl obendrein der beste Ort des Riffs, um Mantarochen zu beobachten. Die Insel ist zudem ein berühmtes Tauchrevier. Es gibt ein Resort hier, man kann aber auch einen Tagesausflug von Bundaberg aus unternehmen.

Heron Island Ein ruhiges Korallenatoll inmitten eines riesigen Riffbereichs. Dieses Tauchermekka ermöglicht auch Riffwanderungen und Schnorcheln. Heron Island ist die Heimat von ca. 30 Vogelarten und Nistplatz von Grünen Meeresschildkröten sowie Unechten Karettschildkröten. Die Insel hat nur ein Resort mit entsprechenden Preisen.

Hamilton Island Der „Vater der Whitsundays" hat ein weitläufiges, familienfreundliches Resort mit guter Infrastruktur, aber das Flair ist nicht gerade lauschig. Dafür starten hier viele Touren zum äußeren Riff. Von hier kann man Riffabschnitte besuchen, die vom Festland nicht zugänglich sind.

Hook Island Eine der äußeren Whitsundays und von Riffen umgeben. Die Bade- und Schnorchelmöglichkeiten sind super, und die Größe der Insel ermöglicht auch schöne Buschwanderungen. Unterkünfte und Campingplätze sind bezahlbar, und Hook ist von Airlie Beach aus leicht erreichbar – die Insel ist ein Topziel für Budgetreisende.

Orpheus Island Der Nationalpark ist einer der exklusivsten, ruhigsten und romantischsten Rückzugsorte des Riffs. Man kann hier toll schnorcheln: direkt vom Strand aus geht's hinein in die farbenfrohe Unterwasserwelt. Gruppen von Saumriffen sorgen zudem für viele Tauchmöglichkeiten.

Green Island Ein weiteres echtes Korallenatoll des Great Barrier Reef. Seine umliegenden Saumriffe zählen zu den schönsten überhaupt. Die Tauch- und Schnorchelspots sind spektakulär.

Riff-Highlights

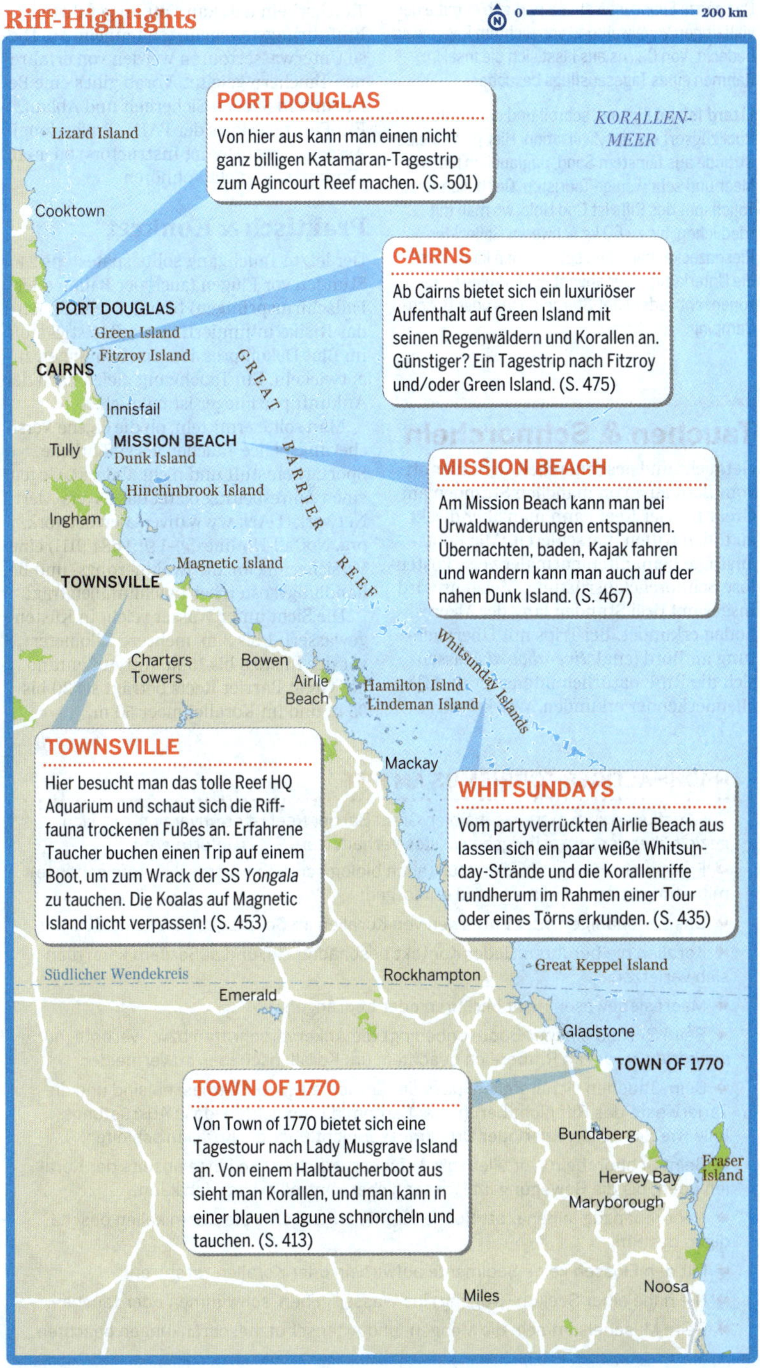

KORALLEN-
MEER

- Lizard Island

Cooktown

PORT DOUGLAS

PORT DOUGLAS
Von hier aus kann man einen nicht
ganz billigen Katamaran-Tagestrip
zum Agincourt Reef machen. (S. 501)

Green Island
Fitzroy Island

CAIRNS

CAIRNS
Ab Cairns bietet sich ein luxuriöser
Aufenthalt auf Green Island mit
seinen Regenwäldern und Korallen an.
Günstiger? Ein Tagestrip nach Fitzroy
und/oder Green Island. (S. 475)

Innisfail

Tully

MISSION BEACH
Dunk Island

Hinchinbrook Island

Ingham

MISSION BEACH
Am Mission Beach kann man bei
Urwaldwanderungen entspannen.
Übernachten, baden, Kajak fahren
und wandern kann man auch auf der
nahen Dunk Island. (S. 467)

Magnetic Island

TOWNSVILLE

G R E A T   B A R R I E R   R E E F

Whitsunday Islands

Charters
Towers

Bowen

Airlie
Beach

Hamilton Islnd
Lindeman Island

TOWNSVILLE
Hier besucht man das tolle Reef HQ
Aquarium und schaut sich die Riff-
fauna trockenen Fußes an. Erfahrene
Taucher buchen einen Trip auf einem
Boot, um zum Wrack der SS *Yongala*
zu tauchen. Die Koalas auf Magnetic
Island nicht verpassen! (S. 453)

Mackay

WHITSUNDAYS
Vom partyverrückten Airlie Beach aus
lassen sich ein paar weiße Whitsun-
day-Strände und die Korallenriffe
rundherum im Rahmen einer Tour
oder eines Törns erkunden. (S. 435)

Südlicher Wendekreis

Emerald

Rockhampton

Great Keppel Island

Gladstone

TOWN OF 1770

TOWN OF 1770
Von Town of 1770 bietet sich eine
Tagestour nach Lady Musgrave Island
an. Von einem Halbtaucherboot aus
sieht man Korallen, und man kann in
einer blauen Lagune schnorcheln und
tauchen. (S. 413)

Bundaberg

Hervey Bay

Fraser
Island

Maryborough

Miles

Noosa

0   200 km

Das ganze Eiland ist Nationalparkgebiet mit einer vielfältigen Vogelwelt und von dichtem Regenwald bedeckt. Von Cairns aus lässt sich die Insel im Rahmen eines Tagesausflugs besuchen.

Lizard Island Einsam, schroff und der ideale Rückzugsort vor der Zivilisation. Hier gibt's weiße Strände aus feinstem Sand, unglaublich blaues Meer und sehr wenige Touristen. Der bekannteste Tauchspot des Riffs ist Cod Hole, wo man mit friedlichen, bis zu 60 kg schweren Gefleckten Riesenzackenbarschen schwimmen kann. Was die Unterkünfte hier angeht, gibt's keine Grauzonen: entweder Fünf-Sterne-Luxus oder Busch-Camping.

Tauchen & Schnorcheln

Getaucht und geschnorchelt wird hier oft vom Boot aus. Von manchen Stränden am Great Barrier Reef kann man aber direkt zu tollen Riffen marschieren. Alle Bootsausflüge beinhalten normalerweise kostenlose Schnorchelausrüstung. Meistens wird insgesamt drei Stunden lang der Meeresboden erkundet. Bei Trips mit Übernachtung an Bord (engl. *live-aboards*) lassen sich die Riffe natürlich intensiver und flächendeckender erkunden. Wer keinen Tauchschein hat, kann oft an geführten Einführungstauchgängen teilnehmen. Diese Unterwassertouren werden von erfahrenen Tauchern geleitet. Vorab gibt's eine Belehrung in Sachen Sicherheit und Ablauf. Ein Fünftageskurs der PADI (Professional Association of Diving Instructors) oder ein „Buddy" sind nicht vonnöten.

Praktisch & Konkret

Der letzte Tauchgang sollte spätestens 24 Stunden vor Flügen (auch per Ballon oder Fallschirmsprüngen) beendet sein. So wird das Risiko minimiert, durch Reststickstoff im Blut Dekompressionserscheinungen zu entwickeln. Ein Tauchgang gleich nach der Ankunft per Flieger ist möglich.

Man sollte ermitteln, ob die eigene Versicherungspolice Tauchen als gefährliche Sportart einstuft und nicht abdeckt. Gegen einen Jahresbeitrag bietet das Divers Alert Network (DAN; www.diversalertnetwork. org. Notfall-Hotline: ☎ +1 919 684 9111) eine Versicherung an, die Evakuierungs- und Behandlungskosten bei Tauchunfällen trägt.

Die Sicht unter Wasser reicht in Küstengewässern 1 bis 3 m, mehrere Kilometer vor der Küste 8 bis 15 m. Am Außenrand des Great Barrier Reefs beträgt sie 20 bis 35 m und im Korallenmeer 50 m.

NACHHALTIGER TOURISMUS AM RIFF

Vor Ausflügen zum extrem sensiblen Great Barrier Reef ist es unverzichtbar, sich gezielt über verantwortungsbewusstes Verhalten am Riff zu informieren.

➡ Egal wohin man geht: Allen Müll (auch biologisch Abbaubares wie Apfelgehäuse) mitnehmen und korrekt an Land entsorgen!

➡ Das Beschädigen oder Entfernen von Korallen im Schutzgebiet ist eine Straftat.

➡ Korallen nie berühren: Jeder Kontakt beschädigt sie, und außerdem kann man sich verletzen.

➡ Meereslebewesen nicht berühren oder bedrängen.

➡ Beim Betrieb eigener Boote unbedingt die Ankervorschriften bzw. -verbote *(no anchoring areas)* im Riffbereich beachten, um Korallenschäden zu vermeiden.

➡ Beim Tauchen sicherstellen, dass die Gewichte korrekt bemessen sind und die Tarierweste das Riff nicht berührt; außerdem darauf achten, dass Ausrüstungsteile wie Sekundärregler oder Druckmesser nicht über die Korallen schleifen.

➡ Beim Schnorcheln (vor allem als Anfänger) zunächst so lange abseits der Korallen üben, bis die Bewegung im Wasser sicher kontrolliert werden kann.

➡ Neoprenanzug leihen statt Sonnencreme auftragen – die Chemikalien beschädigen das Riff.

➡ Mit den Flossen keine Sedimente aufwirbeln oder Korallen zerstören.

➡ Nie nahe einer Seekuh (Dugong) ins Wasser gehen, schwimmen oder tauchen.

➡ Beim Muschelsammeln die Mengen- und Artenschutzbeschränkungen beachten.

TOP-SCHNORCHELSPOTS

Nichttaucher könnten sich fragen, ob es sich lohnt, das Great Barrier Reef „nur zum Schnorcheln" zu besuchen. Die Antwort ist „ja": Viele der üppigen, bunten Korallen sind leicht zugänglich – sie wachsen dicht unter der Wasseroberfläche, da sie zum Gedeihen helles Sonnenlicht brauchen. Die besten Schnorchelspots auf einen Blick:

➡ Fitzroy Reef Lagoon (Town of 1770)
➡ Heron Island (Capricorn Coast)
➡ Keppel Island (Capricorn Coast)
➡ Lady Elliot Island (Capricorn Coast)
➡ Lady Musgrave Island (Capricorn Coast)
➡ Hook Island (Whitsundays)
➡ Hayman Island (Whitsundays)
➡ Border Island (Whitsundays)
➡ Lizard Island (Cairns)
➡ Hardy Reef (Whitsundays)
➡ Knuckle Reef (Whitsundays)
➡ Michaelmas Reef (Cairns)
➡ Hastings Reef (Cairns)
➡ Norman Reef (Cairns)
➡ Saxon Reef (Cairns)
➡ Opal Reef (Port Douglas)
➡ Agincourt Reef (Port Douglas)
➡ Mackay Reef (Port Douglas)

Im Norden ist das Wasser das ganze Jahr über warm (etwa 24 bis 30 °C). Gen Süden fällt die Wassertemperatur allmählich ab und sinkt im Winter auf 20 °C.

Top-Tauchspots am Riff

Das Great Barrier Reef bietet einige der besten Tauchspots der Welt. Hier eine kleine Auswahl:

SS Yongala Ein versunkenes Schiffswrack, das seit mehr als 90 Jahren eine lebendige Gemeinschaft von Meeresbewohnern beheimatet.

Cod Hole Mit Gefleckten Riesenzackenbarschen.

Heron Island Farbenfrohe Fischschwärme direkt vor dem Strand.

Lady Elliot Island Mit 19 berühmten Tauchspots.

Wheeler Reef Riesige Vielfalt an Meereslebewesen; auch super geeignet für Nachttauchgänge.

Bootsausflüge

Wer nicht auf einer Insel des Great Barrier Reef urlaubt, muss dessen Schönheit per Bootsausflug kennenlernen. Tagestrips starten an Inselresorts und in vielen Orten an der Küste. Sie beinhalten meist das Benutzen von Schnorchelausrüstung, Snacks, ein Mittagsbuffet und Tauchen als Extra. Manchmal halten auch Naturkundler oder Meeresbiologen an Bord einen Vortrag zur Riffökologie.

Bootsausflüge unterscheiden sich in puncto Passagierzahl, Schiffstyp und Qualität, was sich im Preis zeigt. Vor der Entscheidung heißt's möglichst alle Details ermitteln. Auswahlkriterien wären z. B. Bootstyp (Motorkatamaran od. Segelboot), Passagierzahl (6–400), Ziel und eventuelle Extras. Außenriffe sind in der Regel weniger berührt, Innenriffe oft durch Menschenhand oder korallenfressende Dornenkronenseesterne beschädigt. Korallenbleiche ist ein großes Problem in den weiter nördlich gelegenen Abschnitten des Riffs.

Viele Boote verleihen Unterwasserkameras, die jedoch an Land günstiger auszuleihen sind. Oder man benutzt seine eigene Unterwasserkamera bzw. ein wasserdichtes Gehäuse. Teilweise sind auch Profifotografen mit an Bord, die Taucher begleiten und sie mit hoher Qualität ablichten.

INFOS IM INTERNET ZUM RIFF

Dive Queensland www.dive-queens land.com.au

Tourism Queensland www.queens landholidays.com.au

Great Barrier Reef Marine Park Authority www.gbrmpa.gov.au

Department of National Parks, Sport & Racing www.nprsr.qld.gov.au

Australian Bureau of Meteorology www.bom.gov.au

Übernachten an Bord

Wer viel tauchen will, sollte *live-aboards* wählen. Man kann drei Tauchgänge bei Tageslicht machen und bei Gelegenheit nachts tauchen. Solche Exkursionen führen oft zu entlegeneren Bereichen des Riffs und beinhalten ein bis zwölf Übernachtungen. Zu den am häufigsten angebotenen Touren gehören dreitägige Trips mit drei Übernachtungen und bis zu elf Tauchgängen (neun tagsüber und zwei nachts).

Ein genauer Check der Optionen lohnt sich: Einige Boote stimmen ihre Fahrten auf bestimmte Meereslebewesen (z. B. die Walwanderung) oder die Korallenblüte ab. Andere besuchen entlegenere Reviere wie die Riffe im äußersten Norden, den Pompey Complex oder das Korallenmeer und die Swain Reefs.

Die Anbieter sollten zu Dive Queensland gehören, was einen Mindeststandard garantiert; auf www.dive-queensland.com.au gibt es eine Liste. Am besten können sie auch ein Zertifikat von Ecotourism Australia (www.ecotourism.org.au) vorweisen.

Beliebte Startpunkte von Übernachttrips inklusive Zielen, die besucht werden:

Bundaberg Bunker Island Group mit den Inseln Lady Musgrave und Lady Elliot; manchmal Fitzroy Reef, Llewellyn Reef und dem kaum besuchten Boult Reef oder zur Hoskyn und zur Fairfax Island.

Town of 1770 Bunker Island Group.

Gladstone Swain Reefs und Bunker Island Group.

Mackay Lihou Reef und Korallenmeer.

Airlie Beach Whitsundays, Knuckle Reef und Hardy Reef.

Townsville Wrack der *Yongala* plus Canyons von Wheeler und Keeper Reef.

Cairns Cod Hole, Ribbon Reefs, Korallenmeer und möglicherweise die Riffe im äußersten Norden.

Port Douglas Osprey Reef, Cod Hole, Ribbon Reefs, Korallenmeer und eventuell die Riffe im Norden.

Tauchkurse

In Queensland kann man vielerorts tauchen lernen, Auffrischungskurse belegen oder seine Fähigkeiten ausbauen. Örtliche Tauchkurse haben hohe Standards. Alle Schulen vergeben Zertifikate der PADI (Professional Association of Diving Instructors) oder der SSI (Scuba Schools International). Wesentlich wichtiger als die Wahl des jeweiligen Zertifikats ist jedoch ein guter Tauchlehrer. Somit heißt's vor der Entscheidung für einen bestimmten Kurs unbedingt Empfehlungen einholen und den Tauchlehrer kennenlernen.

Cairns zählt zu den beliebtesten Orten für Tauchkurse. Dort gibt's z. B. günstige Varianten (4 Tage kosten zwischen 520–765 AU$), die Pooltraining und Rifftauchen kombinieren. Am anderen Ende der Skala stehen intensivere Optionen mit Rifftauchen und Übernachtung (5 Kurstage inkl. 3 Tagen/2 Nächten an Bord kosten zwischen 800–1000 AU$).

Auch hier geht's nach dem Tauchunterricht hinaus zum Great Barrier Reef: nach Bundaberg, Mission Beach, Townsville, Airlie Beach, Hamilton Island, Magnetic Island und Port Douglas.

Camping am Riff

Ein Zelt auf einer tropischen Insel aufzuschlagen, ist eine einzigartige und günstige Methode, das Great Barrier Reef kennenzulernen. Man erlebt so Tropenidylle zum Bruchteil des Preises eines Fünf-Sterne-Inselresorts, das eventuell direkt neben dem Campingplatz liegt. Dessen Ausstattung kann von praktisch nicht vorhanden (ein sandiger Fleck im Schatten) bis zu Duschen, WCs, Infotafeln und Picknicktischen reichen. Die Abgeschiedenheit der meisten Inseln macht eine gute Vorbereitung auf allgemeine und medizinische Notfälle unerlässlich.

Unabhängig vom Ziel muss man eigene Nahrungsmittel und Wasser mitbringen (5 l/Tag & Pers.). Da sich Abholtermine oft wetterbedingt verschieben, sind Zusatzvorräte für mehrere weitere Tage sehr empfehlenswert.

Man darf nur an ausgewiesenen Stellen campen, nur markierte Wege benutzen und muss alles Mitgebrachte wieder mitnehmen. Wegen des Feuerverbots ist ein Gas- oder ein anderer Campingkocher nötig. Campinggenehmigungen für Nationalparks muss man im Voraus online beim Queensland Department of National Parks, Sport & Racing (S. #36) buchen. Unsere Favoriten:

Whitsunday Islands Über Hook, die Whitsundays und Henning Island verteilen sich fast ein Dutzend herrlich gelegener Campingplätze.

Capricornia Cays Stellplätze auf den Atollen Masthead Island, North West Island und der fantastischen, unbewohnten Lady Musgrave Island für maximal 40 Camper.

Dunk Island Einfach zu erreichen, mit prima Bade-, Kajak- und Wandermöglichkeiten.

Fitzroy Island Resort plus Nationalpark mit Buschwanderpfaden und Korallen vorm Strand.

Frankland Islands Inselgruppe vor Cairns mit Korallen-Saumriffen und weißen Sandstränden.

Lizard Island Wunderbare Strände, Korallen und Tierwelt. Die meisten Besucher kommen mit dem Flieger.

Buckelwal, Hervey Bay (S. 39)

Outdoor-Aktivitäten

Mit Regenwäldern, Inseln, Bergen und dem Great Barrier Reef hat die Ostküste viel zu bieten. Tauchen und Schnorcheln sind hier tägliche Vergnügen, und die Surfspots haben Weltklasse-Niveau. Hinzu kommen andere Highlights wie Segeln und Kajakfahren. An Land kann man wandern, Mountainbike fahren oder klettern. Adrenalinjunkies wählen Abseilen, Bungeejumping oder Fallschirmspringen.

Top-Aktivitäten

Wildtiere beobachten

➡ Seebären und Pinguine auf Montague Island

➡ Wale bei Eden und der Hervey Bay

➡ Koalas am Cape Otway und auf Magnetic Island

➡ Kasuare im Daintree Rainforest und am Mission Beach

➡ Krokodile am Daintree River (per Bootsfahrt ab dem Daintree Village)

Für Wagemutige

➡ Canyoning in den Blue Mountains

➡ Klettern am Mt. Arapiles

➡ Fallschirmspringen in Mission Beach

➡ Bungeejumping in Cairns

➡ Wildwasserrafting auf dem Tully River

Zu Lande

Wandern

Die vielen tollen *bushwalks* (Buschwanderwege) der Ostküste weisen alle erdenklichen Längen, Schwierigkeitsgrade und Einrichtungsstandards auf. Die Nationalparks bzw. State Forests an der Küste und in deren Hinterland zählen zu den besten Wanderrevieren. Zudem sind sie oft leicht von den Großstädten aus erreichbar.

Beste Wanderreviere

In Victoria begibt man sich für Streifzüge entlang der Küste am besten zum Wilsons Promontory National Park in Gippsland, der ab Tidal River und Telegraph Saddle markierte Wege hat. Man kann hier ein paar Stunden wandern oder auch mehrere Tage unterwegs sein. Es erwarten einen weißer Sand, klares Wasser, unberührtes Buschland und beeindruckende Aussichten auf die Küste. Weiter östlich, nämlich fast schon an der Grenze zu New South Wales (NSW), liegt der Croajingolong National Park nahe Mallacoota in East Gippsland. Er verfügt über felsige Wege durch das Inland und leichtere Küstenwege, die an historischen Leuchttürmen vorbei und über Sanddünen führen. Der Küstenstreifen entlang der Great Ocean Road bietet auch einige überwältigende Strecken für Buschwanderungen.

Zu den besten Wanderrevieren in NSW gehören die Blue Mountains, der Ku-ring-gai Chase National Park und der Royal National Park. Der ausgezeichnete Great North Walk führt von Sydney nach Newcastle. Wer Wandern mit Surfen und einer Sojamilch-Latte kombinieren will, begibt sich am besten direkt nach Sydney: Dort gibt's den herrlichen, halb urbanen Bondi to Coogee Clifftop Walk und den Manly Scenic Walkway.

In Queensland empfehlen sich Hinchinbrook Island, der Springbrook National Park und der D'Aguilar Range National Park. Der Wooroonooran National Park liegt südlich von Cairns. Er erwartet Gipfelstürmer mit Queenslands höchstem Berg, der den exzentrischen Namen Mt. Bartle Frere trägt und eine Höhe von 1622 m hat.

Bücher & Infos im Internet

Die Bücherserie *Take a Walk* (www.take awalk.com.au) deckt u. a. die Blue Mountains, den Südosten Queenslands, den Sü-

---

GREAT WALKS OF QUEENSLAND

Die Great Walks of Queensland, ein 16,5 Mio. AU$ schweres Projekt zur Erschaffung von Weltklasse-Wanderwegen, umfassen 10 Routen. Umfassende Details (inkl. Wegbeschreibungen, Karten und Buchungsmöglichkeiten für Stellplätze) gibt's im Internet unter www.nprsr.qld.gov.au/experiences/great-walks.

den von NSW und Victorias National-parks ab.

Bushwalking-Clubs und Informationen:

Brisbane Bushwalkers www.brisbanebush walkers.org.au

Bushwalking NSW www.bushwalkingnsw.org.au

Bushwalking Queensland www.bushwalking queensland.org.au

Bushwalking Victoria www.bushwalkingvictoria. org.au

Cairns Bushwalkers Club www.cairnsbush walkers.org.au

Tablelands Bushwalking Club www.tablelands bushwalking.org

Radfahren & Mountainbiken

Touren auf den vielen Radrouten der Ost-küste können ganze Tage und Wochenen-den oder sogar mehrere Wochen dauern: Das (zumeist) flache Terrain wird häufig von der Sonne verwöhnt. Alternativ kann man sich in Großstädten einfach einen Drahtesel für ein paar Stunden leihen.

Beim Mieten eines Straßenrads oder Mountainbikes (15–20 AU$/Std., 30–50 AU$/Tag) wird zusätzlich eine Kaution fällig (je nach Leihdauer 50–200 AU$). Unter www.bicycles.net.au finden sich Links zu Radfahrorganisationen in den einzelnen Bundesstaaten bzw. Territorien.

Tierbeobachtung

Die einheimische Tierwelt ist einer von Australiens größten Besuchermagneten. Nationalparks eignen sich am besten, um die Fauna der Ostküste zu bewundern. Allerdings sind viele Arten nachtaktiv (Taschenlampe nicht vergessen!). Viele verschiedene Habitate und Spezies (vor allem Wasservögel) machen Australien auch zum Paradies für Vogelbeobachter. Sogar die meisten Aussies wären verblüfft, zu erfahren, dass Canberra im Australian Capital Territory (ACT) die bunteste Vogelwelt aller australischen Großstädte hat.

In NSW liegen z. B. der Dorrigo National Park mit 120 verschiedenen Federträgern und der Border Ranges National Park mit einem Viertel aller australischen Vogelarten. Im Umkreis von Port Macquarie tummeln sich zahllose Koalas.

Victoria punktet mit den sehenswerten Pinguinen von Phillip Island und dem äußerst artenreichen Wilsons Promontory

Surfer, Bells Beach (S. 270)

National Park (dort scheint es z. T. mehr Wombats als Menschen zu geben).

In Queensland kann man nach Vögeln (Cape Tribulation), Koalas (Magnetic Island), Dingos (Fraser Island), Walen (Hervey Bay), Meeresschildkröten (Heron Island und Mon Repos bei Bundaberg), Krokodilen und Kasuaren (jeweils Daintree Rainforest) spähen.

Abseilen, Canyoning & Klettern

Vor allem bei Katoomba bieten die Blue Mountains in NSW Top-Möglichkeiten zum Klettern, Abseilen (*Rappelling*) und Canyoning. Zahlreiche Profi-Veranstalter bieten dort Leihausrüstung, Kurse und geführte Klettertrips an. Der Westen von Victoria lockt Kletterer und Boulderer aus der ganzen Welt an.

Zu Wasser

An den Ostküstenstränden dreht sich nicht alles nur um Sonne, Sand und das Waten in knöcheltiefem Wasser: Gleichzeitig war-

Schnorcheln im Great Barrier Reef (S. 33)

ten hier noch viele wesentlich aktivere Zeitvertreibe. In Cairns, Southport an der Gold Coast, Caloundra, Airlie Beach und in Batemans Bay ist Jetskifahren möglich. Parasailing wird am Sydney Harbour und auf der Mornington Peninsula (Victoria) angeboten – ebenso in Cairns und Rainbow Beach oder an den Stränden der Gold Coast (jeweils Queensland). Wer in New South Wales Stehpaddeln ausprobieren möchte, kann dies in Sydney (Manly und Cronulla), Jervis Bay oder Newcastle tun. Queensland bietet entsprechende Möglichkeiten in Noosa und an der Gold Coast; in Victoria empfehlen sich die Mornington Peninsula und Melbourne (St. Kilda).

Surfen

Im südlichen Teil der Ostküste findet man jede Menge sandige Surfstrände mit Brandungswellen. In Agnes Water in Queensland schirmt das Great Barrier Reef die Küste von den Wogen des Ozeans ab. Wer Surfen lernen will, findet hier ohne Probleme gute Wellen, Surfschulen und Surfbrettverleiher – vor allem in Sydney und Byron Bay in NSW, an der Gold Coast und in Noosa (Queensland) und entlang der

Great Ocean Road in Victoria. Zweistündige Kurse kosten etwa 60 AU$.

In Queensland und weiten Teilen von NSW reichen Boardshorts und „Rashies", aber in Victorias kühlerem Wasser greifen selbst die härtesten Surfer nach ihrem Wetsuit. Ein langer, bis zu 7 mm dicker Neoprenanzug ist die Norm.

Beste Surfspots

Die Ostküste ist quasi ein einziger langgestreckter *Endless Summer:* Ein Surfbreak hinter dem anderen türmt sich hier an der Küste auf. Unsere Lieblingsspots sind:

New South Wales
➡ Bondi Beach
➡ Byron Bay
➡ Crescent Head

Queensland
➡ The Superbank
➡ Burleigh Heads
➡ North Stradbroke Island

Victoria
➡ Torquay (Bells Beach) und zahlreiche andere Orte entlang der Great Ocean Road

➡ Point Leo, Flinders, Rye und Portsea
➡ Phillip Island (Woolami Beach)

Tauchen & Schnorcheln

Selbst wenn das Great Barrier Reef nicht
nahe vor der Ostküste liegen würde, wären die hiesigen Tauch- und Schnorchelmöglichkeiten immer noch Weltklasse:
Korallenriffe, Hunderte von Schiffswracks
und viele Bewohner gemäßigter, subtropischer oder tropischer Meereszonen sorgen
regional für eine reizvolle Unterwasserlandschaft.

Das Tauchen ist generell ganzjährig
möglich. In Queensland sollte man jedoch die Regenzeit (*The Wet*; Dez.–März)
meiden, wenn Einspülungen durch Hoch-
wässer die Unterwassersicht auch mal
trüben können. Zwischen November und
Mai treten außerdem vermehrt gefährliche
Würfelquallen (sogenannte *stingers*) nördlich von Agnes Water auf.

Tauchkurse

Jede größere Ortschaft an der Küste hat
eine Tauchschule, aber das Niveau variiert. Es lohnt sich also, ein paar Recherchen anzustellen, ehe man unterschreibt.
Billiganbieter beschränken sich in der Regel auf kurze Tauchgänge an der Küste;
bei teureren Veranstaltern verbringt man
manchmal mehrere Tage an Bord eines
Schiffs. Mehrtägige Tauchkurse in offenen Gewässern der Professional Association of Diving Instructors (PADI) kosten
zwischen 520 und 770 AU$, einmalige
Einführungstauchgänge zwischen 120
und 520 AU$.

Die Kosten für Zweiflaschentauchgänge
inklusive Leihgerät liegen für zertifizierte
Taucher normalerweise zwischen 180 und
250 AU$. Taucherbrille, Schnorchel und

Radfahren in Brisbane (S. 303)

Flossen bekommt man im Tauchshop für
30 bis 50 AU$.

Beste Tauchspots

In NSW kann man entlang der ganzen
Küste tauchen (inkl. Sydney, Byron Bay,
Jervis Bay, Coffs Harbour und Narooma).
Das nur einen Tagestrip entfernt liegende
Great Barrier Reef macht Queensland zum
Taucherparadies: Die meisten Schnorchel-
und Tauchtouren starten hier in Cairns
oder Port Douglas. Auch in Mooloolaba,
Rainbow Beach und Bundaberg lassen sich
Tauchausflüge organisieren – ebenso auf
North Stradbroke oder Moreton Island. In
Victoria empfehlen sich der Bunurong Ma-
rine Park (Gippsland) und Port Campbell
an der Great Ocean Road.

Kanu- & Kajakfahren

Kanus und Kajaks ermöglichen Trips in
ansonsten unerreichbare Ecken. Unterwegs kann man dichte Mangrovenzonen,
Flussmündungen oder -schluchten, einsame Inselstrände und Meeresarme in entle-
gener Wildnis erkunden. Zu den Paddelre-
vieren in NSW zählen der Sydney Harbour,
Byron Bay, Coffs Harbour, Port Stephens

NASSE HIGHLIGHTS

➡ Tauchen und Schnorcheln am
Great Barrier Reef

➡ Surfen in Bondi Beach, Byron Bay
oder Noosa

➡ Segeln an den Whitsundays

➡ Kajakfahren bei North Stradbroke
Island

➡ Fährtrips auf dem Sydney Harbour

Oben: Sydneys Skyline und Hafen (S. 54)

Unten: Grand Canyon Walk (S. 126), Blue Mountains

CHAY TALALNON / SHUTTERSTOCK ©

und Jervis Bay. In Queensland empfehlen sich Mission Beach, Magnetic Island, Noosa und die Whitsundays. In Victoria kann man z.B. im Großraum Melbourne das Paddel schwingen (auf dem Yarra River) – ergänzt durch geführte Touren rund um Apollo Bay, Phillip Island, Wilsons Promontory und Gippsland. Zweistündiges Paddeln kostet um die 70 AU$.

Segeln

Nach dem Surfen ist Segeln die beliebteste Freizeitaktivität auf dem Meer vor Australiens Ostküste. Dort herrscht eine ganz eigene wohlhabende Jachtclub-Szene und sogar ein regionales Migrationsmuster: Im Winter folgen die Bootsbesitzer dem wärmeren Wetter gen Norden.

Beste Segelreviere

In NSW besteht eine untrennbare, historische Verbindung zwischen Booten und dem Sydney Harbour: Sydney zählt zu den großen Seefahrtsstädten der Welt. Den einfachsten Blick aufs Meer erlauben hier Fährpassagen hinüber nach Manly oder Balmain. Hinzu kommen Hafenrundfahrten und mietbare Jachten. Ansonsten herrscht starker Segelbetrieb auch in Port Stephens, Jervis Bay und Ballina.

In Queensland sind die malerischen Whitsunday Islands ein zauberhaftes Segelrevier: In Airlie Beach kann man an ein- und mehrtägigen Törns teilnehmen oder gleich seinen eigenen Kahn chartern. Auch in Cairns oder Port Douglas gibt's Mietboote und geführte Touren – so lassen sich z.B. das Great Barrier Reef und einige Inseln vor Queenslands äußerster Nordküste erkunden.

In Victoria zieht es städtische Skipper zu den Segelclubs rund um die Port Phillip Bay. Ebenfalls bei Seglern beliebt sind die riesigen Gippsland Lakes und das Mallacoota Inlet nahe der Grenze zu NSW.

Australiens Ostküste im Überblick

Sydney & die Central Coast

Strände
Essen
Wildnis

Perfektes Surferlebnis

Sydneys Surferstrände sind herausragend. Bondi Beach kennt jeder, deshalb ist es hier auch ziemlich überfüllt. Mehr Ellbogenfreiheit hat man Richtung Süden in Maroubra oder Cronulla oder an den Northern Beaches.

Modern Australian

Der Begriff „Modern Australian" (oder „Mod Oz") ist inzwischen gar nicht mehr so modern, er steht aber immer noch für die panpazifische Fusion aus Stilen und Zutaten von Sydneys Küche. Mit Blick auf den Hafen wird diese Mischung perfekt.

Nationalparks

Hier gibt es einige der besten Nationalparks Australiens. Um Sydney herum liegen der Royal National Park mit tollen Wanderwegen und Stränden sowie der Ku-ring-gai Chase National Park mit seinen Gewässern und wilden Tieren.

S. 52

Byron Bay & Nordküste von NSW

Nachtleben
Surfen
Kleinstädte

Ausgehen in Byron

Byron Bay hat Bars und Pubs für jeden Tag der Woche, seien es Bierkneipen, Pubs mit Livemusik oder klassische Weinstuben. Was darf's denn sein?

Surfen an der Nordküste

Das Wasser ist warm, und perfekt getimte Wellen rollen an die legendären Surfspots der Nordküste wie der Pass in Byron Bay und Lennox Head.

Nimbin & Bangalow

Bei einem kurzen Abstecher ins Hinterland von Byron Bay kann man großartige Kleinstädte besuchen und z. B. durch die Hippiestadt Nimbin schlendern oder im etwas exklusiveren (aber bodenständigen) Bangalow im Pub zu Mittag essen.

S. 141

Canberra & Südküste von NSW

Geschichte & Kultur
Strände
Politik

Canberras Museen

Tage voller Kultur verbringt man in der National Gallery mit ihrer überwältigenden Aborigine-Kunst, im National Museum, am Australian War Memorial und in der National Portrait Gallery.

Strände der Südküste

Fährt man von Sydney aus nach Süden ins südliche NSW findet man imposante weiße Küstenlinien mit bewährten Surfspots und (das ist das Beste daran) kaum einem Fußabdruck.

Parliament House

Man kann im Parliament House bei Fragestunden zuhören, das Old Parliament House besuchen und das Museum of Australian Democracy erkunden.

S. 181

Melbourne & Victorias Küste

Buschwandern
Essen
Strände

Wandern in Wilsons Prom

Wilsons Promontory National Park, der südlichste Punkt des australischen Festlands, bietet alles von Ausflügen am Strand bis zu mehrtägigen Rundwegen.

Essen in Melbourne

Melbourne ist ein Paradies für Feinschmecker: Obst- und Gemüsemärkte, künstlerisch angehauchte Cafés und schicke Restaurants, alles getränkt mit dem Multikulturalismus, der typisch ist für diese Stadt.

Die Great Ocean Road

Das Wasser ist kühl, aber hier findet man einige der schönsten Strände des Landes, von den großen Brandungswellen am Bells Beach bis zur sanften Bucht in Lorne und den Wogen rund um Port Campbell.

S. 216

Brisbane & Umgebung

Essen
Stadtviertel
Nachtleben

Kaffeekultur

Brisbane ist heiß und feucht, aber das hält die Einheimischen nicht von einer dampfenden Tasse Kaffee ab. Coole Cafés gibt es an jeder Ecke, gut versorgt von einer Reihe hochkarätiger örtlicher Röstereien.

Die hippe Innenstadt

Brisbane ist ein dichtes Netz diverser Stadtviertel. Da wären das unkonventionelle West End, das postindustrielle Newstead und Teneriffe, alle mit stetig wachsender Zahl an Cafés, Bars und Clubs.

Brisbanes kleine Bars

Es hat eine Weile gedauert, aber auch Brisbane hat sich nun dem australienweiten Boom an kleinen Billigkneipen in Seitenstraßen und hinter kompakten Ladenfronten angeschlossen.

S. 301

Gold Coast

Surfen
Nachtleben
Nationalparks

Surfers Paradise

Der Strand hier ist einer der besten von Australien, um Surfen zu lernen; größere Herausforderungen gibt's um Kirra und Burleigh Heads.

Clubs, Pubs & Bars

An der ganzen Goldküste – von den pulsierenden Clubs in Surfers Paradise bis zu den Surferkneipen und -clubs in Coolangatta – ist man nie weit von einem kalten Après-Surf-Bier (oder Tequila, Champagner oder Daiquiri am Pool) entfernt.

Das grüne Hinterland

Im Hinterland der Gold Coast gibt es einige hervorragende Nationalparks zu entdecken: Springbrook, Lamington und Tamborine haben Wasserfälle, Wanderungen und pausenlos Vogelgezwitscher zu bieten.

S. 345

Noosa & die Sunshine Coast

Surfen
Essen
Natur

Surfen an der Sunshine Coast

Das relaxte Surfer-Ethos der Sunshine Coast zieht sich bis in die kleinen Seitenstraßen, und es gibt entlang der Küste viele Surfshops, gute Brandungen und warme Wellen.

Kulinarisches in Noosa

Man weiß, man ist *wirklich* im Urlaub, wenn man sich nur entscheiden muss, wo man frühstücken, zu Mittag oder zu Abend essen möchte. Willkommen in Noosa!

Der Noosa National Park

Der Noosa National Park ist mit seinen fotogenen Stränden, die bis zu dicht bewachsenen Hügeln hinaufreichen, perfekt zum Buschwandern, Schwimmen und Chillen in der Sonne.

S. 364

Fraser Island & Fraser Coast

Inseln
Meeresleben
Kleine Städte

Fraser Island

Die sandige Fraser Island beherbergt ein einzigartiges Ökosystem, das dem Paradies nahe kommt. Ein Tagesausflug weckt nur den Appetit – man sollte hier über Nacht campen.

Walbeobachtung

Vor der Hervey Bay gibt es wandernde Buckelwale. Kontroversen überschatten das Walbeobachtungsgeschäft, aber ökologisch zugelassene Touren geben den Tieren den benötigten Platz.

Rainbow Beach & Childers

Die beiden kleinen Städtchen, eines an der Küste, eines im Landesinneren, sind absolute Schönheiten: Rainbow Beach wegen seiner Klippen, Childers wegen seiner ländlichen Atmosphäre und historischen Architektur.

S. 389

Capricorn Coast & Southern Reef Islands

Tauchen & Schnorcheln
Inseln
Outback-Zugang

Southern Reef

Von Town of 1770 aus kann man Schnorcheltouren zum Riff buchen oder eine Koje auf einem Tauchschiff. Oder man sucht sich gleich ein Quartier auf einer der Inseln.

Lady Elliot Island

Die winzige Insel eignet sich hervorragend zum Schnorcheln, die Riffe beginnen direkt vor dem Strand. Der Ferienort ist ökologisch ausgerichtet und der Flug hierher eine Panoramareise.

Rockhampton

Nur 40 km von der Küste entfernt gibt Australiens „Rindfleisch-Hauptstadt" einen Vorgeschmack auf den Busch. Weiter westlich bietet der Aufenthalt auf einer Rinderfarm Einblicke in das Leben im Outback.

S. 411

Whitsunday Coast

Inseln
Segeln
Nachtleben

Whitsundays

Hier hat man die Qual der Wahl: Der Archipel ist mit seinen 74 tropischen Schönheiten wirklich bemerkenswert. Es gibt viele Möglichkeiten, die Inseln kennzulernen – man kann z.B. buschwandern, mit dem Kajak herumpaddeln oder auf einer Jacht faulenzen.

Inselhüpfen

Die absolut klaren Gewässer rund um die Whitsundays wären unvollständig ohne schneeweiße Segel im Bild. Von Bord einer Jacht aus findet man seine perfekte Insel bestimmt.

Airlie Beach

Der wichtigste Startpunkt für Touren durch die Inseln ist Airlie Beach, eine Partystadt voller Partymenschen. Nach Anbruch der Dunkelheit trifft man sich in den Bars.

S. 427

Townsville bis Mission Beach

Küstenlinie
Natur
Architektur

Schöne Strände

Zwischen dem Strand von Townsville und Flying Fish Point bei Innisfail liegen an der Küste weitläufige Strände wie Mission Beach ebenso wie abgeschiedene Buchten (z.B. Etty Bay).

Nationalparks

Hier kann man wandern, campen, schwimmen und picknicken, während flugunfähige, prähistorisch aussehende Kasuare durch den Regenwald streifen. Zu den besten Adressen gehören Hinchinbrook Island und der Paluma Range National Park.

Historische Gebäude

In Charters Towers gibt es das Straßenbild aus der Goldgräberzeit, in Townsville Gebäude aus dem 19. Jh. und in Innisfail Artdéco-Bauten.

S. 451

Great Barrier Reef

Meeresleben
Tauchen &
Schnorcheln
Inseln

Korallen & Fische

Es ist keine Übertreibung: Das Weltkulturerbe Great Barrier Reef ist die Heimat eines atemberaubenden Spektrums an Korallen und Fischen in allen Formen, Größen und Farben.

Tagesausflüge zum Riff

Nicht zögern – einen Schnorchel- oder Tauchtrip zur Erkundung des Riffs muss man buchen. In Cairns und Port Douglas gibt es viele Anbieter, die Besucher einen Tag (oder länger) mit hinausnehmen.

Inselchen für Schiffbrüchige

Einen Tag lang schiffbrüchig spielen: Das 2000 km lange Rückgrat des Riffs ist übersät mit zahllosen Inseln und Atollen – und die meisten hat man ganz für sich allein.

S. 446

Cairns & Daintree Rainforest

Nachtleben
Essen
Indigene Kultur

Cairns bei Nacht

In Cairns gibt's so viele Backpacker und Besucher, dass es manchmal schwierig werden kann, einen Einheimischen zu entdecken. Normalerweise findet man aber einen oder zwei in den lauten Pubs und Bars der Stadt.

Regionale Produkte

Viele Farmen, Obstgärten und Plantagen auf der Hochebene von Atherton kann man besichtigen. Oder man probiert die Leckereien der Region einfach in den Restaurants.

Daintree-Touren

Mehrere Touranbieter der Aborigines nehmen Besucher mit auf eine Kulturreise durch den zeitlosen Daintree Rainforest und erklären sein reiches indigenes Erbe.

S. 474

Reiseziele an der Ostküste

Sydney & Central Coast

Gut essen

➡ Quay (S. 90)

➡ Sepia (S. 91)

➡ Subo (S. 138)

➡ Mr. Wong (S. 90)

➡ Muse Restaurant (S. 132)

➡ Bourke Street Bakery (S. 96)

Schön übernachten

➡ ADGE Boutique Apartment Hotel (S. 87)

➡ Sydney Harbour YHA (S. 83)

➡ Ovolo 1888 (S. 85)

➡ Tonic (S. 131)

➡ Greens of Leura (S. 123)

Auf nach Sydney & zur Central Coast!

Traveller werden wahrscheinlich zuerst in Sydney mit Australiens Ostküste Bekanntschaft schließen. Und die Stadt ist dank ihrer Hafenlage, ihrer sonnenverwöhnten Strände und ihrer glanzvollen Eleganz der ideale Ort dafür. Wegen ihrer naturverbundenen Einwohner hat sie zudem einen selbstbewussten Charme, den jede Stadt gerne hätte.

Man könnte glauben, dass sich die Gebiete rund um Sydney damit begnügten, sich im widergespiegelten, unbestreitbar goldenen Glanz der Metropole zu sonnen, aber das ist nicht der Fall. Alle diese Gegenden werfen ihre eigenen Highlights in die Waagschale. Die Blue Mountains bieten eine herrliche Aussicht in die prächtige Buschlandschaft und die Gelegenheit, es sich vor einem Kamin gemütlich zu machen. Rund um Newcastle warten etliche Surfstrände und im Hunter Valley führen grüne Landstraßen zu feinen Weingütern, Schokoladenproduzenten und Käsereien. Und in allen drei Gebieten finden sich Weltklasserestaurants, die es mit denen in der Metropole aufnehmen können.

Reisezeit
Sydney

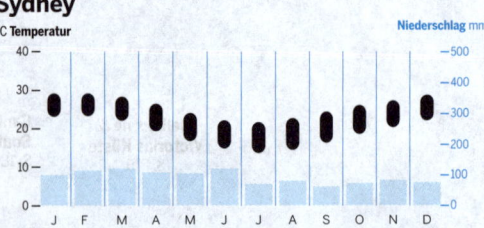

°C Temperatur — Niederschlag mm

Jan. Das neue Jahr wird mit einem tollen Feuerwerk über Sydney Harbour eingeläutet.

März Die Partysaison erreicht in Sydney mit dem Gay & Lesbian Mardi Gras ihren Höhepunkt.

Juli Kaminfeuer, Wein und Wintermenüs locken in die Blue Mountains und ins Hunter Valley.

Highlights

1 Sydney Opera House
(S. 54) Sich das Wahrzeichen
der Stadt aus der Nähe anschauen

2 Bondi Beach (S. 70) Am
goldenen Sandstrand den Tag
verträumen

3 Porteño (S. 96) Im gastronomischen Kernland speisen

4 Manly Scenic Walkway
(S. 79) Zwischen Landzungen
und Stränden wandern

5 Watsons Bay (S. 71) Die
Fähre nehmen und einen Nachmittag lang den Ort erkunden

6 Taronga Zoo (S. 72) Australiens eigenartiger und wunder-
voller Tierwelt begegnen

7 White Rabbit (S. 73) In
Sydneys bester Kunstgalerie eine
neue Sicht auf die Dinge gewinnen

8 Blue Mountains (S. 120)
Bei einer spektakulären Buschwanderung nach Eukalyptus
duftende Täler erkunden

9 Hunter Valley (S. 128) Sich
mit einer Boutique-Unterkunft,
feinem Essen und ausgezeichneten Weinen verwöhnen

10 Newcastle (S. 134) Sich
nach dem Surfen ein Frühstück in
einem der ausgezeichneten Cafés
der Stadt gönnen

SYDNEY

5,1 MIO. EW. / 📱 02

Australiens größte Stadt ist entspannter, als man das von einer Metropole erwarten würde, die zu den großen Städten der Welt gehört. Sydney besitzt eine hinreißende natürliche Lage rund um den prächtigen Hafen, wundervolle Strände und herrliche Nationalparks und darüber hinaus noch drei der wichtigsten Wahrzeichen des Landes: die Harbour Bridge, das Opernhaus und den Bondi Beach. Aber damit hören die Attraktionen noch lange nicht auf. Die sonnenverwöhnte sowie landesweit älteste und vielfältigste Stadt punktet mit ihrer wunderbaren Küche, ihrer hedonistischen Lebenseinstellung, ihrer faszinierenden Geschichte und dem draufgängerischen Charme ihrer Einwohner.

◉ Sehenswertes

◉ Circular Quay & The Rocks

Mehrere von Sydneys Hauptsehenswürdigkeiten konzentrieren sich in diesem Gebiet. Die über The Rocks verteilten Museen und ehrwürdigen Gebäude vermitteln einen Einblick in Australiens Kolonialzeit. Große Attraktionen wie das Museum of Contemporary Art und der Royal Botanic Garden verlangen viel Zeit. Die beiden unbestrittenen Highlights sind aber das Sydney Opera House und die Sydney Harbour Bridge.

★ Sydney Harbour Bridge   BRÜCKE

(Karte S. 62; 🚉 Circular Quay) Die Einwohner Sydneys lieben ihren riesigen „Kleiderbügel". Das majestätische Bauwerk, das den Hafen an einer seiner schmalsten Stellen überspannt, wurde 1932 eröffnet. Am besten erlebt man die Brücke zu Fuß – vom Ausblick aus dem Auto oder Zug sollte man nicht zu viel erwarten. Von beiden Seiten führen Treppen zur Brücke und ihrem an der Ostseite verlaufenden Fußweg hinauf. Man kann den südöstlichen Brückenpfeiler bis zum **Pylon Lookout** (Karte S. 62; 📱 02-9240 1100; www.pylonlookout.com.au; Erw./Kind 15/10 AU$; ⏱ 10–17 Uhr) erklettern und im Rahmen des unglaublich populären Bridge Climb (S. 81) sogar den Brückenbogen hinaufkraxeln.

★ Sydney Opera House   GEBÄUDE

(Karte S. 62; 📱 02-9250 7777; www.sydneyopera house.com; Bennelong Point; Führung Erw./Kind 37/20 AU$; ⏱ Führungen 9–17 Uhr; 🚉 Circular Quay) Das vom dänischen Architekten Jørn Utzon entworfene Opernhaus gehört zum Weltkulturerbe und ist Australiens berühmtestes Wahrzeichen. Die Oper, optisch eine Anspielung auf die geblähten, weißen Segel einer in See stechenden Jacht, dominiert das Gelände am Hafen. Der Komplex umfasst fünf Säle für Ballett, Oper, Theater und Konzerte. Am besten erlebt man das Gebäude bei einer Aufführung, aber auch einstündige Führungen in mehreren Sprachen werden angeboten. Wegen Renovierungsarbeiten wird die Konzerthalle von 2017 bis 2019 geschlossen bleiben, auch Besichtigungen werden nur eingeschränkt möglich sein.

★ Royal Botanic Garden   GARTEN

(Karte S. 62; 📱 02-9231 8111; www.rbgsyd.nsw. gov.au; Mrs. Macquaries Rd; ⏱ 7am-dusk; 🚉 Circular Quay) 🎫 GRATIS Der östlich vom Opernhaus an die Farm Cove angrenzende weitläufige Garten ist ein beliebtes Ziel zum Picknicken, Joggen und Schmusen. Er wurde 1816 gegründet und zeigt Pflanzen aus Australien und aller Welt. Innerhalb des Gartens befinden sich Gewächshäuser mit Palmen und Farnen sowie das **Calyx** (Karte S. 62; ⏱ 10–16 Uhr; 🚉 Martin Place), eine hinreißende neue Ausstellungsfläche in einem kurvenförmigen Glashaus mit einer begrünten Wand und pflanzenbezogenen Wechselausstellungen. Einen Lageplan des Parks erhält man an den Haupteingängen.

In dem Park befindet sich die Stätte des ersten kümmerlichen Gemüsebeets der Kolonie, aber die Geschichte des Geländes reicht noch viel weiter zurück: Lange vor der Ankunft der Sträflinge befand sich hier ein Initiationsplatz der indigenen Gadigal. Kostenlose eineinhalbstündige Führungen starten täglich um 10.30 und werktags zusätzlich um 13 Uhr. Vorab buchen muss man die **Aboriginal Heritage Tour** (Karte S. 58; 📱 02-9231 8134; Erw. 39 AU$; ⏱ Mi, Fr & Sa 10 Uhr).

Mrs. Macquaries Point   PARK

(Karte S. 58; Mrs. Macquaries Rd; 🚉 Circular Quay) Der Park schließt direkt an die Royal Botanic Gardens an, gehört jedoch offiziell zur Domain und nimmt die nordöstliche Spitze von Farm Cove ein. Von dem Gelände aus hat man einen wunderbaren Blick über die Bucht auf das Opernhaus und die Skyline der Stadt. Benannt wurde das Gelände nach Elizabeth, der Frau von Gouverneur Macquarie. Im Jahr 1810 ließ diese einen Sitzplatz in den Felsen meißeln, von dem aus sie den Blick auf den Hafen genießen konnte.

SYDNEY IN ...

... zwei Tagen

Der erste Tag beginnt mit einer Zugfahrt nach Milsons Point, von wo aus man über die **Harbour Bridge** (S. 54) zurück nach The Rocks marschiert. Anschließend erkundet man die engen Gassen dieses Viertels und geht am Hafen entlang und am **Opera House** (S. 54) vorbei zum **Royal Botanic Garden** (S. 54) und zur **Art Gallery of NSW** (S. 59). Abends schaut man sich eine Veranstaltung im **Opera House** (S. 111) oder das bunte Treiben in Chinatown und Darlinghurst an. Am nächsten Tag genießt man einige Zeit die Sonne und die Szene in Bondi, marschiert auf dem Klippenweg zum Coogee Beach und kehrt schließlich nach Bondi zurück zu einem Abendessen bei Sonnenuntergang im **Icebergs Dining Room** (S. 98).

... vier Tagen

Am dritten Tag geht's mit der Fähre durch den Hafen nach Manly, wo man am Strand baden oder dem **Manly Scenic Walkway** (S. 79) folgen kann. Am Abend speist man in Surry Hills und gönnt sich einen Drink. Am vierten Tag erfährt man im **Hyde Park Barracks Museum** (S. 60) von Sydneys Vergangenheit als Strafkolonie und geht dann am Nachmittag in Paddington oder Newtown auf Shoppingtour.

... einer Woche

Bei einer Woche kann man zwei Tage einem Besuch der majestätischen Blue Mountains widmen und dabei eine ganztägige Wanderung unternehmen, ehe man sich mit einem Feinschmecker-Diner verwöhnt. Wieder zurück in Sydney erkundet man die **Watsons Bay** (S. 71), **Darling Harbour** (S. 63) und den **Taronga Zoo** (S. 72).

Mrs. Macquarie's Chair, wie man ihn auch nennt, besteht auch heute noch.

⭐**Rocks Discovery Museum** MUSEUM
(Karte S. 62; ☎ 02-9240 8680; www.therocks. com; Kendall Lane; ⏰ 10–17 Uhr; 🚇 Circular Quay) GRATIS Das kleine exzellente Museum in einer Gasse von The Rocks taucht mithilfe zahlloser Artefakte tief in die Geschichte des Viertels ein. Die Ausstellung ist chronologisch in vier Epochen untergliedert: Warrane (vor 1788), Kolonialzeit (1788–1820), Hafenstadt (1820–1900) und Transformation (1900–heute). Die Gadigal, die Ureinwohner der Gegend, werden einfühlsam berücksichtigt, und es gibt interessante Geschichten über Charaktere der frühen Kolonialzeit.

⭐**Sydney Observatory** OBSERVATORIUM
(Karte S. 62; ☎ 02-9217 0111; http://maas.muse um/sydney-observatory; 1003 Upper Fort St; ⏰ 10–17 Uhr; 🚇 Circular Quay) GRATIS Das in den 1850er-Jahren im italienischen Stil aus Sandstein erbaute Observatorium Sydneys wird von einer Kuppel aus Kupfer gekrönt und thront auf dem hübschen **Observatory Hill** mit Blick auf den Hafen. Es beherbergt eine Sammlung alter Apparaturen, zu der auch Australiens ältestes funktionsfähiges Teleskop (1874) zählt, und zeigt Wissenswertes zur australischen Astronomie und zum Venusdurchgang. Angeboten werden auch unterhaltsame Führungen (Erw./Kind 10/8 AU$), zu denen auch eine Vorführung im Planetarium zählt. Die nächtlichen Sternbeobachtungen (Mo-Sa, Erw./Kind 22/17 AU$) und die Veranstaltungen mit den Himmelsgeschichten der Aborigines (Erw./Kind 18/12 AU$) müssen vorab reserviert werden. Alle Führungen eignen sich auch prima für Kinder.

⭐**Walsh Bay** UFERGEBIET
(Karte S. 62; www.walshbaysydney.com.au; Hickson Rd; 🚌 324, 325, 998, 🚇 Wynyard) Der Uferabschnitt am Dawes Point war Sydneys geschäftigster vor dem Aufkommen der Containerschiffe und dem Bau der neuen Hafeneinrichtungen in Botany Bay. In den letzten zehn Jahren wurden die Kais aus der Federation Era in einem unglaublichen Ausmaß gentrifiziert und haben sich in Luxushotels, Apartments, Theater, Motorboothäfen, Cafés und Restaurants verwandelt. Die Gegend bietet sich für einen malerischen Spaziergang an, bei dem man die Kais und den Hafenblick mit dem nahe gelegenen Barangaroo Park kombinieren kann.

Barangaroo Reserve PARK
(Karte S. 62; www.barangaroo.com; Hickson Rd; ⏰ 24 Std.; 🚌 324, 325, 🚇 Circular Quay) Der Park

Sydney Harbour

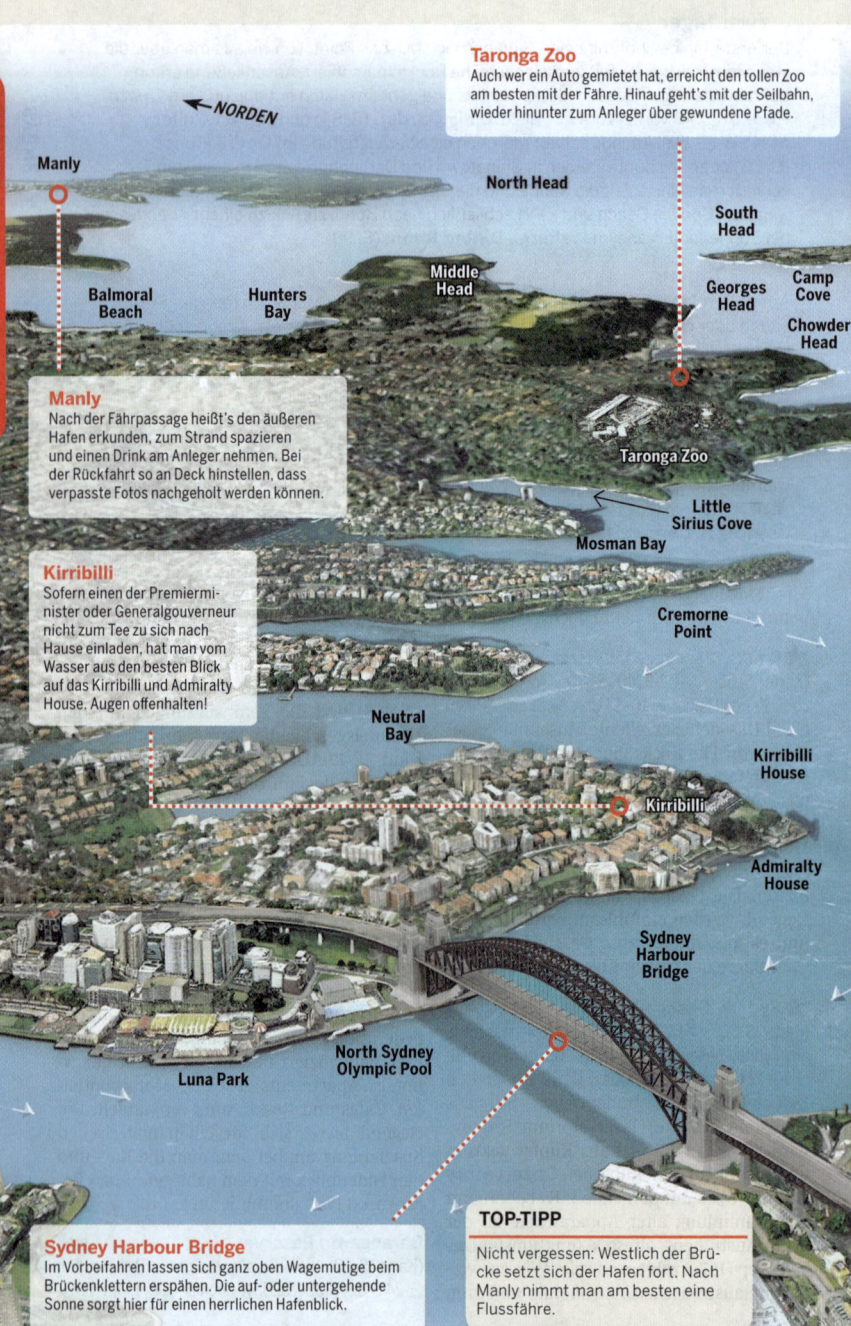

← *NORDEN*

Manly

North Head

South Head

Balmoral Beach

Hunters Bay

Middle Head

Georges Head

Camp Cove

Chowder Head

Taronga Zoo
Auch wer ein Auto gemietet hat, erreicht den tollen Zoo am besten mit der Fähre. Hinauf geht's mit der Seilbahn, wieder hinunter zum Anleger über gewundene Pfade.

Manly
Nach der Fährpassage heißt's den äußeren Hafen erkunden, zum Strand spazieren und einen Drink am Anleger nehmen. Bei der Rückfahrt so an Deck hinstellen, dass verpasste Fotos nachgeholt werden können.

Taronga Zoo

Little Sirius Cove

Mosman Bay

Kirribilli
Sofern einen der Premierminister oder Generalgouverneur nicht zum Tee zu sich nach Hause einladen, hat man vom Wasser aus den besten Blick auf das Kirribilli und Admiralty House. Augen offenhalten!

Cremorne Point

Neutral Bay

Kirribilli House

Kirribilli

Admiralty House

Sydney Harbour Bridge

North Sydney Olympic Pool

Luna Park

Sydney Harbour Bridge
Im Vorbeifahren lassen sich ganz oben Wagemutige beim Brückenklettern erspähen. Die auf- oder untergehende Sonne sorgt hier für einen herrlichen Hafenblick.

TOP-TIPP
Nicht vergessen: Westlich der Brücke setzt sich der Hafen fort. Nach Manly nimmt man am besten eine Flussfähre.

Watsons Bay

Beim Anlegen am geschützten Kai mag man sich Watsons Bay als das einsame Fischerdorf von einst vorstellen! Und beim Schlendern über den South Head fällt der Blick auf den Hafen und meerumtoste Klippen.

Fort Denison

Die befestigte Insel (alias Pinchgut) war früher ein Ort grausiger Strafen. Zur Abschreckung wurden hier hingerichtete Häftlinge öffentlich hängen gelassen – sehr zum Entsetzen der Aborigines.

DINOZZAVER/SHUTTERSTOCK ©

Fähren

Der Circular Quay ist die Drehscheibe der staatlichen Sydney Fähren: Ab hier führen neun Linien zu insgesamt 38 Anlegern.

Watsons Bay

Macquarie Light-house

Vaucluse Bay

Shark Bay

Rose Bay

Bradleys Head

Shark Island

Point Piper

Double Bay

Clark Island

Darling Point

Garden Island

Naval Base

Elizabeth Bay

Fort Denison

Mrs. Macquaries Point

Potts Point

Woolloomooloo Finger Wharf

Sydney Opera House

Government House

Farm Cove

Royal Botanic Garden

Circular Quay

The Rocks

Sydney Opera House

Man kann es überall erklimmen und es komplett umrunden. Nichts schlägt jedoch den Anblick, wenn man mit der Fähre an seinen atemberaubenden Segeln vorbeigleitet – Kamera bereithalten!

Circular Quay

Seit die First Fleet hier ankerte (1788), steht der Circular Quay im Mittelpunkt des lokalen Lebens. Fährticket buchen, den richtigen Pier mithilfe der Anzeigetafel ermitteln und an Bord gehen!

Sydney

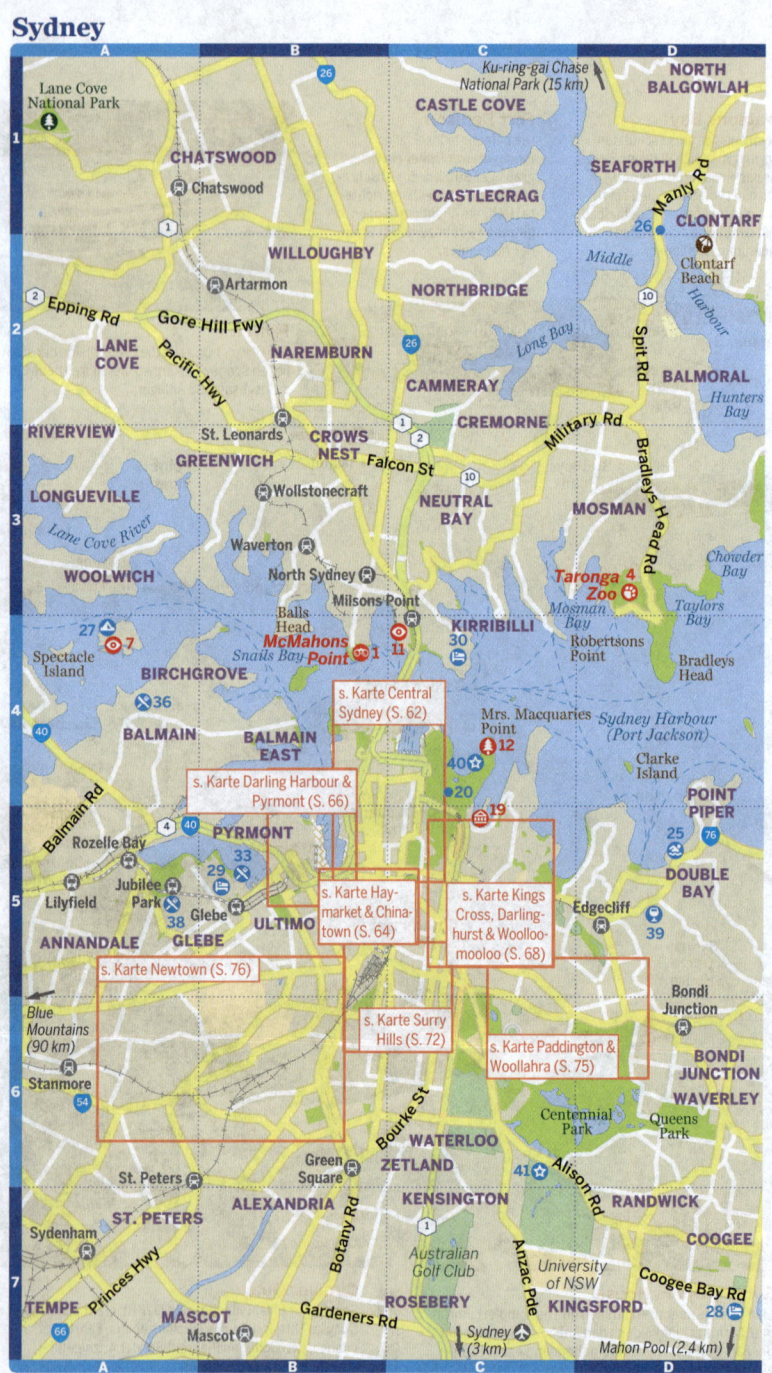

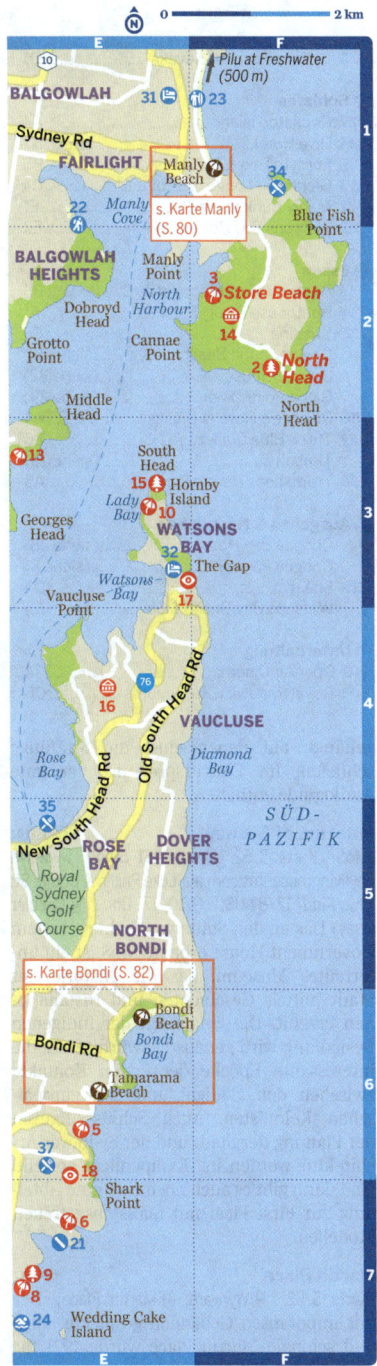

gehört zu Barangaroo, einem großen Neuerschließungsprojekt eines ehemaligen Handelshafens. Er befindet sich auf einer Landzunge mit einem wunderbaren Blick auf den Hafen. Der Park wurde erst 2015 eröffnet, wirkt also noch ein bisschen kahl, da die zwischen den Sandsteinblöcken gepflanzten einheimischen Bäume und Sträucher erst noch ein wenig wachsen müssen. Ein Lift, der die drei Ebenen des Parks verbindet, ist ein Segen für müde Beine. Es gibt eine Tiefgarage; ein Kulturzentrum soll noch entstehen.

Museum of Contemporary Art   GALERIE
(MCA; Karte S. 62; ☑ 02-9245 2400; www.mca. com.au; 140 George St; ☺ Fr–Mi 10–17, Do bis 21 Uhr; ☒ Circular Quay) **GRATIS** Das MCA am Hafen ist ein Schaufenster der australischen und internationalen zeitgenössischen Kunst mit einer Dauersammlung, aus der Teile im Wechsel gezeigt werden, und zusätzlichen Sonderausstellungen. Die Kunst der Aborigines spielt oftmals eine bedeutende Rolle. An das Art-déco-Gebäude im Gotham-Stil wurde eine moderne Galerie angebaut. Deren Highlight ist das Dachcafé mit seinem herrlichen Ausblick. Täglich gibt's kostenlose Führungen in mehreren Sprachen.

Susannah Place Museum   MUSEUM
(Karte S. 62; ☑ 02-9241 1893; www.sydneyliving museums.com.au; 58–64 Gloucester St; Erw./Kind 12/8 AU$; ☺ Führungen 14, 15 & 16 Uhr; ☒ Circular Quay) Die vier Reihenhäuser von 1844 und der Laden mit historischen Haushaltswaren sind eine faszinierende Zeitkapsel des Lebens in The Rocks seit der Kolonialzeit. Nach einem kurzen Film über die Menschen, die hier einst lebten, geleitet einen ein Führer durch die kleinen Wohnungen, deren Dekorationen unterschiedliche historische Epochen widerspiegeln. Die Besichtigung dauert eine gute Stunde. Am Wochenende reserviert man die Führung besser telefonisch.

⊙ City Centre & Haymarket

★ Art Gallery of NSW   GALERIE
(Karte S. 68; ☑ 1800 679 278; www.artgallery. nsw.gov.au; Art Gallery Rd; ☺ Do–Di 10–17, Mi bis 22 Uhr; ☒ 441, ☒ St. James) **GRATIS** Mit ihrer neoklassizistisch-griechischen Fassade und der modernen Rückseite spielt diese sehr beliebte Institution eine wichtige Rolle in der Sydneyer Gesellschaft. Große internationale Wanderausstellungen machen hier regelmäßig Station. Darüber hinaus zeigt das Haus

Sydney

eine bedeutende Dauerausstellung australischer Kunst mit einer großen Abteilung für Werke der Aborigines. Vorträge, Konzerte, Gespräche mit Berühmtheiten und Aktivitäten für Kinder runden das Angebot ab. Auskünfte zu den kostenlosen Führungen (zu verschiedenen Themen und in mehreren Sprachen) erhält man am Museumsschalter sowie auf der Website.

Hyde Park Barracks Museum   MUSEUM
(Karte S.62; ☎02-8239 2311; www.sydneyliving museums.com.au; Queens Sq, Macquarie St; Erw./Kind 12/8 AUS; ⊕10–17 Uhr; 🚇St. James) Der Sträfling und Architekt Francis Greenway entwarf 1819 diese annähernd quadratische, georgianische Anlage als Sträflingsunterkunft. 50 000 Männer und Knaben, die zur Deportation verurteilt worden waren, wurden hier in 30 Jahren durchgeschleust. Später diente das Gebäude als Einwandererlager, als Heim für Frauen und als Gerichtsgebäude. Heute befindet sich hier ein faszinierendes Museum, dessen Schwerpunkt auf der Geschichte der Baracken und ihrer archäologischen Erforschung liegt. Im obersten Stockwerk sind Hängematten aufgehängt, auf denen einst die Sträflinge schliefen. Im Eintrittspreis ist der gute Audioguide enthalten.

Museum of Sydney   MUSEUM
(MoS; Karte S.62; ☎02-9251 5988; www.syd neylivingmuseums.com.au; Ecke Phillip & Bridge St; Erw./Kind 12/8 AU$; ⊕10–17 Uhr; 🚇Circular Quay) Das an den Stätte von Sydneys erstem Government House erbaute MoS ist ein unterteiltes Museum, das die Historie der Stadt mittels Geschichten und Installationen erzählt. Die lange Zeit der indigenen Besiedlung wird genauso gewürdigt wie die interessante Epoche der ersten Kontakte zwischen den Gadigal und den europäischen Kolonisten. Auch Schlüsselfiguren der Planung der Stadt und der Sydneyer Architektur werden ins Rampenlicht gestellt. Und dann gibt es auch noch eine gute Abteilung zur First Fleet mit maßstabsgetreuen Modellen.

Martin Place   PLATZ
(Karte S.62; 🚇Wynyard, 🚇Martin Place) Der mit imposanten Gebäuden gespickte lange und schmale Martin Place wurde 1971 für

den Autoverkehr gesperrt. Heute ist er eine Fußgängerzone mit Springbrunnen und Arealen für öffentliche Versammlungen und entspricht in Sydney noch am ehesten einem großen, öffentlichen Stadtplatz.

Sydney Tower Eye TURM

(Karte S. 62; ☑1800 258 693; www.sydneytower eye.com.au; Level 5, Westfield Sydney, 188 Pitt St; Erw./Kind 26,50/17 AU$, Skywalk 70/49 AU$; ⊗Mai–Sept. 9–21.30 Uhr, Okt.–April bis 22 Uhr; ☒St. James) Der 309 m hohe, 1981 fertiggestellte und vielen Einwohnern immer noch als Centrepoint bekannte Sydney Tower bietet von seiner Aussichtsplattform in 250 m Höhe einen unschlagbaren Rundumblick. Noch grandioser ist der Blick, den Wagemutige vom Skywalk auf dem Dach haben. Der Besuch beginnt mit der 4D Experience, einem ziemlich coolen, kurzen 3D-Film, der die Stadt, den Hafen und die Unterwasserwelt aus der Vogelperspektive (um genau zu sein, aus der Sicht eines Sittichs) zeigt – Sprühnebel und Blubberblasen inklusive.

Hyde Park PARK

(Karte S. 64; Elizabeth St; ☒St. James, Museum) Der sehr beliebte Hyde Park besitzt formale, zurechtgestutzte Pflanzungen und einen aus Bäumen gebildeten Tunnel, der die Hauptachse bildet und vor allem nachts im Funkeln der Lichterketten sehr schön anzusehen ist. Das nördliche Ende des Parks markiert der reichlich symbolische, im Art-déco-Stil gestaltete **Archibald Memorial Fountain** (Karte S. 62; ☒St. James), das andere das Anzac Memorial.

Anzac Memorial DENKMAL

(Karte S. 64; ☑02-9267 7668; www.anzacmemo rial.nsw.gov.au; Hyde Park; ⊗9–17 Uhr; ☒Museum) GRATIS Das ehrwürdige Art-déco-Denkmal von 1934 hinter dem Pool of Remembrance erinnert an die Soldaten des Australia and New Zealand Army Corps (Anzacs) im Ersten Weltkrieg. Die Kuppel ist innen mit 120 000 Sternen besetzt – einen für jeden Einwohner von New South Wales, der in der Armee diente. Sie funkeln über Rayner Hoffs eindrucksvoller Skulptur *Sacrifice*. Ein größeres Projekt ist der Bau einer neuen „Hall of Service", die die Namen und Bodenproben aller Orte aus New South Wales aufnehmen soll, aus denen Soldaten in den Ersten Weltkrieg zogen.

Queen Victoria Building GEBÄUDE

(QVB; Karte S. 62; ☑02-9264 9209; www.qvb. com.au; 455 George St; Führung 15 AU$; ⊗Mo-Mi, Fr & Sa 9–18, Do 9–21, So 11–17 Uhr; ☒Town Hall) Unglaublich, aber wahr: Dieses 1898 errichtete Meisterwerk der viktorianischen Neugotik war mehrfach für den Abriss vorgesehen, ehe es Mitte der 1980er-Jahre restauriert wurde. Der von Venedig inspirierte Handelstempel nimmt einen ganzen Stadtblock auf dem Gelände des ersten Markts der Stadt ein.

SYDNEY MIT KINDERN

Mit zahllosen Naturattraktionen und entspannten Aktivitäten im Freien ist Sydney ein tolles Ziel für Kinder.

Die ruhigen Gewässer der Strände am Sydney Harbour sind ideal für die Kleinen. Die meisten Surfstrände Sydneys haben Meerwasserpools, so das spektakuläre **Bondi Icebergs** (S. 78). Man kann auch einen Sommertag im **Wet'n'Wild** (S. 77) verbringen. Die meisten Surfschulen haben auch Angebote für Kinder und besondere Ferien-Pauschalpakete.

In Darling Harbour halten das **Wild Life Sydney** (S. 65), das **Sydney Aquarium** (S. 65) und das faszinierende **Maritime Museum** (S. 64) mit seiner ausgezeichneten Sammlung von Booten und Schiffen den Nachwuchs bei Laune. Die interessante Sammlung des **Powerhouse Museum** (S. 73) liegt auch (noch) ganz in der Nähe. In der Stadt sind Kinder vom **Australian Museum** (S. 67) begeistert, besonders von der ausgezeichneten Dinosaurier-Ausstellung.

Für Begeisterung sorgen auch die Fährfahrt zum ausgezeichneten **Taronga Zoo** (S. 72) oder die Verbindung eines Ausflugs nach Manly mit einem Besuch bei den Pinguinen im **Sea Life Sanctuary** (S. 74). Und der **Luna Park** (S. 72), der vom Zentrum aus jenseits der Harbour Bridge liegt, versetzt Kinder nun schon seit mehr als 80 Jahren in Entzücken.

Kleine Astronomen können im sehr kinderfreundlichen **Sydney Observatory** (S. 55) in die Sterne schauen und zusehen, wenn der Time Ball fällt.

Central Sydney, The Rocks & Circular Quay

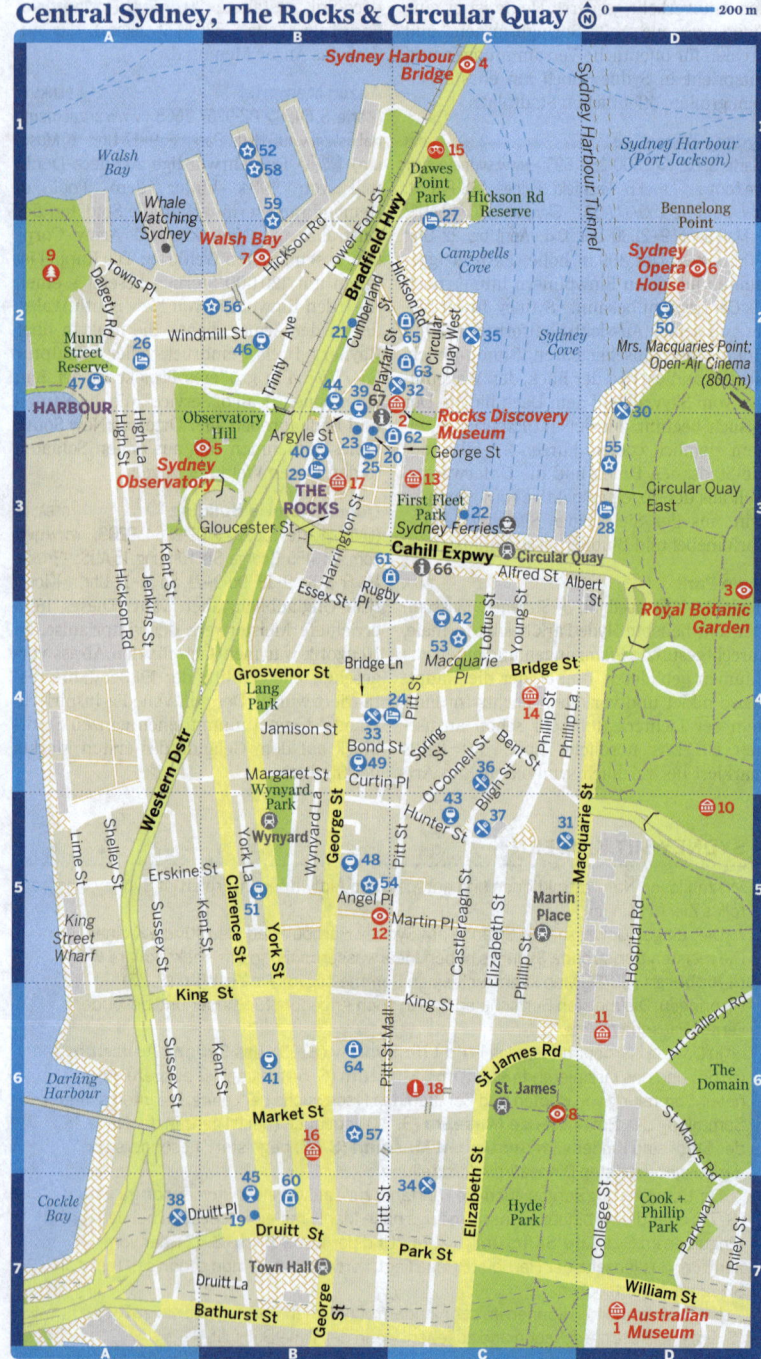

0   200 m

Central Sydney, The Rocks & Circular Quay

★ **Chinatown** GEBIET

(Karte S. 64; www.sydney-chinatown.info; Paddy's Markets, Town Hall) Mit der misstönenden Klangkulisse aus plärrendem Canto-Pop bildet die Dixon St das Zentrum von Chinatown: eine enge, schattige Fußgängerpassage mit einer Reihe von Restaurants und stimmgewaltigen Marktschreiern. Die ornamentalen Drachentore *(paifang)* an beiden Enden sind mit unechten Bambusziegeln gedeckt und mit goldenen chinesischen Schriftzeichen und zierlichen Löwen verziert, die böse Geister abwehren sollen.

Die Chinatown ist ein Viertel mit fabelhafter Gastronomie, das sich von hier aus mehrere Blocks nach Norden und Süden erstreckt und ostwärts in die Koreatown und Thaitown übergeht.

Darling Harbour & Pyrmont

Das unverhohlen touristische Darling Harbour versucht alles, um Besucher mit Feuerwerk und viel Glanz und Glitzer in seine Bars und Restaurants am Ufer zu locken. An der Ostseite gibt's drei Zeilen mit Bars und Restaurants an der Cockle Bay, dem King

Haymarket & Chinatown

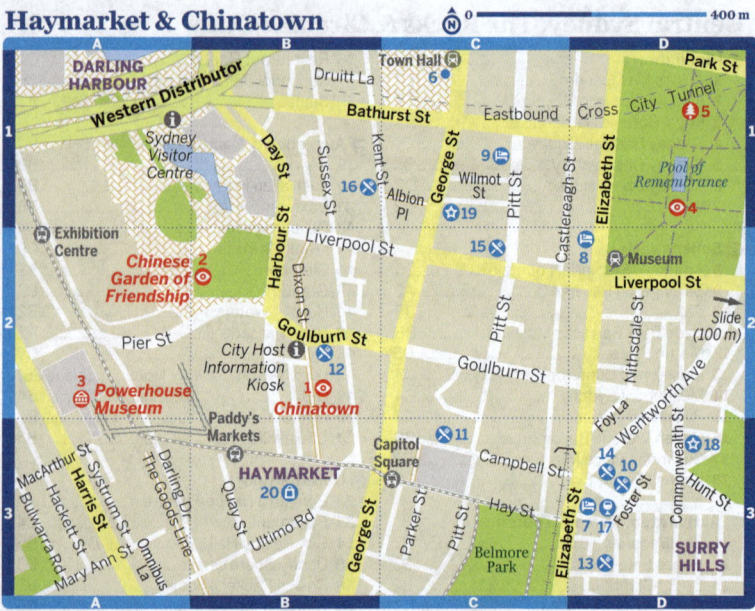

N 0 ————————— 400 m

Haymarket & Chinatown

Street Wharf und der neuen South-Baranga-roo-Erschließung. An der westlichen Flanke scheint Pyrmont zwar unter der Last der Kasinos und Hochstraßen zu versinken, wirkt aber an einigen Stellen noch historisch. Ein Bummel an den Kais des Hafens ist ein echtes Vergnügen.

★ **Australian National Maritime Museum**   MUSEUM
(Karte S. 66; ☎ 02-9298 3777; www.anmm.gov.au; 2 Murray St; Dauersammlung Eintritt frei, Son-derausstellungen Erw./Kind 20 AU$/frei; ◷ 9.30–17 Uhr, Jan. bis 18 Uhr; ⊕; ⊚ Pyrmont Bay) GRATIS Un-ter dem geschwungenen Dach steht Austra-liens unauslöschliche Verbindung zur Schiff-fahrt im Zentrum. Die Ausstellungsbereiche behandeln Aborigines-Kanus und die Surf-kultur genauso wie die Einwanderung oder die Kriegsmarine. Mit dem „großen Ticket" (Erw./Kind 30/18 AU$) kann man auch an Bord einiger der Schiffe gehen, die draußen vor Anker liegen. Zu diesen gehören das

U-Boot HMAS *Onslow,* und der Zerstörer HMAS *Vampire.* Der aufwendig produzierte Kurzfilm *Action Station*s stellt für jedes Schiff ein Ereignis aus seiner Dienstzeit nach. Ausgezeichnete kostenlose Führungen erläutern die Merkmale jedes einzelnen Schiffs.

★ Chinese Garden of Friendship   GARTEN

(Karte S. 64; ☏ 02-9240 8888; www.chinesegarden.com.au; Harbour St; Erw./Kind 6/3 AU$; ⊙ April–Sept. 9.30–17 Uhr, Okt.–März 9.30–17.30 Uhr; ⊠ Town Hall) Der nach taoistischen Prinzipien angelegte Chinese Garden of Friendship ist für gewöhnlich eine Oase der Stille – obwohl sich der Baulärm der Stadterneuerung von Darling Harbour gelegentlich störend bemerkbar macht. Der Garten wurde von Architekten aus Sydneys Partnerstadt Guangzhou zum 200. Geburtstag Australiens im Jahr 1988 gestaltet und besitzt Pavillons, Wasserfälle, Seen, Wege und üppig wachsende Pflanzen. Auch ein Teehaus gibt es hier.

★ Sydney Sea Life Aquarium   AQUARIUM

(Karte S. 66; ☏ 02-8251 7800; www.sydneyaquarium.com.au; Aquarium Pier; Erw./Kind 40/28 AU$; ⊙ Mo–Do 9.30–18, Fr–So & während der Schulferien bis 19 Uhr, letzter Einlass 1 Std. vor Schließung; ⊠ Town Hall) 🕈 Neben üblichen, in die Wand montierten Wasserbecken und Gehegen auf dem Boden besitzt dieser eindrucksvolle Komplex auch zwei große Becken, durch die man in durchsichtigen Tunnelröhren gehen kann, während über einem einschüchternde Haie und Rochen ihre Bahnen ziehen. Zu den weiteren Highlights zählen ein paar Dugongs, Clownfische (Findet Nemo!), Schnabeltiere, Ohrenquallen (in einer fluoreszierenden Röhre), Seedrachen und – als krönender Abschluss – das 2 Mio. l Wasser fassende Great-Barrier-Reef-Becken.

Wild Life Sydney Zoo   ZOO

(Karte S. 66; ☏ 02-9333 9245; www.wildlifesydney.com.au; Aquarium Pier; Erw./Kind 40/28 AU$; ⊙ April–Sept. 9.30–17 Uhr, Okt.–März bis 19 Uhr, Eintritt bis spätestens eine Stunde vor Schließung; ⊠ Town Hall) Zur Ergänzung von Sea Life werden gleich nebenan in diesem riesigen Komplex allerlei in Australien heimische Echsen, Schmetterlinge, Spinnen, Schlangen und Säugetiere (darunter Kängurus und Koalas) gezeigt. Besonders interessant ist die Nachttierabteilung, da man hier Beutelmarder, Kaninchenkängurus, Ameisenigel und Possums in Aktion erleben kann. Aber so interessant Wild Life auch ist, dem Taronga Zoo

kann dieser Zoo nicht das Wasser reichen. Ein Besuch lohnt sich aber auf jeden Fall in Kombination mit Sea Life oder auch bei knappem Zeitbudget. Online-Tickets sind günstiger.

The Star   CASINO

(Karte S. 66; ☏ 02-9777 9000; www.star.com.au; 80 Pyrmont St, Pyrmont; ⊙ 24 Std.; ⊠ The Star) Zu Sydneys erstem Kasinokomplex gehören Hotels, renommierte Restaurants, Bars, ein Nachtclub, ein ausgezeichneter Food Court, ein Lightrail-Bahnhof und die Sorte teurer Läden, die – für den unwahrscheinlichen Fall, dass jemand eine Glückssträhne hat – garantieren, dass ein Großteil des Gewinns trotzdem im Hause bleibt.

★ Sydney Fish Market   MARKET

(Karte S. 66; ☏ 02-9004 1108; www.sydneyfishmarket.com.au; Bank St; ⊙ 7–16 Uhr; ⊠ Fish Market) In dem Fischviertel an der Blackwattle Bay werden jährlich mehr als 15 Mio. kg Meeresfrüchte umgeschlagen. U. a. findet man hier Filialgeschäfte, Restaurants, eine Sushibar, eine Austernbar und eine hochangesehene Kochschule. Chefköche, Einheimische und pappsatte Möwen streiten sich bei der Fischauktion, die wochentags täglich um 5.30 Uhr beginnt, um Krabben, Bärenkrebse, Hummer und Lachse. Bei einer **Führung** (Erw./Kind 35/10 AU$) kann man einen Blick hinter die Kulissen werfen.

◉ Kings Cross & Potts Point

Sydneys einstiges schmuddeliges Rotlichtviertel hat sich in den letzten Jahren deutlich verändert. Neue Gesetze verdrängten die Nachtbars, während größere Bauvorhaben die Gentrifizierung in diesem Viertel nahe beim Zentrum beschleunigten. Die Mischung aus Backpackern und urigen Einheimischen ist in diesem Viertel aber noch aufregend genug. Die grünen Straßen und guten Lokale eignen sich tagsüber erstaunlich gut zum Herumschlendern. Unten am Wasser finden sich unten im alten Matrosenviertel Woolloomooloo schicke Restaurants an den Kais und ein paar Pubs mit etwas Charakter.

★ Elizabeth Bay House   HISTORISCHES GEBÄUDE

(Karte S. 68; ☏ 02-9356 3022; www.sydneylivingmuseums.com.au; 7 Onslow Ave, Elizabeth Bay; Erw./Kind 12/8 AU$; ⊙ Fr–So 11–16 Uhr; ⊠ Kings Cross) Die elegante klassizistische Villa von Kolonialminister Alexander Macleay liegt

Darling Harbour & Pyrmont

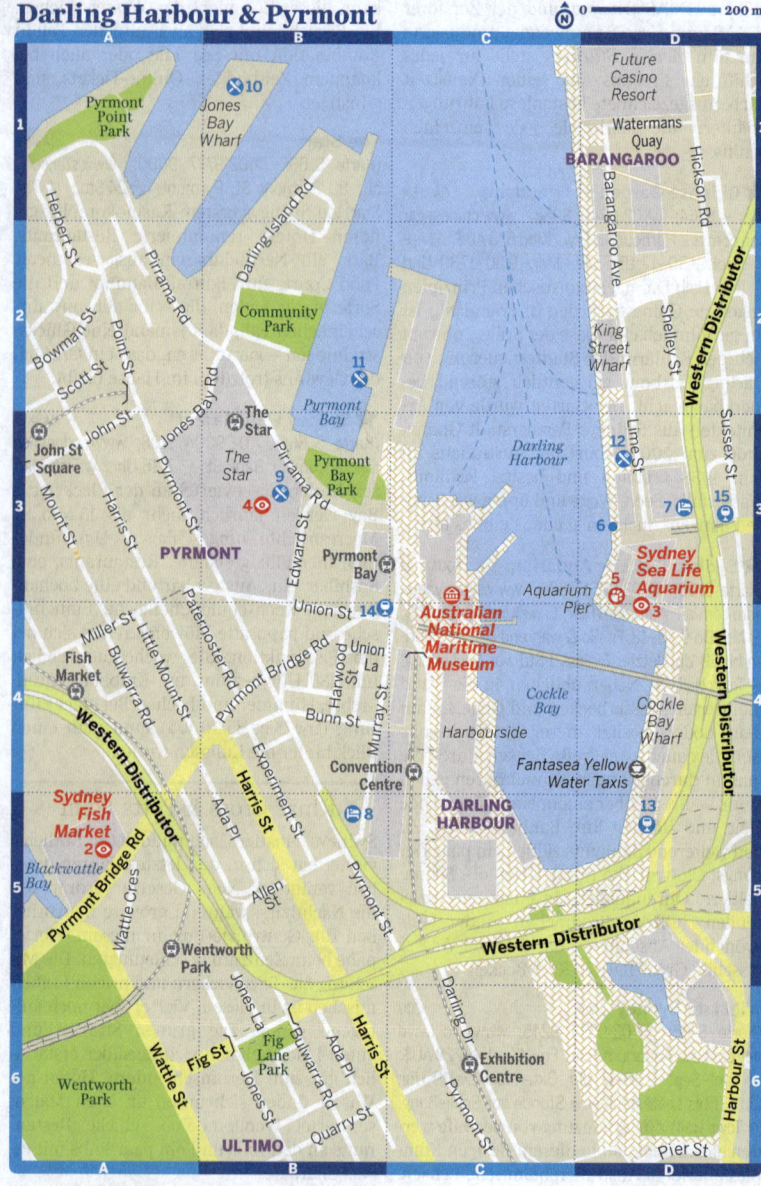

heute im Schatten von Apartmenthäusern aus dem 20. Jh., war aber bei ihrer Fertigstellung 1839 eines der schönsten Häuser der Kolonie. Das architektonische Highlight der Villa ist der prächtige ovale Salon mit seiner geschwungenen Freitreppe. Aus den Räumen im Obergeschoss hat man einen schönen Blick über den Hafen. Unten im doppelstöckigen Keller gibt's ein einführendes Video mit einem bizarren Anfang.

Woolloomooloo Wharf HISTORISCHES GEBÄUDE
(The Finger Wharf; Karte S. 58; Cowper Wharf Roadway, Woolloomooloo; 311, Kings Cross)

Darling Harbour & Pyrmont

Der schöne frühere Fracht- und Wollkai aus edwardianischer Zeit war Jahrzehnte vergessen, bevor ihn ein Abrissverbot in den späten 1980er-Jahren rettete. Das Ende der 1990er-Jahre gewaltig aufgewertete Gelände ist heute eine der exklusivsten Restaurant-, Hotel- und Marina-Adressen der Stadt.

Surry Hills & Darlinghurst

Sydneys hippstes Viertel mit der ausgeprägtesten Schwulengemeinde ist auch Heimat der besten Restaurant- und Barszene. Die Platanen des hügeligen, immer schicker werdenden Surry Hills gehen in die Reihenhäuser des munteren Darlinghurst über. Diese netten, grünen Viertel liegen attraktiv nahe beim Stadtzentrum.

★ Australian Museum   MUSEUM

(Karte S.62; ☑ 02-9320 6000; www.australianmuseum.net.au; 6 College St, Darlinghurst; Erw./Kind 15 AU$/frei; ⊙ 9.30–17 Uhr; ® Museum) Das Museum, das nur 40 Jahre, nachdem die First Fleet vor Anker gegangen war, gegründet wurde, wird gerade brillant renoviert. Herausragend ist die Abteilung zu den Aborigines, die sich mit deren Geschichte und Spiritualität auseinandersetzt, von den Geschichten der Traumzeit bis zu den in Videos dokumentierten Demonstrationen gegen rassistische Benachteiligung in den 1960er-Jahren. Auch die ausgestopften Tiere in der naturkundlichen Abteilung sind interessant. Und in der ausgezeichneten Dinosauriergalerie findet man den riesigen Jobaria, aber auch australische Kolosse wie den Muttaburrasaurus.

Damit nicht genug: Es gibt interessante Ausstellungen zur ausgestorbenen Megafauna (riesige, knuddelige und einschüchternde Wombats) und zur australischen Tierwelt von heute, eine Abteilung für Kinder u. v. m. Gespannt sein darf man auf die neue Ausstellung in der Long Gallery, die inzwischen eröffnet sein sollte: 100 Objekte und 100 bedeutende Personen aus der australischen Vergangenheit stehen hier im Rampenlicht. Und auch die neuen Ozeanien-Galerien mit einer vielfältigen Sammlung zu den Inseln des Pazifik versprechen eine Menge.

Unbedingt sollte man auch oben dem Café einen Besuch abstatten, von dem aus sich ein herrlicher Blick auf die St. Mary's Cathedral und hinunter nach Woolloomooloo bietet.

★ Brett Whiteley Studio   GALERIE

(Karte S.72; ☑ 02-9225 1881; www.artgallery.nsw.gov.au/brett-whiteley-studio; 2 Raper St, Surry Hills; ⊙ Fr–So 10–16 Uhr; ® Central) GRATIS Der berühmte Künstler Brett Whiteley (1939–1992) lebte schnell und zügellos. Sein schlecht zu findendes Atelier (der Ausschilderung in der Devonshire St folgen!) wurde als eine Galerie mit einigen seiner besten Arbeiten erhalten. Das absolute Highlight ist das imposante Bild *Alchemy*, eine riesiges, opulentes Werk auf mehreren Tafeln, das seinen Betrachter mit einer breit gefächerten Themenpalette, feinen Details und humorvollen Einfällen stundenlang fesseln kann. Der Atelierraum im Obergeschoss vermittelt einen tollen Einblick in den Charakter dieses meisterhaften Zeichners und exzentrischen Genies.

Sydney Jewish Museum   MUSEUM

(Karte S.68; ☑ 02-9360 7999; www.sydneyjewishmuseum.com.au; 148 Darlinghurst Rd, Dar-

Kings Cross, Darlinghurst & Woolloomooloo

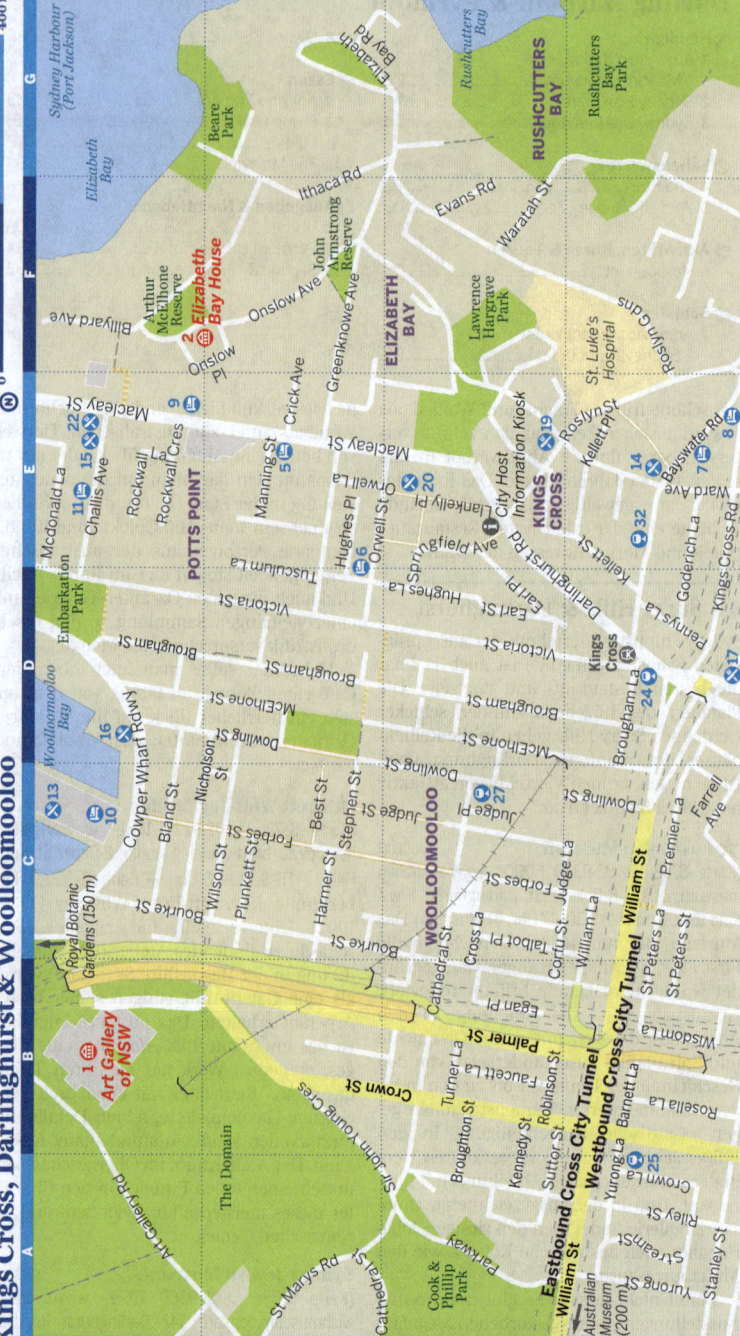

400 m

0

Sydney Harbour
(Port Jackson)

Elizabeth
Bay

Woolloomooloo
Bay

Royal Botanic
Gardens (150 m)

The Domain

1 Art Gallery
of NSW

Cook &
Phillip
Park

Australian
Museum
(200 m)

POTTS POINT

Embarkation
Park

2 Elizabeth
Bay House

Arthur
McElhone
Reserve

Beare
Park

**ELIZABETH
BAY**

John
Armstrong
Reserve

Lawrence
Hargrave
Park

**RUSHCUTTERS
BAY**

Rushcutters
Bay

Rushcutters
Bay
Park

St Luke's
Hospital

Rosslyn Gdns

**KINGS
CROSS**

City Host
Information Kiosk

Kings
Cross

WOOLLOOMOOLOO

Palmer St

William St

Eastbound Cross City Tunnel
Westbound Cross City Tunnel

William St

9
22
15
11
5
16
13
10
6
20
19
32
14
7
8
17
24
27
25

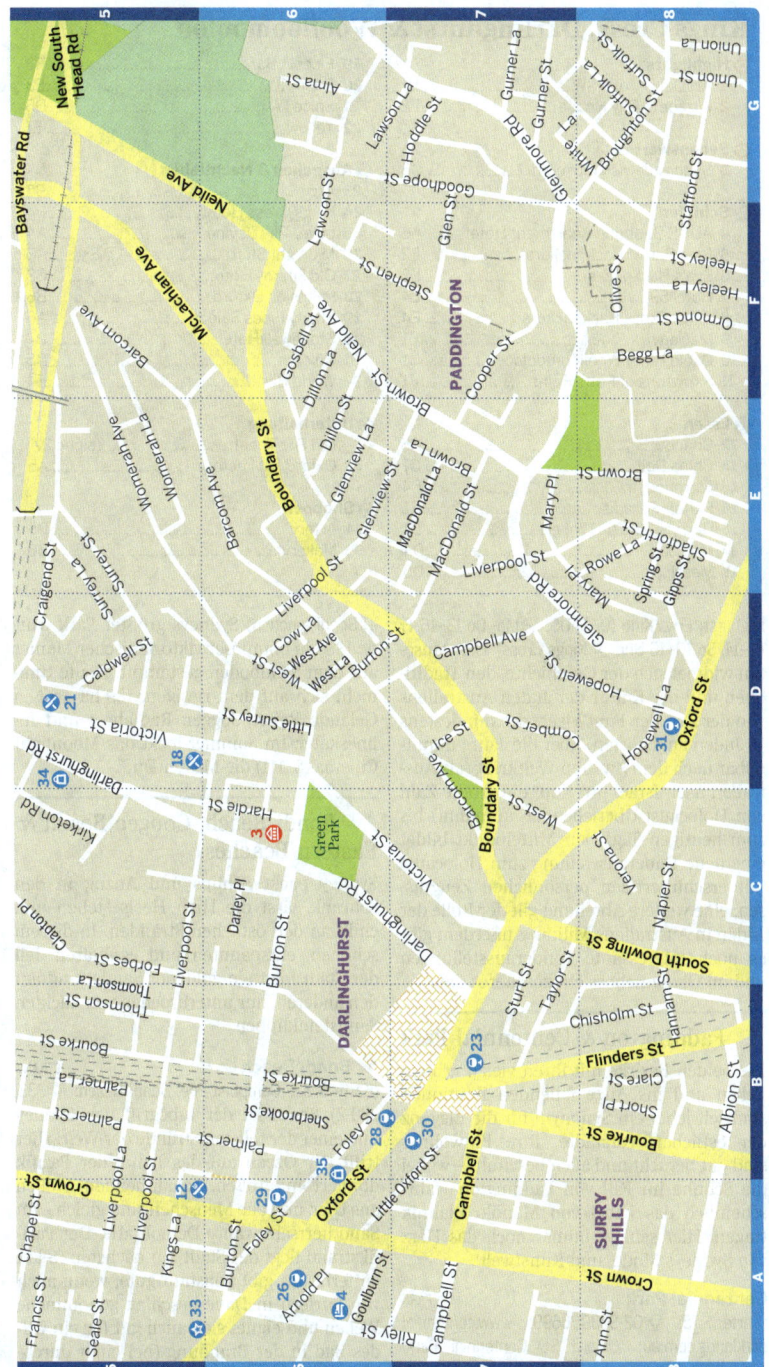

New South
Head Rd

Bayswater Rd

Neild Ave

McLachlan Ave

Barcom Ave

Womerah Ave

Womerah La

Alma St

Lawson La

Hoddie St

Goodhope St

Glen St

Gurner La

Gurner St

Suffolk La

Suffolk St

Union La

Union St

Broughton St

White La

Glenmore Rd

Lawson St

Stephen St

Cooper St

Olive St

Healey St

Healey La

Ormond St

Stafford St

Begg La

PADDINGTON

Gosbell St

Neild Ave

Brown St

Dillon La

Dillon St

Glenview La

Glenview St

MacDonald La

MacDonald St

Brown La

Mary Pl

Brown St

Boundary St

Barcom Ave

Surrey La

Surrey St

Craigend St

Caldwell St

Liverpool St

Cow La

West Ave

West St

West La

Little Surrey St

Victoria St

Darlinghurst Rd

Kirketon Rd

Liverpool St

Burton St

Campbell Ave

Glenmore Rd

Hopewell St

Mary Pl

Rowe La

Shadforth St

Spring St

Gipps St

31 Oxford St

Ice St

Comber St

West St

Boundary St

Verona St

Napier St

Hardie St

3

Green
Park

Victoria St

Darlinghurst Rd

DARLINGHURST

Clapton Pl

Liverpool St

Darley Pl

Burton St

Thomson St

Thomson La

Forbes St

Bourke St

Palmer La

Palmer St

Palmer St

Sherbrooke St

Bourke St

Foley St

28

35

30

23

Sturt St

Taylor St

Chisholm St

Clare St

Short Pl

Hannam St

Albion St

Chisholm St

Flinders St

Bourke St

South Dowling St

**SURRY
HILLS**

Crown St

Chapel St

Francis St

Seale St

Liverpool La

Liverpool St

Kings La

Burton St

Foley St

12

29

33

26

Oxford St

Little Oxford St

Campbell St

Arnold Pl

Goulburn St

Riley St

Campbell St

Crown St

Ann St

4

34

18

21

Kings Cross, Darlinghurst & Woolloomooloo

linghurst; Erw./Kind 10/7 AU$; ⊙Mo–Do 13–16, Fr 12–14, So 10–16 Uhr; ⊞Kings Cross) Das Museum widmet sich der Geschichte, den Traditionen und der Kultur der Juden Australiens von der Zeit der First Fleet (der mindestens 16 Juden angehörten) über die Jahre unmittelbar nach dem Zweiten Weltkrieg (als Australien nach Israel pro Kopf die größte Zahl von Holocaust-Überlebenden aufnahm) bis zum heutigen Tag. Den Mittelpunkt bildet eine neue Dauerausstellung zum Holocaust mit erschütternden persönlichen Zeugnissen; eine weitere Abteilung gilt der Rolle der Juden in Australiens Militär. Außerdem gibt es noch interessante Sonderausstellungen und im Obergeschoss ein koscheres Café.

⊙ Paddington & Centennial Park

Die beiden Bezirke mit ihren vielen grünen Ecken und ins Auge fallenden Boutiquen sind seit jeher ein Synonym für die Eleganz der östlichen Vorstädte. Ihre Einwohner sind gut betucht und auch beschuht – wobei die Schuhe im Fall von Paddington wahrscheinlich das Label von Manolo Blahnik tragen. Hier schlägt immer noch das Herz von Sydneys Mode- und Kunstwelt.

Centennial Park PARK
(Karte S.75; ☏02-9339 6699; www.centennial parklands.com.au; Oxford St, Centennial Park;

⊞Bondi Junction) Sydneys größter Park wurde 1888 in pompöser viktorianischer Manier aus dem Sandboden gestampft. Heute tummeln sich auf dem riesigen, 189 ha großen Gelände Reiter, Jogger, Radfahrer und Inlineskater. Im Sommer lockt das Moonlight Cinema (S. 111) die Massen an.

⊙ Bondi Beach, Coogee Beach & Eastern Beaches

Sydney packt Schlips und Anzug in den Schrank, lässt die High Heels stehen und chillt an den östlichen Stränden. In diesem schönen, entspannten und egalitären Teil der Stadt folgt ein goldener Sandstrand auf den anderen, nur unterbrochen von nackten Sandsteinklippen.

★ Bondi Beach STRAND
(Karte S.82; Campbell Pde, Bondi Beach; ⊟333, 380-2) Bondi ist der Inbegriff von Sydney und einer der tollsten Strände der Welt: Hier trifft der Ozean auf das Land, der Pazifik donnert in großen, schäumenden Wellen ans Ufer, und alle Menschen sind gleich – im Sand herrscht wahre Demokratie. Der Pazifikstrand liegt der Stadt am nächsten (8 km entfernt), es gibt konstant gute, wenn auch von Surfern in Dauerbeschlag genommene Wellen und eignet sich auch gut für ein wildes Bad in der Brandung (bei einer durch-

schnittlichen Wassertemperatur von erträglichen 21° C). Bei allzu rauer See empfehlen sich die auch kindgerechten Meerwasser-Pools an beiden Enden des Strands.

Sydney Harbour

Die riesige Mündungsbucht des Sydney Harbour erstreckt sich von den Landspitzen 20 km ins Binnenland, wo sie dann in den Parramatta River übergeht. Jahrtausendelang prägte sie das Erscheinungsbild der Gegend. Heute ist sie die glanzvolle Spielwiese der Stadt: Die Meeresarme, Strände, Inseln und Uferparks bieten unzählige Gelegenheiten zum Baden, Segeln, Picknicken und Wandern. Langweilig wird es hier nie.

Vaucluse House   HISTORISCHES GEBÄUDE
(Karte S. 58; ☎ 02-9388 7922; www.sydneylivingmuseums.com.au; Wentworth Rd, Vaucluse; Erw./Kind 12/8 AU$; ⊙ Mi–So 10–16 Uhr; 🚌 325) Der Bau des imposanten, mit Türmchen bewehrten Beispiels australischer Neugotik inmitten eines 10 ha großen grünen Parks begann schon 1805, zog sich aber bis in die 1860er-Jahre hin. Das mit schönen Objekten aus der Europäischen Ära bestückte Haus bietet Besuchern einen seltenen Einblick in das Leben privilegierter früher Kolonisten. Die Geschichte der Wentworths, die das Haus bewohnten, ist faszinierend, wie man von den guten Führern erfährt. Auf dem Gelände befindet sich auch eine beliebte Teestube.

Watsons Bay   GEBIET
(Karte S. 58; 🚤 Watsons Bay) Watsons Bay, östlich des Stadtzentrums und nördlich von Bondi, war früher ein kleines Fischerdorf. Davon zeugen noch heute die winzigen historischen Häuschen, die die schmalen Straßen dieser Vorstadt säumen (und heute ein Vermögen kosten). Die Tradition verlangt es, im Biergarten des Watsons Bay Hotel zuzuschauen, wie die Sonne hinter der körperlos wirkenden Harbour Bridge und Bradleys Head im Meer versinkt.

Auf der Meeresseite liegt The Gap, eine spektakuläre Klippe mit Aussichtspunkt, einem beliebten Ort für Heiratsanträge und leider auch Suizide.

South Head   NATIONALPARK
(Karte S. 58; www.nationalparks.nsw.gov.au; Cliff St, Watsons Bay; ⊙ 5–22 Uhr; 🚤 Watsons Bay) Am Nordende der Camp Cove beginnt der South Head Heritage Trail. Dieser führt in einen Abschnitt des Sydney Harbour National Park, der sich durch eine schöne Aussicht und die donnernde Brandung auszeichnet. Der Weg führt an alten Befestigungsanlagen und dem Pfad hinunter zur Lady Bay (Karte S. 58; Cliff St, Watsons Bay; 🚤 Watsons Bay) vorbei und erreicht schließlich das bunt gestreifte Hornby Lighthouse und die 1858 aus Sandstein erbauten Lightkeepers' Cottages. Zwischen April und November sollte man auf dem Meer nach versammelten Walbeobachtungsbooten Ausschau halten, denn in deren Nähe könnte man dann gut den einen oder anderen riesigen Meeressäuger erblicken.

★ McMahons Point   AUSSICHTSPUNKT
(Karte S. 58; 🚤 McMahons Point) Von diesem Aussichtspunkt am Kai, eine kurze Fährfahrt nordwestlich vom Zentrum, hat man den schönsten Blick auf die Harbour Bridge und das Opernhaus. Die ganze Szenerie breitet sich vor einem aus – und das vor der Kulisse eines hinreißenden Sonnenuntergangs!

ⓘ ERMÄSSIGUNGEN

Sydney Museums Pass (www.sydneylivingmuseums.com.au; Erw./Kind 24/16 AU$) Erlaubt den einmaligen Eintritt in zwölf Museen in und um Sydney. Zu diesen zählen u. a. das Museum of Sydney, die Hyde Park Barracks, das Justice & Police Museum und das Susannah Place. Der Pass gilt einen Monat und ist in jedem der teilnehmenden Museen erhältlich. Er kostet das Gleiche wie zwei Museumsbesuche zum Normalpreis.

Ultimate Sydney Pass (Erw./Kind 99/70 AU$) Dieser Pass gewährt Zugang zu den prominenten und kostspieligen Attraktionen des britischen Freizeitparkbetreibers Merlin Entertainments. Dazu gehören das Sydney Tower Eye (inkl. Skywalk), das Sydney Sea Life Aquarium, der Wild Life Sydney Zoo, das Madame Tussauds und das Manly Sea Life Sanctuary. Der Pass ist bei all diesen Attraktionen erhältlich, oft ist der Online-Kauf aber erheblich günstiger (einfach auf der Website der jeweiligen Sehenswürdigkeit nachschauen). Wer nur ein paar dieser Attraktionen besuchen will, kann einen ermäßigten Sydney Attractions Pass kaufen, den es in jeder gewünschten Kombination gibt.

Surry Hills

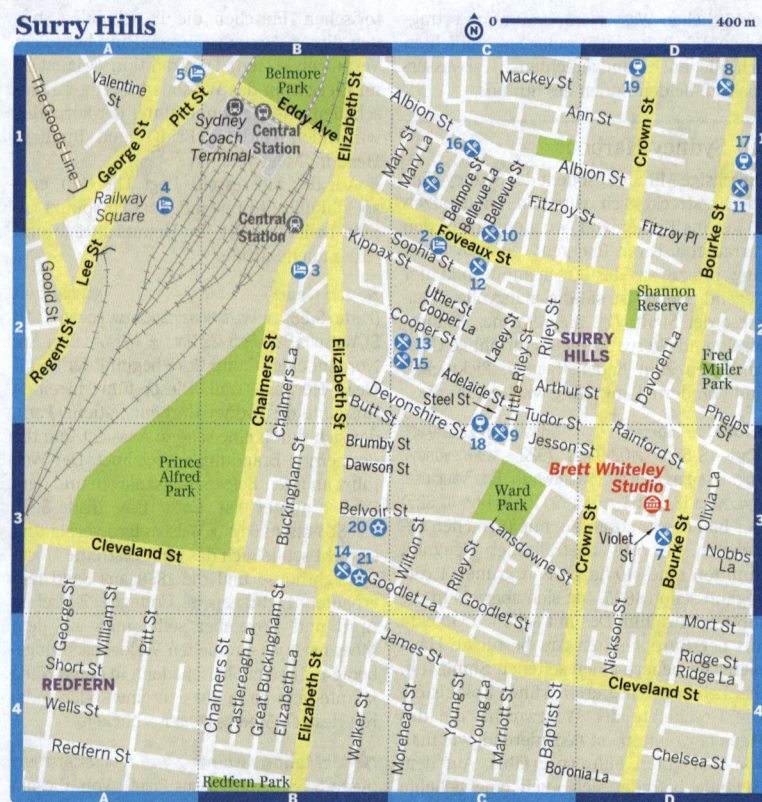

Cockatoo Island
INSEL

(Karte S. 58; ☎ 02-8969 2100; www.cockatoois land.gov.au; ⛴ Cockatoo Island) Malerische Industrierelikte, Gefängnisarchitektur und Kunstinstallationen – Cockatoo Island (Wareamah) ist ein faszinierendes Fleckchen Sydney. Die seit 2007 öffentlich zugängliche Insel ist inzwischen über regelmäßig verkehrende Fähren zu erreichen und verfügt über einen Campingplatz, Mietunterkünfte, ein Café und eine Bar. Infotafeln und Audioguides (5 AU$) berichten von der Geschichte der Insel, die als Gefängnis, als Werft und als Marinestützpunkt diente.

★ Taronga Zoo
ZOO

(Karte S. 58; ☎ 02-9969 2777; www.taronga.org. au; Bradleys Head Rd, Mosman; Erw./Kind 46/ 26 AU$; ⊙ Sept.–April 9.30–17 Uhr, Mi–Aug. 9.30–16.30 Uhr; ⊛; ☒ 247, ⛴ Taronga Zoo) ⊘ Eine zwölfminütige Fährfahrt vom Circular Quay entfernt bietet der Taronga Zoo auf seinem grünen, hügeligen Gelände am Hafen viel Platz für Kängurus, Koalas und weitere Fellträger aus Australien und aller Welt. Von dem unbezahlbaren Ausblick auf den Hafen scheinen die Zootiere allerdings keine Notiz zu nehmen. Was die Pflege und Haltung der Tiere angeht, setzt der Zoo Maßstäbe. Höhepunkte sind das Nachtgehege der Schnabeltiere, die Abteilung zu den großen Südmeeren und die asiatischen Elefanten. Den ganzen Tag hindurch gibt es Fütterungen und tierische Begegnungen. Konzerte in der Abenddämmerung sorgen im Sommer für zusätzliche Stimmung (s. www.twilightatta ronga.org.au).

Luna Park
VERGNÜGUNGSPARK

(Karte S. 58; ☎ 02-9922 6644; www.lunaparksyd ney.com; 1 Olympic Dr, Milsons Point; ⊙ Fr & Sa 11–22, So 10–18, Mo 11–16 Uhr; ⛴ Milsons Point) GRATIS Ein riesiges, verschlagen dreinschauendes Clownsgesicht mit Splitterzähnen bildet den Eingang zu diesem altmodischen Vergnügungspark mit Blick auf den Sydney

Surry Hills

Harbour. Das Gesicht ist eine von mehreren Attraktionen aus den 1930er-Jahren, zu denen auch das Coney Island Funhouse, ein hübsches Karussell und ein seekrank machender Rotor gehören. Man kann einen Zwei-Rides-Pass (20 AU$) oder gleich einen preislich nach Körpergröße gestaffelten Pass für alle Rides (Erw. 52 AU$, Kinder 22–45 AU$, online günstiger) kaufen. Die Öffnungszeiten sind eine komplexe Angelegenheit; an Feiertagen und in den Schulferien hat der Vergnügungspark aber länger auf. Dieser dient auch als Konzertstätte.

⦿ Newtown & Inner West

Boheme-Flair und großartige Restaurants und Bars prägen die inneren Vorstädte im Westen. Die bekanntesten dieser eng bebauten Bezirke sind Glebe mit seinen ruhigen Straßen und das grellere Newtown rund um die University of Sydney, aber auch Enmore, Marrickville, Summer Hill, Petersham und andere lohnen die Erkundung. In Inner West sind zugleich alle wesentlichen Studententreffs – Buchläden, Cafés und Pubs – zu Hause. Für viele Sydneyer bedeutet diese Ecke der Stadt jedoch noch viel mehr: einen bewusst gewählten Lebensstil.

★ Powerhouse Museum MUSEUM

(Museum of Applied Arts & Sciences (MAAS); Karte S.64; ☎02-9217 0111; www.powerhouse-museum.com; 500 Harris St, Ultimo; Erw./Kind 15/8 AU$; ⊙10–17 Uhr; ♿; 🚆Exhibition Centre) Einen kurzen Fußmarsch von Darling Harbour entfernt surrt das umfangreiche Museum für Wissenschaft und Design im ehemaligen Umspannwerk von Sydneys stillgelegtem Straßenbahnnetz. Die Sammlungen und Wechselausstellungen decken alle möglichen Themen ab – Roboter, die Frage nach Leben auf dem Mars, Dampfzüge, den Klimawandel, das Atom, aber auch Mode, Industriedesign und avantgardistische Kunstinstallationen. Für Kinder aller Altersgruppen gibt es eine Menge zu entdecken, aber auch Erwachsene finden viel Faszinierendes. Drinnen holt man sich am besten erst einen Lageplan. Das Museum ist barrierefrei ausgebaut.

Das Powerhouse soll in Parramatta ein neues Quartier beziehen; dessen Fertigstellung ist für 2022 geplant.

★ White Rabbit GALERIE

(Karte S.76; www.whiterabbitcollection.org; 30 Balfour St, Chippendale; ⊙Mi–So 10–17 Uhr, Feb & Aug. geschl.; 🚆Redfern) GRATIS Kunstliebhaber und durchgeknallte Hutmacher werden in diesem Kaninchenbau schmunzeln wie die Grinsekatze aus *Alice im Wunderland*. Die Privatsammlung topaktueller, zeitgenössischer Kunst besitzt so viele Werke, dass immer nur ein Bruchteil ausgestellt werden kann. Wer hätte gedacht, dass aus der Volksrepublik so viele avantgardistische, lustige, sinnliche und eigenwillige Arbeiten stammen? Zu sehen sind sie in Sydneys vielleicht bester Galerie für zeitgenössische Kunst.

Central Park GEBIET

(Karte S.76; www.centralparksydney.com; Broadway; ⊙10–20 Uhr; 🚆Central) Der größere Wohn- und Einkaufskomplex an der Stelle einer alten Brauerei ist ein echter Hingucker. Am eindrucksvollsten ist Jean Nouvels preisgekrönter, mit einer begrünten Fassade versehener Turm One Central Park. Das Kragdach ist so gestaltet, dass das Sonnenlicht auf die Bepflanzung darunter reflektiert wird. In den unteren Geschossen gibt es

INSIDERWISSEN

EINE FAHRT MIT DEM BUS 389

Eine gute Einführung in Sydneys östliche Vorstädte ist die Fahrt mit dem Bus 389, der größtenteils Hauptverkehrsadern zugunsten kleinerer Vorstadtstraßen meidet. Man steigt in der Nähe des Maritime Museum (S. 64) ein. Von dort geht's über das Ufer des Hafens von Pyrmont über Darling Harbour ins Stadtzentrum. Der Bus durchquert die Stadt von West nach Ost und bahnt sich seinen kurvenreichen Weg durch die stimmungsvollen Straßen von Darlinghurst und dann durch die schönsten Teile im eleganten Paddington. Nach einer Prise Scheußlichkeit am Busknotenpunkt Bondi Junction fährt er auf hübsche Nebenstraßen weiter nach Bondi Beach, um schließlich in North Bondi zu enden, wo der Strand unten am Hügel direkt vor einem liegt.

viele kulinarische Angebote, Pingpong, Läden, einen Supermarkt und Galerieflächen. Gleich nebenan in der Kensington St und der Spice Alley (S. 99) wartet noch mehr Gastronomie. Ein von Norman Foster entworfener Komplex aus zwei Apartmenttürmen, „Duo" genannt, ist derzeit im Bau.

★ **Nicholson Museum**   MUSEUM
(Karte S. 76; ☐02-9351 2812; www.sydney.edu.au/museums; University Pl, University of Sydney; ⊙ Mo–Fr 10–16.30, 1. Sa im Monat 12–16 Uhr; ☐412, 413, 436, 438-40, 461, 480, 483, M10) GRATIS Das Museum auf dem Gelände der University of Sydney gehört zu den großen, aber zu wenig beachteten Attraktionen der Stadt. Es verbindet neuartige Ideen mit antiken Artefakten aus Griechenland, Rom, Zypern, Ägypten und Vorderasien. Attische Gefäße und ägyptische Mumien finden sich neben thematischen, kulturübergreifenden Ausstellungen und einem sagenhaften Pompeji-Nachbau aus Legosteinen mit Togen tragenden Römern und den antiken Pink Floyd, die das Amphitheater rocken. 2019 soll das Museum Teil des neuen **Chak Wing Museum** (Karte S. 76; ☐02-9351 2222) werden.

◉ Manly

Manly besitzt einen Hafen- und einen prächtigen Ozeanstrand und ist das einzige Fähr-

ziel in Sydney mit richtiger Brandung. Der Ort schließt den Hafen mit ruppigem Charme ab; ein Besuch lohnt sich schon allein wegen der Fährfahrt. Die Wellen sind schön, es gibt ansprechende moderne Bars und Restaurants und als Ausgangspunkt zu den nördlichen Stränden ist Manly ein beliebtes Quartier für Surfer.

★ **Manly Beach**   STRAND
(Karte S. 80; ⊠Manly) Sydneys zweitberühmtester Strand erstreckt sich mit goldenem Sand über fast 2 km, gesäumt von Norfolk-Tannen und lückenhafter, nicht allzu hoher Wohnbebauung. Das südliche Ende des Strands, das dem Corso am nächsten liegt, wird South Steyne genannt, der mittlere Abschnitt North Steyne und das nördliche Ende Queenscliff. Jeder Abschnitt hat seinen eigenen Rettungsschwimmer-Club.

Manly Sea Life Sanctuary   AQUARIUM
(Karte S. 80; ☐1800 199 742; www.manlysealife sanctuary.com.au; West Esplanade; Erw./Kind 25/ 17 AU$; ⊙9.30–17 Uhr, letzter Einlass 16.45 Uhr; ⊠Manly) Nicht gerade der richtige Ort, um sich für eine Surfausflug an den Manly Beach vorzubereiten: Durch die Glasröhren unter Wasser kommt man hier 3 m langen Sandtigerhaien beunruhigend nahe. Ob sie wohl gerade Hunger haben? Mit **Shark Dive Xtreme** (Karte S. 80; ☐1800 199 742; Einführungskurs/zertifizierter Tauchgang ab 299 AU$ ⊙Fr–Mi) kann man sogar in ihre Welt eintauchen. Oben haben die Bewohner der Pinguinanlage viel Spaß.

★ **Store Beach**   STRAND
(Karte S. 58; ⊙Sonnenaufgang–Sonnenuntergang) Der zauberhafte Strand, ein verstecktes Juwel am North Head, ist nur per Kajak oder Boot zu erreichen. Da hier Zwergpinguine nisten, ist das Gebiet ab Sonnenuntergang für Besucher gesperrt – dann nämlich watscheln die kleinen Kerlchen ans Ufer.

★ **North Head**   NATIONALPARK
(Karte S. 58; North Head Scenic Dr, Manly; ☐135) Rund 3 km südlich von Manly warten am spektakulären, breiten North Head dramatische Klippen, Aussichtspunkte und eine weite Sicht auf den Ozean, den Hafen und die Stadt. Am besten lässt sich die Gegend mit einem Fahrrad erkunden.

North Head war wohl eine Zeremonialstätte der hiesigen Camaraigal. Heute gehört der größte Teil der Landzunge zum Sydney Harbour National Park.

Paddington & Woollahra

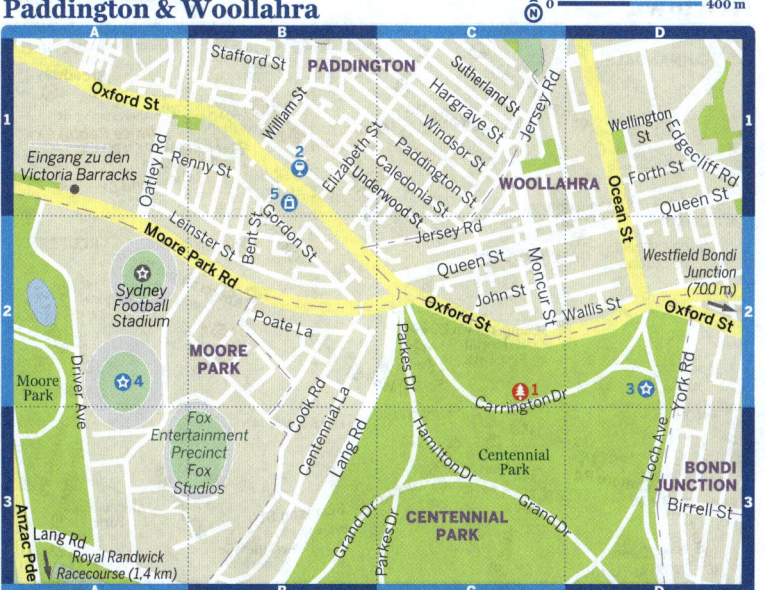

Paddington & Woollahra

Der 9 km lange bzw. vierstündige Manly Scenic Walkway (S. 79) beschreibt eine Schleife um den Park; im Besucherzentrum gibt's eine Broschüre. Hier befindet sich auch die historische **Quarantine Station** (Q Station; Karte S. 58; ☎ 02-9466 1551; www.quarantinestation.com.au; ⊙ Museum So–Do 10–16, Fr & Sa bis 20 Uhr; 🚌 135) GRATIS.

⊙ Northern Beaches

Die nördlichen Strände sind wilder und schwerer zu erreichen als Sydneys östliche Strände, aber absolut sehenswert und ganz besonders für Surfer eine tolle Location. Besucher kommen meist im Rahmen eines Tagesausflugs. Nichtsdestotrotz sind die Strände ein richtiger Bestandteil der Stadt, deren Vororte sich bis ans Ufer vorschieben. Es gibt schicke und weniger schicke Viertel, das Strandleben spielt jedoch in allen die Hauptrolle.

Palm Beach   STRAND
(Ocean Rd, Palm Beach; 🚌 L90, 190) Der lange hübsche Palm Beach, berühmt als Schauplatz der australischen Soap *Home & Away*, ist eine reine Wonne. Das 1881 errichtete Barrenjoey Lighthouse (S. 75) steht auf der Nordspitze der Landzunge und ist ein Anhängsel des Ku-ring-gai Chase National Park. Der Stadtteil Palm Beach punktet mit dem herrlichen Ozeanstrand auf der einen Seite und einem netten Uferstreifen am Pittwater auf der anderen Seite, dessen ruhigere Badestrände sich gut für Familien mit kleineren Kindern eignen. Mit Fähren gelangt man von hier zu anderen malerischen Orten am Pittwater.

Barrenjoey Lighthouse   LEUCHTTURM
(☎ 02-9451 3479; www.nationalparks.nsw.gov.au; Palm Beach; 🚌 L90, 190) Der historische Sandstein-Leuchtturm von 1881 markiert die Nordspitze der Northern Beaches. Das Areal gehört zum Ku-ring-gai Chase National Park, der auf der anderen Seite des Pittwater

Newtown

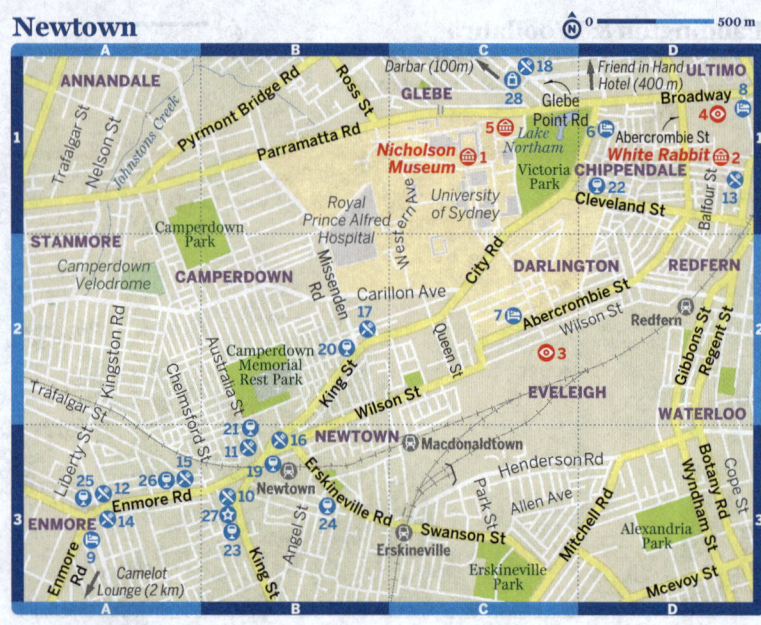

Newtown

liegt. Für den steilen Marsch zur Landspitze (keine Toiletten!) gibt es zwei Routen: eine kürzere Treppe oder einen kurvenreichen Weg. Der majestätische Blick über die Meeresbucht und die Halbinsel lässt die Mühen schnell vergessen. Sonntags gibt's kurze Führungen (11–15 Uhr, alle 30 Min., Bu-

chung nicht erforderlich). Die Landspitze ist auch ein guter Ort, um nach Walen Ausschau zu halten.

Avalon
STRAND
(Barrenjoey Rd, Avalon; L88, L90, 188-190) Das an die Siebziger erinnernde Avalon ist der mythische australische Strand, von dem man

schon immer geträumt hat: herausfordernde Wellen und ein abschüssiger, orangefarbener Sandstrand vor der Kulisse einer malerischen Landzunge. Am südlichen Ende gibt es einen Meerwasserpool und an den Straßen hinter dem Strand gute, günstige Speiselokale.

◉ Parramatta

Der Distrikt Parramatta, 23 km westlich des Zentrums von Sydney, wurde 1788 von Gouverneur Phillip gegründet. Dieser war auf der Suche nach einem Ort, wo sich Getreide für die Kolonie anbauen ließ. Die indigenen Darug nannten das Gebiet Burramatta wegen der vielen Aale, die heute noch das Wappentier und der Spitzname des berühmten Rugby-League-Teams von Parramatta sind.

Parramatta ist ein wichtiges Wirtschafts- und Verwaltungszentrum der Region mit einem ehrgeizigen Entwicklungsplan, der den Ort zu einer echten Alternative zum CBD machen soll. Die Chancen hierzu stehen gut, liegt doch die früher eigenständige Stadt heute ungefähr in der geografischen Mitte des Sydneyer Großraums.

Experiment Farm Cottage
HISTORISCHES GEBÄUDE

(☎02-9635 5655; www.nationaltrust.org.au; 9 Ruse St, Harris Park; Erw./Kind 9/4 AU$; ⏰Mi–So 10.30–15.30 Uhr; ®Harris Park) Der kolonialzeitliche Bungalow steht auf dem Gelände der ersten offiziellen Landzuweisung in Australien. 1789 wies Gouverneur Arthur Phillip dem freigelassenen Sträfling James Ruse 12 ha Land zu, um herauszufinden, wie schnell dieser sich von staatlicher Unterstützung unabhängig machen könnte. Das Experiment verlief erfolgreich und Ruse wurde der erste private Farmer Australiens. Später verkaufte er das Land an den Arzt John Harris, der gegen 1835 das Haus erbaute, das heute mit Möbeln aus der frühen Kolonialzeit eingerichtet ist.

Besichtigt werden kann das Gebäude nur im Rahmen einer sehr informativen Führung; die letzte startet um 15 Uhr.

Elizabeth Farm
HISTORISCHES GEBÄUDE

(☎02-9635 9488; www.sydneylivingmuseums. com.au; 70 Alice St, Rosehill; ⏰Mi–So 10–16 Uhr; ®Rosehill) Die Elizabeth Farm enthält Teile aus dem ältesten europäischen Wohnhaus Australiens, das der abtrünnige Viehhüter und Rumhändler John Macarthur 1793 erbaute. Der als Begründer der australischen Wollwirtschaft angepriese-

ne Macarthur war ein rücksichtsloser Kapitalist, dessen politische Machenschaften ihn reich und zu einem Stachel im Fleisch der jeweiligen Gouverneure machten. Das hübsche Wohnhaus ist heute ein Museum, wo man auf Stilmöbeln sitzen und in den Briefen von Elizabeth Macarthur blättern kann.

Old Government House
HISTORISCHES GEBÄUDE

(☎02-9635 8149; www.nationaltrust.org.au; Parramatta Park, Parramatta; ⏰Di–So 10–16 Uhr; ®Parramatta) Das elegante georgianisch-palladianische Gebäude war der Landsitz der ersten Gouverneure und ist heute ein sorgsam geführtes Museum mit Originalmöbeln aus der Kolonialzeit. Das Haus stammt aus 1799 und ist somit das älteste noch erhaltene öffentliche Gebäude in Australien. Es zeigt interessante Sonderausstellungen und hat ein mit Weinranken drapiertes Restaurant im Hof. Der umliegende Park ist wunderbar – ein hübscher, demokratisch anmutender Platz am Fluss.

◉ Outlying Areas

Lane Cove National Park
NATIONALPARK

(www.nationalparks.nsw.gov.au; Lady Game Dr, Chatswood West; Eintritt 8 AU$/Auto; ⏰9–18 Uhr; ®North Ryde) Der von den Vorstädten der North Shore umgebene 601 ha große Park eignet sich großartig, um bei einigen mittellangen Buschwanderungen die Beine in Schwung zu bringen. Hier sind Dutzende von Tierarten zu Hause, darunter einige bedrohte Eulen und Kröten. Bei einem Besuch im Frühling sind die Wasseragamen gerade in der Paarungszeit und die endemischen Orchideen und Lilien stehen in voller Blüte.

Wet'n'Wild Sydney
VERGNÜGUNGSPARK

(☎13 33 86; www.wetnwildsydney.com.au; 427 Reservoir Rd, Prospect; Körpergröße größer/kleiner als 110 cm 80/70 AU$; ⏰Sept.–April, Öffnungszeiten variieren; ♿; ®Shuttle ab Bhf. Parramatta) Der berühmte Gold-Coast-Themenpark bietet mehr als 40 Wasserrutschen, darunter eine 360°-Looping-Rutsche, in der man bis zu 60 km/h erreicht. Im Zentrum des Parks befindet sich Australiens größtes Wellenbad.

🛶 Aktivitäten

Kajakfahren

Sydney Harbour Kayaks
KAJAKFAHREN

(Karte S. 58; ☎02-9960 4590; www.sydneyharbourkayaks.com.au; Smiths Boat Shed, 81 Parriwi Rd, Mosman; ⏰Mo–Fr 9–17, Sa & So 7.30–17 Uhr; ☐173-180) Verleiht Kajaks (ab 20 AU$/Std.)

und SUP-Bretter (ab 25 AU$) und veranstaltet ausgezeichnete vierstündige Ökotouren (125 AU$); der Start ist nahe der Spit Bridge.

Radfahren

Manly Bike Tours
RADFAHREN

(Karte S. 80; ☑ 02-8005 7368; www.manlybiketours.com.au; Belgrave St, Manly; Fahrrad pro Std./Tag ab 16/33 AU$; ⊙ Okt.–März 9–18 Uhr, April–Sept. 9–17 Uhr; 🚢 Manly) 🏄 Verleiht Fahrräder und stellt Karten und Streckenvorschläge für selbst geführte Touren bereit. Der Laden direkt gegenüber dem Fähranleger hat eine große Auswahl unterschiedlicher Räder. In Schließfächern kann man Equipment lagern, während man seine Tour unternimmt.

Schwimmen

Lust auf einen Sprung ins kühle Nass? Sydney hat geschützte Badeplätze am Sydney Harbour, Felsenpools mit Meerwasser am Strand, mehr als 100 öffentliche Schwimmbäder und eine klasse Brandung. An den von Rettungsschwimmern überwachten Strandabschnitten sollte man sich immer in dem von Flaggen markierten Bereich aufhalten. Nach schweren Regenfällen sollte man am nächsten Tag auf das Bad im Ozean verzichten und gar drei Tage lang nicht im Sydney Harbour schwimmen. Viele Freibäder schließen Ende April und öffnen wieder Anfang Oktober.

Bondi Icebergs Pool
SCHWIMMEN

(Karte S. 82; ☑ 02-9130 4804; www.icebergs.com.au; 1 Notts Ave; Erw./Kind 6,50/4,50 AU$; ⊙ Mo–Mi & Fr 6–18.30, Sa & So 6.30–18.30 Uhr; 🚌 333, 380) Sydneys berühmtester Pool bietet die schönste Aussicht in Bondi und verfügt über ein niedliches kleines Café. Es gibt einen Meerwasserpool, in den regelmäßig die Gischt der größten Brecher schwappt. Für Kinder gibt es daher einen besser geschützten Pool. Donnerstags schließt das Bad und wird von Seetang gereinigt.

Murray Rose Pool
SCHWIMMEN

(Redleaf Pool; Karte S. 58; 536 New South Head Rd, Double Bay; 🚌 324-326, 🚢 Double Bay) GRATIS Das nach einer Olympiasiegerin im Schwimmen benannte, sehr familienfreundliche Bad ist eigentlich gar kein Pool, sondern eine große, durch ein Haifischnetz geschützte Schwimmzone im Sydney Harbour und dort eine der besten Badestellen. Der dem Zentrum am nächsten gelegene Badestrand zieht einen städtischen Mix aus der gesamten östlichen Innenstadt an. Beliebt sind der Bohlenweg auf der Haiabsperrung und die zwei schwimmenden Pontons.

Surfen

Sydney ist ein Synonym fürs Surfen, seit die Beach Boys in *Surfin' USA* von „Australia's Narrabeen" schwärmten (Narrabeen ist einer der nördlichen Strände von Sydney). Aktuelle Infos, wo welche Wellen zu erwarten sind, gibt's unter www.coastalwatch.com, www.surf-forecast.com, www.magicseaweed.com oder www.realsurf.com.

★ Let's Go Surfing
SURFEN

(Karte S. 82; ☑ 02-9365 1800; www.letsgosurfing.com.au; 128 Ramsgate Ave, North Bondi; Verleih von Surfbrett & Neoprenanzug pro 1/2 Std./Tag/Woche 25/30/50/200 AU$; ⊙ 9–17 Uhr; 🚌 380-2) North Bondi eignet sich hervorragend, um Surfen zu lernen. Diese gut etablierte Surfschule bietet Kurse für jeden. Es gibt welche für Jugendliche von sieben bis 16 Jahren (1½ Std., 49 AU$) sowie für Erwachsene (2 Std., 110 AU$; auch nur für Frauen); auch Privatunterricht (1½ Std., 195/284 AU$ für 1/2 Pers.) ist möglich. In der Nebensaison sind die Preise günstiger.

Manly Surf School
SURFEN

(Karte S. 58; ☑ 02-9932 7000; www.manlysurfschool.com; North Steyne Surf Club, Manly; 🚌 139, 🚢 Manly) Die zuverlässige und gut etablierte Surfschule bietet das ganze Jahr über Surfstunden (2 Std; Erw./Kind 70/55 AU$) und Privatunterricht. Viel günstiger wird es, wenn man mehrere Kurse als Paket bucht. Angeboten werden auch Surfsafaris zu den nördlichen Stränden (120 AU$); im Preis inbegriffen sind zwei Surfstunden, das Mittagessen, die Ausrüstung und die Abholung aus der Stadt.

Tauchen

Dive Centre Bondi
TAUCHEN

(Karte S. 82; ☑ 02-9369 3855; www.divebondi.com.au; 198 Bondi Rd, Bondi; ⊙ Mo–Fr 9–18, Sa & So 8–18 Uhr; 🚌 333) Das freundliche und professionelle Zentrum bietet geführte Tauchgänge von der Küste (155 AU$/2 Tauchgänge) oder vom Boot (185 AU$/2 Tauchgänge) und verleiht Ausrüstung. Es ist PADI-zertifiziert und veranstaltet auch Tauchkurse (z. B. Open Water/Advanced Open Water 395/495 AU$).

Gordons Bay Underwater Nature Trail
TAUCHEN

(Karte S. 58; www.gordonsbayscubadivingclub.com; Victory St, Clovelly; 🚌 339) Die 500 m lange Unterwasserkette, zu erreichen vom Parkplatz gleich südlich des Clovelly Beach, geleitet Taucher zu Riffen, Sandwatt und Kelpwäldern.

Wandern & Spaziergehen

Die Erkundung des Hafens mit der Fähre ist ein Muss bei einem Besuch der Stadt, aber auch eine Uferwanderung ist ein Highlight. Es gibt zahlreiche Routen, die aus ausgewiesenen Wegen am Hafen und Strand sowie ruhigen Vorortstraßen bestehen. Für die Planung von Spaziergängen ist die Website www.walkingcoastalsydney.com.au prima geeignet; dort kann man auch Karten und Broschüren herunterladen.

★**Manly Scenic Walkway**　　　　WANDERN
(Karte S. 58; www.manly.nsw.gov.au; ⊗Manly) Die lange Wanderung besteht aus zwei Hauptteilen: dem 10 km langen westlichen Abschnitt zwischen Manly und der Spit Bridge und der 9,5 km langen östlichen Schleife rund um North Head. Eine Karte dieses Weges gibt es online oder im Informationszentrum nahe dem Kai.

★**Bondi to Coogee Clifftop Walk**　WANDERN
Der einfach sensationelle, 6 km lange Bondi to Coogee Clifftop Walk führt vom Bondi Beach auf den Klippen über Tamarama, Bronte und Clovelly nach Coogee; unterwegs locken großartige Ausblicke, bewachte Strände, Meerwasserpools und Uferparks. Plaketten geben Geschichten der hiesigen Aborigines wieder.

Parramatta River Walk　　　　WANDERN
Dieser Teil Sydneys lässt sich nicht besser erkunden als mit einer Wanderung am Parramatta River. In Parramatta gibt es Uferwege an der Nord- und der Südseite des Flusses, die mancherorts tolle Einblicke in eine reiche Vogelwelt erlauben. Von hier aus kann man nach Sydney oder flussaufwärts zum Lake Parramatta marschieren. Eine hilfreiche Quelle für die Tourplanung ist die Seite www.walkingcoastalsydney.com.au.

☞ Geführte Touren

Bootstouren

Es gibt eine bunte Palette von Hafenrundfahrten auf den unterschiedlichsten Schiffen, von Schaufelraddampfern bis hin zu riesigen Jachten. Sparfüchse nehmen einfach die Fähre nach Manly und zurück.

NICHT VERSÄUMEN

KU-RING-GAI CHASE NATIONAL PARK

Der spektakuläre, 14 928 ha große **Ku-ring-gai Chase National Park** (☏02-9472 8949; www.nationalparks.nsw.gov.au; Bobbin Head Rd, North Turramurra; pro Auto & Tag 12 AU$, Landungsgebühr für Boote Erw./Kind 3/2 AU$; ⊠Mt. Colah), 24 km vom Stadtzentrum entfernt, bildet Sydneys nördliche Grenze. Der Park präsentiert sich als ein für diese Gegend typischen Mix aus Sandstein, Buschland und tollen Ausblicken aufs Wasser. Er erstreckt sich über einen mehr als 100 km langen Küstenabschnitt am Südrand der Broken Bay und der Mündung des Hawkesbury River.

Der Nationalpark ist nach den ursprünglichen Bewohnern benannt, den Guringai, die im Zuge der Kolonisierung durch Gewalttaten britischer Siedler und eingeschleppte Krankheiten nahezu ausgelöscht wurden. Eine fesselnde, aber zugleich erschütternde Schilderung der Ereignisse findet sich in der für den Booker Prize nominierten Erzählung *Der verborgene Fluss* von Kate Grenville.

Spuren des Lebens der Urbevölkerung sind heute noch sichtbar. Mehr als 800 Stätten, darunter Muschelhaufen und Fels- und Höhlenmalereien, wurden gesichert. Wer mehr darüber erfahren will, betritt den Park über den Mt.-Colah-Eingang und besucht dort das **Kalkari Discovery Centre** (☏02-9472 9300; Ku-ring-gai Chase Rd, Mt. Colah; ⊗9–17 Uhr), in dem es Ausstellungen und Videos zur australischen Fauna und zur Kultur der Aborigines gibt.

Von den höher liegenden Teilen des Parks hat man einen herrlichen Blick auf den Cowan Creek, die Broken Bay und das Pittwater. Besonders schön ist der Blick vom West Head über das Pittwater zum Barrenjoey Lighthouse. Dieser gesamte Parkabschnitt präsentiert sich als eine sagenhafte Wildnis mit sensationellen Ausblicken. Pfade führen hinunter zu kleinen Bilderbuch-Buchten.

Mit dem Auto erreicht man den Park bei Mt. Colah über den Pacific Hwy und die Ku-ring-gai Chase, von North Turramurra aus über die Bobbin Head Rd oder – für die Abschnitte West Head, Cottage Point und Pittwater – von Terrey Hills aus über die McCarrs Creek Rd. Der letztgenannte Bereich ist auch per Fähre ab Palm Beach zu erreichen.

Manly

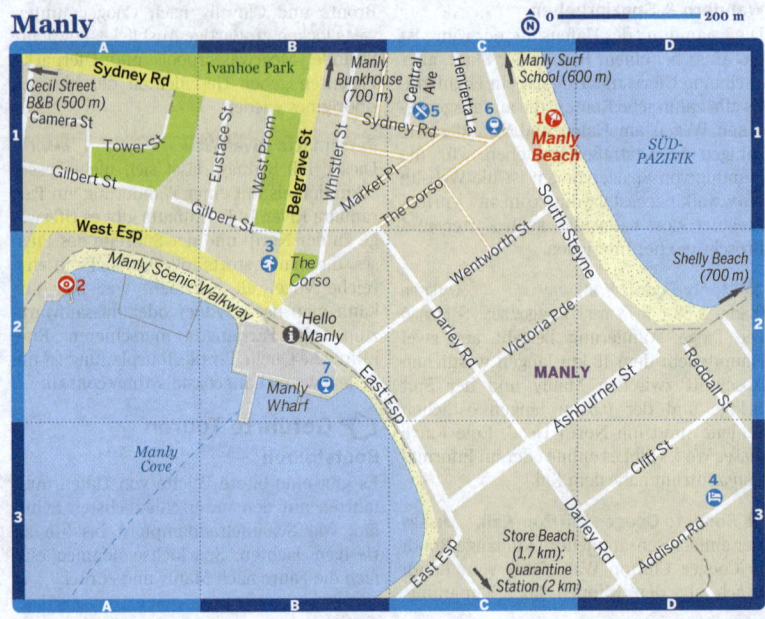

0   200 m

Cecil Street
B&B (500 m)
Camera St
Tower St
Gilbert St
Sydney Rd
Ivanhoe Park
West Prom
Eustace St
Belgrave St
Whistler St
Gilbert St
Market Pl
The Corso
Manly
Bunkhouse
(700 m)
Sydney Rd.
Central Ave
Henrietta La
Manly Surf
School (600 m)
Manly
Beach
SÜD-
PAZIFIK
West Esp
Manly Scenic Walkway
The
Corso
Hello
Manly
Manly
Wharf
Manly
Cove
South Steyne
Wentworth St
Darley Rd
Victoria Pde.
Reddall St
MANLY
Ashburner St
Cliff St
Shelly Beach
(700 m)
East Esp
East Esp
Store Beach
(1,7 km);
Quarantine
Station (2 km)
Darley Rd
Addison Rd

★ **Whale Watching Sydney** BOOTSFAHRT
(Karte S. 62; ☎ 02-9583 1199; www.whalewat
chingsydney.com.au; ◷ Mitte Mai–Anf. Dez.) Buckelwale und Südkaper ziehen regelmäßig
an Sydneys Küste vorbei und wagen sich
manchmal auch in den Harbour. WWS veranstaltet drei- (Erw./Kind 97/60 AU$) und
zweieinhalbstündige (60/40 AU$) Touren
über die Landspitzen der Harbour-Bucht hinaus. Kürzer und aufregender ist die zwei-

stündige Fahrt in einem Jetboat (65/45 AU$),
bei der man noch näher an die Tiere heran-
kommt.

Abfahrt am Jetty 6 am Circular Quay oder
am Cockle Bay Wharf in Darling Harbour.

Captain Cook Cruises BOOTSFAHRT
(Karte S. 62; ☎ 02-9206 1111; www.captaincook.
com.au; Wharf 6, Circular Quay; 🚢 Circular Quay)
Neben schicken Rundfahrten mit Mittag-
oder Abendessen und Walbeobachtungs-
touren veranstaltet diese Crew auch eine
Rundfahrt, bei der man beliebig oft zu- und
wieder aussteigen kann. Mögliche Zwi-
schenstopps: Watsons Bay, Taronga Zoo,
Fort Denison, Garden Island, Shark Island,
Manly, Circular Quay, Luna Park und Dar-
ling Harbour. Die Tour mit einigen wenigen
Kommentaren kostet 45/25 AU$ pro Erw./
Kind.

Harbour Jet BOOTSFAHRT
(Karte S. 66; ☎ 1300 887 373; www.harbourjet.
com; King Street Wharf 9; Erw./Kind ab 80/50 AU$;
🚢 Darling Harbour) Einer von mehreren Jet-
boatbetreibern (Sydney Jet, Oz Jet Boating,
Thunder Jet sind die anderen). Die Jungs
veranstalten eine aufregende, 35- bis 50-mi-
nütige Fahrt. Die Drehungen, Schlangenlini-
en und plötzlichen Stopps bei einer Geschwindigkeit von 75 km/h erfordern einen
robusten Magen.

Radtouren

Bonza Bike Tours
RADFAHREN

(Karte S. 62; ☑02-9247 8800; www.bonzabike tours.com; 30 Harrington St; ◷ Büro 9–17 Uhr; ⓡ Circular Quay) Diese Fahrrad-Cracks veranstalten die zweieinhalbstündige Tour „Sydney Highlights" (Erw./Kind 79/99 AU$) und die vierstündige Tour „Sydney Classic" (119/99 AU$). Andere Touren gelten der Harbour Bridge und Manly. Der Veranstalter verleiht auch Fahrräder (pro Std./halber/ ganzer Tag/Woche 10/19/29/125 AU$).

BlueBananas
RADFAHREN

(Karte S. 62; ☑0422 213 574; www.bluebananas. com.au; 281 Clarence St; ⓡ Town Hall) Mit einer geführten Radtour auf einem Pedelec kann man Kräfte sparen. Angeboten werden die 90-minütige Bike the Bridge Tour (59 AU$) und die zweieinhalbstündige Sydney City Tour (99 AU$). Das Büro befindet sich in einer kleinen Einkaufspassage.

Stadtspaziergänge

Sydney Architecture Walks
STADTSPAZIERGANG

(☑0403 888 390; www.sydneyarchitecture.org; Erw. Spaziergang 49–59 AU$, Radtour inkl. Fahrrad 120 AU$) Die cleveren jungen Architekturfans veranstalten zwei dreieinhalbstündige Radtouren und fünf themenbezogene zweistündige Stadtspaziergänge (City, Utzon und das Sydney Opera House, Hafengebiet, Kunst, Ort & Landschaft, Modernes Sydney). Die Prinzipien moderner Architektur und Stadtplanung werden ausgezeichnet erklärt. Es wird billiger, wenn man im Voraus bucht.

The Rocks Walking Tours
STADTSPAZIERGANG

(Karte S. 62; ☑02-9247 6678; www.rockswalkingtours.com.au; Shop 4a, Ecke Argyle & Harrington St; Erw./Kind/Fam. 28/12/68 AU$; ◷10.30 & 13.30 Uhr; ⓡ Circular Quay) Die zweimal täglich stattfindenden 90-minütigen Touren führen durch das historische Rocks mit vielen Alltagsgeschichten und interessanten Einzelheiten. Das Büro liegt in einer Einkaufspassage; man kann auch online buchen.

I'm Free
STADTSPAZIERGANG

(Karte S. 64; ☑0405 515 654; www.imfree.com. au; 483 George St; ◷10.30 & 14.30 Uhr; ⓡ Town Hall) GRATIS Zweimal täglich starten am Platz abseits der George St zwischen Town Hall und St. Andrew's Cathedral empfehlenswerte dreistündige Stadtspaziergänge (keine Buchung – einfach vorbeischauen!). Sie sind eigentlich kostenlos, werden aber von engagierten, jungen Guides durchgeführt, die ein Trinkgeld erwarten. Die Route führt über The Rocks, Circular Quay, den Martin Place, die Pitt St und den Hyde Park.

Noch mehr Touren

★ BridgeClimb
KLETTERN

(Karte S. 62; ☑02-8274 7777; www.bridgeclimb. com; 3 Cumberland St; Erw./Kind 248–383/ 168–273 AU$; ⓡ Circular Quay) Mit Headset, Sicherheitsgurt und einem schrillen grauen Overall lässt man sich auf den aufregenden Aufstieg auf die Spitze von Sydneys berühmter Harbour Bridge ein. Bei Sonnenaufgang und -untergang ist die Kletterpartie am teuersten. Es gibt auch eine billigere, 90-minütige „Kostprobe" (bis zur Hälfte) und einen „Expressaufstieg" zur Spitze, der eine kürzere Route wählt.

★ Feste & Events

★ Sydney Festival
KULTUR

(www.sydneyfestival.org.au; ◷ Jan.) Sydneys bedeutendstes Kunst- und Kulturfestival steht drei Wochen lang im Zeichen von Musik, Theater und bildender Kunst.

Chinesisches Neujahr
KULTUR

(www.sydneychinesenewyear.com) An 17 Tagen begrüßt das Festival in Chinatown mit Essen, Feuerwerk, Drachentänzern und Drachenbootrennen das neue Jahr des Mondkalenders. Die Termine ändern sich jährlich ein wenig, liegen aber immer in der Zeit zwischen Ende Januar und Anfang Februar.

★ Tropfest
FILM

(www.tropfest.org.au) Das eintägige größte Kurzfilmfestival der Welt genießt man Anfang Februar bei einem Picknick im Parramatta Park.

★ Sydney Gay & Lesbian Mardi Gras
SCHWULE & LESBEN

(www.mardigras.org.au; ◷ Feb.–März) Das zweiwöchige Fest mit Kultur und Unterhaltung gipfelt in dem weltberühmten Umzug und der Party am ersten Samstag im März.

Sydney Royal Easter Show
JAHRMARKT

(www.eastershow.com.au) Dieses wunderbare traditionelle Event ist offiziell eine Landwirtschaftsmesse, tatsächlich aber eine zweiwöchige Fiesta mit Rides, kindgerechter Unterhaltung und süßem Horror. Gewaltiger Massenandrang!

Biennale of Sydney
KULTUR

(www.biennaleofsydney.com.au) Das hochkarätige Festival der Künste und Ideen findet in

Bondi

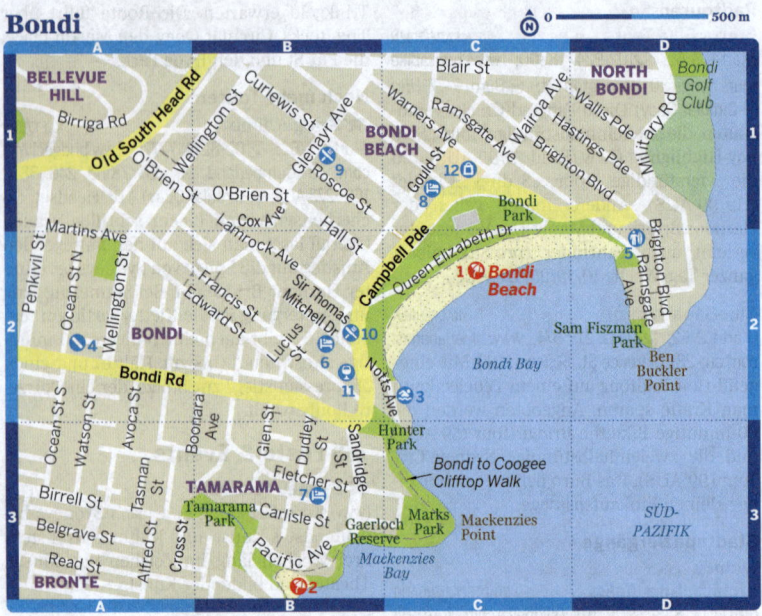

Bondi

Jahren mit gerader Zahl zwischen März und Juni statt.

⭐ Sydney Writers' Festival   LITERATUR
(www.swf.org.au; ⊘ Mai) Das wichtigste Literaturfest des Landes findet im Mai eine Woche lang an verschiedenen prominenten Orten in der Innenstadt statt.

Vivid Sydney   KULTUR
(www.vividsydney.com) Ab Ende Mai gibt's 18 Tage lang umfassende Lichtinstallationen und Projektionen in der Stadt, dazu Auftritte von australischen und internationalen Musikern und öffentliche Diskussionen mit führenden kreativen Köpfen aus aller Welt.

⭐ Sydney Film Festival   FILM
(www.sff.org.au; ⊘ Juni) Das ausgezeichnete und hoch angesehene Filmfestival zeigt künstlerisch anspruchsvolle Filme aus dem In- und Ausland. Die Aufführungen finden überwiegend im prächtigen State Theatre (Karte S. 62; ☎ 02-9373 6655; www.statetheatre.com.au; 49 Market St; 🚉 Town Hall) statt.

Sydney to Hobart Yacht Race   SPORT
(www.rolexsydneyhobart.com; ⊘ Dez) Am 26. Dezember bietet sich im Sydney Harbour ein toller Anblick: Zuschauer auf Hunderten von Booten versammeln sich auf dem Wasser, um die Jachten zu verabschieden, die an dieser äußerst anstrengenden Regatta teilnehmen.

★ **New Year's Eve** FEUERWERK
(www.sydneynewyearseve.com; ⊘ 31. Dez.) Zu Silvester steigt die größte Party des Jahres mit einem mächtigen Feuerwerk am Hafen. Nach einem familienfreundlichen Vorgeschmack um 21 Uhr folgt um Mitternacht das Hauptereignis. Dazu gibt's noch eine Reihe weiterer Events im Hafen und drum herum. Es gibt eine Reihe von geregelten Bereichen, von denen aus man das Feuerwerk sehen kann. Für einige braucht man eine Eintrittskarte, in anderen ist Alkohol verboten.

🛏 Schlafen

Hotels verteilen sich über ganz Sydney, die internationalen Ketten mit ihrem Pomp und Trara konzentrieren sich jedoch am Circular Quay und im Stadtzentrum. In den Vorstädten und an den Stränden gibt es unterschiedliche Boutique-Refugien, von denkmalgeschützten Reihenhäusern bis zu schicken Apartments und Strandbungalows.

Fast alle Hotels passen ihre Preise an die Nachfrage an. Man sollte weit im Voraus buchen, um möglichst günstig zu übernachten.

🛏 Circular Quay & The Rocks

★ **Sydney Harbour YHA** HOSTEL **$$**
(Karte S. 62; ☎02-8272 0900; www.yha.com.au; 110 Cumberland St; B 55–75 AU$, DZ 200–240 AU$; ⊜✴@☎; Ⓡ Circular Quay) Alle Bedenken wegen der überdurchschnittlich hohen Preise verschwinden, wenn man von der Dachterrasse des weitläufigen und modernen Hostels auf den Circular Quay herunterblickt. Die geräumigen Zimmer – auch die Schlafsäle – verfügen über eigene Bäder. Darüber hinaus wird hier besonderer Wert auf Nachhaltigkeit gelegt.

Lord Nelson Brewery Hotel PUB **$$**
(Karte S. 62; ☎02-9251 4044; www.lordnelsonbrewery.com; 19 Kent St; Zi. 180–200 AU$; ⊜✴☎; Ⓡ Circular Quay) Das 1836 aus Sandstein erbaute stimmungsvolle Gasthaus bietet oben ordentliche Zimmer mit unverputzten Steinwänden, Mansardenfenstern und Blick auf den Hafen. Die meisten der acht mit viel Sonnenlicht erfüllten Zimmer haben angeschlossene Bäder; eines hat ein eigenes Bad auf dem Flur. Die Kleinbrauerei unten ist ideal für ein Bier und ein Essen. Das kontinentale Frühstück ist im Preis inbegriffen.

★ **Harbour Rocks** BOUTIQUEHOTEL **$$$**
(Karte S. 62; ☎02-8220 9999; www.harbourrocks.com.au; 34 Harrington Street; Zi. 300–550 AU$;

⊜✴@☎; Ⓡ Circular Quay) Das luxuriöse Boutiquehotel an der Stelle von Sydneys erstem Krankenhaus hat eine schicke, einfühlende Metamorphose von einem kolonialen Lagerhaus mit Arbeiterhütten zu einem Komplex mit feinen Zimmern im New Yorker Loft-Stil mit hohen Decken, dunkelgrauen Ziegelwänden und eleganter Möblierung durchgemacht. Die Anlage mutet historisch an, der Service ist entspannt und persönlich, und es gibt eine großartige kleine, begrünte Balkonterrasse.

Pullman Quay Grand Sydney Harbour APARTMENTS **$$$**
(Karte S. 62; ☎02-9256 4000; www.pullmanquaygrandsydneyharbour.com; 61 Macquarie St; Apt. 450–800 AU$; Ⓟ⊜✴@☎; Ⓡ Circular Quay) Mit dem Opernhaus als Nachbarn hat das Gebäude, das abschätzig als „Toaster" bezeichnet wird, eine echt heiße Lage. Die gut gestalteten, topmodernen, großen und gut ausgestatteten Apartments liegen mitten im glitzernden Herzen Sydneys, umgeben von erstklassigen Restaurants, Cocktailbars und dem alle Blicke einfangenden Hafen. Die kleine Zahl der Zimmer und die Mischung aus Bewohnern und Besuchern sorgen – abseits der hier untergebrachten munteren Bar Hacienda – für ein ruhiges Umfeld.

Park Hyatt HOTEL **$$$**
(Karte S. 62; ☎02-9256 1234; www.sydney.park.hyatt.com; 7 Hickson Rd; Zi. 1150–1600 AU$; Ⓟ⊜✴@☎; Ⓡ Circular Quay) Der makellose Service und die erstklassigen Einrichtungen in Sydneys teuerstem Hotel halten jedem Vergleich stand. Mit bester Sicht auf den Circular Quay kann man sich die ganze Action vom Bett, vom Balkon oder aus der Badewanne anschauen. Am Pool auf dem Dach hat man das Gefühl, man könnte die Harbour Bridge mit seiner Hand berühren. Und bei einem Butlerservice rund um die Uhr, der alle Wünsche erfüllt, braucht man das Haus eigentlich gar nicht zu verlassen.

🛏 City Centre & Haymarket

★ **Railway Square YHA** HOSTEL **$**
(Karte S. 72; ☎02-9281 9666; www.yha.com.au; 8-10 Lee St; B 39–52 AU$, DZ ab 142 AU$, ohne Bad ab 132 AU$; ✴@☎; Ⓡ Central) Die hübsche Renovierung hat den ehemaligen Paketschuppen der Central Station in ein wirklich ansprechendes Hostel in toller Lage und doch abseits des Trubels verwandelt. Die Schlafsäle mit Wellblechdächern und Bä-

Stadtspaziergang
Bondi to Coogee Cliff-Top Trail

START BONDI BEACH
ZIEL COOGEE BEACH
LÄNGE 6 KM; 2–3 STD.

Diesen Küstenweg – wahrscheinlich Sydneys beste, berühmteste und beliebteste Wanderstrecke – sollte man sich nicht entgehen lassen. Beide Enden sind gut an das Busnetz angeschlossen, aber auch viele Stellen unterwegs, sodass man die Wanderung problemlos abbrechen kann. Man kann aber genauso gut an einem der Strände unterwegs ein Bad nehmen – Badesachen nicht vergessen! Auf der Strecke gibt es kaum Schatten, man sollte sich also gut mit Sonnencreme einschmieren und mit einer Mütze bewaffnen!

Los geht's am berühmten **1 Bondi Beach** (S. 70). Man nimmt die Treppe am südlichen Ende der Notts Ave, passiert den **2 Icebergs-Pools-Komplex** (S. 78) und erreicht am Ende der Notts Ave den Klippenweg.

Beim Marsch gen Süden erwarten einen spektakuläre Sandsteinklippen. Im Meer tummeln sich Delfine, Wale und Surfer. Erster Halt ist der kleine, markant geformte Strand an der **3 Tamarama Bay**, der fast breiter als lang ist. Am **4 Bronte Beach** bietet sich nach einem Bad ein Picknick unter den Norfolk-Tannen oder ein Boxenstopp in einem der Cafés an, bevor es weitergeht Richtung **5 Waverley Cemetery**. So manch berühmter Australier liegt auf dem wundervoll am Klippenrand gelegenen Friedhof begraben. An klaren Wintertagen kann man von hier aus prima Wale beobachten.

Am Clovelly Bowling Club vorbei, in dem Einheimische ihr Bierchen trinken und eine ruhige Kugel schieben, gelangt man zum **6 Burrows Park** mit seinen Kakadus und zum geschützten **7 Clovelly Beach**.

Nun folgt man dem Fußweg über den Parkplatz an der Cliffbrook Pde und geht die Stufen hinunter zu den auf dem Strand liegenden Dinghis an der **8 Gordons Bay** (S. 78), einem der besten Tauchspots in Sydney.

Der Weg führt weiter zum **9 Dolphin Point** mit tollem Ausblick aufs Meer und endet mitten am prächtigen **10 Coogee Beach**. Im Coogee Bay Hotel kann man sich bei einem kalten Getränk zuprosten und von der Anstrengung des Weges erholen.

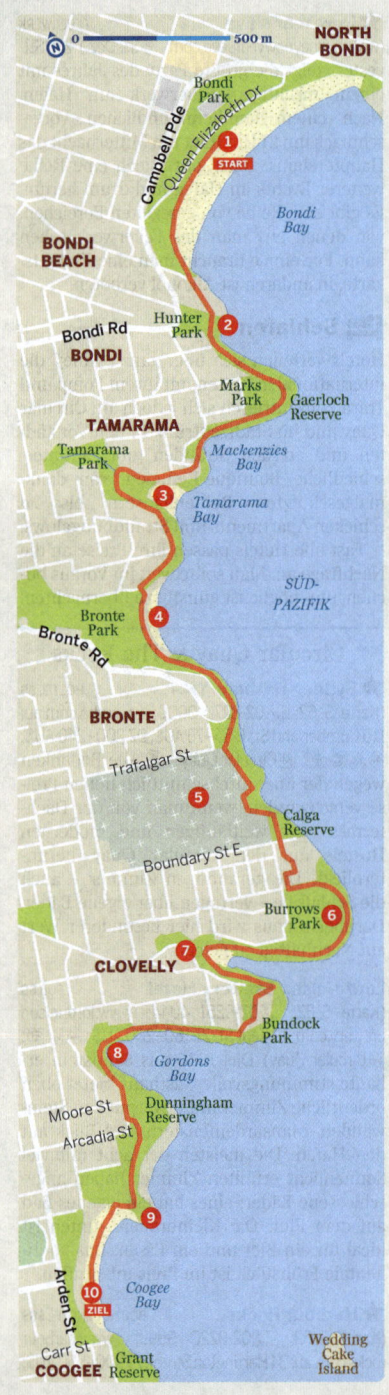

dern mit Fußbodenheizung sind makellos; einige sind sogar in umgebauten Bahnwaggons untergebracht. Es gibt ein Café und eine Waschküche mit Waschmaschinen; der Pool wurde zur Zeit unserer Recherche gerade modernisiert.

Sydney Central YHA
HOSTEL **$**

(Karte S. 72; ☑ 02-9218 9000; www.yha.com.au; 11 Rawson Pl; B 44–55 AU$, DZ ab 150 AU$, ohne Bad ab 130 AU$; P ✿ @ 🛜 🗷; ⦿ Central) 🅟 Der denkmalgeschützte Monolith von 1913 in der Nähe der Central Station ist die Mutter aller YHA-Häuser in Sydney. In dem renovierten Hostel gibt's alles von einem Reisebüro bis zu einem Kino. Die Zimmer sind bunt gestrichen, die Küchen klasse. Das Highlight besteht aber darin, in der Sauna zu schwitzen und sich anschließend im Pool auf dem Dach abzukühlen. HI-Mitglieder erhalten 10 % Rabatt.

Hyde Park Inn
HOTEL **$$**

(Karte S. 64; ☑ 02-9264 6001; www.hydeparkinn.com.au; 271 Elizabeth St; Zi. 198–286 AU$; P ✿ ✿ 🛜; ⦿ Museum) Direkt am Park. Das entspannte Hotel bietet Ein-Zimmer-Apartments mit Kochnische, Deluxe-Zimmer mit Balkon und voll ausgestattete Küche sowie ein paar Apartments mit zwei Schlafzimmern. Alle haben Flachbild-TVs mit Kabelanschluss, manche auch Mikrowelle. Frühstück und Parkgebühr sind im Preis inbegriffen, sodass sich ein für die Lage im Zentrum tolles Preis-Leistungs-Verhältnis ergibt.

★ QT Sydney
BOUTIQUEHOTEL **$$$**

(Karte S. 62; ☑ 02-8262 0000; www.qtsydney.com.au; 49 Market St; Zi. 350–450 AU$; P ✿ ✿ @ 🛜; ⦿ Town Hall) Das extrem theatralische, unangestrengt coole Hotel im historischen State Theatre ist lustig, sexy und total überkandidelt. Man kommt aus dem Staunen nicht heraus: Die exzentrische Art-déco-Aufmachung wird komplettiert durch skurrile Extras in den individuell eingerichteten Zimmern, die alle mit einem Händchen für einen guten Stil und viel Flair dekoriert sind. Es gibt auch ein luxuriöses Spa und eine Bar mit einem Grill, der von einem der angesagtesten Restaurateure der Stadt betrieben wird.

Establishment Hotel
BOUTIQUEHOTEL **$$$**

(Karte S. 62; ☑ 02-9240 3100; www.merivale.com.au; 5 Bridge Lane; Zi. 350–500 AU$; ✿ ✿ @ 🛜; ⦿ Wynard) In einer verschwiegenen Gasse erweckt dieses Design-Boutiquehotel in einem umgebauten Lagerhaus des 19. Jhs.

mit seinem Weihrauchduft und den dunklen Holzbeschlägen einen asiatischen Eindruck. Die Zimmer haben zwei Stile: „hell" (ganz zeitgemäß in Weiß und Hellbraun) oder „dunkel" (schicker, mit Holzdielen und „nächtlicher" Anmutung). Das Aufgebot der gerühmten Bars und Restaurants des Unternehmens garantiert zudem einen dekadenten Abend.

Primus Hotel Sydney
HOTEL **$$$**

(Karte S. 64; ☑ 02-8027 8000; www.primushotelsydney.com; 339 Pitt St; Zi. 290–380 AU$; P ✿ ✿ 🛜; ⦿ Town Hall) Das Hotel im schick umgebauten ehemaligen Gebäude der Trinkwasserbehörde prahlt mit einer prächtigen Lobby, die mit roten Säulen und schönen Art-déco-Details geschmückt ist. Mit seinen breiten Fluren und geräumigen Zimmern wirkt das Haus sehr großzügig. Der ausgezeichnete Service verdient jedes Lob. Der Pool ist zwar winzig, aber die Terrasse um ihn herum ist ein fabelhafter Ort, der auch Nicht-Gästen offenstehen dürfte.

🛏 Darling Harbour & Pyrmont

★ Ovolo 1888
BOUTIQUEHOTEL **$$$**

(Karte S. 66; ☑ 02-8586 1888; www.ovolohotels.com; 139 Murray St; winzige DZ 239–299 AU$, DZ 299–349 AU$; ✿ ✿ @ 🛜; ⦿ Convention Centre) Das schicke Hotel in einem denkmalgeschützten Wolllager kombiniert industriellen Minimalismus mit der Wärme von Eukalyptusholzbalken, luxuriöser Ausstattung und engagiertem Personal. Die Zimmer reichen von der winzigen Schuhschachteln bis hin zu luftigen Lofts und Dachsuiten mit Hafenblick. Die Minibar ist kostenlos; wer direkt bucht, bekommt bei der täglichen Happy Hour kostenlose Drinks und Canapés.

Adina Apartment Hotel Sydney Harbourside
APARTMENTS **$$**

(Karte S. 66; ☑ 02-9249 7000; www.adinahotels.com.au; 55 Shelley St; Apt. 229–500 AU$; P ✿ 🛜 🗷; 🚢 Darling Harbour) Der Himmel muss ein schickes, großzügiges Apartment sein, in dem andere Leute hinter einem aufräumen. Genauso ist es in dieser niedrig bebauten Anlage gleich abseits des King St Wharf. Alle Apartments haben Küchen und – die Einraumwohnungen ausgenommen – auch eine Waschmaschine und einen Balkon. Alle Unterkünfte sind sehr geräumig. Gäste erhalten Zutritt zu einem tollen Pool im Atrium und einem Fitnessbereich.

🛏 Kings Cross & Potts Point

★ Blue Parrot Backpackers
HOSTEL **$**

(Karte S. 68; ☎ 02-9356 4888; www.blueparrot. com.au; 87 Macleay St, Potts Point; B 39–45 AU$; ⊜@🛜🚭; ⊠Kings Cross) Wenn Polly ein tolles Hostel suchen würde, wäre sie bestens aufgehoben in diesem brillanten, farbenfrohen Haus, das zwei Schwestern mit echter Begeisterung führen. Man fühlt sich hier wie in einer WG, nur dass es viel sauberer ist. Es gibt einen tollen Hinterhof und Schlafsäle mit hohen Decken und guten Betten und Matratzen. Weitere Pluspunkte sammeln die Filme, eine Playstation und der Grill. Nur für Gäste von 18 bis 35 Jahren.

Eva's Backpackers
HOSTEL **$**

(Karte S. 68; ☎ 02-9358 2185; www.evasbackpa ckers.com.au; 6-8 Orwell St, Kings Cross; B 34–40 AU$, DZ 97–107 AU$; ⊜🚭@🛜; ⊠Kings Cross) Das nette Eva's ist eine seit Langem beliebte, sichere, saubere und einladende Bleibe in einem Gebäude mit einer faszinierend zwielichtigen Vergangenheit. Von der großartigen Dachterrasse bietet sich ein toller Blick auf die Skyline der Stadt. Geplant war dort oben der Bau einer neuen Gemeinschaftsküche. Sie ist Bestandteil einer umfangreichen Renovierung der Bäder und Schlafsäle, nach der das Hostel einen richtig frischen Eindruck machen sollte.

Kings Cross Backpackers
HOSTEL **$**

(Karte S. 68; ☎ 02-8705 3761; www.kingscross backpackers.com.au; 79 Bayswater Rd, Kings Cross; B 35–43 AU$; ⊜🚭@🛜; ⊠Kings Cross) Das gut geführte Hostel in einem ruhigeren Teil von Kings Cross hat renovierte, saubere Schlafsäle für vier bis zwölf Gäste mit Klimaanlage, Schließfächern und Stauraum unter den Betten. Die Küche/Lounge im Erdgeschoss und die nette Dachterrasse sind gut zum Abhängen. Das Haus ist sicher, der Preis fair, das Frühstück im Preis enthalten; man bekommt es aber nicht im Haus, sondern ein paar Blocks weiter.

Macleay
APARTMENTS **$$**

(Karte S. 68; ☎ 02-9357 7755; www.themacleay. com; 28 Macleay St, Elizabeth Bay; Zi. 180–250 AU$; ℗⊜🚭@🛜🚭; ⊠Kings Cross) Umzingelt von fabelhaften Restaurants liegt diese dezente Unterkunft am schicken Ende von Kings Cross. Die Ein-Zimmer-Apartments sind etwas betagt, haben aber alle kleine Kochnischen. In jeder Etage gibt's zudem eine Waschküche. Weitere Pluspunkte sammeln

der Fitnessraum und der Pool auf dem Dach. Das Personal ist einladend und hilfsbereit. Man sollte ein Zimmer in einer höheren Etage nehmen, um den Blick auf den Hafen und die Stadt zu genießen.

Hotel 59
B&B **$$**

(Karte S. 68; ☎ 02-9360 5900; www.hotel59. com.au; 59 Bayswater Rd, Kings Cross; EZ 105 AU$, DZ 135–145 AU$; ⊜🚭🛜; ⊠Kings Cross) Das von einer Familie geführte B&B an einem ruhigen, aber immer noch sehr praktisch gelegenen Abschnitt der Bayswater Rd bietet mit neun schlichten, makellosen und komfortablen Zimmern viel fürs Geld. Die Inhaber sind äußerst hilfsbereit und aufmerksam; im Café im Erdgeschoss gibt's tolles warmes Frühstück (im Preis inbegriffen) gegen den mächtigen Kater, den man sich am Abend in Kings Cross vielleicht zugezogen hat.

★ Ovolo Hotel Woolloomooloo
HOTEL **$$$**

(Karte S. 68; ☎ 02-9331 9000; www.ovolohotels. com; 6 Cowper Wharf Roadway, Woolloomooloo; Zi. 400–700 AU$; ℗⊜🚭@🛜🚭; 🚇311, ⊠Kings Cross) Das ausgezeichnete, zwanglos schicke Hotel mit erstklassiger Lage am Woolloomooloo Wharf hat sehr freundliches junges Personal und sehr schöne Einrichtungen. Die „Superoo"-Zimmer blicken überwiegend entweder auf die Straße oder bekommen über Oberlichter Tageslicht ab; die teureren „Deluxe"-Zimmer blicken nach Osten aufs Wasser oder nach Westen auf die Stadt. Mit den langen Korridoren, Industriemaschinen und ungewöhnlich zugeschnittenen, künstlerisch gestalteten Zimmern (einige auf zwei Ebenen) hat das Haus jede Menge Charakter. Eine Spitzenunterkunft in Sydney!

Simpsons of Potts Point
BOUTIQUEHOTEL **$$$**

(Karte S. 68; ☎ 02-9356 2199; www.simpsonsho tel.com; 8 Challis Ave, Potts Point; Zi. 255–355 AU$; ℗⊜🚭@🛜; ⊠Kings Cross) Am ruhigen Ende eines geschäftigen Abschnitts voller Cafés befindet sich diese liebevoll nostalgisch-dekorativ restaurierte Villa von 1892. Kunstwerke, Eleganz und gemütlicher Luxus prägen die hübschen Gemeinschaftsbereiche und die zwölf Gästezimmer. Die Lounge unten ist der perfekte Ort für eine Schachpartie und den kostenlosen Sherry. Aufmerksamer und äußerst kompetenter Service.

🛏 Surry Hills & Darlinghurst

★ Bounce
HOSTEL **$**

(Karte S. 72; ☎ 02-9281 2222; www.bounceho tel.com.au; 28 Chalmers St, Surry Hills; B

40–48 AU\$, DZ 149–159 AU\$; 🌐❄@🛜; 🚇Central) 🌿 Das direkt an der Central Station gelegene Hostel bietet ein Budgetdomizil in der Manier eines Boutiquehotels. Die unterschiedlich zugeschnittenen Schlafsäle sind modern, sehr geräumig und mit extragroßen Schließfächern ausgestattet. Die Privatzimmer mit Hotelstandard haben ein ausgezeichnetes Preis-Leistungs-Verhältnis. Das Hostel ist erstklassig geführt und berücksichtigt genauso die Bedürfnisse des Partyvolks wie jener Gäste, die sich einen ruhigeren Aufenthalt wünschen. Die sehr große Küche und die fabelhafte Dachterrasse sind weitere gute Argumente, hier zu übernachten.

Big Hostel · HOSTEL $
(Karte S. 64; 📞 02-9281 6030; www.bighostel. com; 212 Elizabeth St, Surry Hills; B 32–36 AU\$, EZ/ DZ 89/110 AU\$; 🌐❄@🛜; 🚇Central) Ein tolles, schlichtes Hostel mit einer Dachterrasse und einem überfüllten, aber ordentlichen Gemeinschaftsbereich mit Küche. Die Schlafsäle haben Schließfächer, hohe Decken und ausreichend Platz, sind also insgesamt ordentlich. Jene mit vier Betten sind etwas teurer, haben aber ein Bad und einen kleinen Fernseher. Die Preise sind für die Lage im Zentrum gut. Ein kontinentales Frühstück ist im Preis inbegriffen. Kostenloses WLAN gibt's nur im Erdgeschoss.

57 Hotel · HOTEL $$
(Karte S. 72; 📞 02-9011 5757; www.57hotel.com. au; 57 Foveaux St, Surry Hills; EZ 219–299 AU\$, DZ 229–449 AU\$; 🌐❄🛜; 🚇Central) Das Hotel in einer umgebauten früheren Fachschule hat ein modisches Farbschema in Grau, Schwarz und Schokoladenbraun. Die Zimmer sind sehr unterschiedlich, von sehr engen Zweibett-Schuhschachteln bis hin zu den großen, hellen Zimmern mit großen Doppelbetten an den Ecken des Gebäudes. Die Hündchen-Handtuchhalter sind niedlich. In der Lounge im Foyer gibt's morgens kostenlosen Kaffee und Gebäck, ideal für ein schnelles Frühstück.

★ ADGE Boutique Apartment Hotel · APARTMENTS $$$
(Karte S. 68; 📞 02-8093 9888; www.adgehotel. com.au; 222 Riley St, Surry Hills; Apt. 400–800 AU\$; 🅿🌐❄🛜; 🚌333, 380) Das moderne, auffällige und kecke ADGE unterscheidet sich durch clevere, peppige Akzente von den üblichen Apartmenthotels. Die eigenwilligen, aber sehr komfortablen Apartments mit zwei Schlafzimmern überzeugen mit knall-

DIE HOSTELSZENE

Sydneys Hostels rangieren zwischen prächtig und prächtig scheußlich. Ein paar Flashpacker-Unterkünfte rund um die Central Station haben mit Zimmern mit eigenem Bad, Klimaanlagen, Dachterrassen und in einem Fall sogar einem Pool die Messlatte höher gelegt. Die Privatzimmer in solchen Hostels entsprechen qualitativ – und in vielen Fällen auch preislich – Mittelklassehotels. Kleinere, billigere Hostels finden sich in Kings Cross, das immer noch der Backpacker-Hotspot ist. Viele Hostels haben auch Wochenpreise und besondere Bereiche für Langzeitgäste.

bunt gestreiften Teppichen, deckenhohen Fenstern, hochwertigen Küchen mit Smeg-Kühlschränken und ansprechenden Balkonen. Kleine Extras wie der Willkommensdrink oder der abendliche Zimmerservice sind weitere Pluspunkte dieser städtischen Unterkunft, die für zwei zusammen reisende Paare ideal ist.

🏖 Bondi, Coogee & Eastern Beaches

Bondi Beachouse YHA · HOSTEL $
(Karte S. 82; 📞 02-9365 2088; www.yha.com.au; 63 Fletcher St, Tamarama; B 33–37 AU\$, 2BZ & DZ ohne Bad 90 AU\$, DZ/FZ 110/180 AU\$; 🌐❄🛜; 🚌361) Das mit 95 Betten bestückte Art-déco-Hostel an einem Hügelhang zwischen Bondi Beach und Tamarama Beach ist das beste in Bondi. Die Schlafsäle für vier bis acht Personen punkten mit Holzböden und großen Schließfächern; einige private Zimmer haben Meerblick. Alle Zimmer sind sauber und gepflegt. Zu den Einrichtungen zählen ein Kinosaal, großzügige Gemeinschaftsbereiche, ein Grill im Hof und eine Dachterrasse mit herrlichem Ausblick.

Bondi Beach House · PENSION $$
(Karte S. 82; 📞 02-9300 0369; www.bondibeach house.com.au; 28 Sir Thomas Mitchell Rd, Bondi Beach; EZ 130 AU\$, DZ 195–320 AU\$; 🅿🌐❄🛜; 🚌380-2) In einer ruhigen Ecke hinter der Campbell Pde. Die charmante Unterkunft bietet eine gemütliche Atmosphäre mit rustikal-schicken Möbeln und einer gut ausgestatteten Gemeinschaftsküche. Obwohl das Haus nur zwei Gehminuten vom Strand entfernt ist, ist man versucht, hier den gan-

zen Tag rumzuhängen: Der Hof und die Terrasse eignen sich prima zum Relaxen und die künstlerisch gestalteten, luftigen Zimmer sorgen für einen langen, erholsamen Schlaf.

Dive Hotel
BOUTIQUEHOTEL **$$**

(Karte S.58; ☏02-9665 5538; www.divehotel. com.au; 234 Arden St, Coogee; Zi. 210–380 AU$; P🖵🏊♨@🛜📶; 🚌372-374) In herrlicher Lage gleich an der Strandstraße liegt dieses entspannte, von einer Familie geführte Hotel, das – anders als der doppeldeutige Name vermuten lässt – gewiss keine schäbige Absteige ist. Die angenehm schlichten, zeitgemäßen Zimmer bieten Kühlschrank, Mikrowelle und kleine, stilvolle Bäder mit Mosaikfliesen und Edelstahlwaschbecken. Das gesellige Frühstücksbuffet in einem ansprechenden Innen- und Außenraum ist ein Highlight. Die Inhaber sind sehr aufmerksam und ihre Hunde freundlich.

★ QT Bondi
APARTMENTS **$$$**

(Karte S.82; ☏02-8362 3900; www.qtbondi. com.au; 6 Beach Rd, Bondi Beach; Apt. 399–720 AU$; P🖵🏊📶🛜📶; 🚌333, 380-2) Das recht neue Apartmenthotel ist farbenfroh, schick, nur Schritte vom Strand entfernt und überzeugt mit einer sehr ansprechenden Mischung aus guter Ausstattung, Lage und Flair. Alle Zimmer und Suiten sind sehr großzügig, luftig und mit hellen Möbeln eingerichtet. Die Zimmer ab der Kategorie „King Deluxe" haben Balkone, aber einen Blick aufs Meer gibt's nicht. Alle Apartments haben Einbauküche, Badewanne und Waschmaschine.

🛏 Sydney Harbour

★ Cockatoo Island
CAMPING **$**

(Karte S.58; ☏02-8969 2111; www.cockatoois land.gov.au; Stellplatz ab 45 AU$, 2-Bett-Zelt 150–175 AU$, Apt. ab 250 AU$, Haus ab 595 U$; 📶; 🚢Cockatoo Island) Auf einer Insel mitten im Hafen aufzuwachen, ist ein einmaliges Sydney-Erlebnis. Man übernachtet im eigenen Zelt (oder auch nur im Schlafsack), sofern man sich nicht für die schickere Option eines am Ufer aufgestellten Zwei-Personen-Zelts mit Doppelbett entscheidet. Wer nicht campen will, kann in eleganten Häusern und Apartments wohnen. Für Selbstversorger gibt's eine gut ausgestattete Camp-Küche und für alle anderen zwei Cafés und Bars.

Gut zu wissen: Die Mitnahme alkoholischer Getränke auf die Insel ist nur erlaubt, wenn man in einem der Häuser übernachtet!

Watsons Bay
Boutique Hotel
BOUTIQUEHOTEL **$$**

(Karte S.58; ☏02-9337 5444; www.watsonsbay hotel.com.au; 10 Marine Pde, Watsons Bay; Zi. 259–559 AU$; P🖵♨🛜📶; 🚢Watsons Bay) Die Fähre bringt einen direkt vor die Schwelle dieses von Hampton inspirierten schicken Hotels in einem bezaubernden Küstendorf. Hier erwarten einen Luxus in Form gestärkter Bettwäsche, trendiger Badezimmer-Accessoires und schicker, verglaster angeschlossener Bäder. Der mehrstöckige Beach Club im Hotel ist am Wochenende sehr belebt, sodass trotz doppelt verglaster Fenster Lärm ins Zimmer eindringen kann. Das Frühstück ist im Preis inbegriffen.

Glenferrie Lodge
PENSION **$$**

(Karte S.58; ☏02-9955 1685; www.glenferrielod ge.com; 12a Carabella St, Kirribilli; EZ/DZ ohne Bad 88/128 AU$, DZ 152 AU$; P🖵@🛜📶) ♪ Die Unterkunft in einem prächtigen Haus aus dem 19. Jh. hat eine friedliche Lage in Kirribilli, nahe bei der Fähre (oder nur einen netten Spaziergang über die Brücke von der Stadt entfernt). Die modernen Zimmer, von denen sich die meisten Bäder im Fitnessstudio-Look teilen, haben für Sydney ein ausgezeichnetes Preis-Leistungs-Verhältnis. Zu dem großen, etwas chaotisch geführten Komplex gehören ein Küchen-Café-Bereich und ein Garten mit einem Spielplatz. Für Direktbucher ist das Frühstück im Preis inbegriffen.

🛏 Newtown & Inner West

Mad Monkey Backpackers
HOSTEL **$**

(Karte S.76; ☏02-8705 3762; www.madmonkey broadway.com.au; 20 City Rd, Chippendale; B 38–48 AU$; ♨🛜📶; 🚌412, 413, 422, 423, 🚉Central) Das freundliche, gut ausgestattete Hostel in Top-Lage ist sehr liebenswert. Die Schlafsäle sind beengt, haben aber sehr ordentliche Matratzen. In den überdurchschnittlich ausgestatteten Bädern gibt es Föhne und Haarglätter. Partybusse und freier Eintritt zu größeren Nachtclubs am Samstag sowie kostenlose Hausmannskost am nächsten Tag sind klasse für alle, die gerne feiern. Das Frühstück und Netflix sind im Preis inbegriffen.

Mandelbaum House
PENSION **$**

(Karte S.76; ☏02-9692 5200; www.mandel baum.usyd.edu.au; 385 Abercrombie St, Darlington; EZ/DZ ohne Bad 75/98 AU$, DZ/Apt. 135/170 AU$; ☺Ende Nov.–Mitte Feb.; P🖵♨@📶; 🚉Redfern)

Das nette Haus, ein Wohnheim-College der University of Sydney, ist im Sommer eine großartige Unterkunft. Der kleine, freundliche Ort bietet einen einladenden Empfang, viel Gemeinschaftssinn und eine Reihe komfortabler Zimmer, von denen sich einige ausgezeichnete Bäder teilen. Die Lage ist prima zur Erkundung von Redfern und Newtown.

⭐Tara Guest House B&B $$

(Karte S.76; ☏02-9519 4809; www.taraguesthouse.com.au; 13 Edgeware Rd, Enmore; DZ mit/ohne Bad 225/195 AU$; ⊛☏; ▣426) Ein Paar, das sich ganz seinen Gästen widmet, hat in dem sehr stimmungsvollen Haus von 1880 ein wundervolles B&B geschaffen. Die wunderbaren Zimmer sind hell, haben hohe Decken und fabelhafte Details. Avantgardistische Aktdarstellungen sorgen für zusätzlichen Charakter; weitere Pluspunkte sind der Hund Oscar, der kostenlose Flughafen-Transfer und das gemeinschaftliche Gourmet-Frühstück. Dank der beispielhaften Gastlichkeit eine der besten Unterkünfte der Stadt.

⭐Forsyth Bed & Breakfast B&B $$

(Karte S.58; ☏02-9552 2110; www.forsythbnb.com; 3 Forsyth St, Glebe; DZ 195–235 AU$; ⊛✳☏; ▣431, ▣Glebe) Das kleine, feine Refugium in einem hübschen Teil von Glebe ist ein bezaubernder Ort mit nur zwei hinreißenden, modernen und aufgeräumten Designer-Zimmern, die gut ausgewählte Kunst schmückt. Das „Rozelle" hat einen schönen Balkon und ein geräumiges Bad. Im asiatisch anmutenden „Blackwattle" fällt das Bad winzig aus, dafür hat die Bleibe ein eigenes Wohnzimmer. Die Inhaber sorgen für makellose Gastlichkeit und haben klasse Ratschläge auf Lager; das sehr gute Frühstück wird in dem japanisch anmutenden Garten serviert.

Old Clare Hotel BOUTIQUEHOTEL $$$

(Karte S.76; ☏02-8277 8277; www.theoldclarehotel.com.au; 1 Kensington St, Chippendale; Zi. 300–600 AU$; ℗⊛✳☏≋; ▣Central) Das 62-Zimmer-Hotel in erstklassiger Chippendale-Lage residiert in einem umgebauten Brauerei-Verwaltungsgebäude. Die Zimmer sind vom lärmenden Broadway abgesetzt und punkten mit hohen Decken und einer ansprechenden Gestaltung mit maßgeschneiderten kunstvollen Details, z. B. aus alten Werkzeugteilen hergestellten Lampen. Die teureren Zimmer sind zwar beträchtlich größer, doch auch die billigsten verfügen über große Doppelbetten, attraktive Annehmlichkeiten und ziemlich viel Platz.

🛏 Manly

Manly Bunkhouse HOSTEL $

(Karte S.58; ☏02-9976 0472; www.bunkhouse.com.au; 35 Pine St, Manly; B 42 AU$; DZ 105 AU$; ℗⊛@☏; ▣Manly) Das entspannte Hostel in einem netten alten Haus hat ein ausgeprägtes Surfer-Flair und liegt nur einen Steinwurf vom Strand entfernt. Die Schlafsäle mit hohen Decken, angeschlossenen Bädern und viel Bewegungsfreiheit und Stauraum sind bei Langzeitgästen beliebt. Die renovierten Privatzimmer haben eigene Bäder und ein gutes Preis-Leistungs-Verhältnis. Schrille Malereien schmücken die Wände und im tollen Hinterhof gibt es einen Grill.

101 Addison Road B&B $$

(Karte S.80; ☏02-9977 6216; www.bb-manly.com; 101 Addison Rd, Manly; Zi. 165–200 AU$; ℗⊛☏; ▣Manly) Das üppig dekorierte Cottage aus den 1880er-Jahren liegt in einer ruhigen Straße nahe dem Strand und dem Fähranleger. Der freundliche Gastgeber vermietet die beiden Zimmer (1–4 Pers.) nur zusammen, sodass man die mit Antiquitäten ausstaffierte Unterkunft, zu der auch ein Wohnzimmer mit Klavier und offenem Kamin gehört, ganz für sich alleine hat.

✖ ESSEN

Sydneys Küche kann mit der Kulinarik in den großen Metropolen der Welt locker mithalten. Sie ist geprägt von der australischen Pazifikküste und kombiniert frische Zutaten aus der Region mit Einflüssen aus Asien, Nord- und Südamerika, aber auch Großbritannien.

Die besten Restaurants der Stadt sind natürlich sehr teuer, doch es gibt auch gute, preiswerte Restaurants. Vor allem in den Lokalen der vielen ethnischen Gruppen kann man sich an leckeren Pizzas oder asiatischen Nudeln für wenig Geld satt essen. Auch in Cafés kann man gut und recht preiswert, wenn auch oft etwas abenteuerlich speisen. Ebenfalls recht günstig sind die zahlreichen BYO-Restaurants (BYO = bring your own wine), von denen es vor allem in Inner West nur so wimmelt.

✖ Circular Quay & The Rocks

In den zauberhaften kleinen Straßen von The Rocks findet man unzählige kleine Restaurants: von winzigen Pfannkuchenläden, die rund um die Uhr geöffnet haben, bis hin zu

Nobelrestaurants mit weißen Tischtüchern. Rund um die kleine Bucht von der Harbour Bridge bis zur Oper befinden sich Dutzende von feinen Restaurants, in denen man immer mit Blick aufs Wasser speist; die zumeist sehr touristischen Lokale zählen – wenig überraschend – zu den teuersten der Stadt. Doch mindestens einmal sollte man sich den Luxus gönnen und in einem dieser wunderbaren Restaurants in Sydney dinieren.

★ Fine Food Store   CAFÉ $

(Karte S. 62; ☎ 02-9252 1196; www.finefoodsto re.com; Ecke Mill Lane & Kendall Lane; kleine Gerichte 9–15 AU$; ⏰ Mo–Sa 7–16.30, So 7.30–16.30 Uhr; 🖥 🗐; 🚊 Circular Quay) Von den in The Rocks scheinbar allgegenwärtigen Pubs hebt sich dieses moderne Café wohltuend ab. Es liegt etwas versteckt, bietet sich aber für eine Pause beim Stadtrundgang ebenso an wie für eine deutlich bessere Alternative zum Frühstück im Hotel. Das sehr herzliche Personal serviert guten Kaffee zu leckeren Panini, Sandwiches und anderen Köstlichkeiten zum Frühstück und Mittagessen. Am schönsten sitzt man an den Tischen auf der schmalen Straße.

★ Quay   MODERN-AUSTRALISCH $$$

(Karte S. 62; ☎ 02-9251 5600; www.quay.com. au; L3, Overseas Passenger Terminal; 4-/8-Gänge-Menü 175/235 AU$; ⏰ Mo–Do 18–21.30, Fr–So 12–13.30 & 18–21.30 Uhr; 🚊 Circular Quay) Das Restaurant räumt gnadenlos mit dem Vorurteil auf, dass eine gute Aussicht das schlechte Essen wettmachen muss. Küchenchef Peter Gilmore ruht sich auf seinen Lorbeeren nicht aus, sondern liefert beständig die meisterhaft zubereitete, innovative Küche, die das Quay zu einem der besten Restaurants der Welt gemacht hat. Und die Aussicht kann mit jedem Postkartenidyll mithalten. Einen Tisch muss man lange im Voraus online reservieren, sollte aber sicherheitshalber noch einmal anrufen.

Aria   MODERN-AUSTRALISCH $$$

(Karte S. 62; ☎ 02-9240 2255; www.ariarestau rant.com; 1 Macquarie St; 2-/3-/4-Gänge-Menü abends 115/145/170 AU$, Verkostungsmenü 205 AU$; ⏰ Mo–Fr 12–14.15 & 17.30–22.30, Sa 12–13.45 & 17–22.30, So 12–14.15 & 17.30–20.30 Uhr; 🚊 Circular Quay) Der hellste Stern am Restauranthimmel von Sydney ist eine preisgekrönte Kombination aus bester Sterneküche, Blick auf die Oper, stilvoll renoviertem Innenraum und makellosem Service. Speziell für Opernbesucher wird vor 19 und nach 22

Uhr ein besonderes Theatermenü angeboten (mit 1/2/3 Gängen für 55/90/110 AU$).

✕ Zentrum & Haymarket

Bei den innerstädtischen Lokalen ohne Blick auf den Hafen handelt es sich zumeist um unauffällige Nobelrestaurants, die gern von Geschäftsleuten zum Besiegeln ihrer Deals genutzt werden. Viele von ihnen befinden sich in den obersten Stockwerken oder auf dem Dach von Hochhäusern. Vor allem in Chinatown bekommt man gutes preiswertes Essen, auch noch nach Mitternacht. Chinesische Restaurants dominieren, doch es gibt auch hervorragende vietnamesische, malaysische, koreanische und thailändische Restaurants. So erstreckt sich Little Korea entlang der Pitt Street nahe der Liverpool Street und Thaitown rund um die Campbell Street.

Mamak   MALAYSISCH $

(Karte S. 64; ☎ 02-9211 1668; www.mamak.com. au; 15 Goulburn St; Hauptgerichte 6–17 AU$; ⏰ Mo–Do 11.30–14.30 & 17.30–22, Fr bis 1, Sa 11.30–1, So bis 22 Uhr; 🗐; 🚊 Town Hall) Wer einen Tisch bekommen will, ohne anzustehen, sollte früh (ab 17.30 Uhr) hier sein, denn dieses malaysische Schnelllokal ist eine der beliebtesten Adressen für günstiges Essen. Die Satay-Spieße werden über Holzkohlenfeuer gegart und sind besonders köstlich mit einem knusprig-goldenen Roti.

★ Mr Wong   CHINESISCH $$

(Karte S. 62; ☎ 02-9240 3000; www.merivale. com.au/mrwong; 3 Bridge Lane; Hauptgerichte 26–38 AU$; ⏰ Mo–Mi 12–15 & 17.30–23, Do & Fr 12–15 & 17.30–24, Sa 12–15 & 17.30–24, So 12–15 & 17.30–24 Uhr; 🖥 🗐; 🚊 Wynyard) Das schicke, sehr gemütliche Restaurant mit gedämpftem Licht, unverputzten Backsteinwänden und abgehangenen Enten in der offenen Küche befindet sich in einem kolonialzeitlichen Lagerhaus in einer kleinen Straße des CBD. Die Dim Sum zum Mittagessen sind ein Geschmackserlebnis, der üppige Hühnchen-Quallen-Salat ist eine Offenbarung. Als Hauptgericht werden auch sündhaft knusprige Schweinshaxen und legendäre Rollen mit Pekingente angeboten.

Eine beeindruckende Weinkarte und das flinke, aufmerksame und reichlich vorhandene Personal machen das Ganze perfekt.

★ Restaurant Hubert   FRANZÖSISCH $$

(Karte S. 62; ☎ 02-9232 0881; www.restaurant hubert.com; 15 Bligh St; Hauptgerichte 15–42 AU$;

⊙ Mo–Sa 17–1 Uhr; 🚇 Martin Place) Über eine aufsehenerregende Treppe steigt man vom schicken Sydney in das altmodische Restaurant, das einem Film aus den 1930er-Jahren entsprungen sein könnte. Auch die Portionen der hervorragenden französischen Küche sind altmodisch groß: Auf der Speisekarte stehen Klassiker wie Pasteten, Black Pudding und Ente, aber auch ein paar kreative Innovationen. Gegessen wird an Tischen mit Kerzenlicht und der langen Theke mit Blick auf die riesige Whiskey-Auswahl dahinter. Für kleine Gruppen werden keine Reservierungen angenommen, doch das Warten in der Bar lohnt sich.

★ **Azuma** JAPANISCH $$
(Karte S. 62; 🕿 02-9222 9960; www.azuma. com.au; Level 1, Chifley Plaza, Hunter St; Hauptgerichte 22–48 AU$; ⊙ Mo–Fr 12–14.30 & 18–22, Sa 18–22 Uhr; 🚇 Martin Place) Eines der besten japanischen Restaurants der Stadt versteckt sich im Obergeschoss des Einkaufszentrums Chifley Plaza. Sushi und Sashimi sind von höchster Qualität und fast zu schön angerichtet, um aufgegessen zu werden. Außerdem gibt's Sukiyaki und viele Hot-Pot-Gerichte zum Selbermachen sowie ein ausgezeichnetes Verkostungsmenü (110 AU$/Pers.). Damit ist das Restaurant ideal, um die moderne japanische Küche auf höchstem Niveau kennenzulernen. Der sehr süffige Sake wird offen ausgeschenkt.

★ **Pablo & Rusty's** CAFÉ $$
(Karte S. 62; 🕿 02-9283 9543; www.pabloan drustys.com.au; 161 Castlereagh St; kleine Gerichte 10–25 AU$; ⊙ Mo–Fr 6.30–17, Sa 8–15 Uhr; 🕿 🍴; 🚇 Town Hall) Eines der besten Cafés der Innenstadt, das folgerichtig immer rappelvoll ist. Im einladenden Innenraum mit viel Holz und Backsteinwänden wird sehr guter sortenreiner Kaffee zu besonderen Frühstücks- und Mittagsangeboten serviert. Diese bestehen aus einfachen Sandwiches bis zu vollwertigen, mediterran und asiatisch inspirierten Kombinationen wie Thunfischmagen mit braunem Reis oder Tapioka mit Litschis und Ingwer.

Chat Thai THAILÄNDISCH $$
(Karte S. 64; 🕿 02-9211 1808; www.chatthai. com.au; 20 Campbell St; Hauptgerichte 10–20 AU$; ⊙ 10–2 Uhr; 🍴; 🚇 Capitol Square, 🚇 Central) Das kleine Lokal in Thaitown ist richtig cool und so beliebt, dass man sich in die ausgehängte Liste eintragen muss, wenn man hier essen will. Vor allem in der Stadt lebende Thailän-

der kommen hierher, um sich nicht nur die übliche thailändische Küche, sondern vor allem auch die sehr ungewöhnlichen Süßigkeiten schmecken zu lassen.

Sydney Madang KOREANISCH $$
(Karte S. 64; 🕿 02-9264 7010; 371a Pitt St; Hauptgerichte 13–23 AU$; ⊙ 11.30–2 Uhr; 🚇 Museum) Das original koreanische Grillrestaurant in einer winzigen Straße in Little Korea ist ein echtes Juwel. Was ihm an schöner Einrichtung fehlt, macht es locker durch Klasse und Masse der Speisen wett. Da darf es schon mal laut, eng und chaotisch sein, die Meeresfrüchtesuppe mit viel Chili schmeckt trotzdem.

★ **Sepia** JAPANISCH, FUSION $$$
(Karte S. 62; 🕿 02-9283 1990; www.sepiarestau rant.com.au; 201 Sussex St; Verkostungsmenü 215 AU$, dazu passende Weine 135 AU$; ⊙ Fr & Sa 12–15, Di–Sa 18–22 Uhr; 🚇 Town Hall) Die Speisekarte des angeblich besten Restaurants in ganz Australien ist sehr japanisch angehaucht, zollt mit der Zubereitung und Präsentation kleiner Köstlichkeiten aber auch der Molekularküche ihren Tribut. So werden sensationelle Meeresfrüchte und äußerst geschmackvolle andere Gerichte serviert. Das

---

FOOD COURTS

Auch wenn sie von der Straße aus nirgends zu sehen sind, so wimmelt es im CBD von Sydney nur so von Food Courts. Besonders mittags sind sie eine leckere und preiswerte Option. Sie befinden sich zumeist in Einkaufszentren (z. B. im Westfield Sydney) und großen Bürotürmen, ein paar recht gute Adressen gibt's auch am Australia Square, im nahe gelegenen Hunter Connection (unten und oben), im nördlichen Untergeschoss des Queen Victoria Building sowie nördlich der Liverpool Street zwischen der George Street und der Pitt Street, am World Square und im Sussex Centre.

Die meisten Food Courts sind nur montags bis freitags in den Mittagsstunden geöffnet. Bei den Sushi-Anbietern gibt's nachmittags oft saftige Rabatte. Und fast alle Food Cours bieten freitags ab 15.30 Uhr für wenig Geld gut gefüllte Lunchboxen zum Mitnehmen an. So kann man sich eine üppige Mahlzeit für nur 5 AU$ ergattern.

Sydneys Strände

**Ob man der Prozession der sonnenge-
bräunten Schönheiten zum Bondi folgt
oder sich lieber heimlich in einen versteckten, einsamen Winkel im Sydney Harbour
National Park verzieht – ein Strandbesuch
gehört in Sydney zum Pflichtprogramm.**

Mitte der 1990er-Jahre besorgte sich eine
enthusiastische Geschäftsfrau eine Kon-
zession, um am Tamarama Beach Liegen
zu vermieten und einen Kellnerservice an-
zubieten. Allerdings klappte das an dem
zu dieser Zeit angeblich glamourösesten
Strand Sydneys nicht lange – niemand
interessierte sich für diesen Quatsch.

Die Sydneyer wollen am Strand ohne
viel Trara ihr Handtuch auf dem Sand
ausbreiten. Und sie sind nicht bereit,
für dieses Privileg Geld hinzublättern.

Eisverkäufer mit sandigen Füßen sind
geduldet – Martini-Stände eher nicht. Ein
ungewöhnlicher Anblick im Sommer ist
das kleine Eiscreme-Boot, das in der Lady
Bay und an anderen Harbour-Stränden
anlegt und der höflichen Schlange bade-
behoster Herren Eis am Stiel verkauft.

Rettungsschwimmer sind hierzulande
hoch angesehen und man tut gut daran,
ihren Anweisungen Folge zu leisten, nicht
zuletzt, weil sie mit Sicherheit nur zum
eigenen Besten sind. Es ist kein Zufall,
dass ein Angriff auf diese australische
Institution vor ein paar Jahren in Cronulla in rassistischen Unruhen mündete.

Pools am Meer

Wer Kinder oder Angst vor Haien hat
oder aber dem Surfsport einfach nichts
abgewinnen kann, wird sich über die
Nachricht freuen, dass es in Sydney ent-

1. Bondi Beach
(S. 70)
2. Mahon Rock Pool
3. Surfer am Tamarama
Beach

lang der Küste rund 40 künstlich angelegte Pools am Meer gibt; die meisten davon sind kostenlos. Manche, darunter der
Mahon Rock Pool (www.randwick.nsw.gov.au;
Marine Pde, Maroubra; ☐ 376-377) GRATIS, sind
bekannt als „Bogey Holes" – natürlich
aussehende Felsbecken, wo man sicher
planschen und schnorcheln kann. Andere
gleichen eher Swimmingpools: Bondi's
Icebergs (S. 78) ist dafür ein gutes
Beispiel. Normalerweise sind die Pools an
einem Tag in der Woche geschlossen, um
sie vom Seetang zu befreien.

Strände & Pools im Harbour

Die schönsten Strände im Sydney Harbour sind Camp Cove und Lady Bay beim
South Head (letzterer ist größtenteils ein
Schwulen-FKK-Strand), Shark Beach im
Nielsen Park in Vaucluse und Balmoral
Beach am Nordufer. Beliebt sind auch
die von Netzen geschützten Schwimmbe-
reiche am Cremorne Point, ebenfalls am
Nordufer, und im Murray Rose Pool bei
der Double Bay. Ferner gibt es viele kleine Traumstrände, die selbst Einheimische
nicht so leicht finden, etwa Parsley Bay
und Milk Beach im Herzen von Vaucluse.

Strände nach Vierteln

Sydney Harbour Viele versteckte Buchten und verborgene Sandflecken; die
besten liegen nahe der Landspitzen und
bei Mosman.

Strände im Osten Hohe Klippen um-
schließen eine Reihe von Surfstränden,
die nie weit von einem guten Kaffee und
einem kalten Bier entfernt liegen.

Strände im Norden Spektakuläre Surfstrände, die sich über 30 km von Manly
bis zum Palm Beach aneinanderreihen.

recht förmliche Ambiente mit schummriger Beleuchtung ist nobel. Es gibt auch eine Weinbar.

★ Tetsuya's   FRANZÖSISCH, JAPANISCH $$$

(Karte S. 64; ☑ 02-9267 2900; www.tetsuyas. com; 529 Kent St; Verkostungsmenü 230 AU$, dazu passende Weine 110 AU$; ⏰ Di–Fr 17.30–22, Sa 12–15 & 17.30–22 Uhr; 🚈 Town Hall) Das außergewöhnliche Restaurant in einer Villa hinter einem historischen Cottage inmitten von Hochhäusern ist eher für kulinarische Weltreisen als volle Mägen bekannt. Als gebürtiger Japaner schafft Tetsuya Wakuda geniale Verbindungen zwischen der französischen und japanischen Küche in Form von äußerst kreativen Menüs mit zehn oder noch mehr Gängen. Alle Gerichte sind hervorragend, die himmlischen Meeresfrüchte übertreffen jedoch alles! Ein Tisch muss lange im Voraus reserviert werden.

★ Rockpool Bar & Grill   STEAKS $$$

(Karte S. 62; ☑ 02-8078 1900; www.rockpool. com; 66 Hunter St; Hauptgerichte 45–59 AU$, Thekenessen 18–32 AU$; ⏰ Mo–Fr 12–15 & 18–23, Sa 18–23, So 17.30–22.30 Uhr; 🚈 Martin Place) In dem schicken Restaurant im Art-déco-Gebäude der City Mutual fühlt man sich ins Manhattan der 1930er-Jahre zurückversetzt. Die Bar ist vor allem bekannt für ihre Burger aus reinem, gut abgehangenem Wagyu-Rindfleisch (dazu gibt's auf Wunsch fettige, selbst gemachte Pommes). Aber auch die saftigen Steaks, Eintöpfe und Fischgerichte, die im eigentlichen Restaurant serviert werden, sind hervorragend.

✕ Darling Harbour & Pyrmont

In Darling Harbour wimmelt es nur so von Restaurants, in denen man oft Seafood mit Blick aufs Meer genießen kann. Leider sind die meisten nur teure Touristenkneipen, die zwar gut, aber nichts besonderes sind. Mit besonders talentierten Gastronomen versucht The Star (S. 65) seit einiger Zeit, sich als kulinarisches Mekka von dieser Masse abzuheben. Es gibt zwar einige wirklich ausgezeichnete Restaurants hier, die Atmosphäre eines Einkaufszentrums schreckt jedoch viele ab. Dagegen gibt es an den Kais von Pyrmont ein paar wirklich hervorragende Restaurants.

Adriano Zumbo   SÜSSIGKEITEN $

(Karte S. 66; www.zumbo.com.au; The Star, 80 Pyrmont St; 6 Zumbarons 16,50 AU$; ⏰ Mo 11–22, Di–Do 11–23, Fr & Sa 11–24, So 11–21 Uhr; 🚈 The Star) Der Mann, der die Macarons nach Sydney brachte, lebt in seinem Geschäft im Star-Gebäude aus seine ganze Begeisterung für Willy Wonka aus und präsentiert äußerst kunstvoll seine gebackenen Köstlichkeiten. All die Macarons (oder Zumbarons, wie sie hier heißen), Tartes, Stückchen und Kuchen sehen so köstlich aus, wie sie schmecken. Das Geschäft befindet sich vor dem Lyric Theatre.

The Malaya   MALAYSISCH $$

(Karte S. 66; ☑ 02-9279 1170; www.themalaya. com.au; 39 Lime St; Hauptgerichte 24–36 AU$; ⏰ Mo–Fr 12–15 & 18–22, Sa 12–15 & 17.30–22, So 17.30–22 Uhr; 🚈🚈; 🚈 Darling Harbour) Hochwertige malaysische Küche hat etwas Lebensbejahendes an sich – und genau das spürt man auch in diesem Restaurant. Die scharfen wie geschmackvollen, original malaysischen Gerichte werden in romantische Atmosphäre mit Blick auf Darling Harbour serviert. (Samstagabends gibt' sogar Feuerwerk!) Das Restaurant ist eine für Sydney typische Mischung aus nobel und zwanglos. Das Essen à la carte ist besser als die Menüs.

★ LuMi   ITALIENISCH $$$

(Karte S. 66; ☑ 02-9571 1999; www.lumidining. com; 56 Pirrama Rd, Pyrmont; 8-Gänge-Menü 115 AU$, 3-/5-Gänge-Menü Fr & Sa mittags 55/75 AU$; ⏰ Mi & Do 18.30–22.30, Fr & Sa 12–14.30 & 18–22.30, So 12–14.30 & 18.30–22.30 Uhr; 🚈; 🚈 Pyrmont Bay) Das Restaurant ist zwar direkt im Bootshafen, doch die Aussicht ist nicht so toll. In zwangloser Atmosphäre wird sehr innovative italienisch-japanische Fusionsküche serviert. Das Verkostungsmenü mit außergewöhnlichen Pasta-Kreationen ist eine echte Glanzleistung. Interessant ist auch die offene Küche. Das Personal ist sehr kompetent und es gibt eine hervorragende Wein- und Sakekarte.

Flying Fish   SEAFOOD $$$

(Karte S. 66; ☑ 02-9518 6677; www.flyingfish. com.au; Jones Bay Wharf; Hauptgerichte 40–50 AU$; ⏰ Mo 18–22.30, Di–Sa 12–14.30 & 18–22.30, So 12–14.30 Uhr; 🚈 The Star) Das Lokal an einem schönen Kai in Pyrmont hat alles, was ein Seafood-Restaurant haben muss: blütenweiße Tischtücher, die nur darauf warten, mit dem Saft der Meeresfrüchte bekleckert zu werden, klingende Gläser und ein toller Blick aufs Wasser. Dazu kommen noch eine romantische Atmosphäre und die Lichter der Stadt in der Ferne, ausgezeichnetes Essen und verführerische Cocktails. Außerdem hat es die wohl verrücktesten Toiletten der Stadt: Die transparenten Glaswände der Kabinen beschlagen unverzüglich, wenn die Tür geschlossen wird.

Kings Cross & Potts Point

Room 10 CAFÉ **$**
(Karte S. 68; ☑02-8318 0454; www.facebook. com/room10espresso; 10 Llankelly Pl, Kings Cross; Hauptgerichte 8–14 AU$; ⊘Mo–Fr 7–16, Sa & So 8–16 Uhr ; P ☑; ⊞Kings Cross) Das warme, freundliche Café ist so winzig, dass die Mitarbeiter jeden Gast mit Namen kennen. Der Kaffee ist köstlich, das Essen mit Sandwiches, Salaten und Ähnlichem lecker und unkompliziert. Entweder man schaut bei dessen Zubereitung zu oder man sitzt einfach an den unglaublich kleinen Tischen und beobachtet das Treiben auf der Straße.

Piccolo Bar CAFÉ **$**
(Karte S. 68; ☑02-9368 1356; www.piccolobar. com.au; 6 Roslyn St, Kings Cross; kleine Gerichte 5–10 AU$; ⊘Mo–Fr 8–14.30 Uhr; ☎; ⊞Kings Cross) Eines der letzten Überbleibsel der Künstlerszene des alten Kings Cross hat sich in den vergangenen 60 Jahren kaum verändert. Die Wände sind mit Erinnerungen an Filmstars geschmückt und Vittorio Bianchi serviert immer noch starken Kaffee und Omelettes und ist noch so charmant wie vor 40 Jahren.

Harry's Cafe de Wheels FASTFOOD **$**
(Karte S. 68; ☑02-9357 3074; www.harryscafe-dewheels.com.au; Cowper Wharf Roadway, Woolloomooloo; Pie 5–8 AU$; ⊘Mo & Di 8.30–2, Mi & Do 8.30–3, Fr 8.30–4, Sa 9–4, So 9–1 Uhr; ⊟311, ⊞Kings Cross) Abgesehen von ein paar Jahren, in denen Harry „Tiger" Edwards seinen Militärdienst leistete, war dieses Lokal seit 1936 ununterbrochen geöffnet. Hier aßen schon Pamela Anderson, Frank Sinatra, Colonel Sanders und viele andere Berühmtheiten die leckeren Fleischpasteten. Unbedingt probieren sollte man den Tiger Pie, eine warme Fleischpastete mit matschigen Erbsen, Kartoffelpüree, Braten- und Tomatensauce.

★**Yellow** VEGETARISCH **$$**
(Karte S. 68; ☑02-9332 2344; www.yellowsyd-ney.com.au; 57 Macleay St, Potts Point; Verkostungsmenü 70 AU$; ⊘Mo–Fr 18–23, Sa & So 8–15 & 18–23 Uhr; ☑; ⊞Kings Cross) Das ehemals knallgelbe Symbol der Boheme im ehemaligen Wohnhaus eines Künstlers ist heute ein modernes, vegetarisches Nobelrestaurant. Die Gerichte werden mit sehr viel Elan zube-

reitet und hervorragend präsentiert. Das Verkostungsmenü (das es auch rein vegan gibt) setzt neue Maßstäbe der vegetarischen Küche in Sydney. Der Brunch am Wochenende ist ebenso zu empfehlen wie die Weinkarte.

Farmhouse MODERN-AUSTRALISCH **$$**
(Karte S. 68; ☑0448 413 791; www.farmhouse kingscross.com.au; 4/40 Bayswater Rd, Kings Cross; Menü 60 AU$; ⊘Essenszeiten Mi–Sa 18.30 & 20.30, So 14 & 18.30 Uhr; ⊞Kings Cross) Das schmale Lokal zwischen Restaurant und Club hat eine winzige Küche und einen bezaubernden Inhaber. Es gibt nur einen einzigen langen Tisch und ein Menü mit einfachen, leckeren Gerichten, die mit erstklassigen Zutaten zubereitet werden. Es herrscht eine lebhafte, lustige Atmosphäre, zu der nicht zuletzt auch die guten Weine beitragen. Unbedingt vorher reservieren!

Fratelli Paradiso ITALIENISCH **$$**
(Karte S. 68; ☑02-9357 1744; www.fratelliparadi so.com; 12-16 Challis Ave, Potts Point; Frühstück 12–14 AU$, Hauptgerichte 22–38 AU$; ⊘Mo–Sa 7–23, So 7–22 Uhr; ⊞Kings Cross) Vor dem schummrig beleuchteten Restaurant bilden sich oft lange Schlangen (besonders am Wochenende). Im kleinen, gemütlichen Innenraum wird italienische Küche der Saison serviert, die mit viel mediterranem Pep zubereitet wird. Das Restaurant ist voller schwarzgekleideter Kellner, lauter italienischer Gespräche und riesiger Sonnenbrillen. Keine Reservierung möglich.

China Doll ASIATISCH **$$$**
(Karte S. 68; ☑02-9380 6744; www.chinadoll. com.au; 4/6 Cowper Wharf Roadway, Woolloomooloo; Hauptgerichte 35–54 AU$; ⊘12–15 & 18–22.30 Uhr; ⊟311, ⊞Kings Cross) Die herrlich kreativen, von ganz Asien inspirierten Gerichte genießt man mit Blick auf die Marina von Woolloomooloo und die Skyline der City. Ebenso unvergesslich wie diese Aussicht ist das köstliche Essen mit interessanten Geschmackskombinationen. Die Gerichte sind jeweils für mehrere Personen gedacht, doch die Kellner können auch halbe Portionen für einzelne Gäste in Auftrag geben.

Surry Hills & Darlinghurst

Die derzeitige Matamorphose des schäbigen Surry Hills zu einem Paradies für Feinschmecker hat zur Folge, dass in den kleinen Winkeln zwischen hübschen Stadthäusern und ehemaligen Lagerhäusern ständig neue Restaurants eröffnet werden.

★ Bourke Street Bakery

BÄCKEREI $

(Karte S. 72; ☎02-9699 1011; www.bourkestreet bakery.com.au; 633 Bourke St, Surry Hills; Speisen/ Getränke 5–14 AU$; ⏰Mo–Fr 7–18, Sa & So 7–17 Uhr; ☝; ◻301, ◼Central) Wer nicht einmal in der Schlange vor dieser winzigen Bäckerei gestanden hat, war nicht wirklich in Surry Hills. Hier gibt's eine verführerische Auswahl an Gebäck, Kuchen, Brot und Sandwiches sowie fast schon legendäre Würstchen im Schlafrock. Es gibt ein paar Tische, die jedoch meistens besetzt sind – am besten genießt man die Köstlichkeiten also draußen, vor allem wenn's Wetter passt.

★ Le Monde

CAFÉ $

(Karte S. 72; ☎02-9211 3568; www.lemondeca fe.com.au; 83 Foveaux St, Surry Hills; Hauptgerichte 10–16 AU$; ⏰Mo–Fr 6.30–16, Sa 7–14 Uhr; ☎; ◼Central) Das kleine Straßencafé mit schlichten, dunklen Holzwänden ist einer der besten Orte in Sydney, um richtig gut zu frühstücken. Hervorragender Kaffee und eine tolle Auswahl an Tee sorgen für einen guten Start in den Tag und sind die ideale Ergänzung zu pochierten Eiern mit Trüffel oder Schweinebauch-Confit.

Reuben Hills

CAFÉ $

(Karte S. 72; ☎02-9211 5556; www.reubenhills. com.au; 61 Albion St; Hauptgerichte 9–22 AU$; ⏰Mo–Sa 7–16, So 7.30–16 Uhr; ☎☝; ◼Central) Das auch als Hipster Central bekannte Café befindet sich in einem ehemaligen Stadthaus und dessen Garage. Im Ambiente einer Fabrikhalle wird lateinamerikanische Küche wie gebratene Eier, Tacos und *baleadas* (honduranische Tortillas), aber auch Brathähnchen serviert. Dazu gibt's fantastischen sortenreinen Kaffee.

Messina

EISCREME $

(Karte S. 68; ☎02-9331 1588; www.gelatomessi na.com; 241 Victoria St; 1/2/3 Kugeln 4,80/6,80/ 8,80 AU$; ⏰So–Do 12–23, Fr & Sa 12–23.30 Uhr; ☝; ◼Kings Cross) Vor der beliebtesten Eisdiele in ganz Sydney bilden sich stets lange Warteschlangen. Neben so schrägen Sorten wie Feige-Marsala oder salziges Karamell gibt es auch einige laktosefreien Sorten. In der benachbarten Bar werden tolle Eisbecher serviert.

Spice I Am

THAILÄNDISCH $

(Karte S. 64; ☎02-9280 0928; www.spiceiam. com; 90 Wentworth Ave, Surry Hills; Hauptgerichte 15–20 AU$; ⏰Di–So 11.30–15.30 & 17–22 Uhr; ℗☝; ◼Central) Das kleine Restaurant war einmal die Domäne der hier lebenden Thai-

länder, ist nun aber so beliebt, dass sich immer lange Warteschlangen bilden. Kein Wunder, sind doch alle 70 oder mehr Gerichte superlecker und superscharf. Mittlerweile gibt's auch eine noble Filiale in **Darlinghurst** (Karte S. 68; ☎02-9332 2445; 296-300 Victoria St, Darlinghurst; Hauptgerichte 19–22 AU$; ⏰Mo–Mi 17.30–22.30, Do–So 11.30–15.30 & 17.30–22.30 Uhr; ☝; ◼Kings Cross). Das Schild ist so unauffällig, dass man leicht daran vorbeigeht, was ein großer Fehler wäre.

Nada's

LIBANESISCH $

(Karte S. 72; ☎02-9690 1289; 270 Cleveland St, Surry Hills; Hauptgerichte 8–16 AU$; ⏰Mi–Mo 12–15 & 17.30–22, Di 17.30–22 Uhr; ☝; ◻372, ◼Central) Es gibt sicherlich schickere libanesische Restaurants in der Gegend, doch sind sie keine echte Konkurrenz dieses einfachen, preiswerten und alteingesessenen Familienbetriebs. Das Menü für 29 AU$ pro Person ist ein echtes Schnäppchen. Man muss sich schon sehr beherrschen, nicht zu viel Brot mit den köstlichen Dips zu essen, damit man das türkische Lokum zum Nachtisch noch schafft.

★ Porteño

ARGENTINISCH $$

(Karte S. 72; ☎02-8399 1440; www.porteno. com.au; 50 Holt St, Surry Hills; gem. Platten 20–50 AU$; ⏰Di–Sa 18–24 Uhr; ◼Central) Das fröhliche Restaurant mit neuer Adresse wird zu Recht in die höchsten Tönen gelobt. Das „Fleisch des Tages" wird acht Stunden lang auf niedriger Flamme gegart und ist immer zu empfehlen. Weitere Spezialitäten sind die hausgemachte Chorizo und Blutwurst, doch es gibt auch Fleischloses. Und eine gute Auswahl an argentinischen Weinen.

★ Dead Ringer

TAPAS $$

(Karte S. 72; ☎02-9331 3560; http://deadringer. wtf; 413 Bourke St, Surry Hills; Hauptgerichte 18–33 AU$; ⏰Mo–Fr 17–24, Sa & So 12–24 Uhr; ☎; ◻333, 380) Auf der schwarz verkleideten Terrasse kann man ganz entspannt erstklassige Speisen und Getränke genießen. Die kurze Speisekarte wechselt täglich, enthält aber immer kleine Barsnacks, Tapas und Hauptgerichte. Gegessen wird an der Theke oder an einem der Tische draußen. Die Speisen werden schön, aber nicht kunstvoll präsentiert, überzeugen aber mit ihrem guten Geschmack. Und die sehr interessanten Weine werden auch offen ausgeschenkt.

★ Gratia & Folonomo

CAFÉ, FUSION $$

(`Karte S. 72; ☎02-8034 3818; www.gratia.org. au; 370 Bourke St, Surry Hills; Gerichte im Café 12–

21 AU\$, Hauptgerichte im Restaurant 21–34; ⏱8–15 & 18–22.30 Uhr; ☎ 🖶; 🚇 374, 397, 399) 🚢 Bei gemeinnützigen Restaurants leidet die Qualität des Essens oft unter den guten Absichten, doch das ist hier nicht der Fall. Das tolle Café Gratia mit sehr freundlichem Personal und angenehmer, entspannter Atmosphäre bietet Säfte und eine bunt zusammengewürfelte Brunch-Karte, während das Restaurant Folonomo (kurz für „For love not money") ausgezeichnete moderne australische Küche serviert. Der gesamte Gewinn geht an wohltätige Organisationen. Respekt!

Das gleiche gilt für die Erlöse der Galerie im ersten Stock. Zudem werden Flüchtlinge aktiv unterstützt und ausgebildet.

Chaco
JAPANISCH **$$**

(Karte S. 68; ☑ 02-9007 8352; www.chacobar.com.au; 238 Crown St, Darlinghurst; Spieße 4–7 AU\$; ⏱ Nudelgerichte Mo 17.30–21, Mi–So 12–14, Yakitori Di–Sa 18–22 Uhr; 🚇 Museum) Das kleine Restaurant bietet gutes Essen in einfacher, unkomplizierter, typisch japanisch nüchterner Atmosphäre. Es gibt gute Nudelgerichte, saftige Jiaozi und köstliche Fleischbällchen auf Spießen, die in Ei getaucht werden. Die superleckeren Yakitori-Spieße sind eine Spezialität des Hauses, werden aber nur dienstag- bis samstagabends angeboten. Dabei werden auch sehr ungewöhnliche Kombinationen zusammengestellt.

Malabar
SÜDINDISCH **$$**

(Karte S. 68; ☑ 02-9332 1755; www.malabarcuisine.com.au; 274 Victoria St, Darlinghurst; Hauptgerichte 22–26 AU\$; ⏱ Mo & Di 17.30–22.30, Mi–So 12–14.30 & 17.30–22.30 Uhr; 🖶; 🚇 Kings Cross) Köstliche Dosas, scharfe Goa-Currys und die ganze Vielfalt der südindischen Küche machen das recht große und alteingesessene Restaurant zum Highlight in Darlinghurst. Die offene Küche und die großen Schwarz-Weiß-Fotos an den Wänden sorgen für viel Atmosphäre. Inhaber und Personal sind sehr freundlich und helfen kompetent bei der Auswahl der Speisen. Wein kann (bzw. muss) selbst mitgebracht werden.

Muum Maam
THAILÄNDISCH **$$**

(Karte S. 72; ☑ 02-9318 0881; www.muummaam.com.au; 50 Holt St, Surry Hills; Hauptgerichte mittags 14–16 AU\$, abends 24–32 AU\$; ⏱ Mo–Fr 11.30–15 & 18–22, Sa 18–22 Uhr; 🖶; 🚇 Central) Das lebhafte Restaurant ist ein Genuss für Augen und Gaumen und sehr beliebt bei den Angestellten der vielen Werbeagenturen in dieser Gegend. Eigentlich führt es ein Doppelleben, denn das Mittagessen wird in einem Imbisswagen zubereitet, bevor die offene Küche fürs Abendessen öffnet. Es gibt eine riesige Tafel, einzelne Gäste sind aber ebenfalls willkommen.

Bar H
ASIATISCH **$$**

(Karte S. 64; ☑ 02-9280 1980; www.barhsurryhills.com; 80 Campbell St, Surry Hills; Hauptgerichte 14–42 AU\$; ⏱ Mo–Do 18–22, Fr & Sa 18–24 Uhr; 🚇 Central) In der schicken, absolut einzigartigen und sehr beeindruckenden Bar mit schwarzen Wänden werden chinesische und japanische Gerichte mit Zutaten aus dem australischen Busch zubereitet. Die Größe der Gerichte variiert erheblich und ist zumeist für mehrere Personen gedacht, doch die Kellner lassen durchaus mit sich reden. Einen guten ersten Eindruck von der Qualität und Vielfalt des Angebots liefert das Verkostungsmenü für 68 AU\$.

Single O
CAFÉ **$$**

(Single Origin Roasters; Karte S. 64; ☑ 02-9211 0665; www.singleo.com.au; 60-64 Reservoir St, Surry Hills; Hauptgerichte 14–21 AU\$; ⏱ Mo–Fr 6.30–16, Sa 7.30–15 Uhr; ☎ 🖶; 🚇 Central) 🚢 Vor einem alten Backsteingebäude mitten in Surry Hills sitzen Grafikdesigner mit Dreitagebart an kleinen Tischen im Freien und drehen sich Zigaretten, während das engagierte Personal leckeres Bistroessen und Kaffee zubereitet. Dieser zählt noch immer zu den besten in Sydney, auch wenn das Café diesbezüglich kein Trendsetter mehr ist. Wer keinen Platz in dem winzigen Laden findet, kann das Essen auch mitnehmen.

El Loco
MEXIKANISCH **$$**

(Excelsior Hotel; Karte S. 72; ☑ 02-9240 3000; www.merivale.com.au/elloco; 64 Foveaux St, Surry Hills; Hauptgerichte 10–18 AU\$; ⏱ Mo–Do 12–24, Fr & Sa 12–3, So 12–22 Uhr; ☎ 🖶; 🚇 Central) So bedauerlich das Ende der Live-Rockmusik im Excelsior Hotel ist, so cool und angesagt ist das farbenfrohe mexikanische Restaurant, das sich nun im Musikraum befindet. Das Essen ist lecker, kreativ und mit 6 AU\$ für einen Taco auch sehr preiswert. Am Wochenende steigen immer noch Partys, wenn DJs für ein gut gelauntes Publikum auflegen.

Devonshire
MODERN-EUROPÄISCH **$$$**

(Karte S. 72; ☑ 02-9698 9427; www.thedevonshire.com.au; 204 Devonshire St, Surry Hills; Verkostungsmenü 95 AU\$, dazu passende Weine 55 AU\$, Hauptgerichte 37 AU\$; ⏱ Fr 12–14.30, Di–Sa 18–22 Uhr; 🚇 Central) Größer könnte der Unterschied zwischen dem Zwei-Sterne-Restaurant in Mayfair und dem Lokal in der schäbigen Devonshire Strect kaum sein, doch Küchenchef Jeremy Bentley scheint das nichts auszumachen. Sein Essen ist immer noch außergewöhnlich: komplex, akkurat präsentiert und voller Aroma. Und trotz der weißen Tischtücher ist die Atmosphäre alles andere als steif.

Bodega
TAPAS $$$

(Karte S.72; ☎02-9212 7766; www.bodegata pas.com; 216 Commonwealth St; Tapas 12–24 AU$, Platten zum Teilen 22–30 AU$; ⏱Fr 12–14, Di-Sa 18–22 Uhr; 🚆Central) Der tollste Neuzugang der riesigen Tapas-Szene in Sydney hat eine lässige Atmosphäre, gut aussehendes Personal und ein abgefahrenes Wandgemälde mit einem Stierkämpfer. Die Gerichte sind in puncto Preis und Größe sehr unterschiedlich und haben nicht allzu viel gemeinsam mit der mittelamerikanischen und spanischen Küche. Doch es gibt guten spanischen und südamerikanischen Wein, Sherry, Portwein oder Bier und jede Menge Latino-Feeling.

🍴 Bondi, Coogee & Eastern Beaches

Lox, Stock & Barrel
CAFÉ, JÜDISCH $

(Karte S.82; ☎02-9300 0368; www.loxstock andbarrel.com.au; 140 Glenayr Ave, Bondi Beach; Frühstück & Mittagessen 10–22 AU$, Hauptgerichte abends 18–29 AU$; ⏱So-Di 7-15.30, Mi & Do 7-15.30 & 18–22; Fr & Sa 7-15.30 & 18–23 Uhr; 🚆📶🍴; 🚌389) Beim Anblick der dampfenden Bagels stellt sich nur eine Frage: mit Cornedbeef Reuben vom Wagyu Rind, hausgemachtem Pastrami oder russischem Krautsalat? Auf der Abendkarte stehen Steaks, Lammschulter und langsam gegarte Auberginen. In dem Strandcafé herrscht stets viel Betrieb, selbst an einem verregneten Montag.

Three Blue Ducks
CAFÉ $$

(Karte S.58; ☎02-9389 0010; www.threeblue ducks.com; 141–143 Macpherson St, Bronte; Hauptgerichte morgens 14–22 AU$, mittags 20–32 AU$, Abendessen 28–38 AU$; ⏱So-Di 6.30-14.30, Mi-Sa 6.30-14.30 & 17–23 Uhr; 🚆📶;🚌378) 🚗 Die drei Enten müssten ein ganzes Stück bis zum Wasser watscheln, aber das verhindert nicht, dass sich zum Wochenendfrühstück lange Schlangen vor den mit Graffiti übersäten Mauern bilden. Die wagemutigen Chefs setzen, wo immer es möglich ist, auf regionale Biozutaten und Lebensmittel aus fairem Handel.

Trio
CAFÉ $$

(Karte S.82; ☎02-9365 6044; www.triocafe. com.au; 56 Campbell Pde, Bondi Beach; Hauptgerichte 18–27 AU$; ⏱Mo-Fr 7–15, Sa & So 7.30-15.30 Uhr; 🚆📶; 🚌333, 380-2) In den letzten Jahren wurde der Brunch am Bondi Beach zum Pflichtprogramm in Sydney. Und den besten Brunch gibt es in diesem freundlichen wie einfachen Café. Dabei werden Speisen aus aller Welt serviert, von mexikanischen Chilaquiles über nahöstliche Shakshoukas bis zu italienischer Bruschetta. Besser kann man nicht in einen Tag am Strand starten.

Icebergs Dining Room
ITALIENISCH $$$

(Karte S.82; ☎02-9365 9000; www.idrb.com; 1 Notts Ave, Bondi; Hauptgerichte 46–52 AU$; ⏱Di-So 12–15 & 18.30-23 Uhr; 🚌333, 380) 🚗 Von dem Restaurant hoch über dem berühmten Icebergs-Swimmingpool schweift der Blick über den sichelförmigen Bondi Beach bis weit aufs Meer hinaus. Derweil servieren Kellner mit Fliege superfrische Meeresfrüchte aus nachhaltigem Fischfang und auf den Punkt gebratene Steaks. Es gibt auch eine elegante Cocktailbar. Im gleichen Gebäude befindet sich auch der Icebergs Club mit Bistro, Bar und einfacherem, preiswerterem Essen.

🍴 Sydney Harbourside

Riverview Hotel & Dining
MODERN-AUSTRALISCH $$

(Karte S.58; ☎02-9810 1151; www.theriview hotel.com.au; 29 Birchgrove Rd, Balmain; Thekenessen 20–32 AU$, Hauptgerichte im Restaurant 36–52 AU$; ⏱Essen in Bar 12–21 Uhr, Restaurant Mo-Do 18–21, Fr-So 12-14.30 & 18–21 Uhr; ☎; 🚢Balmain) Im ersten Stock befindet sich das elegante Restaurant, das ausgezeichnete Fischgerichte und exquisite Fleischkreationen serviert. Die Bar im Erdgeschoss lieben die Einheimischen vor allem wegen der Pizzas. Sie ist eher ein netter Pub mit viel Charme, in dem Körbe von der Decke baumeln.

Dunbar House
CAFÉ $$

(Karte S.58; ☎02-9337 1226; www.dunbar house.com.au; 9 Marine Pde, Watsons Bay; Frühstück 12–18 AU$, Mittagessen 18–27 AU$; ⏱8-15.30 Uhr; 🚢Watsons Bay) Das sorgfältig restaurierte Herrenhaus aus den 1830er-Jahren ist ein toller Rahmen für einen gemütlichen Brunch – umso mehr, wenn man auf der Veranda einen der Tische mit Blick auf den Hafen ergattert. Am Wochenende sollte man unbedingt vorher reservieren. Der

Name stammt übrigens von einem berühmten Schiff, das im 19. Jh. hier strandete.

Catalina
MODERN-AUSTRALISCH $$$

(Karte S.58; ☎02-9371 0555; www.catalinarose bay.com.au; Lyne Park, Rose Bay; Hauptgerichte 49–52 AU\$; ⊙Mo–Sa 12–15 & 18–22.30, So 12–15 Uhr; 🚊Rose Bay) Das nach den hier stationierten Flugbooten benannte Restaurant hat einen spektakulären Ausblick, eine für die östlichen Vororte typische, lebhafte Atmosphäre und eine beeindruckende Weinkarte. In dieser Lage müssen natürlich Meeresfrüchte auf der Karte stehen. Diese sind sehr gut und werden vor den Küsten des ganzen Landes gefangen. Es gibt aber auch Fleischgerichte wie Spanferkel, die Spezialität des Hauses.

Doyles on the Beach
SEAFOOD $$$

(Karte S.58; ☎02-9337 2007; www.doyles.com. au; 11 Marine Pde, Watsons Bay; Hauptgerichte 40–50 AU\$; ⊙Mo–Do 12–15 & 17.30–20.30, Fr 12–15 & 17.30–21, Sa 12–16 & 17.30–21, So 12–16 & 17.30–20.30 Uhr; 🚊Watsons Bay) Es gibt sicher Restaurants mit besseren Meeresfrüchten, doch kaum eines kann mit der Lage und Geschichte des bereits 1885 eröffneten Doyles mithalten. Die Fahrt mit der Fähre und die leckeren Meeresfrüchte zum Mittagessen gehören zu den schönsten Erlebnissen in Sydney. Wer vor den saftigen Preisen zurückschreckt, begnügt sich mit Fish & Chips (13–20 AU\$) vom Stand am Fähranleger.

✕ Newtown & Inner West

In der King Street und Enmore Road in Newtown findet man die größte Vielfalt an Restaurants in der ganzen Stadt. Hier wechseln sich thailändische mit vietnamesischen, griechischen, libanesischen und mexikanischen Restaurants ab. Und das Ganze wiederholt sich in kleinerem Maßstab in fast jedem Vorort von Inner West. Ganz zu schweigen von der großartigen Kaffeekultur, die hier ebenfalls ihren Sitz hat.

Wedge
CAFÉ $

(Karte S.76; ☎02-9660 3313; www.thewedgeg lebe.com; Ecke Cowper St & Glebe Point Rd; kleine Gerichte 8–18 AU\$; ⊙Mo–Sa 7–16, So 8–15 Uhr; 🚱🖉; 🚌Glebe) Das schmale, lange Café mit kunstvollem Industriedesign bietet köstlichen Espresso aus sortenreinem Kaffee und kühle Kaffeegetränke sowie herrlich angerichtetes Frühstück, leckere Sandwiches und Mittagsangebote. Aufgrund der großartigen Qualität und Stimmung ist es sehr beliebt – die Plätze sind entsprechend sehr begehrt.

Black Star Pastry
BÄCKEREI $

(Karte S.76; ☎02-9557 8656; www.blackstar pastry.com.au; 277 Australia St, Newtown; Snacks 4–10 AU\$; ⊙7–17 Uhr; 🖉;🚌Newtown) Wer klug ist, folgt dem schwarzen Stern: Dort gibt's ausgezeichneten Kaffee, eine große Auswahl an süßen Leckereien und ein paar sehr gute herzhafte Speisen (Gourmet-Pies und dergleichen). Es gibt nur ein paar Tische, man holt sich hier eher einen Snack zum Mitnehmen oder für ein Picknick im Park. Mit langen Wartezeiten ist zu rechnen.

Cow & the Moon
EIS $

(Karte S.76; ☎02-9557 4255; 181 Enmore Rd; kleines Eis 5,50 AU\$; ⊙So–Do 8.30–22.30, Fr & Sa 8.30–23.30 Uhr ; 🚱🖉🖐; 🚌Newtown) In dem schicken Eckcafé werden keine Kalorien gezählt! Man genießt einfach die sündhaft leckeren Schokotrüffel und die köstlichen Kuchen oder das beste Eis der Welt. Diese Auszeichnung errang die kleine Eisdiele 2014 bei der Gelato World Tour im italienischen Rimini. Der Kaffee ist auch sehr gut.

Faheem Fast Food
PAKISTANISCH $

(Karte S.76; ☎02-9550 4850; www.faheemfast food.com.au; 194 Enmore Rd; Hauptgerichte 12–14 AU\$; ⊙Mo–Fr 17–24, Sa & So 12–24 Uhr; 🖉; 🚌426) Die Institution in der Enmore Road serviert in äußerst schlichter Umgebung echte, sehr leckere Currys und Tandooris, und das bis spät in die Nacht. Das Haleem-Curry mit Linsen und Rindfleisch ist ein echter Genuss, das *nihari* mit Hirn eine weitere Spezialität des Hauses, die viel besser schmeckt, als sie klingt.

Spice Alley
ASIATISCH $

(Karte S.76; www.kensingtonstreet.com.au; Kensington St, Chippendale; Hauptgerichte 8–16 AU\$; ⊙11–21.30 Uhr; 🖉; 🚌Central) Das hübsche Freiluftrestaurant in einer kleinen Seitenstraße der Kensington Street serviert Street Food aus ganz Asien. Zuerst holt man sich Nudeln, Teigtaschen oder Schweinebauch und sucht sich dann einen freien Platz. Das Essen ist nicht gerade spektakulär, doch die Preise sind niedrig und die Stimmung ist gut. Bargeld wird nicht akzeptiert; entweder man bezahlt mit Karte oder lädt am Getränkestand eine Geldkarte auf.

★ Thanh Binh
VIETNAMESISCH $$

(Karte S.76; ☎02-9557 1175; www.thanhbinh. com.au; 111 King St; Hauptgerichte 18–28 AU\$; ⊙Mo–Fr 17–23, Sa & So 12–23 Uhr; 🖉; 🚌Macdonaldtown) Das alteingesessene Lieblingslokal der Vietnamesen ist schon lange kein

Trendsetter mehr, obwohl es immer noch eine Riesenauswahl an stets leckeren Gerichten serviert. Besonders empfehlenswert sind Butterkrebse auf Papayasalat, Schweinebauch und Wachteleier in Krautblättern. Und natürlich alles, was gefüllt, gerollt, gewickelt und gedippt werden kann. Das Personal ist immer sehr freundlich.

3 Olives
GRIECHISCH $$

(Karte S. 76; ☑02-9557 7754; 365 King St, Newtown; Hauptgerichte 24–27 AU$, Vorspeisen 13–16 AU$; ⊙Mi–So 17.30–24 Uhr; ⬚Newtown) Gute griechische Restaurants haben generell etwas Lebensbejahendes an sich – und dieser Familienbetrieb ist ein besonders gutes Beispiel dafür. Die Einrichtung mit den olivgrünen Wänden ist sehr zurückhaltend, ganz im Gegensatz zu den Portionen und den gut gewürzten Gerichten wie gegrilltem Tintenfisch, zartem Lammbraten, warmem Fladenbrot, herzhaften Fleischbällchen und knackigen Oliven. Traditionelle griechische Küche vom feinsten!

Timbah
TAPAS $$

(Karte S. 58; ☑02-9571 7005; www.timbahwinebar.com.au; 375 Glebe Point Rd, Eingang Forsyth St; Tapas 12–17 AU$; ⊙Di–Do 17.30–21, Fr 17–21.30, Sa 16.30–21.30 Uhr; ⬚Glebe) 🖉 Die gemütliche Weinbar befindet sich unter einem ausgezeichneten Wein- und Spirituosengeschäft. So gibt es immer einen besonderen Wein, der offen ausgeschenkt wird, und das Personal erfüllt auch gerne besondere Wünsche der Gäste. Das Essen ist lecker und wird mit australischen Aromen und selbst angebauten Kräutern verfeinert. Die Bar ist für Drinks täglich ab 16 Uhr geöffnet, auch sonntags.

Thai Pothong
THAILÄNDISCH $$

(Karte S. 76; ☑02-9550 6277; www.thaipothong.com.au; 294 King St, Newtown; Hauptgerichte 18–31 AU$; ⊙tgl. 12–15 Uhr, zusätzl. Mo–Do 18–22.30, Fr & Sa 18–23, So 17.30–22 Uhr; ⓅＧ; ⬚Newtown) Vor dem netten Restaurant mit den klassischen Lieblingsgerichten bilden sich immer lange Schlangen. Das ausgezeichnete Essen wird von unglaublich viel Personal schnell und freundlich serviert. Am schönsten ist ein Platz am Fenster, von wo man das Treiben auf der Straße beobachten kann. Bei Barzahlung gibt's Rabatt in Form einer eigenen Währung, die nur im hauseigenen Souvenirshop eingelöst werden kann.

Stinking Bishops
KÄSE $$

(Karte S. 76; ☑02-9007 7754; www.thestinkingbishops.com; 63 Enmore Rd, Newtown; Käseplatte mit 2/3/4 Sorten 21/29/37 AU$; ⊙Di & Mi 17–22, Do–Sa 11–22, So 11–18 Uhr; Ｇ; ⬚Newtown) Die große Auswahl an traditionell hergestelltem Käse kann man nicht nur kaufen, sondern auch vor Ort genießen. Dazu sucht man sich einen passenden Wein oder ein Craft-Bier aus und setzt sich an einen der Tische. Es werden auch Wurstplatten zubereitet, die ebenfalls mit den Produkten kleiner Erzeuger aus der Region bestückt sind.

Tramsheds Harold Park
MARKTHALLE

(Karte S. 58; ☑02-8398 5695; www.tramshedsharoldpark.com.au; Maxwell Rd, Glebe; ⊙7–22 Uhr; ✱☏; ⬚Jubilee Park) Das rund 100 Jahre alte Straßenbahndepot aus Backstein im Norden von Glebe wurde erst vor Kurzem zur Markthalle umgebaut. Diese beheimatet Lebensmittelstände, einen kleinen Supermarkt und einige moderne Restaurants, die sich u. a. auf frische Pasta, Biofleisch, nachhaltig gefangenen Fisch, nahöstliche Küche, spanische Tapas und Eis aus Messina spezialisiert haben.

★ Ester
MODERN-AUSTRALISCH $$$

(Karte S. 76; ☑02-8068 8279; www.ester-restaurant.com.au; 46/52 Meagher St; Hauptgerichte 32–49 AU$; ⊙Mo–Do 18–22, Fr 12–15 & 18–23, Sa 18–23, So 12–17 Uhr; Ｇ; ⬚Redfern) Das Restaurant durchbricht die Regel, dass bei den derzeit angesagten Lokalen der Stadt keine Reservierungen möglich sind, entspricht ansonsten aber ganz der aktuellen Szene der Stadt: informell, aber nicht schäbig, kreativ, aber nicht abgehoben, hip, aber nicht übertrieben trendig. Die Gerichte, die zumeist für mehrere Personen gedacht sind, stammen aus aller Welt. Wenn möglich, sollte man noch Platz fürs Dessert lassen.

★ Boathouse on Blackwattle Bay
SEAFOOD $$$

(Karte S. 58; ☑02-9518 9011; www.boathouse.net.au; 123 Ferry Rd, Glebe; Hauptgerichte 42–48 AU$; ⊙Di–Do 18–22, Fr–So 12–15 & 18–23 Uhr; ⬚Glebe) Das beste Restaurant in Glebe und eines der besten Meeresfrüchterestaurants in ganz Sydney. Die Austern sind so frisch, als ob sie gerade eben geerntet worden seien. Der Snapper-Pie hat das Zeug zum absoluten Lieblingsgericht. Dazu kommt noch der sagenhafte Blick auf die Bucht und die Anzac Bridge, den man auch schon bei der Anfahrt mit dem Wassertaxi genießen kann.

Glebe Point Diner
MODERN-AUSTRALISCH $$$

(Karte S. 58; ☑02-9660 2646; www.glebepointdiner.com.au; 407 Glebe Point Rd; Hauptgerichte 29–48 AU$; ⊙Mo & Di 18–22, Mi & Do 12–15 & 18–

22, Fr & Sa 12–15 & 17.30–23, So 12–15 Uhr; 🚍 Jubilee Park) In dem kleinen, spektakulären Restaurant werden nur beste Zutaten verwendet und alle Speisen frisch zubereitet. Sogar das Brot wird selbst gebacken, Butter und Nougat selbst hergestellt. Das Essen ist kreativ und wohltuend zugleich, eine eher seltene Kombination. Die Karte wechselt regelmäßig, außerdem sind spezielle Angebote auf der Kreidetafel zu finden.

🍴 Manly

Jah Bar — TAPAS **$$**
(Karte S.80; 🕿 02-9977 4449; www.jahbar.com.au; Shop 7, 9-15 Central Ave, Manly; Tapas 14–22 AU$; ⏰ Di–So 17–23, Fr & Sa 12–23, So 12–22 Uhr; 🕿; 🚢Manly) Die Tische im Inneren drängen sich um die große offene Küche. Auch im Hof ist nicht viel Platz, sodass man unbedingt vorher reservieren sollte. Die vielen interessanten und ausnahmslos leckeren Tapas sind spanisch und mexikanisch inspiriert: knusprige Tacos mit rohem Fisch, würzige Calamares, sensationelle Kammmuscheln mit geschmorten Schweinebäckchen. Fleißiges und hochmotiviertes Personal.

Boathouse Shelly Beach — CAFÉ **$$**
(Karte S.58; 🕿 02-9934 9977; www.theboathousesb.com.au; 1 Marine Pde, Manly; Street Food 12–19 AU$, Gerichte im Restaurant 18–29 AU$; ⏰ Mo–Sa 7–16, So 7–20 Uhr; 🕿🚲) In dem netten kleinen Restaurant am malerischen Shelly Beach kann man herrlich frühstücken und brunchen, frische Säfte trinken oder Fish & Chips, Austern und täglich wechselnde Fischgerichte essen. Es gibt auch einen Straßenverkauf.

⭐Pilu at Freshwater — SARDISCH **$$$**
(🕿 02-9938 3331; www.pilu.com.au; Moore Rd, Freshwater; 3-/5-/7-Gänge-Menü 95/110/125 AU$; ⏰ Di–So 12–14.30, Di–Sa auch 18–23 Uhr; 🚍139) Das mehrfach ausgezeichnete sardische Restaurant befindet sich in einem denkmalgeschützten Strandhaus am Meer und bietet Spezialitäten wie Spanferkel aus dem Backofen und traditionelles Fladenbrot. Eine gute Wahl ist das Verkostungsmenü (ab 105 AU$), das keine Wünsche offenlässt. Es gibt auch ein paar großartige Weine, die sorgfältig dekantiert und gekonnt serviert werden.

🍴 Northern Beaches

Boathouse Palm Beach — CAFÉ **$$**
(🕿 02-9974 5440; www.theboathousepb.com.au; Governor Phillip Park, Palm Beach; Hauptgerichte 17–29 AU$; ⏰ 7–16 Uhr; 🕿🚲; 🚍L90, 190) Ob nun auf der großen Holzterrasse mit Blick auf das Pittwater oder an einem Tisch auf dem Rasen vor dem Haus – im beliebtesten Café am Palm Beach sitzt man überall gut. Fast ebenso beeindruckend wie die Aussicht ist das Essen (vor allem die legendären Fish & Chips und die kunterbunten Salate). Und das will schon etwas heißen.

⭐Jonah's — MODERN-AUSTRALISCH **$$$**
(🕿 02-9974 5599; www.jonahs.com.au; 69 Bynya Rd, Whale Beach; 2-/3-/4-Gänge-Menü 88/115/130 AU$; ⏰ 7.30–9, 12–14.30 & 18.30–23 Uhr; 🕿; 🚍L90, 190) Das Nobelrestaurant auf einem Hügel hoch über dem Whale Beach bietet einen fantastischen Blick aufs Meer. Das Essen, vor allem die ausgezeichneten Fischgerichte, ist auch was fürs Auge, denn es kommt toll angerichtet auf den Tisch. Für einen perfekten Sydneyer Abend reist man mit dem Wasserflugzeug von Rose Bay an, genießt die Meeresfrüchteplatte für zwei und übernachtet in einem der Zimmer mit Meerblick (499 AU$/Pers. inkl. Abendessen und Frühstück).

🍷 Ausgehen & Nachtleben

Es ist kein Wunder, dass in einer Stadt, in der Rum einmal die gängige Währung war, das Nachtleben immer noch eine sehr große Rolle spielt, sei es mit Dosenbier am Strand, einem Gläschen mit Kollegen nach Feierabend oder das Vorglühen und die Partynacht in der Stadt. Von der Schmuddelkneipe bis zum Luxusclub findet man auch alle Arten von Lokalitäten in Sydney.

🍴 Circular Quay & The Rocks

⭐Glenmore — PUB
(Karte S.62; 🕿 02-9247 4794; www.theglenmore.com.au; 96 Cumberland St; ⏰ So–Do 10–24, Fr & Sa 10–1 Uhr; 🕿; 🚍Circular Quay) Im Untergeschoss befindet sich ein netter alter Pub, übertroffen wird dieser jedoch von der Dachterrasse mit dem galaktischen Blick auf die Oper (sofern nicht gerade von einem Kreuzfahrtdampfer verdeckt), den Hafen und die Skyline der Stadt. Am Wochenende ist der Laden immer rappelvoll. Dann legen DJs auf und es gibt reichlich Essen und Wein, der offen ausgeschenkt wird.

⭐Hero of Waterloo — PUB
(Karte S.62; 🕿 02-9252 4553; www.heroofwaterloo.com.au; 81 Lower Fort St; ⏰ Mo–Mi 10–23.30, Do–Sa 10–24, So 10–22 Uhr; 🚍Circular Quay) Der

INSIDERWISSEN

ICH WILL HIER REIN

Die Türsteher in Sydney sind oft streng, despotisch und gegen jede Logik immun. Da sie in der Regel bei Security-Diensten angestellt sind, haben sie kein Problem damit, das jeweilige Lokal um zahlende Gäste zu bringen. Leider vermiesen sie mit ihrer ewigen Fragerei und den Durchsuchungen ab 20 Uhr am Wochenende den Nachtschwärmern die Freude am Ausgehen. Folgende Bestimmungen gelten:

➡ Laut Gesetz ist es verboten, Betrunkenen weitere Drinks zu servieren. Deshalb werden alle, die angetrunken erscheinen, erst eingelassen, nachdem sie penibel befragt wurden, wie viel und was sie schon getrunken haben.

➡ Die Security ist befugt, von allen jugendlich aussehenden Personen den Personalausweis zu verlangen; alle unter 18 Jahre müssen draußen bleiben. Manche Bars kontrollieren die Ausweise von grundsätzlich allen Gästen.

➡ In einigen Schwulenbars sind auch „offene Schuhe" verboten. Offiziell wird dies damit begründet, so eventuelle Verletzungen durch Glasscherben zu verhindern, in Wirklichkeit aber geht's wohl darum, Hetero-Frauen den Eintritt zu verwehren.

➡ Einige Pubs verfügen über einen Raucherbereich, in dem aber grundsätzlich nicht gegessen werden darf, auch wenn es die Raucher selber nicht stört.

raue Pub in einem Sandsteingebäude von 1843 ist beliebt bei den Einheimischen, hat irisches Personal und freitags bis sonntags Livemusik (Swing, Folk & keltische Musik). Im Kellergewölbe mussten die Betrunkenen einst ihren Rausch ausschlafen, bevor sie durch den unterirdischen Tunnel direkt auf ein vor Anker liegendes Schiff verschleppt wurden.

★ **Opera Bar**   BAR
(Karte S. 62; ☏ 02-9247 1666; www.operabar. com.au; Lower Concourse, Oper; ☺ So–Do 9–24, Fr & Sa 9–1 Uhr; ☒ Circular Quay) Direkt am Hafen, eingerahmt von Oper und Harbour Bridge, pflegt die Opera Bar einen für Sydney typischen Mix aus Lässigkeit und Kultiviertheit. Das macht sie bei Einheimischen und Touristen gleichermaßen beliebt. Abends gibt's meistens Livemusik oder es legen DJs auf. Das Essen ist auch ganz ordentlich (Hauptgerichte 12–28 AU$).

Hotel Palisade   PUB
(Karte S. 62; ☏ 02-9018 0123; www.hotelpalisade.com; 35 Bettington St; ☺ Mo–Fr 12–24, Sa & So 11–24 Uhr; ☒; ☒ Circular Quay) Der alte Millers Point wurde mit trendigem Outfit neu eröffnet, verfügt aber immer noch über die schwarzen Fliesen, ausgeblichenen Backsteinwände und die nostalgische Bar im Untergeschoss. Auf dem Dach des altehrwürdigen Gebäudes befindet sich jetzt ein nagelneuer Glaspavillon, in dem man teure Drinks, nobles Essen und einen tollen Blick auf die Brücke genießen kann. Wenn dort kein Platz mehr frei ist – was oft passiert –,

kann man auf die nicht ganz so luxuriöse, aber gemütlichere Alternative auf dem kleinen Balkon im 4. Stock ausweichen.

Bulletin Place   COCKTAILBAR
(Karte S. 62; www.bulletinplace.com; 10 Bulletin Pl; ☺ Mo–Mi 16–24, Do–Sa 16–1, So 16–22 Uhr; ☒ Circular Quay) Hinter einem unauffälligen Eingang in einer kleinen Straße voller Cafés und Bars verbirgt sich die Treppe zu einer der angesagtesten Cocktailbars der Stadt. Das sympathische und bodenständige Personal mixt tolle Cocktails mit viel Pepp und frischer Kreativität, aber erfrischend wenig Schnickschnack. Es gibt nur wenige Plätze, deshalb sollte man früh da sein. Ein Cocktail kostet um die 20 AU$.

Australian Hotel   PUB
(Karte S. 62; ☏ 02-9247 2229; www.australianheritagehotel.com; 100 Cumberland St; ☺ 11–24 Uhr; ☒; ☒ Circular Quay) Der schöne Pub vom Anfang des 20. Jhs. hat eine schattige Veranda mit vielen Sitzplätzen, auf der die Einheimischen gerne ihr Feierabendbier trinken. In der hauseigenen Mikrobrauerei wurde schon Bier gebraut, als das noch lange nicht in war – entsprechend groß ist die Auswahl. Zu essen gibt's leckere Feinschmeckerpizzas (18–28 AU$) mit Känguru-, Emu- und Krokodilfleisch.

Lord Nelson Brewery Hotel   BRAUEREI
(Karte S. 62; ☏ 02-9251 4044; 19 Kent St; ☺ Mo–Sa 11–23, So 12–22 Uhr; ☒ Circular Quay) Das 1836 errichtete und fünf Jahre später in ein Pub verwandelte Sandsteingebäude hat

viel Charme und gehört angeblich zu den drei ältesten Pubs in Sydney (wobei jeweils unterschiedliche Kriterien angelegt werden). Auf jeden Fall wird hier hervorragendes naturtrübes Ale gebraut (unser Tipp: das Old Admiral). Auch das dunkle Stout Nelson's Blood ist sehr gut.

Argyle BAR

(Karte S. 62; ☏ 02-9247 5500; www.theargyle rocks.com; 18 Argyle St; ⊗ So–Mi 11–24, Do–Sa 11–15 Uhr; ⊠ Circular Quay) Der riesige Komplex besteht aus fünf Bars, die sich auf das alte Sandsteingebäude der Argyle Stores verteilen, einen Innenhof mit Kopfsteinpflaster und Kellerräume, in denen DJs auflegen. Die Einrichtung reicht von Rokkoko-Sofas bis zu weißen Kunststofftischen, über denen flippige Kronleuchter hängen. Oft ist alles in schummriges Licht getaucht. Tagsüber kann man in dem hübschen Innenhof etwas trinken und zu Mittag essen.

🍴 Zentrum & Haymarket

Im Stadtzentrum gibt es traditionell hauptsächlich vornehme Afterwork-Kneipen, die alles andere als gemütlich sind. Mittlerweile aber locken in den hintersten Gassen und tiefsten Kellern auch interessante kleine Bars und nette Kneipen.

Die meisten dieser Bars müssen eigentlich um Mitternacht schließen. Zum Zeitpunkt der Recherchen wurde aber über eine Klage verhandelt, die eine Ausweitung der Sperrstunde bis 2 Uhr anstrebt.

★Frankie's Pizza BAR

(Karte S. 62; www.frankiespizzabytheslice.com; 50 Hunter St; ⊗ So–Do 16–3, Fr & Sa 12–3 Uhr; ☎; ⊠ Martin Place) In der Kellerbar fühlt man sich eher wie in einer Pizzeria aus den 1970er-Jahren: Plastiktrauben, Fotos an den Wänden und leckere Pizzaschnitten (6 AU$). Doch hinter der unscheinbaren Tür in der Ecke wartet ein wahres Indie-Paradies. An mindestens vier Abenden der Woche treten hier Musikbands auf (mit Live-Karaoke am Dienstag). Und darunter versteckt sich noch eine Bar.

★Uncle Ming's COCKTAILBAR

(Karte S. 62; www.unclemings.com.au; 55 York St; ⊗ Mo–Fr 12–24, Sa 16–24 Uhr; ⊠ Wynyard) Die kleine düster-romantische Bar mit dem Charme einer Opiumhöhle befindet sich im Keller unter einem Hemdengeschäft. Hier kann man nur kurz ein Bier trinken, bevor man in die U-Bahn zu weiteren Vergnügungen steigt, oder aber einen Abend lang die Cocktailkarte durchprobieren. Die Mitarbeiter hinter der Theke sind zumeist sehr freundlich und gesprächig. Den Hunger zwischendurch stillen ausgezeichnete Teigtaschen.

Grandma's COCKTAILBAR

(Karte S. 62; ☏ 02-9264 3004; www.grandmas barsydney.com; Keller, 275 Clarence St; ⊗ Mo–Fr 15–24, Sa 17–1 Uhr; ⊠ Town Hall) Die Bar bezeichnet sich selbst als „retrosexuelles Sammelbecken für kosmopolitischen Kitsch und verblassten Glanz der guten alten Zeit" – und trifft es damit ganz gut. So begrüßt ein Hirschkopf die Gäste an der Treppe und weist den Weg in die winzige Kellerbar mit Papageientapete und Hawaii-Cocktails. Obwohl mitten im CBD hinter dem Fender-Geschäft gelegen, ist diese Bar sehr schräg, lässig und entspannt. Zu essen gibt's nur getoastete Sandwiches.

Baxter Inn BAR

(Karte S. 62; www.thebaxterinn.com; 152-156 Clarence St; ⊗ Mo–Sa 16–1 Uhr; ⊠ Town Hall) Ja, es ist diese dunkle Gasse und ein Schild an

SPERRSTUNDE

In dem Bestreben, die Gewalt im Zusammenhang mit Alkohol einzudämmen, wurden die Sperrzeit- und Ausschankbestimmungen im größten Teil der Innenstadt inklusive The Rocks, Circular Quay, Woolloomooloo, Kings Cross, Darlinghurst, Haymarket und dem östlichen Teil von Darling Harbour drastisch verschärft.

Lokale mit Alkoholausschank in dieser Zone müssen nun um 1.30 Uhr schließen, dürfen aber die zu dieser Zeit bereits anwesenden Gäste noch bis 3 oder gar 3.30 Uhr (bei Live-Veranstaltungen) bewirten. Für Live-Veranstaltungen gilt die Sperrstunde auch erst ab 2 Uhr. Diese Gesetzesänderung trat Ende 2016 in Kraft, nachdem die Öffentlichkeit und die Gastronomen massiv gegen die Verschärfung des Gesetzes protestiert hatten. Allerdings ging die Änderung einigen Lokalen nicht weit genug oder kam zu spät, weil sie bereits aufgegeben haben.

der Tür sucht man vergeblich (in dem Hof gibt es zwei leicht als solche zu erkennende Bars, doch es ist die Tür rechts davon). Zu trinken gibt's hier vor allem Whiskey: Die Leute hinter der Theke kennen sich hervorragend mit der Materie aus, dabei gibt es eine wirklich beeindruckende Auswahl. Es herrscht eine elegante Kneipenatmosphäre.

O Bar COCKTAILBAR
(Karte S. 62; ☑ 02-9247 9777; www.obardining.com.au; Level 47, Australia Square, 264 George St; ⊙ Sa–Do 17 Uhr–open end, Fr 12 Uhr–open end; ☎; ⊠ Wynyard) Die Cocktails in der sich drehenden Bar im 47. Stock sind nicht ganz preiswert, doch immer noch preiswerter als der Eintritt zum Sydney Tower – und natürlich wesentlich besser und glamouröser. Die Aussicht ist spektakulär. Wer kurz nach Öffnung der Bar kommt, kann beobachten, wie die Sonne untergeht und die Nacht sich über die Stadt senkt.

Ivy BAR, CLUB
(Karte S. 62; ☑ 02-9254 8100; www.merivale.com/ivy; L1, 330 George St; ⊙ Mo–Fr 12 Uhr–open end, Sa 18.30–3.30 Uhr; ☎; ⊠ Wynyard) Die Bar in einer Seitenstraße der George Street ist das Flaggschiff der allgegenwärtigen Merivale Group. In dem modernen Komplex gibt's mehrere Bars und Restaurants und sogar einen Swimmingpool. Es ist gerade die angesagteste Lokalität in Sydney. Entsprechend lang ist die Schlange von jungen Leuten aus den Vororten, die samtagabends auf ihren unglaublich hohen Absätzen darauf warten, 40 AU$ Eintritt für eine heiße Clubnacht im Pacha zu bezahlen.

An den anderen Tagen ist eher das Palings angesagt, eine gute Bar mit beliebtem Restaurant, das thailändisches Street Food, Steaks, gegrillten Fisch, Salate u. v. m. serviert. In dem weitläufigen und lebhaften Lokal kann man auch schön zu Mittag essen, wenn die Massen von Büroangestellten gegen 14 Uhr verschwunden sind.

Slip Inn & Chinese Laundry PUB, CLUB
(Karte S. 66; ☑ 02-8295 9999; www.merivale.com.au/chineselaundry; 111 Sussex St; Club 20–30 AU$; ⊙ Mo–Fr 11 Uhr –open end, Sa 11 Uhr–open end, Club Fr & Sa 21–3 Uhr; ☎; ⊠ Wynyard) In dem Labyrinth aus schummrig beleuchteten Räumen tanzen vor allem junge Leute ab. Tanzmuffel können sich auch in den Bars, an Billardtischen und in einem Biergarten vergnügen; mexikanisches Essen gibt's bei El Loco. Freitag- und samstagabends geht im benachbarten Nachtclub Chinese Laund-

ry ordentlich die Post ab. Der Eingang ist in der Slip Street.

🍷 Darling Harbour & Pyrmont

Home BAR, CLUB
(Karte S. 66; www.homesydney.com; 1 Wheat Rd, Cockle Bay Wharf; ⊙ Club Do–Sa 21 Uhr–open end; ☎; ⊠ Town Hall) Der Vergnügungstempel aus Holz und Glas bietet auf drei Stockwerken Platz für 2100 Gäste. Er hat eine Tanzfläche, zahllose Bars, Balkone und einen Sound, der andere Clubs wie alte Transistorradios klingen lässt. In der Bar Tokio Hotel im Untergeschoss (www.tokiohotellive.com.au) treten fast jeden Abend Bands auf. Der Club selbst ist nur donnerstags bis samstags geöffnet und wird dann oft von bekannten DJs beschallt.

Pyrmont Bridge Hotel PUB
(Karte S. 66; ☑ 02-9660 6996; www.pyrmontbridgehotel.com; 96 Union St; ⊙ 24 Std.; ☎; ⊠ Pyrmont Bay) Der 100 Jahre alte Pub am Anfang von Pyrmont ist wie ein Wächter der Tradition der einfachen Ausgehkultur in Sydney. Mit der Inselbar, Dachterrasse und vielen anderen netten Extras versprüht er eine Menge Charme. Außerdem gibt's regelmäßig Livemusik. Der größte Vorteil aber ist, dass er rund um die Uhr geöffnet ist; die Sperrstunde des CBD gilt hier nicht. Tatsächlich jedoch schließt der Pub gegen 5 Uhr schon für ein oder zwei Stunden, um sich wieder fein zu machen.

🍴 Kings Cross & Potts Point

Dem traditionellen Amüsierviertel machten die Schankgesetze und Sperrstundenregelungen von 2014 den Garaus. Damals gaben die meisten Nachtclubs auf. Dafür ist es in den Straßen des Viertels nachts jetzt wesentlich ruhiger. In Woolloomooloo gibt's noch ein paar tolle alte Pubs am Wasser.

★ Old Fitzroy Hotel PUB
(Karte S. 68; ☑ 02-9356 3848; www.oldfitzroy.com.au; 129 Dowling St, Woolloomooloo; ⊙ Mo–Fr 11–24, Sa 12–24, So 15–22 Uhr; ☎; ⊠ Kings Cross) In einer Seitenstraße von Woolloomooloo trifft das britische Islington auf Melbourne: Der völlig unscheinbare Theaterpub (www.oldfitztheatre.com) ist eine herrlich altmodische Kneipe, in der es unglaublich viele Fassbiere gibt und eine gemütliche, freundliche Stimmung herrscht. Sitzen kann man an der Theke, an einem der Tische draußen oder im Bistro im Obergeschoss, wo auch ein Billardtisch und Sofas stehen.

Kings Cross Hotel

PUB

(Karte S. 68; ☑ 02-9331 9900; www.king-scrosshotel.com.au; 244-248 William St, Kings Cross; ⊙ So–Do 12–1, Fr & Sa 12–3 Uhr; ☎; ☒ Kings Cross) Das großartige alte Backsteingebäude steht am Eingang zu Kings Cross und beherbergt einen der besten Pubs der Gegend, der auf mehreren Ebenen gute Unterhaltung bietet. In der Bar mit Balkon kann man auch schön zu Mittag essen, während man vom Dach (das unter der Woche nur abends geöffnet ist) einen traumhaften Blick hat. Samstags legen auf allen Stockwerken DJs auf.

World Bar

BAR, CLUB

(Karte S. 68; ☑ 02-9357 7700; www.theworldbar.com; 24 Bayswater Rd, Kings Cross; ⊙ So & Mo 14–24, Di–Sa 14–3 Uhr; ☎; ☒ Kings Cross) 🏄 Das ehemalige Bordell ist ein schlichter, etwas heruntergekommener Club auf drei Etagen, der mit seinen günstigen Preisen vor allem Backpacker anlockt. DJs legen jeden Abend Indie, Hip-Hip, Power Pop und House auf. Richtig Party ist mittwochs (The Wall) und samstags (Cakes). Am frühen Abend kann man auf der üppig begrünten Veranda in Ruhe einen Drink genießen.

🍴 Surry Hills & Darlinghurst

Es war einmal ein Viertel, das für seine Pubs mit schmutziger Livemusik und eine lebhafte Schwulenszene bekannt war. Dann aber wurden viele Musikkneipen in schicke Restaurant-Bars verwandelt und auch in den Schwulenbars ging es nicht mehr so hoch her. Doch so traurig diese Geschichte klingt, es gibt ein Happy End. Immer noch sind einige der besten Nachtclubs in Sydney hier zu finden, man muss sie nur etwas mehr suchen. Das Phänomen der „kleinen Bars" hat hier seinen Ursprung und viele der besten kleinen Schuppen der Stadt verstecken sich in Straßen und Gassen, wo man sie nie und nimmer vermuten würde.

★ Love, Tilly Devine

WEINBAR

(Karte S. 68; ☑ 02-9326 9297; www.lovetillydevine.com; 91 Crown Lane, Darlinghurst; ⊙ Mo–Sa 17–24, So 17–22 Uhr; ☒ Museum) Die Bar mit versetzten Ebenen ist winzig, die Weinkarte dagegen sehr umfangreich und außergewöhnlich. Sie enthält außerordentlich erlesene Weine, mit denen man die Gäste vom Altgewohnten weglocken und zu neuen Entdeckungen verleiten will. Am besten teilt man sich mit einem guten Freund in aller Ruhe eine gute Flasche.

★ Wild Rover

BAR

(Karte S. 64; ☑ 02-9280 2235; www.thewildrover.com.au; 75 Campbell St, Surry Hills; ⊙ Mo–Sa 16–24 Uhr; ☒ Central) Hinter einer breiten Tür ohne Schild verbirgt sich die coole Kneipe mit wunderbaren Backsteinwänden. Die Macher schenken die vielen Craft-Biersorten in Metallkrügen aus, während die wilden Tiere des Dschungels von den grün gestrichenen Wänden auf die Gäste blicken. In der Bar im Obergeschoss gibt's Quizabende und Livemusik.

★ Shakespeare Hotel

PUB

(Karte S. 72; ☑ 02-9319 6883; www.shakespearehotel.com.au; 200 Devonshire St, Surry Hills; ⊙ Mo–Sa 10–24, So 11–22 Uhr; ☒ Central) Das klassische Pub von 1879 hat geflieste Jugendstil-Wände, einen schäbigen Teppichboden, Pferderennen im Fernseher und billiges Thekenessen. Im Obergeschoss gibt es jede Menge lauschige Ecken und Nischen und überall trifft man auf typische Sydneyer. Es ist der liebenswert gemütliche Gegensatz zu all den für Surry Hills typischen gentrifizierten Etablissements.

Beresford Hotel

PUB

(Karte S. 72; ☑ 02-9240 3000; www.merivale.com.au/theberesfordhotel; 354 Bourke St, Surry Hills; ⊙ 12–1 Uhr; 🚌 374, 397, 399) Die auf Hochglanz polierten Fliesen an der Fassade und im Innenraum sind das Markenzeichen dieses elegant renovierten alten Pubs. Am Wochenende ist er ein beliebter Treffpunkt von Leuten der Oberschicht, bevor sie sich in einen der Clubs begeben; unter der Woche ist er dagegen ruhig und gemütlich. An der Theke im Hauptraum sitzt es sich wirklich hübsch, hinter dem Haus befindet sich einer der besten Biergärten der Gegend und im Obergeschoss ein schicker Club mit Livemusik.

Shady Pines Saloon

BAR

(Karte S. 68; ☑ 0405 624 944; www.shadypinessaloon.com; Shop 4, 256 Crown St, Darlinghurst; ⊙ 16–24 Uhr; ☒ Museum) Die Kellerkaschemme in einer düsteren Gasse hat weder Schild noch Hausnummer an der Tür – nach der weißen Tür vor dem Bikram Yoga in der Foley St Ausschau halten. Sie wendet sich an Stadt-Bohemiens, die hier inmitten von Western-Memorabilien und ausgestopften Tieren Whisky und Rye runterkippen.

Winery

WEINBAR

(Karte S. 72; ☑ 02-9331 0833; www.thekeystonegroup.com.au; 285a Crown St, Surry Hills; ⊙ 12–24 Uhr; ☎; ☒ Central) Die Bar liegt sehr schön von der Straße zurückgesetzt auf dem Gelände eines alten Wasserreservoirs und ist eine wahre Oase der Ruhe. Dem recht noblen Publikum stehen Dutzende von Weinen im offenen Ausschank zur Auswahl. Wer eine Weile im schattigen Grünen sitzt, wird jede Menge versteckten Kitsch entdecken: kopflose Statuen, mit dem Kopf nach unten hängende Papageien, Koalas aus Eisen. An den Wochenenden herrscht nachmittags immer eine lustige, ausgelassene Stimmung.

Midnight Shift
SCHWULENBAR, CLUB

(The Shift; Karte S. 68; ☑02-9358 3848; www. themidnightshift.com.au; 91 Oxford St, Darlinghurst; ⊗So–Do 12–1, Fr & Sa 12–3 Uhr; ⊠Museum) Die große alte Dame der Schwulenszene in der Oxford Street, die einst bekannt für ihre freizügigen Drag-Events war, musste sich aufgrund der Sperrgesetze umorientieren. So wurde die Kellerbar herausgeputzt und ist jetzt schon am frühen Abend immer gut besucht, während im Club im Obergeschoss die Schwulenszene immer noch eine Heimat hat (hier wird an manchen Abenden Eintritt verlangt).

Stonewall Hotel
SCHWULENBAR

(Karte S. 68; ☑02-9360 1963; www.stonewallhotel.com; 175 Oxford St, Darlinghurst; ⊗12–3 Uhr; ⊠333, 380) Weil den Laden viele für archaisch halten, ist er auch unter dem Spitznamen Stonehenge bekannt. Er besteht aus drei Stockwerken mit Bars und Tanzflächen, in und auf denen sich vor allem ein junges Publikum tummelt. Kabarett, Karaoke und Quizabende sorgen für Unterhaltung. Die Malebox am Mittwoch ist eine originelle Möglichkeit, einen Typen abzuschleppen.

Arq
SCHWULENCLUB

(Karte S. 68; ☑02-9380 8700; www.arqsydney. com.au; 16 Flinders St, Darlinghurst; ⊗Do–So 21–3 Uhr; ⊠333, 380) Die Arche ist voller grooviger Schwuler, die die Clubatmosphäre genießen. In dem schicken Riesenclub gibt es eine Cocktailbar, einen Ruheraum und zwei Tanzflächen mit lautem House, Drag-Shows und einer extrem starken Nebelmaschine.

Paddington & Centennial Park

Paddington
BAR

(Karte S. 75; ☑02-9240 3000; www.merivale. com.au/thepaddington; 384 Oxford St, Paddington; ⊗Mo–Do 12–24, Fr & Sa 12–3, So 12–22 Uhr; ☎; ⊠333, 380) In Paddington gibt es am Wochenende wieder ein richtiges Nachtleben – und diese Restaurantbar steht im Mittelpunkt. Getränke und Service sind ausgezeichnet. Das einfache, aber erstklassige Essen besteht aus saftigen Hähnchen, die vor Ort gegrillt werden. Die Ausstattung ist eine Mischung aus strahlend weißen Fliesen und brüchigen Backsteinwänden. Die Leute auf den Schwarz-Weiß-Fotos schwingen dicke Fleischstücke und sollen damit wohl auf die Vergangenheit des Ladens als Metzgerei hinweisen, was aber nicht stimmt.

Unicorn
PUB

(Karte S. 68; www.theunicornhotel.com.au; 106 Oxford St, Paddington; ⊗So 11–24, Mo & Di 11–1, Mi–Sa 11–3 Uhr; ☎; ⊠333, 380) Der große Pub im Art-déco-Stil ist ideal, um süffiges Craft-Bier zu trinken, australischen Wein zu probieren oder eine Partie Billard zu spielen und dabei den Perserteppich zu bewundern, auf dem der Tisch steht. Das Beste der ganz ordentlichen Speisekarte sind Burger. Im Untergeschoss gibt's ein gemütliches Bistro, hinter dem Haus einen kleinen Biergarten. Fazit: mehr als die Summe seiner Einzelteile.

Bondi, Coogee & Eastern Beaches

★ Coogee Pavilion
BAR

(Karte S. 58; ☑02-9240 3000; www.merivale. com.au/coogeepavilion; 169 Dolphin St, Coogee; ⊗7.30–24 Uhr; ☎📶; ⊠372-374) Mit mehreren Bars drinnen und draußen, einem Kinderspielplatz und einer großartigen Dachterrasse (kein Zutritt für Kinder) bringt der riesige Komplex innerstädtischen Glanz nach Coogee. Das 1887 errichtete Gebäude beherbergte einst ein Aquarium und Schwimmhallen. Heute sorgen die großen hellen Räume mit viel weißem Holz für Strandfeeling. Das hervorragende Speisenangebot reicht von mediterran inspiriertem Kneipenessen über Fish & Chips bis hin zu Sashimi.

Anchor
BAR

(Karte S. 82; ☑02-8084 3145; www.anchorbondi.com; 8 Campbell Pde, Bondi Beach; ⊗Di–Fr 17–24, Sa & So 12.30–24 Uhr; ☎; ⊠333, 380-382) In der stets vollen Bar am südlichen Ende des Strands treffen sich Surfer, Backpacker und die einheimische Jugend auf eiskalte Margaritas. In der Bar, mit dunklem Holz etwas an eine Piratenspelunke erinnert, gibt's aber auch bis spät in die Nacht etwas zu essen.

Coogee Bay Hotel
PUB

(Karte S. 58; ☑02-9665 0000; www.coogeebay hotel.com.au; 253 Coogee Bay Rd, Coogee; ⊗Mo–

Sa 7–4, So 7–24 Uhr; 🕿; 🚌 372-374) In den riesigen, verwinkelten Komplex am Strand strömen vor allem Backpacker, um Livemusik, Open-Mic-Nights und Comedy zu erleben, Sportübertragungen auf dem Großbildschirm im schönen Biergarten oder in der Sportsbar anzuschauen und sich im Nachtclub Selina's zu amüsieren.

🍸 Sydney Harbourside

★**Sheaf**   PUB
(Golden Sheaf Hotel; Karte S. 58; 🕿 02-9327 5877; www.thesheaf.com.au; 429 New South Head Rd, Double Bay; ⊙ Mo–Mi 10–1, Do–Sa 10– 2, So 10– 24 Uhr; 🕿; 🚌 324–327, 🚢 Double Bay, 🚆 Edgecliff) In dem tollen Pub ist immer was los, besonders aber am Wochenende und dann den ganzen Tag über. Er ist sehr typisch für die östlichen Vororte und seit der gründlichen Renovierung vor Kurzem noch viel besser. Der Biergarten gehört zu den besten in Sydney: groß, Weine im offenen Ausschank,

Heizstrahler gegen die Kühle am Abend, viel Unterhaltung und gutes Essen (Fr–So ganztags). In den vielen dazugehörigen Räumen ist für jeden etwas geboten.

★**Watsons Bay Beach Club**   PUB
(Karte S. 58; 🕿 02-9337 5444; www.watsonsbay hotel.com.au; 1 Military Rd, Watsons Bay; ⊙ Mo–Sa 10–24, So 10–22 Uhr ; 🚢 Watsons Bay) Ein wahrer Segen ist der Besuch des lauten Biergartens dieses Pubs nach einem langen Tag am Strand. Er ist nur wenige Meter vom Fähranleger entfernt und vor allem am Wochenende immer rappelvoll. Das Essen ist gut und man kann den Sonnenuntergang über der Stadt beobachten.

🍸 Newtown & Inner West

★**Courthouse Hotel**   PUB
(Karte S. 76; 🕿 02-9519 8273; 202 Australia St; ⊙ Mo–Sa 10–24, So 10–22 Uhr; 🚆 Newtown) Der 150 Jahre alte Pub in einem Häuserblock

SYDNEY & CENTRAL COAST SYDNEY

SCHWULEN- UND LESBENSZENE IN SYDNEY

Aus ganz Australien, Neuseeland, ja der ganzen Welt zogen Schwule und Lesben in die Smaragdstadt von Oz, wo sie heute eine große, nicht zu übersehende und sehr lebendige Gemeinschaft bilden, die ein fester Bestandteil des gesellschaftlichen Lebens Sydneys ist. Deren Integration, die vielen Handy-Apps, mit denen man leicht und schnell Kontakte knüpfen kann, und die neuen Sperrstunden (s. S. 103) brachten das schwule Nachtleben praktisch zum Erliegen. Doch irgendwie geht es immer weiter und Sydney zählt eindeutig weltweit zu den Städten mit der aktivsten Queer Community.

Der berühmte **Mardi Gras** (S. 81) ist das jährliche Highlight im Veranstaltungskalender von Schwulen und Lesben in ganz Australien. Während die Heteros einfach nur den farbenprächtigen Umzug bewundern, feiert die Schwulen- und Lesbengemeinde ausgelassen das ganze Festival hindurch und tanzt von einer „Blitzkrieg-Party" zur nächsten. Für schwule und lesbische Reisende sind die zwei Wochen vor dem großen Festumzug am ersten Samstag im März daher die beste Reisezeit.

Der Schwerpunkt der Szene liegt traditionell in Darlinghurst und Newtown, doch leben inzwischen in allen Innenstadtvierteln überdurchschnittlich viele schwule und lesbische Einwohner. Die meisten Schwulentreffs befinden sich in dem zu Darlinghurst gehörenden Teil der Oxford Street, darunter auch die Klassiker **Stonewall** (S. 106), **Midnight Shift** (S. 106), **Palms** (Karte S. 68; 🕿 02-9357 4166; 124 Oxford St, Darlinghurst; ⊙ Do & So 20–24, Fr & Sa 20–3 Uhr; 🚌 333, 380) und **Arq** (S. 106) gleich um die Ecke. Die besten Veranstaltungen finden allerdings in Pubs mit gemischtem Publikum statt, darunter das **Sly Fox** (Karte S. 76; 🕿 02-9557 2917; www.slyfox.sydney; 199 Enmore Rd, Enmore; ⊙ So & Di 14–24, Mi & Do 14–3, Fr & Sa 14–6 Uhr; 🚆 Newtown) und das **Beresford** (S. 105) mit seinem legendären Sonntagnachmittagsprogramm.

Die Strände der Szene sind der nördlichste Abschnitt des Bondi Beach; der **Lady Bay Beach** (S. 71), ein schöner Nacktbadestrand unterhalb von South Head; der **Obelisk Beach** (Karte S. 58; Chowder Bay Rd; 🚌 244), ein abgelegener Nacktbadestrand mit grünem Saum; und der **Murray Rose Pool** (S. 78) am Sydney Harbour. Das Frauenbad der **McIvers Baths** (Karte S. 58; www.randwick.nsw.gov.au; Beach St, Coogee; Eintritt gegen Spende 0,20 AU$; ⊙ Sonnenaufgang–Sonnenuntergang; 🚌 372-374) ist bei Lesben sehr beliebt.

Kostenlose Magazine für Schwule und Lesben sind das *LOTL* (www.lotl.com), der *Star Observer* (www.starobserver.com.au) und das *SX* (www.gaynewsnetwork.com.au).

ALFONSO FERNANDEZ / SHUTTERSTOCK ©

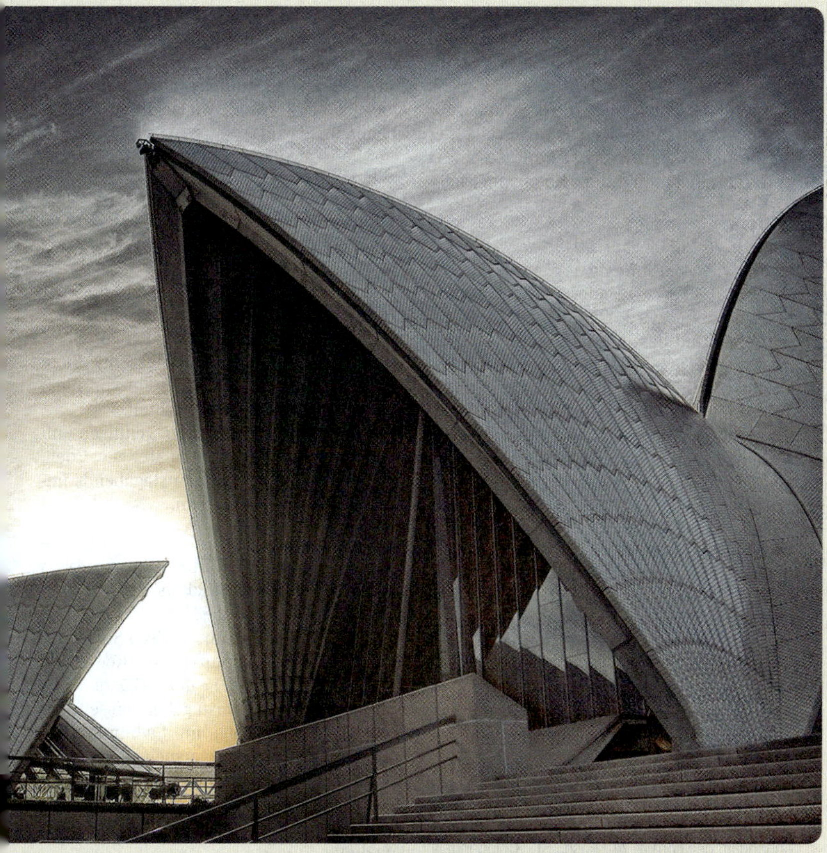

1. Queen Victoria Building (S. 61)
Shoppen mit Stil in diesem Meisterwerk der viktorianischen Gotik, das mittlerweile fast 200 Shops beherbergt.

2. Sydney Opera House (S. 54)
Man sollte Tickets für eine Tanz-, Musik- oder Theatervorstellung buchen, um dieses bemerkenswerte Gebäude hautnah zu erleben.

3. Bondi Icebergs Pool (S. 78)
Um in einem Pool mit natürlichem Meerwasser zu schwimmen, besucht man am besten diese Institution in Bondi.

4. Die Skyline von Sydney (S. 54)
Sydneys privilegierte Lage an der atemberaubenden Küste von New South Wales macht es zu Australiens am häufigsten fotografierter Stadt.

hinter der lebhaften King Street ist einer der besten in Newton. Ob nun Billard spielende Grufti-Lesben oder hohe Beamte der Stadtverwaltung – hier fühlen sich alle wohl. Während der Spiele der Sydney Swans ist er besonders voll. Auch der Biergarten ist einer der besten in ganz Sydney: groß, geschützt und freundlich, mit gutem Kneipenessen.

★ Young Henry's
BRAUEREI

(Karte S. 76; ☎ 02-9519 0048; www.younghenrys.com; 76 Wilford St, Newtown; ⊗ Mo–Fr 12–19, Sa 10–19, So 11–19 Uhr; ⓡ Newtown) In der Bar der Microbrauerei wird Geselligkeit groß geschrieben und das Bier ist natürlich immer frisch vom Fass. Das ehemalige Lagerhaus ist nun mit Stehtischen, einer lauten Stereoanlage und der Theke mit den Zapfhähnen ausgestattet. Aber auch das Rolltor ist noch vorhanden. Zu essen gibt es normalerweise nichts, doch am Wochenende steht ein Food Truck vor der Tür.

★ Earl's Juke Joint
BAR

(Karte S. 76; www.facebook.com/earlsjukejoint; 407 King St, Newtown; ⊗ 16–24 Uhr; ⓡ Newtown) Die aktuelle In-Bar serviert dem trendigen Newtowner Publikum Craft-Bier und starke Cocktails. Sie verbirgt sich hinter der vergammelten Fassade der Metzgerei, die vor der Bar hier war. Drinnen kommt man sich dann vor wie in New Orleans – die Theke ist so lang wie der Mississippi.

Duck Inn
PUB

(Karte S. 76; ☎ 02-9319 4415; www.theduckinnpubandkitchen.com; 74 Rose St, Chippendale; ⊗ Mo–Sa 11–23, So 11–22 Uhr; ☎; ⍟ 422, 423, 426, ⓡ Redfern) Trotz der unmittelbaren Nähe zur Innenstadt ist Chippendale ein sehr gemütliches, heimeliges Viertel. Der große Pub in einer Seitenstraße legt viel Wert auf gutes Essen und Trinken, ist aber auch eine nette Stammkneipe mit guter Stimmung, gemütlichem Betrieb und einem schönen Biergarten. Das Angebot an Fassbier wechselt ständig, es gibt 18 Weine im offenen Ausschank und eine gute Auswahl an Platten mit Bratenfleisch für mehrere Personen. Vor allem das Entenfleisch ist sehr zu empfehlen.

Corridor
COCKTAILBAR

(Karte S. 76; ☎ 0405 671 002; www.corridorbar.com.au; 153a King St; ⊗ Mo 17–24, Di–Do 16–24, Fr & Sa 15–24, So 15–22 Uhr; ⓡ Macdonaldtown) Die Bar ist nicht ganz so schmal, wie der Name vermuten lässt, viel fehlt dazu aber nicht. Im Untergeschoss werden die guten alten und ein paar neue fruchtige Cocktails serviert,

z. B. den genialen Maracuja-Mojito; es sind aber auch gute Weine im Ausschank. Im Obergeschoss werden interessante Kunstwerke ausgestellt (und verkauft) und es gibt eine kleine Terrasse. Gelegentlich treten abends Bands auf.

Bank Hotel
PUB

(Karte S. 76; ☎ 02-8568 1900; www.bankhotel.com.au; 324 King St; ⊗ Mo–Mi 11–1, Do 11–2, Fr & Sa 11–4, So 11–24 Uhr; ☎; ⓡ Newtown) Der Look mit viel altem Holz ist neu, die Lage direkt an den Gleisen uralt. Am besten sind der große Biergarten mit Schiebedach hinter dem Haus und die Craft-Bier-Bar im Obergeschoss, wo es immer interessante Biere vom Fass gibt. Das Essen besteht vor allem aus mexikanischen Grillgerichten.

Aufgrund der Sperrzeitregelungen im CBD ist das Bank noch populärer geworden, sodass sich freitag- und samstagabends immer lange Schlangen bilden.

Imperial Hotel
SCHWULE & LESBEN

(Karte S. 76; ☎ 02-9516 1766; www.imperialsydney.com.au; 35 Erskineville Rd, Erskineville; Eintritt 15 AU$; ⊗ So, Mi & Do 15–24, Fr & Sa 15–5 Uhr; ⓡ Erskineville) Der Pub im Art-déco-Stil ist der legendäre Ausgangspunkt der Reise von *Priscilla – Königin der Wüste*. Der Hauptraum ist an Samstagabenden sehr beliebt für Fotosessions im Swimmingpool und erste Annäherungsversuche, bevor sich das Geschehen gegen später in den Club im Keller verlagert. Im Kabarett-Raum wird die Erinnerung an die legendäre Priscilla wach gehalten.

🍺 Manly

★ Manly Wharf Hotel
PUB

(Karte S. 80; ☎ 02-9977 1266; www.manlywharfhotel.com.au; East Esplanade, Manly; ⊗ Mo–Fr 11.30–24, Sa 11–24, So 11–22 Uhr; ☎⛵; ⛴ Manly) Der neu renovierte Pub in der Nähe des Fährenlegers hat nun riesige Fenster, durch die man direkt aufs Wasser blickt. Und bei den vielen Sitzplätzen hat man auch eine gute Chance, einen Platz mit Aussicht zu ergattern und den sonnigen Nachmittag mit leckerem Bier zu genießen. Es gibt auch gutes Kneipenessen (Hauptgerichte 16–26 AU$) mit Pizzas, Fish & Chips und saftigen Brathähnchen.

Hotel Steyne
PUB

(Karte S. 80; ☎ 02-9977 4977; www.hotelsteyne.com.au; 75 The Corso, Manly; ⊗ Mo–Sa 9–2, So 9–24; ☎; ⛴ Manly) Der Klassiker von Manly hat für jeden etwas zu bieten und ist so groß, dass man sich darin verlaufen kann. Mit den vielen Bars und Speiseräumen rund um den zentralen Innenhof ist es fast schon ein Dorf, in dem es fast jeden Abend bis spät in die Nacht laut und hoch hergeht. Besonders schön ist die Moonshine-Bar mit Balkon, wo es vor allem Drinks mit Rum zum Blick auf den Strand gibt.

Northern Beaches

Newport PUB
(Newport Arms Hotel; ☑02-9997 4900; www. merivale.com.au/thenewport; cnr Beaconsfield & Kalinya Sts, Newport; ⊙ Mo–Sa 11–24, So 11–23 Uhr; 🛜🅿; 🚌187–190) Der legendäre Pub ist leider nicht am Meer, sondern schaut Richtung Pittwater. So blickt man auf schaukelnde Boote und ruhige Docks. Der wirklich riesige Komplex umfasst endlos weite Außenflächen, mehrere Bars, gutes Essen, Tischtennisplatten und allen möglichen Veranstaltungen. Überdies ist er familienfreundlich, sodass man gut einen ganzen Nachmittag hier verbringen kann.

⭐ Unterhaltung

Auf den ersten Blick scheinen die Einwohner von Sydney oberflächlich und narzistisch zu sein. Doch wer genauer hinsieht, entdeckt eine blühende, kultivierte und fortschrittlich Kunstszene. So ist es auch kein Zufall, dass das Wahrzeichen der Stadt die Oper ist.

Kino

★ Golden Age Cinema & Bar KINO
(Karte S.64; ☑02-9211 1556; www.ourgolden age.com.au; 80 Commonwealth St, Surry Hills; Ticket 20 AU$; ⊙ Mi–Fr 16–24,Sa & So 14.30–24 Uhr; 🚆Central) Die ehemalige Zentrale von Paramount Pictures in Sydney ist heute ein gemütliches kleines Kino mit dem alten Vorführraum im Untergeschoss. Hier werden Lieblingsfilme der Vergangenheit, Arthaus-Klassiker und ein paar Raritäten gezeigt. Außerdem gibt's eine tolle kleine Bar, um den Abend einzuläuten oder ausklingen zu lassen. Oder man geht vorher in das nette Café nebenan.

Moonlight Cinema KINO
(Karte S.75; ☑www.moonlight.com.au; Belvedere Amphitheatre, Ecke Loch Ave & Broome Ave, Centennial Park; Erw./Kind 19/14,50 AU$; ⊙ Dez.–März ab Sonnenuntergang; 🚆Bondi Junction) Zum Open-Air-Kino im herrlichen Centennial Park ge-

hört ein Picknick unbedingt dazu. Der Eingang ist beim Woollahra Gate in der Oxford Street. Gezeigt werden die neuesten Blockbuster, Arthaus-Filme und Klassiker.

OpenAir Cinema KINO
(Karte S.58; www.stgeorgeopenair.com.au; Mrs Macquaries Rd; Ticket 38 AU$; ⊙ Jan. & Feb.; 🚆Circular Quay) Die drei Stockwerke hohe Leinwand steht direkt am Hafen. Ein toller Surround-Sound, der Blick auf den Sonnenuntergang über die Skyline der Stadt sowie feines Essen und Wein machen das Kinoerlebnis komplett. Die meisten Karten gehen im Vorverkauf weg, doch es gibt jeden Abend ab 18.30 Uhr noch Restkarten am Eingang. Weitere Infos auf der Homepage.

Dendy Opera Quays KINO
(Karte S.62; ☑02-9247 3800; www.dendy.com. au; 2 Circular Quay East; Erw. /Kind 20/14 AU$; ⊙Vorführungen 9.30–21.30 Uhr; 🚆Circular Quay) Wer genug vom Blick auf den Hafen und den schreienden Möwen hat, folgt dem Popcorn-Geruch in die dunkle Stille dieses feudalen Kinos. Gezeigt werden die neuesten Independent-Filme aus aller Welt. Das Personal ist freundlich und es gibt eine Kaffeebar.

Klassische Musik

★ Sydney Opera House DARSTELLENDE KÜNSTE
(Karte S.62; ☑02-9250 7777; www.sydneyopera house.com; Bennelong Point; 🚆Circular Quay) Das weltberühmte Glanzstück der darstellenden Künste in ganz Australien hat fünf Hauptbühnen, auf denen vor allem Opern gespielt werden, aber auch große Theater- und Tanzstücke sowie klassische Konzerte. Und auf dem Vorplatz treten sogar bekannte Rockgruppen auf. Die Konzerthalle ist von 2017 bis 2019 für Renovierungsarbeiten geschlossen, was sich auch auf andere Aufführungen auswirken könnte.

★ City Recital Hall KLASSISCHE MUSIK
(Karte S.62; ☑02-8256 2222; www.cityrecital hall.com; 2 Angel Pl; ⊙Kasse Mo–Fr 9–17 Uhr;

ℹ DIE WICHTIGSTEN SEITEN FÜR ONLINE-TICKETS

Moshtix (☑1300 438 849; www.moshtix.com.au)

Ticketek (☑132 849; www.ticketek.com.au)

Ticketmaster (☑136 100; www.ticketmaster.com.au)

Wynyard) Nach dem klassischen Vorbild europäischer Konzertsäle des 19. Jhs. gestaltet, bietet dieser 1200 Zuschauer fassende Saal eine nahezu perfekte Akustik. Hier treten Kammerensembles und Orchester der Spitzenklasse auf, so z. B. Musica Viva, das Australian Brandenburg Orchestra und das Australian Chamber Orchestra.

Tanz

Bangarra Dance Theatre
TANZ

(Karte S. 62; 02-9251 5333; www.bangarra. com.au; Pier 4/5, 15 Hickson Rd; 324, 325, 998, Circular Quay) Die Bangarra Company gilt als bestes Ensemble der Aborigines in Australien. Der künstlerische Direktor Stephen Page bringt eine Mischung aus modernem Tanz, indigenen Traditionen und westlichen Techniken auf die Bühne. Wenn sie nicht gerade in aller Welt unterwegs sind, treten die Tänzer in der Oper oder im kleinen Theater der Gruppe in Walsh Bay auf.

Sydney Dance Company
TANZ

(SDC; Karte S. 62; 02-9221 4811; www.sydney dancecompany.com; Pier 4/5, 15 Hickson Rd; 324, 325, 998, Circular Quay) Die Nummer eins der modernen Tanzes in Australien bringt seit bald 40 Jahren extrem moderne, sexy und teilweise schockierende Inszenierungen auf die Bühne. Die Aufführungen finden in der Regel gegenüber im **Roslyn Packer Theatre** (Karte S. 62; 02-9250 1999; www.roslynpackertheatre.com.au; 22 Hickson Rd; 324, 325, 998) oder in den **Carriageworks** (Karte S. 76; 02-8571 9099; www.car riageworks.com.au; 245 Wilson St, Eveleigh; 10–18 Uhr; Redfern) GRATIS statt.

Livemusik

★ Metro Theatre
LIVEMUSIK

(Karte S. 64; 02-9550 3666; www.metrotheat re.com.au; 624 George St; Town Hall) Das Theater ist ein herrlicher Ort, um einheimische und ausländische Bands in sehr intimer, gemütlicher Atmosphäre zu hören. Die Räume sind gut belüftet und man sieht von allen Plätzen sehr gut auf die Bühne. Neben Musik gibt's auch Comedy, Kabarett und Tanzpartys.

Oxford Art Factory
LIVEMUSIK

(Karte S. 68; 02-9332 3711; www.oxfordartfac tory.com; 38–46 Oxford St, Darlinghurst; Museum) In zwei Räumen, die nach Andy Warhols Atelier in New York gestaltet wurden, finden Partys für Indie-Kids statt. Außerdem gibt's eine Galerie, eine Bar und einen Bühnenraum, in dem Musiker aus aller Welt auftreten oder DJs auflegen. Infos zu Veranstaltungen und Terminen findet man auf der Homepage.

Venue 505
LIVEMUSIK

(Karte S. 72; 0419 294 755; www.venue505. com; 280 Cleveland St, Surry Hills; Mo–Sa ab 18 Uhr; 372, Central) Der kleine, entspannte Club wird von einem Künstler geleitet, der das Veranstaltungsprogramm sehr sorgfältig zusammenstellt. Der Schwerpunkt liegt auf Jazz, Roots, Reggae, Funk, Gypsy und Latino-Musik, die man auf gemütlichen Sofas genießen kann. Die Wandgemälde stammen von einem anderen Künstler aus der Region. Zu essen gibt's Pizza, Pasta und Platten für mehrere Personen.

Newtown Social Club
LIVEMUSIK

(Karte S. 76; 02-9550 3974; www.newtownso cialclub.com; 387 King St, Newtown; Di–Do 9–24, Fr & Sa 12–2, So 12–22 Uhr; ; Newtown) Das legendäre Sandringham Hotel (oder auch „Sando", wo auch Gott einkehrte, wie die einheimische Band The Whitlams singt) hat vielleicht den Namen geändert, ist jedoch mehr denn je der Livemusik verpflichtet. So treten hier neue Bands aus der Region ebenso auf wie die Indie-Größen Gruff Rhys und Stephen Malkmus.

Basement
LIVEMUSIK

(Karte S. 62; 02-9251 2797; www.thebase ment.com.au; 7 Macquarie Pl; Tickets 5–80 AU$; 12–1 Uhr Circular Quay) In dem früher ausschließlich dem Jazz vorbehaltenen Treff treten nun internationale und regionale Musiker aus verschiedenen Musikrichtungen und -stilen auf. Ein „Dinner and Show"-Ticket sichert einem einen Tisch an der Bühne mit viel besserer Sicht als von einem der Stehplätze an der Bar. Die Bar im Obergeschoss ist der richtige Ort, um ein Feierabendbier zu trinken.

Sportveranstaltungen

★ Sydney Cricket Ground
ZUSCHAUERSPORT

(SCG; Karte S. 75; 02-9360 6601; www.sydney cricketground.com.au; Driver Ave, Moore Park; 373-377) In der Cricketsaison (Oktober bis März) finden in dem stattlichen Stadion die spärlich besuchten Cricketspiele der einzelnen Staatenmannschaften (wie den NSW Blues) statt sowie die zumeist ausverkauften fünftägigen internationalen Testspiele, eintägigen Turniere und 20/20 Matches. Im Anschluss an die Cricketsaison übernimmt Australian Rules Football (AFL) das Zepter und das Stadion versinkt im Rot und Weiß der Sydney Swans (www.sydneyswans.com.au).

Bei internationalen Cricketspielen und den Auftritten der Swans herrscht immer eine grandiose Stimmung im Stadion. Eintrittskarten gibt's bei Ticketek (s. S. 111).

Sydney Football Stadium ZUSCHAUERSPORT
(Allianz Stadium; Karte S. 75; ☑ 02-9360 6601; www.sydneycricketground.com.au; Moore Park Rd, Moore Park; 🚌 373-377) Das Stadion trägt jetzt zwar offiziell den Namen einer Versicherung, doch die Namensrechte wechseln ständig und so wird das elegante Stadion mit seinen 45 500 Plätzen auch weiterhin unter seinem ursprünglichen Namen bekannt sein. Es ist nicht nur das Heimstadion des Fußball-Erstligisten Sydney FC (www.sydneyfc.com), sondern auch des Rugby-League-Teams der Sydney Roosters (www.roosters.com.au) und der NSW Waratahs (www.waratahs.com.au), die in der Rugby Union spielen.

Welches Team auch spielt, es ist immer ein lohnendes Spektakel mit lautstarken Anfeuerungen enthusiastischer Fans (besonders frenetisch sind die durchgeknallten Typen im „Hühnerstall" der Roosters). Karten zu allen Spielen gibt's bei Ticketek.

Royal Randwick Racecourse PFERDERENNEN
(Karte S. 58; ☑ 02-9663 8400; www.australian turfclub.com.au; Alison Rd, Randwick; 🚌 339) Der Höhepunkt der Saison auf der berühmtesten Rennbahn von Sydney steigt im April, wenn viele hochklassige Rennen wie das mit 4 Mio. AU$ dotierte Queen Elizabeth Stakes stattfinden. Die Rennen werden in der Regel jeden zweiten Samstag gelaufen. Dann ist ganz Sydney auf den Beinen und genießt einen besonderen Tag. An den Renntagen fahren starten Shuttle-Busse in der Chalmers Street vor dem Bahnhof Central Station.

Theater

⭐ **Belvoir St Theatre** THEATER
(Karte S. 72; ☑ 02-9699 3444; www.belvoir.com. au; 25 Belvoir St, Surry Hills; 🚌 372, 🚈 Central) Das kleine, intime Theater in einer ruhigen Ecke von Surry Hills hat zwei kleine Bühnen und ist die Heimat einer oft experimentellen, aber immer ausgezeichneten Theatergruppe, die sich auf anspruchsvolle australische Stücke spezialisiert hat; teilweise gibt sie auch selbst neue Werke in Auftrag. Ein sehr lebendiger Bestandteil der Theaterszene in Sydney.

Sydney Theatre Company THEATER
(STC; Karte S. 62; ☑ 02-9250 1777; www.sydney theatre.com.au; Pier 4/5, 15 Hickson Rd; ⊘ Theater-

---

ℹ️ **EVENTKALENDER**

Sydney Morning Herald Freitags erscheint die Rubrik Shortlist (auch online unter www.smh.com.au)

What's On Sydney (www.whatson-sydney.com)

What's On City of Sydney (http://whatson.cityofsydney.nsw.gov.au)

Time Out Sydney (www.timeout.com/sydney)

kasse Mo 9–19.30, Di–Fr 9–20.30, Sa 11–20.30, So 2 Std. vor Vorstellungsbeginn; 🚌 324, 325, 998, 🚈 Circular Quay) Die 1978 gegründete Gruppe ist das führende Theaterensemble in Sydney und brachte schon viele, heute weltberühmte australische Schauspieler hervor (vor allem Cate Blanchett, die 2008–2013 auch künstlerische Co-Direktorin war). Spielstätten sind das Wharf Theatre und das Roslyn Packer Theatre. Die Gruppe tritt aber auch in der Oper auf.

Das Wharf Theatre hat eine tolle Bar, die einen Besuch auch ohne Theater lohnt.

🛍️ **Shoppen**

Zahllose Kaufhäuser, Einkaufspassagen, Klamottenläden und Filialen internationaler Ketten machen Sydneys Zentrum zu einem von Australiens belebtesten Shoppingpflastern. Paddington ist traditionell für Kunst und Mode bekannt. Die (Secondhand-)Boutiquen von Newtown und Surry Hills zielen auf Trendsetter und Freunde schräger Klamotten ab. Das Angebot in Double Bay, Mosman und Balmain ist eher für den Besuch bei der Schwiegermutter in spe geeignet. Schnäppchenjäger werden in Chinatown und in den Factory-Outlets von Alexandria fündig.

Die meisten Buch- und Plattenläden der Stadt konzentrieren sich auf Newtown und Glebe. Bondi und Manly sind prima Anlaufstellen, wenn man Surfausrüstung sucht. Gute Antiquitäten gibt's in Woollahra, Surry Hills und Newtown (rund um die St. Peters Station). The Rocks, der Circular Quay und Darling Harbour empfehlen sich für Souvenirs von erlesenen Opalen bis hin zu kitschigen T-Shirts.

Artery KUNST
(Karte S. 68; ☑ 02-9380 8234; www.artery.com. au; 221 Darlinghurst Rd, Darlinghurst; ⊘ Mo–Fr 10–18, Sa & So 10–16 Uhr; 🚈 Kings Cross) 🎨 Mit der

114

ZUSCHAUERSPORT IN SYDNEY

Sydneys Einwohner sind sportverrückt. Stadionbesuche bieten daher eine prima Dosis Lokalkolorit und -kultur.

Rugby League

Wenn's um die **National Rugby League** (NRL; www.nrl.com) geht, sind die Sydneyer echte Fanatiker. Bei den superschnellen und extrem maskulin geprägten Spielen kocht die Stimmung regelmäßig über. Während der Saison (März–Okt.) finden jedes Wochenende Begegnungen in den Stadien der NRL-Teams statt. Höhepunkt ist dabei das stets ausverkaufte Grand Final im ANZ Stadium. Tickets (ab ca. 25 AU$; online unter www.tickets.nrl.com) bekommt man am leichtesten für das Sydney Football Stadium (S. 113), das 45 500 Plätze hat und die Heimat der Sydney Roosters ist.

Rugby Union

Die **Rugby Union** (www.rugby.com.au) ist nicht weniger hart, aber in puncto Image eher ein Ding der Oberschicht und bei Sydneys Einwohnern weniger beliebt. Dennoch erweckt die Rugby Championship (früher Tri-Nations) auch hier immer starke Emotionen. Bei diesem wichtigsten Turnier des Südhalbkugel spielen die Nationalmannschaften Australiens (Wallabies), Neuseelands (All Blacks), Südafrikas (Springboks) und Argentiniens (Pumas) um den Bledisloe Cup. Besonders heiß sind dabei die Matches gegen die All Blacks vom anderen Ende der Tasmansee: Die Erzrivalen der Aussies haben den äußerst symbolträchtigen Cup seit 2002 jedes Jahr gewonnen. Bei der SuperRugby-Meisterschaft messen sich die Waratahs aus NSW mit anderen Teams aus Australien, Neuseeland, Argentinien, Japan und Südafrika. Die meisten großen Union-Spiele finden im **ANZ Stadium** (☎ 02-8765 2300; www.anzstadium.com.au; Olympic Blvd; Führungen Erw./Kind 29/19 AU$; ⊙ Führungen tgl. 11, 13 & 15 Uhr, Dachgerüsttouren Fr–Mi 9 Uhr; ☒ Olympic Park) statt.

Australian Football League (AFL)

Von März bis September tauchen die Sydney Swans den Sydney Cricket Ground (S. 112) und das ANZ Stadium in ihren rot-weißen Pomp. Das zweite AFL-Team der Stadt, die Greater Western Sydney Giants, trägt den Großteil seiner Heimspiele in einem anderen Stadion des Olympiaparks aus. Tickets (ab ca. 25 AU$) gibt's online unter www.afl.com.au.

Fußball

Entgegen der australischen Tradition läuft die Fußballsaison der A-League von Ende August bis Februar und nicht über den tiefsten Winter. 2006 und 2010 wurde der Sydney FC (www.sydneyfc.com) australischer Landesmeister, was den Western Sydney Wanderers bislang noch nicht gelang. Dafür gewann dieser vergleichsweise jüngere Club im Jahr 2014 die noch prestigeträchtigere Asian Champions League. Die Damenmannschaften der beiden Vereine kicken in der W-League, deren Popularität momentan sehr schnell zunimmt.

Cricket

Über den Sommer finden wichtige internationale Testspiele, Tagesturniere und T20-Matches im Sydney Cricket Ground (S. 112) statt. Dort und in anderen Stadien spielt New South Wales jedes Jahr vier Tage lang vor jeweils recht wenigen Zuschauern um den Sheffield-Shield-Pokal des australischen First Class Cricket. Die turbulenten T20-Begegnungen der **Big Bash League** (www.bigbash.com.au) sind dagegen immer sehr stark besucht.

kleinen Galerie betritt man eine faszinierende Welt aus Punkten und Wirbeln. Unter dem Motto „ethisch, zeitgenössisch, erschwinglich" gibt's hier indigene Original-

kunst. Das Angebot reicht von nicht gerahmten Kleingemälden (ab 35 AU$) bis hin zu richtig teuren Großbildern bekannterer Künstler.

Gannon House Gallery KUNST

(Karte S. 62; ☑02-9251 4474; www.gannon housegallery.com; 45 Argyle St; ⊙10–18 Uhr; ⊞ Circular Quay) Die Spezialgalerie für Aborigine-Kunst kauft ihr Angebot direkt von indigenen Künstlern bzw. Gemeinden. Die eindrucksvollen und attraktiven, mitunter modernen Werke stammen teils von Berühmtheiten wie Gloria Petyarre.

Makery KUNSTHANDWERK

(Karte S. 68; ☑0419 606 724; www.work-shop. com.au; 106 Oxford St, Darlinghurst; ⊙Di–Fr 10.30–18.30, Sa 10–17, So 11–16 Uhr; ☐333, 380) ◢ Der große und innovative Eckladen ist immer einen Besuch wert: Diverse einheimische Kunsthandwerker und Designer verkaufen hier ihre Kreationen unter einem Dach. Das tolle Angebot reicht von Schmuck und Kerzen bis hin zu Klamotten.

★Abbey's BÜCHER

(Karte S. 62; ☑02-9264 3111; www.abbeys.com. au; 131 York St; ⊙Mo–Mi & Fr 8.30–18, Do 8.30–20, Sa 9–17, So 10–17 Uhr; ⊞ Town Hall) Der bei Weitem beste Buchladen in Sydneys Zentrum hat viele Stärken: Neben einem guten Sortiment im sozialwissenschaftlichen Bereich gibt's auch super Hilfen zum Erlernen von Fremdsprachen. Prima sind die DVD-Auswahl (u. a. ausländische Filme) und die große Abteilung zu den Genres Science-Fiction und Fantasy.

★Carriageworks Farmers Market MARKT

(Karte S. 76; http://carriageworks.com.au; Carriageworks, 245 Wilson St, Eveleigh; ⊙Sa 8–13 Uhr; ⊞ Redfern) ◢ Eine denkmalgeschützte Reparaturhalle für Züge beherbergt heute Sydneys besten Bauernmarkt. Über 70 Anbieter verkaufen hier u. a. Obst, Gemüse, Fleisch und Seafood aus ganz New South Wales. An den belebten Ständen in geselliger Atmosphäre sind zudem Kaffee und Imbissgerichte zu haben.

★Queen Victoria Building EINKAUFSZENTRUM

(QVB; Karte S. 62; ☑02-9265 6800; www.qvb. com.au; 455 George St; ⊙Mo–Mi, Fr & Sa 9–18, Do 9–21, So 11–17 Uhr; ⊞ Town Hall) Das QVB ist ein Prunkstück der viktorianischen Hochgotik und zweifellos das schönste Einkaufszentrum der Stadt. Fast 200 Läden auf fünf Stockwerken nehmen einen ganzen Block in Beschlag.

★Strand Arcade EINKAUFSZENTRUM

(Karte S. 62; www.strandarcade.com.au; 412 George St; ⊙Mo–Mi & Fr 9–17.30, Do 9–21, Sa 9–16, So 11–16 Uhr; ⊞ Town Hall) Das dreistöckige Strand von 1891 macht dem QVB in puncto Pracht starke Konkurrenz. Neben eigenen Shops von Australiens führenden Designern findet man hier auch Läden mit landestypischem Krimskrams und ein paar altmodische Cafés. Da fällt ein Besuch gern deutlich länger aus als geplant.

★Australian Wine Centre WEIN

(Karte S. 62; ☑02-9247 2755; www.australian winecentre.com; Goldfields House, 1 Alfred St; ⊙So & Mo 10–19, Di–Do & Sa 9.30–20, Fr 9.30–21 Uhr; ⊞ Circular Quay) Dieses Geschäft in einem Kellergeschoss führt viele hochwertige Weine, Biere und Spirituosen aus Australien. Trotz seiner Lage ist es keine Touristenfalle: Auch kleinere Hersteller sind hier anständig vertreten, während die Auswahl an flaschengereiften Premium-Produkten (u. a. Grange-Weine der berühmten Winzerei Penfolds) höchst eindrucksvoll ist. Das Personal spricht mehrere Sprachen und verschickt Käufe bei Bedarf ins Ausland.

Gleebooks BÜCHER

(Karte S. 76; ☑02-9660 2333; www.gleebooks. com.au; 49 Glebe Point Rd, Glebe; ⊙So–Mi 9–19, Do–Sa 9–21 Uhr; ⊞ Glebe) Das Gleebooks zählt zu Sydneys besten Buchläden und punktet u. a. mit sehr sachkundigem Personal. Neben Belletristik aller Art stehen in den Regalen auch viele Titel aus den Themenbereichen Politik und Kunst. Zudem finden hier regelmäßig Autorenlesungen und Buchpremieren statt (aktuelle Termine stehen auf der Website).

Opal Minded SCHMUCK

(Karte S. 62; ☑02-9247 9885; www.opalminded. com; 55 George St; ⊙9–18.30 Uhr; ⊞ Circular Quay) In The Rocks ist das Opal Minded eins von mehreren Juweliergeschäften, die Schmuck aus Australiens berühmtesten Edelsteinen verkaufen. Qualität und Service sind hier vom Feinsten.

Paddington Markets MARKT

(Karte S. 75; ☑02-9331 2923; www.paddington markets.com.au; 395 Oxford St, Paddington; ⊙Sa 10–16 Uhr; ☐333, 380) Nach seiner Gründung in den 1970er-Jahren waberte durch diesen Markt der intensive Geruch von Patschuli. Heute ist er wesentlich stärker mainstreamig und sehr stark besucht, aber immer noch ein lohnendes Ziel. Unter den angebotenen Neu- und Gebrauchtwaren sind z. B. Klamotten, Kunsthandwerk oder Schmuck.

Glebe Markets
MARKT

(Karte S. 76; www.glebemarkets.com.au; Glebe Public School, Ecke Glebe Point Rd & Derby Pl; ☺ Sa 10–16 Uhr; ▣ 431, 433, ▣ Glebe) Auf den Glebe Markets ist immer viel los: Barfüßige Dreadlock-Träger aus Sydneys Zentrum pilgern scharenweise zum besten Markt im Westen der Stadt. In der einladenden, gemeinschaftlichen Atmosphäre einer Hippiekommune kann man hier prima nach Kunsthandwerk und Designerwaren stöbern.

The Rocks Markets
MARKT

(Karte S. 62; www.therocks.com; George St; ☺ Fr 9–15, Sa & So 10–17 Uhr; ▣ Circular Quay) Der große Wochenendmarkt ist recht touristisch, aber dennoch eine gute Quelle für Souvenirs: Hier gibt's u. a. klasse Kunsthandwerk, während sich der Koala-Kitsch in Grenzen hält. Die Standreihe unter einem langen weißen Zeltdach schlängelt sich vom oberen Teil der George St bis zur Argyle St, wo dann Imbissverkäufer auf Kunden warten.

Noch mehr Köstlichkeiten bietet der Foodies Market am Freitag.

Bondi Markets
MARKT

(Karte S. 82; www.bondimarkets.com.au; Bondi Beach Public School, Campbell Pde, Bondi Beach; ☺ Sa 9–13, So 10–16 Uhr; ▣ 380–382) Wenn Bondis Kinder samstags am Strand sind, wird ihre Schule zum Bauernmarkt. Und am Sonntag stöbern viele einheimische Szenetypen hier z. B. nach gebrauchten Batikklamotten, Secondhand-Designermode, Büchern, Perlen, Ohrringen, therapeutischen Duftölen, Kerzen oder alten Schallplatten.

Paddy's Markets
MARKT

(Karte S. 64; www.paddysmarkets.com.au; 9–13 Hay St; ☺ Mi–So 10–18 Uhr; ▣ Paddy's Markets, ▣ Central) Der gigantische Markt mit rund 1000 Ständen lässt Kapitalisten vor Ehrfurcht erschaudern und ist quasi Sydneys Pendant zum Großen Basar in Istanbul. Statt Wasserpfeifen und Teppichen gibt's hier aber z. B. Handyhüllen, Eminem-T-Shirts, billige Turnschuhe oder ärmellose Trikots mit dem Logo von Victoria Bitter.

Red Eye Records
MUSIK

(Karte S. 62; ☎ 02-9267 7440; www.redeye.com. au; 143 York St; ☺ Mo–Mi, Fr & Sa 9–18, Do 9–21, So 10–17 Uhr; ▣ Town Hall) Partner von Musikfreaks sollten diese keinesfalls in diesen Laden hinunterlassen! Denn andernfalls drohen gewaltige Verzögerungen im Reiseablauf: In den Regalen stapelt sich eine unwiderstehliche Auswahl an neuen, klassischen, raren und sammelwürdigen LPs bzw. CDs. Auch Musik-DVDs, Bücher, Poster und krasse T-Shirts von Rockbands sind zu bekommen.

Westfield Sydney
MALL

(Karte S. 62; www.westfield.com.au/sydney; 188 Pitt St Mall; ☺ Mo–Mi, Fr & Sa 9.30–18.30, Do 9.30–21, So 10–18 Uhr; ▣ St James) Die glamouröseste Shoppingmall der Stadt ist ein verwirrend großer Komplex, der den Sydney Tower und ein gutes Stück der Pitt St Mall verschlingt. Der Food Court im 5. Stock ist einer der besten in Sydney.

ⓘ Praktische Informationen

MEDIZINISCHE VERSORGUNG

Kings Cross Clinic (☎ 02-9358 3066; www. kingscrossclinic.com.au; 13 Springfield Ave, Kings Cross; ☺ Mo–Fr 9–13 & 14.30–18, Sa 10–13 Uhr; ▣ Kings Cross) Allgemein- und reisemedizinische Behandlungen.

Royal Prince Alfred Hospital (RPA; ☎ 02-9515 6111; www.slhd.nsw.gov.au/rpa; Missenden Rd, Camperdown; ▣ 412)

St. Vincent's Hospital (☎ 02-8382 1111; www. svhs.org.au; 390 Victoria St, Darlinghurst; ▣ Kings Cross)

NOTFALL

Die Notrufnummer ☎ 000 gilt einheitlich für Polizei, Feuerwehr und Rettungsdienst.

POST

Australia Post (☎ 13 76 78; www.auspost.com. au) Filialen in ganz Sydney.

TOURISTENINFORMATION

City Host Information Kiosk (Karte S. 62; www.cityofsydney.nsw.gov.au; Ecke Pitt & Alfred St; ☺ 9–17 Uhr; ▣ Circular Quay)

City Host Information Kiosk (Karte S. 64; www.cityofsydney.nsw.gov.au; Dixon St; ☺ 11–17 Uhr; ▣ Town Hall) Unter einem Pagodendach im Herzen von Chinatown.

City Host Information Kiosk (Karte S. 68; www.cityofsydney.nsw.gov.au; Ecke Darlinghurst Rd & Springfield Ave, Kings Cross; ☺ 9–17 Uhr; ▣ Kings Cross)

Hello Manly (Karte S. 80; ☎ 02-9976 1430; www.hellomanly.com.au; East Esplanade, Manly; ☺ Mo–Fr 9–17, Sa & So 10–16 Uhr; ▣ Manly) Das hilfreiche Zentrum in Manly liegt gleich außerhalb vom Fährhafen am Busbahnhof. Gratisbroschüren informieren hier über den **Manly Scenic Walkway** (S. 79) und andere Attraktionen vor Ort. Das Personal liefert auch viele Details zu Lokalbussen und kann diverse geführte Touren (u. a. 20-minütige Kurzspaziergänge durch Manly für 5 AU$) buchen.

Parramatta Heritage & Visitor Information Centre (☑ 02-8839 3311; www.discoverparramatta.com; 346a Church St, Parramatta; ☺ 9–17 Uhr; ⓡ Parramatta) Das kompetente Personal hilft Besuchern mit vielen Broschüren und Infos (u. a. speziell für Reisende mit Handicap oder zu Aborigine-Kulturstätten in Sydney). Zudem leitet es kostenlose Stadtspaziergänge (Di & Fr; telefonisch reservieren).

Sydney Visitor Centre (Karte S. 62; ☑ 02-8273 0000; www.sydney.com; Ecke Argyle & Playfair St; ☺ 9.30–17.30 Uhr; ⓡ Circular Quay) Mitten in The Rocks. Hier gibt's viele Broschüren sowie einen Buchungsservice für Unterkünfte, geführte Touren und Sehenswürdigkeiten.

Sydney Visitor Centre (Karte S. 64; ☑ 02-8273 0000; www.sydney.com; 33 Wheat Rd, Darling Harbour; ☺ 9.30–17.30 Uhr; ⓡ Town Hall) Zahlreiche Broschüren, Veranstaltungstipps und Buchungsservice für Unterkünfte, geführte Touren und Sehenswürdigkeiten.

❶ An- & Weiterreise

BUS

Alle Fernbusse benutzen das **Sydney Coach Terminal** (Karte S. 72; ☑ 02-9281 9366; www.sydneycoachterminal.com.au; Eddy Ave; ☺ 8–18 Uhr, Sommer 6–18 Uhr; ⓡ Central) unterhalb der Central Station. Dieses verfügt über Internetterminals, eine Gepäckaufbewahrung (Nutzungsdauer max. 1 Tag) und einen Buchungsschalter für geführte Touren. Entlang der Eddy Ave geht's von hier aus zu Fuß zum Bahnhof für die Vorstadtzüge; wer stattdessen der Pitt St zur Linken folgt, erreicht den großen Stadtbusbahnhof am Railway Sq.

Firefly (☑ 1300 730 740; www.fireflyexpress.com.au) Fährt von Sydney nach Melbourne und von dort aus weiter nach Adelaide.

Greyhound (☑ 1300 473 946; www.greyhound.com.au) Größtes landesweites Liniennetz.

Murrays (☑ 13 22 51; www.murrays.com.au) Verbindet Canberra mit Sydney und der South Coast.

Port Stephens Coaches (☑ 02-4982 2940; www.pscoaches.com.au) Reisebusse nach Newcastle und Nelson Bay.

Premier Motor Service (☑ 133 410; www.premierms.com.au) Cairns–Eden (über Brisbane, die Gold Coast und Sydney).

FLUGZEUG

Die allermeisten Besucher landen 10 km südlich der Innenstadt auf dem **Sydney Airport** (S. 558), Australiens betriebsamstem Luftkreuz. Er wickelt internationale Flüge (z. B. von/nach Asien, Ozeanien, Nordamerika oder Europa mit Zwischenstopp) wie auch inneraustralische Verbindungen ab. Die separaten Terminals für Auslandsflüge (T1) und Inlandsflüge (T2, T3) liegen 4 km voneinander entfernt auf beiden Seiten des Rollfelds.

Fluglinien

Virgin Australia (☑ 13 67 89; www.virginaustralia.com), **Qantas** (☑ 13 13 13; www.qantas.com.au), **Tigerair** (☑ 1300 174 266; https://tigerair.com.au) und die Qantas-Billigtochter **Jetstar** (☑ 131 538; www.jetstar.com) fliegt regelmäßig in andere australische Großstädte. **Regional Express** (REX; ☑ 13 17 13; www.rex.com.au), **AirLink** (☑ 02-6884 2435; www.airlinkairlines.com.au) und **FlyPelican** (☑ 02-4965 0111; www.flypelican.com.au) steuern kleinere Inlandsziele an.

Infos zu internationalen Flügen gibt's unter www.sydneyairport.com.au (auf „Flight Information" klicken).

ZUG

Von der Central Station fahren Züge gen Norden bis nach Brisbane (13½ Std.) und südwärts bis nach Melbourne (11½ Std.).

NSW TrainLink (☑ 13 22 32; www.nswtrainlink.info) Die staatliche Bahngesellschaft von New South Wales verbindet Sydney mit Canberra, Melbourne, Griffith, Broken Hill, Dubbo, Moree, Armidale und Brisbane.

Sydney Trains (☑ 13 15 00; www.sydneytrains.info) Betreibt Sydneys Regionalbahnnetz, das auch Linien zu den Blue Mountains und zur South bzw. Central Coast umfasst.

❶ Unterwegs vor Ort

AUTO & MOTORRAD

Wer kann, sollte im Zentrum von Sydney das Auto meiden: Es gibt ein verwirrendes Einbahnstraßensystem, Parkplätze sind selten und teuer (sogar bei Hotels), und es gibt jede Menge Parkscheinkontrolleure, Mautstraßen und Abschleppzonen. Andererseits ist ein Auto praktisch, um Sydneys Außenbezirke (insbesondere die Strände) erreichen zu können und Tagesausflüge zu unternehmen.

Mieten

Die Mietwagenpreise hängen von Saison und Nachfrage ab. Unbedingt auch das Kleingedruckte des Vertrags immer sorgsam und vollständig durchlesen, um über alle Bestimmungen (z. B. Mindestalter von Fahrern, Versicherungsumfang, Nutzungsbeschränkungen) genau im Bilde zu sein!

Kleinwagen für ein paar Tage gibt's mitunter schon für ca. 25 AU$ pro Tag.

Die großen internationalen Vermieter sind am Flughafen und in der Stadt vertreten (dort vor allem im Bereich der William St, Darlinghurst). Auch australische Firmen mischen in dem umgekämpften Markt mit.

Für Leihmotorräder empfiehlt sich **Bikescape** (☑ 02-8123 0917; www.bikescape.com.au; Ecke Parramatta Rd & Young St, Annandale; geführte Touren ab 195 AU$; ☒ Stanmore).

Autovermieter:

Ace Rentals (☑ 02-9222 2595; www.acerental cars.com.au)

Avis (☑ 02-9246 4600; www.avis.com.au; 200 William St, Woolloomooloo; ☺ 7.30–18 Uhr; ☒ Kings Cross)

Bayswater Car Rental (☑ 02-9360 3622; www.bayswatercarrental.com.au; 180 William St, Woolloomooloo; ☺ Mo–Fr 7–18.30, Sa 8–15.30, So 9–15.30 Uhr; ☒ Kings Cross)

Budget (☑ 02-8255 9600; www.budget.com. au; 93 William St, Darlinghurst; ☺ Mo–Fr 7.30–17.45, Sa & So 7.30–15.45 Uhr; ☒ Kings Cross)

Europcar (☑ 02-8255 9050; www.europcar. com.au)

Hertz (☑ 02-9360 6621; www.hertz.com.au; 65 William St, Darlinghurst; ☺ Mo–Fr 7.30–17.30, Sa & So 8–13 Uhr; ☒ St. James)

Jucy Rentals (☑ 1800 150 850; www.jucy. com.au)

Thrifty (☑ 02-8374 6177; www.thrifty.com.au; 85 William St, Darlinghurst; ☺ Mo–Fr 7.30–17.30, Sa & So 7.30–11.30 Uhr; ☒ Kings Cross)

Kaufen

Sydney Travellers Car Market (☑ 02-9331 4361; www.sydneytravellerscarmarket.com. au; Level 2, Kings Cross Car Park, Ward Ave, Kings Cross; ☺ Mo–Sa 10–17 Uhr; ☒ Kings Cross) Der Automarkt speziell für Reisende

ist praktisch, um Fahrzeuge für Überlandtrips durch Australien zu kaufen bzw. nach der Tour wieder zu verkaufen. Er befindet sich auf einem Parkplatz.

Mautpflichtige Straßen

Auf den meisten Autobahnen und an wichtigen Verbindungen (u. a. Harbour Bridge, Harbour Tunnel, Cross City Tunnel und Eastern Distributor) wird eine deftige Maut verlangt. Diese wird elektronisch eingezogen. Traveller müssen sich dafür eine elektronische Marke (eTag) oder einen Besucherpass über eine der folgenden Websites besorgen: www.roam.com.au, www. roamexpress.com.au www.tollpay.com.au oder www.myetoll.com.au. Die meisten Autovermieter können auch eTags bereitstellen.

VOM/ZUM FLUGHAFEN

Bus

Stadtbusse vom/zum Flughafen bedienen lediglich die Linie 400 zwischen Burwood und Bondi Junction (55 Min., ca. alle 20 Min.).

Shuttle

Airportshuttles fahren zu den Hotels und Hostels im Stadtzentrum, manche auch zu den umliegenden Vor- und Strandorten. Zu den Anbietern gehören: **KST Airporter** (☑ 02-8339 0155; www.kst.com.au; Flughafen nach CBD Erw./Kind 17/12 AU$); **Airport Shuttle North** (☑ 02-9997 7767; www.asntransfers.com; nach Manly 41/51/61 AU$ für 1/2/3 Pers.); **Manly Express** (☑ 02-8068 8473; www.manlyexpress.com.au; Flughafen nach Manly 30/55/65 AU$ für 1/2/3 Pers.).

DIE OPAL CARD

Für Sydneys Nahverkehrsmittel gibt's nun ein Smartcard-System: die Opal Card (www. opal.com.au).

In der ganzen Stadt ist die Opal Card gratis bei vielen Zeitungshändlern oder in Gemischtwarenläden erhältlich und kann dort auch mit Guthaben (min. 10 AU$) aufgeladen werden. Die Karte muss vor Fahrtantritt aktiviert bzw. eingebucht (touch-on) und nach Fahrtende deaktiviert bzw. ausgebucht werden (touch-off). Dabei wird der Fahrtpreis automatisch vom Guthaben abgezogen. Die elektronischen Lesegeräte fürs Ein- und Ausbuchen findet in Bussen und Stadtbahnen in Türnähe sowie an Bahnhofseingängen und Fähranlegern. Bei Nutzung verschiedener Nahverkehrsmittel und/oder ab einer bestimmten Anzahl von Fahrten pro Woche wird's billiger. Pro Tag bezahlt man maximal 15 AU$ (Sa & So max. 2,50 AU$). Die Opal Card funktioniert auch an Sydneys Flughafenbahnhöfen, wobei die Rabatte hier nicht greifen.

Zudem sind weiterhin gedruckte Tickets für Einzelfahrten (Opal Single Trip Tickets) direkt bei den Stadtbusfahrern oder an Automaten an Bahnhöfen, Fähranlegern und Stadtbahnhaltestellen erhältlich. Diese sind allerdings deutlich teurer. Wenn man sich also sicher ist, dass man die 10 AU$ Mindestguthaben garantiert verbraucht, sollte man besser gleich die elektronische Variante wählen.

Die Child/Youth Opal Card bringt 50 % Rabatt für Kinder zwischen vier und 15 Jahren. Die vergünstigten Optionen für Studenten und Senioren müssen jeweils online beantragt werden.

Taxi

Taxis fahren vom Flughafen z. B. zum Stadtzentrum (ca. 45–55 AU$), nach North Sydney (55–65 AU$) und nach Manly (90–100 AU$).

Zug

Züge von **Airport Link** (www.airportlink.com.au; Erw./Kind 13,40/12 AU$, jeweils zzgl. normaler Ticketpreis; ⊙ 5–23.45 Uhr, Fr & Sa abends länger) verbinden das Auslandsterminal und die beiden Inlandsterminals mit Sydneys Hauptbahnnetz. Diese Option ist zwar praktisch und schnell (Abfahrt alle 10 Min., nur 13 Min. bis zur Central Station), aber aufgrund des Flughafenzuschlags auch sehr teuer – Gruppen fahren mit Taxis günstiger. Billigste Möglichkeit: Per Stadtbus vom Flughafen zur Rockdale Station (Linie 400, 12 Min.) und von dort weiter mit einem normalen Regionalzug zur Central Station (15 Min.).

ÖFFENTLICHE VERKEHRSMITTEL

Die Einwohner von Sydney jammern gern über ihren ÖPNV, doch als Besucher stellt man fest, dass man leicht damit zurechtkommt. Rückgrat des Netzes sind die Züge, deren Linien von der Central Station ausstrahlen. Fähren fahren kreuz und quer über den Sydney Harbour und den Fluss hinauf bis Parramatta, die Straßenbahnen (Light-Rail) sind nützlich für Pyrmont und Glebe und die Busse bieten sich vor allem für Fahrten zu den Stränden an.

Die staatliche Gesellschaft **Transport NSW** (☑ 131 500; www.transportnsw.info) betreibt Busse, Fähren, Züge und Straßenbahnen. Auf der Website gibt's einen praktischen Routenplaner.

Die sehr nützliche App TripView erleichtert die Reiseplanung mit Infos in Echtzeit.

Bus

Das große Stadtbusnetz von **Sydney Buses** (☑ 131 500; www.sydneybuses.info) wird nach der normalen Betriebszeit (ca. 5–24 Uhr) durch seltener verkehrende NightRide-Nachtlinien ergänzt.

Busse mit der Kennzeichnung X (Expresslinien) oder L (normale Linien) halten an weniger Haltestellen.

Zu den Stadtbusbahnhöfen im Zentrum zählen Wynyard Park (an der Wynyard Station), Railway Square (an der Central Station), QVB (nahe der Town Hall Station) und Circular Quay (am gleichnamigen Bahnhof bzw. Fährterminal).

Wer bei Busfahrten die Opal Card (s. Kasten S. 118) nutzt, muss diese unverzüglich nach dem Einsteigen am Lesegerät aktivieren bzw. einbuchen (touch-on). Vorsicht: Wer das Deaktivieren bzw. Ausbuchen (touch-off) beim Aussteigen vergisst, bezahlt automatisch den Maximalbetrag!

Fähre

Die meisten Fähren von **Sydney Ferries** (Karte S. 62; ☑ 131 500; www.transportnsw.info) verkehren zwischen 6 und 24 Uhr. Die normale Einzelfahrt (Opal Card) zu den meisten Zielen am Harbour kostet 5,74 AU$; Fahrten nach Manly, zum Sydney Olympic Park und nach Parramatta kosten 7,18 AU$.

Die privaten Schnellfähren von **Manly Fast Ferry** (☑ 02-9583 1199; www.manlyfastferry.com.au; Einzelfahrt außerhalb der Stoßzeit/Stoßzeit Erw./Kind 9/6 AU$) sausen vom Circular Quay in 18 Minuten nach Manly.

Straßenbahn (Light Rail)

➔ Die Straßenbahnlinie Central Station–Dulwich Hill stoppt an den Haltestellen Chinatown, Darling Harbour, The Star Casino, Sydney Fish Market, Glebe und Leichhardt.

➔ Einzelfahrten kosten mit der Opal Card 2,10 AU$ (Kurzstrecke) bzw. 3,50 AU$ (längere Route).

➔ Ab 2019 soll eine zweite Linie vom Circular Quay quer durch das Zentrum entlang der verkehrsberuhigten George St zur Central Station und von dort aus ostwärts bis nach Kingsford führen (durch Surry Hills sowie vorbei am SCG und Sydney Football Stadium). Eine Nebenstrecke wird dabei Anschluss nach Randwick bieten.

Zug

Das große Vorortzugnetz von **Sydney Trains** (S. 117) hat eine recht hohe Taktfrequenz, deckt aber die nördlichen und östlichen Strände nicht ab.

Nach dem Ende der Betriebszeit (Mo–Fr ca. 5–24 Uhr, Sa & So etwas länger; kann je nach Linie variieren) werden die Züge von NightRide-Nachtbussen abgelöst. Als Knotenpunkte dienen die Town Hall und Central Station.

Während der Hauptverkehrszeiten (Mo–Fr 7–9 & 16–18.30 Uhr) sind Fahrten mit Vorortzügen deutlich teurer.

Die einfache Kurzstrecke per Opal Card kostet 3,38 (Hauptverkehrszeit) bzw. 2,36 AU$ (Nebenverkehrszeit).

TAXI

In der Innenstadt und den inneren Vororten lassen sich Taxis überall leicht auf der Straße heranwinken (nur während der Schichtwechsel um 15 und 3 Uhr wird dies schwierig).

Gebührenzähler und standardisierte Tarife garantieren, dass alle Taxifirmen dasselbe verlangen (Startpreis: 3,60 AU$, zzgl. 2,50 AU$ Nachtzuschlag am Wochenende zw. 22 & 6 Uhr; Kilometerpreis 2,19 AU$, zzgl. 20 % Nachtzuschlag tgl. zw. 22 & 6 Uhr; Reservierungsgebühr 2,50 AU$).

Die Mitfahr-App Uber ist auch in Sydney äußerst populär. Alternativen wie GoCatch kombinieren Mitfahrgelegenheiten mit normalen Taxibuchungen (was in betriebsamen Abendstunden mitunter sehr praktisch sein kann).

Große Taxiunternehmen:

Legion Cabs (☑ 13 14 51; www.legioncabs. com.au)

Premier Cabs (☑ 13 10 17; www.premiercabs. com.au)

RSL Cabs (☑ 02-9581 1111; www.rslcabs.com. au)

Silver Service (☑ 133 100; www.silverservice. com.au)

Taxis Combined (☑ 133 300; www.taxiscombined.com.au)

WASSERTAXI

Schnelle Wassertaxis fahren über den ganzen Sydney Harbour (z. B. vom Circular Quay nach Watsons Bay in nur 15 Min.). Die Preise berechnen sich je nach Distanz. Start- und Zielpunkte sind auf dem Harbour oder dem Fluss frei wählbar; möglich sind z. B. Privatstege, Inseln, andere Boote. Die Websites der Betreiber haben Tarifrechner. Ab drei Passagieren aufwärts wird das Preis-Leistungs-Verhältnis deutlich besser.

Fantasea Yellow Water Taxis (Karte S. 66; ☑ 1800 326 822; www.yellowwatertaxis.com.au; Cockle Bay Wharf; ⊙ 7.30–22 Uhr, ansonsten Reservierung erforderl.) Der jeweilige Festpreis für maximal vier Personen erhöht sich pro weiterer Person um 10 AU$. Ab der King Street Wharf werden z. B. Manly (195 AU$), Cockatoo Island (100 AU$) und Watsons Bay (135 AU$) bedient. Sammelwassertaxis der Firma schippern zu näher gelegenen Zielen wie dem Taronga Zoo (30 AU$), Fish Market (25 AU$), Fort Denison (25 AU$) oder Luna Park (15 AU$).

RUND UM SYDNEY

Blue Mountains

Die atemberaubend schönen Blue Mountains zählen zum Weltnaturerbe der UNESCO und sind ein Highlight Australiens. Der schieferblaue Dunst, dem die Berge ihren Namen verdanken, stammt von dem feinen Ölnebel, den die riesigen Eukalyptusbäume ausscheiden. Diese bilden ein dichtes Blätterdach über einer Landschaft aus tiefen, oft unzugänglichen Tälern und wie gemeißelt wirkenden Sandsteinfelsen.

Die Ausläufer der Berge beginnen 65 km landeinwärts von Sydney und steigen dann zu einem 1100 m hohen Sandsteinplateau an, das von Tälern durchzogen ist, die durch Erosion entstanden sind. In der Region gibt es acht zusammenhängende Schutzgebiete,

mit fantastischen Landschaften, ausgezeichneten Wandermöglichkeiten, Felsritzungen der Aborigines und Schluchten und Klippen in Hülle und Fülle.

Es ist zwar möglich, die Blue Mountains von Sydney aus im Rahmen eines Tagesausflugs zu besuchen, man sollte aber besser eine Übernachtung einplanen (oder länger). So kann man die Ortschaften erkunden, mindestens eine Wanderung unternehmen und das eine oder andere der ausgezeichneten Restaurants kennenlernen. In den Hügeln kann es das ganze Jahr über verhältnismäßig kühl sein, daher unbedingt warme Kleidung mitbringen!

🏃 Aktivitäten

Die Blue Mountains sind bei Radfahrern sehr beliebt. Viele Besucher fahren mit ihren Drahteseln per Zug nach Woodford und radeln dann bergab nach Glenbrook (2–3 Std.). Routenkarten sind bei regionalen Visitor Centres erhältlich.

Blue Mountains Adventure Company ABENTEUERTOUR (☑ 02-4782 1271; www.bmac.com.au; 84a Bathurst Rd; Abseilen ab 150 AU$, Canyoning 230 AU$, Buschwandern ab 30 AU$) Gegenüber vom Bahnhof Katoomba. Angeboten werden Abseilen, Canyoning (auch kombiniert), Buschwandern und Klettern.

River Deep Mountain High ABENTEUERTOUR (☑ 02-4782 6109; www.rdmh.com.au; Abseilen 165–230 AU$, Canyoning 230 AU$) 🍃 Die professionelle Firma achtet penibel auf Komfort und Sicherheit. Neben Abseilen und Canyoning (auch kombiniert) organisiert sie u. a. auch diverse Wander- und MTB-Touren.

🧭 Geführte Touren

Blue Mountains Explorer Bus BUSTOUR (☑ 1300 300 915; www.explorerbus.com.au; 283 Bathurst Rd; Erw./Kind 44/22 AU$; ⊙ Abfahrt 9.45–16.45 Uhr) Diese Bustouren sind deutlich besser als großstädtische Standardversionen und zudem praktisch, um die beliebtesten Attraktionen der Blue Mountains nacheinander abzuklappern. Bei der Rundfahrt von Katoomba nach Leura kann man unterwegs beliebig aus- und zusteigen. Ein anderer Trip führt zu den Wentworth Falls. Im Angebot sind auch Pauschalpakete mit Eintritt zu mehreren Sehenswürdigkeiten. Die Busse mit unterhaltsamem Bordkommentar starten alle 30 bis 60 Minuten am Bahnhof Katoomba.

Trolley Tours BUSTOUR

(📞 02-4782 7999; www.trolleytours.com.au; 76 Bathurst St; Erw./Kind 25/15 AU$) Gegenüber vom Bahnhof Katoomba gibt's hier u.a. Rundfahrten mit 29 Zwischenstationen in Katoomba und Leura. Abgeklappert werden sie von *trolleys*, Bussen im Look von Oldtimer-Straßenbahn. Unterwegs kann man beliebig aus- und wieder zusteigen. Die Firma bietet auch Ausflüge zu den Jenolan Caves (S. 127) und verschiedene Pauschalpakete an.

⭐🎪 Feste & Events

Yulefest WINTERFEST

(www.yulefest.com) An dem Winterfest zwischen Juni und August beteiligen sich Hotels und Restaurants in der ganzen Region. Dabei geht's ziemlich weihnachtlich zu; auf Schnee und Rentiere muss man in diesem Teil Australiens allerdings verzichten.

🛏 Schlafen

In den Blue Mountains gibt's gute Unterkünfte. Im Winter und fürs Wochenende sollten Zimmer jedoch rechtzeitig reserviert werden. Das grüne Leura hat den höchsten Romantikfaktor, Blackheath eignet sich gut für Wanderer. Katoomba ist dichter besiedelt, hat aber hervorragende Hostels.

Die organisierten Campingplätze der Region werden durch (mitunter kostenlose) Zeltmöglichkeiten im Buschland der Parks ergänzt. Ein Gesamtverzeichnis ist bei den hiesigen Touristeninformationen erhältlich.

ℹ Praktische Informationen

Umfassende Informationen zu den Nationalparks (inkl. Wandern & Campen) liefert das **NPWS Visitors Centre** in **Blackheath** (S. 127), das rund 2,5 km abseits des Great Western Hwy und etwa 10 km nördlich von Katoomba liegt.

Weitere Touristeninformationen am Great Western Hwy findet man in **Glenbrook** (📞 1300 653 408; www.bluemountainscitytourism.com. au; Great Western Hwy; ⊗ Mo–Sa 8.30–16, So 8.30–15 Uhr; 🖥) und beim Echo Point in **Katoomba** (S. 124). Beide Büros warten mit vielen Infos sowie einem Buchungsservice für Unterkünfte, geführte Touren und Sehenswürdigkeiten auf.

ℹ An- & Weiterreise

Ab der Central Station in Sydney fahren **Züge** (📞 13 15 00; www.sydneytrains.info) stündlich nach Katoomba (8,30 AU$ mit Opal Card, 2 Std.). Davor und dahinter passiert der Regionalzug weitere Ortschaften in den Blue Mountains.

Wer mit dem Auto in die Blue Mountains fährt, verlässt Sydney über die Parramatta Rd. In Strathfield wechselt man dann auf die mautfreie M4, die westlich von Penrith zum Great Western Hwy wird und einen zu allen Ortschaften der Blue Mountains bringt. Die Fahrt aus dem Stadtzentrum von Sydney hinaus nach Katoomba dauert ungefähr eineinhalb Stunden. Eine malerische Ausweichstrecke ist die Bells Line of Road.

ℹ Unterwegs vor Ort

Blue Mountains Bus (📞 02-4751 1077; www. bmbc.com.au) betreibt ein paar wenige Regionallinien. Von einer Ortschaft zur nächsten geht's aber oft am leichtesten per Zug. Katoombas und Leuras Hauptattraktionen lassen sich zwar bequem mit „Hop-on, hop-off"-Bussen zweier konkurrierender Firmen besuchen, den Großteil der dortigen Sehenswürdigkeiten kann man aber auch recht stressfrei zu Fuß abklappern.

Wentworth Falls

Wentworth Falls vermittelt den ersten echten Eindruck von der Landschaft der Blue Mountains: Von hier aus schweift der Blick gen Süden über das majestätische Jamison Valley hinweg. Im eigentlichen Ort lädt die Hauptstraße zu einem netten kurzen Bummel ein.

👁 Sehenswertes

Wentworth Falls Reserve WASSERFALL, PARK

(Falls Rd; 🚉 Wentworth Falls) Der Ort ist benannt nach diesem Wasserfall, dessen Gischt 300 m tief über eine Steilkante zu Tal stürzt. Von hier aus führen mehrere Wanderwege in das herrliche Valley of the Waters mit Wasserfällen, Schluchten und (Regen-)Wäldern hinein. Unbedingt auch zum Princes Rock marschieren (hin & zurück 1 km): Dort wartet eine herrliche Aussicht auf die Wentworth Falls und das Jamison Valley. Vom Bahnhof Wentworth Falls auf der anderen Seite des Highways sind es 2,5 km bis zum Schutzgebiet.

🍴 Essen

Nineteen23 MODERN-AUSTRALISCH $$$

(📞 0488 361 923; www.nineteen23.com.au; 1 Lake St; Hauptgerichte 30–40 AU$; ⊗ Do & Fr 18–22, Sa & So 12–15 & 18–22 Uhr; 🖥📞) Das elegante Restaurant stellt sein Ambiente aus den 1920er-Jahren selbstbewusst zur Schau. Viele glückliche Liebespaare blicken sich hier

SYDNEY & CENTRAL COAST BLUE MOUNTAINS

Blue Mountains

bei einem ausgedehnten Essen tief in die Augen. Die Gerichte sind nicht sonderlich experimentell, aber prima zubereitet und sehr aromatisch. Zum Lokal gehören auch ein nobles B & B und Unterkünfte für Selbstversorger.

Leura

Die hübscheste Ortschaft der Blue Mountains prunkt mit gepflegten Gärten und breiten viktorianischen Veranden an hügeligen Straßen. Die von Bäumen gesäumte Hauptstraße, die Leura Mall, empfängt den täglichen Touristenstrom mit ländlichen Kunst-

handwerksläden und Cafés. Der Nachbarort Katoomba liegt etwas weiter oben in den Bergen.

⊙ Sehenswertes

★ Sublime Point   AUSSICHTSPUNKT

(Sublime Point Rd) Der kantige, dreieckige Felsen südöstlich von Leura verjüngt sich zu einem spektakulären Aussichtspunkt am Rand senkrechter Steilwände. Hier geht's weitaus ruhiger zu als am berühmteren Echo Point in Katoomba. An Sonnentagen tänzeln Wolkenschatten über das weite blaue Tal in der Tiefe.

Blue Mountains

**Leuralla NSW Toy &
Railway Museum** MUSEUM, GARTEN
(☑ 02-4784 1169; www.toyandrailwaymuseum.com.
au; 36 Olympian Pde; Erw./Kind 15/5 AU$, Eintritt
nur zum Garten 10/5 AU$; ◉10–17 Uhr) Die be-
eindruckende Art-déco-Villa war früher der
Wohnsitz von Herbert Vere „Doc" Evatt, dem
dritten Präsidenten der UN-Generalver-
sammlung. Das Haus ist vollgestopft mit einer unglaublichen Menge an Sammlerstü-
cken – von muffigen edwardianischen
Babypuppen über *Dr.-Who*-Figuren bis hin
zu seltenem Nazi-Propaganda-Spielzeug. Ei-
senbahnmemorabilia stehen verstreut in
dem hübschen Garten.

🛏 Schlafen

⭐ Greens of Leura B&B $$
(☑ 02-4784 3241; www.thegreensleura.com.au;
24–26 Grose St; Zi. 175–220 AU$; P ⊝ 🛜) An ei-
ner ruhigen Parallelstraße zur Mall wartet
dieses hübsche, rund 100 Jahre alte Haus in
einem attraktiven Garten mit echter Gastfreundschaft auf. Die fünf Zimmer sind nach
britischen Literaten benannt und individuell eingerichtet, teils mit Himmelbetten und
eigenen Whirlpools. Der tolle Aufenthaltsbereich grenzt an einen Innenhof. Der Über-
nachtungspreis beinhaltet das Frühstück
sowie den Nachmittagstee mit Sekt und anderen Köstlichkeiten.

⭐ Broomelea B&B $$
(☑ 02-4784 2940; www.broomelea.com.au; 273
Leura Mall; Zi. 175–225 AU$; P ⊝ @ 🛜) Das un-
gemein romantische B & B in einem schmucken edwardianischen Haus punktet mit
fröhlichem Empfang, Himmelbetten, einem
schönen Garten, einer tollen Veranda, einem
offenen Kamin, einem behaglichen Aufenthaltsbereich und vielen weiteren Extras.
Auch ein Selbstversorger-Cottage für Famili-
en kann gemietet werden. Zwei Mindestübernachtungen am Wochenende.

🍴 Essen & Ausgehen

Leura Garage MEDITERRAN $$
(☑ 02-4784 3391; www.leuragarage.com.au; 84
Railway Pde; Gerichte 15–29 AU$; ◉12–mind. 21
Uhr; 🛜) Aufgehängte Auspufftöpfe und Alt-
reifenstapel zeugen zweifelsfrei davon, dass
die hippe Cafébar früher eine Autowerkstatt
war. Abends gibt's hier rustikale Gemein-
schaftsgerichte (u. a. leckere Pizzas), die auf
Holzbrettern serviert werden.

Silk's Brasserie MODERN-AUSTRALISCH $$$
(☑ 02-4784 2534; www.silksleura.com; 128 Leura
Mall; 2-/3-gängiges Abendmenü Mo–Fr 59/69 AU$,
Sa & So 65/75 AU$; ◉12–15 & 18–22 Uhr) Leuras
alteingesessenes Spitzenrestaurant bereitet
Gästen einen herzlichen Empfang. Trotz des
modernen kulinarischen Ansatzes ist es im

ABSTECHER

BELLS LINE OF ROAD

Der Straßenabschnitt zwischen North Richmond und Lithgow ist die malerischste Route durch die Blue Mountains und sehr zu empfehlen, wenn man mit einem Mietauto unterwegs ist. Die Straße ist weit ruhiger als der Highway und bietet wunderbare Aussichten.

Bilpin, am Fuß der Berge, ist für seine Apfelhaine bekannt. In der Bezirkshalle findet jeden Samstag von 10 bis 12 Uhr der Bilpin-Markt statt.

Auf halber Strecke zwischen Bilpin und Bell liegt der **Blue Mountains Botanic Garden Mount Tomah** (☑ 02-4567 3000; www.rbgsyd.nsw.gov.au; ☉ Mo–Fr 9–17.30, Sa & So 9.30–17.30 Uhr) ⬤ GRATIS, eine Filiale der Royal Botanic Gardens in Sydney für Pflanzen aus kühl-gemäßigtem Klima. Hier wachsen dicht an dicht einheimische und exotische Arten, darunter prachtvolle Rhododendren.

Aus dem Stadtzentrum von Sydney erreicht man die Bells Line über die Harbour Bridge und dann die M2 und M7 (beide mautpflichtig). Man nimmt die Ausfahrt zur Richmond Rd, die dann zur Blacktown Rd, zur Lennox Rd und (nach einem kurzen Knick) zur Kurrajong Rd und schließlich zur Bells Line of Road wird.

Grunde eine Brasserie, die Herzhaftes in üppigen Portionen serviert. Das Ambiente – u. a. Bodenfliesen mit Schachbrettmuster und Wände in Pergamenttönen – wirkt komfortabel, einladend und recht zwanglos. Unbedingt auch eines der dekadenten Desserts bestellen!

Alexandra Hotel PUB
(☑ 02-4782 4422; www.alexandrahotel.com.au; 62 Great Western Hwy; ☉ So–Do 10–22, Fr & Sa 10–24 Uhr; ☏) An der Hauptstraße wartet diese Perle von einem Oldtimer-Pub mit jeder Menge Charakter auf. Hier kann man Poolbillard mit Einheimischen spielen, DJs oder Livebands lauschen (Wochenende) und überdurchschnittlich gutes Kneipenessen vertilgen.

Katoomba

Extraterrestrisch anmutende Nebelschwaden, traumhafter Talblick und Art-déco-Gebäude an steilen Straßen, dazu ein schräger Mix aus Restaurants, Straßenmusikern, Künstlern, urigen Pubs und vornehmen Hotels – Katoomba ist unkonventionell und bürgerlich, herzlich und distanziert. Die größte Ortschaft der Blue Mountains hat zudem prima Unterkünfte und ist eine praktische Ausgangsbasis bzw. Zwischenstation – vor allem für Traveller, die einen kleinen Geldbeutel haben oder mit öffentlichen Verkehrsmitteln unterwegs sind.

◉ Sehenswertes & Aktivitäten

★**Echo Point** AUSSICHTSPUNKT
(Echo Point Rd) Die Aussichtplattform oben auf einem Felsen bietet einen magischen Blick auf die beliebteste Attraktion der Region: die drei Felsnadeln der **Three Sisters**. Doch die Popularität verlangt ihren Tribut: Oft trüben schnatternde Scharen von Touristen die Idylle, während Tourbusse im Leerlauf die Bergluft verpesten. Wer sich daran stört, besucht den Echo Point daher am besten frühmorgens oder spätabends. Zudem ist es ratsam, ein paar Straßen weiter weg zu parken, da die Parkplätze ziemlich teuer sind. Vor Ort gibt's auch eine Touristeninformation (S. 126).

Scenic World SEILBAHN
(☑ 02-4780 0200; www.scenicworld.com.au; Ecke Violet St & Cliff Dr; Erw./Kind 39/21 AU$; ☉ 9–17 Uhr) Die seit Langem beliebte Seilbahn mit sensationeller Aussicht ist die touristischste Attraktion der Blue Mountains. In der Skyway-Gondel mit Glasboden geht's zuerst quer über die Schlucht. Anschließend transportiert einen die Scenic Railway – angeblich die steilste Bergbahn der Welt – über Hänge mit 52° Neigung hinunter zur Talsohle des Jamison Valley. Dort kann man auf einem Bohlenweg (2,5 km) durch den Wald spazieren oder zur Felsformation Ruined Castle wandern (hin & zurück 12 km, 6 Std.). Zum Schluss geht's dann per Seilbahn wieder nach oben.

Bus 686 sowie alle Rundfahrtbusse halten am Echo Point und an der Scenic World. Alternativ führt vom Echo Point ein recht netter Fußmarsch (nur 2,5 km) hierher.

Waradah Aboriginal Centre KULTURZENTRUM
(☑ 02-4782 1979; www.waradahaboriginalcentre. com.au; 33-37 Echo Point Rd; Vorstellung Erw./Kind 12/7 AU$; ☉ 9–17 Uhr) Diese Galerie mit Laden zeigt neben Touristenkram wie angemalten

Bumerangs und Didgeridoos auch einige außergewöhnliche Beispiele von Aborigine-Kunst. Die Hauptattraktion sind jedoch die ganztägig stattfindenden 15-minütigen Vorstellungen, die eine interessante wie humorvolle Einführung in die indigene Kultur vermitteln.

★ **Golden Stairs Walk**   WANDERN & TREKKEN
(Glenraphael Dr) Besucher mit eigenem Auto wandern am besten entlang des Golden Stairs Walk zur berühmten Felsformation Ruined Castle auf der Talsohle hinunter: Im Vergleich zur Route ab der Scenic World (S. 124) ist auf diesem steilen, aber malerischen Pfad (hin & zurück ca. 8 km, 5 Std.) weitaus weniger los. Unbedingt genügend Getränke mitnehmen!

Anfahrt ab der Scenic World: dem Cliff Dr weiter folgen (1 km), dann nach links in den Glenraphael Dr einbiegen (dieser wird schon bald zur unbefestigten Holperpiste!). Nach ein paar Kilometern kommen schließlich links die Wegweiser zum Startpunkt der Golden Stairs in Sicht.

🛏 **Schlafen**

No 14   HOSTEL $
(☏ 02-4782 7104; www.no14.com.au; 14 Lovel St; B 28 AU$, Zi. mit/ohne Bad 79/69 AU$; ⊖ @ 🛜) Das kleine Hostel mit freundlicher Atmosphäre, bunter Bettwäsche und hilfsbereitem Management ähnelt einem fröhlichen WG-Haus. Da es hier kein TV gibt, unterhalten sich die meisten Gäste wirklich miteinander. Auf der Veranda kann man prima relaxen. Der Preis beinhaltet ein einfaches Frühstück.

Flying Fox   HOSTEL $
(☏ 02-4782 4226; www.theflyingfox.com.au; 190 Bathurst Rd; Stellplatz 21 AU$/Pers., B Zi. 82–84 AU$; P ⊖ 🛜) 🌿 Dank der reisebegeisterten Inhaber wirkt dieses Hostel wie ein reizendes Zuhause in der Fremde. Statt Partys gibt's hier nur Glühwein und TimTams im Aufenthaltsbereich, im Preis enthaltenes Frühstück und einen wöchentlichen Nudelabend. Übernachtet wird in geräumigen Schlafsälen mit hohen Decken oder in netten Privatzimmern mit fairem Preis-Leistungs-Verhältnis. Im Garten mit schöner Aussicht kann man auch zelten.

★ **Blue Mountains YHA**   HOSTEL $$
(☏ 02-4782 1416; www.yha.com.au; 207 Katoomba St; B 32–37 AU$; DZ mit/ohne Bad 134/119 AU$; P ⊖ @ 🛜) Hinter der nüchternen Back-steinfassade des beliebten Hostels (200 Betten) verbergen sich komfortable Schlafsäle und Familienzimmer, die mit viel Tageslicht und tadelloser Sauberkeit punkten. Zu den Einrichtungen gehören ein Aufenthaltsbereich mit offenem Kamin, ein Pooltisch, eine super Gemeinschaftsküche und eine Freilufterterrasse mit Grill. Das Personal bucht Aktivitäten und geführte Touren. HI-Mitglieder erhalten Rabatt.

Lurline House   B&B $$
(☏ 02-4782 4609; www.lurlinehouse.com.au; 122 Lurline St; Zi. 160–200 AU$; P ⊖ ❄ 🛜) Das große und hervorragend geführte B&B im Federation-Stil hat dazu passende Zimmer mit Himmelsbetten und dunklen Holzmöbeln. Manche der feschen und geräumigen Quartiere besitzen auch eigene Whirlpools. Im Aufenthaltsbereich stehen gratis Getränke und Obst bereit. Trotz der geschniegelten Zimmer herrscht hier eine fröhliche und entspannte Atmosphäre. Das eindrucksvolle Frühstück wird in einer offenen Küche serviert.

Lilianfels   HOTEL $$$
(☏ 02-4780 1200; www.lilianfels.com.au; 5–19 Lilianfels Ave; Zi. 330–525 AU$; P ⊖ ❄ @ 🛜 ♿ 🐕) In nächster Nähe zum Echo Point liegt dieses Luxusresort mit herrlicher Aussicht und dem besten Restaurant der Region (Darley's; dreigängiges Abendessen 125 AU$, Di-So). Ein Spa, ein beheiztes Hallenbad mit Außenbecken, ein Tennisplatz, ein Spielezimmer mit Billardtisch, eine Bibliothek und ein Fitnessraum sorgen dafür, dass keine Langeweile aufkommt. Von den 85 Zimmern mit verschiedenen Standards schaut man mitunter wunderschön auf die Umgebung. Das Dekor ist klassisch-vornehm.

🍴 **Essen**

True to the Bean   CAFÉ $
(☏ 0438 396 761; www.facebook.com/truetothe bean; 123 Katoomba St; Waffeln 3–6 AU$; ⊙ Mo-Sa 6.30–16, So 8–16 Uhr; 🛜 ♿) In Form dieser winzigen Espressobar hat es Sydneys Faible für sortenreinen Kaffee nun auch nach Katoomba geschafft. An der Hauptstraße gibt's hier auch ein kleines, aber feines Speisenangebot (z. B. Birchermüsli, Bratkartoffeln, Waffeln) und traditionelle Milchshakes in ungewöhnlichen Geschmacksrichtungen.

Station Bar & Woodfired Pizza   PIZZA $$
(☏ 02-4782 4782; www.stationbar.com.au; 287 Bathurst Rd; Pizzas 18–26 AU$; ⊙ 12–24 Uhr; 🛜) Das

NICHT VERSÄUMEN

BUSHWALKING IN DEN BLUE MOUNTAINS

Tipps zu Wanderstrecken, die dem eigenen Erfahrungsschatz und Fitness-Niveau entsprechen, erhält man im Blue Mountains Heritage Centre (S. 127) des Nationalparks in Blackheath sowie bei den Informationszentren in Glenbrook (S. 121) und Katoomba. Die drei Zentren verkaufen diverse Wanderkarten und Broschüren und Bücher rund ums Wandern.

Achtung: Die Wildnis hier ist dicht und man kann sich leicht verlaufen – es haben sich sogar schon Todesfälle ereignet. Man sollte stets seinen Namen mit Angabe der geplanten Wanderung bei der Polizei in Katoomba oder im Nationalpark-Zentrum hinterlassen. Bei der Polizei, dem Nationalpark und den Informationszentren erhält man kostenlos persönliche Ortungsgeräte. Insbesondere bei längeren Wanderungen sollte man sie unbedingt mitnehmen. Unverzichtbar sind außerdem reichlich Verpflegung und ein großer Vorrat an sauberem Trinkwasser.

Die beiden beliebtesten Gebiete für Buschwanderungen sind das Jamison Valley südlich von Katoomba sowie das Grose Valley nordöstlich von Katoomba und östlich von Blackheath. Die beliebtesten Wanderwege sind der Golden Stairs Walk und der Grand Canyon Walk.

Eine der lohnendsten Fernwanderungen ist der 45 km lange und drei Tage dauernde Six Foot Track von Katoomba durch das Megalong Valley zum Cox's River und weiter zu den Jenolan Caves. Entlang der Strecke gibt es Campingmöglichkeiten.

fetzige und sehr sympathische Lokal direkt neben dem Bahnhof beglückt Einheimische wie Touristen mit drei Dingen: Craft-Bier, Pizza und Livemusik. Auf der Karte stehen außer den leckeren und mit unkonventionellen Zutaten belegten Pizzas nur noch ein paar Salate. Im kleinen Hof an den Gleisen kann man im Sommer ein Bierchen in netter Gesellschaft schlürfen.

ℹ Praktische Informationen

Echo Point Visitors Centre (☏1300 653 408; www.bluemountainscitytourism.com.au; Echo Point; ⊙9–17 Uhr) Großes Zentrum mit engagiertem Personal und Souvenirshop.

Blackheath

Rund 10 km nördlich von Katoomba liegt Blackheath, wo weitaus weniger Touristentrubel und Kommerz herrschen. Das hübsche und wunderschön gelegene Nest ist eine super Ausgangsbasis für Trips ins Grose Valley oder Megalong Valley. In der Umgebung warten ein paar tolle Aussichtspunkte und Wanderrouten.

◉ Sehenswertes & Aktivitäten

Evans Lookout AUSSICHTSPUNKT
(Evans Lookout Rd) Am Highway in Blackheath weisen Schilder den Weg zu diesem großartigen Aussichtspunkt (4 km), einem der malerischsten in den Blue Mountains: Sandsteinfelsen fallen hier steil zu einem Tal mit

einer Schlucht ab. Am Evans Lookout beginnt auch die Buschwanderung durch den majestätischen Grand Canyon (die vielleicht beste Halbtagsroute der ganzen Gegend).

⭐ **Grand Canyon Walk** WANDERN & TREKKEN
(Evans Lookout Rd) Der spektakuläre Rundwanderweg (5 km, ca. 3 Std.) führt vom Evans Lookout steil hinunter in das Tal. Dort folgt er dem dramatischen „Grand Canyon" und erreicht 1,5 km vor dem Aussichtspunkt wieder die oben liegende Straße. Ab- und Aufstieg sind recht anstrengend; die Route zählt jedoch zu den schattigeren der Gegend.

🛏 Schlafen

⭐ **Glenella Guesthouse** PENSION $$
(☏02-4787 8352; www.glenella.com.au; 56 Govetts Leap Rd; Zi. 140–195 AU$, FZ 230–270 AU$; P❄♨🐾) Das großartige Glenella ist seit 1912 eine Pension und wird heute sehr professionell von einem jungen britischen Paar geleitet. Dank dessen Engagement fühlt man sich hier gleich zu Hause. Das Haus hat sieben komfortable Zimmer und einen attraktiven Aufenthaltsbereich. Das hervorragende, im Preis enthaltene Frühstück wird in einem wunderbaren Speiseraum serviert. Die hübsche historische Einrichtung umfasst u. a. Deckenstuck und Bleilampen.

Die Inhaber betreiben auch das **Sports Bunkhouse** (☏02-4787 6688; www.sportsbunkhouse.com.au; 60 Govetts Leap Rd; B/EZ/DZ/2BZ 35/60/75/80 AU$; P🐾♨) hinter dem Haus.

Jemby-Rinjah Eco Lodge
HÜTTEN **$$**

(☑ 02-4787 7622; www.jemby.com.au; 336 Evans Lookout Rd; Hütte 225–265 AU$; P ⊖ 🕾) ✆ Die attraktiven, rustikalen Öko-Hütten mit Holzverschalung sind nahe dem Evans Lookout so tief zwischen Eukalyptusbäumen und Zylinderputzern versteckt, dass sich Gäste in einem extrem abgelegenen Buschgebiet wähnen: Die einzigen Geräusche, die man hört, sind Blätterrauschen und Vogelgezwitscher. Die Quartiere haben jeweils ein oder zwei Schlafzimmer und eine Kochecke mit Geschirr. In der teuersten Variante gibt's einen japanischen Whirlpool.

🍴 Essen

Vesta
BISTRO **$$$**

(☑ 02-4787 6899; www.vestablackheath.com.au; 33 Govetts Leap Rd; Hauptgerichte 29–38 AU$; ⊗ Mi–Fr 17–22, Sa & So 12.30–15 & 17–22 Uhr, Sommer Mi geschl.; ✆) In den Blue Mountains wird's mitunter ganz schön kalt. Zusammen mit gesprächigen Einheimischen kann man sich jedoch im Vesta prima aufwärmen: Im hinteren Bereich knistert Brennholz in einem 100 Jahre alten Bäckereiofen. Auf der Karte stehen herzhafte Braten von regionalen Freilandrindern, Gemeinschaftsteller mit selbst gemachten Fleischwaren und australische Flaschenweine.

Ashcrofts
MODERN-AUSTRALISCH **$$$**

(☑ 02-4787 8297; www.ashcrofts.com; 18 Govetts Leap Rd; Hauptgerichte abends 37–40 AU$, mittags 20–23 AU$; ⊗ Do 18–22, Fr 11.30–14.30 & 18–22, Sa & So 8–14.30 & 18–22 Uhr) Das renommierte Restaurant mit seinem zauberhaft behaglichen Speiseraum ist bei Besuchern der Blue Mountains seit Langem beliebt. Die saisonalen Köstlichkeiten auf der kleinen, aber feinen Karte kombinieren Einfallsreichtum mit reichhaltigen Aromen. Das Wochenendfrühstück ist sehr empfehlenswert.

ℹ️ Praktische Informationen

Blue Mountains Heritage Centre (☑ 02-4787 8877; www.nationalparks.nsw.gov.au; ⊗ 9–16.30 Uhr) Hilfreiches, offizielles NPWS-Infozentrum mit Details zu Wanderrouten und Nationalparks und einer kleinen Galerie. Liegt nahe dem Aussichtspunkt Govetts Leap am Ende der Govetts Leap Rd.

Rund um Blackheath

Die **Jenolan Caves** (☑ 02-6359 3911; www.jenolancaves.org.au; Jenolan Caves Rd, Jenolan; Erw./Kind ab 35/24 AU$; ⊗ Führungen 9–17 Uhr) aus Kalkstein liegen weitab der anderen Attraktionen der Blue Mountains. Das riesige Höhlensystem zählt weltweit zu den größten, komplexesten und am besten zugänglichen en seiner Art; bis heute ist es noch nicht ganz erforscht. Einige der Grotten können per Führung besichtigt werden.

Bei den indigenen Gundungurra trugen die 400 Mio. Jahre alten Höhlen den Namen Binoomea (dunkle Orte). Sie wurden 1813 erstmals von europäischen Forschern erkundet und stehen seit 1866 unter Schutz.

CENTRAL COAST

Das Verkehrs- und Dienstleistungszentrum Gosford ist der größte Küstenort zwischen Sydney und Newcastle. Das ruhige Avoca nebenan hat einen netten Strand und ein altes Kino. In Terrigal warten ein belebtes Stadtzentrum, diverse Spitzenrestaurants und eine schöne Strandsichel mit guter Brandung. Mehrere seenartige Salzwasserlagunen (darunter der tiefe und idyllische Lake Macquarie) säumen die Küste nordwärts zwischen Bateau Bay und Newcastle.

👁 Sehenswertes

Bouddi National Park
NATIONALPARK

(☑ 02-4320 4200; www.nationalparks.nsw.gov.au; 8 AU$/Fahrzeug) In dem spektakulären Park führen kurze Wanderwege zu einsamen Stränden und dramatischen Aussichtspunkten mit Blick auf die alljährlich vorbeiziehenden Wale (Juni–Nov.). Am Little, Putty und Tallow Beach gibt's jeweils Campingplätze (Stellplatz für 2 Pers. 24–33 AU$; Reservierung erforderl.). Sauberes Trinkwasser steht aber nur am Putty Beach zur Verfügung.

Australian Reptile Park
ZOO

(☑ 02-4340 1022; www.reptilepark.com.au; Pacific Hwy, Somersby; Erw./Kind 35/19 AU$; ⊗ 9–17 Uhr) Besucher bewundern hier Koalas und Pythons aus nächster Nähe, schauen beim Füttern einer Galapagos-Riesenschildkröte zu und beobachten, wie Australische Trichternetzspinnen „gemolken" werden, um so Gegengift zu gewinnen. Die speziellen Führungen für Kinder sind super. Am M1 Pacific Motorway weisen Schilder den Weg zum Zoo; alternativ ein Taxi ab dem Bahnhof Gosford nehmen.

Brisbane Water National Park
NATIONALPARK

(☑ 02-4320 4200; www.nationalparks.nsw.gov.au; Woy Woy Rd, Kariong; Zufahrt zu den Picknickplätzen an den Girrakool & Somersby Falls 8 AU$/Fahrzeug) Rund 9 km südwestlich von Gosford erstreckt sich dieser Park entlang des Hawkesbury River. Trotz seines Namens ist er hauptsächlich von Sandsteinfelsen und Wäldern geprägt (das „Brisbane Water" bezieht sich lediglich auf einen kleinen Uferbereich). Berühmt ist der Park für viele Wildblumen im Frühling und für Felsreliefs der indigenen Guringai. Besonders eindrucksvoll ist die Bulgandry Aboriginal Engraving Site, die 3 km südlich des Pacific Hwy an der Woy Woy Rd liegt. Das hübsche Dorf Pearl Beach am südöstlichen Parkrand ist bei Urlaubern aus Sydney sehr beliebt.

🛏 Schlafen

Entlang der Küste gibt's viele Ferienwohnungen, Hotels und Motels, in den Nationalparks rustikale Campingmöglichkeiten.

🍴 Essen

Woy Woy Fishermen's Wharf　　SEAFOOD $$
(📞02-4341 1171; www.woywoyfishermenswharf.com.au; The Boulevarde, Woy Woy; Restaurant Hauptgerichte 18–30 AU$; ⊙ Takeaway So–Mi 11–16, Do–Sa 11–19 Uhr, Restaurant Mo–Mi 8–11 & 12–15, Do–Sa 8–11 & 12–20.30, So 12–15 Uhr)🍴 Nur ein paar Minuten vom Bahnhof entfernt serviert die Familie Cregan ihre hervorragenden Fish & Chips seit 1974 – auch zum Mitnehmen und Genießen im Park, wo Pelikane täglich um 15 Uhr gefüttert werden. Alternativ speist man vor Ort im feschen Restaurant mit Uferterrasse und Blick auf die Mangroven. Es gibt hier auch einen guten Fischladen.

Pearls on the Beach　　MODERN-AUSTRALISCH $$$
(📞02-4342 4400; www.pearlsonthebeach.com.au; 1 Tourmaline Ave, Pearl Beach; Hauptgerichte 41 AU$; ⊙ Do–So 12–14.30 & 18–22 Uhr) Das renommierte Restaurant ist in einem weiß verputzten Cottage direkt am Sand des idyllischen kleinen Pearl Beach untergebracht. Im komfortablen Ambiente gibt's hier Gemeinschaftsteller mit schlichten, aromatischen Köstlichkeiten der modernen australischen Küche. Unbedingt auch eines der verführerischen Desserts probieren! Das Lokal hat im Januar länger und im Winter kürzer geöffnet.

ℹ Praktische Informationen

Central Coast Visitor Centre (📞02-4343 4444; www.visitcentralcoast.com.au; 52 The Avenue, Kariong; ⊙ Mo–Fr 9–17, Sa 9.30–15.30, So 10–14 Uhr)

ℹ An- & Weiterreise

Ab Sydney führt der M1 Pacific Motorway nordwärts in Richtung Newcastle; über diverse Ausfahrten gelangt man zur Central Coast. Die Alternative ist ein kurviger Küstentrip.

Die regelmäßig zwischen Sydney und Newcastle verkehrenden Züge der Central Coast & Newcastle Line halten in Gosford (jeweils Erw./Kind 8,30/4,15 AU$, 1½ Std.). Bedient werden zudem Woy Woy und andere Bahnhöfe an der Central Coast. Die Züge stoppen auch in Wondabyne im Brisbane Water National Park, sofern man den Lokführer über die Sprechanlage informiert (immer nur im letzten Waggon möglich).

Zwischen den Küstenorten und Stränden pendeln Lokalbusse von **Busways** (📞02-4368 2277; www.busways.com.au) und **Redbus** (📞02-4332 8655; www.redbus.com.au).

HUNTER VALLEY

Durch dieses grüne Tal zieht sich ein Netz aus schmalen Sträßchen. Doch die meisten Besucher haben keine nette Landpartie im Sinn, sondern pure Dekadenz. Denn „The Hunter" ist ein einziges Schlemmerparadies mit Spitzenweinen, Gourmetrestaurants, Boutique-Brauereien, Schokolade, Käse und Oliven – Bacchus würde jubeln.

Die Weingüter der Region sind erfrischend bodenständig und heißen auch önologische Laien willkommen. Fast alle davon bieten kostenlose oder günstige Verkostungen in ihren Kellern an.

Das Hunter Valley ist im Sommer glühend heiß und daher – wie sein Syrah – in den kühleren Monaten am erbaulichsten.

⊙ Sehenswertes

Die Attraktionen des Tals findet man hauptsächlich zwischen dem New England Hwy im Norden und der Wollombi/Maitland Rd im Süden. Die meisten Winzereien und Restaurants konzentrieren sich auf Pokolbin. Mehr Ruhe und spektakulärere Aussichten bieten die Weingüter rund um Broke und Singleton im Nordwesten.

Lake's Folly　　WEINGUT
(📞02-4998 7507; www.lakesfolly.com.au; 2416 Broke Rd, Pokolbin; Weinprobe 5 AU$, verrechenbar; ⊙ 10–16 Uhr) Hier empfehlen sich vor allem der gefeierte Cuvée mit Cabernet-Anteil und der Chardonnay (jeweils vor Ort angebaut, gekeltert und abgefüllt). Die Weine werden nur in kleinen Mengen produziert und sind oft recht schnell ausverkauft. Daher ist der Keller jedes Jahr vier bis sechs

Hunter Valley

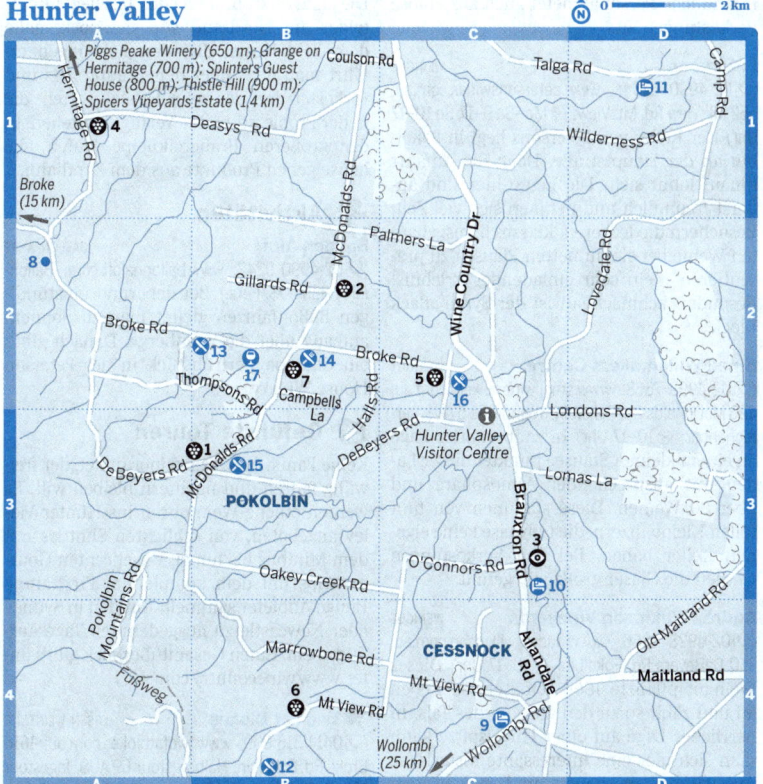

N 0 ———————— 2 km

Piggs Peake Winery (650 m); Grange on Hermitage (700 m); Splinters Guest House (800 m); Thistle Hill (900 m); Spicers Vineyards Estate (1,4 km)

Coulson Rd
Talga Rd
Camp Rd
Hermitage Rd
Deasys Rd
Wilderness Rd
Broke (15 km)
McDonalds Rd
Palmers La
Wine Country Dr
Lovedale Rd
Gillards Rd
Broke Rd
Thompsons Rd
Broke Rd
Campbells La
Halls Rd
DeBeyers Rd
Hunter Valley Visitor Centre
Londons Rd
De Beyers Rd
McDonalds Rd
Lomas La
POKOLBIN
Branxton Rd
Oakey Creek Rd
O'Connors Rd
Marrowbone Rd
CESSNOCK
Pokolbin Mountains Rd
Fußweg
Mt View Rd
Mt View Rd
Allandale Rd
Old Maitland Rd
Maitland Rd
Wollombi (25 km)
Wollombi Rd

Hunter Valley

Monate lang geschlossen (meist ab Mitte Dez.). Vorher anrufen.

First Creek Wines WEINGUT
(📞02-4998 7293; www.firstcreekwines.com.au; 600 McDonalds Rd, Pokolbin; ⏰Mo–Sa 9.30–17, So 9.30–16 Uhr) Das interessante Weingut in sehr zentraler Lage produziert elegante Weine, die sich auch für eine langjährige Lagerung eignen. Die hervorragend komponierten Tropfen haben ein super Preis-Leistungs-Verhältnis. Das ungemein

freundliche Personal bietet auch kostenlose Verkostungen an.

Petersons
WEINGUT

(☑ 02-4990 1704; www.petersonswines.com.au; 552 Mt. View Rd, Mt. View; ⏱ Mo–Sa 9–17, So 10–17 Uhr) Der Keller von Petersons liegt in Pokolbin an der Hauptstraße. Doch die Anfahrt hinauf lohnt sich: Die Leute hier sind äußerst freundlich und nehmen sich viel Zeit, Besuchern die leckeren, klassisch ausgebauten Weine bei einem netten Plausch zu präsentieren – ein sehr einladendes Erlebnis! Besonders schmackhaft ist der Syrah „Back Block".

Small Winemakers Centre
WEINGUT

(☑ 02-4998 7668; www.smallwinemakers.com.au; 426 McDonalds Rd, Pokolbin; Weinprobe 5 AU$, verrechenbar; ⏱ 10–17 Uhr) In zauberhafter Lage an einem kleinen Stausee punktet dieser Laden mit ansprechender Atmosphäre und über 30 Weinen. Diese stammen von fünf tollen Kleinwinzern, die teilweise keine eigenen Keller haben. Bei den Verkostungen werden die Gläser großzügig gefüllt.

Audrey Wilkinson Vineyard
WEINGUT

(☑ 02-4998 1866; www.audreywilkinson.com.au; 750 DeBeyers Rd, Pokolbin; ⏱ 10–17 Uhr) Dieses Weingut pflanzte 1866 seine ersten Reben an und zählt so zu den ältesten des Tals. In herrlicher Lage auf einer Hügelspitze kann man sich hier eine interessante historische Ausstellung anschauen und bei weitem Blick auf die Umgebung picknicken. Bei den Weinproben lassen sich viele verschiedene Tropfen verkosten (je nach Kategorie gratis bzw. für 5 oder 10 AU$). In Cottages kann übernachtet werden (Wochenende 500–850 AU$).

Piggs Peake Winery
WEINGUT

(☑ 02-6574 7000; www.piggspeake.com; 697 Hermitage Rd, Pokolbin; ⏱ 10–17 Uhr) Dieses Weingut ist stolz auf seine alternativen Keltermethoden und mischt die Weinwelt mit ihren limitierten Abfüllungen (nicht im Holzfass gereift) gerade kräftig auf. Die Namen der Weine sind scherzhafte Wortspiele mit Bezug zu *pigs* (Schweinen). Empfehlenswert sind z. B. der proseccoartige Prosciutto oder der günstige Swill für lediglich 10 AU$ pro Flasche.

Hunter Beer Co
MIKROBRAUEREI

(Potters Resort; ☑ 02-4991 7922; www.hunterbeer co.com; Wine Country Dr, Nulkaba; Führung 10 AU$; ⏱ 10–17 Uhr, Führungen tgl. 16, Sa & So auch 12 Uhr)

Die erste Mikrobrauerei des Tals liegt unmittelbar am Nordrand von Cessnock, nahe dem YHA-Hostel. Bei den Führungen erfährt man alles über den Brauprozess und verkostet drei der zehn Fassbiersorten, die in der Probierstube zur Verfügung stehen. In der größeren Brauereikneipe laufen alle hauseigenen Produkte aus dem Zapfhahn.

🏃 Aktivitäten

Balloon Aloft
BALLONFAHRT

(☑ 02-4990 9242; www.balloonaloft.com; Ballonfahrt 339 AU$/Pers.) Bei den rund einstündigen Ballonfahrten gleitet man zu Sonnenaufgang über die Weinberge. Danach gibt's ein Champagnerfrühstück in der Peterson House Winery.

👉 Geführte Touren

Keine Panik, falls sich keiner findet, der freiwillig fahren und nüchtern bleiben will: Es werden etliche Weintouren ins Hunter Valley angeboten, von schlichten Shuttles mit dem Minibus bis hin zu waschechten Gourmettrips mit dem komplettem Programm. Einige Anbieter sammeln Kunden in Sydney oder Newcastle zu ausgedehnten Tagesausflügen ein. Einen Gesamtüberblick gibt's unter www.winecountry.com.au.

⭐ Two Fat Blokes
ESSEN, WEINTOUR

(☑ 0414 316 859; www.twofatblokes.com.au; 1616 Broke Rd, Pokolbin; Halbtagstour 69 AU$, Tagestour 165–249 AU$) Die tollen und fetzigen Gourmettouren erkunden die Region sehr ausgiebig. Sie besuchen mehrere hervorragende Weingüter, bieten aber nebenbei noch einiges mehr: Käse, Bier, leckeres Mittagessen und viele unterhaltsame Hintergrundinfos. Ein absolut erstklassiger Mix aus Spaß und Gaumenfreuden in rauen Mengen!

Hunter Valley Boutique Wine Tours
WEINTOUR

(☑ 0419 419 931; www.huntervalleytours.com.au) Verlässlich gute Kleingruppentouren mit kompetenten Guides (halber Tag mit drei Weingütern ab 80 AU$/Pers., ganzer Tag inkl. Mittagessen ab 115 AU$/Pers.).

Kangarrific Tours
WEINTOUR

(☑ 0431 894 471; www.kangarrifictours.com; Tagestour 129 AU$) Die Kleingruppentouren ab Sydney versprechen das wohl abwechslungsreichste Programm im Hunter Valley. Neben Verkostungen von Wein bis Eiscreme beinhalten sie auch Morgentee mit den namengebenden Kängurus.

✨ Feste & Events

Die größeren Weingüter des Tals veranstalten Wochenendkonzerte (Details unter www.winecountry.com.au), bei denen regelmäßig auch internationale Superstars wie Bruce Springsteen oder die Rolling Stones auftreten. Wenn besondere Events anstehen, sind die Unterkünfte in der Gegend stets lange im Voraus ausgebucht.

🛏️ Schlafen

Es gibt zahlreiche Übernachtungsmöglichkeiten auf Weingütern und Boutique-Unterkünfte für Selbstversorger. Am Wochenende steigen die Zimmerpreise heftig an und man muss sich oft mindestens für zwei Nächte einquartieren. Da auf den Weingütern gerne Hochzeiten gefeiert werden, kann es aber gerade an Wochenenden auch schwierig sein, ein freies Zimmer zu ergattern. Und oft sind keine Kinder erwünscht.

⭐ Hunter Valley YHA   HOSTEL $

(☎ 02-4991 3278; www.yha.com.au; 100 Wine Country Dr, Nulkaba; B 35–37 AU$, Zi. mit/ohne Bad 108/94 AU$; [P][⊖][🛜][🏊]) Nach einem langen Tag mit Weinproben oder der Traubenlese kann man sich in dem attraktiven renovierten Hostel am Nordrand von Cessnock gut erholen: Im Poolbereich mit Grill geht's sehr gesellig zu. Die blitzsauberen Schlafsäle sind mit jeweils vier Betten ausgestattet, zudem gibt es eine nette Veranda, Leihfahrräder und in unmittelbarer Nähe eine Brauereikneipe. Allerdings sind die Zimmer mitunter recht stickig. HI-Mitglieder erhalten Rabatt.

Australia Hotel   PUB $

(☎ 02-4990 1256; www.australiahotel.com.au; 136 Wollombi Rd, Cessnock; EZ/2BZ mit Gemeinschaftsbad 45/60 AU$, Wochenende Zi. 95 AU$; [P][⊖][🛜]) Die Obergeschosszimmer dieses Pubs sind abgenutzt, aber zum Kurieren eines Katers einwandfrei. Hierzu tragen auch die neuen und blitzsauberen Bäder bei.

Grange on Hermitage   B & B $$

(☎ 02-4998 7388; www.thegrangeonhermitage.com.au; 820 Hermitage Rd, Pokolbin; Zi. 195–260 AU$, Cottage 390–460 AU$; [P][⊖][❄][🛜]) Das ungemein reizvolle B & B auf einem großen Gelände voller Eukalyptusbäumen und Schlingpflanzen verspricht einen sehr erholsamen Aufenthalt. Die riesigen Zimmer überzeugen mit modernen Annehmlichkeiten, Kochecken und eigenen Whirlpools. Außerdem stehen zwei Cottages für vier bis sechs Personen zur Verfügung. Die freundlichen Inhaber sorgen für viele liebevolle Extras wie frische Blumen oder Frühstücks-Muffins, die noch ofenwarm direkt aufs Zimmer gebracht werden.

Thistle Hill   B&B $$

(☎ 02-6574 7217; www.thill.com.au; 591 Hermitage Rd, Pokolbin; Zi. 285 AU$; [P][⊖][❄][🛜][🏊]) Zu dem idyllischen, 8 ha großen Anwesen gehören Rosengärten, eine Limettenplantage und ein Weinberg. Gäste können sich in einem Cottage für Selbstversorger (max. 5 Pers.) oder im luxuriösen Gästehaus mit sechs Doppelzimmern einquartieren. Die atemberaubend attraktiven Unterkünfte und Aufenthaltsbereiche punkten mit subtiler Eleganz im französischen Landhausstil. Der Pool grenzt an eine tolle Lounge mit Terrasse. Der Preis beinhaltet Frühstück (Mo–Fr europäisch, Sa & So warm), Wein und Käse.

⭐ Tonic   BOUTIQUEHOTEL $$$

(☎ 02-4930 9999; www.tonichotel.com.au; 251 Talga Rd, Lovedale; DZ inkl. Frühstück 270–350 AU$, Apt. 500–700 AU$; [P][⊖][❄][🛜][🏊]) Die polierten Betonböden und der urban anmutende Minimalismus des schicken Boutiquehotels wirken im lebendigen Licht des Hunter Valley besonders attraktiv. Von den eindrucksvollen Zimmern und Apartments mit zwei Schlafzimmern schaut man über einen Stausee hinweg auf den Sonnenuntergang. In den Quartieren mit super Bädern und Betten steht Frühstücksproviant bereit. Zum außergewöhnlichen Erlebnis tragen auch der tolle Aufenthaltsbereich und die äußerst freundlichen Inhaber bei.

Keine Kinder unter 15 Jahren.

Splinters Guest House   B&B $$$

(☎ 02-6574 7118; www.splinters.com.au; 617 Hermitage Rd, Pokolbin; Cottage 370–550 AU$; [P][⊖][❄][🛜][🏊]) Die schicken Cottages (max. 6 Pers.) mit attraktivem Dekor und Mobiliar zählen zu den besten Unterkünften im Hunter Valley. Die Inhaber verwöhnen ihre Gäste u. a. mit (Dessert-)Wein, Käse und einem Kühlschrank voller Frühstücksproviant. Die kleineren Cottages wurden Ende 2016 errichtet.

🍴 Essen

Seinen Ruf als Feinschmeckerparadies verdankt das Hunter Valley auch diversen Spitzenrestaurants (u. a. auf zahlreichen Weingütern). Viele Lokale haben nur am Wochenende geöffnet. Eine Reservierung ist stets ratsam.

Hunter Valley Smelly Cheese Shop
FEINKOST $

(☎02-4998 6713; www.smellycheese.net.au; Roche Estate, 2144 Broke Rd, Pokolbin; Hauptgerichte 12–18 AU$; ☺So–Do 10–17, Fr & Sa 10–17.30 Uhr) Neben einer Käsetheke voller geruchsintensiver Köstlichkeiten gibt's hier auch Feinkostteller, Pizzas, Burger und Baguettes zum Mitnehmen, gute Tagesgerichte und eine Gefriertruhe mit super Eiscreme. Trotz der Kundeninvasion hat das Personal stets gute Laune. Im Pokolbin Village unterhält der Laden eine Filiale.

Enzo
CAFÉ $$

(☎02-4998 7233; www.enzohuntervalley.com.au; Ecke Broke & Ekerts Rd, Pokolbin; Hauptgerichte morgens 16–31 AU$, mittags 23–37 AU$; ☺Mo–Fr 9–16, Sa & So 8.30–16 Uhr; ☎🅿) Das beliebte Café mit nettem Ambiente hat einen offenen Kamin für den Winter und Gartentische für den Sommer. Es serviert rustikale, stets gute Gerichte mit italienischem Touch. Idealerweise kombiniert man einen Besuch mit einer Verkostung auf dem Weingut von David Hook.

★ Muse Restaurant
MODERN-AUSTRALISCH $$$

(☎02-4998 6777; www.musedining.com.au; 1 Broke Rd, Pokolbin; 2/3 Gänge 75/95 AU$; ☺Sa & So 12–15, Mi–Sa 18.30–22 Uhr; 🅿) Das renommierteste Restaurant der gesamten Gegend gehört zum spektakulären Komplex des Weinguts Hungerford Hill. In attraktiven, modernen Räumlichkeiten darf man sich auf Spitzenservice und sensationelles modernes australisches Essen freuen, das exquisit angerichtet ist; dies gilt vor allem für das Probiermenü (Sa obligatorisch; ohne/mit Wein 125/185 AU$). Für Vegetarier gibt's eine separate Karte (2/3 Gänge 60/80 AU$).

★ Muse Kitchen
EUROPÄISCH $$$

(☎02-4998 7899; www.musedining.com.au; Keith Tulloch Winery, Ecke Hermitage & Deasys Rd, Pokolbin; Hauptgerichte 34–36 AU$; ☺Mi–So 12–15, Sa auch 18–21 Uhr; 🖥🅿) Der zwanglose Ableger des Muse (S. 132) empfiehlt sich für ein leckeres Mittagessen an Tischen im Freien. Die saisonalen Zutaten (Obst, Gemüse, Kräuter) für die europäischen Bistro-Gerichte kommen aus einem Küchengarten etwas weiter oben an der Straße. Unbedingt auch eins der hervorragenden Desserts probieren! Nebenan lädt der Weinkeller von **Keith Tulloch** (☎02-4998 7500; www.keithtullochwine.com.au; Weinprobe 5 AU$; ☺10–17 Uhr) zu Verkostungen ein.

Hunters Quarter
MODERN-AUSTRALISCH $$$

(☎02-4998 7776; www.huntersquarter.com; Cockfighter's Ghost, 576 De Beyers Rd, Pokolbin; Hauptgerichte 36–44 AU$; ☺Mo 18–23, Do–Sa 12–15.30 & 18–23, So 12–15.30 Uhr; 🖥) Durch die zimmerhohen Fenster des belebten, aber lauschigen Lokals schaut man schön auf die Rebenreihen. Der selbst geräucherte Lachs ist ein Highlight unter den aromatischen Gerichten aus hochwertigen Zutaten. Das gute Angebot an offenen Weinen gibt einen

---

NICHT VERSÄUMEN

WEINTOUREN IM HUNTER VALLEY

Im Hunter Valley liegen ein paar von Australiens berühmtesten Weingütern und ältesten Weinbergen, die teilweise schon in den 1860er-Jahren kultiviert wurden. Das Tal ist vor allem für Sémillon und Syrah bekannt, macht aber zunehmend auch mit Chardonnay von sich reden.

In der Region sind rund 150 Weingüter ansässig, darunter kleine Familienbetriebe genauso wie einige Großunternehmen. Die Verkostungen sind meistens gratis; mancherorts wird jedoch eine geringe Gebühr fällig, die in der Regel bei späteren Käufen abgezogen wird.

Das Visitor Centre in Pokolbin (S. 133) verteilt kostenlos den *Hunter Valley Official Map & Touring Guide* mit einer praktischen Übersichtskarte. Alternativ sucht man einfach auf eigene Faust nach versteckten Kleinwinzereien.

Um unter der gesetzlichen Promillegrenze von 0,5 ‰ zu bleiben, gilt laut DrinkWise Australia für Männer folgende Faustregel: maximal zwei Standardgetränke in der ersten Stunde und höchstens ein weiteres Standardgetränk pro Folgestunde. Da bei Frauen der Alkoholgehalt im Blut vergleichsweise schneller steigt, sollten diese sich auf ein Standardgetränk in der ersten Stunde beschränken. Die Probiergläser der Weingüter haben zumeist einen Inhalt von 20 ml – fünf davon entsprechen einem Standardgetränk. Am besten aber beherzigt man ohnehin den Grundsatz: Don't drink and drive!

Überblick über die hauseigenen Weine und die Tropfen benachbarter Winzer. Montags ist „Locals Night" (2/3 Gänge 60/75 AU$).

EXP. MODERN-AUSTRALISCH $$$
(☎ 02-4998 7264; www.exprestaurant.com.au; 1596 Broke Rd, Pokolbin; 5/8 Gänge 85/110 AU$; ☉ Mi-Sa 12-14.30 & 18-21, So 12-14.30 Uhr) Frank Fawkner stammt aus dem Hunter Valley. Nach einer eindrucksvollen Kochkarriere in Lokalen hier und anderswo hat er schließlich sein eigenes Restaurant im Weingut Oakvale eröffnet. Seine raffinierten, frischen und reichhaltigen Probiermenüs begeistern Sydneys Gourmets aus gutem Grund. Reservierung erforderlich.

Bistro Molines FRANZÖSISCH $$$
(☎ 02-4990 9553; www.bistromolines.com.au; Tallavera Grove, 749 Mt. View Rd, Mt. View; Hauptgerichte 38-44 AU$; ☉ Do, So & Mo 12-15, Fr & Sa 12-15 & 19-21 Uhr) Das französische Lokal im Weingut Tallavera Grove wird vom legendärsten Küchenchef des Hunter Valley geleitet. Seine saisonale und gewieft zubereitete Küche ist fast so eindrucksvoll wie die Aussicht auf die Weinberge. Zu dem eleganten Gebäude gehört auch ein gepflasterter Innenhof mit netten Tischen im Freien. Tagesgerichte ergänzen die normale Karte.

 Ausgehen & Nachtleben

Wollombi Tavern PUB
(☎ 02-4998 3261; www.wollombitavern.com.au; 2994 Great North Rd, Wollombi; ☉ Mo-Do 10-22, Fr 10-24, Sa 9.30-24, So 9-22 Uhr) Der tolle kleine Pub an der Kreuzung in Wollombi ist der Hersteller von Dr. Jurd's Jungle Juice, einem gefährlich starken Mix aus Portwein, Brandy und Wein). Am Wochenende legen Motorradclubs der harmlosen Sorte hier gerne einen Zwischenstopp ein. Auf dem Rasen kann man gratis zelten. Duschen gibt's jedoch nicht.

Goldfish Bar & Kitchen BAR
(www.thegoldfish.com.au; Roche Estate, Ecke Broke & McDonalds Rd, Pokolbin; ☉ Mo-Do 12-23, Fr & Sa 12-1, So 12-22 Uhr; ☎) Die Nase voll von Wein? Dann nichts wie hin zu dieser beliebten Bar, die mit klassischen Cocktails und einer eindrucksvollen Auswahl an Spirituosen aufwartet. Eine Lounge und eine große Freiluftterrasse laden hier zum Abhängen ein. Weitere Pluspunkte sind das anständige Essen und die Livemusik (meist Sa abends).

Harrigan's PUB
(☎ 02-4998 4300; www.harrigansirishpub.com.au; 2090 Broke Rd, Pokolbin; ☉ 9-min. 22 Uhr, Bistro ab

SYDNEY & CENTRAL COAST HUNTER VALLEY

ABSTECHER

DER HAWKESBURY RIVER

Weniger als eine Fahrtstunde von Sydney entfernt wird der idyllische Hawkesbury River von bienenwabenfarbigen Felsen, historischen Ortschaften und kleinen Dörfern gesäumt. Er durchquert dabei den **Ku-ring-gai Chase** (S. 79) und den **Brisbane Water National Park** (S. 127) und mündet schließlich in mehrere Meeresbuchten bzw. -arme.

Das per Zug erreichbare Uferstädtchen Brooklyn ist ein prima Ort, um Hausboote für die Erkundung des Flusses zu mieten. Weiter stromaufwärts fließt ein schmaler Nebenarm des Hawkesbury River durch dichte Wälder hinunter zum ruhigen Nest Berowra Waters. Vor ein paar Geschäften, Bootsschuppen und Wohnhäusern schippert dort rund um die Uhr eine Gratisfähre über den Berowra Creek.

7 Uhr; ☎) Der behagliche Irish Pub hat einen großen Biergarten und serviert Pies mit Rindfleisch-Guinness-Füllung. An den meisten Wochenenden spielen hier Livebands. Die gesellige Terrasse ist ein beliebter Treff.

Tinshed Brewery MIKROBRAUEREI
(www.facebook.com/tinshedbrewerydungog; 109 Dowling St, Dungog; ☉ Fr-So 11-22 Uhr) Ein junger und engagierter Einheimischer leitet diese neue Mikrobrauerei mit Tischen aus alten Fässern. Das Personal informiert Gäste ausführlich über das aktuelle Angebot an leckeren, frisch gezapften Gerstensäften. Dazu gibt's Gemeinschaftsteller mit kalten Fleischwaren. Das Tinshed liegt bahnhofsnah im schmucken Dungog und bietet sich daher als Zwischenstation bei Trips in den Norden an.

ⓘ Praktische Informationen

Hunter Valley Visitor Centre (☎ 02-4993 6700; www.huntervalleyvisitorcentre.com.au; 455 Wine Country Dr, Pokolbin; ☉ Mo-Sa 9-17, So bis 16 Uhr) Zahlreiche Broschüren und Infos zu den Unterkünften, Attraktionen und Restaurants im Tal.

ⓘ An- & Weiterreise

AUTO & MOTORRAD
Ab Sydney kann man einfach dem M1 Motorway direkt gen Norden folgen und dann über die Ausfahrt bei Gosford ins Tal weiterfahren. Diese

malerische Route führt über Wollombi oben in den Bergen. Alternativ nimmt man die Ausfahrt Cessnock oder den Hunter Expressway (beginnt nahe Newcastle).

BUS

Rover Coaches (☎ 02-4990 1699; www.rover coaches.com.au) Werktags fahren fünf Busse von Newcastle nach Cessnock (1¼ Std.), samstags nur zwei, sonntags gar keiner. Andere Busse nach Cessnock starten in Morisset (1 Std., 2-mal tgl.) und Maitland (50 Min., Mo–Sa stündl., So 6-mal).

ZUG

Sydney Trains betreibt eine Strecke von Newcastle (4,82 AU$, 50 Min.) ins Hunter Valley. Der Bahnhof, der den Weingütern am nächsten liegt, ist Branxton, doch nur in Maitland gibt's eine Busverbindung nach Cessnock.

❶ Unterwegs vor Ort

Ohne Auto lässt sich das Tal auf verschiedene Art erkunden: Leihfahrräder gibt's beim **YHA-Hostel** (S. 131) sowie bei **Grapemobile** (☎ 02-4998 7660; www.grapemobile.com. au; 307 Palmers Lane, Pokolbin; 45 AU$ pro 8 Std.; ⊙ 10–18 Uhr) und **Hunter Valley Cycling** (☎ 0418 281 480; www.huntervalleycycling. com.au; 1/2 Tage 35/50 AU$). **Sutton Estate** (☎ 0448 600 288; www.suttonestateelectric bikehire.com; 381 Deasys Rd, Pokolbin; halber/ganzer Tag 50/65 AU$) vermietet E-Bikes. Weitere Alternativen sind geführte Touren (S. 130) oder Trips mit dem **Taxi** (☎ 02-6572 1133; www. taxico.com.au).

Der **Vineyard Shuttle** (☎ 02-4991 3655; www. vineyardshuttle.com.au; ⊙ Di–Sa 18–24 Uhr) bietet einen Tür-zu-Tür-Service zwischen den Unterkünften und Restaurants in Pokolbin.

NEWCASTLE

308 300 EW.

Newcastle ist zehnmal kleiner als Sydney, hat aber trotzdem sehr viel zu bieten. Ihren Reiz verdankt die Hafenstadt – sie ist Australiens zweitälteste Stadt – u. a. super Surfstränden, historischer Architektur und dem sonnenverwöhnten Klima. Aber auch hervorragende Restaurants, hippe Bars, schräge Boutiquen, eine vielfältige Kunstszene und die relaxte Atmosphäre machen Newcastle zu einem sehr lohnenden Ziel für mehrtägige Aufenthalte.

Ein starkes Erdbeben sowie die Schließung von Stahlwerken und Werften stürzten die Stadt Ende des 20. Jhs. in eine Krise. Auch das Verschiffen von Kohle als dritter Haupterwerbszweig sieht inzwischen einer sehr ungewissen Zukunft entgegen. Newcastles Einwohner begegnen den schweren Zeiten jedoch mit positiver Einstellung und kreativem Unternehmergeist.

◉ Sehenswertes

Newcastles umtriebige Kleingalerieszene verändert sich ständig. Die Touristeninformation (S. 139 liefert Details zu aktuellen Neueröffnungen).

★ Newcastle Maritime Museum   MUSEUM
(☎ 02-4929 2588; www.maritimecentrenewcastle. org.au; Lee Wharf, 3 Honeysuckle Dr, Honeysuckle Precinct; Erw./Kind 10/5 AU$; ⊙ Di–So 10–16 Uhr) Passenderweise am Hafen gelegen, widmet sich dieses Museum der hiesigen Seefahrts- und Stadtgeschichte. Die interessante Ausstellung gibt Einblicke in Newcastles Seele; dabei beleuchtet sie auch den Niedergang der hiesigen Stahlwerke und Werften. Außerdem erfahren Besucher etwas über Seenotrettung oder Schiffswracks wie das der *Pasha Bulker*, die 2007 auf Grund lief (dazu gibt's ein Video). Die kurze Einführung durch das Personal hilft sehr bei der Orientierung.

★ Newcastle Art Gallery   KUNSTGALERIE
(☎ 02-4974 5100; www.nag.org.au; 1 Laman St; ⊙ Di–So 10–17 Uhr) GRATIS Die brutalistische Fassade einfach ignorieren: Diese bemerkenswerte Regionalgalerie zeigt ein paar wunderbare Werke. Sie hat keine Dauerausstellung, sondern präsentiert abwechselnd Kunst aus ihrer hervorragenden Sammlung. Einige der hiesigen Highlights stammen von William Dobell und John Olsen, die beide in Newcastle geboren wurden. Auch Brett Whiteley und die modernistische Malerin Grace Cossington Smith sind hier mit ein paar Arbeiten vertreten.

Vor allem Olsens Werke verleihen der Galerie sehr viel Lebendigkeit: Seine farbenprächtigen Aquarelle von australischen Landschaften wirken gleichsam dynamisch und organisch. Von ihm stammt auch das Deckengemälde im zentralen Treppenhaus. Besonders grandios ist das Bild *King Sun and the Hunter* (2016), das Olsen im Alter von 88 Jahren als Hommage an die Essenz seiner Heimatstadt malte.

Newcastle Museum   MUSEUM
(☎ 02-4974 1400; www.newcastlemuseum.com.au; 6 Workshop Way; ⊙ Di–So 10–17 Uhr, in Schulferien auch Mo; ♿) GRATIS Das attraktive Museum in den restaurierten Honeysuckle Rail Work-

shops erzählt die Stadtgeschichte ab den Zeiten der indigenen Awabakal, die einst hier lebten. Beleuchtet wird dabei auch Newcastles wilde Sozialgeschichte im Zeichen von Sträflingen, Gruben- und Stahlarbeitern. Die interaktiven und fesselnden Ausstellungen reichen von der regionalen Geologie bis hin zu lokalen Ikonen (darunter die Band Silverchair und die Newcastle Knights). Kinder freuen sich über das Wissenschaftszentrum Supernova mit Exponaten zum Anfassen und über die stündliche Sound-&-Light-Show zur Stahlherstellung. Vor Ort gibt's auch ein Café.

Fort Scratchley   FORT
(☑02-4974 5033; www.fortscratchley.com.au; Nobbys Rd; Tunnelführung Erw./Kind 12.50/6.50, Komplettführung Erw./Kind 16/8 AU$; ☺Mi–Mo 10–16 Uhr, letzte Führung 14.30 Uhr) `GRATIS` Das faszinierende Fort oberhalb des Newcastle Harbour wurde während des Krimkriegs errichtet, um die Stadt vor einer potenziellen russischen Invasion zu schützen. Im Zweiten Weltkrieg erwiderte die Besatzung das Geschützfeuer eines japanischen U-Boots, was die einzige aktive Kampfhandlung einer australischen Küstenbatterie während des gesamten Krieges war. Der Eintritt zur Anlage ist zwar frei, doch es lohnt sich, das Gewirr der unterirdischen Tunnel im Rahmen einer Führung zu besichtigen. Tickets dafür sowie Broschüren für Erkundungen auf eigene Faust gibt's im Laden vor Ort.

Nobby's Head   AUSSICHTSPUNKT
Die Landspitze am Eingang zu Newcastles Hafen war ursprünglich eine Insel. Der Steindamm, der sie inzwischen mit dem Festland verbindet, wurde zwischen 1818 und 1846 von Sträflingen gebaut – viele dieser armen Teufel wurden während der Bauarbeiten in die wilde See gespült. Die Wanderung auf dem Sanddamm zum Leuchtturm und zur Wetterstation ist ein schönes Erlebnis.

King Edward Park   PARK
(Reserve Rd) Der wunderbar gestaltete Park am Meer lädt mit vielen Rasenflächen und schattigen Plätzchen zum Relaxen ein. Vom Obelisken ganz oben ist die weite Aussicht am schönsten.

★**Merewether Aquarium**   ÖFFENTLICHES KUNSTWERK
(Henderson Pde, Merewether) Kein echtes Aquarium: Trevor Dickinson aus Newcastle hat diese Fußgängerunterführung mit einer zauberhaften Unterwasserwelt im Pop-Art-Stil bemalt. Unter den vielen schrägen Details ist auch ein Selbstporträt des Künstlers als Taucher. Bewundert werden kann das Ganze gegenüber vom oberen Eingang des Surfhouse am Südende des Merewether Beach.

🏃 Aktivitäten

★**Bathers Way**   WANDERN & TREKKEN
(www.visitnewcastle.com.au) Zwischen dem Nobby's Beach und der Glenrock Reserve schlängelt sich dieser malerische Küstenpfad (5 km) an Stränden und faszinierenden historischen Stätten wie dem Fort Scratchley (S. 135) oder dem Convict Lumber Yard vorbei. Unterwegs erläutern Infotafeln die hiesige Natur und die Geschichte der Aborigines und Sträflinge. Nördlich vom Bar Beach trifft die Route auf den kurvigen **Memorial Walk**, der in luftiger Höhe mit magischem Meerblick aufwartet.

🛏 Schlafen

Bei Newcastles guten Mittelklasseoptionen reicht die Palette von umgebauten Kneipenzimmern bis hin zu B & Bs und Businesshotels. Hostels und Campingplätze stehen hier ebenfalls zur Verfügung.

Newcastle Beach YHA   HOSTEL **$**
(☑02-4925 3544; www.yha.com.au; 30 Pacific St; B/EZ/DZ 39/70/94 AU$; ☺@🖥) Das große Hostel in einem denkmalgeschützten Backsteinbau wirkt zwar wie ein prachtvolles Herrenhaus im britischen Stil, hat aber die relaxte Atmosphäre eines Strandbungalows. Einen Katzensprung vom Meer entfernt, empfängt es Gäste mit tollen Gemeinschaftsbereichen und luftigen, komfortablen Schlafsälen. Zudem gibt's hier Bodyboards (gratis) und Surfbretter (gegen Gebühr) zum Ausleihen sowie Grillabende und kostenloses Kneipenessen (1-mal wöchentl.). HI-Mitglieder bekommen Rabatt.

★**Junction Hotel**   BOUTIQUEHOTEL **$$**
(☑02-4962 8888; www.junctionhotel.com.au; 204 Corlette St, The Junction; Zi. 139–189 AU$; ☺✸🖥) Das umgebaute Obergeschoss des Vorstadtpubs beherbergt nun neun extravagante Zimmer mit afrikanischen Tiermotiven, schräger Farbgestaltung, recht großen Betten und funkelnden Bädern, die Discobeleuchtung haben, aufgrund der Glaswände aber mitunter wenig Privatsphäre bieten. Nur zehn Gehminuten vom Strand entfernt hat das Hotel eine prima Lage zwischen den Boutiquen und Cafés von The Junction.

Newcastle

SÜD-PAZIFIK

Nobby's Head
(1,2 km)

Nobby's Beach

Nobby's Rd

Parnell Pl

Stevenson Pl

Scott St

Shortland Esp

Newcastle Beach

Bond St

Pacific St

Ocean St

Watt St

Hunter St

Bolton St

Newcomen St

Church St

Tyrrell St

Reserve Rd

King Edward Park

Bar Beach (1,5 km);
Merewether Surfhouse (3 km);
Merewether Beach (3 km)

Newell St

Battleaxe

High St

Kitchener Pde

Darby St

Laman St

Council St

Bruce St

Bull St

Dawson St

Darby St

Brooks St

Nesca Pde

Centennial Park

COOKS HILL

Newcastle Art Gallery

Civic Park

King St

Merewether St

Perkins St

Brown St

Wolfe St

Hunter St Mall

Hunter St

King St

Wharf Rd

Stockton Ferry

Port Hunter

Newcastle Harbour

Newcastle Maritime Museum

Newcastle Visitor Information Centre

Lee Wharf

Lee Wharf Rd

Honeysuckle Dr

HONEYSUCKLE PRECINCT

Ehemalige Civic Station

Hunter St

Ehemalige Newcastle Station

Newcastle Bus Station

Wharf Rd

Stockton (500 m);
Stockton Beach
Holiday Park (1,5 km)

Subo (100 m); Lass
O'Gowrie Hotel (1,5 km)

Edwards
(800 m)

Junction Hotel (1 km)

400 m
0

1 2 3 4

A B C D E F G

8 9 3 11 20 6 18 14 15 17 22 13 16 19 5 4 10 1 12 7 2 21

Newcastle

★**Crown on Darby** APARTMENTS $$
(☑02-4941 6777; www.crownondarby.com.au; 101 Darby St; Apt. Mo–Fr 176–205 AU$, Sa & So 194–286 AU$; P⊖❀☎) An Newcastles coolster Straße liegt dieser hervorragende Komplex mit 38 modernen Ferienwohnungen unweit von Cafés und Restaurants. Die halbwegs geräumigen Wohnstudios verfügen über Kochecken. Die Apartments mit separatem Schlafzimmer, Verbindungstüren, voll ausgestatteter Küche und riesigem Wohnbereich sind jedoch den Aufpreis wert (manche haben sogar einen Whirlpool). Gäste können zudem zwischen einem offenen oder geschlossenen Balkon wählen – einfach beim Buchen nachfragen. Mit 15 AU$ ist Parken recht erschwinglich.

★**Lucky Hotel** BOUTIQUEHOTEL $$
(☑02-4925 8888; www.theluckyhotel.com.au; 237 Hunter St; Zi. 145–180 AU$; ⊖❀☎) Eine elegante, aber gelungene Renovierung hat den prächtigen alten Pub aus den 1880er-Jahren in ein fetziges und modernes Boutiquehotel verwandelt. Die 28 hellen Zimmer sind klein, aber geschmackvoll eingerichtet. Zu den modernen Extras gehören z. B. Bettwäsche und Körperpflegeprodukte von hoher Qualität. Und für alle Fälle wird jedes Quartier von einem handgemalten Zitat über das Glück geziert. In den Fluren hängen Schwarz-Weiß-Fotos vom alten Newcastle.

Novotel Newcastle Beach HOTEL $$$
(☑02-4037 0000; www.novotelnewcastlebeach.com.au; 5 King St; Zi. 279–334 AU$; P⊖❀@☎) Das luftige Hotel in perfekter Nähe zum Newcastle Beach verabschiedet am Freitagmorgen seine Businessgäste und heißt dann gleich nachmittags Familien willkommen. Die mittelgroßen Zimmer haben eine stilvolle Einrichtung. Die Superior-Varianten mit großen Fenstern und besserer Aussicht sind den Aufpreis wert. Aufenthalt und Frühstück sind für Kinder unter 16 Jahren kostenlos. Bei Beitritt zum Treueprogramm gibt's Gratis-WLAN.

✖ Essen

Newcastle hat eine florierende gastronomische Szene: Die Cafés, Pizzerien und asiatischen Lokale (z. B. thailändisch, vietnamesisch) an der Darby St sind bei Einheimischen sehr beliebt. Die vielen Hafenrestaurants der Stadt konzentrieren sich vor allem auf den Honeysuckle Precinct nahe der Touristeninformation. Die Beaumont St in Hamilton ist eine weitere Restaurantmeile. Und auch an den nahe gelegenen Stränden gibt's jede Menge Lokale.

One Penny Black CAFÉ $
(☑02-4929 3169; www.onepennyblack.com.au; 196 Hunter St; Hauptgerichte 14–18 AU$; ⊙6.30–16.30 Uhr; ☎☑) Hier muss man damit rechnen, ein Weilchen anzustehen: Super Espresso und Filterkaffee (gebraut von kompetentem Personal) bescheren dem Café eine ungebrochene Popularität. Die Stammgäste lieben auch die Toastschnitten und die tollen Frühstücksteller.

★**Edwards** MODERN-AUSTRALISCH $$
(☑02-4965 3845; www.theedwards.com.au; 148 Parry St; Frühstück & Mittagessen 14–21 AU$,

NICHT VERSÄUMEN

NEWCASTLES STRÄNDE

Viele Surfer und Schwimmer bevölkern den **Newcastle Beach** am östlichen Stadtrand. Eine Alternative ist das **Freibad** (www.newcastle.nsw.gov.au; Shortland Esplanade) GRATIS direkt am Strand mit einem flachen Kinderbecken und einem schmucken Art-Déco-Pavillon in bunten Farben – hier badet es sich ruhig vor einer Kulisse aus hohen Wellen und vorbeituckernden Frachtern. Für Surfer empfiehlt sich der **Nobby's Beach** gleich nördlich des Freibads: Am Nordende dieses Strands wartet ein schneller Lefthand-Break namens The Wedge.

Südlich vom Newcastle Beach liegt unterhalb des King Edward Park das **Bogey Hole**, das einst von Sträflingen angelegt wurde und Australiens ältestes Meerwasserpool ist. Darin kann man entspannt planschen, während die Brandung über den Rand hereinschwappt. Die beliebtesten Surfspots sind der **Bar Beach** und der **Merewether Beach**, die etwas weiter südlich die beiden Enden desselben Strandes markieren.

Am Merewether Beach steigt auch Newcastles berühmtes Surferfestival, das **Surfest** (www.surfest.com; ⊙ Feb.).

Abendessen für 2 Pers. 41–60 AU$; ⊙ Di–Sa 7–24, So 7–22 Uhr; 🕾) Das pulsierende Herz des neuen Newcastle ist das belebte Edwards im West End. Der stilvolle Mix aus Bar, Café und Diner pflegt seinen schicken Lagerhaus-Look. Hier ist von morgens bis abends etwas geboten: leckeres Frühstück mit Eiern, Mittagessen in zwangloser Atmosphäre, Barsnacks zu später Stunde, tolle offene Weine und saftige Braten aus dem Holzofen.

Mitinhaber ist Silverchair-Bassist Chris Joannou. Das Ganze war ursprünglich eine Schnellwäscherei – bis heute kann man hier seine schmutzigen Klamotten reinigen lassen oder selbst in Münzwaschmaschinen stopfen. Im selben Gebäude befinden sich auch eine Motorradwerkstatt und ein Musikgeschäft.

Momo   CAFÉ **$$**
(📋 02-4926 3310; www.facebook.com/momowholefood.newcastle; 227 Hunter St; Gerichte 12–22 AU$; ⊙ 7.30–15 Uhr; 🕾📋) Das freundliche Momo befindet sich in einer schmucken früheren Bank mit hohen Decken, die für ein Café auf den ersten Blick zu groß erscheint. Der Schwerpunkt liegt hier auf Vollwertkost (hauptsächlich vegetarisch bzw. vegan). Textur, Farbe und Aroma der Gerichte wirken jeweils sehr appetitlich, wobei die Einflüsse einen Bogen vom Himalaja bis nach Australien spannen. Zukünftig hat der Laden eventuell auch abends geöffnet.

Merewether Surfhouse   CAFÉ, STEAK **$$**
(📋 02-4918 0000; www.surfhouse.com.au; Henderson Pde, Merewether; Hauptgerichte Café 15–20 AU$, Bar 18–24 AU$, Restaurant 32–39 AU$; ⊙ Café 7–16 Uhr, Pizzas Mo–Fr 16–23, Sa & So 11.30–23 Uhr, Restaurant Mi–Sa 11.30 Uhr–open end, So 11.30–16 Uhr) Von dem Komplex mit bemer-

kenswerter Architektur schaut man direkt auf die Action am Merewether Beach. Hier warten mehrere Lokale unter einem Dach: Das schicke Promenadencafé empfiehlt sich für Kaffee und ausgedehntes Frühstück. Ebenfalls im Erdgeschoss befindet sich eine Pizzeria, die auch Eiscreme unters Volk bringt. Das teure Restaurant im oberen Stockwerk hat hohe Fenster und kredenzt Surf'n'turf (Meeresfrüchte und Fleisch). Die Bar eignet sich super für einen Sundowner.

★**Subo**   MODERN-AUSTRALISCH **$$$**
(📋 02-4023 4048; www.subo.com.au; 551d Hunter St; 5 Gänge 88 AU$; ⊙ Mi–So 18–22 Uhr; 📋) Das winzige, aber innovative und gefeierte Subo serviert leichte Spitzenküche mit modernem Touch à la Frankreich – und das ausschließlich in Form von saisonal wechselnden Fünfgängemenüs. Rechtzeitig reservieren!

Restaurant Mason   MODERN-AUSTRALISCH **$$$**
(📋 02-4926 1014; www.restaurantmason.com; 3/35 Hunter St; Festpreismenüs 80–125 AU$, Hauptgerichte 46 AU$; ⊙ Di & Mi 18–21, Do–Sa 12–15 & 18–22 Uhr; 📋) Ein Spitzenrestaurant mit sommerlicher Atmosphäre: Der offene Speiseraum grenzt an eine Freiluftterrasse unter Platanen. Französische und regionale Einflüsse (teils avantgardistisch umgesetzt) prägen die modernen Gerichte auf der Karte. Ein Highlight unter den frischen Zutaten sind Wildkräuter aus der Umgebung. Für Vegetarier gibt's separate Probiermenüs.

🍷 Ausgehen & Nachtleben

★**Coal & Cedar**   COCKTAILBAR
(📋 0499 345 663; www.coalandcedar.com; 380–382 Hunter St; ⊙ Mo–Sa 16–24, So 16–22 Uhr) Die

versteckte Bar im Look einer Flüsterkneipe hat einen langen Holztresen und war anfangs so „geheim", dass die Inhaber nicht einmal die Adresse bekanntgaben. Damit ist es nun vorbei: Bis zum Abwinken kann man sich hier Newcastles beste Oldschool-Cocktails hinter die Binde kippen. Die Tür rechts von einer Treppe ist etwas schwer zu finden und mitunter abgeschlossen – in diesem Fall einfach klopfen bzw. rufen.

Lucky Hotel   PUB
(☑ 02-4925 8888; www.theluckyhotel.com.au; 237 Hunter St; ⊙ Mo–Do 11–23, Fr & Sa 11–1, So 11–1 Uhr; 🐾) Der charaktervolle Oldtimer-Pub hat eine gelungene Restaurierung hinter sich. Im feschen Inneren mit Holzeinrichtung und freiliegenden Backsteinwänden geht's sehr gesellig zu. Hier gibt's gute Drinks, eine anständige Auswahl an Rauchfleisch, hübsche rustikale Tische im Freien und ein Obergeschoss mit behaglichen Zimmern (S. 137).

Grain Store   BRAUEREI
(☑ 02-4023 2707; www.grainstorenewcastle.com. au; 64 Scott St; ⊙ Di–Do 11–22, Fr & Sa 11–1, So 11–21.30 Uhr; 🐾) Das alte Getreide- und Fasslager der früheren Brauerei Tooheys beherbergt heute dieses stimmungsvolle Brauereicafé mit rustikalem Ambiente. Gäste erfrischen sich hier mit 21 regionalen Fassbiersorten aus ganz Australien. Dazu gibt's ganztägig warme Küche (vor allem Pizzas, Burger und Fleisch im US-Stil).

Honeysuckle Hotel   PUB
(☑ 02-4929 1499; www.honeysucklehotel.com.au; Lee Wharf, Honeysuckle Dr, Honeysuckle Precinct; ⊙ Mo–Do 10–23, Fr & Sa 10–24, So 10–22 Uhr; 🐾) Der coole und riesige Pub befindet sich in einem umgebauten Lagerhaus am Hafen. Die Terrasse mit Blick aufs Wasser ist ein super Plätzchen für einen Sundowner. Die Bar im Obergeschoss schenkt karibischen Rum unter freiliegenden Holzbalken aus (Fr & Sa). An den meisten Wochenenden treten auch Bands auf.

☆ Unterhaltung

Newcastle Knights   RUGBY LEAGUE
(☑ 02-4028 9100; www.newcastleknights.com.au; McDonald Jones Stadium, Turton Rd, New Lambton) Das Rugby-League-Team der Knights ist Newcastles ganzer Stolz. Trotz überschaubarer Erfolge in der letzten Zeit hat die Mannschaft nach wie vor viele leidenschaftliche Fans. So ist jedes Spiel ein stimmungsvolles Erlebnis. Im Sommer wird das Stadi-

on von den A-League-Fußballprofis der Newcastle Jets benutzt.

Lass O'Gowrie Hotel   LIVEMUSIK
(☑ 02-4962 1248; www.lassogowriehotel.com.au; 14 Railway St, Wickham; 🐾) Newcastles ältester Pub aus dem Jahr 1877 ist seit 15 Jahren das Zentrum der hiesigen Livemusikszene. Von Mittwoch- bis Sonntagabend treten hier lokale Bands mit eigenen Stücken auf. Der Laden liegt direkt nördlich vom neuen Hauptbahnhof in Wickham.

🛍 Shoppen

Emporium   KUNST, MODE
(www.renewnewcastle.org; 185 Hunter St; ⊙ Mi & Sa 10–16, Do & Fr 10–17 Uhr) 🖉 Das Erdgeschoss des früheren Kaufhauses David Jones beherbergt heute Boutiquen und Galerien, die viele verschiedene Kunstwerke, Klamotten, Möbel und Designerwaren aus einheimischer Produktion verkaufen.

Newcastle City Farmers & Makers Market   MARKT
(☑ 02-4934 3013; www.newcastlecityfarmersmar ket.com.au; Newcastle Showground, Griffiths Rd; ⊙ So 8–13 Uhr) Eine hervorragende Quelle für Feinkost aus dem Hunter Valley. Zudem gibt's hier internationale Köstlichkeiten wie tibetische Klöße oder französisches Buttergebäck.

❶ Praktische Informationen

Newcastle Visitor Information Centre (☑ 02-4929 2588; www.visitnewcastle.com.au; Lee Wharf, 3 Honeysuckle Dr, Honeysuckle Precinct; ⊙ Di–So 10–16 Uhr) Im Ufergebäude des Maritime Museum.

❶ An- & Weiterreise

BUS
Fast alle Fernbusse benutzen momentan noch die **Newcastle Bus Station** am östlichen Stadtende. Das noch nicht fertiggestellte **Newcastle Interchange** in Wickham wird jedoch zukünftig auch als Hauptfernbusbahnhof dienen.

Busways (☑ 02-4983 1560; www.busways. com.au) Pro Tag mindestens zwei Busse nach Tea Gardens (20,50 AU$, 1½ Std.), Hawks Nest (20,90 AU$, 1¾ Std.), Bluey's Beach (28 AU$, 2 Std.), Forster (32 AU$, 3¼ Std.) und Taree (35 AU$, 4 Std.).

Greyhound (☑ 1300 473 946; www.greyhound. com.au) Pro Tag zwei bis drei Cityliner nach/ab Sydney (32–35 AU$, 2¾ Std.), Port Macquarie (57–62 AU$, 4 Std.), Coffs Harbour (79–86 AU$, 6–7 Std.), Byron Bay (140 AU$, 10½ Std.) und Brisbane (171 AU$, 13½–15 Std.).

Port Stephens Coaches (☑02-4982 2940; www.pscoaches.com.au) Busse nach Anna Bay (1¼ Std.), Nelson Bay (1½ Std.), Shoal Bay (1½ Std.) und Fingal Bay (2 Std.).

Premier Motor Service (☑13 34 10; www. premierms.com.au) Täglich Busse nach/ ab Sydney (34 AU$, 3 Std.), Port Macquarie (47 AU$, 3¾ Std.), Coffs Harbour (58 AU$, 6 Std.), Byron Bay (71 AU$, 11 Std.) und Brisbane (76 AU$, 14½ Std.).

Rover Coaches (☑02-4990 1699; www.rover coaches.com.au) Busse nach/ab Cessnock (1¼ Std., Mo–Fr 4-mal tgl., Sa 2-mal tgl.).

FLUGZEUG

Am **Flughafen** (NTL; ☑02-4928 9800; www. newcastleairport.com.au; 1 Williamtown Dr, Williamtown) halten Linienbusse von **Port Stephens Coaches** (S. 140), die zwischen Newcastle (40 Min.) und Nelson Bay (1 Std.) unterwegs sind. Ein Taxi vom Flughafen zum Stadtzentrum kostet etwa 60 AU$. **Fogg's** (☑0410 581 452; www.foggsshuttle.com.au), **Hunter Valley Day Tours** (☑02-4951 4574; www.huntervalleydaytours.com.au) und **Newcastle Airport Transfers** (☑02-4928 9822; www.newcastleairport.com.au; 1/2/4 Pers. 45/50/65 AU$) schicken Shuttlebusse nach Newcastle und zu Zielen in der Umgebung.

Jetstar (☑13 15 38; www.jetstar.com) Nach/ ab Melbourne, Brisbane und zur Gold Coast.

Qantas (☑13 13 13; www.qantas.com.au) Nach/ab Brisbane.

Regional Express (REX; ☑13 17 13; www.rex. com.au) Nach/ab Sydney und Taree.

Virgin Australia (☑13 67 89; www.virginaust ralia.com) Nach/ab Brisbane und Melbourne.

ZUG

Inzwischen dürften die regelmäßig fahrenden Züge von **Sydney Trains** (S. 117) ab Gosford (8,30 AU$, 1½ Std.) und Sydney (8,30 AU$, 2¾ Std.) am neuen Newcastle Interchange in Wickham halten. Falls nicht, muss man noch vom Bahnhof in Hamilton mit einem Anschlussbus ins Zentrum weiterfahren. Eine Zugverbindung besteht auch im Hunter Valley, wobei Branxton (6,50 AU$, 50 Min.) am nächsten zu den Weingütern liegt.

ⓘ Unterwegs vor Ort

BUS

In der Innenstadtzone von Newcastles großem **Stadtbusnetz** (☑13 15 00; www.newcastle-buses.info) sind Fahrten zwischen 7.30 und 18 Uhr kostenlos. Ansonsten müssen Passagiere den Beförderungspreis direkt beim Fahrer bezahlen oder elektronisch von ihrer Opal Card abbuchen lassen. Der Hauptbusbahnhof für Stadtbusse liegt neben dem alten Bahnhof im Osten der Stadt.

SCHIFF/FÄHRE

Stockton Ferry (www.transportnsw.info; Erw./ Kind 2,60/1,30 AU$) Zwischen der Queens Wharf und dem Vorort Stockton (5.15–ca. 23 Uhr, alle 30 Min.).

ZUG

Alle Züge nach Newcastle sollten inzwischen an dem neuen Newcastle Interchange in Wickham halten. Von dort fahren Busse (Linie 110; Shuttle im Zugticket enthalten) und Straßenbahnen ins Zentrum (jeweils über die alten Stationen Civic und Newcastle).

Byron Bay & Nordküste von NSW

Gut essen

➡ Fleet (S. 176)

➡ Three Blue Ducks at the Farm (S. 172)

➡ Paper Daisy (S. 176)

➡ Roadhouse (S. 173)

➡ Beachwood Cafe (S. 164)

➡ Bill's Fishhouse (S. 149)

Schön übernachten

➡ 28° Byron Bay (S. 171)

➡ Halcyon House (S. 176)

➡ Boogie Woogie Beach House (S. 147)

➡ Anchorage (S. 144)

➡ Sails Motel (S. 176)

Auf nach Byron Bay & an die Nordküste von New South Wales!

Hübsche, entspannte Strandorte und unberührte Nationalparks reihen sich an diesem herrlichen Küstenabschnitt aneinander, während sich im Landesinneren fruchtbares Farmland und Gebiete mit uraltem Regenwald abwechseln, die zum UNESCO-Welterbe zählen.

Das nördliche New South Wales (NSW) bildet eine Art Puffer zwischen dem urbanen Gebiet der Hauptstadt von NSW im Süden und Queenslands Gold Coast im Norden, in dem ein insgesamt schlichterer Lebensstil vorherrscht. Farmer leben Seite an Seite mit Großstadtflüchtlingen und Leuten, die einen alternativen Lebensstil pflegen. Wer Appetit auf frische lokale Lebensmittel und sortenreinen Kaffee hat oder sich die Zukunft vorhersagen lassen möchte, wird hier nicht enttäuscht werden. Und wer auf gute Surfbreaks aus ist, findet garantiert gleich um die Ecke großartige Bedingungen vor.

Reisezeit
Byron Bay

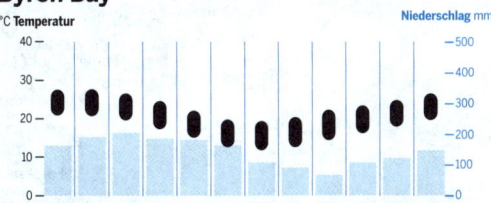

Juni & Juli Der Winter bringt die Wale an die Küste, Laternen nach Lismore und Musiker nach Byron Bay.

Sept.–Nov. Die Wale kehren zurück, es ist Badewetter, und die Jacarandas blühen.

Dez.–April Life's a beach, für Januar sollte man aber lange im Voraus buchen.

Highlights

❶ Myall Lakes National Park (S. 146) An dieser wilden, leeren Küste einen Strandabschnitt ganz für sich allein haben

❷ Dorrigo National Park (S. 157) Die Regenwälder der Gondwana Rainforests World Heritage Area der UNESCO kennenlernen

❸ Worimi Conservation Lands (S. 143) Das reiche historische Erbe der indigenen Küstenbewohner Australiens entdecken

❹ Bellingen (S. 155) Den Charme eines hübschen, wohlhabenden Dorfes im Hinterland genießen

❺ Byron Bay (S. 167) Zwischen blasenden Walen surfen lernen

❻ Fleet (S. 176) In diesem Restaurant mit moderner australischer Küche in Brunswick auf Weltniveau speisen

❼ Bangalow Market (S. 175) Die enge Verbindung zwischen den Farmern, Hippies und Feinschmeckern spüren

ℹ️ Anreise & Unterwegs vor Ort

BUS

Greyhound (www.greyhound.com.au) und Premier (www.premierms.com.au) bieten Verbindungen zwischen Sydney und Brisbane über den Pacific Hwy. Andere Veranstalter bedienen kürzere Abschnitte der Strecke.

FLUGZEUG

Flughäfen für Inlandsverbindungen gibt's in Taree, Port Macquarie, Coffs Harbour (gut, wenn man nach Bellingen will), Grafton, Ballina (Byron Bay) und Lismore. Für Port Stephens bietet sich zudem der Newcastle Airport an. Der Gold Coast Airport ist nur 4 km von Tweed Heads entfernt.

ZUG

Die Züge von **NSW TrainLink** (www.nswtrainlink. info) zwischen Sydney und Brisbane halten in Wingham, Taree, Nambucca Heads, Coffs Harbour und Grafton. Städte an stillgelegten Nebenstrecken sind mit dem Bus erreichbar.

Port Stephens

69 730 EW.

Der geschützte Hafen von Port Stephens, eine Autostunde nördlich von Newcastle, ist mit fast menschenleeren Stränden, außergewöhnlichen Nationalparks und einem einzigartigen System von Sanddünen gesegnet. Der Hauptort, Nelson Bay, ist Sitz einer Fischereiflotte und einer Armada von Touristenbooten, die wegen des Rufes der Stadt als „Delfinhauptstadt Australiens" nötig ist.

👁 Sehenswertes

Worimi Conservation Lands   SCHUTZGEBIET
(www.worimiconservationlands.com; Genehmigung 10 AU$/3 Tage) Mit einer Länge von über 35 km sind diese Dünen in Stockton Bight die längsten wandernden Sanddünen der südlichen Hemisphäre. Dank der Großzügigkeit der Worimiri, der traditionellen Besitzer, die das Gebiet heute verwalten, können Besucher nach Belieben herumlaufen und am Strand entlangfahren (nur Geländewagen, immer erst über die aktuellen Bedingungen informieren!). Die Genehmigung erhält man im Visitor Centre oder im NPWS-Büro in Nelson Bay, bei der BP-Tankstelle in Anna Bay sowie bei der rund um die Uhr geöffneten Metro-Tankstelle in der Nähe des Eingangs an der Lavis Lane.

Tomaree National Park   NATIONALPARK
(www.nationalparks.nsw.gov.au/tomaree-national-park) Die schönen Wanderwege in diesem wunderbar wilden Nationalpark wirken ab-

gelegener, als sie eigentlich sind. Der Park beherbergt Eukalyptuswälder sowie mehrere gefährdete Arten, darunter der Riesenbeutelmarder und der Riesenkauz. Außerdem kann man Aufschlüsse des seltenen Vulkangesteins Rhyodazit sehen. Im Frühling blühen entlang des Morna-Point-Wanderweges unzählige Wildblumen.

🏃 Aktivitäten

Nördlich von Nelson Bay liegt das etwas kleinere Shoal Bay mit einem langen Badestrand. Eine kurze Fahrt Richtung Süden führt nach Fingal Bay mit einem weiteren hübschen Strand am Rand des Tomaree National Park. Der Park erstreckt sich westwärts um den Samurai Beach, einen beliebten Surfstrand, an dem FKK erlaubt ist, und den One Mile Beach, einen herrlichen sichelförmigen Strand mit weichem Sand und tiefblauem Wasser.

Port Stephens Surf School   SURFEN
(📱 0411 419 576; www.portstephenssurfschool. com.au; 2-stünd. Gruppenkurs Surfen 60 AU$, 1-stünd.Gruppenkurs Stehpaddeln 45 AU$) Einzel- und Gruppenunterricht im Surfen und Stehpaddeln am One Mile Beach und am Fingal Beach. Surf- und SUP-Bretter können auch ausgeliehen werden (1/2 Std. 20/30 AU$).

👉 Geführte Touren

Port Stephens 4WD Tours   GEFÜHRTE TOUREN
(📱 02-4984 4760; www.portstephens4wd.com.au; James Patterson St, Anna Bay) Offeriert eine eineinhalbstündige Strand- und Dünentour (Erw./Kind 52/3 AU$), die dreistündige Sygna-Schiffswracktour (90/50 AU$) und eine Sandboarding-Tour (28/20 AU$) in den herrlichen Dünen der Worimi Conservation Lands. Beim Sandboarding kann man bleiben, so lange man will – wer genug hat, steigt einfach in den Shuttle-Bus.

Port Stephens Paddlesports   KAJAKFAHREN
(📱 0405 033 518; www.paddleportstephens.com.au; 35 Shoal Bay Rd, Shoal Bay; Kajak-/Stehpaddelbrettverleih pro Std. 25/30 AU$; ☾Sept.–Mai) Verleiht Kajaks und Stehpaddelbretter und bietet verschiedene Exkursionen an, darunter eineinhalbstündige Touren zum Sonnenuntergang (Erw./Kind 40/30 AU$) und zweieinhalbstündige Entdeckungstouren (50/40 AU$).

🛏 Schlafen

Melaleuca Surfside Backpackers   HOSTEL $
(📱 02-4981 9422; www.melaleucabackpackers. com.au; 2 Koala Pl, One Mile Beach; Stellplatz

Port Stephens & Great Lakes

0 ————————— 20 km

Taree
Barrington
Gloucester
Old Bar
Diamond Beach
Nabiac
Barrington Tops
National Park
Nine Mile Beach
Forster
Tuncurry · One Mile Beach
Coomba · ▲ Cape Hawke (224 m)
Park · Green Point
Wallis · Seven Mile Beach
Lake · Booti Booti National Park
Pacific Palms
Dungog
Bulahdelah
Smiths Lake
Bungwhal
Booral
Myall Lake · Seal Reacks
Bombah Point · Lighthouse Beach
Eco Cottages · Myall Lakes
Nerong · Bombah Point · National Park
Mungo Brush
Clarence
Town
Dark Point
Aboriginal Place
Tea Gardens · Hawks Nest
Port Stephens
Nelson Bay · Shoal Bay
Tasman-
see
Maitland
Raymond
Terrace
Tomaree National Park
One Mile Beach
Newcastle
Airport
Anna
Bay
Williamtown
Worimi
Conservation
Stocktown
Lands
Newcastle

20 AU$, B pro Pers. 32–36 AU$, DZ Zelt/Hütte 70/100 AU$; @🕿) Die von Architekten entworfenen Hütten dieser gut geführten, freundlichen Anlage stehen auf einem friedlichen, mit Sträuchern bewachsenen Gelände, auf dem Koalas, Jägerlieste und Kurzkopfgleitbeutler leben. Man kann sein eigenes Zelt zwischen den Sträuchern aufstellen (das gesamte Areal ist erfreulicherweise komplett autofrei) oder in einem der mit Betten ausgestatteten Zelte übernachten. Es gibt einen einladenden Lounge-Bereich und eine Küche. Der Besitzer bietet Sandboarding- und andere Exkursionen an.

Marty's at Little Beach HOTEL $$

(☑02-4984 9100; www.martys.net.au; Ecke Gowrie Ave & Intrepid Close, Nelson Bay; Zi. 120 AU$, Apt. 200–260 AU$; ❋🕿❋❋) Das beliebte, ruhige Motel liegt einen kurzen Spaziergang vom Little Beach und von Shoal Bay entfernt und hat einfache Zimmer im Strandhausstil und moderne Apartments für Selbstversorger.

Familien mit Kids, die über das Kinderbettalter raus sind, können nur in den Executive-Suiten mit zwei Schlafzimmern wohnen.

O'Carrollyn's BUNGALOW $$

(☑02-4982 2801; www.theoasisonemile.com.au; 5 Koala Pl; Bungalow 190–310 AU$; ❋🕿❋) Neun Selbstversorger-Loftbungalows mit zwei Schlafzimmern (zwei davon mit Whirlpool, einige speziell auf Familien zugeschnitten und alle rollstuhlgerecht) liegen auf diesem 5 ha großen, gärtnerisch gestalteten Grundstück rings um einen Teich. Die Gäste können den Grill im Garten benutzten und an den Tischen im Freien essen. Man kann verschiedene Anwendungen bei Wellness-Therapeuten buchen, die in den Wellnessbereich der Anlage kommen, zu dem auch eine Infrarotsauna gehört.

★ Anchorage RESORT $$$

(☑02-4984 2555; www.anchorageportstephens. com.au; Corlette Point Rd, Corlette; DZ 245–415 AU$;

P❄🛜🛏) Port Stephens stilvollste Unterkunft liegt an einem langen Strandabschnitt hinter der Marina. Die frischen Zimmer verströmen Küstencharme und sind extrem komfortabel und entspannt gestaltet. Alle haben einen Balkon oder eine Terrasse. Für Familien oder Gäste, die mehr Platz brauchen, gibt es größere Suiten und Apartments.

Der tolle Poolbereich, das hervorragende Restaurant und das Barbor-Spa machen es schwer, das Resort zu verlassen. Abends kann man im Wild Herring elegant essen und es sich in der stimmungsvollen, an die Hamptons erinnernden Bar im Obergeschoss in den Erkern gemütlich machen.

Bali at the Bay   APARTMENT $$$
(☏ 02-4981 5556; www.baliatthebay.com.au; 1 Achilles St, Shoal Bay; Apt. 250–300 AU$; ❄) Die beiden Selbstversorgerapartments, die randvoll mit blumengeschmückten Buddha-Figuren und Holzschnitzereien sind, machen ihrem Namen alle Ehre. Was diese Privatunterkunft so besonders macht, sind die Extras: Die Bäder sind luxuriös, im Kühlschrank stehen kostenloser Schaumwein und Bintang-Bier (was sonst?) und es gibt Nespresso-Maschinen. Wellness-Anwendungen sind ebenfalls verfügbar.

✖ Essen

Red Ned's Gourmet Pie Bar   FAST FOOD $
(www.redneds.com.au; 17-19 Stockton St, Nelson Bay; Pies 6 AU$; ⊙6.30–17 Uhr) Hier gibt's über 50 verrückte und wunderbare Varianten von Pies, von Krokodil in Pilz-Weißwein-Sauce bis zu Thai-Satay-Hühnchen mit Macadamianüssen. Das Rindfleisch stammt aus dem nahen Stroud, die Hühner haben Freilandhaltung genossen.

Little Beach Boathouse   SEAFOOD $$
(☏ 02-4984 9420; www.littlebeachboathouse.com.au; Little Beach Marina, 4 Victoria Pde; Hauptgerichte 28–38 AU$; ⊙Di–So 12–14 & 17.30–21, So 11.30–14.30 Uhr) In dem luftigen, aber gemütlichen Speisesaal direkt am Wasser gibt's wunderbar frische Salate, örtliche Meeresfrüchte als Gerichte zum Teilen sowie Parmesan-Trüffel-Pommes. Es ist aber gar nicht so einfach, sich aufs Essen zu konzentrieren, wenn vor der Nase Delfine tauchen und majestätische Pelikane zur Landung ansetzen.

Nice at Nelson Bay   CAFÉ $$
(☏ 02-4981 3001; www.niceatnelsonbay.com.au; Nelson Towers Arcade, 71a Victoria Pde; Frühstück Hauptgerichte 18,80 AU$; ⊙8–14 Uhr) Dieses Frühstücksparadies versteckt sich in einer Arkade in der Nähe des Wassers. Hier gibt es nicht weniger als sechs Variationen von Eggs Benedict, einige üppige Pfannkuchengerichte und dick geschnittenen French Toast mit pikanten Beilagen.

★ Wild Herring   SEAFOOD, MODERN-AUSTRALISCH $$$
(☏ 02-4984 2555; www.anchorageportstephens.com.au; Corlette Point Rd, Corlette Point; Hauptgerichte 40–46 AU$; ⊙18–22 Uhr) Die Galley Kitchen des Hotels Anchorage verwandelt sich abends unverkennbar in ein Nobelrestaurant, dennoch verströmt das schlichte Lokal am Ufer ruhige Urlaubsatmosphäre. Das Speisenangebot reicht von schlicht zubereiteter Königsmakrele mit Brokkoli und Vinaigrette aus einer wunderbaren Muschelreduktion bis zu ambitionierteren Tellern mit Kaiserhummer und Jakobsmuscheln in Meeresgemüsebutter. Die aufmerksamen, aber zurückhaltenden Mitarbeiter des Hauses können bei der Auswahl eines Weines von der hervorragenden Weinkarte beraten.

Point   SEAFOOD $$$
(☏ 02-4984 7111; www.thepointrestaurant.com.au; Ridgeway Ave, Soldiers Point; Hauptgerichte 26–40 AU$, Seafood-Platte 149 AU$; ⊙Di–So 12–15, Di–Sa 18–21 Uhr) Das Lieblingslokal der Einheimischen, um einen romantischen Anlass zu feiern, befindet sich direkt an der Marina und gewährt vom Balkon und vom verglasten Speiseraum aus einen schönen Blick. Es serviert jede Menge Meeresfrüchtegerichte, darunter Austern von der örtlichen Farm Holberts, sowie Steaks, Ente und vegetarische Speisen.

🍷 Ausgehen & Nachtleben

★ Swell   CAFÉ, BAR
(☏ 02-4982 1378; www.swellkiosks.com.au; 10a Hannah Pde, One Mile; ⊙6.30–23 Uhr) Das gehört zu einem perfekten Strand: ein rund ums Jahr den ganzen Tag lang geöffneter Treff: Hier kann man sich auf dem Weg zum Surfen in der Morgendämmerung einen guten Flat White gönnen, mittags einen Käsetoast und einen Milchshake verputzen und abends den Tag mit einem Bier vom Fass und handgeschnittenen heißen Pommes beenden. Sonntagnachmittags gibt's sogar Livemusik. Unbedingt probieren: die Garnelen-Baguettes und den „Bloke's Burger' – einen übergroßen Burger, der ganz ohne Salat oder Gemüse auskommt.

❶ Praktische Informationen

Visitor Information Centre (📞 1800 808 900; www.portstephens.org.au; 60 Victoria Pde, Nelson Bay; 🕙 9–17 Uhr) Hat interessante Ausstellungen über den Meerespark, zahlreiche andere Informationen und diverse *PS I love you*-Artikel.

❶ An- & Weiterreise

Port Stephens Coaches (📞 02-4982 2940; www.pscoaches.com.au) verbindet die Ortschaften der Port-Stephens-Region und fährt nach Newcastle und zum Newcastle Airport (4,50 AU$, 50 Min.). Täglich fährt ein Bus von/nach Sydney (einfache Strecke/hin & zurück 39/61 AU$, 4 Std.) mit Halt in Anna Bay, Nelson Bay und Shoal Bay.

Port Stephens Ferry Service (📞 0412 682 117; www.portstephensferryservice.com.au; Erw./Kind hin & zurück 24/13 AU$) und die **MV Wallamba** (📞 0408 494 262; www.teagardens.nsw.au/index_files/wally.htm; Erw./Kind hin & zurück 20/10 AU$) tuckern zwei- bis dreimal täglich von Nelson Bay nach Tea Gardens (mit Halt in Hawks Nest) und zurück.

Myall Lakes National Park

An einem außergewöhnlich schönen Abschnitt dieser Küste, die wunderbar abgelegen wirkt, liegt dieser große Nationalpark, der einen Flickenteppich aus Seen, Inseln, dichtem Küstenregenwald und Stränden bildet. **Seal Rocks**, ein inmitten von Buschland gelegenes Dorf, das sich die Sugarloaf Bay säumt, ist eines der großartigsten Surfziele Australiens. An den Seen weiter südlich leben unglaublich viele Vögel, und auch die außergewöhnlich große Artenvielfalt ist erstaunlich und umfasst Seidenlaubenvögel, Weißbauchseeadler und Eulenschwalme. Durch den Küstenregenwald ziehen sich Feuerschneisen und Strandpfade, die zu den Stranddünen bei **Mungo Brush** führen, wo man Wildblumen sehen und Dingos überraschen kann.

◉ Sehenswertes

Seal Rocks STRAND
(www.nationalparks.nsw.gov.au/myall-lakes-national-park; Fahrzeuge 8 AU$) Diese erstaunlicherweise kaum zugebaute Stadt und ihre Strände genießen bei der internationalen Surfergemeinde einen geradezu mythischen Ruf. Auch wer nicht wegen der Wellen in idyllischer, abgeschiedener Umgebung hier ist, kann viel unternehmen. Am Number One Beach gibt es schöne Felsenbecken, die Brandung ist meist sanft und der Sand traumhaft.

Ein kurzer Spaziergang führt zum Sugarloaf Point Lighthouse mit herrlichem Meerblick und ein Abstecher zum einsamen, bei Surfern beliebten Lighthouse Beach.

Broughton Island VOGELSCHUTZGEBIET
(www.nationalparks.nsw.gov.au/myall-lakes-national-park) Auf dieser unbewohnten Insel leben Dunkle Sturmtaucher und kleine Pinguine, und im Wasser rings um die Insel tummeln sich enorm viele Fischarten. Hier kann man hervorragend tauchen. Die Strände liegen sehr geschützt.

Moonshadow (📞 02-4984 9388; www.moonshadow.com.au; 35 Stockton St, Nelson Bay) 🚤 veranstaltet zwischen Oktober und Ostern (in den Sommerferien häufiger) sonntags Tagestouren von Nelson Bay zur Insel, die Schnorcheln und Boom-Net-Fahrten beinhalten (Erw./Kind 95/55 AU$). Am Little Poverty Beach gibt's einfache Zeltplätze (kein Strom, kein Wasser), die vom NSW National Parks & Wildlife Service verwaltet werden und die man im Voraus online buchen muss. Wer ein eigenes Boot hat (und sich bei Marine Rescue Port Stephens registriert hat), kann den Transfer arrangieren. Die aktuellen Transferanbieter sind auf der Website des Nationalparks aufgeführt.

🛌 Schlafen

⭐ **Treachery Camp** CAMPING $
(📞 02-4997 6138; www.treacherycamp.com.au; 166 Thomas Rd, Seal Rocks; Stellplatz Erw. 17–22 AU$, Kind 10–13 AU$, Hütte 105–260 AU$) Hinter den Dünen und Küstensträuchern des Treachery Beach und im Schatten von Bäumen liegt dieser Zeltplatz mit einem großen Gemeinschaftsgebäude mit warmen Duschen und Kochgelegenheiten sowie einem tollen Café. Der Standard der Hütten, die man lange im voraus buchen muss, reicht von einfach über hübsch bis hin zu von Architekten gestaltet.

Seal Rocks Holiday Park CAMPING $
(📞 02-4997 6164; www.sealrocksholidaypark.com.au; Kinka Rd, Seal Rocks; Stellplatz 45 AU$, Hütte 110–200 AU$; 🛜) Bietet verschiedene Budgetunterkünfte, darunter 14 Hütten und Wohnmobilstellplätze direkt am Wasser. In den Hütten können bis zu sechs Personen schlafen. Einige haben ein eigenes Bad und Meerblick.

NPWS Campgrounds CAMPING $
(📞 1300 072 757; www.nationalparks.nsw.gov.au/myall-lakes-national-park; Stellplatz für 2 Pers.

ABSTECHER: VON OLD BAR ZUM LAKE CATHIE

Hinter dem zunehmend urban geprägten Ort Forster, dessen **Visitor Centre** (☑02-6554 8799; www.greatlakes.org.au; Little St, Forster; ⊙9–17 Uhr) Infos über die Gegend hat, verläuft die Küste an einer Reihe stimmungsvoller kleiner Städte und langer, unberührter Strände und üppiger Wälder entlang, die zur Erkundung einladen.

Gleich abseits vom Pacific Hwy liegt Taree (17 800 Ew.), das Zentrum des fruchtbaren Manning Valley. Ein kleines Stück westlich von hier kann man in der nahen Stadt Wingham betulichen englischen Land-Charme gepaart mit einer rauen Holzfällervergangenheit erleben.

Doch die Küste ruft. Schon lange steht Old Bar an der südlichen Mündung des Manning River bei Surfern hoch im Kurs, inzwischen steht hier aber auch das vielleicht erste *destination hotel* der Midcoast, das prächtige **Boogie Woogie Beach House** (☑02-6557 4224; www.boogiewoogiebeachhouse.com.au; 31 David St, Old Bar; DZ 189–280 AU$; ℗⚹).

Weiter nördlich kann man am Mündungsgebiet entlang hinunter bis zum weitläufigen Strandort **Harrington** fahren, der von einem spektakulären felsigen Damm geschützt wird und an dem es viele Pelikane gibt.

Eine kurze Fahrt von Harrington nach Nordosten führt in die kleine Fischer- und Surferstadt Crowdy Head am Rand des **Crowdy Bay National Park** (www.nationalparks.nsw.gov.au/crowdy-bay-national-park; Fahrzeuge 8 AU$). Der Blick vom 1878 erbauten Leuchtturm auf die verlassenen Strände und auf die Wildnis ist grandios. Im Park gibt's mehrere schöne, abgelegene Campingplätze. Der kleine **Dooragan National Park** (www.nationalparks.nsw.gov.au/dooragan-national-park) GRATIS liegt direkt nördlich vom Crowdy Bay National Park am Ufer des Watson Taylor Lake und wird vom North Brother Mountain dominiert. Eine Asphaltstraße führt zu einem Aussichtspunkt auf dem Gipfel mit überwältigendem Blick auf die Küste. Auf der Fahrt weiter nach Norden kommt man durch Laurieton. Hier biegt man links ab und überquert die Brücke nach North Haven, einem fantastischen Surfstrand. Auf der Weiterfahrt nach Norden führt die Straße vorbei am Lake Cathie (sprich: kätt-ai), einem flachen Gewässer, in dem Kinder wunderbar planschen können.

25–35 AU$) Im Park verteilt liegen 19 schlichte Campingplätze, und nur einige von ihnen verfügen über Trinkwasser und Spültoiletten. Alle Plätze können über die Website gebucht werden.

★Bombah Point
Eco Cottages COTTAGES $$$

(☑02-4997 4401; www.bombah.com.au; 969 Bombah Point Rd, Bombah Point; Cottage 275–325 AU$; ⛱) Die von Architekten designten Cottages mit Glasfassaden stehen im Herzen des Nationalparks und bieten bis zu sechs Gästen Platz. Das „Öko" im Namen ist wohlverdient: Das Abwasser wird vor Ort mittels eines Bioreaktorsystems aufbereitet, der Strom stammt von Solarpaneelen und das Wasser aus Regenwassertanks mit Filter. Die Cottages sind recht luxuriös: Sie verfügen über riesige Regenwasser-Wellnessbäder und stilvolle schmiedeeiserne Kamine.

Sugarloaf Point Lighthouse COTTAGE $$$

(☑02-4997 6590; www.sealrockslighthouseaccommodation.com.au; Cottage ab 340 AU$; ⛱) Von den drei komplett renovierten Leuchtturmwärterhütten aus dem 19. Jh. kann man die donnernden Wellen und Wildtiere beobachten. Alle verfügen über zwei oder drei Schlafzimmer, eine Küche und einen Grill. Die Räume sind hoch und angenehm schlicht im historischen Stil eingerichtet. Die Lage ist grandios, wie man sich denken kann.

✖ Essen

In dieser Gegend ist Selbstversorgung angesagt, wobei es einige tolle Optionen für frische Meeresfrüchte gibt. Wer im Restaurant essen möchte, kann hinunter nach Port Stephens, hinauf nach Pacific Palms oder ins Landesinnere fahren.

❶ Anreise & Unterwegs vor Ort

Von der Stadt Hawks Nest führt die malerische Mungo Brush Rd durch den Park nach Bombah Broadwater. Dort setzt eine Fähre bei Bombah Point von 8 bis 18 Uhr jede halbe Stunde in fünf Minuten über (6 AU$/Auto). Weiter nördlich verläuft ein 10 km langer unbefestigter Abschnitt der Bombah Point Rd zum Pacific Hwy bei Bulahdelah.

Port Macquarie

44 340 EW.

„Port", wie die Stadt gemeinhin genannt wird, nutzt seine Lage am Zugang zur subtropischen Küste optimal aus. Es könnte schon als Minimetropole gelten, ist aber überwiegend auf den Tourismus ausgerichtet. Zu beiden Seiten der Stadt erstreckt sich eine Reihe schöner Strände, die man nach einer kurzen Fahrt erreicht. An den meisten kann man super baden und surfen, und sie sind selten überfüllt.

⊙ Sehenswertes

Koala Hospital   TIERSCHUTZGEBIET
(www.koalahospital.org.au; Lord St; gegen Spende; ⊙8–16.30 Uhr) Chlamydien, Verkehrsunfälle und Angriffe durch Hunde sind die häufigsten Ursachen für Krankheiten und Verletzungen von Koalas, die in der Nähe von Städten leben. Etwa 250 von ihnen landen jedes Jahr in diesem Schutzgebiet. Man kann jederzeit um die Gehege im Freien herumspazieren, doch bei einer Führung (15 Uhr) erfährt man mehr. Schilder erzählen die Geschichten einiger Langzeitpatienten. Freiwilligenplätze sind auf der Website aufgelistet.

Sea Acres National Park   NATIONALPARK
(☎02-6582 3355; www.nationalparks.nsw.gov.au/ sea-acres-national-park; 159 Pacific Dr; Erw./Kind 8/4 AU$; ⊙9–16.30 Uhr) Der 72 ha große Nationalpark schützt den größten und artenreichsten Abschnitt von Küstenregenwald des Staates. Im Park leben zahlreiche Vögel, Warane, Buschhühner und Rautenpythons. Das Rainforest Centre hat ein tolles Café (☎02-6582 4444; www.rainforestcafe.com.au; Hauptgerichte Frühstück 10–15 AU$, Mittagessen 12–22 AU$; ⊙9–16 Uhr; ☑) ● und Multimediaausstellungen über die örtlichen Birpai-Aborigines. Das Highlight ist der rollstuhlgerechte 1,3 km lange Plankenweg durch den Wald. Fachkundige Freiwillige veranstalten in der Hauptsaison faszinierende einstündige Führungen.

Glasshouse Regional Gallery   GAERIE
(☎02-6581 8888; www.glasshouse.org.au/regio nal-gallery; Ecke Clarence St & Hay St; ⊙Di–So 10–16 Uhr) GRATIS Dieser coole Komplex mit mehreren Etagen gibt einen interessanten

Überblick über die örtlichen künstlerischen Aktivitäten und zeigt regelmäßig Wanderausstellungen der führenden australischen Museen und Galerien.

Port Macquarie
Historical Museum   MUSEUM
(☎02-6583 1108; www.port-macquarie-historical museum.org.au; 22 Clarence St; Erw./Kind 5/2 AU$; ⊙Mo–Sa 9.30–16.30 Uhr) Das überraschend interessante kleine Museum ist in einem Haus aus dem Jahr 1836 untergebracht. Neben Ausstellungen zur Geschichte der Aborigines und der Strafgefangenen gibt es eine bunte Mischung verschiedenster Exponate, darunter eine ganze Ladenstraße und wunderschöne alte Kleider samt Unterwäscheabteilung.

Maritime Museum   MUSEUM
(www.maritimemuseumcottages.org.au; 6 William St; Erw./Kind/Fam. 5/2/12 AU$; ⊙10–16 Uhr) Die alte Lotsenstation (1882) über dem Town Beach wurde in ein kleines, stimmungsvolles maritimes Museum verwandelt. Für die Besichtigung der faszinierenden Sammlung sollten Besucher eine starke Stunde einplanen.

🏃 Aktivitäten

Besonders gut surfen kann man am Town Beach, am Flynn's Beach und am Lighthouse Beach, die in den Sommermonaten alle von Rettungsschwimmern überwacht werden. Der Regenwald erstreckt sich am Shelly Beach und am Miners Beach, einem inoffiziellen Nacktbadestrand, bis direkt an den Strand.

Die Walsaison dauert von Mai bis November. Rund um die Stadt gibt's zahlreiche gute Beobachtungspunkte, noch näher an die Tiere kommt man im Rahmen einer Walbeobachtungstour.

Der gesamte Weg von der Town Wharf bis zum Lighthouse Beach lässt sich zu Fuß zurücklegen.

★ Port Macquarie Coastal Walk   WANDERN
Dieser wunderbare Küstenweg beginnt im Vorland des Town Green und windet sich rund 9 km an der Küste entlang bis zum Tracking Point Lighthouse (Lighthouse Rd) im Sea Acres National Park (S. 148). Unterwegs gibt's viele Möglichkeiten zum Baden (acht Strände), und zwischen Mai und November kann man oft wandernde Wale beobachten. Die Wanderung lässt sich in kürzere, 2 km lange Abschnitte unterteilen.

Soul Surfing
SURFEN

(☑ 02-6582 0114; www.soulsurfing.com.au; Kurse ab 50 AU$) Die familiengeführte Surfschule eignet sich besonders gut für nervöse Anfänger. Sie veranstaltet auch Intensivkurse während der Schulferien und eintägige Workshops nur für Frauen, die neben Surfunterricht auch Yoga, Entspannung und Essen umfassen.

Schlafen

Port Macquarie Backpackers
HOSTEL $

(☑ 02-6583 1791; www.portmacquariebackpackers. com.au; 2 Hastings River Dr; B/EZ/DZ ab 36/72/ 82 AU$; @🐾🛜🏊) Das denkmalgeschützte Haus hat mit Pressblech verzierte Wände, und einen grünen Hof mit einem kleinen Pool und ist mit bunten Wandbildern verziert. Der Verkehr kann laut sein, doch die kostenlosen Extras (z. B. WLAN, Fahrräder, Shuttle zum Strand und Bodyboards) und die entspannte Atmosphäre machen das mehr als wett.

Sundowner Breakwall Tourist Park
HOSTEL $

(☑ 02-6583 2755; www.sundownerholidays.com; 1 Munster St; B 28 AU$, Stellplatz für 2 Pers. 38–45 AU$, Hütte 98–310 AU$) Direkt an der Flussmündung liegt diese ausgezeichnete Unterkunft, die umfangreiche Service-Einrichtungen bietet und sehr geräumig wirkt. Sie hat einen eigenen Backpackerbereich mit einer separaten Küche und einem Gemeinschaftsbereich.

Flynns on Surf
VILLA $$

(☑ 02-6584 2244; www.flynns.com.au; 25 Surf St; Villas mit 1/2/3 Schlafzi. 180/240/300 AU$; P🐾🛜🏊) Die eleganten Villen mit ein, zwei oder drei Schlafzimmern stehen alle auf einem eigenen privaten Grundstück und warten mit einem herrlichen Blick in den Busch auf. Sie sind komplett für Selbstversorger ausgestattet und mit Extras wie Nespresso-Maschinen und iPod-Anschlüssen versehen. Bis zum Meer sind es 200 m, in die Stadt drei Minuten zu Fuß.

Beachport
B & B $$

(☑ 0423 072 669; www.beachportbnb.com.au; 155 Pacific Dr; DZ 70–200 AU$; 🐾🛜) Die beiden Erdgeschosszimmer dieses hervorragenden B & Bs gewähren Zugang zu privaten Terrassen, dafür sind die Zimmer oben größer. Die Zutaten für ein einfaches Frühstück zum Selbermachen werden bereitgestellt, und gleich auf der anderen Straßenseite liegt das Rainforest Cafe (S. 148). Ein Nachmittagstee am Anreisetag ist im Preis enthalten.

 Essen

Social Grounds
CAFÉ $

(151 Gordon St; Hauptgerichte 7–14 AU$; ⊘ Mo–Fr 6–14.30, Sa bis 12, So 7–12 Uhr) Einfach einen Stuhl an die Gemeinschaftstische auf der Terrasse dieses hippen, stylishen Treffs ziehen! Auf der Karte an der Wand stehen Eier und Bagels, hoch aufgetürmte Reuben-Sandwiches und üppige Salate. Der Kaffee ist verlässlich gut.

★ Latin Loafer
TAPAS $$

(☑ 02-6583 9481; www.latinloafer.com.au; 74 Clarence St; Gerichte 10–20 AU$; ⊘ Di–Do 12–15 & 17–22, Fr & Sa 12–23 Uhr) Von dem wunderbar stimmungsvollen Restaurant, das sich auf spanische und südamerikanische Weine spezialisiert hat, schaut man auf den Fluss. Kroketten aus gesalzenem Kabeljau und Empanadas mit Rindfleisch sind die perfekten Snacks zum Aperitif – kombiniert mit auf peruanische Art gewürzten Kartoffeln, Königsmakrelen-Ceviche und gegrilltem Tintenfisch ergeben sie problemlos eine ganze Mahlzeit.

★ Bill's Fishhouse
MODERN-AUSTRALISCH $$

(☑ 02-6584 7228; www.billsfishhouse.com.au; 2/ 18-20 Clarence St; Hauptgerichte 22–32 AU$; ⊘ Di–So 18–22 & Fr–So 12–14.30 Uhr) Freundliches, hübsches Restaurant, in dem man der Hitze entkommen und superfrische Meeresfrüchte (aber auch tolles regionales Geflügel und Rindfleisch) essen kann. Die kurze Karte, auf der Fish & Chips, Lachs mit Rüben und Gemüse sowie Filet mit Sauce Béarnaise stehen, wird täglich um vom Koch ausgewählte Delikatessen vom Fischmarkt ergänzt. Ähnlich kurz ist die Weinkarte. Zum Abendessen sollte man reservieren.

★ Stunned Mullet
MODERN-AUSTRALISCH $$$

(☑ 02-6584 7757; www.thestunnedmullet.com.au; 24 William St; Hauptgerichte 36–42 AU$; ⊘ 12– 14.30 & 18–22 Uhr) Das schicke Restaurant am Meer ist etwas für echte Gourmets. Auf der kreativen, modernen Karte stehen neben Klassikers wie Enten-Confit mit getrüffelter Polenta auch exotische Gerichte, z. B. Schwarzer Seehecht. Alle Fische sind echte Wildfische. Die umfangreiche, internationale Weinkarte macht dem besten Restaurant Ports alle Ehre, zudem gibt es eine kleine, aber erlesene Auswahl von Weinen im Glas und halben Flaschen Wein.

Port Macquarie

Port Macquarie

◎ Highlights
1 Flynn's Beach.............................F4
2 Town Beach E1

◎ Sehenswertes
3 Glasshouse Regional Gallery C1
4 Koala Hospital.........................E4
5 Maritime Museum..................................E2
6 Port Macquarie Historical Museum.......C1

✈ Aktivitäten, Kurse & Touren
7 Port Macquarie Coastal Walk D1

⌂ Schlafen
8 Flynns on Surf F4
9 Port Macquarie Backpackers...............A2
10 Sundowner Breakwall Tourist
    Park D1

✕ Essen
11 Bill's Fishhouse C1
12 Fusion 7...C2
13 Latin Loafer B1
14 Social Grounds......................................A2
15 Stunned Mullet.......................................E2

Fusion 7 FUSION $$$
(☎ 02-6584 1171; www.fusion7.com.au; 124 Horton St; Hauptgerichte 32–37 AU$; ⏰ Di–Sa 18–21 Uhr) Der Koch und Besitzer Lindsey Schwab hat in London mit dem Vater der Fusionsküche, Peter Gordon, sowie in einigen der führenden Restaurants Sydneys gearbeitet. Heute bietet er eine kurze, aber innovative Karte, auf der regionale Produkte eine große Rolle spielen. Ein besonderes Highlight sind hier die Desserts. Vorher anrufen, um zu reservieren!

ⓘ Praktische Informationen

Visitor Information Centre (☎ 02-6581 8000; www.portmacquarieinfo.com.au; Glasshouse, Ecke Hay St & Clarence St; ⏰ Mo–Fr 9–17.30, Sa & So bis 16 Uhr)

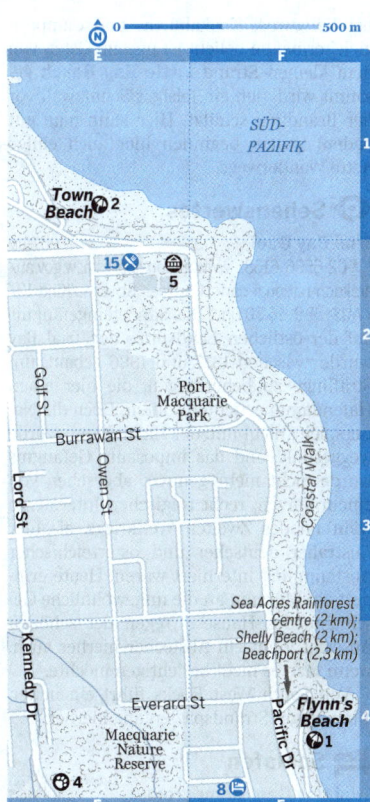

regelmäßig Lokalbusse. Reguläre Flüge mit **Qantaslink** (☑13 13 13; www.qantas.com.au) und **Virgin** (☑13 67 89; www.virginaustralia. com) gehen nach Sydney und Brisbane. **JetGo** (☑1300 328 000; www.jetgo.com) fliegt viermal pro Woche zum Essendon Airport in Melbourne.

ZUG

Der nächste Bahnhof befindet sich 18 km westlich von Port Macquarie in Wauchope. Busse fahren auf die Züge abgestimmt.

Crescent Head

1070 E.W.

Dieses Strandrefugium hat einen der besten Right Hand Breaks im ganzen Landzu bieten. Viele Besucher kommen nur, um zuzuschauen, wie die Longboard-Surfer die langen Wellen der **Little Nobby's Junction** reiten. Vor der Plomer Rd kommen Shortboard-Surfer auf ihre Kosten. Der unberührte **Killick Beach** erstreckt sich 14 km nach Norden.

🛌 Schlafen

Surfari HOSTEL, MOTEL $
(☑02-6566 0009; www.surfaris.com; 353 Loftus Rd; Stellplatz 20 AU$, B/DZ 40/150 AU$; @🛜🐕) Surfari veranstalteten als Erste Sydney–Byron-Surftouren und sind mittlerweile in Crescent Head ansässig, weil man hier „garantiert jeden Tag surfen kann". Die Zimmer sind sauber und gemütlich. Besonders beliebt sind Kombipakete aus Surfen und Übernachtung. Die Anlage liegt 3,5 km entlang der Straße nach Gladstone.

Sun Worship
Eco Apartments APARTMENT $$$
(☑1300 664 757; www.sunworship.com.au; 9 Belmore St; Apt. 230–320 AU$; 🛜) 🍃 In den fünf Villen aus gestampfter Erde wohnt man luxuriös, aber umweltfreundlich: Ihr Design ist auf Nachhaltigkeit ausgerichtet, einschließlich natürlicher Belüftung, Ausrichtung zur Sonne und Warmwasser aus Solarenergie. Die Villen sind toll und bieten alles, was man benötigt, doch die Einrichtung wird der herausragenden Architektur nicht ganz gerecht.

ℹ️ An- & Weiterreise

Busways (☑02-6562 4724; www.busways.com. au) fährt zwei- bis dreimal täglich zwischen Crescent Head und Kempsey (10,50 AU$, 25 Min.); sonntags gibt es keine Verbindung.

ℹ️ An- & Weiterreise

BUS

Regionalbusse fahren am **Port Macquarie Coach Terminal** (Gordon St) ab.

Busways (☑02-6583 2499; www.busways. com.au) Bietet Lokalbusverbindungen zum Port Macquarie Airport (5,50 AU$, 28 Min.) und nach Kempsey (18 AU$, 1 Std.) an.

Greyhound (☑1300 473 946; www.greyhound. com.au) Zweimal täglich fahren Busse nach/ ab Sydney (6½ Std.), Newcastle (4 Std.), Coffs Harbour (2½ Std.), Byron Bay (6 Std.) und Brisbane (10 Std.).

Premier (☑13 34 10; www.premierms.com.au) Tägliche Verbindung nach/ab Sydney (60 AU$, 6½ Std.), Newcastle (47 AU$, 3¾ Std.), Coffs Harbour (47 AU$, 2¼ Std.), Byron Bay (66 AU$, 7½ Std.) und Brisbane (67 AU$, 11 Std.).

FLUGHAFEN

Der **Port Macquarie Airport** (☑02-6581 8111; www.portmacquarieairport.com.au; Oliver Dr) liegt 5 km vom Stadtzentrum entfernt. Ein Taxi kostet 20 AU$, zum Flughafen fahren zudem

Hat Head National Park

Der 74 km² große **Nationalpark** (Fahrzeuggebühr 8 AU$) bedeckt fast die gesamte Küste von Crescent Head bis South West Rocks und schützt Buschland, Sümpfe und einige tolle Strände, die sich vor der Kulisse einer der größten Dünenlandschaften von NSW erstrecken.

Das abgeschiedene Stranddorf Hat Head (325 Ew.) liegt im Herzen des Nationalparks. Am hinteren Stadtrand neben dem Ferienpark quert eine hübsche Fußgängerbrücke aus Holz den Meeresarm des Korogoro Creek. Das Wasser ist so klar, dass man problemlos die umherschwimmenden Fische beobachten kann.

Zu einer Pause lädt das **Heritage Hotel** (www.heritagehotel.net.au; 21 Kinchela St, Gladstone; Hauptgerichte ab 16 AU$; ☉ Mo–Sa 10–24, So bis 21 Uhr) in Gladstone ein, ca. 20 Fahrminuten landeinwärts und am Fluss entlang.

Die schönste Aussicht bietet sich vom **Smoky Cape Lighthouse** am nördlichen Ende des Parks. Während der jährlichen Walwanderung kann man die Tiere von hier aus bestens sehen.

Camper können am **Hungry Gate** (www. nationalparks.nsw.gov.au/hat-head-national-park; Stellplatz pro Erw./Kind 6/3,50 AU$), 5 km südlich von Hat Head, zwischen einheimischen Feigenbäumen und inmitten von Myrtenheiden einen schönen *back to nature*-Aufenthalt erleben. Die Stellplätze werden nach der Reihenfolge des Eintreffens belegt, ein Ranger kommt vorbei und kassiert die Gebühren. Es gibt Toiletten ohne Spülung und einen Grillbereich, Trinkwasser muss man aber selbst mitbringen. Für Unterhaltung sorgen Kängurus.

South West Rocks

4810 EW.

Zu den vielen hübschen Städten an diesem Küstenabschnitt gehört auch South West Rocks mit spektakulären Stränden und Attraktionen, die Besucher mindestens eine oder zwei Nächte beschäftigen.

Die hübsche geschwungene **Trial Bay** östlich des Ortes ist nach der *Trial* benannt, einem von aus Sydney fliehenden Strafgefangenen gestohlenen Schiff, das hier 1816 in einem Sturm sank. Die östliche Hälfte der Bucht wird mittlerweile durch den **Arakoon National Park** geschützt. Der Nationalpark erstreckt sich rund um eine Landzunge, die bei Kängurus, Kookaburras und Campern gleichermaßen beliebt ist und im Osten von dem kleinen Strand **Little Bay Beach** gesäumt wird, den ein felsiger Schutzwall vor der Brandung schützt. Hier kann man gut baden; zudem beginnen hier auch einige nette Wanderwege.

◉ Sehenswertes

Trial Bay Gaol   MUSEUM

(☎ 02-6566 6168; www.nationalparks.nsw.gov.au/arakoon-national-park; Cardwell St; Erw./Kind 10/7 AU$; ☉ 9–16.30 Uhr) Das Sandsteingefängnis auf der östlichen Landspitze der Trial Bay wurde zwischen 1877 und 1886 gebaut, um Sträflinge zu beherbergen, die hier einen Hafendamm errichten sollten. Doch die Natur spielte nicht mit, der Hafendamm wurde weggespült, und das imposante Gefängnis wurde nicht mehr genutzt, abgesehen von einem kurzen, recht tragischen Intermezzo während des Zweiten Weltkriegs, als hier Australier deutscher und österreichischer Abstammung interniert waren. Heute erinnert ein Museum an die ungewöhnliche Geschichte des Hauses. Wegen der schönen Aussicht lohnt ein Abstecher hierher auch, wenn man es nicht besichtigen möchte.

Von South West Rocks führt ein netter, 4 km langer Strandspaziergang hierher.

🛏 Schlafen

Trial Bay Gaol Campground   CAMPING $

(☎ 02-6566 6168; www.nationalparks.nsw.gov.au/arakoon-national-park; Cardwell St; Stellplatz 35 AU$, Sommer & Schulferien 60 AU$) Auf diesem großartigem NPSW-Zeltplatz hinter dem Trial Bay Gaol hat man von den meisten Stellplätzen einen tollen Blick aufs Meer, und immer tummeln sich hier Kängurus. Zu den Einrichtungen des Platzes gehören Trinkwasser, Spültoiletten, Münzduschen mit Warmwasser und gasbetriebene Grills. Man muss mindestens zwei Tage vor dem Aufenthalt online buchen.

Smoky Cape Retreat   B&B $$

(☎ 02-6566 7740; www.smokycaperetreat.com.au; 1 Cockatoo Pl, Arakoon; DZ 130–220 AU$; ⊜ ❄ 🛋) Das gemütliche Refugium im Buschland nahe Arakoon hat drei private Suiten mit Whirlpools für zwei Personen und einen weitläufigen Garten mit einem Salzwasserpool und einem Tennisplatz. Die Besitzer betreiben auf ihrer Terrasse, wo auch das kostenlose warme Frühstück serviert wird, ein charmantes Café.

★ Smoky Cape
Lighthouse B & B   B & B, COTTAGE $$$

(📱 02-6566 6301; www.smokycapelighthouse.com; Lighthouse Rd; EZ/DZ 150/220, Cottage mit 3 Schlafzi. für 2 Nächte 500–580 AU$; 🅿) Den Abend kann man hier romantisch damit verbringen, aufs Meer zu schauen, während der Wind um das historische Leuchtturmwärterhaus fegt und die Kängurus herauskommen, um hoch oben auf der Landspitze zu grasen. Der Blick ist einfach umwerfend. Einige Zimmer sind traditionell eingerichtet. Am Wochenende steigen die Preise.

✖ Essen

★ Malt & Honey   CAFÉ $

(📱 02-6566 5200; 5-7 Livingstone St; Hauptgerichte 10–16 AU$; ⊘ 7 Di–So 7.30–16 Uhr) Urbane Sensibilität gepaart mit der Freundlichkeit eines Strandorts und Charme prägt dieses gut besuchte Café. Morgens kann man einen Latte (aus Kaffeebohnen von Toby's Estate) trinken und *crumpets* (Hefegebäck) mit Macadamiastreuseln, hausgemachtes Müsli oder das große Frühstück mit Lammkoteletts, Chorizo, Eiern und Schinken essen. Mittags stehen große Salate und andere gesunde, aber sättigende Gerichte auf der Karte.

ℹ Praktische Informationen

Visitor Information Centre (📱 02-6566 7099; www.macleayvalleycoast.com.au; 1 Ocean Ave; ⊘ 9–16 Uhr)

ℹ An- & Weiterreise

Busways (📱 02-6562 4724; www.busways. com.au) Fährt von Montag bis Samstag zwei- bis viermal täglich von/nach Kempsey (Erw./Kind 13 60/6,80 AU$, 46 Min.).

Nambucca Heads

6220 EW.

Nambucca Heads erstreckt sich entspannt über ein spektakulär geformtes Kap an der verschlungenen Mündung des prächtigen Nambucca River. Die Stadt ist ruhig und unprätentiös und weckt Erinnerungen an sonnenverwöhnte Ferien in den 1970er- und 1980er-Jahren.

◉ Sehenswertes

Yarriabini National Park   NATIONALPARK

(www.nationalparks.nsw.gov.au/yarriabini-national -park) Das Highlight dieses üppigen Parks, in dem Regenwald wächst, ist der fantastische Küstenblick vom Gipfel des Mt. Yarriabini, den man über die malerische Way Creek Rd erreicht.

Captain Cook Lookout   AUSSICHTSPUNKT

Der Captain Cook Lookout auf einer hohen Klippe ist unter den vielen Aussichtspunkten der Gegend derjenige mit dem schönsten Blick auf die Strände. Während der Wanderungssaison der Wale kann man nach den Meeressäugern Ausschau halten. Eine Straße führt von hier hinunter zu den Gezeitenbecken am Shelly Beach.

V-Wall   WAHRZEICHEN

Seit Jahrzehnten dekorieren Einwohner und Urlauber die Steine des Hafendamms von Nambucca mit lebendigen, farbenfrohen Kunstwerken und mit Mitteilungen an geliebte Menschen, Familien und neue Freunde. Besucher sind herzlich eingeladen, ihre eigenen Botschaften zu pinseln, falls sie noch eine freie Stelle auf den Steinen finden.

✈ Aktivitäten

Nambucca Boatshed   BOOTFAHREN

(Beachcomber Marine; 📱 02-6568 6432; www. nambuccaboatshed.com.au/activities; Riverside Dr; Bootsverleih pro 2 Std./Tag 80/220 AU$, Kajakverleih 25 AU$ pro Std. ⊘ Mo–Sa 7–16.45, So bis 15 Uhr) Man kann online buchen oder bei den freundlichen Mitarbeitern ein Motorboot, Kajak oder Stehpaddelbrett ausleihen und sich Tipps zum Angeln in der Gegend holen. Im angeschlossenen Café kann man sich mit Essen eindecken.

🛏 Schlafen

White Albatross Holiday Park   CAMPING $

(📱 02-6568 6468; www.whitealbatross.com.au; 52 Wellington Dr; Stellplatz 66 AU$, Hütte 145–215; AU$ 🅿🛜🛁📶) Der große Ferienpark in der Nähe der Flussmündung breitet sich rund um eine geschützte Lagune aus. Die Hütten sind makellos sauber und verfügen über komplett ausgestattete Küchen. Zur Anlage gehört eine fröhliche Taverne mit toller Terrasse.

Riverview Boutique Hotel   PENSION $$

(📱 02-6568 6386; www.riverviewlodgenambucca. com.au; 4 Wellington Dr; EZ 169 AU$, DZ 179–225 AU$; 🅿📶🛜) Das 1887 erbaute charmante zweistöckige Holzhaus war früher ein Pub. Heute befinden sich hier acht ordentliche, schicke Zimmer mit privaten Balkonen und teilweise mit schöner Aussicht.

Nambucca Heads

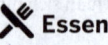

0 ———————————————— 400 m

Nambucca Heads

◉ Sehenswertes
1 Captain Cook Lookout...........................D3
2 V-Wall...C3

✦ Aktivitäten, Kurse & Touren
3 Nambucca Boatshed.............................A3

🛏 Schlafen
4 Riverview Boutique Hotel B2
5 White Albatross Holiday Park C3

✖ Essen
6 Matilda's...B3

✖ Essen

★ Taverna Six   GRIECHISCH $$
(☏ 02-6569 0000; www.facebook.com/TavernaSix;
405 Grassy Head Rd, Grassy Head; Hauptgerichte
22–28 AU$; ⊙ Do–Sa 18.30–21 Uhr, So ab 11 Uhr
Mittagessen) Die Gäste können im Hof entspannen, während die freundlichen Mitarbeiter große Portionen Mezze, mit Kräutern
gewürzte Salate, frisches Seafood und regionales Lammfleisch servieren. Die fabelhaft
authentischen Gerichte werden mit wunderbaren Zutaten von der Küste und mit einigen schönen aus Griechenland importierten
Produkten wie Bottarga von den Peloponnes
zubereitet. Dazu erklingt griechische Musik,
und auf der anderen Straßenseite rollen die
Wellen heran – eine perfekte griechisch-aus-
tralische Kombination.

Matilda's   SEAFOOD $$$
(☏ 02-6568 6024; 6 Wellington Dr; Hauptgerichte
35 AU$; ⊙ Mo–Sa 18–21 Uhr) In dieser niedli-
chen Hütte mit traditionellem Strandhaus-
charakter gibt's hauptsächlich Meeresfrüchte, darunter auch Austern. Die Einheimischen schwärmen vom hiesigen Käse-
kuchen und der Pavlova-Torte. Die Gäste
können ihren eigenen Wein mitbringen
(Korkengeld 4 AU$).

❶ Praktische Informationen

Nambucca Heads Visitor Information Centre
(☏ 1800 646 587; www.nambuccatourism.
com.au; Ecke Riverside Dr & Pacific Hwy;
⊙ 9–17 Uhr)

❶ Anreise & Unterwegs vor Ort

BUS
Fernbusse halten am Visitor Centre.

Busways (☏ 02-6568 3012; www.busways.
com.au) Werktags verkehren sechs Busse
nach/ab Bellingen (9,70 AU$, 1¼ Std.) und
Coffs Harbour (11,90 AU$, 1¼ Std.), samstags
sind es nur ein bis zwei.

Greyhound (☑ 1300 473 946; www.greyhound. com.au) Täglich gibt's Verbindungen nach/ ab Sydney (100 AU$, 8 Std.), Port Macquarie (22 AU$, 1¾ Std.), Coffs Harbour (13 AU$, 45 Min.), Byron Bay (60 AU$, 4½ Std.) und Brisbane (106 AU$, 8¼ Std.).

Premier (☑ 13 34 10; www.premierms.com.au) Tägliche Verbindung nach/ab Sydney (63 AU$, 8 Std.), Port Macquarie (38 AU$, 1¾ Std.), Coffs Harbour (34 AU$, 40 Min.), Byron Bay (58 AU$, 5¾ Std.) und Brisbane (63 AU$, 9¼ Std.).

ZUG

NSW TrainLink (☑ 13 22 32; www.nswtrainlink. info) Täglich fahren drei Züge nach/ab Sydney (66 AU$, 8 Std.), Wingham (25 AU$, 3 Std.), Kempsey (8 AU$, 1 Std.) und Coffs Harbour (5 AU$, 40 Min.) sowie zwei nach Brisbane (62 AU$, 6¼ Std.).

Bellingen

3040 EW.

Diese wunderbare Stadt, die mitten im dichten Grün auf einem Hügel über dem Bellinger River liegt, tanzt nach dem Rhythmus ihrer eigenen Bongo-Trommel. In „Bello" gibt's Bioprodukte in Hülle und Fülle, und die progressiven Einwohner pflegen ein urbanes Lebensgefühl. Mit ihrer Lage zwischen den spektakulären Regenwäldern des Dorrigo National Park und mehreren tollen Stränden ist der Ort zweifellos ein Juwel auf der Ostküstenroute.

Hier beginnt auch der berühmte Waterfall Way, der weiter nach Dorrigo führt und sich dahinter Richtung Westen nach Armidale windet.

☉ Sehenswertes

Bellingen Island   WILDRESERVAT
(www.bellingen.com/flyingfoxes) Auf der kleinen Insel im Bellingen River, die nur bei Flut eine echte Insel ist, lebt eine riesige Kolonie Graukopf-Flughunde. Wer sie aus der Nähe sehen will, folgt dem steilen Pfad zur Insel, der an der Red Ledge Lane am Nordufer beginnt. Die beste Zeit für einen Besuch ist zwischen Oktober und Januar, wenn die Jungtiere geboren und gesäugt werden. Zum Schutz gegen Brennnesseln, Schnecken, Blutegel und Mücken sollte man am besten lange Hosen anziehen und Insektenschutz verwenden.

In der Abenddämmerung fliegen die Flughunde zu Tausenden aus, um Nahrung zu suchen – ein beeindruckendes Bild, das man aber am besten von der Brücke im Stadtzentrum aus sieht.

✪ Feste & Events

Bellingen Readers & Writers Festival   LITERATUR
(www.bellingenwritersfestival.com.au) Am langen Wochenende zum Geburtstag der Queen treten etablierte Schriftsteller und Nachwuchsautoren bei Vorträgen, Gesprächsrunden, Lesungen, Poetry Slams und Workshops auf.

Bello Winter Music   MUSIK
(www.bellowintermusic.com; ⊙ Anfang Juli) Ein angenehm entspanntes Musikfestival mit regionalem und internationalem Folk, Rootsmusik, Blues, Weltmusik, Hip-Hop und mehr. Einige Events sind kostenlos, für andere benötigt man Tickets, und es gibt fantastisches Essen.

🛏 Schlafen

Der Großteil der Unterkünfte in der Region sind kleine B & Bs und Cottages, die verstreut in den Hügeln lieben. Das Frühstück ist in der Regel im Preis enthalten.

Bellingen YHA   HOSTEL $
(Belfry Guesthouse; ☑ 02-6655 1116; www.yha. com.au; 2 Short St; B 30 AU$, Zi. mit/ohne Bad 135/80 AU$; @ 🛜) In diesem renovierten Schindelhaus, von dessen breiter Veranda sich eine beeindruckenden Aussicht bietet, herrscht eine ruhige, anheimelnde Atmosphäre. Wenn man vorher anruft, holt das Personal einen manchmal von der Bushaltestelle oder vom Bahnhof in Urunga ab.

Federal Hotel   HOTEL $
(☑ 02-6655 1003; www.federalhotel.com.au; 77 Hyde St; DZ mit Gemeinschaftsbad 80 AU$; 🛜) Die meisten der renovierten Schindelzimmer in diesem schönen alten Country-Pub haben einen Balkon zur Hauptstraße. In der großen Bar unten gibt's Essen und Livemusik.

Bellingen Riverside Cottages   HÜTTEN $$
(☑ 02-6655 9866; www.bellingenriversidecottages. com.au; 224 North Bank Rd; Hütten 195–300 AU$; ❄ 🛜) In den gepflegten Berghütten sorgen ländliche Einrichtung und große Sonnenfenster für Gemütlichkeit. Von Holzbalkonen haben Gäste Ausblick über den Fluss, den sie ohne Zusatzkosten mit einem Kajak erkunden können. Nach der ersten Nacht gibt's zudem einen umfangreichen DIY-Frühstückskorb.

★ Lily Pily   B & B $$$
(☑ 02-6655 0522; www.lilypily.com.au; 54 Sunny Corner Rd; DZ 280 AU$; ❄ 🛜) Auf einer Anhöhe

NICHT VERSÄUMEN

WATERFALL WAY

Der 190 km lange Waterfall Way gilt als eine der schönsten Panoramarouten in New South Wales. Er verbindet mehrere herrliche Nationalparks zwischen Coffs Harbour und Armidale und führt unterwegs durch nahezu unberührten subtropischen Regenwald und idyllische Täler und natürlich zu spektakulären Wasserfällen. Wenn man das Tafelland erreicht, wird die Landschaft grün, und die Ebenen sind breit. Der natürliche Ausgangspunkt ist Bellingen, und selbst auf einem kurzen Abstecher von Dorrigo wird man mit grandiosen Aussichten belohnt.

➜ Der **Guy Fawkes River National Park** (www.nationalparks.nsw.gov.au/guy-fawkes-river-national-park) und die überwältigenden Ebor Falls befinden sich 50 km hinter Dorrigo.

➜ Man kann in den **Cathedral Rock National Park** (www.nationalparks.nsw.gov.au/cathedral-rock-national-park) fahren oder einen Abstecher die Point Lookout Rd hinunter zum **New England National Park** (www.nationalparks.nsw.gov.au/new-england-national-park), einem Abschnitt des Gondwana Rainforests World Heritage Area, unternehmen.

➜ Weiter westlich liegt der **Oxley Wild Rivers National Park** (www.nationalparks.nsw. gov.au/oxley-wild-rivers-national-park) mit den schönen, aus großer Höhe in die Tiefe stürzenden Wollomombi Falls.

fünf Fahrminuten südlich vom Zentrum liegt dieser schöne, von Architekten entworfene Komplex mit drei Schlafzimmern mit Blick auf den Fluss. Ästhetisch ist er nicht besonders anspruchsvoll, doch dafür werden die Gäste hier von vorn bis hinten verwöhnt: Champagner und Häppchen bei der Ankunft, üppiges Frühstück bis 12 Uhr, luxuriöse Möbel und mehr. Das Haus steht in einem schönen Garten mit Blick auf die Berge.

★ **Promised Land Retreat**   HÜTTEN **$$$**
(☏ 02-6655 9578; www.promisedlandretreat. au; 934 Promised Land Rd, Gleniffer; Hütte 320 AU$; P ❋ ☎) Die drei stilvollen Cottages, zehn Fahrminuten von der Stadt entfernt auf der anderen Seite des Never Never River (ein Name, der Assoziationen weckt) gelegen, bieten viel Privatsphäre. An die offenen Wohnbereiche schließen sich Terrassen mit tollem Blick auf das Dorrigo Plateau an. Gästen stehen ein Tennisplatz, ein Spielzimmer und Mountainbikes zur Verfügung.

✖ Essen

Essen gehen ist in Bellingen ein wahres Vergnügen, denn hier gibt's eine große und stetig wachsende Zahl von Cafés und lässigen Restaurants, von denen die meisten regionale und Bioprodukte verwenden.

★ **Hearthfire Bakery**   BÄCKEREI **$**
(☏ 02-6655 0767; www.hearthfire.com.au; 73 Hyde St; Mittagessen Hauptgerichte 9–16 AU$; ☼ Mo–Fr 7–17, Sa & So bis 14 Uhr) Zu dieser hervorragenden Landbäckerei mit Café geht's immer der

Nase nach: Einfach dem Duft des frisch im Holzofen gebackenen Biosauerteigs folgen! Hier kann man das berühmte Macadamianuss-Früchtebrot probieren und sich einen Kaffee und pikante Pies genehmigen. Unter der Woche gibt's täglich eine komplette Frühstückskarte und Mittagesgerichte, darunter Mezze, Suppen und Salate.

Bellingen Gelato Bar   EISCREME **$**
(www.bellingengelato.com.au; 101 Hyde St; 1/2 Eiskugeln 4/6 AU$; ☼ Okt.–April tgl. 10–18 Uhr, Mai–Sept. Mo & Di geschl.) Robert Sebes, der frühere Besitzer eines legendären Cafés im Zentrum Sydneys, verkauft seit 2006 in Bellingen göttliches *gelato*, das komplett hausgemacht ist und nur ein Minimum an Zucker enthält. Die traditionellen italienischen Geschmacksrichtungen wie Zabaglione und Pistazie sind wunderbar aromatisch, und Sebes' Eigenkreation wie Halwa oder Gewürzpflaume sind kreativ, aber niemals aufgesetzt oder überladen.

Purple Carrot   CAFÉ **$$**
(☏ 02-6655 1847; 105 Hyde St; Hauptgerichte 15–18 AU$; ☼ 8–15 Uhr) Auf der Karte stehen hauptsächlich Frühstücksgerichte, darunter viele Eierspeisen, aber auch French Toast mit Brioche, geräucherte Forelle auf Kartoffelrösti und cremige Pesto-Pilze. Zum Sonntags-Brunch sollte man zeitig kommen.

Oak Street
Food & Wine   MODERN-AUSTRALISCH **$$$**
(☏ 02-6655 9000; www.oakstreetfoodandwine. com.au; 2 Oak St; Hauptgerichte 30–37 AU$;

⊘ Mi–Sa 18–22 Uhr) Das sehr beliebte Restaurant serviert nach wie vor anspruchsvolle, eingängige Gerichte, die aus den Erzeugnissen aus dem Bellingen Valley das Beste herausholen – und das in wunderbar stimmungsvoller Atmosphäre. Ein Wein auf der Veranda vor dem Essen ist ein unverzichtbares Erlebnis im australischen Hinterland.

♟ Ausgehen & Nachtleben

People of Coffee   CAFÉ
(☑ 1300 720 799; www.ameliafranklin.com.au; 3/44 Hyde St; ⊘ Mo–Fr 6–15, Sa bis 154 Uhr)
An gutem Kaffee herrscht in Bellingen wahrlich kein Mangel, doch Amelia Franklin röstet vor Ort Kaffeebohnen, die nicht nur aus Bioanbau stammen, sondern auch die Zertifikate der Rainforest Allianz, für fairen und direkten Handel und für Vogelfreundlichkeit tragen. Hier kann man erstklassigen Kaffee trinken (Espresso oder Cold Drip). In ihrem nicht profitorientierten Ladencafé werden zudem Baristas ausgebildet. Die Toasts und die gesunden Kuchen sind ebenfalls köstlich.

Bellingen Brewery & Co   KLEINBRAUEREI
(3/5 Church St; ⊘ Mi–Fr 17–23,Sa & So ab 12 Uhr) Die Palette reicht von Bitters im englischen Stil bis zu Sommer-Ale, Cidre und einem hauseigenen Ingwerbier mit einem Alkoholgehalt von 3,5 %. Außerdem gibt's hervorragende Bargerichte, z. B Büffel- und Barrakuda-Burger.

No 5 Church St   BAR
(www.5churchstreet.com; 5 Church St; Hauptgerichte 16–20 AU$; ⊘ 8–20 Uhr; 🛜) Dieser lebendige Treff verwandelt sich mühelos von einem Café in eine Bar und bietet eine abwechslungsreiche Mischung aus Livemusik, Filmabenden und Gemeinde-Events. Auf der Karte stehen beim Frühstück wie auch bei den Mittag- und Abendessen sogar die Adressen der örtlichen Produzenten, von denen die Zutaten für die Eierspeisen, Pizzas, Salate und Burger stammen.

🔒 Shoppen

Bellingen Growers' Market   MARKT
(www.bellingengrowersmarket.com; Bellingen Showgrounds, Ecke Hammond & Black Sts; ⊘ 2. & 4. Sa im Monat 8–13 Uhr) Die meisten Produkte stammen aus Bioanbau und von Farmen aus der Umgebung. Außerdem gibt's hier viele Secondhand-Klamotten sowie ein Café, einen Geschichtenerzähler für die Kleinen und Straßenmusiker.

Bellingen Community Market   MARKT
(www.bellingenmarkets.com.au; Bellingen Park, Church St; ⊘ 3. Sa im Monat 9–15 Uhr) Ein regionales Großereignis: An mehr als 250 Ständen liegen frische Produkte, handwerklich erzeugte Lebensmittel, Kunsthandwerk, Kleidung und Pflanzen zum Kauf bereit.

❶ Praktische Informationen

Waterfall Way Information Centre (☑ 02-6655 1522; www.visitnsw.com/visitor-information-centres/waterfall-way-visitor-centre-bellingen; 29-31 Hyde St; ⊘ 9–17 Uhr) Hat Broschüren zu hübschen Ausflugsfahrten, Wanderungen und einem Kunstpfad auf Lager.

❶ An- & Weiterreise

Bellingen liegt eine kurze Fahrt von der Küste landeinwärts am spektakulären Waterfall Way. Örtliche **Busse** (☑ 02-6655 7410; www.busways.com.au) verbinden die Stadt mit Nambucca und mit Coffs via Sawtell. **Fernbusse** (S. 158) verkehren von und nach Tamworth.

Dorrigo
1070 EW.

Dorrigo ist ein hübscher, kleiner Ort, der sich rund um die T-Kreuzung zweier extrem breiter Straßen ausbreitet. Man hat den Eindruck, als stünde der Ort kurz davor, in puncto Essen und Wein das nächste Bellingen zu werden. Doch die kurvenreiche Straße von Armidale, Bellingen und Coffs Harbour nach Dorrigo führt durch eine der spektakulärsten Landschaften NSWs, vorbei an Regenwäldern und Wasserfällen und über Bergpässe.

◉ Sehenswertes

Die Hauptattraktion sind die 1,2 km nördlich der Stadt gelegenen **Dangar Falls**, die in Kaskaden über mehrere Felsstufen und schließlich in ein Wasserbecken stürzen. Wer gern in eisigem Wasser badet, kann hier schwimmen. Eine teilweise asphaltierte Straße führt weiter nach Norden und später Richtung Osten bis nach Coffs Harbour und passiert dabei herrlichen Regenwald und einen gigantischen Tallowwood-Baum, der 56 m hoch ist und einen Durchmesser von mehr als 3 m hat.

★ Dorrigo National Park   NATIONALPARK
(☑ 02-6657 2309; www.nationalparks.nsw.gov.au; Dome Rd) Der 119 km² große Nationalpark ist Teil der Gondwana Rainforests World Heritage Areas der UNESCO. Er beherbergt eine

unglaublich artenreiche Pflanzenwelt und über 120 Vogelarten. Das **Rainforest Centre** (☑ 02-9513 6617; Erw./Kind 2/1 AU$; ☺ 9–16.30 Uhr; 🛜) am Parkeingang zeigt Ausstellungen und einen Film über das Ökosystem des Parks und hat Informationen zu Wanderungen. Zudem gibt's hier kostenloses WLAN, ein wunderbares Café und eine Ladestation für Handys und Kameras. Von der Skywalk-Plattform, die über den Regenwald hinausragt, bietet sich ein herrlicher Blicke über die Täler in der Tiefe.

Vom Rainforest Centre führt der zweistündige, 6,6 km lange Wonga Walk auf einer geteerten Piste tief in den Regenwald. Man kommt an schönen Wasserfällen vorbei.

🛏 Schlafen

⭐ Mossgrove
B&B $$

(☑ 02-6657 5388; www.mossgrove.com.au; 589 Old Coast Rd; DZ 225 AU$) Das hinreißende Wohnhaus aus der Zeit der Federation liegt 8 km von Dorrigo auf einem 2,5 ha großen Grundstück und bietet zwei traditionell möblierte Zimmer, eine gemütliche Lounge und ein Gästebad. Alle Räume sind geschmackvoll im historischen Stil renoviert. Kontinentales Frühstück ist inklusive.

⭐ Tallawarra Retreat B&B
B&B $$

(☑ 02-6657 2315; www.tallawalla.com; 113 Old Coramba Rd; EZ/DZ 130/160 AU$; 🐕) Inmitten malerischer Gärten und des Waldes liegt 1 km vom Zentrum Dorrigos dieses B & B mit vier komfortablen, herrlich ruhigen Zimmern und freundlichen Gastgebern. Der kostenlose Nachmittagstee (mit hausgemachten Scones, Marmelade und Rahm und einer Kanne Tee oder Kaffee) und das herzhafte, warme englische Frühstück sorgen für ein tolles Preis-Leistungs-Verzeichnis.

Lookout Mountain Retreat
B&B $$

(☑ 02-6657 2511; www.lookoutmountainretreat. com.au; 15 Maynards Plains Rd; DZ 140–190 AU$; 🅿🛜) Die spektakulären Aussichten und die himmlische Ruhe machen diese Unterkunft mit 26 Zimmern zu etwas ganz Besonderem. Die unverputzten Ziegelsteine und die Balken sorgen für Gemütlichkeit. Die Zimmer sind makellos sauber und überraschend stilvoll. Wer sich selbst versorgen möchte, kann die Suite mit Küchenecke buchen.

✗ Essen

Dorrigo Wholefoods
CAFÉ $

(☑ 02-6657 1002; www.dorrigowholefoods.com.au; 28 Hickory St; Hauptgerichte mit Salat 14–16 AU$; ☺ Mo–Fr 6.30–17, Sa 8–14 Uhr) Hinter dem Stapel Hülsenfrüchte kann man sich aus einer Vitrine bedienen und sich einen Teller mit Salat, Kuchen und pikanten Häppchen wie Lobster-Potpie, thailändischen Fischkuchen und Zucchini-Ricotta-Rösti zusammenstellen. Die Mitarbeiter mixen auch einige tolle Saftkombinationen.

Canopy Cafe
CAFÉ $$

(☑ 02-6657 1541; www.canopycafedorrigo.com.au; Dome Rd; Hauptgerichte 13–22 AU$; ☺ 9–16.30 Uhr) In dem Café im Rainforest Centre des Dorrigo National Park ist das Essen ebenso beeindruckend wie die Aussicht. Auf der recht anspruchsvollen Karte stehen herzhafte Frühstücksgerichte, scharfe Laksa (Suppe) und geschmackvolle Sandwiches. Draußen gibt's eine sonnenbeschienene Terrasse.

ℹ Praktische Informationen

Dorrigo Information Centre (☑ 02-6657 2486; www.dorrigo.com; 36 Hickory St; ☺ Mo–Fr 10–15 Uhr) Diese Touristeninformation in der Mitte der kleinen Hauptstraße wird von Freiwilligen betrieben, die diese Gegend lieben. Hier kann man nützliche Broschüren über Panoramatouren (1 AU$) mitnehmen.

Rainforest Centre (S. 158) Im Besucherzentrum des Parks gibt es einen Laden, Ausstellungen und ein Café.

ℹ An- & Weiterreise

Jede Woche fahren drei Busse von **New England Coaches** (☑ 02-6732 1051; www.newengland coaches.com.au) nach Coffs Harbour (48 AU$, 1½ Std.)

Coffs Harbour

71800 EW.

Das Stadtzentrum liegt zwar landeinwärts, doch Coffs besitzt mehrere tolle Strände. Der Ort ist bei Familien und Backpackern gleichermaßen beliebt und bietet viele Aktivitäten rund ums Meer, Actionsportarten und Begegnungen mit Tieren in der Natur, ganz zu schweigen von der kitschigen gelben Big Banana. Es ist auch eine gute Basis für die hübschen Städte und schönen Panoramastrecken im Hinterland.

◉ Sehenswertes

Park Beach, ein langer hübscher Sandstreifen, erstreckt sich vor der Kulisse von dichtem Buschland und Dünen, die die Gebäude dahinter verbergen. **Jetty Beach** ist etwas geschützter. **Diggers Beach**, zu dem eine

Coffs Harbour

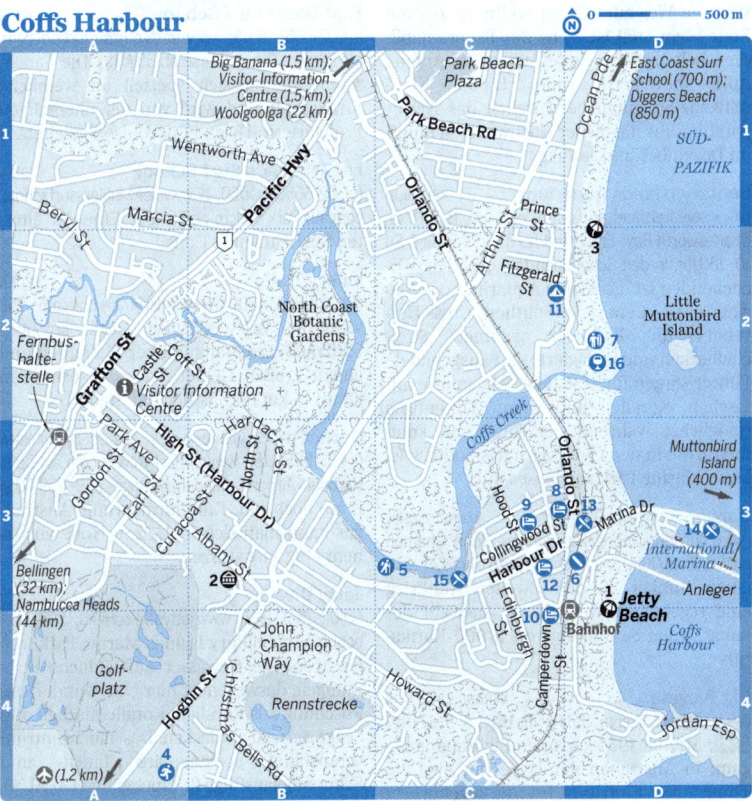

Coffs Harbour

Abzweigung des Highways nahe der Big Banana führt, ist mit seinen durchschnittlich 1 bis 1,5 m hohen Wellen bei Surfern beliebt. FKK-Fans können sich am **Little Diggers Beach** auf der inneren Seite der nördlichen Landzunge in ihrer ganzen Pracht zeigen.

⭐ **Muttonbird Island**   INSEL
(www.nationalparks.nsw.gov.au/muttonbird-island-nature-reserve) Die Gumbaynggirr nannten die Insel Giidany Miirlarl, „Ort des Mondes". 1935 wurde sie durch den nördlichen Wellenbrecher mit Coffs Harbour verbunden.

Wer den Weg zum Gipfel erklimmt, der am Ende recht steil ist, wird mit Panoramablicken belohnt. Von Ende August bis Anfang April bevölkern rund 12 000 Kurzschwanz-Sturmtaucher-Pärchen das Naturparadies; ihr niedlicher Nachwuchs schlüpft im Dezember und Januar.

Solitary Islands Aquarium AQUARIUM

(www.solitaryislandsaquarium.com; Bay Dr, Charlesworth Bay; Erw./Kind 12/8 AU$; ⊙ Sa & So 10–16 Uhr, in den Schulferien tgl.) An den Wochenenden ist das kleine Aquarium des Marine Science Center der Southern Cross University für Besucher geöffnet. Streichelbecken und engagierte, gut ausgebildete Führer sorgen für eine nahe Begegnung mit Fischen, Korallen und einem Tintenfisch (möglichst während der Fütterung kommen!), die in den Gewässern des Solitary Islands Marine Park zu Hause sind.

Bunker Cartoon Gallery KUNSTGALERIE

(www.bunkercartoongallery.com.au; John Champion Way; Erw./Kind 3/2 AU$; ⊙ 10–16 Uhr) Zeigt in einem Bunker aus dem Zweiten Weltkrieg eine regelmäßig wechselnde Auswahl der hauseigenen Sammlung von 18 000 Karikaturen.

Big Banana VERGNÜGUNGSPARK

(www.bigbanana.com; 351 Pacific Hwy; ⊙ 9–17 Uhr) GRATIS Mit der 1964 gebauten Big Banana begann in Australien der Hype um die „Big Things". Der Eintritt ist frei, die zugehörigen Attraktionen wie die Eisbahn, die Schlittenfahrten, die Minigolfanlage, der Wasserpark, die Plantagenführungen und die World of Bananas Experience (wer könnte bei diesem Namen widerstehen?) kosten aber Geld. Abgesehen von der recht kitschigen Hauptattraktion, der Banane, gibt's aber eigentlich nicht viel zu sehen.

🏃 Aktivitäten

Das Café Mangrove Jack's (S. 161) verleiht Kanus, Kajaks und Stehpaddel-Boards. Ambitionierte Wanderer sollten sich beim Visitor Centre eine Ausgabe der Broschüre *Solitary Islands Coastal Walk* (2 AU$) besorgen.

Coffs Creek Walk & Cycleway WANDERN

Ein schöner, 8 km langer Rundweg durch den Busch führt von zentralen Geschäftsviertel (Central Business District; CBD) zum Hafen. Wir empfehlen, am Pet Porpoise Pool in der Orlando St oder am Memorial Olympic Pool in der Coffs St zu starten.

East Coast Surf School SURFEN

(☎ 02-6651 5515; www.eastcoastsurfschool.com.au; Diggers Beach; Kurse ab 55 AU$) Die Tauchschule richtet sich speziell an weibliche Kundschaft und wird von der ehemaligen Profisurferin Helene Enevoldson geleitet.

Lee Winkler's Surf School SURFEN

(☎ 02-6650 0050; www.leewinklerssurfschool.com.au; Park Beach; ab 55 AU$) Eine der ältesten Surfschulen in Coffs.

Valery Trails REITEN

(☎ 02-6653 4301; www.valerytrails.com.au; 758 Valery Rd, Valery; 2-stünd. Ausritt Erw./Kind 65/55 AU$) Ein Stall mit über 75 Pferden und einem großen Gebiet, das man erkunden kann; 15 km nordöstlich der Stadt.

Coffs City Skydivers FALLSCHIRMSPRINGEN

(☎ 02-6651 1167; www.coffsskydivers.com.au; Coffs Harbour Airport; Tandemsprünge 269–359 AU$) Zum höchsten Fallschirmsprung Australiens kann man sich in 4572 m Höhe aus einem Flugzeug stürzen.

Jetty Dive TAUCHEN

(☎ 02-6651 1611; www.jettydive.com.au; 398 Harbour Dr) Im Solitary Islands Marine Park treffen tropische Gewässer auf südliche Strömungen, deswegen ist hier eine wunderbare Mischung aus Korallen, Korallenfischen und Seegräsern zu entdecken. Das Tauchzentrum veranstaltet spektakuläre Tauch- und Schnorchelausflüge (2 Tauchgänge 170 AU$), PADI-Kurse (445 AU$) und von Juni bis Oktober Walbeobachtungstouren (Erw./Kind 59/49 AU$).

🎉 Feste & Events

Sawtell Chilli Festival ESSEN & TRINKEN

(www.sawtellchillifestival.com.au; ⊙ Anfang Juli) Das angesagteste Festival rund ums Essen an der Coffs Coast zieht mit seinem aromatischen Essen, den Kochvorführungen, den Straßenkünstlern und dem Tanzen gegen die (allerdings milde) Winterkälte Tausende Besucher an.

🛏 Schlafen

Coffs Harbour YHA HOSTEL $

(☎ 02-6652 6462; www.yha.com.au; 51 Collingwood St; B 30–33 AU$, DZ 90–140 AU$; @ ▣) Ein sehr freundliches, schön gelegenes Hostel mit geräumigen Schlafsälen. Die Privatzimmer haben eigene Bäder, und die Fernseh-Lounge und die Küche sind sauber und farbenfroh. Man kann Surfbretter und Fahrräder ausleihen. Das Haus ist sowohl bei

Familien als auch bei jungen Travellern, die als Obsterntehelfer unterwegs sind, beliebt.

Park Beach Holiday Park
CAMPING $

(📞02-6648 4888; www.coffsholidays.com.au; Ocean Pde; Stellplatz 35–45 AU$, Hütte 89–140 AU$; 🛜❄) Dieser Ferienpark ist riesig, liegt aber ideal am Strand. Mit einem Sprungkissen und einem coolen Pool mit Rutschen und Brunnen ist hier auch für Kinder bestens gesorgt.

★ Coffs Jetty B'n'B
B & B $$

(📞02-6651 4587; www.coffsjetty.com.au; 41a Collingwood St; DZ 130–170 AU$; ❄🛜) In dem überdurchschnittlich guten B & B in einem Stadthaus stehen Gästen geschmackvoll eingerichtete, geräumige Privatzimmer mit begehbaren Kleiderschränken und tollen Badezimmern zur Verfügung. Das Frühstück kann man auf dem Balkon genießen. Zum Strand und zum Bootsanleger ist es nur ein kurzer Spaziergang. Eine der Suiten hat eine Miniküche, alle Zimmer sind aber mit Mikrowelle und Kühlschrank ausgestattet.

Pier Hotel
PUB $$

(📞02-6652 2110; www.pierhotelcoffs.com.au; 356 Harbour Dr; EZ ohne Bad 69–129 AU$, DZ 129–179 AU$, ohne Bad 99–135 AU$; 🅿🛜) Das Pier erweckt die australische Tradition der Gästezimmer über dem Pub zu neuem Leben. In der hübschen, luftigen ersten Etage befinden sich Zimmer mit eigenem und mit Gemeinschaftsbad. Alle sind einfach, aber elegant eingerichtet und komfortabel. Der Pub im Erdgeschoss verfügt über eine alte öffentliche Bar und einen stimmungsvollen Weinkeller, der abends geöffnet ist. Ein nettes Extra ist die kostenlose Abholung vom bzw. Fahrt zum Flughafen.

Observatory Apartments
APARTMENTS $$

(📞02-6650 0462; www.theobservatory.com.au; 30-36 Camperdown St; Apt. 177–190 AU$; ❄🛜❄) Die Einzimmer-Apartments und Ferienwohnungen mit zwei bis drei Schlafzimmern dieses netten, modernen Komplexes sind hell, luftig und mit praktischen Küchen ausgestattet. Alle haben Balkone mit Blick über die Straße und die Parklandschaft auf das Meer, ein Teil außerdem Whirlpools.

 **Essen**

Old John's
CAFÉ $

(www.facebook.com/oldjohns; 360 Harbour Dr; Hauptgerichte 10–17 AU$; ⏰tgl. 6.30–15.30, Mi 17.30–21 Uhr) Coffs Enklave der coolen Typen bietet den besten Kaffee der Stadt und eine Karte mit gesunden Gerichten, die bei Hipstern angesagt sind, von Chia-Pudding und Superfood-Schüsseln zum Frühstück bis zu Salat mit in Salz gerösteten Rüben, Gemüse aus Bellingen und Ziegenjoghurt zum Mittagessen. Mittwochs und manchmal auch an anderen Tagen gibt's abends Livemusik, Cocktails, Sliders (Mini-Burger) und Pasta.

Fishermen's Coop
FISH & CHIPS $

(📞02-6652 2811; www.coffsfishcoop.com.au; Marine Dr; Hauptgerichte 10–17 AU$; ⏰11–19 Uhr) Man holt sich etwas von den hervorragenden Fish & Chips und verputzt sie direkt neben den Fischdampfern der beträchtlichen Flotte der Stadt. Man kann auch vorher anrufen, um etwas zum Mitnehmen zu bestellen.

★ Lime Mexican
MEXIKANISCH $$

(📞0421 573 570; www.limemexican.com.au; 366 Harbour Dr; Gerichte 14–18 AU$; ⏰Di–So 17–22 Uhr; 🕿) Das Lime bereitet moderne Tapas nach mexikanischer Art zu, die zum Teilen gedacht sind. Die Taco-Auswahl beinhaltet neben bekannten Klassikern gegrillten Lachs, scharf angebratene Muscheln und Lammschmorbraten. Außerdem gibt's große Teller mit Schweinebauch auf pikant gewürztem Reis, käsegefüllter Jalapeño-Paprika und rauchigen Paprika-Maiskolben.

Mangrove Jack's
CAFÉ $$

(📞02-6652 5517; www.mangrovejackscafe.com.au; Promenade Centre, Harbour Dr; Hauptgerichte Frühstück 10–18 AU$, Mittagessen 18–32 AU$, Abendessen 25–36 AU$; ⏰tgl. 7.30–15 Uhr, Fr & Sa 17–21 Uhr; 🕿) Die Hauptattraktionen sind die herrliche Lage an einer ruhigen Biegung des Coffs Creek und der Balkon, auf dem man einen Kaffee oder ein Bier trinken kann.

★ Fiasco
ITALIENISCH $$$

(📞02-6651 2006; www.fiascorestaurant.com.au; 22 Orlando St; Pizzas 19–24 AU$, Hauptgerichte 29–39 AU$; ⏰Di–Sa 17–21 Uhr) Die hochwertigen italienischen Gerichte werden in einer offenen Küche mit Zutaten von den besten örtlichen Lieferanten und Kräutern aus dem Garten des Restaurants zubereitet. Es gibt authentische Delikatessen wie Bio-Angusrind mit Selleriepüree, hausgemachte Eierpasta mit Pesto und Ricotta sowie gute Pizzas, von der einfachen Margherita bis zu Pizza mit Büffelmozzarella oder Pizza nach römischer Art mit Schweinebauch.

Man kann auch mit Antipasti und einem Glas italienischem Vermentino oder Barbera an der Bar sitzen.

Latitude 30 — SEAFOOD $$$

(☑ 02-6651 6888; www.latitude30.com.au; 1 Marina Dr; Hauptgerichte 30–40 AU$; ☺ 8–21 Uhr) In diesem Meeresfrüchterestaurant an der Marina hat man die Qual der Wahl: Soll es ein Teller zum Teilen mit Weichschalenkrabben nach Thai-Art, Graved Lachs und scharf angebratenem Tintenfisch sein oder aber Fisch-Pie oder eine Meeresfrüchte-Paella als Hauptgericht? Will man mit Blick auf den hübschen, betriebsamen Hafen, den Bootsanleger und Muttonbird Island sitzen oder lieber mit Blick hinüber zum Little Park Beach und zum Pazifik?

Die Tische auf der Terrasse gehören zu den beliebtesten der Stadt.

Ausgehen & Nachtleben

Surf Club Park Beach — PUB

(☑ 02-6652 9870; www.surfclubparkbeach.com; 23 Surf Club Rd, Park Beach; ☺ 7–23 Uhr) Eines der schönsten Erlebnisse in Coff ist es, hier am Sonntagnachmittag auf der Strandterrasse einer Session hiesiger Musiker zuzuhören. Von den Drinks kann man leicht zu einem Abendessen mit Meeresfrüchten oder Tapas übergehen.

❶ Praktische Informationen

Visitor Information Centre (☑ 02-6651 1629; www.coffscoast.com.au; Coffs Central, 35-61 Harbour Dr; ☺ 9–17 Uhr)

❶ An- & Weiterreise

BUS

Fern- und Regionalbusse von **Greyhound** (☑ 1300 473 946; www.greyhound.com.au), **Premier** (☑ 13 34 10; www.premierms.com.au) und **New England Coaches** (☑ 02-6732 1051; www.newenglandcoaches.com.au) fahren an der **Bushaltestelle** an der Ecke McLean St/Pacific Hwy ab.

FLUGZEUG

Qantas (☑ 13 13 13; www.qantas.com.au), **Virgin** (☑ 13 67 89; www.virginaustralia.com) und **Tigerair** (☑ 02-8073 3421; www.tigerair. com.au) fliegen alle den **Coffs Harbour Airport** (☑ 02-6648 4767; www.coffscoast.com.au/airport; Airport Dr) an, der 3 km südwestlich der Stadt liegt. Fly Corporate bietet Flüge nach Brisbane.

ZUG

NSW CountryLink (☑ 13 22 32; www.nswtrainlink.info) fährt dreimal täglich nach Casino, wo man mit dem Zug oder Fernbus Anschluss nach Brisbane (84,15 AU$, 5½ Std.) und Richtung Süden nach Sydney (95 AU$, 9 Std.) hat.

Nördlich von Coffs Harbour

Nördlich von Coffs Harbour führt der Pacific Hwy für 30 km nahe an der Küste entlang, aber immer außer Sichtweite. Unterwegs sollte man nach Abzweigungen Ausschau halten, die zu kleinen, oft angenehm leeren Stränden führen.

Woolgoolga (in der Gegend Woopi genannt), etwa 25 km nördlich von Coffs, ist für seine Surfwellen und seine Sikh-Gemeinde bekannt. Der Besuch lohnt sich besonders, wenn gerade der **Bollywood Beach Bazaar** (☑ 02-6654 7673; www.facebook.com/bollywoodmarket; ☺ 1. & 4. Sa des Monats) oder das **Curryfest** (www.curryfest.com.au; ☺ Sept.) stattfinden.

Das Dorf Red Rock liegt zwischen einem schönen Strand und einem herrlichen, fischreichen Fluss, der dort ins Meer mündet. Der **Yuraygir National Park** (www.nationalparks.nsw.gov.au/yuraygir-national-park; Fahrzeug 8 AU$) ist der längste unerschlossene Küstenstreifen des Bundesstaates, ein 65 km langer Abschnitt mit Küstenökosystemen, der sich nördlich von Red Rock erstreckt. Die abgelegenen Strände sind fantastisch und auf den Buschwanderwegen kann man die gefährdeten Küstenemus sehen.

Übernachten kann man auf sechs einfachen Campingplätzen im Busch (Erw./Kind pro Nacht 10/5 AU$).

Grafton

18 700 EW.

Bei der kleinen Stadt Grafton am Clarence River beginnt die Region Northern Rivers, die sich bis zur Grenze von Queensland erstreckt. Diese Gegend wird nicht nur durch ihre Strände und ihr schönes Wetter geprägt, sondern auch durch ihre drei größten Flüsse (den Clarence River, den Richmond River und den Tweed River). Die Filialen großer Ketten am Highway kann man getrost ignorieren, denn in den hübschen Straßen Graftons gibt's tolle Pubs und einige prächtige alte Häuser.

◉ Sehenswertes

Victoria Street Precinct — FLÄCHE

Die Victoria St, den historischen Kern der Stadt, säumen einige hübsche Beispiele der Architektur des 19. Jh., darunter das **Courthouse** (1862) mit der Nr. 47, die **anglikanische Kathedrale** (Baubeginn 1884) an der

Ecke Duke St und das **Roches Family Hotel** (1871) mit der Nr. 85.

🎆 Feste & Events

Jacaranda Festival   KULTUR
(www.jacarandafestival.org.au; ⊙ Ende Okt.) Ende Oktober färbt sich bei Australiens ältestem Blumenfest die Stadt malvenfarben.

🛏 Schlafen & Essen

Annie's B & B   B & B $$
(📱 0421 914 295; www.anniesbnbgrafton.com; 13 Mary St; EZ/DZ 145/160 AU$; ❄ 🛜 🅿) Das wunderschöne viktorianische Gebäude in einer grünen Ecke der Stadt beherbergt Privatzimmer mit altmodischem Ambiente abseits des Familienhauses. Es gibt kontinentales Frühstück.

Heart & Soul Wholefood Cafe   CAFÉ $
(📱 02-6642 2166; 124a Prince St; Hauptgerichte 8–15 AU$; ⊙ 7.30–17, Sa ab 14, So 8–12 Uhr; 🍴) Das hinreißend stilvolle Café ist das Werk zweier Paare, die vegetarisches Essen lieben. Hier gibt's wärmende asiatische Suppen und Pfannengerichte in Keramikschüsseln, bunte Salate und süße Köstlichkeiten wie Schokoladen-Minze-„cheese-fake".

✕ Essen & Ausgehen

Roches Family Hotel   PUB
(📱 02-6642 2866; www.roches.com.au; 85 Victoria St; ⊙ Mo–Do 10–23 Uhr, Fr & Sa bis Mitternacht, So 11–22 Uhr) Das historische Eckhotel bricht mit der Regel, dass hiesige Gasthäuser verwinkelt und grell beleuchtet sein müssen, und lädt zu einem Drink oder einer günstigen Mahlzeit in gemütlicher Atmosphäre ein. Die Bierdosensammlung und das Krokodil in der öffentlichen Bar sind für sich genommen schon einen Besuch wert.

❶ Praktische Informationen

Clarence River Visitor Information Centre
(📱 02-6642 4677; www.clarencetourism.com; Ecke Spring St & Pacific Hwy; ⊙ 9–17 Uhr; ☎) Südlich des Flusses.

❶ An- & Weiterreise

BUS

Busways (📱 02-6642 2954; www.busways. com.au) Zu den lokalen Verbindungen gehören vier bis acht tägliche Busse nach Maclean (1 Std.), Yamba (1¼ Std.) und Angourie (1½ Std.); alle Fahrten kosten 12,30 AU$.

Greyhound (📱 1300 473 946; www.greyhound. com.au) Busse nach/ab Sydney (10½ Std.,

3-mal tgl.), Nambucca Heads (2½ Std., 2-mal tgl.), Coffs Harbour (1 Std., 3-mal tgl.), Byron Bay (3 Std., 3-mal tgl.) und Brisbane (6½ Std., 3-mal tgl.).

Northern Rivers Buslines (📱 02-6626 1499; www.nrbuslines.com.au) Werktags verkehrt ein Bus nach/ab Maclean (6 AU$, 43 Min.) und Lismore (6 AU$, 3 Std.).

Premier (📱 13 34 10; www.premierms.com. au) Täglich nach/ab Sydney (67 AU$, 9½ Std.), Nambucca Heads (34 AU$, 1¾ Std.), Coffs Harbour (34 AU$, 1 Std.), Byron Bay (47 AU$, 4¼ Std.) und Brisbane (52 AU$, 7½ Std.).

Ryans Bus Service/Forest Coach Lines North (📱 02-6652 3201; www.ryansbusser vice.com.au) Werktags fahren Busse nach/ ab Woolgoolga (21 AU$, 1½ Std.), Red Rock (20 AU$, 50 Min.) und Coffs Harbour (21,80 AU$, 2 Std.).

FLUGZEUG

Regional Express (Rex; 📱 13 17 13; www.rex. com.au) fliegt an Wochentagen vom **Clarence Valley Regional Airport** (GFN; 📱 02-6643 0200; www.clarence.nsw.gov.au), der 12 km südlich der Stadt liegt, nach Sydney.

ZUG

Es gibt gute Verbindungen mit der **Bahn** (📱 13 22 32; www.nswtrainlink.info) nach Sydney sowie nach Kempsey, Nambucca Heads, Coffs Harbour und weniger häufig nach Brisbane.

Yamba & Angourie

Die Bevölkerung der Fischerstadt Yamba an der Mündung des Clarence River wächst schnell – dank des unangestrengten alternativen Lebensstils, der herrlichen Strände und der hervorragenden Cafés und Restaurants. Oft gehörte Aussagen wie „hier ist es so wie in Byron Bay vor 20 Jahren" sind nicht unbegründet. Das benachbarte Angourie 5 km weiter südlich ist ein kleines, cooles Örtchen, das seit Langem ein Magnet für erfahrene Surfer und stolz darauf ist, dass es eines der ersten Surf-Reservate ganz Australiens war.

◉ Sehenswertes

Angourie Blue Pools   QUELLE
(The Crescent) Diese von Quellwasser gespeisten Wasserlöcher südlich vom Spooky Beach sind die Überreste eines Steinbruchs, der zur Errichtung der Mole genutzt wurde. Mutige klettern die auf die Klippen und stürzen sich in die Tiefe. Die Vernünftigeren können nur Meter vom Surfstrand entfernt im Busch geräuschlos ins Wasser gleiten.

Bundjalung National Park NATIONALPARK

(www.nationalparks.nsw.gov.au/bundjalung-natio nal-park; Fahrzeuggebühr 8 AU$) Der National-park erstreckt sich über 25 km entlang der Küste nördlich des Clarence River bis South Evans Head. Weite Teile des fast unberühr-ten Gebiets lassen sich am besten mit einem Geländewagen erkunden. Der südliche Ab-schnitt hingegen ist problemlos ab Yamba mit der Passagierfähre **Clarence River Ferries** (☑ 0408 664 556; www.clarenceriverferries. com.au; hin & zurück Erw./Kind 8,30/4,20 AU$; ☺ 11–15 Uhr, min. 4-mal tgl.) nach Iluka zu errei-chen. Dieser Teil des Parks beherbergt das Iluka Nature Reserve, ein Regenwaldgebiet am Iluka Beach, das zur Gondwana Rainfo-rests World Heritage Area gehört.

Auf der anderen Seite des Iluka Bluff er-streckt sich der Ten Mile Beach (der Name ist hier Programm!).

🏃 Aktivitäten

Yamba Kayak KAJAKFAHREN

(☑ 02-6646 0065; www.yambakayak.com; Erw./ Kind 3 Std. 70/60 AU$, 5 Std. 100/80 AU$) Halb- und ganztägige Abenteuertouren mit dem Kajak sind die Spezialität von Yamba Kayak, das Touren in nahe Wildnisgebiete anbietet. Der Veranstalter vermietet seine Kajaks au-ßerdem.

Xtreme Cycle & Skate RADFAHREN

(☑ 02-6645 8879; www.facebook.com/YambaCy cleSkate; 34 Coldstream St, Yamba; Fahrradverleih halber/ganzer Tag 22/30 AU$; ☺ Mo–Fr 9.30–16.30, Sa 9–12, So 12–14 Uhr) Der tolle familienge-führte Laden verleiht Räder (u. a. doppelt gefederte Mountainbikes), verkauft sie und repariert sie. Einzelheiten zum entspannten Trailride-Konvoi im State Forest finden sich auf der Facebook-Seite; wer kein eigenes Rad dabeihat, kann sich im Laden eines aus-leihen.

🛏 Schlafen

Pacific Hotel PUB $

(www.pacifichotelyamba.com.au/accommodation; 18 Pilot St, Yamba; B 30–40 AU$, DZ mit/ohne Bad 130/80 AU$; P🐾) Dieser hübsche alte Pub hat charmante Zimmer im Motelstil mit an-genehm klaren Linien. Wer kein Problem mit dem Gemeinschaftsbad hat und eines der günstigen Eckzimmer erwischt, hat den Jackpot geknackt, was die Aussicht angeht: Von einem der Fenster sieht man auf einen Leuchtturm, von einem anderen aus hinaus aufs Meer. Die Zimmer mit eigenem Bad

verfügen über Balkons, Kühlschränke und Fernseher.

Yamba YHA HOSTEL $

(☑ 02-6646 3997; www.yha.com.au; 26 Coldstream St, Yamba; B 32–36 AU$, DZ 95 AU$; @🐾🖥) Das freundliche, familiengeführte Hostel hat lichtdurchflutete Schlafsäle, eine beliebte Bar und ein Restaurant im Erdgeschoss und einen Grillbereich sowie einen winzigen Pool auf dem Dach.

Seascape Ocean Front Apartments APARTMENT $$

(☑ 0429 664 311; www.seascapeunits.com.au; 4 Ocean St, Yamba; Apt. 175–250 AU$; P🐾) Die zwei Apartments mit Meerblick, ein kleiner Bungalow und das Cottage am Fluss sind alle in einem hellen, modernen maritimen Stil gestaltet. Die Aussicht von den Apart-ments ist spektakulär. Alle Unterkünfte ha-ben sich etwas vom 1950er-Jahre-Charakter der australischen Küste bewahrt. Der tolle Blick kommt nicht von ungefähr: Die Lage ist fantastisch! Bei mehrtägigen Aufenthal-ten sinken die Preise.

🍴 Essen

⭐ Beachwood Cafe TÜRKISCH $$

(☑ 02-6646 9781; www.beachwoodcafe.com.au; 22 High St, Yamba; Hauptgerichte Frühstück 12–18 AU$, Mittagessen 18–26 AU$; ☺ Di–So 7–14 Uhr) Koch-buchautorin Sevtap Yüce bringt ihre kräfti-gen, aus dem gleichnamigen Kochbuch be-kannten *Turkish Flavours* in diesem wundervollen kleinen Café mit Schanklizenz direkt auf den Teller. Die meisten Tische stehen im Freien, wo das Gras einem Kü-chengarten Platz gemacht hat. Alle Gerichte sind überraschend köstlich, vom Biomanda-rinensaft und dem Maracuja-Polenta-Kuchen bis zu den Sardinen und gefüllten Weinblättern nach türkischer Art zum Mit-tagessen.

⭐ Leche Cafe CAFÉ $$

(☑ 0401 471 202; www.facebook.com/LecheCafe; 27 Coldstream St, Yamba; Hauptgerichte 14–25 AU$; ☺ 6–14 Uhr) Nach etwas Yoga im Hof des Le-che Cafe hat man sicher Appetit auf Kokos-brot und einen Marvell-Kaffee aus Byron Bay. Auch das Mittagsmenü bietet mit Rote-Bete-Burgern, Blumenkohl-Currys und Fisch-Tacos gesunde Genüsse. Und es wird noch besser: Das Leche veranstaltet sams-tagsabends auch Livemusik, DJ-Auftritte und Partys wie ein hawaiianisches Luau zur Mitsommernacht.

🍷 Ausgehen & Nachtleben

Pacific Hotel
PUB

(☑ 02-6646 2466; www.pacifichotelyamba.com.au; 18 Pilot St, Yamba; ⊙ Mo–Do 10–24, Fr & Sa bis 13.30 Uhr) Das 1930 erbaute Hotel steht auf den Klippen über dem Yamba Beach und dürfte eine der schönsten Aussichten aus einem Pub in ganz Australien haben. Regelmäßig finden Livekonzerte und DJ-Abende statt, und auch das Essen ist gut.

ℹ️ An- & Weiterreise

Yamba liegt 15 km östlich vom Pacific Hwy; an der Kreuzung mit der Yamba Rd gleich südlich vom Clarence River fährt man vom Highway ab. Vier bis acht **Busse von Busways** (☑ 02-6645 8941; www.busways.com.au) fahren täglich von Yamba nach Angourie (3,40 AU$, 9 Min.), Maclean (9,30 AU$, 19 Min.) und Grafton (12,30 AU$, 1¼ Std.). Busse von **Greyhound** (☑ 1300 473 946; www.greyhound.com.au) fahren die Küste rauf und runter zu allen größeren Städten; weitere bedient **NSW Trainlink** (☑ 13 22 32; www.nswtrainlink.info).

Ballina

14 070 EW.

Ballina an der Mündung des Richmond River ist mit weißen Sandstränden und kristallklarem Wasser gesegnet. Im späten 19. Jh. bescherte ihr die Holzindustrie Reichtum, und in den Nebenstraßen stehen noch einige elegante historische Gebäude. Heute ist Ballina bei Familien und Rentnern ein beliebtes Ferienziel und Sitz des Flughafens der Region.

⊙ Sehenswertes

Einen guten Eindruck von der Lokalgeschichte erhält man in der Norton St, in der mehrere eindrucksvolle Bauten aus dem späten 19. Jh. stehen, der Blütezeit der Stadt als reiche Holzfällerstadt.

Northern Rivers Community Gallery
GALERIE

(NRCG; ☑ 02-6681 6167; www.nrcgballina.com; 44 Cherry St) Die hervorragende regionale Galerie repräsentiert die starke Künstler-Community, die einen wesentlichen Teil der Region prägt. Sie befindet sich im historischen, 1927 erbauten Gebäude der früheren Ballina Municipal Council Chambers (Stadtrat von Ballina) und zeigt Ausstellungen mit den Werken von Künstlern und Kunsthandwerkern der Region, darunter auch verschiedene progressive, zeitgenössische Arbeiten.

Außerdem veranstaltet die Galerie interessante Events.

Big Prawn
WAHRZEICHEN

(Ballina Bunnings, 507 River St) Ballinas Riesengarnele wäre 2009 fast auf dem Grill gelandet, doch niemand traute sich, sie wirklich zu verschrotten. Nachdem 2013 5000 Unterschriften für ihren Erhalt gesammelt wurden und sie 2013 dann für 400 000 AU$ restauriert wurde, sieht das 9 m lange, 35 t schwere und 30 Jahre alte Schalentier heute so frisch aus wie immer.

👉 Geführte Touren

Aboriginal Cultural Concepts
KULTURTOUR

(☑ 0405 654 280; www.aboriginalculturalconcepts. com; halb-/ganztägige Tour pro Pers. 80/160 AU$; ⊙ Mi–Sa) Auf den historischen Touren zu mythologischen Stätten an der Bundjalung-Küste lernt man die Gegend aus der Sicht der Ureinwohner kennen. Es gibt auch Touren mit dem eigenen Fahrzeug, bei denen man seinen Tourguide unterwegs an uralten Muschelhaufen und an ehemaligen Lagerplätzen, Begegnungsstätten, Fruchtbarkeitsstätten, Fischfallen und Jagdgebieten trifft.

Kayak Ballina
KAJAKFAHREN

(☑ 02-6681 4000; www.kayakballina.com; Touren 70 AU$) Dreistündige geführte Kajaktouren auf den schönen Wasserstraßen Ballinas; unterwegs begegnet man möglicherweise Delfinen und Zugvögeln.

🛏️ Schlafen

Ballina Travellers Lodge
MOTEL $

(☑ 02-6686 6737; www.ballinatravellerslodge.com. au; 36-38 Tamar St; DZ ohne Bad 75 AU$, mit Bad 115–125 AU$; ⊛ ❄ 🛜 🌊) Die erstaunlich eleganten Motelzimmer sind mit aufwendig gestalteten Wänden, hübschen Nachttischlampen und schöner Bettwäsche eingerichtet. Die *Super-saver*-Zimmer (deren Bewohner sich ein Gemeinschaftsbad teilen) sind nicht ganz so anspruchsvoll gestaltet, bieten aber ein gutes Preis-Leistungs-Verhältnis.

Shaws Bay Holiday Park
WOHNMOBILPARK $

(☑ 02-6686 2326; www.northcoastholidayparks. com.au; 1 Brighton St; Stellplatz/Hütte ab 42/143 AU$; ❄ @ 🛜) Der gepflegte, schön an der Lagune gelegene Wohnmobilplatz ist vom Zentrum aus leicht zu Fuß zu erreichen. Es gibt auch mehrere Unterkünfte für Selbstversorger, darunter drei Deluxe-Villen.

Ballina Palms Motor Inn
MOTEL **$$**

(📱02-6686 4477; www.ballinapalms.com; Ecke Bentinck & Owen Sts; EZ 125 AU$, DZ 135–160 AU$; ❄️🌐🏊) Ein herausragendes Motel, das in einem üppigen Garten liegt und sehr geschmackvoll gestaltet ist. Die Zimmer sind nicht übermäßig groß, verfügen aber über Miniküchen, Dielenböden, superschicke Bäder mit Marmoroberflächen und viel Komfort.

Ballina Heritage Inn
MOTEL **$$**

(📱02-6686 0505; www.ballinaheritageinn.com.au; 229 River St; DZ 120–165 AU$; ❄️🌐🏊) Das saubere Motel in der Nähe des Zentrums verfügt über adrette, helle und gemütliche Zimmer, die sich qualitativ stark von der meisten einschlägigen Konkurrenz in der Nachbarschaft unterscheiden.

✘ Essen

★ Belle General
CAFÉ **$**

(📱0411 361 453; www.bellegeneral.com; 12 Shelly Beach Rd; Gerichte 12–19 AU$; ⏱8–15 Uhr) Eier auf Grünkohl, Kokos-Dattel-Brot, lauwarme Blaubeerküchlein, Lammfleisch-Burger, vegetarische Paleo-Lasagne, Nasi Goreng … alles ist glutenfrei, außer wenn es auf Sauerteigtoast serviert wird. Doch selbst der wird auf Wunsch durch Quinoa-Brot ersetzt.

Ballina Gallery Cafe
CAFÉ **$$**

(📱02-6681 3888; www.ballinagallerycafe.com.au; 46 Cherry St; Hauptgerichte Frühstück 12–18 AU$, Mittagessen 14–26 AU$; ⏱Mi–So 7.30–15 Uhr) Das frühere Gebäude des Stadtrats von Ballina, das in den 1920er-Jahren erbaut wurde, beherbergt heute das beste Café der Stadt. Umringt von moderner Kunst kann man sich interessante Frühstücksgerichte wie gebackene Eier mit Saganaki und Gemüserösti schmecken lassen. Man kann auch draußen auf der Veranda essen.

La Cucina di Vino
ITALIENISCH **$$**

(📱02-6618 1195; www.lacucinadivino.com; 2 Martin St; Hauptgerichte 24–35 AU$, Pizzas 17–19 AU$; ⏱Mo & Di 17–21, Mi–So 11–15 & 17–21 Uhr) Der Blick aufs Wasser und die sorgfältig zubereiteten Gerichte machen dieses traditionelle italienische Restaurant unten im Ramada-Hotel zu einer guten Wahl für ein ausgedehntes Mittag- oder Abendessen.

ℹ Praktische Informationen

Ballina Visitor Information Centre (📱02-6686 3484; www.discoverballina.com; 6 River St; ⏱9–17 Uhr)

ℹ An- & Weiterreise

BUS

Mehrere Buslinien verbinden Ballina mit Städten in der Region sowie mit entfernteren Zielen wie Sydney und Brisbane, darunter die Busse von NSW TrainLink nach Casino, wo man in die Bahn umsteigen kann.

Blanch's (📱02-6686 2144; www.blanchs.com.au)

Greyhound (📱1300 473 946; www.greyhound.com.au)

NSW TrainLink (📱13 22 32; www.nswtrainlink.info)

Premier (📱13 34 10; www.premierms.com.au)

FLUGZEUG

Der **Ballina Byron Gateway Airport** (📱02-6681 1858; www.ballinabyronairport.com.au; Southern Cross Dr) liegt 5 km nördlich des Stadtzentrums. Qantas fliegt nur ab Sydney, doch **Jetstar** (📱13 15 38; www.jetstar.com.au) und **Virgin** (📱13 67 89; www.virginaustralia.com) fliegen auch von und nach Melbourne. Ein Taxi ins Zentrum von Ballina dürfte etwa 12 bis 15 AU$ kosten. Außerdem fahren reguläre Busse sowie Shuttle-Busse nach Ballina und weiter. Wer mag, kann auch ein Auto mieten.

Lennox Head

7340 EW.

Die malerische Küste von Lennox Head, einem geschützten National Surfing Reserve, bietet einige der besten Surfwellen an der Küste, darunter einen Point Break von Weltrang. Die dörfliche Atmosphäre und die lockeren Einheimischen machen den Ort zu einer entspannten Alternative zur turbulenteren, touristischeren Nachbarstadt Byron, die 17 km weiter nördlich liegt. Auch in Lennox Head bekommt man kunstvoll zubereiteten Kaffee und gutes Essen.

◉ Sehenswertes

Seven Mile Beach
STRAND

Der lange, hübsche Seven Mile Beach beginnt beim Ort und zieht sich nach Norden. Man kann ihn mit einem Jeep befahren, benötigt dafür aber eine Genehmigung von der Caltex-Tankstelle. Die schönste Stelle zum Baden befindet sich am nördlichen Ende der Stadt in der Nähe des Surfclubs.

🛏 Schlafen

Lake Ainsworth Holiday Park
CAMPING **$**

(📱02-6687 7249; www.northcoastholidayparks.com.au; Pacific Pde; Stellplatz 34–39 AU$, Hütte 95–130 AU$; 🐾) In dem familienfreundlichen

Ferienpark, der am See und in Strandnähe liegt, gibt's eine breite Palette von Unterkünften, von rustikalen Hütten ohne Bad bis zu einer Luxusvilla für bis zu sechs Personen. Für Camper sind neue Einrichtungen und eine Küche vorhanden.

Lennox Point Holiday Apartments
APARTMENT $$

(☑ 02-6687 5900; www.lennoxholidayapartments. com; 20-21 Pacific Pde; Apt. 195–250 AU$; ❋ 🐱 ☎ ☒) Von den luftigen Apartments in diesem neuen Komplex schaut man auf die Wellen oder leiht sich an der Rezeption ein Brett aus und stürzt sich ins Meer. Die Apartments mit einem Schlafzimmer sind genauso groß wie die mit zweien – also geräumiger.

✖ Essen

★ Cafe Marius
LATEINAMERIKANISCH $$

(☑ 02-6687 5897; www.cafemarius.com.au; 90-92 Ballina St; Hauptgerichte 16–24 AU$; ⊙ Mo–Do 7–15.30, Fr & Sa bis 21, So 8–15.30 Uhr) In diesem coolen kleinen Café mit Schanklizenz auf der Rückseite einer Arkade servieren hippe Typen superleckere lateinamerikanische und spanische Gerichte, hervorragenden Kaffee und Sangria in Krügen. Auch die Gäste sind ziemlich hip. Freitags und samstags ist von 17 bis 19 Uhr „Lazy Arvo Hour", dann kosten Eimer mit Corona-Bier nur 20 AU$.

Foam
MODERN-AUSTRALISCH $$

(☑ 02-6687 7757; www.foamlennox.com; 41 Pacific Pde; Hauptgerichte 28–38 AU$, Abendessen 28–38 AU$; ⊙ Mi–Fr 12–15 & 18–22, Sa 7.30–15 & 18–22, So 7.30–15 Uhr) Mit dem Blick auf den Seven Mile Beach und der Atmosphäre eines Luxusstrandhauses ist die Terrasse des Foam der perfekte Ort fürs Frühstück (selbst das Brot ist hausgebacken) oder für ein ausgedehntes Mittagessen mit einer Flasche ausgezeichneten Weins. Samstags gibt es auch abends Essen, sowohl à la carte als auch ein Probiermenü mit fünf Gängen (85 AU$).

ℹ An- & Weiterreise

Der Flughafen von Ballina liegt etwa 14 km entfernt und wird von der örtlichen Busgesellschaft **Blanch's** (☑ 02-6686 2144; www.blanchs.com. au) und von örtlichen Taxis angefahren.

Byron Bay
4960 EW.

Die unglaubliche Beliebtheit von Byron Bay kann anfangs schon überraschen. Sicher, die Strände sind fantastisch, doch an dieser Küste wimmelt es nur so von spektakulären Stränden. Die Einwohner sind zu einem Symbol für einen anspruchsvoll-alternativen australischen Lebensstil geworden, doch große Teile der Stadt sind ein von Verkehrsproblemen geplagter architektonischer Mix. Warum also die Heerscharen begeisterter Fans aus aller Welt? *It's the vibe*, wie sie in Byron sagen.

In der Morgendämmerung kann man auf herrlichen Wellen surfen, am Nachmittag träge am Strand abhängen und abends beim Anblick der zauberhaften Sonnenuntergänge romantisch werden. Hier kann man sich Reiki geben lassen, seine Yogakenntnisse verbessern und bei Sonnenuntergang am Strand den Feuerkünstlern zuschauen. Man kann sich in den ausgezeichneten Restaurants der Stadt unter die Gäste mischen, deren Markenzeichen gestreifte T-Shirts sind, und später in einem der lärmigen, bierseligen Pubs mit Backpackern, Musikern, Models, jungen Unternehmern, alternden Hippies und Bauunternehmern quatschen. Dies ist Byron – und darum macht man einfach alles Genannte. Und wiederholt das Ganze am nächsten Tag.

⊙ Sehenswertes

★ Cape Byron State Conservation Park
STATE PARK

(www.nationalparks.nsw.gov.au/cape-byron-state -conservation-area) Spektakuläre Ausblicke belohnen diejenigen, die vom **Captain Cook Lookout** (Lighthouse Rd) auf dem **Cape Byron Walking Track** hinaufklettern. Der Wanderweg, der sich (meist) bergauf, bergab um das Kap windet, führt bis zum Leuchtturm. Unterwegs kann man ganzjährig nach Delfinen und während der Walwanderungssaison (von Juni bis Juli Richtung Norden, von September bis November Richtung Süden) Ausschau halten. Wahrscheinlich trifft man auch auf zutrauliche Buschhühner und scheuere Wallabys. Für den gesamten 3,7 km langen Rundweg sollte man etwa zwei Stunden einplanen.

Man kann auch direkt bis zum Leuchtturm hinauffahren (Parken kostet 7 AU$).

Cape Byron Lighthouse
LEUCHTTURM

(www.nationalparks.nsw.gov.au; Lighthouse Rd; ⊙ 10–16 Uhr) GRATIS Der 1901 erbaute Leuchtturm ist der östlichste Australiens und hat auch das stärkste Signallicht für Schiffe. Im Inneren befinden sich Ausstellungen über das Meer und die Natur. Wer bis nach ganz

Byron Bay

Belongil Beach (200 m)
Childe St
28
16
Border St
Border St
Ewingsdale Rd
Folk (600 m);
Tyagarah (8 km)
Cavanbah St
Shirley St
Byron Bay
s. Detailplan
7
Bay St
Lawson St
Butler St
Byron St
18
25
Burns St
Jonson St
Marvell St
Skinners Shoot Rd
Middleton St
Tennyson St
Carlyle St
Cowper St
Kingsley St
Ruskin St
14
Flamingo (350 m); Byron Springs
Guesthouse (1,2 km);
Lennox Head (18 km)

oben möchte, muss sich einer der von Freiwilligen veranstalteten Führungen anschließen, die zwischen 10 und 15 Uhr stattfinden (gegen eine kleine Spende). In den Leuchtturmwärter-Cottages befinden sich ein Café und Unterkünfte für Selbstversorger. Parken kostet 7 AU$.

The Farm
FARM

(www.thefarmbyronbay.com.au; 11 Ewingsdale Rd, Ewingsdale; Führungen Erw./Kind/Fam. 10/5/ 25 AU$; ⏱7–16 Uhr) GRATIS Eine Gruppe kleiner Erzeuger und Produzenten teilt sich diese unglaubliche fotogene, 32 ha große grüne Oase gleich außerhalb Byrons. Außerdem befinden sich hier das Restaurant Three Blue Ducks (S. 172), ein Laden mit Farmprodukten, eine Bäckerei und ein Florist. Das leidenschaftliche Engagement für traditionelle und nachhaltige Landwirtschaftspraktiken ist auf der Farm sowohl Arbeitsethos als auch Bildungsauftrag. Besucher können zwischen den Gemüsebeeten und

den Feldern, auf denen Kühe weiden, herumspazieren und picknicken. Touren finden im Januar täglich um 9 und 13 Uhr statt, den Rest des Jahres nur morgens.

Aktivitäten

In Byron Bay gibt's jede Menge Abenteuersport und die meisten Veranstalter bieten einen kostenlosen Abholservice von der Unterkunft an. Surfen und Tauchen sind am beliebtesten.

Skydive Byron Bay
FALLSCHIRMSPRINGEN

(☎02-6684 1323; www.skydivebyronbay.com; Tyagarah Airfield; Tandemsprung 200–350 AU$) Aus 4276 m Höhe kann man mit jungen, fröhlichen, gut ausgebildeten Guides in die Tiefe springen.

Be Salon & Spa
SPA

(☎0413 432 584; www.besalonspa.com.au; 14 Middleton St; 30-minütige Massage 60 AU$) Neben Maniküre, Pediküre, Gesichtsbehand-

lungen und Enthaarung mit Wachs werden auch „metaphysische" Heilung, Massagen, Rebalancing und Naturheilkunde angeboten.

Go Sea Kayaks
KAJAKFAHREN

(☏ 0416 222 344; www.goseakayakbyronbay.com. au; Erw./Kind 69/59 AU$) 🖉 Seekajaktouren in den Cape Byron Marine Park, die von einem Teams örtlicher Rettungsschwimmer geleitet werden.

Byron Bay Ballooning
BALLONFAHREN

(☏ 1300 889 660; www.byronbayballooning.com. au; Tyagarah Airfield; Erw./Kind 350/175 AU$) Einstündige Flüge in den Sonnenaufgang, Champagnerfrühstück inklusive. Byron ist ein wunderschöner Ort für Ballonfahrten.

Surf & Bike Hire
FAHRRADFAHREN

(☏ 02-6680 7066; www.byronbaysurfandbikehire. com.au; 31 Lawson St; ⊗ 9–17 Uhr) Verleiht Fahrräder, Surfbretter (ab 10 AU$/Tag) und weitere Ausrüstung für Aktivsportler.

Dive Byron Bay
TAUCHEN

(☏ 02-6685 8333; www.byronbaydivecentre.com. au; 9 Marvell St; Tauchgang 60 AU$, Schnorcheltouren 69 AU$; ⊗ 9–17 Uhr) Einführungskurse (165 AU$), Apnoetauchkurse (550 AU$) und Kurse der Professional Association of Diving Instructors (PADI; ab 1595 AU$).

Black Dog Surfing
SURFEN

(☏ 02-6680 9828; www.blackdogsurfing.com; 11 Byron St; 3½-stündiger Kurs 65 AU$) Black Dog Surfing bietet von Teilnehmern gut bewertete Kurse in Kleingruppen (max. 7 Pers.) an, darunter auch welche spezielle für Frauen und Kinder.

☞ Geführte Touren

★ Mountain Bike Tours
MOUNTAINBIKING

(☏ 0429 122 504; www.mountainbiketours.com.au; halb-/ganztägige Touren 79/119 AU$) 🖉 Veranstaltet Radtouren im Regenwald und entlang der Küste mit Blick auf Umweltschonung.

Byron Bay

**Aboriginal
Cultural Concepts**   KULTURTOUREN
(☎ 0405 654 280; www.aboriginalculturalconcepts.
com; halb-/ganztägige Touren 80/160 AU$; ☺ Mi–
Sa 10–13 Uhr) Historische Touren zu mytholo-
gischen Stätten an der Bundjalung-Küste,
darunter *bush tucker*-Touren (zum Thema
Nahrung aus der heimischen Natur).

✸✸ Feste & Events

Byron Bay Writers' Festival   LITERATUR
(www.byronbaywritersfestival.com.au; ☺ Anfang
Aug.) Bekannte Autoren und ihre Fans kommen aus ganz Australien zu diesem Festival.

Splendour in the Grass   MUSIK
(www.splendourinthegrass.com; North Byron Parklands; ☺ Ende Juli) Dreitägiges Festival mit
führenden Indie-Musikern. Ein Megaevent.

Byron Bay Bluesfest   MUSIK
(www.bluesfest.com.au; Tyagarah Tea Tree Farm;
☺ Ostern; ☎) Bei diesem Musikfest zu Ostern
treten hochkarätige internationale Musiker
(in der jüngeren Vergangenheit Neil Young
und Barry Gibb) sowie einheimische
Schwergewichte auf.

⬛ Schlafen

Die Unterkünfte in Byron sind nach jedem
Maßstab teuer. Viele Einheimische vermieten ihre eigenen Häuser und Wohnungen,
doch selbst über Airbnb und für Ferienwohnungen sind die Preise sehr hoch. Wer auf
„Barfuss-Luxus" aus ist – entspannt, aber
stilvoll –, ist hier goldrichtig. Im Januar, zu
Feiertagen und während der Schulferien
sollte man lange im Voraus buchen. Und wer
kein Teenager mehr ist, kommt lieber außerhalb der Schoolies Week (die Mitte November beginnt und in Wirklichkeit mehrere
Wochen dauert).

★ **Nomads Arts Factory Lodge**   HOSTEL $
(☎ 02-6685   7709;   www.nomadsworld.com/
arts-factory; Skinners Shoot Rd; B 35–43 AU$, DZ
85–115 AU$; ❃@☎☒) ✐ Ein archetypisches
Byron-Erlebnis verspricht diese weitläufige
Ministadt neben einem malerischen Sumpf,
15 Gehminuten von der Stadt entfernt. Zur
Wahl stehen farbenfrohe Schlafsäle mit
sechs bis zehn Betten, ein Cottage am See
nur für Frauen und ein Tipi-Dorf. Paare können sich auch für ein passend benanntes
„Cube"-Zimmer, „Insel"-Zelthütten oder die
etwas teureren „Love Shacks" mit Bad entscheiden.

Byron Beach Resort   HOSTEL $
(☎ 02-6685 7868; www.byronbeachresort.com.au;
25 Childe St; B 32–52 AU$, DZ 105–160 AU$,
2-Bett-Cottage 260 AU$; ℗❃☎) Das fabelhaf-
te, gut geführte Resort gegenüber vom Be-

longil Beach ist eine großartige, preiswerte Alternative zur Übernachtung im Zentrum von Byron. Die schönen Schlafsäle, Cottages und Apartments für Selbstversorger verteilen sich in einem Garten voller Hängematten. Hier gibt's täglich Yoga, kostenlose Leihfahrräder und nebenan das fröhliche Pub Treehouse (S. 173). Vom Resort sind es 15 Gehminuten (oder eine kostenlose Shuttle-Fahrt) den Belongil Beach hinunter in die Stadt.

Clarkes Beach Holiday Park
CAMPING $

(☑ 02-6685 6496; www.northcoastholidayparks.com.au; 1 Lighthouse Rd; Stellplatz 47–67 AU$, Hütte 165–345 AU$; 🕸 📶) Die Hütten stehen zwar dicht an dicht, aber so wie die schattigen Zeltstellplätze auf einem schönen Buschgelände an einem der spektakulärsten Ort der Stadt: hoch über dem Strand und mit Blick auf den Leuchtturm von Cape Byron.

★ Barbara's Guesthouse
PENSION $$

(☑ 0401 580 899; www.byronbayvacancy.com; 5 Burns St; DZ 160–250 AU$; 📶) In diesem hübschen Familienwohnhaus aus den 1920er-Jahren in einer ruhigen Wohnstraße gibt's vier einfache, aber elegante Gästezimmer mit hohen Decken, die im schicken Strandstil eingerichtet sind. Dazu kommen die aufmerksamen Gastgeber, die Gemeinschaftsküche, in der morgens die Zutaten fürs Frühstück und eine Kaffeemaschine warten, und eine luftige Terrasse hinterm Haus, auf der man am frühen Abend auf einen Drink und einen Schwatz trifft – alles in allem eine tolle, entspannte Option.

Flamingo
PENSION $$

(☑ 02-6680 9577; www.flamingobyronbay.com.au; 32 Bangalow Rd; Suite 139–179 AU$, Cottage 249–299 AU$; 📶 🕸 📶) Das Flamingo offeriert mehrere Suiten, eine megastylishe Scheune und ein Haus mit vier Schlafzimmern. Alle haben Böden aus poliertem Holz, komplett ausgestattete Küchen, moderne Bäder und große, offene Veranden – die perfekte Kombination aus rustikalem Byron-Charme und erstklassigem Design.

Arcadia House
B&B $$

(☑ 02-6680 8699; www.arcadiahousebyron.com.au; 48 Cowper St; DZ 145–375 AU$; 🕸 📶) Das bezaubernde alte Queenslander-Haus mit luftigen Veranden und sechs traditionell eingerichteten Zimmern mit Himmelbetten und Sofas voller Kissen steht in einem großen Garten in einer ruhigen Straße. Zum Strand sind es zu Fuß etwa zehn Minuten, man

kann aber mit einem der kostenlosen Leihfahrräder fahren.

Byron Springs Guesthouse
PENSION $$

(☑ 0457 808 101; www.byronsprings.com.au; 2 Oodgeroo Garden; EZ mit Bad 95–125 AU$, DZ 175–235 AU$, DZ ohne Bad 150–175 AU$; 📶 📶) Polierte Holzdielen, frische weiße Bettwäsche, große Veranden und die Lage im Grünen ein paar Kilometer südlich der Stadt machen diese Pension zu einer schönen Option, wenn man lieber abseits des Trubels wohnen will. Ein kontinentales Frühstück ist im Preis enthalten, Fahrräder können kostenlos ausgeliehen werden.

★ 28° Byron Bay
BOUTIQUEHOTEL $$$

(☑ 02-6685 7775; www.28byronbay.com.au; 12 Marvell St; DZ ab 460 AU$; 📶 🕸 📶 📶) Angesichts der perfekten Kombination aus Privatsphäre und persönlicher Wärme ist dieses Hotel ein echtes Juwel. Der unangestrengte, entspannte Luxus verleiht jedem der vier Zimmer die Atmosphäre eines Refugiums (noch verstärkt durch die Badewannen und die privaten Pools), und doch ist man nur einen kurzen Fußweg von den beliebtesten guten Restaurants der Stadt und natürlich vom Strand entfernt.

Elements
RESORT $$$

(☑ 02-6639 1500; www.elementsofbyron.com.au; 144 Bayshore Dr; Villa mit 1 Schlafzi. 380 AU$; 📶 🕸 📶 📶) 🍴 Hinter den 2 km langen Dünen am Belongil Beach steht Byrons jüngstes und luxuriösestes Resort. Um die 100 private Villen stehen geschützt im Küstenbuschland. Zwar hat man von hier aus keinen Meerblick, doch das Geräusch der Brandung und der Zikaden ist immer zu hören. Die Villen mit zwei Ebenen sind geräumig, geschmackvoll und beruhigend. Ein entspannter, fast schon ironischer australischer Glamour prägt den Hauptpavillon, den Pool und das Restaurant.

Byron Beach Abodes
VILLA $$$

(☑ 0419 490 010; www.byronbeachabodes.com.au; Cottage & Apt. 295–995 AU$) Byron Beach Abodes, eine handverlesene Auswahl aus den besten designorientierten Unterkünften Byrons, ist ein Magnet für internationale Gäste, Hochzeitsreisende und Sydneys Fashion-Clique. Alle weisen ihren eigenen einzigartigen Stil auf und befinden sich in der nobelsten Gegend der Stadt in der Nähe des Strandes, des Weges zum Leuchtturm und des beliebten Cafés und Restaurants Top Shop.

Unser Tipp ist das „Chapel", die kleinste und am wenigsten teure Unterkunft. Es kommt sehr gediegen daher (100 Jahre alte unverputzte Ziegelsteine, recycelte Holzbalken) und ist in Schwarz und Weiß gehalten – Loft-Feeling pur.

✕ Essen

Bei Reisenden, die viel Wert auf gutes Essen legen, steht Byron hoch im Kurs. Die Stadt könnte durchaus die Clean-Eating-Hauptstadt des Landes sein: Überall bekommt man Goldene Milch, die Säfte sind immer kaltgepresst, und Frühstück in Schalen ist sehr viel verbreiteter als Schinken und Eier. Auf den Wochenmärkten gibt's in großes Angebot von frischen Farmprodukten. Viele gehobene Restaurants servieren zum Klima passende Gerichte der modernen australischen Küche, während es in zwangloseren Lokalen auch beliebte internationale Speisen wie Tacos, Tapas und Sushi gibt. Die Zutaten sind in der Regel regional und stammen von kleinen Bioproduzenten. Abends sollte man reservieren.

★ Bay Leaf Café CAFÉ $

(www.facebook.com/bayleafcoffee; 2 Marvell St; Hauptgerichte 14–22 AU$; ☉7–14 Uhr) Angesichts der Unmengen Klischees über Byron, die dieses immer gut besuchte Café erfüllt (Goldene Milch, Cold Brew mit Kokos, Einwohner beiderlei Geschlechts mit strubbeligem Haar, Kombucha, psychedelische Rockmusik der 1970er-Jahre) könnte man versucht sein, leise vor sich hin zu kichern – doch das Essen und die Getränke, die mit viel Hingabe und Liebe zum Detail zubereitet werden, sollte man sich auf keinen Fall entgehen lassen.

Chichuahua MEXIKANISCH $

(☎02-6685 6777; Feros Arcade, 25 Jonson St; Tacos 6,50–7,50 AU$; ☉11–20.30 Uhr) Man folge der Jungfrau Maria in diese in einer Arkade ansässige winzige *taqueria*, die das authentischste und preiswerteste mexikanische Essen der Stadt serviert. Man kann es mitnehmen (im Zentrum Byrons wird auch geliefert) oder vor Ort essen, falls ein Falttisch und Klappstühle frei sind. Schwierig, der geschmorten Rinderbrust und den Chili-Kokos-Garnelen-Tacos zu widerstehen!

Combi CAFÉ $

(www.wearecombi.com.au; 21-25 Fletcher St; ☉7–16 Uhr) Die Melbourner Ikone des Clean Eating, das Combi, hat seine berühmte Bio-Rohkost-Küche – Getränke, Kuchen sowie Frühstücks- und Mittags-Bowls –, die sich auf Instagram ausgesprochen gut macht, nach Byron gebracht. Die hausgemachte Milch (Kokos- oder Mandelmilch) passt zum Kaffee, kann aber auch als Fruchtmilch, Kurkuma Latte oder Matcha Latta getrunken oder in Matcha- oder Rohkakao-Milchshakes oder Superfood-Smoothies verarbeitet werden.

Das „roh" erstreckt sich auch auf Pizzas, Phat Thai und Pasta, außerdem gibt's langsam gegarte Suppen und glutenfreie Sandwiches.

★ Three Blue Ducks at the Farm FARMRESTAURANT $$

(☎02-6684 7888; www.thefarmbyronbay.com.au; 11 Ewingsdale Rd, Ewingsdale; ☉Mo–So 7.30–15, Fr–So 17–22 Uhr) Das legendäre Sydneyer Team hinter dem Three Blue Ducks ist nach Norden weitergezogen, um seine kulinarische Philosophie „von der Farm frisch auf den Teller" zu präsentieren. Sein rustikales Scheunencafé und Restaurant bildet das Herzstück von The Farm (S. 168). Auf der Frühstückskarte stehen neben den für Byron typischen gesunden Gerichten auch Überraschungen wie „Spannerkrabben-Pfanne" oder Blutwurst mit Bratkartoffeln. Die Mittags- und Abendkarten sind schlicht, aber anspruchsvoll.

★ St. Elmo SPANISCH $$

(☎02-6680 7426; www.stelmodining.com; Ecke Fletcher St & Lawson Lane; Gerichte 14,50–28 AU$; ☉Mo–Sa 17–23, So bis 22 Uhr) In diesem stimmungsvollen modernen Tapas-Restaurant sitzt man auf Barhockern, während die gut aussehenden Angestellten sündhafte Cocktails mixen oder einem ein Glas von einem der besseren Weine, die man in diesem Teil der Welt bekommt (darunter Naturweine und naturnahe Weine) einschenken. Die solide spanische Karte ist umfangreich und bietet beliebte Klassiker mit moderner Note.

★ Folk CAFÉ $$

(www.folkbyronbay.com; 399 Ewingsdale Rd; Hauptgerichte 15–18 AU$; ☉7.30–14.30 Uhr) Das bezaubernde Café in einem hölzernen Cottage steht neben einem betriebsamen Wohnmobilpark, ist aber eine eigene Welt. Während der Barista Biomilchgetränke – mit Kuhmilch, Sojamilch, Macadamiamilch oder Mandelmilch – mixt, spaziert er vielleicht mal hinüber, um die James-Taylor-Schallplatte umzudrehen. Auf der Karte stehen supergesunde Getränke, die toll aussehen, Salate und glutenfreie Kuchen.

Roadhouse
MODERN-AUSTRALISCH, CAFÉ $$

(☎0403 355 498; www.roadhousebyronbay.com; 6/142 Bangalow Rd; Hauptgerichte 14–29 AU$; ☻Di-Sa 6.30–14.30 & 18–22 Uhr, So & Mo 6.30–14.30 Uhr) Eine kurze Fahrt außerhalb der Stadt befindet sich Byrons stimmungsvollstes Abendlokal. Das Roadhouse bringt superleckere regionale Vollwertkost und Kaffees auf den Tisch und verwandelt sich spätabends in eine schummrig beleuchtete, Bar mit Blues-Atmosphäre, über 500 Whiskeys auf der Karte und frischen, prickelnden Cocktails.

Rae's Restaurant
SEAFOOD $$$

(☎02-6685 5366; www.raesonwategos.com; 8 Marine Pde, Watego's Beach; Hauptgerichte 38–45 AU$; ☻12–15 & 18–23.30 Uhr) Das Geräusch der Brandung bildet die perfekte Kulisse für die hervorragenden Meeresfrüchte-, Geflügel- und vegetarischen Gerichte in diesem exklusiven kleinen Restaurant am Wategos Beach. Die schlichten Gerichte überzeugen mit klaren Aromen und erstklassigen regionalen Zutaten. Mit dem Meeresfrüchte-Degustationsmenü (115 AU$; inkl. passenden Weinen 175 AU$) kann man einen großartigen Nachmittag oder Abend verbringen.

Byron at Byron Restaurant
MODERN-AUSTRALISCH $$$

(☎02-6639 2111; www.thebyronatbyron.com.au; 77-97 Broken Head Rd; Hauptgerichte 34–58 AU$; ☻8–21 Uhr) Bei flackerndem Kerzenschein und vor der Kulisse des Regenwaldes serviert das trauliche Resort-Restaurant 4 km außerhalb der Stadt leichte Gerichte im mediterranen Stil, zubereitet aus den besten Produkten der Northern-Rivers-Region, etwa Bangalow-Schwein oder Yamba-Garnelen. Wer keine Lust auf ein ausgedehntes Mittag- oder Abendessen hat, findet auf der zwanglosen Snackkarte von 15 bis 21 Uhr die gleichen großartigen Speisen.

Ausgehen & Nachtleben

★Treehouse on Belongil
PUB

(☎02-6680 9452; www.treehouseonbelongil.com; 25 Childe St; ☻7.30–23 Uhr) Eine selbst gezimmerte Strandbar mit Holzterrassen zwischen den Bäumen. Hier geht es schon nachmittags hoch her, und am Wochenende wird originelle Livemusik gespielt. Die meisten Speisen kommen aus dem Holzfeuerofen.

Byron Bay Brewing Co
BRAUEREI

(www.byronbaybrewery.com.au; 1 Skinners Shoot Rd; ☻11–24 Uhr) In dieser alten Schweinefarm, die in eine Scheunenkneipe verwandelt wurde, trinkt man das eiskalte Pale Lager des Hauses im hellen, gut belüfteten Inneren bei den Braukesseln oder draußen im tropischen Hof im Schatten eines gigantischen Feigenbaums.

Beach Hotel
PUB

(www.beachhotel.com.au; Ecke Jonson & Bay Sts; ☻11 Uhr–open end) In dem legendären Biergarten am Strand genießt man die Atmosphäre und den tollen Blick. Hinten werden Surfer-Filme gezeigt, und obwohl der einstige Besitzer, der 1970er-Jahre-Comedystar Strop, weitergezogen ist, ziert der Originalhut aus *Crocodile Dundee* noch immer die Bar.

Railway Friendly Bar
PUB

(The Rails; ☎02-6685 7662; www.therailsbyronbay. com; 86 Jonson St; ☻11 Uhr–open end) Der Trubel im „The Rails" zieht einfach jeden an: von krebsroten britischen Touristen über lebenslustige Vollweiber bis zu Touristen der Babyboomer-Generation. Im Biergarten vor dem Pub, der zu langen, bierseligen Nachmittagen einlädt, gibt's Livemusik. Ausgezeichnete Burger, u. a. in den Varianten Känguru, Fisch und Tofu!

Cocomangas
CLUB

(www.cocomangas.com.au; 32 Jonson St; ☻Mi-Sa 21 Uhr–open end) Byrons ältester Nachtclub veranstaltet regelmäßig Backpacker-Abende. Einlass bis 1.30 Uhr.

Shoppen

★Byron Farmers' Market
MARKT

(www.byronfarmersmarket.com.au; Butler Street Reserve; ☻Do 8–11 Uhr) An diesem Wochenmarkt, der zugleich ein Symbol für die Stärke der lokalen Gemeinschaft ist, nehmen die verschiedensten Anbieter teil, die frische Lebensmittel und lokale Erzeugnisse aller Art – überwiegend in Bioqualität – verkaufen. Tipp: Früh kommen, um mit den Einwohnern einen guten Kaffee zu trinken und zu frühstücken, und danach wegen der Livemusik bleiben!

Arts & Industry Estate
KUNST & KUNSTHANDWERK

(www.byronartstrail.com) Der Arts & Industry Estate, eine boomende Kleinstadt 3 km landeinwärts vom Zentrum Byrons, ist die Heimat der stetig wachsenden Schar der

NICHT VERSÄUMEN

STRÄNDE IN BYRON BAY

Westlich vom Stadtzentrum entgeht man am wilden **Belongil Beach**, an dem an einigen Abschnitten FKK erlaubt ist, dem schlimmsten Gedränge. Am östlichen Ende des Strandes befindet sich der **Wreck**, ein mächtiger Right Hand Break.

Der von Rettungsschwimmern überwachte **Main Beach** direkt vorm Zentrum der Stadt hat von Sonnenaufgang bis Sonnenuntergange Yogakurse, Musiker und Feuertänzer zu bieten. Im Osten geht er in den **Clarkes Beach** über. Der beliebteste Surfbreak befindet sich am **Pass** nahe der östlichen Landzunge.

Hinter den Felsen liegt der herrliche **Watego's Beach**, ein breiter, sichelförmiger weißer Sandstrand, der von Regenwald gesäumt wird. 400 m weiter beginnt der abgelegene (nicht mit dem Auto erreichbare) **Little Watego's**, ein weiterer hübscher Sandstrand direkt unter dem felsigen Cape Byron. Wenn die Sonnen untergeht, kann man hier einen beeindruckenden Mondaufgang beobachten. Unter der Südseite des Cape Byron (Zugang von der Tallow Beach Rd) versteckt sich **Cosy Corner** mit ordentlichen Wellen. Der Strand hier ist als einziger geschützt, wenn überall sonst die Nordwinde blasen.

Der **Tallow Beach** ist ein einsamer Sandstrand, der sich von Cape Byron 7 km nach Süden erstreckt. Er ist ideal, um den Massen zu entfliehen. Der Großteil des Strandes wird vom **Arakwal National Park** gesäumt, in der Nähe seines südlichen Endes erstreckt sich aber der Vorort **Suffolk Park** am Strand. Der **Kings Beach**, der gleich abseits der Seven Mile Beach Rd hinter dem Broken Head Holiday Park liegt, ist ein beliebter Schwulenstrand.

kreativen Unternehmen der Stadt. Man informiert sich auf der Webseite oder besorgt sich bei der Touristeninformation oder bei der Unterkunft die Karte *Industry Trail*; so ausgerüstet kann man dann die vielen Werkstätten und Läden für Haushaltswaren, Vintage-Dinge, Mode, Schmuck und Delikatessen besuchen. In den guten Cafés und der Brauerei kann man eine Pause einlegen.

Byron Bay Artisan Market MARKT
(www.byronmarkets.com.au; Railway Park, Jonson St; ⊙ Nov.–März Sa 16–21 Uhr) Örtliche Künstler und Designer präsentieren auf diesem beliebten Nachtmarkt ihre Waren, darunter gute Lederwaren, Schmuck und Kleidung. Dazu gibt's Livemusik.

ⓘ Praktische Informationen

Byron Central Hospital (☎ 02-6639 9400; www.ncahs.nsw.gov.au; 54 Ewingsdale Rd; ⊙ 24 Std.)

Byron Visitor Centre (☎ 02-6680 8558; www.visitbyronbay.com; Old Stationmaster's Cottage, 80 Jonson St; ⊙ 9–17 Uhr) Die Anlaufstelle für präzise Touristeninformationen und Last-Minute-Buchungen von Unterkünften und Bussen.

ⓘ An- & Weiterreise

BUS

Fernbusse halten in der **Jonson St** nahe der Touristeninformation. Zu den Busunternehmen

zählen **Premier** (☎ 13 34 10; www.premierms.com.au), **Greyhound** (☎ 1300 473 946; www.greyhound.com.au) und **NSW TrainLink** (☎ 13 22 32; www.nswtrainlink.info; Jonson St).

Blanch's (☎ 02-6686 2144; www.blanchs.com.au) Regelmäßig verkehren Busse zum/ab dem Ballina Byron Gateway Airport (9,60 AU$, 1 Std.), nach/ab Ballina (9,60 AU$, 55 Min.), Lennox Head (7,60 AU$, 35 Min.), Bangalow (6,40 AU$, 20 Min.) und Mullumbimby (6,60 AU$, 25 Min.).

Brisbane 2 Byron Express Bus (☎ 1800 626 222; www.brisbane2byron.com; einfache Strecke/hin & zurück 38/76 AU$) Zwei tägliche Verbindungen nach/ab Brisbane (38 AU$, 2 Std.) und zum/vom Brisbane Airport (54 AU$, 3 Std.) sowie eine sonntags.

Byron Bay Express (www.byronbayexpress.com.au; einfach/hin & zurück 30/55 AU$) Bietet fünf Busse am Tag zum/ab dem Gold Coast Airport (1¾ Std.) und nach Surfers Paradise (einfache Strecke/hin & zurück 30/55 AU$; 2¼ Std.).

Byron Easy Bus (☎ 02-6685 7447; www.byronbayshuttle.com.au) Minibusse zum Ballina Byron Gateway Airport (20 AU$, 40 Min.), Gold Coast Airport (39 AU$, 2 Std.), nach Brisbane (40 AU$, 3½ Std.) und zum Brisbane Airport (54 AU$, 4 Std.).

Northern Rivers Buslines (☎ 02-6626 1499; www.nrbuslines.com.au) An Werktagen fahren Busse ab/nach Lismore (1½ Std.; 12 AU$), Bangalow (30 Min.) und Mullumbimby (20 Min.); der Fahrpreis beträgt jeweils 9,70 AU$.

FLUGZEUG

Byron Bay Shuttle (www.byronbayshuttle.com.au; Erw./Kind 20/12 AU$) und **Xcede** (☑ 02-6620 9200; www.byronbay.xcede.com.au) steuern beide die Flughäfen von Coolangatta (Gold Coast) (37 AU$) und Ballina (18 AU$) an. Nach Coolangatto gibt es mehr Flüge.

ZUG

Die Einheimischen trauern noch immer der beliebten CountryLink-Bahnverbindung von und nach Sydney nach. Inzwischen fahren Busse von **CountryLink** (S. 162) zum Bahnhof Casino (70 Min.), wo man Anschluss an die Züge hat. Die genauen Einzelheiten erfährt man am recht verlassen wirkenden ehemaligen Bahnhof.

HINTERLAND DER NORTH COAST

Die grünen Landschaften, die Biomärkte und eine große Bevölkerungsgruppe, die einen alternativen Lebensstil pflegt, machen diese Region abseits der Küste zu einer Gegend, die bei Besuchern und Einheimische (heute sind die Immobilienpreise ebenso häufig Gesprächsthema wie früher Chakren-Reinigung) gleichermaßen beliebt ist. Wer hier übernachtet, auf den warten Tiefenentspannung, gutes Essen und zahlreiche Heilpraktiker. Tagesausflügler von der Küste können schöne Städte wie Bangalow besuchen oder die Wanderwege und Badestellen in den außergewöhnlichen Nationalparks der Region bevölkern.

Bangalow

2160 EW.

14 km von Byron entfernt und umgeben von subtropischem Wald und sanft gewellten grünen Farmland liegt Bangalow (informell: Bangers), Heimat einer florierenden kreativen Gemeinde, einer dynamischen Gastronomieszene, die auf Nachhaltigkeit Wert legt, und einer Reihe urbaner Boutiquen. Nur einen kleinen Spaziergang die Station St hinauf stößt man auf eine neue Kunstmeile, in der kommunale Kunstorganisationen sowie mehrere hübsche Geschäfte und ein nettes Café ansässig sind. Richtig hoch her geht es in der kleinen Stadt während des monatlichen **Bangalow Market** (www.bangalowmarket.com.au; Bangalow Showgrounds; ⊘ 4. So des Monats 9–15 Uhr), doch ein Besuch lohnt sich immer, um in die Atmosphäre lässiger Kultiviertheit einzutauchen.

🛏 Schlafen

Bungalow 3   PENSION **$$**

(☑ 0401 441 582; www.messengerproperty.com.au/bungalow3; 3 Campbell St; Studio 130–165 AU$, Haus 230-320 AU$; 🅿) In dem hübschen Schindelcottage im Zentrum des Ortes gibt's zwei schlichte, weiß gehaltene Zimmer mit französischen Fenstern, die sich zur Terrasse und zu einem Nutzgarten öffnen. Daneben steht ein Studio mit einem Schlafzimmer zur Verfügung. Größere Gruppen können das gesamte Haus mieten.

⭐**Bangalow Guesthouse**   B & B **$$$**

(☑ 02-6687 1317; www.bangalowguesthouse.com.au; 99 Byron St; Zi. 195–285 AU$; 🐾) Die stattliche alte Holzvilla steht am Rand des Flusses, daher können die Gäste beim Frühstück Schnabeltiere und große Eidechsen beobachten. Das Bangalow Guesthouse ist ein Traum von einem B & B: Es gibt geräumige Zimmer mit eigenem Bad und einer eleganten, charaktervollen Einrichtung, die in Einklang mit der Originalarchitektur steht.

🍴 Essen

⭐**Woods**   CAFÉ **$**

(www.folkbyronbay.com; 10 Station St; Hauptgerichte 12–19 AU$; ⊘ Di–So 7.30–15 Uhr) Dieses Café, ein ländlicher Ableger des Cafés Folk in Byron, bildet das Herz der Kunstmeile. Das mit viel weißer Farbe und Holz dekorierte charmante Café ist genauso alternativ und unkonventionell, wie man erwarten würde. Es serviert guten Kaffee, gesunde Süßigkeiten, Getränke und wunderbare Mittagessen wie Soba-Nudeln oder Reis mit lokalen Gewürzen und Quinoa mit Grünkohl, Essiggemüse, Brunnenkresse und gerösteten Samen.

Italian Diner   ITALIENISCH **$$**

(www.theitaliandiner.com.au; 37-39 Byron St; Hauptgerichte 24–36 AU$, Pizzas 20–26 AU$; ⊘ 12–15 & 18–22 Uhr) Wenn man auf der Veranda dieses geschäftigen Bistros sitzt und sich einen Campari und eine Schale *linguine gamberi* mit süßen lokalen Garnelen genehmigt, könnte man sich fühlen wie bei einem langen Mittagessen am Mittelmeer. Es gibt auch fabelhafte Holzofenpizzas und üppige Desserts.

Town Restaurant & Cafe   MODERN-AUSTRALISCH **$$$**

(☑ 02-6687 2555; www.townbangalow.com.au; 33 Byron St; Café Hauptgerichte 16–24 AU$, Restaurant Degustationsmenü 85 AU$; ⊘ Café Mo–Sa

BRUNSWICK HEADS & CABARITA BEACH

In Brunswick Heads, etwa 15 km nördlich von Byron Bay, befindet sich auch ein erstklassiges Restaurant. Das **Fleet** (📞 02-6685 1363; www.fleet-restaurant.com.au; Shop 2/16 The Terrace; Gerichte 16–24 AU$, Degustationsmenü 85 AU$; ⏱15–22 Uhr) mit seiner winzigen und schlichten (wenn auch unangestrengt stilvollen) Ladenfront (Eingang von der Fingal St), dessen Tische meist sofort nach der Freigabe von Terminen ausgebucht sind, ist das vielleicht kultigste australische Restaurant. Der Koch Josh Lewis und die Servicechefin und Astrid McCormack vereint eine puristische, aber schwelgerische Leidenschaft für Lebensmittel. Die Gerichte werden mit lokalen, teilweise draußen gesammelten Zutaten, Fleischstücken und Tieren, die andere Restaurants links liegen lassen, und mit Produkten, die Farmer ihnen frisch anbieten (etwa einem Strauß wilden Amaranths) zubereitet. Aus der offenen Küche kommt eine Reihe kleiner Gerichte, z. B. eine Creme aus geräucherter Äsche serviert mit Chips aus Fischhaut und Kartoffeln, oder ein „Schnitzel-Sandwich" aus paniertem Kalbsbries auf einem weichen Brötchen mit Sardellen-Mayonnaise. Alle schmecken lecker und sind schön präsentiert. Wer nicht reserviert hat, sollte ruhig anfragen, speziell für ein spätes Mittagessen um 15 Uhr – Wunder geschehen!

Wer hier übernachten möchte, kann es im **Sails Motel** (📞 02-6685 1353; www.thesails motel.com.au; 26-28 Tweed St; DZ 125–175 AU$, Suite mit 2 Schlafz. 195–245 AU$; 🅿❄🛜🐕) versuchen, einem vornehmen Motel aus den 1960er-Jahren, das umgebaut wurde. Seine hellen, schlichten 22 Zimmer sind mit einzelnen Designobjekten, tollen umweltfreundlichen Toilettenartikeln, bequemen Betten, Mikrowellen und hübschem Geschirr für ein Picknick auf dem Balkon eingerichtet. Die Besitzer Amanda und Simon kennen jeden in der Stadt und können ihren Gästen Tipps geben, wo man gut essen, baden oder wandern kann.

Cabarita Beach, etwa 50 km nördlich von Byron Bay, ist ein touristisch herrlich unerschlossener Strandort mit Naturreservaten im Norden und Westen, der für seine Surfbreaks bekannt ist.

In der Stadt ist eines der gefeiertsten neuen Hotels an der australischen Ostküste zu Hause, das **Halcyon House** (📞 02-6676 1444; www.halcyonhouse.com.au; 21 Cypress Cr; DZ 500–900 AU$). Es ist eine Oase des reinen, fantasievollen Luxus mit neckischen dekorativen Elementen, kostenlosen Minibars, die mit lokalen Bieren und Leckereien gefüllt sind, und Bio-Toilettenartikeln. Die Lage gleich hinter dem Strand in einem Hain von Schraubenbäumen ist sehr idyllisch, doch im Gegensatz zu anderen Ferienhotels wirkt dieses immer noch wie ein integraler Bestandteil einer glücklichen Küstengemeinde. Im Erdgeschoss befindet sich das wundervolle, beliebte Hotelrestaurant **Paper Daisy** (2-/3-Gänge-Mittagsmenü 75/95 AU$, 3-/4-Gänge-Abendmenü 95/110 AU$; ⏱7–9, 12–15 & 18–22 Uhr). Es ist sehr ansprechend mit Bistrostühlen und vielen kleine Ölbildern, die im Stil eines Salon aufgehängt sind, eingerichtet. Die Gerichte sind ausgesprochen kreativ, aber unprätentiös und voller verführerischer Finesse, so gibt es z. B. in Paperbark-Baumrinde gegrillten Fisch mit Fenchel, Algen und Strandpflanzen oder Schaumgebäck mit Nektarinensorbet.

8–15, So 9–15 Uhr, Restaurant Do–Sa 19–21.30 Uhr) Oben (Uptown, wenn man so will) befindet sich eines der besten Restaurants des nördlichen NSW. Es serviert ein Degustationsmenü mit sechs Gängen, das sorgfältig und einfallsreich aus saisonalen und lokalen Produkten zusammengestellt. Ein vegetarisches Menü wird ebenfalls angeboten. Beide Menüs können auch mit passenden Weinen bestellt werden (zzgl. 55 AU$). Downtown gibt's einfache, aber perfekt zubereitete Frühstücksgerichte, leichte Mittagsgerichte und eine Theke voller süßer Backwaren.

Ausgehen & Nachtleben

Bangalow Hotel PUB
(www.bangalowhotel.com.au; 1 Byron St; ⏱Mo–Sa 10–24, So 10–22 Uhr) Am besten setzt man sich auf die Terrasse dieses überaus beliebten und gut erhaltenen Pubs, bestellt ein Getränk und einen Feinschmecker-Burger und lässt sich von der Musik berieseln. Alternativ kann man sich im gehobeneren **Bangalow Dining Rooms** (📞 02-6687 1144; www. bangalowdining.com; Hauptgerichte 20–34 AU$; ⏱12–15 & 17.30–21 Uhr) einen Tisch reservieren lassen.

Shoppen

⭐ **Little**
Peach   KUNST & KUNSTHANDWERK, ANTIQUITÄTEN
(☏ 02-6687 1415; www.littlepeach.com.au; 17 Byron
St; ⊙ Mo–Fr 10–17, Sa & So bis 16 Uhr) Dieser seit
Jahren ungemein beliebte Laden bringt ein
Stückchen Japan nach Bangalow. Von den
regelmäßigen Einkaufsreisen nach Tokio
stammt ein schier endloser Vorrat von faszinierenden *kokeshi*-Holzpuppen, Kimonos
und anderen schönen Stücken aus japani-
scher Seide. Außerdem sind sorgfältig ausge-
wählte französische Accessoires und Haushaltswaren aus aller Welt im Sortiment.

Bangalow Farmers Market   MARKT
(Bangalow Hotel Car Park, 1 Byron St; ⊙ Sa 8–11
Uhr) Wegen seiner schönen Lage ist dies ei-
ner der beliebtesten Farmers Markets.

ℹ️ **An- & Weiterreise**

Blanch's (☏ 02-6686 2144; www.blanchs.com.
au) Werktags fährt Bus 640 von/nach Byron
Bay (6,60 AU$, 20 Min.) und Ballina (7,60 AU$,
30 Min.).

Byron Easy Bus (☏ 02-6685 7447; www.byron
bayshuttle.com.au) Betreibt Shuttles vom/zum
Ballina Byron Gateway Airport.

Northern Rivers Buslines (☏ 02-6626 1499;
www.nrbuslines.com.au; 🚍) Unter der Woche
Busse von/nach Lismore (1¼ Std., 6 AU$).

NSW TrainLink (☏ 13 22 32; www.nswtrainlink.
info) Täglich fahren Busse nach Murwillumbah
(9,70 AU$, 1¼ Std.), Tweed Heads (11,30 AU$,
2 Std.), Burleigh Heads (13,70 AU$, 1½ Std.)
und Surfers Paradise (15,30 AU$, 2 Std.).

Lismore

29 410 EW.

Lismore, in dem das Leben den gemächli-
chen Gang eines Landstädtchens geht, ist
das unprätentiöse wirtschaftliche Zentrum
der Northern-Rivers-Region. In der Stadt
gibt's viele historische Gebäude. Eine lebhafte kreative Szene, die Studenten der
Southern Cross University und die vielen
Schwulen und Lesben sorgen in der Stadt
für Vielfalt. Ein Besuch in Lismore ist daher
interessant, wenngleich die meisten Traveller entweder an der Küste übernachten oder
sich tiefer ins Hinterland begeben.

👁️ **Sehenswertes**

Koala Care Centre   WILDRESERVAT
(☏ 02-6621 4664; www.friendsofthekoala.org; Rifle
Range Rd; Erw./Fam. 5/10 AU$; ⊙ Führungen
Mo–Fr 10 & 14, Sa 10 Uhr) Dieses Zentrum
nimmt kranke, verletzte und verwaiste Koalas auf. Besuchen kann man es nur im Rahmen einer Führung zu den vorgegebenen
Zeiten. Dies ist eine tolle Möglichkeit, Koalas aus der Nähe zu sehen und die Freiwilligen zu unterstützen, die ihnen helfen. Wer
Koalas in freier Wildbahn beobachten will,
begibt sich zum **Robinson's Lookout** (Robinson Ave, Girard's Hill) direkt südlich vom
Stadtzentrum.

Lismore Regional Gallery   GALERIE
(www.lismoregallery.org; 131 Molesworth St; ⊙ Di,
Mi & Fr 10–16, Do bis 18, Sa & So bis 14 Uhr) `GRATIS`
Lismores winzige Galerie ist seit Langem
eine kulturelle Institution in der Stadt und
ein echtes Zentrum des kreativen Lebens in
der Region. Ende 2017 soll sie an einen größeren Standort an der Ecke Keen St/Magel-
lan St mit über fünf Ausstellungsräumen
ziehen, wo spannende neue Programme in
Planung sind.

🎆 **Feste & Events**

Tropical Fruits   SCHWULE & LESBEN
(www.tropicalfruits.org.au; ⊙ 31. Dez.) Die legendäre Neujahrsparty ist das größte Schwulen-
und Lesben-Event im ländlichen NSW. Weitere Partys finden zu Ostern und zum
Feiertag des Geburtstags der Königin im
Juni statt.

Lismore Lantern Parade   PARADE
(www.lanternparade.com; ⊙ Juni) Am Sonntag,
der der Wintersonnenwende am nächsten
liegt, säumen über 30 000 Menschen die
Straßen, um die gigantischen illuminierten
Kreaturen vorbeiziehen zu sehen.

🛏️ **Schlafen**

Karinga   MOTEL **$**
(☏ 02-6621 2787; www.karingamotel.com; 258 Molesworth St; DZ 120–145 AU$; ❋🛜❄) Das Ka-
ringa, die beste Unterkunft der Stadt, hat
eine geschmackvolle Modernisierung hinter
sich. Die Zimmer wurden neue eingerichtet,
außerdem gibt's ein gutes Langschwimmbe-
cken und ein Spa.

⭐ **Melville House**   B & B **$$**
(☏ 02-6621 5778; www.melvillehouselismore.com;
267 Ballina St; EZ 40–140 AU$, DZ 50–165 AU$;
🐾❋🛜❄) Das stattliche Familienhaus wur-
de 1942 vom Großvater des Besitzers gebaut
und verfügt über den größten Swimming-
pool der Gegend. Die sechs Zimmer bieten
ein großartiges Preis-Leistungs-Verhältnis

und sind mit örtlicher Kunst, Kristallglas und Antiquitäten eingerichtet. Einige haben Bäder außerhalb des Zimmers, doch selbst der kleine Struggling Writer's Room (Zimmer des armen Poeten) hat ein eigenes. Bei den größeren Zimmer ist das Frühstück im Preis enthalten, ansonsten kostet es 10 AU$ zusätzlich.

✖ Essen

★ Republic of Coffee
CAFÉ $

(📞0403 570 503; www.facebook.com/republicofcoffee; 98 Magellan St; ⊗ Mo–Fr 6.30–14 Uhr) Das Café der Stadt, das Kaffee am meisten ernst nimmt. Hier kann man auch gute Pies, Donuts und andere Backwaren mitnehmen. Aber eigentlich ist man ja wegen des Kaffees hier, oder?

★ Palate at the Gallery
MODERN-AUSTRALISCH $$

(📞02-6622 8830; www.palateatthegallery.com; 133 Molesworth St; Frühstück 15–19 AU$, Hauptgerichte 16–32 AU$; ⊗ Di–Fr 11.30–14.30, Sa & So 8–14.30, Mi–Sa 18–22 Uhr; 🐾) Der schicke Pavillon verfügt über Fenstertüren, die auf eine sonnige, von Sträuchern gesäumte Terrasse hinausgehen. Abends verwandelt er sich mühelos von einem eleganten Café in eines der führenden Restaurants Lismores, das raffinierte Gerichte wie Muscheln in Weißwein und Brathuhn in einer Estragon-Cremesauce serviert.

🍷 Ausgehen & Nachtleben

Deck
BAR

(SCU Unibar; 📞02-6626 9602; www.unibarandcafe.scu.edu.au; 1 Military Rd; ⊗ während der Uni-Semester 9–24 Uhr) Das Deck ist eine Unibar, in der dank des einzigartigen Programms „Bachelor of Rock'n'Roll" der Southern Cross University großartige Konzerte veranstaltet werden. Kommende Termine stehen auf der Webseite. Dies ist eine Studentenbar, darum kann es hier auch mal etwas chaotisch zugehen.

🔒 Shoppen

Farmers Market
MARKT

(Lismore Showground; ⊗❄❄ 8–11 Uhr) Lismores Farmers Market findet auf dem Ausstellungsgelände nahe der Nimbin Rd statt.

ℹ Praktische Informationen

Lismore Visitor Information Centre (📞02-6626 0100; www.visitlismore.com.au; 207 Molesworth St; ⊗9.30–16 Uhr)

ℹ Anreise & Unterwegs vor Ort

BUS

Busse halten im **Lismore City Transit Centre** (Ecke Molesworth St & Magellan St).
Northern Rivers Buslines (📞02-6622 1499; www.nrbuslines.com.au) Regionalbusse sowie Verbindungen nach/ab Grafton (3 Std.), Ballina (1¼ Std.), Lennox Head (1 Std.), Bangalow (1¼ Std.) und Byron Bay (1½ Std.); der Fahrpreis beträgt jeweils 12 AU$.
NSW TrainLink (📞13 22 32; www.nswtrainlink. info) Busse nach/ab Byron Bay (9,25 AU$, 1 Std.), Mullumbimby (11,55 AU$, 1 Std.), Brunswick Heads (13,85 AU$, 1½ Std.) und Brisbane (40,35 AU$, 3 Std.).
Waller's (📞02-6622 6266; www.wallersbus. com) Werktags drei Busverbindungen nach/ab Nimbin (9,50 AU$, 30 Min.).

FLUGZEUG

Der **Lismore Regional Airport** (📞02-6622 8296; www.lismore.nsw.gov.au; Bruxner Hwy) liegt 3 km südlich der Stadt.
Regional Express (Rex; 📞13 17 13; www.regionalexpress.com.au) fliegt nach/ab Sydney.

Nimbin

1670 EW.

Willkommen in Australiens Hauptstadt des alternativen Lebensstils, einer Kleinstadt, die in einem so unglaublich malerischen Tal liegt, dass sie unter dem Gewicht ihrer eigenen Klischees leidet. Einst war Nimbin ein nicht weiter bemerkenswertes Milchbauerndorf in der Northern-River-Region, doch das sollte sich im Mai 1973 für immer ändern. Tausende Jugendliche der alternativen Kultur und Anhänger der Zurück-zur-Natur-Bewegung fielen zum Aquarius Festival in die Stadt ein. Viele blieben und gründeten in der schönen Landschaft rings um die Stadt neue Gemeinschaften mit dem Ziel, jene Ideale zu verwirklichen, die die Gäste des zehntägigen Festivals vereint hatte.

Heute sind die psychedelischen Wandbilder, welche die Hauptstraße der Stadt säumen und welche die Traumzeit-Regenbogenschlange und die Freuden des Marihuana-Genusses darstellen, verblichen, und die mit Rastalocken und Perlen ausstaffierten Einheimischen sind alt geworden. Zwar gibt es einige echte Überbleibsel der Love-and-Peace-Generation, doch seit den 1980er-Jahren hat sich vieles zum Schlechten verändert. Die unverfrorenen Haschisch-Dealer, die vom Geld der Bustouristen aus Byron leben, verkaufen heute auch

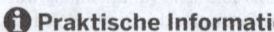

NATIONALPARKS IM HINTERLAND

Die spektakulären Wasserfälle, die blanken Klippen aus verfestigter Lava und der dichte Regenwald des 80 km² großen **Nightcap National Park** (www.nationalparks.nsw.gov.au/nightcap-national-park; Fahrzeuge 8 AU$) etwa 25 km westlich von Mullumbimby sind in der Gegend mit dem meisten jährlichen Regen in NSW vielleicht keine Überraschung. Er ist Teil des UNESCO-Welterbes Gondwana Rainforests und die Heimat vieler endemischer Vögel und geschützter Tiere. Von Nimbin führt eine 10 km lange Fahrt über die Tuntable Falls Rd und den Newton Dr zum Rand des Nationalparks und weiter zum Mt. Nardi (800 m).

Der **Historic Nightcap Track** (16 km, 1½ Tage), der im späten 19. Jh. von Postangestellten benutzt wurde, führt vom Mt. Nardi zum **Rummery Park**, einem Picknickgelände und Campingplatz. Vom **Peate's Mountain Lookout** gleich hinter dem Rummery Park bietet sich eine Panoramaaussicht bis nach Byron. Der **Minyon Loop** (7,5 km, 4 Std.) ist eine großartige Halbtageswanderung rund um die spektakulären Minyon Falls, wo man sich im eisigen Wasser abkühlen kann. Eine überwiegend nicht asphaltierte, aber sehr malerische Straße führt vom Channon zur Terania Creek Picnic Area, wo ein einfacher Abstecher zu den **Protestor Falls** (hin & zurück 1,4 km) beginnt.

Der riesige **Border Ranges National Park** (www.nationalparks.nsw.gov.au/border-ranges-national-park; Fahrzeuggebühr 8 AU$) erstreckt sich über 317 km² auf der NSW-Seite der McPherson Range, die entlang der Grenze zwischen NSW und Queensland verläuft. Er gehört zur Gondwana Rainforests World Heritage Area, und ein Viertel aller in Australien beheimateten Vogelarten soll hier vorkommen.

Der östliche Teil des Parks kann über den 44 km langen **Tweed Range Scenic Drive** erkundet werden. Die Schotterstraße ist nur bei trockenem Wetter befahrbar und verläuft als Schleife vom Lillian Rock, auf halbem Wege zwischen Uki und Kyogle, nach Wiangaree nördlich von Kyogle auf dem Summerland Way durch den Park. Die Beschilderung auf den Zufahrtsstraßen lässt zu wünschen übrig, doch die Suche lohnt sich. Im Zweifel folgt man einfach den Schildern zum Nationalpark.

Die Straße führt durch hügeligen Regenwald mit steilen Hängen und Aussichtspunkten, die das Tweed Valley bis zum Wollumbin (Mt. Warning) und zur Küste überblicken. Ein Highlight ist der kurze Weg zum **Pinnacle Lookout** mit einem der besten Ausblicke auf die Silhouette des Wollumbin bei Sonnenaufgang. Bei **Antarctic Beech** befindet sich ein Wald mit 2000 Jahre alten Birken. Von hier verläuft ein rund 5 km langer Wanderpfad in den üppigen Regenwald, zu Badestellen und zu einer Picknickstelle beim **Brindle Creek**.

Nordwestlich von Uki erstreckt sich der 41 km² große **Wollumbin National Park** (www.nationalparks.nsw.gov.au/wollumbin-national-park) rund um den Wollumbin (Mt. Warning; 1156 m), der als dramatischste Naturattraktion des Hinterlandes über dem Tal thront. Der englische Name wurde ihm 1770 von James Cook verpasst, um Seefahrer vor Riffen zu warnen. Die sehr viel ältere Bezeichnung der Aborigines, Wollumbin, bedeutet „Wolkenfänger", „Kämpfendes Oberhaupt des Berges" oder „Wettermacher".

Sein Gipfel ist der erste Punkt auf dem australischen Festland, der bei Tagesanbruch in Sonnenlicht getaucht wird – weshalb der Berg ein beliebtes Ziel von Wanderern ist. Allerdings sollte man wissen, dass nach den Gesetzen des lokalen Stammes der Bundjalung die Besteigung des heiligen Berges nur bestimmten Personen gestattet ist; deshalb bitten sie Besucher aus Respekt vor dieser Regel, auf die Tour zu verzichten. Alternativ lässt sich der Ausblick auf dem 360°-Wandgemälde im **Murwillumbah Visitor Information Centre** (☏1800 118 295, 02-6672 1340; www.tweedtourism.com.au; 271 Tweed Valley Way; ⊙ 9–16.30 Uhr) bewundern.

Der Wollumbin gehört zur Gondwana Rainforests World Heritage Area. Braunrücken-Leierschwänze lassen sich auf dem Lyrebird Track (hin & zurück 300 m) sichten.

härtere Drogen, und alkoholbedingte Gewalt ist in der Stadt auf dem Vormarsch. Man sollte Nimbin schon einmal gesehen haben, damit hat es sich für die meisten Besucher dann aber auch.

⊙ Sehenswertes

⭐**Djanbung Gardens**　　　GARTEN
(☏02-6689 1755; www.permaculture.com.au; 74 Cecil St; Eintritt 5 AU$, mit Führung 20 AU$; ⊙ Mi--So 10.30–16 Uhr, Führungen Sa 11 Uhr) GRATIS Nim-

bin steht seit Langem an der vordersten Front der Biogarten-Bewegung. Dieses weltbekannte Permakultur-Bildungszentrum, das aus einer vernachlässigten Rinderweide entstand, umfasst Wälder, Gemüsegärten, ein dürresicheres System von Dämmen, Teiche und Nutztiere. Es bietet diverse kurze Kurse an, und die Führung am Samstagmorgens kann man im Voraus buchen (20 AU$).

Hemp Embassy   KULTURZENTRUM
(☑02-6689 1842; www.hempembassy.net; 51 Cullen St; ☺9–17 Uhr) Das Zentrum ist teils Laden, teils Hochburg der kleinen politische Gruppierung der Hemp Party. Es will über die bevorstehende Legalisierung von Marihuana aufklären und hat alle Gerätschaften und Modeaccessoires, die man braucht, um das Interesse der Polizei zu erregen. Die Botschaft organisiert im Mai das **MardiGrass Festival** (www.nimbinmardigrass.com).

🛌 Schlafen

Nimbin Rox YHA   HOSTEL $
(☑02-6689 0022; www.nimbinrox.com.au; 74 Thorburn St; Stellplatz/Tipi/B/DZ ab 14/26/30/68 AU$; @☎☒) Wer den Massen an der Küste entfliehen will, findet in diesem Hostel und Campingplatz auf einem grünen Hügel am Rand der Stadt viele Plätzchen zum Entspannen: Hängematten zwischen den Bäumen, einen hübschen beheizten Pool und einen Bach in der Nähe, in dem man baden kann. Die freundlichen Manager tun viel, damit ihre Gäste zufrieden sind, und bieten ein kostenloses Pfannkuchenfrühstück und einen regelmäßigen Shuttle in die Stadt.

Grey Gum Lodge   PENSION $
(☑02-6689 1713; www.greygumlodge.com; 2 High St; DZ 85–135 AU$; @☎) Der Talblick von der vorderen Veranda dieses inmitten von Palmen stehenden Hauses im Queenslander-Stil ist einfach herrlich. Alle Zimmer sind komfortabel, geschmackvoll möbliert und haben ein eigenes Bad.

Black Sheep Farm   PENSION $$
(☑02-6689 1095; www.blacksheepfarm.com.au; 449a Gungas Rd; DZ 220 AU$; ☒) So manchem dürfte es schwer fallen, diese Selbstversorgerhütte mit Salzwasserpool und einer finnischen Sauna am Rand des Regenwaldes wieder zu verlassen. Sie bietet bis zu sieben Personen Platz (jede zusätzliche Pers. 20 AU$). Es gibt auch ein kleineres, preiswerteres Cottage.

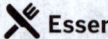 Essen

Nimbin Hotel   KNEIPENKOST $
(☑02-6689 1246; www.nimbinhotel.com.au; Cullen St; Hauptgerichte 11–22 AU$; ☺11–22 Uhr) Die klassische Kneipe hat eine riesige Terrasse hinterm Haus mit Blick auf ein grünes Tal. Das Hummingbird Bistro serviert eine breite Palette an Speisen, von einem Treehugger's Salad (Baumumarmer-Salat) bis zu Currys und gegrilltem Barramundi. An den meisten Wochenenden treten Musiker auf. Oben gibt's Zimmer für Backpacker.

ℹ Praktische Informationen

Nimbin Visitor Information Centre (☑02-6689 1388; www.visitnimbin.com.au; 46 Cullen St; ☺10–16 Uhr)

ℹ An- & Weiterreise

Verschiedene Veranstalter bieten Tagestouren oder Shuttle-Busse von Byron Bay nach Nimbin, manchmal mit Pausen bei Sehenswürdigkeiten in der Umgebung. Die meisten fahren um 10 Uhr ab und kehren gegen 18 Uhr zurück.

Gosel's (☑02-6677 9394) Werktags fahren zwei Busse nach Uki (40 Min.) und Murwillumbah (1 Std.).

Grasshoppers (☑0438 269 076; www.grasshoppers.com.au) Tägliche Touren ab Byron (hin & zurück 55 AU$, inkl. Barbecue-Mittagessen).

Waller's (☑02-6622 6266; www.wallersbus.com) Werktags mindesten drei Busse von/nach Lismore (30 Min.).

Canberra & South Coast NSW

Gut essen

➡ Courgette (S. 190)

➡ Cupping Room (S. 189)

➡ Silos Restaurant (S. 199)

➡ Tallwood (S. 205)

➡ Wharf Rd (S. 201)

➡ Caveau (S. 195)

Schön übernachten

➡ Hotel Hotel (S. 189)

➡ Bannisters by the Sea (S. 204)

➡ Laurels B&B (S. 198)

➡ Mystery Bay Campground (S. 209)

➡ Crown & Anchor Inn (S. 214)

Auf nach Canberra & an die South Coast von New South Wales!

Die Küste von New South Wales hat etwas ganz Besonderes an sich. Vielleicht liegt es an dem Licht, oder daran, dass diese Region bisher so oft übersehen wurde, oder auch an den Austern, den Meeresarmen, Flussmündungen, Nationalparks oder den Meeressäugern, die sich vor der Küste tummeln.

Im Hinblick auf das Wetter kann die Süd- zwar nicht mit der häufiger besuchten Nordküste mithalten, aber ihre malerische Schönheit ist einfach betörend. In den rauen, ländlichen Nationalparks und in den traditionellen Fischerstädtchen finden sich einige der idyllischsten Strände des Landes – von der bezaubernden Jervis Bay mit weißem Sand und türkisblauem Wasser bis zu den großen Surfstränden, die sich über das gesamte Gebiet vom Royal National Park bis hin nach Eden erstrecken.

Reisezeit
Canberra

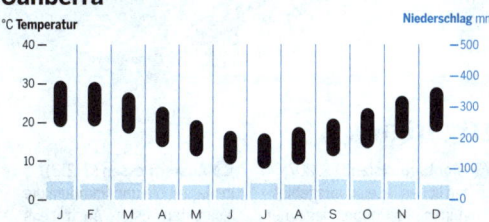

März Gute Bedingungen für Kajakfahrer; die See ist noch warm genug zum Baden.

Okt. Spitzenzeit zur Beobachtung von Walen und Robben; Whale Festival in Eden.

Nov.–Dez. Wer vor Beginn der Schulferien kommt, hat die Strände für sich allein.

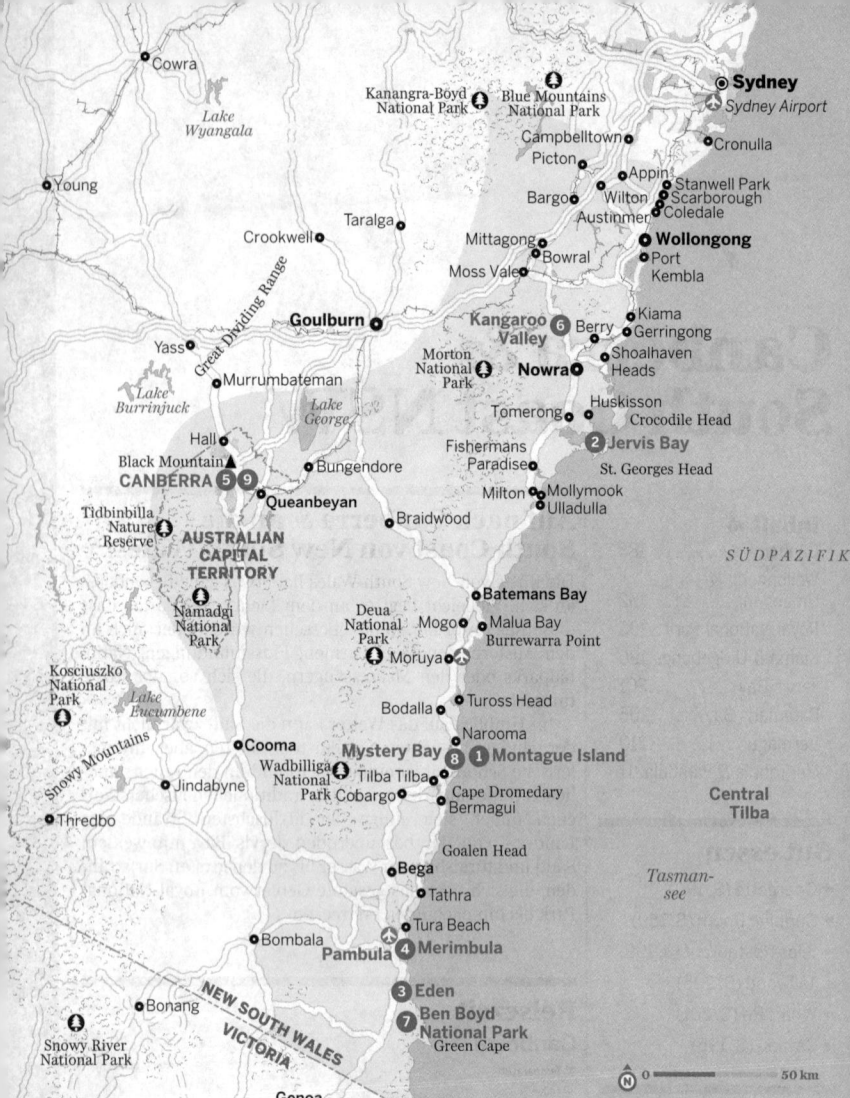

Highlights

1 Montague Island (S. 207)
Im herrlichen Inselschutzgebiet Pinguinen und Robben begegnen

2 Jervis Bay (S. 201) In der herrlichen Bucht mit weißem Sand und kristallklarem Wasser das persönliche Paradies finden

3 Walbeobachtung (S. 213)
Die gewaltige Macht und Eleganz der Meeressäuger ehrfürchtig bestaunen

4 Austern essen (S. 213)
In Merimbula und Pambula die leckersten Austern Australiens schlürfen

5 Parliament House (S. 185)
Bewundernd auf die architektonische Pracht von Australiens Parlament blicken

6 Kangaroo Valley (S. 198) Bukolischen Träumen vom ländlichen Australien nachhängen

7 Ben Boyd National Park (S. 214) In dem ausgezeichneten Nationalpark wandern und Wildtiere erspähen

8 Mystery Bay (S. 209)
Unter durchaus rauen Bedingungen an diesem idyllischen Strand zelten

9 National Museum of Australia (S. 187) Erfahren, was Australien ausmacht

❶ Anreise & Unterwegs vor Ort

AUTO & MOTORRAD

Der schnellste Weg von Canberra zur Küste führt über den Kings Hwy. Der Princes Hwy schlängelt sich von Wollongong im Norden nach Eden im Süden: Es ist die wichtigste Strecke zur Erkundung der Küste.

BUS

Busse verbinden Canberra mit den Hauptstädten der Bundesstaaten und kurven an der Küste entlang.

FLUGZEUG

Der **Canberra Airport** (S. 191) liegt innerhalb der Stadt nur 7 km südöstlich vom Civic (Stadtzentrum).

Die einzigen internationalen Flüge bietet **Singapore Airlines** (www.singaporeair.com), die ab/nach Singapur und Wellington fliegen.

ZUG

Zwischen Canberra und Sydney verkehren Züge. Es gibt keinen Direktzug zwischen Melbourne und Canberra.

CANBERRA

Australier lieben es, auf ihre Hauptstadt zu schimpfen und sie als einen seelenlosen Ort voller Politiker und Bürokraten zu bezeichnen. Das sollte einen nicht von einem Besuch abhalten, denn Canberra ist eine wunderbar grüne, kleine Stadt mit einer munteren, raffinierten Restaurant- und Barszene, interessanter Architektur und einer Fülle von wichtigen Institutionen, die Kulturinteressierte tagelang in ihren Bann ziehen.

Nach einem internationalen Gestaltungswettbewerb wurde die Stadt nach dem Plan des visionären US-amerikanischen Architekten Walter Burley Griffin und seiner Frau Marion Mahony Griffin errichtet. Mit den weiten offenen Flächen, weiten Boulevards und der nahtlosen Verbindung von gebauten und natürlichen Elementen ist die Stadt von der Arts-and-Crafts- und der Gartenstadtbewegung des späten 19. Jhs. beeinflusst.

In den parlamentarischen Sitzungswochen steht die Stadt ganz im Zeichen der Landespolitik, aber während der Universitätsferien und insbesondere zwischen Weihnachten und Neujahr kann Canberra geradezu verschlafen wirken.

Geschichte

Die Ngunnawal nannten den Ort Kanberra, was „Versammlungsplatz" bedeutet haben soll. Der Name bezog sich wahrscheinlich auf große, stammesübergreifende Versammlungen, die jährlich stattfanden, wenn große Scharen von essbaren Bogong-Faltern in der Gegend ihr Sommerquartier bezogen.

Im Jahr 1901 schlossen sich die zuvor getrennten Kolonien in Australien zum Commonwealth of Australia zusammen und wurden Bundesstaaten. Aufgrund der Rivalität zwischen Sydney und Melbourne fielen beide Metropolen als Hauptstadt des neuen Landes aus, und deswegen wurde als Kompromiss ein Gebiet ungefähr auf halber Strecke zwischen beiden Städten zum Standort einer neuen Hauptstadt bestimmt und aus New South Wales herausgelöst. 1913 erhielt die neue Stadt offiziell den Namen Canberra; 1927 wurde sie schließlich zur Hauptstadt Australiens.

❂ Sehenswertes

★ National Gallery of Australia GALERIE

(☏ 02-6240 6502; www.nga.gov.au; Parkes Pl, Parkes; für Sonderausstellungen unterschiedliche Eintrittspreise; ⊙ 10–17 Uhr) GRATIS Die außerordentliche Kunstsammlung des Landes wird in einem riesigen, eigens errichteten Museumsbau innerhalb des Parlamentsbezirks ausgestellt. Fast alle großen Namen aus der australischen und internationalen Kunstwelt der Vergangenheit und Gegenwart sind hier vertreten. Zu den herausragenden Werken zählen ein Seerosen-Gemälde von Claude Monet, mehrere der *Ned-Kelly*-Gemälde von Sidney Nolan, Salvador Dalís *Hummertelefon*, ein *Elvis*-Siebdruck von Andy Warhol und ein Triptychon von Francis Bacon.

Zu den Highlights zählt das außergewöhnliche *Aboriginal Memorial* aus dem zentralen Arnhemland im Foyer, das 1988 anlässlich des 200. Jahrestags der europäischen Besiedlung Australiens geschaffen wurde. 43 Künstler schufen diesen „Seelenwald" aus 200 ausgehöhlten Begräbnisstelen (die für die 200 Jahre der europäischen Besiedlung stehen). Das Denkmal ist Teil der ausgezeichneten Sammlung von Kunst der Aborigines und der Torres-Strait-Insulaner. Der größte Teil der australischen Kunstwerke ist im 1. Stock neben einer schönen Sammlung asiatischer und pazifischer Kunst ausgestellt.

Kostenlose Führungen gibt's stündlich zwischen 10.30 und 14.30 Uhr.

★ National Portrait Gallery GALERIE

(☏ 02-6102 7000; www.portrait.gov.au; King Edward Tce, Parkes; ⊙ 10–17 Uhr) GRATIS Die wun-

Canberra Zentrum

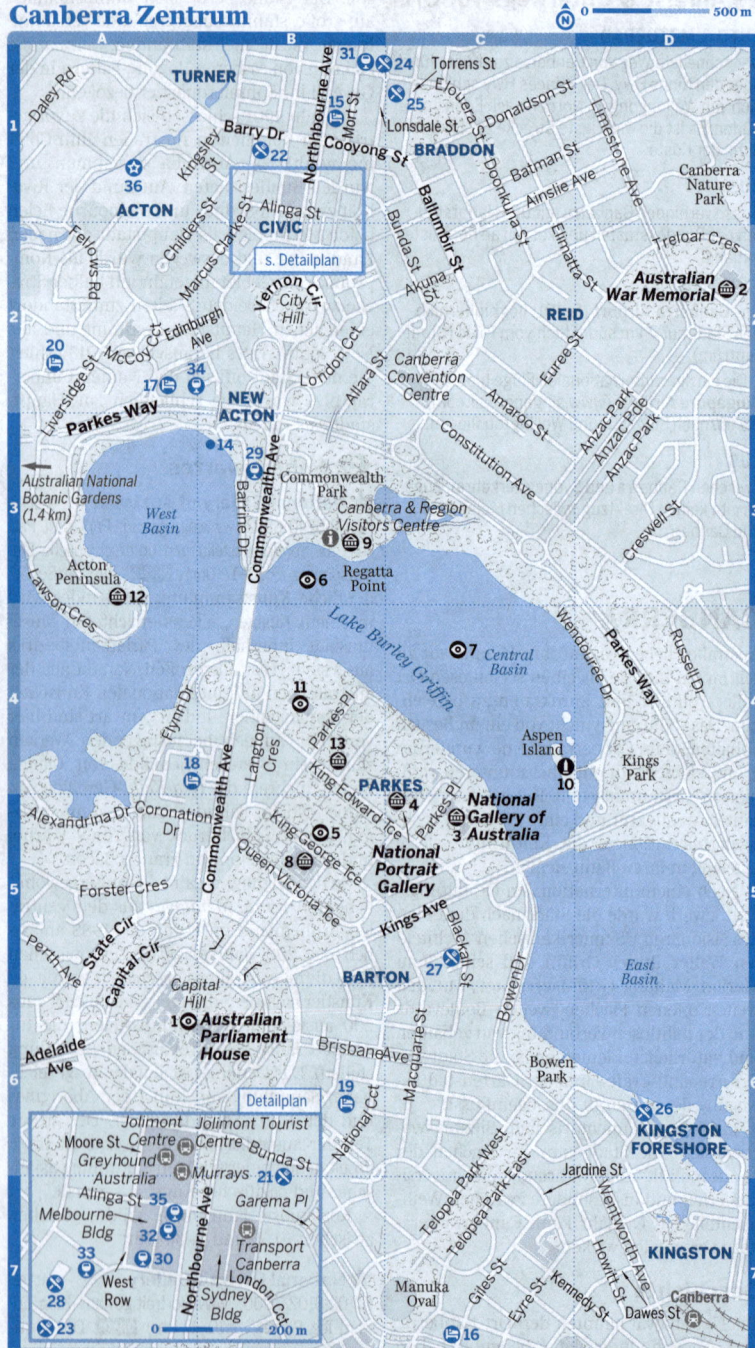

N 0 ———————— 500 m

TURNER

Daley Rd

Kingsley St

Barry Dr

Childers St

Fellows Rd

ACTON

36

Marcus Clarke St

Edinburgh Ave

McCoy Cct

Liversidge St

20

17 34

Parkes Way

← Australian National
Botanic Gardens
(1,4 km)

West
Basin

Acton
Peninsula

Lawson Cres

12

Northbourne Ave

31

15 Mort St

Cooyong St

22

Alinga St

CIVIC

s. Detailplan

Vernon Cir

City
Hill

**NEW
ACTON**

14

29

Commonwealth Ave

Barrine Dr

Commonwealth
Park

Commonwealth Ave

Flynn Dr

Langton Cres

24

25

Torrens St

Lonsdale St

BRADDON

Elouera St

Donaldson St

Ballumbir St

Bunda St

Akuna St

Ainslie Ave

Batman St

Doonkuna St

Allara St

Canberra
Convention
Centre

London Cct

Constitution Ave

Canberra & Region
Visitors Centre

9

6

Regatta
Point

Lake Burley Griffin

11

Parkes Pl

13

King Edward Tce

PARKES

4

5

8

King George Tce

**National
Portrait
Gallery**

Queen Victoria Tce

Kings Ave

Parkes Pl

National
Gallery of
Australia

3

7

*Central
Basin*

Wendouree Dr

Parkes Way

Aspen
Island

10

Kings
Park

Creswell St

Russell Dr

Limestone Ave

Ainslie Ave

Elimatta St

REID

Euree St

Amaroo St

Anzac Park

Anzac Pde

Anzac Park

Canberra
Nature
Park

Treloar Cres

**Australian
War Memorial** 2

Canberra

18

Alexandrina Dr

Coronation
Dr

Forster Cres

State Cir

Perth Ave

Capital Cir

Adelaide
Ave

Capital
Hill

1

**Australian
Parliament
House**

Brisbane Ave

BARTON

27

Macquarie St

Blackall St

BowenDr

Bowen
Park

*East
Basin*

19

National Cct

Telopea Park West

Telopea Park East

Jardine St

26

**KINGSTON
FORESHORE**

Wentworth Ave

Howitt St

KINGSTON

Giles St

Manuka
Oval

Eyre St

Kennedy St

Dawes St

Canberra

16

Detailplan

Jolimont
Centre

Jolimont Tourist
Centre

Moore St

Greyhound
Australia

Murrays

Bunda St

21

Garema Pl

Alinga St 35

Melbourne
Bldg

32

33

30

28 West
Row

23

Northbourne Ave

Sydney
Bldg

Transport
Canberra

London Cct

0 ———————— 200 m

derbare Galerie in einem schicken Neubau erzählt die Geschichte Australiens anhand der Gesichter seiner Menschen – von Wachskameos mit indigenen Australiern bis hin zu kolonialzeitlichen Porträts der Gründerfamilien des Landes und zu Howard Arkleys fluoreszierendem Abbild des Musikers Nick Cave. Es gibt ein gutes Café, wo man bei einem Kaffee über das Gesehene nachdenken kann.

★ Australian War Memorial · MUSEUM
(☎ 02-6243 4211; www.awm.gov.au; Treloar Cres, Campbell; ⊙ 10–17 Uhr) GRATIS Canberras prächtiges Art-déco-Kriegerdenkmal ist ein Highlight in einer Stadt voller interessanter Architektur. Das zur Erinnerung an den „Krieg, der alle Kriege beenden sollte", erbaute Denkmal öffnete 1941 seine Pforten, als der nächste Weltkrieg bereits in vollem Gange war. Angeschlossen ist ein großes, sehr gut gestaltetes Museum zur Militärgeschichte Australiens.

★ Australian Parliament House · GEBÄUDE
(☎ 02-6277 5399; www.aph.gov.au; ⊙ 9–17 Uhr) GRATIS Australiens 1988 eröffnetes Parlamentsgebäude ist ein anmutiges, von viel Symbolik geprägtes Bauwerk. Das Gebäude ist in die australische Erde eingelassen und hat ein begrüntes Dach mit einem dünnen, aber 81 m in die Höhe ragenden Fahnenmast. Auch die Innenräume wurden sehr überlegt gestaltet, so dass es hier viel zu sehen gibt, auch wenn sich die Politiker nicht gerade in den Parlamentssälen beharken.

Nachdem man die Einlasskontrollen, die in etwa so streng sind wie auf Flughäfen, passiert hat, kann man sich in großen Bereichen des Gebäudes frei umschauen und von den Zuschauertribünen aus auch Parlamentssitzungen beobachten. Eintrittskarten braucht man nur für das ganz große Theater der **Fragestunde** im Repräsentantenhaus (14 Uhr an Sitzungstagen); die Karten sind kostenlos, müssen aber über den Sergeant at Arms gebucht werden. Die Termine der Sitzungstage stehen auf der Website.

Nach dem Eingangsbereich gelangt man durch das **Marmorfoyer** in den **Großen Saal** mit dem riesigen Wandteppich, mit dessen Anfertigung dreizehn Weber zwei Jahre lang beschäftigt waren. In den oberen Fluren rund um den Saal findet man interessante Ausstellungen, darunter zeitweilig gezeigte Werke aus der Kunstsammlung des Parlaments. Sehenswert sind eine Ausfertigung der **Magna Carta** von 1297 und das Original von Michael Nelson Tjakamarras Werk *Possum & Wallaby Dreaming*, das auf dem australischen 5 AU\$-Geldschein abgebildet ist und in Form eines großen Mosaiks auch den Vorhof des Parlamentsgebäudes schmückt.

Canberra Zentrum

Weitere Exponate finden sich in der **Members' Hall**, in der die strengen Porträts der ehemaligen Premierminister an den Wänden hängen. Vom Saal zweigen Korridore zu den beiden Parlamentssälen ab. Australien ist eine Demokratie des Westminster-Systems, und seine Parlamentssäle folgen dem Farbschema der berühmten „Mutter der Parlamente" in London, allerdings mit einer feinsinnigen lokalen Abwandlung: Das satte Rot des britischen House of Lords ist beim Parlamentssaal des **Senats** durch ein an die Erde des Outback erinnerndes Ockerrot, und das Grün des House of Commons bei seinem australischen Pendant, dem **House of Representatives**, durch das fahle Hellgrün der heimischen Eukalyptusbäume ersetzt.

Lifts bringen Besucher auf das Dach, dessen Rasen betreten werden soll, um die Politiker unten daran zu erinnern, dass das Parlament das „Haus des Volkes" ist. Da das Gebäude den Mittelpunkt Canberras bildet, lässt sich von hier aus Walter Burley Griffins Bebauungsplan am besten überschauen. Man erkennt sofort die drei Achsen und hat das Australian War Memorial vor der Kulisse des Mt. Ainslie direkt vor Augen. Das Geschäftsviertel nimmt den linken und Duntroon (mit seinen Militäreinrichtungen) den rechten Winkel ein. Interessanterweise ist in dieser Stadtgestaltung aus dem vorigen Jh. kein prominenter Platz für eine Kirche vorgesehen.

Kostenlose Führungen (30 Min. an Sitzungstagen, sonst 45 Min.) starten um 9.30, 11, 13, 14 und 15.30 Uhr.

Museum of Australian Democracy MUSEUM (☏ 02-6270 8222; www.moadoph.gov.au; Old Parliament House, 18 King George Tce, Parkes; Erw./Kind/Fam. 2/1/5 AU$; ◷ 9–17 Uhr) Das Gebäude mit seinen eleganten Proportionen war von 1927 bis 1988 Sitz der Regierung und gewährt Besuchern einen Einblick in die politische Vergangenheit. Die Ausstellungen behandeln die Premierminister Australiens,

---

KÄNGURUS

Canberra ist eine der besten Städte Australiens, wenn man wilde Kängurus beobachten will. Zu den besten Stellen zählen der Weston Park an den Gestaden des Lake Burley Griffin nordwestlich des Parliament House, das Government House, der Mount Ainslie und der Namadgi National Park.

---

die Wurzeln der Demokratie und die Geschichte örtlicher Protestbewegungen. Man kann auch die alten Sitzungssäle von Senat und Repräsentantenhaus, die Parlamentsbibliothek und das Büro des Premierministers besichtigen. Kindern gefallen die Garderoben und Spielzimmer, und, wer auf Glanz und Gloria steht, wird Freude an der Replik der Kronjuwelen haben.

Aboriginal Tent Embassy HISTORISCHE STÄTTE (King George Tce, Parkes) Das erstmals 1972 errichtete Protestlager auf dem Rasen vor dem Old Parliament House wurde in den folgenden Jahren immer wieder aufgelöst und neu errichtet, ist seither aber dauerhaft präsent und erinnert alle, die das symbolische Herz der australischen Demokratie besuchen, an die Enteignung der indigenen Bevölkerung.

National Library of Australia BIBLIOTHEK (☏ 02-6262 1111; www.nla.gov.au; Parkes Pl, Parkes; ◷ Galerie 10–17 Uhr) GRATIS Seit ihrer Gründung im Jahr 1901 hat diese Institution mehr als 10 Mio. Werke zusammengetragen und mehr als 9 Mrd. Dokumente digitalisiert. Nicht versäumen sollte man die **Treasures Gallery**, die in einer immer wieder aufgefrischten Ausstellung Kostbarkeiten wie Kapitän Cooks *Endeavour*-Logbuch oder Kapitän Blighs Meutererliste zeigt; kostenlose 30-minütige Führungen gibt's täglich um 11.30 Uhr.

Australian National Botanic Gardens GARTEN (☏ 02-6250 9588; www.nationalbotanicgardens. gov.au; Clunies Ross St, Acton; ◷ 8.30–17 Uhr) GRATIS An den unteren Hängen des Black Mountain demonstriert dieser große Park auf 35 ha kultivierter Gartenfläche und 50 ha verbliebenen Buschlands die ganze Vielfalt der australischen Flora. Diverse Routen mit unterschiedlichen Themenschwerpunkten sind markiert. Die beste Einführung bietet der Hauptweg (30–45 Min.), der zum Eukalyptus-Grün (mit 70 verschiedenen Arten), zum Felsengarten, der Regenwaldschlucht und dem Garten mit Pflanzen aus dem Sydneyer Raum führt. Ein 3,2 km langer Naturpfad führt durch Buschland hinauf in die höheren Bereiche des Parks.

National Zoo & Aquarium ZOO (☏ 02-6287 8400; www.nationalzoo.com.au; 999 Lady Denman Dr, Weston Creek; Erw./Kind 40/23 AU$; ◷ 9.30–17 Uhr) Canberras Zoos ist gewiss nicht der größte Australiens, aber gut geplant und tierfreundlich. Viele Großkatzen und niedliche Tiere halten Kinder bei Laune. Es gibt auch diverse Touren hinter die Kulissen, wo man bei der Fütterung von Haien, Löwen, Tigern und Bären helfen und mit Nashörnern und Geparden auf Tuchfühlung gehen kann.

National Arboretum PARK
(☎ 02-6207 8484; www.nationalarboretum.act.gov. au; Forest Dr, Weston Creek; ☺ Okt.–März 6–20.30 Uhr, April–Sept. 7–17.30 Uhr) GRATIS Das auf einst von Buschbränden verwüstete Land angelegte National Arboretum ist ein sich stetig weiterentwickelndes Schaufenster der Bäume aus aller Welt. Viele Pflanzungen müssen erst noch heranwachsen, aber ein Besuch lohnt sich bereits jetzt wegen des spektakulären Besucherzentrums und des ausgezeichneten Ausblicks auf die Stadt. Die regelmäßigen Führungen sind informativ, und es gibt einen tollen Abenteuerspielplatz für Kinder.

Um hinzukommen, nimmt man den Bus 81 (werktags) oder 981 (Wochenende) von Plattform 10 des Busbahnhofs Civic.

Questacon MUSEUM
(☎ 02-6270 2800; www.questacon.edu.au; King Edward Tce, Parkes; Erw./Kind 23/18 AU$; ☺ 9–17 Uhr; ♿) Das kinderfreundliche Wissenschaftszentrum hat lehrreiche und lustige interaktive Ausstellungen. Hier bekommt man Antwort auf Fragen nach den physikalischen Grundlagen von Sport, Gymnastik und Vergnügungsparks, nach den Ursachen von Tsunamis und kann vor Wirbelstürmen und Erdbeben in Deckung gehen. Spannende Wissenschaftsvorführungen, Präsentationen und Puppentheater sind inbegriffen.

National Museum of Australia MUSEUM
(☎ 02-6208 5000; www.nma.gov.au; Lawson Cres, Acton Peninsula; Führung Erw./Kind 15/10 AU$; ☺ 9–17 Uhr) GRATIS Das Museum erzählt Australiens Geschichte und zeigt darüber hinaus große Wanderausstellungen. Vor dem Rundgang sollte man sich in dem rotierenden kleinen Circa Theatre den 12-minütigen Einführungsfilm anschauen. Die Ausstellung mit den vielen Artefakten der Aborigines ist ein Highlight. Leider fügt sich das Museum mit seiner etwas zersplitterten Aufteilung nicht recht mit den übrigen nationalen Kulturinstitutionen Canberras zusammen.

National Capital Exhibition MUSEUM
(☎ 02-6272 2902; www.nationalcapital.gov.au; Barrine Dr, Commonwealth Park; ☺ 9–17 Uhr) GRATIS Das kleine, aber faszinierende Museum er-

---

CANBERRA MIT KINDERN

Kinder lieben Canberra, weil sie hier viele coole Dinge tun können. Die meisten Museen und Galerien haben Programme für Kinder und viele auch ganz auf sie abgestimmte Führungen und Events – Details stehen auf den jeweiligen Websites.

Interaktiven Spaß versprechen das **Questacon** (s. linke Spalte), das **National Museum of Australia** (s. linke Spalte) und das **Australian Institute of Sport** (AIS; ☎ 02-6214 1010; www.experienceais.com; Leverrier St, Bruce; Erw./Kind 20/12 AU$; ☺ Führungen 10, 11.30, 13 & 14.30 Uhr). Im **National Zoo & Aquarium** (S. 186) kann man Geparden knuddeln und Kleine Pandas streicheln.

Für frische Luft und Bewegung sorgen eine Radtour um den Lake Burley Griffin oder ein Besuch im **Tidbinbilla Nature Reserve** (☎ 02-6205 1233; www.tidbinbilla.act.gov.au; Tidbinbilla Reserve Rd; Eintritt 12 AU$/Auto; ☺ April–Nov. 7.30–18 Uhr, Okt.–März bis 20 Uhr, Besucherzentrum 9–17 Uhr) oder dem **Namadgi National Park** (☎ 02-6207 2900; www.environment.act.gov.au; Naas Rd, Tharwa; ☺ Besucherzentrum 9–16 Uhr) GRATIS.

---

zählt, wie Canberra Australiens Hauptstadt wurde. Zu den Exponaten gehören Reproduktionen der internationalen Wettbewerbsbeiträge für den Entwurf der Stadt, darunter die feinen Aquarelle des siegreichen Enwurfs, die Marion Mahony Griffin, die oft übersehene Ehefrau und kreative Partnerin von Walter Burley Griffin, anfertigte.

Lake Burley Griffin SEE
Der schöne See wurde 1963 geschaffen, als der 33 m hohe Scrivener-Staudamm am Molonglo River errichtet wurde. Seine Ufer sind von wichtigen Institutionen und Monumenten gesäumt, darunter dem **National Carillon** (☎ 02-6257 1068; www.nationalcapital.gov.au; Aspen Island, Lake Burley Griffin) und dem **Captain Cook Memorial Water Jet** (Lake Burley Griffin). Man kann den gesamten See mit dem Rad in zwei und zu Fuß in sieben Stunden (28 km) umrunden. Unter geschickter Nutzung der beiden Hauptbrücken lässt sich die Route auch in kleinere Abschnitte aufteilen.

Royal Australian Mint MUSEUM
(☎ 02-6202 6999; www.ramint.gov.au; Denison St, Deakin; ⏲ Mo–Fr 8.30–17, Sa & So 10–16 Uhr) GRATIS Die Galerie in Australiens größter Münze erläutert die Geschichte des australischen Geldes. Hier erfährt man, was es mit dem „Holey Dollar" von 1813 und dem aus ihm herausgestanzten „Dump" auf sich hat.

Geführte Touren

Balloon Aloft BALLONFAHRT
(☎ 02-6249 8660; www.canberraballoons.com.au; 120 Commonwealth Ave, Yarralumla; Erw./Kind ab 330/240 AU$) Im Foyer des Hyatt treffen sich die Teilnehmer zu einem Flug über Canberra, bei dem man die einmalige Anlage der Stadt erst richtig versteht.

Lake Burley Griffin Cruises BOOTSFAHRT
(☎ 0419 418 846; www.lakecruises.com.au; Barrine Dr, Acton; Erw./Kind 20/9 AU$; ⏲ Mitte Sept.–Mai) Informative einstündige Bootsfahrten auf dem See.

Feste & Events

Enlighten KULTUR
(www.enlightencanberra.com.au; ⏲ Anf. März) Anfang März zeigen diverse Institutionen Canberra-Projektionen und bleiben lange geöffnet. Livemusik liegt in der Luft, und auf dem abendlichen Nudelmarkt kann man sich den Bauch vollschlagen.

Floriade BLUMENSCHAU
(www.floriadeaustralia.com; ⏲ Mitte Sept.–Mitte Okt.) Die prächtige Schau der Frühlingsblumen ist eines der größten Events der Stadt, das von Mitte September bis Mitte Oktober die Massen in den Commonwealth Park lockt.

Schlafen

Canberras Unterkünfte sind an parlamentarischen Sitzungstagen am stärksten ausgelastet und auch am teuersten. Die Hotels fordern Spitzenpreise an Werktagen und geringere an den Wochenenden. Höchstpreise gibt es auch während der Floriade im September und Oktober.

★ **Blue & White Lodge** MOTEL $
(☎ 02-6248 0498; www.blueandwhitelodge.com.au; 524 Northbourne Ave, Downer; EZ/DZ 95/100 AU$; P ❄ 📶) An der Hauptzufahrtstraße nach Canberra aus Norden sind das seit Langem bestehende Motel und sein ununterscheidbares Pendant, die Canberran Lodge, verlässliche Budgetoptionen in einer ansonsten teuren Stadt. Der Weg ins Zentrum ist weit, aber in der Nähe gibt's eine Bushaltestelle.

★ **Little National Hotel** HOTEL $$
(☎ 02-6188 3200; www.littlenationalhotel.com.au; 21 National Circuit, Barton; Zi. ab 119 AU$; P ❄ @ 📶) Das in einem schwarzen Metallkubus untergebrachte tolle Boutiquehotel bietet Stil in Form kleiner, aber gut gestalteter Zimmer. Die fehlende Zimmergröße wird durch eine ansprechende „Bibliothek" und eine Bar wieder wettgemacht, von der aus man einen Panoramablick auf die Stadt hat. Früh buchen – im Vorverkauf sind die Preise ein Schnäppchen, aber sie können sich mehr als verdoppeln, wenn das Haus gut ausgelastet ist!

★ **East Hotel** HOTEL $$
(☎ 02-6295 6925; www.easthotel.com.au; 69 Canberra Ave, Kingston; Apt. ab 220 AU$; P ❄ @ 📶) Genau an der Grenze zwischen Boutique- und Businesshotel: Das East hat stilvolle Zimmer mit lustigen kleinen Extras wie kostenlose Lollies und ausleihbare Design-Zeitschriften im Foyer. Selbst in den Einraum-Apartments finden sich Schreibtische, iPod-Stationen, Espressomaschinen und Kochnischen; wer mehr Platz braucht, nimmt eine Suite mit ein oder zwei Schlafzimmern. Hinzu kommen eine außerordentlich coole Bar und ein Buchladen samt Restaurant im Erdgeschoss.

Aria Hotel HOTEL $$
(☎ 02-6279 7000; www.ariahotel.com.au; 45 Dooring St, Dickson; Zi./Apt. ab 159/191 AU$; P ❄ @ 📶) Die Standardzimmer in diesem neuen Block sind nicht übermäßig groß, haben aber komfortable Betten, Regenduschen, Balkone und alles, was man von einem smarten Businesshotel so erwartet. Wer vorab bucht, kann günstige Angebote finden.

Avenue HOTEL $$
(☎ 02-6246 9500; www.avenuehotel.com.au; 80 Northbourne Ave, Braddon; Zi./Apt. ab 143/219 AU$; P ❄ 📶) Sichtbeton und abgewinkeltes Glas geben diesem großen, zeitgenössischen Hotel ein auffälliges, wenn auch etwas brutales Erscheinungsbild. Die Zimmer sind großzügig und schick, am besten nimmt man eines, das in den zentralen Hof blickt, um den Verkehrslärm zu vermeiden. Bei Direktbuchung ist der Parkplatz kostenlos.

University House HOTEL $$
(☎ 02-6125 5211; http://unihouse.anu.edu.au; 1 Balmain Cres, Acton; EZ/2BZ/DZ/Apt. ab 101/135/

150/195 AU$; P ✳ 🛜) Das Gebäude aus den 1950er-Jahren mit maßgeschneiderten Originalmöbeln liegt auf dem grünen Gelände der Australian National University (ANU). Studenten auf Forschungsreisen, Gastdozenten und gelegentlich auch Politiker steigen hier gerne ab. Die geräumigen Zimmer und Apartments mit zwei Schlafzimmern sind schmucklos, aber komfortabel. Es gibt einen friedlichen zentralen Hof und im Erdgeschoss ein freundliches kleines Café.

★**Hotel Hotel** HOTEL $$$
(📞02-6287 6287; www.hotel-hotel.com.au; 25 Edinburgh Ave, New Acton; Zi. ab 266 AU$; ✳🛜) Der spektakulären Fassade des Hotel Hotel entspricht ein gleichermaßen hippes Inneres. Die Zimmer sind skurril dekoriert, und wenn die (sehr) gedämpfte Beleuchtung auch nicht nach jedermanns Geschmack ist, finden wir das gewagte, dramatisch inszenierte Ambiente des Hotels doch hinreißend. Der Rezeptionsbereich ist voll von Ecken, Nischen und Mini-Bibliotheken, und die zum Hotel gehörende **Monster Kitchen & Bar** (📞02-6287 6287; www.monsterkitchen.com.au; Hotel Hotel, 25 Edinburgh Ave, New Acton; Frühstück 16–19 AU$, Platten zum Teilen 20–35 AU$; ⏰6.30–1 Uhr) ist ebenfalls sehr interessant.

★**Hyatt Hotel Canberra** HOTEL $$$
(📞02-6270 1234; www.canberra.park.hyatt.com; 120 Commonwealth Ave, Yarralumla; Zi. ab 295 AU$, Suite ab 690 AU$; P✳@🛜🏊) Im Foyer von Canberras luxuriösestem und geschichtsträchtigsten Hotel nach Staatsoberhäuptern Ausschau zu halten, ist ein sehr beliebter Zeitvertreib. Ein ständiger Besucherstrom zieht durch das Gebäude mit seinen mehr als 200 Zimmern, gut ausgelasteten Tagungsräumen und einer beliebten Tee-Lounge. Die Zimmer sind groß und sehr gut ausgestattet, zu den Einrichtungen zählen ein Hallenbad, ein Spa, eine Sauna und ein Fitnesscenter.

🍴 Essen

Canberra besitzt eine raffinierte Gastronomie, die genauso gut auf politische Entscheidungsträger wie auf Einheimische eingestellt ist. Zu den etablierten Restaurantvierteln zählen Civic, Kingston und Griffith; gute asiatische Lokale finden sich in Dickson. Die angesagtesten neuen Viertel sind New Acton, die Neubebauung des Kingston Foreshore sowie die Lonsdale St in Braddon.

Hamlet STREET FOOD $
(www.broddogs.com.au; 16 Lonsdale St, Braddon; Hauptgerichte 5–20 AU$; ⏰12 Uhr–open end) Das Hamlet ist ein Symptom dafür, wie hip Braddon geworden ist. Es handelt sich um ein wunderbar improvisiertes „Dorf" aus Foodtrucks, Ladenlokalen, einer Bar, einer Galerie und vielen Plätzen im Freien. Unsere aktuelle Lieblingsadresse hier ist das BrodDogs, ein schmackhafter Ableger des Brodburger aus Kingston – hier gibt's nichts als gute, schmackhafte Hotdogs. Wer das nicht mag, findet hier u. a. italienische, griechische, vietnamesische und indische Küche.

Two Before Ten CAFÉ $
(www.twobeforeten.com.au; 1 Hobart Pl, Civic; Hauptgerichte 11–18 AU$; ⏰Mo–Fr 7–16, Sa & So 8–14 Uhr) Das luftige Lokal bricht mit der australischen Tradition, dass ein gutes Café unkonventionell und etwas verlottert zu sein hat, und bringt stattdessen einen Hauch von Cape Cod in das Zentrum eines städtischen Blocks. Die Portionen sind vielleicht ein wenig zu winzig, aber der Kaffee ist ausgezeichnet.

★**Cupping Room** CAFÉ $$
(📞02-6257 6412; www.thecuppingroom.com.au; 1 University Ave, Civic; Hauptgerichte 11–24 AU$; ⏰7–16 Uhr; 📞) Von der Aussicht auf Canberras besten Kaffee und interessante Gerichte, darunter auch vegetarische und vegane, angelockt, bilden sich oft Schlangen vor diesem luftigen Eck-Café. Der saisonale Chia-Pudding ist außergewöhnlich, aber wer etwas Vertrauteres sucht, hält sich einfach an die tollen Burger. Man wählt seine Kaffeemischung nach den Verkostungsangaben und wird bestimmt nicht enttäuscht werden.

★**Akiba** ASIATISCH $$
(📞02-6162 0602; www.akiba.com.au; 40 Bunda St, Civic; Nudel- & Reisgerichte 12–15 AU$, Platten zum Teilen 18–33 AU$; ⏰So–Mi 11.30–24, Do–Sa bis 2 Uhr) Eine recht angeregte Stimmung herrscht in diesem superschicken panasiatischen Lokal, befeuert von einer hippen jungen Crew, die mühelos Cocktails mixt, Essensempfehlungen gibt und mit den Gerichten hantiert, ohne in Schweiß auszubrechen. An der Rohfischtheke gibt's leckeres Sashimi, frisch geknackte Austern und würziges Ceviche. Tintenfisch mit Salz und Sichuan-Pfeffer und Brötchen mit Schweinebauch sind immer beliebt, und uns überzeugten auch die auf japanische Art zubereiteten Auberginen.

★ Morks
THAILÄNDISCH $$

(☎ 02-6295 0112; www.morks.com.au; 19 Eastlake Pde, Kingston; Hauptgerichte 24–30 AU$; ☺ Di–Sa 12–14 & 18–22, So 12–14 Uhr) Unser Favorit unter den Restaurants am Ufer von Kingston bietet eine zeitgemäße Version der thailändischen Küche, angereichert mit chinesischen und malaiischen Einflüssen. Am besten verlangt man einen Tisch draußen, um die Passanten auf der Promenade zu beobachten, und stürzt sich erst einmal auf die diversen Vorspeisen: die Süßkartoffelklöße in Penang-Curry sind ausgezeichnet.

Elk & Pea
LATEINAMERIKANISCH $$

(☎ 0436 355 732; www.elkandpea.com.au; 21 Lonsdale St, Braddon; Frühstück & Mittagessen 11–25 AU$, Tacos 8 AU$, Platten 39–45 AU$; ☺ Mo 7.30–14.30, Di–So bis 23 Uhr) Mexikanische Einflüsse prägen die Speise- und Cocktailkarte dieses hippen kleinen, ganztägig geöffneten Lokals. Hier gibt's u.a. würziges Eierfrühstück, mittags Burger und Wraps und abends die besten Tacos in Canberra. Am Abend werden außerdem auch große, lateinamerikanisch angehauchte Gerichte serviert, die man sich zu zweit oder zu dritt teilen kann.

★ Courgette
MODERN-AUSTRALISCH $$$

(☎ 02-6247 4042; www.courgette.com.au; 54 Marcus Clarke St, Civic; 3-Gänge-Mittagessen 66 AU$, 4-Gänge-Abendmenü 88 AU$; ☺ Mo–Sa 12–15 & 18.30–23 Uhr) Das Restaurant mit gestärkter weißer Tischwäsche, makellosem Service und einem diskreten, aber kostspieligen Ambiente ist einer jener Ort, wohin man jemanden einlädt, um Eindruck zu machen, vielleicht ein Date oder aber den finnischen Botschafter. Das anspruchsvolle Niveau setzt sich bei den genau zubereiteten, fein angerichteten und aromatischen Gerichten fort.

★ Aubergine
MODERN-AUSTRALISCH $$$

(☎ 02-6260 8666; www.aubergine.com.au; 18 Barker St, Griffith; 4-Gänge-Menü 90 AU$; ☺ Mo–Sa 18–22 Uhr) Man muss hinaus in die südlichen Vorstädte fahren, um Canberras Spitzenrestaurant zu finden. Die Lage ist zwar nicht überwältigend, wohl aber sind das die begeisternden, innovativen, saisonal bestimmten Gerichte. Es wird zwar nur ein Vier-Gänge-Menü angeboten, tatsächlich aber kann man bei den meisten Gängen zwischen mehreren Optionen wählen. Service und Präsentation sind überzeugend.

Ottoman
TÜRKISCH $$$

(☎ 02-6273 6111; www.ottomancuisine.com.au; 9 Broughton St, Barton; Hauptgerichte 32–36 AU$; ☺ Di–Fr 12–14.30 & 18–22, Sa 18–22 Uhr) Das in einem eleganten Gartenpavillon residierende Restaurant ist seit Langem bei Canberras politischen Strippenziehern beliebt. Vertraute Gerichte (Meze, Dolma, Köfte) werden gelegentlich subtil und modern abgewandelt, meist aber auf köstlich-traditionelle Art dargeboten.

♟ Ausgehen & Nachtleben

Die Pubs und Bars konzentrieren sich in Civic und rund um die Lonsdale und die Mort St in Braddon. Auch New Acton lohnt einen Besuch.

Aviary Rooftop
DACHBAR

(☎ 0421 552 417; www.aviaryrooftop.com; 3 Barrine Dr, Acton; ☺ Do 17 Uhr–open end, Fr–So 12 Uhr–open end) Oben auf dem Dach eines Stapels von Schiffscontainern am Ufer des Lake Burley Griffin bietet diese große, offene Bar Drinks in Plastikgläsern und regelmäßig DJs. Wer Hunger bekommt, holt sich etwas von den Imbissständen unten neben dem beliebten Basketballplatz.

Bar Rochford
WEINBAR

(☎ 02-6230 6222; www.barrochford.com; L1, 65 London Circuit, Civic; ☺ Di–Do 17 Uhr–open end, Fr 12–1, Sa 17–1 Uhr) In dieser raffinierten, aber nicht steifen Bar im Melbourne Building widmen sich die bärtigen Barkeeper ernsthaft ihren Cocktail-Kreationen und Weinempfehlungen. Fein anziehen und auf einen Tisch an einem der großen Bogenfenster hoffen!

Joe's Bar
COCKTAILBAR

(☎ 02-6178 0050; www.joesateast.com; East Hotel, 69 Canberra Ave, Kingston; ☺ 12 Uhr–open end) Buntglas und aufgehängte Metallketten unterstreichen das schicke Boheme-Ambiente der attraktiven italienischen Food- und Weinbar, die an das East Hotel angeschlossen ist. Auf der umfangreichen Cocktailkarte steht eine ganze Seite mit Gin-Tonic-Spezialitäten, und das Barpersonal kennt sich auch bestens mit italienischen Weinen aus. Zu essen gibt's Polenta-Chips, Arancini-Bällchen und Antipasti.

Molly's
COCKTAILBAR

(www.molly.net.au; Rear, 37 London Circuit, Civic; ☺ Mo–Mi 16–24, Do–Sa bis 2 Uhr) Das Flüsterkneipenthema ist zwar mittlerweile etwas abgedroschen, aber wer liebt es nicht, durch Seitengassen zu schlendern und unterirdische Trinkhöhlen zu entdecken? Das Molly's hat eine acht Seiten starke, nach Ländern sortierte Whisky-Karte, auf der selbst Indien vertreten ist. Um hinzukommen, wendet man sich vom London Circuit beim Gozleme Cafe nach rechts und hält Ausschau nach einer Glühbirne über einer offenen Holztür.

Highball Express COCKTAILBAR
(www.highballexpress.com.au; L1, 82 Alinga St, Civic; ⊙Di–Sa 16 Uhr–open end) Es gibt kein Schild, also geht's in der Gasse hinter Smith's Alternative über die Feuertreppe zu dieser dekadent-tropischen Version einer kubanischen Rumbar der 1920er-Jahre. Die Highball-Cocktails sind ausgezeichnet und werden oft mit Bananenstücken serviert.

BentSpoke Brewing Co KLEINBRAUEREI
(☑ 02-6257 5220; www.bentspokebrewing.com.au; 38 Mort St, Braddon; ⊙11–24 Uhr) Mit 16 ausgezeichneten Bieren und Ciders vom Fass ist BentSpoke eine der besten Kleinbrauereien Australiens. Man sitzt an der Bar mit Fahrradthema oder entspannt sich draußen bei einem Verkostungsgedeck mit vier Bieren (16 AU$). Unser Lieblingsbier ist das Barley Griffin Ale mit einem subtilen Ton belgischer Hefe. Es gibt auch gute Kneipenkost.

Smith's Alternative BAR
(☑ 0401 084 773; www.smithsalternative.com; 76 Alinga St, Civic; ⊙Mo–Do 8–24, Fr & Sa bis 3, So 12–24 Uhr) Als der legendäre Smith's Alternative Bookshop geschlossen wurde, stellte sich heraus, dass der Name auch gut zu dessen Nachfolger passte. Das neue Smith's ist eine künstlerisch angehauchte Café-Bar mit Veranstaltungsfläche, einer improvisierten Bühne in einer Ecke und Kuchen in der Vitrine. Abends steigt hier alles Mögliche, von Livemusik über Poetry-Slams bis hin zu Theater, auf dem Programm.

Parlour Wine Room WEINBAR
(☑ 02-6257 7325; www.parlour.net.au; 16 Kendall Lane, New Acton; ⊙Di–So 12 Uhr–open end) Moderne Sitzbänke teilen sich das Holzparkett mit gut gepolsterten Chesterfield-Sofas in dieser zeitgenössischen Version eines viktorianischen Rauchsalons. Es gibt regionale, australische und internationale Weine, tolle Cocktails und Ausblicke auf den See.

☆ Unterhaltung

ANU Bar LIVEMUSIK
(☑ 02-6125 3660; www.anuunion.com.au; University Ave, Acton; Konzerte 5–20 AU$) In der Uni-Bar (auf dem Campus der Australian National University) gibt's während des Semesters regelmäßig Live-Auftritte. Zu den aufstrebenden Bands, die hier auftraten, gehörte einst auch eine kleine Drei-Mann-Truppe aus Seattle namens Nirvana.

❶ Praktische Informationen

Der größte Teil des Stadtzentrums wird von kostenlosem WLAN abgedeckt.

Canberra & Region Visitors Centre (☑ 02-6205 0044; www.visitcanberra.com.au; Regatta Point, Barrine Dr, Commonwealth Park; ⊙9–16 Uhr) Verteilt massenweise Infomaterial, darunter die eigene, vierteljährlich erscheinende Broschüre *Canberra Events*.

❶ An- & Weiterreise

AUTO & MOTORRAD

Der Hume Hwy verbindet Sydney und Melbourne und führt 50 km nördlich an Canberra vorbei. Der Federal Hwy Richtung Norden stößt nahe Goulburn und dem Barton Hwy (Rte 25) nahe Yass auf den Hume Hwy. In Richtung Süden verbindet der Monaro Hwy Canberra mit Cooma.

BUS

Der Fernbusbahnhof befindet sich im **Jolimont Tourist Centre** (67 Northbourne Ave, Civic; ⊙5–22.30 Uhr), wo es Buchungsschalter der großen Busunternehmen gibt.

Greyhound Australia (☑ 02-6211 8545; www.greyhound.com.au; 65 Northbourne Ave; ⊙6–18 Uhr) Busse nach Sydney (42 AU$, 3½ Std.), Yass (15 AU$, 55 Min.), Wagga Wagga (40 AU$, 3 Std.), Albury (58 AU$, 4½ Std.) und Melbourne (88 AU$, 8 Std.) sowie saisonal zu den Skiorten.

Murrays (☑ 13 22 51; www.murrays.com.au; 65 Northbourne Ave; ⊙7–19 Uhr) Expressbusse nach Sydney (45 AU$, 3½ Std.), Wollongong (49 AU$, 3¼ Std.), Batemans Bay (38 AU$, 2½ Std.), Moruya (41 AU$, 3¼ Std.) und Narooma (49 AU$, 4½ Std.) sowie zu den Skigebieten.

NSW TrainLink (☑ 13 22 32; www.nswtrainlink.info) Busse fahren vom Bahnhof Canberra täglich über Cooma und Merimbula nach Eden und dreimal pro Woche über Cooma nach Jindabyne.

FLUGZEUG

Der **Canberra Airport** (☑ 02-6275 2222; www.canberraairport.com.au; 2 Brindabella Circuit) liegt innerhalb der Stadt, nur 7 km südöstlich von Civic.

Internationale Flüge gibt's nur mit Singapore Airlines (www.singaporeair.com) und zwar ab/nach Singapur und Wellington.

Qantas (www.qantas.com) und die Tochtergesellschaft QantasLink fliegen ab/nach Adelaide, Brisbane, Melbourne, Perth und Sydney. **Virgin Australia** (www.virginaustralia.com.au) fliegt ab/nach Adelaide, Brisbane, Gold Coast, Melbourne und Sydney. **Tigerair Australia** (www.tigerair.com.au) fliegt ebenfalls nach Melbourne und **FlyPelican** (www.flypelican.com.au) nach Newcastle und Dubbo.

ZUG

NSW TrainLink (S. 191) Züge aus Sydney (56 AU$, 4 Std.), Bowral (34 AU$, 2½ Std.), Bundanoon (30 AU$, 2 Std.) und Bungendore (7 AU$, 40 Min.) laufen dreimal täglich in die **Canberra Railway Station** (Wentworth Ave, Kingston) in Kingston ein.

V/Line (☎1800 800 007; www.vline.com.au) bietet eine Zug-Bus-Kombination von Melbourne nach Canberra (108 AU$, 9 Std.) mit Umsteigen in den Bus in Albury-Wodonga.

❶ Unterwegs vor Ort

VOM/ZUM FLUGHAFEN

Ein Taxi zum Stadtzentrum kostet ca. 50 bis 55 AU$.

Der **Airport Express** (☎1300 368 897; www.royalcoach.com.au; einfache Strecke/hin & zurück 12/20 AU$) verkehrt tagsüber ungefähr stündlich zwischen dem Flughafen und der Stadt.

Der Bus 11 von **Transport Canberra** (s. unten) verkehrt zwischen 6 und 18 Uhr mindestens stündlich zwischen der City (Plattform 9) und dem Brindabella Business Park (gleich neben dem Flughafen).

ÖFFENTLICHE VERKEHRSMITTEL

Transport Canberra (☎13 17 10; www.transport.act.gov.au; East Row, Civic; Erw./Kind 4,70/2,30 AU$, Tageskarte 9/4,50 AU$; ⊙Informationszentrum Mo–Sa 6.30–22, So 8–19 Uhr) betreibt das Stadtbusnetz, mit dem man die meisten interessanten Orte in der Stadt erreicht. Das Unternehmen empfiehlt, Google Maps für die Reiseplanung zu nutzen, oder wegen Karten und Fahrplänen in seinem Büro in Civic vorbeizuschauen.

Es gibt zwar ein Smart-Card-System, aber wenn man nur ungefähr eine Woche vor Ort ist, fährt man günstiger, wenn man seinen Fahrschein beim Busfahrer löst. Eine Tageskarte kostet weniger als zwei Einzelfahrscheine, man kauft also am besten gleich bei Antritt der ersten Fahrt des Tages eine Tageskarte.

Der sogenannte Stadtbusbahnhof besteht tatsächlich aus einer Reihe von elf Bushaltestellen an der Northbourne Ave, der Alinga St, der East Row und der Mort St.

Zur Zeit der Recherche wurde an einer neuen Stadtbahnverbindung gebaut, die von Civic über die Northbourne Ave nach Norden führen wird. Der erste Abschnitt soll bis Ende 2018 fertiggestellt sein.

WOLLONGONG & UMGEBUNG

292 400 EW.

„Gong", 80 km südlich von Sydney, besitzt das entspannte Flair einer größeren Stadt auf dem Land und ist genau deswegen so liebenswert. Die kleine, aber nette Bar- und Restaurantszene bietet einen zusätzlichen Reiz zu den beiden ausgezeichneten städtischen Stränden und dem hübschen Hafen. Die Universität sorgt für eine jugendliche Atmosphäre, und der lässige Surfer-Lebensstil macht das Relaxen leicht.

Ein spektakulärer, bewaldeter Sandstein-Steilhang führt vom Royal National Park an Wollongong vorbei nach Süden und blickt hinunter auf eine wunderbare Reihe von Strandorten, die alle über ihren eigenen Bahnhof verfügen.

⊙ Sehenswertes

★North Beach   STRAND

Am Strand nördlich des Hafens gibt's Wellen, die für alle Besucher geeignet sind. Dieser Strand liegt in bequemer Nähe zum Stadtzentrum, sodass die Strand-Action in Wollongong sich hauptsächlich hier abspielt. Die herausforderndsten Wellen gibt's am Acids Reef nahe den Felsen gegenüber vom Stuart Park. Das südliche Ende von North Beach wird das ganze Jahr über von Rettungsschwimmern überwacht.

Wollongong City Beach   STRAND

Der südliche der zwei Stadtstrände von Wollongong ist ein hübscher Abschnitt mit weißlichem Sand und guten Möglichkeiten zum Schwimmen und – je nach Wind – zum Surfen. Nach Norden bietet sich ein romantischer Blick auf eine Landzunge und einen Leuchtturm. Doch sobald man sich umdreht, macht das massive Stahlwerk Port Kembla alle Tropeninsel-Fantasien gleich wieder zunichte.

Wollongong Botanic Garden   GÄRTEN

(☎02-4227 7667; www.wollongong.nsw.gov.au/botanicgarden; 61 Northfields Ave, Keiraville; ⊙April–Sept. 7–17 Uhr, Okt.–März Mo–Fr 7–18, Sa & So 7–18.45 Uhr; 🚌55A/55C) ⊘GRATIS Der botanische Garten liegt nordwestlich vom Zentrum, ist aber leicht mit dem kostenlosen Shuttlebus 55 vom Bahnhof aus zu erreichen. Mit seinen tropischen, gemäßigten und Wald-Habitaten ist der Park eine nette Abwechslung zum Strandleben und ein idealer Ort für ein Picknick am Mittag. Im Sommer gibt's hier auch ein Freiluftkino (www.sunsetcinema.com.au).

Belmore Basin HAFEN
Wollongongs Fischerflotte liegt am südlichen Ende des Hafens. Das Hafenbecken wurde 1868 aus dem soliden Fels gehauen.

Dort finden sich eine Fischereigenossenschaft und an der Spitze der Landzunge das alte **Breakwater Lighthouse** von 1872. In der Nähe steht auf der Landzunge das neuere **Wollongong Head Lighthouse** (Flagstaff Hill Lighthouse). Der Sandstrand am Hafen ist mit seinem sanften Wellengang ideal für

Wollongong

kleine Kinder. Zwischen hier und dem North Beach gibt's sowohl Swimmingpools als auch zum Baden geeignete Felsenbecken.

Science Centre & Planetarium   MUSEUM

(☎ 02-4286 5000; www.sciencecentre.com.au; 60 Squires Way, North Wollongong; Erw./Kind 14/10 AU$; ⊗ Do–Di 10–16 Uhr, Jan. tgl.) Clevere Kids allen Alters können hier ihre Sinne schärfen. Das Museum der University of Wollongong umfasst alles von Dinosauriern bis hin zu Elektronik. Im Planetarium finden den ganzen Tag über Vorführungen (4,50 AU$ bzw. 3 AU$ extra mit Eintrittsticket) statt. Hierher gelangt man mit einem der kostenlosen Shuttlebusse vom Bahnhof Wollongong (55A und 55C), die direkt vor dem Gebäude halten.

Illawarra Escarpment State Conservation Area   PARK

(www.nationalparks.nsw.gov.au) Spektakulärer Regenwald umgibt die stetig erodierenden Sandsteinklippen des Illawarra-Steilhangs, der auf Wollongong und die Küste nördlich davon blickt und dessen höchster Punkt mit 534 m der Mt. Kembla ist. Eine wunderbare Aussicht auf die Küste bietet sich vom Mt. Keira Lookout (464 m). Einfach den Freeway nach Norden nehmen und der Ausschilderung folgen. Aus dem Zug von Wollongong nach Norden bietet sich ebenfalls ein guter Ausblick auf den höher gelegenen Regenwald.

🏃 Aktivitäten

Pines Surfing Academy   SURFEN

(☎ 0410 645 981; www.pinessurfingacademy.com. au; 1a Cliff Rd, North Wollongong; Surfunterricht 50 AU$/2 Std, 3-tägiger Kurs 120 AU$) Surfstunden am City Beach oder am Farm Beach.

HanggglideOz   ABENTEUERSPORT

(☎ 0417 939 200; www.hangglideoz.com.au; Tandemflug werktags/Wochenende 245/295 AU$) Der verlässliche Drachenflug-Anbieter veranstaltet Tandemflüge und Kurse am Bald Hill im Stanwell Park.

🛏 Schlafen

Keiraleagh   HOSTEL $

(☎ 02-4228 6765; www.backpack.net.au; 60 Kembla St; B 25–38 AU$, EZ/DZ ohne Bad 75/85 AU$, DZ 140 AU$; ⊖ @ 🛜) Das einladende, weitläufige historische Haus ist von lässigem Surfer-Hippie-Flair, passabler Sauberkeit und echt freundlicher Atmosphäre geprägt. Die Schlafsäle könnten dickere Matratzen vertragen, doch der tolle Garten und der Grillbereich machen das Hostel dennoch zu einer richtig entspannten Bleibe. Nur Barzahlung.

SAGE Hotel Wollongong   HOTEL $$

(☎ 02-4201 2111; www.sagewollongong.com; 60–62 Harbour St; Zi. 199–299 AU$; 🅿 ⊖ ❄ 🛜 🏊) In praktischer Nähe zum Sportviertel und zum städtischen Strand bietet dieses luftig-moderne Hotel geschmackvoll gestaltete Zimmer und recht gute Einrichtungen. Die Zimmer haben eine gute Größe und sind mit Kaffeemaschinen und anderen modernen Annehmlichkeiten ausgestattet. Am besten lässt man sich eines weiter oben geben, um den Blick auf den Ozean oder den Golfplatz zu genießen. Die teureren Zimmer haben zusätzlich einen Balkon. In kurzer Gehweite finden sich gute Kneipen und Restaurants.

Beach Park Motel   MOTEL $$

(☎ 02-4226 1577; www.beachparkmotel.com.au; 10 Pleasant Ave, North Wollongong; Zi. 125–210 AU$; 🅿 ⊖ ❄ 🛜) Gleich hinter dem Uferpark bietet dieses solide, freundliche Motel mit recht gutem Preis-Leistungs-Verhältnis eine Reihe von Zimmern mit weißen Ziegelwänden, guter Raumaufteilung, bunt gestrichenen Türen und komfortablen Einrichtungen. Die meisten blicken auf das Parkgelände, die billigsten auf den Parkplatz. Bis zum Strand ist es nur ein kleiner Bummel.

Novotel Northbeach   HOTEL $$$

(☎ 02-4224 3111; www.novotelnorthbeach.com.au; 2-14 Cliff Rd, North Wollongong; Zi. 299–379 AU$; 🅿 ⊖ ❄ @ 🛜 🏊) Das renovierte Hotel mit 200 Zimmern liegt mitten im Trubel des North Beach und ist ideal für einen Strandurlaub. Es gibt hier haufenweise Einrichtungen und geräumige, komfortable Zimmer, viele davon mit Balkon und Blick auf den Ozean oder den Steilhang. An Sommerwochenenden schießen die Preise in die Höhe – samstags kostet ein Zimmer dann 400 bis 600 AU$.

🍴 Essen

Balinese Spice Magic   INDONESISCH $

(☎ 02-4227 1033; www.balinesespicemagic.com. au; 130 Keira St; Hauptgerichte mittags 10–18 AU$, abends 17–26 AU$; ⊗ Di & Mi 17.30–21.30, Do 11–14.30 & 17.30–21.30, Fr 11–14.30 & 17.30–23, Sa 17.30–23 Uhr; 🍴) Exzellentes indonesisches Essen und herzlicher Service prägen dieses familiengeführte Restaurant. Thailändische und vietnamesische Lokale gibt's auch an der Keira St, aber dieses ist unser liebstes, denn es weckt mehr als jedes andere Erinnerungen an die Aromen Südostasiens. Es gibt hier auch jede Menge vegane Optionen.

★ Caveau   MODERN-AUSTRALISCH $$$
(☑ 02-4226 4855; www.caveau.com.au; 122–124 Keira St; 7-Gänge-Verkostungsmenü 110 AU$, mit Wein 160 AU$; ☻ Di–Sa 18–23 Uhr; ☷) Dieses gefeierte Restaurant serviert Gourmetgerichte wie Makrelen-Tatar oder gedünstete Scampi. Die Karte wechselt saisonal, und von Dienstag bis Donnerstag gibt's auch ein Drei-Gänge-Menü (85 AU$). Für Vegetarier gibt's ein eigenes Verkostungsmenü. Das Restaurant mit gepunkteten Stühlen und schickem schwarzen Dekor hat eine für „Gong" typische zwanglose Atmosphäre.

★ Babyface   JAPANISCH, AUSTRALISCH $$$
(☑ 02-4295 0903; www.burnsburyhospitality.com.au; 179 Keira St; Hauptgerichte 24–40 AU$; ☻ Mo 18–22, Mi & Do 18–23, Fr & Sa 12–15 & 18–24, So 12–15 & 18–22 Uhr) Das lebhaft-laute, relativ neue Restaurant in Wollongong kombiniert japanische Ideen mit wilden australischen Kräutern und Beeren und kreiert so eine gelungene Mischung an Aromen. Lachs und Makrele sind die Eckpfeiler der Karte, die auch einen Abschnitt mit Sashimis, kleineren Gerichten und großen Platten hat. Es gibt ein paar sehr interessante Weine im Glas und fröhliche, freundliche Angestellte. Falls kein Tisch frei sein sollte, setzt man sich an die Bar.

🍷 Ausgehen & Nachtleben

★ His Boy Elroy   BAR
(☑ 02-4244 8221; www.hisboyelroy.com.au; 176 Keira St; Burger 12–19 AU$; ☻ Mo & Di 17–22, Mi, Do & So 11–22, Fr & Sa 11–24 Uhr) Das hervorragende, kürzlich an neuer Stelle wiedereröffnete His Boy Elroy hat sich von seinen Ursprüngen als Café zu einer Bar mit Burgern, Cocktails und anderen Drinks gemausert. Mit dem Sitzbereich im Freien, der überarbeiteten Cocktailkarte und einer großen Auswahl interessanter Whiskys ist es ideal für einen Drink. Die Burger sind verlässlich exzellent; Gleiches wird wohl auch für die neu angebotenen geräucherten Fleischgerichte gelten.

Humber   BAR
(☑ 02-4263 0355; www.humber.bar; 226 Crown St; ☻ Mo–Fr 6.30–24, Sa 7.30–24, So 7.30–22 Uhr; ☎) Der relativ neue Laden befindet sich in einem ungewöhnlich gestalteten Gebäude, einem früheren Humber-Autohaus. Unten gibt's tagsüber Kaffee und Mittagessen,

abends verwandelt sich das Ganze in eine schicke Cocktailbar. Im ersten Stock gibt's eine schöne, art-déco-inspirierte Bar, und auf der Dachterrasse fühlt man sich wie an Deck einer Jacht. Palmen, Sonnenschirme und frische Kokosnüsse tragen zur Atmosphäre einer Kreuzfahrt bei.

Illawarra Brewery   BAR
(☑ 02-4220 2854; www.thebrewery.net.au; Ecke Crown & Harbour St; ☻ Mo–Do 11–23, Fr & Sa 10–1, So 10–22 Uhr) Die an das Unterhaltungszentrum angeschlossene schicke Bar mit Meerblick hat ihr eigenes Fassbier sowie saisonale Brauerzeugnisse. Andere Biere aus ganz Australien runden das feuchtfröhliche Bild ab, und es gibt auch ganz ordentliches Essen. Auf der Außenterrasse kann man prima sitzen. Die Bar ist auch bei Sportfans sehr beliebt.

❶ Praktische Informationen

Hub Visitor Centre (☑ 1800 240 737; www.visitwollongong.com.au; 93 Crown St; ☻ Mo–Sa 9–17, So 10–16 Uhr; ☎) Buchungen und Infos.

❶ An- & Weiterreise

Züge der **South Coast Line** (☑ 13 15 00; www.sydneytrains.info) fahren vom/zum Bahnhof Central in Sydney (8,30 AU$, 90 Min.) und in Richtung Süden weiter bis nach Nowra/Bomaderry über Kiama und Berry.

Alle Fernbusse starten an der Ostseite des Bahnhofs. **Premier** (☑ 13 34 10; www.premierms.com.au) hat zwei Busse am Tag nach Sydney (18 AU$, 2 Std.) und Eden (69 AU$, 7–8 Std.). **Murrays** (☑ 13 22 51; www.murrays.com.au) betreibt Busse nach Canberra (48,40 AU$, 3¼ Std.).

❶ Unterwegs vor Ort

Der Gong Shuttle (Linie 55A und 55C) ist ein kostenloser Shuttlebus, der alle 10 bis 20 Minuten eine Schleife vom Bahnhof zur Universität und nach North Wollongong fährt und damit nützlich ist, wenn man nach North Beach, zum botanischen Garten oder zum Science Centre will.

Royal National Park

Dieses hervorragende Stück wilder Natur liegt gleich vor der Tür der Stadt und ist geprägt von einsamen Stränden, schwindelerregenden Klippen, Gestrüpp, Heide, Regenwäldern und von Sumpfwallabys, Leierschwänzen und lautstarken Gelbohr-Rabenkakadus.

Der wundervolle Küstenpark schützt ein 15091 ha großes Gebiet und erstreckt sich von der herrlichen, 32 km langen Küste landeinwärts. Der 1879 gegründete Nationalpark ist der zweitälteste der Welt.

◉ Sehenswertes

Wattamolla Beach   STRAND
(www.nationalparks.nsw.gov.au; Wattamolla Rd) Wattamolla Beach, ungefähr auf halber Strecke der Küste, ist einer der beliebtesten Picknickplätze im Park und wird vor allem im Sommer recht voll. Der Vorteil an diesem Strand ist, dass es hier sowohl einen Surfstrand als auch eine Lagune gibt, in der man sicher baden kann. Außerdem gibt's noch einen Wasserfall, in den die Leute gern hineinspringen – auch wenn's eigentlich strikt verboten ist. Der Strand liegt 3,3 km von der Hauptstraße entfernt, nahe der Abzweigung nach Bundeena.

Garie Beach   STRAND
(www.nationalparks.nsw.gov.au; Garie Beach Rd) Der hervorragende Surfstrand, 3 km von der Ausfahrt von der Hauptstraße entfernt, ist besonders malerisch. Doch wie bei allen Surfstränden im Royal National Park kann das Baden hier gefährlich sein! Es gibt hier einen Toilettenblock, aber trotz des großen Gebäudekomplexes keine anderen Einrichtungen. An Sommerwochenenden wird der Strand von Rettungsschwimmern überwacht.

🛏 Schlafen

Bonnie Vale Campground   CAMPING $
(☎1300 072 757; www.nationalparks.nsw.gov.au; Sea Breeze Lane, Bundeena; Stellplatz 33 AU$/2 Pers.; P ⊜) Der Campingplatz liegt 1,5 km westlich des Zentrums von Bundeena und hat hübsche, ebene und grasbewachsene Stellplätze. Er liegt direkt am Wasser, und Baden kann man sowohl am geschützten Strand an der Bucht als auch im Flussdelta. Der Campingplatz ist mit Toiletten, Warmwasserduschen, strombetriebenen Grills und Picknicktischen gut ausgestattet.

★ Beachhaven   B&B $$$
(☎02-9544 1333; www.beachhavenbnb.com.au; 13 Bundeena Dr, Bundeena; Zi. 300–350 AU$; P ❋ 🐾 ☎) Das erstklassige B&B direkt am herrlichen Hordens Beach wird von einem herzlichen Paar betrieben und bietet zwei hervorragende Bleiben, beide mit Kochnische, riesigem Bett samt Luxusbettwäsche, schöner, alter Möblierung, großzügig be-

stücktem Kühlschrank und hübschem Patio. Das Beach House liegt direkt am Strand, das Tudor Cottage versteckt in einem kleinen subtropischen Garten.

Weitere Highlights sind das romantische Freiluftspa mit Blick auf den Strand, Kajaks und Stehpaddelbretter für die Gäste und eine freundliche, zahme Possum-Familie. Bei längeren Aufenthalten sinken die Preise erheblich.

ℹ Praktische Informationen

Royal National Park Visitor Centre (☎02-9542 0648; www.nationalparks.nsw.gov.au; 2 Lady Carrington Dr, Audley; ◷ 8.30–16.30 Uhr) Parkeintrittsgebühren, Campinggenehmigungen, Karten und Infos zum Buschwandern. Das Center befindet sich in Audley, 2 km hinter dem nordöstlichen Eingang im Park, abseits vom Princes Hwy. Es gibt hier auch ein Café mit hübschem Sitzbereich auf der Veranda.

ℹ An- & Weiterreise

Cronulla Ferries (☎02-9523 2990; www.cronullaferries.com.au; Erw./Kind 6,40/3,20 AU$) fährt von Cronulla, von Sydney mit dem Zug erreichbar, nach **Bundeena**.

Man kann auch mit dem Zug nach Waterfall fahren und von dort zu Fuß zum Park laufen.

KIAMA & UMGEBUNG
12800 EW.

Kiamas wohlgeformte Küstenlinie umfasst zahlreiche Strände und verrückte Felsformationen, darunter ein berühmtes, aber meist eher enttäuschendes Blowhole. Die Stadt ist geprägt von einer liebenswerten altmodischentspannten Atmosphäre und prächtigen uralten Norfolk-Tannen. Landeinwärts gibt's Aussichtspunkte und ein großes Angebot an Freiluft-Aktivitäten im bewaldeten Hochland.

◉ Sehenswertes

Kiama Blowhole   WAHRZEICHEN
Kiamas berühmtes Blowhole befindet sich an der Landspitze beim Stadtzentrum. Eigentlich ist es in der Regel eher enttäuschend – außer bei starker Brandung und Südostwind: Dann schießt das Wasser aus den Spalten in die Höhe. Nachts wird das Ganze mit Flutlicht angestrahlt. Das **Little Blowhole** (abseits des Tingira Cres, Marsden Head) an der Küste weiter südlich ist zwar weniger eindrucksvoll, spuckt dafür aber regelmäßiger.

Minnamurra Rainforest
Centre   NATURSCHUTZGEBIET
(☑02-4236 0469; www.nationalparks.nsw.gov.au; Minnamurra Falls Rd, über Jamberoo; 12 AU$/Auto; ☺9–17 Uhr, letzter Einlass 16 Uhr) Der erstaunlich üppige subtropische Regenwald liegt am östlichen Rand des **Budderoo National Park**, 15 km landeinwärts von Kiama. Ein 2,6 km langer Rundweg führt an einem sprudelnden Bach entlang durch den Regenwald. Unterwegs kann man Ausschau halten nach Wasseragamen und Leierschwänzen. Ein zweiter, 1,6 km langer, recht steiler Wanderweg führt zu den **Minnamurra Falls**. Das hilfreiche Visitor Centre hat Infos zum Park und zum Ökosystem. Das lohnende Café ist bei großem Andrang von 10 bis 16 Uhr geöffnet, an ruhigeren Tagen von 11.30 bis 14.30 Uhr.

Werktags fahren Busse vom Bahnhof Kiama hierher – allerdings nur im Abstand von sechs Stunden.

★Seven Mile Beach   STRAND
(www.nationalparks.nsw.gov.au) Vor der Kulisse des Nationalparks liegt dieser herrliche, halbmondförmige, weißliche Sandstrand, der seinem Namen alle Ehre macht (und sogar noch etwas länger ist) und sich von Shoalhaven Heads im Süden bis Gerroa im Norden erstreckt. Erreichbar ist er auch über eine Reihe von Ausfahrten, die zu Picknickbereichen im Nationalpark führen.

🛏 Schlafen & Essen

Bellevue
Accommodation   APARTMENTS $$
(☑02-4232 4000; www.bellevueaccommodation.com.au; 21 Minnamurra St; Zi. 150–250 AU$; [P]🐾❄🛜) Die charmante Bleibe bringt ihre Gäste in modernem Komfort in einem zweistöckigen historischen Herrenhaus aus den 1890er-Jahren unter. Die Apartments bieten eine voll ausgerüstete Küche, Waschküche, hübsche Veranda und Blick auf den Ozean. Von der Hauptstraße hierher ist es nur ein kurzer Bummel. Normalerweise gilt eine Mindestbuchung von zwei Übernachtungen, im Zweifel sollte man aber trotzdem einfach anrufen.

★Kiama Harbour Cabins   HÜTTEN $$$
(☑02-4232 2707; www.kiamacoast.com.au; Blowhole Point; Cottages 300–400 AU$; [P]🐾❄🛜) Diese Cottages in bester Lage sind wie aus dem Ei gepellt und bieten Grillstellen auf den Veranden mit Blick auf den Strand und den nahen Meerwasserpool. Die

Preise beziehen sich auf die Hochsaison im Januar; dann gilt auch eine Mindestbuchung von sieben Übernachtungen. Ansonsten sind es nur zwei Übernachtungen, und die Preise sind mindestens um 25% niedriger.

Hungry Monkey   CAFÉ $
(☑0403 397 353; http://thehungrymonkeyyy.com; 5/32 Collins St; Gerichte 12–20 AU$; ☺Mo–Mi 6.30–16, Do–Sa 6.30–21, So 7.30–16 Uhr; 🛜🐾) Dieses äußerst sympathische Café befindet sich in einem von mehreren netten Cottages mit Kunsthandwerksläden und dergleichen. Hier aber gibt's Burger, Wraps, Salate und Frühstück mit einer großen Auswahl an Zutaten und Geschmacksrichtungen. Das Café ist ein guter Allrounder, denn Essen wird den ganzen Tag über serviert, und es gibt auch alkoholische Getränke.

Kabari Bar   BISTRO $$
(☑02-4233 0572; www.kabaribar.com; 78 Manning St; Hauptgerichte 18–30 AU$; ☺ Küche So & Mo 8–15, Mi–Sa bis 22 Uhr) Dieser sympathische Schuppen am lebhaften Surfstrand in der Stadt hat einen Kiosk mit Snacks zum Mitnehmen, an dem den ganzen Tag über viel los ist. Raffiniertere, kundig angerichtete Speisen, von Meeresfrüchten bis hin zu gehobeneren Fleischgerichten und Pizza werden in dem zweistöckigen Restaurantbereich mit Blick aufs Wasser serviert. Am Wochenende gibt's in der Bar oben Livemusik.

ℹ Praktische Informationen
Visitor Centre (☑02-4232 3322; www.kiama.com.au; Blowhole Point Rd; ☺9–17 Uhr) Am Blowhole Point. Hilft bei der Suche nach einer Bleibe.

ℹ An- & Weiterreise
Kiama ist am einfachsten per Zug zu erreichen, und zwar mit den häufigen Verbindungen von **Sydney Trains** (☑13 15 00; www.sydneytrains.info) nach Wollongong, Sydney und Nowra (Bomaderry) über Berry.

Premier (☑13 34 10; www.premierms.com.au) hat zwei Busse pro Tag nach Eden (69 AU$, 7½ Std.) und Sydney (25 AU$, 2½ Std.). **Kiama Coaches** (☑02-4232 3466; www.kiamacoaches.com.au) fährt nach Gerroa, Gerringong und Minnamurra (über Jamberoo).

Wer selbst fährt, sollte auch einen Abstecher an den Strand über Gerringong und Gerroa machen und entweder bei Berry oder gleich nördlich von Nowra wieder auf den Highway zurückkehren.

KANGAROO VALLEY

300 EW.

Sowohl von Nowra als auch von Berry führen kurvenreiche, schattige Waldstraßen ins hübsche Kangaroo Valley. Die malerische historische Ortschaft liegt inmitten von Bergen und hat eine verschlafene Hauptstraße mit Cafés, Kunsthandwerksläden, einer historischen Sandsteinbrücke und einem tollen Pub. Der farbenfrohe Ort erfüllt alle Klischees vom ländlichen Australien. In der Umgebung kann man Rad fahren, wandern, Kanu fahren und campen. Touranbieter und B&B-Unterkünfte findet man unter www.visitkangaroovalley.com.au.

👁 Sehenswertes

★ Cambewarra Lookout AUSSSICHTSPUNKT

(⏱ 7.30–21 Uhr) Der abseits des Cambewarra Mountain zwischen Kangaroo Valley und Nowra ausgeschilderte Aussichtspunkt bietet einen atemberaubenden Blick hinunter auf den gewundenen Shoalhaven River und die landwirtschaftlich genutzten Auen bis zur Küste. Es gibt hier auch ein Café mit einer Terrasse, auf der man in den vollen Genuss des Panoramablicks kommt.

Fitzroy Falls WASSERFALL

(www.nationalparks.nsw.gov.au; Morton National Park; 4 AU$/Fahrzeug) Obwohl der Sommer und der Pegel des Stausees den Sturzbach häufig in ein Rinnsal verwandeln, lohnt der 81 m hohe Wasserfall auf jeden Fall einen Besuch – schon allein wegen der Aussicht. Ein spektakulärer Aussichtspunkt eröffnet den Blick auf bewaldete Hügel und blanke Sandstein-Steilhänge – ein für New South Wales typisches Bild. Das hiesige **Visitor Centre** (☎ 02-4887 7270; www.nationalparks.nsw.gov.au; Nowra Rd, Fitzroy Falls; 4 AU$/Fahrzeug; ⏱ Mai–Aug. 9–17 Uhr, Sept.–April 9–17.30 Uhr), in dem es auch ein Café gibt, ist die beste Quelle für Infos zu Natur, Tieren und Wandermöglichkeiten in der Gegend. Der Wasserfall liegt rund 17 km nordwestlich der Brücke in Kangaroo Valley, eine steile Bergstraße hinauf.

🛏 Schlafen & Essen

Boutique-B&Bs und Farmstays finden sich im und rund um den Ort sowie an der Straße nach Berry. Es gibt auch ein paar Campingparks im Zentrum. Buschcamper verlassen den Ort Richtung Norden und halten sich an den Picknickplatz Bendeela. Das Gebiet ist ausgeschildert.

★ Laurels B&B B&B $$$

(☎ 02-4465 1693; www.thelaurelsbnb.com.au; 2501 Moss Vale Rd; Zi. 265–295 AU$; ⊖ 🐾 🌐) Das 5 km nordwestlich der Brücke gelegene B&B ist der perfekte Ort, um sich selbst zu finden. Die freundlichen, kultivierten Gastgeber heißen ihre Gäste herzlich willkommen, und die vier Zimmer in dem hübschen, 100 Jahre alten Bungalow sind sehr luxuriös mit großen Doppelbetten, eleganten antiken Möbeln und allerhöchstem Komfort eingerichtet. Wein und Käse am späten Nachmittag, viele Bücher und eine friedliche Landschaft runden die Vorzüge dieses wunderbaren Refugiums ab.

Bistro One46 BISTRO $$

(☎ 02-4465 2820; www.bistro146.com.au; 146 Moss Vale Rd; Hauptgerichte 26–34 AU$; ⏱ Fr 17.30–21, Sa 11–15 & 17.30–21, So 11–15 & 17.30–20.30, Mo & Di 11–14.30 & 17.30–20.30 Uhr) Die von Weinranken bedeckte Schönheit im Dorfzentrum hat einen gemütlichen Innenraum und eine nette kleine Veranda. Das Essen ist gut angerichtet, farbenfroh und nicht übermäßig kompliziert. Im Angebot sind eine Reihe von einfachen Speisen, darunter Känguru-Carpaccio, Meeresfrüchte und italienische Gerichte – alles hier ist ziemlich lecker.

ℹ An- & Weiterreise

Kennedy's (☎ 02-4421 7596; www.kennedystours.com.au) betreibt einige wenige Busse pro Woche zwischen dem Bahnhof Bomaderry und Kangaroo Valley.

SHOALHAVEN COAST

In Reichweite der Wochenendausflügler aus Sydney liegt diese umwerfende Region mit wundervollen Sandstränden vor einer saftiggrünen Kulisse landeinwärts mit historischen Ortschaften, Wäldern und Nationalparks. Der weiße Sand und das türkisblaue Wasser der Jervis Bay gehören zu den hiesigen Highlights.

Berry

1700 EW.

Berry, eine leicht gekünstelte, aber unbestreitbar hübsche historische Ortschaft, ist ein beliebter Zwischenstopp im Landesinneren auf dem Weg an die South Coast. Hier gibt's ein paar Antiquitäten- und Designläden und eine aufstrebende Gastronomie mit guten Cafés und Restaurants. Derzeit herrscht auf der Hauptstraße so reger Verkehr wie auf einer Autobahn, aber es sollte in Berry viel ruhiger werden, wenn die Umgehungsstraße gebaut ist, deren Fertigstellung noch für 2018 geplant war.

⊙ Sehenswertes

An der kleinen Hauptstraße stehen beim National Trust gelistete Gebäude, und in der hügeligen Landschaft rund um Berry gibt es gute Weingüter.

★ Silos Estate WEINGUT
(☐02-4448 6082; www.silosestate.com; B640 Princes Hwy, Jaspers Brush; ⊙ Verkostung 11–17 Uhr) ✎ Das hübsche Weingut in toller Lage mitten auf einem grünen Hügelhang mit Blick auf die schöne Landschaft zwischen Berry und Nowra lohnt auf jeden Fall einen Besuch. Es stellt unter zwei Labels eine Reihe von guten Tropfen her und bietet zudem Käse und Alpaka-Schinken. Es gibt hier auch ein hervorragendes Restaurant, viele fortschrittliche Umweltinitiativen und vier sehr entspannte Boutiquezimmer (205–275 AU$).

🛏 Schlafen

Berry beschwört Bilder von gemütlichen Kaminen mit knisterndem Holz herauf, ist aber sowohl im Winter als auch im Sommer ein beliebtes Wochenendausflugsziel. Es gibt hier und in Kangaroo Valley viele ziemlich teure Unterkünfte.

Berry Hotel HOTEL $
(☐02-4464 1011; www.berryhotel.com.au; 120 Queen St; EZ/DZ 80/110 AU$; P🐕☎) Das beliebte Gasthaus bietet recht gewöhnliche, aber große, mit Ventilator gekühlte Zimmer mit Bad im Flur. Die Matratzen könnten etwas härter sein, aber dies ist eine authentische Bleibe mit ganz eigenem Stil für wenig Geld. Es gibt einen Gemeinschaftsbalkon, und unten im hinteren Speiseraum und im Hof wird ordentliches Essen serviert.

Berry Village Boutique Motel MOTEL $$
(☐02-4464 3570; www.berrymotel.com.au; 72 Queen St; Zi. 185–275 AU$; P🐕❄☎🏊) Das außerordentlich gut geführte, anspruchsvolle Motel an der Hauptstraße hat ein Gourmetrestaurant und große, komfortable Zimmer, die modern eingerichtet, mit schönen Teppichen ausgelegt und teilweise mit neuen großen Doppelbetten bestückt sind. Die Stan-

dardzimmer blicken nach vorn, die Zimmer nach hinten auf einen ruhigen Park. Die teureren Zimmer haben einen Whirlpool. Konstante Verbesserungen sind ein Zeichen der Qualität der Einrichtung.

Bellawongarah at Berry B&B $$$
(☐02-4464 1999; www.accommodation-berry. com.au; 869 Kangaroo Valley Rd, Bellawongarah; Zi. 250–260 AU$; P🐕❄☎) Regenwald umgibt diese wundervolle Bleibe 8 km außerhalb von Berry an der Bergstraße nach Kangaroo Valley. Es gibt hier zwei Unterkünfte: Das eine ist ein üppiges Loft im Haupthaus mit asiatischer Kunst, einem großen Spa samt Blick ins Grüne, einem gemütlichen Lounge und einem Schlafbereich unter dem Dach. Das andere ist eine niedliche wesleyanische Cottage-Kirche von 1868 mit luftiger, französisch-provenzalischer Atmosphäre.

✗ Essen

Famous Berry Donut Van CAFÉ $
(☐0435 297 530; 73 Princes Hwy; Donuts 1,80 AU$; ⊙9–18 Uhr; ✎) Schon seit Generationen fahren die Familien in den Ferien die South Coast hinunter und bestechen ihre Kinder mit dem Versprechen, unterwegs an diesem Imbisswagen Halt zu machen, wenn sie brav sind. Die Donuts hier sind ganz frisch, warm und zuckrig – mit einem Wort: lecker! Es gibt auch Kaffee und andere Snacks.

★ Silos Restaurant MODERN-AUSTRALISCH $$
(☐02-4448 6160; www.silos.com.au; B640 Princes Hwy, Jaspers Brush; 5-/8-Gänge-Verkostungsmenü 70/95 AU$; ⊙ Do–Sa 12–14 & 18–22, So 12–14 Uhr, Jan. tgl.) Die ehemaligen Getreidesilos, denen das Weingut seinen Namen verdankt, blicken auf dieses liebenswerte Restaurant mit einer hübschen Veranda und einem Speiseraum samt traumhaftem Blick auf die grünen Weinberge. Mitten in dieser ländlichen Idylle gelegen, kann es die Küche jedoch mit jedem urbanen Gastronomiebetrieb aufnehmen. Vertraute und innovative Geschmackskombinationen, regionale Produkte (darunter Fleisch vom Alpakas, die auf dem Anwesen gehalten werden) und freundliche Angestellte machen das Restaurant zu einem Überflieger.

★ Hungry Duck ASIATISCH $$
(☐02-4464 2323; www.hungryduck.com.au; 85 Queen St; Hauptgerichte 16–35 AU$, 5-/9-Gänge-Bankett 55/85 AU$; ⊙Mo, Mi & Do 18–21.30, Fr–So 12–14 & 18–21.30 Uhr; ✎) ✎ Auf der Karte stehen moderne asiatische Häppchen,

aber auch größere Hauptgerichte. Es gibt einen Hinterhof und einen Kräutergarten, der die frischen Zutaten liefert. Ansonsten kommt alles – der Fisch, das Fleisch, die Eier – ganz frisch aus der Region. Das Restaurant liegt nahe der BP-Tankstelle im Ortszentrum.

Berry Woodfired Sourdough
BÄCKEREI, CAFÉ **$$**

(📞 02-4464 1617; www.berrysourdoughcafe.com.au; Ecke Prince Alfred & Princess St; Pies 6,80 AU$, Hauptgerichte 16–26 AU$; ⊙ Mi–So 8–15 Uhr) In dieser bei Feinschmeckern sehr beliebten Bäckerei kann man sich mit Brot eindecken oder gleich vor Ort etwas essen. Es gibt köstliche Gourmet-Pies und auch substantiellere Gerichte wie täglich frische Fisch- und Fleischspeisen und eine kleine, aber hochwertige Karte. Die Besitzer betreiben auch die **Milkwood Bakery** (📞 02-4464 3033; www.berrysourdoughcafe.com.au; 109 Queen St; Pies 6,80 AU$; ⊙ Mo–Fr 6–17.30, Sa & So 7–17 Uhr) an Berrys Hauptstraße.

🛍 Shoppen

Treat Factory
ESSEN

(📞 02-4464 1112; www.treatfactory.com.au; 6 Old Creamery Lane; ⊙ Mo–Fr 9.30–16.30, Sa & So 10–16 Uhr) Der fabrikeigene Verkaufsladen nach alter Schule lohnt den kurzen Abstecher vom Highway: Er ist bis an die Decke gefüllt mit nostalgischen Lollis wie „Rocky Road" und Lakritze. Es gibt auch eine beachtliche Anzahl an Pickles und Saucen.

ℹ An- & Weiterreise

Alle ein, zwei Stunden fahren Züge nach Nowra/Bomaderry (3 AU$, 10 Min.) und Kiama (3,40 AU$, 30 Min.), wo man Anschluss an die Züge Richtung Norden nach Wollongong (4,50 AU$, 1¼ Std.) und Sydney (6 AU$, 2¾ Std.) hat.

Premier (📞 13 34 10; www.premierms.com.au) hat Busse über Kiama nach Sydney (25 AU$, 3 Std., 2-mal tgl.) und Richtung Süden durch alle Küstenortschaften nach Eden.

Nowra

28 000 EW.

Nowra, etwa 17 km von der Küste entfernt, ist die größte Stadt in der Region Shoalhaven. An der South Coast gibt's zwar schönere Ortschaften, doch Nowra ist ein gutes, entspanntes regionales Zentrum und eignet sich prima als Basis zur Erkundung der umliegenden Attraktionen in Berry, Kangaroo

Valley und Jervis Bay. Nowras siamesischer Zwilling Bomaderry ist der südliche Endbahnhof der South-Coast-Bahnlinie.

👁 Sehenswertes

Meroogal
MUSEUM

(📞 02-4421 8150; www.sydneylivingmuseums.com.au; Ecke West & Worrigee St; Erw./Kind 12/8 AU$; ⊙ Sa 10–16 Uhr, Jan. & andere Ferien auch Do & Fr) Dieses faszinierende historische Haus von 1885 beherbergt jene Artefakte, die die Frauen aus vier Generationen, die hier gelebt haben, zusammengetragen haben. Der Eintritt ist verbunden mit einer Führung zu jeder vollen Stunde (letzte Führung 15 Uhr). Das hübsche Gebäude hat eine ruhige Lage nahe dem Oval, etwa drei Blocks westlich vom Zentrum Nowras.

Coolangatta Estate
WEINGUT

(📞 02-4448 7131; www.coolangattaestate.com.au; 1335 Bolong Rd, Shoalhaven Heads; ⊙ Weingut 10–17 Uhr) GRATIS An der Nordseite der Flussmündung, 13 km östlich von Bomaderry und unmittelbar vor Shoalhaven Heads, liegt dieses stimmungsvolle historische Weingut auf einem Anwesen, das ursprünglich 1822 angelegt wurde. Es gibt einen Verkaufsraum, in dem die Verkostung der hervorragenden Weine stattfindet, einen sogenannten Weingarten und ein Restaurant, in dem man prima zu Mittag essen kann. Führungen über das Anwesen finden auf **Segways** (📞 0402 000 222; www.segwaytourssouthcoast.com.au; Führung 75–100 AU$) oder in den großen „Bigfoot"-Vehicle (📞 0428 244 229; www.bishopsadventures.com.au; Coolangatta Estate, Shoalhaven Heads; Erw./Kind 25/15 AU$) statt. Dabei geht es auf den Hügel hinauf, wo sich ein atemberaubender Blick bietet. Auf dem Gut gibt's auch hervorragende Ünterkunfte in von Sträflingen errichteten Gebäuden.

🛏 Schlafen & Essen

Coolangatta Estate
B&B **$$**

(📞 02-4448 7131; www.coolangattaestate.com.au; 1335 Bolong Rd, Shoalhaven Heads; Zi. 140–220 AU$; 🅿✳🅰❄) In diesem altehrwürdigen Weingut zu wohnen, ist ein echter Genuss! Die sehr unterschiedlichen Unterkünfte verteilen sich auf verschiedene Gebäude – von einer niedlichen, von Sträflingen errichteten Holzhütte mit Hochbett und historischem Flair bis hin zu gemütlichen Zimmern in den ehemaligen Quartieren der Dienerschaft und der separaten Lodge. Man kann die Zimmer auch ohne Frühstück buchen, und die Preise sind unter der Woche erheblich niedriger. Das Anwesen ist für Hochzeiten sehr begehrt und schon deshalb am Wochenende oft ausgebucht.

Das Weingut liegt 13 km östlich der Bomaderry-Princes-Hwy-Kreuzung.

Quest Nowra APARTMENTS $$
(☑02-4421 9300; www.questnowra.com.au; 130 Kinghorne St; Einraum-Apt. 189–216 AU$, Apt. mit 1 Schlafzi. 209–236 AU$; P✆✱☎) Willkommener Neuzugang in Nowras recht begrenztem Unterkunftsangebot. Diese jazzigen, modernen Apartments im Ortszentrum sind peppig und liebenswert: Die Einzimmerwohnungen (Studios) sind mit großem Bett, einer Herdplatte, richtigem Kühlschrank und Mikrowelle ausgestattet, die Apartments mit voll eingerichteter Küche und Waschmaschine. Die ganze Anlage ist hervorragend, und auf dem Gelände gibt's noch ein Café-Restaurant. Je nach Nachfrage können die Preise in der Nebensaison stark sinken.

⭐**Wharf Rd** MODERN-AUSTRALISCH $$
(☑02-4422 6651; www.wharfrd.com.au; 10 Wharf Rd; kleine/große Platte 17/32 AU$; ⊘ Mi–Sa 12–15 & 18–22, So 12–15 Uhr, Dez. & Jan. verlängerte Öffnungszeiten) Das direkt am Fluss gelegene Restaurant befindet sich im schönsten Teil Nowras, vor allem, wenn die Jacarandas überall blühen. Trotz des dröhnenden Verkehrslärms im Hintergrund ist dies ein romantisches Restaurant mit hochwertiger, kosmopolitischer Küche. Es gibt diverse Gerichte zum Teilen, etwa Alpaka-Filet, Blauaugen-Makrele mit Chili sowie Tacos mit Avocado und Tintenfisch. Das liebenswerte, bescheidene Restaurant ist mit Abstand das beste im Ort.

🍸 Ausgehen & Nachtleben

⭐**Hop Dog Beerworks** KLEINBRAUEREI
(☑0428 293 132; www.hopdog.com.au; Unit 2, 175 Princes Hwy; ⊘ Verkostung & Verkauf Di–Do & Sa 10–16, Fr 10–18 Uhr) In einem Industriegebiet, 4 km südlich vom Zentrum Nowras, braut das Hop Dog gut ausbalancierte hopfige Biere mit Kultstatus unter den Bierkennern des Landes. Es ist immer etwas Neues im Angebot. Trotz des recht unromantischen Verkaufsschuppen-Ambientes kann man hier gut ins Gespräch kommen und etwas trinken. Man kann das Bier auch in Flaschen und Krügen zum Mitnehmen bestellen. Nahe dem großen Bunnings Warehouse.

ℹ Praktische Informationen

Nowra Visitor Centre (☑1300 662 808; www.shoalhaven.nsw.gov.au; 42 Bridge Rd; ⊘ Mo–Do & Sa 9–17, Fr 9–18, So 10–14 Uhr) Gleich westlich des Princes Hwy in einem Kinokomplex.

ℹ Anreise & Unterwegs vor Ort

Premier (☑13 34 10; www.premierms.com.au) hat Busse nach Sydney (25 AU$, 3 Std.) und Eden (57 AU$, 5–6 Std.) über Ulladulla (18 AU$, 1 Std.) und andere Küstenstädtchen.

Sydney Trains (☑13 15 00; www.sydneytrains.info) fährt von Sydney nach Kiama, wo man am selben Bahnsteig in den Zug nach Nowra (Bomaderry) über Berry umsteigen kann. Die Fahrt dauert insgesamt etwa 2¾ Stunden. Die Züge fahren alle ein, zwei Stunden.

Regionalbusse fahren vom Bahnhof Bomaderry zum Ortszentrum und weiter nach Jervis Bay, Berry und in die umliegenden Ortschaften.

Jervis Bay

Die große geschützte Bucht vereint schneeweißen Sand, kristallklares Wasser, Nationalparks und herumtollende Delfine. Je nach Saison versammeln sich hier Urlauber aus Sydney (im Sommer und an den meisten Wochenenden) und vorbeiziehende Wale (Mai–Nov.).

1995 machte die Gemeinschaft der Aborigines erfolgreich Landansprüche in der Gegend um die Wreck Bay geltend und ist heute Mitverwalter des Booderee National Park am Südende der Bucht. Kurioserweise gehört diese Gegend eigentlich zum Australian Capital Territory und nicht zu North South Wales (NSW).

Am stärksten sind die Siedlungen rund um Huskisson und Vincentia erschlossen, dagegen ist die touristische Infrastruktur am nördlichen Ufer schwächer ausgeprägt. Die Beecroft Peninsula bildet den nordöstlichen Abschluss der Jervis Bay; sie endet an der steil abfallenden Felswand Point Perpendicular (Punkt der Senkrechte). Der Großteil der Halbinsel ist zwar Marinegelände, aber normalerweise dennoch für die Öffentlichkeit zugänglich und beherbergt einige wunderschöne und abgeschiedene Strände.

◉ Sehenswertes & Aktivitäten

In Huskisson konzentrieren sich die meisten Aktivitäten, darunter Wal- und Delfinbeobachtungen, Kajakfahren und Kitesurfen. Südlich von Huskisson liegt der herrliche

Hyams Beach, der angeblich weißeste Sandstrand der Welt.

Jervis Bay Maritime Museum   MUSEUM
(☏ 02-4441 5675; www.jervisbaymaritimemuseum. asn.au; Woollamia Rd, Huskisson; Erw./Kind 10 AU\$/frei; ⊙ 10–16 Uhr) Beherbergt eine historische Sammlung, die 1912 gebaute Fähre *Lady Denman* und die Galerie **Timbery's Aboriginal Arts & Crafts** samt Laden. Am ersten Samstag im Monat findet ein Bauernmarkt statt. Außerdem findet sich hier die Touristeninformation.

Jervis Bay Kayaks   KAJAKFAHREN
(☏ 02-4441 7157; www.jervisbaykayaks.com.au; 13 Hawke St, Huskisson; Kajakverleih 2/4 Std./1 Tag 39/59/69 AU\$, Seekajakverleih 3 Std./1 Tag 60/75 AU\$, Fahrradverleih 2 Std./1 Tag 29/50 AU\$, Tour 96–145 AU\$) Der freundliche Anbieter verleiht simple Kajaks zum Draufsitzen und Stehpaddelbretter sowie Einer- und Zweier-Seekajaks am St. Georges Basin oder an der Jervis Bay (mit Erfahrung). Es werden auch geführte Seekajaktrips und nicht geführte Expeditionen zum Campen und Kajakfahren organisiert sowie Fahrräder verliehen.

Dive Jervis Bay   TAUCHEN, SCHNORCHELN
(☏ 02-4441 5255; www.divejervisbay.com; 64 Owen St, Huskisson; 2 Tauchgänge 199 AU\$) Der Meerespark ist bei Tauchern sehr beliebt: Das klare Wasser garantiert eine gute Sicht, und es gibt viele lohnende Stellen. Schnorchler können die nahe gelegene Robbenkolonie (Mai–Okt.) besuchen. Die Leute hier bieten auch PADI-Kurse und geführte Tauchgänge an und verleihen die nötige Ausrüstung sowie Fahrräder.

👉 Geführte Touren

Jervis Bay Wild   TIERE, BOOTSFAHRT
(☏ 02-4441 7002; www.jervisbaywild.com.au; 58 Owen St, Huskisson; Trip 35–95 AU\$) Bietet 90-minütige Trips zum Beobachten von Delfinen und in der Walsaison längere Touren zur Walbeobachtung sowie zu anderen Zeiten eine Rundfahrt zu den schönsten Stränden der Bucht. Bei einem weiteren Trip wird man mit dem Bus nach Currarong gefahren, und zurück nach Huskisson geht's mit dem Boot, während man die Felsklippenlandschaft rund um die Beecroft Peninsula erkundet.

Dolphin Watch Cruises   TIERE, BOOTSFAHRT
(☏ 02-4441 6311; www.dolphinwatch.com.au; 50 Owen St, Huskisson; Tour zum Beobachten von Delfinen/Walen/Robben 35/65/85 AU\$) Das gut

etablierte Unternehmen an der Hauptstraße in Huskisson bietet Touren in einem kleinen Schnellboot und in einem größeren, langsameren Dreidecker. In der Saison (Sept.–Nov.) sind die Walbeobachtungstouren schwer angesagt. Für Charter-Segeltouren steht noch ein 11,6 m langer Katamaran bereit.

🛏 Schlafen

Die Preise steigen am Wochenende und im Januar an. Die meisten Unterkünfte gibt's in Huskisson, doch es gibt auch weitere Optionen in vielen der anderen Siedlungen. Im Booderee National Park sowie auf der Beecroft Peninsula finden sich Campingplätze.

Huskisson B & B   B&B \$\$
(☏ 02-4441 7551; www.huskissonbnb.com.au; 12 Tomerong St, Huskisson; Zi. 225–255 AU\$; P 🐕 ❄ 🛜 🐾) Die 100 Jahre alte, niedliche Holzhütte mit Veranda nahe dem Ortseingang bietet vier helle, luftige und farbenfrohe Zimmer mit komfortablen Betten, schicken Badezimmern samt freistehenden Badewannen und flauschigen Handtüchern und mit vielen kleinen Details, die einen zum längeren Bleiben verleiten. Das Frühstück ist wirklich hervorragend und beinhaltet am Wochenende auch warme Gerichte.

⭐ **Paperbark Camp**   LODGE \$\$\$
(☏ 02-4441 6066; www.paperbarkcamp.com.au; 571 Woollamia Rd, Woollamia; DZ 395–620 AU\$; P 🐕 🛜) 🍴 Das umweltfreundliche Camp mitten im dichten Busch, 4 km von Huskisson entfernt, bietet zwölf super-luxuriöse Safarizelte mit angeschlossenem Bad und Rundumterrasse. Man leiht sich ein Kajak und paddelt den Bach bis zur Bucht hinauf oder schnappt sich ein Rad und radelt in den Ort. Es gibt hier auch ein exzellentes Restaurant exklusiv für Gäste. Das eindrucksvolle Frühstück ist inbegriffen.

In den Zelten gibt es keinen Strom; abgesehen von der solarbetriebenen Beleuchtung. Es gibt aber Ladegeräte und einen Gästekühlschrank im Rezeptionsbereich.

🍴 Essen & Ausgehen

Huskisson ist ein trendiges Wochenendausflugsziel für Leute aus Sydney. Es gibt hier ein paar hervorragende Cafés, gute Kneipenkost und ein erstklassiges Restaurant der asiatischen Fusion-Küche. In den anderen Siedlungen an der Bucht gibt's weitaus weniger Restaurants, aber auch in Vincentia, Callala Bay und anderswo kann man fündig werden.

5 Little Pigs
CAFÉ **$**

(☑ 02-4441 7056; www.5littlepigs.com.au; 64 Owen St, Huskisson; Gerichte 12–19 AU$; ☺ So–Do 7–16, Fr & Sa bis 17 Uhr; 🕿 ✎) Das reizende, peppige Café an der Hauptstraße öffnet schon in Allerherrgottsfrühe und hat ordentlichen Kaffee und eine Reihe exzellenter Frühstücks- und Mittagsgerichte sowie die an der Tafel angeschriebenen Spezialitäten des Tages. Die freundlichen Inhaber sind immer für einen Plausch zu haben.

Wild Ginger
ASIATISCH **$$**

(☑ 02-4441 5577; www.wild-ginger.com.au; 42 Owen St, Huskisson; Hauptgerichte 31,50 AU$; ☺ Di–So 15–23 Uhr; 🕿) Das bei Weitem anspruchsvollste Restaurant in Huskisson! Das entspannte Wild Ginger präsentiert Aromen aus Thailand, Südostasien und Japan. Zu empfehlen sind die leckeren regionalen Meeresfrüchte in vorzüglich zubereiteten schmackhaften Gerichten. Es gibt hier auch Cocktails, und sie kosten bis 18 Uhr nur 10 AU$.

Huskisson Hotel
PUB

(Husky Pub; ☑ 02-4441 5001; www.thehuskisson. com.au; 73 Owen St, Huskisson; ☺ Mo–Sa 11–24, So bis 22 Uhr; 🕿) Das gesellige Zentrum von Huskisson und eigentlich der ganzen Jervis Bay ist dieser helle, luftige Pub mit herrlichem Blick auf die Bucht und ordentlichem Essen von Pizza und Burgern bis hin zu Fisch und Steak, jeweils mit einer Spezialität des Tages in jeder Kategorie. Die recht große Terrasse ist im Sommer rappelvoll, und an den meisten Wochenenden wird Livemusik gespielt.

ⓘ Praktische Informationen

Jervis Bay Visitor Information Centre
(Woollamia Rd, Huskisson; ☺ 10–16 Uhr) Hilfreiche Touristeninformation im Gebäude des Jervis Bay Maritime Museum.

ⓘ An- & Weiterreise

Nowra Coaches (☑ 02-4423 5244; www. nowracoaches.com.au) betreibt Busse im gesamten Jervis-Bay-Gebiet mit Verbindungen nach Nowra und zum Bahnhof Bomaderry.

Booderee National Park

Der großartige Nationalpark am kristallklaren Wasser des südlichsten Teils der Jervis Bay besitzt ausgezeichnete Strände mit daran angrenzenden Campingplätzen, einen interessanten botanischen Garten, kurze Wanderwege sowie diverse Zeugnisse des indigenen Erbes.

👁 Sehenswertes

Booderee Botanic Gardens
GARTEN

(www.booderee.gov.au; ☺ 8–16 Uhr) Riesige Rhododendren und Küstenpflanzen, die von den örtlichen indigenen Völkern einst als Nahrungsmittel und für medizinische Zwecke genutzt wurden, wachsen in dem botanischen Garten, der sich innerhalb des Parks abseits der Straße zum Cave Beach befindet.

🛏 Schlafen

Bristol Point
CAMPING **$**

(☑ 02-4443 0977; www.booderee.gov.au; Stellplatz 22 AU$ zzgl. Erw./Kind 11/5 AU$; 🅿 🐕) Der nette rustikale Nationalpark-Campingplatz hat schattige Stellplätze. Ein kurzer Wanderweg führt hinunter zu einem Strand an der Jervis Bay. Der Platz ist Zelten vorbehalten und verfügt nicht über Strom. Außerhalb der Schulferien ist die Übernachtung viel billiger. Bei Ebbe kann man nach Green Patch laufen, einem Strand und Campingplatz.

Cave Beach
CAMPING **$**

(☑ 02-4443 0977; www.booderee.gov.au; Stellplatz 22 AU$ zzgl. Erw./Kind 11/5 AU$; 🅿) Der grasbewachsene Campingplatz liegt nahe einem majestätischen Strand und ist ideal für Surfer. Der mit Toiletten und Kaltwasserduschen ausgestattete Platz ist nur zu Fuß erreichbar und Zelten vorbehalten. Vom Parkplatz läuft man 500 m zu den Stellplätzen hinunter, sollte also keine Wertsachen im Auto zurücklassen.

Green Patch
CAMPING **$**

(☑ 02-4443 0977; www.booderee.gov.au; Stellplatz 22 AU$ zzgl. Erw./Kind 11/5 AU$; 🅿) Der größte Campingplatz im Nationalpark ist auch der einzige, auf dem Wohnmobile gestattet sind. Er verteilt sich auf zwei Standorte zu beiden Seiten einer Lagune. Ein kurzer Fußmarsch bringt einen zum Strand an der Jervis Bay. Strom gibt's nicht, aber Wasser, Toiletten, Duschen und Grillstellen.

ⓘ Praktische Informationen

Booderee Visitor Centre (☑ 02-4443 0977; www.booderee.gov.au; Jervis Bay Rd; ☺ So–Do 9.30–15, Fr & Sa 9–16 Uhr, Jan. tgl. 9–16 Uhr) Die Touristeninformation am Eingang des Nationalparks hat Karten und Infos.

ⓘ An- & Weiterreise

Busse fahren bis Hyams Beach, aber nicht zum Park.

Ulladulla & Mollymook

12100 EW.

Ulladulla ist ein Fischerstädtchen in malerischer Lage an der Küste. Das nördlich anschließende Mollymook hat einen prächtigen Strand und ist im Sommer ein bevorzugtes Ausflugsziel der Einwohner Sydneys. Es gibt vor Ort ausgezeichnete Unterkünfte und Restaurants sowie weitere tolle Strände in der Nähe.

◉ Sehenswertes & Aktivitäten

Milton   DORF

Die aus dem 19. Jh. stammende stimmungsvolle Ortschaft Milton liegt 6 km nördlich von Ulladulla am Princes Hwy und ist mit Kunsthandwerksläden, historischen Gebäuden und aufkeimendem Hipster-Flair ein nettes Ziel. Es gibt hier auch gute Restaurants und Unterkünfte.

Murramarang National Park   NATIONALPARK

(www.nationalparks.nsw.gov.au; 8 AU$/Auto & Tag) Der malerische Park erstreckt sich an einem geschützten Küstenstreifen und bietet exzellente Strände, indigenes Erbe und viele Vögel und andere Tiere. An mehreren Stränden lässt sich gut surfen, und markierte Wanderwege geben viel Spielraum, das Gelände zu erkunden.

★ Pigeon House Mountain   WANDERN

(Didthul) Dieser eindrucksvolle Berg, der auf dem Straßenweg rund 33 km westlich von Ulladulla liegt, befindet sich in dem zum Morton National Park gehörenden Teil der Budawang Range und ist ein ausgezeichnetes Wanderziel. Der Weg besteht aus zwei Anstiegen durch den Busch, die durch einen flachen Abschnitt unterbrochen sind. Am Ende steht eine Kletterpartie über eine Reihe von Leitern hinauf zu dem Gipfel, von dem sich eine herrliche Aussicht bietet. Vom Parkplatz hin und zurück sind es 5,3 km, für die man drei bis vier Stunden einplanen sollte.

🛏 Schlafen

Ulladulla Lodge   HOSTEL $

(☏ 02-4454 0500; www.ulladullalodge.com.au; 63 Princes Hwy, Ulladulla; B 35 AU$, DZ 80–85 AU$; P⊖) In der an eine Pension erinnernden sauberen und komfortablen Unterkunft herrscht eine entspannte Surfer-Atmosphäre. Das Hostel liegt recht nahe am Strand. Die Inhaber vermieten Surfbretter, Neoprenanzüge und Kajaks. Es gibt eine Gemeinschaftsküche und Grills, aber nur begrenzten WLAN-Empfang.

Mollymook Shores   MOTEL $$

(☏ 02-4455 5888; www.mollymookshores.com.au; 11 Golf Ave, Mollymook; Zi. 145–235 AU$; P⊖✳🐾) Direkt am Strand in Mollymook bietet dieses Motel, das eher schon ein Hotel ist, kürzlich renovierte, geräumige und gut ausgestattete Zimmer rund um einen grünen Hof. Die Besitzer und das Personal sind hilfsbereit, und das Haus ist ein exzellentes Standquartier zur Erkundung der Küste. Es gibt sieben unterschiedene Zimmerkategorien mit leicht unterschiedlichen Einrichtungen. Das Frühstück wird im Zimmer serviert, ein Restaurant gibt es nicht.

★ Bannisters Pavilion   HOTEL $$$

(☏ 02-4455 3044; www.bannisters.com.au; 87 Tallwood Ave, Mollymook; Zi. 275–430 AU$; P⊖✳🐾⛱) Gleich hinter dem Strand von Mollymook liegt dieses neue, optisch interessante Hotel. Es ist mit großer Sorgfalt entworfen und verschmilzt gut mit seiner Umgebung. Das Haus ist sehr geräumig und hat breite Korridore, schicke, helle Zimmer mit schönem Ausblick ins Grüne und eigenen Terrassen oder Balkonen. Die Dachterrasse bietet viel Spaß in Form einer Bar, eines beheizten Pools und eines lässig-schicken Restaurants.

★ Bannisters by the Sea   HOTEL $$$

(☏ 02-4455 3044; www.bannisters.com.au; 191 Mitchell Pde, Mollymook; Zi. 365–510 AU$, Suite 430–925 AU$; P⊖✳🐾) Die Hülle eines Motels aus den 1970er-Jahren wurde zum Ausgangspunkt dieses hippen, unaufdringlich luxuriösen Hotels. Die Zimmer sind stilvoll und haben ein helles, strandartiges Dekor. Von den Balkonen hat man einen hübschen Blick auf die Küste und hört das Rauschen der Brandung. Das Personal ist engagiert, und es gibt ein gutes Restaurant. Die zusammengeklappten Schirme vor jeder Tür sind ein nettes Detail – schließlich befindet man sich hier an der South Coast! Das Frühstück ist bei allen Optionen im Preis enthalten.

✗ Essen

Hayden's Pies   BÄCKEREI $

(☏ 02-4455 7798; 166 Princes Hwy, Ulladulla; Pies 4–7 AU$; ⊙ Mo-Sa 6–17, So 7–17 Uhr) Köstlicher Duft und leckere Backwaren erwarten einen in dieser ausgezeichneten Bäckerei, die traditionelle und auch eine Reihe innovativer

Gourmet-Pies – z. B. mit Peking-Ente oder Ziegencurry – zu bieten hat. Täglich gibt es eine besondere Pie, außerdem glutenfreie Angebote und andere Backwaren. Es ist gut möglich, dass man hier die besten und leckersten Pies an der ganzen South Coast bekommt.

★ Tallwood   MODERN-AUSTRALISCH, CAFÉ $$
(☑ 02-4455 5192; www.tallwoodeat.com.au; 2/85 Tallwood Ave, Mollymook; Frühstück 12–26 AU$, Hauptgerichte abends 28–36 AU$; ☺ Mi–Fr & Mo 18–22, Sa & So 8–14.30 & 18–22 Uhr, Kaffeeausschank zu weiteren Zeiten, Jan. länger; ☑) Hier beginnt der Tag mit exzellentem Kaffee und köstlichen Frühstücksgerichten, z. B. Ricotta-Pfannkuchen. Beim Wochenend-Brunch und beim Abendessen stehen innovativere Gerichte auf dem Programm. In dem farbenfrohen, modernen Ambiente genießt man dann z. B. portugiesische Fischkuchen mit Safran-Mayonnaise, auf balinesische Art gewürzte Ente oder mit *dukkah* aufgepeppte Aubergine. Es gibt auch gute vegetarische Optionen und überzeugende australische Craft-Biere und Weine.

★ Cupitt's Winery &
Restaurant   MODERN-AUSTRALISCH $$$
(☑ 02-4455 7888; www.cupitt.com.au; 58 Washburton Rd, Ulladulla; Hauptgerichte 30–40 AU$; ☺ Küche Mi–So 12–14 & Fr & Sa 18–20.30 Uhr, Weingut Mi–So 10.30–17 Uhr; ☎) Gut ausgeschildert liegt 3 km westlich der Stadt diese restaurierte Molkerei von 1851 mit hochgelobter Küche und Weinverkostung. In dem angenehm ländlichen Lokal genießt man den entspannenden Blick auf den See und die in dem grünen Tal weidenden Kühe. Es gibt eine Boutique-Unterkunft in den Weinbergen (1/2 Nächte 330/575 AU$) sowie eine Kleinbrauerei. Das Restaurant setzt auf hochwertige Zutaten und langsames Garen. Vorab reservieren!

Rick Stein at Bannisters   MEERESFRÜCHTE $$$
(☑ 02-4455 3044; www.bannisters.com.au; 191 Mitchell Pde, Mollymook; Hauptgerichte 36–48 AU$; ☺ Mi, Sa & So 12.30–15 & 18–22, Do & Fr 18–22 Uhr; ☎) Die erlesen zubereiteten und angerichteten Meeresfrüchte von Promi-Koch Rick Stein sind so wundervoll wie die herrliche Aussicht in diesem Restaurant am Bannister's Point 1 km nördlich der Stadt. Die Karte, auf der in der Regel Austern, örtliche Meerbrassen und Meeresfrüchte-Pies stehen, zeigt französische und auch leicht asiatische Einflüsse.

ℹ Praktische Informationen

Shoalhaven Visitor Centre (☑ 02-4444 8819; www.shoalhavenholidays.com.au; Princes Hwy, Ulladulla; ☺ Mo–Sa 9–17, So 9–16 Uhr) Das Büro im Gemeindezentrum mit Bibliothek am Highway hat Infos und nimmt Buchungen vor.

ℹ An- & Weiterreise

Busse von **Premier** (☑ 13 34 10; www.premierms.com.au) fahren zwischen Sydney (35 AU$, 4 ¼–5 Std.) und Eden (50 AU$, 4 Std.) via Batemans Bay (14 AU$, 45 Min.) und Nowra (18 AU$, 1 Std.).

EUROBODALLA COAST

Mit einem Fest der Blautöne wartet diese Küste auf, deren Name „Land der vielen Gewässer" bedeutet. Sattes Grün kennzeichnet den in diesem Gebiet liegenden weitläufigen Eurobodalla National Park.

Batemans Bay
11 300 EW.

Mit den nahen, guten Stränden und einem funkelnden Mündungsgebiet ist dieser Fischereihafen eines der beliebtesten Urlaubszentren an der South Coast. Die Stadt liegt an jener Stelle, wo der Clyde River ins Meer übergeht und besitzt die etwas altmodische Atmosphäre eines Sommerferienorts. Batemans Bay ist ein gutes Basisquartier für Wassersportaktivitäten.

◉ Sehenswertes & Aktivitäten

Der **Corrigans Beach** liegt der Stadt am nächsten. Nördlich der Brücke führen längere Strände in den Murramarang National Park. Surfer tummeln sich am **Pink Rocks**, am **Surf Beach**, an der **Malua Bay**, am **McKenzies Beach** und am **Bengello Beach**. **Broulee** besitzt einen breiten halbmondförmigen Sandstrand, am Nordende gibt's aber einen starken Brandungsrückstrom.

Batemans Bay ist eine gute Basis für Aktivitäten im Wasser. Zahlreiche Veranstalter verleihen Kajaks, Surfbretter, Schnorchelausrüstung oder Stehpaddel und bieten auch Unterricht und geführte Touren. Einige haben ihren Sitz in anderen Orten, operieren aber an diesem Teil der Küste.

Total Eco Adventures   WASSERSPORT
(☑ 02-4471 6969; www.totalecoadventures.com.au; 7/77 Coronation Dr, Broulee) Neben dem Ver-

MOGO

Mogo ist eine historische Zeile von Holzhäusern mit Cafés und Souvenirläden 9 km südlich von Batemans Bay. Der Ort war ursprünglich eine Goldgräbersiedlung, und die **Gold Rush Colony** (☏ 02-4474 2123; www.goldrushcolony.com.au; 26 James St; Erw./Kind 20/12 AU\$; ⊙ 10–16 Uhr) ist die Nachbildung eines Pionierdorfs aus jener Ära mit kostenlosem Goldwaschen und Hütten als Unterkunft.

Der 2 km östlich des Highway gelegene **Mogo Zoo** (☏ 02-4474 4930; www.mogozoo.com. au; 222 Tomakin Rd; Erw./Kind 31/16 AU\$; ⊙ 9–17 Uhr) ist ein kleiner, aber interessanter Zoo mit seltenen weißen Löwen und einem fesselnden Trupp Gorillas.

leih von Kajaks und Surfbrettern veranstaltet dieser Anbieter diverse Kajakexkursionen auf den Flüssen der Region sowie Schnorchel- und Stehpaddelausflüge.

Surf the Bay Surf School · SURFEN
(☏ 0432 144 220; www.surfthebay.com.au; Gruppen-/Einzelkurs 40/90 AU\$) Diese Surf- und Stehpaddelschule operiert in Batemans Bay, Broulee und Narooma und hat während der Schulferien spezielle Kurse für Kinder. Verleiht auch Ausrüstung.

Region X · KAJAKFAHREN
(☏ 1300 001 060; http://regionx.com.au; Kajakverleih 1 Std. 30 AU\$, Tour 75–95 AU\$) In dieser Verleihstation am Mossy Point südlich von Batemans Bay kann man ein Kajak mieten, um die nahegelegenen Wasserwege zu erkunden, oder man schließt sich einer von mehreren Paddeltouren an, die rund um Batemans Bay und die Küste hinunter nach Süden führen. Fahrräder werden hier ebenfalls vermietet.

🛏 Schlafen

Zorba Waterfront Motel · MOTEL \$\$
(☏ 02-4472 4804; www.zorbamotel.com.au; Orient St; Zi. 130–180 AU\$; ⓟ⊖❄🛜) Das freundliche, familiengeführte Motel in praktischer Lage direkt neben einer Reihe von Uferrestaurants ist seit Jahren eine solide Option. Die blauen Zierkanten passen zu dem griechischen Namen, und die geräumigen, komfortablen Zimmer haben Balkons oder Terrassen. Der kleine Aufpreis für ein Zimmer mit Blick aufs Wasser lohnt sich.

Bay Breeze · MOTEL \$\$
(☏ 02-4472 7222; www.baybreezemotel.com.au; 21 Beach Rd; Zi. 175–300 AU\$; ⓟ⊖❄🛜) Dieses zentral gelegene, gehobene Motel bietet einen erstklassigen Blick auf die Bucht. Die sehr professionell geführte, nur sieben Zimmer umfassende Anlage zeigt eine Aufmerksamkeit auf Details, die eines Boutiqueho-

tels würdig ist. Die attraktiven Zimmer haben eine unaufdringliche balinesische Anmutung und verfügen über Kaffeemaschinen und stilvolle Bäder.

🍴 Essen

Innes' Boatshed · FISH & CHIPS \$
(☏ 02-4472 4052; 1 Clyde St; Fish & Chips 14 AU\$, 6 Austern 9 AU\$; ⊙ So–Do 9–20, Fr & Sa 9–20.30 Uhr) Seit den 1950er-Jahren ist dies eines der beliebtesten Lokale für Fish & Chips und Austern an der South Coast. Der Laden bildet gewissermaßen das Ortszentrum. Man kann draußen auf der Terrasse sitzen, muss sich aber vor den Pelikanen in Acht nehmen. Nur Barzahlung. Alkohol wird nicht ausgeschenkt, man kann sich aber selber etwas mitbringen.

Blank Canvas · CAFÉ \$\$
(☏ 02-4472 5016; Annetts Arcade, Orient St; Gerichte 14–32 AU\$; ⊙ Feb.–Dez. Mi–Mo 8.30–14 & 17.30–20.30 Uhr, Jan. tgl. 8.30–21 Uhr; 🛜) Dieses Lokal direkt am Wasser hat eine schattige Terrasse. Tagsüber Café, verwandelt es sich abends in ein intimeres Restaurant mit modern-australischer Küche. Da Kaffee hier ernst genommen wird – es gibt auch Eiskaffee und mehrere sortenreine Angebote – ist dies vor Ort das beste Café für ein Frühstück oder einen Brunch.

On the Pier · MEERESFRÜCHTE \$\$\$
(☏ 02-4472 6405; www.onthepier.com.au; 2 Old Punt Rd; Hauptgerichte 29–35 AU\$; ⊙ Do 18–20.30, Fr & Sa 12–14 & 18–20.30, So 9–15 Uhr) Das freundliche Lieblingsrestaurant der Stadt hat eine hübsche Lage am Wasser und einen besonders bei Sonnenuntergang zauberhaften Ausblick über den Fluss auf die dahinterliegenden Hügel. Fisch aus der Region ist ein Highlight, es gibt aber auch schmackhafte Fleischgerichte. Der Service ist nett und das Ambiente recht lässig. Die Öffnungszeiten variieren jahreszeitlich ein wenig.

❶ Praktische Informationen

Batemans Bay Visitor Centre (☎ 02-4472 6900; www.eurobodalla.com.au; Ecke Princes Hwy & Beach Rd; ◷ Sept.–April 9–17 Uhr, Mai–Aug. 9–16 Uhr) Deckt die Stadt und die Eurobodalla-Region ab.

❶ An- & Weiterreise

Der malerische Kings Hwy klettert gleich nördlich von Batemans Bay den Steilhang hinauf und führt nach Canberra.

Premier (☎ 13 34 10; www.premierms.com. au) betreibt Busse nach Sydney (45 AU$, 6 Std.) und Eden (46 AU$, 3–4 Std.) über Ulladulla (16 AU$, 45 Min.) und Moruya (11 AU$, 30 Min.).

Murrays (☎ 13 22 51; www.murrays.com.au) betreibt Busse nach Canberra (37,60 AU$, 2½ Std.), Moruya (13,60 AU$, 40 Min.) und Narooma (20,90 AU$, 1¾ Std.).

V/Line (☎ 1800 800 007; www.vline.com.au) bietet dienstags, freitags und sonntags eine Bus-Zug-Kombination nach Melbourne mit Umsteigen in Bairnsdale (60,60 AU$, 11½ Std.).

Priors (☎ 02-4472 4040; www.priorsbus.com. au) betreibt diverse Regionalbusse, darunter einen, der über verschiedene Surfstrände nach Broulee und Moruya fährt.

Moruya

2500 EW.

In Moruya („Trauerschwan") stehen viktorianische Gebäude an einem breiten Fluss. Es gibt hier einen beliebten Samstagsmarkt und einige tolle Unterkünfte und Restaurants.

🛏 Schlafen & Essen

★ Post & Telegraph B & B   B&B $$

(☎ 02-4474 5745; www.postandtelegraphbb.blog spot.com; Ecke Page & Campbell Sts; EZ/DZ mit Frühstück 125/155 AU$; P❄🖥) Das Post- und Telegrafenbüro aus dem 19. Jh. ist heute ein bezauberndes B & B mit vier Zimmern und viel historischem Charakter. Die hohen Decken, altmodische Elemente und antiken Möbel und Objekte verbinden sich mit herzlicher Gastlichkeit und zahlreichen durchdachten Details. Es gibt eine hübsche Gemeinschaftsveranda, Sherry- und Portweinkaraffen sowie eine feine Gemeinschaftslounge. Ein schöner Ort für einen Stopp.

The River   MODERN-AUSTRALISCH $$$

(☎ 02-4474 5505; www.therivermoruya.com.au; 16b Church St; Hauptgerichte 30–36 AU$, 5-Gänge-Verkostungsmenü 85 AU$, mit passendem Wein 115 AU$; ◷ Mi–So 12–14.30, Mi–Sa 18–21.30 Uhr; ❄) Direkt über dem Fluss gleich westlich der Brücke im Ortszentrum von Moruya verbindet das Restaurant regionale und saisonale Zutaten mit internationalen Aromen. Es gibt eine kurze Karte mit hochwertigen modern-australischen Gerichten, darunter auch ein Fünf-Gänge-Verkostungsmenü. Vorab reservieren!

❶ An- & Weiterreise

Der **Moruya Airport** (MYA; ☎ 0409 037 520; www.esc.nsw.gov.au; George Bass Dr) liegt 7 km außerhalb der Stadt in der Nähe von North Head. **Rex** (☎ 13 17 13; www.rex.com.au) fliegt nach Merimbula und Sydney.

Murrays (☎ 13 22 51; www.murrays.com.au) betreibt Busse nach Canberra (40,80 AU$, 3½ Std.), Batemans Bay (13,30 AU$, 40 Min.) und Narooma (14,80 AU$, 45 Min.).

Premier (s. linke Spalte) betreibt Busse nach Sydney (49 AU$, 6–7 Std.) über Batemans Bay (11 AU$, 30 Min.) und in der anderen Richtung über alle Küstenorte nach Eden (46 AU$, 2½–3 Std.).

Narooma

2400 EW.

Narooma liegt am Ende einer von Bäumen gesäumten Flussmündung und wird von Surfstränden flankiert. Der hübsche Küstenort ist das Sprungbrett nach Montague Island, einem sehr lohnenden Ausflugsziel vor der Küste.

◉ Sehenswertes & Aktivitäten

★ Montague Island
(Baranguba)   NATURSCHUTZGEBIET

(www.montagueisland.com.au) Diese kleine, schädlingsfreie Insel liegt 9 km vor der Küste von Narooma und ist die Heimat von Meeresvögeln und Seebären. Zwergpinguine nisten hier vor allem zwischen September und Februar, während Robben (und vor der Küste Wale) am zahlreichsten zwischen September und November auftreten. Parkranger veranstalten diverse geführte Touren abhängig von Nachfrage und Wetter; die Touren bucht man vorab über das Visitor Centre. Die morgendlichen Touren dauern länger, bei den abendlichen Touren wird darauf gewartet, dass die Zwergpinguine an Land watscheln. Bootsbetreiber machen es möglich, den Besuch der Insel mit einer Schnorchel- und Walbeobachtungstour zu kombinieren.

Man kann auf der Insel in den schön renovierten **Lighthouse Keepers' Cottages**

Narooma

CANBERRA & SOUTH COAST NSW EUROBODALLA COAST

(☏02-4476 0800; www.nationalparks.nsw.gov.au; Montague Island; Cottages 1200–1800 AU$; ⊝☏) 🕮 übernachten, muss aber weit im Voraus reservieren.

Narooma Marina   BOOTSFAHRT
(☏02-4476 2126; www.naroomamarina.com.au; 30 Riverside Dr; Boot 1 Std./halber Tag/ganzer Tag 55/145/265 AU$, Surfbrett halber/ganzer Tag 20/40 AU$, Kajak 1. Std. 25 AU$, danach 20 AU$/ Std.) Das freundliche Unternehmen am Fluss verleiht Kanus, Kajaks, Tretboote, Angelboote, Surf- und Stehpaddelbretter. Hier kriegt man alles, um sich auf dem Wasser fortzubewegen. Aber Achtung: Das Anlegen auf Montague Island ist nur im Rahmen einer genehmigten Tour erlaubt.

Underwater Safaris   TAUCHEN
(☏0415 805 479; www.underwatersafaris.com.au; 1/2 Tauchgänge 80/120 AU$) Dieser Tauchveranstalter bietet PADI-Kurse und geführte Tauchgänge rund um Montague Island und

anderswo an der Küste, außerdem Schnorchel- und Walbeobachtungs-Ausflüge.

👉 Geführte Touren

Montague Island Nature
Reserve Tours   WANDERN, BOOTSFAHRT
(☏02-4476 2881; www.montagueisland.com.au; 90–125 AU$/Pers.) Eine Reihe von Anbietern veranstalten Bootstouren nach Montague Island, wo ein Nationalpark-Guide die Teilnehmer über die Insel führt und ihnen die Seebärenkolonien, den Leuchtturm und vieles mehr zeigt. Bei den abendlichen Touren kann man dabei zusehen, wie die Zwergpinguine an Land watscheln. Buchen kann man über die Besucherzentren in Narooma (S. 209) oder Batemans Bay.

🛏 Schlafen

Narooma Motel   HOSTEL, MOTEL $
(☏02-4476 3287; www.naroomamotel.com.au; 243 Princes Hwy; B 35–40 AU$, DZ 100–130 AU$;

P ⊖ @ 🛜) Das nette Motel bietet einen herzlichen Empfang, sehr faire Preise und kleine Budget-Motelzimmer sowie Schlafsäle. Es gibt eine große Gemeinschaftsküche, einen hübsche Lounge im Gewächshaus und einen friedlichen Gartenbereich mit Grill. Heather und Les sind freundliche Gastgeber, die alles tun, damit sich ihre Gäste wohlfühlen.

★ **Whale Motor Inn**　　　　MOTEL **$$**
(📞 02-4476 2411; www.whalemotorinn.com; 104 Wagonga St; DZ 143–231 AU$; P ⊖ ❄ 🛜 🐾) 🐾 Das von einem freundlichen Paar exzellent geführte hervorragende Motel bietet selbst in den unteren Preiskategorien viel: Die „Premier"-Zimmer sind geräumig und modern und ein echtes Schnäppchen. Die diversen Suiten gehen mit raffinierten Einrichtungen und vielen durchdachten Extras noch einen Schritt weiter. Es gibt einen kleinen Pool, ein gutes Restaurant und einen schönen Ausblick.

Anchors Aweigh　　　　B&B **$$**
(📞 02-4476 4000; www.anchorsaweigh.com.au; 5 Tilba St; EZ 105 AU$, DZ 149–225 AU$; P ⊖ ❄ 🛜) 🐾 Das herzlich geführte B&B an einer zentral gelegenen Seitenstraße ist mit fünf großzügigen hellen Zimmern, davon zwei mit Whirlpool und großen Doppelbetten und eines mit eigener Veranda, ein tolles Quartier an der South Coast. Auch die Gemeinschaftsbereiche sind prima. Man kann einen Teddybär und diverse Sammlerstücke bewundern, und durchs Frühstückszimmer fährt eine Modelleisenbahn.

🍴 Essen

Quarterdeck Marina　　　　CAFÉ **$$**
(📞 02-4476 2723; www.quarterdecknarooma.com. au; 13 Riverside Dr; Hauptgerichte 15–29 AU$; ⊙ Do 10–16, Fr 10–20, Sa 10–15 & 18–20, So 8–15 Uhr; 🛜) In dem mit Dutzenden Tiki-Figuren und signierten Fotos von Fernsehstars der 1950er-Jahre dekorierten roten Schuppen kann man sich sonntags das Frühstück und mittags ausgezeichnete Meeresfrüchte schmecken lassen. Der Ausblick auf den Meeresarm ist toll, und es gibt regelmäßig Livemusik – ein echtes Zentrum der guten Laune in Narooma!

Whale Restaurant　　　MODERN-AUSTRALISCH **$$$**
(📞 02-4476 2411; www.whalemotorinn.com; 104 Wagonga St; Hauptgerichte 31–36 AU$; ⊙ Di–Sa 18–21 Uhr; 🛜) 🐾 Das Essen in diesem Motelrestaurant ist so gut wie der traumhafte Blick auf die Küste. Hochwertige regionale Zutaten, teilweise aus dem eigenen Gemüsegarten, bestimmen die Karte, die auch die prächtigen lokalen Austern, hausgemachte Pasta, Zutaten vom Markt, Käse aus Tilba, Fisch aus nachhaltiger Zucht und abgehangenes Rindfleisch in den Mittelpunkt stellt. Es gibt zudem eine angenehme Lounge für einen Drink vor dem Essen.

ℹ️ Praktische Informationen

Narooma Visitor Centre and Gallery (📞 02-4476 2881; www.narooma.org.au; Princes Hwy; ⊙ Okt.–Ostern 9–17 Uhr, Ostern–Sept. 10–16 Uhr) Das von Freiwilligen geführte freundliche Besucherzentrum ist eine tolle Quelle für Infos zur Gegend und umfasst auch ein kostenloses historisches Museum und eine Galerie, die vom örtlichen Kunsthandwerksverein bestückt wird. Man kann hier auch Bustickets kaufen.

ℹ️ An- & Weiterreise

Premier (📞 13 34 10; www.premierms.com. au) betreibt Busse nach Eden (41 AU$, 2½ Std.) und Sydney (58 AU$, 7 Std.) über Wollongong (56 AU$, 5 Std.).

V/Line (S. 207) bietet eine tägliche Bus-Zug-Kombination von Narooma nach Melbourne (60,60 AU$, 11 Std.) mit Umsteigen in Bairnsdale.

Busse von **Murrays** (📞 13 22 51; www. murrays.com.au) fahren täglich nach Moruya (14,80 AU$, 1 Std.), Batemans Bay (20,90 AU$, 2 Std.) und Canberra (48,40 AU$, 4½ Std.).

Nahverkehrsbusse fahren auf Rund kursen durch die unmittelbare Umgebung von Narooma.

CANBERRA & SOUTH COAST NSW NAROOMA

ABSEITS DER ÜBLICHEN PFADE

MAGISCHE TOUR ZUR MYSTERY BAY

Südlich von Narooma, unmittelbar vor der Abzweigung zu den beiden Tilbas, führt eine Straße zur herrlichen, unberührten **Mystery Bay** und zum südlichsten Abschnitt des **Eurobodalla National Park**. Am Südende des größten Surfstrands hat sich in den Felsen ein idyllisches **natürliches Schwimmbecken** gebildet. Die Gemeinde betreibt einen **Campingplatz** (📞 0428-622 357; www.mystery baycampground.com.au ; Mystery Ray Rd, Mystery Bay; Erw./Kind 16/4 AU$) unter den Bäumen. Er liegt so nah am Strand, dass man morgens aus dem Zelt fast direkt in den Sand tappt.

Tilba Tilba & Central Tilba

Nördlich von Bermagui vereinigt sich die Küstenstraße mit dem Princes Hwy, fast unmittelbar vor der Ringstraße, die zu diesen National-Trust-Dörfern im Schatten des Mt. Gulaga führt. Tilba Tilba ist winzig, verglichen mit seinem auch nicht gerade sehr großen Nachbarn 2 km die Straße weiter.

Central Tilba hat sich seit seiner Blütezeit als Goldgräberstadt im 19. Jh. praktisch nicht verändert; Cafés und Kunsthandwerksläden bevölkern die historischen Gebäude an der touristischen Bate St. Hinter dem Dromedary Pub geht's zum Wasser, wo man einen herrlichen Blick auf den Mt. Gulaga hat (der früher Mt. Dromedary hieß, daher der Name des Pubs).

◉ Sehenswertes

Foxglove Gardens GARTEN
(☏ 02-4473 7375; www.foxglovegardens.com; Corkhill Dr, Tilba Tilba; Erw./Kind 9/2 AU$; ☉ Okt.–März 9.30–17 Uhr, April–Sept. 10–16 Uhr) Der zauberhafte, 1,4 ha große private Garten liegt am südlichen Ende von Tilba Tilba. Hier erschließt sich eine überraschende, abgeschiedene Welt mit versteckten Alleen, einem Rosengarten, Lauben, einem Ententeich und anderen viktorianischen Details. Das zugehörige historische Cottage wurde zur Zeit unserer Recherche gerade renoviert, um B&B-Unterkünfte anbieten zu können. Es dürfte sich lohnen, einmal vorbeizuschauen.

⌂ Schlafen

★ Bryn at Tilba B&B $$
(☏ 02-4473 7385; www.thebrynattilba.com.au; 91 Punkalla-Tilba Rd, Central Tilba; Zi. 235–265 AU$; P◐☏) Folgt man der Hauptstraße von Central Tilba 1 km aus dem Ort hinaus, gelangt man zu diesem fabelhaften Gebäude an einem grasbewachsenen Hügelhang. Von den Zimmern und der breiten Veranda dieses beschaulichen Anwesens aus hat man einen weiten Ausblick. Die drei Zimmer mit Hartholzböden, leichter und luftiger Anmutung und eindrucksvollen Bädern teilen sich die großzügigen Gemeinschaftsbereiche; darüber hinaus gibt es noch ein separates, in sich abgeschlossenes Cottage.

❶ Praktische Informationen

Bates Emporium (Bate St, Central Tilba; ☉ Mo–Fr 8–17, Sa 8.30–16.30, So 9–16.30 Uhr; ☏) Infos und Benzin gibt's im Bates Emporium am Beginn der Hauptstraße von Central Tilba.

❶ An- & Weiterreise

Busse von **Premier** (☏ 13 34 10; www.premierms.com.au) fahren ab/nach Sydney (59 AU$, 8 Std.) über Narooma (8 AU$, 25 Min.) und Eden (36 AU$, 2 Std.) via Merimbula (28 AU$, 90 Min.).

SAPPHIRE COAST

Der südlichste Abschnitt der Küste von New South Wales ist einer der einprägsamsten. Praktisch jede Straße östlich des Princes Hwy führt zu einer weitgehend unberührten Küste in einer spektakulären, zerklüfteten Landschaft. In ausgezeichneten Nationalparks locken Strände, Wildtiere und rustikale Campingplätze; die Orte wirken authentisch und prunken mit ihrem historischen Erbe, und Wale kann man hier zwischen September und November so gut beobachten wie sonst nirgendwo in Australien. Ein weiteres Highlight sind die örtlichen Austern, die zu den besten Meeresfrüchten der Welt zählen.

Bermagui

1500 EW.
Südlich des Wallaga Lake mit seiner reichen Vogelwelt liegt der entspannte Fischerhafen Bermagui („Bermie"), den Fischer, Surfer, Aussteiger und australische Ureinwohner bevölkern. Der Ort liegt abseits des Highways und ist darum geruhsamer als andere, die direkt daran liegen.

⌂ Schlafen & Essen

Harbourview Motel MOTEL $$
(☏ 02-6493 5213; www.harbourviewmotel.com.au; 56-58 Lamont St; EZ 160–185 AU$, DZ 180–205 AU$; P◐✱☏) Das gut geführte Motel hat beispielhafte, geräumige Zimmer von hohem Standard, die von dem engagierten Inhaber, der eine hervorragende Quelle für Infos zur Gegend ist, blitzblank gehalten werden. Zu jedem Zimmer gehören ein eigener Grillbereich, eine voll ausgestattete Einbauküche und ausgezeichnete Einrichtungen. Vor dem gibt's ein japanisches Restaurant. Die Anlage liegt günstig beim Strand und dem Fishermen's Wharf.

Bermagui Motor Inn MOTEL $$
(☏ 02-6493 4311; www.bermaguimotorinn.com.au; 38 Lamont St; EZ/DZ 120/130 AU$, Deluxe-

165 AU$; (P ⊖ ✳ 🛜) Das von einem liebenswerten Paar geführte Motel in ausgezeichneter Lage an der Hauptkreuzung in Bermagui hat geräumige, renovierte moderne Zimmer mit bequemen Betten und ordentlichen Einrichtungen, darunter einer Waschküche. In den Zimmern der Budgetkategorie steht nur ein Doppelbett, während die Queen-Zimmer mehr Platz und Ausstattung bieten.

⭐ **Il Passaggio**   ITALIENISCH **$$**

(☑ 02-6493 5753; www.ilpassaggio.com.au; Fishermen's Wharf, 73 Lamont St; Pizza 18–24 AU$, Hauptgerichte 26–36 AU$; ⊙ Mi & Do 18–21, Fr–So 12–14 & 18–23 Uhr) Das Restaurant hat eine nette Lage auf der Dachterrasse eines Gebäudes am Fischerhafen. Von den schönen Plätzen unter freiem Himmel blickt man hinunter auf die Boote, die ihren Fang einbringen. Beliebt sind die schmackhaften, authentisch italienischen Pizzen. Auf der kurzen Karte stehen erlesene Hauptgerichte, hausgemachte Pasta und sehr aromatische Antipasti. Weitere Pluspunkte sind das gut aufgelegte Personal und die offenen Weine.

🍷 **Ausgehen & Nachtleben**

⭐ **Horse & Camel Wine Bar**   WEINBAR

(☑ 02-6493 3410; www.horseandcamel.com.au; Fishermen's Wharf, 73 Lamont St; ⊙ März–Nov. Do–So 15–22, Dez.–Feb. Mi–Mo 14 Uhr–open end) Im obersten Geschoss des Fishermen's Wharf-Komplexes entspannt man bestens in dieser von einem freundlichen Inhaber geführten Weinbar mit einem aufregenden Wein im Glas und beim Blick vom Balkon hinunter auf die Boote. Drinnen ist es gemütlich, und es gibt auch nette Platten mit Delikatessen zum Teilen und am Wochenende große Pizzen (17–26 AU$). Die Öffnungszeiten variieren mit der Nachfrage.

ℹ️ **Praktische Informationen**

Visitor Centre (☑ 02-6493 3054; www.visitbermagui.com.au; Bunga St; ⊙ 10–16 Uhr) In dem eigens errichteten Informationszentrum nahe der Hauptkreuzung der Stadt gibt's ein Museum und ein Discovery Centre.

ℹ️ **An- & Weiterreise**

Premier (☑ 13 34 10; www.premierms.com.au) verkehrt täglich zwischen Sydney (60 AU$, 8½ Std.) und Eden (31 AU$, 1¾ Std.).

V/Line (S. 207) hat pro Woche vier Busse nach Bairnsdale in Victoria, wo man Anschluss an den Zug nach Melbourne hat (Gesamtpreis 60,60 AU$, 10½ Std.).

Merimbula & Pambula

7700 EW.

An einem langen, goldenen Strand und einem schönen Meeresarm liegt das bei Urlaubern und Rentnern gleichermaßen beliebte Merimbula. Im Sommer ist dies einer der wenigen Orte am südlichen Ende der South Coast, wo großer Andrang herrschen kann.

Merimbula und das nahegelegene Pambula sind zu Recht berühmt für ihre wundervollen Austern, die man unbedingt probieren sollte.

◉ **Sehenswertes**

Potoroo Palace   ZOO

(☑ 02-6494 9225; www.potoroopalace.com; 2372 Princes Hwy, Yellow Pinch; Erw./Kind 20/12 AU$; ⊙ 10–16 Uhr; ♿) In diesem freundlich geführten, gemeinnützigen Tierasyl leben Ameisenigel, Kängurus, Dingos, Koalas, Kaninchenkängurus und endemische Vögel. Es gibt hier auch ein Café mit täglichen Mittagsmenüs. Die Einrichtung befindet sich 9 km nordwestlich von Merimbula an der Straße nach Bega.

Merimbula Aquarium   AQUARIUM

(☑ 02-6495 4446; www.merimbulawharf.com.au; Lake St; Erw./Kind 22/15 AU$; ⊙ 10–17 Uhr) Das Aquarium direkt am Ende der Straße südöstlich des Zentrums erreicht man durch ein Restaurant mit prima Aussicht. Gezeigt werden überwiegend heimische und tropische australische Fische, aber auch eine Schildkröte und ein paar kleine Haie. Die Fütterung der Fische findet montags, mittwochs und freitags um 11.30 Uhr statt. Im Eintritt ist in der Regel eine Führung enthalten.

🏃 **Aktivitäten**

Cycle'n'Surf   RADFAHREN, SURFEN

(☑ 02-6495 2171; www.cyclensurf.com.au; 1b Marine Pde; Fahrradverleih 1 Std./halber Tag/ganzer Tag 12/25/35 AU$) Der verlässliche und freundliche Anbieter nahe dem Strand ist auf Fahrräder spezialisiert, verleiht aber auch Bodyboards und Surfbretter.

Coastlife Adventures   SURFEN, KAJAKFAHREN

(☑ 02-6494 1122; www.coastlife.com.au; Fishpen Rd; Rd; Gruppen-/Einzel-Surfkurs 65/120 AU$, Kajaktour ab 65 AU$, Kajak- & Stehpaddelbrettverleih 25 AU$/Std.) Das Unternehmen verleiht Surf- und Stehpaddelbretter sowie Kajaks, veranstaltet Surf- und Stehpaddelunterricht und bietet geführte Meerkajak-Touren. Es ist auch in Pambula Beach und Tathra vertreten.

Merimbula

N 0 ————— 200 m

A | B

Tathra (24 km)

Main St

Merimbula Dr (Princes Hwy)

NRMA Merimbula Beach Holiday Park (1.5 km); Merimbula Aquarium; Merimbula Wharf (2 km)

6

Beach St

Bega (36 km)

2 Park St

Merimbula Visitor Information Centre

Monaro St

Market St

Merimbula Lake

Short St

3

Coastlife Adventures (230 m)

Fishpen Rd

Merimbula Beach (150 m)

Marine Pde

Top Lake

1

Merimbula (1,4 km); Pambula Beach (7 km); Eden (24 km)

Elizabeth St

5

4

Merimbula Marina   TIERBEOBACHTUNG

(02-6495 1686; www.merimbulamarina.com; Merimbula Jetty, Market St) Dieser Veranstalter bietet zwischen September und November dreimal täglich beliebte Walbeobachtungstouren (Erw. 60–69 AU$) sowie Bootsfahrten zur Delfinbeobachtung (35 AU$) und Angelausflüge (4 Std. 90 AU$) an. Man kann hier auch einen Kahn und eine Angel mieten und sich allein an die Fische wagen.

Merimbula Divers Lodge   TAUCHEN

(02-6495 3611; www.merimbuladiverslodge.com.au; 15 Park St; 1/2 Tauchgänge vom Boot 69/120 AU$, Ausrüstung für 1/2 Tauchgänge 55/99 AU$) Veranstaltet Einführungs- und PADI-Kurse und Schnorcheltrips, die gut für Anfänger geeignet sind. Geführte Tauchgän-

ge führen zu nahen Wracks, darunter zur 1950 gesunkenen *Empire Gladstone*. Es gibt auch Pauschalpakete inklusive Unterkunft.

Schlafen

NRMA Merimbula Beach Holiday Park   CAMPING $

(02-6499 8999; www.nrmaholidayparks.com.au; 2 Short Point Rd; Stellplatz 40–60 AU$, Hütte & Villa 150–360 AU$;) Die wundervolle kleine Anlage liegt etwas ab vom Zentrum, aber nahe zum Surfbetrieb und zum Ausblick des Short Point Beach. Sie bietet Stellplätze mit und ohne Strom, teils mit Blick von der Klippe, und dazu eine Reihe von Hütten und Villen, von denen viele recht elegant sind.

Wandarrah Lodge   HOSTEL $

(02-6495 3503; www.wandarrahlodge.com.au; 8 Marine Pde; B/EZ/DZ 32/60/70 AU$;) Das saubere, entspannte Hostel mit freundlichen Inhabern, einer guten Küche und geräumigen Gemeinschaftsbereichen liegt nahe dem Surfstrand und der Bushaltestelle. Die Zimmer (mit Gemeinschaftsbädern) sind schlicht, makellos und anheimelnd, und es gibt einen Billardtisch und einen Kajak- und Surfbrettverleih. Das Haus stand bei unserer Recherche zum Verkauf, die Verhältnisse könnten sich also ändern.

Coast Resort   APARTMENTS $$$

(02-6495 4930; www.coastresort.com.au; 1 Elizabeth St; Apt. mit 1/2/3 Schlafzi. 320/520/740 AU$;) Der riesige, noble Apartmentkomplex ist ultramodern und großzügig. Die Einrichtungen sind toll, der Strand liegt nahe, und es gibt zwei Pools und einen Tennisplatz. Außerhalb der Hauptsaison im Januar halbieren sich die Preise.

Essen

Dulcie's Cottage   BURGER $

(www.dulcies.com.au; 60 Main St; Burger 12–17 AU$; Mo–Sa 12–24, So 12–22 Uhr;) Sydneys innerstädtische Hipness ist in Form dieser Bar mit Burgerladen neben dem Veteranen-Club an der Sapphire Coast angekommen. Die nette Schindelhütte mit zwanglosem Sitzbereich im Freien ist ein komfortabler Treff für einen Drink in geselliger Runde, die schmackhaften Burger gibt's (wohl wegen der Schanklizenz) in dem vorne stehenden Foodtruck.

Merimbula Wharf   SEAFOOD $$

(02-6495 4446; www.merimbulawharf.com.au; Lake St; Hauptgerichte 18–31 AU$; ganzjährig

10–17 Uhr & Dez.–April an manchen Abenden 18–21 Uhr; ☎) Der Ausblick auf die Bucht und den Strand aus den Fenstern dieses freundlichen Restaurants, zu dem auch ein Aquarium gehört, ist hinreißend. Das Lokal befindet sich am Kai südöstlich des Zentrums von Merimbula. Die Fischgerichte zu Mittag sind unkompliziert und schmackhaft; wegen der Öffnungszeiten an Sommerabenden sollte man anrufen, denn sie variieren etwas.

★ **Wheelers**   SEAFOOD $$$
(www.wheelersoysters.com.au; 162 Arthur Kaine Dr, Pambula; 12 Austern im Shop 12–15 AU$, Restaurant Hauptgerichte 34–42 AU$; ⊙ Laden So–Do 10–17, Fr & Sa 10–18 Uhr, Restaurant tgl. 12–14.30, Mo–Sa 18 Uhr–open end; 🚗) In Pambula auf dem Weg nach Merimbula gibt's absolut leckere Austern – vom Imbiss, aus dem Laden oder in diesem entspannten Restaurant. Auf der Karte stehen auf vielfältige Arten zubereitete Austern, andere tolle Meeresfrüchte und Steaks. Führungen über die Austernfarm, bei denen die beliebten Muscheln im Mittelpunkt stehen, starten montags bis samstags um 11 Uhr (12,50 AU$).

❶ Praktische Informationen

Merimbula Visitor Information Centre
(☑ 02-6495 1129; www.sapphirecoast.com.au; 4 Beach St; ⊙ Mo–Fr 9–17, Sa 9–16, So 10–16 Uhr) Im Stadtzentrum am See.

❶ An- & Weiterreise

Der **Merimbula Airport** (MIM; ☑ 02-6495 4211; www.merimbulaairport.com.au; Arthur Kaine Dr) liegt 1 km außerhalb der Stadt an der Straße nach Pambula. **Rex** (☑ 13 17 13; www.rex.com.au) fliegt täglich nach Melbourne und Sydney.

Premier (☑ 13 34 10; www.premierms.com.au) betreibt täglich zwei Busse nach Sydney und Eden. **NSW TrainLink** (☑ 13 22 32; www.nsw trainlink.info) betreibt täglich einen Bus nach Canberra (40 AU$, 4 Std.). **Nahverkehrsbusse** (Market St) fahren montags bis freitags zu Zeiten, wenn Schulkinder unterwegs sind, nach Eden und Bega.

Eden
3000 EW.

Eden ist ein verschlafener, reizender Ort mit echtem Lokalcharakter an der schönen Twofold Bay. Einzig unten am Kai wird es manchmal turbulent, wenn die Fischerboote und Kreuzfahrtschiffe anlegen. Wenn das Projekt der Kaierweiterung abgeschlossen

ist, dürfte im Ort noch mehr los sein. In der Umgebung gibt es hinreißende Strände, Nationalparks und Wildgebiete.

Eden wurde schon 1791 als Walfängersiedlung gegründet. Heute werden die wandernden Buckelwale und Südkaper in Frieden gelassen – sie ziehen so nahe an der Küste vorbei, dass dies einer der besten Orte in Australien ist, um die Meeressäuger zu beobachten.

⊙ Sehenswertes

Killer Whale Museum   MUSEUM
(☑ 02-6496 2094; www.killerwhalemuseum.com.au; 94 Imlay St; Erw./Kind 10/2,50 AU$; ⊙ Mo–Sa 9.15–15.45, So 11.15–15.45 Uhr) Die Hauptaufgabe des 1931 gegründeten Museums ist die Erhaltung des Skeletts von Old Tom, eines Schwertwals, der hier zur Legende wurde: Dieser Judas unter den Walen trieb für die örtliche Walfängerflotte Buckelwale zusammen. In einem Mini-Kino wird eine Dokumentation über Wale gezeigt, andere Exponate gelten u.a. dem Krieg – hier in der Gegend wurden eine erstaunliche Zahl von Schiffen durch deutsche Minen versenkt.

Whale Lookout   AUSSICHTSPUNKT
Eine gute Stelle zur Beobachtung von Walen befindet sich am unteren Ende der Bass St. Wenn Wale gesichtet werden, ertönt vom Killer Whale Museum eine Sirene.

☞ Geführte Touren

Ocean Wilderness   KAJAKFAHREN
(☑ 0405 529 214; www.oceanwilderness.com.au; Tour 4/6 Std. ab 85/130 AU$) Der professionelle Veranstalter bietet Touren in seetüchtigen Kajaks durch die Twofold Bay und zum Ben Boyd National Park sowie ganztägige Exkursionen zur Davidson Whaling Station.

Cat Balou Cruises   NATUR
(☑ 0427 962 027; www.catbalou.com.au; Main Wharf, 253 Imlay St; Erw./Kind 85/65 AU$) Diese Crew veranstaltet von September bis November 3½-stündige Walbeobachtungsfahrten sowie kürzere Budgettrips (Erw./Kind 60/45 AU$). In den übrigen Monaten kann man während der dreistündigen Bootsfahrt durch die Bucht (Erw./Kind 75/50 AU$) in der Regel Robben und Delfine erblicken.

✷ Feste & Events

Whale Festival   STRASSENFEST
(www.edenwhalefestival.com.au; ⊙ Ende Okt. oder Anf. Nov.) Eden erwacht bei diesem Fest mit Karneval, einem Straßenumzug, Marktstän-

den, geführten Walbeobachtungstouren und Vorführungen von Dokumentarfilmen zum Leben.

🛏 Schlafen

Great Southern Inn
PUB $

(📞02-6496 1515; www.greatsoutherninn.com.au; 121 Imlay St; Zi. einfach/Standard 40/100 AU$; 🅿😊📶) Der Gasthof im Zentrum des Orts hat schlichte Zimmer mit angeschlossenem Bad zu tollen Preisen. In den billigsten gibt's zwar nur eine Pritsche und einen Ventilator, aber dafür sind sie eben unglaublich günstig.

Seahorse Inn
BOUTIQUEHOTEL $$

(📞02-6496 1361; www.seahorseinnhotel.com.au; Boydtown Park Rd, Boydtown; Zi. 205–349 AU$; 🅿😊✳📶) Das üppige Boutiquehotel mit allen Verbrämungen hat in Boydtown, 8 km südlich von Eden, eine majestätische Lage am Wasser – die Rasenflächen laufen direkt hinunter zum Strand an der Twofold Bay. Es gibt ein gutes Restaurant mit Gartenbar, das auch für Nichthotelgäste geöffnet ist. Die modernen, geräumigen Zimmer haben alle große Doppelbetten, und die meisten auch einen Balkon mit Blick aufs Wasser. Das kontinentale Frühstück ist im Preis inbegriffen.

★ Crown & Anchor Inn
B&B $$$

(📞02-6496 1017; www.crownandanchoreden.com.au; 239 Imlay St; 134 Imlay St; Hauptgerichte 12–18 AU$; 😊Mo–Fr 7.30–16, Nächten 160–190 AU$; 😊Sept.–Mai; 🅿😊📶) Die Restaurierung der Postkutschenstation von 1845 ist ein echtes Werk der Liebe, denn überall erkennt man originale Züge und historische Details. Das Haus besitzt mithin außerordentlich viel Charakter und historische Authentizität. Die Zimmer sind klein, gemütlich und angenehm; sie haben seltsame Bäder, die sich hinter Spiegeln verstecken, und es gibt auch hübsche Gemeinschaftsbereiche, darunter hinten einen Patio mit herrlichem Blick über die Twofold Bay. Ein ausgezeichnetes Frühstück mit regionalen Zutaten ist im Preis inbegriffen.

Die netten Eigentümer ziehen es vor, wenn Gäste reservieren. Kleine Kinder sind hier jedoch nicht willkommen.

🍴 Essen

Sprout
CAFÉ $

(📞02-6496 1511; www.sprouteden.com.au; 134 Imlay St; Hauptgerichte 12–18 AU$; 😊Mo–Fr 7.30–16, Sa & So 8–15 Uhr; 📶📋) 🌱 Dieser Laden samt Café an der Hauptstraße hat viele nachhaltige Bio-Produkte, erstklassige Burger und den besten Kaffee im Ort. Der hintere Gartenbereich ist ein angenehmes Plätzchen, um an einem sonnigen Tag hier etwas zu essen.

★ Wharfside Café
CAFÉ $$

(📞02-6496 1855; Main Wharf, 253 Imlay St; Gerichte 15–26 AU$, Hauptgerichte abends 28–33 AU$; 😊ganzjährig tgl. 8–15 Uhr & Nov.–März Fr & Sa 18–22 Uhr; 📶) Mit ordentlichem Frühstück, schmackhaftem Kaffee und herrlichen Tischen draußen am Hafen startet man in diesem schmucken, freundlichen Café-Restaurant gut in den Tag. Mittags empfehlen sich örtliche Meeresfrüchte mit einem Glas Wein; abends gibt's aufwendigere Kreationen rund um frischen Fisch sowie große Steaks und schwere, leckere Saucen. Der Hauptkai liegt vom Ort aus unten am Fuß des Hügels.

ℹ Praktische Informationen

Eden Visitor Centre (📞02-6496 1953; www.visiteden.com.au; Mitchell St; 😊Mo–Fr 9–17, Sa & So 10–16 Uhr) Buchungen und Infos. Das Zentrum liegt am Hauptkreisverkehr im Ortszentrum und veranstaltet auch Minibustouren zu umliegenden Attraktionen.

ℹ An- & Weiterreise

Busse von **Premier** (📞13 34 10; www.premierms.com.au) fahren zweimal täglich über alle größeren Küstenorte gen Norden nach Sydney (71 AU$, 9–10 Std.). **NSW TrainLink** (📞13 22 32; www.nswtrainlink.info) betreibt täglich einen Bus nach Canberra (42 AU$, 4½ Std.). Nach Melbourne (51 AU$, 8¼ Std.) gelangt man mit der Bus-Zug-Kombination von **V/Line** (S. 207) mit Umsteigen in Bairnsdale.

Werktags fahren ein paar Nahverkehrsbusse nach Merimbula und Bega.

Ben Boyd National Park

Der ausgezeichnete, 10 485 ha große **Ben Boyd National Park** (www.nationalparks.nsw.gov.au; Fahrzeug im südlichen/nördlichen Abschnitt 8 AU$/frei) besteht aus zwei Abschnitten zu beiden Seiten von Eden. Der südliche Abschnitt hat jedoch mehr zu bieten. Dort gibt es einige interessante historische Gebäude, einen langen Küstenweg und erstklassige Gelegenheiten, Wildtiere zu beobachten. Man erreicht ihn über Schotterpisten, die von der asphaltierten Edrom Rd abgehen, die wiederum 19 km südlich von Eden vom Princes Hwy abgeht.

◉ Sehenswertes & Aktivitäten

Green Cape Lightstation
LEUCHTTURM
(☑02-6495 5000; www.nationalparks.nsw.gov.au; Green Cape Rd; Cottage für 2/4 Pers. 280/350 AU$) An der Südspitze des südlichen Abschnitts des Ben Boyd National Park steht der 1883 errichtete, elegante Leuchtturm, der eine herrliche Aussicht zu bieten hat. Es gibt hier einstündige Führungen (10–14 Uhr, Erw./Kind 10/5 AU$) und drei aufwendig restaurierte Leuchtturmwärter-Cottages. In der Saison kann man auf dem Meer prima Wale beobachten, und am späten Nachmittag lassen sich auch schon einmal Wombats blicken, die auf der Wiese weiden. Auf dem Weg sollte man am Aussichtspunkt Halt machen, um die majestätische Aussicht auf die Disaster Bay und den Wonboyn Beach zu genießen.

Boyd's Tower
HISTORISCHES GEBÄUDE
GRATIS Am Ende der Edrom Rd befindet sich der Abzweig zum Boyd's Tower, der in den späten 1840er-Jahren aus Sydneyer Sandstein errichtet wurde. Er sollte ein Leuchtturm werden, aber die Regierung gab Boyd keine Erlaubnis, ihn zu betreiben. Das eindrucksvolle Gebäude ist ein Start- oder Zielpunkt des Light to Light Walk.

★ Light to Light Walk
WANDERN
Der ausgezeichnete, 30 km lange Küstenweg verbindet Boyds geplanten Leuchtturm mit dem echten am Green Cape. An der Strecke gibt's Campingplätze am Saltwater Creek sowie an der Bittangabee Bay.

🛏 Schlafen

Ben Boyd National Park Campgrounds
CAMPING $
(☑02-6495 5000; www.nationalparksnsw.gov.au; Erw./Kind 12/6 AU$, mind. 24 AU$) Am 30 km langen Light to Light Walk gibt's diverse Campingplätze unterwegs am Saltwater Creek sowie an der Bittangabee Bay, die online oder telefonisch gebucht werden können. Die Plätze sind über die der Straße erreichbar.

Melbourne & Victorias Küste

Gut essen

➜ Brae (S. 275)

➜ Attica (S. 244)

➜ IGNI (S. 265)

➜ Chris's Beacon Point
Restaurant (S. 277)

➜ Fen (S. 285)

Schön
übernachten

➜ Treasury on Collins
(S. 233)

➜ Lighthouse Keepers'
Cottages (S. 290)

➜ Beacon Point Ocean View
Villas (S. 277)

➜ Drift House (S. 284)

➜ Great Ocean Ecolodge
(S. 279)

Auf nach Melbourne & an
Victorias Küste!

Windumtoste Strände, kosmopolitische Orte am Meer und
legendäre Surfspots: Victorias Küste wirft jede Menge sagenhafte Landschaften, Weingüter in kühl-gemäßigtem Klima und die Kulturmetropole Melbourne in die Waagschale.
Überhaupt ist Abwechslung Trumpf: Während an den
Stränden von Phillip Island, einem beliebten Touristenziel,
Zwergpinguine umherwatscheln, lockt die zur Bass Strait
ausgerichtete Westküste Surfer und alle diejenigen an, die
den berühmten Twelve Apostles die Ehre erweisen wollen.
An der Südostküste erstreckt sich ein langer, weiter Strand,
der bei Lakes Entrance auf ein Seensystem trifft, in dem Ak-
tivurlauber jede Menge Möglichkeiten zum Zeitvertreib vor-
finden. Und auf dem Weg zur Grenze nach New South Wales
warten weitere atemberaubende Nationalparks.

Reisezeit
Melbourne

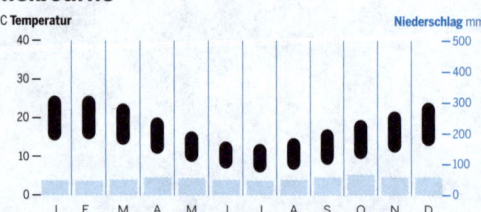

Dez. & Jan. Som-
mer mit rappel-
vollen Stränden;
Unterkünfte
unbedingt frühzei-
tig buchen!

Feb. & März
Vergleichsweise
ruhiger; Spätsom-
mer teils brütend
heiß.

April–Nov. Der
April hat das ange-
nehmste Wetter,
danach folgen
kühle Nächte und
kalte Wintertage.

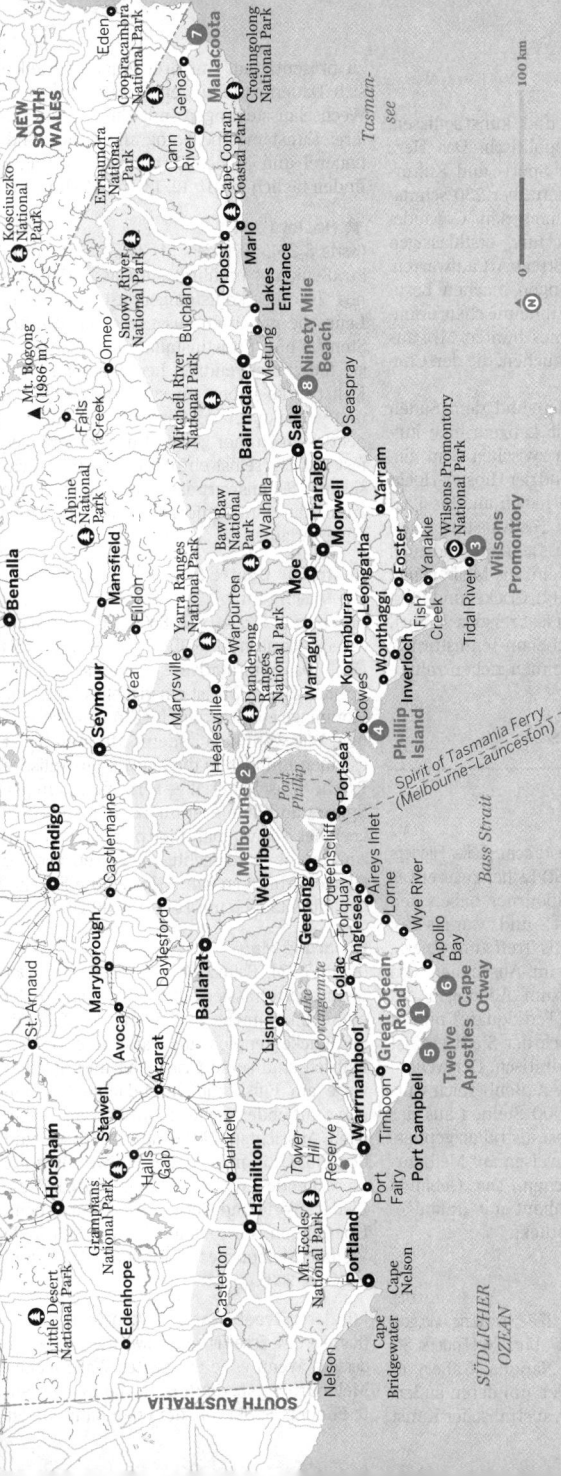

SOUTH AUSTRALIA

NEW SOUTH WALES

SÜDLICHER OZEAN

Tasman-see

Bass Strait

Port Phillip

Spirit of Tasmania Ferry (Melbourne–Launceston)

Wilsons Promontory National Park

0 — 100 km

Highlights

1 Great Ocean Road (S. 262) Ein Roadtrip zu spektakulären Stränden und durch Regenwälder

2 Essen & Ausgehen rund um Melbourne (S. 238) Coole Cafés, Bars und Restaurants entdecken

3 Wilsons Prom Wilderness (S. 290) Beim Wandern die Schönheit des Nationalparks genießen

4 Penguin Parade, Phillip Island (S. 260) Die Heerscharen von Pinguinen beobachten, die

jeden Abend vom Meer zu ihren sandigen Wohnhöhlen watscheln

5 Twelve Apostles (S. 279) Sich von der herrlichen Aussicht auf die kultigen Sandsteinfelsen fesseln lassen

6 Cape Otway (S. 278) Bei Auto- oder Wandertouren zum Cape Otway Lighthouse im dichten Regenwald nach Koalas auf Eukalyptusbäumen spähen

7 Mallacoota (S. 298) Ein Boot mieten, den Meeresarm

erkunden oder hinaus nach Gabo Island schippern

8 Ninety Mile Beach (S. 293) An dem legendären Sandstrand in den Dünen campen und vom Ufer aus angeln

MELBOURNE

4 530 000 EW.

Melbourne ist stylish und kunstbeflissen, dynamisch und kosmopolitisch. Das Herz von Australiens stolzer Sport- und Kulturhauptstadt schlägt in den über 230 schmalen Gassen, die zwischen den Gebäudeblocks im Zentrum mit erstklassigen Restaurants, Bars und Street Art aufwarten. Die schönsten Erfahrungen machen Besucher, die sich an den Einheimischen orientieren und in Melbournes bunten Mix aus Innenstadtvierteln eintauchen, die den Charakter der Stadt prägen.

Zwischen dem Norden und dem Süden Melbournes besteht seit Langem eine kulturelle Kluft (vor allem zwischen dem glamourösen South Yarra und der Hipster-Hochburg Fitzroy). Dennoch haben alle hiesigen Bars, Cafés, Restaurants, Festivals und Leute eine ortstypische Coolness gemein. Und auch die Liebe zum Sport vereint die Melbourner. Australien Football (Footy), Cricket und Pferderennen werden schon fast religiös verehrt. Doch auch das Grand-Slam-Tennisturnier und das Formel-Eins-Rennen ziehen zahllose Zuschauer an.

⊙ Sehenswertes

◉ Stadtzentrum

★ Federation Square   PLATZ

(Karte S.224; www.fedsquare.com; Ecke Flinders & Swanston St; ⊠ Flinders St) Es hat zwar etwas gedauert, aber die Melbourner haben den Federation Sq akzeptiert – und zwar als das, wofür er geplant war: als Treff zum Feiern, zum Demonstrieren, zum Anschauen von Sportereignissen und zum Abhängen auf den Liegestühlen. Der „Fed Square" nimmt einen prominenten Block der Stadt ein, ist aber nicht wirklich quadratisch: Der wellenförmige und gemusterte Außenbereich wurde von Hand mit 460000 Steinen aus der Region Kimberley in Westaustralien gepflastert; seine Blickachsen weisen auf Melbournes wichtige Wahrzeichen. Die Gebäude sind wie eine Reptilienhaut mit fraktalgemusterten Fassaden bestückt.

★ Ian Potter Centre: NGV Australia   GALERIE

(Karte S.224; ☏ 03-8620 2222; www.ngv.vic.gov. au; Federation Sq; ⊙ 10–17 Uhr; ⊠ Flinders St) GRATIS Der Ableger der National Gallery of Victoria wurde gegründet, um deren außergewöhnliche Sammlung australischer Kunst

zu präsentieren. Auf drei Etagen verteilen sich Dauerausstellungen (Eintritt frei) und Wechselausstellungen (mit Eintritt) zu Malerei, Kunstgewerbe, Fotografie, Druck, Bildhauerei und Mode. Kostenlose Führungen finden täglich um 11, 12, 13 und 14 Uhr statt.

★ Hosier Lane   STRASSE

(Karte S.224; ⊠ Flinders St) Die wegen ihrer Straßenkunst berühmteste Gasse Melbournes ist die kopfsteingepflasterte Hosier Lane, die mit ihren ausgefallenen Graffitis, Stencils und Kunstinstallationen jede Menge fotografierfreudige Leute anlockt. Die Kunstwerke haben überwiegend politische und gegenkulturelle Themen, sind mit respektlosem Humor gewürzt und ändern sich fast täglich (selbst ein Banksy ist hier nicht sicher). Sehenswert ist auch die Rutledge Lane, die hufeisenförmig um die Hosier Lane verläuft.

Australian Centre for the Moving Image   MUSEUM

(ACMI; Karte S.224; ☏ 03-8663 2200; www.acmi. net.au; Federation Sq; ⊙ 10–17 Uhr; ⊠ Flinders St) GRATIS Das informative, spannende und unterhaltsame ACMI ist ein visuelles Fest, eine Hommage ans australische Kino und Fernsehen. Wie wohl kein anderes Museum bietet es einen Einblick in die heutige australische Psyche. Das Material – Fernsehsendungen, Spiele und Filme – ist für Leute jedes Alters geeignet, sodass man hier prima einen ganzen Tag ohne schlechtes Gewissen vor der Glotze verbringen kann. Kostenlose Führungen gibt's täglich um 11 und 14.30 Uhr.

Birrarung Marr   PARK

(Karte S.224; Batman Ave; ⊠ Flinders St) Der mehrfach terrassierte Birrarung Marr bildet eine willkommene Ergänzung zu Melbournes Flickenteppich aus Parks und Gärten. Hübsch sind seine Grashügel und Spazierwege am Fluss, die durchdachte Bepflanzung mit endemischer Flora und die herrlichen Aussichtspunkten auf die Stadt und den Fluss. Ein malerischer Fußweg über die „sprechende" William Barak Bridge – die Lieder, Worte und Geräusche, die man beim Überqueren hört, stehen für die kulturelle Vielfalt Melbournes – führt hinüber zum MCG (S. 223).

Flinders Street Station   HISTORISCHES GEBÄUDE

(Karte S.224; Ecke Flinders & Swanston St; ⊠ Flinders St) Wenn es je ein echtes Wahrzeichen Melbournes gab, dann ist es die 1854 erbaute Flinders St Station, der erste Bahnhof der

HEIDE MUSEUM OF MODERN ART

Das frühere Anwesen von John und Sunday Reed ist heute die namhafte und gemeinnützig betriebene Kunstgalerie **Heide** (☎ 03-9850 1500; www.heide.com.au; 7 Templestowe Rd, Bulleen; Erw./Kind 22/18 AU$; ⊞ Di–So 10–17 Uhr; ⊞ 903, ⊞ Heidelberg). Auf dem großartigen Gelände mit Skulpturengarten gibt's regelmäßig wechselnde Ausstellungen zu sehen. Diese zeigen oft auch Werke der berühmten Künstler, die hier einst zu Hause waren (z. B. Sir Sidney Nolan oder Albert Tucker). Die Sammlung verteilt sich über drei Gebäude: einen großen Zweckbau, das originale Bauernhaus der Reeds und das schmucke modernistische Haus, das die beiden 1963 als „bewohnbare Galerie" errichteten.

Stadt. Es gibt wohl kaum einen Melbourner, der nicht irgendwann in seinem Leben gesagt hat: „Wir treffen uns unter den Uhren." (Der beliebte Treffpunkt befindet sich vor dem Bahnhofseingang.) Eine auffällige achteckige Kuppel krönt das schöne neoklassizistische Gebäude am Fluss.

Parliament House HISTORISCHES GEBÄUDE
(Karte S. 224; ☎ 03-9651 8568; www.parliament. vic.gov.au; Spring St; ⊞ Mo–Fr 8.30–17.30 Uhr; ⊞ Parliament) GRATIS Auf der großen Freitreppe vor Victorias Parlamentsgebäude von 1856 sieht man oft Bräute mit Schleier, die lächelnd für Fotos posieren – oder Demonstranten, die Protestschilder hochhalten. Während der Sitzungsperioden können Besucher die politischen Vorgänge von Tribünen aus verfolgen. Wenn keine Sitzungen stattfinden, gibt's acht Führungen pro Tag (Zeiten s. Website oder den Aushang am Eingang). Die Teilnehmerzahl ist begrenzt – spätestens 15 Minuten vor Beginn erscheinen!

⭐ **Chinatown** STADTVIERTEL
(Karte S. 224; www.chinatownmelbourne.com.au; Little Bourke St zw. Swanston & Exhibition St; ⊞ Melbourne Central, Parliament) Das Innenstadtviertel ist seit über 150 Jahren das Zentrum von Melbournes chinesischer Gemeinde. Es ist immer noch belebt und wird heute von fünf traditionellen Bogen flankiert. Die vielen Chinarestaurants und anderen asiatischen Lokale in den historischen Gebäuden servieren z. B. *yum cha* (Dim Sum). Die Nebengassen empfehlen sich für Klöße und Cocktails zu später Stunde. In Chinatown steigt auch Melbournes **chinesisches Neujahrsfest** (www.chinatownmelbour ne.com.au; Little Bourke St; ⊞ Jan. od. Feb.).

Auf der Suche nach dem „neuen Goldberg" kamen chinesische Bergleute in den 1850er-Jahren nach Victoria und ließen sich ab den 1860er-Jahren an diesem Abschnitt der Little Bourke St nieder. Das tolle **Chinese Museum** (Karte S. 224; ☎ 03-9662 2888;

www.chinesemuseum.com.au; 22 Cohen Pl; Erw./ Kind 10/8,50 AU$; ⊞ 10–16 Uhr; ⊞ Parliament) liefert Details zur Geschichte chinesischer Einwanderer in Australien.

State Library of Victoria BIBLIOTHEK
(Karte S. 224; ☎ 03-8664 7002; www.slv.vic.gov. au; 328 Swanston St; ⊞ Mo–Do 10–21, Fr–So 10–18 Uhr, Galerien 10–17 Uhr; ⊞ Melbourne Central) Seit ihrer Eröffnung (1856) ist diese Bibliothek in einem neoklassizistischen Prachtbau eine führende Institution der Melbourner Literaturszene. Der achteckige **La Trobe Reading Room** von 1913 ist das großartige Herzstück des Ganzen; seine Stahlbetonkuppel war einst weltweit die größte ihrer Art. Das dadurch dringende Tageslicht fällt auf komplexe Stuckarbeiten und emsige Melbourner Schriftsteller, die ihre Werke zu Papier bringen. Ein Highlight sind die faszinierenden Ausstellungen in den **Dome Galleries**.

Old Melbourne Gaol HISTORISCHES GEBÄUDE
(Karte S. 224; ☎ 03-8663 7228; www.oldmelbour negaol.com.au; 337 Russell St; Erw./Kind/Fam. 25/14/55 AU$; ⊞ 9.30–17 Uhr; ⊞ Melbourne Central) Das triste Gefängnis aus Blaustein war von 1841 bis 1929 in Betrieb und ist heute eins der beliebtesten Melbourner Museen, in dem u. a. die winzigen und düsteren Zellen besichtigt werden können. Rund 135 Häftlinge wurden hier gehängt, darunter Ned Kelly (1880). Eine der Totenmasken von Australiens berühmtestem Buschräuber ist vor Ort ausgestellt. Bei der Police Watch House Experience werden Besucher „verhaftet" und ins Kittchen gesteckt (in Wirklichkeit viel spaßiger, als es sich anhört).

Queen Victoria Market MARKT
(Karte S. 224; www.qvm.com.au; 513 Elizabeth St; ⊞ Di & Do 6–14, Fr bis 17, Sa bis 15, So 9–16 Uhr; ⊞ Flagstaff) Der „Vic Market", mit mehr als 600 Ständen der größte Freiluftmarkt der südlichen Hemisphäre, lockt an fünf Tagen in der Woche Tausende von Menschen an.

Melbourne

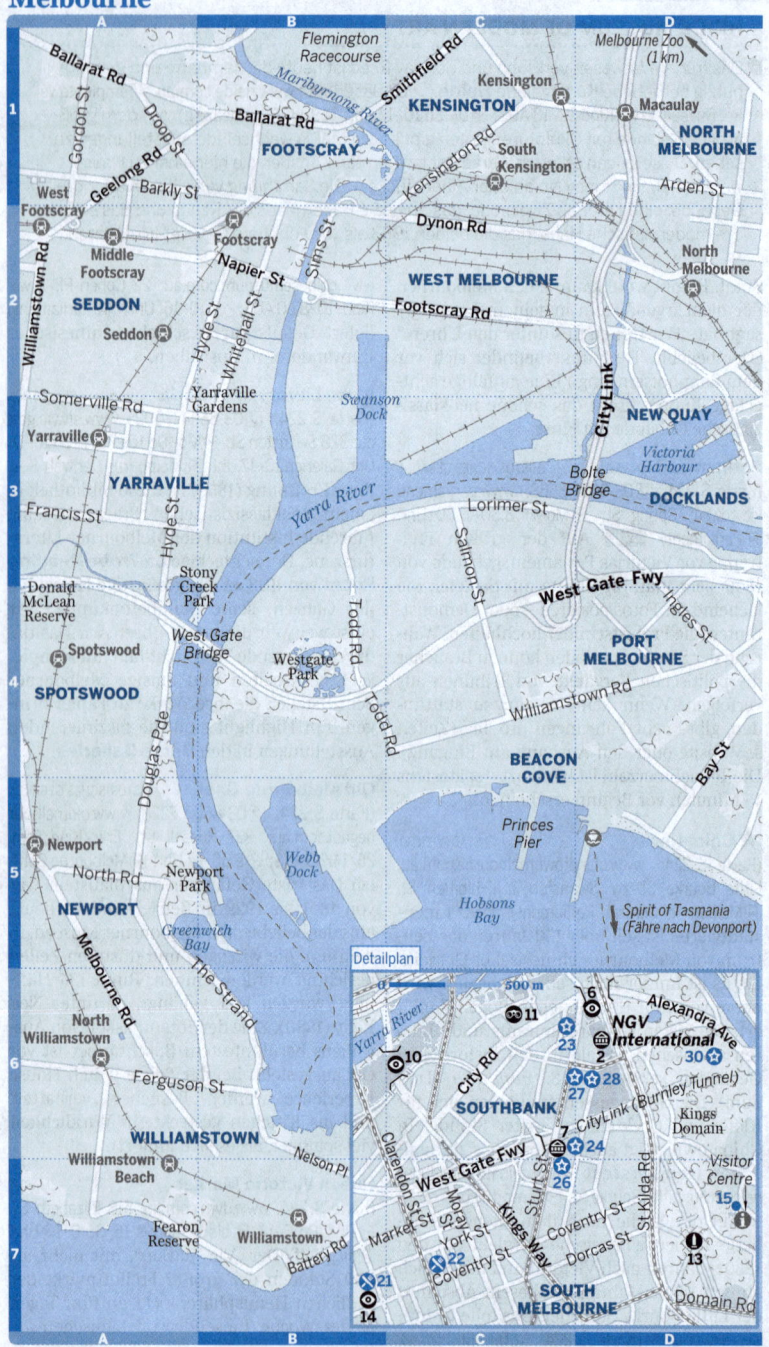

Ballarat Rd
Gordon St
Flemington Racecourse
Smithfield Rd
Kensington
Melbourne Zoo (1 km)
Macaulay
KENSINGTON
Ballarat Rd
Droop St
FOOTSCRAY
Maribyrnong River
NORTH MELBOURNE
Kensington Rd
South Kensington
Arden St
West Footscray
Geelong Rd
Barkly St
Dynon Rd
North Melbourne
Williamstown Rd
Middle Footscray
Footscray
Napier St
Sims St
WEST MELBOURNE
SEDDON
Hyde St
Whitehall St
Footscray Rd
Seddon
Somerville Rd
Yarraville Gardens
Swanson Dock
CityLink
NEW QUAY
Yarraville
YARRAVILLE
Victoria Harbour
Bolte Bridge
DOCKLANDS
Francis St
Hyde St
Yarra River
Lorimer St
Stony Creek Park
Salmon St
West Gate Fwy
Ingles St
Donald McLean Reserve
West Gate Bridge
Westgate Park
Todd Rd
PORT MELBOURNE
Spotswood
SPOTSWOOD
Douglas Pde
Todd Rd
Williamstown Rd
BEACON COVE
Bay St
Bay Ave
Newport
North Rd
Newport Park
Webb Dock
Princes Pier
Spirit of Tasmania (Fähre nach Devonport)
NEWPORT
Greenwich Bay
Hobsons Bay
Melbourne Rd
The Strand
North Williamstown
Ferguson St
Detailplan
500 m
WILLIAMSTOWN
Williamstown Beach
Nelson Pl
Fearon Reserve
Williamstown
Battery Rd

Yarra River
11
6
Alexandra Ave
23
NGV International
2
30
10
City Rd
28
27
CityLink (Burnley Tunnel)
SOUTHBANK
Kings Domain
7
24
Clarendon St
West Gate Fwy
St Kilda Rd
Visitor Centre
15
26
Kings Way
St Kilda Rd
Market St
Moray St
York St
22
Coventry St
Coventry St
Dorcas St
13
21
14
SOUTH MELBOURNE
Domain Rd

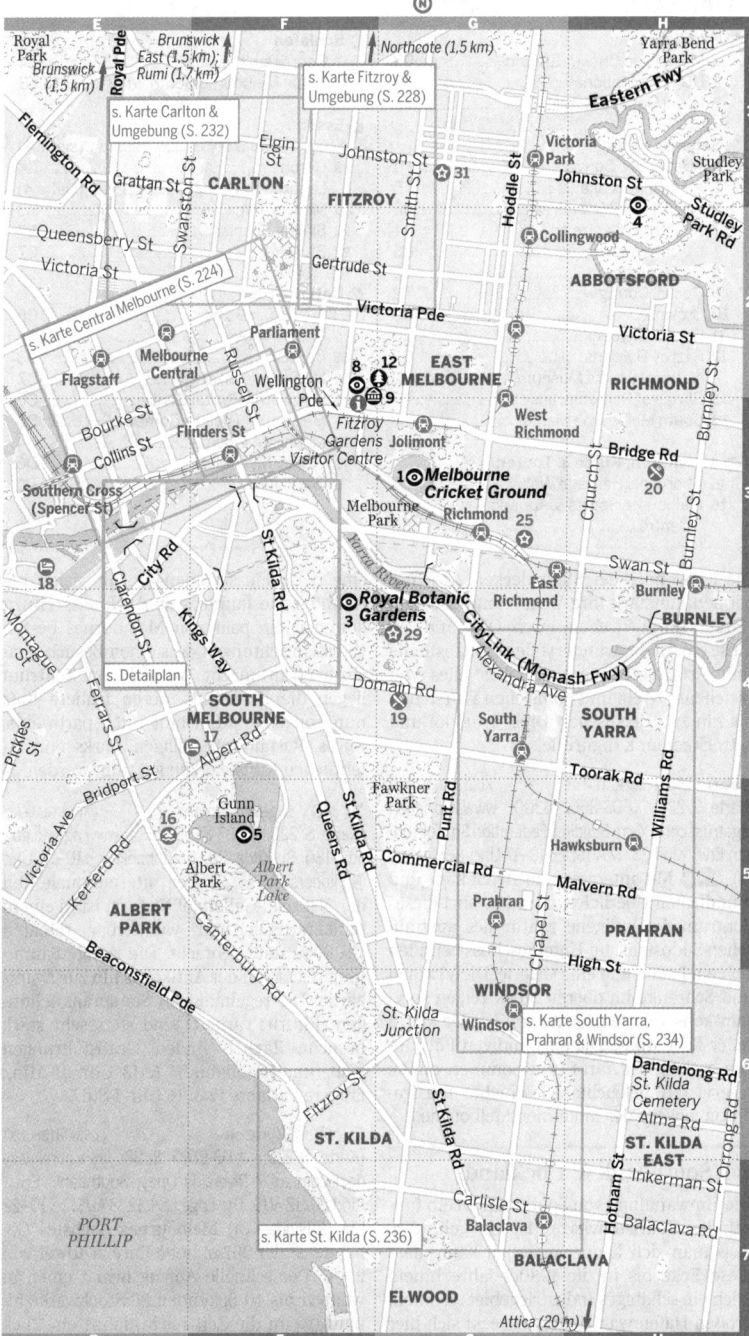

N 0 ———————————————— 2 km

Royal Park
Brunswick (1,5 km)
Royal Pde
Brunswick East (1,5 km); Rumi (1,7 km)
Northcote (1,5 km)
Yarra Bend Park
Eastern Fwy

s. Karte Fitzroy & Umgebung (S. 228)

Flemington Rd
s. Karte Carlton & Umgebung (S. 232)
Elgin St
Johnston St
31
Hoddle St
Victoria Park
Johnston St
Studley Park
4
Studley Park Rd

Grattan St
Swanston St
CARLTON
Smith St
FITZROY

Queensberry St
Victoria St
Gertrude St
Collingwood
ABBOTSFORD

s. Karte Central Melbourne (S. 224)
Victoria Pde
Victoria St
RICHMOND
Burnley St

Flagstaff
Melbourne Central
Russell St
Parliament
Wellington Pde
8 12
9
EAST MELBOURNE
West Richmond
Victoria St

Bourke St
Collins St
Flinders St
Fitzroy Gardens
Jolimont
Visitor Centre
1 Melbourne Cricket Ground
Richmond
25
Church St
Bridge Rd
20

Southern Cross (Spencer St)
City Rd
St Kilda Rd
Melbourne Park
East Richmond
Swan St
Burnley

18
Clarendon St
Kings Way
Yarra River
Royal Botanic Gardens
3 29
CityLink (Monash Fwy)
BURNLEY

Montague St
Ferrars St
SOUTH MELBOURNE
Domain Rd
19
Alexandra Ave
South Yarra
SOUTH YARRA

Pickles St
Bridport St
Albert Rd
17
Fawkner Park
Punt Rd
Toorak Rd
Williams Rd

Victoria Ave
Kerferd Rd
16
Gunn Island
5
St Kilda Rd
Queens Rd
Commercial Rd
Hawksburn
Malvern Rd

ALBERT PARK
Albert Park
Albert Park Lake
Chapel St
Prahran
PRAHRAN
High St

Beaconsfield Pde
Canterbury Rd
St. Kilda Junction
WINDSOR
Windsor
s. Karte South Yarra, Prahran & Windsor (S. 234)

s. Detailplan

Fitzroy St
St Kilda Rd
Dandenong Rd
St. Kilda Cemetery
Alma Rd
Orrong Rd
ST. KILDA EAST
Inkerman St

ST. KILDA
Hotham St
Carlisle St
Balaclava
Balaclava Rd

PORT PHILLIP
s. Karte St. Kilda (S. 236)
BALACLAVA

ELWOOD
Attica (20 m)

Melbourne

Die Einwohner der Stadt decken sich hier bei den lautstark ihre Waren anpreisenden Händlern mit frischem Fisch, Obst und Gemüse ein. In der wundervollen Feinkosthalle (mit Art-déco-Elementen) gibt's alles von Weichkäse, Wein und polnischen Würstchen bis hin zu griechischen Dips, Trüffelöl und getrocknetem Kängurufleisch.

Koorie Heritage Trust KULTURZENTRUM
(Karte S.224; ☎ 03-8662 6300; www.koorieheritagetrust.com; Yarra Building, Federation Sq; Führungen Erw./Kind 33/17 AU$; ⊙ 10–17 Uhr; ⧆ Flinders St) GRATIS Mit interessanten Artefakten und mündlichen Überlieferungen bewahrt dieses Zentrum die indigene Kultur des australischen Südostens. Im Untergeschoss befinden sich ein Laden und eine Galerie. Die Vitrinen und Schränke im oberen Stock zeigen sorgsam konservierte Objekte von großer kultureller Bedeutung. Die einstündigen Führungen entlang des Yarra (nur Sommer; online reservieren) beleuchten Geschichte und Tradition jenseits des modernen Melbourne.

◉ Southbank & Docklands

Die Umwandlung von Southbank in ein funkelndes Touristenviertel ist so gelungen, dass man sich kaum vorstellen kann, dass diese Ecke bis in die 1980er-Jahre hinein noch ein schäbiges Industriegebiet an einem großen Hafen war. Heute erstreckt sich hier eine nette Flusspromenade mit vielen berühmten Restaurants und Hotels. Hinzu kommen ein paar von Melbournes besten Kunsteinrichtungen, was einen Besuch quasi zur Pflicht macht. Westlich vom Zentrum liegen die Docklands, deren frühere Kais nun von einer Ministadt mit Apartments, Büros, Restaurants, Plätzen, Parks und öffentlichen Kunstwerken gesäumt werden.

★ NGV International KUNSTGALERIE
(Karte S.220; ☎ 03-8662 1555; www.ngv.vic.gov.au; 180 St Kilda Rd, Southbank; ⊙ 10–17 Uhr; ⧆ Flinders St) GRATIS Der internationale Teil der National Gallery of Victoria ist in einem bunkerartigen und wunderbar rabiaten Großbau untergebracht. Die riesige Sammlung reicht von der Antike bis hin zur Avantgarde. Die regelmäßigen Sonderausstellungen (Eintritt variiert) sind stets sehr stark besucht. Täglich finden Gratisführungen statt (nur Highlights 11 & 13 Uhr, 45 Min.; längere Variante 12 & 14 Uhr, 1 Std.).

Eureka Skydeck AUSSICHTSPUNKT
(Karte S.220; ☎ 03-9693 8888; www.eurekaskydeck.com.au; 7 Riverside Quay; Southbank; Erw./Kind 20/12 AU$; The Edge zzgl. 12/8 AU$; ⊙ 10–22 Uhr; ⧆ Flinders St) Melbournes höchstes Gebäude ist der 297 m hohe Eureka Tower von 2006. Der schnelle Aufzug bringt einen in weniger als 40 Sekunden 88 Stockwerke hinauf (wenn die Zeit reicht, lohnt ein Blick

auf das Foto auf dem Boden des Aufzugs). „The Edge" ist ein recht sadistischer Glaswürfel, der über die Gebäudekante vorgeschoben wird – man hat keine Wahl und muss zwangsläufig in den Abgrund schauen.

Australian Centre for Contemporary Art
GALERIE

(ACCA; Karte S. 220; ☎ 03-9697 9999; www.acca online.org.au; 111 Sturt St, Southbank; ⊙ Di –So 10–17; 🚇 1) GRATIS Das ACCA ist eine der spannendsten und herausforderndsten Galerien für zeitgenössische Kunst in Australien. Die Galerie präsentiert eine ganze Palette von Werken australischer und internationaler Künstler. Das Gebäude wirkt selbst wie eine Skulptur: Die rotbraune Fassade erinnert an die Fabriken, die einst hier standen. Und der hohe Raum ist ideal für die Aufstellung der oft sehr großen Installationen.

Arts Centre Melbourne
KUNSTZENTRUM

(Karte S. 220; ☎ 1300 182 183; www.artscentre melbourne.com.au; 100 St Kilda Rd, Southbank; ⊙ Kartenschalter Mo–Fr 9–20.30, Sa 10–17 Uhr; 🚇 Flinders St) Das Arts Centre besteht aus der Hamer Hall und dem **Theatres Building**, unter dessen Turmdach u. a. eine Galerie mit wechselnden Ausstellungen gratis besichtigt werden kann. Schön gestaltete Fußpfade verbinden die beiden Gebäude miteinander. Die kombinierten Ausstellungs- und Theaterführungen (tgl. 11 Uhr, Erw./Kind 20/15 AU$) blicken sonntags hinter die Kulissen.

◉ Richmond & East Melbourne

Melbourne zählt zu den großen Sportmetropolen der Welt. Die Sporteinrichtungen der Stadt konzentrieren sich auf Richmond und East Melbourne: Die südöstliche Skyline des Viertels wird von den kantigen Stadion-Silhouetten dominiert, vor allem von der des riesigen Melbourne Cricket Ground. Nördlich davon erstreckt sich das elegante East Melbourne rund um den hübschen Fitzroy Gardens. Das halb gentrifizierte, halb schäbige Richmond im Osten ist ein Wohn- und Ladenviertel mit vielen interessanten Restaurants; für jeden Geldbeutel ist etwas dabei.

★ Melbourne Cricket Ground
STADION

(MCG; Karte S. 220; ☎ 03-9657 8888; www.mcg. org.au; Brunton Ave, East Melbourne; Führung Erw./ Kind/Fam. 23/12/55 AU$, inkl. Museum 32/16/ 70 AU$; ⊙ Führungen 10–15 Uhr; 🚇 Jolimont) Das „G" mit seinen 100 000 Zuschauerplätzen ist eins der größten Stadien des Planeten und heiliger Boden für viele Australier. Neben

Cricket-Matches (Sommer) werden hier auch „Footy"-Spiele der AFL (Australian Football League bzw. Aussie Rules; Winter) ausgetragen – möglichst nicht entgehen lassen! Sportfreaks können außerdem bei **Führungen** an spielfreien Tagen die Tribünen, Übertragungsräume, Trainerzonen, Umkleiden und Mitglieder-Lounges besichtigen. Der MCG beherbergt auch das topmoderne **National Sports Museum** (Karte S. 220; ☎ 03-9657 8879; www.nsm.org.au; Gate 3, MCG, Brunton Ave, East Melbourne; Erw./Kind/Fam. 23/12/55 AU$; ⊙ 10–17 Uhr; 🚇 Jolimont).

Fitzroy Gardens
PARK

(Karte S. 220; www.fitzroygardens.com; Wellington Pde, East Melbourne; 🚇 Jolimont) Gleich östlich der Spring St weicht der Beton urplötzlich Melbournes schönem grünen Hinterhof, den Fitzroy Gardens. Die stattlichen Chausseen des Parks werden von Englischen Ulmen, Blumenbeeten, weiten Rasenflächen und ungewöhnlichen Springbrunnen gesäumt. Zudem findet man hier einen Bach und als Highlight das **Cooks' Cottage** (Karte S. 220; Fitzroy Gardens, Wellington Pde, East Melbourne; Erw./Kind/Fam. 6,50/3,50/18 AU$; ⊙ 9–17 Uhr; 🚇 Jolimont), das einst den Eltern des Seefahrers und Entdeckers James Cook gehörte. 1934 wurde das Häuschen an seinem ursprünglichen Standort in Yorkshire in seine Einzelteile zerlegt, nach Melbourne verschifft und vor Ort wieder aufgebaut. In der Nähe liegen das **Visitor Centre** (Karte S. 220; ☎ 03-9658 9658; www.thatsmelbourne. com.au; ⊙ 9–17 Uhr) mit einem Café und das zauberhafte **Conservatory** (Gewächshaus; Karte S. 220; Fitzroy Gardens, Wellington Pde, East Melbourne; ⊙ 9–17 Uhr) aus den 1930er-Jahren.

◉ Fitzroy, Collingwood & Abbotsford

Eine kurze Straßenbahnfahrt vom Zentrum entfernt beginnt eine der hippsten Enklaven der Stadt: Topmoderne Restaurants und Fifties-Möbelläden mischen sich hier problemlos mit 100-jährigen Oldschool-Pubs und schäbigen Livemusik-Clubs. Fitzroy ist Melbournes ältester Vorort, der zusammen mit Collingwood lange Zeit für Armut und Kriminalität berüchtigt war. Trotz fortschreitender Gentrifizierung gelten die beiden Viertel immer noch als recht raubeinig. Jenseits von Collingwood grenzt das größtenteils industriell geprägte Abbotsford an einen malerischen Uferabschnitt des Yarra River, an dem nun weitere neue Cafés und Restaurants eröffnen.

Central Melbourne

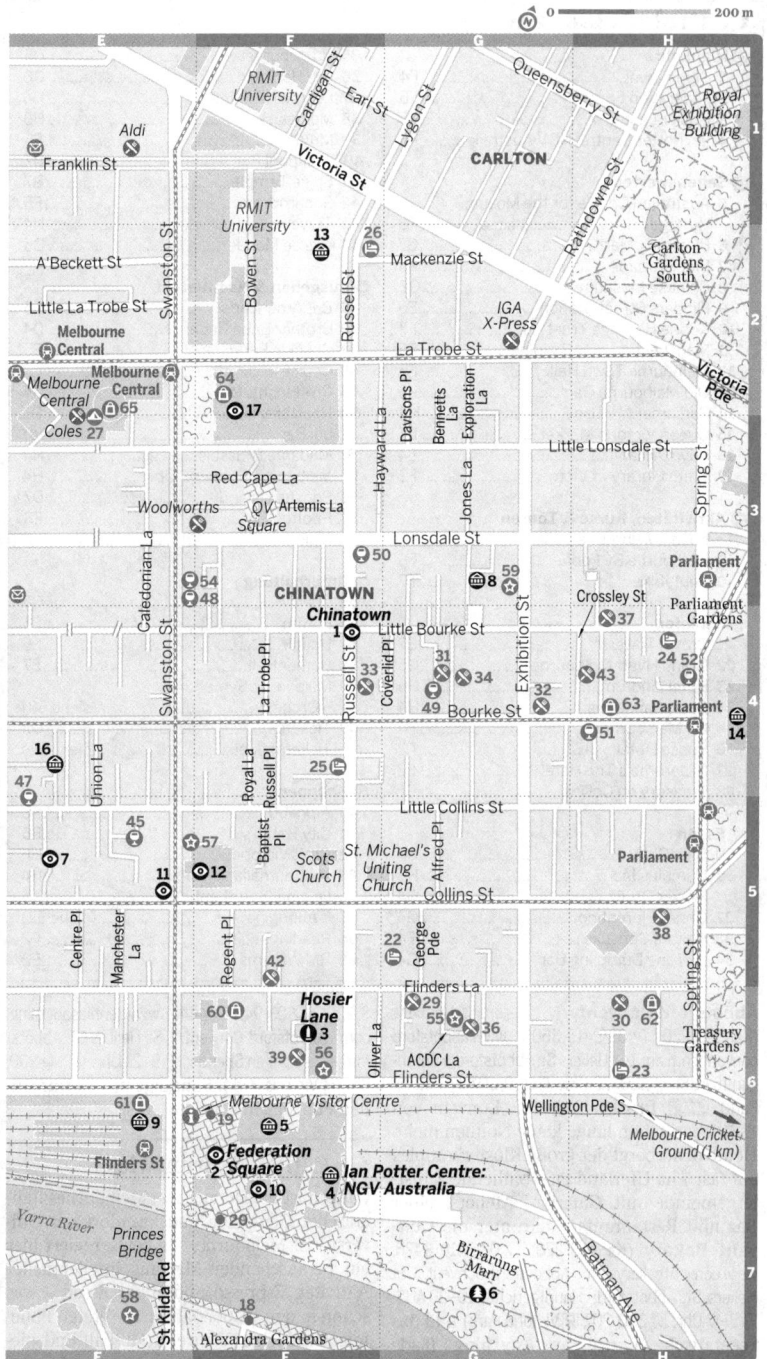

Central Melbourne

Abbotsford Convent   HISTORISCHE STÄTTE
(Karte S. 220; ☎ 03-9415 3600; www.abbotsford convent.com.au; 1 St Heliers St, Abbotsford; Führungen 15 AU$; ⊙ 7.30–22 Uhr; 🚍 200, 207, 🚆 Victoria Park) GRATIS In dem früheren Konvent von 1861 leben schon lange keine Nonnen mehr. Heute beherbergt der große Klosterkomplex auf fast 7 ha Uferland eine blühende Künstlergemeinde mit Galerien, Ateliers, einer Bar und Restaurants – darunter die **Convent Bakery** (Karte S. 220; ☎ 03-9419 9426; www.conventbakery.com; Abbotsford Convent, 1 St Heliers St, Abbotsford; Hauptgerichte 10–20 AU$; ⊙ 7–17 Uhr; 🚍 200, 207, 🚆 Victoria Park) und das vegetarische **Lentil as Anything** (Karte S. 220; ☎ 03-9419 6444; www.lentilasanything. com; Abbotsford Convent, 1 St Heliers St, Abbotsford; Essen gegen Spende; ⊙ 9–21 Uhr; ✈; 🚍 200, 207, 🚆 Victoria Park). Sonntags um 14 Uhr finden die Führungen statt.

◎ Carlton & Brunswick

Carlton ist die Heimat von Melbournes italienischer Gemeinde und Standort der University of Melbourne. Bis heute regiert hier ein berauschender Mix aus intellektueller Aktivität, Espresso und super Essen – was schon in den 1950er-Jahren die ersten Bohemiens anlockte. Während Fußball-Endspielen und Formel-1-Rennen brechen bei den *tricolori* von Carlton alle Dämme.

Die multikulturelle Hipster-Hochburg Brunswick im Westen empfiehlt sich für Küche aus dem Nahen Osten an der Sydney Rd und Bar-Bummeln auf dem Heimweg.

★ Melbourne Museum   MUSEUM

(Karte S. 232; ☎ 13 11 02; www.museumvictoria. com.au; 11 Nicholson St, Carlton; Erw./Kind & Student 14 AU$/frei, Ausstellungen kosten extra; ☺ 10–17 Uhr; ☒ Tourist Shuttle, ☒ City Circle, 86, 96, ☒ Parliament) Das Museum liefert einen großartigen Einblick in die Natur- und Kulturgeschichte Victorias. Die Ausstellungen vereinen Dinosaurierfossilien, riesige Exemplare von Tintenfischen, präparierte Tiere, einen 3D-Vulkan und einen Wald mit der Flora Victorias in einem Atrium unter freiem Himmel. Man lernt außerdem die Legende des berühmten Rennpferds und Nationalhelden Phar Lap kennen. Die exzellente Ausstellung **Bunjilaka** im Erdgeschoss vermittelt Geschichten der australischen Ureinwohner anhand von Objekten und Berichten von Aborigines, die mit modernster Technik wiedergegeben werden. Es gibt auch ein **IMAX-Kino**.

★ Royal Exhibition Building   HISTORISCHES GEBÄUDE

(Karte S. 232; ☎ 13 11 02; www.museumvictoria. com.au/reb; 9 Nicholson St, Carlton; Führung Erw./ Kind 10/7 AU$; ☒ Tourist Shuttle, ☒ City Circle, 86, 96, ☒ Parliament) Das für die Weltausstellung von 1880 errichtete Bauwerk gehört seit 2004 zum UNESCO-Weltkulturerbe. Das schöne viktorianische Gebäude kündet von den großen Tagen der Industriellen Revolution, des britischen Empire und von der wirtschaftlichen Vormachtstellung Melbournes im 19. Jh. Hier wurde zum ersten Mal die australische Flagge gehisst: 1901 tagte in dem Bau das erste Parlament des Australischen Bundes. Führungen durch das Gebäude beginnen um 14 Uhr am Melbourne Museum gegenüber.

◉ North Melbourne & Parkville

Jenseits von West Melbournes schäbigen Bahnbetriebshöfen und verstopften Durchgangsstraßen beginnt dieser Innenstadtbereich, der aus dem überraschend ruhigen North Melbourne im viktorianischen Stil und Parkville mit weiten Grünflächen besteht.

Hauptattraktion ist der Zoo. North Melbournes schlichte Kneipen, Restaurants und Läden in der Victoria, Errol oder Queensberry St sind ebenfalls einen Besuch wert.

★ Melbourne Zoo   ZOO

(☎ 1300 966 784; www.zoo.org.au; Elliott Ave, Parkville; Erw. 33 AU$, Kind Mo–Fr 17 AU$, Sa, So & Feiertag frei; ☺ 8–17 Uhr; ☒; ☒ Royal Park) ⬤ Der übersichtliche, 1862 gegründete Zoo ist der älteste in Australien und einer der ältesten der Welt. Bis heute zählt er zu Melbournes beliebtesten Attraktionen, punktet immer wieder mit Innovationen und wurde kürzlich sogar zum ersten klimaneutralen Zoo des Planeten erklärt. Die Gehege in hübschen Landschaftsgärten sollen die natürlichen Lebensräume der jeweiligen Tiere möglichst genau widerspiegeln. Dies beinhaltet auch Möglichkeiten zum Verstecken – wovon vor allem die Gorillas und Tiger regen Gebrauch machen.

◉ South Melbourne, Port Melbourne & Albert Park

Diese drei wohlhabenden Viertel sind ein Tummelplatz von dinierenden Damen, AFL-Stars und Porsche fahrenden Schürzenjägern, die das Leben auf viktorianischen Prachtterrassen und in Apartments mit Buchtblick genießen. Die grüne und generell ruhige Gegend prunkt mit ein paar von Melbournes schönsten historischen Gebäuden (öffentlich oder privat genutzt). Ein belebter Markt, kultige Cafés und Designerläden mit sorgsam zusammengestellten Auslagen bescheren South Melbourne den stärksten Betrieb. Albert Park bietet Kultur in einem früheren Gaswerk. Und vom Station Pier in Port Melbourne schippern Fähren südwärts nach Tasmanien.

South Melbourne Market   MARKT

(Karte S. 220; ☎ 03-9209 6295; www.southmelbournemarket.com.au; Ecke Coventry & Cecil St, South Melbourne; ☺ Mi, Sa & So 8–16, Fr 8–17 Uhr; ☒ 12, 96) Der 1864 gegründete Markt ist eine lokale Institution. Im Gewirr der großartigen Stände gibt's von Bio-Lebensmitteln, Feinkost und Kunsthandwerk bis hin zu Hipster-Brillen alles Mögliche. Besonders berühmt sind die *dim sims* (australische Snacks nach chinesischem Vorbild), die hier seit 1949 serviert werden. Zudem warten einige stimmungsvolle Restaurants und eine Kochschule (Details s. Website) auf die Besucher. Im Sommer findet vor Ort auch noch ein belebter Nachtmarkt statt (Anfang Jan.–Ende Feb., Do abends).

Fitzroy & Umgebung

Fitzroy & Umgebung

Albert Park Lake SEE
(Karte S. 220; zw. Queens Rd, Fitzroy St, Aughtie Dr & Albert Rd; Albert Park; 🚊96) Elegante Trauerschwäne begrüßen die Leute, die zum Joggen, Radeln oder Spazierengehen auf dem 5 km langen Weg rund um den künstlichen See unterwegs sind. Der Lakeside Dr wurde in den 1950er-Jahren als Rennstrecke im internationalen Motorsport genutzt, seit 1996 dient die neu ausgebaute Strecke als Austragungsort des **Großen Preis von Australien** (📞1800 100 030; www.grandprix.com.au; Albert Park Lake, Albert Park; Tickets ab 55 AU$; ⊙ März). Am Stadtrand befindet sich das **Melbourne Sports & Aquatic Centre** (S. 231) mit einem olympischen Schwimmbad und einem Wellenbad, das bei Kids für viel Spaß sorgt.

⊙ South Yarra, Prahran & Windsor

★**Royal Botanic Gardens** GARTEN
(Karte S. 220; www.rbg.vic.gov.au; Birdwood Ave, South Yarra; ⊙7.30 Uhr–Sonnenuntergang; 🚌Tourist Shuttle, 🚊1, 3, 5, 6, 16, 64, 67, 72) GRATIS Der herrliche botanische Garten (38 ha) wirkt aus der Vogelperspektive wie eine riesige grüne Lunge mitten in der Stadt. Er verzeichnet jedes Jahr über 1,5 Mio. Besucher und gilt weltweit als eines der schönsten Beispiele für viktorianische Landschaftsgärtnerei. Endemische Pflanzen aus Australien spießen hier ebenso wie Gewächse aus aller Welt. Zwischen den weiten Rasenflächen verteilen sich zudem Mini-Ökosysteme wie ein Kräutergarten, ein einheimischer Regenwald oder ein Bereich mit Kakteen und Sukkulenten.

Shrine of Remembrance DENKMAL
(Karte S. 220; 📞03-9661 8100; www.shrine.org.au; Birdwood Ave, South Yarra; ⊙10–17 Uhr; 🚌Tourist Shuttle, 🚊3, 5, 6, 16, 64, 67, 72) GRATIS Das Melbourner Wahrzeichen erinnert eindrucksvoll an Victorias Gefallene im Ersten Weltkrieg. Zwischen 1928 und 1934 wurde das Denkmal größtenteils durch *susso labour* errichtet (Arbeitsbeschaffungsmaßnahmen während der Weltwirtschaftskrise; von engl. *sustenance* = Lebensunterhalt). Die nüchterne klassische Architektur lehnt sich an dem Mausoleum von Halikarnassos an, das zu den Sieben Weltwundern der Antike zählte. Der weite Panoramablick vom oberen Balkon fällt auf Melbournes Skyline und reicht bis hinauf zur Swanston St mit ihren vielen Straßenbahnen.

★**Justin Art House Museum** KUNSTGALERIE
(JAHM; Karte S. 234; 📞0411 158 967; www.jahm.com.au; Ecke Williams Rd & Lumley Ct, Prahran; Erw./Kind 25 AU$/frei; ⊙nach Vereinbarung; 🚊5, 6, 64) Das mit Zinkblech verkleidete Wohnhaus der Melbourner Kunstsammler Charles und Leah Justin wurde von deren Tochter Elisa entworfen. Der geometrische Bau dient gleichzeitig als Galerie: Bei Privatführungen (ca. 2 Std.; Reservierung erforderl.) präsentieren die Justins ihre facettenreiche Sammlung zeitgenössischer Kunst – in mehr als 40 Jahren haben sie über 250 Werke zusammengetragen. Ein Schwerpunkt der regelmäßig wechselnden Ausstellungen liegt auf Video- und Digitalkunst.

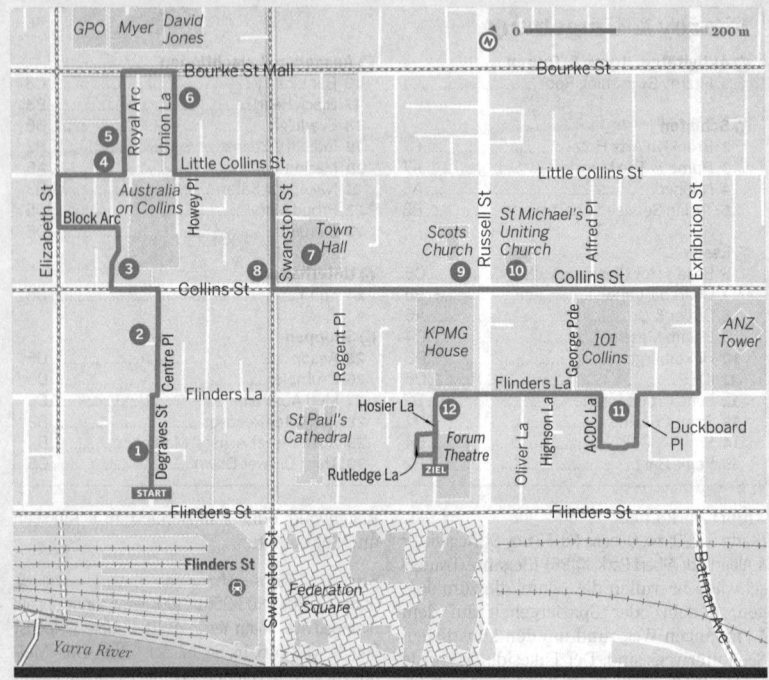

Stadtspaziergang
Passagen & Gassen

START DEGRAVES ST
ZIEL MOVIDA
LÄNGE/DAUER 3 KM; 2½ STD.

In Melbournes Zentrum wechseln sich Passagen aus dem 19. Jh. mit einem Gassengewirr ab, dessen einstige Schäbigkeit einem hippen Mix aus Street Art, Kellerrestaurants, Boutiquen und Bars gewichen ist.

Los geht's an der **1 Degraves Street**, einer ortstypischen Seitenstraße mit netten Läden und Cafés. Nordwärts über die Flinders Lane kommt man zum **2 Centre Place** mit weiteren Cafés und feiner Street Art.

Jetzt die Collins St überqueren und links in die **3 Block Arcade** von 1891 einbiegen: Diese Passage mit Stuckverzierungen und Mosaikböden ist der Galleria Vittorio Emanuele II. in Mailand nachempfunden. Nach einem Blick ins Schaufenster der Hopetoun Tea Rooms bummelt man weiter zum Passagenende.

Über die Elizabeth St und die Little Collins St zur Rechten bis zum Café **4 Chuckle Park** und in die ungemein prachtvolle **5 Royal Arcade**, deren Kuppel von Gog und Magog in voller Rüstung flankiert wird. Die Passage bis zur Bourke St Mall durchqueren, dann rechts abbiegen und man gelangt zur Street Art der **6 Union Lane**.

Wieder in der Little Collins St angekommen, geht es rechts in die Swanston St mit der **7 Melbourne Town Hall** und dem **8 Manchester Unity Building** von 1932. Anschließend stapft man links bergauf zum „Pariser Ende" der Collins St, vorbei an der gotischen **9 Scots Church** von 1873, Victorias ältester presbyterianischer Kirche, und der 1866 im Stil der lombardischen Romanik erbauten **10 St. Michael's Uniting Church**.

Über die Exhibition St und die Flinders Lane wird der **11 Duckboard Place** erreicht. In der dortigen Gasse wartet nochmals Street Art, bevor es um zwei Ecken in die AC/DC Lane hinein und zur Rock'n'Roll-Kaschemme Cherry geht.

Nun noch der Flinders Lane hinunter zu den Graffiti-Hotspots **12 Hosier Lane** (S. 218) und Rutledge Lane folgen, bevor es zum krönenden Abschluss im MoVida Tapas und Drinks gibt.

◉ St. Kilda

St. Kilda ist Melbournes leicht ramponierte Künstlerhochburg. Im hiesigen George Hotel (früher Crystal Ballroom) spielte der junge Nick Cave ein paar wunderbar chaotische Konzerte. Das Viertel wurde auch schon in zahllosen Liedern, Theaterstücken, Romanen, Fernsehserien und Filmen verewigt. Seit seiner Gründung als Ferienort an der Küste (19. Jh.) hat es viele verschiedene Rollen gespielt: jüdische Enklave nach dem Zweiten Weltkrieg, Rotlichtbezirk, Hochburg des Punkrocks und begehrtes Pflaster von Immobilieninvestoren. Ergebnis ist ein so komplexer wie hypnotischer Mix aus viktorianischen Gründerzeitvillen, flotten Apartments im spanisch-maurischen Stil, zwielichtigen Seitenstraßen, kosmopolitischen Weinbars, urigen Pubs, klapperigen Achterbahnen und nostalgischen Theatern.

St. Kilda Foreshore   STRAND

(Karte S. 236; Jacka Blvd, St. Kilda; ⬛ 3, 12, 16, 96) Trotz palmgesäumter Promenaden und goldfarbenen Sandes erinnert St. Kildas nette Strandatmosphäre eher ans englische Brighton als an Venice in L. A. Beim Fußmarsch zum Kiosk am Ende des **St. Kilda Pier** (Karte S. 236; Jacka Blvd, St. Kilda; ⬛ 3, 12, 16, 96) ist auch der Weg das Ziel: Der Pier begeistert mit Traumblick auf Melbournes Skyline.

Das **Port Phillip EcoCentre** (Karte S. 236; ☎ 03-9534 0670; www.ecocentre.com; 55a Blessington St, St. Kilda) ✈ veranstaltet im Sommer diverse geführte Touren, die z. B. Wildtiere in der Stadt oder die Erkundung der Küste zum Thema haben. Das Zentrum informiert zudem über die Kolonie von **Zwergpinguinen,** die den Wellenbrecher hinter dem Kiosk des Piers bewohnt.

Luna Park   VERGNÜGUNGSPARK

(Karte S. 236; ☎ 03-9525 5033; www.lunapark.com.au; 18 Lower Esplanade, St. Kilda; 1 Fahrgeschäft Erw./Kind 11/10 AU$, alle Fahrgeschäfte 50/40 AU$; ◷ Zeiten variieren ⬛ 3, 16, 96) Der 1912 eröffnete Luna Park hat die Atmosphäre eines altmodischen Vergnügungsparks. Schon beim Eintritt durch den weit geöffneten Rachen von Mr. Moon kann man sich so richtig gruseln. Es gibt eine denkmalgeschützte Achterbahn (die älteste noch funktionstüchtige weltweit), ein wunderschönes barockes Karussell mit handbemalten Pferden, Schwänen und Streitwagen und das ganze Sortiment schwindelerregender Fahrgeschäfte.

🏃 Aktivitäten

★ Kayak Melbourne   KAJAKFAHREN

(Karte S. 224; ☎ 0418 106 427; www.kayakmelbourne.com.au; Alexandra Gardens, Boathouse Dr, Southbank; Kajaktouren 82–110 AU$; ⬛ 11, 48) ✈ Bei der Tourvariante City Sights (90 Min.) paddelt man an Southbank vorbei zu den Docklands, während die Option River to Sky (2 Std.) den Eintritt zum Eureka Skydeck (S. 222) beinhaltet. Alternativ beginnt der Tag mit einem Sonnengruß beim Yoga Sunrise (2 Std.) oder endet mit einer Moonlight Tour (2½ Std.) ab den Docklands.

Fitzroy Swimming Pool   SCHWIMMEN

(Karte S. 228; ☎ 03-9205 5180; 160 Alexandra Pde, Fitzroy; Erw./Kind/Kind unter 5 Jahren 6,50/ 3,30 AU$/frei; ◷ Mo–Do 6–21, Fr 6–20, Sa & So 8–18 Uhr; ⬛ 11) In dem beliebten Freibad sonnen sich Melbourner auf dem Rasen oder auf den Zuschauertribünen. Kinder freuen sich über das Planschbecken.

Melbourne Sports & Aquatic Centre   SCHWIMMEN

(MSAC; Karte S. 220; ☎ 03-9926 1555; www.msac.com.au; Albert Rd, Albert Park; Erw./Kind ab 8,20/5,60 AU$; ◷ Mo–Fr 5.30–22, Sa & So 7–20 Uhr; ⬛ 96, 112) Melbournes größtes Schwimmzentrum am Ufer des Albert Park Lake (S. 229) war 2006 eine Sportstätte der Commonwealth Games. Es hat 50-m-Becken (drinnen & draußen), ein 25-m-Becken (drinnen), ein Wellenbad, Wasserrutschen, ein Spa (inkl. Sauna, Dampfbad), große Aufenthaltsbereiche und ein Betreuungsservice für Kinder.

Kite Republic   KITESURFEN

(Karte S. 236; ☎ 03-9537 0644; www.kiterepublic.com.au; St. Kilda Sea Baths, 4/10–18 Jacka Blvd, St. Kilda; Kurs 1 Std. 90 AU$; ◷ Mo–Fr 10–18 Uhr, ◷ Sa & So 10–17 Uhr; ⬛ 96) Bietet Kurse im Kitesurfen, Touren und Ausrüstung und ist auch eine gute Infoquelle. Im Winter werden Kiteski-Touren auf dem Mt. Hotham organisiert. Vermietet auch Bretter zum Stand Up Paddling und zum „SUP auf der Straße“.

Stand Up Paddle HQ   STAND UP PADDLING

(Karte S. 236; ☎ 0416 184 994; www.supb.com.au; St. Kilda Pier, St. Kilda; Leihbrett 30 AU$/Std., 1½-stündige Touren 99 AU$; ⬛ 96) SUP-Kurse, Leihbretter und Touren auf dem Yarra River.

👉 Geführte Touren

Melbourne Street Tours   STADTSPAZIERGANG

(☎ 03-9328 5556; www.melbournestreettours.com; Touren 69 AU$; ◷ Stadtzentrum Di, Do & Sa

Carlton & Umgebung

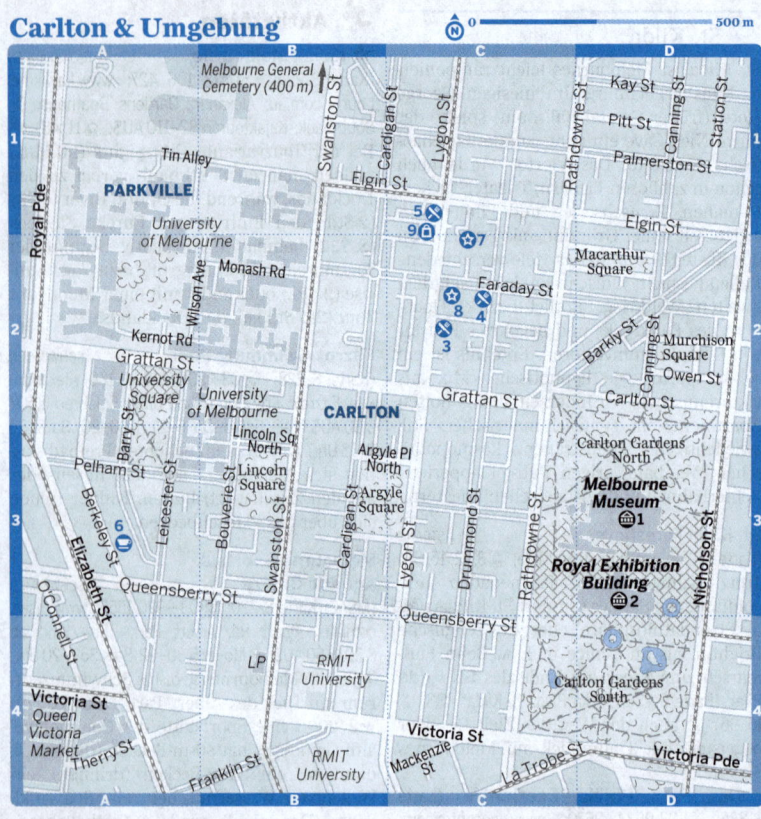

N 0 —————————————————————— 500 m

Carlton & Umgebung

13.30 Uhr, Fitzroy Sa 11 Uhr) Diese Stadtspaziergänge (3 Std.) besichtigen Street Art im Zentrum oder in Fitzroy. Da die Guides selbst Straßenkünstler sind, bekommen Teilnehmer gute Einblicke in diese Kunstform.

★ Rentabike   RADTOUR
(Karte S. 224; ☎ 0417 339 203; www.rentabike.net.au; Federation Wharf; Leihfahrrad pro Std./Tag 15/40 AU$, 4-stündige Touren inkl. Mittagessen Erw./Kind 110/79 AU$; ⊙ 10–17 Uhr; ⊟ Flinders St) ✎ Verleiht Fahrräder und veranstaltet die

Real Melbourne Bike Tours, bei denen mit kulinarischem Fokus die Stadt aus einheimischer Perspektive erkundet wird.

Melbourne By Foot   STADTSPAZIERGANG
(Karte S. 224; ☎ 1300 311 081; www.melbournebyfoot.com; Start jeweils am Federation Sq; Touren 40 AU$; ⊙ 13 Uhr; ⊟ Flinders St) Die sehr empfehlenswerten, entspannten Stadtspaziergänge (3 Std.; online reservieren) liefern viele Infos zu Melbournes Straßenkunst, Politikszene, Geschichte und Vielfalt. Für Bier-

fans gibt's eine spezielle Beer Lovers Tour (85 AU$).

Aboriginal Heritage Walk KULTUREXKURSION
(Karte S. 220; ☑ 03-9252 2429; www.rbg.vic.gov. au; Royal Botanic Gardens, Birdwood Ave, South Yarra; Erw./Kind 31/12 AU$; ⏱ So–Fr 11 Uhr; 🚌 3, 5, 6, 8, 16, 64, 67, 72) 🏃 Das Gelände der Royal Botanic Gardens war einst ein traditioneller Lager- und Versammlungsplatz der indigenen Kulin. Deren Geschichte (inkl. Traumpfade und Pflanzenkunde) beleuchten diese faszinierenden Touren (90 Min.), die am **Visitor Centre** (Karte S. 220; ☑ 03-9252 2429; www.rbg.vic.gov.au; Observatory Gate, South Yarra; ⏱ Mo–Fr 9–17, Sa & So 9.30–17 Uhr; 🚌 Tourist Shuttle, 🚌 3, 5, 6, 8, 16, 64, 67, 72) des Gartens starten.

✨ Feste & Events

Australian Open TENNIS
(www.australianopen.com; Melbourne Park, Olympic Blvd, Melbourne; ⏱ Jan) Die Größen des Tenniszirkus und gut gelaunte Zuschauermassen strömen herbei, wenn Australiens Grand-Slam-Turnier abgehalten wird.

AFL Grand Final AUSTRALIAN FOOTBALL
(www.afl.com.au; MCG, Brunton Ave, East Melbourne; ⏱ Sept.) Ein erfolgreicher Torschuss von der Grundlinie ist einfacher als das Ergattern von Tickets für das Grand Final, das meistens am letzten Samstag im September stattfindet. Das Endspielfieber lässt sich aber überall in Melbourne erleben (vor allem in den Pubs!).

Melbourne Cup PFERDERENNEN
(www.springracingcarnival.com.au; Flemington Racecourse; ⏱ Nov.) Der Spring Racing Carnival, dessen Höhepunkt die prestigeträchtige Melbourne Cup bildet, ist ein sportliches wie gesellschaftliches Ereignis. Der Cup findet am ersten Dienstag im November statt und ist in Melbourne ein Feiertag.

Melbourne Festival DARSTELLENDE KUNST
(www.melbournefestival.com.au; ⏱ Okt.) An verschiedenen Orten in der ganzen Stadt präsentiert das Festival Theater, Oper, Tanz, darstellende Kunst und Musik der anspruchsvollen Art. Die Künstler stammen aus Australien und aller Welt.

Melbourne International Film Festival KINO
(MIFF; www.miff.com.au; ⏱ Aug.) Das beliebte Kinofestival im tiefsten australischen Winter lockt scharenweise Filmfans in schwarzen T-Shirts an.

🛏 Schlafen

🛏 Stadtzentrum

Space Hotel HOSTEL $
(Karte S. 224; ☑ 03-9662 3888; www.spacehotel. com.au; 380 Russell St; B ab 37 AU$, Zi. mit/ohne Bad ab 100/89 AU$; ✳ 🛜; 🚇 Melbourne Central) Eines von Melbournes wenigen echten Nobel-Hostels: Das elegante Space balanciert auf der Grenze zwischen Herberge und Budgethotel. Die teureren Privatquartiere punkten mit iPod-Anschlüssen und Flachbildfernsehern, wobei die Doppelzimmer teils auch eigene Bäder und Balkone haben. Unter den praktischen Extras der Schlafsäle sind große abschließbare Spinde mit Sensorleuchten und Stromanschlüssen. Ein weiteres Highlight ist die Dachterrasse mit Whirlpool.

Home @ The Mansion HOSTEL $
(Karte S. 228; ☑ 03-9663 4212; www.homeatthe mansion.com; 80 Victoria Pde, East Melbourne; B/ Zi. ab 33/80 AU$; ✳ 🛜; 🚇 Parliament) Das Home @ The Mansion zählt zu den wenigen hiesigen Hostels mit echtem Charakter. Untergebracht ist es in einem früheren, burgartigem Heim der Heilsarmee mit zwei prachtvollen Treppenhäusern. Die insgesamt 92 Schlafsaalbetten werden durch ein paar Doppelzimmer ergänzt. Alle Quartiere überzeugen mit heller, fröhlicher Gestaltung und tollen hohen Decken. Es gibt zwei kleine Fernsehräume, eine sonnige Gästeküche und einen Vordergarten.

⭐ Treasury on Collins APARTMENTS $$
(Karte S. 224; ☑ 03-8535 8535; www.treasuryon collins.com.au; 394 Collins St; Apt. ab 198 AU$; ✳ 🛜; 🚋 11, 12, 48, 109) Das imposante, 1876 im neoklassizistischen Stil erbaute Gebäude beherbergte einst eine Filiale der Bank of Australia. Im Untergeschoss befindet sich heute eine eindrucksvolle Bar, deren unglaublich hohe Decke von goldgeränderten Säulen gestützt wird. Die dezent gestalteten Apartments wirken modern, schick und geräumig. Zu den prima Extras gehören z. B. Kaffee- und Waschmaschinen oder kostenloses Netflix.

⭐ QT Melbourne HOTEL $$$
(Karte S. 224; ☑ 03-8636 8800; www.qtmelbour ne.com.au; 133 Russell St; Zi. ab 350 AU$; ✳ 🛜; 🚋 86, 96) Eins von Melbournes neuesten, schrägsten und besten Boutiquehotels: Das QT empfängt Gäste mit Messingelementen und rauen Betonoberflächen. Die mit Stoff bezogenen Dekolampen der Aufzüge geben

MELBOURNE & VICTORIAS KÜSTE MELBOURNE

South Yarra, Prahran & Windsor

South Yarra, Prahran & Windsor

abwechselnd Housemusik und sinnfreie Sätze mit russischem Akzent von sich. Sehr attraktive Zimmer und eine großartige Dachterrasse mit vielen Topfpflanzen.

★ Ovolo Laneways BOUTIQUEHOTEL $$$
(Karte S. 224; ☑ 03-8692 0777; www.ovolohotels.com.au; 19 Little Bourke St; Zi. ab 219 AU$; ❋ @ ⬚; ⬚ Parliament) Das freundliche, spaßige Ovolo mixt Hipster-Chic mit einem kuriosen Business-Vibe. Unter den vielen kostenlosen Extras sind SB-Waschmaschinen, Minibars in allen Zimmern, eine tägliche Happy Hour im Untergeschoss und eine Nespresso-Maschine in der Lobby. Leider sind die Waschbecken sehr klein und unpraktisch.

Hotel Lindrum BOUTIQUEHOTEL $$$
(Karte S. 224; ☑ 03-9668 1111; www.hotellindrum.com.au; 26 Flinders St; Zi. ab 330 AU$; ❋ ⬚; ⬚ Parliament) Die ehemalige Snookerhalle des legendären, ungeschlagenen Walter Lindrum ist heute eines der attraktivsten Hotels der Stadt mit minimalistischen Farben, viel Stoff und sanfter Beleuchtung. Wer sich für ein Luxuszimmer entscheidet, bekommt entweder Bogen- oder Erkerfenster und einen herrlichen Blick auf Melbourne. Und natürlich steht hier auch ein Billardtisch, auf dem Lindrum selbst gespielt hat.

St. Jerome's The Hotel ZELTE $$$
(Karte S. 224; ☑ 0406 118 561; www.stjeromesthehotel.com.au; Melbourne Central, Dachterrasse, 3/300 Lonsdale St; Zelt 420–480 AU$; ⬚ Melbourne Central) In den Luxuszelten aus Leinwand warten jeweils ein Queensize- oder Doppelbett, abgefahrene Bettwäsche, Klimaanlagen mit Heizfunktion und ein Kühlschrank mit

kostenlosem Craft Beer und Cider. Gäste können zudem gratis die Zehn-Pin-Bowlingbahn im benachbarten Strike benutzen. Morgens gibt's einen Frühstückskorb plus Kaffee vom hauseigenen Barista. Rundum ein super Erlebnis – alles andere wäre bei solchen Preisen aber auch nicht akzeptabel.

Grand Hyatt Melbourne HOTEL $$$
(Karte S. 224; ☑ 03-9657 1234; www.melbourne.grand.hyatt.com; 123 Collins St; Zi. ab 445 AU$; ❋ @ ⬚ ⬚; ⬚ Flinders St) Das berühmte Fünfsterne-Hotel an der Collins St wird seinem Namen mit entsprechend viel Pracht gerecht. Die mehr als 500 Zimmer haben Marmorbäder, professionelle Arbeitsplätze und deckenhohe Fenster, durch die man auf die City, den Yarra River oder den MCG schaut.

⊨ Southbank & Docklands

Hilton Melbourne South Wharf HOTEL $$
(Karte S. 220; ☑ 03-9027 2000; www.hiltonmelbourne.com.au; 2 Convention Centre Pl, South Wharf; Zi. ab 200 AU$; ⬚ ❋ ⬚; ⬚ 35, 70, 75) Poliertes Holz und Naturfasern verleihen diesem Luxushotel eine urige Atmosphäre. Die riesigen Suiten bieten teils eine herrliche Aussicht auf den Fluss. Die Hausgalerie zeigt indigene Kunst. Alle Kunstwerke im Empfangsbereich stehen zum Verkauf – bis auf das gigantische Stück über der Rezeption, das aus Topfschwämmen zu bestehen scheint.

Crown Towers HOTEL $$$
(Karte S. 224; ☑ 03-9292 6868; www.crownhotels.com.au/crown-towers-melbourne; 8 Whiteman St, Southbank; Zi. ab 338 AU$; ⬚ ⬚ ⬚; ⬚ 55) Das riesige Hotel ist die nobelste Bleibe in

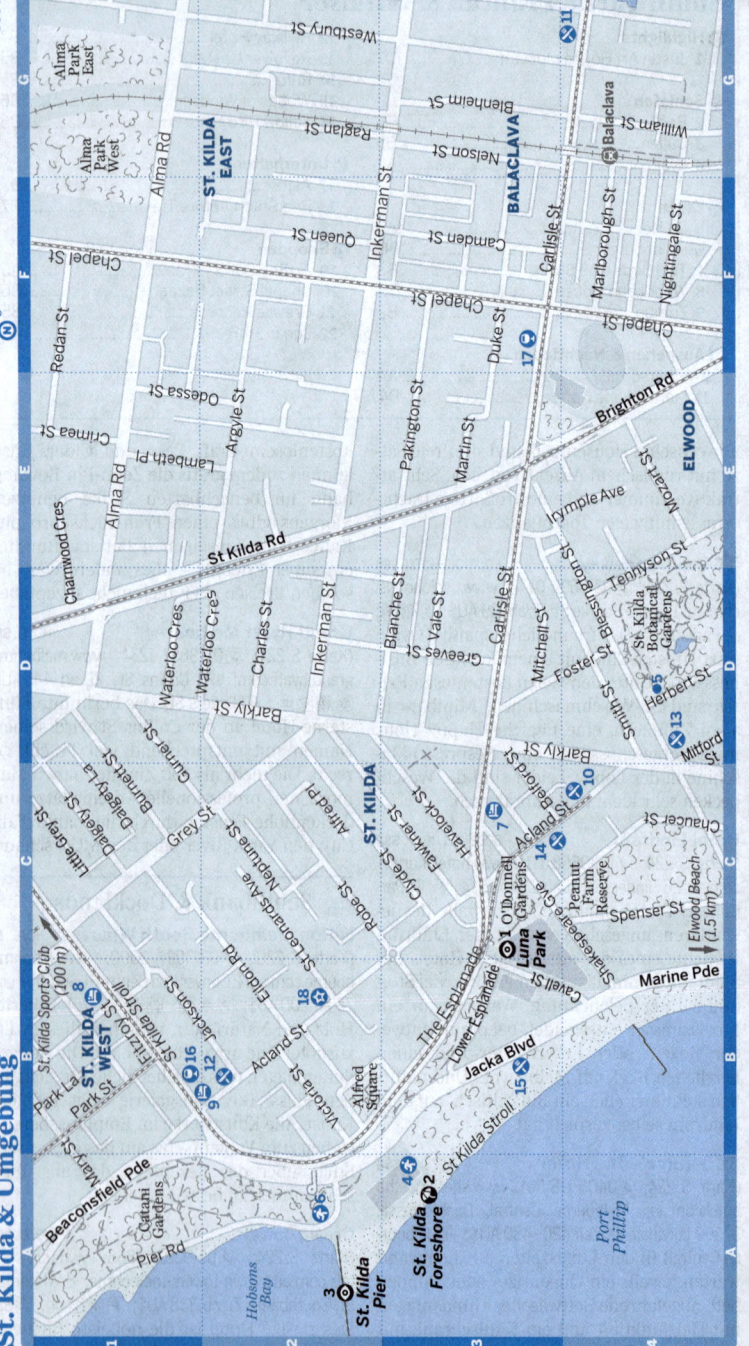

St. Kilda & Umgebung

500 m

Alma Park East
Alma Park West
Alma Rd
ST. KILDA EAST
Westbury St
Blenheim St
Raglan St
Nelson St
BALACLAVA
Balaclava
William St
Marlborough St
Nightingale St
Carlisle St
Chapel St
Redan St
Odessa St
Crimea St
Crimea St
Argyle St
Lambeth Pl
Inkerman St
Camden St
Queen St
Chapel St
Chapel St
Duke St
17
Pakington St
Martin St
Brighton Rd
ELWOOD
Irymple Ave
Mozart St
Charnwood Cres
Alma Rd
St Kilda Rd
Blanche St
Vale St
Carlisle St
Tennyson St
St Kilda Botanical Gardens
Waterloo Cres
Charles St
Inkerman St
Greeves St
Mitchell St
Foster St
Blessington St
Smith St
Herbert St
15
Waterloo Cres
Barkly St
Barkly St
13
Mitford St
Dalgety St
Gurner St
Burnett St
Grey St
Alfred Pl
Fawkner St
Havelock St
ST. KILDA
Blessington St
Chaucer St
Elwood Beach (1.5 km)
Little Grey St
Dalgety St
Grey St
Neptune St
Robe St
Clyde St
Acland St
10
7
14
Peanut Farm Reserve
Spenser St
St Leonards Ave
Eildon Rd
O'Donnell Gardens
1
Luna Park
Shakespeare Gr
Cavell St
Marine Pde
St Kilda Sports Club (100 m)
8
ST. KILDA WEST
Fitzroy St
Jackson St
18
Acland St
The Esplanade
Lower Esplanade
Park La
Park St
Mary St
16
12
9
Victoria St
Alfred Square
Jacka Blvd
15
Beaconsfield Pde
Catani Gardens
Pier Rd
6
4
2
St Kilda Foreshore
St Kilda Stroll
Port Phillip
Hobsons Bay
3
St. Kilda Pier
11
N

St. Kilda & Umgebung

den Crown Towers. Die glamouröse Protzigkeit der Rezeption steht in direktem Kontrast zur dezenten Eleganz der Zimmer, die in vielen Fällen mit traumhafter Aussicht aufwarten. Die großen Bäder verfügen über separate Badewannen und Duschkabinen. An die begehbaren Kleiderschränke könnte man sich leicht gewöhnen.

Fitzroy, Collingwood & Abbotsford

★**Nunnery** HOSTEL $
(Karte S. 228; ☑1800 032 635; www.nunnery. com.au; 116 Nicholson St, Fitzroy; B/EZ/DZ ab 34/ 95/120 AU$; @☎; 🚼96) Das 1888 erbaute Nunnery verströmt mit den großen Treppenhäusern und vielen originalen Klosterdetails viel Atmosphäre. An den Wänden hängt christliche Kunst und es gibt prächtige Buntglasfenster. Toll sind die großen, komfortablen Lounges und Gemeinschaftsbereiche. Direkt neben dem Haupthaus steht das Nunnery Guesthouse mit größeren Zimmern in privatem Rahmen (ab 130 AU$). Das Anwesen ist sehr beliebt – also rechtzeitig buchen! Alle Preise sind inklusive Frühstück.

★**Tyrian Serviced Apartments** APARTMENTS $$
(Karte S. 228; ☑03-9415 1900; www.tyrian.com. au; 91 Johnston St, Fitzroy; Apt. ab 188 AU$; P☀ ☎; 🚼11) Die geräumigen und modernen Apartments für Selbstversorger versprühen einen gewissen Promi-Vibe à la Fitzroy. Große Couchs, Flachbildfernseher, Balkone, europäische Waschmaschinen, Gratis-WLAN und kostenloses Parken machen sie umso

reizvoller. Zudem gibt's in unmittelbarer Nähe viele Restaurants und Bars. Die Zimmer an der Johnston St bekommen aber mitunter viel Straßenlärm ab.

Brooklyn Arts Hotel B&B $$
(Karte S. 228; ☑03-9419 9328; www.brooklynarts hotel.com.au; 48–50 George St, Fitzroy; EZ/DZ inkl. Frühstück ab 115/155 AU$; ☎; 🚼86) Das charaktervolle B&B in einem schmucken Reihenhaus gehört der Filmemacherin und Künstlerin Maggie Fooke. Die sieben sauberen Quartiere in verschiedenen Größen sind kurios, farbenfroh und attraktiv eingerichtet. Am besten sind die geräumigen Obergeschosszimmer (ab 220 AU$) mit hohen Decken und Balkonen. Beim europäischen Frühstück mit Sauerteigbrot und selbst gemachter Marmelade geht's oft sehr gesellig zu.

South Melbourne, Port Melbourne & Albert Park

★**Coppersmith** BOUTIQUEHOTEL $$
(Karte S. 220; ☑03-8696 7777; http://copper smithhotel.com.au; 435 Clarendon St, South Melbourne; Zi. ab 230 AU$; ☀☎; 🚼12) Das moderne Coppersmith mit seiner dezenten Eleganz bezeichnet sich zu Recht als Boutiquehotel. Die 15 Zimmer verführen Gäste mit Pastelltönen, Designermöbeln, himmlischen Betten und großartigen Wolldecken, einer Nespresso-Maschine, einem Schreibtisch, Gratis-WLAN und Kabelfernsehen mit Aufnahmemöglichkeit. Zu den Hoteleinrichtungen gehören eine fesche Bistro-Bar mit regionaler Küche und eine Dachterrasse mit Aussicht auf die Skyline.

🛏 South Yarra, Prahran & Windsor

Back of Chapel
HOSTEL $

(Karte S. 234; 📞 03-9521 5338; www.backofcha
pel.com; 50 Green St, Windsor; inkl. Frühstück B
32–36 AU$, DZ 80 AU$; ⏱ Rezeption 8.30–17 Uhr;
@🛜; 🚌6, 78, 🚆Windsor) Buchstäblich 20
Schritte vom cooleren Ende der Chapel St
entfernt ist dieses günstige, saubere und
ruhige Hostel in einer alten viktorianischen
Häuserreihe untergebracht. Neben Schlafsälen mit vier oder sechs Betten gibt's auch
private Doppel-, Zweibett- und Dreibettzimmer. Zu den Einrichtungen gehören eine
Gemeinschaftsküche, eine Grillterrasse und
Münzwaschmaschinen. Besonders beliebt
bei Work-&-Travel-Leuten.

Cullen
BOUTIQUEHOTEL $$

(Karte S. 234; 📞 03-9098 1555; www.artseriesho
tels.com.au/cullen; 164 Commercial Rd, Prahran; Zi.
ab 209 AU$; ❄@🛜; 🚌72, 78, 79, 🚆Prahran) Das
Boutiquehotel ist geprägt von der lebendigen
und oft plakativen Grunge-Kunst des verstor-
benen Adam Cullen. So „schießt" hier z. B.
Ned Kelly von den getönten Trennwänden
zwischen den Bädern und Schlafzimmern auf
Gäste. Die stilvollen und komfortablen Zim-
mer haben praktische Kochecken. Die Stan-
dard-Wohnstudios sind jedoch recht klein.
Die beste Aussicht bietet sich ab dem vierten
Stock aufwärts auf die Nord- und Westseite.

Lyall
BOUTIQUEHOTEL $$$

(Karte S. 234; 📞 03-9868 8222, 1800 338 234;
www.thelyall.com; 16 Murphy St, South Yarra; Zi. ab
255 AU$; ❄🛜; 🚌8, 🚆South Yarra) Gleich ab-
seits der Toorak Rd ist hier Lebensgenuss
angesagt: Das Lyall wartet mit einem Spa,
einer Champagnerbar und Originalkunst
des in Frankreich geborenen Thierry B. auf.
Sogar die Kissen können selbst gewählt werden („Pillow Menu"). Die vornehmen, wenn
auch leicht abgewohnten Suiten ziert ein
verführerischer Mix aus Shantungseide, Taft,
Wildleder, Samt und Brokatstoffen. Zu den
Stammgästen zählt z. B. die aus Melbourne
stammende Sängerin Olivia Newton-John.

🛏 St. Kilda

⭐ Base
HOSTEL $

(Karte S. 236; 📞 03-8598 6200; www.stayatbase.
com; 17 Carlisle St, St. Kilda; B/DZ ab 34/145 AU$;
P❄@🛜; 🚌3, 16, 96) Das gut geführte Base
vermietet schicke Doppelzimmer und flotte
Schlafsäle mit eigenen Bädern. Das Frauen-

stockwerk beglückt Damen mit Haarglät-
tern und Pauschalangeboten inklusive
Schampus. Für Unterhaltung sorgen eine
Bar und abendliche Livemusik.

Prince
HOTEL $$

(Karte S. 236; 📞 03-9536 1111; www.theprince.
com.au; 2 Acland St, St. Kilda; Zi. ab 175 AU$; P❄
🛜🏊; 🚌3, 12, 16, 96) Eine ungewöhnliche Lob-
by à la David Lynch verleiht dem beliebten
Hotel sexy Eleganz. Die minimalistischen
Zimmer sind schick, aber etwas abgenutzt.
Im selben Gebäude befinden sich der popu-
läre Prince Bandroom (S. 250; Achtung:
am Wochenende wird's laut!) und das **Auro-
ra Spa Retreat** (Karte S. 236; 📞 03-9536 1130;
www.auroraspatreat.com; 2 Acland St, St. Kilda;
Massagen 175 AU$/Std.; ⏱ Mo, Di, Do & Fr 10–18, Mi
11.30–19.30, Sa 9–17.30, So 10–15 Uhr; 🚌3, 12, 16,
96). Der unbeheizte Hotelpool gehört zum
Bereich für Privatveranstaltungen und steht
daher nicht immer zur Verfügung.

Hotel Tolarno
HOTEL $$

(Karte S. 236; 📞 03-9537 0200; www.tolarnoho
tel.com.au; 42 Fitzroy St, St. Kilda; EZ/DZ/Suite ab
109/119/169 AU$; ❄🛜; 🚌3, 12, 16, 96) Das To-
larno beherbergte einst die gleichnamige,
bahnbrechende Galerie des Kunsthändlers
Georges Mora. Die individuell gestalteten
Zimmer punkten mit vielfältiger Einrichtung, guten Betten, Gratis-WLAN, Nespresso-Maschinen und kühner Kunst in strah-
lenden Farben. Die vorderen Quartiere
leiden mitunter etwas unter Straßenlärm,
haben dafür aber Balkone und riesige Fenster mit Blick auf die Fitzroy St.

🍴 Essen

🍴 Stadtzentrum

⭐ Hakata Gensuke
RAMEN $

(Karte S. 224; 📞 03-9663 6342; www.gensuke.
com.au; 168 Russell St; Hauptgerichte 13–14 AU$;
⏱ Mo–Fr 11.30–14.45 & 17–21.30, Sa & So 12–21.30
Uhr; 🚆Parliament) Das Gensuke zählt zu jenen Lokalen, die nur eine einzige, dafür aber
außergewöhnlich gute Spezialität servieren.
In diesem Fall sind das Ramen-Nudeln in
tonkotsu (Schweinefleischbrühe). Zur Auswahl stehen drei Grundvarianten: nach Art
des Hauses, mit Sesam („black") oder pikant
(„God Fire"). Dazu gibt's separat zu bestel-
lende Beilagen (mariniertes *cha-shu*-Schwei-
nefleisch, Eier, Seetang, Mu-Err-Pilze). Die
Schlange vor der Tür ist stets lang, doch das
Warten lohnt sich.

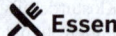

MELBOURNE & VICTORIAS KÜSTE MELBOURNE

★ Supernormal
ASIATISCH **$$**

(Karte S. 224; ☑03-9650 8688; www.supernor mal.net.au; 180 Flinders Lane; Gerichte 16–39 AU$; ⊘11–23 Uhr; ⓡFlinders St) Beim Zubereiten seiner kreativen Gerichte aus ganz Asien (z. B. Klöße, rohes Seafood, langsam gegartes Sichuan-Lamm) profitiert Küchenchef Andrew McConnell von seiner langjährigen Berufserfahrung in Shanghai und Hongkong. Wer nicht vor Ort speisen will bzw. kann, sollte sich wenigstens eins der berühmten Hummerbrötchen à la Neuengland zum Mitnehmen holen. Keine Reservierungen: abends so früh wie möglich auf der Liste eintragen lassen!

★ Chin Chin
SÜDOSTASIATISCH **$$**

(Karte S. 224; ☑03-8663 2000; www.chinchinrestaurant.com.au; 125 Flinders Lane; Hauptgerichte 20–39 AU$; ⊘11 Uhr–open end; ⓡFlinders St) Das schicke Chin Chin in einem aufgemotzten alten Lagerhaus ist aus gutem Grund ungemein beliebt: In authentischem New Yorker Ambiente gibt's Platten mit leckerem, südostasiatischem Street Food. Reservierungen sind nicht möglich; auf einen freien Tisch wartet man am besten in der unten befindlichen **Go Go Bar**.

Mamasita
MEXIKANISCH **$$**

(Karte S. 224; ☑03-9650 3821; www.mamasita. com.au; 11 Collins St, 1. Stock; Tacos/Quesadillas 7/15 AU$, Gemeinschaftsteller 24–27 AU$; ⊘So-Mi 17–23, Do-Sa 12–24 Uhr; ⓡParliament) Das Mamasita entfachte einst Melbournes Begeisterung für authentisches mexikanisches Street Food und gehört hier immer noch zu den besten Restaurants seiner Art. Als Appetizer empfehlen sich die legendären Maiskolben vom Holzkohlegrill mit Käse und Chipotle-Mayonnaise. Zur Auswahl stehen auch viele tolle Tacos mit Maistortillas und zahllose Tequilasorten. Abends keine Reservierungen – dann ist mit Wartezeit zu rechnen!

MoVida
TAPAS **$$**

(Karte S. 224; ☑03-9663 3038; www.movida. com.au; 1 Hosier Lane; Tapas 4–8 AU$, Raciones 16–34 AU$; ⊘12 Uhr–open end; ⓡFlinders St) Mehr „typisch Melbourne" geht wohl nicht: An der Hosier Lane mit ihren vielen Graffitis werden hervorragende Tapas und *raciones* im spanischen Stil serviert. Besucher ohne Reservierung können sich an kleine Fenstertische oder an den Bartresen stellen. Das tatsächlich direkt benachbarte MoVida Next Door eignet sich perfekt für Bier und Tapas vor dem Start ins Nachtleben.

Flower Drum
CHINESISCH **$$**

(Karte S. 224; ☑03-9662 3655; www.flowerdrum. melbourne; 17 Market Lane, 1. Stock; Hauptgerichte 18–40 AU$; ⊘Mo–Sa 12–15 & 18–23, So 18–22.30 Uhr; ☎; ⓡParliament) Das 1975 gegründete Flower Drum ist bis heute das renommierteste Chinerestaurant der Stadt. Dunkles Holz, Lackarbeiten und gestärkte weiße Leinentischtücher schaffen eine zauberhaft altmodische Atmosphäre. Schlichte Raffinesse prägt die kantonesischen Köstlichkeiten auf der täglich wechselnden Karte. Erstklassiger Service und elegantes Ambiente.

HuTong Dumpling Bar
CHINESISCH **$$**

(Karte S. 224; ☑03-9650 8128; www.hutong. com.au; 14–16 Market Lane; Hauptgerichte 14–31 AU$; ⊘11.30–15 & 17.30–22.30 Uhr; ⓡParliament) Das HuTong tischt göttliches *xiao long bao* auf. Was bedeutet: Es ist ziemlich schwierig, mittags auf einem der drei Stockwerke einen freien Tisch zu ergattern. Im Erdgeschoss kann man die Zubereitung der leckeren Klöße beobachten – hoffentlich bekommen die Köche aber umgekehrt nichts von der Sauerei beim Essen mit!

★ Lee Ho Fook
CHINESISCH **$$$**

(Karte S. 224; ☑03-9077 6261; www.leehofook. com.au; 11–15 Duckboard Pl; Hauptgerichte 32–42 AU$; ⊘Mo–Fr 12–14.30 & 18–23, Sa & So 18–23 Uhr; ⓡParliament) Das Paradebeispiel für moderne chinesische Küche befindet sich in einem alten Backsteinlagerhaus am Ende einer berühmt-berüchtigten Gasse. Unter den ungewöhnlich aromatischen Spezialitäten des Hauses sind z. B. knusperige Auberginen mit Rotweinessig, krosse Brathähnchen, Wagyu-Rindfleisch mit Lakritze oder Reis mit Krabben, Jakobsmuscheln und selbstgemachter XO-Sauce. Spitzenmäßiger Service.

Cumulus Inc
MODERN-AUSTRALISCH **$$$**

(Karte S. 224; ☑03-9650 1445; www.cumulusinc. com.au; 45 Flinders Lane; Frühstück 14–18 AU$, Hauptgerichte 36–44 AU$; ⊘7–23 Uhr; ⓡParliament) Das belebte Lokal mit zwangloser Atmosphäre legt den Schwerpunkt auf schlichte, aber sehr appetitliche und kunstvolle Gerichte. Diese lassen sich an einem langen Marmortresen und an kleinen runden Tischen verzehren. Abends können nur Gruppen reservieren – man muss dann mit Wartezeit rechnen. Im Obergeschoss befindet sich die Weinbar Cumulus Up.

Longrain
THAI **$$$**

(Karte S. 224; ☑03-9671 3151; www.longrain.com; 44 Little Bourke St; Hauptgerichte 30–40 AU$;

⊙ Mo–Do 18–22, Fr 12–15 & 17.30 Uhr–open end, Sa & So 17.30 Uhr–open end; 🚇 Parliament) Wer die innovative Thaiküche vom Longrain genießen will, muss entweder früh erscheinen oder mit langer Wartezeit rechnen. Diese lässt sich am besten entspannt mit einem Drink überbrücken (so die Empfehlung des Lokals). Die Gemeinschaftstische sind nicht gerade ideal für ein romantisches Dinner, aber super, um auf die Teller anderer Gäste zu gucken. Die Gerichte sind jeweils für mehrere Personen gedacht. Empfehlenswert sind z. B. die Eiernudelnetze mit Schweinefleisch und Garnelen, die hervorragenden Optionen mit Seafood oder das Kokos-Sorbet.

Vue de Monde   MODERN-AUSTRALISCH $$$
(Karte S. 224; ☎ 03-9691 3888; www.vuedemonde.com.au; 525 Collins St, Rialto Tower, 55. Stock; Festpreismenüs 230–275 AU$; ⊙ Mo–Mi 18–23, Do–So 12–14 & 18–23 Uhr; 🚇 Southern Cross) Melbournes beliebtestes Restaurant für besondere Anlässe befindet sich auf der alten Aussichtsplattform der Rialto Towers. Der weite Blick auf die Welt passt perfekt zu den legendären Gerichten. Küchenchef Shannon Bennett kreiert raffinierte Probiermenüs aus Australiens besten Zutaten (wenn er nicht gerade für *MasterChef* vor der Kamera steht). Ohne frühzeitige Reservierung – d. h., mehrere Monate im Voraus! – geht hier gar nichts.

Grossi Florentino   ITALIENISCH $$$
(Karte S. 224; ☎ 03-9662 1811; www.grossiflorentino.com; 80 Bourke St, 1. Stock; 2-gängige Mittagsmenüs 65 AU$, 3-gängige Abendmenüs 140 AU$; ⊙ Mo–Fr 12–14.30 & 18 Uhr–open end, Sa 18 Uhr–open end; 🚇 Parliament) Opulenter Stuck mit Blattgold, Kronleuchter und Wandbilder aus den 1930er-Jahren im Stil der florentinischen Renaissance verleihen dem italienischen Spitzenrestaurant ein ideales Ambiente für besondere Anlässe. Zu den dekadenten Festpreismenüs gibt's exquisite Canapés und leckeres Brot. Der Service ist vom Feinsten. Die Grill und Cellar Bar im Untergeschoss serviert vergleichsweise günstigere Gerichte.

✗ Southbank & Docklands

Das **Crown** (Karte S. 220; ☎ 03-9292 8888; www.crownmelbourne.com.au; 8 Whiteman St, Southbank; 🚌 12, 55, 96, 109) lockt erfolgreich Gäste in sein Hotelcasino, indem es mehrere glamouröse Uferrestaurants von ein paar der berühmtesten Gastronomen Australiens leiten lässt. Preise und Qualität sind gleichermaßen hoch – was durchaus nicht für alle Lokale an dieser Touristenmeile gilt. Am South Wharf gibt's ebenfalls einige interessante Optionen direkt am Flussufer.

★ Spice Temple   CHINESISCH $$$
(Karte S. 224; ☎ 03-8679 1888; www.rockpool.com; Crown, Yarra Promenade, Southbank; Hauptgerichte 15–52 AU$; ⊙ Mo–Mi 18–23, Do–So 12–15 & 18–23 Uhr; ✗; 🚌 55) Wenn er nicht gerade im benachbarten **Rockpool** (Karte S. 224; ☎ 03-8648 1900; www.rockpool.com; Crown, Yarra Promenade, Southbank; Hauptgerichte 35–70 AU$; ⊙ So–Fr 12–14.30 & 18–23, Sa 18–23 Uhr; 🚌 55) oder in einem seiner Restaurants in Sydney kocht, ehrt der bekannte Küchenchef Neil Perry die Küche Zentralchinas in diesem großartigen Uferrestaurant. Tagsüber kann man sich bei Aussicht auf den Fluss an einem Yum-Cha-Bankett (49 AU$) laben. Abends empfiehlt sich das Untergeschoss mit stimmungsvollem Schummerlicht.

✗ Richmond

Minamishima   JAPANISCH $$$
(Karte S. 220; ☎ 03-9429 5180; www.minamishima.com.au; 4 Lord St, Richmond; Sushi 150 AU$/Pers.; ⊙ Di–Sa 18–22 Uhr; 🚌 48, 75) An einer Seitengasse wartet hier das wohl einzigartigste japanische Esserlebnis auf dieser Seite des Äquators: Sushimeister Koichi Minamishima bereitet Seafood mit chirurgischer Präzision zu und verköstigt damit stückweise seine staunenden Gäste am Tresen. Die wenigen Sitzplätze sind begehrt – rechtzeitig reservieren.

✗ Fitzroy & Collingwood

★ Lune Croissanterie   BÄCKEREI $
(Karte S. 228; www.lunecroissanterie.com; 119 Rose St, Fitzroy; Backwaren 5,50–12,50 AU$; ⊙ Mo, Do & Fr 7.30–15, Sa & So 8–15 Uhr; 🚌 11) Die langen Warteschlangen wirken eventuell abschreckend, doch Geduld wird hier reich belohnt – nämlich mit superleckeren Backwaren (z. B. Cruffins mit Zitronenquarkfüllung, klassische Mandelcroissants). Die Köstlichkeiten kommen aus einem klimatisierten Glaswürfel namens Lune Lab, der in der Mitte einer früheren Lagerhalle steht.

★ Smith & Deli   FEINKOST, VEGAN $
(Karte S. 228; ☎ 03-9042 4117; www.smithanddaughters.com; 111 Moor St, Fitzroy; Sandwiches 10–15 AU$; ⊙ Di–Sa 8–18 Uhr; ✗; 🚌 11) Der kleine Feinkostladen mit veganem Touch und Essen zum Mitnehmen versprüht den

Charme eines New Yorker Delis aus den 1950er-Jahren. Die selbst gemachten Fleischimitationen sind so täuschend echt, dass sie sogar schon einige passionierte Fleischfans überzeugt haben sollen. Die Sandwiches werden stets frisch und individuell mit allen klassischen Zutaten belegt. Empfehlenswert sind z. B. die Variante Rubenstein ("Pastrami", Sauerkraut, eingelegtes Gemüse) und die Club Sandwiches Not Seals.

★ Gelato Messina
EISCREME **$**

(Karte S. 228; www.gelatomessina.com; 237 Smith St, Fitzroy; Eiskugel 4,80 AU$; ☺ So–Do 12–23, Fr & Sa 12–23.30 Uhr; 🚇 86) Das Messina wird als Melbournes beste Eisdiele gehypt und ist ungemein beliebt – was sich im Sommer an langen Warteschlangen zeigt. Unter den leckeren Eissorten sind z. B. Mango mit gesalzenem Kokosmark, Feige (in Marsalawein pochiert) oder Sorbet mit Blutorangen-Aroma. Durch Innenfenster kann man den Eiskünstlern bei der Arbeit zuschauen.

Huxtaburger
BURGER **$**

(Karte S. 228; ☎ 03-9417 6328; www.huxtaburger. com.au; 106 Smith St, Collingwood; Burger 10–14,50 AU$; ☺ So–Do 11.30–22, Fr & Sa 11.30–23 Uhr; 🚇 86) Der Burgerschuppen im US-Stil punktet mit altmodischen Servierschüsseln voller Wellenpommes (am besten mit pikanten Chipotle-Salz), leckeren Burgern in glasierten Plunderteigbrötchen (alternativ vegetarisch erhältlich) und Craft Beer ausder Flasche. Auch im **Stadtzentrum** (Karte S. 224; www. huxtaburger.com.au; Fulham Pl; Burger 7–14 AU$; ☺ 11.30–22 Uhr; 🚉 Flinders St) und in **Prahran** (Karte S. 234; www.huxtaburger.com.au; 203 High St, Prahran; Burger ab 10 AU$; ☺ So–Do 11.30–22, Fr & Sa 11.30–23 Uhr; 🚇 6, 78, 🚉 Prahran) vertreten.

Charcoal Lane
MODERN-AUSTRALISCH **$$**

(Karte S. 228; ☎ 03-9418 3400; www.charcoalla ne.com.au; 136 Gertrude St, Fitzroy; Hauptgerichte 19–31 AU$; ☺ Di–Sa 12–15 & 18–21 Uhr; 🚇 86) 🖋 Das Ausbildungsrestaurant für indigene und sozial benachteiligte Jugendliche befindet sich in einem alten Bankgebäude aus Blaustein. Das Lokal zählt zu den besten Adressen für australische Küche aus heimischen Zutaten (z. B. scharf angebratenes Emufilet mit Zitronenmyrten-Risotto oder Crème brûlée mit Akaziensamen). Für den Anfang empfiehlt sich die Probierplatte für zwei (30 AU$). Am Wochenende besser reservieren.

Belle's Hot Chicken
US-AMERIKANISCH **$$**

(Karte S. 228; ☎ 03-9077 0788; http://belleshot chicken.com; 150 Gertrude St, Fitzroy; Brathähn-chen inkl. 1 Beilage ab 17 AU$; ☺ So–Do 12–22, Fr & Sa 12–23 Uhr; 🚇 86) Bei einer Weiterbildung in den USA hatte Küchenchef Morgan McGlone eine revolutionäre Idee. Diese setzte er nach seiner Rückkehr nach Australien um, indem er Brathähnchen à la Nashville mit Bio-Wein kombinierte. Das leckere Ergebnis gibt's als Brustfilets, Sticks oder Wings mit Schärfegrad nach Wahl (Achtung: "Really F**kin Hot" ist wirklich mörderisch!).

Vegie Bar
VEGETARISCH **$$**

(Karte S. 228; ☎ 03-9417 6935; www.vegiebar. com.au; 380 Brunswick St, Fitzroy; Hauptgerichte 13–18 AU$; ☺ So–Do 11–22, Fr & Sa 11–22.30 Uhr; 🖥🖋; 🚇 11) Der geräumige und nach wie vor empfehlenswerte Oldtimer hat in 20 Jahren zahllose Melbourner Vegetarier verköstigt. In einer umgebauten Lagerhalle serviert er einfallsreiche Köstlichkeiten in üppigen Portionen (z. B. dünnkrustige Pizzas, Salate, Burger, Currys). Hinzu kommen tolle Smoothies, frischgepresste Säfte, eine eindrucksvolle Rohkostauswahl und viele vegane Optionen.

★ Cutler & Co
MODERN-AUSTRALISCH **$$$**

(Karte S. 228; ☎ 03-9419 4888; www.cutlerandco. com.au; 55 Gertrude St, Fitzroy; Hauptgerichte 36–48 AU$; ☺ Di–So 18 Uhr–open end, So auch mittags ab 12 Uhr; 🚇 86) Andrew McConnells Melbourner Vorzeigelokal hat sich schnell zu einem der angesagtesten Spitzenrestaurants der Stadt gemausert. Angesichts des zuvorkommenden, professionellen Personals und der großartigen Küche ist der Hype wirklich gerechtfertigt. Die Gerichte à la carte bestehen aus erstklassigen saisonalen Zutaten. Gleiches gilt für die Probiermenüs (ab 150 AU$) und das Mittagessen am Sonntag, bei dem Gemeinschaftsteller in zwangloser Atmosphäre aufgetischt werden.

Saint Crispin
MODERN-AUSTRALISCH **$$$**

(Karte S. 228; ☎ 03-9419 2202; www.saintcrispin. com.au; 300 Smith St, Collingwood; 2/3 Gänge 50/65 AU$; ☺ Di–Do 18 Uhr–open end, Fr–So 12 Uhr–open end; 🚇 86) Stilvolle Einrichtung, helle Räumlichkeiten, reibungsloser Service und exzellentes Essen – das Crispin ist eines der besten Spitzenrestaurants im Stadtzentrum. Gäste können zwischen zwei oder drei Gängen und dem Probiermenü des Küchenchefs (ab 100 AU$) wählen. Die beiden Inhaber haben früher eine Zeit lang gemeinsam im Londoner Michelin-Sterne-Restaurant The Square gearbeitet.

Ides

MODERN-AUSTRALISCH $$$

(Karte S. 228; ☎ 03-9939 9542; www.idesmel bourne.com.au; 92 Smith St, Collingwood; 6-gängiges Probiermenü 110 AU$; ⏰ Mi–So ab 18 Uhr; 🚊86) Dieses einstige Startup-Lokal ist nun fest an der Smith St etabliert. Denn es hat sich schnell herumgesprochen, dass Peter Gunn – vormals Souschef im Attica (S. 244) – inzwischen sein eigenes Restaurant betreibt. Hier kredenzt er wirklich kreative und moderne Spitzenküche in Form von sechsgängigen Probiermenüs aus saisonalen Zutaten. Davor gibt's immer ofenwarmes Brot mit unglaublich guter Erdnussbutter aus eigener Produktion.

✗ Carlton & Brunswick

Heartattack and Vine

ITALIENISCH $

(Karte S. 232; ☎ 03-9005 8674; www.heartattack andvine.com.au; 329 Lygon St, Carlton; ⏰ Mo–Fr 7–23, Sa & So 8–23 Uhr; 📱; 🚊 Tourist Shuttle, 🚊1,6) In dem ruhigen Lokal mit nachbarschaftlichem Flair spielt sich alles an einem langen Holztresen ab. Hier kann man morgens oder abends einen Kaffee trinken und sich einen Aperol Spritz oder ein Glas Wein genehmigen. Mittags gibt's u. a. Gebäck und Plunderteigbrötchen mit Garnelen. Abends

empfehlen sich die *cicchetti* (Tapas auf venezianische Art).

★ D.O.C. Espresso

ITALIENISCH $$

(Karte S. 232; ☎ 03-9347 8482; www.docgroup. net; 326 Lygon St, Carlton; Hauptgerichte 12–20 AU$; ⏰ Mo–Sa 7.30 Uhr–open end, So 8 Uhr–open end; 🚊 Tourist Shuttle, 🚊1, 6) Die authentische Espressobar wird von Italo-Australiern der dritten Generation geleitet und hat der Lygon St neues Leben eingehaucht. Auf den Tisch kommen z. B. Tagesgerichte mit selbst gemachter Pasta oder italienische Craft-Biere. Zum *aperitivo* (16–19 Uhr) empfiehlt sich ein Negroni zum kostenlosen Knabberzeug.

Das angeschlossene **Feinkostgeschäft** (Karte S. 232; ☎ 03-9347 8482; www.docgroup. net; 330 Lygon St, Carlton; Paninis ab 7 AU$; ⏰ Mo–Sa 9–19, So 10–19 Uhr; 🚊 Tourist Shuttle, 🚊1, 8) verkauft leckere Käsesorten und Panini. Die authentische **Pizzeria** (Karte S. 232; ☎ 03-9347 2998; www.docgroup.net; 295 Drummond St, Carlton; Pizzas 17–25 AU$; ⏰ Mo–Mi 17 Uhr–open end, Fr–So 12 Uhr–open end; 🚊 Tourist Shuttle, 🚊1, 6) liegt gleich um die Ecke.

★ Rumi

NAHÖSTLICH $$

(☎ 03-9388 8255; www.rumirestaurant.com.au; 116 Lygon St, East Brunswick; Gerichte 13–29 AU$; ⏰ 18–22 Uhr; 🚊1, 6) Das wunderbar konzi-

---

MELBOURNE IN ...

... zwei Tagen

Den Auftakt macht die Kunstsammlung des **Ian Potter Centre: NGV Australia** (S. 218) und den **Federation Square** (S. 218), bevor man sich einem geführten **Stadtspaziergang** (S. 231) zum Thema Street Art anschließen kann. Nach einem Mittagessen im MoVida (S. 239) warten Melbournes Cocktails bei super Aussicht in einer Dachbar (S. 246). Der erste Tag endet dann mit einer **Kajaktour** (S. 231) auf dem Yarra River und Abendessen in einem der vielen **Spitzenrestaurants** (S. 238). Am nächsten Vormittag bummelt man zuerst durch den **Birrarung Marr** (S. 218) und die **Royal Botanic Gardens** (S. 229), anschließend sind die kulinarischen Highlights des **Queen Victoria Market** (S. 219) an der Reihe. Zum Schluss geht's mit der Straßenbahn nach **St. Kilda** (S. 231), um den Tag nach einem Abstecher ans Ufer und das Pier in einer Bar an der belebten Acland Street ausklingen zu lassen.

... einer Woche

Zuerst folgt man dem Zwei-Tages-Plan. Am dritten Tag geht es für ein paar Stunden ins **Melbourne Museum** (S. 227) und anschließend nach Fitzroy, wo man die Boutiquen an der Gertrude Street plündern kann – gefolgt von Mittagessen plus Kaffee im **Proud Mary** (S. 247) in Collingwood. Zurück im Stadtzentrum schlendert man durch **China-town** (S. 219) und zur **State Library** (S. 219), wo Ned Kellys Rüstung ausgestellt ist. Zum Abendessen gibt's dann Klöße im **HuTong** (S. 239). Die restliche Woche füllen z. B. die Trendviertel Windsor und **Prahran** (S. 243) mit ihren Cafés und Shops. Alternativ empfehlen sich der Markt in **South Melbourne** (S. 227) und ein Trip hinaus zum **Abbotsford Convent** (S. 226). Unbedingt sollte man auch im **Supernormal** (S. 239) speisen und in der **Bar Americano** (S. 245) feiern!

pierte Restaurant präsentiert einen Mix aus traditioneller libanesischer Kochkunst und modernen Abwandlungen altpersischer Gerichte. Das *sigara boregi* (Börek mit Käse und Pinienkernen) ist besonders beliebt. Neben leckeren Hauptgerichten wie Barbecue vom Holzkohlegrill gibt es auch eine große, interessante Auswahl vegetarischer Speisen.

South Melbourne

St. Ali
CAFÉ **$**

(Karte S. 220; ☏ 03-9686 2990; www.stali.com. au; 12–18 Yarra Pl, South Melbourne; Gerichte 8–25 AU$; ⊙ 7–18 Uhr; ⛴ 12) Das versteckte Café in einem umgebauten Lagerhaus garantiert guten Kaffee durch sorgsame Auswahl. Wer sich nicht zwischen der Hausmischung, den Spezialitäten und Servieren mit oder ohne Milch entscheiden kann, nimmt am besten das „Probierabenteuer" (20 AU$) mit sechs verschiedenen Kaffeevarianten. Auf der Speisekarte stehen kreativ und kompetent zubereitete Gerichte für jeden Geschmack, z. B. prima Vanille-Quinoa-Pudding mit Ahornsirup und Thai-Basilikum oder die legendären Maisbratlinge mit pochierten Eiern und gegrilltem Halloumi.

Simply Spanish
SPANISCH **$$**

(Karte S. 220; ☏ 03-9682 6100; www.simplyspanish.com.au; South Melbourne Market, Ecke Coventry & Cecil St, South Melbourne; Gourmet-Paellas ab 20,50 AU$, Tapas 8–16 AU$; ⊙ Mi–Sa 8–21, So 8–16 Uhr; ⛴ 12, 96) Wenn ein Melbourner Restaurant in Valencia einen Preis für die „beste Paella außerhalb Spaniens" gewinnt, dann will das schon was heißen. Das lässige Marktlokal ist *die* Adresse für Paella und serviert diese in etlichen Varianten. Die Wartezeit überbrückt man am besten mit ein paar Tapas; die Garnelen mit Chili und Knoblauch sind klasse.

South Yarra & Prahran

★ Zumbo
KONDITOREI **$**

(Karte S. 234; ☏ 1800 858 611; http://zumbo. com.au; 14 Claremont St, South Yarra; Makronen 2,80 AU$, Kuchen ab 6 AU$; ⊙ 7–19 Uhr; ⛴ 58, 78, ⛴ South Yarra) Der angesagte australische Patissier Adriano Zumbo ist für seine ungemein kreativen und technisch anspruchsvollen Desserts berühmt. So kann ein Käsekuchen hier eine Mousse aus Yuzu-Saft, Sahne und Käse enthalten, während seine Form einem Schweizer Käse entspricht. Auch pikante Torten mit Churros-Eiercreme

und mexikanischer Chili-Schokoladencreme können im Sortiment sein. Und dann wären da noch die kammerartigen Räumlichkeiten im Disko-Stil der 1970er-Jahre. Allerdings ist der Kaffee nebenan besser.

Two Birds One Stone
CAFÉ **$**

(Karte S. 234; ☏ 03-9827 1228; www.twobirdsonestonecafe.com.au; 12 Claremont St, South Yarra; Gerichte 14–22,50 AU$; ⊙ Mo–Fr 7–15.30, Sa & So 8–15.30 Uhr; ⛴ 58, 78, ⛴ South Yarra) Mit sandgestrahlten Eichenstühlen, weiß getünchtem Holz und einem Wandbild von einem Winterwald erinnert dieses flotte, moderne Café an Skandinavien. Neben leckeren Koffeingetränken der dritten Generation sorgen hier auch appetitliche Gerichte aus regionalen Produkten für glückliche Gesichter. Auf der Karte stehen z. B. Ricotta-Pfannkuchen mit Feigen, Pistaziencreme und Marmelade bzw. Sirup, scharf angebratener Lachs mit Rösti oder getrüffeltes Blumenkohlpüree mit pochierten Eiern.

Gilson
MODERN-AUSTRALISCH **$$**

(Karte S. 220; ☏ 03-9866 3120; http://gilsonrestaurant.com.au; 171 Domain Rd, South Yarra; Pizzas 18–25 AU$, Hauptgerichte 24–34 AU$; ⊙ Mo–Fr 6–23, Sa & So 7–23 Uhr; ⛴ 58) Die flotte Neueröffnung direkt gegenüber vom botanischen Garten ist halb Café, halb Restaurant. Die Inneneinrichtung mit Beton und italienischem Marmor ist vom französischen Modernismus der 1950er-Jahre inspiriert. Die modern-australische Küche hat einen italienischen Touch. Statt der berühmten (aber enttäuschenden) Grillgurke empfehlen sich die hervorragenden Nudelgerichte und interessanten Holzofenpizzas. Verführerische Weine, Cocktails und aufmerksames, professionelles Personal runden das Paket ab.

Woodland House
MODERN-AUSTRALISCH **$$$**

(Karte S. 234; ☏ 03-9525 2178; www.woodlandhouse.com.au; 78 Williams Rd, Prahran; Probiermenüs ab 125 AU$; ⊙ Di, Mi & Sa 18.30–21, Do & Fr 12–15 & 18.30–21, So 12–15 Uhr; ⛴ 6) Das Lokal in einer viktorianischen Prachtvilla ist die Domäne der jungen Küchenchefs Thomas Woods und Hayden McFarland – beide frühere Souschefs des renommierten Melbourner Gastronomen Jacques Reymond. Die Gerichte kombinieren souverän und einfallsreich hochwertige Regionalprodukte (z. B. über Holzfeuer geröstete Muscheln mit Spargel und gesalzenem Eigelb). Das dreigängige Mittagsmenü mit einem Glas Wein (55 AU$, nur Do & Fr) hat ein gutes Preis-Leistungs-Verhältnis.

Da Noi
ITALIENISCH $$$

(Karte S. 234; ☑03-9866 5975; http://danoi.com.au; 95 Toorak Rd, South Yarra; Hauptgerichte 30–40 AU$, 4-gängige Probiermenüs 75–95 AU$; ⏱12–22.30 Uhr; ◻58, ◻ South Yarra) Das elegante Da Noi serviert appetitliche Gerichte aus Sardinien, der Heimat von Inhaber und Küchenchef Pietro Porcu. Das Angebot wechselt täglich; mitunter modifiziert Porcu sein aktuelles Special mehrmals am Abend. Für das volle Programm empfiehlt sich das viergängige Probiermenü, das er jeweils selbst aus den Top-Zutaten des Tages zusammenstellt. Reservierung ratsam.

✕ St. Kilda

Glick's
BAGELS $

(Karte S. 236; www.glicks.com.au; 330a Carlisle St, Balaclava; Bagels ab 4 AU$; ⏱So–Do 6–20, Fr 6 Uhr–30 Min. vor Sonnenuntergang, Sa 30 Min. nach Sonnenuntergang–24 Uhr; ◻3, 16, 78, ◻ Balaclava) Die koschere Bäckerei ist bei Melbournes jüdischer Gemeinde sehr beliebt. Von den selbst gemachten Bagels empfehlen sich vor allem die Klassiker wie der „New Yorker" mit Frischkäse und Eiersalat.

Monarch Cake Shop
KONDITOREI $

(Karte S. 236; ☑03-9534 2972; www.monarchcakes.com.au; 103 Acland St, St. Kilda; Kuchenstücke ab 5 AU$; ⏱So–Do 8–21.30, Fr & Sa 8–22 Uhr; ◻96) Das Monarch zählt zu St. Kildas beliebtesten Konditoreien. Zu den Highlights der osteuropäischen Backwaren zählen Marmor-Gugelhupf, Pflaumenkuchen und Käsekuchen auf polnische Art. Seit seiner Eröffnung 1934 hat sich der freundliche Laden kaum verändert: Bis heute empfängt er Gäste mit altmodischem Ambiente, wunderbarem Butterduft und gutem Kaffee.

Lentil as Anything
VEGETARISCH $

(Karte S. 236; ☑0424 345 368; www.lentilasanything.com; 41 Blessington St, St. Kilda; Essen gegen Spende; ⏱12–21 Uhr; ✐; ◻3, 16, 96) Die Auswahl an den leckeren vegetarischen Gerichten fällt einem leicht, während man sich mit dem Bemessen der erbetenen Spende vielleicht etwas schwertut: Diese einzigartige Wohlfahrtsorganisation schafft Bildungs- und Ausbildungsmöglichkeiten für sozial benachteiligte Menschen. Mit den Erlösen aus dem Essensverkauf hilft sie neuen Einwanderern, Flüchtlingen, Behinderten und Langzeitarbeitslosen. Einer der anderen Ableger befindet sich im Abbotsford Convent (S. 226).

⭐ Attica
MODERN-AUSTRALISCH $$$

(☑03-9530 0111; www.attica.com.au; 74 Glen Eira Rd, Ripponlea; Probiermenüs 250 AU$; ⏱Di–Sa 18 Uhr–open end; ◻67, ◻ Ripponlea) Das Attica ist das einzige Aussie-Lokal auf der San-Pellegrino-Liste der 50 weltbesten Restaurants. Verantwortlich hierfür sind der geniale Neuseeländer Ben Shewry und dessen außergewöhnliche Köstlichkeiten mit vielen heimischen Zutaten (z. B. gesalzenes Fleisch vom Roten Riesenkänguru mit Samen der Queensland-Araukarie oder Granita mit Karanda-Pflaumen, Früchten der Zitronenespe und Blüten vom wilden Hibiskus). Reservierungen sind bis zu drei Monate im Voraus möglich und werden immer am ersten Mittwoch des Monats um 9 Uhr entgegengenommen. Zweiertische (vor allem für den Freitag- oder Samstagabend) sind jedoch oft schon nach wenigen Stunden ausgebucht. Die Chancen steigen, wenn man mindestens vier Personen anmeldet und/oder unter der Woche speisen will. Auch eine E-Mail oder ein Anruf können sich lohnen, falls die aktuelle Verfügbarkeit von Plätzen online nicht ersichtlich ist. Selbstfahrer folgen der Brighton Rd gen Süden und biegen dann nach links in die Glen Eira Rd ein.

Lau's Family Kitchen
CHINESISCH $$$

(Karte S. 236; ☑03-8598 9880; www.lauskitchen.com.au; 4 Acland St, St. Kilda; Hauptgerichte 26–45 AU$; ⏱Mo–Fr 12–15, So 12.30–15.30 Uhr, privates Abendessen tgl. 18 & 20 Uhr; ◻16, 96) Das elegante Restaurant serviert appetitliche kantonesische Hausmannskost und ein paar Überraschungen auf Sichuan-Art (darunter ein verführerischer Mix aus geschmorten Auberginen und pikantem Schweinehack). Täglich gibt's zweimal ein privates bzw. nicht öffentliches Abendessen („Dinner Sitting"; Reservierung erforderl.). Die schicken Wandverkleidungen bestehen aus Kimonos aus den 1930er-Jahren.

Stokehouse
SEAFOOD $$$

(Karte S. 236; ☑03-9525 5555; www.stokehouse.com.au; 30 Jacka Blvd, St. Kilda; Hauptgerichte 36–42 AU$; ⏱12–15 & 18 Uhr–open end; ◻3a, 16, 96) Nach einem Brand ist das gefeierte Stokehouse nun wieder am Start – und das heller und besser denn je. Tolles modernes Innendesign und deckenhohe Fenster mit Blick auf die Bucht schaffen das passende Ambiente für die moderne Küche mit viel frischem Seafood. Das Omelette surprise ist geradezu legendär. Der Laden zählt zu Melbournes angesagtesten Lokalen – rechtzeitig reservieren!

Cicciolina
ITALIENISCH **$$$**

(Karte S. 236; 03-9525 3333; www.cicciolinast
kilda.com.au; 130 Acland St, St. Kilda; Hauptgerichte
mittags 18–30 AU$, abends 27–45 AU$; 12–22
Uhr; 3, 16, 96) Die versteckte Institution von
St. Kilda empfängt Gäste mit dunklem Holz,
Schummerlicht, Kunst an den Wänden und
moderner italienischer Küche. Die appetitli-
chen Gerichte kombinieren z. B. Tortellini
mit persischem Feta, Ricotta, Pinienkernen,
geriebenen Limettenschalen, Spargel und
brauner Salbei-Butter. Reservierungen sind
nur fürs Mittagessen möglich; abends muss
man sehr früh erscheinen oder im stim-
mungsvollen hinteren Bereich mit Bar auf
einen freien Tisch warten.

Ausgehen & Nachtleben

Melbournes Nachtleben ist das bei Weitem
beste in Australien und muss sich auch im
internationalen Vergleich nicht verstecken.
Das riesige Angebot reicht von hippen, ver-
steckten Kellerkaschemmen in schmalen
Gassen bis hin zu eleganten Cocktailbars auf
Dachterrassen. Viele Kneipen und Pubs ha-
ben inzwischen ihre mit Bierflecken übersä-
ten Teppichböden herausgerissen und den
freigelegten Beton poliert. Dennoch sollte
man auch unbedingt einen der charakter-
vollen Oldtimer besuchen, die es hier immer
noch gibt.

Stadtzentrum

★Heartbreaker
BAR

(Karte S. 224; 03-9041 0856; www.heartbrea
kerbar.com.au; 234a Russell St; Mo–Sa 17–3, So
17–23 Uhr; Melbourne Central) Schwarze Wän-
de, rote Lampen, tough wirkende Schönhei-
ten an Zapfhähnen mit Skelettgriffen, ein
paar ausgestopfte Tiere, Craft Beer, eine gro-
ße Bourbon-Auswahl und schwere Sounds
aus den Boxen – kurz: alles, was man für
eine gute Zeit mit Hard Rock so braucht.

★Madame Brussels
DACHBAR

(Karte S. 224; 03-9662 2775; www.madame
brussels.com; 57–59 Bourke St, 3. Stock; So–Mi
12–23, Do–Sa 12–1 Uhr; Parliament) Wer genug
von stimmungsvollem Ambiente und
dunklem Holz hat, begibt sich am besten hi-
nauf zu dieser wunderbaren Dachbar. Der
Laden ist zwar nach einer berühmten Puff-
mutter aus dem 19. Jh. benannt, erinnert
aber eher an einen kitschigen Country-Club
aus den 1960er-Jahren. Hierfür sorgen u. a.
viel Kunstrasen, zahlreiche Glyzinien und
Personal in Tennisklamotten.

★Croft Institute
BAR

(Karte S. 224; www.thecroftinstitute.com.au; 21
Croft Alley; Mo–Do 17–24, Fr 17–3, Sa 20–3 Uhr;
86, 96) Das leicht gruselige Croft Institute
versteckt sich an einer vollgesprayten Sei-
tengasse einer Gasse. Über der labormäßi-
gen Kellerbar befindet sich eine Turnhalle
mit Fünfziger-Dekor, die am Wochenende
als DJ-Disko dient (Fr & Sa abends Eintritt
5 AU$).

★Bar Americano
COCKTAILBAR

(Karte S. 224; www.baramericano.com.au; 20
Presgrave Pl; Mo–Sa 17–1 Uhr; Flinders St)
Die versteckte Bar in einer Seitengasse des
Howey Pl hat nur Stehplätze und ist gera-
dezu winzig: Wenn die Obergrenze von
14 Gästen erreicht ist, wird das Rollgit-
ter heruntergelassen. Ein schwarz-weißer
Schachbrettboden, klassische Schilder mit
Aufschrift „Do not spit" („Nicht auf den Bo-
den spucken") und Wandfliesen wie in einer
U-Bahn-Station tragen zum Ambiente einer
Flüsterkneipe bei. Die Cocktails sind nicht
gerade günstig, aber erstklassig.

★Siglo
DACHBAR

(Karte S. 224; 03-9654 6631; www.siglobar.
com.au; 161 Spring St, 2. Stock; 17–3 Uhr; Par-
liament) Die angesagte Dachbar mit Pariser
Flair steht im Zeichen von Zigarrenrauch
und Spitzendrinks. Am Freitagabend tum-
meln sich hier viele Anzugträger (je nach
Geschmack anziehend oder abschreckend).
Man sollte sich unbedingt die Zeit nehmen,
einen der klassischen Cocktails zu den nob-
len Häppchen zu genießen. Dazu motiviert
auch die schöne Aussicht auf das Parle-
mentsgebäude und die St. Patrick's Cathed-
ral aus dem 19. Jh. Der Zugang erfolgt über
den ebenso unbeschilderten **Supper Club**
(Karte S. 224; 03-9654 6300; www.melbourne
supperclub.com.au; 161 Spring St, 1. Stock; So–
Do 17–4, Fr & Sa 17–6 Uhr; Parliament).

Cookie
BAR

(Karte S. 224; 03-9663 7660; www.cookie.net.
au; 252 Swanston St, Curtin House, 1. Stock; 12–3
Uhr; Melbourne Central) Das coole und abge-
fahrene Cookie ist teils Bar, teils Thairestau-
rant. Und eine Melbourner Ausgeh-Adresse,
die etwas mehr Kondition erfordert: Das
unglaublich vielfältige Angebot am Tresen
umfasst neben hochwertigen Whiskies und
Weinen auch über 200 Biersorten (viele da-
von aus der Region). Zudem wissen die Bar-
keeper genau, wie man hervorragende Cock-
tails mixt.

Rooftop Bar DACHBAR

(Karte S. 224; ☎ 03-9654 5394; www.rooftopcine
ma.com.au; 252 Swanston St, Curtin House, 6. Stock;
⊙ 12–1 Uhr; Ⓜ Melbourne Central) In schwindelerregender Höhe thront diese Bar auf dem
Dach des betriebsamen Curtin House. Im
Sommer wird sie zum Open-Air-Kino, in dem
man sich neue und alte Blockbuster von gestreiften Liegestühlen aus anschauen kann.

Lui Bar COCKTAILBAR

(Karte S. 224; ☎ 03-9691 3888; www.vuedemon
de.com.au; 525 Collins St, Rialto, 55. Stock; ⊙ Mo-
Mi 17.30–24, Do 11.30–1, Fr & Sa 11.30–3, So 11.30–
24 Uhr; Ⓡ Southern Cross) Manch einer ist
glücklich, 36 AU$ für die Aussicht vom
120 m hohen Melbourne Star zu berappen.
Wir aber bezahlen lieber 25 AU$ für einen
Cocktail in dieser eleganten Bar, die auf
236 m Höhe im Rialto Tower liegt! An den
meisten Abenden tummeln sich hier viele
Anzugträger und Jetsetter. Wer einen freien
Tisch ergattern will, sollte sich daher in
Schale werfen und früh erscheinen.

Southbank & Docklands

Ponyfish Island BAR

(Karte S. 224; www.ponyfish.com.au; Southbank
Pedestrian Bridge, Southbank; ⊙ 11 Uhr-open end;
Ⓡ Flinders St) Die einfallsreichen Melbourner
begnügen sich nicht damit, Bars an Gassen
oder auf Dächern zu verstecken: Vielmehr
entdecken sie ständig neue Locations, an denen es sich gut zechen lässt. Ergebnis ist z. B.
diese kleine Freiluftbar rund um einen Brückenpfeiler im Yarra River. Das Ganze ist ein
überraschend nettes Plätzchen, wo man sich
ein, zwei Bierchen, Käseteller und getoastete
Sandwiches schmecken lassen kann.

Fitzroy, Collingwood & Abbotsford

★ Black Pearl COCKTAILBAR

(Karte S. 228; ☎ 03-9417 0455; www.blackpearl
bar.com.au; 304 Brunswick St, Fitzroy; ⊙ 17–3 Uhr,
Attic Bar Do–Sa 19–2 Uhr; ⓐ 11) Nach 15 Jahren

im Geschäft steht das Black Pearl immer noch blendend da. Sein hervorragender Ruf (auch international) macht sich u. a. an den Preisen merkbar, die es immer noch sammelt. Schummerlicht, mit Leder bezogene Sitzbänke und Kerzen bestimmen das Ambiente im Untergeschoss. Wer auf der langen Cocktailkarte nichts Passendes findet, kann sich von den kompetenten Barkeepern einen individuellen Drink mixen lassen. Im oberen Stockwerk befindet sich die Attic Bar mit Tischservice (Reservierung erforderl.).

★ Marion WEINBAR
(Karte S. 228; ☑ 03-9419 6262; www.marionwine. com.au; 53 Gertrude St, Fitzroy; ⊙ Mo–Do 17–23, Fr 12–23, Sa & So 8–23 Uhr; ⧠ 86) Melbournes Vorzeige-Starkoch Andrew McConnell wusste genau, was er tat, als er das Marion eröffnete. Die Weinkarte zählt zu den eindrucksvollsten der ganzen Gegend. Das angenehme Ambiente eignet sich für einen Drink auf die Schnelle genauso gut wie für viele romantische Stunden. Auf der regelmäßig wechselnden Speisekarte stehen oft Wurstwaren von Meatsmith (McConnells Hausmetzger) und Spezialitäten mit europäischem Touch (Gerichte 10–34 AU$).

★ Everleigh COCKTAILBAR
(Karte S. 228; www.theeverleigh.com; 150–156 Gertrude St, Fitzroy; ⊙ 17.30–1 Uhr; ⧠ 86) Die versteckte Bar in einem Obergeschoss punktet mit Raffinesse und Barkeeperkunst vom Feinsten. In lauschigem Ambiente gibt's hier klassische und unvergleichlich gute Cocktails aus den „goldenen Jahren". Die Separees mit Lederbezug laden zum Plauschen mit Freunden ein.

★ Naked for Satan BAR
(Karte S. 228; ☑ 03-9416 2238; www.nakedforsa tan.com.au; 285 Brunswick St, Fitzroy; ⊙ So–Do 12–24, Fr & Sa bis 1 Uhr; ⧠ 11) Die muntere, laute Bar erweckt eine Legende der Brunswick St wieder zum Leben (angeblich soll in einer Schwarzbrennerei unter dem Laden ein Typ mit dem Spitznamen Satan völlig versackt sein, und zwar wegen der Hitze komplett nackt). Sicher ist: Die Gäste kommen heute wegen der beliebten *pintxos* (baskische Tapas; 1–2 AU$), der großen Auswahl an Getränken und der unschlagbaren Dachterrasse (Naked in the Sky) mit umlaufendem Balkon.

★ Proud Mary CAFÉ
(Karte S. 228; ☑ 03-9417 5930; 172 Oxford St, Collingwood; ⊙ Mo–Fr 7.30–16, Sa & So 8.30–16

Uhr; ☎; ⧠ 86) Dieses Café in einem Industriegebäude aus rotem Backstein ist typisch für Collingwood. Und Experte darin, sortenreine Bohnen aus direktem Handel in hervorragende Koffeingetränke zu verwandeln. Doch nicht nur deshalb ist der Laden immer rappelvoll: Hier gibt's auch gleichsam köstliches Essen (z. B. Pfannkuchen mit Ricotta oder Fleisch vom Freilandschwein in Fenchelkruste).

Bar Liberty BAR
(Karte S. 228; http://barliberty.com; 234 Johnston St, Fitzroy; ⊙ Mo–Sa 17 Uhr–open end, So 12 Uhr–open end; ⧠ 86) Ein paar berühmte Gastronomen betreiben gemeinsam diese bodenständige Bar, die Fitzroy mit sorgsam ausgewählten Weinen (über 300 Sorten) und gewieft gemixten Cocktails versorgt. In ruhiger und relaxter Atmosphäre gibt's hier außerdem kreative Spitzenküche. Im oberen Stockwerk finden monatlich Abendbankette mit Wein statt. Der Hinterhof beherbergt den Biergarten Drinkwell.

Industry Beans CAFÉ
(Karte S. 228; ☑ 03-9417 1034; www.industry beans.com; 3/62 Rose St, Fitzroy; ⊙ Mo–Fr 7–16, Sa & So 8–16 Uhr; ☎; ⧠ 96, 11) Das Lagerhauscafé an einer Seitenstraße in Fitzroy ist Experte in der Kunst des Kaffeebrauens. Sein Coffee Guide gibt einen Überblick über alle angebotenen Spezialitäten aus selbst gerösteten Bohnen (z. B. Espresso, Cold Drip, Filterkaffee oder aus der AeroPress). Das hilfreiche Personal berät Gäste bei der Auswahl. Die Speisekarte (Brunch 12–35 AU$) wird ihrem hohen Anspruch nicht immer ganz gerecht.

Sircuit SCHWULENBAR
(Karte S. 228; www.sircuit.com.au; 103 Smith St, Fitzroy; ⊙ Mi–So 19.30 Uhr–open end; ⧠ 86) Die Oldschool-Schwulenbar mit Pooltischen, Travestieshows und Hinterraum ist bei Schwulen jeglicher Couleur sehr beliebt. Zu späterer Stunde wird auch kräftig abgetanzt.

🍷 Carlton

Seven Seeds CAFÉ
(Karte S. 232; ☑ 03-9347 8664; www.sevenseeds. com.au; 114 Berkeley St, Carlton; ⊙ Mo–Sa 7–17, So 8–17 Uhr; ⧠ 19, 59) Das Lagerhauscafé liegt recht weit ab vom Schuss und ist die geräumigste Filiale des Kaffee-Imperiums von Seven Seeds. So kann man sein Fahrrad mit hineinnehmen und dann leckeren Kaffee schlürfen – u. a. auch bei der Gratisverkostung ohne Voranmeldung (Fr 9 Uhr).

Zur selben Cafékette gehören auch das **Traveller** (Karte S. 224; www.sevenseeds.com.au; 2/14 Crossley St; Bagels 7–10 AU$; ⊗ Mo–Fr 7–17 Uhr; ⬚ 86, 96) und das **Brother Baba Budan** (Karte S. 224; www.sevenseeds.com.au; 359 Little Bourke St; ⊗ Mo–Sa 7–17, So 9–17 Uhr; ☏; ⬚ Melbourne Central) im CBD.

⚲ South Yarra, Prahran & Windsor

★ Rufus   COCKTAILBAR
(Karte S. 234; ☏ 03-9525 2197; www.rufusbar.com.au; 143 Greville St, 1. Stock, Prahran; ⊗ 16 Uhr–open end; ⬚ 6, 72, 78, ⬚ Prahran) Oberhalb der Greville St versteckt sich diese wunderbar vornehme Cocktailbar, die sehr geschmackvoll mit Kronleuchtern, getönten Spiegeln und dekorativen Vorhängen eingerichtet ist. Die Benennung nach dem geliebten Pudel von Sir Winston Churchill ist kein Zufall: Der verstorbene britische Permierminister dient hier als Inspiration – daher der Schwerpunkt auf hochwertigem Champagner, Martini und Whiskey. Die butlermäßigen Kellner servieren auch super Gebäck aus Yorkshire-Pudding-Teig. Der Eingang liegt an einem Gässchen.

Woods of Windsor   BAR
(Karte S. 234; ☏ 03-9521 1900; www.woodsofwindsor.com.au; 108 Chapel St, Windsor; ⊗ Di–Sa 17.30–1 Uhr; ⬚ 78, 5, 6, 64, ⬚ Windsor) Dunkles Holz, skurrile Tierpräparate und Flüsterkneipen-Flair machen das Woods zum prima Refugium in Melbournes finsteren Regennächten. Eine Alternative zu seinen großartigen Whiskeys (darunter ein paar seltenere Sorten) ist italienischer Natur: Auf der Getränkekarte stehen auch diverse Varianten des klassischen Negroni. Cin cin!

Market Lane Coffee   CAFÉ
(Karte S. 234; ☏ 03-9804 7434; www.marketlane.com.au; Prahran Market, 163 Commercial Rd, South Yarra; ⊗ Di & Do–Sa 7–17, Mi 7–16, So 8–17 Uhr; ⬚ 72, 78, 79, ⬚ Prahran) Das versteckte Café im hinteren Bereich des Prahran Market zählt zu Melbournes besten Spezialröstereien: Ausschließlich saisonale Kaffeebohnen werden hier zu Kaffees mit herrlichen Nuancen – optimal ergänzt durch leckere Backwaren. Samstags um 10 Uhr gibt's Gratisverkostungen (1 Std.); wer einen Platz ergattern will, sollte spätestens um 9.30 Uhr da sein.

Yellow Bird   BAR
(Karte S. 234; ☏ 03-9533 8983; www.yellowbird.com.au; 122 Chapel St, Windsor; ⊗ Mo–Fr 7.30 Uhr–open end, Sa & So 8 Uhr–open end; ⬚ 6, 78, ⬚ Windsor) Die kleine Bar beglückt Windsors coole Jugend von morgens bis nachts mit Drinks und Essen im Diner-Stil. Der Laden gehört dem Schlagzeuger der Band Something for Kate – das laute und düstere Rock-'n'-Roll-Ambiente mit super Underground-Playlist ist daher kein Fake. Manchmal schneien auch Musiker herein. Der ultrakitschige Tresen sucht in Melbourne seinesgleichen.

Revolver Upstairs   CLUB
(Karte S. 234; ☏ 03-9521 5985; www.revolverupstairs.com.au; 229 Chapel St, Prahran; ⊗ Di & Mi 17–4, Do 17–6, Fr 17–Sa 12, Sa 17–Mo 9 Uhr; ⬚ 6, 78, ⬚ Prahran) Das feierwütige Revolver hat das Ambiente eines riesigen Wohnzimmers. Doch angesichts der 54 Stunden Nonstop-Musik am Wochenende will man hier wohl kaum auf dem Sofa relaxen. Neben interessanten DJs aus Melbourne, Australien und aller Welt halten auch Konzerte und Kunstausstellungen das gemischte Publikum auf Trab.

⚲ St. Kilda

★ Bar Di Stasio   WEINBAR
(Karte S. 236; ☏ 03-9525 3999; http://distasio.com.au/about/bar-di-stasio; 31 Fitzroy St, St. Kilda; ⊗ 11.30–24 Uhr; ⬚ 3, 12. 16, 96) Der Künstler Callum Morton hat die Fassade der belebten Weinbar mit Gerüsten im Stil des Centre Georges-Pompidou (Paris) versehen. Innen tummeln sich hauptsächlich ältere Semester vor einem deckenhohen Wandbild von Caravaggios *Geißelung Christi*. Die Kellner hinter dem breiten Marmortresen scheinen direkt aus dem Caffè Florian (Venedig) zu stammen. Neben perfekt gemixtem Campari Spritz kredenzen sie bis 23 Uhr auch leckeres Essen. Hierbei reicht das Angebot von kurz angebratenem Seafood aus der Region bis hin zu noblen Nudelgerichten. Der Laden ist extrem beliebt – unbedingt reservieren!

★ Pontoon   BAR
(Karte S. 236; ☏ 03-9525 5445; http://pontoonstkildabeach.com.au; 30 Jacka Blvd, St. Kilda; ⊗ 12–24 Uhr; ⬚ 3, 16, 96) Unter dem Spitzenrestaurant Stokehouse (S. 244) liegt diese helle und belebte Bistro-Bar mit zwangloser Atmosphäre. Die deckenhohen Fenster und die Terrasse bieten direkte Aussicht auf den Strand und den Sonnenuntergang. Unter Sonnenschirmen schlürft man hier Prosecco oder handgebrautes Bier aus der Region

und erspäht dabei mitunter Melbourner Promis. Verglichen mit den anständigen Gemeinschaftstellern sind die Pizzas zu klein und zu teuer.

Local Taphouse BAR
(Karte S. 236; ☎ 03-9537 2633; www.thelocal. com.au; 184 Carlisle St, St. Kilda; ⊙ 12 Uhr–open end; 🚌 3, 16, 78, 🚆 Balaclava) Das Local mit seiner warm wirkenden Holzeinrichtung erinnert an eine altmodische Bar in Brooklyn. Zahlreiche Flaschenbiere werden hier durch immer wieder wechselnde Craft-Biere vom Fass ergänzt. Über den salonmäßigen Innenraum mit gemütlichen Ledersofas und offenen Kaminen befindet sich eine Dachterrasse mit Biergarten. Das wöchentliche Unterhaltungsprogramm wartet u. a. mit Live-Comedy (Mo; teils bekannte Künstler) und live gespieltem Soul, Funk, Blues oder Reggae auf (Fr & Sa).

☆ Unterhaltung

Kinos

Moonlight Cinema KINO
(Karte S. 220; www.moonlight.com.au; Tor D, Royal Botanic Gardens, Birdwood Ave, South Yarra; ⊙ Anfang Dez.–Anfang April; 🚌 1, 3, 5, 6, 16, 64, 67, 72) In den Royal Botanic Gardens zeigt Melbournes ältestes Freiluftkino einen Mix aus aktuellen Mainstream-Streifen und alten Klassikern. Wer keinen eigenen Picknickkorb dabeihat, kann vor Ort kleine Gerichte und alkoholische Getränke kaufen. Bei der Ticketvariante „Golden Grass" relaxt man im Logenbereich auf reservierten Polsterliegen mit Kellnerservice.

Astor KINO
(Karte S. 234; ☎ 03-9510 1414; www.astortheatre. net.au; Ecke Chapel St & Dandenong Rd, Windsor; Tickets 17 AU$; 🚌 5, 64, 78, 🚆 Windsor) Das Astor von 1936 zählt zu Melbournes beliebtesten Wahrzeichen. Im Lauf der Zeit hat diese Art-déco-Perle mehr Höhen und Tiefen erlebt als eine Hollywooddiva – kürzlich wurde sie sogar die endgültige Schließung knapp verhindert. So laufen hier weiterhin an den meisten Abenden zwei Vorstellungen, wobei das Programm aus aktuellen Streifen, Arthaus-Filmen und Kultklassikern besteht. Montags, mittwochs und donnerstags sind die Tickets günstiger (12–13 AU$).

Cinema Nova KINO
(Karte S. 232; ☎ 03-9347 5331; www.cinemanova. com.au; 380 Lygon St, Carlton; 🚌 Tourist Shuttle, 🚌 1, 6) Der Lokalfavorit zeigt die neuesten Arthaus-Filme, Dokumentationen und ausländischen Streifen. Montags sind die Tickets günstiger (vor/nach 16 Uhr 7/9 AU$).

Livemusik

Internationale Stars spielen regelmäßig in den Stadien, Multifunktionshallen und Theatern der Stadt. Außerdem warten viele von Melbournes kleineren Bars bzw. Pubs mit stimmungsvollen Livekonzerten auf.

Über anstehende Konzerte informieren z. B. Tageszeitungen, die Straßenmagazine **Beat** (www.beat.com.au) und **The Music** (www.themusic.com.au) oder der Radiosender **3RRR** (102,7 FM; www.rrr.org.au; Konzertkalender Mi–Fr 19, Sa & So 18 Uhr). Die Website **Mess+Noise** (www.messandnoise. com) mit Schwerpunkt auf Australiens Musikszene hat ein lässiges Chatforum mit kundigen Usern. Bei **FasterLouder** (www.faster louder.com.au) gibt's ebenfalls Musiknews und einen Veranstaltungskalender.

The Tote LIVEMUSIK
(Karte S. 220; ☎ 03-9419 5320; www.thetotehotel. com; Ecke Johnston & Wellington St, Collingwood; ⊙ Mi–So 16 Uhr–open end; 🚌 86) Eine der kultigsten Livemusikstätten Melbournes. In dieser Kneipe in Collingwood spielen nicht nur viele lokale und internationale Punk- und Hardcore-Bands. Hier gibt's auch eine der besten Jukeboxen der Welt. Die vorübergehende Schließung 2010 löste in Melbourne buchstäblich einen Stillstand aus: Die Leute protestierten in den Straßen der Innenstadt gegen die Ausschankgesetze, die für die Schließung verantwortlich gemacht wurden.

Cherry LIVEMUSIK
(Karte S. 224; www.cherrybar.com.au; AC/DC Lane; ⊙ Mo–Sa 18 Uhr–open end, So 14 Uhr–open end; 🚆 Flinders St) Melbournes legendärster Liveschuppen liegt natürlich an der AC/DC Lane. Vor dem Kellerclub mit schwarzen Wänden und Neonbeleuchtung steht oft eine Warteschlange. Drinnen herrscht ein einladender und leicht anarchistischer Vibe. Jeden Abend gibt's Musik von Livebands und DJs; die Soul-Party (Do) ist eine Institution.

Forum KONZERTHALLE
(Karte S. 224; ☎ 1300 111 011; www.forummel bourne.com.au; 150–152 Flinders St; 🚆 Flinders St) Das Forum ist eine von Melbournes stimmungsvollsten Konzerthallen, die während des Melbourne International Film Festival auch als Kino dient. Die atemberaubende Fassade im maurischen Stil gleicht einer fantastischen Fata Morgana aus Minaretten,

TICKETS

Tickets für Veranstaltungen (z. B. Konzerte, Sportevents, Theater, Comedy) gibt's bei folgenden Vorverkaufsstellen:

Halftix (Karte S. 224; www.halftixmelbourne.com; Melbourne Town Hall, 90–120 Swanston St; Mo 10–14, Di–Fr 11–18, Sa 10–16 Uhr; Flinders St) Vergünstigte Theaterkarten für Vorstellungen am selben Tag.

Moshtix (www.moshtix.com.au)

Ticketek (Karte S. 224; www.ticketek.com.au; 252 Exhibition St; Mo–Fr 9–17, Sa 10–15 Uhr)

Ticketmaster (Karte S. 224; 1300 111 011; www.ticketmaster.com.au; Forum, 150–152 Flinders St; Mo–Fr 9–18 Uhr)

Kuppeln und Drachen. Die Kuppeldecke des interessanten Inneren ziert eine Abbildung des südlichen Nachthimmels.

Prince Bandroom
LIVEMUSIK

(Karte S. 236; 03-9536 1168; www.princebandroom.com.au; 29 Fitzroy St, St. Kilda; 12, 16, 96) Das legendäre Prince punktet mit einem soliden Liveprogramm (Hip-Hop, Dance, Rock, Indie) mit Künstlern aus Australien und aller Welt stammen. Kürzlich standen z. B. der britische Rapper Tinie Tempah, das Rootsrock-Trio Moreland & Arbuckle aus den USA und die skandinavischen Hardcore-Punker Refused auf der Bühne.

Corner
LIVEMUSIK

(Karte S. 220; 03-9427 7300; www.cornerhotel.com; 57 Swan St, Richmond; Mo–Fr 16 Uhr–open end, Sa ab 12–3 Uhr morgens, So ab 12–1 Uhr morgens; Richmond) Die mittelgroße Spielstätte ist eine der populärsten in Melbourne und hat im Lauf der Jahre viele laute Live-Action erlebt – von Dinosaur Jr. bis zu Buzzcocks. An der freundlichen Bar vorne kann man seinen Ohren eine Verschnaufpause gönnen. Von der Dachterrasse aus bietet sich ein schöner Blick auf die Stadt. Hier ist es aber immer voll, weil hier auch Leute herkommen, die mit den Musikfans von unten nichts zu tun haben.

Theater & Kunst

Red Stitch Actors Theatre
THEATER

(Karte S. 234; 03-9533 8082; www.redstitch.net; 2 Chapel St, Hinterhaus, Windsor; 5, 64, 78, Windsor) Umtriebige Theatertalente aus Australien machen das Ensemble vom Red Stitch zu einem der renommiertesten des Landes. Neue internationale Stücke feiern hier oft ihre Aussie-Premiere. Die lauschigen Räumlichkeiten mit komplett schwarzer Bühneneinrichtung liegen gegenüber vom historischen Astor-Kino am Ende einer Zuffahrt.

Theatre Works
THEATER

(Karte S. 236; 03-9534 3388; www.theatreworks.org.au; 14 Acland St, St. Kilda; 3, 16, 96) Das Theatre Works gehört zu Melbournes ältesten Theaterensembles und wird von dem preisgekrönten Intendanten John Sheedy geleitet. Der Schwerpunkt liegt eindeutig auf modernen Stücken aus Australien.

Melbourne Theatre Company
THEATER

(MTC; Karte S. 220; 03-8688 0800; www.mtc.com.au; 140 Southbank Blvd, Southbank; 1) Melbournes größtes Theaterensemble inszeniert jedes Jahr rund ein Dutzend Produktionen, von modernen (oft australischen) Stücken bis hin zu Shakespeare und anderen Klassikern. Die Bühne befindet sich im preisgekrönten Southbank Theatre, dessen tolle schwarze Fassade von ineinander verwinkelten weißen Leuchtstoffröhren akzentuiert wird.

La Mama
THEATER

(Karte S. 232; 03-9347 6948; www.lamama.com.au; 205 Faraday St, Carlton; Tickets 10–25 AU$; Kartenschalter Mo–Fr 10.30–17 Uhr, Sa & So 14–15 Uhr; Tourist Shuttle, 1, 6) Das La Mama ist in der Melbourner Theaterlandschaft von historischer Bedeutung. Das winzige, intime Forum zeigt neue australische Stücke und experimentelles Theater und hat den Ruf, Werke aufstrebender Bühnenautoren zu inszenieren. Es handelt sich um ein klappriges Gebäude mit einer Freiluftbar. Aufführungen finden auch im größeren **Courthouse Theater** in der Drummond St 349 statt – also auf der Karte besser zweimal nachschauen, zu welcher Adresse man muss!

Klassik

Melbourne Recital Centre
KLASSIK

(Karte S. 220; 03-9699 3333; www.melbournerecital.com.au; 31 Sturt St, Southbank; Kartenschalter Mo–Fr 9–17 Uhr; 1) Dieses Gebäude sieht aus wie ein überdimensionale Bienenwabe. Neben dem **Melbourne Chamber Orchestra** (www.mco.org.au) treten hier regelmäßig auch viele andere Kammerensembles auf, außerdem werden Konzerte mit moderner Klassik, Jazz und Weltmusik sowie Tanzvorstellungen aufgeführt. Die

Akustik der beiden Konzertsäle soll eine der besten der Südhalbkugel sein.

Melbourne Symphony Orchestra KLASSIK

(MSO; Karte S. 224; ☎ 03-9929 9600; www.mso. com.au; Hamer Hall, 100 St. Kilda Rd, Southbank; ◪ Flinders St) Das MSO kennt keine Berührungsängste und hat z. B. schon ausverkaufte Popkonzerte zusammen mit Burt Bacharach oder Kiss gespielt. Normalerweise gibt es aber klassische sinfonische Meisterwerke zum Besten – regelmäßig in der **Hamer Hall** (Karte S. 224; ☎ 1300 182 183; www.artscentre melbourne.com.au; 100 St. Kilda Rd, Southbank; ◪ 1, 3, 6, 16, 64, 67, 72, ◪ Flinders St) sowie jeden Sommer mehrmals umsonst und draußen in der **Sidney Myer Music Bowl** (Karte S. 220; ☎ 1300 182 183; www.artscentremelbourne.com. au; Kings Domain, 21 Linlithgow Ave, Southbank; ◪ 3, 5, 6, 8, 16, 64, 67, 72).

Tanz

Australian Ballet BALLETT

(Karte S. 220; ☎ 1300 369 741; www.australianbal let.com.au; 2 Kavanagh St, Southbank; ◪ 1) Seit über 50 Jahren ist das Australian Ballet in Melbourne zu Hause. Im hiesigen Arts Centre und im ganzen übrigen Land bringt es traditionelle wie neue Stücke auf die Bühne. Die Führungen durch das Primrose Potter Australian Ballet Centre (39 AU$, 1 Std.; Reservierung erforderl.) besuchen neben den Regieräumen und Garderoben auch die Tanzstudios, wo man den Tänzern beim Training zuschauen kann.

Chunky Move TANZ

(Karte S. 220; ☎ 03-9645 5188; www.chunkymo ve.com.au; 111 Sturt St, Southbank; ◪ 1) Das gefeierte moderne Tanzensemble tritt hauptsächlich im **Malthouse Theatre** (Karte S. 220; ☎ 03-9685 5111; www.malthousetheatre. com.au; 113 Sturt St, Southbank; ◪ 1) auf. Zudem veranstaltet es diverse öffentliche Kurse (Details s. Website).

 **Shoppen**

⌂ Stadtzentrum

★ Craft Victoria KUNSTHANDWERK, DESIGN

(Karte S. 224; ☎ 03-9650 7775; www.craft.org.au; 31 Flinders Lane; ◷ Mo–Sa 11–18 Uhr; ◪ Parliament) Dieser Laden von Craft Victoria zeigt Kunsthandwerk, überwiegend von Künstlern und Kunsthandwerker aus Victoria. Schmuck, Textilien, Accessoires, Glas- und Keramikwaren schlagen die Brücke zur Kunst und verschaffen den Käufern wundervolle Erinnerungen an Melbourne. Es gibt auch ein paar Galerien mit Wechselausstellungen (Eintritt frei).

Alpha60 MODE, ACCESSOIRES

(Karte S. 224; ☎ 03-9663 3002; www.alpha60. com.au; 209 Flinders Lane, 2. Stock; ◷ 10–18 Uhr; ◪ Flinders St) Melbourne ist für Nobelläden bekannt. Der Flagship-Store von Alpha60 im Hogwart-mäßigen Kapitelhaus der St. Paul's Cathedral ist jedoch besonders protzig: Unter riesigen Wandprojektionen von Hahnenköpfen präsentiert eine Phalanx von Schaufensterpuppen flotte und lässige Damenbekleidung. Im Keller darunter befindet sich ein weiterer Laden.

Melbournalia GESCHENKE, SOUVENIRS

(Karte S. 224; ☎ 03-9663 3751; www.melbourna lia.com.au; 50 Bourke St; ◷ 10–19 Uhr; ◪ Parliament) Interessante Souvenirs von über 100 einheimischen Designern (z. B. schräge Socken, Drucke mit hiesigen Wahrzeichen) und tolle Bücher über Melbourne.

Original & Authentic Aboriginal Art KUNST

(Karte S. 224; ☎ 03-9663 5133; www.originaland authenticaboriginalart.com; 90 Bourke St; ◷ 10–18 Uhr; ◪ Parliament) Die Galerie im Stadtzentrum verkauft seit mehr als 20 Jahren indigene Kunst aus Kimberley, Arnhemland und der zentralen und westlichen Wüste. Hierbei befolgt sie die offiziellen Leitsätze der City of Melbourne, die Authentizität und einen fairen ethischen Umgang mit den Künstlern garantieren.

RM Williams BEKLEIDUNG

(Karte S. 224; ☎ 03-9663 7126; www.rmwilliams. com; Melbourne Central, Ecke La Trobe & Swanston St; ◷ Sa–Mi 10–19, Do & Fr 10–21 Uhr; ◪ Melbourne Central) Das Aussie-Label gilt sogar unter echten Großstadtgewächsen als kultig und versorgt Kunden mit stilvollen Basics fürs Arbeiten im Freien. Besonders berühmt sind die Stiefel. Diese Filiale mit Minimuseum befindet sich in dem historischen Schrotturm aus Backstein in der Mitte des Melbourne-Central-Komplexes.

City Hatters HÜTE

(Karte S. 224; ☎ 03-9614 3294; www.cityhatters. com.au; 211 Flinders St; ◷ 9–17 Uhr; ◪ Flinders St) Der angenehm altmodische Laden neben dem Haupteingang der Flinders Street Station ist die praktischste Quelle für typisch australische Akubra-Hüte, Sonnenhüte aus Känguruleder oder auch ausgefallenere Kopfbedeckungen.

MELBOURNE & VICTORIAS KÜSTE MELBOURNE

🔒 Fitzroy, Collingwood & Abbotsford

★ Third Drawer Down   HAUSHALTSWAREN

(Karte S. 228; www.thirddrawerdown.com; 93 George St, Fitzroy; ⏰ 10–18 Uhr; 🚋 86) Dieses „Museum für Kunstsouvenirs" startete einst mit Geschirrtüchern in unverwechselbaren Designs (sie sind heute im New Yorker MoMA ausgestellt). Noch immer bereichert es das Leben seiner Kunden mit ungewöhnlichen Artikeln – darunter schräge Stücke und großartige Kreationen von bekannten Designern. So findet man Riesenstühle in Wassermelonenform neben Keramiktellern von Yayoi Kusama und Schals von Ai Weiwei.

Mud Australia   KERAMIKEN

(Karte S. 228; 📞 03-9419 5161; www.mudaustralia.com; 181 Gertrude St, Fitzroy; ⏰ Mo–Fr 10–18, Sa 10–17, So 12–17 Uhr; 🚋 86) Die australischen Designer-Keramikwaren in diesem Laden sind wunderschön und zweckmäßig. Die Kaffeebecher, Milchkännchen, Salatschüsseln und Servierteller haben eine rustikale Glasur in matten Pastelltönen.

Polyester Records   MUSIK

(Karte S. 228; 📞 03-9419 5137; www.polyesterrecords.com; 387 Brunswick St, Fitzroy; ⏰ Mo–Do & Sa 10–20, Fr 10–21, So 11–18 Uhr; 🚋 11) Der beliebte Plattenladen versorgt die Melbourner seit Jahrzehnten mit Indie-Sounds aus aller Welt. Zudem gibt's allerlei tollen Krimskrams. Das sachkundige Personal berät einen gern und hat super Tipps parat.

Aesop   KOSMETIK

(Karte S. 228; 📞 03-9419 8356; www.aesop.com; 242 Gertrude St, Fitzroy; ⏰ So & Mo 11–17, Di–Fr 10–18, Sa 10–17 Uhr; 🚋 86) Das Aussie-Label ist Spezialist für aromatische Damen- und Herrenkosmetik auf pflanzlicher Basis (u. a. Zitrusfrüchte). Die Lotionen, Haarkuren, Parfüms, Gesichtsreiniger und Hautöle sind schlicht, aber wunderschön verpackt. Die Möglichkeiten zum Testen beschränken sich nicht nur auf die vielen Filialen in der Stadt: Aesop-Produkte findet man auch in den Waschräumen vieler Melbourner Cafés.

Rose Street Artists' Market   MARKT

(Karte S. 228; www.rosestmarket.com.au; 60 Rose St, Fitzroy; ⏰ Sa & So 11–17 Uhr; 🚋 11) Auf einem von Melbournes beliebtesten Kunsthandwerksmärkten warten einheimische Designerartikel der Spitzenklasse. Bis zu 70 Stände verkaufen matten Silberschmuck, Bekleidung, Keramiken und kultige Siebdrucke mit Melbourne-Motiven. Nach dem Shoppen gibt's Cocktails und/oder einen Brunch auf der Dachterrasse im angrenzenden Young Blood's Diner (Mi–So 7–17 Uhr).

Crumpler   MODE, ACCESSOIRES

(Karte S. 228; 📞 03-9417 5338; www.crumpler.com; 87 Smith St, Fitzroy; ⏰ Mo–Sa 10–18, So 10–17 Uhr; 🚋 86) Dieses Label startete einst mit Fahrradkuriertaschen (Originalversionen ab ca. 150 AU$), entworfen von zwei früheren Fahrradkurieren, die ein passendes Behältnis für den Biertransport auf ihrem Heimweg suchten. Das robuste, praktische Design ist heute auch in Form von Kamera-, Laptop- und iPad-Hüllen weltweit erhältlich.

🔒 Carlton

Readings   BÜCHER

(Karte S. 232; www.readings.com.au; 309 Lygon St, Carlton; ⏰ Mo–Sa 9–23, So 10–21 Uhr; 🚋 Tourist Shuttle, 🚋 1, 6) Bei Bedarf kann man in dem extrem beliebten Indie-Buchladen mit hilfsbereitem, engagiertem Personal locker einen ganzen Nachmittag vertrödeln. Der Grabbeltisch ächzt unter zahllosen Sonderangeboten mit gutem Preis-Leistungs-Verhältnis. Gleich nebenan befindet sich ein Kindershop.

Filialen gibt's im **Stadtzentrum** (Karte S. 224; 📞 03-8664 7540; State Library, 328 Swanston St; ⏰ 10–18 Uhr; 🚇 Melbourne Central) und in **St. Kilda** (Karte S. 236; 📞 03-9525 3852; www.readings.com.au/st-kilda; 112 Acland St, St. Kilda; ⏰ 10–21 Uhr; 🚋 3, 16, 96).

🔒 South Yarra, Prahran & Windsor

ArtBoy Gallery   KUNST

(Karte S. 234; 📞 03-9939 8993; http://artboygallery.com; 99 Greville St, Prahran; ⏰ Mo–Do 10–18, Sa 10–17, So 11–16 Uhr; 🚋 6, 72, 78, 🚉 Prahran) Die Galerie zeugt vom Talent aufstrebender und etablierter Künstler aus Melbourne. Die einzigartigen und teils kühnen Werke (Stencils, Abstraktes, Popart, Fotokunst u. v. m.) sind erschwinglich. Selbst das Rolltor des Hintereingangs ist ein Ausdruck von Kreativität: Das Katzen-Graffiti stammt vom Straßenkünstler Silly Sully. Wer sich das Bild anschauen will, geht um die Ecke in die Porter St und überquert dann den Brenchley Pl.

Lunar Store   DESIGN

(Karte S. 234; 📞 03-9533 7668; www.lunarstore.com.au; 2/127 Greville St, Prahran; ⏰ Mo–Mi 11–17, Do & Fr 10–18, Sa 10–17, So 11–16 Uhr; 🚋 6, 72, 78, 🚉 Prahran) Die Inhaberin Jules Unwin füllt ihren zauberhaften Laden mit ihren Lieblingssachen – schräge bzw. unkonventionelle Stücke von australischen und ausländischen Designern. Beim Durchstöbern des tollen Angebots finden sich z. B. Bleistifthalter aus dänischem Steingut, Keramik-Halsschmuck aus Melbourne oder Handtaschen mit Hundemotiven aus L. A. Flippig, modern und trotzdem seltsam nostalgisch.

Chapel Street Bazaar   VINTAGE
(Karte S. 234; ☎ 03-9529 1727; www.facebook. com/ChapelStreetBazaar; 217–223 Chapel St, Prahran; ☺ 10–18 Uhr; ☒ 6, 78, 79, ☒ Prahran) Die Beschreibung „fest überdachte Marktstände" wäre quasi komplett nichtssagend: Diese alte Einkaufspassage ist ein einziges weitläufiges Retro-Sammelsurium. Ob kunstvolle Glaswaren aus Italien, modernistische Möbel, klassische Hollywood-Filmplakate oder Noddy-Eierbecher: Hier gibt's etwas für jeden Geschmack. Mit dem Verlust jeglichen Zeitgefühls ist stärkstens zu rechnen!

Greville Records   MUSIK
(Karte S. 234; ☎ 03-9510 3012; www.grevillere cords.com.au; 152 Greville St, Prahran; ☺ Mo–Do & Sa 10–18, Fr 10–19, So 11–17 Uhr; ☒ 78, 79; ☒ Prahran) Der tolle Plattenladen ist eine der letzten Bastionen der „alten" Greville St und hat ungemein treue Stammkunden. So bat sogar der große Neil Young die Inhaber bei einem Konzert in Melbourne zu sich auf die Bühne. Bei dem vielfältigen Angebot liegt der Schwerpunkt auf Vinyl. Es sind auch viele Limited Editions erhältlich – der Autor dieses Kapitels konnte hier z. B. ein Exemplar des extrem seltenen Bob-Dylan-Doppelalbums *Live in Sydney 1966* ausgraben.

ℹ Praktische Informationen

GEFAHREN & ÄRGERNISSE
Zu später Stunde kommt es am Wochenende in der Innenstadt (vor allem entlang der King St) manchmal zu Schlägereien unter Alkoholeinfluss.

INTERNETZUGANG
Gratis-Hotspots in der Innenstadt gibt's z. B. am Federation Square, an der Flinders Street Station, am Crown Casino und in der State Library. Draht- und kostenlos ins Netz geht's zudem in vielen Cafés sowie in den meisten Mittelklassehotels. Budget-Quartiere und Spitzenklassehotels verlangen aber teils Geld für die WLAN-Nutzung.

MEDIEN
Die größten Tageszeitungen sind die **Age** (www.theage.com.au) und das Boulevardblatt **Herald-Sun** (www.heraldsun.com.au).

ABSTECHER

DER CAMBERWELL MARKET
Auf dem **Camberwell Sunday Market** (www.camberwellsundaymarket.org; Market Pl, Camberwell; ☺ So 6.30–12.30 Uhr; ☒ Camberwell) werden die Melbourner ihren Trödel an Antiquitätenjäger los. Hier kann man super nach gebrauchten Schätzen wie Büchern oder (oft kaum getragenen) Secondhand-Klamotten sowie nach Kunsthandwerk und allerlei Kuriositäten stöbern.

MEDIZINISCHE VERSORGUNG
Bei Verdacht auf eine Vergiftung (z. B. durch Chemikalien, verdorbene Lebensmittel, Schlangen- oder Spinnenbisse) hilft das **Victorian Poisons Information Centre** (☎ 13 11 26; www. austin.org.au/poisons) mit Infos.

Apotheken
Mulqueeny Midnight Pharmacy (☎ 03-9510 3977; www.mulqueenypharmacy.com.au/prah ran; 416 High St, Prahran; ☺ 9–24 Uhr; ☒ 6)

Priceline (☎ 03-9663 4747; www.priceline. com.au; Melbourne Central, 300 Lonsdale St; ☺ Mo–Mi 8–19, Do & Fr 8–21, Sa & So 10–19 Uhr)

Tambassis Pharmacy (☎ 03-9387 8830; Ecke Brunswick & Sydney Rd, Brunswick; ☺ 8–24 Uhr; ☒ 19)

Victoria Market Pharmacy (☎ 03-9329 7703; www.victoriamarketpharmacy.com; 523 Elizabeth St; ☺ Mo–Fr 8–17.30, Sa 8–16, So 9.30–15.30 Uhr)

Kliniken
La Trobe Street Medical (☎ 03-9650 0023; Melbourne Central, 211 La Trobe St; ☺ Mo–Fr 8.30–17 Uhr; ☒ Melbourne Central)

QV Medical Centre (☎ 03-9662 2256; www. qvmedical.com.au; L1 QV, 292 Swanston St; ☺ Mo–Sa 9–17, So 10.30–17.30 Uhr)

Travel Doctor (TVMC; ☎ 03-9935 8100; www. traveldoctor.com.au; L2, 393 Little Bourke St; ☺ Mo–Mi & Fr 9–17, Do 9–20, Sa 9–13 Uhr)

Krankenhäuser
Royal Children's Hospital (☎ 03-9345 5522; www.rch.org.au; 50 Flemington Rd, Parkville; ☒ 57)

Royal Melbourne Hospital (☎ 03-9342 7000; www.thermh.org.au; 300 Grattan St, Parkville; ☒ 19, 55, 59)

POST
Die Website der sehr verlässlichen Australia Post (www.auspost.com.au) liefert aktuelle Infos zu Tarifen und Filialstandorten.

Melbourne GPO Post Shop (Karte S. 224; ☑13 13 18; www.auspost.com.au; 250 Elizabeth St; ☉Mo–Sa 8.30–17.30 Uhr; ☒19, 57, 59)

TOURISTENINFORMATION

Melbourne Visitor Centre (Karte S. 224; ☑03-9658 9658; www.thatsmelbourne.com. au; Federation Sq; ☉9–18 Uhr; ☎; ☒Flinders St) Hier gibt's umfassende Infos zu Melbourne und Victoria (u. a. auch für Reisende mit Handicap) sowie einen Buchungsschalter für Unterkünfte und geführte Touren. Hinzu kommen Ladeanschlüsse für Handys. 2017 zieht das Zentrum eventuell wegen Bauarbeiten um.

ⓘ An- & Weiterreise

Die meisten Touristen reisen über den Melbourne Airport an, von dem man mit Shuttlebussen und Taxis unkompliziert in die Stadt kommt. Außerdem gelangt man mit Fernzügen und -bussen und ab Tasmanien mit Fähren nach Melbourne. Im Großraum der Stadt gibt es auch zwei kleinere Inlandsflughäfen.

Flüge, Mietwagen und geführte Touren lassen sich online unter lonelyplanet.com/bookings buchen.

AUTO & MOTORRAD

Die direkteste Route zwischen Melbourne und Sydney ist der langweilige Hume Hwy (870 km). Der Princes Hwy entlang der Küste ist viel malerischer, aber eben auch deutlich länger (1040 km). Die Hauptroute nach Adelaide ist der Western/Dukes Hwy (730 km), wobei die Great Ocean Road die schönere und längere Alternative darstellt.

BUS

Der nördliche Teil der Southern Cross Station beherbergt das Terminal für Fernbusse. Hier gibt es Schalter aller großen Busfirmen und **Gepäckschließfächer** (☑03-9619 2588; www. southerncrossstation.net.au; Southern Cross Station, 99 Spencer St; 10–16 AU$/24 Std.; ☉während der Öffnungszeit des Bahnhofs).

Firefly (Karte S. 224; ☑1300 730 740; www. fireflyexpress.com.au; Southern Cross Station, 99 Spencer St) Nachtbusse nach/ab Sydney (65 AU$, 12 Std.), Wagga Wagga (65 AU$, 5¾ Std.), Albury (65 AU$, 3½ Std.), Ballarat (50 AU$, 1¾ Std.) und Adelaide (60 AU$, 9¾ Std.).

Greyhound (Karte S. 224; ☑1300 473 946; www.greyhound.com.au) Busse nach/ab Albury (55 AU$, 3½ Std.), Wagga Wagga (69 AU$, 6¼ Std.), Gundagai (75 AU$, 7¼ Std.), Yass (85 AU$, 8¼ Std.) und Canberra (88 AU$, 8 Std.).

V/Line (☑1800 800 007; www.vline.com.au) Bedient Korumburra (15 AU$, 2 Std.), Mansfield (29 AU$, 3 Std.), Echuca (29 AU$, 3 Std.) und andere Ziele innerhalb Victorias.

FLUGZEUG
Melbourne Airport (Tullamarine)

Der **Melbourne Airport** (MEL; ☑03-9297 1600; www.melbourneairport.com.au; Departure Rd, Tullamarine), rund 22 km nordwestlich vom Zentrum, ist der einzige internationale Flughafen und zugleich der größte Inlandsflughafen der Stadt. Er hat alle Einrichtungen, die man von einem Großflughafen erwartet, u. a. auch eine **Gepäckaufbewahrung** (☑03-9338 3119; www.baggagestorage.com.au; Terminal 2, internationale Ankunftshalle; 16 AU$/24 Std.; ☉5–0.30 Uhr).

In Tullamarine landen tagtäglich zahlreiche Maschinen aus aller Welt wie auch Flieger der Inlandsgesellschaften **Qantas** (☑13 11 31; www. qantas.com), **Jetstar** (☑131 538; www.jetstar. com), **Virgin Australia** (☑13 67 89; www.virgin-australia.com), **Tigerair** (☑1300 174 266; www. tigerair.com) und **Regional Express** (Rex; ☑131 713; www.rex.com.au).

Avalon Airport

Der **Avalon Airport** (☑03-5227 9100; www. avalonairport.com.au; 80 Beach Rd, Lara) liegt rund 55 km südwestlich der Innenstadt. **Jetstar** (s. oben) fliegt von hier nach Sydney und Brisbane.

Essendon Airport

Der **Essendon Airport** (MEB; ☑03-9948 9400; www.essendonairport.com.au; 7 English St, Essendon Fields; ☒59) war früher Melbournes internationaler Hauptflughafen. Er liegt nur 11 km nördlich vom Zentrum und wird heute nur noch von kleinen Inlandsgesellschaften genutzt:

Free Spirit Airlines (☑03-9379 6122; www. freespiritairlines.com.au) Nach/ab Merimbula und Burnie.

Jetgo (☑1300 328 000; www.jetgo.com) Nach/ab Port Macquarie, Dubbo und Brisbane.

Sharp Airlines (☑1300 556 694; www.sharp airlines.com) Nach/ab Flinders Island, King Island, Portland und Warrnambool.

SCHIFF/FÄHRE

Die Autofähre **Spirit of Tasmania** (Karte S. 220; ☑1800 634 906, 03-6419 9320; www.spiritoftasmania.com.au; Station Pier, Port Melbourne; einfache Strecke Erw./Auto ab 99/188 AU$) überquert mindestens einmal pro Nacht die Bass Strait zwischen Melbourne und Devonport auf Tasmanien (10 Std.). In der Hauptsaison verkehrt sie auch tagsüber.

ZUG

Die Southern Cross Station ist Melbournes Hauptbahnhof für Stadt- und Fernverbindungen.

Great Southern Rail (☑1800 703 357; www.greatsouthernrail.com.au) Betreibt den *Overland* zwischen Melbourne und Adelaide (149 AU$, 10½ Std., 2-mal wöchentl.).

NSW TrainLink (☏ 13 22 32; www.nswtrainlink. info) Zweimal täglich Verbindung nach/ab Sydney (92 AU$, 11½ Std.) via Benalla (24 AU$, 2¼ Std.), Wangaratta (34 AU$, 2½ Std.), Albury (47 AU$, 3¼ Std.) und Wagga Wagga (63 AU$, 4½ Std.).

V/Line (S. 254) Betreibt Victorias regionale Bahn- und Busnetze. Schickt u. a. Direktzüge nach Geelong (9 AU$, 1 Std.), Warrnambool (36 AU$, 3¾ Std.), Ballarat (15 AU$, 1½ Std.), Bendigo (22 AU$, 2 Std.) und Albury (38 AU$, 4 Std.).

ⓘ Unterwegs vor Ort

AUTO & MOTORRAD

Autofahren in Melbourne ist mitunter eine Herausforderung, da man sich die Straßen mit Straßenbahnen teilen muss:

➜ Bei Gleisverlauf in der Fahrbahnmitte dürfen haltende Bahnen nicht passiert werden, um ein- und aussteigende Passagiere nicht zu gefährden – auf Warnsignale achten!

➜ An vielen Kreuzungen im Stadtzentrum müssen sich Rechtsabbieger ganz links einordnen (Beschilderung „right turn from left only") und darauf warten, dass die Ampel auf der linken Kreuzungsseite grün wird. Dann ist in großem Bogen (hook turn) nach rechts abzubiegen. Das mag zwar der Intuition zuwiderlaufen, verhindert aber, dass man Straßenbahnen oder anderen Autos in die Quere kommt (Details unter www.vicroads.vic.gov.au).

Auto- & Wohnmobilvermieter

Die meisten Auto- bzw. Wohnmobilvermieter sind am Melbourne Airport sowie in der Stadt oder in zentralen Vororten vertreten.

Aussie Campervans (☏ 03-9317 4991; www. aussiecampervans.com)

Avis (☏ 03-8855 5333; www.avis.com.au)

Britz Australia (☏ 1300 738 087; www.britz. com.au)

Budget (☏ 1300 362 848; www.budget.com.au)

Europcar (☏ 1300 131 390; www.europcar. com.au)

Hertz (☏ 03-9663 6244; www.hertz.com.au)

Rent a Bomb (☏ 03-9428 0088; www.renta bomb.com.au; 452 Bridge Rd, Richmond; 🚌 48, 75)

Thrifty (☏ 1300 367 227; www.thrifty.com.au)

Travellers Autobarn (☏ 1800 674 374; www. travellers-autobarn.com.au) Autovermietung und -verkauf.

Carsharing

In Melbourne wird Carsharing u. a. von **Flexi Car** (☏ 1300 363 780; www.flexicar.com.au), **Go Get** (☏ 1300 769 389; www.goget.com. au) und **Green Share Car** (☏ 1300 575 878; www.greensharecar.com.au) angeboten. Die

Preise (pro Std./Tag ab 9/55 AU$) beinhalten jeweils das Benzin. Die einzelnen Firmen unterscheiden sich jedoch in puncto Anmeldegebühr (12–70 AU$) und Berechnungsmodell (Versicherungsbeiträge, Abrechnung pro Stunde und Kilometer). Schilder mit Aufschrift „Car Share" markieren Abstellflächen im Bereich der Innenstadt und der zentralen Vororte.

Mautpflichtige Straßen

Auto- und Motorradfahrer brauchen einen Melbourne Pass (Grundgebühr 5,50 AU$, zzgl. Maut und 0,75 AU$ pro Fahrzeug & Fahrt) für die beiden Mautstraßen der Stadt: Der **CityLink** (☏ 13 26 29; www.citylink.com.au) verbindet den Flughafen in Tullamarine mit dem Zentrum und den östlichen Vororten. Der **EastLink** (☏ 03-9955 1400; www.eastlink.com.au) verläuft zwischen Ringwood und Frankston. Die Gebühren sind spätestens drei Tage nach Streckenbenutzung zu bezahlen (online und telefonisch möglich); andernfalls wird ein Bußgeld fällig.

Bei manchen Mietwagen werden die Mautgebühren über spezielle Bordgeräte automatisch erfasst, bezahlt und dann auf die Endrechnung aufgeschlagen (beim Buchen nachfragen).

Parken

Die zumeist gebührenpflichtigen Parkplätze im Stadtzentrum werden besonders streng kontrolliert: Für ein Überschreiten der Parkzeit wird so gut wie sicher ein Bußgeld fällig. Richtig teuer wird's bei Missachtung der sogenannten Clearway Zones, den ausgeschilderten Parkverbotszonen am Straßenrand. In der Innenstadt gibt's viele Parkhäuser mit unterschiedlichen Tarifen. Motorradfahrer dürfen ihre Maschinen auf dem Bürgersteig abstellen, sofern dies nicht durch Schilder verboten wird.

FAHRRAD

➜ Routenkarten und Infos für Radler gibt's beim **Melbourne Visitor Centre** (S. 254) und beim **Bicycle Network** (☏ 03-8376 8888; www. bv.com.au).

➜ Es herrscht Helmpflicht.

➜ Normale Bikes können in Zügen mitgenommen werden (nur nicht im ersten Waggon), während in Straßenbahnen und Bussen nur Klappfahrräder erlaubt sind. Momentan läuft jedoch ein Pilotprojekt mit Radständern an den Frontseiten einiger Stadtbusse.

➜ **Melbourne Bike Share** (☏ 1300 711 590; www.melbournebikeshare.com.au; Tages-/ Wochengebühr 3/8 AU$) Das automatisierte Bikesharing-System mit Selbstbedienung besteht aus 52 hellblauen Verleihstationen in der ganzen Stadt (inkl. der zentralen Vororte und St. Kilda). Die Drahtesel eignen sich ideal für Kurztrips, da nach dem Bezahlen des Mitgliedsbeitrags (Kreditkarte und Kaution von 50 AU$ erforderl.) die erste halbe Stunde immer gratis ist. Schutzhelme sind nicht immer vorhanden, lassen sich aber für 5 AU$ bei Fahrradläden, 7-Eleven- und IGA-Filialen in ganz Melbourne ausleihen.

→ Gute Fahrradverleiher sind z. B. **Humble Vintage** (☎ 0424 619 262; www.thehumblevintage.com; 2 Std./Tag/Woche 25/35/90 AU$) oder **Rentabike** (S. 232).

VOM/ZUM FLUGHAFEN

Melbourne Airport Der **SkyBus** (Karte S. 224; ☎ 1300 759 287; www.skybus.com.au; Southern Cross Station, 99 Spencer St; Erw./Kind 18/9 AU$; ℝ Southern Cross) verbindet den Flughafen rund um die Uhr regelmäßig mit der Southern Cross Station. Weitere Busse fahren in andere Stadtteile Melbourne (z. B. St. Kilda).

Southern Cross Station Fernbusse und -züge steuern diesen Großbahnhof auf der Docklands-Seite des Stadtzentrums an. Hier besteht ständig Anschluss zu Regionalzügen, Stadtbahnen und -bussen.

Avalon Airport Liegt nahe der Nachbarstadt Geelong, ist aber durch **Sita Coaches** (☎ 03-9689 7999; www.skybus.com.au; Erw./Kind 22/10 AU$) mit der Southern Cross Station in Melbourne verbunden.

NAHVERKEHR
Bus

Melbournes großes Stadtbusnetz (über 300 Linien; Betriebszeit zumeist Mo–Fr 6–21, Sa 8–21, So 9–21 Uhr) bedient alle Ecken ohne Straßenbahn- oder Zuganschluss. Am Wochenende fahren Nachtbusse ab Mitternacht in viele Vororte.

Bezahlt wird per Myki Card. Auf der Website von **PTV** gibt's Fahrpläne, eine Streckenübersicht und einen Routenplaner.

Nahverkehrstickets & -pässe

Melbournes Busse, Straßenbahnen und Vorortzüge erfordern die **Myki Card**, die beim Einsteigen elektronisch ein- und beim Aussteigen wieder ausgebucht werden muss („touch on" bzw. „touch off"). Bei Kurzaufenthalten erweist sich dieses System für Touristen als recht unpraktisch, da man die Plastikkarte mit Chip kaufen (6 AU$) und mit Guthaben aufladen muss.

Am besten holt man sich die Variante **Myki Explorer** (15 AU$), deren Preis die Karte und unbegrenzte Fahrten für einen Tag beinhaltet. Zudem gibt's damit Rabatt bei diversen Sehenswürdigkeiten. Explorer-Karten sind bei SkyBus-Terminals, PTV-Verkaufszentren und manchen Hotels sowie im **Melbourne Visitor Centre** (S. 254) erhältlich, normale Myki Cards in 7-Eleven-Filialen oder Zeitungsläden.

Das Aufladen von Myki-Cards ist ebenfalls in 7-Eleven-Filialen und an den Myki-Automaten möglich, die an den meisten Bahnhöfen und manchen Straßenbahnhaltestellen im Stadtzentrum stehen. Auch online lässt sich das Guthaben aufstocken; allerdings ist dann mit einer gewissen Bearbeitungszeit zu rechnen. Man kann zwischen den Optionen **Myki Money** (Prepaid) und **Myki Pass** (41 AU$; unbegrenzte Fahrten an sieben Tagen) wählen. Darüber hinaus gibt es noch Pässe mit längerer Gültigkeit.

Bei Fahrten innerhalb des Stadtgebiets (Zone 1 und 2) bezahlen Inhaber von Prepaid-Pässen jeweils 4,10 AU$ für zwei Stunden; ein ganzer Tag kostet pauschal 8,20 AU$ (6 AU$ am Wochenende). Achtung: Wer ohne gültige bzw. aktivierte Myki Card erwischt wird, bezahlt ausnahmslos ein hohes Bußgeld – die dienstbeflissenen Kontrolleure sind absolut erbarmungslos!

Weitere Infos liefert die Website von **PTV** (Public Transport Victoria; ☎ 1800 800 007; www.ptv.vic.gov.au).

Straßenbahn

Melbournes Straßenbahnen prägen das Stadtbild und decken die ganze Stadt mit einem großen Netz ab. Tagsüber fahren sie etwa alle zehn Minuten (zur Hauptverkehrszeit häufiger), abends alle 20 Minuten. Sonntags bis donnerstags endet die Betriebszeit um 24 Uhr, freitags und samstags um 1 Uhr. Am Wochenende verkehren sechs Linien durchgängig.

In der ganzen Innenstadt können Straßenbahnen gratis benutzt werden. Alle Haltestellen, die zur kostenlosen Zone gehören, sind entsprechend gekennzeichnet. An Bord ertönen Durchsagen, wenn sich die Bahn der Zonengrenze nähert – mit dem Hinweis, dann entweder auszusteigen oder per Myki Card zu bezahlen. In Straßenbahnen ist das Ausbuchen (touch off) der Myki Card optional, da alle Fahrten in Zone 1 dasselbe kosten.

Auf der Website von **PTV** (www.ptv.vic.gov.au) gibt's Fahrpläne, eine Streckenübersicht und einen Routenplaner.

Zug

Melbournes Vorortzüge sind auf 17 Linien unterwegs (tagsüber meistens alle 10–20 Min., abends alle 20–30 Min.). Zentraler Knotenpunkt ist die Flinders Street Station. Die Züge verkehren werktags ab etwa 5 Uhr und enden sonntags bis donnerstags um 24 Uhr; freitags und samstags fahren sie durchgängig.

Bezahlt wird per Myki Card. Auf der Website von **PTV** gibt's Fahrpläne, eine Streckenübersicht und einen Routenplaner.

TAXI

Melbournes Taxis haben Taxameter. Zwischen 22 und 5 Uhr wird jedoch stets eine Prepaid-Pauschale veranschlagt; am Ziel muss man dann nachzahlen oder erhält Geld zurück. Eventuelle Mautgebühren kommen noch extra zum Fahrtpreis hinzu. Zu den größten Taxifirmen zählen

Silver Top (☑131 008; www.silvertop.com.au) und **13 Cabs** (☑13 22 27; www.13cabs.com.au). **Uber** (www.uber.com) steht auch in Melbourne zur Verfügung.

MORNINGTON PENINSULA

Die stiefelförmige Mornington Peninsula zwischen der Port Phillip und Western Port Bay ist seit den 1870er-Jahren die Sommerspielwiese der Melbourner – damals fuhren noch Raddampfer hinunter nach Portsea. Das meiste Ackerland im Inneren der Halbinsel ist nunmehr Reben und Obstplantagen gewichen. So kommen Feinschmecker sehr gerne hierher, wobei ein Mittagessen auf einem Weingut ein echtes Highlight darstellt. Dennoch gibt's in der Gegend bis heute schöne Ecken mit natürlichem Buschland.

Die ruhigen „vorderen" Strände liegen an der Port Phillip Bay; deren Küstenorte zwischen Mornington und Sorrento sind bei urlaubenden Familien sehr beliebt. Die rauen „hinteren" Strände am offenen Meer der Bass Strait sind von Portsea, Sorrento und Rye aus leicht zu erreichen. In dem Küstenabschnitt lädt vor allem der Mornington Peninsula National Park zu wunderbaren Wanderungen ein.

Dank der kurzen Distanz zwischen den Landspitzen der Bucht gelangt man per Fähre schnell von Sorrento nach Queenscliff (Bellarine Peninsula).

❶ Praktische Informationen

Peninsula Visitor Information Centre (☑1800 804 009, 03-5987 3078; www.visit morningtonpeninsula.org; 359b Nepean Hwy, Dromana; ☺9–17 Uhr) Die Touristeninformationen der Halbinsel übernimmt Buchungen von Unterkünften und geführten Touren. Zudem verteilen sie zahllose Broschüren.

❶ An- & Weiterreise

Am schnellsten zur Mornington Peninsula geht's über den mautpflichtigen Eastlink (M3) und den Peninsula Link, der zum Mornington Peninsula Fwy (M11) führt. In diese Hauptzufahrtsstraße zur Halbinsel mündet auch die Point Nepean Rd (B110). Alternativ folgt man dem Moorooduc Hwy und verlässt diesen dann zur Küstenstraße rund um die Port Phillip Bay.

Metlink-Züge verbinden Melbourne regelmäßig mit Frankston, Hastings und Stony Point. **Inter Island Ferries** (☑03-9585 5730; www. interislandferries.com.au; hin & zurück Erw./ Kind/Fahrrad 26/12/8 AU$) Fähren zwischen Stony Point und Cowes (via French Island). **Queenscliff–Sorrento Car & Passenger Ferries** (☑03-5257 4500; www.searoad.com. au; Fußgänger einfache Strecke Erw./Kind 11/8 AU$, Auto inkl. Fahrer einfache Strecke/ hin & zurück 64/118 AU$; ☺7–18 Uhr stündl., Jan. & lange Wochenenden 7–19 Uhr) Die Auto- und Passagierfähren zwischen Sorrento und Queenscliff transportieren auch Fahrräder über die Port Phillip Bay. **Ventura Bus Lines** (☑03-9786 7088; www. venturabus.com.au) Regionalbusse auf der ganzen Halbinsel.

Sorrento & Portsea

Schmucke Sandsteingebäude, zur Bucht bzw. dem offenen Meer zugewandte Strände und eine lebhafte Urlaubsatmosphäre im Sommer machen das historische Sorrento zur Perle der Mornington Peninsula. Eine britische Expedition aus Strafgefangenen, Marinesoldaten, Zivilbeamten und freien Siedlern gründete hier 1803 offiziell die erste europäische Siedlung auf Victorias Boden.

Das noble Örtchen Portsea an der äußersten Spitze der Landzunge ist gewissermaßen Victorias Pendant zu den Hamptons, wo sich viele von Melbournes reichsten Familien ein Anwesen am Meer errichtet haben. Die Hauptattraktionen für Touristen sind der benachbarte Point Nepean National Park und Tauchshops mit allerlei geführten Trips (z. B. Wracktauchen, Schnorcheln, Seekajaktouren, Robben- und Delphinbeobachtungen).

◉ Sehenswertes & Aktivitäten

Der ruhige Strand an der Bucht eignet sich gut für Familien; am Ufer können **Stand-Up-Paddling-Bretter** ausgeliehen werden. Im Felsenbecken am hinteren Strand können auch Kinder bei Ebbe sicher schwimmen und schnorcheln. Im Sommer wachen Rettungsschwimmer am Brandungsstrand. Der **Coppins Lookout** (Aufstieg 10 Min.) bietet eine schöne Aussicht.

★**Bayplay** TAUCHEN, WASSERSPORT (☑03-5984 0888; www.bayplay.com.au; 3755 Pt Nepean Rd; Tauchgänge 68–130 AU$) Der Tauchveranstalter ist Pflicht für Wassersportfans: Neben PADI-Kursen gibt's hier auch geführte Tauch- und Schnorcheltrips, bei denen man viele Meeresbewohner zu Gesicht bekommt. Am beliebtesten sind jedoch die **Seekajaktouren** (Erw./Kind 99/88 AU$) mit regelmäßigen Delfin- und Robbensich-

MELBOURNE & VICTORIAS KÜSTE SORRENTO & PORTSEA

MORNINGTON PENINSULA REGIONAL GALLERY

Die großartige **Mornington Peninsula Regional Gallery** (MPRG; ☏ 03-5975 4395; http://mprg.mornpen.vic.gov.au; Dunns Rd; Erw./Kind 4 AU$/frei; ⊙ Di–So 10–17 Uhr) zeigt neben wechselnden Ausstellungen auch eine ständige Sammlung mit modernen und zeitgenössischen Werken. Die Gemälde und Drucke stammen von australischen Künstlern wie Boyd, Tucker oder Whiteley. Die Führungen (Mi, Sa & So 15 Uhr) sind gratis.

tungen. Ebenfalls im Angebot sind Leihkajaks, geführtes Stand Up Paddling (75 AU$/ 2 Std.) und Segeltörns (ab 99 AU$).

Moonraker Charters　　　TIERBEOBACHTUNG
(☏ 03-5984 4211; www.moonrakercharters.com.au; Esplanade Rd; Sightseeing ab 45 AU$, Schwimmen mit Delphinen & Robben ab 135 AU$) Bei den Tour ab dem Sorrento Pier schwimmt man mit Delfinen und Robben.

🛏 Schlafen

Sorrento Foreshore Camping Ground　　　CAMPING $
(☏ 03-5950 1011; www.mornpen.vic.gov.au/activities/camping ; Nepean Hwy; Stellplatz ohne/mit Strom 26/40 AU$, Hauptsaison 41/48 AU$; ⊙ Okt.–Mai) Die hügeligen Stellplätze liegen im Busch zwischen dem Strand an der Bucht und der Hauptstraße nach Sorrento.

Hotel Sorrento　　　HOTEL $$
(☏ 03-5984 8000; www.hotelsorrento.com.au; 5–15 Hotham Rd, Sorrento; Zi. inkl. Frühstück Werktag/Wochenende ab 170/210 AU$; ❊☏) Das legendäre Hotel mit vielen verschiedenen Quartieren schlägt Kapital aus seinem berühmten Namen. Die reizenden Doppelzimmer und Familien-Apartments der Kategorie „On the Hill" punkten mit luftigen Wohnbereichen, großen Bädern und Privatbalkonen. Der Pub mit super Blick aufs Wasser ist immer gut für einen Drink.

🍴 Essen & Ausgehen

All Smiles　　　MODERN-AUSTRALISCH $$
(☏ 03-5984 5551; www.allsmiles.com.au/mornington-peninsula; 250 Ocean Beach Rd; Hauptgerichte 22–26 AU$; ⊙ Mi–So 9.30–14.30 Uhr) Buchstäblich an Sorrentos hinterstem Strand gibt's

anständiges Essen (z. B. Pizzas, Fish & Chips, Tintenfischsalat), vor allem aber eine grandiose Aussicht. Mit dem Frühstücksbuffet am Sonntag (Erw./Kind 20/12 AU$) kann man sich prima verwöhnen.

Acquolina Ristorante　　　ITALIENISCH $$
(☏ 03-5984 0811; 26 Ocean Beach Rd; Hauptgerichte 25–38 AU$; ⊙ Okt.–Nov. & März–Mai Mi–Mo 18–22 Uhr, Sommer tgl.) Mit seiner authentischen italienischen Küche hat das Acquolina die kulinarische Messlatte in Sorrento höher gelegt. Auf den Tisch kommt Hausgemachtes der schlichten und herzhaften Art (z. B. Pasta, Ravioli, unwiderstehliches Tiramisu). Dazu gibt's Grappa und selbst importierte Weine aus Italien.

Cakes & Ale Bistro　　　FRANZÖSISCH $$$
(☏ 03-5984 4995; www.cakes-and-ale.com.au; 100-102 Ocean Beach Rd; Hauptgerichte 29–45 AU$; ⊙ Mo–Fr 12–21, Sa & So 9–21 Uhr) Das fesche Restaurant beschert Sorrentos Hauptstraße eine dringend benötigte Dosis Klasse: Die saisonalen Zutaten stammen aus ganz Viktoria. Pflanzen, polierte Fußböden und unverputzte Steinwände zieren den attraktiven Speiseraum. Auf der französisch angehauchten Karte stehen z. B. Fisherman's Pot Pie, glasierte Entenkeulen aus Milawa oder Junggeflügel vom Grill. Zum Frühstück am Wochenende gibt's hochwertigen Kaffee von **Little Rebel** (☏ 0418 121 467; www.littlerebel.com.au; 22 Collins Rd, Dromana; ⊙ Mo–Fr 8–14 Uhr).

Portsea Hotel　　　PUB
(☏ 03-5984 2213; www.portseahotel.com.au; 3746 Point Nepean Rd; ☏) Der riesige Fachwerkbau von 1876 ist Portseas sozialer Mittelpunkt. Von der tollen Terrasse mit Rasenflächen schaut man auf die Bucht und den historischen Pier. Vor allem während der Polosaison tummeln sich hier die Schönen und Reichen, um zu sehen und gesehen zu werden. Den Sommer über finden regelmäßig DJ-Partys und andere Events statt. Der Pub beherbergt auch ein hervorragendes Bistro (Hauptgerichte 24–27 AU$) und altmodische **Gästezimmer** (☏ 03-5984 2213; www.portseahotel.com.au; 3746 Point Nepean Rd; EZ/DZ ohne Bad ab 75/145 AU$, mit Bad ab 135/180 AU$; ☏).

ℹ Praktische Informationen

Sorrento Beach Visitors Centre (☏ 03 5984 1478; www.visitmorningtonpeninsula.org; Ecke Ocean Beach Rd & George St; ⊙ 10–16 Uhr) An der Hauptstraße. Hier gibt's zahllose Broschüren; außerhalb der Öffnungszeiten steht ein Infoterminal mit Touchscreen zur Verfügung.

❶ An- & Weiterreise

Über den Eastlink (M3) und Mornington Peninsula Freeway (M11) sind Sorrento und Portsea von Melbourne aus in knapp zwei Fahrtstunden zu erreichen. Alternativ nimmt man ab Melbourne einen Zug zum Bahnhof Frankston, wo der Bus 788 nach Sorrento und Portsea fährt. **Fähren** (S. 257) schippern nach Queenscliff, das sich prima als Ausgangsbasis für das Erkunden der Bellarine Peninsula und Great Ocean Road eignet.

Point Nepean National Park

Der malerische **Point Nepean National Park** (📞 13 19 63; www.parkweb.vic.gov.au; Point Nepean Rd; ⊙ 8–17 Uhr) an der Westspitze der Halbinsel ist eine historische Stätte, die von den 1880er-Jahren bis 1945 eine wichtige Rolle bei Australiens Verteidigung spielte. Bemerkenswerterweise gaben die Alliierten hier im Ersten und Zweiten Weltkrieg jeweils ihre ersten Schüsse ab.

Der Nationalpark ist für seine herrliche Küstenlandschaft mit schönen Rad- und Wanderwegen bekannt. Ein großer Teil des Areals ist aber ein früherer Truppenübungsplatz und wegen nicht entschärfter Blindgänger nach wie vor für Besucher gesperrt.

Besichtigen kann man das **Fort Nepean** und die faszinierende **Quarantänestation** von 1852. Der historische Komplex diente bis 1979 zur gesundheitlichen Beobachtung von Schiffspassagieren. Heute ist er ein Museum mit interessanten Ausstellungen zur Lokalgeschichte. Unter den rund 50 Gebäuden sind z. B. ein **Krankenhaus** und eine **Wäscherei**.

WEINGÜTER AUF DER MORNINGTON PENINSULA

Die Weingüter der Halbinsel liegen vor allem in den Hügeln zwischen Red Hill und Merricks. Die meisten davon haben hervorragende Cafés oder Restaurants. Das **Visitor Centre** (S. 257) informiert über Touren durch diverse Güter. Die Website der **Mornington Peninsula Wineries & Region** (www.mpva.com.au) gibt einen Gesamtüberblick. Interessante Adressen:

Montalto (📞 03-5989 8412; www.montalto.com.au; 33 Shoreham Rd, Red Hill South; ⊙ Weinkeller & Café 11–17 Uhr, Restaurant Fr & Sa 12–15 & 18.30–23 Uhr) Eins der besten Weingutrestaurants der Halbinsel, bekannt für Pinot Noir und Chardonnay. Dazu gehören auch ein zwangloses Gartencafé mit Terrasse und ein toller Skulpturengarten.

Pier 10 (📞 03-5989 8849; www.pier10wine.com.au; 10 Shoreham Rd; Hauptgerichte 16–37 AU$; ⊙ Weinkeller 11–17 Uhr, Restaurant Do–So 12–14.30, Fr & Sa auch 18 Uhr–open end) Malerisches Boutique-Weingut in einem umgebauten Wellblechschuppen, der den Weinkeller und ein Restaurant mit Bistro-Küche beherbergt.

Port Phillip Estate (📞 03-5989 4444; www.portphillipestate.com.au; 263 Red Hill Rd, Red Hill South; 2-/3-gängige Menüs ab 68/85 AU$, Hauptgerichte im Weinkeller 15–22 AU$; ⊙ Weinkeller 11–17 Uhr, Restaurant Mi–So 12–15, Fr & Sa auch 18.30–21 Uhr) Das Gebäude des eindrucksvollen Weinguts erinnert an den Schlupfwinkel eines James-Bond-Schurken. Das Restaurant zählt zu den besten der Halbinsel. Bei super Aussicht warten dort Weinproben (5 AU$), eine Gourmetkarte und auch kleinere Gerichte.

Red Hill Estate (📞 03-5931 0177; www.redhillestate.com.au; 53 Shoreham Rd, Red Hill South; ⊙ Weinkeller 11–17 Uhr, Restaurant 12–17, Sa auch 18–21 Uhr) Hier kann man Pinots und Chardonnays probieren, die im kühlem Meeresklima gereift sind. Das renommierte Max's Restaurant stand 2017 kurz vor einer Generalrenovierung.

Ten Minutes By Tractor (📞 03-5989 6080; www.tenminutesbytractor.com.au; 1333 Mornington-Flinders Rd, Main Ridge; 5-/8-gängige Probiermenüs 114/144 AU$, 2-/3-gängige Menüs 69/92 AU$; ⊙ Weinkeller 11–17 Uhr, Restaurant Mi–So 12–15, Do–Sa auch 18.30–21 Uhr) Gehört zu den Top-Restaurants im ländlichen Victoria und hat die beste Weinkarte der Halbinsel. Der ungewöhnliche Name spielt auf die Tatsache an, dass die drei Weinberge jeweils zehn Traktor-Minuten voneinander entfernt liegen.

T'Gallant (📞 03-5931 1300; www.tgallant.com.au; 1385 Mornington-Flinders Rd, Main Ridge; Hauptgerichte 16–32 AU$; ⊙ Weinkeller 9–17 Uhr, Restaurant Mo–Fr 11.30–15, Sa & So 11–16 Uhr) Rustikale Trattoria mit leckeren Holzofenpizzas, Schweinswürstchen und selbst gemachter Lasagne. Im Keller können leckerer Pinot Gris und Prosecco gratis verkostet werden.

ℹ Praktische Informationen

Point Nepean Visitor Information Centre
(☑ 03-8427 2099; www.parkweb.vic.gov.au; Ochiltree Rd; ⊙10–17 Uhr) Hier gibt's Infos zum Nationalpark, Leihfahrräder (30,10 AU$/Tag), Routenkarten für selbst geführte Wanderungen und iPod-Audioguides (13,90 AU$). Von Portsea aus kann man zur Spitze der Halbinsel wandern oder radeln (hin & zurück 12 km). Die Alternative ist der Shuttlebus ab dem Visitor Centre (hin & zurück Erw./Kind 10/7,50 AU$, 10.30–16 Uhr alle 30 Min.), der unterwegs beliebiges Aus- und Zusteigen ermöglicht.

ℹ An- & Weiterreise

Genau gegenüber von Queenscliff und 112 km von Melbourne entfernt erstreckt sich der Point Nepean National Park an der äußersten Westspitze der Mornington Peninsula. Portsea liegt ca. 2 km weiter östlich.

Anreise mit öffentlichen Verkehrsmitteln ab Frankston: Bus 788 bis zur Endhaltestelle bei Portsea nehmen, von dort aus zum Visitor Centre laufen (1 km).

Mornington Peninsula National Park

Entlang eines schmalen Küstenstreifens wartet dieser Nationalpark zwischen Portsea und Cape Schanck mit den schönsten und wildesten Meeresstränden der ganzen Halbinsel auf: Klippen, Steilufer und donnernde Brandung prägen **Portsea, Sorrento, Blairgowrie, Rye, St. Andrews, Gunnamatta** und **Cape Schanck**. Landeinwärts reicht der Park bis zum Gebiet Greens Bush.

Seine spektakuläre Küste beglückt viele Surfer, Wanderer und Angler mit geheimen Lieblingsplätzen. Und wer will, kann von Portsea bis hinüber nach Cape Schanck wandern (26 km, 8 Std.).

Achtung: Schwimmen und Surfen an den Stränden kann lebensgefährlich sein – die starken Unter- und Brandungsrückströmungen fordern immer wieder Todesopfer. Daher im Sommer nur in den ausgeflaggten Bereichen bei Gunnamatta und Portsea ins Wasser gehen!

PHILLIP ISLAND

9406 EW.

Phillip Island ist berühmt für die Penguin Parade und die Rennstrecke des Motorcycle Grand Prix. Hier tummelt sich ein bunter Mix aus Surfern, Motorradfreaks und ausländischen Touristenscharen, die sich geradezu auf die Zwergpinguine stürzen.

Tief im Herzen ist Phillip Island immer noch eine Farmergemeinde. Die Inselflora und -fauna macht die Insel jedoch zu einer der beliebtesten Touristenattraktionen Victorias: So kann man nicht nur dem allabendlichen Landgang der Pinguine beiwohnen, sondern z.B. auch eine große Robbenkolonie und viele Vogelarten beobachten. An der schroffen Südküste gibt's ein paar tolle Surferstrände, zahlreiche Unterkünfte und diverse Attraktionen für Familien. Im Winter geht's auf Phillip Island dagegen sehr ruhig zu – dann widmen sich nur die Farmer, Surfer und Hippies ihren jeweiligen Beschäftigungen.

Die Insel war ursprünglich von den Boonwurrung besiedelt. Deren Meinung zum endlosen Strom von Pinguintouristen und Biker-Gangs über die San-Remo-Brücke wäre zweifellos interessant.

◉ Sehenswertes

★ Nobbies Centre & Boardwalk
AUSSICHTSPUNKT
(☑ 03-5951 2800; Summerlands) GRATIS Von dem spektakulären Aussichtspunkt am südwestlichen Zipfel der Insel schaut man auf die Felsformationen der **Nobbies** vor der Küste. Hier befindet sich auch das riesige **Nobbies Centre** mit einem Café, einem Souvenirshop, sensationellem Meerblick und dem Multimedia-Zentrum Antarctic Journey. Die **Promenade** vor dem Komplex schlängelt sich hinunter zu mehreren Aussichtspunkten mit Blick auf die Felsformationen. Vorbei an einem Spritzloch führt sie dann hinaus zu den Seal Rocks mit Australiens größter Pelzrobbenkolonie. Für Besucher ohne eigenen Feldstecher stehen dort Münzfernrohre zur Verfügung.

★ Penguin Parade
NATURSCHUTZGEBIET
(☑ 03-5951 2800; www.penguins.org.au; 1019 Ventnor Rd, Summerland Beach; Eintritt Erw./Kind/Fam. ab 25,10/12,50/62,70 AU$, unterirdische Beobachtung 60/30/150 AU$; ⊙9.30 Uhr–Sonnenuntergang, Pinguine kommen bei Sonnenuntergang) Pro Jahr bewundern hier über 500 000 Besucher die kleinsten und wohl niedlichsten Pinguine der Welt: die Zwergpinguine (*Eudyptula minor*). Die Betontribünen des Hauptkomplexes fassen bis zu 3800 Zuschauer. Diese beobachten kurz nach Sonnenuntergang, wie die kleinen Gesellen an Land gehen und zu ihren Nestern watscheln. Den besten

Blick auf die Vögel bieten die Logenplätze, die VIP-Plattformen und der unterirdische Beobachtungsbereich; im Sommer unbedingt frühzeitig reservieren!

Antarctic Journey NATURZENTRUM
(☑ 03-5951 2800; www.penguins.org.au/attractions/recreational-areas/the-nobbies; 1320 Ventnor Rd, Nobbies Centre, Summerlands; Erw./Kind/Fam. 18/9/45 AU$; ⊙ 9–17 Uhr) Das topmoderne Multimedia-Zentrum am südwestlichen Zipfel der Insel widmet sich den Gewässern zwischen Australien und der Antarktis. Die interaktiven Ausstellungen mit coolen Simulationen auf Großbildschirmen sind äußerst lehrreich. Das Zentrum im Nobbies Centre (S. 260) ist fünf Autominuten von der Penguin Parade entfernt. Idealerweise besucht man es nachmittags und fährt dann zu den Pinguinen weiter.

Koala Conservation Centre ZOO
(☑ 03-5951 2800; www.penguins.org.au; 1810 Phillip Island Rd, Cowes; Erw./Kind/Fam. 12,50/6,25/31,25 AU$; ⊙ 10–17 Uhr, Sommer längere Öffnungszeiten) Auf der Insel gibt's nur noch 20 bis 30 wildlebende Koalas. In diesem Zoo bekommt man die pelzigen Beuteltiere aber garantiert zu Gesicht: Von Baumwipfelstegen und Fußwegen aus können Besucher die Tiere hier z. B. beim Schlafen – das machen sie bis zu 20 Stunden pro Tag! – oder Fressen von Eukalyptusblättern beobachten.

🏃 Aktivitäten

Phillip Island Grand Prix Circuit MOTORSPORT
(☑ 03-5952 9400; Back Beach Rd) Auch wenn keine Motorradrennen stattfinden, sind Motorsportfans ganz wild auf den Grand Prix Motor Racing Circuit. Das Visitor Centre veranstaltet **Rennstreckenführungen** (☑ 03-5952 9400; www.phillipislandcircuit.com.au; Back Beach Rd; 1-stündige Führungen Erw./Kind/Fam. 25/15/60 AU$; ⊙ Führungen 14 Uhr). Interessant ist auch das **History of Motorsport Museum** (☑ 03-5952 9400; www.phillipislandcircuit.com.au; Back Beach Rd; Erw./Kind/Fam. 17,50/8,50/42 AU$; ⊙ 9–17.30 Uhr). Zusammen mit Profi-Rennpiloten können Wagemutige in aufgemotzten V8-Boliden selbst über den Kurs preschen (360 AU$; Reservierung erforderl.). Wer's etwas zahmer mag, umrundet bei **Phillip Island Circuit Go Karts** (☑ 03-5952 9400; www.phillipislandcircuit.com.au; Back Beach Rd; pro 10/20/30 Min. 35/60/80 AU$; ⊙ 9–17.30 Uhr, Sommer längere Öffnungszeiten) einen maßstabsgetreuen Streckennachbau mit dem Gokart.

 Geführte Touren

Wild Ocean
Eco Boat BOOTSFAHRT, TIERBEOBACHTUNG
(☑ 03-5951 2800; www.penguins.org.au; Cowes od. Rhyll Jetty; Adventure Tour pro Pers. Erw./Kind/Fam. 85/65/235 AU$, Island Discovery 130/75/345 AU$, Shearwater Sunset 65/49/179 AU$; ⊙ Dez.–April Adventure Tour 15 Uhr, Island Discovery 11 Uhr, Nov.–April Shearwater Sunset 19.15–20.30 Uhr) Diese Bootstouren besuchen verschiedene Attraktionen der Insel, u. a. die Pelzrobbenkolonie an den Seal Rocks oder spektakuläre Felsformationen entlang der malerischen Küste. Bei den Sonnenuntergangstrips werden Sturmtaucher beobachtet, die zu ihren Nestern oben auf den Klippen zurückkehren.

Go West TAGESTOUR
(☑ 03-9485 5290; www.gowest.com.au; Touren 135 AU$/Pers.) Die Tagesausflüge ab Melbourne beinhalten den Eintritt zur Penguin Parade, ein Mittagessen, Tierbeobachtungen und eine Weinprobe. In den Bussen gibt's WLAN und mehrsprachige Kommentare per iPod.

✯✯ Feste & Events

Australian Motorcycle
Grand Prix MOTORSPORT
(☑ 1800 100 030; www.motogp.com.au) Der größte Event vor Ort ist dieses Motorradrennen auf einem der schönsten Kurse der internationalen MotoGP. Während der drei Renntage (meistens im Okt.) steigt die Zahl der Inselbewohner von 8000 auf über 150 000.

🛏 Schlafen

⭐ **Island Accommodation YHA** HOSTEL $
(☑ 03-5956 6123; www.theislandaccommodation.com.au; 10–12 Phillip Island Rd, Newhaven; B 27–50 AU$, DZ 99–155 AU$; @ 🏃) 🅿 Das große und sehr umweltbewusste Hostel wurde gezielt für Backpacker errichtet. Auf allen Stockwerken gibt's geräumige Aufenthaltsbereiche mit Tischtennisplatten, PlayStations und gemütlichen offenen Kaminen für den Winter. Die Aussicht von der Dachterrasse ist sensationell. Die günstigsten Schlafsäle bieten jeweils Platz für zwölf Personen. Die Doppelzimmer entsprechen Motelstandards. Mit den Leihfahrrädern (20 AU$/Tag) kann man auf dem Radweg vor dem Haus bis nach Cowes kurven.

Cowes Caravan Park CAMPING $
(☑ 03-5952 2211; www.cowescaravanpark.com.au; 164 Church St, Cowes; Stellplatz ab 40 AU$, Hütte 90–130 AU$; ❀🏃) Ideal für Camping am

Strand: Rund 1 km außerhalb von Cowes warten hier diverse Stellplätze und Hütten mit eigenen Bädern (plus Klimaanlage und Meerblick in den teureren Varianten).

Phillip Island Glamping
CAMPING $$

(📱0404 258 205; www.phillipislandglamping.com.au; Mietzelt DZ Werktag/Wochenende ab 120/140 AU$) Kein gewöhnliches Camping: Hier bucht man einen Stellplatz auf einem der hiesigen Campingplätze. Das Team des Anbieters errichtet dann bis zur Ankunft ein Rundzelt mit Vollausstattung (inkl. Matratze, Bettzeug, Handtücher, Heizofen, Digitalradio, Tisch, Stühle, Kühlbox, Kochausrüstung). Nach der Abreise wird alles wieder aufgeräumt und abgebaut – perfekt für Faulpelze!

★ Clifftop
BOUTIQUEHOTEL $$$

(📱03-5952 1033; www.clifftop.com.au; 1 Marlin St, Smiths Beach; DZ 235–290 AU$; ❄🐾) Das Clifftop oberhalb vom Smiths Beach ist das wohl beste Domizil auf Phillip Island. Die sieben modernen Luxussuiten haben kuschelige Betten und eine elegante Einrichtung; im Obergeschoss punkten vier davon mit Meerblick und eigenen Balkonen. Die Zimmer im Untergeschoss grenzen an einen Garten.

★ Glen Isla House
BOUTIQUEHOTEL $$$

(📱03-5952 1882; www.glenisla.com; 230 Church St, Cowes; DZ/Suite ab 255/355 AU$; ❄🐾) Das großartige Boutiquehotel in einem renovierten Bauernhof von 1870 mit Nebenbauten zählt zu den besten Quartieren der Insel. Altmodischer, dezenter Luxus geht hier mit modernen Extras wie großen Plasmafernsehern einher. Das 0,8 ha große Gelände mit zauberhaftem Garten liegt nur fünf Gehminuten vom Strand entfernt. Keine Kinder unter zwölf Jahren.

🍴 Essen

BEANd
CAFÉ $

(📱0407 717 588; www.beand.com.au; 157 Marine Pde, Shop 4; Frühstück 8–15 AU$; ⏱Do–Di 7–16 Uhr) An der Brücke nach Phillip Island liegt dieses freundliche kleine Café mit eigener Rösterei, die sortenreine Bohnen aus ganz Afrika, Asien und Lateinamerika verarbeitet. Ergebnis sind hervorragende Kaffeegetränke (z. B. Espresso, Filterkaffee oder aus der AeroPress-kanne). In belebter Atmosphäre gibt's hier außerdem den ganzen Tag über Frühstück und mittags Burger.

Cape Kitchen
MODERN-AUSTRALISCH $$

(📱03-5956 7200; www.thecapekitchen.com.au; 1215 Phillip Island Rd, Newhaven; Frühstück ab 19 AU$, Mittagessen 27–48 AU$; ⏱Fr–Mo 8.30–16.30 Uhr) An Fensterplätzen mit weitem Meerblick labt man sich hier morgens an Köstlichkeiten wie Sauerteigbrötchen mit Rührei und selbst geräuchertem Lachs. Mittags gibt's z. B. Forelle vom Holzkohlegrill, rotes Curry mit Muscheln aus Gippsland oder Gemeinschaftsteller mit gerösteter Lammschulter à la South Gippsland.

ℹ Praktische Informationen

Phillip Island Visitor Information Centre (📱1300 366 422; www.visitphillipisland.com; 895 Phillip Island Tourist Rd, Newhaven; ⏱9–17 Uhr, Schulferien 9–18 Uhr; 📶) Das größte Visitor Center der Insel hat ein Wandregal voller Broschüren und Karten. Zudem verkauft es Tickets für die Penguin Parade und Sightseeing-Pauschalpakete, mit denen man ordentlich spart. Obendrein gibt's Gratis-WLAN und einen extrem hilfreichen Buchungsservice für Unterkünfte.

Cowes Visitor Information Centre (📱1300 366 422; www.visitphillipisland.com; Ecke Thompson & Church St, Cowes; ⏱9–17 Uhr) Alternative zum Infozentrum in Newhaven.

ℹ An- & Weiterreise

Phillip Island liegt ca. 140 km von Melbourne entfernt. Per Auto ist die Insel nur über die Brücke zwischen San Remo und Newhaven zu erreichen. Ab Melbourne nimmt man den Monash Fwy (M1) bis Pakenham und folgt dann ab Koo Wee Rup dem South Gippsland Hwy.

Fußgänger und Radfahrer können die Fähre von Stony Point nach Cowes nehmen.

Auf der Insel selbst geht's schnell und problemlos per Auto oder Fahrrad voran: Von Cowes aus sind es jeweils nur 15 Fahrtminuten bis zur Penguin Parade oder Rennstrecke.

Nutzer öffentlicher Verkehrsmittel müssen auf eine Kombination aus Zug und Bus zurückgreifen. Ab der Southern Cross Station in Melbourne fahren pro Tag etwa acht V/Line-Züge nach Cowes – entweder über Koo Wee Rup (14,40 AU$, 2½ Std.) oder über Dandenong (3½ Std.).

Inter Island Ferries (www.interislandferries.com.au; Cowes Jetty; einfache Strecke Erw./Kind 13/6 AU$; ⏱Mo–Do 8.30–20.15, Sa & So 8.30–17.30 Uhr) Betreibt Fähren von Stony Point (Mornington Peninsula) über French Island nach Cowes (Sa–Do 3-mal tgl., Fr 4-mal tgl., 45 Min.).

GREAT OCEAN ROAD

Die Great Ocean Road (B100) ist eine der berühmtesten Autorouten Australiens: Unterwegs passiert man erstklassige Surfspots,

WANDERN ENTLANG DER GREAT OCEAN ROAD

Der herrliche **Great Ocean Walk** (www.greatoceanwalk.com.au) führt von der Apollo Bay zu den Twelve Apostles. Während der mehrtägigen Wanderung durch verschiedene Landschaften läuft man an spektakulären Steilkanten entlang, erkundet einsame Strände und durchquert den bewaldeten Otway National Park.

Wanderer können an einer Stelle losmarschieren und sich anderswo wieder per Shuttle abholen lassen; öffentliche Verkehrsmittel stehen jedoch kaum zur Verfügung. Es können auch nur Teilabschnitte der 104 km langen Route absolviert werden, für die man insgesamt acht Tage einplanen sollte. Die ausgewiesenen Zeltplätze entlang des Great Ocean Walk sind registrierten Wanderern vorbehalten. Benutzer müssen Zelt und Kochausrüstung (offenes Feuer verboten!) selbst mitbringen. Alternativ stehen unterwegs viele komfortablere Quartiere von luxuriösen Lodges bis hin zu Wohnwagenparks zur Verfügung. Umfassende Infos gibt's auf der Website unter FAQ.

Walk 91 (☑ 03-5237 1189; www.walk91.com.au; 157–159 Great Ocean Rd, Apollo Bay; 3-tägige Wanderungen mit 4 Übernachtungen 800 AU$/Pers.) kümmert sich um Planung, Leihausrüstung, Anreise und den Gepäcktransport zum Endziel.

---

steile Kalksteinklippen, ruhige Küstenorte, Milchfarmen, Heidegebiete und Regenwälder mit Baumwipfeln voller Koalas. Und kommt dabei immer wieder ganz dicht an die donnernden Wellen des Südlichen Ozeans heran.

Einsame Strände oder Leuchttürme zwischen den Ortschaften und das Hinterland der Otways mit seinen dichten Eukalyptuswäldern bieten prima Möglichkeiten, um den Touristenscharen zu entkommen. Statt einer direkten Fahrt zur Great Ocean Road empfiehlt sich ein langer und lässiger Abstecher über Geelong: Dabei geht's über die Bellarine Peninsula, wo Weingüter und das zauberhafte Queenscliff warten.

Tagesausflügler aus Melbourne halten sich nicht einmal zwölf Stunden in der Gegend auf. Idealerweise verbringt man hier aber mindestens eines Woche.

Geelong

210 875 EW.

Das stolze Geelong mit seiner interessanten Geschichte ist Victorias zweitgrößte Stadt mit sehr charmanten Facetten. Etliche Melbourner bezeichnen ihre kleine Nachbarstadt abfällig als Kuhkaff. Doch in Wirklichkeit hat kaum einer der Nörgler einmal Geelongs wahren Charakter abseits der Hauptstraße kennengelernt. Dank des neuen Bypass (Umgehungsstraße) kann man nun um die Stadt herum und direkt zur Great Ocean Road fahren – es gibt aber viele gute Gründe für einen Zwischenstopp:

Geelongs funkelnde Promenade entlang der Corio Bay grenzt an das Stadtzentrum, wo historische Gebäude vom Höhepunkt des Goldrauschs und der Wollindustrie zeugen. Diese beherbergen heute schicke Restaurants und Bars. Geelong ist außerdem eine Football-Hochburg und steht voll hinter seinem AFL-Team, den Cats.

⊙ Sehenswertes

Geelong Waterfront

UFERPROMENADE

(Beach Rd) Geelongs funkelnde Uferpromenade mit renovierten Gebäuden lädt zum Bummeln ein: Neben vielen Restaurants auf malerischen Piers warten hier historische Wahrzeichen, ein Karussell aus dem 19. Jh., Skulpturen, prachtvolle Wohnhäuser, Badestellen, Spielplätze und Rasenflächen, auf den man toll picknicken kann. Angenehme Abkühlung im Sommer verspricht der **Eastern Beach** mit einem Art-déco-Badepavillon, Sprungbrettern, einer Sonnenterrasse und einem Planschbecken für Kinder. Die berühmten **Baywalk Bollards** (über 100 bemalte Hafenpoller) entlang der ganzen Promenade stammen von Jan Mitchell.

Geelong Art Gallery

GALERIE

(☑ 03-5229 3645; www.geelonggallery.org.au; 55 Little Malop St; ⊙ 10–17 Uhr) **GRATIS** Die Galerie beherbergt mehr als 6000 Werke, darunter Meisterwerke der australischen Malerei, z. B. *View of Geelong* von Eugene von Guérard und *A Bush Burial* (1890) von Frederick Mc-Cubbins. Ausgestellt sind auch zeitgenössische Werke. Sonntags um 14 Uhr gibt es kostenlose Führungen.

National Wool Museum

MUSEUM

(☑ 03-5272 4701; www.geelongaustralia.com.au/nwm; 26 Moorabool St; Erw./Kind/Fam. 9/5/30 AU$; ⊙ Mo–Fr 9.30–17, Sa & So 10–17 Uhr) Das

GREAT OCEAN ROAD CHOCOLATERIE & ICE CREAMERY

Diese **Schokoladenfabrik** (☑ 03-5263 1588; www.gorci.com.au; 1200 Great Ocean Rd, Bellbrae; ☉ 9–17 Uhr) außerhalb von Anglesea (11 km) stoppt zuverlässig Kindergequengel à la „Wann sind wir endlich da?" Der große Komplex am Straßenrand produziert Pralinen, Schokolade (Tipp: Die Bush-Tucker-Sorten) und Eiscreme in 20 Sorten. Außerdem gibt's hier ein Café und Kurse in der Schokoladenherstellung (ab 40 AU$; online reservieren), die an den meisten Samstagen im Jahr stattfinden.

Museum ist interessanter, als es zunächst scheint: Es beleuchtet die Bedeutung der Wolle in der wirtschaftlichen, sozialen und architektonischen Entwicklung Geelongs. Viele der prächtigen Gebäude in dem Gebiet dienten früher als Wolllager, darunter auch das 1872 erbaute Basaltgebäude, in dem heute dieses Museum untergebracht ist. Zu sehen sind u. a. eine Maschine zur Herstellung von Strümpfen und ein großer Axminster-Teppichwebstuhl von 1910, der einmal pro Stunde angeworfen wird.

Old Geelong Gaol HISTORISCHES GEBÄUDE
(☑ 03-5221 8292; www.geelonggaol.org.au; Ecke Myers & Swanston St; Erw./Kind/Fam. 10.5/22 AU$; ☉ Sa & So 13–16 Uhr, während der Schulferien tgl.) Das 1849 aus Basalt erbaute HSM Prison Geelong wird seit 1991 zwar nicht mehr als Gefängnis genutzt, ist aber so furchterregend wie eh und je. Man sieht die über drei Ebenen verteilten düsteren Zellen, sowie den Duschblock, die Wachtürme und die Galgen. Zu jedem Exponat gibt es erläuternde Tonaufnahmen, z. B. über sichergestellte selbst gebaute Waffen oder zu ehemaligen Zelleninsassen wie Chopper Read (Zelle 39). Es finden auch **Geisterführungen** (☑ 1300 865 800; www.twistedhistory.net.au; Erw./Kind 33/22 AU$) statt.

Boom Gallery GALERIE
(☑ 0417 555 101; www.boomgallery.com.au; 11 Rutland St, Newtown; ☉ Mo–Sa 9–16 Uhr) GRATIS Die Galerie an einer Straße im Industriegebiet abseits der Pakington St zeigt in einem Lagerhaus einer alten Wollfabrik zeitgenössische Werke von Künstlern aus Melbourne und der Gegend. Sie verkauft tolle Designerobjekte und Schmuck. Im Café gibt's fantastischen Kaffee und saisonal wechselnde Speisen.

Narana Aboriginal Cultural Centre KULTURZENTRUM
(☑ 03-5241 5700; www.narana.com.au; 410 Torquay Rd, Grovedale; ☉ Mo–Fr 9–17, Sa 10–16 Uhr, Café Mo–Fr 8–16, Sa 8–15 Uhr, Kunstgalerie Di–Sa, Mo nach Vereinbarung) GRATIS Geelongs ursprüngliche Bewohner, die indigenen Wathaurung, nannten die Gegend „Jillong". Dieses Kulturzentrum am Stadtrand gibt faszinierende Einblicke in ihre Kultur. Es ist allerlei geboten: Eine **Galerie** zeigt Victorias größte indigene Kunstsammlung. Die Fusion-Küche des **Hauscafés** kombiniert moderne Rezepte mit indigenen Zutaten. Besucher können bei Vorführungen Didgeridoos lauschen, selbst auf den Instrumenten spielen und Bumerangs werfen. Und im Naturgarten (Zugang gegen Spende) tummeln sich Emus, Wallabys und Koalas. Infos zu den täglichen Führungen können telefonisch erfragt werden.

🛏 Schlafen

Irish Murphy's HOSTEL $
(☑ 03-5221 4335; www.irishmurphysgeelong.com.au; 30 Aberdeen St, Geelong West; B/EZ/DZ mit Gemeinschftsbad 40/50/80 AU$, DZ mit eigenem Bad 60 AU$; P 🛜) Geelongs einziges Hostel ist gut geführt und hat saubere Schlafsäle, in denen zumeist zur zwei Betten stehen. Der belebte Irish Pub im Stockwerk darunter gewährt Herbergsgästen einen Rabatt von 20 % aufs Essen und gibt beim ersten Pint gratis einen Haarschnitt mit dazu (nur Do). Das Stadtzentrum, die Pakington St und der Bahnhof liegen jeweils einen kurzen Fußmarsch entfernt.

⭐ **Devlin Apartments** APARTMENTS $$
(☑ 03-5222 1560; www.devlinapartments.com.au; 312 Moorabool St; Zi. 160–500 AU$; ✴ 🛜) Die Boutique-Apartments in einem denkmalgeschützten Gebäude von 1926 (die frühere Gordon Tech School) sind Geelongs stilvollste Unterkünfte. Jedes davon folgt einem von drei Motiven: Das „New Yorker" punktet mit Loft-Stil und Bogenfenstern, das „Modernist" steht für eine Einrichtung mit dänischen Designerstühlen und das „Industrial" bietet Schmiedeeisen, rustikales Holz und gekachelte Bäder. Alternativ gibt's hier auch Motelzimmer.

🍴 Essen

Hot Chicken Project US-AMERIKANISCH $
(☑ 03-5221 9831; 84a Little Malop St; Hauptgerichte ab 16 AU$; ☉ 12–22 Uhr) Das gemütliche und einladende Diner passt perfekt an die Little

Malop St. Spezialität des Hauses ist authentisches Hähnchen à la Nashville (u. a. Wings, helles oder dunkles Fleisch) in verschiedenen Schärfegraden. Am pikantesten ist das Evil Chicken mit Krautsalat oder Rübengemüse. Wer kein Geflügel mag, kann scharf gewürzten Fisch oder Tofu bestellen.

Tulip
MODERN-AUSTRALISCH $$
(☑03-5229 6953; www.tuliprestaurant.com.au; 9/111 Pakington St, Geelong West; kleine/große Gerichte ab 18/22 AU$; ⏱Mi–Sa 12–14.30 & Mo–Sa 17.30 Uhr–open end) In Geelong gibt's nur zwei Restaurants mit Gault-Millau-Mützen. Eins davon ist das unscheinbare Tulip an der „Pako" St. Auf den Tisch kommt hier kreative kleine Gerichte und große Gemeinschaftsteller. Serviert werden z. B. indigene Speisen wie Känguru-Tatar mit Pfefferbeerenöl, spanisch gepökelter Keulenschinken, ganze Lammschulter oder pochierte Meerforelle mit gegrillten Erbsen und Muscheln.

★IGNI
MODERN-AUSTRALISCH $$$
(☑03-5222 2266; www.restaurantigni.com; Ryan Pl; 5/8 Gänge 100/150 AU$; ⏱Do & So 18–22, Fr & Sa 12–14.30 & 18–22 Uhr) Die neueste Eröffnung des gefeierten Küchenchefs Aaron Turner aus Geelong ist bei Gourmets aus Melbourne schwer angesagt. Die ständig wechselnden Probiermenüs zum Festpreis kombinieren indigene Zutaten (z. B. Melde, Austernpflanze, Großer Australkrebs, Täubchen) mit europäischen Aromen. Die Grillkohle stammt vom Marri- und Mugga-Eukalyptus.

🍷 Ausgehen & Nachtleben

★Cartel Coffee Roaster
CAFÉ
(☑03-5222 6115; www.coffeecartel.com.au; 180 Little Malop St; sortenreiner Kaffee 4,50 AU$; ⏱Mo–Do 7–17, Fr 7–17.30, Sa 7–14, So 9–14 Uhr) Die schicke Rösterei an der beliebten Little Malop St profitiert kräftig von Australiens „dritter Kaffeerevolution". Der Inhaber bezieht seine sortenreinen Bohnen direkt von Kleinplantagen in ganz Afrika, Asien und Lateinamerika. Das erlesene Ergebnis seiner Mühe wird exquisit geröstet und gebraut.

★Little Creatures & White Rabbit
BRAUEREI
(☑Little Creatures 03-5202 4009, White Rabbit 03-5202 4050; www.littlecreatures.com.au; Ecke Fyans & Swanston St; Hauptgerichte 16–28 AU$; ⏱Mo & Di 11–17, Mi–Fr 11–21, Sa 8–21, So 8–17 Uhr; ☎) Eine riesige Spielwiese für Bierfans: Die beiden eigenständigen, renommierten Brauereien teilen sich Räumlichkeiten in der historischen Wollspinnerei aus rotem Backstein. Das **Little Creatures** mit riesigem Innen- und Außenbereich ist vergleichsweise größer und belebter. Das **White Rabbit** (2015 von Healesville hierher umgezogen) präsentiert sich eher im „Boutique-Look"; hier kann man sich recht elegant zwischen Braukesseln ein, zwei Gläser genehmigen.

☆ Unterhaltung

Barwon Club
LIVEMUSIK
(☑03-5221 4584; www.barwonclub.com.au; 509 Moorabool St; ⏱11 Uhr–open end) Das Barwon ist seit Langem die wichtigste Livemusik-Location in Geelong und hat Größen wie Magic Dirt, Bored! und Warped, wichtige Bands in der „Geetroit"-Rockszene, hervorgebracht. Man kann aber nicht nur lokalen und internationalen Bands lauschen, sondern auch einfach nur ein Bierchen trinken.

Kardinia Park
AUSTRALIAN FOOTBALL
(Simonds Stadium; ☑03-5224 9111; www.kardiniapark.vic.gov.au; 370 Moorabool St, South Geelong; Tickets ab 25 AU$) Das kürzlich renovierte Footballstadion hat nun Flutlichttürme und ist heiliger Boden für Geelongs Einwohner: Im Winter wird hier kräftig das AFL-Team der „Cats" angefeuert.

❶ Praktische Informationen

INTERNETZUGANG
Geelong Library (www.grlc.vic.gov.au; 51 Little Malop St; ⏱Mo–Fr 8.30–17 Uhr; ☎) Ein moderner Bau in Ei-Form beherbergt Geelongs

---

❶ TOUREN ENTLANG DER GREAT OCEAN ROAD

Go West Tours (☑03-9485 5290; www.gowest.com.au; Tagestouren 130 AU$) Eintägige Busrundfahrten ab Melbourne, die den Bells Beach, die Otways (inkl. Koalas) und die Twelve Apostles besuchen. An Bord gibt's Gratis-WLAN.

Otway Discovery Tour (☑03-9629 5844; www.greatoceanroadtour.com.au; 1-/2-/3-tägige Touren 109/289/380) Sehr erschwingliche Touren auf der Great Ocean Road (2-/3-tägige Variante inkl. Phillip Island/Grampians).

Ride Tours (☑1800 605 120, 0427 180 357; www.ridetours.com.au; Touren 210 AU$) Zweitägige Minibustrips auf der Great Ocean Road (inkl. Essen und einer Übernachtung in Schlafsälen).

Great Ocean Road & Südwestküste Victorias

neue Bibliothek mit gutem Büchersortiment und Gratis-WLAN (24 Std.).

TOURISTENINFORMATION

National Wool Museum Visitor Centre (www.visitgreatoceanroad.org.au; 26 Moorabool St; ⌚9–17 Uhr; 📶) Geelongs größte Touristeninformation bietet Gratis-WLAN und Broschüren zur Stadt, zur Bellarine Peninsula und zu den Otways. An der Geelong Rd unterhält sie ein separates **Visitor Centre** (☎03-5283 1735; www.visitgreatoceanroad.org.au; Princes Hwy, Tankstelle bei Little River; ⌚9–17 Uhr) für Besucher, die direkt zur Great Ocean Road fahren. Und ein kleiner **Kiosk** (Geelong Waterfront; ⌚9–17 Uhr) steht an der Uferpromenade.

ℹ An- & Weiterreise

AUTO & MOTORRAD

Die 25 km lange Geelong Ring Road (alias Geelong Bypass; Corio–Waurn Ponds) führt komplett um die Stadt herum. Dabei zweigen mehrere Ausfahrten von der linken Fahrspur in Richtung Princes Hwy (M1) und Zentrum ab – rechtzeitig und richtig einordnen!

BUS

Gull Airport Service (☎03-5222 4966; www.gull.com.au; 45 McKillop St; ⌚Büro Mo–Fr 9–17, Sa 10–12 Uhr) Verbindet Geelong mit dem Melbourne Airport (Erw./Kind 32/20 AU$, 1¼ Std., 14-mal tgl.). Die Busse starten im Stadtzentrum und an der Geelong Station.

McHarry's Buslines (☎03-5223 2111; www.mcharrys.com.au) Fährt regelmäßig ab der Geelong Station nach Torquay und zur Bellarine Peninsula (3,20 AU$, 20 Min.).

V/Line (☎1800 800 007; www.vline.com.au; Gordon Ave, Geelong Station) Hält auf der Route Geelong Station–Apollo Bay (19 AU$, 2½ Std., 3-mal tgl.) in Torquay (3,20 AU$, 25 Min.), Anglesea (6,40 AU$, 45 Min.), Lorne (11,60 AU$, 1½ Std.) und Wye River (14,40 AU$, 2 Std.). Montags, mittwochs und freitags gibt's eine Verbindung weiter nach Port Campbell (33,20 AU$, 5 Std.) und Warrnambool (37,60 AU$, 6½ Std.), wobei man in Apollo Bay umsteigen muss. Per Zug geht es direkt nach Warrnambool (25,80 AU$, 2½ Std.) – vergleichsweise viel schneller und günstiger, aber eben auch nicht so malerisch wie entlang der Great Ocean Road. Landeinwärts fährt ein Bus nach Ballarat (10,20 AU$, 1½ Std.).

FLUGZEUG

Am **Avalon Airport** (S. 254; ca. 20 Fahrtmin. ab Geelong) besteht eine Flugverbindung mit **Jetstar** (S. 254).

Die Busse des **Avalon Airport Shuttle** (☎03-5278 8788; www.avalonairportshuttle.com.au) sind auf alle Flüge am Avalon Airport abgestimmt. Sie fahren von dort aus nach Geelong (Erw./Kind 22/15 AU$, 35 Min.) und folgen der Great Ocean Road ab Torquay (Erw./Kind 50/25 AU$, 1 Std.).

ZUG

Ab der **Geelong Station** (☑ 03-5226 6525; www.vline.com.au; Gordon Ave) fahren V/Line-Züge regelmäßig zur Southern Cross Station (Melbourne; ab 8,80 AU$, 1 Std.) und nach Warrnambool (25,80 AU$, 2½ Std., 3-mal tgl.).

Bellarine Peninsula

Seit über 100 Jahren folgen Melbournes Einwohner dem Princes Hwy (Geelong Rd) hinunter zu den Küstenorten der Bellarine Peninsula. Diese Gegend ist für familienfreundliche (Surfer-)Strände, historische Ortschaften und tolle Weingüter in kühlem Klima bekannt.

Von hier besteht Anschluss zur Great Ocean Road und in kurzer Zeit geht's per Fähre hinüber zur Mornington Peninsula.

🏃 Aktivitäten

Bellarine Rail Trail   RADFAHREN
(www.railtrail.com.au/vic/bellarine) Dieser Radweg (32,5 km) entlang der historischen Bahntrasse verbindet die South Geelong Station mit Queenscliff und führt dabei durch Drysdale. Die größtenteils flache und asphaltierte Route verläuft fast komplett abseits der Hauptstraßen bzw. kreuzt diese nur an wenigen Stellen.

ⓘ Praktische Informationen

Bellarine Visitor Information Centre
(☑ 03-5250 6861, 1800 755 611; http://app.geelongbellarineovg.com; 1251 Bellarine Hwy, Wallington; ⊙ 9–17 Uhr) Auf dem Gelände von Flying Brick Cider Co. Hier bekommt man viele Broschüren und Empfehlungen zu Aktivitäten in der Umgebung.

Queenscliff

1418 EW.

Das zauberhafte Queenscliff ist ein historischer Küstenort, in dem salzige Meeresluft und Seefahrts-Ambiente auf eines der malerischsten Stadtbilder in ganz Victoria treffen. Viele der denkmalgeschützten Gebäude aus dem 19. Jh. wurden zu Hotels, Restaurants und Kunstgalerien umgebaut. In der Stadt warten mehrere Museen und historische Stätten und in der näheren Umgebung Weingüter und Strände. Die Aussicht auf die Port Phillip Heads und die Bass Strait ist sensationell.

◉ Sehenswertes

Fort Queenscliff   HISTORISCHE STÄTTE
(☑ 03-5258 1488; www.fortqueenscliff.com.au; Ecke Gellibrand & King St; 90-minütige Führung Erw./Kind/Fam. 12/6/30 AU$; ⊙ Schulferien tgl. 11, 13 & 15 Uhr, Nachsaison Mo–Fr 11, Sa & So 13 & 15

Uhr) Im Rahmen der australischen Küstenverteidigung diente dieses Fort ab 1882 zum Schutze Melbournes vor einer befürchteten russischen Invasion. Bis 1946 blieb es ein Militärstützpunkt und beherbergte dann bis Ende 2012 das Army Staff College; heute befindet sich hier das Archiv der australischen Armee. Die 90-minütigen Führungen besichtigen das Militärmuseum (manchmal geschl.), das Magazin (Waffen- bzw. Munitionslager), das Militärgefängnis und die beiden Leuchttürme. Die Anlage ist immer noch eine aktive Militäreinrichtung – darum Ausweis nicht vergessen! Nur Barzahlung.

Queensliff Maritime Museum MUSEUM (☑ 03-5258 3440; www.maritimequeenscliffe.org.au; 2 Wharf St; Erw./Kind 8/5 AU$; ☉ 10.30–16.30 Uhr) Highlight des sehenswerten Museums ist ein historisches Seenot-Rettungsboot, das bis 1976 in The Rip, einer gefährlichen Meerenge zwischen Port Phillip und der Bass Strait, im Einsatz war. Zudem erfährt man hier etwas über Lotsen, Schiffbrüche, Leuchttürme und Dampfschiffe. Interessant sind auch die Gemälde im historischen Bootsschuppen von 1895, die Aufschluss über den einstigen Schiffsverkehr in der Bucht geben.

WEINGÜTER & FARMEN AUF DER BELLARINE PENINSULA

Rund um Bellarine und Geelong gibt's über 50 Weingüter. Die Region ist für Wein aus kühlerem Klima (Pinot Noir, Chardonnay, Syrah) und andere leckere Landwirtschaftsprodukte berühmt.

Für Besucher ohne eigenen fahrbaren Untersatz empfehlen sich die Weinguttouren von **For the Love of Grape** (☑ 0408 388 332; www.fortheloveofgrape.com.au; halb-/ganztägige Touren ab Geelong 75/139 AU$, ab Melbourne 85/149 AU$) und das Festival **Toast to the Coast** (www.toasttothecoast.com.au; Tickets 45 AU$; ☉ Anfang Nov.).

Ein Gesamtverzeichnis mit regionalen Weingütern gibt's unter www.winegeelong.com.au. Die meisten der folgenden Adressen haben im Sommer täglich und ansonsten am Wochenende geöffnet (Details telefonisch erfragen).

Scotchmans Hill (☑ 03-5251 3176; www.scotchmans.com.au; 190 Scotchmans Rd, Drysdale; ☉ 10.30–16.30 Uhr) Eins der ältesten und besten Weingüter der Halbinsel.

Jack Rabbit (☑ 03-5251 2223; www.jackrabbitvineyard.com.au; 85 McAdams Lane, Bellarine; ☉ tgl. 12–15, Fr & Sa auch ab 18 Uhr) Boutique-Weingut mit einer Terrasse, auf der man hauseigenen Pinot und Muscheln bei Traumblick auf die Bucht genießt.

Flying Brick Cider Co. (☑ 03-5250 6577; www.flyingbrickciderco.com.au; 1251–1269 Bellarine Hwy, Wallington; Probiergedecke 13 AU$; ☉ Bar So–Do 10–17, Fr & Sa 10 Uhr–open end, Restaurant Mo–Do 12–15, Fr & Sa 12–15 & 18–21, So 12–16 Uhr) Beliebte Mosterei am Highway, in der auf einer Rasenterrasse hervorragende Apfel- und Birnenweine geschlürft werden können.

Basils Farm (☑ 03-5258 4280; www.basilsfarm.com.au; 43–53 Nye Rd, Swan Bay; ☉ Fr–So 10–17 Uhr, Jan. tgl.) Prosecco und leckere Landwirtschaftsprodukte bei herrlicher Aussicht auf die Swan Bay.

Terindah Estate (☑ 03-5251 5536; www.terindahestate.com; 90 McAdams Lane, Bellarine; Hauptgerichte 26–38 AU$; ☉ 10–16 Uhr) Weiteres Weingut mit sensationeller Aussicht, qualitativ hochwertigem Pinot und Spitzenküche, die in einem verglasten Schuppen serviert wird.

Drysdale Cheeses (☑ 0437 816 374; www.drysdalecheeses.com; 2140 Portarlington Rd, Bellarine; ☉ 13–16 Uhr am 1. So des Monats) Preisgekrönte Käse- und Joghurtsorten aus Ziegenmilch.

Manzanillo Olive Grove (☑ 03-5251 3621, 0438 513 621; www.manzanillogrove.com.au; 150 Whitcombes Rd, Drysdale; ☉ Sa & So 11–16.30 Uhr) Hier dippt man Brotstücke in natives kaltgepresstes Olivenöl (u. a. mit Chili-Aroma).

Little Mussel Cafe (☑ 03-5259 1377; www.advancemussel.com.au; 230–250 Queenscliff Rd, Portarlington; Hauptgerichte 16–28 AU$; ☉ Fr–So 10–17 Uhr) Ideal, um Muscheln und Austern aus der Region zu verkosten – z. B. auf Probiertellern oder als Chowder (Muschelsuppe) mit Tomaten und Chilis.

🏃 Aktivitäten

Sea-All Dolphin Swims TIERBEOBACHTUNG
(☑ 03-5258 3889; www.dolphinswims.com.au; Queenscliff Harbour; Tierbeobachtungen Erw./Kind 75/65 AU$, 3½-stündige Schnorcheltouren 145/125 AU$; ⊘ Okt.–April 8 & 13 Uhr) Bietet neben Tierbeobachtungen auch Schwimmen mit Robben und Delfinen im Port Phillip Heads Marine National Park an. Robben sind bei den Trips garantiert zu sehen, während sich Delfine nicht immer blicken lassen (die Chancen sind aber recht hoch). Ebenfalls im Angebot sind Schnorchelausflüge mit zwei Stationen: Zuerst geht's zum unvollendeten Militärstützpunkt Pope's Eye mit vielen Fischarten und einer Brutkolonie von Australtölpeln. Danach wird die ganzjährig Pelzrobbenkolonie am Chinaman's Hat besucht, wo die Tiere sich das ganze Jahr über aufhalten.

Dive Victoria TAUCHEN
(Queenscliff Dive Centre; ☑ 03-5258 4188; www.divequeenscliff.com.au; Queenscliff Harbour; pro Tauchgang mit/ohne Leihausrüstung 140/65 AU$) Victorias führender Tauchanbieter veranstaltet SSI-Kurse und Touren für Anfänger wie auch fortgeschrittene Sporttaucher. Zusätzlich können Schnorcheltrips gebucht werden. Unter den rund 200 artenreichen Tauchspots in der Umgebung sind auch Schiffswracks aus den letzten 300 Jahren – z. B. die HMAS *Canberra* (2009 als künstliches Riff versenkt) und U-Boote aus dem Ersten Weltkrieg.

🎊 Feste & Events

Queenscliff Music Festival MUSIK
(☑ 03-5258 4816; www.qmf.net.au; ⊘ letztes Wochenende im Nov.) Eins der besten Musikfestivals an der Küste. Auf der Bühne stehen bekannte Folk- und Blueskünstler aus Australien und aller Welt.

🛏 Schlafen

Queenscliff Dive Centre HOSTEL $
(☑ 03-5258 4188; www.divevictoria.com.au; 37 Learmonth St; B für Taucher/Nichttaucher 30/40 AU$, EZ/DZ 100/120 AU$; ▣▣) Das Hostel in einem früheren, 1864 erbauten Pferdestall von Cobb & Co. zielt in erster Linie auf Taucher ab. Die Quartiere (falls nicht gerade alle belegt) bieten allen Budgetreisenden ein gutes Preis-Leistungs-Verhältnis. Der Gemeinschaftsbereich mit moderner Gästeküche wirkt hell und luftig. Die schlichten Einzel- und Doppelzimmer befinden sich hinter

dem Haus. Bettwäsche und Handtücher müssen entweder selbst mitgebracht oder gegen eine Gebühr von 15 AU$ ausgeliehen werden.

Twomey's Cottage B&B $$
(☑ 0400 265 877; www.classiccottages.com.au; 13 St Andrews St; DZ 110–140 AU$) Das B&B mit super Preis-Leistungs-Verhältnis eignet sich ideal zum Genuss von Queenscliffs historischer Atmosphäre. Das alte Fischerhäuschen ist berühmt als früheres Domizil des Malers Fred Williams, der hier seine Queenscliff-Reihe schuf, und des Komponisten Keith Humble. Somit ist auch jede Menge kreativer Vibe geboten.

⭐ Vue Grand HOTEL $$$
(☑ 03-5258 1544; www.vuegrand.com.au; 46 Hesse St; Zi. inkl. Frühstück 178–258 AU$; ❋🐾) Das Vue zählt zu Queenscliffs elegantesten historischen Gebäuden. Das Angebot reicht von normalen Pub-Quartieren bis hin zu einer modernen Turmsuite mit Rundumblick. Ebenfalls vorhanden sind Zimmer mit Aussicht auf die Bucht und frei stehenden Badewannen in den Wohnbereichen.

Athelstane House BOUTIQUEHOTEL $$$
(☑ 03-5258 1024; www.athelstane.com.au; 4 Hobson St; Zi. inkl. Frühstück 180–310 AU$; ❋🐾) Das zweistöckige Haus von 1860 ist wunderbar erhalten und die älteste Bleibe der Stadt. Die blitzsauberen Zimmer kombinieren historische Elemente mit modernen Extras (z. B. Eckwannen inkl. Whirlpool-Funktion, iPod-Anschlüsse, DVD-Player, flottes WLAN). Mit einem Retro-Plattenspieler und vielen Schallplatten lädt die Lounge im Vorderbereich zum Relaxen ein.

🍴 Essen & Ausgehen

Shelter Shed CAFÉ $$
(☑ 03-5258 3604; www.sheltershedqueenscliff.com.au; 25 Hesse St; Gerichte 15–30 AU$; ⊘ 8–15 Uhr; 🐾) Super für ein Frühstück oder Mittagessen: Der herrlich helle Speiseraum hat einen offenen Kamin für den Winter. Und draußen gibt's einen einladenden Hofgarten für sonnige Tage. Besonders beliebt sind u. a. die asiatischen Eier mit Duftreis und Seeohren-Sauce oder die Garnelenrolle mit Brunnenkresse und Dill-Mayonnaise. Auf der Karte stehen auch viele Gerichte mit gegrilltem Fleisch oder Seafood.

360 Q INTERNATIONAL $$
(☑ 03-5257 4200; www.360q.com.au; 2 Wharf St; Frühstück ab 15 AU$, Mittagessen ab 18 AU$, Abend-

essen 26–39 AU$; ⊙ tgl. 8–16, Fr & Sa auch 18–21 Uhr) Das 360 Q mit Traumblick auf den malerischen Jachthafen zählt zweifellos zu Queencliffs besten Restaurants. Auf den Tisch kommen u. a. selbst kreierte Frühstücksoptionen und ein paar kleine Mittagsgerichte (z. B. vietnamesisches Bánh Mì mit Schweinefleisch). Abends empfehlen sich die aromatischen Portarlington-Muscheln mit Chilis, Tomaten und knusperigem Brot.

Vue Grand
Dining Room
MODERN-AUSTRALISCH $$$

(☑ 03-5258 1544; www.vuegrand.com.au; 46 Hesse St; 2-/3-gängige Gerichte 59/79 AU$, 5-gängiges Bellarine-Probiermenü ohne/mit Wein od. mit 95/149 AU$; ⊙ Mi–Sa 18–21 Uhr) In einem prachtvollen Speiseraum serviert die feine Dame der hiesigen Restaurantszene großartige Gerichte wie Lammrücken mit Safran, Fenchel, Grenadine und Feta-Schlagsahne. Dazu gibt's eine super Bier- und Weinauswahl. Das Probiermenü entspricht einer kulinarischen Rundreise über die Halbinsel: Viele Regionalprodukte gehen dabei mit einheimischen Weinen oder Bieren einher.

Queenscliff Brewhouse
PUB

(☑ 03-5258 1717; www.queenscliffbrewhouse.com. au; 2 Gellibrand St; ⊙ Mo–Sa 11–1, So 11–23 Uhr) Die Brauerei Prickly Moses (in den Otways ansässig) hat diesen Ableger in Queenscliff eröffnet. Neben allen hauseigenen Fassbieren gibt's auch Gestensäfte anderer Hersteller. Am besten zecht es sich im Biergarten!

❶ Praktische Informationen

Queenscliff Visitor Centre (☑ 03-5258 4843; www.queenscliff.com.au; 55 Hesse St; ⊙ 9–17 Uhr; 🖥) Verteilt viele Broschüren zur Region und verkauft die Karte *Queenscliff – A Living Heritage* für selbst geführte Stadtspaziergänge. In der Bibliothek nebenan kommt man ins Internet (auch über WLAN).

Torquay
17 105 EW.

In den 1960er- und 1970er-Jahren war Torquay nur ein weiterer verschlafener Küstenort. Damals war Surfen in Australien nur etwas für Gegner des Establishments: hartgesottene Aussteiger, die ein Hippieleben in klapprigen VW-Bussen führten, Marihuana rauchten und mit den Töchtern des Bürgertums durchbrannten. Heute ist Wellenreiten längst Mainstream. Und Torquay liegt nicht nur in der Nähe des weltberühmten Bells Beach, sondern ist auch die Heimat zweier legendärer Hersteller von Surfausrüstung: Rip Curl und Quiksilver, die beide mit Neoprenanzügen anfingen. Dies macht das Städtchen zum führenden Surferzentrum Australiens. Dessen Einwohnerzahl ist zwischen 2001 und 2013 um 67 % gestiegen, womit Torquay zu den am schnellsten wachsenden Gemeinden des Landes zählt und nun fast schon wie ein Vorort von Geelong wirkt.

◉ Sehenswertes & Aktivitäten

Ob Kinder mit Schwimmflügeln oder Backpacker, die an Surfkursen teilnehmen: Torquays Strände locken Besucher aller Art an. Der **Fisherman's Beach** ist vor der Brandung geschützt und bei Familien besonders beliebt. Gesäumt von schattigen Kiefern und Rasenhängen steht der **Front Beach** bei Fans des faulen Lebens hoch im Kurs. Im Sommer wachen Rettungsschwimmer über den schäumenden **Back Beach**. Zu den berühmten Surferstränden in der Nähe zählen der Jan Juc Beach, der Winki Pop Beach und natürlich der **Bells Beach** (Great Ocean Rd).

★ Australian National
Surfing Museum
MUSEUM

(☑ 03-5261 4606; www.surfworld.com.au; 77 Beach Rd, Surf City Plaza; Erw./Kind/Fam. 12/8/25 AU$; ⊙ 9–17 Uhr) Der perfekte Startpunkt für Surfertrips: Das prima kuratierte Museum ist eine Hommage an das australische Wellenreiten. Ausgestellt sind z. B. Simon Andersons bahnbrechendes Thruster-Board von 1981 und Mark Richards großartige Bretter mit kunstvollen Airbrush-Motiven. Das Highlight ist aber die australische Surfing Hall of Fame. Zu den vielen tollen Memorabilien gehört auch das hölzerne Longboard von Duke Kahanamoku. Weitere Exponate und Videos widmen sich der Surferkultur der 1960er- bis 1980er-Jahre.

Go Ride a Wave
SURFEN

(☑ 03-5261 3616, 1300 132 441; www.gorideawave. com.au; 1/15 Bell St; 2-stündige Kurse Erw./Kind ab 69/59 AU$) Bietet neben Kursen (Surfen, Stand Up Paddling, Kajakfahren) auch Leihbretter an und gewährt Rabatte bei Reservierung. An der Great Ocean Road und auf der Bellarine Peninsula gibt's firmeneigene Surfercamps.

Torquay Surf Academy
SURFEN

(☑ 03-5261 2022; www.torquaysurf.com.au; 34a Bell St; 2-stündige Gruppen-/Privatkurse 60/180 AU$) Surfkurse für Gruppen oder Einzelpersonen plus Leihausrüstung: Surfbretter (ab 25 AU$), SUP-Bretter (ab 35 AU$), Bodyboards (20 AU$), Neoprenanzüge (10 AU$) und Fahrräder (ab 20 AU$).

🛏 Schlafen

Bells Beach Backpackers   HOSTEL $
(☑ 03-5261 4029; www.bellsbeachbackpackers. com.au; 51–53 Surfcoast Hwy; Van EZ/DZ 20/ 24 AU$, B/DZ ab 32/80 AU$; @ 🛜) Das freundliche Hostel an der Hauptstraße (nicht am Bells Beach!) fügt sich perfekt in Torquays Surferszene ein. In zwangloser Wohlfühlatmosphäre vermietet es einfache, aber saubere und gut gepflegte Zimmer. Die große Gemeinschaftsküche kann auch von „Vanpackern" genutzt werden.

Torquay Foreshore
Caravan Park   CAMPING $
(☑ 03-5261 2496; www.torquaycaravanpark.com. au; 35 Bell St; Stellplatz mit Strom 37–89 AU$, DZ in Hütte 109–295 AU$, Wohneinheit mit 2 Schlafzi. 190–395 AU$; 🛜) Der größte Campingplatz der Surf Coast liegt gleich hinter dem Back Beach und hat gute Einrichtungen. Die teuersten Hütten punkten mit Meerblick. Das WLAN funktioniert jedoch nur im Küchenbereich.

Beachside Accommodation   APARTMENTS $$
(☑ 0419 587 445; www.beachsideaccommodation torquay.com.au; 24 Felix Cres; DZ 110–160 AU$; ✴ 🛜) Nur fünf Gehminuten vom Strand entfernt betreibt ein deutsch-britisches Paar diese relaxte Option in einem Wohnhaus. Alle Zimmer haben private Grillterrassen mit typisch australischer Hinterhof-Atmosphäre.

🍴 Essen & Ausgehen

Bottle of Milk   BURGER $
(☑ 03-5264 8236; www.thebottleofmilk.com; 24 Bell St; Burger ab 10 AU$; ⊙ 12–21 Uhr) Das Bottle of Milk profitiert vom Erfolg seiner **Filiale in Lorne** (☑ 03-5289 2005; 52 Mountjoy Pde; Burger 11–18 AU$; ⊙ 8–20 Uhr) und ist auch in Torquay zu Recht sehr beliebt. Hierfür sorgt hier wie dort eine gelungene Kombination aus Burgern, Bier und gutem Kaffee am Strand. Der Innenraum ist mit Separees, polierten Holzfußböden und gefliesten Wänden eingerichtet. Draußen gibt's einen Biergarten mit offenem Kamin.

⭐ Bomboras Kiosk   CAFÉ $$
(www.bomboras.com.au; 48 The Esplanade, Fisherman's Beach; Gerichte 5–22 AU$; ⊙ 7.30–17 Uhr)

Direkt auf dem Sand. Hungrige Strandbesucher können sich hier klasse mit selbst gemachten Wurstbrötchen, Kuchen, Salaten, Milchshakes und Kaffee von regionalen Röstereien stärken. Im Sommer wartet die Dachbar mit Craft-Bieren bzw. Cider, DJs und tollem Meerblick auf.

Fisho's   SEAFOOD $$
(☑ 0474 342 124; www.facebook.com/fishostor quay; 36 The Esplanade; Hauptgerichte ab 19 AU$; ⊙ 12–15 & 17–20 Uhr) Kein normaler Fish-&-Chips-Schuppen: Hier bekommt man den Klassiker in hauseigenen Varianten – z. B. mit Tempura-Flocken, pikantem Limetten-Popcorn oder süßen Kartoffelpuffern. Dazu gibt's Craft-Biere und Cider vom Fass. Vor dem stimmungsvollen, mit Holz verschalten Haus am Strand befindet sich ein Sitzbereich mit Kunstrasen.

⭐ Blackman's Brewery   MIKROBRAUEREI
(☑ 03-5261 5310; www.blackmansbrewery.com.au; 26 Bell St; ⊙ Mi-So 12–22 Uhr, Sommer tgl.) Das Blackman's zählt zu Victorias besten Mikrobrauereien. Es braut acht Biersorten (u. a. IPA, naturtrübes Lager, helles Pale Ale, dunkles Porter), die man idealerweise per Tasting Paddle (Probiergedeck, 16 AU$) verkostet. Dies kann man drinnen am offenen Kamin oder draußen im Biergarten mit Kunstrasen tun. Zum Gerstensaft gibt's Grillfleisch und Pizzas aus dem Smoker. Um 16 Uhr finden kostenlose Brauereiführungen statt.

🛍 Shoppen

Rip Curl Surf
Factory Outlet   MODE, ACCESSOIRES
(Baines Seconds; 16 Baines Cres; ⊙ 9–17.30 Uhr) Die funkelnde Hauptfiliale von Rip Curl liegt an der Surf City Plaza. Beim Firmen-Outlet im dahinter befindlichen Gewerbepark gibt's 30 % Rabatt auf Klamotten und Neoprenanzüge aus der letzten Saison. Das Unternehmen wurde 1969 in Torquay gegründet und ist heute ein großes internationales Label.

ℹ Praktische Informationen

Torquay Visitor Information Centre (www. greatoceanroad.org; Surf City Plaza, Beach Rd; ⊙ 9–17 Uhr) Das gut ausgestattete Infozentrum neben dem Australian National Surfing Museum ist eine gute erste Anlaufstelle für alle, die Planungshilfe für einen Trip entlang der Great Ocean Road benötigen. Die Bibliothek nebenan bietet Gratis-Internet (inkl. WLAN).

❶ An- & Weiterreise

Torquay liegt 15 Fahrtminuten südlich von Geelong an der B100.

McHarry's Buslines (S. 266) Schickt stündlich einen Bus (Linie 51) von Geelong to Torquay (3,20 AU$, 40 Min., Mo–Fr 9–20 Uhr, Sa & So ca. 9–17 Uhr).

V/Line (S. 266) Betreibt ebenfalls Busse zwischen Geelong und Torquay (3,20 AU$, 25 Min., Mo–Fr 4-mal tgl., Sa & So 2-mal tgl.).

Von Torquay nach Anglesea

Die Great Ocean Road beginnt offiziell zwischen Torquay und Anglesea. Ein kleiner Abstecher führt hier zum berühmten **Bells Beach**, dessen kraftvoller Point Break eine Legende unter Surfern in aller Welt ist. Mit dem Bells Classic (offiziell Rip Curl Pro) steigt an diesem Strand seit 1973 das größte Surfer-Event Australiens. Der finale Showdown des Films *Gefährliche Brandung* (Keanu Reeves gegen Patrick Swayze) spielt ebenfalls am Bells Beach, wurde aber in Wirklichkeit anderswo gedreht.

Rund 3 km entfernt liegt am Rand von Torquay das verschlafene Surfernest **Jan Juc**, wo einheimische Wellenreiter in relaxter Atmosphäre abhängen. Etwa 9 km südwestlich von Torquay beginnt die Abzweigung zum spektakulären **Point Addis Beach**. An diesem breiten FKK-Strand ohne Gebäude tummeln sich neben Nudisten auch Surfer, Schwimmer und Drachenflieger. Und Wanderer nehmen den empfehlenswerten Koorie Cultural Walk in Angriff.

🏃 Aktivitäten

Koorie Cultural Walk WANDERN & TREKKEN
An der Great Ocean Road weisen Schilder den Weg zum äußerst empfehlenswerten Koorie Cultural Walk. Dieser großartige Wanderpfad (2 km) beleuchtet die Kultur der indigenen Wathaurung, die einst jahrtausendelang in dieser Gegend lebten. Entlang der reizenden Route durch den Busch des Great Otway National Park lassen sich Ameisenigel und Wallabys blicken. Zudem passiert der Weg spektakuläre Aussichtspunkte, von denen man auf dramatische Küstenklippen und unberührte Strände wie den **Addiscott Beach** schaut.

🎉 Feste & Events

Rip Curl Pro SURFEN
(www.aspworldtour.com; ☉ Ostern) Über Ostern findet am Bells Beach seit 1973 das Rip Curl Pro statt. Bei dem Weltcup-Turnier im Rahmen der internationalen ASP-Tour reiten die besten Surfer des Planeten vor zahllosen Zuschauern auf bis zu 5 m hohen Wellen! Mitunter ist die Herbstbrandung am launischen Bells Beach jedoch zu schwach für den Event. In diesem Fall steigt das Ganze zwei Stunden weiter westlich am Johanna Beach.

Anglesea

2653 EW.

Orangefarbene Steilklippen am Meer, hügelige Vororte voller Bäume und starker Bevölkerungsanstieg im Sommer prägen Anglesea. Am gleichnamigen Fluss teilen sich viele einheimische Familien seit Jahrzehnten ihre Fish & Chips mit den Möwen.

🏃 Aktivitäten

Anglesea Golf Club GOLF
(☏ 03-5263 1582; www.angleseagolfclub.com.au; Golf Links Rd; 20-minütige Känguru-Tour Erw./Kind 10/5 AU$, 9/18 Löcher ab 25/45 AU$, Leihausrüstung zzgl. 25/35 AU$; ☉ Mo–Fr 10–16 Uhr) Auf diesem Golfplatz kann man nicht nur den Schläger schwingen, sondern auch grasende Kängurus bei geführten Touren beobachten. Alternativ lassen sich die Tiere gratis von der Straße aus erspähen.

Go Ride a Wave SURFEN
(☏ 03-5263 2111, 1300 132 441; www.gorideawave.com.au; 143b Great Ocean Rd; Kurs 2 Std. Erw./Kind ab 69/59 AU$, 2 Std. Leihbrett ab 25 AU$; ☉ 9–17 Uhr) Die schon lange bestehende Surfschule veranstaltet Kurse und verleiht Surfbretter, SUP-Bretter und Kajaks.

🛏 Schlafen

Anglesea Backpackers HOSTEL $
(☏ 03-5263 2664; www.angleseabackpackers.com; 40 Noble St; B 30–35 AU$, DZ/FZ 115/150 AU$; @ 🛜) In den meisten Hostels geht's ziemlich beengt zu. Diese schlichte, saubere, helle und einladende Herberge mit heimeliger Atmosphäre hat jedoch lediglich zwei Schlafsäle – ergänzt durch je ein Doppel- und Dreibettzimmer. Im Winter heizt ein offener Kamin den behaglichen Aufenthaltsbereich. Gäste können gratis Fahrräder ausleihen und sich in der Stadt abholen lassen (der Inhaber fährt bei Bedarf sogar bis nach Torquay!).

Anglesea Beachfront Family Caravan Park CAMPING $
(☏ 03-5263 1583; www.angleseabeachfront.com.au; 35 Cameron Rd; Stellplatz mit Strom 38–86 AU$,

DZ in Hütte 110–271 AU$; @🛜🖥) Zwischen Strand und Flussufer warten hier WLAN, zwei Gästeküchen, ein Pool, eine Hüpfburg, ein Indoor-Spa und ein Spielezimmer. An geruhsames Lesen ist da definitiv nicht zu denken.

 Essen

Coffetti Gelato
EISCREME $

(☑0434 274 781; www.facebook.com/coffettigelato; Shop 4, 87–89 Great Ocean Rd, Anglesea Shopping Village; Eisbecher ab 4 AU$; ⏱8–18 Uhr, Sommer 8–21.30 Uhr) Kurz vor dem Eingang des örtlichen Supermarkts betreibt ein italienisch-australisches Ehepaar diese authentische Gelateria. Außer selbst gemachter Eiscreme in leckeren Sorten (alternativ am Stiel oder als Granita erhältlich) gibt's auch Kaffee aus Uganda.

Maids Pantry
CAFÉ $

(☑03-5263 1420; 119 Great Ocean Rd; Frühstück & Sandwiches ab 8 AU$; ⏱7–17 Uhr) Zu dem hellen, rustikalen Café gegenüber vom Anglesea River gehört auch ein Gemischtwarenladen mit guten Landwirtschaftsprodukten aus der Region. Auf der Karte stehen diverse Sandwiches, Miniburger, Pies und Brunch-Gerichte. Hinter dem Haus gibt's einen Garten mit Tischen im Freien.

Captain Moonlite
MODERN-AUSTRALISCH $$

(☑03-5263 2454; www.captainmoonlite.com.au; 100 Great Ocean Rd; Hauptgerichte ab 25 AU$; ⏱Fr–So 8–22, Mo 8–16, Do 17–22 Uhr) Das Lokal mit unschlagbarem Strandblick und schlichtem Ambiente teilt sich ein Gebäude mit dem Anglesea Surf Life Saving Club. Auf den Tisch kommt qualitativ hochwertige und stark saisonal geprägte Kost, die die Macher des Ladens als „coastal European" beschreiben. Das meist etwa leckeres Frühstück (z. B. Meerforelle mit weichgekochtem Ei auf Roggenbrot), Mezze-ähnliche Vorspeisen und Hauptgerichte wie frisches Seafood oder langsam geschmortes Lamm.

ⓘ Praktische Informationen

Anglesea Visitor Information Centre (www.visitgreatoceanroad.org.au; Great Ocean Rd; ⏱9–17 Uhr; 🛜) Am Seeufer. Das Büro hält viele Broschüren zur Region (u. a. zu Wanderungen im umliegenden Nationalpark) bereit.

ⓘ An- & Weiterreise

Auto & Motorrad Der Geelong Bypass (Umgehungsstraße) reduziert die Fahrtzeit zwischen Melbourne und Anglesea auf ca. 75 Minuten.

Bus V/Line-Busse verbinden Geelong mit Anglesea (6,40 AU$, 45 Min., Mo–Fr 4- bis 6-mal tgl., Sa & So 2-mal tgl.).

Aireys Inlet & Umgebung

1071 EW.

Auf halber Strecke zwischen Anglesea und Lorne liegt dieses attraktive Küstennest, dessen fest zusammenhaltende Einwohnerschaft aus Alteingesessenen und Stadtflüchtlingen besteht. Zudem tummeln sich hier viele Urlauber. Der historische Leuchtturm bildet die Hintergrundkulisse für herrliche Strände wie den **Fairhaven** und **Moggs Creek Beach**. Das Visitor Centre in Anglesea verteilt Broschüren zu Wanderungen durch die wunderbare Küstengegend.

⊙ Sehenswertes & Aktivitäten

★ Split Point Lighthouse
LEUCHTTURM

(☑1800 174 045, 03-5263 1133; www.splitpointlighthouse.com.au; Federal St; 45-minütige Führung Erw./Kind/Fam. 14/8/40 AU$; ⏱Führungen 11–14 Uhr stündl., Sommerferien 10–17 Uhr) Der 34 m hohe Bilderbuch-Leuchtturm von 1891 trägt den Spitznamen „White Queen" (weiße Königin) und ist immer noch in Betrieb – heute allerdings voll automatisiert. Wer die 136 Stufen zur Spitze meistert, wird mit sensationellem Rundumblick belohnt. In der Nebensaison steigt ein Guide mit nach oben. Im Sommer muss man allein hinaufstapfen, kann aber Fragen an das anwesende Personal stellen.

Blazing Saddles
REITEN

(☑0418 528 647, 03-5289 7322; www.blazingsaddlestrailrides.com; Lot 1, Bimbadeen Dr; 1¼-stündige Buschritte ab 50 AU$/Pers., 2½-stündige Strand- & Buschritte 115 AU$/Pers.) Mit den Pferden von Blazing Saddles traben Touristen aus aller Welt durch das Buschland und am herrlichen Fairhaven Beach entlang.

🛏 Schlafen

Inlet Caravan Park
CAMPING $

(☑03-5289 6230; www.aicp.com.au; 19–25 Great Ocean Rd; Stellplatz mit Strom 39 AU$, DZ in Hütte 105–280 AU$; @🛜🖥) Der gepflegte Park nahe den wenigen Läden im Ort ist mehr Hüttenanlage als Campingplatz.

★ Cimarron B & B
B & B $$

(☑03-5289 7044; www.cimarron.com.au; 105 Gilbert St; DZ 125–225 AU$; 🛜) Das Haus, ein idyllisches Refugium mit Blick auf Point Roadknight, wurde 1979 aus heimischem Holz erbaut, wobei nur Holzdübel und Verschalungsbretter zum Einsatz kamen. In dem großen Lounge-Bereich stehen Gästen Bücherwände und ein gemütlich wirkender Kamin zur Verfügung, oben finden sich zwei einmalige, loftartige Doppelzimmer mit gewölbten Holzdecken. Außerdem gibt's noch ein höhlenartiges Apartment. Draußen stehen der State Park und die Natur im Mittelpunkt. Man muss mindestens zwei Nächte bleiben. Schwule Gäste sind gern gesehen, Kinder dagegen nicht.

Pole House FERIENHAUS **$$$**
(☎ 03-5220 0200; www.greatoceanroadholidays.com.au; 60 Banool Rd, Fairhaven; ab 470 AU$) Eines der markantesten Domizile an der Great Ocean Road: Wie der Name schon sagt, befindet sich das einzigartige Pole House oben auf einem Pfeiler. Hinüber zu dem Haus mit sensationellem Meerblick geht's über einen Laufsteg.

✖ Essen & Ausgehen

Willows Tea House CAFÉ **$**
(☎ 03-5289 6830; 7 Federal St; Teegebäck 4 AU$, Frühstück ab 8 AU$; ⏰ 9–17 Uhr; 🛜) Prima zum Eintauchen in die maritime Atmosphäre von Aireys Inlet: Ein paar Schritte neben dem Leuchtturm ist diese behagliche Teestube in einem historischen Cottage mit Holzverschalung untergebracht. Zum Morgen- oder Nachmittagstee gibt's hausgemachte Scones mit Marmelade und Schlagsahne (alternativ an Tischen im Freien).

★ á la grecque GRIECHISCH **$$$**
(☎ 03-5289 6922; www.alagrecque.com.au; 60 Great Ocean Rd; Hauptgerichte 28–40 AU$; ⏰ Aug.–Dez. Mi–So 12–15 & 18–21.30 Uhr, Dez.–April tgl., Mai–Juli geschl.) Die tolle moderne Taverne mit griechischer Küche versetzt Gäste ans Mittelmeer. Auf den Tisch kommen hervorragende Vorspeisen (z. B. kurz angebratene Jakobsmuscheln oder geschmorter Tintenfisch mit Äpfeln, Sellerie und Limettensaft) und Hauptgerichte wie gegrillte Schweineschulter. Die Weinkarte ist großartig.

★ Aireys Pub MIKROBRAUEREI
(☎ 03-5289 6804; www.aireyspub.com.au; 45 Great Ocean Rd; Bierkrug ab 5 AU$; ⏰ 11.30 Uhr-open end; 🛜) Dieser Pub von 1904 ist ein Stehaufmännchen: Er brannte im Lauf der Jahre zweimal komplett ab und wurde 2011 geschlossen. Doch dann kratzten ein paar Einheimische Geld zusammen und eröffneten das Ganze wieder – mit höchst überzeu-

gendem Ergebnis: Während das Bier aus der hauseigenen Mikrobrauerei **Rogue Wave** stammt, bereitet die Küche leckeres Essen (Hauptgerichte 20–34 AU$; u. a. Grillfleisch aus dem Smoker) zu. Stimmig ist auch die Atmosphäre mit offenem Kamin, Livemusik und großem Biergarten.

ℹ An- & Weiterreise

Auto & Motorrad Die Fahrt von Melbourne nach Aireys Inlet (direkt 123 km, ca. 1¾ Std.) dauert über Torquay etwas länger (plus 27 km, 25 Min.).
Öffentliche Verkehrsmittel Von der Geelong Station fahren V/Line-Busse nach Aireys Inlet (8,80 AU$, 1 Std., Mo–Fr 4- bis 6-mal tgl., Sa & So 2-mal tgl.). Wer will, kann man damit jeweils zum selben Preis nach Fairhaven, Moggs Creek und Eastern View in der Nähe weiterfahren.

Lorne
1046 EW.

Lorne ist einer der ältesten Ferienorte an der Great Ocean Road und wirkt heute etwas überentwickelt. Dennoch versprüht das Nest nach wie vor all den Charme, der Besucher seit dem 19. Jh. anlockt. Abseits der Hauptstraße herrscht eine schier unglaubliche natürliche Schönheit: Mächtige Eukalyptusbäume säumen die hügeligen Straßen, während die Loutit Bay unwiderstehlich glitzert. Vor allem im Sommer ist Lorne sehr stark besucht – dann konkurriert man mit vielen Tagesausflüglern um Restauranttische und Lattes. Doch trotz der Besucherscharen bleibt das Städtchen ein reizendes Pflaster zum Verschnaufen.

◉ Sehenswertes & Aktivitäten

★ Qdos Art Gallery KUNSTGALERIE
(☎ 03-5289 1989; www.qdosarts.com; 35 Allenvale Rd; ⏰ Do–Mo 9–17 Uhr, Jan. tgl.) GRATIS Die moderne Kunstgalerie in den dichten Wäldern hinter Lorne hat immer etwas Interessantes zu bieten und obendrein einen Skulpturengarten. Hinzu kommen ein nettes kleines Hauscafé mit Holzofenpizzas und Unterkünfte im *ryokan*-Stil (S. 275).

Erskine Falls WASSERFALL
(Erskine Falls Access Rd) Außerhalb des Ortes liegt dieser hübsche Wasserfall. Ein leichter Spaziergang führt hinauf zur Aussichtsplattform, 250 (oft glitschige) Stufen gehen hinunter zum Fuß des Wasserfalls. Unten angekommen, kann man weiterwandern oder die Stufen wieder hinaufsteigen.

BRAE

Das **Brae** (☑ 03-5236 2226; www.braerestaurant.com; 4285 Cape Otway Rd, Birregurra; 8-gängige Probiermenüs 190–220 AU$/Pers., passende Weine zzgl. 125 AU$; ⊙ Fr–Mo 12–15, Do–Sa ab 18 Uhr) 🍽 gilt als eines von Australiens besten Restaurants und steht zu Recht regelmäßig auf der Liste der 100 weltbesten Lokale. Inhaber und Küchenchef Dan Hunter verwendet für seine kreativen Köstlichkeiten größtenteils saisonale Zutaten aus seinem 12 ha großen Bio-Garten. Die stets meisterhaft angerichteten Gerichte bieten viele Überraschungen. Ohne frühzeitige Reservierung geht hier gar nichts! Das Brae liegt 30 Fahrtminuten von Lorne entfernt im malerischen Ort Birregurra.

🎇 Feste & Events

Falls Festival MUSIK
(www.fallsfestival.com; Tickets für 2/3/4 Tage 249/299/339 AU$; ⊙ 28. Dez.–1. Jan.) Das tolle Musikfestival ist ein viertägiger Schwof über Neujahr auf einer Farm gleich außerhalb des Ortes. Mit dabei sind internationale Rock- und Indiebands der Spitzenklasse. In der Vergangenheit standen Größen wie Iggy Pop, Kings of Leon und die Black Keys auf der Bühne. Die Karten sind schnell ausverkauft (normalerweise innerhalb von einer Stunde). Im Preis inbegriffen ist der Stellplatz fürs Zelt.

🛌 Schlafen

Big Hill Track CAMPING $
(☑ 13 1963; www.parkweb.vic.gov.au; 1265 Deans Marsh-Lorne Rd, Benwerrin) Der kostenlose Campingplatz liegt 15 km nördlich von Lorne an der Straße nach Birregurra und eignet sich gut für Backpacker mit Zelt oder Van. Da nicht reserviert werden kann, braucht's aber ein gutes Quäntchen Glück, um einen der zwölf Stellplätze zu ergattern.

Lorne Foreshore Caravan Park CAMPING $
(☑ 03-5289 1382; www.lornecaravanpark.com.au; 2 Great Ocean Rd; Stellplatz ohne Strom 28–55 AU$, mit Strom 37–89 AU$, DZ in Hütte 97–189 AU$; 🛜) Der Foreshore Caravan Park reserviert Stellplätze auf allen fünf hiesigen Campingplätzen. Von diesen ist der **Erskine River Caravan Park** (wo sich auch das Buchungsbüro befindet) am schönsten. Achtung: Baden im Fluss ist verboten! Am Rand von Lorne liegt das Gelände gleich links vor der Brücke. Für die Hauptsaison unbedingt frühzeitig buchen! WLAN gibt's nur im Rezeptionsbereich.

⭐ **Qdos** RYOKAN $$$
(☑ 03-5289 1989; www.qdosarts.com; 35 Allenvale Rd; Zi. inkl. Frühstück ab 300 AU$; 🛜) Die luxuriösen Baumhäuser im Zen-Stil sind ideal für Romantiker oder Freunde von Waldidylle.

Drinnen gibt's Tatami-Flechtmatten und Raumteiler aus Reispapier, aber kein TV. Zwei Mindestübernachtungen; keine Kinder.

🍴 Essen

Swing Bridge Cafe & Boathouse CAFÉ $
(☑ 0423 814 770; 30 Great Ocean Rd; Gerichte 10–16 AU$; ⊙ Fr–Mo 8–14.30 Uhr, Sommer tgl.) Das winzige Café mit Blick aufs Wasser und reizvollem Retro-Strandvibe ist an der historischen Hängebrücke von 1934 zu Hause. Es serviert sortenreinen Kaffee und Brioches mit verschiedenen Füllungen (z. B. Pulled Pork, Rinderbrust, Tofu-Bratlinge mit Kräutersauce). An Sommerabenden gibt's draußen auf dem Rasen auch Paella oder Fleisch, das im argentinischen Stil über Holzkohle gegrillt wird.

⭐ **Lorne Beach Pavilion** MODERN-AUSTRALISCH $$
(☑ 03-5289 2882; www.lornebeachpavilion.com.au; 81 Mountjoy Pde; Frühstück 9–23 AU$, Hauptgerichte 19–45 AU$; ⊙ Mo–Do 9–17, Fr 9–21, Sa & So 8–21 Uhr) In unschlagbarer Lage direkt am Meer wird hier Strandleben zelebriert – vor allem mit kalten Drinks. Das Lokal überzeugt u. a. mit Frühstück und Mittagessen im Caféstil. Abends landet dann gehobenere Kost der modern-australischen Art auf dem Teller (z. B. Ribeye-Steaks, Seafood). Bei der Happy Hour gibt's Bier für 7 AU$ pro Pint. Alternativ gönnt man sich zu Sonnenuntergang eine Flasche Prosecco.

Ipsos GRIECHISCH $$
(☑ 03-5289 1883; www.ipsosrestaurant.com.au; 48 Mountjoy Pde; Gemeinschaftsteller 5–29 AU$; ⊙ Do–Mo 12–15 & 18–22 Uhr, Sommer längere Öffnungszeiten) Das bekannte Kosta (gegr. 1974) ist von Lorne inzwischen nach Aireys Inlet umgezogen. In den früheren Räumlichkeiten betreiben die Söhne derselben Inhaberfamilie nun diese fesche Taverne mit zwangloser Atmosphäre. Auf der Karte stehen vor

allem griechische Gemeinschaftsteller. Spezialität des Hauses ist langsam geschmorte Lammschulter (66 AU$/2 Pers.).

ℹ Praktische Informationen

Lorne Visitor Centre (☎ 03-5289 1152, 1300 891 152; www.lovelorne.com.au; 15 Mountjoy Pde; ◷ 9–17 Uhr; 🖥) Das hilfsbereite Personal liefert zahllose Infos und Tipps (u. a. zu Unterkünften oder Wandermöglichkeiten). Zudem gibt's hier Angellizenzen, Bustickets, einen Souvenir-Shop und Gratis-Internet (inkl. WLAN). Vor der Tür befindet sich eine Ladestation für E-Autos.

ℹ An- & Weiterreise

Auto & Motorrad Die Anfahrt ab Melbourne (143 km) dauert knapp zwei Stunden.
Bus Zwischen Geelong (11,60 AU$,1½ Std.) und Apollo Bay (5 AU$, mind. 1 Std.) halten Busse von **V/Line** (S. 266) täglich in Lorne.

Wye River

140 EW.

Vom Cumberland River her schlängelt sich die Great Ocean Road um spektakuläre Klippen herum und erreicht dann das kleine Wye River mit großen Ideen. An hübschen (Steil-)Hängen verstecken sich hier ein paar schlichte Ferienhäuser. Dazwischen ragen an „gewagten" Stellen stattlichere Stelzenhäuser aus Stahl und Glas empor. An Weihnachten 2015 zerstörte ein großer Buschbrand leider rund 116 Wohnhäuser in der Gegend. Alle Einwohner wurden damals rechtzeitig evakuiert und es waren zum Glück keine Todesopfer zu beklagen.

🛏 Schlafen & Essen

Big4 Wye River Holiday Park CAMPING $
(www.big4wyeriver.com.au; 25 Great Ocean Rd; Stellplatz ohne Strom 30–45 AU$, mit Strom 38–50 AU$, Hütte 120–185 AU$, Ferienhaus 310–395 AU$; ❄ @) Gleich hinter dem Strand erstreckt sich vor den Wäldern der Otways dieser beliebte Campingplatz (10 ha) mit prima Rasenstellplätzen und diversen komfortablen Hütten bzw. Ferienhäusern.

⭐ **Wye Beach Hotel** KNEIPENESSEN $$
(☎ 03-5289 0240; www.wyebeachhotel.com.au; 19 Great Ocean Rd; Hauptgerichte ab 27 AU$; ◷ 11.30–23 Uhr; 🖥) An Victorias (wenn nicht gar Australiens) Küste zählt der schlichte Pub mit sensationellem Meerblick und viel Lokalkolorit zweifellos zu den besten seiner Art. Die Craft-Biere vom Fass stammen aus Forrest,

Torquay und Aireys Inlet. Das Kneipenessen ist allerdings recht teuer.

Übernachten kann man in komfortablen Motelzimmern (DZ 130–160) mit super Aussicht.

Wye General CAFÉ $$
(☎ 03-5289 0247; www.thewyegeneral.com; 35 Great Ocean Rd; Hauptgerichte 15–26 AU$; ◷ Mo-Sa 8–17, So 8–16 Uhr) Der beliebte Gemischtwarenladen verkauft u. a. Lebensmittel. Das Highlight ist jedoch die attraktive Cafébar mit Plätzen im Freien, polierten Betonböden und Holzelementen. Im noblen Retro-Ambiente gibt's altmodische Cocktails, Fassbier, Frühstück, Burger und Toasts aus selbst gemachtem Sauerteig.

ℹ An- & Weiterreise

Auto & Motorrad Wye River liegt etwa auf halber Strecke zwischen Lorne und Apollo Bay an der Great Ocean Road. Die Anfahrt ab Melbourne (159 km) dauert etwa zweieinhalb Stunden.
Bus Ab Geelong besteht mehrmals täglich eine Busverbindung (14,40 AU$, 2 Std.).

Kennett River

Rund 25 km östlich von Apollo Bay kann man hinter dem Campingplatz von Kennett River prima nach **Koalas** Ausschau halten. Am selben Abschnitt der Grey River Rd lassen sich nachts **Glühwürmchen** bewundern (Taschenlampe mitnehmen).

Der freundliche **Kennett River Holiday Park** (☎ 03-5289 0272, 1300 664417; www.kennettriver.com; 1–13 Great Ocean Rd; Stellplatz ohne Strom 31–58 AU$, mit Strom 37–68 AU$, Hütte DZ ab 115 AU$; 🖥) zählt zu den besten Campingplätzen an der Küste. Das buschige Gelände ist bei Surfern, Familien, Travellern und jungen Paaren gleichermaßen beliebt. Die Strandhütten punkten mit traumhaftem Meerblick. Das Benutzen der Elektrogrills und der Gästeküche ist gratis. Zudem lassen sich häufig Koalas blicken.

Kennett River liegt direkt an der Great Ocean Road, rund 165 km von Melbourne entfernt (30 Fahrtmin. nach Lorne). Ab Geelong fahren Busse hierher (16 AU$, 2 Std., 3-mal tgl.).

Apollo Bay

1095 EW.

Apollo Bay gehört zu den größeren Ortschaften an der Great Ocean Road. Die eng ver-

MELBOURNE & VICTORIAS KÜSTE GREAT OCEAN ROAD

bundene Einwohnerschaft besteht aus Fischern, Künstlern, Musikern und Stadtflüchtlingen. Im Hintergrund liegen idyllische und sanft gewellte Hügel, während sich am Ufer breite Strände mit weißem Sand erstrecken. Das magische Cape Otway (S. 278) und der Otway National Park lassen sich von hier aus ideal erkunden. Zudem warten in Apollo Bay mehrere belebte Pubs und ein paar der besten Restaurants der ganzen Küste. Dank einiger Hostels und guter Verkehrsverbindungen ist dies auch eine der besten Zwischenstationen bei Budgettrips entlang der Great Ocean Road.

⊙ Sehenswertes & Aktivitäten

Mark's Walking Tours WANDERN & TREKKEN
(☑ 0417 983 985; www.greatoceanwalk.asn.au/markstours; Touren 50 AU$) Mark Brack ist der Sohn des Leuchtturmwärters vom Cape Otway Lighthouse und kennt diesen Küstenabschnitt wie seine Westentasche (inkl. Geschichte & Geister). Er leitet täglich Wanderungen, die z. B. Schiffswracks, die Regionalgeschichte oder Glühwürmchen zum Thema haben – ergänzt durch längere Treks entlang des Great Ocean Walk. Die Mindestteilnehmerzahl liegt bei zwei Personen; je größer die Gruppe, desto günstiger wird der Preis pro Nase.

Apollo Bay Surf & Kayak WASSERSPORT
(☑ 0405 495 909; www.apollobaysurfkayak.com.au; 157–159 Great Ocean Rd; 2-stündige Kajaktouren 70 AU$, 2-stündige Surfkurse Erw./Kind 65/60 AU$) Mit doppelsitzigen Seekajaks besucht diese Firma u. a. eine Pelzrobbenkolonie, wobei Anfänger zuerst eine umfassende Einführung bekommen. Die Trips starten südlich vom Stadtzentrum am Marengo Beach. Kurse im Surfen und Stand Up Paddling sowie Leihsurfbretter und -mountainbikes (30 AU$/halber Tag) gibt es ebenfalls.

🛌 Schlafen

YHA Eco Beach HOSTEL $
(☑ 03-5237 7899; www.yha.com.au; 5 Pascoe St; B/DZ/FZ ab 29/75/112 AU$; @ 🕾) 🅿 Das für mehrere Millionen Aussie-Dollar erbaute und von einem Architekten gestaltete Hostel ist eine hervorragende und umweltbewusste Unterkunft mit großen Loungebereichen, Küchen, einer Boule-Bahn und Dachterrassen. Die Zimmer sind genretypisch, aber sauber. Liegt einen Block hinter dem Strand.

Pisces Big4 Apollo Bay CAMPING $
(☑ 03-5237 6749; www.piscespark.com.au; 311 Great Ocean Rd; Stellplatz ohne/mit Strom ab 34/42 AU$, Hütte ab 99 AU$; 🕾 ⛱) Strandvillen mit unschlagbarem Meerblick (ab 190 AU$) heben den familienfreundlichen Park von seiner Konkurrenz ab.

⭐ Beacon Point Ocean View Villas VILLEN $$$
(☑ 03-5237 6218, 03-5237 6411; www.beaconpoint.com.au; 270 Skenes Creek Rd; Zi. inkl. Frühstück 200–350 AU$; 🅇 🕾) Das luxuriöse, aber erschwingliche Refugium im Busch erfreut sich einer großartigen Lage auf einem Hügel. Die wunderbaren Villen zwischen Bäumen sind komfortabel und mit einem oder zwei Schlafzimmern ausgestattet. Zumeist warten sie auch mit sensationellem Küstenblick, Balkonen und Holzöfen auf. Obendrein gibt's hier ein beliebtes Restaurant.

🍴 Essen

⭐ Chris's Beacon Point Restaurant GRIECHISCH $$$
(☑ 03-5237 6411; www.chriss.com.au; 280 Skenes Creek Rd; Hauptgerichte ab 34 AU$; ⊘ tgl. 18 Uhr-open end, Sa & So auch von 12–14 Uhr; 🕾) Das feine Restaurant auf einem Hügel umringt von Baumwipfeln bietet einen herrlichen Blick auf den Ozean, frische Meeresfrüchte und griechisch inspirierte Gerichte. Man sollte reservieren. Wer will, kann in den wundervollen Villen auf Stelzen übernachten. Zu erreichen über Skenes Creek.

La Bimba MODERN-AUSTRALISCH $$$
(☑ 03-5237 7411; www.labimba.com.au; 125 Great Ocean Rd; Hauptgerichte 36–42 AU$; ⊘ Mi–Mo 8.30–15 & 17.30–21.30 Uhr) Das einladende und schicke Restaurant mit zwanglos-entspannter Atmosphäre ist seine hohen Preise wert. In einem Obergeschoss mit Meerblick gibt's Mod-Oz-Küche und eine gute Weinauswahl. Zu empfehlen sind z. B. der Feuertopf mit Portarlington-Muscheln und Chilis, das Lamm aus der Region oder die Hauptgerichte mit Kängurufleisch.

🍷 Ausgehen & Nachtleben

⭐ Great Ocean Road Brewhouse MIKROBRAUEREI
(☑ 03-5237 6240; www.greatoceanroadbrewhouse.com.au; 29 Great Ocean Rd; Bierkrug 5 AU$; ⊘ Kneipe Mo–Do 11–23, Fr & Sa 11–1 Uhr, Tastes of the Region Mo–Do 12–20, Fr 12–21, Sa 10–21, So 10–20 Uhr) Die neue Filiale der renommier-

OTWAY FLY

Im beliebten Abenteuerpark **Otway Fly** (☑1800 300 477, 03-5235 9200; www.otwayfly.com; 360 Phillips Track; Baumwipfeltour Erw./Kind 25/15 AU$, Seilrutschentour 120/85 AU$; ⏱9–17 Uhr, letzter Einlass 16 Uhr) führen Baumwipfelstege aus Stahl u. a. zu einer schwankenden Aussichtsplattform in 50 m Höhe. Kinder freuen sich über den „Urzeitpfad" mit vielen Dinos. Und Wagemutige können an der geführten Seilrutschentour (2½ Std.) mit 120 m langem „Freiflug" teilnehmen.

ten Brauerei Prickly Moses (in den Otways ansässig) schenkt eine eindrucksvolle Bierauswahl aus. Der Laden besteht aus zwei komplett unterschiedlichen Bereichen: Die Bar mit Pooltisch (vorne) hat eher ein klassisches Pub- bzw. Bistro-Ambiente. Im Hinterraum namens „Taste of the Region" gibt's insgesamt 16 Fassbiersorten zu Probiertellern mit Produkten aus der Region.

Hello Coffee   CAFÉ
(☑0438 443 489; www.hellocoffee.com.au; 16 Oak Ave; ⏱Mo–Fr 7–15, Sa 9–14 Uhr; 🛜) In einem Gewerbepark an einer Nebenstraße betreiben ein paar Einheimische gemeinsam dieses Café mit eigener Rösterei und gemütlichem Lounge-Ambiente. Sortenreine Bohnen aus aller Welt verwandeln sich in den besten Kaffee der ganzen Gegend (u. a. klassischer Espresso, Chemex, Cold Crema oder per V60-Handfilter aufgebrüht). Dazu gibt's gutes Frühstück und Snacks wie Brötchen mit Pulled Pork aus dem Smoker.

ℹ Praktische Informationen

Great Ocean Road Visitor Centre (☑1300 689 297; www.visitapollobay.com; 100 Great Ocean Rd; ⏱9–17 Uhr; 🛜) Moderne, professionelle Touristeninformation mit vielen Infos zur Region, Gratis-WLAN, Buchungsservice für Bustickets und Ausstellungen in einem „Ökozentrum".

ℹ An- & Weiterreise

Auto & Motorrad Ab Melbourne landeinwärts geht's am schnellsten über den Geelong Bypass (Umgehungsstraße; 200 km), der durch Birregurra und Forrest führt. Viel schöner ist jedoch die längere Route entlang der Great Ocean Road (ca. 4½ Fahrtstd.).

Bus Von Melbourne aus ist Apollo Bay leicht mit öffentlichen Verkehrsmitteln zu erreichen: Einfach per Zug nach Geelong fahren und dort einen der Anschlussbusse nehmen (27,20 AU$, 3½ Std., Mo–Fr 3-mal tgl., Sa & So 2-mal tgl.). Diese halten unterwegs u. a. in Torquay (15,40 AU$, 2 Std.), Anglesea (11,20 AU$, 1¾ Std.) und Lorne (5 AU$, 1 Std.).

Cape Otway

Das Cape Otway ist (nach dem Wilsons Promontory) der zweitsüdlichste Punkt des australischen Festlands und zugleich einer der feuchtesten Orte Victorias. An der herrlich zerklüfteten Regionalküste sanken früher zahlreiche Schiffe. Rund 21 km hinter Apollo Bay führt die wunderschöne Lighthouse Rd hinunter zum Leuchtturm, wobei sie Wälder mit mächtigen Bäumen voller Koalas durchquert.

◉ Sehenswertes

Cape Otway Lightstation   LEUCHTTURM
(☑03-5237 9240; www.lightstation.com; Lighthouse Rd; Erw./Kind/Fam. 19,50/7,50/49,50 AU$; ⏱9–17 Uhr) Der älteste erhaltene Leuchtturm auf Australiens Festland wurde 1848 von über 40 Steinmetzen ganz ohne Zement oder Mörtel erbaut. In der **Telegrafenstation** informieren faszinierende Ausstellungen über die 250 km lange unterseeische Telegrafenleitung nach Tasmanien, die 1859 gelegt wurde. Von indigenen Kultstätten bis hin zu Bunkern aus dem Zweiten Weltkrieg gibt's auf dem großen Gelände auch noch allerlei Anderes zu sehen.

🛏 Schlafen

★ Bimbi Park   CAMPING $
(☑03-5237 9246; www.bimbipark.com.au; 90 Manna Gum Dr; Stellplatz ohne Strom 20–40 AU$, mit Strom 25–45 AU$, B 20 AU$, Hütte 100–145 AU$; 🛜) ⌖ Super für Familien oder Wanderer auf dem Great Ocean Walk (S. 263): Der charaktervolle Campingplatz mit Hütten, Schlafsälen, altmodischen Wohnwagen und Stellplätzen im Busch liegt 3 km vom Leuchtturm entfernt am Ende einer unbefestigten Straße. Gäste können viele Tiere (u. a. Koalas) beobachten, an Ausritten teilnehmen (pro Std. Erw./Kind 65/55 AU$) und an einer Kletterwand kraxeln. Die Platzbetreiber treffen gute Maßnahmen zum Wassersparen.

Blanket Bay CAMPING $

(☑ 13 19 63; www.parkweb.vic.gov.au; Stellplatz ab 28,70 AU$) Blanket Bay zählt zu jenen „versteckten" Campingplätzen, die Melbournes Einwohner bevorzugt „entdecken". Das Ganze ist daher kein echter Geheimtipp mehr, sondern so populär, dass die Stellplätze in den Sommer- und Osterferien regelmäßig ausgebucht sind. Dennoch hat man hier seine Ruhe (abhängig von den jeweiligen Nachbarn!). In der Nähe befindet sich ein wunderschöner Strand.

★ **Great Ocean Ecolodge** LODGE $$$

(☑ 03-5237 9297; www.greatoceanecolodge.com; 635 Lighthouse Rd; Zi. inkl. Aktivitäten ab 380 AU$; ☺) 🖉 Das Lehmziegelhaus in idyllischer Lage inmitten der Natur erinnert an eine luxuriöse Safari-Lodge. Das ganze Anwesen wird mit Solarenergie betrieben und die Einnahmen kommen dem angeschlossenen **Centre for Conservation Ecology** (www.conservationecologycentre.org) zugute, das zugleich als Klinik für kranke oder verletzte Tiere aus der Gegend dient. Es unterhält auch ein Zuchtprogramm für Riesenbeutelmarder, die man in der Abenddämmerung im Rahmen einer Wanderung in Begleitung eines Umweltschützers besuchen kann.

Cape Otway Lightstation B&B $$$

(☑ 03-5237 9240; www.lightstation.com; Lighthouse Rd; DZ inkl. Leuchtturmzugang 240–450 AU$)

Das historische und windige Leuchtturmgelände (S. 278) hält verschiedene romantische Optionen parat, darunter das Head Lightkeeper's House (max. 16 Pers.; auch komplett mietbar) und das kleinere Manager's House (max. 2 Pers.). Eine zweite Übernachtungen wird um 50 % günstiger.

Port Campbell National Park

Östlich der Otways wird die Great Ocean Road eben und führt nun durch eine gänzlich andere Landschaft: Zwischen Princetown und Peterborough gehen schmale, flache Küstenplateaus mit Buschbewuchs direkt in 70 m hohe Steilklippen am Meer über. Dies ist der berühmteste und am häufigsten fotografierte Abschnitt der Great Ocean Road: der Port Campbell National Park mit den Twelve Apostles.

Achtung: Wegen der starken Strömungen und Strudel eignen sich die Strände hier allesamt nicht zum Baden und Schwimmen!

◉ Sehenswertes

★ **Twelve Apostles** WAHRZEICHEN

(Great Ocean Rd) Die berühmten Twelve Apostles sind zu Recht das Highlight eines Trips entlang der Great Ocean Road und bleiben den meisten Besuchern wohl am längsten in Erinnerung: Die spektakulär Felsnadeln se-

---

WIE VIELE APOSTEL?

Die Twelve Apostles sind nicht zu zwölft und waren es – allen Aufzeichnungen zufolge – auch nie. Von der Aussichtsplattform kann man deutlich sieben ausmachen, aber vielleicht verstecken sich ja einige? Wir haben bei Beamten von Parks Victoria nachgefragt, bei den Mitarbeitern von Touristeninformationen und sogar bei der Reinigungskraft am Aussichtspunkt, und doch ließ sich diese Frage nicht klären. Die Einheimischen meinen, es hänge alles davon ab, von wo man schaue, und das ist auch tatsächlich so.

In der geologischen Fachterminologie handelt es sich bei den Apostles um „Brandungspfeiler". Ursprünglich hießen sie die „Sow and Piglets", doch in den 1960er-Jahren meinte irgendjemand (niemand erinnert sich, wer das war), dass die Felsen bestimmt mehr Touristen anlocken würden, wenn sie einen ehrwürdigeren Namen hätten als „Sau mit den Ferkeln". Also wurden sie in „The Apostles" umgetauft. Und da Apostel nun einmal im Dutzend auftreten, kam die Zahl später dazu. Die beiden Felsnadeln östlich der Aussichtsplattform (Richtung Otway) sind eigentlich keine Apostel, sondern heißen Gog und Magog (man bleibt also auf biblischem Gelände).

Es gibt hier also keine zwölf Felsen, aber vom Boot oder Helikopter aus kann man immerhin elf zählen. Die porösen Kalksteinklippen verändern sich weiter, denn die Erosion endet durch die unaufhörlich anbrandenden Wellen niemals – ein 70 m hoher Felsen stürzte im Juli 2005 ins Meer, und der Island Archway verlor im Juni 2009 seinen Bogen. Wer genau hinschaut, kann sehen, wie die Wellen dem zugespitzten Teil des Klippensockels zusetzen und dabei sind, einen neuen Apostel zu erschaffen. Es wird aber noch viele Tausend Jahre dauern, bis er freigelegt ist.

TWELVE APOSTLES: VERKEHRSMITTEL & GEFÜHRTE TOUREN

Fürs Erkunden dieser Gegend ist ein eigenes Auto so ziemlich die einzige Alternative zu geführten Touren. Ab Port Campbell sind es etwa 15 km bis zu den Apostles und rund 12 km bis zur Loch Ard Gorge.

Die Bootstrips von **Port Campbell Boat Charters** (☎ 0428 986 366; www.portcampbellboatcharters.com.au; Panorama-/Tauch-/Angeltouren pro Pers. ab 50/60/70 AU$) bieten vom Meer aus einen einzigartigen Blick auf die Apostles. Ansonsten kann der spektakuläre Küstenabschnitt auch bei **Panoramaflügen** (☎ 03-5598 8283; www.12apostleshelicopters.com.au; 15-minütige Flüge 145 AU$) per Hubschrauber bewundert werden.

Die **Port Campbell Touring Company** (☎ 03-5598 6424, 0447 986 423; www.portcampbelltouring.com.au; Halbtagstouren/geführte Wanderungen pro Pers. ab 120/85 AU$) bietet Trips ab Port Campbell an. Von Melbourne aus geht's mit folgenden Tourfirmen hierher:

Go West Tours (S. 265)

Otway Discovery Tour (S. 265)

Ride Tours (S. 265)

hen aus, als ob sie von der zurückweichenden Landzunge einfach im Meer vergessen worden wären. Heute sind nur noch sieben „Apostel" übrig. Man kann sie von hölzernen Laufstege mit Aussichtsplattformen am oberen Rand der Klippen bestaunen.

Vom Parkplatz des **Twelve Apostles Visitor Centre** (☉ So–Fr 10–17, Sa 10–17.30 Uhr) geht's durch eine Fußgängerunterführung unter der Great Ocean Road zu den Plattformen. Das Visitor Centre selbst ist eher ein Kiosk mit Toiletten als ein Infozentrum.

Die Abenddämmerung ist die beste Besuchszeit: Dann sind die Tourbusse wieder weg und die Bedingungen zum Fotografieren ideal. Etwa 20 bis 40 Minuten nach Sonnenuntergang watscheln obendrein **Zwergpinguine** an Land. Deren Beobachtung erfordert jedoch ein Fernglas (bei Bedarf beim Port Campbell Visitor Centre ausleihbar; s. S. 281).

Gibson Steps
STRAND

Im 19. Jh. schlug der Landbesitzer Hugh Gibson diese 86 Stufen von Hand in die Klippen. Sie bestehen heute aus Beton und führen hinunter zum rauen Gibson Beach, wo man bei Ebbe spazierengehen kann. Dabei unbedingt auf die Gezeiten achten: Die einsetzende Flut versperrt den Rückweg sehr schnell!

❶ Praktische Informationen

Twelve Apostles Visitor Centre Kiosk

(S. 280) Gegenüber den kultigen Twelve Apostles liegt auf der anderen Straßenseite diese Touristeninformation mit Infotafeln, Toiletten, Parkplätzen und einem Kiosk. Eine Fußgängerunterführung unter der Great Ocean Road führt von hier aus zu den Aussichtspunkten an den Apostles.

Port Campbell

618 EW.

Das freundliche Port Campbell ist nach dem schottischen Walfangkapitän Alexander Campbell benannt, der bei seinen Handelsfahrten zwischen Tasmanien und Port Fairy einst hier Station machte. In den netten kleinen Restaurants und Bars des ruhigen Küstennests kann man nach dem Besuch der Twelve Apostles prima relaxen. Die winzige Bucht mit schönem Sandstrand zählt zu den wenigen sicheren Badestellen an diesem stürmischen Küstenabschnitt.

🛏 Schlafen

Port Campbell
Guesthouse Flashpackers
PENSION $

(☎ 0407 696 559; www.portcampbellguesthouse.com; 54 Lord St; EZ/DZ ohne Bad 50/80 AU$, Zi. mit Bad ab 100 AU$; ❋ 🛜) Die heimelige Pension ist eine gute Option für Individualreisende mit knappem Budget, die nicht auf normale Hostels stehen: In dem historischen Cottage wähnen sich Gäste eher im Wohnhaus eines Freundes. Neben vier gemütlichen Zimmern gibt's einen behaglichen Aufenthaltsbereich und eine Küche im Landhausstil, in der man sich Filterkaffee brauen kann.

Port Campbell Hostel
HOSTEL $

(☎ 03-5598 6305; www.portcampbellhostel.com.au; 18 Tregea St; B/EZ/DZ/3BZ/4BZ ab 38/80/130/175/240; @ 🛜) Das moderne Hostel mit zwei Stockwerken wurde gezielt für Backpacker errichtet. Die sauberen Schlafsäle (nicht nach Geschlechtern getrennt) und Privatzimmer mit eigenen Bädern bieten teilweise Aussicht in Richtung Westen. Es gibt eine riesige Gemeinschaftsküche, einen noch größeren Aufenthaltsbereich mit WLAN (funktioniert nur dort), Leih-MTBs und Pizzas am Abend (10 AU$). Zum Strand sind's nur ein paar Gehminuten.

Die neue Hausbrauerei **Sow and Piglets** (03-5598 6305; 18 Tregea St; 12 Uhr–open end) ist ein guter Grund für einen Aufenthalt.

Sea Foam Villas   APARTMENTS $$
(03-5598 6413; www.seafoamvillas.com.au; 14 Lord St; Zi. 185–570 AU$) Direkt gegenüber vom Wasser. Hier genießt man die zweifellos beste Aussicht der Stadt. Ihr Geld wirklich wert sind aber nur die großen, komfortablen und luxuriösen Apartments mit Buchtblick.

Essen

⭐ Forage on the Foreshore   CAFÉ $$
(03-5598 6202; 32 Cairns St; Hauptgerichte ab 14 AU$; 9–17 Uhr;) Das Café in einem Cottage am Meer, Port Campbells früherer Post, empfängt Gäste mit Holzfußböden, Kunst an den Wänden, einem offenen Kamin und Musik von einem Retro-Plattenspieler. Auf der Karte stehen den ganzen Tag über Frühstück sowie mittags Burger und Currys und Gerichte mit frischen Krebsen oder Seeohren.

❶ Praktische Informationen

Port Campbell Visitor Centre (1300 137 255; www.visit12apostles.com.au; 26 Morris St; 9–17 Uhr) Viele Infos zur Region (inkl. Unterkünfte), Schnitzeljagden für Kinder und interessante Ausstellungen zu Schiffswracks – vor dem Eingang steht der Anker der *Loch Ard*. Zudem können hier Feldstecher, Himmels-teleskope, Kameras und GPS-Geräte gratis ausgeliehen werden.

❶ An- & Weiterreise

Busse von **V/Line** (S. 266) verbinden Geelong mit Port Campbell (32 AU$, 5 Std., Mo, Mi & Fr). Unterwegs muss man jedoch in Apollo Bay umsteigen (11,20 AU$, 2 Std. 15 Min.) und dabei ein paar Stunden auf die Weiterfahrt warten. Eine Busverbindung besteht auch nach Warrnambool (7,60 AU$, 1 Std. 20 Min.).

Von Port Campbell nach Warrnambool

Die Great Ocean Road endet keinesfalls an den Twelve Apostles: Westlich von Port Campbell passiert die Straße noch viele weitere markante Felsformationen, die manche Traveller sogar noch malerischer als die Apostles finden.

Die Fahrt führt nun durch endlose Felder und ein paar ruhige Städtchen – darunter **Timboon**, das rund 16 km landeinwärts von Peterborough liegt. Die Umgebung des Orts ist bekannt für den wunderbaren **12 Apostles Gourmet Trail** (www.12apostlesfoodartisans.com), auf dem leckere regionale Produkte (z. B. Single-Malt-Whiskeys, Eiscreme, Schokolade, Wein, Käse) bei den jeweiligen Herstellern verkostet werden können.

◉ Sehenswertes

London Bridge   BRÜCKE
Unmittelbar außerhalb von Port Campbell liegt an der Straße nach Peterborough die inzwischen eingestürzte London Bridge. Zwei Steinbogen verbanden hier einst eine Felsplattform mit dem Festland. Im Januar 1990 brachen sie unvermittelt zusammen, woraufhin zwei verängstigte Touristen auf der jüngsten Insel der Welt festsaßen und per Hubschrauber gerettet werden mussten. Auch als Ruine wirkt die Brücke immer noch sehr eindrucksvoll. In der Abenddämmerung tummeln sich hier oft Pinguine am Strand.

Bay of Islands
Coastal Park   AUSSICHTSPUNKT
Rund 12 km westlich von Port Campbell erreicht man hinter Peterborough die **Bay of Islands** und die weniger stark besuchte **Bay of Martyrs**. Tolle Küstenwanderwege führen zu spektakulären Aussichtspunkten mit weitem Blick auf Felsformationen, die die Vergleiche mit den Twelve Apostles nicht zu scheuen brauchen. Am Rand der **Crofts Bay** erstreckt sich ein großartiger Strand.

The Arch   WAHRZEICHEN
Diese Felsbrücke ragt vor dem Point Hesse aus dem Meer empor. Von ein paar Aussichtspunkten aus kann man ein paar tolle Fotos schießen.

The Grotto   AUSSICHTSPUNKT
Ein weiterer malerischer Zwischenstopp westlich von Port Campbell: Hier führen steile Stufen hinab in eine Art Felshöhle, die von donnernden Wellen durchspült wird. The Grotto liegt etwa auf halbem Weg zwischen Port Campbell und Peterborough, eine kurze Fahrtstrecke von der London Bridge (S. 281) entfernt.

Warrnambool

33 979 EW.

Warrnambool war früher eine Wal- und Robbenfängerstation. Heute ist die Stadt ein bedeutendes Regionalzentrum mit florierender Wirtschaft und vor allem für Walbeobachtungen bekannt. Historische Gebäude, Strände, Gärten und baumgesäumte Straßen verleihen ihr im Zentrum ein recht hübsches Stadtbild. Die großen Neubaugebiete an den Rändern wirken mit ihren Wohnhäusern und Gewerbeparks jedoch größtenteils wie beliebige australische Vororte.

Neben den berühmten Walen warten in Warrnambool auch ein paar tolle Kunstgalerien und historische Stätten. Dank vieler Universitätsstudenten und einiger cooler Bars bzw. Cafés ist die lokale Atmosphäre recht lebhaft.

◉ Sehenswertes & Aktivitäten

★ Flagstaff Hill
Maritime Village   HISTORISCHE STÄTTE
(☏ 03-5559 4600; www.flagstaffhill.com; 89 Merri St; Erw./Kind/Fam. 18/8,50/48 AU$; ◷ 9–17 Uhr. Eintrittsschluss um 16 Uhr) Das Gelände von Flagstaff Hill hat viel Interessantes zu bieten: ein Wrackmuseum, eine denkmalgeschützte Garnison mit Leuchttürmen und den Nachbau einer historischen Hafenstadt Victorias. Sehenswert ist auch die abendliche 70-minütige Sound-&-Laser-Show **Shipwrecked** (Erw./Kind/Fam. 26/14/67 AU$) über den Untergang der *Loch Ard*.

Das Dorf mit alten Läden bzw. Werkstätten (z. B. von Hufschmieden, Kerzenmachern, Bootsbauern) ist der Nachbau eines Küstenhafens aus Australiens Pionierzeit. Mit etwas Glück begegnet man aus den **Maremmen-Abruzzen-Schäferhunden** (☏ 03-5559 4600; www.warrnamboolpenguins.com.au; Erw./Kind 16/10 AU$), die die Pinguine auf Middle Island u. a. vor Füchsen schützen.

★ Warrnambool Art Gallery   KUNSTGALERIE
(WAG; ☏ 03-5559 4949; www.thewag.com.au; 165 Timor St; ◷ Mo–Fr 10–17, Sa & So 12–17 Uhr) GRATIS Die 1886 gegründete Kunstgalerie zählt zu den ältesten des Landes und zeigt u. a. abwechselnd viele berühmte Werke australischer Maler aus ihrer ständigen Sammlung. Prunkstück ist dabei Eugene von Guérards Ölgemälde *Tower Hill*: Das Landschaftsbild ist so detailliert, dass es Botanikern bei der originalgetreuen Neubepflanzung des Tower Hill als historische Vorlage diente. Ansons-

ten werden auch moderne Kunst und mehrere Begleitausstellungen geboten.

Reel Addiction   WALBEOBACHTUNG
(☏ 0468 964 150; www.boatcharterswarrnambool. com.au; Walbeobachtungen 65 AU$/Pers., halbtägige Angeltouren ab 180 AU$/Pers.) Während der Walsaison (zumeist Juni–Sept.) schippert diese Firma morgens und nachmittags hinaus zu den Meeresriesen. Ansonsten besucht sie die Robbenkolonie auf Lady Julia Percy Island. Angelausflüge sind eine weitere Spezialität des Hauses.

🛌 Schlafen

Warrnambool
Beach Backpackers   HOSTEL $
(☏ 03-5562 4874; www.beachbackpackers.com. au; 17 Stanley St; Stellplatz 12 AU$/Pers., B 28–36 AU$, DZ 80–90 AU$; @ ☎) Einen kurzen Fußmarsch vom Strand entfernt bietet dieses Hostel alles, was Backpacker brauchen: einen großen Aufenthaltsbereich, eine Bar mit kitschigem Aussie-Dekor, Gratis-WLAN, eine Küche, kostenlose Shuttles und einfache, aber saubere Zimmer. Außerdem gibt es Stellplätze (12 AU$/Pers.) für Gäste mit einem Zelt oder Van und zum Ausleihen Boogie-Boards (gratis) sowie Fahrräder, Surfboards, SUP-Bretter, Neoprenanzüge, Kajaks und Angelausrüstung (jeweils gegen Gebühr).

Flagstaff Hill
Lighthouse Lodge   PENSION $$
(☏ 1800 556 111; www.lighthouselodge.com.au; Flagstaff Hill; DZ/ganzes Haus inkl. Abendessen ab 155/375 AU$; ❄ ☎) Das zauberhafte Cottage mit Holzverschalung war einst das Wohnhaus des Hafenmeisters. Es kann auch komplett gemietet werden und bietet Gästen jede Menge fürs Geld: Der Preis beinhaltet den Eintritt zum Flagstaff Hill Maritime Village (inkl. Shipwrecked-Show), Abendessen im Restaurant Pippies und eine Flasche Wein. Vom Rasen schaut man auf das Maritime Village und die Küste.

Hotel Warrnambool   PUB $$
(☏ 03-5562 2377; www.hotelwarrnambool.com.au; Ecke Koroit & Kepler St; DZ inkl. Frühstück ohne/mit Bad ab 110/140 AU$; ❄ ☎) Seit der Renovierung des historischen Pubs von 1894 erinnern die Zimmer zwar eher schon an die eines Boutiquehotels, das Flair klassischer Kneipenquartiere haben sie aber immer noch. Wer seine Ruhe will, ist hier am Wochenende komplett falsch.

🍴 Essen & Ausgehen

Kermond's Hamburgers
BURGER $

(☑ 03-5562 4854; www.facebook.com/kermonds hamburgers; 151 Lava St; Burger 7,20–10 AU$; ⊙ 9–21.30 Uhr) Seit seiner Eröffnung im Jahr 1949 scheint sich das Kermond's kaum verändert zu haben: Bis heute gibt's hier Laminex-Tische, holzvertäfelte Wände und klassische Milchshakes in Edelstahlbechern. Die Burger sind legendär!

Standard Dave
PIZZA $$

(☑ 03-5562 8659; 218 Timor St; Pizzas 15–24 AU$; ⊙ Di–So 17 Uhr–open end, Fr 12–14 Uhr) Das Dave lockt junge Indie-Typen mit Drinks, guter Musik und grandiosen dünnkrustigen Pizzas aus hochwertigen Zutaten (entweder selbst gemacht oder von regionalen Erzeugern). Unbedingt auch nebenan ins **Dart & Marlin** (216–218 Timor St; ⊙ Mi–Fr 17–23, Sa & So 14–23 Uhr) hineinschauen!

Hotel Warrnambool
PUB $$

(www.hotelwarrnambool.com.au; Ecke Koroit & Kepler St; Hauptgerichte mittags 12–27 AU$, abends 28–34 AU$; ⊙ 12 Uhr–open end; 🐾) Mit seinem Mix aus Pub-Atmosphäre und Boheme ist das Hotel Warrnambool einer der besten Pubs an der Küste von Victoria. An Kneipen-essen gibt's u. a. Pizza aus dem Holzofen.

Pickled Pig
EUROPÄISCH $$$

(☑ 03-5561 3188; www.pickledpig.com.au; 78 Liebig St; Gerichte 17–37 AU$; ⊙ Di–Sa 18–22 Uhr) Schick anziehen: Warrnambools nobelstes Restaurant empfängt Gäste mit weißen Leinentischtüchern, Kronleuchtern und moderner europäischer Saisonküche. Die genießt man am besten in Form des sechs-gängigen Probiermenüs (85 AU$/Pers.). Reservierung sehr ratsam.

Lucy
BAR

(www.facebook.com/thelucybar; 2/167 Koroit St, Ozone Walk; Cocktails ab 12 AU$; ⊙ 15 Uhr–open end) Die coole neue Kaschemme versteckt sich am Ende einer Gasse voller Graffitis. In den winzigen Räumlichkeiten mit roten Backsteinwänden erklingt Musik vom Kassette. Die Drinks (z. B. ein super Mix aus Martini und sortenreinem Espresso) basieren vor allem auf Spirituosen aus Victoria. Zudem gibt's leckere Jaffles (Waffel-Sandwiches) sowie Craft-Biere, Weine und Ciders.

ℹ️ Praktische Informationen

Warrnambool Visitor Centre (☑ 1800 637 725; www.visitwarrnambool.com.au; 89 Merri St; ⊙ 9–17 Uhr) Aktuelle Infos (u. a. zu Walsichtungen, geführten Touren), Reservierungen von Unterkünften und Karten für Rad- bzw. Wandertouren.

ℹ️ An- & Weiterreise

AUTO & MOTORRAD

Warrnambool liegt eine Autostunde westlich von Port Campbell an der Great Ocean Road. Für die Anfahrt ab Melbourne über den Princes Hwy (A1) muss man ca. drei Stunden einplanen.

BUS

Ab Warrnambool rollen V/Line-Busse entlang der Great Ocean Road nach Apollo Bay (21 AU$, 2 Std., 3-mal tgl.), Port Fairy (4,60 AU$, 35 Min., 5-mal tgl.) und Portland (12,40 AU$, 1½ Std., 3-mal tgl.). Viermal pro Woche fährt ein weiterer Bus über Dunkeld (18,20 AU$, 2 Std.) und Halls Gap (27,20 AU$, 3 Std.) nach Ararat (32 AU$, 3 Std. 40 Min.). Außerdem geht's mit **Christian's Bus Co** (☑ 03-5562 9432, 1300 734 441; www.christiansbus.au) über Ballarat (18,20 AU$, 2 Std. 50 Min., Mo–Fr 7.15 Uhr) nach Melbourne.

ZUG

V/Line betreibt Züge über Geelong (24,80 AU$, 2½ Std.) nach Melbourne (34,60 AU$, 3¼ Std., 3- bis 4-mal tgl.).

Tower Hill Reserve

Der Tower Hill 15 km westlich von Warrnambool ist ein gewaltiger Krater, der bei einem Vulkanausbruch vor 35000 Jahren entstanden ist. Artefakte der Aborigines, die in der Vulkanasche gefunden wurden, belegen, dass australische Ureinwohner zu jener Zeit in der Gegend lebten. Die Worn Gundidj Aboriginal Cooperative betreibt das **Tower Hill Natural History Centre** (☑ 03-5565 9202, 0448 509 522; www.worngundidj.org.au; Wanderung Erw./Kind 22,95/10,65 AU$; ⊙ 10–16 Uhr).

Das einem Ufo ähnelnde Gebäude des Zentrums wurde 1962 von dem bekannten australischen Architekten Robin Boyd entworfen. Bei **Buschwanderungen** mit indigenen Guides (tgl. 11 & 13 Uhr) können Besucher Bumerangs werfen und erfahren etwas über die Zubereitung von Bush Tucker (traditionelles Essen der Aborigines). Für die **Nachtwanderungen mit Tierbeobachtung** (Erw./Kind/Fam. 28,95/14/65 AU$) muss man sich spätestens am Vortag anmelden. Das Zentrum verkauft auch Kunst, Kunsthandwerk und Accessoires nach Entwürfen der hiesigen Worn-Gundidj-Gemeinde.

Außer den geführten Touren des Zentrums gibt's in der Gegend noch weitere tolle Wandermöglichkeiten. Darunter ist z. B. der steile **Peak Climb** (30 Min.) mit spektakulärem Rundumblick.

Port Fairy

2835 EW.

Port Fairy wurde 1833 als Wal- und Robbenfängerstation gegründet. Bis heute hat sich der historische Ort seinen maritimen Charme aus dem 19. Jh. bewahrt: Hier sieht man überall alte Gebäude aus Blau- oder Sandstein, weiß verputzte Cottages, farbenfrohe Fischerboote und breite Baumalleen. In der Umgebung gibt es nette Strände, Surfspots und Angelmöglichkeiten sowie viele Chancen, Wildtiere zu beobachten. 2012 wurde Port Fairy zur Kleinstadt mit der weltweit höchsten Lebensqualität gewählt – was die meisten Besucher sehr schnell nachvollziehen dürften.

Sehenswertes

Wharf Area HAFEN

In den 1850er-Jahren hatte Port Fairy einen der geschäftigsten Häfen des Landes: Damals gelangten Wolle, Gold und Weizen hauptsächlich von hier aus per Schiff nach England. Doch auch heute sorgen Schiffe von Luxusjachten bis hin zu verwitterten Fischerbooten noch für ordentlichen Betrieb an den zauberhaften Docks.

Battery Hill HISTORISCHE STÄTTE

Vom malerischen Hafen führt eine Brücke hinüber zum interessanten Battery Hill, dessen Bastionen und Kanonen die Stadt ab 1887 vor feindlichen Kriegsschiffen schützen sollten. Die von Sumpfwallabys bevölkerte Anlage diente ursprünglich als Standort für einen weithin sichtbaren Fahnenmast. Dementsprechend gut ist der Panoramablick.

Feste & Events

⭐**Port Fairy Folk Festival** MUSIK

(www.portfairyfolkfestival.com; Tickets 250–300 AU$; ⊙ März) Australiens wichtigstes Folkmusik-Festival findet Anfang März an dem langen Wochenende um den Labour Day herum statt. Dabei gibt es Konzerte internationaler und australischer Künstler und in den Straßen zeigen Musikanten ihr Können. Die Unterkünfte können schon ein Jahr im Voraus ausgebucht sein.

Schlafen

Port Fairy YHA HOSTEL $

(☑ 03-5568 2468; www.portfairyhostel.com.au; 8 Cox St; B 26–30 AU$, EZ/2BZ/DZ ab 41,50/70/75 AU$; @🛜) Das weitläufige, freundliche und gut geführte Hostel mit friedvollem Garten ist die bei Weitem beste Budget-Bleibe der Stadt. Das frühere Wohnhaus des Kaufmanns William Rutledge (erb. 1844) punktet mit einer großen Küche, einem Pooltisch und kostenloses Kabelfernsehen.

Merrijig Inn HOTEL $$

(☑ 03-5568 2324; www.merrijiginn.com; 1 Campbell St; DZ ab 120 AU$; 🛜) Das denkmalgeschützte Merrijig zählt zu Victorias ältesten Unterkünften. Die malerischen, aber winzigen Dachstuben werden durch größere und komfortablere Erdgeschosszimmer ergänzt. Die behaglichen Aufenthaltsbereiche haben offene Kamine. Im herrlichen Hintergarten mit Rasenflächen und Gemüsebeeten tummeln sich seidig glänzende Zwerghühner.

⭐**Drift House** BOUTIQUEHOTEL $$$

(☑ 0417 782 495, 03-5568 3309; www.drifthouse.com.au; 98 Gipps St; DZ ab 375 AU$; ❄🛜) Pflicht für Architekturfans: Das Drift House kombiniert Pracht aus dem 19. Jh. verführerisch mit Design aus dem 21. Jh. Vor der mondänen Fassade erstreckt sich eine originale Doppelterrasse von 1860. Die Zimmer besitzen einen offenen Grundriss und eine individuelle, ultraelegante Einrichtung im Boutiquestil. Das Hotel hat zahlreiche Preise abgeräumt und ist zweifellos *die* Adresse in Port Fairy, um sich zu verwöhnen.

Essen

Farmer's Wife CAFÉ $

(☑ 03-5568 2843; www.facebook.com/farmerswifeportfairy; 47a Sackville St; Hauptgerichte 10–20 AU$; ⊙ 8–14.30 Uhr) Das Farmer's Wife braucht kein historisches Gemäuer, um seine Gäste zu beeindrucken: Es versteckt sich am Ende einer Passage in einem modernen Gebäude und überzeugt bereits allein durch sein Essen, das der frühere Küchenchef des renommierten Stag zubereitet. Unter den saisonalen Köstlichkeiten auf der Brunch-Karte sind z. B. Benedict-Brioches mit Schweinebauch, Quesadillas mit Chili-Spiegeleiern, Schweinefleisch und Salsa oder Sauerteigtoast mit Obstbelag.

⭐**Coffin Sally** PIZZA $$

(www.coffinsally.com.au; 33 Sackville St; Pizzas 13–20 AU$; ⊙ 16–23 Uhr) Dieses Lokal in einer

MELBOURNE & VICTORIAS KÜSTE GREAT OCEAN ROAD

historischen Sargtischlerei ist für traditionelle Pizzas mit dünner Kruste bekannt. Die kommen aus einer offenen Küche und werden entweder draußen an Straßentischen oder drinnen bei Schummerlicht in Separees vertilgt. Der Laden hat auch einen offenen Kamin (hinten) und eine Bar, die immer gut für einen Drink ist.

★ Fen
MODERN-AUSTRALISCH $$$

(☏ 03-5568 3229; www.fenportfairy.com.au; 22 Sackville St; Hauptgerichte 39 AU$, 5-gängiges Menü mit Weinauswahl 110 AU$, Probiermenü ab 150 AU$; ⊙ Di–Sa 18–23 Uhr) Das von einem Ehepaar betriebene Fen zählt zu den besten Restaurants an Victorias Küste und wurde 2017 mit zwei Gault-Millau-Mützen ausgezeichnet. In einem historischen Gebäude aus Blaustein warten minimalistisches Dekor, entspannte Atmosphäre und saisonale Küche. Die regionalen Zutaten (z. B. Lamm, Seafood, Ente) stammen aus dem Südwesten Victorias und werden teils mit indigenen Aromen verfeinert.

Merrijig Kitchen
MODERN-AUSTRALISCH $$$

(☏ 03-5568 2324; www.merrijiginn.com; 1 Campbell St; Hauptgerichte 28–38 AU$; ⊙ Do–Mo 18–21 Uhr; ☏) In Port Fairys stimmungsvollstem Restaurant wärmen sich Gäste am offenen Kamin und genießen die täglich wechselnden Spitzengerichte aus saisonalen Zutaten. Gemüse aus dem eigenen Küchengarten, selbst gepökeltes Fleisch und selbst geräucherter Fisch gehen mit preisgekrönten Weinen einher. Auch der Service ist vom Feinsten.

ⓘ Praktische Informationen

Port Fairy Visitor Centre (☏ 03-5568 2682; www.portfairyaustralia.com.au; Bank St; ⊙ 9–17 Uhr; ☏) Individuelle Touristeninfos, Besucher-Broschüren (u. a. für Stadtspaziergänge; 0,20 AU$), Gratis-WLAN, V/Line-Tickets, Publikationen und Leihfahrräder (halber/ganzer Tag 15/25 AU$).

ⓘ An- & Weiterreise

AUTO & MOTORRAD
Port Fairy liegt 20 Minuten westlich von Warrnambool an der A1. Bei Anfahrt ab Melbourne (288 km) geht's am schnellsten über Geelong und den Highway B140 hierher.

ÖFFENTLICHE VERKEHRSMITTEL
Ab Geelong fahren Züge nach Warrnambool, wo es mit Bussen von **V/Line** (☏ 1800 800 007; www.vline.com.au) nach Port Fairy weitergeht (4,60 AU$, 35 Min., 4- bis 5-mal tgl.). Diese Busse fahren weiter nach Tower Hill (3,20 AU$) und Koroit (3,20 AU$). Weitere Busse verbinden Port Fairy mit Portland (8,60 AU$, 55 Min.).

Portland
10 700 EW.

Portland wurde Anfang des 19. Jhs. als Wal- und Robbenfängerstation gegründet. Besucher stoßen hier auf Kolonialgeschichte, attraktive Architektur und mehrere Strände. Trotzdem ist Victorias älteste europäische Siedlung bis heute von der Arbeiterklasse geprägt – die Atmosphäre entspricht viel eher einem normalen Regionalzentrum als einem Touristenziel.

Dennoch hat Portland viele tolle Attraktionen zu bieten: den Great Southwest Walk, Seafood, Angelmöglichkeiten, Walbeobachtungen im Winter und ein paar gute Surfspots.

⊙ Sehenswertes

Historic Waterfront
UFERPROMENADE

(Cliff St) Der Hafenbezirk besteht aus Rasenflächen und einigen historischen Gebäuden aus Blaustein. Das **Customs House** (Zollhaus) von 1850 wird bis heute als Verwaltungsbau genutzt. Auf Anfrage kann man jedoch im Keller eine so faszinierende wie bunte Sammlung beschlagnahmter Gegenstände besichtigen (darunter ein ausgestopfter Schwarzbär). Zur Historic Waterfront

MELBOURNE & VICTORIAS KÜSTE PORTLAND

GREAT SOUTH WEST WALK

Der ausgeschilderte Rundwanderweg (250 km, min. zehn Tage) mit Start am Visitor Centre in Portland führt durch ein paar der schönsten Naturlandschaften des Südwestens: Von der einsamen, stürmischen Küste schlängelt er sich durch das Flussgebiet des Lower Glenelg National Park und dann durch die Wildnis zurück nach Portland. Die Route lässt sich auch nur etappenweise absolvieren – manche Abschnitte eignen sich für Tagestreks oder sogar für zweistündige Rundwanderungen. Karten bekommt man in den Visitor Centres in Portland und **Nelson** (S. 287). Umfassende Infos gibt's unter www.greatsouthwestwalk.com; hier kann man sich auch online registrieren.

gehören auch das **Courthouse** (Gerichtsgebäude) von 1845 und der **Rocket Shed** (Raketenschuppen) von 1886, in dem alte Raketen für die Seenotrettung ausgestellt sind.

Portland Maritime Discovery Centre

MUSEUM

(☑1800 035 567; Lee Breakwater Rd; Erw./Kind unter 15 Jahren 7.50 AU\$/frei; ⏲9–17 Uhr) Die hervorragenden Ausstellungen informieren u. a. über Schiffswracks und Portlands Walfanggeschichte. Zu sehen gibt's auch das angespülte Skelett eines Pottwals und ein altes hölzernes Rettungsboot von 1858. Das **Museumscafé** (☑03-5521 7341; Hauptgerichte ab 17 AU\$; ⏲9.30–16.30 Uhr) hat eine der schönsten Aussichten der Stadt.

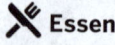 Essen

Deegan Seafoods

FISH & CHIPS $

(☑03-5523 4749; 106 Percy St; Fisch ab 6 AU\$; ⏲Mo–Fr 9–18 Uhr) Der Fish-&-Chips-Schuppen ist für das frischeste Seafood in ganz Victoria berühmt. Ob panierter Fisch oder Tintenfischringe – hier besteht höchste Gefahr für einen Nachschlag.

ℹ Praktische Informationen

Portland Visitor Centre (☑1800 035 567; www. visitportland.com.au; Lee Breakwater Rd; ⏲9–17 Uhr) Das hervorragende Infozentrum in einem modernen Bau an der Uferpromenade gibt viele Tipps zu Aktivitäten und Sehenswürdigkeiten.

ℹ An- & Weiterreise

Auto & Motorrad Portland liegt eine Fahrtstunde westlich von Port Fairy am Princes Hwy (A1).

NICHT VERSÄUMEN

CAPE BRIDGEWATER

Ein toller Abstecher von der Portland–Nelson Rd führt nach Cape Bridgewater (21 km), wo einer der schönsten einsamen Surferstrände Australiens wartet. Der weiße Pulversand am Rand von türkisblauem Wasser erinnert eher an Queensland als an Victoria. Neben dieser Hauptattraktion gibt's noch diverse Wanderrouten in herrlicher Landschaft und man kann mit **Australischen Pelzrobben** (☑03-5526 7247; www. sealsbyseatours.com.au; Bridgewater Rd; 45-minütige Touren Erw./Kind 40/25 AU\$, Käfigtauchen 60/30 AU\$; ⏲Sept.–Mai) schwimmen.

Bus V/Line-Busse fahren nach Port Fairy (ab 8,60 AU\$, 50 Min.) und Warrnambool (ab 12,40 AU\$, 1 Std. 40 Min.). Sie starten an der Henty St (Mo–Fr 3-mal tgl., Sa & So 1-mal tgl.).

Nelson

311 EW.

Das winzige Nelson ist die letzte Ortschaft vor der Grenze zu South Australia – hier gibt's nur einen Gemischtwarenladen, einen Pub und ein paar Unterkünfte. Das Nest an der Mündung des Glenelg River (fließt durch den Lower Glenelg National Park) ist bei Urlaubern und Anglern sehr beliebt. Fast genau auf halber Strecke zwischen Melbourne und Adelaide brüstet es sich, den Anfang der Great Ocean Road zu markieren. Hier gilt bereits South Australias Regionalvorwahl ☑08.

🏃 Aktivitäten

Vor allem Angeln und Bootsausflüge auf dem Glenelg River locken Besucher nach Nelson. Es beißen vor allem Brachsen und Barsche an.

⭐ Nelson Canoe Hire

KANU- & KAJAKFAHREN

(☑0409 104 798; www.nelsonboatandcanoehire. com.au; Leihkanu halber/ganzer Tag 40/65 AU\$, Leihkajak halber/ganzer Tag 25/60 AU\$) Eines von Victorias am besten gehüteten Geheimnisse sind die malerischen Kanutrips auf dem Glenelg River. Dessen Abschnitt durch den Lower Glenelg National Park (65 km) kann man dank dieses Anbieters entweder ganz lässig auf einer kleinen Paddelrunde oder richtig seriös im Rahmen von dreitägigen Camping-Abenteuern erkunden (die Ausrüstung wird in wasserdichten Behältern transportiert). Die Firma hat kein Büro und bringt das Equipment zum vereinbarten Startpunkt. Zelte und Vorräte sind selbst mitzubringen.

⭐ Nelson Boat Hire

BOOTFAHREN

(☑0427 571 198, 08-8738 4048; www.nelsonboat andcanoehire.com.au; Schlauchboot pro 4 Std. 115 AU\$, Motorboot 55 AU\$/Std., Hausboot 410–480 AU\$/Übern.; ⏲Sept.–Juli) Ob als kurzer Angelausflug oder längerer Trip mit einem Hausboot für Selbstversorger – es ist immer extrem entspannend, über die malerischen Gewässer des Lower Glenelg National Park zu schippern. Das Gute dabei: Dies ist auch ohne Bootsführerschein möglich! Die Hausboote dieser Firma, die mindestens für zwei Übernachtungen gemietet werden müssen, sind mit Bad, Kühlschrank, Küche und Kojen für sechs Personen ausgestattet.

ABSTECHER

CAPE NELSON LIGHTHOUSE

Vom **Cape Nelson Lighthouse** (☎ 0428 131 253; www.capenelsonlighthouse.com.au; Erw./Kind/Fam. 15/10/40 AU$; ⌚ Führungen 11 & 14 Uhr) aus dem Jahr 1884 offenbart sich ein Traumblick auf den Rand der Welt. Bei den Führungen durch die bis heute benutzte Leuchtturmanlage erfährt man etwas über die Geschichte der Region, zu der auch diverse Schiffbrüche gehören. Die **Cottages** (mit 1/2 Schlafzi. inkl. Frühstück 200/270 AU$; ❄📶) sind super für alle, die schon immer mal einsam im windumtosten Häuschen eines Leuchtturmwärters übernachten wollten. Trotz moderner Extras haben die Quartiere ihren historischen Charme nicht verloren. Gäste können ein oder zwei Zimmer buchen und zwischen der Aussicht auf den Sonnenaufgang oder -untergang wählen.

Nelson River Cruises BOOTSFAHRT
(☎ 0448 887 1225, 08-8738 4191; www.glenelgriver cruises.com.au; Erw./Kind 32,50/10 AU$; ⌚ Sept.–Juni) Die gemütlichen Flusskreuzfahrten (3½ Std.) folgen dem Glenelg River ab Nelson (Mi & Sa 13 Uhr, Schulferien tgl.; Details s. Website). Dabei besuchen sie auch die eindrucksvolle **Princess Margaret Rose Cave** (☎ 08-8738 4171; www.princessmargaretrosecave.com; Princess Margaret Rose Caves Rd, Mumbannar, Lower Glenelg National Park; Erw./Kind/Fam. 20/13/44 AU$; ⌚ Führungen 10, 11, 12, 13.30, 14.30, 15.30 & 16.30 Uhr, Winter seltener) mit ihren funkelnden Tropfsteinen. Der Zugang zur Höhle kostet jedoch extra.

Schlafen

Kywong Caravan Park CAMPING $
(☎ 08-8738 4174; www.kywongcp.com; 92 North Nelson Rd; Stellplatz ohne Strom 23–28 AU$, mit Strom 28–35 AU$, DZ in Hütte ab 70 AU$; ❄📶) Rund 1 km nördlich von Nelson grenzt dieser Campingplatz (10 ha) direkt an den Nationalpark und den Glenelg River. Hiesiges Highlight ist die Möglichkeit, viele Vögel und andere Tiere (z. B. Beuteldachse) zu beobachten.

Nelson Cottage COTTAGE $
(☎ 08-8738 4161; www.nelsoncottage.com.au; Ecke Kellett & Sturt St; EZ/DZ mit Gemeinschaftsbad inkl. Frühstück 70/90 AU$; 📶) Die einstige Polizeiwache von 1882 ist heute ein Cottage mit altmodischen Zimmern und sauberen Gemeinschaftsbädern. Die Inhaber reisen selbst viel – darum vorher anrufen, um festzustellen, ob sie da sind.

Ausgehen & Nachtleben

★ **Nelson Hotel** PUB
(☎ 08-8738 4011; www.nelsonhotel.com.au; Kellett St; ⌚ 11 Uhr–open end; 📶) Unbedingt einen Blick in diesen waschechten Outback-Pub werfen: Das Nelson Hotel von 1855 wartet mit Bier, herzhafter Bistro-Kost (Hauptgerichte ab 15 AU$) und freundlichen Einheimischen auf. Die charaktervolle Bar vorne wird von einem verstaubten Pelikan-Präparat geziert. Die einfachen Gästezimmer (EZ/DZ mit Gemeinschaftsbad 45/65 AU$) sind zwar renovierungsbedürftig, für eine Einzelübernachtung aber einwandfrei.

Praktische Informationen

Nelson Visitor Centre (☎ 08-8738 4051; www.nelsonvictoria.com.au; ⌚ 10–12.30 & 13.30–17 Uhr; 📶) Hier gibt's WLAN und gute Infos zu den Regionen auf beiden Seiten der Grenze. Besonders hilfreich sind die Auskünfte zu den Nationalparks und zum Great South West Walk. Das Zentrum hat im Sommer länger geöffnet; außerhalb der Geschäftszeiten legt es Broschüren zum Mitnehmen aus.

WILSONS PROMONTORY & GIPPSLAND

Die Great Ocean Road ist zwar unumstritten Besuchermagnet Nummer Eins, doch alle echten Geheimnisse der Region verbergen sich in Gippsland. Hier lohnt es sich, einen Bogen um die größeren Ortschaften zu machen: Die Städte entlang des Princes Hwy haben Travellern kaum etwas zu bieten. Doch abseits des Highways warten ein paar von Victorias interessantesten, ursprünglichsten und schönsten Wildnisgebieten bzw. Stränden.

Der am Meer gelegene Wilsons Promontory National Park ist für Wanderer und Sightseeing-Touristen gleichermaßen ein großartiges Ziel. Seine Traumstrände sind jedoch nur der Anfang: Da wären auch noch der Cape Conran Coastal Park und der Croajingolong National Park mit dem endlosen Ninety Mile Beach. Alles in allem ergibt

dies eine der wildesten und schönsten Küstenlinien der Welt. Landeinwärts liegen die sehr sehenswerten Buchan Caves sowie die dicht bewaldeten Nationalparks Snowy River und Errinundra, die so abgeschieden und ursprünglich wie ihre Pendants im übrigen Land sind.

Koonwarra & Fish Creek

385 EW.

Auf dem Weg zur Küste oder The Prom legen gut informierte Traveller seit Jahren eine Essenspause in Fish Creek ein. Das Nest am Great Southern Rail Trail ist inzwischen eine unkonventionelle Künstlergemeinde mit Handwerksläden, Galerien, Ateliers, Buchläden und ein paar tollen Cafés.

Im hügeligen Weideland entlang des South Gippsland Hwy versteckt sich das noch kleinere Koonwarra, das inzwischen unter Feinschmeckern einen Ruf als Geheimtipp genießt.

⊙ Sehenswertes

Celia Rosser Gallery   KUNSTGALERIE
(☎ 03-5683 2628, 0455 777 334; www.celiarossergallery.com.au; Promontory Rd; ⊙ Fr–So 10–16 Uhr) GRATIS Die helle Galerie zeigt die Arbeiten der renommierten botanischen Illustratorin Celia Rosser, die vor allem für ihre Aquarelle von Banksien berühmt ist. Die *Banksia rosserae* ist nach ihr benannt – eine Ehre, die sonst nur noch Königin Victoria zuteil wurde.

⨁ Schlafen

Fish Creek Hotel   PUB $
(☎ 03-5683 2404; www.fishcreekhotel.com.au; 1 Old Waratah Rd; Hauptgerichte 16–30 AU$; DZ mit Gemeinschaftsbad/eigenem Bad 85/100 AU$; ⊙ 12–14 & 18–21 Uhr) Das tolle Art-déco-Hotel (alias Fishy Pub) ist nicht nur eine prima Quelle für Bier und Kneipenessen, sondern auch eine praktische Ausgangsbasis für Nationalparktrips: Im Obergeschoss befinden sich komfortable Pubquartiere mit Gemein-

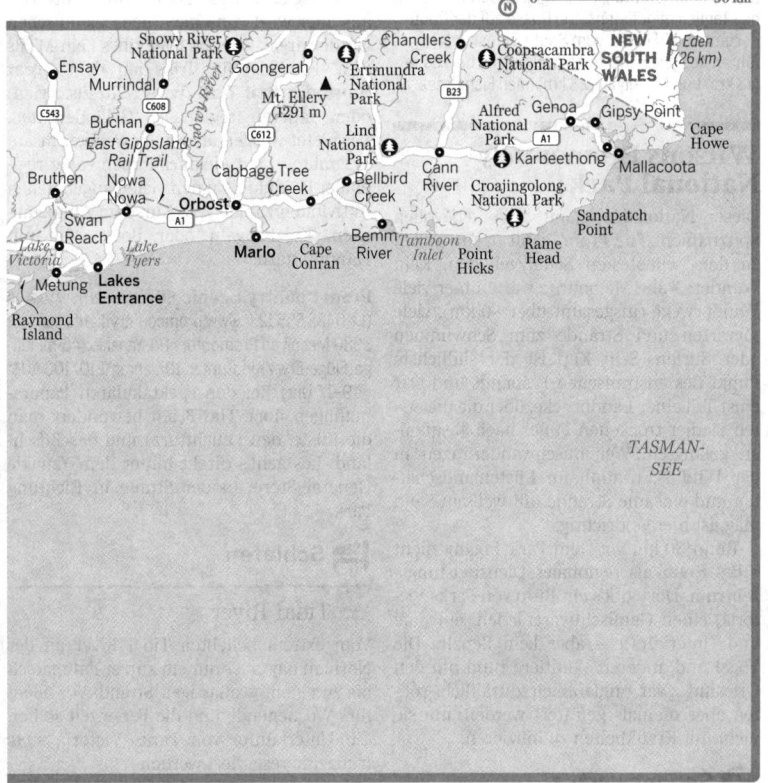

0 ━━━━━━ 50 km

Ensay · Murrindal · Snowy River National Park · Goongerah · Chandlers Creek · Cooracambra National Park · NEW SOUTH WALES · Eden (26 km)

C543 · Buchan · East Gippsland Rail Trail · C608 · Mt. Ellery (1291 m) · C612 · Errinundra National Park · B23 · Alfred National Park · Genoa · Gipsy Point · Cape Howe

Bruthen · Nowa Nowa · Cabbage Tree Creek · Lind National Park · Bellbird Creek · Cann River · Karbeethong · Mallacoota · Croajingolong National Park

Swan Reach · Orbost · A1 · Lake Tyers · Lake Victoria · Marlo · Cape Conran · Bemm River · Tamboon Inlet · Point Hicks · Rame Head · Sandpatch Point

Metung · Lakes Entrance · Raymond Island

TASMAN-SEE

schaftsbädern (allerdings ohne TV oder Wasserkocher). Und hinter dem Haus gibt es Motelzimmer für Selbstversorger.

The Wine Farm　　　　　　　B & B **$$**
(☏ 03-5664 3204; www.thewinefarm.com.au; 370 Koonwarra–Inverloch Rd; DZ 150 AU$; ❄) Das mit Holz verschalte Cottage auf einem familiengeführten Boutique-Weingut (6 ha) bietet Paaren und Gruppen (zzgl. 25 AU$/weitere Pers.) ein hervorragendes Preis-Leistungs-Verhältnis. Es hat drei Schlafzimmer und ist ideal für Freunde guter Tropfen: Der südafrikanische Winzer Neil Hawkins beeindruckt seine Gäste mit insgesamt zehn in kühlem Klima gereiften Weinen. Auf Wunsch veranstaltet er auch Verkostungen in seinem Weinkeller.

✘ Essen

★ Koonwarra Store　　　　　　CAFÉ **$$**
(☏ 03-5664 2285; www.koonwarrastore.com.au; 2 Koonwarra–Inverloch Rd; Hauptgerichte 12–26 AU$;

⊘ 8.30–16 Uhr; ☏) Der Laden in einem renovierten Holzgebäude verkauft Lebensmittel und Weine aus der Region. In seinem renommierten Hauscafé serviert er schlichte, aber attraktive Gerichte – dabei ist er stolz darauf, nur nachhaltig erzeugte Bio-Zutaten zu verwenden. Besonders lecker ist der Koonie-Burger, dessen Bestandteile allesamt aus Gippsland stammen. Ansonsten kann man sich z. B. auch an einheimischen Eiscreme-, Wein- und Käsesorten laben. Das stimmungsvolle Innere ist mit viel Holz eingerichtet; draußen laden Gartentische zum Relaxen ein.

ⓘ An- & Weiterreise

Koonwarra liegt 32 km südwestlich von Korumburra und 21 km nordöstlich von Inverloch. Ab der Southern Cross Station in Melbourne rollen V/Line-Busse hierher (17,20 AU$, 2½ Std., 3- bis 4-mal tgl.). Fish Creek liegt 24 km (bzw. 20 Min.) vor dem Eingangstor des Wilsons Promontory National Park und wird ebenfalls von Direktbussen ab der Southern Cross Station angesteuert

(20,40 AU$, 2¾ Std., 4-mal tgl.). Außerdem halten hier täglich mindestens drei Busse auf der Route Korumburra–Foster. Vom South Gippsland Hwy führen ausgeschilderte Abzweigungen bei Foster (13 km) und Meeniyan (28 km) nach Fish Creek.

Wilsons Promontory National Park

Dieser Nationalpark mit dem liebevollen Spitznamen „The Prom" zählt in Australien zu den beliebtesten Schutzgebieten. Kein Wunder: Nahe Melbourne warten hier viele Wanderwege (insgesamt über 80 km), viele Tierarten und Strände zum Schwimmen oder Surfen. Sein Kap ist der südlichste Punkt des australischen Festlands und war einst Teil einer Landbrücke, über die die ersten Siedler trockenen Fußes nach Tasmanien gelangten. Wer Buschwanderungen in der Wildnis, traumhafte Küstenlandschaften und einsame Strände mit weißem Sand mag, ist hier goldrichtig.

Rund 30 km vor dem Parkeingang dient **Tidal River** als regionales Dienstleistungszentrum. Dort gibt's ein Büro von Parks Victoria, einen Gemischtwarenladen, ein Café und Unterkünfte – aber kein Benzin. Die Vögel und anderen Wildtiere rund um den Ort sind zwar unglaublich zutraulich, sollten aber niemals gefüttert werden, um sie nicht mit Krankheiten zu infizieren.

◉ Sehenswertes

Norman Beach STRAND
(Tidal River) Der beliebteste Strand des Parks grenzt praktischerweise an den Campingplatz in Tidal River. Der wunderschöne goldene Sandstreifen ist perfekt zum Baden und Surfen geeignet.

Wilsons Promontory Lighthouse LEUCHTTURM
(Wilsons Promontory National Park) Der 1859 aus Granit erbaute, 19 m hohe Leuchtturm steht nahe dem südlichsten Punkt des australischen Festlands. Er ist nur per Wanderung ab dem Parkplatz am Telegraph Saddle zu erreichen (einfache Strecke 18,3 km bzw. 6 Std.). Die meisten Besucher übernachten daher in den Lighthouse Keepers' Cottages (s. rechte Spalte) oder auf dem 5,2 km entfernten Campingplatz bei Roaring Meg.

🏃 Aktivitäten

Foster Kayak & Outdoor OUTDOOR-AKTIVITÄTEN
(☑0475 473 211; www.facebook.com/fosterkayak andoutdoor; 50 Main St, Foster; Leihfahrrad halber/

ganzer Tag 35/70 AU$) Dieser Adventure-Veranstalter wird von einem neuseeländischen Outdoorfreak geleitet. Hier gibt's Leih-MTBs (u. a. Fatbikes) für Trips auf dem **Great Southern Rail Trail** (www.railtrails.org.au) oder anderen regionalen Geländerouten. Vermietet werden aber auch weniger rasante Drahtesel mit Picknickkörben voller regionaler Produkte. Zu den vielen angebotenen Aktivitäten zählen z. B. Kurse im Apnoetauchen, Kajakangeln oder Bodysurfen mit Handbrettern.

Prom Country Scenic Flights PANORAMAFLUG
(☑0488 555 123; www.promcountryflights.com.au; 3680 Meeniyan Promontory Rd, Yanakie; 45-minütige Flüge Erw./Kind unter 10 Jahren 210/100 AU$; ◷9–17 Uhr) Bei den spektakulären Panoramaflügen über The Prom bewundert man die Küste, den Leuchtturm und das Buschland. Los geht's direkt hinter dem Yanakie General Store an der Straße in Richtung Park.

🛏 Schlafen

🛏 Tidal River

Vom extrem beliebten Tidal River an der Norman Bay ist es nur ein kurzer Fußmarsch bis zu einem großartigen Strand. Vor allem fürs Wochenende und die Ferienzeit sollten die Unterkünfte von Parks Victoria stets frühzeitig reserviert werden.

Dies gilt besonders für die insgesamt 484 Stellplätze, die für die Weihnachtsferien per Losverfahren zugeteilt werden (Online-Bewerbung bei Parks Victoria bis spätestens 30. Juni); nur 20 davon verfügen über einen Stromanschluss. Alternativ gibt's Holzhütten mit Stockbetten und Kochgelegenheit, komfortable Wohneinheiten für Selbstversorger und große Safarizelte mit eigenen Bädern.

★Lighthouse Keepers'
Cottages COTTAGES $$$
(☑13 19 63, 03-5680 9555; www.parkweb.vic.gov. au; Wilsons Promontory National Park; Cottage DZ 352–391 AU$, Cottage mit 12 Betten 127–141 AU$/ Pers.) Ein echtes Refugium: Die denkmalgeschützten Cottages aus den 1850er-Jahren gehören zu einem noch betriebenen Leuchtturm, der einsam auf einer schmalen Landspitze im wilden Ozean steht. Nach dem Anmarsch ab Tidal River (19 km, ca. 6 Std.) können sich Wanderer bei Aussicht auf vorbeigleitende Schiffe oder Wale erholen. Die

Wilsons Promontory National Park

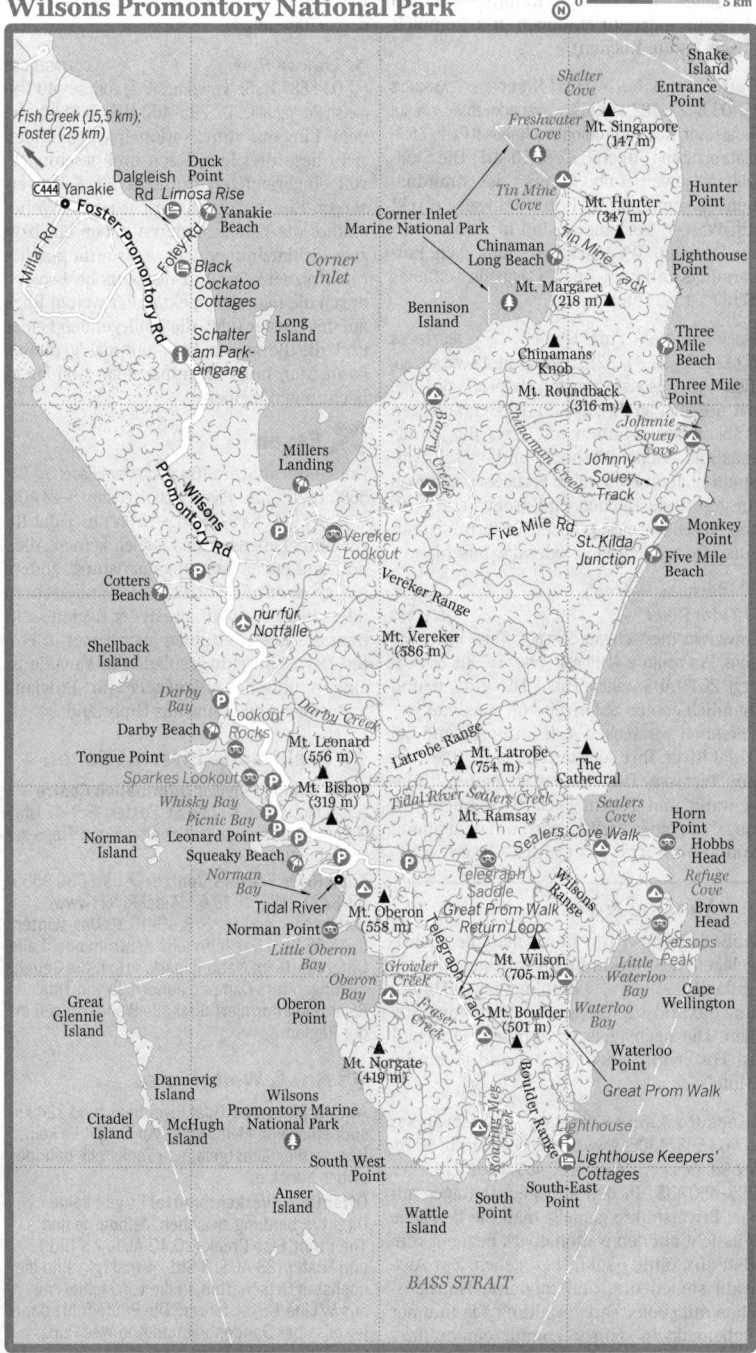

Häuschen haben dicke Granitmauern und Gemeinschaftseinrichtungen (u. a. komplett ausgestattete Küchen).

Park Campsites – Tidal River
CAMPING $

(☏ 03-8427 2122, 13 1963; www.parkweb.vic.gov.au; Tidal River, Wilsons Promontory National Park; Stellplatz ohne/mit Strom 56,10/62,50 AU$) Die Stellplätze (jeweils max. 8 Pers.) des strandnahen Campingplatzes liegen teilweise direkt am Wasser. Vorhanden sind hier auch warme Duschen, WCs, Geschirrspülbecken, Entsorgungsstationen und Gasgrills. Offenes Feuer ist verboten.

Park Cabins – Tidal River
HÜTTEN $$

(☏ 13 1963, 03-8427 2122; www.parkstay.vic.gov.au; Tidal River, Wilsons Promontory National Park; Hütte mit 6 Betten ab 234,50 AU$) Die geräumigen Selbstversorgerhütten mit Platz für jeweils maximal sechs Personen und viel Privatsphäre haben zwar keine Fernseher, aber voll ausgestattete Küchen und große Schiebetüren aus Glas. Diese grenzen an Terrassen mit Aussicht auf den Fluss oder das Buschland.

Wilderness Retreat – Tidal River
ZELTE $$$

(www.wildernessretreats.com.au; Tidal River, Wilsons Promontory National Park; DZ 318,50 AU$, zzgl. 26,20 AU$/weitere Pers.) Die großen und zimmlich coolen Safarizelte für maximal vier Personen verstecken sich im Buschland bei Tidal River. Ihre Ausstattung besteht jeweils aus Terrasse, Bad, Queensize-Betten, Kühlschrank und Heizung. Gäste wähnen sich quasi auf einer Afrika-Safari mit dem Sound von Kookaburras (australische Jägerliest).

Yanakie & Foster

Außerhalb des Parks findet man die nächstgelegenen Unterkünfte im winzigen Flecken Yanakie, wo u. a. Campingplätze, Hütten und luxuriöse Cottages zur Verfügung stehen. Die nächstgelegene größere Ortschaft ist Foster mit einem Hostel und mehreren Motels.

Black Cockatoo Cottages
COTTAGES $$

(☏ 03-5687 1306; www.blackcockatoo.com; 60 Foley Rd, Yanakie; DZ 150–250 AU$, Haus für 6 Pers. 295–450 AU$) In den stilvollen Cottages mit viel Privatsphäre genießt man die herrliche Aussicht auf den Nationalpark bequem vom Bett aus, ohne bankrott zu gehen. Zur Auswahl stehen u. a. drei moderne Holzhäuschen mit cooler Farbgestaltung à la Brauner Rabenkakadu. Hinzu kommt ein brauner

Backsteinbau (drei Schlafzimmer) im Stil der 1970er-Jahre.

★ Limosa Rise
COTTAGES $$$

(☏ 03-5687 1135; www.limosarise.com.au; 40 Dalgleish Rd, Yanakie; DZ 295–400 AU$; ❄☏) Nahe dem Eingang zum Nationalpark befinden sich diese drei luxuriösen und geschmackvoll eingerichteten Cottages für Selbstversorger. Eins davon entspricht einem Wohnstudio; die beiden anderen haben ein bzw. zwei Schlafzimmer. Zur Ausstattung gehören Holzheizöfen und deckenhohe Fenster, durch die man den spektakulär weiten Blick auf das Corner Inlet, die umliegenden Felder und die Berge im Park optimal genießen kann. Man muss für mindestens zwei Übernachtungen bleiben.

✕ Essen

Der **General Store** (Gemischtwarenladen; ☏ 03-5680 8520; Tidal River; Hauptgerichte 5–24 AU$; ◷ Mo–Fr 9–17, Sa 9–18, So 9–16 Uhr) in Tidal River führt leckere Lebensmittel (jedoch keinen Alkohol) und etwas Campingausrüstung; zudem hat er ein Café. Vorräte für Wandertouren oder längere Aufenthalte in der Region kauft man aus Kostengründen aber besser in Foster. Der Gemischtwarenladen in Yanakie ist eine praktische Anlaufstelle für Proviant, kaltes Bier und Weine aus Gippsland.

ⓘ Praktische Informationen

Prom Country Visitor Information Centre (Ecke McDonald & Main St, Foster; ◷ 9–17 Uhr) Hilfreiche Infos zum Nationalpark und Tipps zur Umgebung.

Tidal River Visitors Centre (☏ 03-5680 9555, 03-8427 2122, 13 19 63; Tidal River; www.parkweb.vic.gov.au; ◷ 8.30–16.30 Uhr, Winter 8.30–16 Uhr) Das hilfreiche Zentrum bucht alle Unterkünfte im Nationalpark, erteilt die Genehmigungen fürs Campen außerhalb von Tidal River und informiert über alle Wanderungen in der Region.

ⓘ An- & Weiterreise

Auto & Motorrad Tidal River liegt rund 224 km südöstlich von Melbourne. Vor Ort gibt's kein Benzin; die nächstgelegene Tankstelle befindet sich in Yanakie.

Öffentliche Verkehrsmittel Es gibt keine Direktverbindung zwischen Melbourne und The Prom. Fish Creek (20,40 AU$, 2¾ Std.) und Foster (23 AU$, 3 Std., 4-mal tgl.) sind die nächsten Ortschaften, in die von Melbourne aus V/Line-Busse fahren. Die Route führt dabei jeweils über Dandenong und Koo Wee Rup.

TOP-WANDERUNGEN IN „THE PROM"

Kostenlose Shuttlebusse fahren vom Besucherparkplatz in Tidal River zum Parkplatz am **Telegraph Saddle** (⊙ Schulferien tgl., Weihnachten–Ostern Sa & So, 8.30–17.45 Uhr alle 30 Min., Mittagspause 13–14 Uhr). Dieser ist u. a. ein prima Ausgangspunkt für den Great Prom Walk. Wanderungen mit Übernachtung erfordern jeweils eine Genehmigung; auch alle Unterkünfte (z. B. Zeltstellplätze) sind stets vorab zu bezahlen.

Great Prom Walk Die beliebteste lange Wanderroute: Der mittelschwere Rundweg (45 km, ca. 3 Tage) führt von Tidal River hinüber zur Sealers Cove, dann hinunter zur Refuge Cove, zur Waterloo Bay und zum Leuchtturm. Zum Schluss geht's über die Oberon Bay zurück nach Tidal River. Das Wandern unbedingt sorgsam auf die Gezeiten abstimmen – das Überqueren bestimmter Flüsse bei Hochwasser ist lebensgefährlich! Nach Voranmeldung bei der Parkverwaltung kann man den Leuchtturm (S. 290) besichtigen und dort auch übernachten.

Sealers Cove Walk Der beste zweitägige Trek folgt dem Telegraph Track ab dem Telegraph Saddle hinunter zur schönen Little Waterloo Bay (12 km, 4½ Std.), wo man übernachten kann. Am nächsten Tag geht's dann über die Sealers und Refuge Cove zurück zum Telegraph Saddle (24 km, 7½ Std.).

Lilly Pilly Gully Nature Walk Leichte Wanderung (5 km, 2 Std.) durch artenreiche Heidegebiete und Eukalyptuswälder.

Mt. Oberon Summit Der mittelschwere Marsch (7 km, 2½ Std.) vom Parkplatz am Mt. Oberon zu dessen Gipfel bietet einen feinen Panoramablick – die ideale Übersicht über The Prom. Der kostenlose Mt.-Oberon-Shuttle bringt Wanderer zum Parkplatz am Telegraph Saddle und wieder zurück.

Little Oberon Bay Leichte bis mittelschwere Wanderung (8 km, 3 Std.) über Sanddünen voller Myrtengewächse; dabei bietet sich ein schöner Blick auf die Little Oberon Bay.

Squeaky Beach Nature Walk Leichte Wanderung (hin & zurück 5 km), die vorbei an Myrtengewächsen und Banksien zu einem Traumstrand mit weißem Sand führt.

Prom Wildlife Walk Kurzer Rundweg (2,3 km, 45 Min.) mit guten Chancen, ein paar Kängurus, Wallabys und Emus zu erspähen. Rund 14 km südlich vom Parkeingang beginnt der Pfad abseits der Hauptstraße.

Lakes District

Die Gippsland Lakes bilden Australiens größtes Wasserstraßen-System. Die drei miteinander verbundenen Hauptseen – der Lake Wellington, Lake King und Lake Victoria – erstrecken sich von Sale bis über Lakes Entrance hinaus. Die Seen sind eigentlich Salzwasserlagunen, die durch den Gippsland Lakes Coastal Park und die Sanddünen des schmalen Ninety Mile Beach vom offenen Meer getrennt werden. Die hiesigen Highlights sind das Strandleben und das Wassersportangebot. Und natürlich kann man in den hübschen Küstenorten relaxen.

Sale

Sale ist das Tor zum Lakes District und ein wichtiges, aber recht hässliches Regionalzentrum. Viele Unterkünfte, Läden, Restaurants und Pubs machen den Ort zur praktischen Ausgangsbasis für die Erkundung des Ninety Mile Beach.

ℹ Praktische Informationen

Wellington Visitor Information Centre (☑ 03-5144 1108; www.tourismwellington.com.au; 8 Foster St; ⊙ 9–17 Uhr; ☎) Zahlreiche Broschüren, WLAN und kostenloser Buchungsservice für Unterkünfte. Das Büro sollte inzwischen ins Civic Centre umgezogen sein, wo sich bereits die neue Gippsland Art Gallery (☑ 03-5142 3500; www.gippslandartgallery.com; 68 Foster St, Civic Centre; ⊙ Mo–Fr 10–17, Sa & So 10–16 Uhr) und die Bibliothek befinden.

Ninety Mile Beach

Um es mit den unsterblichen (leicht abgewandelten) Worten von Crocodile Dundee zu sagen: Das ist kein Strand, das ist ein Strand – genauer der abgeschiedene Ninety Mile Beach. Über rund 90 durchgängige Meilen (150 km) erstreckt sich dieser schma-

Lakes Entrance

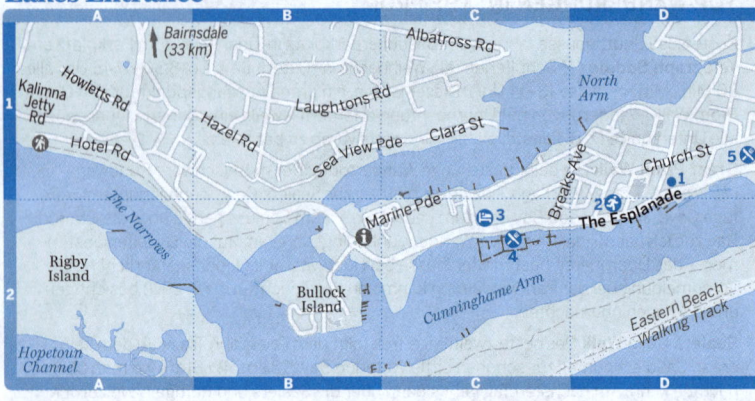

MELBOURNE & VICTORIAS KÜSTE WILSONS PROMONTORY & GIPPSLAND

le Sandstreifen mit Dünen und Lagunen grob zwischen McLoughlins Beach und dem Kanal bei Lakes Entrance. Hier kann man super in der Brandung angeln, campen und lange Strandwanderungen unternehmen. Nur an den von Rettungsschwimmern überwachten Abschnitten bei Seaspray, Woodside Beach und Lakes Entrance erlaubt es die Brandung, zu schwimmen – überall sonst ist es zu gefährlich. Die meisten Besucher des Ninety Mile Beach folgen ab Sale oder Foster dem South Gippsland Hwy und biegen von diesem in Richtung Seaspray, Golden Beach oder Loch Sport ab.

Metung

1222 EW.

Das kleine Metung am Buchtbogen der Bancroft Bay zählt zu den schönsten Ortschaften des Lakes District und wird von Lokalpatrioten auch „Gippslands Riviera" genannt – was angesichts des beschaulichen, dörflichen Charmes direkt am Ufer durchaus zutrifft.

Sehenswertes & Aktivitäten

Riviera Nautic BOOTFAHREN

(03-5156 2243; www.rivieranautic.com.au; 185 Metung Rd; 2½-stündige Touren Erw./Kind 45/20 AU$, Kind unter 6 Jahren frei, Mietgebühr Motorboot pro 2 Std./Tag 85/175 AU$, Segel- & Motorjacht für 3 Tage ab 1065 AU$; ⊙ Touren Di, Do & Sa 14.30 Uhr) In Metung geht's leicht hinaus auf's Wasser: Diese Firma vermietet Motorboote und Jachten für Vergnügungsfahrten, Angeltrips oder Segeltörns auf den Gippsland Lakes. Außerdem veranstaltet sie Sightseeing-Kreuzfahrten (3-mal wö-

chentl.), bei denen regelmäßig Robben und Delphine gesichtet werden. Die Boote und motorisierten Segeljachten mit Kojen bieten Gruppen eine einzigartige Übernachtungsmöglichkeit mit gutem Preis-Leistungs-Verhältnis. Ein Bootsführerschein ist nicht erforderlich.

Schlafen

McMillans of Metung RESORT $$

(03-5156 2283; www.mcmillansofmetung.com.au; 155 Metung Rd; Cottages/Villen ab 110/160 AU$; ❄ 🅿 📶) Das schicke Resort am See hat mit seinem Komplex aus Cottages im englischen Landhausstil, dem 3 ha großen, gepflegten Gartengelände und seinen modernen Villen, dem eigenen Jachthafen und Spa-Center schon eine ganze Reihe Tourismuspreise abgeräumt.

Moorings at Metung APARTMENTS $$$

(03-5156 2750; www.themoorings.com.au; 44 Metung Rd; Apt. 160–390 AU$; 📶📞) Am Straßenende in Metung punktet dieser moderne Komplex mit feiner Aussicht auf den Lake King oder die Bancroft Bay. Die Palette der Apartments reicht von geräumigen Wohnstudios bis hin zu Stadthäusern mit zwei Stockwerken und Schlafzimmern. Zur Anlage gehören auch ein Tennisplatz, ein Hallenbad mit Außenbecken, ein Spa und ein Jachthafen. Außerhalb der Hauptsaison ist das Preis-Leistungs-Verhältnis recht gut.

Essen

⭐ Nautica MODERN-AUSTRALISCH $$

(03-5156 2345; www.facebook.com/nauticametung; 50 Metung Rd; Frühstück ab 10 AU$, Hauptge-

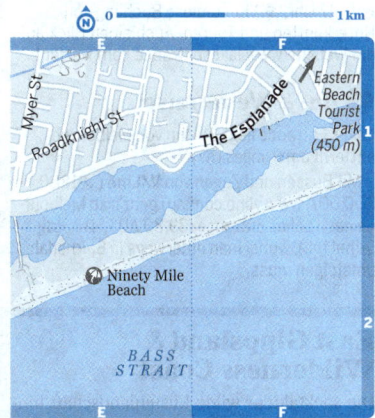

0 _____ 1 km

Myer St
Roadknight St
The Esplanade

Eastern
Beach
Tourist
Park 1
(450 m)

Ninety Mile
Beach

BASS
STRAIT

2

E   F

Lakes Entrance

4569 EW.

Lakes Entrance hat unbestreitbar eine schöne Lage an einem flachen Meeresarm, dem Cunninghame Arm, der zusammen mit der Nehrung die Stadt vor der Ozeanbrandung schützt. In der Ferienzeit präsentiert es sich als ein Touristenort mit einem reizlosen Motelstreifen, Wohnwagenparks, Minigolfplätzen und Souvenirläden an der Esplanade. Dennoch haben die in den Wellen schaukelnden Fischerboote, der Meeresfrüchte, die endlosen Strände und die Bootstouren nach Metung eindeutig ihre Reize.

🏃 Aktivitäten

Venture Out   OUTDOOR-AKTIVITÄTEN
(☑ 0427 731 441; www.ventureout.com.au; 347 The Esplanade; Leihgebühr Fahrrad pro Std./Tag 18/50 AU$, SUP-Brett & Kajak 25 AU$/2 Std., geführte Touren ab 45 AU$; ☺ 10–17 Uhr, Buchungen auch telefon. möglich) Verleiht Fahrräder, Seekajaks und Stand-Up-Paddling-Bretter. Venture Out veranstaltet außerdem MTB-Touren auf Singletrails in den umliegenden Wäldern.

Lonsdale Eco Cruises   SEEKREUZFAHRT
(☑ 0413 666 638; www.lonsdalecruises.com.au; Cunningham Quay; 3-stündige Kreuzfahrten Erw./Kind/Fam. 50/25/120 AU$; ☺ Do–Di 13 Uhr) Die malerische Kreuzfahrten mit regelmäßigen Delphinsichtungen führen hinaus nach Metung und dann über den Lake King. Als Tourboot dient dabei eine Fähre, die früher auf der Route Queenscliff–Sorrento unterwegs war.

🛏 Schlafen

Eastern Beach Tourist Park   CAMPING $
(☑ 03-5155 1581, 1800 761 762; www.easternbeach.com.au; 42 Eastern Beach Rd; Stellplatz ohne Strom 28–50 AU$; Stellplatz mit Strom 35–69 AU$, Hütte 118–285 AU$; @ 🛜 📶 🐾) In den meisten Wohnwagenparks in Lakes drängen sich die

richte ab 19 AU$; ☺ Mi–Sa 8–14 & 18 Uhr–open end, So 8–15 Uhr) Ein Besuch des eleganten Nautica mit polierten Bodendielen, offenem Kamin und Aussicht aufs Wasser ist quasi Pflicht. Morgens empfehlen sich z. B. die köstlich belegten Plunderteigbrötchen mit doppelter Speckportion und Schweizer Käse, mittags bestellt man am besten die panierten Calamari oder Austern. Und abends reicht die Auswahl von langsam gegarter Lammschulter bis hin zu gebratenem Barramundi mit knuspriger Haut.

★ Metung Hotel   KNEIPENESSEN $$
(☑ 03-5156 2206; www.metunghotel.com.au; 1 Kurnai Ave; Hauptgerichte 25–40 AU$; ☺ Küche 12–14 & 18–20 Uhr, Pub 11 Uhr–open end; 🐾) In unschlagbarer Lage an der Metung Wharf garantieren große Fenster und hölzerne Freilustterrassen einen optimalen Blick aufs Wasser. Beim erstklassigen Kneipenessen des Bistros liegt der Schwerpunkt auf frischem Seafood aus der Region. Die Gästezimmer (85 AU$) des Pubs sind die günstigsten der Stadt.

ℹ Praktische Informationen

Metung Visitor Centre (☑ 03-5156 2969; www.metungtourism.com.au; 3/50 Metung Rd; ☺ 9–17 Uhr) Buchungsservice für Unterkünfte und Leihboote. Ein kleiner Souvenirshop verkauft Erzeugnisse der Region.

ℹ An- & Weiterreise

Metung liegt südlich vom Princes Hwy an der C606; die Abzweigung bei Swan Reach ist Oausgeschildert. Die nächsten größeren Ortschaften sind Lakes Entrance (24 km) und Bairnsdale (28 km). In Letzterem findet man auch den nächsten Bahnhof mit Fernverbindungen.

MELBOURNE & VICTORIAS KÜSTE LAKES DISTRICT

Stellplätze dicht an dicht, hier aber stehen Gästen eine Menge Raum und grüne Stellplätze zur Verfügung. Die Anlage befindet sich fern dem Stadttrubel in wunderbarer Lage ein wenig zurückgesetzt vom Eastern Beach. Ein Wanderweg (30 Min.) führt in den Ort. Die neuen Einrichtungen – u.a. eine Lagerküche, Grillplätze und ein Kinderspielplatz – sind ausgezeichnet. An der Rezeption wird außerdem Bier verkauft.

Bellevue on the Lakes   HOTEL $$
(📞 03-5155 3055; www.bellevuelakes.com; 201 The Esplanade; DZ/Apt. mit 2 Schlafzi. ab 189/249 AU$; ✳️ 🛜 ▥) Die fesch eingerichteten Zimmer in der Mitte der Esplanade sind in Erdtönen gestrichen und bieten größtenteils Aussicht aufs Wasser. Wer mehr Luxus wünscht, nimmt eine der geräumigen Suiten mit Whirlpools oder eins der Apartments mit zwei Schlafzimmern und Komplettausstattung für Selbstversorger.

✖️ Essen

★ Ferryman's Seafood Cafe   SEAFOOD $$
(📞 03-5155 3000; www.ferrymans.com.au; Middle Harbour, The Esplanade; Hauptgerichte mittags 18–24 AU$, abends 21–45 AU$; 🕐 10 Uhr–open end) Das schwimmende Caférestaurant mit großartiger Atmosphäre ist eine alte Passagierfähre, die früher zwischen Paynesville und Raymond Island verkehrte. Auf dem Oberdeck kann man sich bis zum Anschlag mit Fisch und anderen Meeresfrüchten vollstopfen. Beliebt sind z. B. der „Fischerkorb" (mittags) oder die Seafoodplatte (abends). Im Untergeschoss steht frisches Seafood zum Verkauf.

Sparrows Nest   CAFÉ $$
(www.facebook.com/sparrowsnestlakesentrance; 581 The Esplanade; Gerichte 11–21 AU$; 🕐 7.30–16 Uhr; 🕿) Das coole Café bringt etwas urbanes Flair nach Lakes Entrance. Morgens gibt's hier sortenreinen Kaffee und selbst gemachten Crumpets (engl. Hefegebäck), die mit Honeycomb-Speckbutter von Raymond Island bestrichen sind. Zum nicht minder leckeren Mittagessen kommen z. B. Baguettes mit Pulled Pork und Craft Beer von Sailors Grave Brewing (📞 0466 331 936; www.sailorsgravebrewing.com; 7 Forest Rd; 🕐 nach Vereinbarung) in Marlo auf den Tisch.

ℹ️ Praktische Informationen

Lakes Entrance Visitor Centre (📞 1800 637 060, 03-5155 1966; www.discovereastgippsland.com.au; Ecke Princes Hwy & Marine Pde; 🕐 9–17 Uhr; 🕿) Kostenlose Buchung von Unterkünften und Touren. Auch einen Blick auf die Website www.lakesentrance.com werfen!

ℹ️ An- & Weiterreise

Lakes Entrance liegt 314 km von Melbourne entfernt am Princes Hwy.

Mit Bussen und Zügen von **V/Line** (📞 1800 800 007; www.vline.com.au) geht's ab Melbourne nach Lakes Entrance (39,80 AU$, 4½ Std., 3-mal tgl.), wobei man unterwegs in Bairnsdale umsteigen muss.

East Gippsland & Wilderness Coast

Die spektakulär wilde Küstenlandschaft hinter Lakes Entrance wurde größtenteils nie für die Landwirtschaft gerodet. So findet man hier ein paar der entlegensten und ursprünglichsten Nationalparks des ganzen Bundesstaats. Der Holzeinschlag in den uralten Wäldern der Region ist daher höchst umstritten.

Buchan
385 EW.

Das verschlafene Buchan in den Ausläufern der Snowy Mountains ist für die spektakulären Buchan Caves Reserve berühmt. Besucher können dieses komplexe Höhlensystem seit knapp 100 Jahren besichtigen. Die Kavernen und Kammern wurden von unterirdischen Flüssen in den uralten Kalkstein gegraben; vor etwa 18 000 Jahren suchten erstmals Aborigines in ihnen Schutz. Von den etwa 600 Höhlen rund um Buchan sind nur fünf öffentlich zugänglich. Doch dank Schwimmlöchern, MTB-Trails, Buschwanderwegen und Raftingmöglichkeiten ist der Ort ohnehin schon ein sehr interessantes Ziel für Outdoor-Abenteurer (Details unter www.buchan.vic.au).

◉ Sehenswertes

★ Buchan Caves   HÖHLE
(📞 13 19 63; www.parks.vic.gov.au; Führungen Erw./Kind/Fam. 1 Höhle 22/12,90/60,90 AU$, 2 Höhlen 33/19,10/90,90 AU$; 🕐 Führungen 10, 11.15, 13, 14.15 & 15.30 Uhr; Zeiten variieren saisonal) Nach ihrer Erschließung im frühen 20. Jh. wurden die Buchan Caves den Einwohnern Melbournes als regionale Sensation präsentiert. Seitdem faszinieren die Höhlen ihre Besucher mit einem Wunderland aus Kalzitformationen. Die täglichen Führungen von Parks Victoria erkunden abwechselnd die

Royal und die **Fairy Cave**, die beide sehr eindrucksvoll sind: Die Royal Cave ist farbenprächtiger, hat eine höhere Kammer und prunkt mit kerzenförmigen Tropfsteinen. In der Fairy Cave mit ihren feineren Gebilden sollen sich mitunter Feen blicken lassen.

Schlafen

Buchan Caves Motel　　　　　　　LODGE **$$**
(✆ 03-5155 9419; www.buchanmotel.com.au; 67 Main Rd; DZ 130 AU$, 3BZ & 4BZ 150 AU$) Die komfortable Lodge auf einer Kuppe vermietet moderne Zimmer mit dem Charme eines Boutiquehotels und Privatbalkonen, von denen man schön auf die ländliche Umgebung schaut. Die freundlichen, jungen und dynamischen Inhaber kennen die Gegend wie ihre Westentasche. Momentan schmieden sie große Pläne, um bald kräftig von Buchans Tourismuspotenzial zu profitieren.

Buchan Caves Reserve　　　　　　CAMPING **$$**
(✆ 13 19 63; www.parks.vic.gov.au; Stellplatz ohne/mit Strom ab 46/51 AU$, Hütte DZ ab 90 AU$, Luxus-Safarizelt DZ 191 AU$; ✻⌨) Direkt neben den Höhlen grenzt dieser idyllische Campingplatz von Parks Victoria an staatlich verwaltete Wälder. Er hat u. a. einen Süßwasserpool für den Sommer, überteuerte Stellplätze, ein paar Hütten mit anständigem Preis-Leistungs-Verhältnis und mehrere klimatisierte Safarizelte mit bequemen Queensize-Betten, die Glamping in der Wildnis versprechen.

🍸 Ausgehen & Nachtleben

Buchan Caves Hotel　　　　　　　　PUB
(✆ 03-5155 9203; www.facebook.com/buchancaveshotel; 49 Main Rd; ⊙11 Uhr–open end) Das 125 Jahre alte Buchan Caves Hotel gleicht einem Phönix aus der Asche: 2014 brannte es komplett ab, woraufhin die weltweit erste Crowdfunding-Kampagne zum Bau eines Pubs gestartet wurde. Dank dieser erfolgreichen Aktion, die sogar viele Spenden aus dem Ausland einbrachte, konnte im Dezember 2016 die Neueröffnung erfolgen – was man unbedingt mit Parmesanhähnchen und kaltem Bier feiern sollte.

❶ An- & Weiterreise

Buchan liegt lässige 56 Fahrtkilometer nördlich von Lakes Entrance. Busse von **Dyson's** (✆ 03-5152 1711) verbinden den Bahnhof Bairnsdale mit Buchan (16 AU$, 2 Std., Mi & Fr; Abfahrt jeweils auf die ankommenden Züge abgestimmt). Ansonsten braucht man sein eigenes Vehikel.

Cape Conran Coastal Park

Der erfreulicherweise unerschlossene Teil der Küste ist eine der schönsten Ecken Gippslands, in der lange, einsame, weiße Sandstrände das Bild prägen. Besonders die 19 km lange Küstenstrecke von Marlo nach Cape Conran ist wunderschön – Banksien säumen die Straße und man sieht nichts als weite Graseberenen, Sanddünen und den Ozean.

🏃 Aktivitäten

Das Cape Conran ist ein tolles Wanderrevier. Sehr beliebt ist z. B. der Naturpfad, der Anschluss zum East Cape Boardwalk bietet. Hier erklären Infotafeln das einstige Leben der regionalen Aborigines. Wer sich dafür interessiert, kann auch von der Cape Conran Rd über die West Cape Rd zu den **Salmon Rocks** fahren: Dort befindet sich ein indigener **Muschelhaufen** (*shell midden*), der nachgewiesenermaßen über 10 000 Jahre alt ist.

Für entspanntes Schwimmen, Kanufahren und Angeln empfiehlt sich der Yerrung River, der östlich des Kaps entlang der Küste verläuft und über die Yerrung River Rd zu erreichen ist. Die West Cape Rd führt zum West Cape Beach nordwestlich des Kaps mit guten Surfspots. **Cross Diving Services**

ABSTECHER

KROWATHUNKOOLONG KEEPING PLACE
....
Ein bewegendes und fesselndes Koorie-Kulturzentrum, der **Krowathunkoolong Keeping Place** (✆ 03-5152 1891, 03-5150 0737; www.batalukculturaltrail.com.au; 37–53 Dalmahoy St; Erw./Kind 3,50/2,50 AU$; ⊙Mo–Fr 9–17 Uhr), vermittelt Einblicke in das Leben der Gunai/Kurnai von der Traumzeit bis in die Ära nach Beginn der europäischen Landnahme. Die Ausstellung verfolgt die Geschichte des Gunai/Kurnai-Clans zurück bis zu ihren Ahnenwesen, dem Pelikan Borun und seiner Frau, der Lappenente Tuk. Eine weiteres Thema ist das Leben in der Lake Tyers Mission östlich von Lakes Entrance, die heute eine Stiftung ist, die sich im Privatbesitz der Aborigines befindet. Und auch das Massaker an den Kurnai zwischen 1839 und 1849 wird behandelt.

(☑ 03-5154 8554, 0407 362 960; www.crossdiving.com.au; 20 Ricardo Dr; ☯ Strandtauchen mit/ohne Leihausrüstung 80/15 AU$, Tauchgänge vom Boot aus 150/100 AU$, 4-tägiger Freiwasserkurs 550 AU$) in Marlo bietet an den meisten Wochenenden geführte Trips für qualifizierte Taucher an.

🛏 Schlafen

Im Cape Conran Coastal Park lässt Parks Victoria drei hervorragende Optionen jeweils privat verwalten: Camping-Stellplätze, **Hütten** (☑ 03-5154 8438; www.conran.net.au; Hütte 171,70–237,20 AU$) und **Safarizelte** (☑ 03-5154 8438; www.conran.net.au; DZ 191,20 AU$).

❶ An- & Weiterreise

Der Cape Conran Coastal Park liegt rund 405 km von Melbourne entfernt. Vom Princes Hwy führt gleich östlich des kleinen Orts Cabbage Tree die deutlich ausgeschilderte Cabbage Tree–Conran Rd zum südlich gelegenen Park (ca. 15 km).

Mallacoota

1032 EW.

Mallacoota ist eine von Gippslands – und sogar Victorias – kleinen Perlen: Am breiten Mallacoota Inlet wird die östlichste Ortschaft des Bundesstaats von den steilen Hügeln und Stranddünen des wunderschönen Croajingolong National Park umgeben. Die weite Anreise in diese entlegene Ecke lohnt sich. Es locken lange, menschenleere Brandungsstrände und Flussmündungen mit Gezeitenströmung, während das Inlet zum Schwimmen, Angeln und Bootfahren animiert. Außerdem besteht die Möglichkeit, viele Tiere zu beobachten (z. B. Kängurus, Koalas, Ameisenigel).

⦿ Sehenswertes & Aktivitäten

Der ruhige Mündungsbereich des Mallacoota Inlet hat eine über 300 km lange Küstenlinie, die man am besten mit einem gemieteten Boot erkundet. Alternativ sind hier aber auch viele großartige Uferwanderungen möglich.

Am Bastion Point und Tip Beach herrscht eine ordentlich starke Brandung. Beim Surf Shack gibt's Infos, Leihbretter und Kurse für Surfer. Der teilweise geschützte Betka Beach mit badetauglichen Wellen wird während der Weihnachtsferien von Rettungsschwimmern überwacht. Prima Möglichkeiten zum Schwimmen bieten auch die Strände des

Nationalparks, der Quarry Beach und der Bastion Point, an dem Rettungsschwimmer auch ganzjährig im Einsatz sind.

Gabo Island   INSEL

Auf Gabo Island, das 14 km vor der Küste bei Mallacoota liegt, finden sich im windumtosten, 154 ha großen **Gabo Island Lightstation Reserve** etliche Vögel und eine der weltweit größten Zwergpinguinkolonien, die tatsächlich viel größer ist als die auf Phillip Island. Vor der Küste werden regelmäßig Wale, Delfine und Seebären gesichtet. Auf der Insel steht ein 1862 errichteter und immer noch betriebener **Leuchtturm**, der am höchste auf der Südhalbkugel ist. Wer will, kann hier in den alten Leuchtturmwärter-Cottages übernachten.

Hinaus zur Insel schippert man am besten mit **Wilderness Coast Ocean Charters** (☑ 0417 398 068, 03-5158 0701) oder **Gabo Island Escapes** (☑ 0437 221 694, 03-5158 0605; 100 AU$/Pers.). Die Anfahrt kann sich aber als schwierig erweisen, da der Bootsverkehr oft wegen schlechten Wetters ruht.

Mallacoota Hire Boats   BOOTSVERLEIH

(☑ 0438 447 558; www.mallacootahireboats.com; 10 Buckland Dr; Leihgebühr Motorboot pro 2/8 Std. 70/160 AU$, 1-/2-sitziges Kajak pro 2 Std. 30/50 AU$) Nahe dem Mallacoota Foreshore Holiday Park gibt's Kajaks, Angelausrüstung, Motor- und Tretboote zum Ausleihen. Kunden brauchen keinen Bootsführerschein und müssen bar bezahlen.

🛏 Schlafen

Mallacoota Foreshore
Holiday Park   CAMPING $

(☑ 03-5158 0300; Ecke Allan Dr & Maurice Ave; Stellplatz ohne Strom 16,60–33 AU$, mit Strom 23,70–53 AU$; ☎) Der beste von Mallacootas vielen Campingplätzen ist auch einer der geselligsten in ganz Victoria. Von dem Ufergelände mit Rasenstellplätzen, Schwarzschwänen und Pelikanen schaut man schön auf das Inlet. Hütten sind hier allerdings nicht vorhanden. Die Rezeption befindet sich auf der anderen Straßenseite im Gebäude der Touristeninformation.

★ Adobe Abodes   APARTMENTS $$

(☑ 0499 777 968; www.adobeabodes.com.au; 17–19 Karbeethong Ave; DZ 95–145 AU$, zzgl. 15 AU$/weitere Pers.) 🅿 Die komfortablen und gut ausgestatteten Apartments in Karbeethong sind ungewöhnlich gestaltet und auch sonst etwas Besonderes: Die Betreiber legen einen

RAYMOND ISLAND
....

Raymond Island ist eines von Victorias besten Revieren zum Beobachten von Koalas: Die vielen Beutelsäuger hier sind meistens Nachkommen einer Kolonie, die in den 1950er-Jahren von Phillip Island umgesiedelt wurde. Das Eiland beheimatet zudem zahlreiche Kängurus und Ameiseigel. Um es vom Princes Hwy aus zu erreichen, einfach zum ruhigen Ort Paynesville am Seeufer hinunterfahren: Von dort aus gelangen Passagiere und Fahrzeuge per Flachrumpf-Fähre hinüber zur Insel (Fußgänger & Radfahrer gratis, Auto/Motorrad 12/5 AU$, 6.40–24 Uhr alle 20 Min., 5 Min.).

Schwerpunkt auf Recycling und Umweltschutz. So bestehen die Wände aus Lehmziegeln und das Wasser wird mit Solarenergie erhitzt. Gäste werden gebeten, ihre Küchenabfälle zu kompostieren. Die Aussicht ist grandios; der Preis beinhaltet einen Begrüßungskorb mit Wein und Schokolade.

★ **Karbeethong Lodge** PENSION $$
(✆03-5158 0411; www.karbeethonglodge.com.au; 16 Schnapper Point Dr; Zi. inkl. Frühstück 100–150 AU$) Auf den breiten Veranden dieses Holzhauses aus dem frühen 20. Jh. empfindet man Ruhe und Frieden und genießt einen unverstellten Ausblick auf das Mallacoota Inlet und die ausgedehnten Gärten. Das große Gästewohnzimmer und der Speisesaal haben offene Kamine und sind mit Stilmöbeln ausgestattet; es gibt außerdem eine riesige Küche. Die pastellfarbenen Schlafzimmer sind klein, aber geschmackvoll dekoriert.

Gabo Island Lighthouse COTTAGE $$
(✆03-8427 2123, Parks Victoria 13 19 63; www. parkweb.vic.gov.au; max. 8 Pers. 323,70–359,70 AU$) Wer wirklich weit draußen am Busen der Natur wohnen will, begibt sich am besten hinaus zu diesem einsamen Leuchtturm. Im historischen Haus des Hilfswärters stehen hier insgesamt drei Schlafzimmer zur Verfügung. Gäste müssen mindestens für zwei Übernachtungen bleiben. Wer für die Weihnachts- und Osterferien reserviert, muss eine gute Portion Glück haben – das Haus wird dann per Losverfahren vermietet. Es gibt keine Rückerstattung, wenn man die Insel wegen schlechten Wetters nicht erreichen oder verlassen kann.

✗ Essen & Ausgehen

★ **Lucy's** ASIATISCH $$
(✆03-5158 0666; 64 Maurice Ave; Hauptgerichte 8–28 AU$; ⊙8–20 Uhr) Gäste schätzen das Lucy's wegen seiner köstlichen, selbst gemachten und preisgünstigen Reisnudeln mit Hähnchen, Garnelen oder Seeohren sowie wegen seiner Klöße, die mit Zutaten aus dem Garten gefüllt sind. Man kann hier auch hervorragend frühstücken.

Mallacoota Hotel PUB
(✆03-5158 0455; www.mallacootahotel.com.au; 51–55 Maurice Ave; ⊙12–22 Uhr) Mit einer behaglichen Bar, regelmäßiger Livemusik (Sommer) und einem tollen Biergarten voller Palmen lädt Mallacootas beliebter Pub zum fröhlichen Zechen ein. Auf der vielfältigen Speisekarte (Hauptgerichte 20–40 AU$) steht Herzhaftes im Bistro-Stil. Immer eine gute Wahl sind z. B. das Parmesanhähnchen, das Gippsland-Steak oder die Fish & Chips (der Fisch wird in einem Pale-Ale-Teig frittiert). Der Pub vermietet auch Motelzimmer (EZ/DZ ab 100/110 AU$).

❶ Praktische Informationen

Mallacoota Visitor Centre (✆03-5158 0800, 03-5158 0116, 0408 315 615; www.visitmallacoota.com.au; Ecke Allan Dr & Maurice Ave; ⊙9–17 Uhr; ☎) An der Hauptstraße gegenüber vom Ufer liefert dieses extrem hilfreiche Büro viele Infos zur Region und den Wanderrouten. Man kann im Internet surfen (auch per WLAN) und eine praktische Broschüre zu den hiesigen Sehenswürdigkeiten (1 AU$) mitnehmen.

❶ An- & Weiterreise

Mallacoota befindet sich 23 km südöstlich von Genoa, das wiederum am Princes Hwy und 492 km von Melbourne entfernt liegt. Zuerst geht's per Zug nach Bairnsdale (3¾ Std.), wo täglich ein V/Line-Reisebus nach Genoa startet (51,80, 3½ Std.). Auf dessen Ankunft wartet jeweils montags, donnerstags und freitags (in den Schulferien auch sonntags) ein Regionalbus, der dann von Genoa nach Mallacoota fährt (3,20 AU$, 30 Min.).

Croajingolong National Park

Croajingolong, einer von Australiens schönsten Küstennationalparks, zählt zu den 15 Biosphärenreservate des Landes. Auf rund 100 km Länge erstreckt sich dieses herrliche, 875 km² große Wildnisgebiet von der Ortschaft Bemm River bis hinüber zur Grenze zu New South Wales. Unberührte Strände, Meeresarme, Flussmündungen und Wälder machen den Park zum idealen Revier fürs Campen, Wandern, Schwimmen oder Surfen.

⊙ Sehenswertes & Aktivitäten

1770 erspähten James Cook und die Mannschaft der Endeavour den **Point Hicks** als ersten Punkt des australischen Festlands. Benannt ist die Landzunge nach Zachary Hicks, dem Ersten Offizier des Schiffs. Besucher können in den alten Cottages (s. rechte Spalte) des **Leuchtturms** (☑ 03-5158 4268, Mo–Fr 10–15 Uhr; www.pointhicks.com.au; Lighthouse Track, Tamboon; Erw./Kind/Fam. 7/4/20 AU$; ⊙ Führungen Fr–So 13 Uhr) übernachten und zum Wrack der SS *Saros* wandern, die 1937 in der Nähe auf Grund lief.

Von den fünf Inlets – Sydenham, Tamboon, Mueller, Wingan und Mallacoota – ist letzteres am größten sowie am leichtesten zugänglich. Die Meeresarme sind bei Kanuten und Anglern jedoch allesamt sehr beliebt. Zum Nationalpark gehören auch die Cape Howe Wilderness Area (zw. Mallacoota Inlet und Staatgrenze) und die Sandpatch Wilderness Area (zw. Wingan Inlet und Shipwreck Creek). Wie in Australiens anderen Wilderness Areas sind Fahrzeuge dort verboten; und wandern kann man nur mit Einschränkungen und Genehmigungen.

🛏 Schlafen

Wingan Inlet   CAMPING **$**
(☑ 13 19 63; www.parkweb.vic.gov.au; Stellplatz ohne Strom ab 25,80 AU$) Die 24 idyllischen Stellplätze des abgeschiedenen Campingplatzes (Reservierungen über Parks Victoria) werden von herrlichen Sandstränden und tollen Wanderrouten umgeben. Der Wingan River Walk (hin & zurück 5 km bzw. 2½ Std.) führt durch Regenwälder zu super Schwimmlöchern.

Point Hicks Lighthouse   COTTAGES **$$**
(☑ 03-5156 0432; www.pointhicks.com.au; Bungalow 120–150 AU$, Cottage 360–550 AU$) Zu dem einsamen Leuchtturm gehören zwei denkmalgeschützte Cottages, die einst Quartiere der Hilfswärter waren, und ein jüngerer Doppelbungalow. Die komfortablen Cottages punkten mit sensationellem Meerblick, Platz für bis zu acht Personen und offenen Kaminen. Wer kein Bettzeug und Handtücher dabeihat, kann diese auch ausleihen (15 AU$/Pers.). Der Leuchtturm ist nur zur Fuß zu erreichen (2,2 km ab dem dazugehörigen Parkplatz).

ℹ An- & Weiterreise

Der Croajingolong National Park liegt 492 km östlich von Melbourne. Er ist er über mehrere unbefestigte Straßen zu erreichen, die zwischen Cann River und der Staatsgrenze südwärts vom Princes Hwy abzweigen. Die Pisten sind von unterschiedlicher Qualität und führen u. a. zu den Campingplätzen am Wingan Inlet, Mueller Inlet, Thurra River und Shipwreck Creek.

Mit Ausnahme der Mallacoota Rd sind die Zufahrten allesamt nicht asphaltiert und im Winter mitunter extrem anspruchsvoll. Man sollte daher unbedingt den aktuellen Streckenzustand vorab bei Parks Victoria in **Cann River** (☑ 13 19 63, 03-5158 6351; www.parkweb.vic.gov.au) oder **Mallacoota** (☑ 13 19 63, 03-8427 2123; www.parkweb.vic.gov.au) erfragen – insbesondere während und nach Regen!

Brisbane & Umgebung

Gut essen

➡ Urbane (S. 322)

➡ Gauge (S. 323)

➡ Island Fruit Barn (S. 342)

➡ King Arthur Cafe (S. 324)

➡ Shouk Cafe (S. 327)

Schön übernachten

➡ New Inchcolm Hotel & Suites (S. 319)

➡ Next (S. 319)

➡ Spicers Balfour Hotel (S. 320)

➡ Allure (S. 342)

➡ Bunk Backpackers (S. 320)

Auf nach Brisbane!

Stilvolle Stadtgalerien und Bars mit Dachterrassen, menschenleere subtropische Strände und herrlich kühle Weingüter: Die Region Brisbane bietet die krassesten Gegensätze in ganz Queensland. Der funkelnde Star ist Brisbane selbst, eine wunderbar grüne, heiße Metropole mit boomender Restaurant-, Bar- und Kulturszene, die beweist, dass die Stadt flügge wird. Am Ostrand Brisbanes liegt die Moreton Bay mit flachen, sandigen Inseln, darunter Moreton Island, und lockt mit türkisfarbenen Wellen, schillernden Wäldern und einer tierischen Parade aus Walen, Schildkröten und Delfinen.

Die Brisbaner sind gerne draußen – kein Wunder, das Wetter ist genauso sensationell wie ihre braun gebrannten Körper. Die vor Fitness strotzenden Einheimischen stehen frühmorgens auf, um eine Runde zu joggen, zu schwimmen oder zu radeln, um zu klettern oder einfach mit dem Hund spazieren zu gehen. Und falls es zu heiß dafür ist, vergraben sie sich tief in der coolen Subkultur mit Buchläden, Restaurants aus aller Welt, Cafés, Bars und Livemusik im Überfluss.

Reisezeit
Brisbane

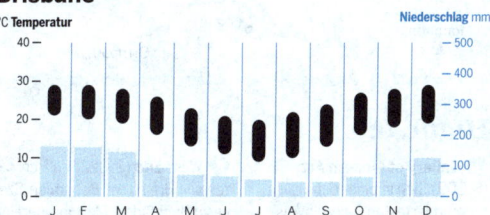

Jan. Brisbane ist im Sommer glühend heiß – die perfekte Zeit, um in der Brandung abzukühlen.

Mai–Aug. Kühlere Temperaturen (Jacke mitbringen) und strahlend blauer Himmel.

Sept. Der Frühling ist da. Wärmere Temperaturen und zwei angesagte Festivals: Brisbane und Bigsound.

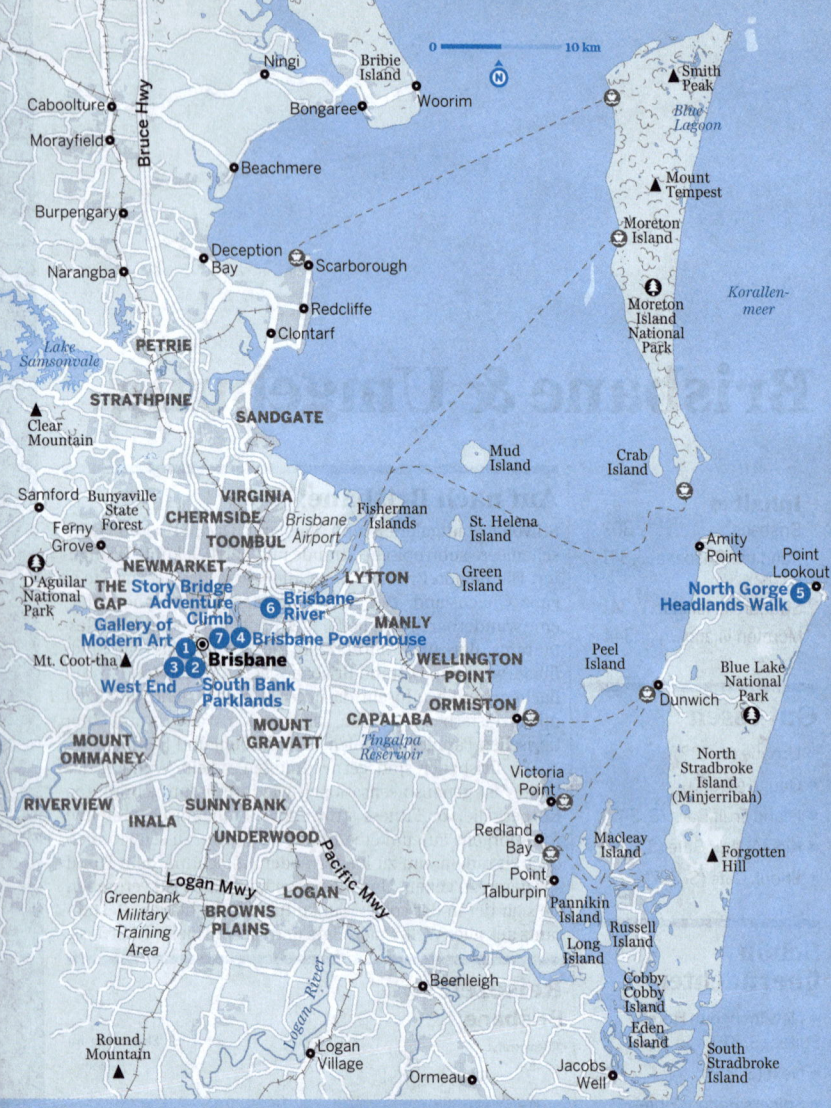

Highlights

1 **Gallery of Modern Art**
(S. 309) Sich in einer der renommiertesten Galerien Australiens von der modernen Muse küssen lassen

2 **South Bank Parklands**
(S. 309) In Brisbanes beliebtestem Park am Flussufer picknicken, spazieren gehen oder einfach sonnenbaden

3 **West End** (S. 322) Im Herzen von Brisbanes Bohemien-Szene zu Buchläden, Mikrobrauereien und Live Gigs schlendern

4 **Brisbane Powerhouse**
(S. 311) In einem umgebauten Kraftwerk eine coole Show besuchen

5 **North Gorge Headlands Walk** (S. 341) Eine der schöns-

ten Wanderungen auf North Stradbroke Island erleben

6 **Brisbane Riverwalk**
(S. 311) Von diesem Weg aus Brisbanes Skyline und den Fluss bestaunen

7 **Story Bridge Adventure Climb** (S. 315) Bei diesem zweistündigen Nervenkitzel die Story Bridge erklimmen

BRISBANE

2,3 MIO. EW.

Brisbane hat keine Lust mehr, im Schatten von Sydney und Melbourne zu stehen, es untergräbt freudig Stereotypen und überrascht Kritiker – willkommen in Australiens neuem subtropischem Trendsetter. Brisbanes Vorzüge sind nicht zu übersehen: Kunst an jeder Ecke, Cafés, Bars, gutes Wetter, schöne alte Häuser im Queenslander-Stil und die zupackende Art der Einheimischen. Das wirklich Einzigartige an der Stadt aber ist der gleichnamige Fluss. Die vielen Windungen des naturbelassenen Wasserlaufs unterteilen die Stadt in einen Flickenteppich aus kleinen „Dörfern" mit jeweils eigenem Stil und individueller Topografie – da wären das tief liegende unkonventionelle West End, das schicke Paddington am Hügel, das exklusive New Farm auf einer Halbinsel und das gutbürgerliche Kangaroo Point in einer engen Schleife. Bei einem Bummel durch die Viertel offenbart sich die ganze Vielfalt der schicken wie exzentrischen Hauptstadt Queenslands.

◉ Sehenswertes

Der Großteil von Brisbanes Hauptattraktionen befindet sich im Stadtzentrum (CBD) und in South Bank am anderen Flussufer. Im CBD warten Kolonialgeschichte und -architektur, während in South Bank die wichtigsten kulturellen Stätten und die gleichnamigen Parklands zu Hause sind.

◎ Zentrum Brisbane

★ City Hall   WAHRZEICHEN

(Karte S. 308; ☎ 07-3339 0845; www.brisbane. qld.gov.au; King George Sq; ⊙ Mo–Fr 8–17, Sa & So 9–17 Uhr, Touren Uhrenturm 10.15–16.45 Uhr, Touren Rathaus 10.30, 11.30, 13.30 & 14.30 Uhr; ◻ Central) GRATIS Dieser Sandstein-Koloss mit einer Reihe riesiger korinthischer Säulen vor dem Eingang wurde zwischen 1920 und 1930 erbaut. Der Marmor im Foyer des Rathauses stammt aus demselben toskanischen Steinbruch, aus dem Michelangelo den Steinblock für seinen David bezog. Die Rolling Stones spielten 1965 ihr allererstes Konzert in Australien im Auditorium des Gebäudes; der grandiose Saal besitzt eine Orgel mit 4300 Pfeifen und Böden aus Mahagoni und Blauem Eukalyptus. Dienstags um 12 Uhr gibt's kostenlose Konzerte. Die Gratistouren auf den 85 m hohen Glockenturm finden alle 15 Minuten statt; Tickets gibt's im tollen Museum of Brisbane (s. rechte Spalte) direkt vor Ort.

★ Museum of Brisbane   MUSEUM

(Karte S. 308; ☎ 07-3339 0800; www.museumof brisbane.com.au; Level 3, Brisbane City Hall, King George Sq; ⊙ 10–17 Uhr; ◻ Central) GRATIS In diesem Museum mit Weitblick, das sich im Rathaus versteckt, kann man in die Höhen und Tiefen der Stadt Brisbane eintauchen. Die aktuelle Heldenausstellung ist zu 100 % Brisbane und das Ergebnis einer innovativen Zusammenarbeit zwischen dem Museum und der Theatertruppe Rimini Protokoll aus Berlin. Das interaktive Projekt basiert auf Daten des Australischen Statistikamts (ABS) und erkundet das Leben von 100 Einwohnern Brisbanes, die die gesamte Bevölkerung der Stadt repräsentieren. Das Ergebnis ist der Schnappschuss einer Metropole, die viel komplexer ist, als man wohl erwartet hätte.

City Botanic Gardens   PARK

(Karte S. 308; www.brisbane.qld.gov.au; Alice St; ⊙ 24 Std.; ◻ QUT Gardens Point, ◻ Central) GRATIS Ursprünglich war der botanische Garten von Brisbane nur eine Ansammlung essbarer Nutzpflanzen, die 1825 von Häftlingen gepflanzt wurden. Heute ist er Brisbanes beliebtester Park. Das Gelände fällt sanft vom Campus der Queensland University of Technology zum Fluss ab und beherbergt weite Rasenflächen, ineinander verwachsene Großblättrige Feigen, Queensland-Araukarien, Macadamiabäume und Tai-Chi-Gruppen – ein wohltuender Zufluchtsort für gestresste Städter. Kostenlose einstündige Touren beginnen täglich um 11 und 13 Uhr am Rundbau. Sonntags finden im Garten die beliebten Brisbane Riverside Markets (S. 337) statt. Das mittelmäßige Café kann man getrost ignorieren – lieber macht man ein schönes Picknick.

Parliament House   HISTORISCHES GEBÄUDE

(Karte S. 308; www.parliament.qld.gov.au; Ecke Alice & George Sts; ⊙ geführte Touren 13, 14, 15 & 16 Uhr an sitzungsfreien Tagen; ◻ QUT Gardens Point, ◻ Central) GRATIS Das hübsche, weiße Steingebäude im Stil der Französischen Renaissance stammt von 1868 und blickt auf den botanischen Garten. Das Dach ist mit Mount-Isa-Kupfer gedeckt. Man kann es nur im Rahmen kostenloser Touren besuchen, die je nach Nachfrage zu den aufgeführten Zeiten stattfinden (an Sitzungstagen nur um 14 Uhr). Man sollte fünf Minuten vor Beginn der Tour da sein; keine Reservierung erforderlich.

Roma Street Parkland   PARK

(Karte S. 308; www.visitbrisbane.com.au/Roma -Street-Parkland-and-Spring-Hill; 1 Parkland Blvd;

BRISBANE & UMGEBUNG BRISBANE

Großraum Brisbane

BRISBANE & UMGEBUNG BRISBANE

Gallipoli Barracks
Military Area

Enoggera Creek

D'Aguilar National
Park (3 km)

31 Waterworks Rd

ASHGROVE

Wardell St

5

31

Coopers Camp Rd

Jubilee Tce

Boundary St

5

16
Latrobe Tce

KELVIN GROVE

PADDINGTON

BARDON

s. Karte West
End & Petrie
Terrace (S. 312)

32 Milton

7

Mt. Coot-tha
Reserve

MT. COOT-THA

Sir Samuel Griffith Dr

Western Fwy

9

3

M5

Frederick St

AUCHENFLOWER

Milton Rd

Auchenflower

33

Coronation Dr

21

33

Toowong

TOOWONG

6

TARINGA

33

Moggill Rd

Taringa

Coronation Dr

ST. LUCIA

M5

CHAPEL HILL

Moggill Rd

33

20

Indooroopilly

Coonan St

INDOOROOPILLY

St. Lucia
Golf Links

Brisbane River

Chelmer

Lone Pine Koala
Sanctuary (5 km)

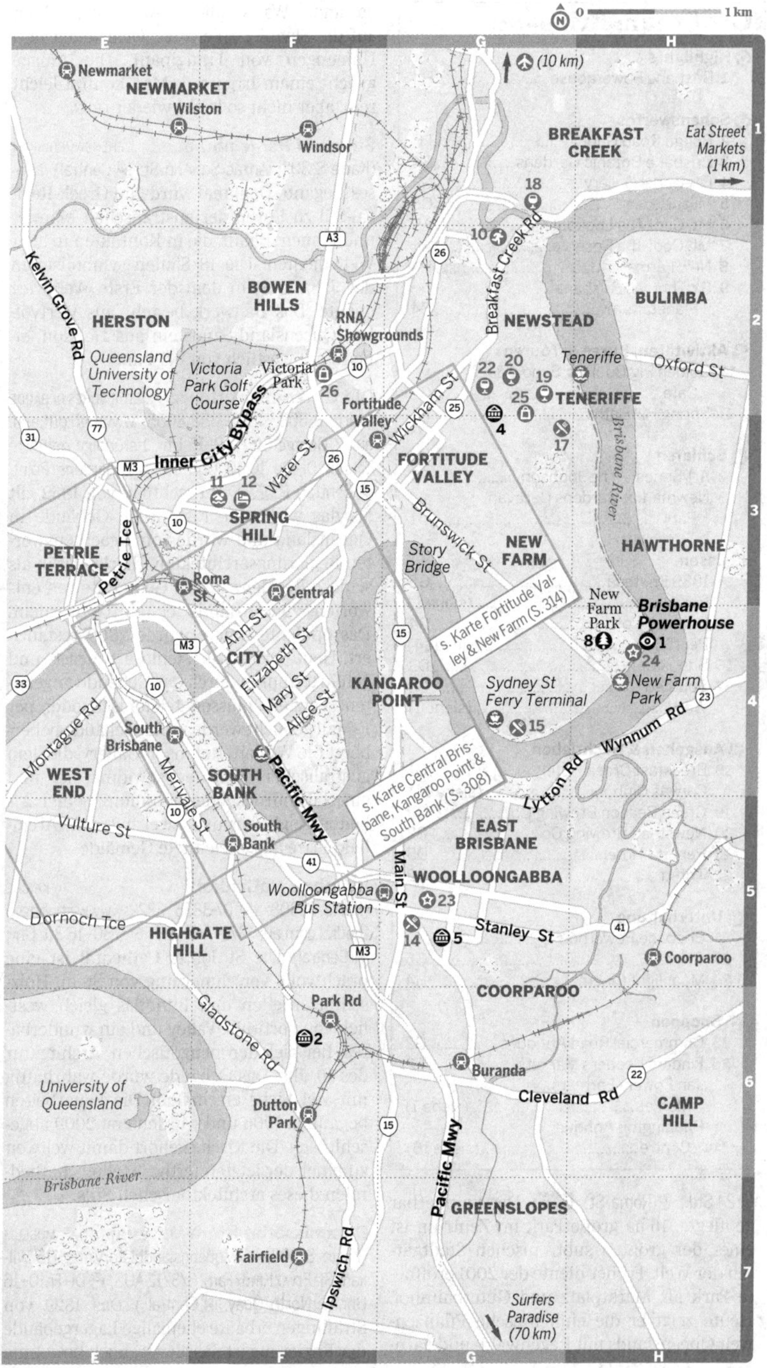

▲(N) 0 ⎯⎯⎯⎯⎯⎯ 1 km

E **F** **G** **H**

🚉 Newmarket

NEWMARKET

Wilston

🚉 Windsor

⬆ 🚍 (10 km)

BREAKFAST CREEK

Eat Street Markets (1 km) →

1

18 🍴

10 🍴

Breakfast Creek Rd

BULIMBA

BOWEN HILLS

HERSTON

Kelvin Grove Rd

A3

26

🚉

NEWSTEAD

Teneriffe

Oxford St

2

Queensland University of Technology

Victoria Park Golf Course

Victoria Park

26 🔒

RNA Showgrounds

10 🔒

Fortitude Valley

🔒

22 🍴 20 🍴

25 🔒

19 🍴

TENERIFFE

🏛 4

17 ✕

Brisbane River

31

77

M3

Inner City Bypass

Water St

11 🍴 12 🍴

🏛

SPRING HILL

25 🚇

Wickham St

FORTITUDE VALLEY

26 🚇

15 🚇

Brunswick St

NEW FARM

HAWTHORNE

3

PETRIE TERRACE

Petrie Tce

10 🚇

🚉 Roma St

🚉 Central

Ann St

CITY

Elizabeth St

Mary St

Alice St

Story Bridge

15 🚇

KANGAROO POINT

s. Karte Fortitude Valley & New Farm (S. 314)

New Farm Park

8 ⛲

Brisbane Powerhouse

🎯 1

24 🍴

🚉 New Farm Park

23

4

33

10 🚇

WEST END

Montague Rd

Merivale St

🚉 South Brisbane

SOUTH BANK

Pacific Mwy

Sydney St Ferry Terminal

15 ✕

Lytton Rd

Wynnum Rd

Vulture St

🚉 South Bank

s. Karte Central Brisbane, Kangaroo Point & South Bank (S. 308)

EAST BRISBANE

Dornoch Tce

HIGHGATE HILL

41

SOUTH BANK

Main St

Woolloongabba Bus Station

WOOLLOONGABBA

🌀 23

14 ✕

🏛 5

Stanley St

41

🚉 Coorparoo

5

M3

Gladstone Rd

Park Rd

🏛 2

COORPAROO

🚉 Buranda

Cleveland Rd

22

CAMP HILL

6

University of Queensland

Dutton Park

15

Brisbane River

GREENSLOPES

🚉 Fairfield

Ipswich Rd

Pacific Mwy

Surfers Paradise (70 km) ↙

7

E **F** **G** **H**

BRISBANE & UMGEBUNG BRISBANE

Großraum Brisbane

⊙24 Std.; ⓡRoma St) **GRATIS** Der wunderbar gepflegte, 16 ha große Park im Zentrum ist einer der größten subtropischen Stadtgärten der Welt. Früher diente der 2001 eröffnete Park als Marktplatz und Güterbahnhof. Heute zeigt er die einheimische Pflanzenwelt Queenslands mit Regenwald- und Farn-

bestand, Wasserfällen, Aussichtspunkten auf die Skyline, Spielplatz, Grillstellen und Unmengen von Frangipani. Die Anlage gleicht einem Irrgarten: Man kommt leicht rein, aber nicht so leicht wieder raus.

Shrine of Remembrance SEHENSWÜRDIGKEIT
(Karte S. 308; Anzac Sq, Ann St; ⓡCentral) Dieses elegante Denkmal wurde im Greek-Revival-Stil zu Ehren der australischen Männer und Frauen erbaut, die in Konflikten in aller Welt dienten. Die 18 Säulen symbolisieren das Jahr 1918, in dem der Erste Weltkrieg endete. Das Bauwerk besteht aus wertvollem Queensland-Sandstein aus Helidon, einer Stadt westlich von Brisbane.

Old Government House HISTORISCHES GEBÄUDE
(Karte S. 308; ☑07-3138 8005; www.ogh.qut.edu.au; 2 George St; ⊙9–16 Uhr, 1-stündige geführte Touren Di–Do 10.30 Uhr; 🚌QUT Gardens Point, ⓡCentral) **GRATIS** Der Prachtbau von 1862 gilt als das wichtigste historische Gebäude in Queensland und wurde vom beachtenswerten Regierungsarchitekten Charles Tiffin als schicke Residenz für Sir George Bowen entworfen, Queenslands erstem Gouverneur. Das opulente Innere wurde 2009 restauriert. Heute werden kostenlose Podcast- und geführte Touren durch das Gebäude angeboten; Letztere müssen telefonisch oder per E-Mail gebucht werden. Das Gebäude beherbergt die William Robinson Gallery, die dem australischen Künstler gewidmet ist und eine beeindruckende Sammlung seiner Arbeiten zeigt, darunter zwei mit dem Archibald Prize ausgezeichnete Gemälde.

St John's Cathedral KIRCHE
(Karte S. 308; ☑07-3835 2222; www.stjohnscathedral.com.au; 373 Ann St; ⊙9.30–16.30 Uhr; ⓡCentral) Die St John's Cathedral ist eine prachtvolle Verschmelzung von Stein, Holzschnitzarbeiten und Buntglas gleich westlich von Fortitude Valley und ein wunderbares Beispiel der neugotischen Architektur des 19. Jhs. Das Gebäude wurde wahrhaftig mit viel Liebe erschaffen: Die Bauarbeiten begannen 1906 und wurden erst 2009 abgeschlossen. Die Kirche gehört damit weltweit zu einer der letzten fertiggestellten Kathedralen dieses architektonischen Stils.

Commissariat Store Museum MUSEUM
(Karte S. 308; www.queenslandhistory.org; 115 William St; Erw./Kind/Fam. 6/3/12 AU$; ⊙Di–Fr 10–16 Uhr, 🚌North Quay, ⓡCentral) Das 1829 von Sträflingen erbaute ehemalige Lagergebäude der Regierung ist das älteste, noch bewohnte

Gebäude Brisbanes. Es beherbergt ein tolles, kleines Museum zur Geschichte der Strafkolonie. Besonders beeindruckend sind die „Sträflingsfinger" und die Ausstellung über italienische Einwanderer in Queensland.

☉ South Bank & West End

★**Queensland Cultural Centre** KULTURZENTRUM

(Karte S. 308; Melbourne St, South Bank; 🚊 South Bank Terminals 1 & 2, 🚋 South Brisbane) Das Queensland Cultural Centre, das Epizentrum von Brisbanes Kulturszene, befindet sich in South Bank unmittelbar bei der Victoria Bridge. Das weitläufige Grundstück mit architektonisch bedeutenden Gebäuden ist von subtropischen Gärten umgeben und umfasst u. a. das Queensland Performing Arts Centre (S. 334), das Queensland Museum & Sciencentre, die Queensland Art Gallery, die State Library of Queensland und die wirklich herausragende Gallery of Modern Art (GOMA).

BRISBANES GALERIEN

Die Gallery of Modern Art, kurz GOMA, und die **Queensland Art Gallery** (S. 309) stehen den anderen vielleicht noch die Show, doch die Zahl kleiner Privatgalerien und Ausstellungsräume, in denen man sowohl Mainstream- als auch weniger konventionelle Kunst bewundern kann, steigt in Brisbane stetig.

The Pillars Project (Karte S. 308; www.thepillarsproject.com; Merrivale St, South Brisbane; ☉ 24 Std.; 🚍 198, 🚊 South Bank Terminals 1 & 2, 🚋 South Brisbane) Eine der ungewöhnlichsten Galerien der Stadt. Eine Reihe von Pfeilern unter der Eisenbahnunterführung in South Brisbane wurde in eine faszinierende Sammlung von Street-Art-Werken diverser Künstler verwandelt, darunter auch der international renommierte Brisbaner Fintan Magee.

Institute of Modern Art (IMA; Karte S. 314; ☑ 07-3252 5750; www.ima.org.au; 420 Brunswick St, Fortitude Valley; ☉ Di, Mi, Fr & Sa 12–18, Do bis 20 Uhr; 🚋 Fortitude Valley) Diese ausgezeichnete, nicht kommerzielle Galerie im Judith Wright Centre of Contemporary Arts in Fortitude Valley hat industrielles Flair und präsentiert regelmäßig lokale und internationale Künstler und so unterschiedliche Werke wie Installationen, Fotos und Gemälde.

TW Fine Art (Karte S. 314; ☑ 0437 348 755; www.twfineart.com; 181 Robertson St, Fortitude Valley; ☉ Di–Sa 10–17, So bis 15 Uhr; 🚍 470, 🚋 Fortitude Valley) Diese Galerie in Fortitude Valley ist leicht zu übersehen. Im Gegensatz zur Konkurrenz setzt sie nicht auf Brisbaner Kunst, sondern zeigt solide, von Kritikern gefeierte zeitgenössische Werke aus aller Welt. Außerdem bietet sie eine innovative Online-Galerie mit Kunstdrucken in limitierter Auflage, die man sich vor Ort anschauen und dann direkt nach Hause schicken lassen kann.

Fireworks Gallery (Karte S. 304; ☑ 07-3216 1250; www.fireworksgallery.com.au; 52a Doggett St, Newstead; ☉ Di–Fr 10–18, Sa bis 16 Uhr; 🚍 300, 302, 305, 306, 322, 393, 470) In dieser fantastischen Lagerhalle werden vor allem Gemälde und Skulpturen australischer Künstler gezeigt, darunter auch Aborigines. Sie liegt einen kurzen Spaziergang von der James St in Fortitude Valley entfernt.

Milani (Karte S. 304; ☑ 07-3391 0455; www.milanigallery.com.au; 54 Logan Rd, Woolloongabba; ☉ Di–Sa 11–18 Uhr; 🚍 174, 175, 204) GRATIS Eine ausgezeichnete Galerie mit innovativer Aborigine-Kunst und provokativen zeitgenössischen Werken. Sie befindet sich in einem Industriegebiet in Woolloongabba, umgeben von Autohändlern und Lieferanten für Friseurzubehör. Wenn sie geschlossen aussieht, einfach die Klinke drücken.

Suzanne O'Connell Gallery (Karte S. 314; ☑ 07-3358 5811; www.suzanneoconnell.com; 93 James St, New Farm; ☉ Mi–Sa 11–16 Uhr; 🚍 470) GRATIS Diese Galerie in New Farm ist auf indigene Kunst spezialisiert und zeigt brillante Werke von Künstlern aus ganz Australien. Auf der Website gibt's Näheres zu regelmäßigen Vernissagen.

Jan Murphy Gallery (Karte S. 314; ☑ 07-3254 1855; www.janmurphygallery.com.au; 486 Brunswick St, Fortitude Valley; ☉ Di–Sa 10–17 Uhr; 🚍 195, 196, 199, 🚋 Fortitude Valley) Auch diese kohlegraue Galerie mit Kunstrasen vor der Tür ist in Sachen zeitgenössische australische Kunst ganz vorn dabei und präsentiert im Herzen des Galeriedistrikts in Fortitude Valley einheimische Talente.

Central Brisbane, Kangaroo Point & South Bank

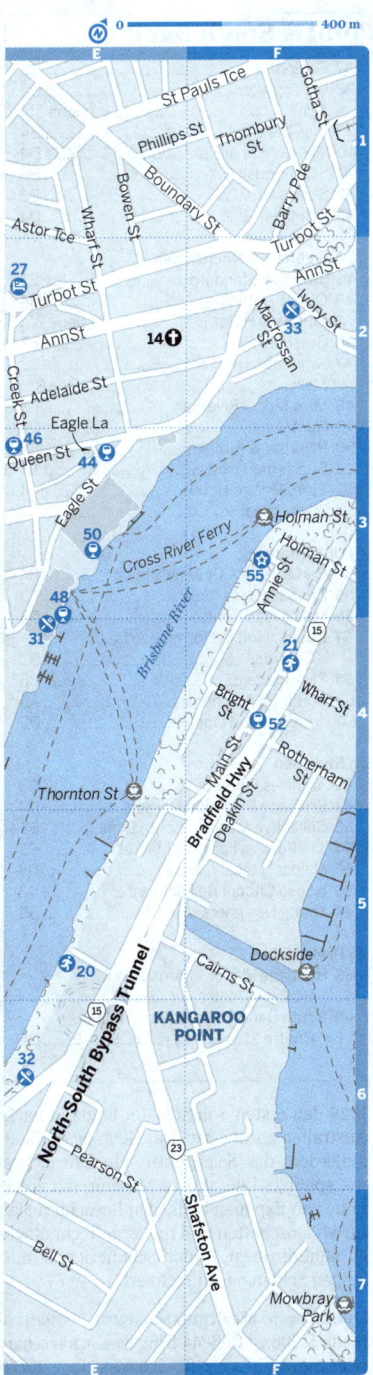

★ **Gallery of Modern Art** GALERIE
(GOMA; Karte S. 308; www.qagoma.qld.gov.au;
Stanley Pl, South Bank; ◷10–17 Uhr; ▣ South Bank
Terminals 1 & 2, ▣ South Brisbane) GRATIS Das
GOMA – gläserne Kanten, Beton und schwarzes Metall – ist ein Must-see. Es konzentriert
sich auf australische Kunst von 1970 bis heute. Die stetig wechselnden, oft provokativen
Ausstellungen reichen von Gemälden über
Skulpturen, Fotos und Videos bis hin zu Installationen und Filmen. Außerdem gibt's einen Kunstbuchladen, einen Bereich mit Aktivitäten für Kinder, ein Café (S. 323), ein
modern-australisches **Restaurant** (Karte
S. 308; ☑07-3842 9916; Hauptgerichte 39–
47 AU$; ◷Mi–So 12–14, Fr 17.30–20 Uhr; ▣ South
Bank Terminals 1 & 2, ▣ South Brisbane) und kostenlose Galerie-Touren um 11, 13 und 14 Uhr.

South Bank Parklands PARK
(Karte S. 308; www.visitbrisbane.com.au; Grey St,
South Bank; ◷Sonnenaufgang–Sonnenuntergang;
⊞; ▣ South Bank Terminals 1, 2 & 3, ▣ South Brisba-
ne, South Bank) GRATIS Soll man lieber an einem
Sandstrand sonnenbaden, im Regenwald ent-
spannen oder eine nepalesische Friedenspa-
gode besichtigen? In diesem 17,5 ha großen
Park mit Blick auf den CBD ist alles möglich!
Die überdachten Wege führen zu Bühnen für
verschiedenste Darbietungen, zu grünen Ra-
senflächen, Lokalen und Bars, öffentlicher
Kunst und kostenlosen Events, von Yoga-Ses-
sions bis hin zu Filmvorführungen. Die
Hauptattraktionen sind der Streets Beach
(S. 313), ein (am Wochenende proppenvol-
ler) künstlicher Badestrand im Lagunenstil,
und das knapp 60 m hohe Wheel of Brisbane
(S. 311). Bei der zehnminütigen Fahrt bietet
sich ein grandioses 360-Grad-Panorama.

Queensland Art Gallery GALERIE
(QAG; Karte S. 308; www.qagoma.qld.gov.au; Melbourne St, South Bank; ◷10–17 Uhr; ▣ South Bank
Terminals 1 & 2, ▣ South Brisbane) GRATIS Inzwischen sollten die Renovierungsarbeiten abgeschlossen und die tolle Dauerausstellung
mit australischen und internationalen Werken wieder komplett hier zu sehen sein. Die
australischen Arbeiten stammen aus dem
Zeitraum von den 1840 bis 1980. Vor allem
die Werke gefeierter Meister wie Sir Sidney
Nolan, Arthur Boyd, William Dobell und Albert Namatjira sollte man sich anschauen.

Queensland Museum &
Sciencentre MUSEUM
(Karte S. 308; ☑07-3840 7555; www.southbank.
qm.qld.gov.au; Ecke Grey & Melbourne St, South

Central Brisbane, Kangaroo Point & South Bank

Bank; Queensland Museum Eintritt frei, Sciencentre Erw./Kind/Fam. 14,50/11,50/44,50 AU\$; ⊙ 9.30–17 Uhr; ⊠ South Bank Terminals 1 & 2, ⊠ South Brisbane) **GRATIS** Im wichtigsten „historischen Depot" des Staates kann man tiefer in die Geschichte Queenslands eintauchen. Die faszinierenden Ausstellungen zeigen u. a. das Skelett des im Bundesstaat gefundenen Dinosauriers Muttaburrasaurus (alias „Mutt") und die *Avian Cirrus,* das winzige Flugzeug, in dem der Queensländer Bert Hinkler

1928 den ersten Soloflug von England nach Australien absolvierte. Das Gelände umfasst außerdem das Sciencentre, ein lehrreiches wie spaßiges interaktives Museum mit einer Fülle von Exponaten, die den Besuchern Naturwissenschaften und moderne Technologien näherbringen. In den Schulferien ist mit langen Schlangen zu rechnen.

Queensland Maritime Museum   MUSEUM
(Karte S. 308; ☑ 07-3844 5361; www.maritimemuseum.com.au; Stanley St; Erw./Kind/Fam. 16/7/

38 AU$; ⊙ 9.30–16.30 Uhr; Eintritt bis 15.30 Uhr; 🖾 Maritime Museum, 🚈 South Bank) Ganz im Süden der South Bank Parklands befindet sich dieses skurrile alte Museum, dessen Glanzstück die riesige HMAS *Diamantina* ist: Die restaurierte Fregatte aus dem Zweiten Weltkrieg kann komplett besichtigt werden.

Wheel of Brisbane ✗ RIESENRAD

(Karte S. 308; ☑ 07-3844 3464; www.thewheelof brisbane.com.au; Grey St, South Bank; Erw./Kind/Fam. 20/14/57 AU$; ⊙ So–Do 10–22, Fr 6 Sa bis 23 Uhr; 🖾 South Bank Terminals 1 & 2, 🚈 South Brisbane) Wer die Stadt mal aus der Vogelperspektive erleben möchte, kann nur wenige Schritte vom Queensland Performing Arts Centre (S. 334) entfernt eine Runde mit diesem fast 60 m hohen Riesenrad am Fluss drehen. Die Fahrt in den geschlossenen Kabinen mag vielleicht nicht spektakulär sein, das Rundum-Panorama auf die stetig wachsende Skyline ist aber schon imposant. Die Fahrten dauern zehn bis zwölf Minuten, begleitet von einem Audiokommentar zu Brisbanes Sehenswürdigkeiten. Online-Tickets sind ein wenig billiger.

⊙ Fortitude Valley & New Farm

★ Brisbane Powerhouse KUNSTZENTRUM

(Karte S. 304; ☑ Ticketschalter 07-3358 8600, Rezeption 07-3358 8622; www.brisbanepowerhouse. org; 119 Lamington St, New Farm; ⊙ Di–So 9–21 Uhr; 🚌 195, 196, 🖾 New Farm Park) An der Ostseite des New Farm Park steht das Powerhouse, ein einst verfallenes Kraftwerk, das auf grandiose Weise in ein Zentrum für zeitgenössische Kunst verwandelt wurde. Das Innere zieren Reste von Graffitis, Industriemaschinen und alte zu Lampen umgebaute Elektro-Transformatoren. Das Zentrum veranstaltet diverse Events, u. a. Kunstausstellungen, Theater, Livemusik und Comedy. Außerdem sind hier zwei lebhafte Restaurants am Flussufer zu Hause. Auf der Website erfährt man, was gerade geboten wird.

Brisbane Riverwalk ✗ BRÜCKE

(Karte S. 314; 🚌 195, 196, 🖾 Sydney St) Der Brisbane Riverwalk ist ein Steg, der über dem Fluss im Zickzack der Uferlinie folgt und so eine neue Möglichkeit bietet, die Skyline zu bestaunen. Die 870 m lange Promenade, die in Fußgänger- und Radwege unterteilt ist, verläuft zwischen New Farm und den Howard St Wharves, von wo man nach Central weiterschlendern kann. Der Riverwalk ersetzt die ursprüngliche schwimmende Promenade, die beim Hochwasser 2011 weggespült wurde.

Chinatown GEBIET

(Karte S. 314; Duncan St, Fortitude Valley; ⊙ 24 Std.; 🚈 Fortitude Valley) Die Duncan Street, an deren Ende eine Replik eines Torbogens aus der Tang-Dynastie steht, ist Brisbanes recht bescheidene Chinatown. In der Fußgängerzone (und dem Abschnitt der Ann St zwischen Duncan St und Brunswick St Mall) findet man das typische Programm im Kleinformat: hinter beschlagenen Fenstern hängende glasierte Enten, asiatische Lebensmittelläden und die Aromen der thailändischen, chinesischen, vietnamesischen und japanischen Küche. Während der Feierlichkeiten zum **Chinesischen Neujahr** (www.chinesenewyear.com.au; ⊙ Jan./Feb.) ist am meisten los.

New Farm Park PARK

(Karte S. 304; www.newfarmpark.com.au; Brunswick St, New Farm; ⊙ 24 Std.; 🚌 195, 196, 🖾 New Farm Park) Am Ende der Brunswick St befindet sich direkt am Fluss der New Farm Park. Hier kann man zwischen Jacaranda-Bäumen, Rosengärten und Picknickplätzen tief durchatmen. Der Park mit Gasgrills und gratis WLAN (in der Nähe des Rundbaus an der Flussseite des Parks) ist der perfekte Ort für einen faulen Nachmittag. Kleinere Kinder begeistern sich vor allem für den Abenteuerspielplatz: Auf mehreren Plattformen zwischen mächtigen Großblättrigen Feigenbäumen können sie Robinson Crusoe spielen. Der **Jan Powers Farmers Market** (Karte S. 304; www.janpowersfarmersmarkets.com. au; Brisbane Powerhouse, 119 Lamington St; ⊙ Sa 6–12 Uhr) und das **Moonlight Cinema** (Karte S. 304; www.moonlight.com.au; Brisbane Powerhouse, 119 Lamington Rd, New Farm; Erw./Kind 17/12,50 AU$; ⊙ Mi–So 19 Uhr; 🚌 195, 196, 🖾 New Farm Park) sind ebenfalls hier zu Hause.

⊙ Rund um Brisbane

Brisbane Botanic Gardens GÄRTEN

(Karte S. 304; ☑ 07-3403 2535; www.brisbane. qld.gov.au/botanicgardens; Mt Coot-tha Rd, Mt. Coot-tha; ⊙ 8–17.30, April–Aug. bis 17 Uhr; 🚌 471) GRATIS Der 52 ha große Garten am Fuß des Mt. Coot-tha beherbergt eine Fülle kleiner Ökosysteme, von Kakteen und Bonsais über Kräutergärten bis hin zu Regenwäldern und Trockenzonen. Kostenlose geführte Touren finden montags bis samstags um 11 und 13 Uhr statt, selbst geführte Touren kann man auf der Website downloaden. Man erreicht

West End & Petrie Terrace

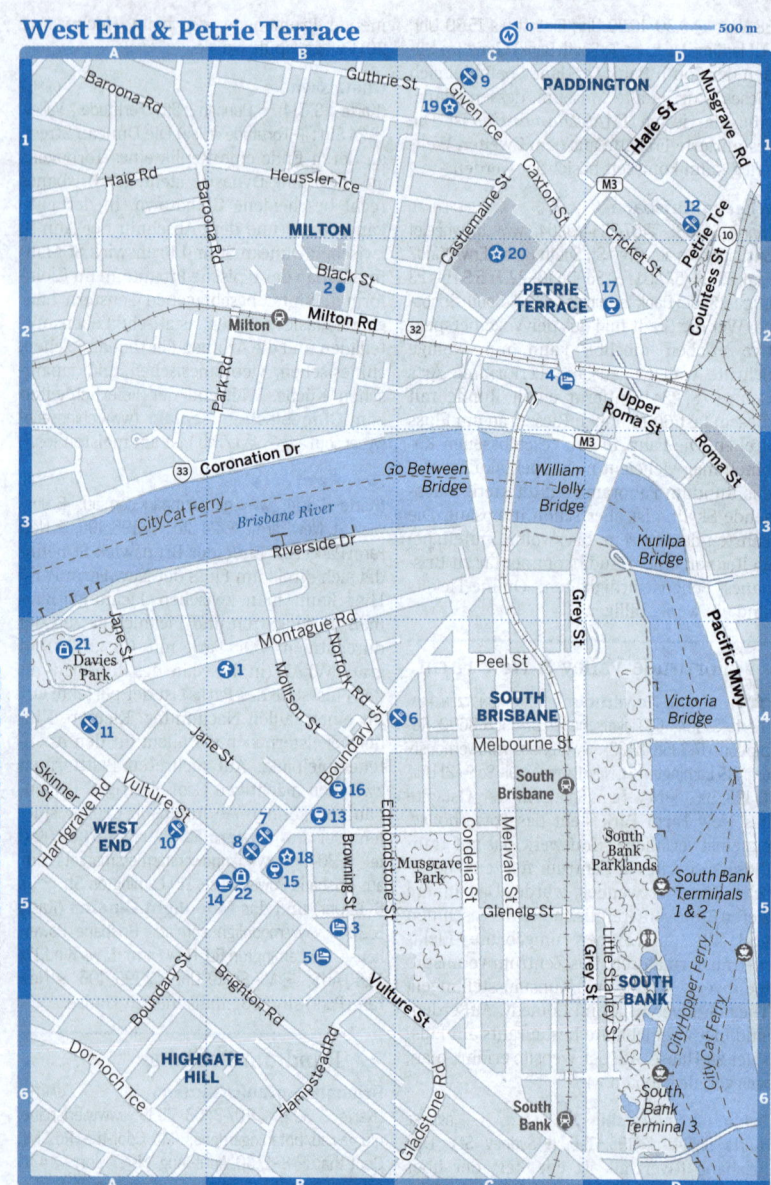

0 — 500 m

die Gärten mit Bus 471 von der Adelaide St im Stadtzentrum, gegenüber dem King George Sq (4,60 AU$, 25 Min.).

Mt. Coot-tha Reserve NATURRESERVAT
(Karte S. 304; www.brisbane.qld.gov.au; Mt Coottha Rd, Mt. Coot-tha; ⏱ 24 Std.; 🚌 471) GRATIS

Rund 15 Minuten Fahrt mit Auto oder Bus vom Stadtzentrum entfernt befindet sich dieses riesige Buschreservat, über dem der 287 m hohe Mt. Coot-tha thront, Brisbanes höchster Punkt. An dessen Hängen befinden sich die Brisbane Botanic Gardens, das **Sir Thomas Brisbane Planetarium** (Karte

BRISBANE & UMGEBUNG BRISBANE

West End & Petrie Terrace

S. 304; ☎ 07-3403 2578; www.brisbane.qld.gov.au/planetarium; Eintritt frei, Vorführungen Erw./Kind./Fam./erm. 15,80/9,60/43/13 AU$; ⊙ Di–Fr 10–16, Sa 11–20.15, So 11–16 Uhr; 🚌 471), Wanderwege und der atemberaubende **Mt. Coottha Lookout** (Karte S. 304; ☎ 07-3369 9922; www.brisbanelookout.com; 1012 Sir Samuel Griffith Dr, Mt Coot-tha; ⊙ 24 Std; 🚌 471). Von diesem hat man einen grandiosen Blick aus der Vogelperspektive auf die Stadt und ihre Skyline. An klaren Tagen sind sogar die Inseln in der Moreton Bay zu erspähen.

Lone Pine Koala Sanctuary   WILDRESERVAT
(☎ 07-3378 1366; www.koala.net; 708 Jesmond Rd, Fig Tree Pocket; Erw./Kind./Fam. 36/22/85 AU$; ⊙ 9–17 Uhr; 🚌 430) 12 km südlich vom Stadtzentrum erstreckt sich neben dem Fluss das Lone Pine Koala Sanctuary. Es bietet 130 Koalas sowie Kängurus, Kusus, Wombats, Vögeln und anderen australischen Tieren ein Zuhause. Die putzigen Koalas sind natürlich die Stars – die meisten Besucher zahlen bereitwillig 18 AU$, um sich mit einem der Tiere auf dem Arm fotografieren zu lassen. Den ganzen Tag über stehen Tiershows auf dem Programm.

🏃 Aktivitäten

Unter www.brisbane.qld.gov.au/facilities-recreation/sports-leisure/walking/walking-trails findet man eine Vielzahl ausgezeichneter Kunst- und historischer Spaziergänge überall in der Stadt.

CityCycle   RADFAHREN
(☎ 1300 229 253; www.citycycle.com.au; Verleih erste 30 Min. frei, 31–60 Min. 2 AU$, jede halbe Std. zusätzlich 5 AU$; ⊙ 24 Std.) Wer Brisbanes

Stadträder nutzen möchte, kann sich über die Website registrieren (2/11 AU$ pro Tag/Woche) und sich dann an einer von über 150 Stationen in der ganzen Stadt ein Fahrrad ausleihen (zusätzliche Gebühr). Es wird schnell richtig teuer, wenn man das Fahrrad mehr als eine Stunde benutzt – man sollte also unbedingt darauf achten, dass man die kostenlosen ersten 30 Minuten voll ausnutzt, immer von Station zu Station fährt und die Fahrräder bei Bedarf unterwegs austauscht. Nur bei einem Viertel der Fahrräder ist ein (vorgeschriebener) Helm dabei, weshalb man sich vielleicht bei Target oder Kmart einen kaufen muss.

Spring Hill Baths   SCHWIMMEN
(Karte S. 304; ☎ 1300 332 583; www.cityaquaticsandhealth.com.au; 14 Torrington St, Spring Hill; Erw./Kind./Fam. 5,40/3,90/16,40 AU$; ⊙ Mo–Do 6.30–19, Fr bis 18, Sa 8–17, So 8–13 Uhr; 🚌 30, 321) Dieses altmodische beheizte Schwimmbad wurde 1886 eröffnet und gehört zu den ältesten öffentlichen Bädern der Südlichen Hemisphäre. Der 25 m lange Pool war das erste in den Boden versenkte Becken der Stadt. Er ist immer noch von den hübschen originalen Umkleidekabinen aus Holz umringt.

Streets Beach   SCHWIMMEN
(Karte S. 308; ☎ 07-3156 6366; ⊙ bei Tageslicht; 🚢 South Bank Terminals 1, 2 & 3, 🚉 South Bank) Australiens einziger künstlich angelegter Stadtstrand befindet sich in South Bank und eignet sich dank seiner zentralen Lage prima für ein schnelles (und kostenloses) Bad. Bademeister, johlende Kinder, Strandnixen, umherstolzierende Fitnessfreaks, Palmen, Eiswagen – hier gibt's einfach alles.

Fortitude Valley & New Farm

0 ——————— 200 m

Breakfast Creek Hotel (1.4 km)

St Pauls Tce

Barry Pde

Alfred St

Wickham St

Brookes St

Barry Pde

Constance St

Fortitude Valley

34

FORTITUDE VALLEY

East St

Wickham St

Gipps St

17

CHINATOWN

Warner St
Bakery La

Ballow St

Ann St

Brunswick St Mall

22

32

11

Chester St

21

6

2

24

43

Winn La

42

Winn La

28

McLachlan St

15

Wandoo St

29

8 19

36

12

31

39

41

35 26

33

Winn St

23

Doggett St

30

Ann St

Duncan St
(Chinatown Mall)

Berwick St

37

Robertson St

5

16

James St

Ivory St

Boundary St

Martin St

25

Bowen Tce

3

Arthur St

4

Harcourt St

Story
Bridge

Brunswick St

Kent St

Kent St

NEW
FARM

Terrace St

James St

CF White
Park

10

14

Annie St

Brisbane
Powerhouse (1 km);
Jan Powers Farmers
Market (1 km);
Watt (1 km)

CityHopper Ferry

CityCat Ferry

Moray St

13

Barker St

20 38

27

Browne St

Brunswick St

1

Brisbane   River

Villiers St

Moreton St

Moreton St

Merthyr Rd

18

Double Shot (200 m)

New Farm Park (200 m);
Moonlight Cinema (600 m)

Fortitude Valley & New Farm

⊙ Sehenswertes
1	Brisbane Riverwalk	B6
2	Chinatown	A2
	Institute of Modern Art	(siehe 37)
3	Jan Murphy Gallery	B3
4	Suzanne O'Connell Gallery	D4
5	TW Fine Art	C3

⊕ Aktivitäten, Kurse & Touren
6	Q Academy	D2

🛏 Schlafen
7	Bowen Terrace	B6
8	Bunk Backpackers	A2
9	Limes	B1
10	Spicers Balfour Hotel	B5
11	Tryp	C2

✖ Essen
	Balfour Kitchen	(siehe 10)
12	Ben's Burgers	B2
13	Chouquette	C6
14	Himalayan Cafe	C5
15	James Street Market	D2
16	King Arthur Cafe	D3
17	Les Bubbles	A2
18	Little Loco	D7
19	Longtime	A2
20	New Farm Confectionery	C6
21	Nodo Donuts	D2
22	Thai Wi-Rat	B2
23	Tinderbox	C3

⊙ Ausgehen & Nachtleben
24	APO	B2
	Birdees	(siehe 8)
25	Bloodhound Corner Bar & Kitchen	B3
26	Cloudland	B2
27	Death Before Decaf	C6
28	Eleven	C2
29	Elixir	A2
30	Family	B3
31	Gerard's Bar	C2
32	Holey Moley Golf Club	B2
33	Press Club	B2
34	Wickham Hotel	B1
35	Woolly Mammoth Alehouse	A2

⊙ Unterhaltung
36	Beat MegaClub	B2
37	Judith Wright Centre of Contemporary Arts	B3
38	New Farm Six Cinemas	C6
	Zoo	(siehe 36)

🛍 Shoppen
39	Camilla	C2
40	Fallow	B2
41	James Street	C2
	Libertine	(siehe 5)
42	Miss Bond	B2
	Outpost	(siehe 42)
43	Stock & Supply	B2
	Tym Guitars	(siehe 12)
	Winn Lane	(siehe 12)

Urban Climb
KLETTERN

(Karte S. 312; ☏ 07-3844 2544; www.urbanclimb. com.au; 2/220 Montague Rd, West End; Erw./Kind 20/18 AU$, einmalige Registrierungsgebühr 5 AU$; ⊗ Mo–Fr 12–22, Sa & So 10–18 Uhr; 🚌 60, 192, 198) Die große Kletterhalle bietet eine der größten Boulder-Wände in Australien. Sie ist für Anfänger und Cracks gleichermaßen geeignet.

Pinnacle Sports
KLETTERN

(☏ 07-3368 3335; www.pinnaclesports.com.au; 2 Std. Abseilen ab 80 AU$, 3 Std. Klettern ab 90 AU$) Ob man nun an den Kangaroo Point Cliffs klettert oder sich abseilen lässt – ein Riesenspaß ist es garantiert! Zur Wahl stehen auch eine zweistündige Abseiltour bei Sonnenuntergang und ein ganztägiger Kletterausflug in die Glass House Mountains.

Story Bridge
Adventure Climb
ABENTEUERSPORT

(Karte S. 308; ☏ 1300 254 627; www.sbac.net.au; 170 Main St, Kangaroo Point; Tour ab 100 AU$; 🚌 234, 🚊 Thornton St, Holman St) Brisbanes berühmteste Brücke zu erklimmen, ist schlichtweg atemberaubend und bietet noch dazu eine unschlagbare Aussicht auf die Stadt – ob nun morgens, in der Dämmerung oder nachts. Man klettert in zwei Stunden an der Südseite des Bauwerks hinauf, 80 m über dem sich windenden, matschbraunen Brisbane River. Die Klettertouren in der Dämmerung finden am letzten Samstag des Monats statt. Mindestalter zehn Jahre.

Riverlife
ABENTEUERSPORT

(Karte S. 308; ☏ 07-3891 5766; www.riverlife.com. au; Naval Stores, Kangaroo Point Bikeway, Kangaroo Point; Verleih Fahrrad/Inliner pro 4 Std. 35/40 AU$, Kajaks pro 2 Std. 35 AU$; ⊗ 9–17 Uhr; 🚊 Thornton St) Riverlife sitzt am Fuß der Kangaroo Point Cliffs und bietet verschiedene urbane Unternehmungen für den Nervenkitzel zwischendurch: Felsenklettern (ab 55 AU$), Abseilen (45 AU$) oder Kajaktouren auf dem Fluss (45 AU$). Letztere kann man freitag- und samstagabends auch als „Paddle and Prawns"-Paket (85 AU$) inklusive Drinks und Essen buchen. Außerdem kann man Fahrräder, Kajaks und Inliner ausleihen.

D'AGUILAR NATIONAL PARK

Der Großstadt müde? Den Durst nach Wildnis kann man in diesem 36 000 ha großen **Nationalpark** (www.nprsr.qld.gov.au/parks/daguilar; 60 Mount Nebo Rd, The Gap) stillen, der nur 10 km nordwestlich des Stadtzentrums, aber dennoch Welten entfernt liegt (und „di-ag-lar" ausgesprochen wird). Am Parkeingang hält das **Walkabout Creek Visitor Information Centre** (☏ 07-3164 3600; www.walkaboutcreek.com.au; 60 Mount Nebo Rd, The Gap; Naturzentrum Erw./Kind/Fam. 7,20/3,50/18,25 AU$; ⊙ 9–16.30 Uhr) Karten bereit. Außerdem gibt's hier ein Naturzentrum, in dem verschiedene einheimische Tiere zu Hause sind, darunter Reptilien und nachtaktive Beuteltiere.

Die Wanderungen im Park reichen von ein paar hundert Metern bis zu einem 24 km langen Rundweg. Interessant sind der 6 km lange Rundweg Morelia Track, der durch das bei Tagesausflüglern beliebte Gebiet Manorina verläuft, und der 4,3 km lange Greenes Falls Track am Mt. Glorious. Außerdem kann man im Park mountainbiken und reiten und auf abgeschiedenen **Campingplätzen** (☏ 137 468; www.nprsr.qld.gov.au/parks/daguilar/camping.html; pro Pers./Fam. 6,15/24,60 AU$) mitten im Busch zelten. Direkt am Besucherzentrum beginnen nur zwei Wanderwege (hin & zurück 1,5 km bzw. 5 km), die anderen liegen jedoch recht weit entfernt, weshalb ein eigenes Auto benötigt wird.

Man erreicht den Park mit Bus 385 (5,70 AU$, 25 Min.) von der Roma St Station zum The Gap Park 'n' Ride; von dort sind es ein paar Hundert Meter die Straße runter.

Q Academy
MASSAGE

(Karte S. 314; ☏ 1300 204 080; www.qacademy.com.au; 20 Chester St, Newstead; 1-std. Massage 30 AU$; 🚍 300, 302, 305, 306, 322, 470) Eins der besten Schnäppchen in Brisbane sind die einstündige Entspannungs- oder Heilmassagen für 30 AU$, die von Massageschülern der Q Academy durchgeführt werden. Keine Sorge, sie haben alle eine umfangreiche theoretische Ausbildung und genügend Praxiserfahrung, um sicherzustellen, dass man sich hinterher wesentlich entspannter fühlt. Mindestens eine Woche im Voraus buchen!

Skydive Brisbane
FALLSCHIRMSPRINGEN

(☏ 1300 663 634; www.skydive.com.au; ab 300 AU$) Tandemsprünge über Brisbane mit Landung am Strand in Redcliffe. Auf der Website gibt's Sonderangebote.

Fly Me to the Moon
BALLONFAHRTEN

(☏ 07-3423 0400; www.brisbanehotairballooning.com.au; Erw./Kind inkl. Transfer ab 330/250 AU$) Einstündige Heißluftballonfahrten über dem Hinterland. Nach der Landung gibt's ein Champagner-Frühstück in einem Weingut in der malerischen Region Scenic Rim westlich der Gold Coast. Transfer von und nach Brisbane möglich.

☞ Geführte Touren

CityCat
BOOTSTOUR

(☏ 13 12 30; www.translink.com.au; einfach 5,60 AU$; ⊙ 5.25–23.25 Uhr) Man kann Auto oder Bus gegen eine Fähre von CityCat eintauschen, über den Brisbane River schippern und eine ruhigere Perspektive genießen. Die Schiffe pendeln alle 15 bis 30 Minuten zwischen dem Northshore Hamilton Terminal nordöstlich der Stadt und der University of Queensland im Südwesten und halten unterwegs an 16 Stationen, darunter Teneriffe, New Farm Park, North Quay (zum CBD) und South Bank (auch praktisch fürs West End).

Brisbane Explorer
GEFÜHRTE TOUREN

(Karte S. 308; ☏ 02-9567 8400; www.brisbanecityexplorer.com.au; Tagesticket Erw./Kind/Fam. 40/25/110 AU$; ⊙ 9–17.15 Uhr) Der „Hop on, Hop off"-Bus klappert 15 Sehenswürdigkeiten in Brisbane ab, darunter die CBD, Mt. Coot-tha, Chinatown, South Bank und die Story Bridge. Wer nicht aussteigt, ist 90 Minuten unterwegs. Die Touren beginnen alle 45 Minuten am Post Office Sq in der Queen St. Tickets gibt's online oder beim Fahrer. Eine zweite Tour mit fünf Stopps fährt u. a. zum Brisbane Botanic Gardens und nach Mt. Coot-tha.

Brisbane Greeters
GEFÜHRTE TOUREN

(Karte S. 308; ☏ 07-3156 6364; www.brisbanegreeters.com.au; Brisbane City Hall, King George Sq; ⊙ 10 Uhr) Sympathische Ehrenamtliche nehmen Interessierte in kleinen Gruppen mit auf kostenlose Einführungstouren durch Brizzy. Man sollte mindestens drei Tage im Voraus buchen, entweder online oder telefonisch. Bei einer Onlinebuchung kann man unter „Your Choice" die Tour je nach persönlichem Interesse und Zeitplan wählen (diese maßgeschneiderten Touren sollten mindestens fünf Tage im Voraus gebucht werden).

River City Cruises BOOTSFAHRTEN

(Karte S. 308; ☑ 0428 278 473; www.rivercrui ses.com.au; South Bank Parklands Jetty A; Erw./ Kind/Fam. 29/15/65 AU$) Die Bootsfahrten mit Erklärung dauern eineinhalb Stunden und führen von South Bank nach New Farm und wieder zurück. Abfahrt ist in South Bank um 10.30 und 12.30 sowie um 14.30 Uhr in den Sommermonaten.

XXXX Brewery Tour GEFÜHRTE TOUREN

(Karte S. 312; ☑ 07-3361 7597; www.xxxx.com.au; Ecke Black & Paten St, Milton; Erw./Kind 32/18 AU$; ☐ 375, 433, 475) Lust auf XXXX? Diese eineinhalbstündige Brauereitour schließt auch ein paar Ales ein, um gegen die hohe Luftfeuchtigkeit anzukämpfen (am besten das Auto stehen lassen). Die Touren finden montags bis freitags viermal täglich statt, samstags gar neunmal; Infos auf der Website. Außerdem stehen donnerstags um 10.30 Uhr kombinierte Touren (Erw./Kind 48/28 AU$) durch die Brauerei und das Suncorp Stadium (S. 335) auf dem Programm. Man sollte die Touren vorab buchen und geschlossene Schuhe tragen. Außerdem gibt's hier natürlich eine Kneipe, falls man direkt weitermachen möchte.

Brisbane Ghost Tours GEFÜHRTE TOUREN

(☑ 07-3344 7265; www.brisbaneghosttours.com.au; Spaziertour Erw./Kind/Fam. 20/13/55 AU$, Bustour Erw./Kind 50/40 AU$) Auf einem eineinhalbstündigen Stadtspaziergang oder einer zweieinhalbstündigen Bustour durch Brisbanes Spukgeschichte kann man sich wunderbar gruseln: Mordszenen, Friedhöfe, unheimliche Gassen und das berüchtigte Gefängnis **Boggo Road Gaol** (Karte S. 304; ☑ 07-3844 0059, 0411 111 903; www.boggoroadgaol.com; Annerley Rd, Dutton Park; Geschichtstour Erw./Kind/ Fam. 26.50/13,75/52 AU$, Geistertour Erw./Kind über 12 Jahre 45/30 AU$; ⊙ 90-minütige historische Tour Do–So 11, So auch 10 Uhr, 2-stündige Geistertour Mi & Fr–So 19, Fr auch 20.30 Uhr; ☐ 112, 116, 202) sind Teil des Spaßes. Mehrere Touren pro Woche; Reservierung erforderlich.

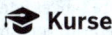 Kurse

Golden Pig Cooking School & Cafe KOCHKURS

(Karte S. 304; ☑ 07-3666 0884; www.goldenpig. com.au; 38 Ross St, Newstead; 4-stündiger Kochkurs 165 AU$; ⊙ Café Mo 7.30–12, Di–Fr bis 14 Uhr; ☐ 300, 302, 305) Köchin Katrina Ryan bietet in einem Lagerhaus am Rand von Newstead eine Reihe beliebter Kochkurse an, von moderner griechischer über vietnamesische,

südamerikanische und orientalische Küche bis hin zu Brunch und Backen mit Sauerteig. Ihr beruflicher Hintergrund ist beeindruckend: Sie hat schon in einigen der besten Restaurants Australiens gearbeitet. Auf der Website gibt's Näheres zu Kurszeiten und -themen. Kurse für Singles, die Tinder total satthaben, gibt's beispielsweise auch.

Feste & Events

Brisbane International SPORT

(www.brisbaneinternational.com.au; ⊙ Jan.) Dieses Profitennisturnier wird Anfang Januar über acht Tage ausgetragen und läutet die Australian Open ein, das Grand-Slam-Turnier in Melbourne, das im selben Monat stattfindet. Die besten Spieler der Welt messen sich im Queensland Tennis Centre in Tennyson, einem Vorort am Fluss.

BrisAsia Festival KULTUR

(www.brisbane.qld.gov.au; ⊙ Jan./Feb.) Das BrisAsia Festival im Januar und Februar dauert drei Wochen und feiert traditionelle und moderne asiatische Kulturen mit über 80 Events in der ganzen Stadt. Zum Festivalprogramm gehören Tanz-, Musik- und Theaterdarbietungen, Filmvorführungen, interaktive Gemeinschaftsevents und jede Menge asiatische Köstlichkeiten.

Brisbane Street Art Festival KUNST

(www.bsafest.com.au; ⊙ Feb.) Das Zischen von Spraydosen untermalt dieses zweiwöchige Fest, bei dem einheimische und internationale Street-Art-Künstler die Wände der Stadt in faszinierende Kunstwerke verwandeln. Abgesehen von den live gesprühten Wandgemälden gibt's Ausstellungen, Musik, Theater, Lichtshows, Workshops und Street-Art-Kurse.

Brisbane Comedy Festival COMEDY

(www.briscomfest.com; ⊙ Feb./März) Wer sich ein bisschen down fühlt, sollte dieses Festival der guten Laune besuchen, das für gewöhnlich von Ende Februar bis März vier Wochen lang stattfindet. Fast 70 Künstler aus Australien und dem Ausland treten im Kulturzentrum Brisbane Powerhouse (S. 334) am Fluss und in der Brisbane City Hall (S. 303) auf.

CMC Rocks Queensland MUSIK

(www.cmcrocks.com; ⊙ März) Das größte Country- und Roots-Festival der südlichen Hemisphäre findet über drei Tage und Nächte im März auf dem Willowbank Raceway im Südwesten von Brisbane statt. Man kann internationale Superstars wie die Dixie Chicks, Little Big Town und Kip Moore sowie einheimische Größen erwarten.

Anywhere
Theatre Festival   DARSTELLENDE KÜNSTE
(www.anywherefest.com; ⊙ Mai) Für zwei Wochen im Mai verwandelt sich ganz Brisbane in eine Bühne, wenn Hunderte von Darbietungen in der ganzen Stadt und an den unmöglichsten Orten stattfinden. Von Theateraufführungen in Gassen über Cabaret in Antiquitätenläden bis hin zu hallenden Sopranen in unterirdischen Reservoirs ist alles dabei.

Queensland
Cabaret Festival   DARSTELLENDE KÜNSTE
(www.queenslandcabaretfestival.com.au; ⊙ Juni) Im Juni dreht das Brisbane Powerhouse (S. 334) beim Queensland Cabaret Festival zehn Tage lang ziemlich kess und subversiv auf. Man kann einen Mix aus lokalen und internationalen Künstler sehen. In der Vergangenheit traten hier etwa die US-Schauspielerin und Sängerin Molly Ringwald und die britische Chansonnière Barb Jungr auf.

Queensland Music Festival   MUSIK
(QMF; www.queenslandmusicfestival.org.au; ⊙ Juli) Die bekannte Sängerin Katie Noonan ist die aktuelle Kuratorin dieses zweijährlichen landesweiten Festivals im Juli, das ein vielfältiges Musikprogramm aus klassischen und zeitgenössischen Darbietungen zeigt. Es dauert drei Wochen und findet immer in Jahren mit ungerader Jahreszahl statt. Die meisten Veranstaltungen sind kostenlos.

'Ekka' Royal Queensland Show   KULTUR
(www.ekka.com.au; ⊙ Aug.) Bei diesem zehntägigen Event im August kollidieren Stadt und Land, begleitet von Feuerwerk, Wundertüten, Fahrgeschäften, Konzerten, Schafschur-Vorführungen und haufenweise preisgekröntem Vieh. Außerdem gibt's eine Kochbühne, auf der auch mal ein Starkoch seine Künste präsentiert.

Bigsound Festival   MUSIK
(www.bigsound.org.au; ⊙ Sept.) Australiens bestes Festival für neue Musik findet an drei fetten Tagen im September statt und zieht Käufer, Branchenexperten und Fans junger Aussie-Talente an. Herz des Geschehens ist das Judith Wright Centre of Contemporary Arts (S. 334), die rund 150 aufstrebenden Künstler treten jedoch insgesamt an 15 verschiedenen Veranstaltungsorten auf.

Brisbane Festival   DARSTELLENDE KÜNSTE
(www.brisbanefestival.com.au; ⊙ Sept.) Das Festival ist eines der größten und vielfältigsten Kunstevents in Australien. Es findet im September statt, dauert drei Wochen und bietet ein eindrucksvolles Programm mit Konzerten, Theaterstücken, Tanz u. v. m. Das Festival endet mit dem spektakulären „Riverfire", einem spektakulärem Feuerwerk über dem Brisbane River.

Brisbane Pride Festival   LGBT
(www.brisbanepride.org.au; ⊙ Sept.) Australiens drittgrößtes LGBT-Festival erstreckt sich über vier Wochen im September. Höhepunkt ist der beliebte „Pride March and Fair Day", bei dem Tausende in einer Parade von Fortitude Valley zum New Farm Park ziehen und die bunte Vielfalt feiern. Der fantastische Queen's Ball findet im Juni statt.

Brisbane Writers Festival   LITERATUR
(BWF; www.uplit.com.au; ⊙ Sept.) Queenslands wichtigstes Literaturevent besteht schon seit über fünf Jahrzehnten. Das fünftägige Programm umfasst Lesungen, Diskussionen und andere zum Nachdenken anregende Veranstaltungen mit australischen und internationalen Schriftstellern und Denkern.

Oktoberfest   KULTUR
(www.oktoberfestbrisbane.com.au; ⊙ Okt.) Brisbaner schmeißen sich für Australiens größtes „typisch deutsches" Oktoberfest in Lederhosen und Dirndl. Es findet an zwei Wochenenden im Oktober in den Brisbane Showgrounds statt und ist ein laugengetränkter Spaß mit traditionellem deutschen Essen, Jodlern, Blaskapellen und einer ausgewiesenen Kinderzone mit Fahrgeschäften, Deutschunterricht u. v. m. für die Kleinen.

Park Sounds   MUSIK
(www.parksounds.com.au; ⊙ Nov.) Bei Brisbanes jüngstem Musikfestival im Pine Rivers Park im Vorort Strathpine regiert der Hip-Hop. Zum Line-up 2016 gehörten u. a. die mit dem ARIA Award ausgezeichneten Superstars Bliss n Eco und andere angesagte Aussie-Acts wie Drapht und Pon Cho (von Thundamentals). Es findet an einem Nachmittag im November statt.

Brisbane Asia Pacific Film Festival FILM
(BAPFF; brisbaneasiapacificfilmfestival.com; ⊙ Nov./ Dez.) Das 16-tägige Festival feiert das Kino aus Ozeanien und Asien und präsentiert rund 80 Filme aus so unterschiedlichen Ländern wie Australien, Neuseeland, China,

Korea, den Philippinen, Afghanistan, Indien, Russland und dem Iran. Das Programm umfasst Spielfilme, Kurzfilme und Dokumentationen sowie Podiumsdiskussionen und andere spezielle Events.

🛏 Schlafen

Die Preise richten sich im Allgemeinen nicht nach Hoch- oder Nebensaison und Schwankungen spiegeln meist nur die Nachfrage wider. In der Wochenmitte zahlt man oft mehr, ebenso während größerer Events und in den Ferien.

🛏 Brisbane Zentrum

Base Brisbane Embassy HOSTEL $
(Karte S. 308; ☑ 07-3014 1715; www.stayatbase.com; 214 Elizabeth St; B/DZ/2BZ ab 35/100/130 AU$; ❋ @ 🛜; 🚇 Central) Diese Innenstadt-Filiale der Base-Kette ist schicker und ruhiger als andere Hostels, obwohl sie direkt hinter der belebten Queen St Mall liegt. Das Haus wirkt vielleicht ein bisschen seelenlos, hat aber seine Vorzüge, etwa einen großen Filmraum und eine Sonnenterrasse mit Grill und Blick auf die Stadt. Im **Embassy Hotel** (Karte S. 308; www.embassybar.com.au; ⊙ Mo–Mi 11–22, Do bis 23 Uhr, Fr open end, Sa 12 Uhr–open end) unten kann man Craft Beer verkosten.

Base Brisbane Uptown HOSTEL $
(Karte S. 308; ☑ 07-3238 5888; www.stayatbase.com; 466 George St; B/2BZ & DZ ab 21/145 AU$; ❋ @ 🛜; 🚇 Roma St) Das zweckmäßige Hostel in der Nähe der Roma St Station stellt seine Jugend mit modernem Dekor, anständiger Ausstattung und allgemeiner Sauberkeit zur Schau. Alle Zimmer in dem rollstuhlgerechten Haus haben eine Klimaanlage, ein Bad und individuelle Schließfächer. Die Bar unten ist ein Partyschuppen mit Sport auf großen TVs, DJs und Open-Mic-Talentshows.

Next HOTEL $$
(Karte S. 308; ☑ 07-3222 3222; www.snhotels.com/next/brisbane; 72 Queen St; Zi. ab 180 AU$; ❋ 🛜 ♨; 🚇 Central) Das Next befindet sich direkt über der Queen St Mall und ist eine stilvolle, erschwingliche Unterkunft in zentraler Lage. Die Zimmer sind nichts Besonderes, aber elegant und zeitgenössisch, mit hochmoderner Touchscreen-Technologie und anständigen Betten. Der kleine Pool im Freien liegt direkt neben einer lebhaften Bar, die sich wiederum neben einer praktischen Lounge (mit Massagestühlen und Duschen) befindet. Diese ist für Gäste gedacht, die

früh einchecken oder vor einem späten Abflug etwas relaxen wollen. Ein hauseigenes Fitnessstudio gibt's auch.

Ibis Styles HOTEL $$
(Karte S. 308; ☑ 07-3337 9000; www.ibisstyles brisbaneelizabeth.com.au; 40 Elizabeth St; DZ ab 140 AU$; ❋ @ 🛜; 🚇 Central) Das größte Ibis-Hotel der Welt ist eine schicke und moderne Budgetunterkunft. Die bunten Teppichböden und auffälligen geometrischen Formen geben in der Lobby verspielt den Ton an. Die standardmäßigen Zimmer sind etwas klein, aber gemütlich und frisch, mit fantastischen Matratzen, Smart-TVs und beeindruckender Aussicht auf den Fluss und South Bank. Außerdem gibt's ein kleines Fitnessstudio mit hervorragender Ausstattung und Waschmaschinen für Gäste.

Punthill Brisbane HOTEL $$
(Karte S. 308; ☑ 07-3055 5777, 1300 731 299; www.punthill.com.au/property/brisbane/punthill-brisbane; 40 Astor Tce, Spring Hill; 1-/2-Zi-Apt. ab 150/185 AU$; P ❋ 🛜 ♨; 🚇 Central) In der Lobby des Punthill stehen Retro-Fahrräder zum Ausleihen. Die zeitgenössischen Suiten sind in gedämpften Farbtönen gehalten und mit gemütlichen Doppelbetten, Küchenzeile oder kompletter Küche, Balkon und modernen Elementen wie Flachbild-TVs und iPod-Stationen ausgestattet. Hinzu kommen ein kleiner Pool, ein Fitnessstudio und Waschmaschinen für Gäste. Alles in allem eine gute Option zu fairem Preis in zentraler Lage. Parken 25 AU$.

New Inchcolm Hotel & Suites HISTORISCHES HOTEL $$$
(Karte S. 308; ☑ 07-3226 8888; www.inchcolm.com.au; 73 Wickham Tce; DZ ab 210 AU$; P ❋ 🛜; 🚇 Central) Das denkmalgeschützte Inchcolm wurde – inklusive des mit Eichenholz verkleideten alten Fahrstuhls – in den 1920er-Jahren als Apartmenthaus für Ärzte erbaut und ist wunderbar elegant und intim. Die Zimmer im neueren Flügel bieten mehr Platz und Licht, die im alten Trakt mehr Charakter. Alle sind aufmerksam eingerichtet, mit Kaffeemaschinen, Riedel-Stielgläsern und Minibar mit regionalen Leckereien. Ein hauseigenes Restaurant gibt's auch. Parken 40 AU$.

🛏 South Bank & West End

GoNow Family Backpacker HOSTEL $
(Karte S. 312; ☑ 0434 727 570, 07-3472 7570; www.gonowfamily.com.au; 147 Vulture St, West End; B 19–30 AU$, DZ 70 AU$; P ❋ 🛜; 🚌 198, 199)

Dies müssen die billigsten Betten in Brisbane sein. Das GoNow ist ein wirklich sauberes, respektvolles, sicheres Hostel – trotz der Megaschnäppchenpreise. Es ist aber kein Partyschuppen: Wer die Nacht feucht-fröhlich zum Tag machen will, ist woanders besser aufgehoben. Die oberen Zimmer haben höhere Decken.

Brisbane Backpackers   HOSTEL $

(Karte S. 312; ☏ 1800 626 452, 07-3844 9956; www.brisbanebackpackers.com.au; 110 Vulture St, West End; B 21–34 AU$, DZ/2BZ/3BZ ab 100/110/135 AU$; P✳@🛜✳; ☐ 198, 199) Wer feiern will, ist hier goldrichtig. Das riesige Hostel mit tollem Pool- und Barbereich bietet schlichte, aber im Allgemeinen ordentliche Zimmer. Es liegt nur einen Spaziergang von den beliebten Lokalen, Bars und der Live-musik im West End entfernt.

Rydges South Bank   HOTEL $$

(Karte S. 308; ☏ 07-3364 0800; www.rydges.com; 9 Glenelg St, South Brisbane; Zi. ab 180 AU$; ✳🛜✳; ☐ South Brisbane) Das tolle Hotel mit zwölf Etagen wurde kürzlich renoviert. Es liegt in Fußentfernung zu den South Bank Parklands und größeren Galerien. Die Standardzimmer in Silber-, Grau- und Violetttönen sind groß und einladend (die besten sind die auf der Stadtseite) und mit herrlich gemütlichen Betten, Smart-TVs, gratis WLAN, Klimaanlagen mit Bewegungsmeldern und kleinen, aber modernen Bädern ausgestattet.

🛏 Fortitude Valley & New Farm

Bunk Backpackers   HOSTEL $

(Karte S. 314; ☏ 07-3257 3644, 1800 682 865; www.bunkbrisbane.com.au; 11–21 Gipps St, Fortitude Valley; B ab 25 AU$, EZ 60 AU$, 2BZ/Apt. ab 85/190 AU$; P✳@🛜✳; ☐ Fortitude Valley) Die alte Kunsthochschule wurde vor über zehn Jahren als Hostel wiedergeboren – und seither nimmt die Party kein Ende. Das riesige Haus mit fünf Etagen und Dutzenden Zimmern (meist Acht-Bett-Schlafsäle) liegt nur einen Katzensprung vom Nachtleben in Valley entfernt. Es hat eine große Gemeinschaftsküche, einen Pool und Whirlpool und die hauseigene Bar **Birdees** (Karte S. 314; ☏ 07-3852 5000; www.katarzyna.com.au/venues/birdees; 608 Ann St; ⊙ Mo–Mi 15 Uhr–open end, Do–So 12 Uhr–open end). Auch ein paar tolle Fünf-Bett-Apartments sind im Angebot. Nichts für Gäste, die um 22 Uhr ins Bett gehen. Parken 12 AU$.

Bowen Terrace   PENSION $

(Karte S. 314; ☏ 07-3254 0458; www.bowenterrace.com.au; 365 Bowen Tce, New Farm; B ab 34 AU$, EZ/DZ ohne Bad ab 70/80 AU$, DZ/FZ mit Bad ab 95/145 AU$; P@🛜✳; ☐ 196, 195, 199) Das Bowen Terrace ist in einem restaurierten, 100 Jahre alten Queenslander-Gebäude untergebracht und bietet Quartiere zu moderaten Preisen in bester Lage. Die einfachen Zimmer haben TV, Minibar, hochwertige Bettwäsche und Ventilatoren (keine Klimaanlage). Es gibt eine Gemeinschaftsküche, Waschmaschinen und einen Pool. Die Wände sind recht hellhörig, aber das Preis-Leistungs-Verhältnis stimmt und das Haus bietet mehr Klasse als ein Durchschnittshostel.

Tryp   BOUTIQUE-HOTEL $$

(Karte S. 314; ☏ 07-3319 7888; www.trypbrisbane.com; 14-20 Constance St, Fortitude Valley; Zi. 160–340$; ✳🛜; ☐ Fortitude Valley) Street-Art-Fans werden dieses hippe Hotel mit 65 Zimmern lieben. Es verfügt über ein kleines Fitnessstudio, eine Dachbar und einen verglasten Aufzug mit Blick auf den von Graffitis bedeckten Schacht. Jede der vier Etagen zeigt Werke eines anderen Street-Art-Künstlers aus Brisbane. Die Standardzimmer sind klein, aber gemütlich und mit Kaffeemaschinen und herrlichen, watteweichen Betten ausgestattet.

Limes   BOUTIQUEHOTEL $$

(Karte S. 314; ☏ 07-3852 9000; www.limeshotel.com.au; 142 Constance St, Fortitude Valley; DZ ab 180 AU$; P✳🛜; ☐ Fortitude Valley) Auch wenn die Zimmer im trendigen Limes recht eng sind, nutzen sie den begrenzten Platz clever aus und bieten edle Bettwäsche, Küchenzeilen und einen Arbeitsbereich. Aufmerksame Extras wie Kaffeemaschinen, gratis WLAN und Ausweise fürs Fitnessstudio gibt's auch. Uns gefällt die Dachterrasse mit Whirlpool, Bar und Kino, nachts kann es hier aber sehr lärmig zugehen. Wer einen leichten Schlaf hat, sollte Ohrstöpsel mitbringen. Der Parkplatz in der Nähe kostet 20 AU$.

Spicers Balfour Hotel   BOUTIQUEHOTEL $$$

(Karte S. 314; ☏ 1300 163 054; www.spicersretreats.com/spicers-balfour-hotel; 37 Balfour St, New Farm; Zi. ab 280 AU$, Suite ab 430 AU$; P✳✳; ☐ 195, 196, 199) Das schicke Spicers nimmt zwei renovierte, denkmalgeschützte Gebäude in derselben Straße ein. Man schläft in einem alten Queenslander-Haus oder kann sich in einer der geräumigen, schicken Suiten in einer Villa aus den 1920er-Jahren gönnen, von denen vier eine frei stehende Badewanne bieten. Alle Zimmer und Suiten sind mit wundervollen Betten, Bose-Soundanlagen und gratis WLAN versehen. Außerdem gehört ein renommiertes Restaurant zum Hotel und das Frühstück ist inbegriffen.

🛏 Rund um Brisbane

Brisbane City YHA HOSTEL $
(Karte S. 312; ☐ 07-3236 1004; www.yha.com.au; 392 Upper Roma St; B ab 34 AU$, 2BZ & DZ mit/ohne Bad ab 125/107 AU$, FZ ab 145 AU$; P ❄ @ 🛜 ❄; ☐ 375, 380, ☐ Roma St) Dieses makellose und gut geführte Hostel mit Pool auf dem Dach und Sonnenterrasse mit grandiosem Blick auf den Fluss bietet Schlafsäle in angenehmer Größe mit maximal sechs Betten, die meisten mit Bad. Das Haus legt Wert auf Sicherheit, bietet eine tolle Küche (mit mehreren Kühlschränken) und Aktivitäten und veranstaltet neben Filmabenden auch wöchentliche Stadtrundgänge und Barbecues. Allerdings ist es ein YHA und kein Schuppen mit Dauerparty. Parken 12 AU$.

Brisbane City Backpackers HOSTEL $
(Karte S. 308; ☐ 07-3211 3221, 1800 062 572; www.citybackpackers.com; 380 Upper Roma St; B 19–33 AU$, DZ/3BZ ab 80/105 AU$; P ❄ @ 🛜 ❄; ☐ 375, 380, ☐ Roma St) Der hyperaktive, zweckmäßige Partyschuppen in der Hostelecke der Upper Roma St nutzt seinen begrenzten Außenbereich inklusive Aussichtsturm und Pool bestens aus. In der hauseigenen Bar ist jede Nacht was geboten: DJs, Poolpartys, Quiz Nights, Karaoke ... Das WLAN ist gratis, aber die billigeren Zimmer haben keine Klimaanlage. Für Feierwütige ein Volltreffer.

Newmarket Gardens Caravan Park CAMPINGPLATZ $
(Karte S. 304; ☐ 07-3356 1458; www.newmarketgardens.com.au; 199 Ashgrove Ave, Newmarket; Stellplatz mit/ohne Strom 43/41 AU$, Wohnmobil 57 AU$, Budget-Zi. 68 AU$, Hütte 135–160 AU$; P ❄ @ 🛜; ☐ 390, ☐ Newmarket) Dieser Campingplatz liegt nur 4 km nördlich der Stadt im Schatten zahlreicher Mangobäume. Er bietet fünf schlichte Budget-Zimmer (ohne Klimaanlage), fünf saubere Hütten (klimatisiert) und jede Menge Zelt- und Wohnmobilplätze. Für Kinder ist hier allerdings nicht viel geboten. Aus dem Zentrum von Brisbane fährt Bus 390 hierher, der rund 200 m östlich des Platzes hält (an Haltestelle 20 aussteigen).

Art Series – The Johnson HOTEL $$
(Karte S. 304; ☐ 07-3085 7200; www.artserieshotels.com.au/johnson; 477 Boundary St, Spring Hill; Zi. ab 165 AU$; P ❄ 🛜 ❄; ☐ 301, 321, 411) Das erste Art-Series-Hotel in Brisbane eröffnete 2016. Es ist dem abstrakten Künstler Michael Johnson gewidmet, der mit langen, breiten Pinselstrichen in der schicken Lobby die Aufmerksamkeit auf sich zieht. Eingerahmte Werke von Johnson zieren auch die eher minimalistischen, zeitgenössischen Zimmer, die mit himmlischen Matratzen von A. H. Beard, Designer-Lampen und gratis WLAN punkten. Außerdem gibt's ein Fitnessstudio und einen eleganten 50 m langen Pool auf dem Dach, der vom Olympiasieger Michael Kim entworfen wurde.

🍴 Essen

Brisbanes Gastroszene floriert – eine Tatsache, die auch den Restaurantkritikern und Gourmets des Landes nicht entgangen ist. Von „Mod Oz"-Degustationsmenüs bis hin zu Food Trucks – die Stadt bietet unglaublich kompetente, selbstbewusste kulinarische Highlights.

🍴 Brisbane Zentrum

Miel Container BURGER $
(Karte S. 308; ☐ 07-3229 4883; www.facebook.com/mielcontainer; Ecke Mary & Albert St; Burger ab 12 AU$; ⊙ Mo–Do & Sa 11–22, Fr bis 23 Uhr; ☐ Central) Der rote Schiffscontainer klemmt in einer Nische am Fuße von Brisbanes Wolkenkratzern. Die Macher bauen sensationelle Burger. Man kann sich Brötchen, Burger, Gemüse, Käse und Saucen zusammenstellen und sich dann einen freien Platz am Gehweg suchen. Wer sich nicht entscheiden kann, wählt am besten den Miel-Klassiker: ein Burger mit dem Fleisch von grasgefütterten Rindern, Zwiebel-Chutney, Speck und Buschtomaten. Saftig, fleischig, himmlisch.

Felix for Goodness CAFÉ $
(Karte S. 308; ☐ 07-3161 7966; www.felixforgoodness.com; 50 Burnett Lane; Hauptgerichte Mittagessen 12–22 AU$, Abendessen 23–24 AU$; ⊙ Mo & Di 7–14.30, Mi–Fr bis 21.30, Sa 8–14 Uhr; 🛜 🖋; ☐ Central) 🍃 Das Felix erinnert mit seiner Lage in einer kleinen Gasse, dem Industrie-Chic und dem unangestrengt lässigen Flair an Melbourne. Man kann einen Espresso schlürfen oder sich köstliche Brunch-Highlights schmecken lassen, z. B. Mohn-Dinkel-*pikelets* (Pfannkuchen) mit Vanillesahne, Saffran-Kardamon und pochierten Birnen oder Frittata mit Kürbis, Ricotta und karamellisierten Zwiebeln. Die knappe Abendkarte konzentriert sich auf Barhäppchen (die am besten zu einem

der kreativen Cocktails schmecken) und ein paar Hauptgerichte wie Pasta oder Risotto.

✗ Strauss CAFÉ $

(Karte S. 308; ☎ 07-3236 5232; www.straussfd. com; 189 Elizabeth St; Gerichte 6,50–13,50 AU$; ⊙ Mo–Fr 6.30–15 Uhr; 🛜; 🚇 Central) Das Strauss setzt seiner Business-Umgebung entspannte Coolness und nachbarschaftliches Flair entgegen. Hier gibt's Gebäck und eine kurze, kompetente Karte mit lokalen Produkten und kreativen Salaten, dicken Sandwiches (unser Tipp: Pastrami, Sauerkraut, Käse und Mixed Pickles) und aufgepeppten Klassikern wie Arme Ritter mit Lemon Curd und Labné. Kaffee ist hier eine ernste Angelegenheit: Es gibt Cold Brew und diverse Espresso- und Filter-Varianten.

Govinda's VEGETARISCH $

(Karte S. 308; ☎ 07-3210 0255; www.brisbanego vindas.com.au; 358 George St; Buffet 12,90 AU$; ⊙ Mo–Fr 7–20, Sa ab 11 Uhr; 🍴; 🚇 Roma St) Teller schnappen und auftürmen: In dem schlichten, von Hare Krishnas geführten Budgetlokal gibt's vegetarisches Curry, vegetarische Köfte, Salate, Pappadams, Chutneys und Grießpudding mit Obst. In **West End** (Karte S. 312; ☎ 0404 173 027; 82 Vulture St, West End; Buffet 12 AU$; ⊙ Mo–Fr 11–15 & 17–20, Sa 11–15 Uhr; 🚌 199) gibt's eine Filiale.

Greenglass FRANZÖSISCH $$

(Karte S. 308; www.facebook.com/greenglass336; 336 George St; Mittagessen 12–30 AU$, Hauptgerichte Abendessen 18–35 AU$; ⊙ Mo–Fr 7–21 Uhr; 🚇 Roma St) Das neue, gedämpfte Restaurant im Loft-Stil versteckt sich zwischen einer Drogerie und einem Stripclub und ist über eine Treppe erreichbar. Es serviert ungewöhnliches Frühstück, etwa *charcoal buns* („Kohlebrötchen") mit Spiegelei, Avocado und dünn geschnittenem Schweinebauch. Mittags gibt's französische Bistro-Klassiker und dazu eine inspirierte Weinkarte mit vorwiegend australischen Tropfen von kleinen Weingütern.

★ Urbane MODERN-AUSTRALISCH $$$

(Karte S. 308; ☎ 07-3229 2271; www.urbaneres taurant.com; 181 Mary St; 5-Gänge-Menü 110 AU$, 7-Gänge-Menü 145 AU$; ⊙ Di–Sa 18–22.30 Uhr; 🍴; 🚢 Eagle St Pier, 🚇 Central) Der argentinische Koch Alejandro Cancino leitet das intime Urbane, den Inbegriff der gehobenen Gastronomie in Brisbane. Wer es sich leisten kann, sollte das achtgängige Degustationsmenü bestellen, das Cancinos Talent am besten widerspiegelt. Aber auch alle anderen

Gerichte faszinieren und begeistern: vom Mais-„Schnee", für den Maismousse in flüssigen Stickstoff geträufelt wird, bis zu den eingelegten Zwiebelblättern mit Tapioka-Perlen und Macadamias. Die Weinauswahl ist ebenfalls grandios.

Cha Cha Char STEAK $$$

(Karte S. 308; ☎ 07-3211 9944; www.chachachar. com.au; 5/1 Eagle St Pier; Hauptgerichte 35–90 AU$; ⊙ Mo–Fr 12–23, Sa & So 18–23 Uhr; 🚢 Eagle St Pier, 🚇 Central) Anspruchsvolle Karnivoren sabbern schon, wenn man nur von diesem Steakhouse mit weißen Tischdecken spricht. Es ist für sein holzgegrilltes australisches Rindfleisch bekannt, aber neben Rip-, Rump- und T-bone-Steaks bereitet die Küche auch erstklassigen Fisch und Meeresfrüchte sowie Wildbraten zu. Wie wäre es z. B. mit über Myrtenheide geräucherter Entenbrust mit gebratenen Pilzen, *pomme fondant*, gegrillten Baby-Zucchini und Granatapfel-Jus? Das Restaurant befindet sich am Eagle St Pier; vom Speisesaal bietet sich durch die bis zum Boden reichenden Fenster ein toller Blick auf den Fluss.

✗ South Bank & West End

Plenty West End CAFÉ $

(Karte S. 312; ☎ 07-3255 3330; www.facebook. com/plentywestend; 284 Montague Rd, West End; Gerichte 5,50–23,50 AU$; ⊙ 6.30–15, Küche schließt um 14.25 Uhr; 🛜🍴; 🚌 60, 192, 198) Ganz im Westen von West End serviert dieses Café mit rustikalem Industriecharme, untergebracht in einer ehemaligen Druckerei, Gerichte mit farmfrischen Zutaten. An der Theke kann man aus köstlichen Paninis und Kuchen wählen und auf der Schiefertafel stehen Leckereien wie karamellisierter Rosenkohl mit Kürbispüree, Feta, Rosinen und Kürbiskernen. Zu trinken gibt's frische Säfte, Kombucha vom Fass und fantastischen Bio-Kaffee. Anschließend kann man sich im angeschlossenen Laden noch scharfe Ananassauce mitnehmen.

Morning After CAFÉ $

(Karte S. 312; ☎ 07-3844 0500; www.morningaf ter.com.au; Ecke Vulture & Cambridge St, West End; Frühstück 9–19 AU$, Hauptgerichte mittags 15–21 AU$; ⊙ 7–16 Uhr; 🛜🍴; 🚌 199) Das innovative Café in West End ist mit trendigen hellen Holzmöbeln, glänzenden U-Bahn-Fliesen und auffälligen grünen Akzenten eingerichtet und knackiger als jeder Apfel. Man kann sich unter die lässig-coolen Gäste mischen und originelle, aufgepeppte Café-Klassiker kosten, z. B. Zucchini-Bratlinge mit Spiegelei, Karotten-Ingwer-Püree und vietnamesischem Salat oder Bucatini mit Grünkohl-Pesto, Spinat-Püree und Pistazien. Leider ist der Kaffee nicht ganz so überzeugend.

Kiss the Berry
HEALTH FOOD $

(Karte S. 308; ☑ 07-3846 6128; www.kisstheberry.com; 65/114 Grey St, South Bank; Bowl-Gerichte 10,50–16 AU$; ☺ 7–17 Uhr; ☕; ☷ South Bank Terminals 1 & 2, ☷ South Brisbane) Diese jugendlich-fröhliche Açaí-Bar mit Blick auf die South Bank Parklands serviert frische, köstliche Bowl-Gerichte mit Bio-Superfood in verschiedenen Kombinationen. Unser Favorit ist die leider leckere Bombe namens Snickers Delight (mit Banane, Erdbeeren, Kakaopulver, Erdnussbutter, Kokoswasser, Mandelmilch, Granola, Kakaostückchen und Kokosjoghurt und -flocken). Wer die Açaí-Beeren mal in flüssiger Form kosten möchte, bestellt einen der Smoothies – eine echte Mahlzeit im Glas.

★ Gauge
MODERN-AUSTRALISCH $$

(Karte S. 308; ☑ 07-3852 6734; www.gaugebrisbane.com.au; 77 Grey St, South Brisbane; Frühstück 12–19 AU$, Hauptgerichte 26–33 AU$; ☺ Mo–Mi 7–15, Do & Fr 7–15 & 17.30–21, Sa 8–15 & 17.30–21, So 8–15 Uhr; ☷ South Bank Terminals 1 & 2, ☷ South Brisbane) Das ganztägig geöffnete Café Gauge ist momentan total angesagt. In authentisch-karger Umgebung, die durch schwarze Aluminiumlampen, einheimische Flora und eine grandiose Weinliste bereichert wird, serviert es perfekte, zeitgenössische Gerichte, die vor australischem Selbstbewusstsein strotzen. Die Spezialitäten sind ein provokativer „Blut-Taco" mit gebratenem Knochenmark, Pilzen und einheimischem Thymian und eine brillante Bananenbrotvariante: Knoblauchbrot mit „verbrannter" Vanille und brauner Butter.

Julius
ITALIENISCH $$

(Karte S. 308; ☑ 07-3844 2655; www.juliuspizzeria.com.au; 77 Grey St, South Brisbane; Pizza 21–24,50 AU$; ☺ So, Di & Mi 12–21.30, Do bis 22, Fr & Sa bis 22.30 Uhr; ☷ South Bank Terminals 1 & 2, ☷ South Brisbane) Dieses elegante italienische Lokal erstrahlt in poliertem Beton und dem orangefarbenen Glanz von Aperol. Es serviert sensationelle Pizzas, und zwar sowohl *pizze rosse* (mit Tomatensauce) als auch *pizze bianche* (ohne). Diese gibt es auch in bestechender Schlichtheit, z. B. als Marinara auf echt neapolitanische Art (nein, da sind keine Meeresfrüchte drauf). Die Pasta-Gerichte sind auch sehr gut. Zum perfekten Ausklang empfehlen wir *fritelle di ricotta* (gebratene, mit Vanillesauce gefüllte Ricotta-Klöße).

GOMA Cafe Bistro
CAFÉ $$

(Karte S. 308; ☑ 07-3842 9906; www.qagoma.qld.gov.au; Gallery of Modern Art, Stanley Pl, South Bank; Mittagessen 15–34 AU$; ☺ Mo–Fr 10–15, Sa & So ab 8.30 Uhr; ☷ South Bank Terminals 1 & 2, ☷ South Brisbane) Das lässige GOMA Cafe Bistro hat Tische drinnen und draußen und serviert erstklassige Burger, Salate und moderne Bistro-Gerichte. Am Wochenende gibt's Frühstück und Mittagessen.

Billykart West End
MODERN-AUSTRALISCH $$

(Karte S. 312; ☑ 07-3177 9477; www.billykart.com.au; 2 Edmondstone St, West End; Frühstück 6–23,50 AU$, Hauptgerichte Abendessen 26–36 AU$; ☺ Restaurant Mo & So 7–14.30, Di–Sa 7–21.30 Uhr, Laden Mo 11–17, Di–Fr 11–21, Sa 9–21, So 9–17 Uhr; ☷ 192, 196, 198, 199) Der in Brisbane lebende Starkoch Ben O'Donoghue leitet die „Seifenkiste", ein schickes, aber lässiges Lokal, in dem Seifenkisten-Blaupausen und falsches Queenslander-Furnier Kindheitserinnerungen wachrufen. Die Gerichte sind wunderbar zubereitet und verfeinert, von den kultverdächtigen australisch-asiatischen Eiern (Riesengarnelen, Speck, frittiertes Ei, Austernsauce, Chili und Shiso-Kresse) bis zu den grandiosen Spaghettini mit Krebsfleisch zum Mittag- und Abendessen. Das Frühstück am Wochenende ist besonders beliebt; am besten spätestens um 9 Uhr da sein!

Sea Fuel
FISH & CHIPS $$

(Karte S. 312; ☑ 07-3844 9473; www.facebook.com/seafuel; 57 Vulture St, West End; Gerichte 14–26 AU$; ☺ 11.30–20.30 Uhr; ☕; ☷ 199) Das Einzige, was dem Sea Fuel fehlt, ist ein Strand. Es gehört zu den besten Fish-&-Chips-Läden in Brisbane. Das glänzende, moderne Lokal mit verwitterten Holztischplatten und großen Fotos mit Küstenmotiven serviert frischen, in Australien und Neuseeland nachhaltig gefangenen Fisch, die goldbraunen Chips sind perfekt knusprig und mit Gewürzsalz verfeinert. Alternativ kann man frische Austern, thailändische Fischfrikadellen oder knackige Salate bestellen.

Chop Chop Chang's
ASIATISCH $$

(Karte S. 312; ☑ 07-3846 7746; www.chopchopchangs.com.au; 185 Boundary St, West End; Hauptgerichte 18–32 AU$, banquet menu 38–55 AU$; ☺ 11.30–15 & 17.30–21.30 Uhr; ☷ 199) „Glück verringert sich nie, wenn es geteilt wird",

BRISBANE & UMGEBUNG BRISBANE

FOOD TRUCKS & NACHTMÄRKTE

Wer Food Trucks und Street Food liebt, zieht am besten direkt nach Brisbane. Immer mehr „Essen auf Rädern" rollt durch die Straßen der Stadt. Die Qualität von Tacos, Spareribs, Chicken Wings und Burgern, Holzofenpizzas, brasilianischen Hotdogs und malaysischen Saté-Spießen ist hervorragend. Eine Liste aller Food Trucks (und ihrer Speisekarten) findet man unter www.bnefoodtrucks.com.au. Die Website verfügt außerdem über eine praktische interaktive Karte, die den aktuellen Standorte der Trucks anzeigt.

Von Dienstag bis Samstag stellt die Fish Lane (gegenüber dem Queensland Museum & Sciencentre in der Queen St) die Kulisse für **Eating at Wandering Cooks** (www.facebook.com/wanderingcooks), eine wechselnde Mischung aus hervorragenden Food Trucks und Essensständen, die zum Mittag- und Abendessen geöffnet sind.

Weiter östlich, dem Brisbane River folgend, locken im Vorort Hamilton die äußerst beliebten Eat Street Markets (S. 328). Brisbanes Hipster-Version eines Nachtmarkts ist unkompliziert mit der CityCat-Fähre zu erreichen (an der Bretts Wharf aussteigen) und bietet ein wahres Labyrinth aus aufgemotzten Schiffscontainern, die einfach alles servieren, von frisch gefangenen Austern bis zu rauchigem amerikanischem Barbecue und türkischen *gözleme*. Als Beilage gibt's Livemusik von Rockbands.

wusste schon Buddha. Die hungrige Meute im Chop Chop Chang scheint ihm zuzustimmen: Hier gehen ununterbrochen Schüsseln mit aromatischem asiatischem Street Food über die Theke, etwa karamellisiertes Schweinefleisch mit Tamarinde, Sternanis und Zimtkassie, *larb* nach Isaan-Art (Schweinehackfleisch mit Pak Chi Farang, scharfer Minze und trockenen Chilis) oder erfrischender Wassermelonen- und Pomelo-Salat. Freitag- und samstagabends länger geöffnet.

★ Stokehouse Q   MODERN-AUSTRALISCH $$$

(Karte S. 308; ☑ 07-3020 0600; www.stokehouse. com.au; River Quay, Sidon St, South Bank; Hauptgerichte 36–42 AU$; ⊗ Mo–Do 12 Uhr–open end, Fr–So 11 Uhr–open end; ⛴ South Bank Terminal 3, ⓡ South Bank) Das stilvolle Steakhouse garantiert ein brutzelndes Hochgefühl dank seiner selbstbewussten Karte mit lokalen Zutaten und dem schlichtweg grandiosen Blick auf den Fluss und die Stadt. An weiß gedeckten Tischen stoßen die Brisbaner auf raffinierte Kreationen wie Hühnerleber und Madeira-Brûlée mit Früchtetoast, Birnen und Chutney aus einheimischen Cranberrys an. Nebenan bietet die Stoke Bar einen ähnlichen Ausblick und zwanglosere (aber teure) Drinks.

✕ Fortitude Valley

★ King Arthur Cafe   MODERN-AUSTRALISCH $

(Karte S. 314; ☑ 07-3358 1670; www.kingarthur cafe.com; 164c Arthur St, Fortitude Valley; Gerichte 11,50–21 AU$; ⊗ Di–Fr 7–15, Sa–Mo bis 14 Uhr; ☎; ▣ 470, ⓡ Fortitude Valley) Im King Arthur

gleich abseits der James St sieht man immer attraktive Kreative, die köstlichen, auch in großen Mengen aufgebrühten Kaffee schlürfen, an frisch gebackenem Gebäck knabbern und sich verfeinerte Café-Klassiker schmecken lassen wie Rühreier mit Grünkohl, Brokkoli, fermentierten Chilis und Ziegenquark oder warmen geräucherten Fisch mit Meerrettichsahne, Kartoffelpuffern und eingelegtem Gemüse der Saison. Das Beste: Alles wird aus lokalen Zutaten und ethisch produziertem Fleisch zubereitet.

Nodo Donuts   CAFÉ $

(Karte S. 314; ☑ 07-3852 2230; www.nodo.com. au; 1 Ella St, Newstead; Gerichte 7,50–16 AU$; ⊗ Di–Fr 7–15, Sa & So ab 8 Uhr; ☎; ▣ 300, 302, 305, 306, 322, 470) Das lichtdurchflutete, hippe Nodo serviert Brisbanes edelste Donuts (um 14 Uhr sind sie meistens ausverkauft). Es gibt sie in Varianten wie Blaubeere und Zitrone oder Valrhona-Schokolade mit Rote Beete. Sie werden gebacken (nicht frittiert), sind glutenfrei und es gibt sogar eine rohe Variante, die neun Stunden lang dehydriert wird. Der Rest der Café-Karte konzentriert sich auf natürliche, unbehandelte Zutaten, von der „grünen Frühstücksschüssel" bis zum süchtig machenden Mandelmilchshake „Magic Mushroom". Der Kaffee ist auch lecker.

Ben's Burgers   BURGER $

(Karte S. 314; ☑ 07-3195 3094; www.bensburgers.com.au; Winn Lane, 5 Winn St; Burger 11 AU$; ⊗ 7 Uhr–open end; ⓡ Fortitude Valley) Das Ben's, ein kleines, immer volles Lokal in der coolsten Gasse im Valley, besticht durch seine hervorragenden Zutaten. Man kann direkt nach dem Aufstehen hierher rollen und zum Frühstück Elvis (Speck, Erdnussbutter, Bananen, Ahornsirup) bestellen. Mittags und abends stehen dann drei Burger zur Wahl, darunter auch ein vegetarischer. Als Beilage gibt's die üblichen Verdächtigen – Fritten oder Chili-Käse-Pommes – und als perfekten Nachtisch Brownies oder Pekannusskuchen.

Thai Wi-Rat
THAILÄNDISCH, LAOTISCH **$**

(Karte S. 314; ☑ 07-3257 0884; 270-292 Brunswick St, Fortitude Valley; Gerichte 12–19 AU$; ⊙ Mo–Do 11–15 & 17–21.30, Fr–So bis 22 Uhr; ⊠ Fortitude Valley) Unter den wachsamen Blicken der thailändischen Königsfamilie sitzen Einheimische in diesem schlichten Lokal in Chinatown an leicht zu reinigenden Tischen und lassen sich chililastige thailändische und laotische Gerichte schmecken. Den Mittagstisch kann man getrost ignorieren und stattdessen ein Hauptgericht wie knusprig-scharfes *som tum* (Salat mit grüner Papaya) oder klassisches *larb* (würziger Hackfleisch-Salat) bestellen. Die Weine sind nicht unbedingt die erste Wahl, man kann sich aber auch selbst eine Flasche mitbringen. Alles auch zum Mitnehmen.

James Street Market
MARKT **$**

(Karte S. 314; www.jamesst.com.au/james-st-market; 22 James St, Fortitude Valley; 8-teiliges Sashimi 17 AU$, warme Gerichte 10–28 AU$; ⊙ Mo–Fr 8.30–19, Sa & So 8–18 Uhr; ⊠ 470, ⊠ Fortitude Valley) Lokale Gourmets wissen diesen kleinen, zeitgemäßen, üppig sortierten Markt zu schätzen und füllen hier ihre Kühlschränke und Vorratskammern mit Oliven mit Pestofüllung, Stinkekäse, Dips und frisch gebackenem Brot auf oder genießen handgemachtes italienisches Eis. Wer dabei Hunger bekommt: Am Stand mit den Fischen und Meeresfrüchten gibt's Sushi, Sashimi und wärmende Gerichte wie japanische Nudelsuppe mit Moreton-Bay-Hummer

★Longtime
THAILÄNDISCH **$$**

(Karte S. 314; ☑ 07-3160 3123; www.longtime.com.au; 610 Ann St; Hautgerichte 15–45 AU$; ⊙ Di–Do & So 17.30–22, Fr & Sa bis 22.30 Uhr; ☎; ⊠ Fortitude Valley) Nicht blinzeln, sonst verpasst man die Gasse, die zu diesem dunklen, angesagten Trendlokal führt. Die Gerichte sind zum Teilen gedacht, thailändisch inspiriert und treffen voll ins Schwarze, etwa das *bao* (Dampfbrötchen) mit Butterkrebs und asiatischem Krautsalat – unserer Meinung nach ein Muss. Reservierungen werden nur für 17.30, 18 und 18.30 Uhr akzeptiert, da-

nach gilt: Wer zuerst kommt, mahlt zuerst (dienstags und sonntags bekommt man noch am leichtesten einen Tisch).

Les Bubbles
STEAK **$$**

(Karte S. 314; ☑ 07-3251 6500; www.lesbubbles.com.au; 144 Wickham St, Fortitude Valley; Steak mit Pommes Frites 30 AU$; ⊙ So–Do 12–23, Fr & Sa bis 24 Uhr; ⊠ Fortitude Valley) Vom roten Neon-Versprechen – „Hier wird seit 1982 Qualitätsfleisch serviert" – bis zu den Fotos von Gaunern und Polizisten: Das coole Steakhouse genießt seine Vergangenheit als Bordell. Heute steht auf der Karte nur noch super „Steak Frites", das mit unbegrenzten Mengen Fritten und Salat serviert wird. Man muss nur noch die Sauce (unbedingt die mit grünem Pfeffer und Kognak kosten!) und das Lieblingsgetränk aussuchen.

Tinderbox
ITALIENISCH **$$**

(Karte S. 314; ☑ 07-3852 3744; www.thetinderbox.com.au; 7/31 James St, Fortitude Valley; Pizza 20–24 AU$, Hauptgerichte 28 AU$; ⊙ Di–So 17 Uhr–open end; ⊠ 470, ⊠ Fortitude Valley) Dieses moderne, mit Mosaik verzierte Bistro ist bei seinen Nachbarn in der James St sehr beliebt. Es liegt in einer grünen Gasse neben den Palace-Centro-Kinos. Die italienischen Gerichte eignen sich prima zum Teilen, von würzigen Arancini mit *'nduja* (streichbare Schweine-Salami) oder sautiertem Tintenfisch mit Chili und Rucola bis hin zu perfekt gebackener Holzofenpizza; großartig ist z. B. die *funghi* mit Steinpilzen, Mozzarella und gebratenen Zwiebeln. Dazu passt perfekt einer der innovativen Cocktails.

★E'cco
MODERN-AUSTRALISCH **$$$**

(Karte S. 308; ☑ 07-3831 8344; www.eccobistro.com.au; 100 Boundary St; Hauptgerichte 36–42 AU$, 5-gängiges Degustationsmenü 89 AU$; ⊙ Di–Fr 12–14.30, Di–Sa 18 Uhr–open end; ☎; ⊠ 174, 230, 300) Auch nach Jahren bleibt das E'cco eins der gastronomischen Highlights in Queensland. Das schicke, aber freundliche Personal serviert wunderbar ausgewogene und optisch mehr als ansprechende Gerichte, z. B. gepökelte Meerforelle mit Austernemulsion oder perfektes Spanferkel, das grandios mit geräuchertem Möhrenpüree, Kimchi und scharfer *'nduja* (streichbarer Schweine-salami) harmonieren. Die Küche bietet auch eine weniger umfangreiche vegetarische Karte (Hauptgerichte 30–38 AU$) sowie sehr empfehlenswerte und preislich attraktive Degustationsmenüs für eine kulinarische Rundumerfahrung.

✖ New Farm

New Farm Confectionery SÜSSES $

(Karte S. 314; ☎ 07-3139 0964; www.newfarmcon
fectionery.com.au; 14 Barker St, New Farm; Süßig-
keiten ab 3 AU$; ☺ Mi & Do 10–18, Fr & Sa bis 21.30
Uhr; 🚌 195, 196, 199) Für einen lokal produzierten Zuckerschub kann man sich mit den
anderen Kunden in diesen winzigen Laden
an der Ostseite der New Farm Six Cinemas
drängeln. Von den mit gehackten Macadamias und Schokolade überzogenen Vanille-
Marshmallows bis zur weißen Schokoladen-
tafeln mit Heidelbeeren – alles ist mit
natürlichen, hochwertigen Zutaten hergestellt. Nostalgiker sollten sich das Brause-
pulver aus echten Früchten nicht entgehen
lassen, das mit einem Lolli zum genüssli-
chen Eintauchen verkauft wird.

Sourced Grocer MODERN-AUSTRALISCH $

(Karte S. 304; ☎ 07-3852 6734; www.sourcedgro
cer.com.au; 11 Florence St, Teneriffe; Gerichte
7–23 AU$; ☺ Mo–Sa 7–15, So 8–15 Uhr, Laden Mo–
Do 7–20, Fr bis 19, Sa bis 17, So bis 16 Uhr; 🚌 199,
393, 🚢 Teneriffe) Im Sourced Grocer kann
man seine Avocado auf Sauerteigbrot – natürlich mit geräuchertem Labna-Joghurt –
genießen und „Bee One Third"-Honig kaufen. Das betont coole Lagerhaus wurde in
ein Café mit Laden verwandelt und mit ge-
polsterten Milchkisten, einem vertikalen
Garten und einheimischer Flora in recycel-
ten Dosen eingerichtet. Die offene Küche
zaubert grandiose saisonale Gerichte aus lokalen Zutaten, etwa die hervorragenden
Kohl-Pfannkuchen mit knackigen Rosen-
kohlblättern, weich gekochtem Ei und grob
geriebenem Ziegenmilchkäse.

Little Loco CAFÉ $

(Karte S. 314; ☎ 07-3358 5706; www.facebook.
com/littlelococafe; 121 Merthyr Rd, New Farm; Frühstück 8–17 AU$; Mittagessen 14,50–17 AU$; ☺ Mo–
Fr 6–15, Sa & So 6.30–14.30 Uhr; ☑; 🚌 196, 199,
195) Dieses kleine Lokal in New Farm er-
strahlt ganz in Weiß mit grünen Pflanzenak-
zenten. Auf den Tisch kommen gesunde Gerichte wie die Green Bowl, eine köstlichen
Kombi aus Grünkohl, Spinat, Brokkolini,
Feta, Granatapfelsamen, Avocado und Dukkah (orientalische Nuss-Gewürz-Mischung).
Vegetarische und Paleo-Optionen gibt's
reichlich, ebenso laktose- und glutenfreie
Alternativen. Die gesundheitsbewusste Karte ist keine Überraschung: Der Besitzer ist
der ehemalige Fußballer und Brisbane-Spie-
ler Daniel Bowles.

Double Shot CAFÉ $

(Karte S. 304; ☎ 07-3358 6556; www.facebook.
com/doubleshotnewfarm; 125 Oxlade Dr, New Farm;
Hauptgerichte 11,50–19,50 AU$; ☺ Mi, Do & Sa
7–15, Fr bis 21, So 8–15 Uhr; 🚌 196, 🚢 Sydney St)
Mit der hübschen Holzveranda, der gepflegten Hecke und den fröhlichen Möbeln ist
das Double Shot bei Mamas zum Brunch, für
ein Päuschen beim Hundespaziergang und
bei schicken Maklern im Anzug beliebt. Man
kann sich unter die New Farmer mischen
und guten Kaffee, Kokosbrot mit gerührtem
Ricotta, spanische Sardinen auf Sauerteigbrot oder einen erfrischenden Salat mit grü-
ner Papaya, Kokosnuss und Hühnchen genießen. Freitags werden ab 15 Uhr Tapas
serviert.

Chouquette BÄCKEREI $

(Karte S. 314; ☎ 07-3358 6336; www.chouquette.
com.au; 19 Barker St, New Farm; Backwaren 2,50–
11 AU$; ☺ Mi–Sa 6.30–16, So bis 12.30 Uhr; ☑;
🚌 195, 196, 199) Das beste Gebäck außerhalb
Frankreichs? Das kann man entscheiden,
während man nussigen Kaffee und eine Tüte
mit den namensgebenden *chouquettes* (kleine Brandteigteilchen mit Kristallzucker) genießt. Die glänzende *tarte au citron* (Zitro-
nen-Tarte) und die belegten Baguettes sind
aber auch lecker. Das charmante, Französisch sprechende Personal ist das Sahnehäubchen auf der Torte.

Balfour Kitchen MODERN-AUSTRALISCH $$

(Karte S. 314; ☎ 1300 597 540; www.spicersretre
ats.com/spicers-balfour-hotel/dining; Spicers Balfour Hotel, 37 Balfour St, New Farm; Frühstück 14–
25 AU$, Hauptgerichte abends 32–38 AU$; ☺ Mo–Fr
6.30–11, 12–14.30 & 17.30–20.30, Sa & So ab 7.30 Uhr;
🚌 195, 196, 199) Soll man sich in den Gastraum,
auf die Veranda oder zwischen die Frangipani
auf den Hof setzen? Dieses schicke Café-Res-
taurant schafft das perfekte Queensland-Am-
biente. Egal, wo man einen der mit Leinen
gedeckten Tische ergattert, die nuancierten,
stilvollen Gerichte schmecken einfach köstlich, von den Armen Brioche-Rittern mit Ha-
selnuss-Schoko-Glasur und Sauerkirschen
am Morgen bis zum heiß geräucherten Barramundi mit geschwärztem Blumenkohl und
Pil-Pil-Sauce am Abend. Sonntags gibt's zum
Mittagessen Livemusik.

Himalayan Cafe NEPALESISCH $$

(Karte S. 314; ☎ 07-3358 4015; 640 Brunswick St,
New Farm; Hauptgerichte 16–27 AU$; ☺ Di–Do & So
17.30–21.30, Fr & Sa bis 22.30 Uhr; ☑; 🚌 195, 196,
199) Dieses freigeistige Restaurant mit Ge-
betsfahnen versprüht positives Karma. Die

Gäste genießen authentische tibetische und nepalesische Gerichte, etwa zartes *fhaiya deakau* (Lamm mit Gemüse, Kokosmilch, saurer Sahne und Gewürzen). Man kann auch mal das Haus-Mantra nachsprechen: „Mögen positive Mächte mit jedem existierenden Lebewesen sein."

Watt
MODERN-AUSTRALISCH $$
(Karte S. 304; ☑ 07-3358 5464; www.wattbrisbane.com.au; Brisbane Powerhouse, 119 Lamington St, New Farm; Bar-Essen 10–29 AU$, Restaurant 25–34 AU$; ⊘ Mo 10.30–18, Di–Fr bis 22, Sa & So 8–22 Uhr; ⌷ 195, 196, ⛴ New Farm Park) Das Watt befindet sich im Brisbane Powerhouse am Flussufer. Der luftig-moderne Laden eignet sich prima für ausgedehnte, faule Wein-Sessions oder zum Leutegucken. In der Bar kann man Kleinigkeiten wie kubanische Fisch-Tacos und Manchego-Kroketten bestellen. Oder man reserviert einen Tisch im Restaurant und lässt sich farmfrische Gerichte wie Pappardelle mit Bendigo-Wildkaninchen, Räucherspeck, Haselnüssen, Brunnenkresse-Pesto und Parmesan schmecken.

Bar Alto
ITALIENISCH $$$
(Karte S. 304; ☑ 07-3358 1063; www.baralto.com.au; Brisbane Powerhouse, 119 Lamington St, New Farm; Hauptgerichte 27–33 AU$; ⊘ Restaurant Di-Do & So 11.30–21, Fr & Sa bis 22 Uhr, Bar Di–So 9.30 Uhr–open end; ⌷ 195, 196, ⛴ New Farm Park) Im künstlerischen Brisbane Powerhouse zieht dieses Bar-Restaurant im oberen Stock mit seinem riesigem Balkon und grandiosem Blick auf den Fluss Kulturbeflissene und andere Bonvivants an. Lokale Zutaten vereinen sich zu italienisch inspirierten Gerichten wie Spannerkrabben-Gnocchi, während die solide Weinkarte echt italienische Tropfen bietet. Freitag- und samstagsabends reservieren (im Sommer ist das Mittagessen am Sonntag oft wochenlang im Voraus ausgebucht).

✕ Kangaroo Point & Woolloongabba

Cliffs Cafe
CAFÉ $
(Karte S. 308; ☑ 07-3391 7771; www.cliffscafe.com.au; 29 River Tce, Kangaroo Point; Gerichte 6,50–19,50 AU$; ⊘ 7–17 Uhr; ⌷ 234) Das luftige Cliffs blickt direkt auf den Fluss, die Skyline und die City Botanic Gardens und bietet vielleicht die beste Aussicht in ganz Brisbane. In einem lässigen offenen Pavillon werden großzügiges Frühstück, Paninis, Burger, Fish & Chips, Salate und süße Leckereien serviert. Das Essen reißt einen zwar nicht

unbedingt vom Hocker, das Postkartenpanorama aber schon. Einfach mit einem Kaffee oder Bier zurücklehnen und genießen.

Pearl Cafe
CAFÉ $$
(Karte S. 304; ☑ 07-3392 3300; www.facebook.com/pearl.cafe.brisbane; 28 Logan Rd, Woolloongabba; Hauptgerichte 16–34 AU$; ⊘ Mi–Sa 7–22, Di & So bis 15 Uhr; ⌷ 125, 175, 204, 234) Das Pearl versprüht mit europäisch angehauchtem Flair den Charme von Melbourne und Paris und serviert am Wochenende den vielleicht populärsten Brunch in ganz Brisbane. In der Theke locken frisch gebackene Kuchen, auf dem Regal steht eine stilvolle Auswahl an Spirituosen und die Cafékarte überzeugt ebenfalls. Vom eher unspektakulären Avocado-Toast sollte man absehen und lieber kreativere Optionen wie das zum Mittagessen beliebte Schweine-Cotoletta bestellen. Die Sandwiches sind dick und großzügig gefüllt.

★ 1889 Enoteca
ITALIENISCH $$$
(Karte S. 304; ☑ 07-3392 4315; www.1889enoteca.com.au; 10-12 Logan Rd, Woolloongabba; Pasta 21–42 AU$, Hauptgerichte 32–49 AU$; ⊘ Di–Fr 12-14.30 & 18–22, Sa 18–22, So 12–14.30 Uhr; ⌷ 125, 175, 204, 234) Zu Recht lieben italienische Puristen dieses ebenso stimmungs- wie stilvolle Bistro mit Weinladen. Die Pasta wird *nicht* mit einem Löffel serviert (es sei denn auf Wunsch) und die Karte mit römischem Schwerpunkt bietet verführerische Gerichte wie *carciofi alla Giuda* (gebratene Artischocke mit Petersilie und Zitronen-Mascarpone auf jüdisch-römische Art) oder auf der Zunge zergehende Gnocchi mit Schweinefleisch und Fenchelsauce, Parmesan-Creme und Tapenade aus schwarzen Trüffeln. Zu den hervorragenden Weinen gehören auch gefeierte edle Tropfen kleinerer italienischer Produzenten.

✕ Rund um Brisbane

★ Shouk Cafe
NAHOST $$
(Karte S. 304; ☑ 07-3172 1655; www.shoukcafe.com.au; 14 Collingwood St, Paddington; Gerichte 15,50–22 AU$; ⊘ 7.30–14.30 Uhr; 🕿 ✍; ⌷ 375) Das Shouk überzeugt in vielerlei Hinsicht: mit freundlichem Personal, entspannter Atmosphäre, grüner Aussicht aus dem Hinterzimmer und – am allerwichtigsten – großzügigen Portionen frischer, herrlicher Gerichte aus Nahost. Die Sardinen auf Roggentoast mit gerösteten Paprika, gehackten Oliven, in Orange eingelegtem Fenchel und *labna* sind ebenso köstlich wie das wunderbare *kusheri* (brauner Gewürzreis mit Linsen, Kiche-

rerbsen und karamellisierten Zwiebeln auf Rote-Beete-Tahini-Püree).

Eat Street Markets
STREET FOOD $

(☑ 07-3358 2500; www.eatstreetmarkets.com; 99 MacArthur Ave, Hamilton; Eintritt Erw./Kind 2,50 AU$/frei, Gerichte ab 10 AU$; ⊗ Fr & Sa 16–22 Uhr; ☐ Bretts Wharf) Die frühere Containerwerft ist heute Brisbanes äußerst beliebte Version eines Nachtmarkts. In diesem Labyrinth aus in Küchen verwandelten Schiffscontainern wird alles serviert, von frisch gefangenen Austern bis zu rauchigem amerikanischem Barbecue und türkischen Gözleme. Außerdem gibt's Craft Beer, festliche Beleuchtung und Livemusik – besser kann man einen Abend in Brisbane kaum verbringen. Man erreicht den Markt mit der CityCat-Fähre zur Bretts Wharf.

Scout
CAFÉ $

(Karte S. 312; ☑ 07-3367 2171; www.scoutcafe.com.au; 190 Petrie Tce, Petrie Terrace; Hauptgerichte 14–18 AU$; ⊗ 7–15 Uhr; ☐ 375, 380) Der alte Laden stand 17 Jahre lang leer, bevor das Scout auftauchte und anfing, Bagels zu verkaufen. Die Atmosphäre ist entspannt, freundlich und kreativ, auf der kurzen und übersichtlichen Karte stehen gesunde Salate und Bagels mit Rosmarin-Bratkartoffeln, Gorgonzola, Mozzarella und Chili-Marmelade.

Kettle & Tin
CAFÉ $$

(Karte S. 312; ☑ 07-3369 3778; www.kettleandtin.com.au; 215 Given Tce, Paddington; Hauptgerichte 14–32 AU$; ⊗ Mo & So 7–16, Di–Do bis 21, Fr & Sa bis 22 Uhr; ☐ 375) Hinter einen Gartenzaun serviert das bezaubernde Kettle & Tin solides, leckeres Café-Essen. Highlight ist das Frühstück mit dickem Kassler-Speck mit sautiertem Grünkohl, weißen Bohnen, Selleriepüree und Bratapfel, während sich Paddos Damen zum Mittagessen Winterrettich-Karotten-Salat mit geröstetem Sesam, Nori-Algen und Puffreis schmecken lassen. Wer zum Abendessen kommt, kann mit den allzeit beliebten Fajitas mit geräucherter Entenbrust kulinarisch auf die andere Seite des Pazifiks reisen.

Byblos
NAHOST $$$

(☑ 07-3268 2223; www.byblosbar.com.au; Portside Wharf, 39 Hercules St, Hamilton; Hauptgerichte 28–34 AU$, Bankett 60 AU$/Pers.; ⊗ 11.30 Uhropen end; ☐ Bretts Wharf) Das Byblós bietet direkt am Brisbane River einen Einblick ins moderne Beirut. Es ist auf libanesische und mediterrane Gerichte spezialisiert. Der Service ist zwar nicht immer in Topform, aber die Karte bietet eine solide Auswahl lebendiger, meist zum Teilen gedachter Gerichte, etwa *makanek* (hausgemachte würzige Würste mit gerösteten Nüssen), *shanklish* (weich gereifter Käse mit Anis und Chili) oder *salmon kebbi nayeh* (Lachs mit Burghal und traditionellen Gewürzen).

☕ Ausgehen & Nachtleben

Brisbanes Barszene hat sich zu einer stilvollen Angelegenheit entwickelt. Viele coole, kompetente Läden schenken praktisch alles aus, von natürlichen Weinen und lokal produzierten Saison-Bieren bis zu Gin Tonic aus einheimischen Zutaten. Die Livemusikszene der Stadt überzeugt ebenso: Fortitude Valley und West End haben inzwischen Kultstatus und Brisbane bringt immer wieder beeindruckende lokale und internationale Talente auf die Bühne. Tipp: Immer einen Ausweis mit Foto dabeihaben.

🍺 Zentrum Brisbane

★ Super Whatnot
BAR

(Karte S. 308; ☑ 07-3210 2343; www.superwhatnot.com; 48 Burnett Lane; ⊗ Mo–Do 15–23, Fr 12–1, Sa 15–1, So 15–20 Uhr; ☐ Central) Das bahnbrechende Super Whatnot ist und bleibt Brisbanes coolste Kneipe: ein Spielplatz im industriellen Look auf zwei Ebenen in einer ehemaligen Kosmetikschule. Hier gibt's fachmännisch gebrautes Craft Beer, anständigen Wein und leckere Cocktails, die einer angenehm gemischten Gästeschar aus Indie-Typen und durstigen Anzugträgern serviert werden. Dazu gibt's Bar-Knabbereien wie klassische Hotdogs und Nachos.

Coffee Anthology
CAFÉ

(Karte S. 308; ☑ 07-3210 1881; www.facebook.com/coffeeanthology; 126 Margaret St; ⊗ Mo–Fr 7–15.30, Sa bis 12 Uhr; 🛜; ☐ Central) Das Coffee Anthology macht seinem Namen alle Ehre: Koffeinjunkies macht es mit einer wechselnden Auswahl spezieller Kaffeemischungen der Rösterei Padre and Industry Beans glücklich, die bereits Kultstatus erlangt hat. Für Unentschlossene gibt's Tipps und man kann ein oder zwei Tüten Bohnen mitnehmen, wenn einem schmeckt, was in der Tasse ist. Außerdem serviert der freundliche, luftig-zeitgenössische Laden schlichtes Frühstück und Kleinigkeiten zum Mittagessen, von Porridge bis zu Muffins und Bagels.

Brooklyn Standard
BAR

(Karte S. 308; ☑ 0405 414 131; www.facebook.com/brooklynstandardbar; Eagle Lane; ⊗ Mo–Fr 16

LGBT IN BRISBANE

Brisbanes LGBT-Szene ist zwar viel kleiner als die in Sydney oder Melbourne, nichtsdestotrotz gibt's in der Stadt eine aktive queere Gemeinde.

Zu den wichtigsten Events gehört das **Melt** (www.brisbanepowerhouse.org/festivals; ☉ Jan./Feb.), ein zwölftägiges Fest mit queerem Theater, Cabaret, Tanz, Comedy, Zirkusartisten und visueller Kunst, das im Januar und Februar im Brisbane Powerhouse stattfindet. Im März veranstaltet das Powerhouse das **Queer Film Festival** (www.brisbanepowerhouse.org/festivals/brisbane-queer-film-festival; ☉ März), bei dem Filme mit LGBT-Themen gezeigt werden. Im September wird dann das **Brisbane Pride Festival** (S. 318) gefeiert, das mit dem Pride Fair Day im New Farm Park seinen Höhepunkt erreicht.

Das **Wickham Hotel** (Karte S. 314; ☑ 07-3852 1301; www.thewickham.com.au; 308 Wickham St; ☉ Mo–Fr 6.30 Uhr–open end, Sa & So 10 Uhr–open end; ⊠ Fortitude Valley) in Fortitude Valley zieht inzwischen ein eher gemischtes Publikum an, ist aber nach wie vor ein schwulenfreundlicher Pub. Im Valley befinden sich außerdem der schwulenfreundliche **Beat MegaClub** (Karte S. 314; www.thebeatmegaclub.com.au; 677 Ann St, Fortitude Valley; ☉ Mo–Sa 20–5, So ab 17 Uhr; ⊠ Fortitude Valley) und das trendigere **Family** (S. 331); Letzteres veranstaltet sonntags „Fluffy", die größte schwule Dance Party in Brisbane. Das **Sportsman Hotel** (Karte S. 308; ☑ 07-3831 2892; www.sportsmanhotel.com.au; 130 Leichhardt St, Spring Hill; ☉ So–Do 13–1, Fr & Sa bis 2.30 Uhr; ⊠ Central) liegt näher am Stadtzentrum. Dieser traditionelle Pub mit orangefarbenen Backsteinmauern, Billardtischen und Drag Shows zieht eine bunte Gästeschar an und ist in der Szene das ganze Jahr über beliebt. In den inneren Stadtteilen Fortitude Valley, New Farm, Newstead, West End und Paddington ist die LGBT-Gemeinde im Allgemeinen am sichtbarsten.

Aktuelle Infos zu Veranstaltungen sowie Interviews und Artikel bieten *Q News* (www.qnews.com.au) und *Blaze* (www.gaynewsnetwork.com.au). Außerdem kann man ins *Queer Radio* (Mi 21–23 Uhr; www.4zzzfm.org.au) reinhören: Die Radiosendung auf 4ZZZ (102,1 FM) ist eine weitere Informationsquelle zu Events in Brisbane. News und Infos für die lesbische Community gibt's direkt davor bei *Dykes on Mykes* (Mi 19–21 Uhr).

Uhr–open end, Sa 18 Uhr–open end; ⊠ Riverside, ⊠ Central) Das rote Neonschild schafft Fakten: „Wenn die Musik zu laut ist, bist du zu alt." In dieser rockigen Kellerbar mit NYC-Memorabilien und einer bunten Gästeschar aller Altersklassen gibt's in der Tat jeden Abend laute Livemusik. Man kann authentisch bleiben und sich ein Brooklyn-Lager bestellen oder sich einen ausgefallenen Cocktail schmecken lassen (so oder so, die Salzbretzeln gehen aufs Haus).

Gresham Bar BAR
(Karte S. 308; www.thegresham.com.au; 308 Queen St; ☉ Mo–Fr 7–3, Sa & So 16–3 Uhr; ☎; ⊠ Central) Das Gresham versteckt sich in einer Ecke eines schicken, denkmalgeschützten Bankgebäudes und erweckt das Flair altmodischer Bars in New York. Wir sprechen von Decken aus geprägtem Metall, Chesterfields und einer schillernden Wand aus Spirituosenflaschen hinter der schönen Holztheke (inklusive Bibliotheksleiter). Der dunkle, lebendig-geschäftige Laden bietet außerdem eine vorzügliche Whisky-Auswahl und ein gemütliches Nebenzimmer – am liebsten würde man für immer bleiben.

John Mills Himself CAFÉ, BAR
(Karte S. 308; ☑ Bar 0421 959 865, Café 0434 064 349; www.johnmillshimself.com.au; 40 Charlotte St; ☉ Café Mo–Fr 6.30–15.30, Bar Di–Do 16–22, Fr bis 24 Uhr; ⊠ Central) Mr. Mills würde diesem kleinen Café-Geheimtipp garantiert seinen Segen geben. Es befindet sich in genau dem Gebäude, in dem er im letzten Jahrhundert seine Druckerei betrieb. Es ist von der Charlotte St und einer Gasse abseits der Elizabeth St zugänglich. Die Marmorbar und der Wabenfliesenboden erinnern an Brooklyn – die perfekte Umgebung für den erstklassigen „Third Wave"-Kaffee. Später am Tag verwandelt sich das Café in eine intime Bar mit australischen Craft Beers und Spirituosen.

Mr & Mrs G Riverbar BAR
(Karte S. 308; ☑ 07-3221 7001; www.mrandmrsg.com.au; Eagle St Pier, 1 Eagle St; ☉ Mo & Di 15–22, Mi & Do 12–23, Fr 6 Sa 12–24, So 12–22 Uhr; ⊠ Eagle St Pier, ⊠ Central) Im Mr & Mrs G kommen die Gäste in den Genuss eines tollen Blicks durch die gebogenen, riesigen Fenster auf den Fluss, die Skyline und die Story Bridge. Der lässig-schicke Laden ist mit bunten Barhockern, weichen Polstersesseln und hand-

bemalten marokkanischen Tischchen ausgestattet, auf denen man sein Glas Chenin Blanc abstellen kann. Wer Hunger hat, kann sich großzügige Tapas wie saftige *keftethes* (griechische Fleischbällchen), Käse und leckere Wurst schmecken lassen.

Riverbar & Kitchen BAR

(Karte S. 308; ☎ 07-3211 9020; www.riverbarand kitchen.com.au; 71 Eagle St; ⊗ 7–23.30 Uhr; 🚋 Riverside, 🚆 Central) Das Riverbar & Kitchen hält, was sein Name verspricht: Hier kann man prima einen Nachmittag lang direkt am Ende des Eagle St Pier am matschbraunen Brisbane River entspannen und an einem Ale oder Cocktail mit im Fass gereiften Tropfen nippen. Es ist wie ein Bootshaus eingerichtet, mit aufgewickelten Tauen, weißem Holz und Sitznischen versprüht es eine lässig-luftige Atmosphäre. Das Essen kann sich auch sehen lassen, von Frühstücksklassikern bis zu Burgern, Pizza und Surf-and-Turf-Bistrogerichten.

🍸 South Bank

Maker COCKTAILBAR

(Karte S. 308; ☎ 0437 338 072; 9 Fish Lane, South Brisbane; ⊗ Di–So 16–24 Uhr; 🚋 South Bank Terminals 1 & 2, 🚆 South Brisbane) Das Maker ist intim, ganz in schwarz gehüllt und von einer sexy Messingbar geteilt. Es zaubert makellose, saisonale Cocktails aus den Spirituosen des Hauses, mit ungewöhnlichen Zutaten und unkonventioneller Note. Hier werden die klassischen Negronis mit selbstflavorisiertem Wermut gemixt, während die Gin Tonics mit einheimischem Quandong und Fingerlimetten eine rein australische Angelegenheit sind. Wir empfehlen außerdem die Boutique-Weine im Glas und die leckeren Barhäppchen, die im preisgekrönten Restaurant Gauge (S. 323) zubereitet werden.

Cobbler BAR

(Karte S. 312; www.cobblerbar.com; 7 Browning St, West End; ⊗ Mo 17–1, Di–Do & So 16–1, Fr & Sa 16–2 Uhr; 🚌 60, 192, 198, 199) Whiskyfans werden Freudentränen vergießen, wenn sie die beeindruckende Bar im Cobbler sehen, die über 400 Whiskys aus aller Welt im Sortiment hat. Die Atmosphäre in diesem spärlich beleuchteten Laden in West End erinnert an eine Flüsterkneipe. Außerdem wird eine Expertenauswahl verschiedener Rums, Tequilas und Liköre kredenzt, von den sensationellen klassischen Cocktails mit moderner Note ganz zu schweigen. Cheers!

Catchment Brewing Co BRAUEREI

(Karte S. 312; ☎ 07-3846 1701; www.catchment brewingco.com.au; 150 Boundary St, West End; ⊗ Mo 16–22, Di–Do & So 11–22, Fr & Sa 11–1 Uhr; 🚌 199) Im Catchment, einer hippen Mikrobrauerei auf zwei Ebenen, kann man sich lokale Biere schmecken lassen. Dazu gibt's saisonales Essen und Livemusik im Hof. Zu den Hausbieren gehört auch das Pale Select, eine Hommage an den Bierklassiker der stillgelegten West End Brewery. Außerdem werden Biere anderer lokaler Brauereien gezapft. Die besten Plätze sind die auf den beiden winzigen Balkonen im ersten Stock, wo man sich von der Nachmittagssonne und dem Blick auf die Boundary St verwöhnen lassen kann.

Jungle BAR

(Karte S. 312; ☎ 0449 568 732; www.facebook. com/junglewestend; 76 Vulture St, West End; ⊗ Do–So 12–24 Uhr; 🚌 199) Aloha, willkommen im Paradies … Na ja, oder zumindest in Brisbanes einziger Tiki-Bar. Der intime, handgebaute Bambusschuppen wurde mit geschnitzten Holzstühlen aufgepeppt und in eine grün schimmernde Bar verwandelt, in der DJs hawaiianische Klänge auflegen – der perfekte Ort, um sich bei einem tropischen Getränk abzukühlen. Von Klassikern wie einem rumlastigem Piña colada (natürlich in einer Ananas serviert) bis zu Red Stripe Lager aus Jamaika ist alles dabei.

Blackstar Coffee Roasters CAFÉ

(Karte S. 312; www.blackstarcoffee.com.au; 44 Thomas St, West End; ⊗ 7–17 Uhr; ☎; 🚌 199) Das Blackstar gehört zu den besten Kaffeeröstereien in Brisbane und ist immer voller West-End-Hipster, Hippies und wild in die Laptoptasten hauender kreativer Menschen. Man kann sich einen Single Origin Espresso bestellen oder mit einer Flasche kalt gebrautem Kaffee abkühlen. Hungrige (Mittagessen 10–17 AU$) werden mit Brownies, Eiern und Spanakopita versorgt. Obendrein gibt's spezielle Events, z. B. Ukulele-Abende am letzten Freitag im Monat.

Archive Beer Boutique BAR

(Karte S. 312; ☎ 07-3844 3419; www.archivebeer boutique.com.au; 100 Boundary St, West End; ⊗ 11 Uhr–open end; 🚌 198, 199) Das Archive ist nicht aufzuhalten. Es serviert eine schwindelerregende Auswahl an Craft Beers – egal, ob man Lust auf ein Chili-Choc Porter aus Brisbane, ein IPA aus Melbourne oder ein Guava Gose aus Sydney hat, die Chancen stehen gut, dass man es hier findet. In der Zapflage werden 20 rotierende Sorten ausgeschenkt. Außerdem gibt's Hunderte australischer und importierter Flaschenbiere. Das Kneipenessen ist anständig und reicht von Fleisch vom Grill über Burger bis zu Pizza.

Fortitude Valley

★ Gerard's Bar WEINBAR
(Karte S. 314; ☑ 07-3252 2606; www.gerardsbar. com.au; 13a/23 James St; ⊙ Mo–Do 15–22, Fr & Sa 12 Uhr–open end; ☐ 470, ® Fortitude Valley) Die stilvolle und erwachsene Bar gehört zu den besten in Brisbane. Man kann sich an der polierten Betontheke niederlassen und von der perfekt durchdachten Weinkarte bestellen. Außerdem gibt's eine kleine Auswahl hervorragender Barsnacks wie grandiose Kroketten und edlen Jamón Iberico de Belotta. Wer Lust auf einen Cocktail hat, sollte die Spezialität des Hauses kosten: Der „Gerard the Drunk" ist eine überzeugende, dem Klima angemessene Mischung aus Wodka, Maracuja, Granatapfel und Rosenwasser.

APO COCKTAILBAR
(Karte S. 314; ☑ 07-3252 2403; www.theapo.com. au; 690 Ann St; ⊙ Di 15–1, Mi, Do & So 12–1, Fr & Sa 12–3 Uhr; ® Fortitude Valley) Diese elegante Bar setzt auf Qualität. Das APO war früher eine Apotheke (daher der Name). Der dunkle, stimmungsvolle Laden erstreckt sich über zwei Ebenen und kombiniert viktorianische Backsteinmauern, polierte Betonböden und einzelne Marmorakzenten an den Wänden gegenüber. Die Drinks, u. a. auch Flaschencocktails wie ein Rhabarber-Vanille-Negroni sind genauso gekonnt und stilsicher. Die französisch-libanesische inspirierte Karte – unser Tipp: die libanesischen Tacos – ist das Tüpfelchen auf dem I.

Eleven DACHBAR
(Karte S. 314; ☑ 07-3067 7447; www.elevenroof topbar.com.au; 757 Ann St; ⊙ Di–Do & So 12–24, Fr & Sa bis 15 Uhr; ® Fortitude Valley) Für Brisbanes eleganteste Dachbar sollte man sich in Schale werfen. An der Marmortheke wird eine kompetente Getränkeauswahl serviert, von Martinis mit Silberzwiebeln bis zu französischem Champagner. Dazu kann man den sensationellen Ausblick über die Skyline bis zum Mt. Coot-tha genießen. Gegen Ende der Wochen legen DJs lässige Musik auf. Freitag- und Samstagabends ist der Dresscode besonders streng; Näheres auf der Website.

Cloudland BAR
(Karte S. 314; ☑ 07-3872 6600; www.katarzyna. com.au/venues/cloudland; 641 Ann St; ⊙ Di–Do 16

Uhr–open end, Fr–So 11.30 Uhr–open end; ® Fortitude Valley) Die opulente Bar verteilt sich inklusive Club und Asia-Restaurant auf mehreren Ebenen. Hier staunt man nicht schlecht: Das Cloudland ist nach einem in den 1940er-Jahren sehr beliebten Tanzsaal benannt und mit Vogelkäfig-Nischen, grünem Blattwerk und riesigen Kronleuchtern eingerichtet, getreu dem Motto „Zauberwald trifft Scheichspalast und Addams-Family-Gotik". Donnerstags um 21 Uhr gibt's gratis Salsa-Unterricht.

Family CLUB
(Karte S. 314; ☑ 07-3852 5000; www.thefamily. com.au; 8 McLachlan St; ⊙ Fr–So 21–3.30 Uhr; ® Fortitude Valley) Vor Brisbanes größtem und bekanntestem Club muss man meist Schlange stehen. Die phänomenale Musik dröhnt auf vier Ebenen mit unzähligen Tanzflächen, Bars, Themennischen und angesagten DJs aus Australien und aller Welt. Sonntags findet die Dance Party „Fluffy" statt, die bei Brisbanes jüngerer und hipper Schwulen-Community beliebt ist.

Holey Moley Golf Club COCKTAILBAR
(Karte S. 314; ☑ 1300 727 833; www.holeymoley. com.au; 25 Warner St; 9-Loch-Minigolf pro Person 16,50 AU$; ⊙ Mo–Fr 12 Uhr–open end, Sa & So 10 Uhr–open end; ® Fortitude Valley) Minigolf in einer Kirche mit Cocktails – genau das erwartet die Gäste des Holey Moley (am besten vorab reservieren). Man kann einen Putty Professor (Rum, Milch, Schokoladensauce, Erdnussbutter, Reese's Peanut Butter Cup, gehackte Malteser) bestellen und dann an einem der zwei Kurse abschlagen. Jedes der 18 Löcher hat ein eigenes Motto; am besten hat uns der Eiserne Thron aus *Game of Thrones* vom Künstler Cezary Stulgis gefallen. Kinder bis 17 Uhr willkommen.

Bloodhound Corner Bar & Kitchen BAR
(Karte S. 314; ☑ 07-3162 6402; www.bloodhound cornerbar.com.au; 454 Brunswick St; ⊙ Mo–Mi 15 Uhr–open end, Do–So 12 Uhr–open end; ® Fortitude Valley) Dieses Haus aus dem 19. Jh. begann einst als Lebensmittelladen und ist heute eine Valley-Bar der neuen Schule. Die alten Backsteinmauern, marmorierten Bodendielen und offenen Kamine teilen sich das Innere mit Street Art, einem Flipperautomaten und jeder Menge Hipster-Bärten. Zu trinken gibt's internationale Biere und gut gemixte Cocktails, aber man kann auch verschiedene Craft Spirits verkosten. Das südamerikanisch inspirierte Bar-Essen ist ebenfalls gut. Samstags gibt's oben Livemusik.

332

Woolly Mammoth Alehouse BAR

(Karte S. 314; ☎ 07-3257 4439; www.woollymam
moth.com.au; 633 Ann St; ⏰ Di–Do 16 Uhr–open
end, Fr–So ab 12 Uhr; ☒ Fortitude Valley) Die Kombination aus Craft Beer, Riesen-„Jenga" und
4 m langem Shuffleboard kommt bei der
jungen Zielgruppe gut an, die in Massen zu
diesem großen, glänzenden Spielplatz
strömt, um ein bisschen Spaß zu haben.
IPAs, Saisons und Goses stammen größtenteils von australischen Mikrobrauereien. Auf
der Website erfährt man, wer auf der „Mane
Stage" auftritt – das Programm reicht von
Comedy bis zu britischem Hip-Hop.

Elixir DACHBAR

(Karte S. 314; ☎ 07-3363 5599; www.elixirrooftop.
com.au; 646 Ann St; ⏰ Mi–Fr 16 Uhr–open end, Sa
& So 13 Uhr–open end; ☒ Fortitude Valley) Was der
Dachbar Elixir in puncto Aussicht fehlt,
macht sie mit Ambiente wieder wett. Die
Treppe führt auf eine tropisch-sinnliche Terrasse mit grünen Blättern, flackernden Teelichtern, DJs mit coolen Beats und gemütlichen Sofas. Zur Erfrischung gibt's Craft Beer
oder den Fresh Market Martini, eine frische
Version des Klassikers mit handverlesenen
Früchten vom Markt. Auf der Website erfährt man mehr zu den speziellen Angeboten der Woche.

Press Club COCKTAILBAR

(Karte S. 314; ☎ 07-3852 5000; www.pressclub.
net.au; 339 Brunswick St; ⏰ Di–Do 19–2.30, Fr & Sa
18–3, So 18–2 Uhr; ☒ Fortitude Valley) Der Press
Club sieht eher aus wie ein Treff für Aliens
als Journalisten – futuristische Barhocker
treffen auf Retro-Lampen. Dennoch hat er
eine entspannte Atmosphäre für Cocktails,
Cider und coole Livemusik. Dienstags und
samstags gibt's R&B, mittwochs Jazz, donnerstags Swing und freitags Funk und Soul.
Dienstagabends ist es besonders voll, die DJ-
Sets am Sonntag sind vor allem bei Leuten
aus der Gastronomie beliebt.

New Farm

★ Triffid BAR

(Karte S. 304; ☎ 07-3171 3001; www.thetriffid.
com.au; 7-9 Stratton St, Newstead; ☒ 300, 302,
305, 306, 322, 393) Das Triffid lockt nicht nur
mit tollem Biergarten (inklusive Schiffscont-
ainer-Bars und Kassetten-Wandgemälde als
Hommage an Bands aus Brisbane). Es ist
auch einer der besten Orte für Livemusik in
der Stadt. Hier treten lokale Künstler ebenso
auf wie australische und internationale Ta-

BRISBANE & UMGEBUNG BRISBANE

lente. Sie alle spielen in einem Tonnenge-
wölbe-Hangar aus dem Zweiten Weltkrieg
mit grandioser Akustik. Da überrascht es
nicht, dass der Laden dem ehemaligen Pow-
derfinger-Bassisten John Collins gehört.

★ Green Beacon Brewing Co MIKROBRAUEREI

(Karte S. 304; ☎ 07-3252 8393; www.greenbea
con.com.au; 26 Helen St, Teneriffe; ⏰ 12 Uhr–open
end; ☎; ☒ 393, 470, ⛴ Teneriffe) Das Green Beacon ist in einem höhlenartigen Lagerhaus
im postindustriellen Teneriffe untergebracht
und braut ein paar der besten Biere in Brisbane. Das flüssige Gold gärt in einem riesigen Edelstahlkessel hinter der langen Bar,
bevor es durch den Zapfhahn fließt und
schließlich dankbare Kehlen hinunter-
strömt. Man kann aus sechs Stammbieren
und saisonalen Spezialitäten wählen, z. B.
Blutorangen-IPA. Hunger? Es gibt u. a. Seafood aus der Region und vor der Tür parken
wechselnde Food-Trucks.

Newstead Brewing Co MIKROBRAUEREI

(Karte S. 304; ☎ 07-3172 2488; www.newstead
brewing.com.au; 85 Doggett St, Newstead; ⏰ 11–24
Uhr; ☒ 60, 393, 470, ⛴ Teneriffe) Dieses ehemalige Busdepot ist heute eine geschäftige Mikrobrauerei. Aus den zwölf Zapfhähnen flie-
ßen sechs Standardhausbiere, ein Cider und
fünf saisonale Biere (die einer der Kellner
als „die spaßigen Sorten" bezeichnet hat).
Einen ersten Überblick verschafft man sich
am besten mit dem Probierbrett mit vier
Sorten. Wer kein Bier mag, kann einen Cocktail, Craft Spirits oder Wein von kleinen, interessanten Winzern ordern.

Wer Hunger hat, sollte von der mäßigen
Pizza absehen und lieber die köstlich schar-
fen, würzigen Chicken Wings bestellen.

Death Before Decaf KAFFEE

(Karte S. 314; 3/760 Brunswick St; ⏰ 24 Std.;
☒ 195, 196, 199) Grandiose Kaffeespezialitäten,
die rund um die Uhr gebraut werden: Diese
tätowierte Headbanger-Legende schickt der
Himmel, wenn man auch nach 16 Uhr noch
einen anständigen Kaffee braucht. Death Before Decaf, wir lieben dich!

Kangaroo Point & Woolloongabba

Canvas Club COCKTAILBAR

(Karte S. 304; ☎ 07-3891 2111; www.canvasclub.
com.au; 16b Logan Rd, Woolloongabba; ⏰ Di–Fr
12–24, Sa & So ab 10 Uhr; ☒ 125, 175, 204, 234) Das
Canvas sitzt mitten in der Gastro- und Shop-

pingmeile von Woolloongabba. Hier genießt die hippe, künstlerische Gästeschar leckere Cocktails, etwa saisonale Highlights wie den Don Pablo (Rum, Amaro und Apfel-Zimt-Schaum) oder den seidig-weichen Bangarang (Tequila, Wassermelone, Chili, Koriander, Limette und Kondensmilch) und debattiert über die Symbolik des Street-Art-Wandgemäldes. Phänomenal!

Story Bridge Hotel   KNEIPE
(Karte S.308; ☑ 07-3391 2266; www.storybridge hotel.com.au; 200 Main St, Kangaroo Point; ⊙ So–Do 6.30–24, Fr & Sa bis 1.30 Uhr; 🚌 234, 🚢 Thornton St, Holman St) Unter der Brücke in Kangaroo Point ist diese Kneipe mit Biergarten aus dem Jahr 1886 der perfekte Ort für ein Bier nach einem anstrengenden Tag auf Erkundungstour. Es gibt regelmäßig Livemusik (auf der Website steht, wer als Nächstes auftritt). Und die vielen Tische bieten genügend Platz für alle.

🍷 Rund um Brisbane

⭐ Lefty's Old Time Music Hall   BAR
(Karte S.312; www.leftysoldtimemusichall.com; 15 Caxton Tce, Petrie Tce; ⊙ Di–So 17 Uhr–open end; 🚌 375) Da kommt Stimmung auf – Brisvegas hat seine eigene Honky-Tonk-Bar! Sie ist mit aufgepeppten Kronleuchtern und Elchköpfen dekoriert … Ja, richtig, an den Geweihen hängen BHs! Das in Rot getauchte Lefty's lässt mit knapp 200 verschiedenen Whiskys und den süßen Klängen von Live-Country und -Western nie schlechte Laune aufkommen. Auf der kurzen, amerikanisch inspirierten Karte stehen Chili-Käse-Fritten und gebratenes Hühnchen nach Südstaatenart.

Regatta Hotel   KNEIPE
(Karte S.304; ☑ 07-3871 9595; www.regattahotel.com.au; 543 Coronation Dr, Toowong; ⊙ 6.30–1 Uhr; 🚢 Regatta) Der Pub von 1874 ist mit seinen dekorativen Eisenverzierungen hübscher als jede Hochzeitstorte und eine echte Institution in Brisbane. Sie befindet sich direkt gegenüber vom CityCat-Fährterminal Regatta. Das Innere wurde kürzlich renoviert und lockt mit einer elegant-modernen Hauptbar, einem schicken Hof und einer Flüsterkneipe im Keller, dem Walrus Club (Do–Sa 17 Uhr–open end). Auf der Website gibt's alles zu den wöchentlichen Events, darunter oft Konzerte.

Breakfast Creek Hotel   KNEIPE
(Karte S.304; ☑ 07-3262 5988; www.breakfast creekhotel.com; 2 Kingsford Smith Dr, Albion; ⊙ 10 Uhr–open end; 🚌 300, 302, 305) Das Breakfast Creek Hotel wurde 1889 im eklektischen französischen Renaissance-Stil erbaut und hat in Brisbane Legendenstatus. Die Kneipe umfasst mehrere Bars und Bereiche, darunter ein Biergarten und eine „Privatbar" im Art-déco-Stil, in der jeden Tag um 12 Uhr die Holzfässer angezapft werden. Und das umgebaute Umspannwerk beherbergt heute das Substation No 41, eine urbane Bar mit über 400 Rumsorten.

✩ Unterhaltung

Die meisten großen internationalen Bands haben Brisbane auf dem Schirm und auch die besten DJs legen in der Stadt regelmäßig auf. Erstklassige Veranstaltungsorte bieten das ganze Jahr über ein tolles Programm aus Theater, Tanz, Musik und Comedy.

Qtix (☑ 13 62 46; www.qtix.com.au) ist eine Ticketagentur, die für gewöhnlich Karten für anspruchsvollere Veranstaltungen verkauft.

Riverstage   LIVEMUSIK
(Karte S.308; ☑ 07-3403 7921; www.brisbane.qld. gov.au/facilities-recreation/arts-and-culture/riverstage; 59 Gardens Point Rd; 🚢 QUT Gardens Point, 🚌 Central) Die Open-Air-Arena befindet sich in atmosphärischer Umgebung im botanischen Garten. Hier treten zahlreiche renommierte nationale und internationale Musiker auf, in der Vergangenheit etwa U2, 5 Seconds of Summer, Ellie Goulding und Flume.

Lock 'n' Load   LIVEMUSIK
(Karte S.312; ☑ 07-3844 0142; www.locknloadbis tro.com.au; 142 Boundary St, West End; ⊙ Mo–Do 15 Uhr–open end, Fr ab 12, Sa & So ab 7 Uhr; 📞; 🚌 199) Der überschwängliche Gastropub mit Holzinterieur lockt ein fröhliches Publikum aus Musikfans an, die den Jazz-, Akustik-, Roots-, Blues- und Soulkünstlern auf der kleinen Bühne lauschen. Man kann sich die Show ansehen und am nächsten Tag zum Frühstück oder Mittagessen wiederkommen (die Baked Beans mit Craft Beer, dickem Speck, saurer Sahne, Jalapeños und Maisbrot killen morgens jeden Kater). Auf der Website gibt's Infos zu den anstehenden Konzerten.

Zoo   LIVEMUSIK
(Karte S.314; ☑ 07-3854 1381; www.thezoo.com. au; 711 Ann St, Fortitude Valley; ⊙ Mi–So 19 Uhr–open end; 🚌 Fortitude Valley) Das Zoo ist seit 1992 ganz vorne mit dabei. Aber auch wenn es dem Brightside einen Teil seines musikalischen Territoriums abtreten musste, kann man hier immer noch grungigen Indie-Rock, Folk, Akustik-Gigs, Hip-Hop, Reggae und

Electro sehen, u. a. jede Menge Nachwuchstalente. In jüngerer Vergangenheit traten die Garage-Rocker Bleeding Knees Club von der Gold Coast und der amerikanische Indie-Pop-Künstler Toro y Moi auf.

Underground Opera
OPER

(Karte S. 308; ☎07-3389 0135, 0429 536 472; www.undergroundopera.com.au; Spring Hill Reservoir, Wickham Tce, Spring Hill; ☉Öffnungszeiten variieren; ☐30, ☒Central) Ein professioneller, in Brisbane ansässiger Veranstalter für darstellende Künste stellt jedes Jahr ein Programm aus Opern und Broadway-Musicals auf die Beine. Aufgeführt werden sie im unterirdischen Spring Hill Reservoir, das zwischen 1871 und 1882 erbaut wurde. Auf der Website erfährt man Zeiten und Preise.

Brisbane Jazz Club
JAZZ

(Karte S. 308; ☎07-3391 2006; www.brisbanejazzclub.com.au; 1 Annie St, Kangaroo Point; Erw./unter 18 Jahren 31/11 AU$; ☉Do–Sa 18.30–23, So 17.30–22 Uhr; ☒Holman St) Der winzige Jazz-Schuppen direkt am Fluss ist seit 1972 Brisbanes Maß aller Dinge in Sachen Jazz. Ausnahmslos alles, was in der Szene Rang und Namen hat, nutzt den Aufenthalt in der Stadt für einen Auftritt in diesen heiligen Hallen.

South Bank Cineplex
KINO

(Karte S. 308; ☎07-3829 7970; www.cineplex. com.au; Ecke Grey & Ernest St, South Bank; Erw./Kind ab 6,50/4,50 AU$; ☉10 Uhr–open end; ☒South Bank Terminals 1, 2 & 3, ☒South Bank) Das günstigste Kino für Blockbuster: Hier watet man durch ein Meer aus Popcornduft und Teenagern.

New Farm Six Cinemas
KINO

(Karte S. 314; ☎07-3358 4444; www.newfarmcinemas.com.au; 701 Brunswick St, New Farm; Erw./Kind 16/10 AU$; ☉10 Uhr–open end; ☐195, 196, 199) Wenn mal wieder der subtropische Himmel seine Schleusen öffnet, kann man in diesem historischen Filmpalast in New Farm Zuflucht suchen. Er wurde kürzlich umgebaut und renoviert und lockt nun mit sechs hochmodernen Sälen, in denen vor allem aktuelle Blockbuster laufen. Der Dienstag ist bei Sparfüchsen beliebt – Tickets gibt's dann zum Schnäppchenpreis von 8 AU$.

Queensland Performing Arts Centre
DARSTELLENDE KÜNSTE

(QPAC; Karte S. 308; ☎geführte Touren 07-3840 7444, Tickets 136 246; www.qpac.com.au; Queensland Cultural Centre, Ecke Grey & Melbourne St, South Bank; geführte Touren Erw./Kind 15/10 AU$; ☉Ticketschalter Mo–Sa 9–20.30 Uhr; ☒South Bank Terminals 1 & 2, ☒South Brisbane) Brisbanes wichtigstes Zentrum für darstellende Künste besteht aus vier Bühnen und einem kleinen Ausstellungsraum, der über diverse Aspekte der Performing Arts informiert. Das umfangreiche Programm umfasst Ballett, Konzerte, Theater und Comedy mit australischen wie internationalen Künstlern. Freitags um 10.30 Uhr findet eine einstündige geführte Tour hinter die Kulissen statt; Tickets kann man vorab telefonisch oder per E-Mail buchen oder sie am selben Tag im QPAC-Café im Erdgeschoss kaufen.

Metro Arts Centre
KUNSTZENTRUM

(Karte S. 308; ☎07-3002 7100; www.metroarts. com.au; Level 2, 109 Edward St; ☉Galerie Mo–Fr 10–16.30, Sa 14–16.30 Uhr, Aufführungszeiten variieren; ☒Eagle St Pier, ☒Central) Das Zentrum in Downtown veranstaltet Laientheater und bringt die Dramen, Tanz- und Kunstshows hiesiger Ensembles auf die Bühne. Hier kann man aufstrebende kreative Talente aus Brisbane erleben, von skurril und unkonventionell bis zu progressiv oder einfach nur schräg. Die hauseigene Galerie zeigt zeitgenössische Ausstellungen, die zum Nachdenken anregen und organisiert Vorträge der Künstler. Auf der Website steht alles zum Programm.

Judith Wright Centre of Contemporary Arts
DARSTELLENDE KÜNSTE

(Karte S. 314; ☎07-3872 9000; www.judithwright centre.com; 420 Brunswick St, Fortitude Valley; ☉Ticketbüro Mo–Fr 11–16 Uhr; ☎; ☒Fortitude Valley) Das Zentrum verfügt über einen mittelgroßen, eher intimen Veranstaltungsort, der immer wieder freigeistige Talente und eine bunte Mischung kultureller Schätze präsentiert, darunter Contemporary Dance, Zirkusartistik und visuelle Kunst. Außerdem findet hier das extrem beliebte dreitägige Musikfest Bigsound Festival (S. 318) statt. Auf der Website erfährt man mehr zu anstehenden Aufführungen und Ausstellungen.

Brisbane Powerhouse
DARSTELLENDE KÜNSTE

(Karte S. 304; ☎Ticketschalter 07-3358 8600; www.brisbanepowerhouse.org; 119 Lamington St, New Farm; ☐195, 196, ☒New Farm Park) Das ehemalige Kraftwerk aus den 1920er-Jahren bietet heute nationalen und internationalen gefeierten Theaterproduktionen, Konzerten, Comedy, Tanz u. v. m. eine Bühne. Im Powerhouse ist immer was los – teilweise kostenlos – und außerdem locken die beliebten Bars und Restaurants des Hauses und der

OPEN-AIR-KINO

Eine der besten Möglichkeiten, einen warmen Sommerabend in Brisbane zu genießen, ist ein Picknick mit Freunden im Open-Air-Kino. Das **Moonlight Cinema** (S. 311) im New Farm Park nahe dem Brisbane Powerhouse zeigt von Dezember bis Anfang März Filme, darunter aktuelle Blockbuster und vereinzelte Kultklassiker. Die Vorführungen finden mittwochs bis sonntags ab ungefähr 19 Uhr statt.

South Bank ist das Zuhause der **Ben & Jerry's Openair Cinemas** (Karte S. 308; www.openaircinemas.com.au; Rainforest Green, South Bank Parklands, South Bank; Erw./Kind online 17/12 AU$, Abendkasse 22/17 AU$; ☉ Di–Sa ab 17.30, So ab 17 Uhr; 🚌 South Bank Terminals 1 & 2, 🚉 South Brisbane), die im Rainforest Green in den South Bank Parklands von Ende September bis Mitte November Leinwandklassiker und neue Filme unter dem Sternenhimmel (oder Wolkendach) zeigen. Einfach einen Sitzsack oder Liegestuhl mieten oder eine Picknickdecke mitbringen. Die meisten Vorführungen sind schon vorab online ausverkauft, deshalb sollte man sich Tickets im Voraus besorgen. Zur Einstimmung gibt's Livemusik, mitunter von bekannteren australischen Künstlern.

grandiose Blick auf den Brisbane River. Infos zum Programm gibt's auf der Website.

Suncorp Stadium
STADION

(Karte S. 312; www.suncorpstadium.com.au; 40 Castlemaine St, Milton; 🚌 375, 379) Im Winter begeistern hier die Spiele der Rugby League die Zuschauer. Das Stadion ist das Zuhause der Brisbane Broncos.

Gabba
STADION

(Brisbane Cricket Ground; Karte S. 304; www.the gabba.com.au; 411 Vulture St, Woolloongabba; 🚌 174, 175, 184, 185, 200) Im Gabba in Woolloongabba, südlich von Kangaroo Point, kann man AFL-Football sowie nationale und internationale Cricket-Spiele sehen. Wer sich mit Cricket noch nicht auskennt, sollte erst mal ein Twenty20-Match besuchen, das den Sport in seiner explosivsten Form zeigt. Die Cricket-Saison dauert von Ende September bis März, die Football-Saison von Ende März bis September.

Paddo Tavern
COMEDY

(Karte S. 312; 📞 07-3369 4466; www.standup. com.au; 186 Given Tce, Paddington; ☉ Kneipe 10 Uhr–open end; Comedy-Shows unterschiedlich, 🚌 375) Wenn man eine Autowaschanlage mit dem Supermarkt nebenan kreuzt, kommt wahrscheinlich so etwas wie dieser hässliche Pub heraus, der zu allem Überfluss wie ein Pseudo Saloon aus dem Wilden Westen ausgestattet ist. Doch hier treten die besten Komiker auf. Das Programm steht auf der Homepage.

 Shoppen

Brisbanes Einkaufslandschaft ist wunderbar vielfältig und reicht von teuren Handta-

schen aus der Vogue bis zu Wochenendmärkten mit Kunsthandwerk.

 Zentrum Brisbane

Noosa Chocolate Factory
ESSEN

(Karte S. 308; www.noosachocolatefactory.com. au; 144 Adelaide St; ☉ Mo–Do 8–19, Fr bis 21, Sa 9–18, So 10–17 Uhr; 🚉 Central) 🍫 Man sollte sich nichts vormachen: Die in kleinen Einheiten handgemachte Schokolade dieses Willy Wonka von der Sunshine Coast wird auch das letzte bisschen Selbstkontrolle zerstören. Zu den Bestsellern gehören Rocky Road mit üppigen Marshmallows und eine typische Queensland-Kreation mit nicht gerösteten Macadamias, umhüllt von Schokolade mit Mangos aus Bowen. Das Beste: Die Schokolade enthält kein Palmöl. Eine zweite Filiale serviert in Nr. 156 Kaffeespezialitäten und heiße Schokolade.

Maiocchi
MODE & ACCESSOIRES

(Karte S. 308; 📞 07-3012 9640; www.maiocchi. com.au; Brisbane Arcade, 117 Adelaide St; ☉ Mo–Do 9–17.30, Fr 8.30–20, Sa 9–16, So 11–16 Uhr; 🚉 Central) Das heimische Label Maiocchi ist für seine wunderschönen Vintage-Kleider bekannt. Die Schnitte sind einfach, aber reich an kleinen Details und Kuriositäten. Aufdrucke, Formen und Farben aus den Fünfzigern und japanische Einflüsse geben den Ton an. Neben sommerlichen Cocktailkleidern hat diese Boutique auch Tops, Hosen und Schuhe und eine sorgfältig zusammengestellte Auswahl mit australischem Schmuck, Taschen und Haushaltswaren im Sortiment. Man findet sie im denkmalgeschützten Brisbane Arcade.

Jan Powers Farmers Market MARKT

(Karte S.308; www.janpowersfarmersmarkets.com.au; Reddacliff Pl, George St; ☺ Mi 8–18 Uhr; 🚢 North Quay, 🚈 Central) Brisbanes Zentrum lebt seine ländlichen Dorffantasien aus, wenn Erzeuger aus der Region ihre kostbaren Produkte auf dem Reddacliff Place verkaufen. Man kann die Einkaufstaschen mit frischem Obst und Gemüse, Fleisch und Meeresfrüchten, frischer Pasta, duftendem Brot, Gebäck u. v. m. füllen. Hier gibt's alles für ein Picknick in den City Botanic Gardens oder einfach einen Kaffee und einen Multikulti-Imbiss für den Hunger zwischendurch.

Archives Fine Books BÜCHER

(Karte S.308; ☎ 07-3221 0491; www.archivesfinebooks.com.au; 40 Charlotte St; ☺ Mo–Do 9–18, Fr bis 19, Sa bis 17 Uhr; 🚈 Central) Wacklige Bücherregale und knarrende Bodendielen erwecken das nostalgische Flair dieses riesigen Hafens geliebter Literatur aus zweiter Hand. Die Anzahl der zum Verkauf stehenden Bücher liegt zwar entgegen eigener Angaben knapp unter 1 Mio. (das bleibt natürlich unser kleines Geheimnis), doch dieser Laden ist ein wahres Meer aus fesselnden Seiten. Bei unserem letzten Besuch stammte das älteste Buch – vom heiliggesprochenen Roberto Francesco Romolo Bellarmino – aus dem Jahr 1630!

🔒 South Bank & West End

Where the Wild Things Are BÜCHER

(Karte S.312; ☎ 07-3255 3987; www.wherethewildthingsare.com.au; 191 Boundary St, West End; ☺ Mo–Sa 8.30–18, So bis 17 Uhr; ♿; 🚌 199) Das Where the Wild Things Are, der kleine Bruder des Avid Reader nebenan, hat eine bunte Büchersammlung für Kleinkinder, Erstleser und Teenager im Sortiment. Der Buchladen bietet auch regelmäßig Veranstaltungen an, von wöchentlichen Vorlesestunden bis zu Buchveröffentlichungen, Autogrammstunden und Workshops, etwa zu Buchillustrationen. Website und Facebook-Auftritt informieren über die kommenden Events.

Jet Black Cat Music MUSIK

(Karte S.312; ☎ 0419 571 299; www.facebook.com/jetblackcatmusic; 72 Vulture St, West End; ☺ Di–Fr 10.30–17, Sa 10–16 Uhr; 🚌 199) Echte Musikfans kennen Shannon Logan und ihren kleinen Plattenladen in West End. Für gewöhnlich findet man sie hinter dem Klavier, das gleichzeitig als Verkaufstresen dient. Dort plaudert sie mit ihrer treuen Kundenschar, die auf der Suche nach raren Indie-Vinyls oder -CDs sind. Shannon verkauft nur, was sie selbst liebt. Hin und wieder finden in ihrem Laden auch Konzerte lokaler und internationaler Indie-Talente statt.

Junky Comics BÜCHER

(Karte S.312; ☎ 07-3846 5456; www.junkycomicsbrisbane.com; 93 Vulture St, West End; ☺ Di–Fr 10–17.30, Sa bis 17, So bis 16 Uhr; 🚌 199) Das Junkie ist ein unabhängiger Comic-Laden, der klassische Titel von DC, Dark Horse und Marvel ebenso verkauft wie Hefte, die sich an Frauen-, die queere Gemeinde oder Kinder richten. Außerdem findet man hier Brisbaner Magazine, Graphic Novels, Kunst und Kunstdrucke und natürlich coole T-Shirts.

🔒 Fortitude Valley

Camilla MODE & ACCESSOIRES

(Karte S.314; ☎ 07-3852 6030; www.camilla.com.au; 1/19 James St; ☺ Mo–Mi, Fr & Sa 9.30–17, Do bis 19, So 10–16 Uhr; 🚌 470, 🚈 Fortitude Valley) Zu den Fans von Camillas auffälligen Seidenkaftans gehören auch Beyoncé und Oprah Winfrey. Das Label hat seinen Sitz zwar in Bondi, doch die lässigen Kreationen mit wilden Mustern – Kleider, Tops, Jumpsuits und Badekleidung – sind genau das Richtige für einen ausgedehnten Besuch in einem der schicken Restaurants oder Bars in Brisbane. Preiswert sind die fabelhaft bunten Teile allerdings nicht. Kaftans gibt's ab 500 AU$, Bikinis ab rund 300 AU$.

Libertine PARFÜM

(Karte S.314; ☎ 07-3216 0122; www.libertineparfumerie.com.au; 181 Robertson St; ☺ Mo–Fr 10–17, Sa 9.30–17, So 10–16 Uhr; 🚌 470, 🚈 Fortitude Valley) Im Libertine findet man keine von Stars beworbenen Düfte, dafür aber einige der begehrtesten und normalerweise schwer zu findenden Parfüms und Hautpflegeprodukte für Frauen und Männer, z. B. Amouage (für den Sultan von Oman entwickelt), Santa Maria Novella und Creed (es ist sogar der Creed-Duft im Laden vorrätig, der für Gracia Patricia zu ihrer Hochzeit kreiert wurde).

Fallow MODE & ACCESSOIRES

(Karte S.314; ☎ 07-3854 0155; www.fallow.com.au; Level 1, 354 Brunswick St; ☺ Mo–Fr 11–17, Sa 10–17, So 11–16 Uhr; 🚈 Fortitude Valley) Diesen angesagten Laden für avantgardistische Männermode erreicht man über eine Treppe. Der Schwerpunkt liegt auf wie gemeißelt wirkenden, androgynen Kleidungstücken von Kultlabels, die in Australien sonst nicht zu

AB AUF DEN MARKT!

Neben den Wochenmärkten, die die Menschen im **Zentrum von Brisbane** (S. 336), in **New Farm** (S. 311) und in **West End** (S. 338) versorgen, gibt's noch andere fantastische lokale Märkte, auf denen von handgefertigter Mode und Schmuck bis zu Kunst, Kosmetik und ungewöhnlichen Geschenkideen alles verkauft wird. Auf den folgenden Märkten bummelt es sich besonders schön:

Young Designers Market (Karte S. 308; www.youngdesignersmarket.com.au; Little Stanley St, South Bank; ⊘ 10–16 Uhr, 1. So im Monat; 🚇 South Bank Terminal 3, 🚉 South Bank) Hier kann man die Arbeiten von bis zu 80 aufstrebenden Designern und Künstlern aus Brisbane und Umgebung bestaunen, die ihre Mode und Accessoires, zeitgenössischen Schmuck, Kunst, Möbel und Haushaltswaren verkaufen. Der Markt findet für gewöhnlich am ersten Sonntag im Monat in den South Bank Parklands statt.

Collective Markets South Bank (Karte S. 308; www.collectivemarkets.com.au; Stanley St Plaza; ⊘ Fr 17–21, Sa 10–21, So 9–16 Uhr; 🚇 South Bank Terminal 3, 🚉 South Bank) Dieser drei Mal wöchentlich stattfindende Markt in den South Bank Parklands zieht Touristen in Scharen an und verkauft ein paar tolle handgefertigte Schätze, etwa Ledergeldbeutel, luftige Sommerkleider, Schmuck, Kosmetik, Haushaltswaren und Kunst.

Finders Keepers Markets Dieser Markt findet zwei Mal jährlich im Innenstadtteil Bowen Hills in einem Museum aus dem 19. Jh. statt, das heute als Konzertsaal dient. Über 100 Kunst- und Designstände sind vertreten, Livemusik und Verköstigung gibt's ebenfalls. Hier kann man hervorragend hochwertige und einzigartige Mode, Schmuck u. v. m. von Talenten aus Brisbane und ganz Australien shoppen.

Brisbane Riverside Markets (Karte S. 308; ☎ 07-3870 2807; www.facebook.com/brisbaneriversidemarkets; City Botanic Gardens, Alice St; ⊘ So 8–15 Uhr; 🚇 QUT Gardens Point, 🚉 Central) Allwöchentlich sonntags schlendert am Nordende der City Botanic Gardens ein entspanntes Publikum über diesen zentral gelegenen Markt. An den Ständen werden hübsche handgefertigte Kleider, Duftkerzen, farbenfrohe Keramik und jede Menge Street Food aus allen Ecken der Welt verkauft. Livemusik sorgt für gute Laune und einen beschwingten Gang bei den Besuchern.

finden sind (Pal Offner aus Deutschland oder Aleksandr Manamis aus Dänemark). Bei den Accessoires finden sich handgefertigte Düfte von Mad et Len aus Frankreich und eine exquisite Kollektion mit handgemachtem Schmuck, darunter gotisch und edwardianisch inspirierte Teile vom in Brisbane lebenden Luke Maninov.

Tym Guitars MUSIK
(Karte S. 314; ☎ 07-3161 5863; www.tymguitars.com.au; 5 Winn St; ⊘ Di–Do & Sa 10–17, Fr bis 19, So 11–16 Uhr; 🚉 Fortitude Valley) Dieses Musikgeschäft ist Kult. Im Tym gibt's alles, von alten Gitarren über Verstärker bis hin zu handgefertigten Effektpedalen. Gut möglich, dass man hier auch eines der limitierten Pedale des amerikanischen Alt-Rockers J Mascis von Dinosaur Jr. findet. Im Vinyl-Bereich bietet das Tym außerdem eine besonders beeindruckende Auswahl an Punk-, Stoner- und Psychedelic-Scheiben. Und zu guter Letzt finden jeden Monat Konzerte mit Alternative Rock statt.

Stock & Supply MODE & ACCESSOIRES
(Karte S. 314; ☎ 07-3061 7530; www.stockandsupply.com.au; 4/694 Ann St; 🚉 Fortitude Valley) Genau genommen liegt diese jugendliche Unisex-Boutique in der Bakery Lane, gleich neben der Ann St. Sie verkauft eine coole Auswahl kleinerer Surfer- und Streetwear-Marken, von T-Shirts bis zu Strandklamotten. Vertreten sind z. B. die Skater-Marke Crawling Death und das „Surfen trifft Kunst"-Label The Critical Slide Society. Außerdem findet man hier Geldbeutel, Schmuck, Mützen und Schuhe.

James Street MODE & ACCESSOIRES
(Karte S. 314; www.jamesst.com.au; James St; 🚌 470, 🚉 Fortitude Valley) Der glamouröse Abschnitt der James St ist mit seiner niedriger Bausubstanz, den Sportwagen und schicken Restaurants so etwas wie die Valley-Version von L. A. Unter dem Dach der Feigenbäume kann man durch teure Boutiquen bummeln, darunter die Läden der gefeierten Aussie-Labels Scanlan & Theodore oder Sass & Bide (von der einheimischen Designerin Ca-

milla Franks) sowie der Kosmetikmarke Aesop aus Melbourne.

Winn Lane — MODE & ACCESSOIRES

(Karte S. 314; www.winnlane.com.au; Winn Lane; ⓡFortitude Valley) Hinter der Ann St (abseits der Winn St) kann man ein paar künstlerische Boutiquen, Buchläden, Schmuckgeschäfte und lässige Lokale entdecken. Die Gasse ist voller Street Art und versprüht ein aufstrebendes, skurriles Flair. Den zeitgenössischen Schmuck von **Miss Bond** (Karte S. 314; ✆0410 526 082; www.facebook.com/missbond.com.au; 5g Winn Lane; ⊙Mo–Sa 10–16, So bis 15 Uhr) oder den Männermode und Accessoires von **Outpost** (Karte S. 314; ✆07-3666 0306; www.theoutpoststore.com.au; 5 Winn St; ⊙Di–Do & Sa 10–18, Fr bis 20, So 9.30–16.30 Uhr) sollte man ebenso wenig verpassen wie das großartige sortierte Musik- und Plattengeschäft Tym Guitars (S. 337) gleich abseits der Winn Lane.

New Farm

Commercial Road Antiques — ANTIQUITÄTEN

(Karte S. 304; ✆07-3852 2352; 85 Commercial Rd, Teneriffe; ⊙10–17 Uhr; ⎙393, 470, 🚢Teneriffe) Ob man nun nach einer viktorianischen Kommode, einem Sessel aus den Fünfzigern oder Beatnik-Klamotten aus den Sechzigern sucht, die Chancen stehen gut, dass man es in dieser bunten Antiquitäten-Fundgrube findet. Besonders toll sind die alten Glaswaren. Und normalerweise gibt's auch eine gute Auswahl an dekorativer asiatischer und Stammeskunst.

Rund um Brisbane

Finders Keepers Markets — MARKT

(Karte S. 304; www.thefinderskeepers.com/brisbane-markets; Old Museum, 480 Gregory Tce, Bowen Hills; Erw./Kind 2 AU$/frei; ⊙Öffnungszeiten variieren; ⎙370, 375, ⓡFortitude Valley) Dieser halbjährlich stattfindende Markt mit über 100 Kunst- und Designständen ist in einem Museum aus dem 19. Jh. im Vorort Bowen Hills untergebracht, das heute auch als Konzerthalle dient. Man bummelt zu Livemusik, zu essen gibt's auch was und nicht selten findet man hochwertige Mode und Schmuck, oft Einzelstücke von außerordentlich begabten australischen Designern.

Paddington Antique Centre — ANTIQUITÄTEN

(Karte S. 304; ✆07-3369 8088; www.paddingtonantiquecentre.com.au; 167 Latrobe Tce, Paddington; ⊙Mo–Sa 10–17, So bis 16 Uhr; ⎙375) Das ehemalige, 1929 erbaute Theater beheimatet heute einen riesigen Antiquitätenmarkt. Über 50 Händler verkaufen unter einer abblätternden, nachtblauen Decke alle möglichen Schätze und Kitsch, von englischem Geschirr mit Blümchenverzierung über Retro-Klamotten, Lampen, Spielzeug und Filmposter bis hin zu chinesischen Vasen aus dem 17. Jh. Am besten nimmt man sich viel Zeit und hält die Augen offen – man weiß schließlich nie, was man findet.

Davies Park Market — MARKT

(Karte S. 312; www.daviesparkmarket.com.au; Davies Park, West End; ⊙Sa 6–14 Uhr; ⎙199, 192, 198) Dieser beliebte und entspannte Samstagsmarkt unter dem Blätterdach riesiger Großblättriger Feigenbäume bietet massenweise frische Waren. An den vielen Ständen mit Lebensmitteln aus aller Welt kann man sich den Bauch vollschlagen. Lecker ist auch der Bio-Kaffee im Gypsy Vardo, den man auf einer Milchkiste sitzend genießt, bevor man sich mit Bio-Obst und -Gemüse und diversen Leckereien eindeckt oder Kräuter, Blumen, handgemachtem Schmuck oder einen Bonsai kauft.

ℹ Praktische Informationen

GELD

American Express (✆1300 139 060; www.americanexpress.com; 261 Queen St; ⊙Mo–Fr 9–17.30 Uhr; ⓡCentral) Wechselstube.

Travelex (✆07-3210 6325; www.travelex.com.au; Shop 149F, Myer Centre, Queen St Mall; ⊙Mo–Do 8–18, Fr bis 20, Sa 9–17, So 10–16 Uhr; ⓡCentral) Wechselt Geld.

INTERNETZUGANG

Das Brisbane City Council bietet kostenlosen WLAN-Zugang in großen Teilen des Zentrums von Brisbane (CBD). Außerdem gibt's WLAN-Hotspots in den South Bank Parklands, im Roma Street Parkland, in der State Library of Queensland, in der James St in Fortitude Valley und im New Farm Park.

Brisbane Square Library (www.brisbane.qld.gov.au; 266 George St; ⊙Mo–Do 9–18, Fr bis 19, Sa & So 10–15 Uhr; ☎; ⛴North Quay, ⓡCentral) Gratis WLAN-Zugang.

MEDIZINISCHE VERSORGUNG

CBD Medical Centre (✆07-3211 3611; www.cbdmedical.com.au; Level 1, 245 Albert St; ⊙Mo–Fr 7–19, Sa 8.30–17, So 9.30–17 Uhr; ⓡCentral) Allgemeine medizinische Versorgung und Impfungen.

Royal Brisbane & Women's Hospital (✆07-3646 8111; www.health.qld.gov.au/rbwh;

Butterfield St, Herston; (🚍 370, 375, 333) 3 km nördlich des Stadtzentrums; mit 24-Std.-Unfallstation.

Travellers' Medical & Vaccination Centre (TMVC; ☑ 07-3815 6900; www.traveldoctor. com.au; 75a Astor Tce, Spring Hill; ⊗ Mo–Fr 8.30–16.30 Uhr; 🚉 Central) Medizinische Versorgung für Traveller.

POST

Hauptpost (GPO; Karte S. 308; ☑ 13 13 18; www.auspost.com.au; 261 Queen St; ⊗ Mo–Fr 7–18, Sa 10–13.30 Uhr; 🚉 Central) Brisbanes Hauptpost.

TOURISTENINFORMATION

Brisbane Visitor Information & Booking Centre (Karte S. 308; ☑ 07-3006 6290; www. visitbrisbane.com.au; The Regent, 167 Queen St Mall; ⊗ Mo–Do 9–17.30, Fr bis 19, Sa bis 17, So 10–17 Uhr; 🚉 Central) Großartiges Infozentrum für alle Fragen rund um Brisbane.

South Bank Visitor Information Centre (Karte S. 308; ☑ 07-3156 6366; www.visitbrisbane. com.au; Stanley St Plaza, South Bank; ⊗ 9–17 Uhr; 🚢 South Bank Terminal 3, 🚉 South Bank) Eine der offiziellen Touristeninformationen in Brisbane. Hier gibt's Broschüren, Karten und Festivalführer. Außerdem kann man hier Touren, Unterkünfte, Tickets und Events buchen.

❶ An- & Weiterreise

AUTO & MOTORRAD

Brisbane verfügt über ein weitläufiges Netz aus Schnellstraßen, Tunnels und Brücken (einige davon gebührenpflichtig), das von **Transurban Queensland** (☑ 13 33 31; www.govianetwork. com.au) betrieben wird. Der Gateway Motorway (M1) verläuft durch Brisbanes östliche Vororte und führt nordwärts zur Sunshine Coast und ins nördliche Queensland sowie südwärts zur Gold Coast und nach Sydney. Infos zu Gebühren gibt's auf der Website von Transurban.

Die wichtigsten Mietwagenfirmen haben Filialen am Brisbane Airport und in der Stadt. Kleinere Mietwagenfirmen haben Büros in Flughafennähe (und bieten einen Shuttleservice an), darunter **Ace Rental Cars** (☑ 1800 620 408; www.acerentalcars.au; 330 Nudgee Rd, Hendra), **Apex Car Rentals** (☑ 1800 558 912; www.apexrentacar.com.au; 400 Nudgee Rd, Hendra) und **East Coast Car Rentals** (☑ 1800 327 826; www.eastcoastcarrentals.com.au; 504 Nudgee Rd, Hendra).

BUS

Brisbanes Hauptbusbahnhof und -ticketbüro für Langstreckenbusse ist das **Brisbane Transit Centre** (Roma St Station; www.brisbanetransitcentre.com.au; Roma St), rund 500 m nordwestlich des Stadtzentrums. Außerdem befindet sich hier die Roma St Station, von dem aus Fern- wie Vorortzüge verkehren.

Auch die Ticketschalter von **Greyhound** (☑ 1300 473 946, 07-4690 9850; www.greyhound.com.au) und **Premier Motor Service** (☑ 13 34 10; www.premierms.com.au) sind hier vertreten.

Zu den Zielen von Fernbussen gehören Cairns, Darwin und Sydney, doch normalerweise ist Fliegen genauso erschwinglich und natürlich viel schneller.

FLUGZEUG

Der **Brisbane Airport** (www.bne.com.au; Airport Dr) liegt 16 km nordöstlich des Stadtzentrums. Er ist der drittgrößte Flughafen in Australien und der wichtigste internationale Knotenpunkt für Brisbane und den Südosten Queenslands.

Das internationale Terminal liegt rund 2 km vom Inlandsterminal entfernt. Beide sind mit dem **Airtrain** (☑ 1800 119 091; www.airtrain.com.au; Erw. einfach/hin & zurück 17,50/33 AU$) verbunden, der zwischen 5 Uhr (Sa & So 6 Uhr) und 22 Uhr alle 15 bis 30 Minuten verkehrt (zwischen den Terminals Erw./Kinder 5 AU$/frei).

Von dem ziemlich geschäftigen Flughafen starten zahlreiche Inlandsflüge in andere australische Metropolen sowie internationale Verbindungen nach Neuseeland, zu den pazifischen Inseln, nach Nordamerika und nach Asien (mit Anschluss nach Europa).

ZUG

Brisbanes Hauptbahnhof für Fernzüge ist die Roma St Station (im selben Gebäudekomplex wie das Brisbane Transit Centre). Für Reservierungen und Informationen kann man sich an **Queensland Rail** (☑ 13 16 17; www.queenslandrail.com.au) wenden.

NSW TrainLink Brisbane nach Sydney.

Spirit of Queensland Brisbane nach Cairns.

Spirit of the Outback Brisbane nach Longreach via Bundaberg, Gladstone und Rockhampton.

Tilt Train Brisbane nach Rockhampton via Bundaberg und Gladstone.

Westlander Brisbane nach Charleville.

❶ Unterwegs vor Ort

Brisbanes ausgezeichnetes öffentliches Nahverkehrsnetz – Busse, Züge und Fähren – wird von TransLink betrieben, das auch für das Transit Information Centre in der Roma St Station (Brisbane Transit Centre) zuständig ist. Die Touristeninfo im **Zentrum** (s. linke Spalte) und in **South Bank** (s. linke Spalte) halten ebenfalls Infos zum öffentlichen Nahverkehr bereit. Ergänzt wird das Netz durch eine Vielzahl praktischer Radwege.

AUTO & MOTORRAD

In vielen Straßen im CBD und in den inneren Stadtteilen darf man zwei Stunden lang mit

Parkschein parken. Aber Vorsicht: Brisbanes Ordnungshüter sind ziemlich gnadenlos. Tagsüber ist das Parken rund um South Bank und in West End günstiger als im Stadtzentrum, dafür ist es im CBD an Werktagen abends ab 18 Uhr (Sa ab 12 Uhr) kostenlos. Nähere Informationen rund ums Parken gibt's auf www.visitbrisbane.com.au/parking.

ZUM/VOM FLUGHAFEN

Der **Airtrain** (S. 339) verkehrt alle 15 bis 30 Minuten von 5 Uhr (Sa & So 6 Uhr) bis 22 Uhr und verbindet die beiden Terminals des Brisbane Airport mit dem Zentrum der Stadt. Praktische Haltestellen sind Fortitude Valley, Central Station, Roma St Station (Brisbane Transit Centre), South Brisbane und South Bank (einfache Strecke/hin & zurück 17,50/33 AU$). Die Züge fahren weiter bis zur Gold Coast (einfache Strecke ab 33,70 AU$).

Con-X-ion (☑ 1300 370 471; www.con-x-ion.com) unterhält regelmäßige Shuttleservices zwischen dem Flughafen und Hotels im Stadtzentrum von Brisbane (einfache Strecke/hin & zurück 20/36 AU$). Außerdem bestehen Verbindungen vom Brisbane Airport zu Hotels und Privatwohnungen an der Gold Coast (einfache Strecke/hin & zurück 49/92 AU$) sowie zu Hotels und Privatwohnungen an der Sunshine Coast (einfache Strecke/hin & zurück 52/96 AU$). Tickets kann man online buchen.

Ein Taxi ins Zentrum von Brisbane kostet 50–60 AU$.

ÖFFENTLICHER NAHVERKEHR

Das Netz von Busse, Zügen und Fähren ist in acht Zonen unterteilt: Alle inneren Stadtteile liegen in Zone 1. Eine Einzelfahrt kostet 4,60/2,30 AU$ für Erwachsene/Kinder, für eine Fahrt über zwei Zone werden 5,70/2,85 AU$ fällig.

Wer die öffentlichen Verkehrsmittel nicht nur für ein paar Fahrten nutzen will, kann Geld sparen und sich eine **Go Card** (www.translink.com.au/tickets-and-fares/go-card; Startguthaben Erw./Kind 10/5 AU$) zulegen. Man kauft die Karte, lädt ein Guthaben auf, nutzt es für Stadtbusse, Züge und Fähren und spart dabei über 30 % gegenüber Einzelfahrten. Go Cards kann man in Transitstationen, 7-Eleven-Shops, Zeitungskiosks, telefonisch oder online kaufen und aufladen. Außerdem kann man sie auf den CityCat-Fähren aufladen (nur Barzahlung).

Bus

Brisbanes Busnetz ist umfangreich und vor allem praktisch, wenn man nach West End, Kangaroo Point, Woolloongabba, Fortitude Valley, Newstead und Paddington möchte.

Im Stadtzentrum sind die wichtigsten Haltestellen der Stadtbusse die **Queen Street Bus Station** (Karte S. 308) und die **King George Square Bus Station** (Karte S. 308), die beide unterirdisch angelegt sind. Außerdem kann man in viele Busse an den Haltestellen entlang der Adelaide St zwischen der George St und Edward St einsteigen.

Für gewöhnlich verkehren die Busse zwischen ca. 5 Uhr (Sa & So 6 Uhr) und 23 Uhr alle zehn bis 30 Minuten.

Die Routen der CityGlider- und BUZ-Busse sind sehr stark frequentiert. An Bord der CityGlider- und BUZ-Busse kann man keine Tickets kaufen, aber die Go Card (s. linke Spalte) nutzen.

Die kostenlosen „Hop on, Hop off"-Services City Loop und Spring Hill Loop fahren eine Schleife durch den CBD und Spring Hill und haben praktische Haltestellen wie QUT, Queen Street Mall, City Botanic Gardens, Central Station und Roma Street Parkland. Die Busse verkehren an Werktagen zwischen 7 und 18 Uhr alle zehn Minuten.

Außerdem verkehren die Nachtbusse NightLink sowie Nachtzüge und Taxis mit Fixpreisen (Letztere von ausgewiesenen Taxiständen) von der Innenstadt nach Fortitude Valley. Näheres auf translink.com.au.

Schiff/Fähre

Katamarane von **CityCat** (S. 316) bieten Verbindungen zu 18 Fähranlegern zwischen der University of Queensland in St. Lucia und Northshore Hamilton. Zu den nützlichsten Haltestellen gehören South Bank, die drei CBD-Terminals, New Farm Park (zum Brisbane Powerhouse) und Bretts Wharf (zu den Eat Street Markets). Die Fähren fahren zwischen 5.20 Uhr und ungefähr Mitternacht etwa alle 15 Minuten. Tickets gibt's an Bord; wer eine hat, kann seine Go Card nutzen.

Kostenlose **CityHopper-Fähren** pendeln zwischen North Quay, South Bank, dem CBD, Kangaroo Point und der Sydney St in New Farm. Diese zusätzlichen Verbindungen werden zwischen ca. 6 und 23 Uhr angeboten.

TransLink unterhält außerdem die **Cross River Ferries**, die Kangaroo Point mit dem CBD und New Farm Park mit Norman Park am Nebenufer verbinden (und ebenso mit Teneriffe und Bulimba weiter nördlich). Die Fähren verkehren zwischen ca. 6 und 23 Uhr alle zehn bis 30 Minuten. Es gelten dieselben Zonen und Preise wie bei anderen Nahverkehrsmitteln in Brisbane.

Nähere Infos und Fahrplanauskünfte gibt's unter www.brisbaneferries.com.au.

Zug

Die **Citytrain**-Züge verkehren auf sechs Hauptlinien, im Norden fahren sie bis nach Gympie an der Sunshine Coast und im Süden bis Varsity Lakes an der Gold Coast. Alle Züge halten an der Roma St Station, der Central Station und der Fortitude Valley Station sowie an der praktisch gelegenen South Bank Station.

Im Stadtzentrum und entlang der Gold Coast ist der **Airtrain** (S. 339) in das Citytrain-Netz integriert.

Die Züge fahren ab etwa 4.30 Uhr; der letzte Zug verlässt die Central Station zwischen 23.30 und 24 Uhr (Fr & Sa später), sonntags bereits gegen 23 oder 23.30 Uhr.

Einzelfahrscheine kann man am Bahnhof kaufen; die Go Card (S. 340) kann genutzt werden.

Näheres zu Fahrplänen und Netzplänen gibt's unter www.translink.com.au.

TAXI

Im Stadtzentrum gibt's zahlreiche Taxistände, z. B. an der Roma St Station, am Treasury (Ecke George und Queen St), an der Albert St (Ecke Elizabeth St) und der Edward St (nahe Elizabeth St). In Fortitude Valley kann es abends schwierig werden, eines per Handzeichen anzuhalten: An der Ecke Brunswick St und Ann St ist ein Taxistand, doch muss man hier mit langen Schlangen rechnen. Die größten Taxiunternehmen sind **Black & White** (☑ 13 32 22; www.blackandwhite cabs.com.au) und **Yellow Cab Co** (☑ 13 19 24; www.yellowcab.com.au).

NightLink-Taxis mit Fixpreis verkehren freitag- und samstagnachts von den ausgewiesenen Taxiständen in der Elizabeth Street (Ecke George St) in Downtown und der Warner St in Fortitude Valley.

RUND UM BRISBANE

North Stradbroke Island

2030 EW.

Diese entspannte kleine Ferieninsel, mit der Fähre nur 30 Minuten von Brisbanes Vorort Cleveland entfernt, erinnert an eine Kreuzung aus Noosa und Byron Bay. Hier locken eine Reihe herrlich weißer und feiner Sandstrände, tolle Wellen und ein paar hervorragende Hotels und Restaurants, man kann prima Delfine, Schildkröten, Mantarochen und – zwischen Juni und November – Hunderte von Buckelwalen beobachten. Und obendrein wartet „Straddie" mit Süßwasserseen und Allradrouten auf.

⊙ Sehenswertes

**North Stradbroke
Island Historical Museum**　MUSEUM
(☑ 07-3409 9699; www.stradbrokemuseum.com. au; 15–17 Welsby St, Dunwich; Erw./Kind 5/1 AU$; ⊙ Di–Sa 10–14, So 11–15 Uhr) Dieses Museum erzählt von Schiffswracks und gefährlichen Reisen und gibt eine Einführung in die reiche Aborigine-Geschichte der Insel (traditio-

nell gehört Minjerribah alias Straddie den Quandamooka).

 Aktivitäten

Am Point Lookout ist der atemberaubende **North Gorge Headlands Walk** ein echtes Highlight. Der 20-minütige einfache Rundweg führt auf Planken um die Landzunge, untermalt vom Chor der Zikaden. Man sollte nach Schildkröten, Delfinen und Mantarochen vor der Küste Ausschau halten. Phänomenal ist auch der Blick vom Kap zum Main Beach.

8 km östlich von Dunwich befindet sich am Alfred Martin Way der Parkplatz des **Naree Budjong Djara National Park** (www. nprsr.qld.gov.au/parks/naree-budjong-djara; Alfred Martin Way). Von hier kann man über 2,6 km zu Straddies glitzerndem Herzstück wandern, dem Blue Lake (Kaboora). Unterwegs erspäht man mit etwas Glück Waldvögel, schreckhafte Echsen und Sumpfwallabys. Am See gibt's eine Aussichtsplattform aus Holz, die von einem Wald aus Myrtenheiden, Eukalyptusbäumen und Banksien umgeben ist. Wer keine Angst vor der dunklen Tiefe hat, darf sich im Wasser abkühlen.

Manta Lodge & Scuba Centre　TAUCHEN
(☑ 07-3409 8888; www.mantalodge.com.au; 132 Dickson Way, Point Lookout; Leihgebühr Neoprenanzug/Surfbrett 20/30 AU$, Tauchkurs ab 500 AU$) Das Manta Scuba Centre im YHA (S. 342) bietet eine Vielzahl von Optionen. Man kann sich einen Neoprenanzug inklusive Maske, Schnorchel und Flossen (25 AU$ für 24 Std.) oder ein Surfbrett ausleihen oder mit einem Tauchkurs ins Wasser gehen. Bei den Schnorchelausflügen (ab 60 AU$) sind im Preis die Bootsfahrt und die komplette Ausrüstung inbegriffen.

**North Stradbroke Island
Surf School**　SURFEN
(☑ 07-3409 8342; www.northstradbrokeislandsurf school.com.au; Unterricht ab 50 AU$) 90-minütiger Unterricht in kleinen Gruppen in den warmen Wellen vor Straddie. Einzelunterricht erhältlich, falls man schüchtern ist.

Straddie Super Sports　RADFAHREN
(☑ 07-3409 9252; www.straddiesupersports.com. au; 18 Bingle Rd, Dunwich; Verleih pro Std./Tag Mountainbike 10/50 AU$, Kajak 15/60 AU$, SUP-Brett 10/50 AU$; ⊙ Mo–Fr 8–16.30, Sa bis 15, So 9–14 Uhr) Ein sympathischer Laden, der Mountainbikes, Kajaks, SUP- und Surfbretter (50 AU$/Tag) und Bodyboards (15 AU$/

Tag) verleiht. Außerdem verkauft er Angelausrüstung und Campingzubehör.

Straddie Adventures
KAJAK FAHREN

(☑ 0433 171 477; www.straddieadventures.com.au; Kajak-Touren auf dem Meer Erw./Kind ab 75/40 AU$, Sandboarding 35/30 AU$) Dieser Anbieter wird von Aborigines geführt, denen diese Gegend traditionell gehört. Auf dem Programm stehen interessante Kajaktouren, die einen Einblick in die Kultur der Ureinwohner bieten. Außerdem steht Sandboarding zur Auswahl.

Schlafen

Straddie Camping
CAMPINGPLATZ $

(☑ 07-3409 9668; www.straddiecamping.com.au; 1 Junner St, Dunwich; Allradstellplätze ab 16,55 AU$, Stellplatz mit/ohne Strom ab 39/32 AU$, Hütte ab 120 AU$; ☺ Buchungsbüro Mo–Sa 8–16 Uhr) Auf der Insel gibt's acht Campingplätze desselben Unternehmens, zu denen auch zwei Stellplätze für Allradfahrzeuge (Genehmigung erforderl.; 43,75 AU$) direkt am Wasser gehören. Die besten befinden sich rund um Point Lookout: Cylinder Beach, Adder Rock und Home Beach bieten alle Blick auf den Strand. Der Campingplatz in Amity Point hat zwei neue Öko-Hütten. Gute Wochenraten; weit im Voraus buchen.

Manta Lodge YHA
HOSTEL $

(☑ 07-3409 8888; www.mantalodge.com.au; 132 Dickson Way, Point Lookout; B/DZ/2BZ/FZ ab 35/90/90/115 AU$; @🛜) Das freundliche, dreistöckige Hostel bietet saubere (wenn auch unspektakuläre) Zimmer und eine tolle Lage am Strand. Es hat eine Feuerstelle zur freien Nutzung, eine 24-Stunden-Küche, gemütliche Gemeinschaftsräume und eine Tauchschule (S. 341). Man kann sich Surfbretter, Bodyboards, SUP-Bretter, Fahrräder und Schnorchelausrüstung ausleihen. WLAN ist in den Gemeinschaftsbereichen gratis, in den Schlafsälen kostet es 5 AU$ à 24 Stunden.

Straddie Views
B&B $$

(☑ 04-5950 2257; 26 Cumming Pde, Point Lookout; EZ/DZ ab 125/150 AU$) Dieses B&B verfügt über zwei geräumige Suiten im unteren Stockwerk. Jan schmeißt den Laden, ist auf Straddie heimisch und unheimlich freundlich. Die Zimmer sind einladend und stilvoll und punkten mit französischen Betten, eigenem Bad, Erdfarben und aufmerksamen Extras wie Schokolade auf dem Bett und Portwein in der Karaffe. Das Frühstück wird oben auf der Terrasse serviert (den Meerblick gibt's gratis dazu).

★ Allure
APARTMENT $$$

(☑ 07-3415 0000, 1800 555 200; www.allurestradbroke.com.au; 43-57 East Coast Rd, Point Lookout; Bungalow/Villa ab 175/250 AU$; ❋🛜♨) Das Allure liegt in grüner Umgebung und bietet seinen Gästen einen Pool, ein Fitnessstudio und einen Küchengarten. Es vermietet große, makellose, moderne Bungalows und Villen. Die Bungalows erinnern eher an Wohneinheiten und sind mit Küchenzeile und Bad auf dem Halbgeschoss ausgestattet. Die Villen bieten dagegen komplette Küchen und abgetrennte Schlafzimmer. Alle haben eigene Waschmaschinen und eine Außenterrasse mit Grill. Zwischen den einzelnen Gebäuden ist nicht viel Platz, dank eines cleveren Designs bieten sie aber trotzdem Privatsphäre. Wer länger als eine Nacht bleibt, bekommt Rabatt.

Essen

★ Island Fruit Barn
CAFÉ $

(☑ 07-3409 9125; 16 Bingle Rd, Dunwich; Hauptgerichte 10–16 AU$; ☺ Mo–Fr 7–17, Sa bis 16, So 8–16 Uhr; 🖭) Das entspannte Island Fruit Barn liegt an der Hauptstraße nach Dunwich. Es serviert ausgezeichnetes Frühstück, Smoothies, Salate, Sandwiches, Wintersuppen und Kuchen, darunter viele glutenfreie und vegane Optionen; alles wird aus hochwertigen Zutaten zubereitet. Man kann sich ein leckeres Spinat-Feta-Brötchen bestellen und sich dann in der entzückenden Ladenecke mit frischem Obst und Gemüse und exzellenten Gewürzen eindecken.

Blue Room Cafe
CAFÉ $

(☑ 0438 281 666; 27 Mooloomba Rd, Point Lookout; Gerichte 10–18 AU$; ☺ 7.30–14.30, Lebensmittelladen Mo–Sa bis 17.30, So bis 14 Uhr; 🖭) Ein junges Café im Strandchic, mit kleiner Freilufterrasse und frischen Wohlfühlgerichten, darunter rote, mit Kiwi und Erdbeeren gefüllte Papaya mit Granola und Kakao-Crunch, Omelett aus Bio-Eiern mit Spinat und Ziegenkäse oder großzügige Tacos mit gegrilltem Fisch und hausgemachter mexikanischer Salsa aus schwarzen Bohnen und Mais. Für den kleinen Hunger zwischendurch gibt's Kekse und leckere vegane Snacks. Der angeschlossene Lebensmittelladen trägt den treffenden Namen Green Room.

❶ An- & Weiterreise

Man erreicht North Stradbroke Island mit der Fähre von Brisbanes Küstenvorort Cleveland.

Point Lookout

Von hier setzt **Stradbroke Ferries** (☑ 07-3488 5300; www.stradbrokeferries.com.au; hin & zurück pro Fahrzeug inkl. Passagiere ab 110 AU$, Fußgänger Erw./Kind 10/5 AU$; ☺ 5.30–20 Uhr) Passagiere und Fahrzeuge nach Dunwich über (45 Min., 12–17 tgl.). Für Fahrzeuge sind günstigere Onlinetickets erhältlich. **Gold Cats Stradbroke Flyer** (☑ 07-3286 1964; www.flyer. com.au; Middle St, Cleveland; hin & zurück Erw./ Kind/Fam. 19/10/50 AU$; ☺ 5–19.30 Uhr) betreibt täglich verkehrende reine Personenfähren zwischen Cleveland und dem One Mile Jetty in Dunwich (30 Min., 13–14 tgl.). Der kostenlose Shuttlebus Stradbroke Flyer holt Wassertaxi-Passagiere zehn Minuten vor den Abfahrten der meisten Boote am Bahnhof in Cleveland ab (Ausnahmen stehen auf der Website).

Der **Regular Citytrain** (www.translink.com.au) fährt von den Bahnhöfen Brisbane Central und Roma St (und den innerstädtischen Stationen South Bank, South Brisbane und Fortitude Valley) zum Bahnhof Cleveland (8,60 AU$, 1 Std.). Busse zum Fährterminal bieten Anschluss an die Züge nach Cleveland (7 Min.).

ⓘ Unterwegs vor Ort

North Stradbroke Island ist recht groß: Am besten erkundet man die Insel mit einem eigenen fahrbaren Untersatz. Wer ein Off-Road-Abenteuer sucht, kann sich bei Straddie Camping informieren und eine Allrad-Genehmigung kaufen (43,75 AU$).

Point Lookout

⊕ Aktivitäten, Kurse & Touren
   Manta Lodge & Scuba
    Centre ....(siehe 5)

🛏 Schlafen
  1 Adder Rock Campground A1
  2 Allure...B2
  3 Cylinder Beach Campground B2
  4 Home Beach Campground B2
  5 Manta Lodge YHA A1
  6 Straddie Views.................................B2

✕ Essen
  7 Blue Room Cafe..................................D3

Alternativ warten die Busse von **Stradbroke Island Buses** (☑ 07-3415 2417; www.stradbroke islandbuses.com.au) auf die Fähren in Dunwich und fahren nach Amity und Point Lookout (einfache Strecke/hin & zurück 4,70/9,40 AU$). Verbindungen gibt's etwa stündlich; der letzte Bus nach Dunwich verlässt Point Lookout um 18.20 Uhr. Nur Barzahlung.

Außerdem steht der **Stradbroke Cab Service** (☑ 0408 193 685) zur Verfügung; eine Fahrt von Dunwich nach Point Lookout kostet rund 60 AU$.

Straddie Super Sports (S. 341) in Dunwich verleiht Mountainbikes (pro Std./Tag 10/50 AU$).

Moreton Island

300 EW.

Wer in Queensland nicht weiter nördlich als bis Brisbane reist, aber trotzdem ein tropisches Paradies genießen will, sollte nach Moreton Island übersetzen. Die Insel steht mit ihren unberührten Stränden, Dünen, Buschland und Lagunen unter Naturschutz. Die **Moreton Island National Park & Recreation Area** (www.nprsr.qld.gov.au/parks/ moreton-island) nimmt 95 % der Fläche ein. Abgesehen von ein paar felsigen Landzungen besteht sie nur aus Sand. Der Mt. Tempest ist mit luftigen 280 m der höchste Küstensandberg der Welt. Und vor der Westküste liegen die vom Rost zerfressenen, mächtigen Tangalooma-Wracks, an denen man hervorragend schnorcheln und tauchen kann.

Die Insel hat eine reiche Geschichte, die von den frühen Siedlungen der Aborigines bis zu Queenslands erster und einziger Walfangstation in Tangalooma reicht, die zwischen 1952 und 1962 in Betrieb war.

Sehenswertes & Aktivitäten

Rund ein halbes Dutzend Delfine schwimmen aus dem Ozean hierher und fressen mit Freuden den Fisch, denen Ehrenamtliche allabendlich verfüttern. Man muss Gast im Tangalooma Island Resort sein, um mitmachen zu können, Zuschauer sind aber willkommen. Außerdem befindet sich im Resort das **Tangalooma Marine Education & Conservation Centre** (☑ 1300 652 250; www. tangalooma.com; Tangalooma Island Resort; ⊙ 10– 12 & 13–16 Uhr), das eine Ausstellung zur vielfältigen Unterwasser- und Vogelwelt von Moreton Bay zeigt.

Buschwanderungen auf der Insel führen über einen Wüstenweg (2 Std.), der am Tangalooma Island Resort beginnt, oder über einen anstrengenden Anstieg auf den Mt. Tempest, 3 km landeinwärts von Eagers Creek. Die Mühe lohnt sich; allerdings benötigt man einen fahrbaren Untersatz, um den Startpunkt zu erreichen.

Vom **Cape Moreton Lighthouse** bietet sich ein toller Ausblick, wenn die Wale vorbeiziehen.

Moreton Bay Escapes (☑ 1300 559 355; www.moretonbayescapes.com.au; Tagestour Erw./ Kind ab 200/140 AU$, 2-tägiger Campingausflug ab 360/250 AU$) 🌿 bietet informative ein-, zwei- und dreitägige Allradtouren, bei denen man schnorchelt oder Kajak fährt, sich beim Sandboarding amüsiert, Meerestiere beobachtet und wandert. **Adventure Moreton Island** (☑ 07-3410 6927; www.adventuremo retonisland.com; Tagestouren ab 145 AU$) hat eine Handvoll Tagestouren im Programm, z. B. die Island Adrenaline Tour (189 AU$), bei der man aus vier Aktivitäten wählen kann, etwa Quad-Fahren, Sandboarding oder Schnorcheln an den Tangalooma-Wracks.

🛏 Schlafen

Auf Tangalooma befindet sich das einzige **Resort** (☑ 1300 652 250, 07-3637 2000; www. tangalooma.com; Tangalooma; DZ ab 210 AU$, 2-/ 3-/4-Zi.-Apt. ab 480/510/550 AU$; ❋ @ 🛜 ☒) der Insel. Außerdem gibt's fünf **Campingplätze** (☑ 13 74 68; www.nprsr.qld.gov.au/experi ences/camping; Stellplatz pro Pers./Fam. 6,15/ 24,60 AU$) im Nationalpark auf Moreton Island, die allesamt mit Wasser, Toiletten und kalten Duschen ausgestattet sind. Man sollte sie online oder telefonisch buchen, bevor man auf die Insel reist.

ℹ An- & Weiterreise

Vom Festland verkehren mehrere Fähren. Für die Erkundung der Insel sollte man einen Wagen mit Allradantrieb haben oder sich einer Tour anschließen. Die meisten Touren starten in Brisbane, der Fährtransport ist inbegriffen.

Amity Trader (☑ 07-3820 6557; www.amity trader.com; Allradfahrzeug/Fußgänger hin & zurück 270/40 AU$) Organisiert mehrmals im Monat Bootstransporte für Allradfahrzeuge und Passagiere von Brisbanes Vorort Victoria Point nach Kooringal auf Moreton Island. Auf der Website gibt's den aktuellen Fahrplan.

Micat (☑ 07-3909 3333; www.micat.com. au; Tangalooma; hin & zurück Erw./Kind ab 52/35 AU$, Standard-Allradwagen inkl. 2 Pers. 200–300 AU$) Die Autofähre von Port of Brisbane nach Tangalooma fährt etwa acht Mal wöchentlich (75–90 Min.); Näheres zur Anfahrt zum Fährterminal gibt's auf der Website.

Tangalooma Flyer (☑ 07-3637 2000; www. tangalooma.com; hin & zurück Erw./Kind 80/45 AU$) Schneller Passagierkatamaran des Tangalooma Island Resort. Er legt die 75-minütige Strecke vom Resort drei- bis viermal täglich zurück; Abfahrt ist am Holt St Wharf in Brisbanes Vorort Pinkenba (Näheres zur Anfahrt auf der Website).

Gold Coast

Gut essen

➡ Rick Shores (S. 357)

➡ Bstow (S. 359)

➡ Harry's Steak Bistro
(S. 357)

➡ Glenelg Public House
(S. 354)

➡ BSKT Cafe (S. 355)

Schön übernachten

➡ La Costa Motel (S. 360)

➡ Burleigh Break (S. 356)

➡ Island (S. 349)

➡ Sheraton Grand Mirage
Resort (S. 352)

➡ QT (S. 350)

Auf zur Gold Coast!

Dieser dem Vergnügen, der Sonne, dem Surfen und den schönen Körpern geweihte Küstenstreifen hat Kultstatus. Die schimmernden Hoteltürme wirken aus der Ferne wie eine urbane Skyline, und der Kitschvorwurf trifft mitunter voll ins Schwarze. Aber diese Dinge verblassen angesichts des schwungvollen, jungen Flairs und der hinreißenden Schönheit der Natur: Unberührter Sandstrand erstreckt sich über 52 km Länge, es gibt gewaltige Brandungswellen, tolle Sonnenuntergänge, das herrliche Wasser und 300 Sonnentage im Jahr.

Die Malls und Megaclubs von Surfers Paradise sorgen dafür, dass die partywütigen Kids ihren Spaß haben. Die anderen Wohngegenden besitzen alle ihren ganz eigenen Charme. Main Beach und Broadbeach stehen für Küstenschick; Burleigh Heads, Mermaid und Palm Beach geben sich etwas altmodisch und haben eine boomende Gastronomie, während Coolangatta ganz im Zeichen des Surfsports steht. Nicht übersehen sollte man aber auch den üppigen, dunstigen subtropischen Regenwald im Hinterland.

Reisezeit
Surfers Paradise

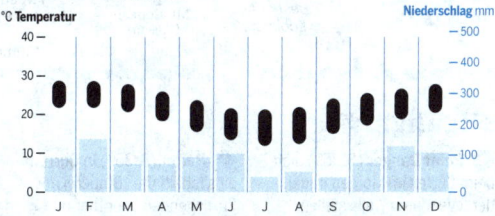

Dez.–Feb. Sonnenschein, hohe Temperaturen und volle Strände.

Juni–Aug. Im Winter suchen Touristen aus kühlerem Klima hier Sonne und Badespaß.

Okt. & Nov. Ideales Wetter, bessere Preise; die Partywochen der Schulabgänger (Schoolies) meiden!

Highlights

1 Point Danger (S. 359) Sich beim Surfen im Morgengrauen der legendären Welle stellen

2 Burleigh Heads (S. 355) Sich durch die junge, lustige und kreative gastronomische Szene futtern

3 Lamington National Park (S. 362) Durch zerklüftete Schluchten und dichte Regenwälder wandern

4 Balter (S. 359) In Currumbins fabelhafter Brauerei mit Surflegenden über Bier und Wellen plaudern

5 South Stradbroke Island (S. 357) Den Massen an einem einsamen Sandstrand entfliehen

6 Springbrook National Park (S. 363) Den Blick vom treffend benannten Aussichtspunkt Best of All Lookouts genießen

7 Burleigh Social (S. 357) Sich um 6 Uhr einen Milchkaffee mit Macadamia-Sirup holen und dann im Sand nach Miami laufen

8 Themenparks (S. 354) Mit den Achterbahnen der Gold Coast Nerven (und Kreislauf) auf die Probe stellen

9 Surfers Paradise (S. 347) Trinken, tanzen und zuschauen, wie die Sonne am Strand aufgeht

❶ An- & Weiterreise

BUS

Greyhound (www.greyhound.com.au) betreibt häufig verkehrende Busse ab/nach Brisbane (23 AU$, 1½ Std.), Byron Bay (35 AU$, 2½ Std.) und zu anderen Zielen.

Premier Motor Service (☑13 34 10; www. premierms.com.au) fährt täglich einige Male nach Brisbane (ab 21 AU$, 1½ Std.), Byron Bay (ab 29 AU$, 2½ Std.) und zu anderen Orten an der Küste.

FLUGZEUG

Der Gold Coast Airport befindet sich in Coolangatta, 25 km südlich von Surfers Paradise. Alle wichtigen australischen Inlandsfluglinien sind hier vertreten. **Scoot** (www.flyscoot. com), **Air Asia** (☑1300 760 330; www.airasia. com) und **Air New Zealand** (☑13 24 76; www. airnewzealand.com.au) haben Flüge ab/nach Übersee im Programm.

Der Brisbane Airport (S. 339) liegt 16 km nordöstlich des Zentrums von Brisbane und ist mit dem Zug erreichbar. Gerade für Besucher aus dem Ausland ist er eine nützliche Anreisemöglichkeit Richtung Gold Coast.

ZUG

TransLink (☑13 12 30; https://translink.com. au) Citytrain-Züge verbinden Brisbane ungefähr halbstündlich mit den Bahnhöfen Nerang, Robina und Varsity Lakes an der Gold Coast (75 Min.). Die Linie führt in nördlicher Richtung über Brisbane hinaus zum Flughafen Brisbane.

❶ Unterwegs vor Ort

BUS

Surfside Buslines (☑13 12 30; www.surfside. com.au), eine Tochtergesellschaft von TransLink, Brisbanes größtem Busunternehmen, unterhält regelmäßige Busverbindungen an der gesamten Gold Coast sowie Shuttlebusse von den Bahnhöfen der Gold Coast nach Surfers Paradise und zu weiteren Zielen (darunter die Themenparks).

Surfside bietet zusammen mit dem Gold Coast Tourist Shuttle auch den Freedom Pass an. Dieser berechtigt zur Hin- und Rückfahrt zum Gold Coast Airport, zu unbegrenzten Fahrten ab/zu den Themenparks und zu unbegrenzten Fahrten mit Nahverkehrsbussen. Der Pass (Erw./Kind 78/39 AU$) ist drei Tage lang gültig. Es gibt auch Pässe für fünf, sieben oder zehn Tage.

VOM/ZUM FLUGHAFEN

Byron Bay Xcede (www.byronbay.xcede. com.au) Transfers vom Gold Coast Airport zu den Hotels und Privatadressen in Byron Bay; Reservierungen werden angeraten (Erw./Kind 37/18,50 AU$).

Con-X-ion Airport Transfers (☑1300 266 946; www.con-x-ion.com) Transfers ab/zum Gold Coast Airport (einf. Fahrt Erw./Kind ab 22/13 AU$), zum Brisbane Airport (einf. Fahrt Erw./Kind ab 49/25 AU$) und zu den Themenparks der Gold Coast.

Gold Coast Tourist Shuttle (☑1300 655 655, 07-5574 5111; www.gcshuttle.com.au; einf. Fahrt Erw./Kind 22/13 AU$) Steht bei ankommenden Flügen auf dem Gold Coast Airport bereit und transportiert die Fahrgäste zu den meisten Unterkünften der Gold Coast. Fährt darüber hinaus auch zu den Themenparks.

STRASSENBAHN

Der **G:link** (Gold Coast Light Rail; ☑13 12 30; http://translink.com.au; Tickets ab 4,80 AU$, Go-Explore-Tageskarte Erw./Kind 10/5 AU$) ist eine praktische, wenn auch teure Straßenbahnverbindung, die Southport über mehrere Haltestellen mit Broadbeach verbindet. Es lohnt sich, eine Go-Explore-Tageskarte (Erw./Kind 10/5 AU$; erhältlich nur in 7-Eleven Filialen) zu kaufen, wenn man mehr als eine kurze Kreuz und Fahrt unternimmt. Ansonsten gibt's Einzelfahrscheine (ab 4,80 AU$) am Automaten an der Haltestelle.

Surfers Paradise

2250 EW.

Manche unken zwar, das Paradies sei verloren, aber es lässt sich nicht bestreiten, dass diese wilde Partyzone aus einigen wenigen Blocks und einem herrlichen Sandstrand gewaltige Besuchermassen anlockt – zu Spitzenzeiten bis zu 20000 Menschen am Tag. Partylustige Teens und Twens kommen wegen der Clubs, Bars, Malls und vielleicht auch wegen der Gelegenheit, den Kater am Strand auszukurieren, bevor sie sich in die nächste Party stürzen. Familien wiederum schätzen die vielen großen Apartments, die kinderfreundlichen Restaurants und natürlich den herrlichen Strand.

◉ Sehenswertes & Aktivitäten

SkyPoint
Observation Deck   AUSSICHTSPUNKT

(www.skypoint.com.au; Level 77, Q1 Bldg, Hamilton Ave; Erw./Kind/Fam. 24/14/62 AU$; ☺So–Do 7.30–20.30, Fr & Sa bis 23.30 Uhr) Die Highlights von Surfers Paradise betrachtet man eigentlich am besten vom eigenen Strandtuch aus. Wer aber mal einen Blick aus der Vogelschau auf die Küste und das Hinterland werfen will, saust mit dem Aufzug hinauf zur Aussichtsterrasse des Q1, eines der höchsten Gebäude der Welt, in 230 m Höhe. Mit dem

Surfers Paradise

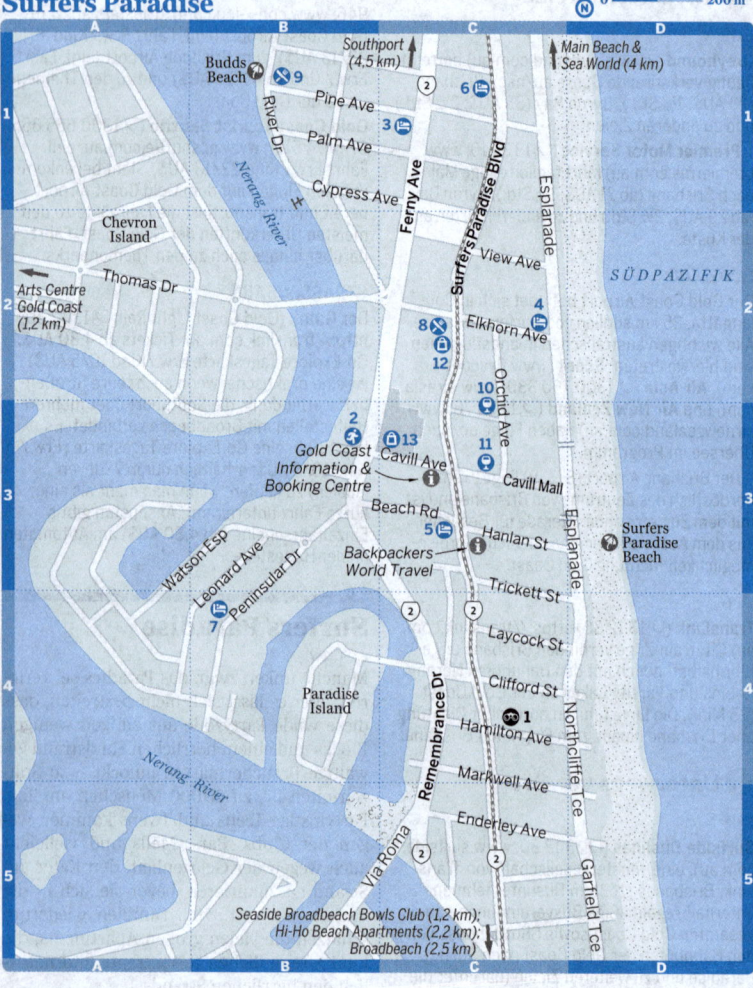

Surfers Paradise

SkyPoint Climb (Erw./Kind ab 74/54 AU$) kann man sich sogar bis auf die Spitze des Gebäudes in 270 m Höhe wagen.

Cheyne Horan School of Surf   SURFEN
(☑ 1800 227 873; www.cheynehoran.com.au; Surfunterricht 49 AU$/2 Std.; ⊙ 10 & 14 Uhr) In der Schule des ehemaligen Surfer-Profis Cheyne Horan lernt man den Umgang mit den Wellen. Wer pauschal mehrere Surfstunden bucht, reduziert seine Kosten.

Balloon Down Under   BALLONFAHRT
(☑ 07-5500 4797; www.balloondownunder.com; 1-stünd. Flug Erw./Kind 279/225 AU$) Auf in die Lüfte bei einer Ballonfahrt zum Sonnenaufgang über der Gold Coast, die mit einem Sektfrühstück endet.

Whales in Paradise   WALBEOBACHTUNG
(☑ 07-5538 2111; www.whalesinparadise.com.au; Ecke Cavill & Ferny Ave; Erw./Kind/Fam. 99/69/267 AU$; ⊙ Juni–Nov.) Die 3½-stündige Walbeobachtungstour startet dreimal täglich im Zentrum von Surfers Paradise.

✺ Feste & Events

★ Bleach Festival   KULTUR
(www.bleachfestival.com.au; ⊙ Anf. April) Bei diesem Festival gibt's an verschiedenen Standorten, auch unter freiem Himmel, Kunstausstellungen, Tanz, Musik aller Genres, Theater und Performances. Es herrscht spätsommerliche Partyatmosphäre, gelegentlich tritt ein Superstar auf, und es gibt auch immer wieder Kontroverses und Provokantes.

Gold Coast Film Festival   FILM
(www.gcfilmfestival.com; ⊙ April) Mainstream- und anspruchsvolle Filme aus aller Welt werden Mitte bis Ende April unter freiem Himmel gezeigt; ein Bestandteil ist auch das SIPFest mit zwei Abenden voller Kurzfilme direkt am Strand.

Gold Coast 600   MOTORSPORT
(www.v8supercars.com.au ; ⊙ Okt.) Die Straßen von Surfers Paradise verwandeln sich im Oktober für drei Tage in eine Rennstrecke für V8-Boliden.

🛏 Schlafen

Budds in Surfers   HOSTEL $
(☑ 07-5538 9661; www.buddsinsurfers.com.au; 6 Pine Ave; B 32–34 AU$, DZ 95–110 AU$; @ ⚛ ⛱) Das entspannte Hostel hat ordentliche Badezimmer, saubere Fliesenböden, eine gesellige Bar und einen netten Pool in kurzer Gehentfernung zum ruhigen Budds Beach.

> ### ⓘ SCHOOLIES WEEK
>
> Jeden November strömen Tausende Teenager nach Surfers Paradise, um bei der Schoolies Week, einer dreiwöchigen Party, zügellos ihren Highschool-Abschluss zu feiern. Zwar schreiten die örtlichen Behörden ein, um die Exzesse einzudämmen, aber betrunkene und zugedröhnte Jugendliche sind trotzdem an der Tagesordnung. Besonders schön ist das alles nicht.
>
> Weitere Infos findet man unter www.schoolies.com.

Es gibt einen Fahrradverleih, auf Anfrage auch Schlafsäle nur für Frauen sowie ein Doppelzimmer mit eigenem Bad.

Sleeping Inn Surfers   HOSTEL $
(☑ 07-5592 4455, 1800 817 832; www.sleepinginn.com.au; 26 Peninsular Dr; B 30–34 AU$, DZ 78–92 AU$; @ ⚛ ⛱) Das Hostel hat sich in einem alten Apartmentblock abseits des Zentrums eingenistet, sodass tatsächlich, wie auch der Name verspricht, die Chance besteht, dass man hier eine Mütze Schlaf abbekommt. Die größeren Schlafsäle haben eine eigene Küche, ein eigenes Bad und meist auch einen eigenen Wohnbereich. Kinder sind hier nicht zugelassen; wer in einem Schlafsaal übernachten will, muss einen ausländischen Pass vorzeigen. In einem angrenzenden Apartmentblock gibt's einige renovierte Privatzimmer.

Chateau Beachside Resort   APARTMENTS $
(☑ 07-5538 1022; www.chateaubeachside.com.au; Ecke Elkhorn Ave & Esplanade; Studio-Apt./Apt. mit 1 Schlafzi. 99/119 AU$; ❄ @ ⚛ ⛱) In diesem „Château" am Meer, tatsächlich einem 18-stöckigen Hochhaus, bei dem man eher an Las Vegas als an das Loire-Tal denkt, gibt's individuell eingerichtete Einraumwohnungen und Apartments. Mit Ausnahme der billigsten haben alle einen Ausblick auf den Ozean. Ein Pluspunkt ist der 18 m lange Pool. Mindestaufenthalt zwei Nächte.

★ Island   HOTEL $$
(☑ 07-5538 8000; www.theislandgoldcoast.com.au; 3128 Surfers Paradise Blvd; DZ 180–250 AU$; ⓟ ❄ ⚛ ⛱) Das sagenhaft heruntergekommene Islander Hotel ist als Island wiederauferstanden und ist jetzt tatsächlich eine Insel des zeitgenössischen Stils in dieser Ecke von Surfers Paradise. Die Zimmer haben zwar niedrige Standarddecken, aber durch

natürliches Holz, den weißen Anstrich und eine monochrome Farbpalette wirken sie gleichwohl angenehm und außerdem geräumig – die Doppelzimmer sind 27 m², die Suiten 45 m² groß – und sind mit großen Doppelbetten ausgestattet.

★ QT HOTEL $$
(☎07-5584 1200; www.qtgoldcoast.com.au; 7 Staghorn Ave; DZ 185–280 AU$; ❄📶🏊) Acapulco-Stühle, Retro-Fahrräder und adrett gekleidete Angestellte sind ein Rückgriff auf die großen Tage des Designs in Surfers Paradise Mitte des letzten Jahrhunderts. Diese clevere Umgestaltung eines langweiligen Turms aus den 1980er-Jahren funktioniert, und im luftigen Foyer hängt man gerne ab. Die Zimmer sind weniger nostalgisch, setzen aber kräftige Farbakzente.

Moorings on Cavill APARTMENTS $$
(☎07-5538 6711; www.mooringsoncavill.com.au; 63 Cavill Ave; Apt. mit 1/2 Schlafzi. ab 135/185 AU$; ❄📶🏊) Der Turm mit 73 geräumigen Apartments am dem Fluss zugewandten Ende der Cavill Ave ist toll für Familien; die Atmosphäre ist ruhig und respektvoll. Auch die Lage in der Nähe von Strand, Läden und Restaurants könnte nicht besser sein. Die Anlage ist supersauber und das Management sehr freundlich.

Q1 Resort APARTMENTS $$$
(☎07-5630 4500, 1300 792 008; www.q1.com.au; Hamilton Ave; Apt. mit 1/2 Schlafzi. 189–259/276–375 AU$; ❄@📶🏊) Die Nacht in Australiens höchstem Wohngebäude verbringt man in einem der komplett weißen Apartments mit fabelhaftem Blick in mehrere Richtungen. Es gibt einen an eine Lagune erinnernden Pool und ein Fitnesszentrum, falls einen der Strand nicht schon genug ausgepowert hat. Die Preise variieren und sind besonders günstig bei Buchung von fünf Übernachtungen ohne Putzdienst.

Essen

Selbstversorger finden Supermärkte im **Chevron Renaissance Shopping Centre** (www.chevronrenaissanceshoppingcentre.com.au; Ecke Elkhorn Ave & Surfers Paradise Blvd; ⏲Mo–Sa 9–17.30, So 10–16 Uhr) und im **Circle on Cavill** (www.circleoncavill.com.au; Ecke Cavill & Ferny Ave; ⏲Mo–Sa 9–17.30, So 10–16 Uhr).

★ Bumbles Café CAFÉ $$
(☎07-5538 6668; www.bumblescafe.com; 21 River Dr, Budds Beach; Hauptgerichte 14–24 AU$; ⏲7.30–16 Uhr) Das tolle Café in einem umgebauten Wohnhaus, das eine Zeit lang auch ein Bordell war, ist der richtige Ort für Frühstück, süße Sachen und Kaffee. Es besteht aus mehreren Räumen, vom rosafarbenen (prima für den Nachmittagstee geeigneten) Princess Room bis hin zu einer Bibliothek. Hier gibt's wirklich leckeren Kuchen!

Surfers Sandbar MODERN-AUSTRALISCH $$
(☎07-5526 9994; www.facebook.com/sandbargc; 52 Esplanade; Hauptgerichte 18–29 AU$; ⏲6.30–24 Uhr) Nach respektablen 19 Jahren im Dienst der Strand-Gastronomie haben die Inhaber die Zügel nun ihrem Sohn überlassen. Angeregt von seiner Arbeit im Gastgewerbe auf Bali, hat dieser das Sandbar zu einem Treffpunkt voller faszinierender Details ausgebaut, bei denen sich die Riviera und Canggu die Hand reichen. Zufriedene Einheimische stürzen sich hier auf kreative Gerichte, die ihre Inspiration aus aller Welt beziehen.

Baritalia ITALIENISCH $$
(☎07-5592 4700; www.baritaliagoldcoast.com.au; Shop 15, Chevron Renaissance Centre, Ecke Elkhorn Ave & Surfers Paradise Blvd; Pizza 20–28 AU$, Mittagsmenüs 14–16 AU$, Hauptgerichte 20–38 AU$; ⏲8 Uhr–open end; 📶) Das typisch italienische Lokal hat eine tolle Außenterrasse und freundliches europäisches Personal. Empfehlenswert sind der langsam gegarte Schweinebauch aus der Region Byron Bay sowie die ausgezeichneten Pastagerichte, Pizzen und Risottos (auch in glutenfreien Varianten). Dazu gibt's australische und italienische Weine und guten Kaffee.

Ausgehen & Nachtleben

★ Elsewhere CLUB
(☎07-5592 6880; www.elsewherebar.com; 23 Cavill Ave,; ⏲Do–So 21–4 Uhr) Ein Dancefloor im Saturday-Night-Fever-Stil verspricht immer gute Stimmung. In diesem kleinen Zwischending aus Bar und Club legen DJs auf, die sich mit Electronica auskennen, und es gibt auch tolle Live-Auftritte von Bands, die vielleicht bald berühmt werden. Das Publikum ist hier cooler als anderswo, aber bevor die DJs richtig aufdrehen, kann man sich in der netten Bar auch gut unterhalten.

Black Coffee Lyrics BAR, CAFÉ
(☎0402 189 437; www.facebook.com/blackcoffeelyrics; 40/3131 Surfers Paradise Blvd, Surfers Paradise; ⏲Di–Fr 17 Uhr–open end, Sa & So ab 8 Uhr) Im Obergeschoss, versteckt in einer unscheinbaren Einkaufspassage, ist diese Bar

die Antithese zum Schick von Surfers Paradise. Die dunkle, leicht schäbige Oase voller alter Möbel ist ein Ort, wo Einheimische Kaffee trinken, Tapas oder Steaks essen und sich bis spät in die Nacht bei Bourbon, Craft-Bieren und Espresso-Martinis vergnügen. Das Frühstück am Wochenende ist herzhaft, und ab 10 Uhr hat man die Wahl zwischen Bier und Bloody Mary.

⭐ Unterhaltung

Arts Centre Gold Coast
THEATER, KINO

(☑07-5588 4000; www.theartscentregc.com.au; 135 Bundall Rd; ⊗Mo–Fr 8–21, Sa bis 21, So 11–19 Uhr) Das Arts Center, eine Kultur- und Stilbastion am Nerang River, umfasst zwei Kinos, ein Restaurant, eine Bar, die Gold Coast City Gallery und ein Theater mit 1200 Plätzen, in dem regelmäßig verschiedene beeindruckende Produktionen (Comedy, Jazz, Oper, Kinderkonzerte usw.) aufgeführt werden.

❶ Praktische Informationen

Backpackers World Travel (☑ 07-5561 0634; www.backpackerworldtravel.com; 3063 Surfers Paradise Blvd; ⊗10–16 Uhr; ☎) Unterkunft, Touren- und Transportmittelbuchungen sowie Internetzugang.

Gold Coast Information & Booking Centre (☑1300 309 440, 07-5536 4709 ; www.visit goldcoast.com; 2 Cavill Ave; ⊗Mo–Fr 8.30–17, Sa 9–18, So 9–16 Uhr) Dies ist die Haupttouristeninformation der Gold Coast; sie verkauft auch Tickets für die Themenparks und gibt Auskünfte zu Verkehrsmitteln.

Surfers Paradise Day & Night Medical Centre (☑07-5592 2299; www.daynightmedi cal.com.au; 3221 Surfers Paradise Blvd; ⊗7–23 Uhr) Allgemeinmedizinisches Zentrum mit Apotheke. Termin vereinbaren oder einfach vorbeischauen.

Main Beach & The Spit
3970 EW.

Nördlich von Surfers Paradise sind die Apartment-Türme ein wenig niedriger, und das Tempo wird entspannter. Main Beach ist ein heiteres Standquartier, wenn man wegen der Aussicht, dem Strand und der Entspannung gekommen ist. Die Tedder Ave ist nicht mehr so angesagt wie einst, hat aber immer noch eine angenehme Atmosphäre und neben mondänen Läden auch gute Restaurants.

Weiter nördlich trennt The Spit das Southport Broadwater vom Pazifischen Ozean und erstreckt sich 5 km nach Norden,

fast bis zur South Stradbroke Island. Am südlichen Ende der Halbinsel befinden sich Marina Mirage, eine weitere gehobene Shopping- und Restaurantzone, sowie Mariner's Cove, das Tor zu diversen Aktivitäten auf dem Wasser.

Der Strand mit seinen Dünen und der parkartigen Kulisse ist einfach wundervoll. Es gibt hier auch gute Surfwellen, die man fast für sich alleine hat und die auch noch ans Ufer klatschen, wenn anderswo schon Flaute herrscht.

◉ Sehenswertes & Aktivitäten

Main Beach Pavilion
ARCHITEKTUR

(Macarthur Pde; ⊗9–17 Uhr) GRATIS Der hübsche, 1934 im spanischen Missionsstil erbaute Pavillon ist ein Überbleibsel aus der Zeit, bevor der Boom einsetzte. Drinnen sieht man fabelhafte alte Fotos der Gold Coast noch ohne die heutigen Wolkenkratzer.

⭐ Federation Walk
WANDERN

(www.federationwalk.org) Der hübsche, 3,7 km lange Wanderweg führt durch Küstenregenwald voller Vögel; er verläuft parallel zu einem der schönsten Surfstrände der Welt. Unterwegs hat man Anschluss an den Gold Coast Oceanway, der über 36 km bis nach Coolangatta führt. Der Federation Walk beginnt und endet am Eingang zu Sea World auf dem Parkplatz des Phillip Park.

Australian Kayaking Adventures
KAJAKFAHREN

(☑0412 940 135; www.australiankayakingadventu res.com.au; Halbtagestouren Erw./Kind 85/75 AU$, Touren bei Sonnenuntergang 55/45 AU$) Hinausfahren zur unterschätzten South Stradbroke Island oder in der Dämmerung um Chevron Island in den ruhigen Kanälen hinter Surfers paddeln.

Island Adventures
WALBEOBACHTUNG

(☑07-5532 2444; www.goldcoastadventures.com. au; Mariner's Cove, 60-70 Sea World Dr, Main Beach; Bootsfahrt inkl. Mittagessen Erw./Kind 129/69 AU$) Bei dieser Fahrt mit einem Katamaran beobachtet man Meerestiere, blickt auf die vielen Ferienhäuser am Broadwater, treibt Wassersport und genießt ein gegrilltes Mittagessen im McLaren's Landing Eco Resort.

🛏 Schlafen & Essen

Surfers Paradise YHA at Main Beach
HOSTEL $

(☑07-5571 1776; www.yha.com.au; 70 Sea World Dr, Main Beach; B 33–36 AU$, DZ & 2BZ 85 AU$; @ 🛜)

Main Beach & The Spit

N 0 ———————— 500 m

Australian Kayaking
Adventures (2 km)

2 ⊙ The Spit

Sea
World

The Broadwater

Sea World Dr

Dreamworld (20 km);
Movie World (20 km);
Wet 'n' Wild (20 km);
WhiteWater
World (20 km)

10

11 13   7

3   8

Marine Pde (Gold
Coast Hwy)

Sea World Dr

Macarthur
Pde   ⊙1

12

SOUTHPORT

Waterways Dr

Tedder Ave

Main Beach Pde

**MAIN
BEACH**

Nerang River

4

Hughes Ave   5

9

6

Surfers Paradise
(4 km)

Main Beach & The Spit

mit 1 Schlafzi. 140–210 AU$; P ❉ 🛜 🛎) Die indi-
viduell möblierten Apartments, die jeweils
verschiedenen Besitzern gehören und daher
manche Dekor-Überraschung bieten, haben
deckenhohe Fenster, Balkone von Wohnzim-
mergröße und hilfsbereites Personal. Die
Anlage befindet sich nur einen Block hinter
dem Strand. Im Erdgeschoss gibt's ein Café,
wo man auch schon um 5.30 Uhr einen Kaffee bekommt, wenn man z. B. eine frühe
Strandwanderung unternehmen will.

★ Sheraton Grand
Mirage Resort RESORT $$$
(☎ 07-5577 0000; www.sheratongrandmiragegold
coast.com; 71 Sea World Dr, Main Beach; DZ
280–400 AU$) Das 270-Zimmer-Hotel direkt
am Strand erhielt kürzlich eine Renovierung. Es strahlt entspannten Glamour aus.
Die hübsch niedrigen Unterkünfte verteilen
sich über ein 6 ha großes tropisches Gartengelände. Der große, Hotelgästen vorbehalte-
ne Pool besitzt eine eigene Bar im Wasser.
Ein kleiner Pfad führt zu einem herrlichen
Strandstreifen am Spit. Von der Bar im
Obergeschoss, die auch Nichthotelgästen of-
fensteht, hat man einen Blick auf den Ozean.

Vom ersten Stock aus genießt man einen
herrlichen Blick auf den Jachthafen. Das
sehr gut organisierte Hostel hat himmel-
blaue Schlafsäle und liegt in Gehweite der
Fisherman's Wharf Tavern. Es gibt einen
kostenlosen Shuttlebus und jeden Freitag
Grillabende. Auch Touren und Aktivitäten
werden organisiert.

Main Beach Tourist Park CAMPING $
(☎ 07-5667 2720; www.goldcoasttouristparks.com.
au; 3600 Main Beach Pde, Main Beach; Stellplatz
mit Strom 62 AU$, Hütten & Villen ab 165 AU$;
P ❉ 🛜 🛎) Der bei Familien sehr beliebte
Campingplatz liegt, umgeben von Apart-
ment-Hochhäusern, direkt an der Straße
gegenüber dem Strand. Die Stellplätze liegen zwar dicht an dicht, aber die Einrichtungen sind gut, und Lage ist hervorragend.

Pacific Views APARTMENTS $$
(☎ 07-5527 0300; www.pacificviews.com.au; Ecke
Main Beach Pde & Woodroffe Ave, Main Beach; Apt.

Peter's Fish Market MEERESFRÜCHTE $
(☎ 07-5591 7747; www.petersfish.com.au; 120 Sea
World Dr, Main Beach; Gerichte 9–16 AU$;
⊙ 9–19.30 Uhr) Der Fischmarkt mit Fish-und-

Chips-Bude verkauft frisch zubereitete Meeresfrüchte. Die Ware in allen Arten und Größen kommt direkt vom Kutter zu günstigen Preisen. Die Küche öffnet um 12 Uhr.

⭐**Gourmet Farmers Market** MARKT **$**
(☑07-5555 6400; www.facebook.com/MarinaMira geFarmersMarket; Marina Mirage, 74 Sea World Dr, Main Beach; ⊙Sa 7–11 Uhr) Am Samstagmorgen sind die offenen Flächen der Mall in der Marina Mirage von Ständen besetzt, an denen kleine Produzenten frisches Obst und Gemüse, Backwaren, Pickles, Öle, Essig, Meeresfrüchte, Pasta und vieles mehr verkaufen.

⭐**Pier** MODERN-AUSTRALISCH, PIZZA **$$**
(☑07-5527 0472; www.piermarinamirage.com.au; EG, Marina Mirage, Sea World Dr, Main Beach; Pizza 18–24 AU$; ⊙12–23.30 Uhr) Das entspannte, aber sehr stilvolle Lokal an der Marina hat Plätze unten und oben, von denen aus man auf die Jachten blickt. Das überwiegend europäische Personal ist freundlich und das Speiseangebot flexibel. Die Holzofenpizza kann man mit Arancini kombinieren (für die es eine eigene Karte gibt), und es gibt kleine und große Gerichte, die ganz verschiedenen Küchen entlehnt sind, ohne einem Trend hinterherzulaufen.

⭐**Bar Chico** MODERN-AUSTRALISCH **$$**
(☑07-5532 9111; www.barchico.com.au; 26-30 Tedder Ave, Main Beach; Gerichte 12–22 AU$; ⊙Mo–Mi 16–24, Do–So ab 12 Uhr) Die dunkle, stimmungsvolle, europäisch anmutende Bar ist ein willkommener Neuzugang am Strip in der Tedder Ave. Man bekommt fabelhafte Käse- und Wurstplatten, vorspeisenartige Fisch- oder Fleischgerichte und große, verführerische Salate. Hier wird sorgsam auf Details geachtet: Die Waren werden im Haus fermentiert oder geräuchert, und viele hochwertige Zutaten kommen zum Einsatz. Auch das Weinangebot, bei dem einige spanische Tropfen hervorstechen, ist durchdacht.

Providore CAFÉ **$$**
(☑07-5532 9390; www.providoremirage.com.au, Marina Mirage, 74 Sea World Dr, Main Beach; Hauptgerichte 16–29 AU$29; ⊙7–18 Uhr) Raumhohe Fenster mit Einfassungen aus italienischen Mineralwasserflaschen, auf dem Kopf hängende Schreibtischlampen an der Decke, gutaussehende Gäste aus Europa, offene Weine, perfekte Patisserie-Ware, Käse-Kühlschränke und Körbe, gefüllt mit frischen Agrarerzeugnissen: Dieser hervorragende Mix aus Café und Feinkostladen hat allerhand Vorzüge.

🍷 Ausgehen & Nachtleben

Southport Surf Lifesaving Club CLUB
(www.sslsc.com.au; Macarthur Pde; ⊙6.30–24 Uhr) Von diesem schönen, luftigen Pavillon hat man eine spektakuläre Aussicht. Auf der Schankterrasse kann man morgens gut Kaffee oder nachmittags ein Bierchen trinken. Zudem ist der Club eines der wenigen Lokale nördlich von Surfers Paradise, wo es auch spät am Abend noch etwas gibt.

Broadbeach, Mermaid Beach & Nobby Beach

19 890 EW.
Das direkt südlich von Surfers Paradise gelegene Broadbeach steht zwar ganz im Zeichen von Apartment-Türmen und Malls, ist aber mit sorgfältig gestalteten Straßen und schicken Restaurants, Bars und Läden deutlich eleganter als der nördliche Nachbar.

Miami Marketta (www.miamimarketta.com; 23 Hillcrest Pde, Miami; ⊙Café Di–Sa 6–14 Uhr, Streetfood Mi, Fr & Sa 17–22 Uhr) ist ein permanenter Straßenmarkt mit Essen, Mode und Livemusik ein kleines Stück südlich von Mermaid Beach im genauso coolen Miami.

🛏 Schlafen & Essen

Hi-Ho Beach Apartments APARTMENTS **$$**
(☑07-5538 2777; www.hihobeach.com.au; 2 Queensland Ave, Broadbeach; Apt. mit 1/2 Schlafzi. 175/275 AU$; 🅿✳🛜🏊) Die Anlage hat eine erstklassige Lage nahe dem Strand und den Cafés. Hier zahlt man nicht für ein glanzvolles Foyer drauf, aber die Zimmer sind komfortabel, und das Haus ist gut geführt, sauber und ruhig. Das Schild erinnert an Las Vegas!

Peppers Broadbeach APARTMENTS **$$$**
(www.peppers.com.au/broadbeach; 21 Elizabeth Ave, Broadbeach; Apt. mit 1/3 Schlafzi. 500/800 AU$; ✳🛜🏊) Wer makellosen, aber sonst nicht weiter aufregenden Komfort sucht, ist mit diesem Apartmenthotel bestens bedient. Das Haus prunkt u.a. mit Marmor-Esstischen, europäischen Küchengeräten, umlaufenden Balkonen und hochwertiger Bettwäsche. Die „Sky Homes" mit drei Schlafzimmern bringen Luxus in diesen Teil der Stadt. Das Tages-Spa verfügt über beheizte Pools drinnen und draußen.

⭐**Sparrow Eating House** MODERN-AUSTRALISCH **$**
(☑07-5575 3330; www.sparroweatinghouse.com. au; 2/32 Lavarack Rd, Nobby Beach; Gerichte zum

DIE THEMENPARKS VON GOLD COAST

Die Achterbahnen und Wasserrutschen in den am US-amerikanischen Vorbild geschulten Themenparks der Stadt bieten echten Nervenkitzel und locken, obwohl es in letzter Zeit zu einer Reihe von Unfällen kam, immer noch die Massen an. Verbilligte Tickets gibt es in den meisten Touristeninformationen in Gold Coast oder online (☎13 33 86; www.themeparks.com.au). Der Mega Pass (110 AU$/Pers., Gültigkeit 14 Tage) verschafft unbegrenzten Eintritt zur Sea World, zur Warner Bros Movie World, zu Wet'n'Wild und dem für kleine Kinder gedachten Bauernhof-Park Paradise Country. All diese Parks gehören zum Unternehmen Village Roadshow. Dreamworld und WhiteWater World verkaufen einen Summer Season Pass, der unbegrenzten Eintritt gewährt (Erw./Kind 99/79 AU$).

Ein Tipp: Die Parks können unglaublich voll werden, daher sollte man früh kommen, um nicht einen langen Anmarsch vom hintersten Teil des Parkplatzes in Kauf zu nehmen. Und Achtung: Die Parks verbieten, dass Besucher Essen oder Getränke mitbringen!

Dreamworld (☎07-5588 1111, 1800 073 300; www.dreamworld.com.au; Dreamworld Pkwy, Coomera; Erw./Kind 65/55 AU$; ⏰10–17 Uhr) Preist sich selbst als Australiens „größter" Themenpark an. Hier gibt's die „Big 9 Thrill Rides" sowie für kleinere Kinder „Wiggles World" und „DreamWorks". Zu den weiteren Attraktionen zählen Tiger Island und diverse Tierbegegnungen. Die Tageskarte (Erw./Kind 65/55 AU$) gilt für Dreamworld und White-Water World.

Sea World (www.seaworld.com.au; Erw./Kind 80/70 AU$; ⏰9.30–17 Uhr) Der Park sorgt mit seinen Shows, bei denen Delfine und Seelöwen Kunststücke für die Massen machen, weiterhin für Kontroversen. Das Unternehmen behauptet, den Tieren ginge es gut, Tierschützer meinen hingegen, dass diese sensiblen Meeressäuger unter der Gefangenschaft litten und sich ihr Stress durch eine Interaktion mit Menschen noch verschlimmere. Der Park zeigt auch Pinguine und Eisbären und bietet zudem Wasserrutschen und Achterbahnen.

Movie World (☎07-5573 3999, 13 33 86; www.movieworld.com.au; Pacific Hwy, Oxenford; Erw./Kind 79/69 AU$; ⏰9.30–17 Uhr) Shows, Rides und Attraktionen mit Film-Thema; dazu gehören der Batwing Spaceshot, der Justice League 3D Ride und der Scooby-Doo Spooky Coaster. Durch die Besucherscharen streifen Batman, Austin Powers, Schweinchen Dick u. a.

Wet'n'Wild (☎07-5556 1660, 13 33 86; www.wetnwild.com.au; Pacific Hwy, Oxenford; Erw./Kind 79/69 AU$; ⏰10–17 Uhr) Die ultimative Wasserrutsche hier heißt Kamikaze – dabei stürzt man in einem zweisitzigen Schlauch mit 50 km/h etwa 11 m in die Tiefe. In dem großen Wasserpark gibt's auch Rutschen in völliger Dunkelheit, Wildwasserbahnen und Wellenpools.

WhiteWater World (☎1800 073 300, 07-5588 1111; www.dreamworld.com.au/whitewater-world; Dreamworld Pkwy, Coomera; Erw./Kind 65/55 AU$; ⏰Mo–Fr 10–16, Sa & So bis 17 Uhr) Zu den mehr als 140 Aktivitäten im Wasser und Wasserrutschen zählen u. a. die Cave of Waves und der Pipeline Plunge.

Teilen 11–22 AU$; ⏰Mi–Fr 17–24, Sa & So ab 7 Uhr) Der hübsche, klare und monochrome Gewerberaum mit grünen Akzenten ist entspannt, aber schick, und die Küche widmet sich mit Freude ihrer Arbeit. Für ein lässiges Mittagessen gibt's z.B. Gnocchi mit Haselnüssen und Kräutern. Zu empfehlen sind auch die Blutorangen-Margarita, die Garnelen mit Tequila und die Weine kleiner Produzenten.

Cardamom Pod VEGETARISCH $
(www.cardamompod.com.au; 1/2685 Gold Coast Hwy, Broadbeach; 1/2/3/4 Gerichte mit Reis

10/16/24/31 AU$; ⏰11.30–21.30 Uhr; ☎) ✔ Das zauberhafte, krishna-inspirierte Lokal hat vegetarische Gerichte, die zu den besten im ganzen Umland zählen. Man hat die Wahl zwischen Currys, veganen Backwaren und gebackenen Tagesgerichten mit Käse. Zum Schluss gibt's ein leckeres, gluten- und zuckerfreies Rohkost-Dessert. Alles wird frisch vor Ort zubereitet.

★**Glenelg Public House** STEAKS $$
(☎07-5575 2284; www.theglenelgpublichouse.com.au; 2460 Gold Coast Hwy, Mermaid Beach;

Hauptgerichte 22–32 AU\$; ⊘ Mo–Do 17–24, Fr–So ab 12 Uhr) Das stimmungsvolle kleine Lokal setzt auf hochwertige Produkte und sparsame Beilagen. Auf der langen Steakliste (22–68 AU\$, Platte zum Teilen 80–90 AU\$) steht Fleisch von mit Gras oder Getreide gefütterten Rindern aus örtlicher Zucht, aus Neuseeland und den Tablelands in New South Wales. Es gibt auch ein spezielles, günstigeres „Vorabend-Menü" bis 18.30 Uhr.

★ **BSKT Cafe**   MODERN-AUSTRALISCH **$$**
(☑ 07-5526 6565; www.bskt.com.au; 4 Lavarack Ave, Mermaid Beach; Hauptgerichte 10–27 AU\$; ⊘ Mo–Do 7–16, Fr & Sa bis 22, So bis 17 Uhr; ⚡ 👶) Das nett aufgemachte Café im Industrie-Schick ist nur 100 m vom Strand entfernt, aber damit erschöpft sich sein Reiz nicht. Bei den Gerichten stehen Bio-Produkte im Mittelpunkt, und auch der Service ist weit über dem üblichen Niveau eines Cafés. Freunde von veganer und Paleokost fühlen sich hier wohl, für Kinder gibt's einen geschützten Spielbereich und für Yogis eine Yogaschule im Obergeschoss.

🍷 **Ausgehen & Nachtleben**

★ **Cambus Wallace**   COCKTAILBAR
(www.thecambuswallace.com.au; 4/2237 Gold Coast Hwy, Nobby Beach; ⊘ Di–Do 17–24, Fr–So ab 16 Uhr) Die schummrig-stimmungsvolle, maritim aufgemachte Bar zieht ein gut aussehendes, aber entspanntes einheimisches Publikum an. Es gibt eine lange Karte von Flaschenbieren und Ciders und viele Gold-Coast-Varianten klassischer Cocktails (der Maiden Voyage mit Kokosmilch, Zitronensaft und Rum passt bestens zum hiesigen Klima).

Seaside Broadbeach Bowls Club   CLUB
(☑ 07-5531 5913; www.broadbeachbowlsclub.com; 169 Surf Pde, Broadbeach; ⊘ 11.30–20 Uhr) Der Club hat wohl die besten Bowls-Spielfelder Australiens – einige meinen, sogar der ganzen Welt. Der Club selber ist aber bei aller Tradition nicht altmodisch und verstaubt, sondern wurde modernisiert und hat helle, luftige, strandverrückte Bars und Restaurants. Bei Sonnenuntergang kann man auf der Terrasse gut ein Bier trinken und ansonsten mal eine Runde Barfuß-Bowls spielen.

Burleigh Heads
9580 EW.
Die superentspannte Surfer-Enklave Burleigh Heads oder kurz Burleigh ist seit Lan-

gem bei Familien beliebt, derzeit aber insgesamt besonders angesagt. Das Retro-Flair und die jugendliche Energie dieser Wohngegend stehen sowohl für den zeitlosen Charme als auch für den neuen, interessanten Geist von Gold Coast. Hier finden sich einige der besten Cafés und Restaurants der Region; der von Kiefern gesäumte Strand schlägt alle in seinen Bann, und auch die berühmte Right Hand Point Break ist so attraktiv wie eh und je.

👁 **Sehenswertes**

Burleigh Head National Park   PARK
(www.npsr.qld.gov.au/parks/burleigh-head; Goodwin Tce, Burleigh Heads; ⊘ 24 Std.) GRATIS Eine Wanderung auf der Landzunge durch das 27 ha große Regenwald-Schutzgebiet mit seinen vielen Vögeln, Wanderwegen und dem tollen Ausblick auf die Brandung von Burleigh lohnt sich.

★ **Village Markets**   MARKT
(☑ 0487 711 850; www.thevillagemarkets.co; Burleigh Heads State School, 1750 Gold Coast Hwy, Burleigh Heads; ⊘ 1. & 3. So im Monat 8.30–13 Uhr) Örtliche Kreative und Sammler prägen diesen schon lange bestehenden und bei den Einheimischen sehr beliebten Markt mit Mode, Lifestyle-Artikeln und Livemusik.

David Fleay Wildlife Park   TIERPARK
(☑ 07-5576 2411; www.npsr.qld.gov.au/parks/david-fleay; Ecke Loman Lane & West Burleigh Rd, West Burleigh; Erw./Kind/Fam. 22/10/55 AU\$; ⊘ 9–17 Uhr) Der Park wurde von jenem Arzt gegründet, dem als Erstem die erfolgreiche Züchtung von Schnabeltieren gelang, und bietet ein 4 km langes Wegenetz durch Mangroven- und Regenwälder sowie eine Fülle hervorragender ganztägiger Infoshows zur heimischen Tierwelt. Der Park befindet sich rund 3 km landeinwärts von Burleigh Heads.

Jellurgal Cultural Centre   KULTURZENTRUM
(☑ 07-5525 5955; www.jellurgal.com.au; 1711 Gold Coast Hwy, Burleigh Heads; ⊘ Mo–Fr 8–15 Uhr) 🚶 GRATIS Das indigene Kulturzentrum am Beginn der Landzunge von Burleigh beleuchtet das Leben vor vielen hundert Jahren mit Artefakten und einer Reihe unterschiedlicher Touren (zu verschiedenen Preisen). Alle Touren beinhalten eine Wanderung in das von den Aborigines als Jellurgal, „Traumberg" bezeichnete Vorgebirge, die zu Muschelhaufen und wichtigen Stätten der indigenen Kultur führt.

Burleigh Heads

Burleigh Heads

◎ Highlights
1 Village Markets A1

◎ Sehenswertes
2 Burleigh Head National Park C3
3 Jellurgal Cultural Centre C3

🛏 Schlafen
4 Burleigh Beach Tourist Park..............B2

⊗ Essen
5 Borough Barista B2
6 Finders Keepers B2
7 Harry's Steak Bistro...........................B2
8 Justin Lane Pizzeria & Bar B2
9 Rick Shores B2

🛏 Schlafen & Essen

Burleigh Break
MOTEL $
(www.burleighbreak.com.au; 1935 Gold Coast Hwy, Burleigh Heads; DZ 120–160 AU$; Ⓟ🛜) Durch eine Renovierung und Modernisierung wur-

de dieses beliebte, typische Gold-Coast-Motel aus der Mitte des vorigen Jahrhunderts zu einer freundlichen Unterkunft mit tollem Preis-Leistungs-Verhältnis. Eine klassische Motel-Anlage bedeutet zwar unweigerlich einen Ausblick auf die Schnellstraße, man ist hier aber dennoch nur eine Gehminute vom Strand entfernt. In den Zimmern wurden die alten Möbel beibehalten, soweit das möglich war, aber die gesamte Einrichtung wirkt frisch und schlicht. Nach Rabatten bei längerem Aufenthalt fragen!

Burleigh Beach Tourist Park
CAMPING $
(📞07-5667 2750; www.goldcoasttouristparks.com.au; 36 Goodwin Tce, Burleigh Heads; Stellplatz mit Strom 46–60 AU$, Hütte 140–210 AU$; ❄@🛜♿) Der städtische Campingplatz ist eng, aber gut geführt und befindet sich an einer schönen Stelle nahe dem Strand. Am besten sind die drei blauen Hütten vorne; für die Hütten gilt ein Mindestaufenthalt von zwei Nächten.

★ **Borough Barista** CAFÉ **$**
(14 Esplanade, Burleigh Heads; Hauptgerichte
5–19 AU$; ⊙ 5.30–14.30 Uhr) Die kleine, an den
Seiten offene Espresso-Bude hat coole Musik
und eine freundliche Atmosphäre. Surfer
gönnen sich hier im Morgengrauen einen
Milchkaffee und nach dem Surfen eine
Schale Chia oder einen Frühstückssalat, den
man auch auf einer Bank am Fußweg genießen kann. Das Mittagessen steht mit Burgern und großen Salaten ganz im Zeichen
der Proteinzufuhr.

Paddock Bakery BÄCKEREI **$**
(☎ 0419 652 221; www.paddockbakery.com; Hibiscus Haven, Miami; Gerichte 9–17 AU$; ⊙ 7.30–14.30
Uhr) Der alte Holzofen in der Mitte der schönen alten Schindelhütte liefert wunderbares
Brot, Croissants, Müsli und Gebäck. Die teilweise mit Sauerteig zubereiteten Donuts
haben treue Fans, ebenso die Nutella-
„Doughboats", deren sphärische Form dafür
sorgt, dass beim Schoko-Creme hineinpasst.
Es gibt eine große Karte mit Frühstücks-
und Mittagsgerichten, sehr guten Kaffee
und frisch gepresste Säfte.

Burleigh Social CAFÉ **$**
(2 Hibiscus Haven, Burleigh Heads; Gerichte
12–19 AU$; ⊙ 6–14 Uhr) An den Picknick-
tischen dieses an einer Nebenstraße gelegenen Cafés herrscht vom frühen Morgen an
Partystimmung. Es gibt Müsli oder ein großes Paleo-Frühstück (Lachs, Schinken oder
Speck mit Kohl, Eiern und Avocado) oder
nett zubereitete Versionen typisch australischer Gerichte wie Avocadomus, Eier auf
Sauerteigbrot und Brötchen mit Schinken

und Ei. Die Sandwichs mit Rinderbrust und
die vegetarischen Burger sind ein gutes Mittagessen.

★ **Rick Shores** MODERN-ASIATISCH **$$**
(☎ 07-5630 6611; www.rickshores.com.au; 43
Goodwin Tce, Burleigh Heads; Hauptgerichte
32–52 AU$; ⊙ Di–So 12–23 Uhr) Bei einem Es-
sen mit den Füßen im Sand kann man ei-
gentlich nichts falsch machen. Dieser mo-
dern-asiatische Neuzugang bietet Gerichte,
die den Massen schmecken, ist dabei aber
auch angenehm erfinderisch. Man genießt
die Aussicht, das Geräusch der nahen Wel-
len, die salzige Meeresbrise und die Gesellig-
keit an den Gemeinschaftstischen. Die Ge-
richte kommen in großen Portionen, sodass
es deutlich günstiger wird, wenn man zu
mehreren kommt und sich die Speisen teilt.

★ **Harry's Steak Bistro** STEAKS **$$**
(☎ 07-5576 8517; www.harryssteakbistro.com.au;
1744 Gold Coast Hwy, Burleigh Heads; Hauptgerichte 20–40 AU$; ⊙ Mi & Do 17–23, Fr–So 12–23 Uhr)
Das Angebot aus Steaks, Saucen und unbe-
grenzt viel Pommes darf man nicht falsch
verstehen: Dies hier ist kein Kettenrestau-
rant, sondern eine stilvoll-konzentrierte Ode
an „Rindfleisch, Gelage und Geplauder". Zu
jedem Steak erfährt man die Region und
den Hof, von dem das Fleisch stammt.

★ **Justin Lane Pizzeria & Bar** PIZZA **$$**
(☎ 07-5576 8517; www.justinlane.com.au; 1708
Gold Coast Hwy, Burleigh Heads; Pizza 19–24 AU$;
⊙ 17 Uhr–open end) Das Restaurant zählt zu
den Mitbegründern der gastronomischen
Szene in Burleigh und nimmt inzwischen

ABSEITS DER ÜBLICHEN PFADE

SOUTH STRADBROKE ISLAND

Diese schmale, 21 km lange Sandinsel ist weitgehend unerschlossen – und damit der
ideale Gegensatz zur Geschäftigkeit in Gold Coast. Am nördlichen Ende ist der schmale
Kanal, der sie von North Stradbroke Island trennt, ein toller Platz zum Angeln; am süd-
lichen Ende, wo The Spit nur 200 m entfernt ist, gibt's so gute Wellen, dass Surfer von
Gold Coast herüberschwimmen.

South Stradbroke bildete mit North Stradbroke eine Insel, bis im Jahr 1896 ein gewal-
tiger Sturm die verbindende Landenge überspülte. Die seitherige relative Isolation von
South Stradbroke Island ist ein Segen für die hier lebenden Tiere und Pflanzen. Es gibt
jede Menge Wallabys, und man kann den unberührten Busch, den Sand und das Meer
erkunden. Autos gibt es auf der Insel nicht. Wer hier nicht übernachten will (das Unter-
kunftsangebot ist begrenzt), kann ein Boot chartern oder mit **Water'bout** (☎ 0401 428
004; www.waterbout.com.au; Waterways Dr Boat Ramp, Proud Park, Main Beach; Tour 125 AU$/
Erw.) eine Tagestour unternehmen.

Stellplätze gibt es auf den Campingplätzen North Currigee, South Currigee und
Tipplers.

INSIDERWISSEN

DIE BESTEN SURFSPOTS DER GOLD COAST

In Gold Coast gibt es einige der längsten und besten Wellen der Welt, die vor allem wegen ihrer sagenhaften Beständigkeit geschätzt werden. Die Schaffung der 2 km langen Sandbank Superbank sorgt für noch mehr und noch bessere Wellen.

Snapper Rocks Point Break für absolute Könner im äußersten Süden von Coolangatta; Heimat der Quiksilver Pro World Surfing League und der australischen Surfing-Profis Stephanie Gilmore und Joel Parkinson.

Duranbah Die allgemein „D-bah" genannte spitze Point Break am Strand ist gut für alle, die auf schwungvolle, technisch komplizierte Wellen stehen.

Greenmount Die klassische Beach Break profitiert von einer südlichen Strömung.

Kirra Die wundervolle Beach Break tritt nicht so häufig auf, aber wenn, ist sie prima.

Burleigh Heads Man muss sich vor starken Strömungen und Felsbrocken in Acht nehmen, aber die Break ist ideal und recht beständig.

The Spit Verlässliche, altbekannte Welle im Norden von Gold Coast, auch bei geringem Wellengang.

den Großteil einer alten Einkaufspassage ein. Der Spaß erstreckt sich über das Obergeschoss, das Erdgeschoss und die Halle. Die wunderbaren Pizzen, die einfachen, aber sehr aromatischen Pastagerichte und die vielleicht beste Karte mit regionalen italienischen Weinen an der ganzen Küste machen den Besuch zur Pflicht, selbst wenn man an der Partystimmung eher weniger interessiert ist.

Finders Keepers MODERN-AUSTRALISCH **$$**
(📞 07-5659 1643; www.finderskeepersbar.com.au; 49 James St; Hauptgerichte 16–29 AU$; ⏰ Di–Fr 16–22, Sa & So 7–23 Uhr) Dieses dunkle, stilvolle Restaurant könnte auch in Woollahra (Sydney) oder South Yarra (Melbourne) stehen, aber das freundliche junge Personal ist typisch Burleigh. Auch die tapasartigen Gerichte sind eine Mischung aus Raffinesse (*foie gras* und gedünstete Muscheln mit Mornay-Sauce) und lässigem Gesundheitsbewusstsein (Salate aus alten Getreidearten, Lachs auf Buchweizen und saisonales Grüngemüse mit einer Seegras-Buttersauce).

 Ausgehen & Nachtleben

Black Hops Brewing BRAUEREI
(www.blackhops.com.au; 15 Gardenia Grove, Burleigh Heads; ⏰ Mo–Fr 10–18, Sa 12–16 Uhr) Das Black Hops hat eine freundliche, lustige Braustube, wo man Probierportionen und diejenigen Craft-Biere genießen kann, die es gerade vom Fass gibt. Versuchen kann man acht Biere mit lustigen Namen, z.B. das Pale Ale „Bitter Fun" oder das IPA „Flash Bang" sowie jede Menge Flaschenbiere.

Burleigh Brewing Company BRAUEREI
(📞 07-5593 6000; www.burleighbrewing.com.au; 17a Ern Harley Dr, Burleigh Heads; monatliche Führung 50 AU$; ⏰ Mi & Do 15–18, Fr bis 20.30, So 14–20 Uhr) In dem hellen, holzgetäfelten Raum kann man mit anderen Bierliebhabern abhängen. Es gibt Livemusik und vor der Tür Foodtrucks zur Umrahmung des Aufgebots von 24 eigenen Fassbieren, zu denen neben den Hauptmarken auch neue Kreationen gehören. In der Mitte des Monats gibt's am Mittwochabend Führungen, die aber auf der Website gebucht werden müssen.

Currumbin & Palm Beach

16 310 EW.

Das hinter der Landzunge von Burleigh gelegene Palm Beach hat einen besonders schönen Sandstrand, an dem ein paar altmodische Strandbuden stehen. In den durchnummerierten Straßen dieses Ortsteils gibt's auch einige tolle Cafés und Restaurants. Noch weiter südlich folgt der verschlafene, auf Familien ausgerichtete Ortsteil Currumbin mit einem schönen Surfstrand, sicheren Badestellen am Currumbin Creek und einigen stimmungsvollen Bauten aus der Mitte des 20. Jhs., die einen Blick lohnen. Hier befindet sich auch das gleichnamige Wildreservat.

⊙ Sehenswertes & Aktivitäten

Kinder werden im Sommer das Bad in den **Currumbin Rock Pools** (Currumbin Creek Rd, Currumbin Valley) genießen.

★ Currumbin Wildlife
Sanctuary
WILDRESERVAT

(☑ 07-5534 1266, 1300 886 511; www.cws.org.au; 28 Tomewin St, Currumbin; Erw./Kind/Fam. 49/35/133 AU$; ⊙ 8–17 Uhr) Diese bescheidene, altmodische Einrichtung besitzt Australiens größte Regenwald-Voliere, in der man die – wie ihr Name schon sagt – in allen Farben leuchtenden Allfarbloris füttern kann. Man kann auch Kängurus füttern, sich mit Koalas fotografieren lassen, Krokodile und andere Reptilien bestaunen und indigene Tanzvorführungen sehen. Nach 15 Uhr ist der Eintritt billiger, und während der Ferien gibt's verbilligten Eintritt für Erwachsene in Begleitung von Kindern.

✕ Essen & Ausgehen

Feather & Docks
CAFÉ $

(☑ 07-5659 1113; www.featheranddocks.com.au; 1099 Gold Coast Hwy, Palm Beach; Gerichte 12–18 AU$; ⊙ 5.30–15 Uhr; ✎) Auch angesichts des in dieser Gegend herrschenden frischfröhlichen-Frühaufsteher-Flairs ist ein Café, das erst ab 10.30 Uhr Frühstücksburger und Mittagsgerichte anbietet, hochwillkommen. Die meisten Speisen eignen sich als Frühstück und als Mittagessen, von French Toast über Frühstücks-Tortillas bis hin zu den dicken Pastrami-Sandwichs mit Schmelzkäse.

★ Bstow
MODERN-AUSTRALISCH $$

(☑ 0410 033 380; www.bstow.com.au; 8th Ave Plaza, 1176 Gold Coast Hwy, Palm Beach; Hauptgerichte 18–24 AU$) Dieses Lokal versammelt das Beste aus beiden Welten – hier will man gerne etwas trinken, denn es gibt sehr spezielle Cocktails aus Gin und frisch gepressten Säften, aber auch ein entspanntes Abendessen lohnt sich. Die Gerichte zum Teilen sind sorgfältig durchdacht, schön anzusehen und bieten eine kreative Mischung aus Aromen und Zubereitungsarten.

Collective
MODERN-AUSTRALISCH $$

(www.thecollectivepalmbeach.com.au; 1128 Gold Coast Hwy, Palm Beach; Hauptgerichte 17–24 AU$; ⊙ 12–21 Uhr) Fünf verschiedene Küchen bedienen die gemeinsame große Restaurantfläche mit Plätzen drinnen und draußen; bis zu 300 zufriedene Gäste versammeln sich hier unter den bunten Lichterketten zwischen den Topfpflanzen. Es gibt zwei Bars, darunter eine sehr entspannte auf dem Dach. Zu essen gibt's Burger, Pizza, Tapas und Gerichte der asiatischen Fusion-, der mexikanischen und der modern-australischen Küche, die man sich teilen kann. Wer

früh zum Surfen draußen war, kann hier ab 7 Uhr auch frühstücken.

★ Balter
BRAUEREI

(☑ 07-5525 6916; www.balter.com.au; 14 Traders Way, Currumbin; Verkostung 12 AU$; ⊙ Fr 15–21, Sa & So 13–20 Uhr) Der hiesige Surf-Star Mick Fanning (der Typ, der sich mit einem Hai anlegte) und seine ebenfalls legendären Surfer-Kumpels Joel Parkinson, Bede Durbidge und Josh Kerr sind alle als Partner an dieser wundervollen neuen Brauerei beteiligt, die sich hinten auf einem Gewerbegelände in Currumbin versteckt. Hier kann man das bereits sehr begehrte Balter XPA oder auch eine Spezialität wie das auf deutsche Art gebraute Keller-Pilsner probieren.

Coolangatta
5710 EW.

Der bodenständige Strandort an der südlichen Grenze von Queensland besitzt gute Surfstrände, darunter die legendäre Superbank, und zeichnet sich durch ein besonderes Gemeinschaftsgefühl aus, wodurch dieser Ortsteil auch weniger touristisch wirkt als andere von Gold Coast. In jedem Oktober gibt's hier den legendären Rettungsschwimmer-Wettbewerb **Coolangatta Gold** (www.sls.com.au/coolangattagold; ⊙ Okt.), und im März startet bei Snapper Rocks die prestigeträchtigste Surfer-World-Tour mit dem **Quiksilver & Roxy Pro** (www.aspworldtour.com; ⊙ März). Folgt man dem Plankenweg nordwärts rund um Kirra Point, entdeckt man noch einen weiteren schönen, langen Strandabschnitt mit manchmal herausfordernden Brandungswellen und von den Einheimischen sehr geschätzten unabhängigen und stimmungsvollen Cafés und Bars.

Point Danger Light, der Leuchtturm auf der Landzunge zwischen Coolangatta und Tweed Heads, markiert die Grenze zwischen Queensland und New South Wales und bietet einen herrlichen Ausblick auf die Küste.

Wer Surfunterricht nehmen will, wendet sich an das **Gold Coast Surfing Centre** (☑ 0417 191 629; www.goldcoastsurfingcentre.com; Gruppenunterricht 45 AU$) oder an **Cooly Surf** (☑ 07-5536 1470; 25 Griffith St; Surfunterricht 45 AU$/2 Std.; ⊙ 9–17 Uhr).

🛏 Schlafen & Essen

Coolangatta Sands Backpackers
HOSTEL $

(☑ 07-5536 7472; www.taphousegroup.com.au/coolangatta-sands-backpackers; Ecke Griffith &

Coolangatta

S Ü D P A Z I F I K

Kirra Point
Coolangatta Beach

Q U E E N S L A N D

Burleigh Heads (10 km);
Surfers Paradise (25 km)

Marine Pde
South St
Coyne St
Charlotte St
Coolangatta Rd
Winston St
Musgrave St
McLean St
Dutton St
Griffith St
Lanham St
Greyhound
McLean St
Dutton St
Miles St
Rutledge St
Garrick St
Thompson St
Dixon St
Enid St
Frances St
COOLANGATTA

N E W   S O U T H
W A L E S

Coolangatta

◎ Sehenswertes
1 Point Danger Light F1

❖ Aktivitäten, Kurse & Touren
2 Cooly Surf.. C2

🛏 Schlafen
3 Coolangatta Sands Backpackers....... C2
4 Hotel Komune.....................................E2
5 Kirra Beach Tourist Park................... A2

✖ Essen
6 Bellakai D2
7 Black Sheep Espresso Baa D2
8 Cafe Dbar F1

♻ Ausgehen & Nachtleben
9 Coolangatta Hotel D2
10 Eddie's Grub House E2

McLean St, Coolangatta; B 17–25 AU$, DZ
68–80 AU$; ✳ @ 🎧) Dieses Hostel über dem
bierseligen Pub Coolangatta Sands Hotel ist
ein Labyrinth aus allerhand Zimmern und
Korridoren. Es gibt aber einen fabelhaften
umlaufenden Balkon über der Straße und
rote Chesterfield-Sessel im Fernsehzimmer,
wo man es sich bei Regen gemütlich machen
kann. Alkohol ist im Hostel verboten, aber
dafür gibt's ja den Pub im Erdgeschoss.

Kirra Beach Tourist Park CAMPING $
(📞07-5667 2740; www.goldcoasttouristparks.com.
au; 10 Charlotte St, Kirra; Stellplatz mit/ohne Strom
39/35 AU$, EZ/DZ 65/140 AU$, Hütte 125–140 AU$;
✳ @ 🎧 🏊) Der große städtische Campingplatz besitzt viele Bäume, herumlaufende
Ibisse, eine Camp-Küche und einen beheiz-
ten Swimmingpool. Die guten und günstigen, in sich abgeschlossenen Hütten (mit
und ohne Bad) stehen ein paar hundert Meter vom Strand entfernt.

★ La Costa Motel MOTEL $$
(📞07-5599 2149; www.lacostamotel.com.au; 127
Golden Four Dr, Bilinga; DZ 130–185 AU$; ✳🎧)
Die mintgrünen Schindelhäuser dieses Mo-
tels, eines der letzten des „Highway Herita-
ge" aus den 1950er-Jahren, sind außen origi-
nalgetreu, aber innen ordentlich und
komfortabel renoviert und mit Einbaukü-
chen ausgestattet. Ein hübsches Apartment
mit eigener Terrasse eignet sich für einen
längeren Aufenthalt. In der Nebensaison
sind die Preise deutlich günstiger.

★ Hotel Komune HOTEL, HOSTEL $$
(📞07-5536 6764; www.komuneresorts.com; 146
Marine Pde, Coolangatta; B 38–45 AU$, Apt. mit 1/2
Schlafzi. 140–180/185–300 AU$; 🎧🏊) Mit ei-
nem Poolbereich voller Palmen und super-
lässiger Stimmung ist der zehnstöckige um-

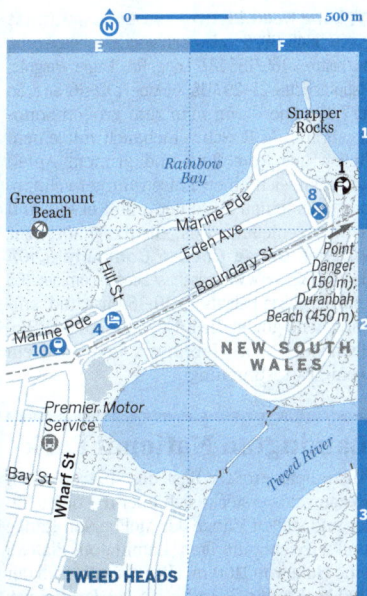

aber auch zu bei einem Gericht zum Teilen oder einem Salat länger verweilen. Nach dem Essen lässt es sich gut in dem kleinen angeschlossenen Laden stöbern.

Bellakai MODERN-AUSTRALISCH **$$$**
(☑07-5599 5116; www.facebook.com/bellakai.coo langatta; 82 Marine Pde, Coolangatta; Hauptgerichte 30–40 AU$; ⊙5–21.30 Uhr) Das schon ab 5 Uhr geöffnete Lokal hat einfache, aber gute Gerichte. Die Karte ändert sich saisonal, man kann aber immer Gerichte wie Fisch des Tages mit rotem Curry und Blattgemüse oder hausgemachte Pappardelle mit Garnelen erwarten. Am Morgen erfreuen sich die Einheimischen hier an ihrem Kaffee.

🍷 Ausgehen & Nachtleben

★Eddie's Grub House BAR
(☑07-5599 2177; www.eddiesgrubhouse.com; 171 Griffith St, Coolangatta; ⊙Di–Do & So 12–22.30, Fr & Sa bis 24 Uhr) Die Rock'n'Roll-Bar alter Schule mit einem Soundtrack aus Blues und Rock ist typisch für das neue Gold Coast: sie ist eigenwillig, ironisch und lustig. Es gibt auch Kneipenkost, und da hält das „dive bar comfort food", was der Name verspricht. Aber die Leute kommen eben vor allem zum Trinken, Tanzen, Quatschen und Chillen.

Coolangatta Hotel PUB
(www.thecoolyhotel.com.au; Ecke Marine Pde & Warner St, Coolangatta; ⊙10 Uhr–open end) Der riesige Pub gleich gegenüber vom Strand ist das Zentrum von Coolangattas manchmal ungestümem Nachtleben. Hier gibt's Livebands (Grinspoon, The Rubens), Würstchengrillen, Billardturniere, Quizabende, Akustik-Jams, überraschende raffinierte Kneipengerichte à la Pasta mit Rosé – also die ganze bunte Mischung. Besonders viel los ist bei den Sonntags-Sessions.

ℹ️ An- & Weiterreise

Die Busse von **Greyhound** (☑1300 473 946; www.greyhound.com.au) fahren nach Brisbane und weiter, jene von **Premier Motor Service** (☑13 34 10; www.premierms.com.au) in Richtung Norden bis nach Cairns. Die Bushaltestelle befindet sich an der Wharf St.

GOLD COAST HINTERLAND

Wer die Brandung, den Sand und die halbnackten Körper der Gold Coast hinter sich lässt, fühlt sich in den dicht bewaldeten

gebaute Apartment-Turm ein echtes Surfer-Refugium. Es gibt Budget-Schlafsäle, Apartments und ein hippes, zum Partymachen einladendes Penthouse. Die Fete findet allerdings meistens im Erdgeschoss statt und zwar in der dortigen Bar (mit Nachtclub) ab etwa 21 Uhr. Freitags bis sonntags gibt's dort Musik.

★Black Sheep Espresso Baa CAFÉ **$**
(☑07-5536 9947; www.tbseb.com.au; 72-80 Marine Pde, Coolangatta; ⊙5–15 Uhr) Ein engagiertes Team aus Kaffee-Fans betreibt dieses niedliche kleine Café im Zentrum der Einkaufszone der Marine Pde. Hier erwarten einen wunderbarer Espresso, Filterkaffee und die in Gold Coast unentbehrliche geeiste Latte. Dazu gibt's eine kleine Karte mit kreativen Frühstücks- und Mittagsgerichten.

Cafe Dbar MODERN-AUSTRALISCH **$$**
(☑07-5599 2031; www.cafedbar.com.au; 275 Boundary St, Coolangatta; Hauptgerichte 19–27 AU$; ⊙Mo–Do 11.15–15, Fr–So bis 20 Uhr) Das hübsche Lokal thront auf den Klippen von Point Danger, dem östlichsten Punkt der beiden Bundesstaaten Queensland und New South Wales, und zwar fast direkt auf der Grenze. Man hat die Wahl zwischen vielen Frühstücksgerichten, kann sich einfach einen guten Kaffee für unterwegs holen oder

Bergen der McPherson Range fast wie in eine andere Welt versetzt. Es gibt hier wunderbare Nationalparks mit subtropischem Regenwald, Wasserfällen und vielen Wildtieren.

Tamborine Mountain

Die aus Eagle Heights, North Tamborine und Mt. Tamborine bestehende Gemeinde Tamborine Mountain liegt auf einem Regenwaldplateau 45 km landeinwärts von den Stränden der Gold Coast entfernt und setzt in großem Stil auf Kunsthandwerk, deutsch angehauchten Kitsch, Pauschaltouren, Pralinen, Toffees und Liköre. Wer sich einen Eindruck verschaffen will, ist im **Gallery Walk** (☑ 07-5545 2006; 197 Long Rd, Eagle Heights) in Eagle Heights am richtigen Ort

Der **Tamborine National Park** (www.nprsr.qld.gov.au/parks/tamborine) besteht aus 13 Abschnitten, die sich über das 8 km lange Plateau erstrecken. Hier gibt's Wasserfälle und einen tollen Ausblick auf die Gold Coast. Leichte bis mittelschwere Wanderwege führen zu den Wasserfällen Witches Falls, Curtis Falls, Cedar Creek Falls und Cameron Falls. Eine Karte erhält man im Besucherzentrum in North Tamborine.

Auf dem **Skywalk** (☑ 07-5545 2222; www.rainforestskywalk.com.au; 333 Geissman Dr, North Tamborine; Erw./Kind/Fam. 20/10/49 AU$; ⊙ 9.30–16 Uhr) kann man eine etwa 1,5 km lange Wanderung hinunter zum Waldboden und bis zum hübschen Cedar Creek unternehmen. Unterwegs gibt es spektakuläre Aussichtsplattformen auf Stahlgerüsten und Brücken, die im Bereich der oberen Baumwipfel verlaufen. Beim Wandern sollte man unbedingt nach dem seltenen Richmond-Vogelfalter (einer Schmetterlingsart) Ausschau halten.

🛏 Schlafen & Essen

★**Songbirds Rainforest Retreat** HOTEL **$$$**
(☑ 07-5545 2563; www.songbirds.com.au; Lot 10, Tamborine Mountain Rd, North Tamborine; Villa 270–498 AU$; 🅿🛜) Die tollste Unterkunft auf dem Hügel besteht aus sechs südostasiatisch angehauchten Villen mit Doppel-Whirlpools, von denen man einen prima Ausblick in den Regenwald genießt. Ab zwei Übernachtungen gibt's Rabatt. Das auf dem Gelände befindliche preisgekrönte Restaurant empfiehlt sich für ein ausgiebiges Mittagessen.

★**Long Road Bistro** MODERN-AUSTRALISCH **$$**
(☑ 07-5545 0826; www.witcheschasecheese.com.au/bistro; 165/185-187 Long Rd, Eagle Heights; Hauptgerichte 21–29 AU$; ⊙ Mo–Fr 10–16, Sa & So ab 7 Uhr) Hier kann man zum großen Sonntagsbraten (z.B. Schweinebauch mit einem Relish aus Rote Bete und grünem Apfel) kommen, sich einen Linsen-Burger schnappen oder einen Eiskaffee mit Keksen und Sahne genießen. Das Bistro gehört zur **Witches Chase Cheese Company** (☑ 07-5545 2032; www.witcheschasecheese.com.au; 165 Long Rd, Eagle Heights; ⊙ 10–16 Uhr) und entsprechend gut ist die Käseplatte. An den Wochenenden gibt's Livemusik und auch ein wenig Partystimmung.

Lamington National Park

Australiens größter Rest des subtropischen Regenwalds erstreckt sich über die tiefen Täler und steilen Hänge der McPherson Range und erreicht auf dem Lamington Plateau eine Höhe von 1100 m. Hier befindet sich der 200 km² große **Lamington National Park** (www.nprsr.qld.gov.au/parks/lamington), der zum UNESCO-Welterbe gehört und mit mehr als 160 km an Wanderwegen aufwartet.

Die Gebiete Binna Burra und Green Mountains gelten als am leichtesten zugänglich. Beide sind von Canungra aus über lange, schmale Kurvenstraßen erreichbar (schwierig für große Wohnmobile). Nach Binna Burra gelangt man auch ab Nerang.

🛏 Schlafen & Essen

Der **Green Mountains Campground** (☑ 13 74 68; www.nprsr.qld.gov.au/parks/lamington/camping.html; Green Mountains; Stellplatz 6,15/24 AU$ pro Pers./Fam.) liegt am Ende der Lamington National Park Rd gleich neben dem Tagesbesucher-Parkplatz. Auf dem Gelände gibt's viele Stellplätze für Zelte und Wohnmobile und einen Sanitärblock mit Toiletten und Duschen. Man sollte seinen Stellplatz vorab buchen.

Die **Binna Burra Mountain Lodge** (☑ 1300 246 622, 07-5533 3622; www.binnaburralodge.com.au; 1069 Binna Burra Rd, Beechmont; Stellplatz mit/ohne Strom 35/28 AU$, Safarizelt 105 AU$, DZ mit/ohne Bad 290/175 AU$; 🅿) ist ein stimmungsvolles Bergrefugium – so etwas wie eine Skihütte im Busch. Zur Auswahl stehen rustikale Blockhütten, gut ausgestattete Apartments mit spektakulärem Blick vom Rand des Plateaus (die sogenannten „Sky Lodges") sowie Zelte mitten im

Wald. Auf dem Gelände gibt's ein gutes Restaurant und ein Teehaus.

Das berühmte, 1926 erbaute **O'Reilly's Rainforest Retreat** (☑ 07-5502 4911, 1800 688 722; www.oreillys.com.au; Lamington National Park Rd, Green Mountains; EZ 80–99 AU$, DZ 149–188 AU$, Villa mit 1 Schlafzi. 360–375 AU$; @ 🛜 🖂) hat zwar viel von seinem ursprünglichen Glanz eingebüßt, besitzt aber immer noch rustikalen Charme und eine grandiose Aussicht. Es gibt hier viele organisierte Aktivitäten, ein Tages-Spa, ein Café, eine Bar und ein Restaurant.

Springbrook National Park

Rund 40 Autominuten westlich von Burleigh Heads ist der **Springbrook National Park** (☑ 13 74 68; www.nprsr.qld.gov.au/parks/ springbrook) ein steil aufragender Überrest des Tweed Volcano, eines mehr als 20 Mio. Jahre alten, längst erodierten gewaltigen Schildvulkans, dessen Mittelpunkt der nahegelegene Mt. Warning (Wollumbin) in New South Wales bildet. Der Park ist ein Wunderland für Wanderer, in dem ausgezeichnete Wege durch gemäßigte, subtropische und Eukalyptuswälder mit vielen Schluchten, Klippen und Wasserfällen führen.

Zu den ausgezeichneten Aussichtspunkten im Park zählen der treffend benannte **Best of All Lookout** (Repeater Station Rd), der **Canyon Lookout** (Canyon Pde), der auch Ausgangspunkt des 4 km langen Rundwegs zu den Twin Falls ist, und der herrliche Aussichtspunkt neben den 60 m **Goomoolahra Falls** (Springbrook Rd), von dem aus man über das Plateau bis zur Küste blicken kann.

🛏 Schlafen & Essen

Auf dem hübschen **Settlement Campground** (☑ 13 74 68; www.nprsr.qld.gov.au/parks/ springbrook/camping.html; 52 Carricks Rd, Springbrook; Stellplatz 6/24 AU$ pro Pers./Fam.), dem einzigen Campingplatz im Nationalpark, gibt's elf grasbewachsene Stellplätze, Toiletten und Gasgrills, aber keine Duschen; die Plätze sollten vorab gebucht werden.

Das **Mouses House** (☑ 07-5533 5192; www. mouseshouse.com.au; 2807 Springbrook Rd, Springbrook; DZ 270–320 AU$; ❄ 🛜) umfasst zwölf Chalets aus Zedernholz, die im magischen Dunst des Waldes verborgen liegen und durch sanft beleuchtete Plankenwege miteinander verbunden sind. In jedem Chalet gibt's ein Wellnessbad und einen Kamin; einige stehen an einem in Stufen herunterstürzenden Bach.

Noosa & Sunshine Coast

Gut essen

➡ Spirit House (S. 387)

➡ Wasabi (S. 371)

➡ Noosa Beach House
(S. 371)

➡ Embassy XO (S. 384)

Schön
übernachten

➡ Oceans (S. 380)

➡ Monaco (S. 377)

➡ YHA Halse Lodge
(S. 368)

➡ Glass House Mountains
Ecolodge (S. 374)

Auf nach Noosa & zur
Sunshine Coast!

Die Sunshine Coast – dieser 100 km lange Küstenabschnitt von der Spitze Bribie Islands bis zur Cooloola Coast – lockt mit perfekten, golden schimmernden Stränden, beliebten Surfspots und entspannten, sonnengebräunten Einheimischen, die einem immer und immer wieder erzählen, wie glücklich sie sind. Entlang der Küste gibt's Ferienorte, die alle ihren ganz eigenen Reiz und ihr eigenes Ambiente haben – angefangen beim exklusiven, kosmopolitischen Noosa bis hin zum jungen, hippen Caloundra.

Landeinwärts im üppig grünen, kühlen Hinterland befinden sich die himmlischen Glass House Mountains, die eine herrliche Kulisse bilden, und der kultige Australia Zoo. Weiter nördlich ändert sich an der Blackall Range die Landschaft, die nun geprägt ist von dichten Wäldern, grünen Weiden und idyllischen Dörfern mit Feinkostläden, Cafés und ausgefallenen Boutiquen.

Reisezeit

Noosa

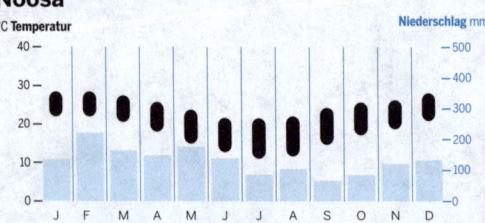

Mai Gourmets und Schleckermäuler genießen das Angebot beim viertägigen Noosa Food & Wine.

Aug. Ferienende; weniger Touristen, einsame Strandspaziergänge und angenehm warme Temperaturen.

Sept. Das rockige Caloundra-Festival lockt unzählige Musikfans ins aufstrebende Caloundra.

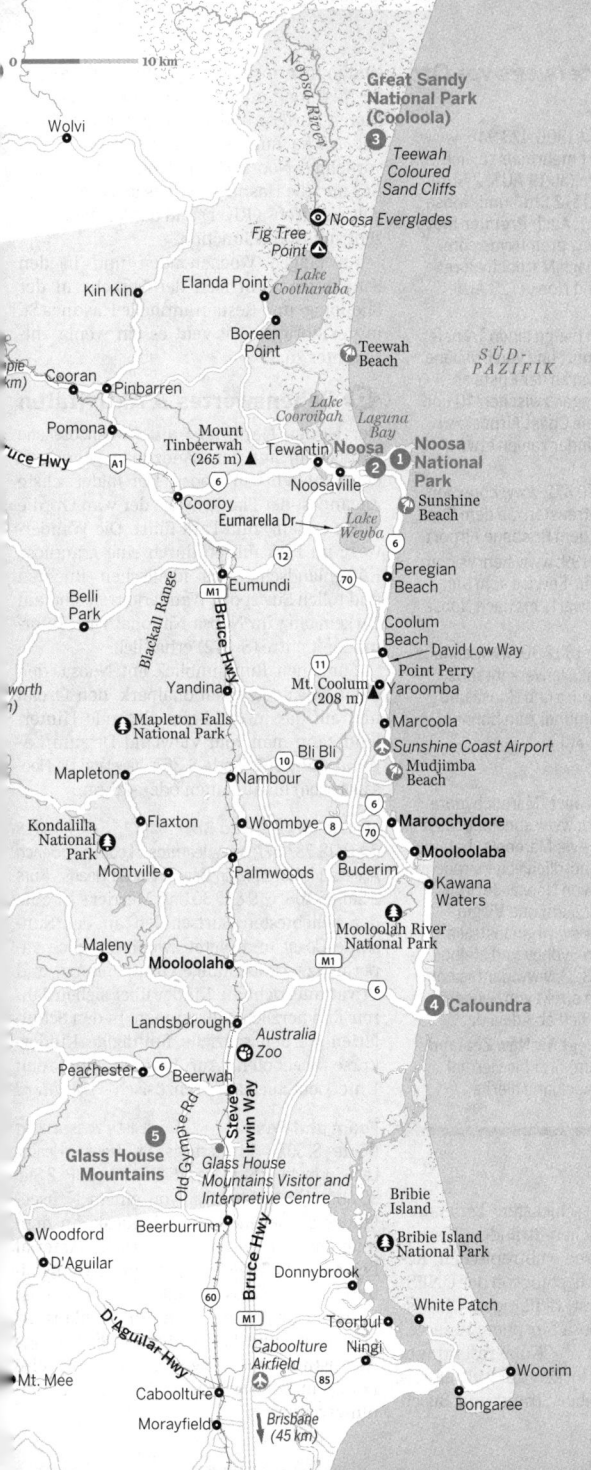

0
10 km

Wolvi

Noosa River

Great Sandy National Park (Cooloola)
❸
Teewah Coloured Sand Cliffs

◉ *Noosa Everglades*

Fig Tree Point
Lake Coothabara

Kin Kin
Elanda Point
Boreen Point

Teewah Beach

SÜD-PAZIFIK

Cooran
Pinbarren

Lake Cooroibah
Laguna Bay

Pomona
Mount Tinbeerwah (265 m) ▲
Tewantin **Noosa** ❶ **Noosa National Park**
❷

Cooroy
Noosaville

Eumarella Dr
Lake Weyba
Sunshine Beach

❶❷ Bruce Hwy

Belli Park
Eumundi

Peregian Beach

Coolum Beach
David Low Way
Point Perry
Mapleton Falls National Park
Yandina
Mt. Coolum (208 m) ▲ Yaroomba

Marcoola

Mapleton
Bli Bli
Nambour
Sunshine Coast Airport
Mudjimba Beach

Kondalilla National Park
Flaxton
Woombye
Maroochydore

Montville
Palmwoods
Buderim
Mooloolaba

Kawana Waters

Maleny
Mooloolah River National Park

Mooloolah

Landsborough
Australia Zoo
❹ **Caloundra**

Peachester
Beerwah

Steve Irwin Way

❺
Glass House Mountains
Glass House Mountains Visitor and Interpretive Centre

Woodford
Beerburrum

Bribie Island
Bribie Island National Park

D'Aguilar
Donnybrook

White Patch

D'Aguilar Hwy
Toorbul
Ningi

Mt. Mee
Caboolture Airfield
Woorim

Caboolture
Bongaree
Morayfield
Brisbane (45 km)

Old Gympie Rd

Highlights

❶ **Noosa National Park** (S. 366) In Noosas wunderschönem, leicht erreichbarem Garten Eden wandern und Tiere beobachten

❷ **Noosas Restaurantszene** (S. 370) Lokale Produkte und kulinarische Kreativität in einem der ausgezeichneten Feinschmeckerrestaurants der Stadt genießen

❸ **Great Sandy National Park** (S. 385) Einen der spektakulärsten natürlichen Highways Australiens, den Great Beach Drive, erkunden

❹ **Caloundra** (S. 375) An der Sunshine Coast im neuen Zentrum der Coolness auf den Wellen reiten, Biere schlürfen und Straßenkunst bewundern

❺ **Glass House Mountains** (S. 374) Den grandiosen Blick von den und auf die absolut surrealen geologischen Monumente des Hinterlands genießen

❶ Anreise & Unterwegs vor Ort

BUS

Greyhound Australia (☎1300 473 946; www.greyhound.com.au) fährt mehrmals täglich von Brisbane nach Caloundra (ab 19 AU$, 2 Std.), Maroochydore (ab 23 AU$, 2 Std.) und Noosa (ab 23 AU$, 2½–3¼ Std.). Auch **Premier Motor Service** (☎13 34 10; www.premierms.com.au) fährt von Brisbane nach Maroochydore (23 AU$, 1½–1¾ Std.) und Noosa (23 AU$, 2½ Std.).

Mehrere Unternehmen bieten einen Transfer vom Sunshine Coast Airport und von Brisbane zu verschiedenen Punkten an der Küste an. Die Preise ab Brisbane liegen zwischen 40 und 60 AU$ und vom Sunshine Coast Airport zwischen 25 und 35 AU$ (Kinder zahlen etwa die Hälfte).

Con-X-ion (☎1300 370 471; www.con-x-ion.com) betreibt Flughafentransfers ab dem Sunshine Coast Airport und dem Brisbane Airport.

Henry's (☎07-5474 0199; www.henrys.com.au) bietet einen Tür-zu-Tür-Service vom Sunshine Coast Airport nordwärts bis nach Noosa Heads und Tewantin.

Sunbus (TransLink; ☎13 12 30; www.sunbus.com.au) Dieser TransLink-Nahverkehrsbus pendelt zwischen Caloundra und Noosa und fährt von Noosa über Eumundi zum Bahnhof in Nambour (8,60 AU$, 1¼ Std.).

FLUGZEUG

Der **Sunshine Coast Airport** (Maroochydore Airport; ☎07-5453 1500; www.sunshinecoastairport.com; Friendship Ave, Marcoola) befindet sich in Marcoola, 10 km nördlich von Maroochydore und 26 km südlich von Noosa. **Jetstar** (☎13 15 38; www.jetstar.com) und **Virgin Australia** (☎13 67 89; www.virginaustralia.com) fliegen täglich direkt von Sydney und Melbourne hierher; **Qantas** (☎13 13 13; www.qantas.com.au) achtmal wöchentlich direkt von Sydney; Jetstar dreimal wöchentlich ab Adelaide.

Von Juli bis Oktober fliegt **Air New Zealand** (www.airnewzealand.com) drei- bis viermal wöchentlich direkt von Auckland hierher.

Noosa

39 380 EW.

Noosa ist einer der schicksten Ferienorte Australiens mit herrlichen Stränden, klarem Wasser und makellosen subtropischen Regenwäldern. Die Stadt liegt im von der UNESCO wegen des äußerst vielfältigen Ökosystems anerkannten Noosa Biosphere Reserve.

Designerboutiquen, Nobelrestaurants und Villen am Kanal locken die weltmännische Strandelite an, aber Strand und Busch sind immer noch kostenlos, was eine gesunde Mischung aus urbanen Modefreaks, lockeren Surfern und Wasserratten zur Folge hat. Noosa umfasst drei Hauptzonen: das vornehme Noosa Heads (rund um Laguna Bay und die Hastings St), das lockere Noosaville (am Noosa River) und das Verwaltungszentrum Noosa Junction.

An langen Wochenenden und in den Schulferien staut sich der Verkehr in der Shopping- und Restaurantmeile Hastings St, in der übrigen Zeit geht es ein wenig entspannter zu.

◉ Sehenswertes & Aktivitäten

Der **Noosa National Park** (www.noosanationalpark.com) auf der Landzunge gehört zu den Highlights in Noosa. Der malerischste Zugang ist der Plankenweg, der vom Ort die Küste entlang zum Park führt. Die Wanderwege im Park führen durch eine grandiose Küstenlandschaft, zu idyllischen Buchten und tollen Surfspots. Wanderkarten sind am Parkeingang im Noosa National Park Information Centre (S. 372) erhältlich.

Für einen Rundumblick auf Noosa, den dicht bewaldeten Nationalpark, den Ozean und auf das in der Ferne liegende Hinterland kann man vom Viewland Dr zum **Laguna Lookout** (Karte S. 367; Viewland Dr, Noosa Junction) hinauflaufen oder -fahren.

Merrick's Learn to Surf   SURFEN
(☎0418 787 577; www.learntosurf.com.au; Beach Access 14, Noosa Main Beach, Noosa Heads; Kurs 2 Std. 65 AU$; ⏰9 & 13.30 Uhr) Merricks ist eine der beliebtesten Surfschulen an der Sunshine Coast und bietet zweimal täglich superlustige zweistündige Gruppenkurse und Privatunterricht an. Kinder über sieben Jahren sind herzlich willkommen. In den Schulferien werden spezielle fünftägige Kinderkurse angeboten. Auf Wunsch gibt's den Unterricht auch auf Französisch – *très bien!*

Foam and Resin   SURFEN, WASSERSPORT
(Karte S. 367; 53 Hastings St, Noosa Heads; Leih-Surfbrett 2 Std./Tag 25/35 AU$, SUP 2 Std. 30 AU$; ⏰9–17 Uhr) Der von einem Neuseeländer betriebene Open-Air-Kiosk, an dem man das zum Surfen erforderliche Material bekommt, befindet sich gegenüber vom Visitor Centre in Noosa Heads. Dieser Laden ist in der Regel preiswerter als die Konkurrenz am Strand und hat qualitativ hochwertige Ausrüstung im Angebot, beispielsweise Long- und Shortboards. Variierende Öffnungszeiten.

Noosa Heads

Map labels:

Laguna Bay

Noosa Woods

Merrick's Learn to Surf (450 m)

Palm Tree Tours

Hastings St

Noosa Visitor Information Centre

Noosa National Park Information Centre (600 m); Noosa National Park (800 m)

Park Rd

Allambi Rise

Little Cove Rd

Noosa Pde

Wasabi (700 m); Ricky's River Bar & Restaurant (800 m); Cooking School Noosa (850 m); Noosa River Holiday Park (2 km); Noosa River (2,2 km); Noosaville (2,2 km)

Halse La

Bayview Rd

Noosa Dr

Alina Way

Picture Point Cres

Noosa Junction (500 m); Post (500 m); Village Bicycle (600 m); Noosa Fair Shopping Centre (750 m); Greyhound Australia (1 km); (1 km); Premier Motor Service (1 km); Sunbus (1 km); Flashpackers (2 km); Noosa Farmers Market (2 km)

Viewland Dr

0 — 200 m

Noosa Heads

Adventure Sports Noosa   KITESURFEN, WASSERSPORT
(☏ 07-5455 6677; www.kitesurfaustralia.com.au; 136 Eumundi Noosa Rd, Noosaville; Kitesurfkurs 2½ Std. 275 AU$; ⊙ Aug.–April Mo –Fr 9–17, Sa 9–14 Uhr, Mai–Juli Mo & Di 10–17, Do & Fr 9–17, Sa 9–14 Uhr) Neben Kitesurfkursen verleiht Adventure Sports auch Kajaks (halber Tag 35 AU$), Fahrräder (2 Std./ganzer Tag 19/25 AU$) und SUPs (halber/ganzer Tag ab 35/55 AU$).

Noosa Ocean Rider   BOOTFAHREN
(Karte S. 369; ☏ 0438 386 255; www.facebook.com/NoosaOceanrider; Jetty 17, 248 Gympie Tce, Noosaville; 1 Std. pro Pers./Fam. 70/250 AU$) Nasser Nervenkitzel auf einem extrem schnel-

len, PS-starken Schnellboot. Die Standardtouren führen entlang der Küste des Noosa National Park.

Kayak Noosa   KAJAKFAHREN
(Karte S. 369; ☏ 07-5455 5651; www.kayaknoosa.com; 194 Gympie Tce, Noosaville; 2-stündige Sonnenuntergangstour im Kajak Erw./Kind 60/45 AU$) Geführte Touren im Noosa National Park. Verleiht auch Kajaks (2 Std. ab 25 AU$) und SUPs (1/2 Std. 20/30 AU$).

Noosa Ferry   BOOTSFAHRT
(Karte S. 367; ☏ 07-5449 8442; www.noosaferry.com) Dieser ausgezeichnete Fährdienst bietet eine informative Hop-on-hop-off-Classic-Tour (Tageskarte Erw./Kind 25/7 AU$) zwi-

schen Tewantin und dem Anleger des Sofitel Noosa Pacific Resort in Noosa Heads an. Dienstags und donnerstags werden eine Eco Cruise (toll für Vogelfans; Erw./Kind 49/22,50 AU$) und dienstags und samstags eine traumhafte einstündige Sunset Cruise angeboten (alkoholische Getränke muss man sich selbst mitbringen; Erw./Kind 25/10 AU$).

👉 Geführte Touren

Noosa Woody Hire
AUTOTOUR

(📱 0475 587 385; www.noosawoodyhire.com; Autotour 1/2/4 Std. 190/290/590 AU$) Touren in einem die Blicke auf sich ziehenden Ford Woody aus dem Jahr 1946: Das Auto, in dem vier bis fünf Fahrgäste Platz finden, wurde von dem jungen, freundlichen Tim Crabtree mit viel Liebe restauriert. Zusammen mit seiner Frau Kim bietet der Surfbrettbauer auf Kundenwunsch zugeschnittene Ausflüge an (im Preis sind Erfrischungsgetränke enthalten). Im Rahmen der vierstündigen Tour gibt's mittags ein Gourmet-Picknick und auf Wunsch auch Feinschmeckerstopps im Hinterland. Ein Besuch der Eumundi Markets (S. 386) ist ebenfalls möglich.

Discovery Group
AUTOTOUR

(Karte S. 369; 📱 07-5449 0393; www.thediscovery group.com.au; 186 Gympie Tce, Noosaville; Tagestour Fraser Island Erw./Kind 175/120 AU$, 4 Std. Everglades-Tour 79/65 AU$) Wunderbare ein- und zweitägige Touren im Allrad-Lastwagen auf der Fraser Island. Im Angebot sich außerdem Ausflüge durch die **Everglades** (ganztägiger geführter Kanuausflug Erw./Kind 129/90 AU$).

Bike On Australia
MOUNTAINBIKEN

(📱 07-5474 3322; www.bikeon.com.au; geführte Mountainbike-Touren ab 65 AU$, Fahrradverleih 25 AU$/Tag) Angeboten wird eine Vielzahl von Touren, darunter Audio-Touren und Öko-Abenteuertouren. Die lustige, halbtägige Off the Top Tour – auf einem Mountainbike den Berg runter – kostet 79 AU$. Verleiht auch Rennräder (3/7 Tage ab 120/250 AU$).

🦞 Kurse

Cooking School Noosa
KOCHEN

(📱 07-5449 2443; www.thecookingschoolnoosa. com; 2 Quamby Pl, Noosa Heads; ⊙ Kurs 5½ Std. inkl. Mittagessen & Wein 250 AU$) Das ausgezeichnete Restaurant Wasabi (S. 371) veranstaltet Kochkurse unter der Leitung der hauseigenen Köche oder von Gastköchen aus dem ganzen Land. Regelmäßige Themen sind die japanische, die südostasiati-

sche und die französische Küche. Es werden nur für die Region typische, saisonale Zutaten verwendet. Im Preis enthalten sind das Mittagessen und die passenden von Sommeliers ausgewählten Weine.

🎉 Feste & Events

Noosa Festival of Surfing
SURFEN

(www.noosafestivalofsurfing.com; ⊙ März) Eine Woche Wellenreiten im März ist beim Noosa Festival of Surfing angesagt. Es gibt eine enorme Vielfalt von Wettbewerbskategorien, von eingeladenen Profis bis hin zu Amateuren aller Altersklassen, und nicht zu vergessen die Kategorie Hunde-Surfen! Neben der Action auf und im Wasser gibt es Surf-Vorträge und -Workshops sowie Filmvorführungen und Livemusik.

Noosa Food & Wine
ESSEN & TRINKEN

(www.noosafoodandwine.com.au; ⊙ Mai) Eine viertägige Hommage an kulinarische Freuden jeder Art mit erfolgreichen Köche, Meisterklassen, speziellen Mittag- und Abendessen sowie thematischen Gourmet- und Weintouren.

Noosa Long Weekend
KULTUR

(www.noosalongweekend.com; ⊙ Juli) Das zehntägige Festival beinhaltet Musik, Tanz, Theater, Film, bildende Kunst, Literatur und Gastronomie und findet im Juli statt.

🛏 Schlafen

Eine ausführliche Liste mit Unterkünften für Kurzaufenthalte gibt's im Noosa Visitor Centre (S. 372) und bei **Accom Noosa** (Karte S. 367; 📱 07-5447 3444, 1800 072 078; www.accomnoosa.com.au; Shop 5/41 Hastings St, Noosa Heads).

⭐ YHA Halse Lodge
HOSTEL $

(Karte S. 367; 📱 07-5447 3377; www.halselodge. com.au; 2 Halse Lane, Noosa Heads; B 33,50 AU$, DZ 88 AU$; @ 🛜) Das prächtige Queenslander-Haus aus der Kolonialzeit ist eine legendäre Backpacker-Bleibe und lohnt das Erklimmen der steilen Auffahrt. Es gibt Schlafsäle mit vier bis sechs Betten, Zweibettzimmer, Doppelzimmer und eine hübsche, breite Veranda. In der bei Einheimischen beliebten Bar kann man hervorragend Leute kennenlernen, es gibt leckeres Essen (Hauptgerichte 16,50–26,50 AU$), eine Happy Hour, während der das Bier günstiger ist, und donnerstags Livemusik. Das Haus ist nicht weit von der Action am Main Beach entfernt.

Noosaville

Noosaville

☺ Aktivitäten, Kurse & Touren
1 Discovery Group B1
2 Kayak Noosa B1
3 Noosa Ocean Rider B1

🛏 Schlafen
4 Islander Noosa Resort B2
5 Noosa River Holiday Park D1

⊗ Essen
6 Bordertown BBQ & Taqueria B1
7 Little Humid B1
  Noosa Boathouse ....(siehe 2)
8 Thomas Corner B2

Flashpackers HOSTEL $
(☎ 07-5455 4088; www.flashpackersnoosa.com; 102 Pacific Ave, Sunshine Beach; gemischter Schlafsaal B ab 38 AU$, Frauenschlafsaal B 45 AU$, DZ ab 100 AU$; ✲ 🛜 ⊠) Das Flashpackers hat nicht den Gammelstandard anderer Hostels. Zu den durchdachten Extras in den blitzsauberen Schlafsälen gehören u. a. Standspiegel, Leselampen, viele Steckdosen und die kostenlose Nutzung von Surf- und Bodyboards.

Noosa River Holiday Park WOHNWAGENPARK $
(Karte S. 369; ☎ 07-5449 7050; www.noosaholidayparks.com.au; 4 Russell St, Noosaville; Stellplatz ohne/mit Strom 38/46 AU$; 🛜) Diese Anlage ist vor allem wegen ihrer tollen Lage am Ufer des Noosa River genau zwischen Noosa Heads und Noosaville besonders beliebt. Die Restaurants und Bars in Noosaville sind fußläufig zu erreichen. Es gibt wunderschöne Stellen, an denen man sich ins kühle Nass stürzen kann. Der Park ist extrem beliebt und schnell ausgebucht, Reservierungen werden neun Monate im Voraus entgegengenommen.

★ 10 Hastings MOTEL $$
(Karte S. 367; ☎ 07-5455 3350; www.10hastingsstreet.com.au; 10 Hastings St, Noosa Heads; Wohn-studio ab 199 AU$, Wohnsuite ab 250 AU$, 2-Zi.-Apt. ab 400 AU$; 🅿 ✲ 🛜 ⊠) Dieses frisch renovierte Boutiquemotel in Noosas Hastings St ist eine Rarität und eine erfrischende Alternative zu den Resorts. Die sauberen, frischen, schicken Unterkünfte sind entweder kompakte Wohnstudios für zwei Personen oder größere Wohnsuiten mit Platz für zwei Erwachsene und zwei Kinder. Noch größer sind die Apartments mit zwei Zimmern für bis zu sechs Personen. Zu den Extras gehören kostenlose Strandhandtücher und eine Minibar. Den Mindestaufenthalt checken!

Hotel Laguna APARTMENT $$
(Karte S. 367; ☎ 07-5447 3077; www.hotellaguna.com.au; 6 Hastings St, Noosa Heads; Wohnstudio/Suite ab 165/230 AU$; 🅿 ✲ 🛜 ⊠) Das zwischen dem Fluss und der Hastings St eingekeilte Hotel Laguna verfügt über Apartments und kleinere Wohnstudios für Selbstversorger. Da alle Apartments private Eigentümer haben, sind sie individuell eingerichtet, aber alle sind nett und hübsch (wenn vielleicht auch nicht immer blitzsauber). Es gibt eine Gemeinschaftswaschküche und im Hof einen Pool. Die Lage ist ein besonderes Plus: In Nullkommanichts ist man am Strand oder in einem tollen Café.

NOOSA & SUNSHINE COAST

Islander Noosa Resort
RESORT $$

(Karte S. 369; ☑07-5440 9200; www.islandernoo
sa.com.au; 187 Gympie Tce, Noosaville; 2-/3-Zi.-Villa
220/270 AU$; P✳☎🏊) Die Ferienhäuser
stehen in einer 1,6 ha großen tropischen
Gartenanlage mit zentralem, einer Lagune
nachempfundenem Pool und Holzplanken-
wegen, die sich zwischen den Bäumen hin-
durchschlängeln. Die gute, familienfreundli-
che Unterkunft befindet sich mitten in
Noosaville. Zu den Annehmlichkeiten gehö-
ren Jacuzzis, Saunas, ein Fitnessstudio und
zwei Tennisplätze. Die gemütlichen und net-
ten Apartments sind etwas unmodern und
nicht immer so sauber, wie sie eigentlich
sein sollten.

★ Fairshore
APARTMENT $$$

(Karte S. 367; ☑07-5449 4500; www.fairshore
noosa.com.au; 41 Hastings St, Noosa Heads; Apt. für
4 Pers. ab 495 AU$; P✳☎🏊) Schicke, famili-
enfreundliche Apartmentanlage mit direktem Zugang zum Noosa Main Beach und zur
geschäftigen Hastings St. Das Fairshore bietet einen von Palmen gesäumten Poolbereich, der einem Hochglanzmagazin entsprungen sein könnte. Die Apartments mit
zwei Zimmern haben ein oder zwei Bäder.
Jedes Apartment ist individuell eingerichtet,
alle sind mit einer Waschmaschine ausgestattet, und die meisten wirken luftig und
modern. Ein kleiner Fitnessraum ist auch
vorhanden. Der Parkplatz ist kostenlos
(max. Fahrzeughöhe 1,85 m).

✖ Essen

Noosa ist stolz darauf, ein kulinarisches Ziel
zu sein. Von feinen Restaurants bis zu
Strandimbissen gibt's hier überall Spezialitäten aus der Region und der ganzen Welt.
In Noosa Heads sammeln sich die Restaurants in der Hastings St, in Noosaville in der
Thomas St und an der Gympie Tce.

Selbstversorger finden alles Nötige im
Noosa Fair Shopping Centre (☑07-5447
3788; www.noosafairshopping.com.au; 3 Lanyana
Way, Noosa Junction; ◎Supermarkt Mo–Fr 8–21,
Sa 8–17.30, So 9–18 Uhr) in Noosa Junction.
Weitaus stimmungsvoller ist aber der sonn-
tags stattfindende **Noosa Farmers Market**
(☑0418 769 374; www.noosafarmersmarket.com.
au; Noosa Australian Football Club Grounds, 155
Weyba Rd, Noosaville; ◎So 7–12 Uhr).

Betty's Burgers & Concrete Co
BURGER $

(Karte S. 367; ☑07-5455 4378; www.bettysbur
gers.com.au; 2/50 Hastings St, Noosa Heads; Burger 10–16 AU$; ◎10–21 Uhr) Betty's hat an Aus-

traliens Ostküste Kultstatus, was auch die
Schlangen vor dieser tollen Filiale in Noosa
erklärt. Und das Warten lohnt sich, denn die
aus 1-a-Fleisch hergestellten und perfekt gegrillten Burger kommen in butterweichen
Brötchen daher (auch als Veggie-Variante
erhältlich). Die Pommes sind wunderbar
knusprig, und die gehaltvollen „Concretes"
(gefrorene cremige Drinks) gibt's in Geschmacksrichtungen wie Zitrone-Him-
beer-Käsekuchen. Göttlich!

Bordertown BBQ & Taqueria
AMERIKANISCH, MEXIKANISCH $

(Karte S. 369; ☑07-5442 4242; www.facebook.
com/bordertownbarbeque; 1/253 Gympie Tce, Noosaville; Burger 12–17 AU$, Tacos 7–9 AU$; ◎So–Do
8–21, Fr & Sa 8–22.30 Uhr; ☎♿) An den Wänden des Bordertown hängen Werke der
Queenslander Künstler Mitch 13 und Thom
Stuart. Aus der Küche kommen leckere Burger und Tacos (die authentischen Taco-Shells
werden von einer mexikanischen Familie in
Melbourne hergestellt). An der Bar bekommt man u.a. Craft-Biere, kreative Cocktails und eine alkoholische Bordertown
Cola, die vor Ort aus Sassafras, Vermouth
und Fernet-Branca hergestellt wird. Infos
über DJ-Sessions stehen auf Facebook.

Hard Coffee
CAFÉ $

(Karte S. 367; ☑0410 673 377; 18 Hastings St,
Noosa Heads; Hauptgerichte 10–16 AU$; ◎7–15
Uhr) Das superlockere Hard Coffee gehört zu
den preisgünstigeren Cafés in der Hastings
St und versteckt sich in einem unscheinbaren Food-Court. Zu den einfachen, aber
schmackhaften Speisen zählen Focaccia mit
Räucherlachs, Steak-Sandwiches und leckere Avocadocreme für nur 10 AU$. Die vielen
Stammgäste plaudern über die morgendli-
che Brandung und trinken den guten Kaffee.

Tanglewood Organic Sourdough Bakery
BÄCKEREI $

(☑07-5473 0215; www.facebook.com/tanglewood
organicsourdough; Belmondos Organic Market, 59
Rene St, Noosaville; Gebäckstücke ab 5 AU$;
◎Mo–Fr 8–17, Sa 8–16 Uhr; ☎) Das im vornehmen Belmondos Organic Market gelegene
Tanglewood verkauft himmlisch leckere, mit
viel Butter zubereitete Backwaren, die
kunstvoll auf Holzbrettern dargeboten werden. Wer sich nicht entscheiden kann, sollte
den hervorragenden Pekankuchen oder den
berühmten Brot-und-Butter-Pudding nehmen. Lecker sind auch die Scho-
ko-Seesalz-Kekse, gar umwerfend ist das
Bauernbrot.

Massimo's
EISCREME **$**

(Karte S. 367; 75 Hastings St, Noosa Heads; Eiscreme ab 5 AU$; ⊗So–Do 9.30–21.30, Fr & Sa 9.30–22 Uhr) Sowohl Traveller als auch einheimische Stammkunden stehen Schlange nach Massimo's Eiscreme. Ob dies eine der besten *gelaterias* Queenslands ist, ist nicht ganz sicher. Es besteht aber kein Zweifel daran, dass das Eis cremig, frisch und wunderbar aromatisch ist. Nur Barzahlung.

★ Thomas Corner
MODERN-AUSTRALISCH **$$**

(Karte S. 369; ☑ 07-5470 2224; www.thomascorner.com.au; Ecke Thomas St & Gympie Tce, Noosaville; Hauptgerichte 16–33 AU$; ⊗Mo–Fr 11.30–20, Sa & So 8–20 Uhr; ☎) Damen lieben es, mittags in diesem schicken, lockeren Lokal unter freiem Himmel zu speisen. Der in der Gegend berühmte Küchenchef David Rayner zaubert wunderschön angerichtete Kreationen, z.B. geräucherten Fisch aus der Region mit Endivien, Apfel, Labné und Pancetta-Würfeln oder Parmesan-Salbei-Gnocchi mit Pilzen, Spinat, Trüffelpaste und pochiertem Ei. Die Frühstückskarte am Wochenende ist ähnlich kreativ.

El Capitano
PIZZA **$$**

(Karte S. 367; ☑ 07-5474 9990; www.elcapitano.com.au; 52 Hastings St, Noosa Heads; Pizzas 22–25 AU$; ⊗17–21.30 Uhr) Noosas beste Pizzeria befindet sich in einer leicht zu übersehenden Gasse. Dies ist ein hippes, lässiges Lokal mit Plätzen am Tresen (super für Leute ohne Begleitung), Fenstern mit Fensterläden davor und maritimer Straßenkunst. Die leichten, lockeren, lecker belegten Pizzas aus Sauerteig sind hervorragend. An der Tafel stehen Pizza- und Cocktail-Specials. Unbedingt im Voraus reservieren!

Noosa Boathouse
MODERN-AUSTRALISCH **$$**

(Karte S. 369; ☑ 07-5440 5070; www.noosaboathouse.com.au; 194 Gympie Tce, Noosaville; Hauptgerichte 20–38 AU$; ⊗Restaurant Di–So 11.30–15 & 17–20 Uhr, Café tgl. 6–18 Uhr, Dachterrassenbar Di–So 16.30–19 Uhr) Das moderne, schwimmende Lokal besteht aus mehreren Bereichen: Café, Fish-&-Chips-Bude, Dachterrassenbar (für den Sundowner) und Restaurant im Cape-Cod-Stil. Die Speisekarte des Restaurants – Mod Oz mit italienischem und asiatischem Touch – ist zwar nicht ganz so anspruchsvoll, wie der Laden aussieht, aber dennoch ist dies ein fantastischer Ort, um gut zu essen und dabei den tollen Blick zu genießen. Und zwar ohne dass einem angesichts der Preise Tränen in die Augen steigen!

Kaali
INDISCH **$$**

(Karte S. 367; ☑ 07-5474 8989; www.kaaligourmetindian.com; 2/2 Hastings St, Noosa Heads; Hauptgerichte 21–32,50 AU$; ⊗Mo–Fr 11–21, Sa & So 17–22 Uhr; ☑) Nach den vielen Mod-Oz-Restaurants in Noosa Heads ist dieser Hauch von Indien eine aromaträchtige Alternative. Das lockere Lokal am westlichen Ende der Hastings St serviert ausgezeichnete Currys und total leckere Tandur-Brote.

★ Noosa Beach House
MODERN-AUSTRALISCH **$$$**

(Karte S. 367; ☑ 07-5449 4754; www.noosabeachhousepk.com.au; 16 Hastings St, Noosa Heads; abends 39–46 AU$, 6-Gänge-Verkostungsmenü 100 AU$; ⊗tgl. 6.30–10.30 & 17.30–21.30, Sa & So auch 12–14.30 Uhr) Das schicke Restaurant, eingerichtet mit weißen Wänden, Glas und Holz, gehört dem berühmten Weltenbummler und Chefkoch Peter Kuravita. Saisonale Zutaten und frische Meeresfrüchte sind die Basis moderner Gerichte wie das hochgradig verführerischen sri-lankischen Snapper-Currys mit Tamarinde und *aloo chop* (Kartoffelkroketten). An den Wochenenden gibt's mittags ein Fünf-Currys-Gericht, das seinen Preis unbedingt wert ist (auf großer Familienplatte serviert für 38 AU$/Pers.).

★ Wasabi
JAPANISCH **$$$**

(☑ 07-5449 2443; www.wasabisb.com; 2 Quamby Pl, Noosa Heads; 3 Gänge 80 AU$, 7-/9-Gänge-Omakase-Menü 134/157 AU$; ⊗Mi, Do & Sa 17–21.30, Fr & So 12–21.30 Uhr) Das Wasabi ist ein preisgekröntes Restaurant am Wasser und wird gern von einheimischen Feinschmeckern besucht. Erstklassige Produkte aus der Region und dem hauseigenen Bauernhof werden zu köstlichen, aufregenden Gerichten verarbeitet, etwa zu Enteneiernudeln und frischem Fisch in einer Brühe aus gebrannten Zwiebeln mit Fischkruste und Gemüse oder Tempura mit Spannerkrabbe und *yama-imo*-Klösen (Bergkartoffelklöße) mit Kombu-Salz und *yuzu*-Schale (kleine Zitrusfrucht).

★ Ricky's River Bar & Restaurant
MODERN-AUSTRALISCH **$$$**

(☑ 07-5447 2455; www.rickys.com.au; Noosa Wharf, 2 Quamby Pl, Noosa Heads; Hauptgerichte 35–45 AU$, 6-Gänge-Verkostungsmenü 105 AU$, mit passenden Weinen 165 AU$; ⊗12 Uhr–open end) Das elegante Ricky's am Noosa River ist der Liebling von Geschäftsleuten, die hier bei einem ausgedehnten Mittagsmahl über Geschäfte diskutieren. Man sollte für mittags einen Tisch bestellen (der Blick allein ist schon den halben Preis wert) und in Speisen wie Tintenfisch vom Holzkohlengrill mit Mandelcreme, Currybaumblättern, alten Tomatensorten und Quinoa oder Barramundi von der Coral Coast mit Blumenkohl und Macadamia-*skordalia* (Dip) schwelgen.

Little Humid
MODERN-AUSTRALISCH $$$

(Karte S. 369; ☑ 07-5449 9755; www.humid.com. au; 2/235 Gympie Tce, Noosaville; Hauptgerichte 27–42 AU$; ⏰ Mi–So 12–14 & 18–20.30 Uhr; 🖉) Dieses zu Recht beliebte Restaurant serviert gutes Bristo-Essen mit einem besonderen Touch, etwa saisonale Gerichte wie knusprige Ente mit Lakritz- und Orangenglacé, Meerforelle mit Kräuter- und Pinienkernkruste und Brei aus Kipfler-Kartoffeln. Abends unbedingt reservieren (in der Ferienzeit bis zu zwei Wochen im Voraus)!

Ausgehen & Nachtleben

★ Clandestino Roasters
KAFFEE

(☑ 1300 656 022; www.clandestino.com.au; Belmondos Organic Market, 59 Rene St, Noosaville; ⏰ Mo–Fr 7–16, Sa 7–15 Uhr; 🕾) Die trendige Kleinrösterei mag vielleicht nicht unter den Touristenradar fallen, ist aber bei Hipstern, Surfern und Anzugträgern gleichermaßen beliebt, die hier Noosas erstklassigen Kaffee genießen. Es gibt zwei gemischte und acht sortenreine Sorten, die auf unterschiedliche Arten zubereitet werden, z. B. als Espresso, kalt, aufgebrüht, gefiltert und im Vakuumsiphon. Gemeinschaftstische und Gratis-WLAN machen dieses Café zu einer beliebten Location für Leute, die die Finger nicht von der Tastatur lassen können.

★ Village Bicycle
BAR

(☑ 07-5474 5343; 2/16 Sunshine Beach Rd, Noosa Junction; ⏰ Mo–Sa 16–24, So 12.30–24 Uhr) Noosas coolste Bar wird von den Kumpels Luke und Trevor betrieben. Der gesellige, mit viel Straßenkunst geschmückte Raum ist jeden Abend rappelvoll. Stammkunden kippen ein paar Bier, futtern leckeres Kneipenessen – Tacos und Burger – und lauschen der Livemusik.

Miss Moneypenny's
COCKTAILBAR

(Karte S. 367; ☑ 07-5474 9999; www.missmoney pennys.com; 6 Hastings St, Noosa Heads; ⏰ 11.30–24 Uhr; 🕾) Im schicken, preisgekrönten Miss Moneypenny's trifft sich eine kultivierte Szene auf coole Drinks. Die gut zubereiteten Cocktails reichen von Saisondrinks und Sours bis hin zu ironisch gemeinten Kreuz-

fahrtschiff-Drinks aus den 1980er-Jahren. Die Ironie ist der Qualität aber keineswegs abträglich: Selbst die Piña Colada wird geschüttelt, und zwar mit der originalen Coco-Lopez-Kokosnusscreme. An der Bar gibt's kleine Gerichte und Pizzas (16–30 AU$).

🔒 Shoppen

Noosa Longboards
SPORT & OUTDOOR

(Karte S. 367; ☑ 07-5447 4776; www.noosalong boards.com; 20 Hastings St, Noosa Heads; ⏰ 9–17 Uhr) Das 1994 gegründete Geschäft mit seiner Kultmarke ist eines der ersten, das zu Beginn der Longboard-Renaissance in OZ traditionelle Longboards verkauft hat. 20 Jahre später hat sich dieses Unternehmen mit seinen handgefertigten Brettern mit modernem Touch einen Namen gemacht. Außer Boards bekommt man hier auch Bademode des hauseigenen Labels, Klamotten von dem alten Aussie-Label Okanui und authentische Hawaii-Vintage-Hemden.

ℹ️ Praktische Informationen

POST

Post (☑ 13 13 18; www.auspost.com.au; 91 Noosa Dr, Noosa Junction; ⏰ Mo–Fr 9–17, Sa 9–12.30 Uhr)

TOURISTENINFORMATION

Noosa National Park Information Centre (☑ 07-5447 3522; ⏰ 8.45–16.15 Uhr) Am Eingang zum Noosa National Park.

Noosa Visitor Information Centre (Karte S. 367; ☑ 07-5430 5000; www.visitnoosa. com.au; 61 Hastings St, Noosa Heads; ⏰ 9–17 Uhr; 🖉) Offizielles Tourismusbüro.

Palm Tree Tours (Karte S. 367; ☑ 07-5474 9166; www.palmtreetours.com.au; Bay Village Shopping Centre, 18 Hastings St, Noosa Heads; ⏰ 9–17 Uhr) Seit Langem bestehender Touranbieter.

ℹ️ An- & Weiterreise

Alle Fernbusse halten an der **Noosa Junction Bus Station** in der Sunshine Beach Rd in Noosa Junction. **Greyhound Australia** (☑ 1300 473 946; www.greyhound.com.au) fährt mehrmals täglich von Brisbane nach Noosa (ab 24 AU$, 2½–3¼ Std.), **Premier Motor Service** (S. 562) nur einmal (23 AU$, 2½ Std.).

Das Personal der meisten Hotels holt seine Gäste kostenlos ab.

Das Unternehmen **Sunbus** (TransLink; ☑ 13 12 30; www.sunbus.com.au) fährt regelmäßig von Noosa nach Maroochydore (10,50 AU$, 1–1¼ Std.) und zum Bahnhof in Nambour (10,50 AU$, 1¼ Std.).

❶ Unterwegs vor Ort

AUTO & MOTORRAD

Alle großen Autovermieter sind in Noosa vertreten; Autos gibt's ab ca. 55 AU$ pro Tag.
Noosa Car Rentals (☏ 0429 053 728; www.noosacarrentals.com.au)
Scooter Hire Noosa (☏ 07-5455 4096; www.scooterhirenoosa.com; 13 Noosa Dr, Noosa Heads; 4/24 Std. 39/59 AU$; ◷ 8.30–17 Uhr)

BUS

Die Stadtbusse von Sunbus verkehren zwischen Noosa Heads, Noosaville, Noosa Junction und Tewantin.

FAHRRAD

Bike On Australia (S. 368) verleiht Fahrräder an mehreren Stellen in Noosa, darunter im **Flashpackers** (S. 369) in Sunshine Beach. Alternativ kann man sich das Rad zur Unterkunft liefern und von dort auch wieder abholen lassen (35 AU$, ab einer Leihgebühr von 100 AU$ gratis).

SCHIFF/FÄHRE

Noosa Ferry (S. 367) Die Fähren verkehren mehrmals täglich zwischen Noosa Heads und Tewantin (Tageskarte Erw./Kind 25/7 AU$).
Noosa Water Taxi (☏ 0411 136 810; www.noosawatertaxi.com; einfache Strecke 10 AU$/Pers.) betreibt Wassertaxis im Noosa Sound (Fr–So) und bietet auch Privatcharter an. Die Wassertaxis können vorbestellt werden.

Bribie Island

18 135 EW.

Die schmale Insel am nördlichen Ende der Moreton Bay ist über eine Brücke mit dem Festland verbunden und sehr beliebt bei jungen Familien, Pensionären und all jenen, die mal eben 1 bis 3 Mio. AU$ für ein Anwesen direkt am Wasser übrig haben. Obwohl sie deutlich besser erschlossen ist als Stradbroke Island oder die Moreton Islands, bietet sie immer noch ein paar einsame Strände und abgeschiedene Fleckchen Erde.

Das **Abbey Museum** (☏ 07-5495 1652; www.abbeymuseum.com; 63 The Abbey Pl, abseits Old Toorbul Point Rd, Caboolture; Erw./Kind 12/7 AU$, Fam. ab 19,80 AU$; ◷ Mo–Sa 10–16 Uhr) beherbergt eine außergewöhnliche Kunst- und Archäologiesammlung, die einstige Privatsammlung des Engländers „Reverend" John Ward. Im Juni oder Juli findet hier das Abbey Medieval Festival statt.

Im **Caboolture Warplane Museum** (☏ 07-5499 1144; www.caboolturewarplanemuseum.com; Hangar 104, Caboolture Airfield, McNaught Rd, Caboolture; Erw./Kind/Fam. 10/5/30 AU$; ◷ 9–15 Uhr) sind restaurierte Flugzeuge aus dem Zweiten Weltkrieg ausgestellt, u. a. eine P-51D Mustang, eine Commonwealth Wirraway und eine Cessna Bird Dog.

Karten und Infos sind im **Bribie Island Visitor Information Centre** (☏ 07-3408 9026; www.tourismbribie.com.au; Benabrow Ave, Bellara; ◷ 9–16 Uhr) erhältlich.

🛏 Schlafen & Essen

Bribie Island National Park Camping
CAMPING $

(☏ 13 74 68; www.npsr.qld.gov.au/parks/bribieisland; Zeltstellplatz pro Pers./Fam. 6,15/24,60 AU$) **Poverty Creek** an der Westküste der Insel ist ein großer, mit Gras bewachsener Campingplatz mit Toiletten, Entsorgungsvorrichtungen für mobile Toiletten und Abfall sowie abgetrennten Duschen mit Kaltwasser. Der **Ocean Beach** direkt südlich bietet ähnliche Einrichtungen. Auf dem Campingplatz **Gallagher Point** an der Ostküste gibt's ein paar Stellplätze im Busch. Hier sind weder Toiletten noch andere Einrichtungen vorhanden. Die drei Plätze sind mit Allradfahrzeugen zu erreichen.

On The Beach Resort
APARTMENT $$$

(☏ 07-3400 1400; www.onthebeachresort.com.au; 9 North St, Woorim; 2-/3-Zi.-Apt. ab 215/300 AU$; ❄ ⛱) Das On The Beach ist die mit Abstand luxuriöseste Unterkunft auf der Insel. Es bietet 1-a-Service und großartige Einrichtungen, z. B. einen Meerwasserpool und eine riesige Sonnenterrasse. Die modernen, hellen, luftigen Apartments haben eine voll eingerichtete Küche und Waschmaschinen. In den Weihnachts- und den Osterferien beträgt der Mindestaufenthalt vier Nächte.

Bribie Island SLSC
KNEIPENESSEN $$

(☏ 07-3408 2141; www.thesurfclubbribieisland.com.au; First Ave, Woorim; Hauptgerichte 18–30 AU$; ◷ 11.30–14.30 & 17.30 Uhr–open end) Das Kneipenessen reißt einen zwar nicht vom Hocker, ist aber auch nicht schlecht. Es wird auf der Terrasse am Strand serviert, sodass man beim Essen wunderbar die Wellen beobachten kann. Auf der Speisekarte stehen die üblichen Surf-Club-Verdächtigen: von Knoblauch-Shrimps und in Bierteig gebackenem Barramundi bis zu Nudelgerichten und goldbraunen Schnitzeln.

❶ An- & Weiterreise

Auf Bribie kann man keine Allradfahrzeuge mieten. Außerdem benötigt man eine Fahrzeuggenehmigung (46,25 AU$/Woche) für Orte an abgelegenen Pisten. Die Genehmigung bekommt man bei **Gateway Bait & Tackle** (☑ 07-5497 5253; www.gatewaybaitandtackle.com.au; 1383 Bribie Island Rd, Ningi; ⊙ Mo, Di, Do & Fr 5.30–17, Mi 5.30–14, Sa 4.30–17, So 4.30–15 Uhr) oder online (www.npsr.qld.gov.au).

Citytrain-Züge fahren regelmäßig von Brisbane nach Caboolture, wo **Bribie Island Coaches** (☑ 07-3408 2562; www.bribiecoaches.com.au; Route 643) über Ningi und Sandstone Point zur Bribie Island starten. Die Busse fahren ungefähr jede Stunde mit Zwischenstopp in Bongaree und weiter nach Woorim. Es gelten die normalen Tarife von Brisbane Translink (einfache Strecke ab Brisbane Zentrum 11,40 AU$).

Glass House Mountains

Jäh ragen die imposanten vulkanischen Gipfel der Glass House Mountains aus den subtropischen Ebenen 20 km nordwestlich von Caboolture in den Himmel. Gemäß einer Dreaming-Legende gehören die eigenartigen Felsspitzen einer Familie von Berggeistern. Die Bergformen erinnerten den britischen Entdecker James Cook an die konischen Industrieöfen zur Glasherstellung in seiner Heimat Yorkshire. Vom Bruce Hwy führt ein lohnender Umweg zu der langsamer zu befahrenden Old Gympie Rd, die sich durch dichtes Buschland vorbei an

AUSTRALIA ZOO

Gleich nördlich von Beerwah befindet sich eine von Queenslands – wenn nicht ganz Australiens – berühmtesten Touristenattraktionen. Der **Australia Zoo** (☑ 07-5436 2000; www.australiazoo.com.au; 1638 Steve Irwin Way, Beerwah; Erw./Kind/Fam. 59/35/172 AU$; ⊙ 9–17 Uhr) ist eine angemessene Hommage an seinen Gründer, den urigen Tierfanatiker Steve Irwin. Der Park bietet eine bemerkenswerte Menagerie, einen Tiger Tempel im kambodschanischen Stil, das berühmte Crocoseum und eine verblüffende Vielzahl von Tieren, darunter einheimische Dingos, Tasmanische Teufel und Haarnasenwombats.

Diverse Unternehmen bieten geführte Touren ab Brisbane und der Sunshine Coast zum Zoo an. Zooeigene Busse verkehren kostenlos zwischen dem Zoo und dem Bahnhof in Beerwah.

alten Queenslander-Hütten schlängelt und einen atemberaubenden Blick auf die spektakulären Vulkanschlote bietet.

Der Glass House Mountains National Park teilt sich in mehrere Abschnitte auf (alle nur einen Steinwurf von Beerwah entfernt). Picknickplätze und Aussichtspunkte sind vorhanden, aber keine Campingmöglichkeiten. Die Gipfel erreicht man über teils befestigte, teils unbefestigte Straßen, die vom Steve Irwin Way landeinwärts abzweigen, an dem sich auch der grandiose Australia Zoo befindet, den der international berühmte Crocodile Hunter persönlich gegründet hat.

Wanderer haben hier die Qual der Wahl. Mehrere ausgeschilderte Wanderwege führen zu den Gipfeln, aber Achtung: Die Wege sind zum Teil steil und steinig. Der neue, 6 km lange Soldier Settlers Walk führt über eine erst kürzlich eingeweihte Holzbrücke vorbei an tollen Aussichtspunkten und schönen Pflanzen. Auf der moderaten Strecke hinauf auf den Ngungun (253 m) bietet sich eine sensationelle Aussicht. Der Aufstieg auf den Tibrogargan (364 m) ist eine anspruchsvolle Kletterpartie. Auch der recht steile Weg auf den Beerburrum (278 m) ist für Wandersleute geöffnet. Achtung: Zum Zeitpunkt unserer Recherchen war der Tibrogargan Walk aufgrund von Felsabbrüchen gesperrt. Die aktuellsten Informationen dazu sind im **Glass House Mountains Tourist Office** (☑ 07-5458 8848; www.visitsunshinecoast.com.au; Ecke Bruce Pde & Reed St; ⊙ 9–16 Uhr) zu bekommen.

Häufig hängen Kletterer am Tibrogargan und am Ngungun herum. Der Mt. Coonowrin (alias *crook-neck*), der wohl eindrucksvollste Vulkanschlot, ist für die Öffentlichkeit nicht zugänglich.

Die **Glass House Mountains Ecolodge** (☑ 07-5493 0008; www.glasshouseecolodge.com; 198 Barrs Rd; Zi. 125–220 AU$; ❈ ☎ 🐾) 🅿 in der Nähe des Australia Zoo bietet eine tolle Zimmerauswahl zu guten Preisen, so etwa die gemütlichen Orchard Rooms (125 AU$), das Church Loft (220 AU$) und einige umgebaute Eisenbahnwagen. Vom wunderschönen Garten sieht man die Mt. Tibrogargan.

In der **Glasshouse Mountains Tavern** (www.glasshousemountainstavern.com.au; 10 Reed St; Hauptgerichte 14–32,50 AU$; ⊙ So–Do 10–21, Fr 10–24, Sa 10–21.30 Uhr, Küche schließt gegen 20 Uhr) kommt einfaches schmackhaftes Kneipenessen aus der Küche, z. B. Steaks, Würstchen, Burger und Salate.

Caloundra

77 600 EW.

Caloundra, diese Stadt auf einer Landzunge am Südende der Sunshine Coast, hat das abgedroschene Klischee „scheintote Valium-Küste" abgeschüttelt und sich selbst als Zentrum der Coolness neu erfunden. Neben goldfarbenen Stränden, Wassersportmöglichkeiten und dem wunderschönen Coastal Pathway hat Caloundra eine boomende Kreativszene zu bieten, komplett mit vornehmen Cafés und Bars, beeindruckender Straßenkunst und einer Kleinbrauerei, aber auch den am besten kuratierten regionalen Kunstgalerien an der ganzen Küste. Das Sahnehäubchen auf diesem sprichwörtlichen Kuchen ist das alljährlich stattfindende Caloundra Music Festival (S. 376), eines der größten und beliebtesten Musik-Events in Queensland.

◉ Sehenswertes & Aktivitäten

Sonntagvormittags strömen die Massen zu den Marktständen der **Caloundra Street Fair** (www.caloundrastreetfair.com.au; Bulcock St; ⊙ So 8–13 Uhr) in der Bulcock St.

Caloundra Regional Gallery   GALERIE
(⌨ 07-5420 8299; http://gallery.sunshinecoast.qld. gov.au; 22 Omrah Ave; ⊙ Di–Fr 10–16, Sa & So 10–14 Uhr) GRATIS Wer keine Lust mehr auf Wellen und Sonne tanken hat, kann dieser kleinen, anspruchsvollen Galerie einen Besuch abstatten. In Wechselausstellungen werden ausgezeichnete Werke regionaler und australischer Künstler präsentiert. Außerdem finden jedes Jahr hervorragende Art Prize Shows statt. Am dritten Freitag im Monat bleibt die Galerie anlässlich des Friday³Live bis spätabends auf, dann gibt's Musik, Vorträge, Performances, Drinks und kleine Leckereien.

Queensland Air Museum   MUSEUM
(⌨ 07-5492 5930; www.qam.com.au; 7 Pathfinder Dr; Erw./Kind./Fam. 13/7/30 AU$; ⊙ 10–16 Uhr) In zwei Hangars neben dem Caloundra Airport beherbergt das von Freiwilligen betriebene QAM etwa 70 Zivil- und Militärflugzeuge, u.a. eine Douglas DC-3 aus der Mitte des letzten Jahrhunderts (das erste weltweit in Serie gefertigte Ganzmetallflugzeug) und ein F-111-Überschall-Kampfjet der Royal Australian Air Force. Ausstellungen beleuchten die verschiedenen Aspekte der australischen und internationalen Luftfahrtgeschichte, darunter auch Kriegseinsätze und Frauen in der Luftfahrt. Außerdem gibt's hier eine kleine Sammlung von schönen alten Broschüren, Bordgepäck und Geschirr von australischen Fluggesellschaften zu betrachten.

Mind and Body
PT & Adventures   GESUNDHEIT & FITNESS
(⌨ 0401 286 200; www.mabpersonaltraining.com. au; geführte Touren pro Pers. (min. 2 Pers.) ab 199 AU$) Melinda Bingley, die lebhafte Personal-Trainerin, leitet die schweißtreibenden Fitness- und Abenteuertouren. Auf dem Programm stehen Wander- und Kajakausflüge, u.a. ein Glass House Mountains Discovery Adventure auf der Expeditionsstrecke des englischen Forschungsreisenden Matthew Flinders. Die sechsstündige Tour vom Golden Beach in Caloundra zum Mount Tibrogargan besteht aus Kajakfahren, Buschwandern, Autofahren und Mittagessen.

Caloundra Surf School   SURFEN
(⌨ 0413 381 010; www.caloundrasurfschool.com. au; 1½-stündige Kurse ab 50 AU$) Bei der besten Surfschule am Ort kann man sich auch einfach nur die Bretter ausleihen.

Caloundra Jet Ski   OUTDOOR
(⌨ 0434 330 660; www.caloundrajetski.com.au; Ecke Esplanade & Otranto Ave) Der freundliche, witzige, aus Caloundra stammende Ken Jeffrey veranstaltet diese aufregenden Jetski-Touren in der Pumicestone Passage, der schmalen Wasserstraße zwischen Caloundra und dem Nordzipfel von Bribie Island. Im Rahmen der Touren bekommt man einen interessanten Einblick in das hiesige Ökosystem. Sie sind sowohl für Jetski-Anfänger als auch für Profis geeignet (selbst die ängstlichsten Neulinge werden letztendlich wie die Profis flott durch das blaue Wasser pflügen).

Deluxe Kombi Service   AUTOFAHREN
(⌨ 07-5491 5432, 0402 615 126; www.deluxekombi service.com.au; ⊙ 1-stündige Tour 77 AU$) Wie könnte man die Gegend besser erkunden, als in einem VW-Bus aus den 1960er-Jahren mit einem coolen Surfer-Typen am Steuer? Der ortsansässige Michael Flocke hat sorgsam zwei seltene VW-Bullies (mit Sonnendach und Platz für acht Personen) restauriert und nutzt sie für aufschlussreiche, mit Anekdoten gespickte Touren durch die Stadt und in die Umgebung. Zur Auswahl stehen einstündige Stadtrundfahrten und längere, maßgeschneiderte Touren durch das Hinterland der Sunshine Coast.

Caloundra

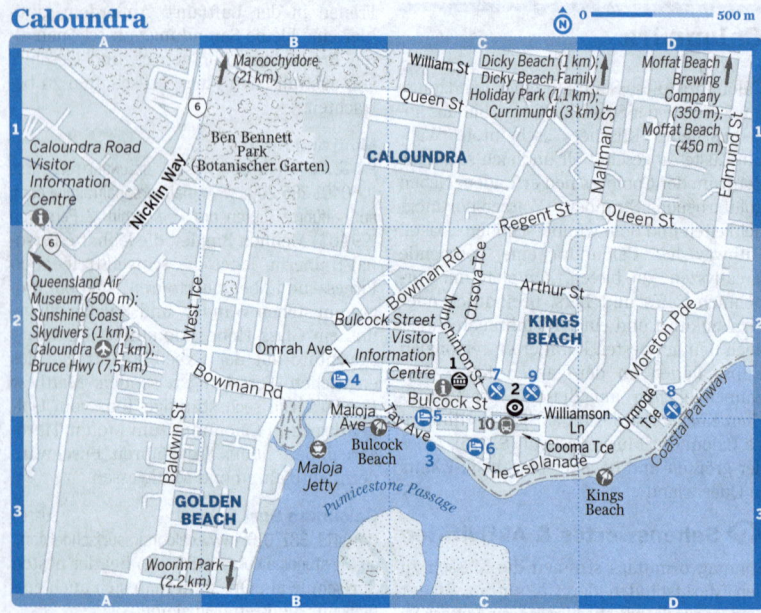

Sunshine Coast Skydivers
FALLSCHIRMSPRINGEN
(☎07-5437 0211; www.sunshinecoastskydivers.com.au; Caloundra Aerodrome, Pathfinder Dr; Tandemsprünge ab 279 AU$) Ein Sprung aus einer atemberaubenden Höhe von 4750 m (oder,

falls das besser ist, auch nur aus 2130 m) gewährt einen wundervollen Blick auf Caloundra und den Pazifik und bringt das Blut ganz schön in Wallung.

Blue Water Kayak Tours
KAJAKFAHREN
(☎07-5494 7789; www.bluewaterkayaktours.com; Halbtagestour für min. 4 Pers. 100 AU$, Tour in der Abenddämmerung 55 AU$; ⏱ Halbtagestour Di–So 8.30 Uhr, Tour in der Abenddämmerung Mi–So) Die recht anstrengenden Kajaktouren führen über den Kanal zur Nordspitze des Bribie Island National Park; im Angebot sind Einer- und Zweierkajaks. Alle Touren müssen im Voraus gebucht werden.

🎊 Feste & Events

Caloundra Music Festival
MUSIK
(www.caloundramusicfestival.com; ⏱ Sept. –Okt.) Das viertägige familienfreundliche Musikfestival am Kings Beach zieht 40 000 Musikfans an. Zum bunten Unterhaltungsprogramm gehören u.a. moderne australische Rockbands und Rockveteranen, Indie-Bands und internationale Gäste.

🛏 Schlafen & Essen

Dicky Beach Family Holiday Park
WOHNWAGENPARK $
(☎07-5491 3342; www.sunshinecoastholidayparks.com.au; 4 Beerburrum St; Stellplatz mit/ohne Strom

46/41 AU$, Hütte ab 118 AU$; ✢ 🛜 🍴) Noch näher am Dicky, einem der beliebtesten Strände von Caloundra, geht nicht! Die Backsteinhäuschen sind so ordentlich und sauber wie das gesamte Gelände. Für Kinder gibt's einen kleinen Swimmingpool.

Caloundra Backpackers
HOSTEL $

(📞07-5499 7655; www.caloundrabackpackers.com.au; 84 Omrah Ave; B ab 26 AU$, DZ mit/ohne Bad ab 75/60 AU$; 🛜) Caloundras einziges Hostel ist eine schlichte Budgetunterkunft mit einem Hof für gemütliche Zusammenkünfte, einer Bücherbörse und wöchentlich stattfindenden Grill-, Pizza-, Wein-und-Käse-Abenden. Die Schlafsäle sind nichts Besonderes, aber sauber und ruhig.

Monaco
APARTMENT $$

(📞07-5490 5490; www.monacocaloundra.com.au; 12 Otranto Ave; 1-/2-/3-Zi.-Apt. ab 159/240/329 AU$; 🅿✢🛜🍴) Die modernen, recht geräumigen Apartments liegen einen Block vom Bulcock Beach entfernt. Sie sind in Privatbesitz und unterscheiden sich folglich jeweils im Stil. Die teureren bieten einen direkten Blick aufs Wasser. WLAN ist kostenlos, aber gedeckelt, und die Apartments werden alle acht Tage geputzt. Zu den Annehmlichkeiten der Anlage gehören ein stylisches, beheiztes Langschwimmbecken, ein separater Pool für Kinder, ein Spa, eine Sauna, ein Fitnessraum und ein Spielezimmer. Mindestaufenthalt zwei Nächte, bei längeren Aufenthalten gibt's Rabatt.

Rumba Resort
RESORT $$$

(📞07-5492 0555; www.rumbaresort.com.au; 10 Leeding Tce; Zi. ab 200 AU$; ✢🛜🍴) Die strahlend weiße Anlage ist die edelste Bleibe in ganz Caloundra. Die hellen, geräumigen und modernen Wohnstudios sind mit einem Jacuzzi für zwei Personen, einem Heimkino und einer Espressomaschine ausgestattet. Zum Bilderbuch-Poolbereich gehört eine der coolsten neuen Bars Caloundras. Die Lokale an der Uferpromenade sind fußläufig zu erreichen.

★ Baci Gelati
EISCREME $

(49 Bulcock St; Eiscreme ab 4,50 AU$; ⊙Mo–Fr 9–17, Sa 9.30–17, So 10–16 Uhr) Das Baci verkauft einige der besten Gelato-Sorten in Queensland. Sie werden von einem ortsansässigen Italiener, dessen ungarischer Frau und einem italienischen Landsmann hergestellt. Das Geheimnis: erstklassige Zutaten, von frischem Obst und Bronte-Pistazien bis hin zu belgischer Schokolade und Male-

ny-Milch aus der Region. Zu den kreativen Geschmacksrichtungen zählen Ginger Ale, Tee, Salzkaramell und die ausgesprochen leckere Sorte sizilianische Haselnuss. Es gibt auch Pakete, die man mit nach Hause nehmen kann (0,5/1 l für 12/23 AU$).

Stormie D's Cupcakery
BÄCKEREI $

(📞07-5491 5812; www.stormiedscupcakery.com.au; 17a Bulcock St; kleine/normal große Cupcakes 2,50/4,80 AU$; ⊙Mo–Fr 10–16, Sa 9–13 Uhr) Stormie Dutton könnte die Frontfrau einer Indie-Rockband sein, wäre sie nicht dermaßen damit beschäftigt, in ihrem pinkfarbenen Zuckertempel am Backofen zu stehen. Ihre Cupcakes sind in der Gegend eine wahre Legende und schnell ausverkauft. Sie werden in Kombinationen wie Erdbeeren und Sahne und Orange mit Preiselbeeren und Pistazien angeboten. Man sollte mutig sein und sich einen Salzkaramell-Milkshake bestellen – der Rand ist mit Nutella und Bretzeln verziert.

Green House Cafe
VEGETARISCH $

(📞07-5438 1647; www.greenhousecafe.com.au; 5/8 Orumuz Ave; Hauptgerichte 13 –17 AU$; ⊙Mo–Fr 8–15, Sa & So 8–14 Uhr; 🚲) Das in einer Gasse gelegene, lässige, lichtdurchflutete Lokal setzt regionale Zutaten ins rechte Licht. Hier gibt's frische, sättigende vegetarische Biokost wie Avocado auf Toast mit Cashew-Käse, *shakshouka* (pikante pochierte Eier) und Nasi Goreng (Gericht aus gebratenem Reis). Einen echten Gesundheitskick verspricht der Smoothie mit Grünkohl, saisonalem grünem Blattgemüse, Banane, Kokosmilch-Joghurt, Kiwi, Chia-Samen, Kokoswasser und Supergreens-Pulver. Genau das Richtige für Muttis Liebling!

Cptn
INTERNATIONAL $$

(📞07-5341 8475; www.cptnkingsbeach.com.au; 1/8 Levuka Ave, Kings Beach; Hauptgerichte mittags 18–29 AU$, abends 26–29 AU$; ⊙Mo–Do 6–18, Fr–So 6 –21.30 Uhr, Küche Mo–Do 6–15, Fr–Sa 6–20 Uhr; 🛜) Das Cptn am Strand übertrifft die Konkurrenz durch seine frische, moderne Einrichtung und gutes, ehrliches Essen. Hier darf man keine kulinarische Akrobatik erwarten, aber gut zubereitete, durchdachte Gerichte wie Barramundi mit Pommes, gegrillter Halloumi mit geröstetem Gemüse oder gegrillte Hähnchenbrust mit gemischtem mediterranem Gemüse, Backkartoffeln, Ziegenkäse und Rotweinsauce bekommt man. Obendrein gibt's guten Kaffee, preisgünstige offene Weine und ein junges, freundliches Team.

🍷 Ausgehen & Nachtleben

Lamkin Lane Espresso Bar CAFÉ
(www.facebook.com/lamkinlane; 31 Lamkin Lane;
⏱ Mo–Fr 6–16, Sa & So 7–12 Uhr) Die Herzen von
Kaffee-Fans schlagen höher, wenn die um-
gänglichen, sachkundigen Baristas im Lamkin Lane über die wöchentliche Spezialmi-
schung und die drei sortenreinen Kaffees
plaudern. Das Team hat gute Kontakte zu
den Kaffeebauern, von denen es seine Bohnen bezieht – man kann also sicher sein,
dass der Kaffee nicht nur samtig und aromatisch ist, sondern auch ethisch verantwort-
bar. Nur Barzahlung.

Moffat Beach
Brewing Company KLEINBRAUEREI
(☑ 07-5491 4023; 12 Seaview Tce, Moffat Beach;
⏱ Mo & Di 7–16 Uhr, Mi–Sa 7 Uhr–open end, So
7–20 Uhr) Gleich oberhalb der Hipstermeile
des Moffat Beach hat dieses Café mit Kleinbrauerei Biere des Hauses (das Double-IPA
Iggy Hop ist Kult) und anderer Brauereien
im Angebot. Flaschenbiere gibt's aus Australien und aller Welt; das Brett mit vier Bieren
(20 AU$) hilft Unentschlossenen. Livemusik
gibt's freitags ab 17 und am Wochenende ab
15 Uhr (dann geht's besonders heiß her).

26 Degrees COCKTAILBAR
(☑ 07-5492 0555; www.facebook.com/26degrees
Bar; 10 Leeding Tce, Rumba Beach Resort; ⏱ 10
Uhr–open end; ☎) 26 °C sind die Durch-
schnittstemperatur in Caloundra, zudem
liegt die Stadt auf dem 26. Breitengrad – und
jetzt benutzt auch noch die angesagteste
Location in Caloundra diesen Namen! Die
innerhalb des Rumba Resort gelegene Poolbar präsentiert sich strandschick mit weißen Jalousien, einer weiß getünchten
Holztheke und üppigem Grün. Martini-Ken-
ner werden die hiesige abgefahrene Version
mit marinierten Oliven zu schätzen wissen.

ℹ️ Praktische Informationen

Sunshine Coast Visitor Centre (☑ 07-5458
8846; www.visitsunshinecoast.com; 7 Caloundra Rd; ⏱ Mo–Fr 9–16, Sa & So 9–15 Uhr;
☎) Am Kreisverkehr am Ortseingang; in der
Bulcock Street gibt es noch einen zentral
gelegenen Kiosk (☑ 07-5458 8847; www.
visitsunshinecoast.com; 77 Bulcock St; ⏱ 9–15
Uhr; ☎). In beiden Zweigstellen hat man
kostenloses WLAN.

ℹ️ An- & Weiterreise

Busse von **Greyhound Australia** (☑ 1300 473
946; www.greyhound.com.au) fahren täglich
einmal morgens von Brisbane nach Noosa
mit Zwischenstopp in Caloundra (ab 19 AU$,
2 Std.). Morgens fährt ein Bus nach Brisbane.

Sunbus (TransLink; ☑ 13 12 30; www.sunbus.
com.au) bietet häufige Verbindungen nach Maroochydore (5,70 AU$, 1 Std.), wo man in Busse
nach Noosa umsteigen kann.

Das **Caloundra Transit Centre** (23 Cooma
Tce) ist der Hauptbusbahnhof für Fern- und
Stadtbusse und befindet sich ein paar Schritte
südlich der Bulcock St (zum Zeitpunkt der Recherchen war das Gebäude selbst geschlossen,
aber die Busse hielten hier trotzdem).

Mooloolaba & Maroochydore
12 550 & 18 300 EW.

Mooloolaba hat schon viele Menschen mit
seinem herrlichen Klima, dem goldenen
Strand und einem entspannten Lebensstil
angelockt. Restaurants, Boutiquen, Resorts
und Apartmentanlagen entlang der Mooloolaba Esplanade haben das einst bescheidene
Fischerdorf in eines der beliebtesten
Urlaubsziele Queenslands verwandelt.

Weiter nördlich liegt das boomende Maroochydore, ein wichtiges Geschäftszen-
trum. Ein brandneues Stadtzentrum ist gerade im Bau, es gibt eine Reihe brummender
Restaurants und einen Sandstrand.

👁 Sehenswertes & Aktivitäten

Sea Life Sunshine Coast AQUARIUM
(Karte S. 379; ☑ 1800 618 021; www.underwater
world.com.au; Wharf Marina, Parkyn Pde, Mooloolaba; Erw./Kind/Fam. 39/26/130 AU$; ⏱ 9–17 Uhr)
Kinder lieben das populäre tropische Oze-
anarium mit seinem 80 m langen, durch-
sichtigen Unterwassertunnel, von dem aus
man Rochen, Rifffische und acht Haispezies
trocken, aber aus der Nähe beobachten
kann. Es gibt ein Streichelbecken, Liveshows,
Vorführungen und – in den Schulferien –
auch die Möglichkeit, im Aquarium zu übernachten (90 AU$/Pers.).

Besucher können hier zudem mit Seehun-
den schwimmen und mit Haien tauchen,
aber Tierschützer sind der Meinung, dass
Meerestiere durch die Gefangenschaft be-
einträchtigt und gestresst werden und die
Interaktion mit Menschen sie noch zusätzlich belastet.

Wildlife HQ ZOO
(☑ 0428 660 671; www.whqzoo.com; Erw./Kind/
Fam. 29/15/79 AU$; ⏱ 9–16 Uhr) Der beim **Big
Pineapple** (www.bigpineapple.com.au; 76 Nam-

Mooloolaba

Mooloolaba

◎ Sehenswertes
1 Sea Life Sunshine Coast C2

✈ Aktivitäten, Kurse & Touren
Coastal Cruises Mooloolaba .... (siehe 2)
Hire Hut .... (siehe 2)
2 Sunreef C3
Whale One .... (siehe 2)

🛏 Schlafen
3 Dockside Apartments B3
4 Mooloolaba Beach Backpackers B3

5 Mooloolaba Beach Caravan Park C2
6 Oceans B1

✖ Essen
7 Char B1
Good Bar .... (siehe 7)
8 Spice Bar B1

◉ Ausgehen & Nachtleben
9 Taps@Mooloolaba C2

bour Connection Rd, Woombye) **GRATIS** gelegene, 8 ha große Zoo beherbergt Tiere aus Australien, Afrika, Südamerika und seltene asiatische Tiere, darunter Kleine Pandas und Tahre (Bergziegen aus dem Himalaja).

Sunreef TAUCHEN
(Karte S.379; ☎07-5444 5656; www.sunreef.com.au; Wharf Marina, Parkyn Pde, Mooloolaba; Tauchgänge ab 165 AU$; ⊙Mo–Sa 8–17, So 8–16 Uhr) Im Angebot sind zwei Tauchgänge (ab 165 AU$) zum Wrack des gesunkenen Kriegsschiffs HMAS *Brisbane*. Es gibt auch Tagesausflüge zum Flinders Reef (ab 229 AU$) mit zwei Tauchgängen, Ausrüstung, Mittagessen und Snacks. PADI-Open-Water-Tauchkurse kosten 495 AU$.

Hire Hut WASSERSPORT
(Karte S.379; ☎07-5444 0366; www.hirehut.com.au; Wharf, Parkyn Pde, Mooloolaba) Vermietet Kajaks (2 Std. 25 AU$), gigantische SUPs (2 Std. 350 AU$ pro Brett für bis zu 10 Pers.), Jetskis (180 AU$/Std.), Boote (1 Std./halber Tag ab 42/75 AU$) und Fahrräder (2/4 Std. 19/25 AU$).

Robbie Sherwell's XL Surfing Academy SURFEN
(☎07-5478 1337, 0423 039 505; www.xlsurfingacademy.com; Privat-/Gruppenunterricht pro Std. 95/45 AU$/) Bei dieser alteingesessenen Surfschule können Surfer der unterschiedlichsten Leistungsklassen die Surfkultur der Aussies kennenlernen.

⚓ Geführte Touren

Coastal Cruises Mooloolaba BOOTSFAHRT

(Karte S. 379; ✆ 0419 704 797; www.cruisemoo loolaba.com.au; Wharf Marina, Parkyn Pde, Mooloolaba) Bootstouren durch den Mooloolaba Harbour, über den Fluss und die Kanäle. Bei Sonnenuntergang (25 AU$) und mittags mit Seafood-Lunch (35 AU$).

Whale One WALBEOBACHTUNG

(Karte S. 379; ✆ 1300 942 531; www.whaleone. com.au; Wharf Marina, Parkyn Pde, Mooloolaba; Walbeobachtungstour Erw./Kind/Fam. 59/39/196 AU$) Bei den Walbeobachtungstouren von Juni bis November können die Teilnehmer die spektakulären akrobatischen Kunststücke der Buckelwale bewundern, die von der Antarktis nach Norden ziehen, um sich zu paaren und ihre Jungen auf die Welt zu bringen.

🎆 Feste & Events

Big Pineapple Music Festival MUSIK

(www.bigpineapplemusicfestival.com; ⊘ Mai) Das eintägige „Piney Festival" ist eines der Top-Musikevents in der Region, bei dem auf vier Bühnen die Großen der aktuellen australischen Musikszene auftreten. In den letzten Jahren sind hier z.B. die Alternativrocker John Butler Trio und Birds of Tokyo, die Alternativ-Electronica-Bands Rüfüs und Hermitude und sogar Brisbanes Pop-Zwillinge The Veronicas aufgetreten. Campingmöglichkeiten sind vorhanden, aber schnell ausverkauft.

Maroochy Music & Visual Arts Festival MUSIK

(www.mmvaf.com; ⊘ Sept.; ☎) Zu den Top-Acts bei diesem jährlich stattfindenden eintägigen Musikfest in Maroochydore gehörten die angesagten australischen Bands Peking Duk und Matt Corby. Alt-Indie-Talente wie Boo Seeka, George Maple und Ngaiire standen hier auch schon auf der Bühne. In puncto bildende Kunst sind eigens bei örtlichen und internationalen Künstlern in Auftrag gegebene Werke zu sehen.

🛏 Schlafen & Essen

Cotton Tree Holiday Park CAMPING $

(Karte S. 381; ✆ 07-5459 9070; www.sunshine coastholidayparks.com.au; Cotton Tree Pde, Cotton Tree, Maroochydore; Stellplatz mit/ohne Strom ab 48/41 AU$, Villa ab 157 AU$) Der Ferienpark in Cotton Tree, einem beliebten Viertel von Maroochydore, verfügt über einen di-

rekten Zugang zum Strand und zum Maroochy River.

Mooloolaba Beach Caravan Park WOHNWAGENPARK $

(Karte S. 379; ✆ 07-5444 1201; www.sunshine coastholidayparks.com.au; Parkyn Pde, Mooloolaba; Stellplatz mit Strom ab 42 AU$) Der Park besteht aus zwei Plätzen: Der eine liegt am hübschen Mooloolaba Beach, der kleinere am nördlichen Ende der Esplanade. Letzterer hat die beste Lage und gewährt den besten Ausblick aller Unterkünfte der Stadt.

Mooloolaba Beach Backpackers HOSTEL $

(Karte S. 379; ✆ 07-5444 3399; www.mooloolaba backpackers.com; 75 Brisbane Rd, Mooloolaba; B mit/ohne Bad 34/30 AU$, DZ 75 AU$; 🅿 🌫 📶) Einige Schlafsäle haben ein eigenes Bad; die Zimmer sind etwas düster. Aber die vielen kostenlosen Extras (Fahrräder, Surfbretter, SUPs und Frühstück) machen die Minuspunkte wieder wett. Außerdem ist das Hostel nur 500 m vom Strand entfernt, wo tagsüber und abends immer etwas los ist.

Dockside Apartments APARTMENT $$

(Karte S. 379; ✆ 07-5478 2044; www.dockside mooloolaba.com.au; 50 Burnett St, Mooloolaba; 2-/3-Zi.-Apt. ab 290/375 AU$; 🅿 ❄ 🌫 📶) Die voll ausgestatteten Apartments sind alle unterschiedlich (sie werden von privaten Eigentümern vermietet), aber alle sind ordentlich, sauber und komfortabel. Die Anlage befindet sich an einem ruhigen Ort abseits des Trubels, aber dennoch nur ein paar Schritte von Mooloolabas Restaurant- und Barmeile, dem Surfclub, dem Strand und dem Anleger entfernt. Bei längeren Aufenthalten gibt's Rabatt.

Maroochydore Beach Motel MOTEL $$

(Karte S. 381; ✆ 07-5443 7355; www.maroochy dorebeachmotel.com; 69 Sixth Ave, Maroochydore; EZ/DZ/FZ ab 120/135/180 AU$; 🅿 ❄ 🌫 📶) Witziges, blitzblankes Themenmotel mit 18 unterschiedlich gestalteten Zimmern. Es gibt beispielsweise einen Elvis Room (logisch!), den Egyptian Room und den Aussie Room (mit Plüschwombat). Obwohl die Unterkunft an der Hauptstraße liegt, ist sie doch nur 200 m von Strand entfernt.

★ Oceans RESORT $$$

(Karte S. 379; ✆ 07-5444 5777; www.oceansmoo loolaba.com.au; 101-105 Mooloolaba Esplanade, Mooloolaba; 2-Zi.-Apt. ab 500 AU$; 🅿 ❄ 🌫 📶) Ein Wasserfall und zeitgenössische Kunst begrüßen die Gäste in dieser gehobenen

Maroochydore

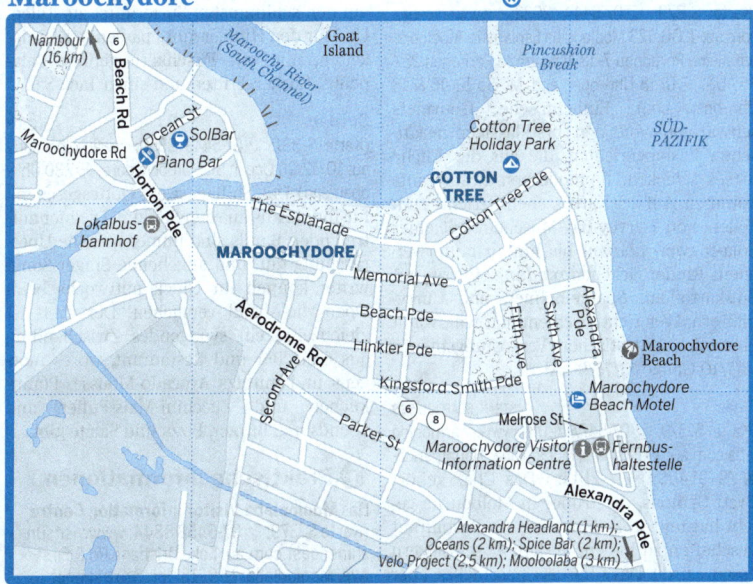

Apartmentanlage gegenüber dem Strand. Es versteht sich von selbst, dass die Apartments alle Meerblick gewähren. Sie sind schick und makellos sauber, verfügen über Nespresso-Maschinen, einen freistehenden Whirlpool und eine hochwertige Einrichtung. Sie werden täglich gereinigt, es gibt einen Pool für Erwachsene und einen für Kinder, einen Fitnessraum und eine Sauna. Parkplatz und WLAN sind gratis.

★ **Velo Project**　CAFÉ $

(☏ 07-5444 8693; www.theveloproject.com.au; 19 Careela St, Mooloolaba; Gerichte 6–22,50 AU$; ☺ 7–14 Uhr; ☎) Das angesagte Velo befindet sich in einer Seitenstraße in Mooloolaba. Recycling-Möbel und alter Krimskrams prägen das Erscheinungsbild des lockeren, luftigen Lokals, in dem die Einheimischen altmodische Brettspiele spielen und dabei Avocado-Mousse mit roten Zwiebeln, geröstetem Knoblauch, Mais und frischen Kräutern oder auch gebratene Banane, Macadamia und Dattelbrot mit Mascarpone und Orange-Kardamon-Sirup verdrücken. Es gibt auch erstklassigen, vor Ort gerösteten Kaffee.

Good Bar　AMERIKANISCH $

(Karte S. 379; ☏ 07-5477 6781; www.thegoodbar.com.au; 5/19-23 First Ave, Mooloolaba; Burger 12–20 AU$, Hotdogs 12–16 AU$; ☺ Di–So 11 Uhr–open end, Küche schließt um 22.30 Uhr) Die trendige Good Bar serviert in einem Raum mit Betonfußboden und rot-schwarzen Fliesen gute amerikanische Kost, darunter saftige Burger und lange *haute dawgs* in Kombinationen wie selbst geräucherte Wiener Würstchen mit asiatischem Krautsalat, Erdnüssen, knusprigen Nudeln und *nam jim* (Dip). Zu weiteren herausragenden Gerichten zählt die 20 Stunden geräucherte Rinderbrust vom Cape-Grim-Rind. Am Wochenende gibt's eine französisch-mexikanische Frühstückskarte und an der Theke erlesene Spirituosen und Biere.

Piano Bar　MEDITERRAN $$

(Karte S. 381; ☏ 0422 291 249; www.thepianobar.com.au; 22-24 Ocean St, Maroochydore; Barsnacks 4–9 AU$, Tapas 9–20 AU$; ☺ Mo & Di 17–22, Mi & Do 17–23, Fr–So 12–23 Uhr) Boheme-Geist prägt die Bar, von den Quasten an den Lampenschirmen über die Liberace-Alben bis hin zu den Barkeepern mit weichen Filzhüten. Serviert werden mediterrane Tapas in großzügigen Portionen (am besten jeweils ein oder zwei bestellen!). Der geschmorte, marinierte Tintenfisch ist butterweich, und die glasierte Rote Beete mit Feta schmeckt herrlich. Dazu gibt's gute Weine und mittwochs bis montags Blues, Funk oder Jazz live.

★ **Spice Bar** FUSION $$$

(Karte S. 379; ☏07-5444 2022; www.spicebar.
com.au; 1. OG, 123 Mooloolaba Esplanade, Mooloola-
ba; kleine Portionen 7–18 AU$, große Portionen 28–
36 AU$) ⊙Di 18 Uhr–open end, Mi–So 12–15 & 18
Uhr–open end) Einheimische Gourmets
schwärmen von den erstklassigen asiati-
schen Fusiongerichten, die aus der Küche
dieses schicken, topmodernen Restaurants
kommen. Auf der Karte stehen Gerichte zum
Teilen, von Hervey-Bay-Muscheln mit einer
Soja-Ingwer-*sabayon* bis hin zu butterwei-
chem Rinderbäckchen-*rendang* (Curry) mit
Süßkartoffeln, Spargelbohnen und Curry-
blättern. Wer richtig schlemmen will, wählt
eines der fantastischen Verkostungsmenüs
(5/7/10 Gänge 55/75/90 AU$).

Char STEAK, SEAFOOD $$$

(Karte S. 379; ☏07-5477 7205; www.charmooloo
laba.com.au; 19 First Ave, Mooloolaba; Hauptgerichte 29–91 AU$; ⊙17–21 Uhr) Das Char gehört
Brett Symons, der früher in Melbourne ge-
lebt hat und stolz darauf ist, ein Restaurant
geschaffen zu haben, in dem er selbst gern
essen würde. Das Char ist ein schickes, aber
lässiges Plätzchen mit schneeweißen Tisch-
decken und Teelichtern. Auf der Speisekarte
stehen einfache, aber elegant dargebotene
Gerichte. Und was ist jetzt das Besondere?
Erstklassige Zutaten – von superfrischen
Austern bis zu Fleisch vom Wagyu-Rind aus
Cape Grim in Nordwest-Tasmanien. Im Voraus reservieren!

🍷 Ausgehen & Nachtleben

Pallet Espresso Bar CAFÉ

(☏0487 342 172; www.facebook.com/thepalletes
pressobar; 2/161-163 Brisbane Rd, Mooloolaba;
⊙Mo–Fr 6.30–15, Sa 6.30–13 Uhr) Hier gibt's
(upgecycelte) Paletten, geschwätzige Einheimische, einen Gemeinschaftstisch und ein
paar Fußbälle, falls man Lust verspürt, draußen auf dem Rasen ein wenig zu kicken. Das
Essen beschränkt sich auf ein paar Kleinigkeiten (Rosinentoast und süße Gebäckstücke), dafür gibt's aber vollmundige, samtige
Kaffeespezialitäten auf Espressobasis. Das
Café liegt unweit der Brisbane Rd.

Taps@Mooloolaba BAR

(Karte S. 379; ☏07-5477 7222; www.tapsaustra
lia.com.au; Ecke Esplanade & Brisbane Rd, Mooloolaba; ⊙12 Uhr–open end) Der schaumige
Traum aller Bierfans: sein eigenes Bier zap-
fen. Das klingt vielleicht etwas effektha-
schend, ist aber ein ernst gemeintes Angebot, denn hier kann man aus rund 20
Craft-Bieren und sonstigen Bieren wählen,
um den schlimmsten Surferdurst zu stillen.
Und für den Hunger gibt's passende Kleinigkeiten, u. a. mit Frischkäse gefüllte Jalapeños, Burger, Fritten und einen Taco-Salat.

SolBar CLUB

(Karte S. 381; ☏07-5443 9550; www.solbar.com.
au; 10/12-20 Ocean St, Maroochydore; ⊙7.30 Uhr–
open end) Das SolBar ist ein Gottesgeschenk
für Indie-Fans aus den Städten. Die hier auftretenden Bands sind immer für eine Überraschung gut, und angehende Singer-Song-
writer können ihr Glück mittwochs beim
Open-Mic-Abend versuchen. Der Treff ist
gleichzeitig ein swingendes Zwischending
aus Café, Bar und Restaurant, wo es morgens und mittags Avocado-Mousse, Pfannkuchen und Zucchini-Mais-Puffer und
abends u. a. Burger, Pizza und Salate gibt.

ℹ️ Praktische Informationen

Das **Mooloolaba Visitor Information Centre**
(Karte S. 379; ☏07-5458 8844; www.visitsun
shinecoast.com.au; Ecke Brisbane Rd & First
Ave, Mooloolaba; ⊙9–15 Uhr; 🖵) befindet
sich einen Block von der Esplanade entfernt
im Ortszentrum. Das **Maroochydore Visitor
Information Centre** (Karte S. 381; ☏07-5458
8842; www.visitsunshinecoast.com.au; Ecke
Sixth Ave & Melrose St, Maroochydore; ⊙Mo–Fr
9–16, Sa & So 9–15 Uhr; 🖵) ist einen Block vom
Strand gelegen.

Weiter nördlich gibt's in Marcoola auf dem
Sunshine Coast Airport ein **Tourist Information
Centre** (☏07-5448 9088; www.visitsunshine
coast.com.au; Sunshine Coast Airport, Friendship Dr, Marcoola; ⊙9–15 Uhr).

ℹ️ An- & Weiterreise

BUS

Fernbusse (Karte S. 379) halten vor dem
Sunshine Coast Visitor Information Centre in
Maroochydore und neben dem Underwater
World – Sea Life in Mooloolaba. Busse von **Grey-
hound** (☏1300 473 946; www.greyhound.com.
au) stoppen sowohl in Maroochydore als auch in
Mooloolaba und fahren mehrmals täglich nach
Brisbane (einfache Strecke ab Mooloolaba/Ma-
roochydore ab 21/22 AU$, ca. 2 Std.). **Premier
Motor Services** (☏13 34 10; www.premierms.
com.au) fährt einmal täglich von und nach Bris-
bane (einfache Strecke 23 AU$, 1½–1¾ Std.).

Sunbus (TransLink; ☏13 12 30; www.sunbus.
com.au) hat häufige Busse zwischen Mooloolaba
und Maroochydore (4,60 AU$, 15 Min.) und nach
Noosa (8,60 AU$, 1–1½ Std.). Der **Bahnhof für
Nahverkehrsbusse** (Karte S. 379; Horton Pde,
Maroochydore) liegt bei der Mall Sunshine Plaza.

FLUGZEUG

Sunshine Coast Airport (S. 366) Der Flughafen ist das Drehkreuz an der Sunshine Coast mit Direktflügen nach Sydney und Melbourne (mehrmals tgl.) und nach Adelaide (3-mal wöchentl.). Saisonal gibt's Nonstop-Flüge nach Auckland, Neuseeland.

Coolum

7905 EW.

Auf eine Reihe abgeschieden gelegener Buchten zwischen Felszungen folgt der herrliche lange Coolum Beach mit goldenem Sand und donnernder Brandung. Wie an dem größten Teil der Küste erstrecken sich hinter dem Strand zwar ausgedehnte Vorstädte, aber dank der aufstrebenden Café-Szene in der Nähe der regionalen Hotspots ist Coolum eine attraktive Alternative zu den beliebteren, aber überfüllten Urlaubszielen Noosa, Mooloolaba und Maroochydore.

🪂 Aktivitäten

Die Leute von **Skydive Ramblers** (☏ 07-5448 8877; www.skydiveforfun.com; Sunshine Coast Airport, Kittyhawk Cl, Marcoola; Sprung aus 1830/4570 m 299/429 AU$) schubsen einen in wahnwitziger Höhe aus dem Flugzeug, sodass man den Blick auf die Küste genießen kann, bevor man zur spektakulären Landung am Strand ansetzt.

Coolum Surf School (☏ 0438 731 503; www.coolumsurfschool.com.au; 2 Std. Unterricht 60 AU$, 5 Unterrichtspakete 225 AU$) Hier lernt man das Wellenreiten in Rekordzeit. Außerdem werden Surfbretter/Bodyboards verliehen (24 Std. 50/25 SU$).

🛏 Schlafen & Essen

Coolum Beach
Caravan Park
WOHNWAGENPARK $

(☏ 07-5446 1474; www.sunshinecoastholidayparks. com.au; 1827 David Low Way, Coolum Beach; Stellplatz mit Strom 46 AU$, Hütte ab 157 AU$; ☏) Die Lage ist alles: Der Campingplatz liegt nicht nur direkt am Strand, sondern auch gegenüber der Hauptgeschäftsstraße von Coolum.

Villa Coolum
MOTEL $

(☏ 07-5446 1286; www.villacoolum.com; 102 Coolum Tce, Coolum Beach; 1-Zi.-Wohneinheit 99–159 AU$, 2-Zi.-Wohneinheit 129–180 AU$; ☏ ⌨) Die preiswerten Wohneinheiten aus den 1970er-Jahren verstecken sich hinter einer Veranda und vermitteln einen freundlichen, einladenden Eindruck. Die geräumi-

gen, ein bisschen peppigen Zimmer mit ihren tropischen Akzenten sind zwar schon etwas verwohnt, haben aber bequeme Betten. Weitere Pluspunkte sind der Pool, der nette Garten und die in Gehweite befindliche First Bay, einer der von Insidern besonders geschätzten Strände in der Gegend.

Element on Coolum Beach
APARTMENT $$$

(☏ 07-5455 1777; www.elementoncoolumbeach. com.au; 1808 David Low Way, Coolum Beach; 1-2-3-Zi.-Apt. ab 224/230/359 AU$; 🅿 ❄ ☏ ⌨) Die zentral gelegene Unterkunft mit beheiztem Pool und 49 großen, stylischen Apartments ist die schickste Bleibe am Coolum Beach. Die Apartments gehören Privatpersonen, sodass sie alle unterschiedlich gestaltet sind. Aber alle sind picobello, vollständig eingerichtet, in modernen, neutralen Tönen gehalten und haben eine komplette Küche, große Fenster und Balkone. Wer eine Woche oder länger bleibt, bekommt Rabatt.

The Caf
CAFÉ $

(☏ 07-5446 3564; www.thecafcoolum.com; 21 Birtwill St, Coolum Beach; Hauptgerichte 14–19 AU$; ⊙ 6.30–16 Uhr; ☏) Mit einer zum Tisch umfunktionierten Kabelrolle, Kakadu-Tapeten und lockerem Ambiente ist dies wohl Coolums coolstes kleines Café. Aus der Küche kommen tolle Gourmet-Salate, Sandwiches, Pies, frische Säfte und gesunde Smoothies.

Castro's Bar &
Restaurant
ITALIENISCH, MODERN-AUSTRALISCH $$

(☏ 07-5471 7555; Ecke Frank St & Beach Rd, Coolum Beach; Pizzas 21–26 AU$; ⊙ Mo–Do 17–20.30, Fr & Sa 17–21, So 17–20 Uhr) Das überhaupt nicht kubanische, beliebte Lokal ist fast so alt wie sein Namensgeber. Auf die Tische kommen gute Holzofenpizzas, himmlische Risottos (falls gerade im Angebot, sollte man die Variante mit Zuckermais, Kürbis, Hähnchen und karamellisierten Zwiebeln nehmen) und ein umwerfendes, langsam im Holzkohlenofen gegartes Enten-Confit mit goldbraunen Bratkartoffeln und pochierten, mit Dattel-Chutney gefüllten Birnen.

Peregian Beach & Sunshine Beach

3530 & 2290 EW.

Ab Coolum erstrecken sich 15 menschenleere Strandkilometer nordwärts bis nach Sunshine Beach und zur felsigen Landzunge im Nordosten des Noosa National Park.

Peregian ist der perfekte Ort, um lange, einsame Strandspaziergänge und super Surfbreaks zu genießen. Zudem tauchen vor der Küste des Öfteren Wale auf. Die Einheimischen sagen, dies sei der Ort der „Latte-Macchiato-Mütter", die hier mit Kind im Schlepptau und Yoga-Matte unterm Arm die Cafés bevölkern.

Weiter nördlich zieht der Latte-Macchiato-Ethos von Sunshine Beach Einheimische aus Noosa und Surfer an, die vor den sommerlichen Menschenmassen flüchten. Strandspaziergänge lassen sich als Buschwanderungen über die Landzunge fortsetzen; Verdauungsmärsche durch den Noosa National Park führen z. B. zur Alexandria Bay (1 Std.) oder zur Laguna Bay bei Noosa (2 Std.). Mit dem Auto gelangt man ab dem McAnally Dr oder der Parkedge Rd zum Park.

✗ Essen & Ausgehen

Le Bon Delice   CAFÉ $
(☏ 07-5471 2200; www.lebondelice.com.au; Ecke Heron St & David Low Way, Peregian Beach; Kuchen ab 3 AU$, Gerichte 9–14 AU$; ☺ Mo & Mi–Sa 7–16, So 7–15 Uhr) *Mille feuilles* (französische Vanilleschnitten), *Tartes*, butterweiche Mousse-Kuchen, *dacquoises* (ein Dessert aus Mandel- und Haselnuss-Baiser) und Éclairs – die kalorienreichen Schöpfungen, die der in Frankreich geborene *pâtissier* Jean Jacques in seiner Eck-Patisserie anbietet, sind ebenso ansehnlich wie lecker. Wem der Sinn nach Herzhaftem steht, der hält sich an die Quiches. In den Schulferien ist das Café auch dienstags geöffnet.

Hand of Fatima   CAFÉ $$
(☏ 0434 364 328; www.facebook.com/handoffatimacafe; 2/4 Kingfisher Dr, Peregian Beach; Hauptgerichte 17–18,50 AU$; ☺ 5.30–14.30 Uhr) In dem freundlichen, schlichten Café plaudern barfüßige Strandgänger mit dem Personal, während sie auf ihren perfekten Macchiato warten. In der einen Ecke befindet sich eine winzige offene Küche, aus der zum Frühstück nahöstlich inspirierte Gerichte wie persischer Reispudding mit Backobst und Nüssen oder zum Mittagessen geschmorte *cotechino*-(Schweinefleisch-)Würstchen mit Linsen, karamellisierten Zwiebeln und türkischem Brot kommen. Nur Barzahlung.

★ Embassy XO   CHINESISCH $$$
(☏ 07-5455 4460; www.embassyxo.com.au; 56 Duke St, Sunshine Beach; Hauptgerichte 29–42 AU$; ☺ Restaurant Mi–So 18–21, Fr & Sa auch 12–14, So 12–15 Uhr, Barsnacks Mi–So 15–18 Uhr) Das schicke, stimmungsvolle Embassy XO ist alles andere als ein durchschnittliches China-Restaurant am Stadtrand. Regionale Zutaten prägen die tollen asiatischen Gerichte wie die aus dem Hinterland stammenden Zucchiniblüten, gefüllt mit Tofu und Sichuan-Chili-Karamell oder auch die Moreton-Bay-Bug-Wantans mit *tobiko* (Rogen von Fliegenden Fischen) und die Kokos-Miso-Suppe. Außerdem bekommt man hier ein ausgezeichnete Festessen (veg./nichtveg. 55/80 AU$), freitag- bis sonntagmittags Yum Cha und von 15 bis 18 Uhr köstliche Barsnacks.

Pitchfork   MODERN-AUSTRALISCH $$$
(☏ 07-5471 3697; www.pitchforkrestaurant.com.au; 5/4 Kingfisher Dr, Peregian Beach; Hauptgerichte 32–45 AU$; ☺ Di–So 12–14 & 15 Uhr–open end) Die preisgekrönten Köche in diesem hellen, sommerlichen Restaurant offerieren auf der kurzen Karte moderne Speisen wie knusprige Weichschalenkrabben mit frischem Pfeffer-*nam jim* und grünen Äpfeln oder gerösteten Schweinebauch mit geräuchertem Schweinefleischjus. Für ein Essen hier sollte man sich Zeit nehmen: einen italienischen *soave* genießen und draußen auf dem üppig grünen Platz das vorbeiziehende Leben beobachten.

Marble Bar Bistro   BAR
(☏ 07-5455 3200; www.marblebarbistro.com; 40 Duke St, Sunshine Beach; ☺ So–Do 12–21, Fr & Sa 12–24 Uhr; ☎) In dieser zwanglosen Freiluftbar kann man es sich entweder auf weichen Sofas oder an einem der Bartische bequem machen. Es gibt mittelmäßige Tapas (8–22,50 AU$) und Pizzas (17,50–18,50 AU$), diese Bar eignet sich aber besser für einen Drink als für gutes Essen.

Coooloola Coast

Die entlegene Cooloola Coast verläuft über 50 km zwischen Noosa und Rainbow Beach. Hinter ihrem langen Sandstrand erstreckt sich die Cooloola Section des Great Sandy National Park. Trotz des Mangels an touristischen Einrichtungen strömen Geländewagen- und Freizeitbootfans in Scharen hierher. Somit geht's nicht immer so ruhig zu, wie man vielleicht erwarten würde. Wer einer der vielen schmalen Buchten oder Wasserläufen zu Fuß oder Kanu folgt, entkommt den Menschenmassen jedoch recht bald. Die Küste ist berühmt für die farbigen Sandklippen, die Teewah Coloured Sands, die schätzungsweise etwa 40 000 Jahre alt sind.

Great Sandy National Park: Cooloola Section

Der 54 000 ha große Abschnitt des Great Sandy National Park, der sich vom Lake Cootharaba gen Norden bis zum Rainbow Beach erstreckt, bietet breite Sandstrände, hohe Klippen aus buntem Sandstein, unberührtem Busch, Heide, Mangroven und Regenwald und dazu zahlreiche Vogelarten – u. a. so seltene Spezies wie Fuchshabichte und Östliche Graseulen. Zu den außergewöhnlichsten Erlebnissen gehört die Fahrt entlang des Strands der Noosa North Shore bis zum etwa 50 km weiter nördlich gelegenen Double Island Point.

Die Strecke ist nur für Geländewagen geeignet (Genehmigung erforderlich, erhältlich unter www.npsr.qld.gov.au) und ist Teil des Great Beach Drive, einer spektakulären Küstenroute von Noosa nach Hervey Bay. Am Double Island Point führt ein 1,1 km langer Wanderweg hinauf zu Aussichtspunkten mit grandiosem Blick aufs Meer und zu einem Leuchtturm aus dem Jahr 1884. Von Juni bis Oktober kann man hier auch wunderbar majestätische Buckelwale erspähen.

Vom Strand am Double Island Point führt eine Geländewagenpiste quer über die Landspitze an den Rand eines großen Gezeitenbeckens (ideal für Kinder und weniger geübte Schwimmer) und weiter am Rainbow Beach bis zur Ortschaft Rainbow Beach. Unterwegs kommt man an spektakulären bunten Klippen vorbei, deren uralter, stark oxidierter Sandstein in mehr als 70 verschiedenen Erdtönen schimmert. Nach einer Legende der hiesigen indigenen Bevölkerung erhielten die Sandklippen ihre Färbung, als Yiningie (ein Geist, der durch einen Regenbogen dargestellt wird) in die Klippen stürzte, nachdem er gegen einen bösen Stammesangehörigen gekämpft hatte. Bei dem schwarzen Sand handelt es sich um Rutil, das einst vor Ort abgebaut wurde, um Titan für die amerikanische Raumfahrttechnologie zu produzieren.

Great Beach Drive 4WD Tours (☑ 07-5486 3131; www.greatbeachdrive4wdtours.com; Tagestour Erw./Kind/Fam. 165/95/475 AU$) bietet umweltfreundliche Geländewagentouren in kleinen Gruppen auf dem spektakulären Great Beach Drive von Noosa nach Rainbow Beach. **Epic Ocean Adventures** (☑ 0408 738 192; www.epicoceanadventures.com.au; 1/6 Rainbow Beach Rd, Rainbow Beach; Surf-/Kajaktour 3 Std. 65/75 AU$; ☺ Laden 8–17 Uhr) veranstaltet Abenteuertouren ab Rainbow Beach und Noosa, u. a. Kajakausflüge, auf denen man Delfine und Meeresschildkröten sieht.

Ausritte am Strand kann man mit **Rainbow Beach Horse Rides** (☑ 0412 174 337; www.rainbowbeachhorserides.com.au; Clarkson Dr, Rainbow Beach; Ausritt am Strand 140 AU$/90 Min.) unternehmen, etwa einen stimmungsvollen, zweistündigen Vollmondritt (200 AU$).

Die beliebtesten (und am besten ausgestatteten) **Campingplätze** (☑ 13 74 68; www. npsr.qld.gov.au; Stellplatz pro Pers./Fam. 6,15/24,60 AU$) sind Fig Tree Point (am nördlichen Ende des Lake Cootharaba), Harry's Hut (ca. 4 km flussaufwärts) und Freshwater an der Küste (ca. 6 km südlich vom Double Island Point). Bei Fahrten hinauf gen Rainbow Beach ist an ausgewiesenen Stellen auch das Campen am Strand erlaubt.

Rainbow Beach Ultimate Camping (☑ 07-5486 8633; www.rainbow-beach-hire-a-camp.

WOODSTOCK DOWNUNDER

Beim berühmten **Woodford Folk Festival** (www.woodfordfolkfestival.com; ☺ Dez/Jan) spielen über 2000 Künstler aus Australien und aller Welt z. B. Folk-, Welt-, indigene oder traditionell irische Musik. Zum ungemein vielfältigen Programm gehören auch Straßenkünstler, Bauchtänzer, Kunsthandwerksmärkte, Performances mit Bildender Kunst, Umweltdiskussionen und eine Besuchergruppe von tibetischen Mönchen. Das Festival steigt alljährlich nahe der Kleinstadt Woodfort. Die Campingflächen auf dem Gelände verfügen über Toiletten, Duschen und diverse Gastrozelte. Bei Regen ist jedoch mit Schlammbädern zu rechnen. Da das Festival eine Ausschanklizenz hat, muss eigener Alkohol strikt zu Hause bleiben.

Tickets kosten ca. 137 AU$ pro Tag (mit Camping 168 AU$) und sind online oder am Eingang erhältlich. Eine Programmübersicht gibt's auf der Homepage.

Woodford liegt 35 km nordwestlich von Caboolture. Zwischen dessen Bahnhof und dem Festivalgelände pendeln regelmäßig Shuttle-Busse.

com.au; Camping-Abenteuer für 1–4 Pers. 2/3/5 Nächte ab 580/690/820 AU$) nimmt einem die ganze harte Arbeit beim Zelten ab: Der größte Teil der Ausrüstung (Zelt, Matratzen, Liegen und Geschirr, Esstisch, Grill, eigene Toilette und Dusche) werden gestellt und für die Gäste aufgebaut.

Park-Infos gibt's im **QPWS Great Sandy Information Centre** (☏ 07-5449 7792; 240 Moorindil St, Tewantin; ⏱ 8–16 Uhr).

Lake Cooroibah

Ein paar Kilometer nördlich von Tewantin weitet sich der Noosa River zum Lake Cooroibah, der von dichtem Busch umgeben ist. Der glasklare See wirkt wie Welten entfernt vom Trubel in Noosa und bietet sich perfekt für einen entspannten Tagesausflug an.

Vom Ende der Moorindil St in Tewantin schippern **Noosa North Shore Ferries** (☏ 07-5447 1321; www.noosanorthshoreferries. com.au; einfache Strecke Fußgänger/Auto 1/7 AU$, nur Barzahlung; ⏱ So–Do 5.30–22.20, Fr & Sa 5.30–12.20 Uhr) über den Fluss zur Noosa North Shore. Die Fähren fahren ungefähr alle zehn Minuten.

Das erfrischend ursprüngliche **Gagaju Bush Camp** (☏ 07-5474 3522; http://gagaju.tripod.com; 118 Johns Rd, Cooroibah; B 15 AU$; ⌨) ist ein Öko-Camp am Fluss mit einfachen Schlafsälen aus recyceltem Bauholz.

Das **Noosa North Shore Retreat** (☏ 07-5447 1225; www.noosanorthshoreretreat.com.au; Beach Rd, Noosa North Shore; Zeltstellplatz mit/ohne Strom ab 42/32 AU$, Cottage/Zi. ab 170/220 AU$; ✻⌨≋) bietet so ziemlich alles von einfachen Igluzelten und „Dorfzelten" bis hin zu sauberen Motelzimmern und Cottages sowie das Great Sandy Bar & Restaurant (Hauptgerichte 19–28 AU$).

Lake Cootharaba & Boreen Point

Der ca. 5 km breite und 10 km lange Lake Cootharaba ist der größte See in der Cooloola Section des Great Sandy National Park. Am westlichen Seeufer bzw. südlichen Nationalparkrand liegt die relaxte kleine Gemeinde Boreen Point mit einem der ältesten und stimmungsvollsten Pubs von Queensland. Der See ist der Zugangspunkt zu den spiegelglatten Noosa Everglades mit Möglichkeiten zum Kanufahren, Buschwandern und -campen.

Von Boreen Point führt eine (zur Hälfte unbefestigte) Straße ins 5 km entfernte Elanda Point.

Kanu Kapers (☏ 07-5485 3328; www.kanukapersaustralia.com; 11 Toolara St, Boreen Point; geführte Touren Erw./Kind ab 155/80 AU$, 2/3 Tage Kajak- & Campingtouren 395/595 AU$) veranstaltet tolle halb- und ganztägige Touren durch die Noosa Everglades sowie zwei- und dreitägige Kajak- und Campingabenteuer im Cooloola National Park. Touren auf eigene Faust sind ebenfalls im Angebot.

Auf dem schönen kleinen **Boreen Point Camping Ground** (☏ 07-5485 3244; www.noosaholidayparks.com.au; Esplanade, Boreen Point; Stellplatz mit/ohne Strom ab 31/25 AU$) am Lake Cootharaba hat man fern der Massen sein eigenes Stück unberührtes Buschland am Seeufer.

Das liebenswerte, alte **Apollonian Hotel** (☏ 07-5485 3100; www.apollonianhotel.com.au; 19 Laguna St, Boreen Point; Hauptgerichte 18–28 AU$; ⏱ Küche So–Do 10–20, Fr & Sa 10–22 Uhr, Bar So–Do 10–22, Fr & Sa 10–24 Uhr; ⌂) aus dem späten 19. Jh. steht inmitten von Palmen, Jacaranda- und Quandong-Hainen, in denen sich merkwürdige Buschhühner tummeln, und verfügt über schattige Terrassen und einen wunderschönen Innenraum. Es ist berühmt für den Spießbraten am Sonntagmittag.

Eumundi

3560 EW.

Eumundi ist ein reizendes Bergdorf mit einem Hauch von New Age, der besonders an den berühmten Markttagen spürbar ist. Feigenbäume, Schindelhäuser mit Pubs und Cottages mit Blechdächern säumen die historischen Straßen, in denen Cafés, Galerien, außergewöhnliche Boutiquen und Kunsthandwerker angesiedelt sind.

Die **Eumundi Markets** (☏ 07-5442 7106; www.eumundimarkets.com.au; 80 Memorial Dr; ⏱ Mi 8–13.30, Sa 7–14 Uhr) gehören zu Australiens berühmtesten und stimmungsvollsten Märkten. Die über 600 Stände locken jedes Jahr über 1,6 Mio. Besucher an, die hier in ein buntes Wunderland eintauchen und nach handgemachten Möbeln, Schmuck, Bekleidung und Accessoires sowie Kunst stöbern. Außerdem werden Obst und Gemüse aus der Region, Gourmet-Delikatessen und vieles mehr angeboten.

In Pomona, 10 km nordwestlich von Eumundi, befindet sich das schon fast unverschämt charmante **Majestic Theatre** (☏ 07-5485 2330; www.themajestictheatre.com.au; 3 Factory St, Pomona; Tickets Erw./Kind 14/7 AU$; ⏱ Vorstellung Di–Fr 19.30 Uhr). In Australiens ältestem, durchgehend betriebenem Kino werden pro Monat vier bis zwölf Stummfilme gezeigt.

Leseratten sollten **Berkelouw Books** (☎ 07-5442 8366; www.facebook.com/Berkelouw BooksEumundi; 87 Memorial Dr; ⊙ Mo, Di, Do & Fr 9–17, Mi & Sa 8–17, So 9–16 Uhr) einen Besuch abstatten. Hier kann man in faszinierenden neuen, seltenen und gebrauchten Büchern schmökern.

Der international bekannte Surfbrettbauer **Tom Wegener** (www.tomwegenersurfboards. com; Cooroy) bietet Homestays an, bei denen man an ein oder zwei Tagen vieles über die Kunst des Surfbrettbaus erfährt. (Auf Wunsch kann man sich hier auch sein eigenes Board herstellen lassen). Die Homestays kosten 500 AU$ pro Tag (ohne Material) und beinhalten acht Stunden in der Werkstatt, Mahlzeiten und Surfunterricht.

🛏 Schlafen & Essen

Harmony Hill Station
B&B $$

(☎ 0418 750 643, 07-5442 8685; www.harmonyhill accom.com.au; 81 Seib Rd; Waggon ab 145 AU$, Lodge 550 AU$/Nacht; ❄) Oben auf einem Hügel inmitten eines 5 ha großen Grundstücks bietet das Harmony Hill einen restaurierten, für Selbstversorger eingerichteten Eisenbahnbahnwaggon von 1912 mit Platz für bis zu vier Personen an. Ein perfekter Ort zum Relaxen oder Turteln! Überall tummeln sich grasende Kängurus und am Lover's Leap treffen sich die Gäste, um den Sonnenuntergang zu genießen. Für Gruppen steht eine wunderschön eingerichtete Selbstversorger-Lodge mit drei großen Schlafzimmern zur Verfügung. Mindestaufenthalt.

Bohemian Bungalow
INTERNATIONAL $$

(☎ 07-5442 8679; www.bohemianbungalow.com. au; 69 Memorial Dr; Pizza 19–25 AU$, Hauptgerichte 20–38 AU$; ⊙ Mi–Fr 11.30–21, Sa 8–21, So 8–15 Uhr) Das Essen, das in diesem prachtvollen, weißen Queenslander-Haus aus der Küche kommt, wird nur noch von dem traumhaften Interieur übertroffen – postmoderner Schick mit Pfauen, Kerzen und Keramikpferden soweit das Auge reicht. Auch die Speisekarte kann sich sehen lassen: Eier mit in *vincotto* gerösteten Noosa-Tomaten oder Bananen-und-Buchweizen-Pfannkuchen – oder zum zweiten Frühstück Räucherlachs-Tarte und leckere Sauerteigpizzas.

Imperial Hotel
KNEIPENESSEN $$

(☎ 07-5442 8811; www.imperialhoteleumundi.com. au; 1 Etheridge St, Eumundi; Hauptgerichte

18–34 AU$; ⊙ 10 Uhr–open end) Die Kneipe in einem wunderschönen Kolonialgebäude mit altmodischem Touch ist sehr beliebt wegen ihres Biergartens und der Livemusik. Aus der Küche kommen schmackhafte Speisen wie Fisch-Tacos, mit türkischen Gewürzen zubereitete Zucchini-Fritters, Nudelgerichte, Burger, Fisch- und Fleischkombis sowie interessante Salate.

★ Spirit House
THAI $$$

(☎ 07-5446 8994; www.spirithouse.com.au; 20 Nindery Rd, Yandina; Platten zum Teilen 14–49 AU$; ⊙ tgl. 12–15 & Mi–Sa 18–21 Uhr) Das Spirit House ist eine der kulinarischen Top-Adressen Queenslands (für Wochenenden drei Wochen im Voraus reservieren) und beschwört mit thailändischen Aromen in überzeugenden Gerichten wie gebratene Weichschalenkrabben mit Currypulver und Knoblauch oder geschmorter Entenkeule mit Fischsauce, Wassermelone, Ingwer und Minze den dichten Dschungel Südostasiens herauf. Das Restaurant liegt 11 km südlich von Eumundi und beherbergt auch eine Kochschule (Kurs 150 AU$/4 Std.).

ℹ Praktische Informationen

Discover Eumundi Heritage & Visitor Centre (☎ 07-5442 8762; www.discovereumundi.com; 73 Memorial Dr, Eumundi; ⊙ Mo–Fr 10–15, Sa 10–14, So 10–13 Uhr) Hier ist auch das kleine **historische Museum** (Eintritt frei) des Ortes untergebracht.

Sunshine Coast Hinterland

Etwas landeinwärts von Nambour bildet die Blackall Range eine atemberaubende Hintergrundkulisse für die nur 50 km entfernten Strände der Sunshine Coast. Von dort aus sind entspannte, halb- oder ganztägige Rundfahrten entlang der gezackten Steilstufe möglich. Dabei führt die kurvige Straße durch malerische Bergdörfer und offenbart eine herrliche Aussicht auf das Küstentiefland.

Maleny

3440 EW.

Hoch oben in den grünen Hügeln der Blackall Range liegt Maleny, in dem eine faszinierende Mischung aus Künstlern, Musikern und anderen Kreativen, alternden Hippies, Stadtflüchtlingen und Genossenschaftlern lebt. Die unkonventionelle Atmosphäre unterstreicht die Tatsache, dass die wirtschaftlich florierende Gemeinde ihre Holz- und Milchwirtschaftszeiten lange und erfolgreich hinter sich gelassen hat, anders wie viele andere Bergdörfer in der Gegend eine kitschige Touristenfalle zu werden.

In dem grandiosen **Mary Cairncross Scenic Reserve** (07-5429 6122; www. mary-cairncross.com.au; 148 Mountain View Rd; gegen Spende; 7–18 Uhr) können Besucher subtropische Regenwälder kennenlernen, die früher die Blackall Range bedeckten. Das südöstlich von Maleny gelegene Naturschutzgebiet erstreckt sich über 55 ha, bietet Wanderwege durch den Regenwald und ist eine Oase für über 120 Vogelarten und die unwiderstehlich putzigen Filander (Regenwald-Wallabies). Außerdem stehen hier ein paar schöne Riesen-Lebensbäume.

Die **Maleny Botanic Gardens** (07-5408 4110; www.malenybotanicgardens.com.au; 233 Maleny-Stanley River Rd; Erw./Kind 16 AU$/frei, inkl. Voliere 26/7 AU$; 9–16.30 Uhr) bieten eine ruhige Oase aus Hecken, Wiesen und Teichen vor einer Kulisse von seltenen Palmfarnen, Orchideen, Rosen, Rhododendren und einjährigen Pflanzen. Eine große Voliere fehlt natürlich auch nicht.

🛏 Schlafen & Essen

Morning Star Motel
MOTEL **$**

(07-5494 2944; www.morningstarmotel.com; 2 Panorama Pl, Maleny; Zi. 110–150 AU$; 🅿🕸🛜) Die Zimmer in diesem gemütlichen, von einem freundlichen Paar geführten Motel bieten einen einzigartigen Blick auf die Küste. Das Dekor erinnert an die 1980er-Jahre, aber die Zimmer sind gemütlich und sauber und haben blitzblanke, moderne Bäder. Die Luxussuiten besitzen sogar einen Whirlpool. Am Wochenende sind die Preise am höchsten.

Sweets on Maple
SÜSSIGKEITEN **$**

(07-5494 2118; www.sweetsonmaple.com.au; 39 Maple St, Maleny; hausgemachte Karamellbonbons 100 g ab 5 AU$; Mo–Fr 9.30–16.30, Sa & So 9.30–16 Uhr) In dieser Gegend gibt es mehr als genug Süßwarenläden, aber Sweets on Maple toppt sie alle. Der altmodische Laden lockt Passanten mit dem unwiderstehlichen Duft frischen Karamells an, die es u. a. in den Geschmacksrichtungen Schoko-Chili und Haselnusslikör-Limette gibt. Himmlisch!

Ausgehen & Nachtleben

Brouhaha Brewery
KLEINBRAUEREI

(07-5435 2018; www.brouhahabrewery.com.au; 6/39 Coral St, Maleny; Mi & Do 10–21, Fr & Sa 10–23.30, So 10–19 Uhr) Dank der hippen Kleinbrauerei im Industrie-Look mit Freiluftterrasse ist Maleny auch für Bierfans interessant. Zu den neun regelmäßig wechselnden Bieren gehören IPAs, Stouts, saisonale und Sour-Biere, einige aus regionalen Zutaten. Wer sich nicht entscheiden kann, sollte ein Probierbrett (14 AU$) bestellen. Gegen den Hunger gibt's von 11 bis 20 Uhr Kleinigkeiten wie kleine runde Brote mit Blauschimmelkäse und Spinat sowie Tintenfisch mit buschtypischen Gewürzen.

Big Barrel
KLEINBRAUEREI

(07-5429 6300; www.malenymountainwines. com.au; 787 Landsborough-Maleny Rd, Maleny; 10–17 Uhr) Der Schotte Ryan McLeod destillierte in Tasmanien Whisky, bevor er den Weinkeller Maleny Mountain Wines kaufte und eine Kleinbrauerei hinzufügte. Zu den Weinen gehören die weicher Maleny Rosé (aus hiesigen Chambourcin-Trauben), während die Kleinbrauerei mit Regenwasser Ungewöhnliches braut, von malzigem Scotch Ale bis Mango-Cidre.

Fraser Island & Fraser Coast

Gut essen

➡ Coast (S. 396)

➡ Paolo's Pizza Bar (S. 396)

➡ Waterview Bistro (S. 398)

➡ Pop In (S. 400)

➡ Oodies Cafe (S. 404)

➡ Alowishus Delicious (S. 404)

Schön übernachten

➡ Eliza Fraser Lodge (S. 409)

➡ Debbie's Place (S. 398)

➡ Torquay Beachfront Tourist Park (S. 394)

➡ Colonial Lodge (S. 394)

➡ Standy's B&B (S. 400)

➡ Inglebrae (S. 404)

Auf nach Fraser Island & an die Fraser Coast!

Nördlich der berühmten Sunshine Coast liegt dieses kleine Eckchen typisches Queensland, zu dem das UNESCO-Weltkulturerbe Fraser Island und einige fruchtbare Küstengemeinden gehören, etwa Hervey Bay und Rainbow Beach, das landwirtschaftliche Herz von Bundaberg, sowie Provinzstädte, die nie allzu weit vom Meer entfernt liegen.

Fraser Island ist die größte Sandinsel der Welt und beeindruckt durch alte Regenwälder und leuchtende Seen, lebhafte Brandung und ein Schiffswrack am Strand. Hervey Bay liegt direkt an der Great Sandy Strait und ist für Reisende jedes Alters interessant. Von Juli bis Oktober strömen Buckelwale in die Bucht. Das winzige Rainbow Beach weiter südlich ist ein Backpacker-Mekka mit guten Surf-Spots.

Bundaberg, die größte Stadt der Region, ist ein nettes, sonniges Zentrum mit Blick auf Zuckerrohrfelder – die Basis für den Rum, nach dem die Stadt benannt ist. Für dessen feuriges Aroma opfert man gern einige Hirnzellen.

Reisezeit
Bundaberg

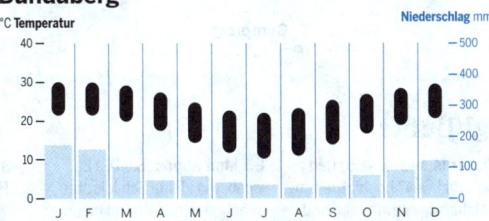

Aug. Zum Gympie Music Muster werden die Stiefel geschnürt.

Juli–Nov. Die Buckelwale sind da – die optimale Beobachtungszeit ist von August bis Oktober.

Nov.–März. Die Schildkröten legen ihre Eier in den Sand in Mon Repos.

Lady Musgrave Island;
Lady Elliot Island

Sandy
Cape

Moore
Park

Burnett
Heads

Mon Repos ❸

Bargara

Rooney
Point

Bundaberg ❺

Barolin Rocks

Elliott Heads

Orchid Beach

Cordalba

Woodgate

Burrum Coast
National Park

Burrum Heads

Coongul
Point

Great Sandy
National Park

Childers

Bruce Hwy

Howard

Torbanlea

Hervey
Bay

❷

Fraser
Island

❶

Happy Valley

River
Heads

*Susan River
Homestead*

Wanggoolba
Creek

Maryborough

Eurong

*SÜD-
PAZIFIK*

Poona
National
Park

Maaroom

Mary River

Tiaro

Tuan

Gundiah

*Militärisches
Trainings-
gelände*

Tin Can
Bay

*Wide
Bay*

Wolf Rock

❹

**Rainbow
Beach**

Double
Island Point

Gundalda

Cooloola
Cove

Kilkivan

Wolvi

Great Sandy
National Park
(Cooloola Section)

Gympie

Glastonbury

N   0 ——————— 20 km

Highlights

❶ **Fraser Island** (S. 405) Den Strand-„Highway" hochfahren, im Lake McKenzie schwimmen und unter Sternen campen

❷ **Hervey Bay** (S. 391) Den Buckelwalen beim Herumtollen zusehen

❸ **Mon Repos** (S. 402) Erleben, wie kleine Schildkröten unbeholfen den Strand hinunter zum Meer kriechen

❹ **Rainbow Beach** (S. 397) Von der Düne Carlo Sandblow aus über die Regenbogenklippen

schauen und am Wolf Rock mit Haien tauchen

❺ **Bundaberg Rum Distillery** (S. 402) In dieser Destillerie in Bundaberg vom „flüssigen Gold" kosten

Hervey Bay

52 288 EW.

Hervey Bay ist eine unprätentiöse Stadt am Meer mit einer schier endlosen Strandpromenade, die sich ideal für einen ausgiebigen Bummel eignet – die Stadtviertel Pialba, Torquay und Scarness sind alle an der Flaniermeile gelegen. Hier genießen auch die Biergarten- oder Cafébesitzer einen kurzen Gang ins warme, ruhige Wasser rund um die Stadt. Junge Traveller mit Ziel Fraser Island treffen hier auf die „Grey Nomads" genannten, träge über die Campingplätze ziehenden Reisenden fortgeschrittenen Alters sowie auf Fischer, die nach einem verlorenen Fang Erholung suchen. Wirft man dann noch die Chance, einen majestätischen Buckelwal im Wasser herumtollen zu sehen, und den praktischen Zugang, den die Stadt zum UNESCO-Welterbe Fraser Island bietet, mit in die Waagschale, so versteht man sofort, wie Hervey Bay der zwar unspektakuläre, dabei aber äußerst beliebte Traveller-Hotspot wurde, der es ist.

Fraser Island schützt Hervey Bay vor der heranrollenden Brandung, und das Meer hier ist seicht und flach – perfekt für die Kleinen und Schnappschüsse aus dem Sommerurlaub.

◉ Sehenswertes

Reef World   AQUARIUM
(☑ 07-4128 9828; Pulgul St, Urangan; Erw./Kind 20/10 AU$, Haitauchen 55 AU$; ⊙ 9.30–16 Uhr) Dieses kleine Aquarium ist seit 1979 in Betrieb und bei Familien beliebt wegen seiner interaktiven Fütterungen zwischen 11 Uhr und 14.30 Uhr. Es gibt auch die Möglichkeit, mit Zitronenhaien, Walhaien und anderen ungefährlichen Haien zu schwimmen.

Fraser Coast Discovery Sphere   MUSEUM
(☑ 07-4191 2610; www.frasercoastdiscoverysphere. com.au; 166 Old Maryborough Rd, Pialba; Eintritt gegen Spende; ⊙ 10–16 Uhr) Das Urgestein des stark an Familien orientierten Tourismus in Hervey Bay ist zwar ein bisschen dröge, aber dennoch ein lehrreicher Ort, wenn man etwas zum Thema Geografie und die Meeresfauna in der Region erfahren möchte.

Wetside Water Park   PARK
(☑ 1300 79 49 29; www.frasercoast.qld.gov.au/Wet side; The Esplanade, Scarness; ⊙ Mi–So 10–18 Uhr, während der Schulferien tgl.) An heißen Tagen gibt es nichts Besseres als einen Besuch in diesem Wasserpark in der Nähe des Stran-des. Hier sind jede Menge Schatten, Spring- und Eimerbrunnen sowie ein Bohlenweg mit Wasser-Infotainment vorhanden. Die Öffnungszeiten variieren allerdings; aktuelle Infos finden sich auf der Website.

🏃 Aktivitäten

Walbeobachtung

Während der Walsaison von Ende Juli bis Anfang November werden in Hervey Bay täglich Walbeobachtungstouren angeboten, sofern das Wetter mitspielt. Von August bis Ende Oktober dürften Teilnehmer ziemlich wahrscheinlich ein paar der Säuger zu sehen bekommen (und falls sie sich doch nicht blicken lassen, bekommt man anschließend eine Tour gratis). Außerhalb der Walsaison stehen bei vielen Bootsbetreibern Delfintouren auf dem Programm. Die Boote fahren vom Urangan Harbour zur Platypus Bay und dann im Zickzack zwischen den Walschulen hin und her, um die aktivsten Tiere zu finden. Normalerweise zahlt man für einen halben Tag etwa 120 AU$ (Erw.) bzw. 60 AU$ (Kind) und meistens sind Mittagessen und/oder Teepausen morgens oder nachmittags in diesem Preis schon inbegriffen. Buchungen können in den verschiedenen Unterkünften oder in den Visitor Centres vorgenommen werden.

Spirit of Hervey Bay   WALBEOBACHTUNG
(☑ 1800 642 544; www.spiritofherveybay.com; Urangan Harbour; Erw./Kind 120/60 AU$; ⊙ 8.30 & 13.30 Uhr) Das größte Boot zum Whalewatching, das entsprechend auch die meisten Passagiere aufnehmen kann.

Freedom Whale Watch   WALBEOBACHTUNG
(☑ 1300 879 960; www.freedomwhalewatch.com. au; Urangan Harbour) Mit diesem Anbieter kann man von einem dreistöckigen 58-m-Katamaran aus Wale beobachten (Erw./Kind 130/90 AU$). Das Großunternehmen organisiert außerdem beliebte Fischcharterausflüge und Scuba-Diving-Trips zur Lady Elliot Island.

Blue Dolphin Marine Tours   WALBEOBACHTUNG
(☑ 07-4124 9600; www.bluedolphintours.com.au; Urangan Harbour; Erw./Kind 150/120 AU$) Einer der erfahreneren Anbieter, von dessen Schiffen aus man nach Walen Ausschau halten kann sowie nach allem anderen, was im Ozean vor Hervey Bay so herumschwimmt. Kleinere Gruppen (max. 24 Pers.) gehen an Bord der schnittigen *Blue Dolphin*, wo oft eine trauliche Stimmung entsteht, wie sie

Hervey Bay

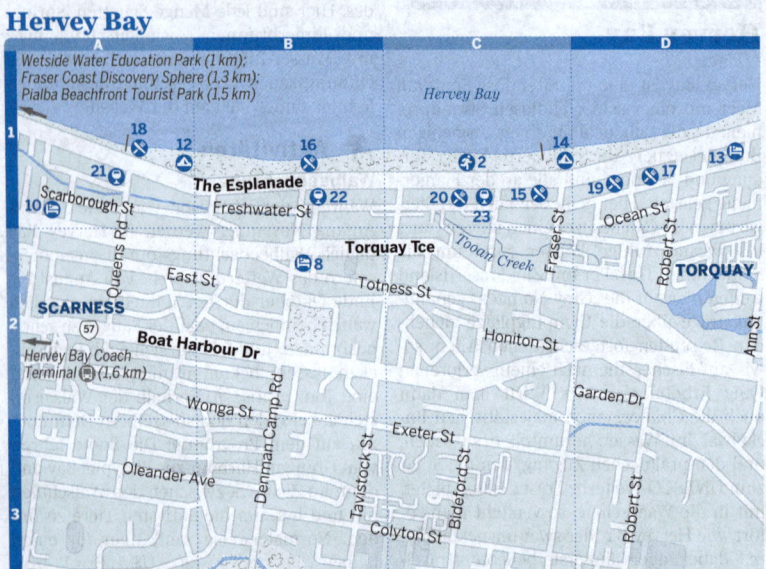

Hervey Bay

auf größeren Schiffen nur selten zustande kommt.

Tasman Venture   WALBEOBACHTUNG
(☎1800 620 322; www.tasmanventure.com.au; Urangan Harbour; Tour Erw./Kind 115/60 AU$; ⏱8.30 & 13.30 Uhr) Einer der besten Touranbieter – es gibt hier sogar Unterwassermikrophone und Beobachtungsfenster. Walsichtungen sind während der Saison garantiert, und man bekommt einen kostenlosen Folge-

ausflug, falls keine Wale aufgetaucht sind. Dann noch einen Tagestrip nach Fraser Island (Erw./Kind 279/175 AU$), und schon hat sich der Luxus einer Unterkunft in Hervey Bay gelohnt!

Angeln

MV Princess II   ANGELN
(☎07-4124 0400; Erw./Kind 160/100 AU$) Mit einer erfahrenen Crew, die seit mehr als zwei Jahrzehnten in diesen Gewässern un-

terwegs ist, können Traveller den Angelhaken wässern.

MV Fighting Whiting · ANGELN
([📞]07-4124 3377; www.fightingwhiting.com.au; Erw./Kind/Fam. 70/35/175 AU$) Das Unternehmen bietet einen gemächlichen Angeltrip an, bei dem man seine Beute behalten darf. Im Preis sind Sandwiches, Köder und die ganze Angelausrüstung enthalten.

Weitere Aktivitäten

Hervey Bay Ecomarine Tours · BOOTSTOUR
([📞]07-4124 0066; www.herveybayecomarinetours.com.au; Urangan Marina; 5-stündige Tour Erw./Kind 85/45 AU$) Schiffstour auf einem 12 m langen Boot mit Glasboden, dem einzigen in Hervey Bay. Auf dem Programm stehen Schnorcheln, Korallenbesichtigung und ein Barbecue auf der Insel. Die neuen Besitzer veranstalten auch eine friedliche, 90-minütige Ausflugsfahrt täglich jeweils um 7 und um 17 Uhr.

Air Fraser Island · RUNDFLÜGE
([📞]1300 172 706; www.airfraserisland.com.au) Das „Day Away" (150 AU$) hat ein großartiges Preis-Leistungs-Verhältnis für alle, die auf der Insel anlanden und ein bisschen zu Fuß auf Erkundungstour gehen wollen. Legt man nochmal 100 AU$ drauf, gibt's bei Ankunft einen Jeep dazu. Im Preis inbegriffen

ist der Rückflug ab Hervey Bay oder der Sunshine Coast.

Aquavue · WASSERSPORT
([📞]07-4125 5528; www.aquavue.com.au; 415a The Esplanade, Torquay) Dieses etablierte Wassersportunternehmen ist der beste Anbieter im Küstenvorland von Torquay. Es werden Paddelboote und Kajaks (20 AU$/Std.), Katamarane (50 AU$/Std.) und Jet-Skis (50 AU$/15 Min.) vermietet. Abenteuerlustige Traveller, die vielleicht nicht die Zeit haben, Fraser richtig zu besuchen, können eine sehr unterhaltsame, 90-minütige Fahrt inklusive Mittagessen zum wunderschönen Moon Point (260 AU$) unternehmen.

Susan River Homestead · REITEN
([📞]07-4121 6846; www.susanriver.com; Maryborough–Hervey Bay Rd) In den Paketangeboten (Erw./Kind 250/160 AU$) sind Unterkunft, alle Mahlzeiten und die Nutzung des Swimmingpools und der Tennisplätze auf dem Gelände inklusive. Wer nur einen Tag lang hier ist, kann auch einen zweistündigen Ausritt (Erw./Kind 85/75 AU$) buchen.

Skydive Hervey Bay · FALLSCHIRMSPRINGEN
([📞]0458 064 703; www.skydiveherveybay.com.au) Tandem-Fallschirmsprünge ab 325 AU$ aus 4270 m Höhe mit mehr als 45 Sekunden atemberaubendem freien Fall – der höchs-

FASZINIERENDE KREATUREN

Jedes Jahr zwischen August und Anfang November tummeln sich für ein paar Tage Tausende Buckelwale (*Megaptera novaeangliae*) vor Hervey Bay, bevor sie ihre beschwerliche Reise in die Antarktis fortsetzen. In den wärmeren Gewässern vor der Nordostküste Australiens paaren sie sich und bringen ihre Kälber zur Welt. Bei der Ankunft in der Hervey Bay formen sie zunächst Schulen aus etwa zwölf Tieren, später ziehen sie zu zweit oder zu dritt umher. Die Kälber fressen sich während der „Verschnaufpause" in der Hervey Bay den dicken Walfischspeck an, den sie im eiskalten Wasser im Süden benötigen. Sie brauchen 600 l Milch pro Tag!

Die riesigen Tiere zu beobachten, ist ein unglaubliches Erlebnis. Die angeberischen Wasserakrobaten kommen bis zur Brust aus dem Wasser, peitschen mit den Fluken und blasen Fontänen aus ihren Atemlöchern. Manche schwimmen neben Booten her, sodass ihr Auge ganz nah ist ... Wer beobachtet hier eigentlich wen?

ten rechtlich erlaubten Höhe in Australien. Man kann hier auch ausprobieren, wie sich der Sprung aus 1830 m anfühlt, Kostenpunkt 189 AU$.

👉 Geführte Touren

Fraser Experience   TOUREN
(📞 07-4124 4244; www.fraserexperience.com; Erw./Kind ab 180/130 AU$) Kleine Gruppenausflüge nach Fraser Island. Der Anbieter ist flexibel, was die Route betrifft, aber es gibt immer nur eine Fahrt pro Tag. Eine etwas außergewöhnliche Tour mit einem Hummer steht ebenfalls auf dem Programm.

Fraser Explorer Tours   TOUREN
(📞 07-4194 9222; www.fraserexplorertours.com.au; 1-/2-tägige Tour ab 179/330 AU$) Sehr erfahrene Fahrer, viele Fahrten nach Fraser Island.

🎉 Feste & Events

Hervey Bay Ocean Festival   KULTUR
(www.herveybayoceanfestival.com.au; 🕐 Aug.) Beim kürzlich erst geschaffenen Ocean Festival werden Boote gesegnet, und man singt mit den Walen.

🛏 Schlafen

⭐ Colonial Lodge   APARTMENT $
(📞 07-4125 1073; www.herveybaycoloniallodge.com.au; 94 Cypress St, Torquay; Apt. mit 1/2 Schlafzi. 95/140 AU$; ✱ 🛜 ☲) Dass diese Lodge im Landhausstil mitten in Torquay nur neun Apartments hat, bedeutet, dass Gäste hier mit viel Privatsphäre am Pool abhängen können. Die Mitarbeiter sind freundlich und die Apartments größer als der Durchschnitt; es gibt auch eine schöne Veranda zum Sitzen vor dem Haus. Es ist nur ein kurzer Fußweg zur flachen Meeresbucht auf der anderen Straßenseite.

Emeraldene Inn   INN $
(📞 07-4124 5500; www.emeraldene.com.au; 166 Urraween Rd, Urraween; DZ ab 110 AU$) Das Emeraldene gibt's schon eine ganze Weile, aber die zehn Zimmer sollten mehr gewürdigt werden, vor allem wegen der äußerst günstigen Preise und der wunderbaren Natur nur wenige Blocks vom Meer entfernt.

Colonial Village YHA   HOSTEL $
(📞 07-4125 1844; www.yha.com.au; 820 Boat Harbour Dr, Urangan; B/DZ/Hütte ab 22,50/52/81 AU$; ✱ @ 🛜 ☲) Diese herausragende Jugendherberge befindet sich auf 8 ha ruhigem Buschland, in der Nähe des Jachthafens und nur 50 m vom Strand entfernt. Die Anlage ist wunderbar, voller Ambiente, Possums und Papageien. Zur Ausstattung gehören ein Pool sowie Tennis- und Basketballplätze und eine gesellige Bar mit Restaurant. Alle Schlafsäle verfügen über eigene Ess- und Schreibtische sowie über freistehende Einzelbetten.

Torquay Beachfront Tourist Park   CAMPING $
(📞 07-4125 1578; www.beachfronttouristparks.com.au; The Esplanade, Torquay; Stellplatz ohne/mit Strom ab 26/31 AU$; 🐾) Direkt an Hervey Bays wunderschönem, langem Sandstrand gelegen, machen alle drei schattigen Campingplätze mit ihrem fantastischen Blick aufs Meer ihrem Namen alle Ehre. Weitere Ableger finden sich in **Pialba** (📞 07-4128 1399; The Esplanade, Pialba; Stellplatz ohne/mit Strom ab 33,50/41 AU$; 🐾) und **Scarness** (📞 07-4128 1274; The Esplanade, Scarness; Stellplatz mit/ohne Strom ab 41/34 AU$; 🐾). Die Preise für die Stellplätze sind vor Kurzem stark gestiegen, aber davon sollte man sich nicht abhalten lassen – dies sind einige der Topplätze an der Ostküste.

Flashpackers HOSTEL $
(☎07-4124 1366; www.flashpackersherveybay.com; 195 Torquay Tce, Torquay; B 26–32 AU$, DZ 80 AU$; ❄📶🏊) Die sehr freundlichen Mitarbeiter sorgen mit Aktivitäten, Wettbewerben und Filmnächsten dafür, dass den Gästen nicht langweilig wird, wenn sie nicht am wunderschönen Pool abhängen oder sich einen Snack aus dem Kühlraum holen. Die Mehrbettzimmer sind o.k., und die Zimmer mit eigenem Bad ganz schön luxuriös für Hostel-Standards. Das Flashpackers liegt ein bisschen vom Strand entfernt, was aber gar nicht so schlecht ist, da es so genug Parkmöglichkeiten gibt – und Partypeople, die spät morgens ins Bett torkeln, können dies auf etwas diskretere Art und Weise tun.

Mango Tourist Hostel HOSTEL $
(☎07-4124 2832; www.mangohostel.com; 110 Torquay Rd, Scarness; B/DZ 28/60 AU$; P❄📶) Das kleine, aber feine Hostel wird vom absolut fachkundigen Einheimischen Phil, der sehr klar und direkt kommuniziert, und seiner lieben Frau, die das Ganze wieder ausbalanciert, betrieben. Diese Institution in Queensland verströmt eine trauliche Atmosphäre mit viel Charakter (und vielen Geckos) und liegt an einer ruhigen Straße etwas abseits vom Strand. Gäste kommen hier in einem Vierbettzimmer und zwei sehr gemütlichen Doppelzimmern unter.

Shelly Bay Resort APARTMENT $$
(☎07-4125 4533; www.shellybayresort.com.au; 466 The Esplanade, Torquay; Wohneinheit mit 1/2 Schlafzi. 139/170 AU$; ❄@🏊) Die fröhlichen, luftigen Apartments im Shelley Bay Resort gehören zu den Unterkünften mit dem besten Preis-Leistungs-Verhältnis der Stadt, vor allem die zwei Eckapartments mit zwei Schlafzimmern und direktem Blick auf den Pool. Die Betreuung der Gäste ist allererste Sahne, ganz egal ob der Aufenthalt berufliche oder private Gründen hat – hier macht man nichts falsch.

Pier One RESORT $$
(☎07-4125 4965; www.herveybaywaterfrontapts.com.au; 569 The Esplanade, Urangan; Apt. mit 1/2 Schlafzi. 189/259 AU$) Das aktuellste Großprojekt an der Esplanade, das Pier One, befindet sich neben den Pier Apartments und ist ideal für Geschäftsreisende, die einen Blick aufs Meer als Kulisse und einen Pool vor der eigenen Nase haben möchten. Die Apartments sind größer als der Durchschnitt, haben zwei Badezimmer, Ikea-Möbel und sind sehr preisgünstig.

Arlia Sands Apartments APARTMENT $$
(☎07-4125 4360; www.arliasands.com.au; 13 Ann St, Torquay; Apt. mit 1/2 Schlafzi. ab 135/145 AU$; ❄🏊) Diese separaten Wohneinheiten sind zwar nicht besonders schick, haben aber ein exzellentes Preis-Leistungs-Verhältnis. Zudem wurden sie kürzlich erst genau in dem Maße saniert, dass man den Unterschied merkt. Etwas abseits des Rummels, aber dennoch nah am Strand und den Läden – und dabei *très* ruhig.

Grange Resort RESORT $$$
(☎07-4125 2195; www.thegrange-herveybay.com.au; 33 Elizabeth St, Urangan; Villa mit 1/2 Schlafzi. ab 235/305 AU$; ❄📶🏊) Das Grange erinnert an ein stylishes Resort in der Wüste mit schicken Wohnungen mit mehreren Ebenen, reich ausgestattet mit den kleinen Annehmlichkeiten des Lebens. Das Resort floriert unter seinem neuen Management und liegt nah am Strand und der Stadt. Haustiere sind sehr willkommen – in diesen Breiten eine Seltenheit –, außer an der großartigen Poolbar, an der das Feiervolk bis Sonnenuntergang kühle Drinks genießt.

Essen

Bayaroma Cafe CAFÉ $
(☎07-4125 1515; 428 The Esplanade, Torquay; Frühstück 10–22 AU$, Hauptgerichte 9,50–20 AU$; ⏲6.30–15.30 Uhr) Das Bayorama ist für seinen Kaffee, das ganztägig servierte Frühstück sowie die günstigen Möglichkeiten zum Leutegucken bekannt. Die Speisekarte ist gigantisch und bietet ganz sicher für jedermann etwas – selbst für Vegetarier! Der aufmerksame, aufgeweckte Service ist zudem ein toller Pluspunkt.

Enzo's on the Beach CAFÉ $
(www.enzosonthebeach.com.au; 351a The Esplanade, Scarness; Hauptgerichte 8–20 AU$; ⏲6.30–17 Uhr) Das schäbig-schicke Strandcafé ist eine tolle Adresse, um sich mit Sandwiches, Wraps, Salaten und Kaffee zu stärken, bevor man sich die Kalorien beim Paddeln oder Kitesurfing-Unterricht wieder abtrainiert.

Simply Wok ASIATISCH $
(☎07-4125 2077; 417 The Esplanade, Torquay; Hauptgerichte 14–23 AU$; ⏲7–22 Uhr) Alle, die mal wieder Lust auf asiatische Küche haben, werden die Nudeln, Pfannengerichte, Meeresfrüchte und Currys hier lieben. Jeden Abend (17–21 Uhr) gibt's ein warmes *All you can eat*-Buffet für 16,90 AU$. Außerdem gibt es ein überraschend gutes Frühstück.

★ Paolo's Pizza Bar ITALIENISCH $$
(☑07-4125 3100; www.paolospizzabar.com.au;
2/446 The Esplanade, Torquay; Hauptgerichte 14–
27 AU$; ⊙17–21 Uhr) Scharen von Einheimi-
schen kommen hierher, um aus dem Pizza-
ofen oder in Form leckerer Pasta (die
Spaghetti Marinara sind hervorragend) ein
Stück Neapel zu genießen. Der aufmerksame Service dieses Familienbetriebs ist ebenfalls toll. Da dies der beste Italiener in der
Region ist, Reservierungen aber nicht möglich sind, sollte man frühzeitig da sein, um
nicht abgewiesen zu werden.

★ Coast FUSION $$
(☑07-4125 5454; 469 The Esplanade, Torquay;
Hauptgerichte 21–60 AU$; ⊙ Di & Mi 17 Uhr–open
end, Do–So 11.30 Uhr–open end) Ein lokaler Gast-
wirt und ein englischer Chefkoch haben sich
zusammengetan, um ein außergewöhnliches
australisches Unternehmen im eher gewöhn-
lichen Hervey Bay auf die Beine zu stellen.
Fast alle Gerichte werden in Portionen für
mehrere Leute zubereitet, und oft haben sie
einen asiatischen oder nahöstlichen Touch.
Keinen Hunger? Dann kann man sich hier
auch einfach einen Cocktail-Krug (ab
30 AU$) teilen und sich an Bar-Snacks laben,
die mehr an *hors d'oeuvres* erinnern.

Black Dog Café MODERN-AUSTRALISCH $$
(☑07-4124 3177; 381 The Esplanade, Torquay;
Hauptgerichte 12–35 AU$; ⊙mittags & abends)
Das Black Dog liefert verschiedenste
Mod-Oz-Gerichte in alle Teile von Hervey
Bay. Der entspannte Diner am Torquay-En-
de der Esplanade serviert Burger, Meeresfrüchte, Salate und Ähnliches ohne Schnickschnack und zu sehr fairen Preisen.

Eat at Dan & Steph's CAFÉ $$
(449 The Esplanade, Torquay; Hauptgerichte 16–
24 AU$; ⊙ Mi–Mo 6–16 Uhr) Die ehemaligen
Fernsehkochshow-Gewinner Dan und Steph
haben ihren großen Erfolg mit einem beliebten Restaurant mit zwangloser Atmosphäre
fortgesetzt. Die meisten Speisen sind interessante Abwandlungen bekannter Gerichte.
Der Salat mit geräuchertem Rindfleisch
(18 AU$) und der schwarze Reis mit Kürbis
und Granatapfel (18 AU$) waren beide aus-
gesprochen lecker. Das Frühstück sieht auch
sehr gut aus.

🍷 Ausgehen & Nachtleben

Beach House Hotel PUB
(344 The Esplanade, Scarness) Das Beach House
ist dank einer großen finanziellen Investiti-
on, des erstklassigen Blicks auf den Scarness
Beach und des Willens, den Menschen zu
geben, was sie möchten, wiederauferstan-
den: Es gibt frisches Bier vom Fass, Spielautomaten, einen riesigen Innenhof, gutes Essen und Livemusik zu erschwinglichen
Preisen an den meisten Abenden der Woche.

Hoolihan's PUB
(382 The Esplanade, Scarness; ⊙23–2 Uhr) Das
Hoolihan's erfreut sich wie alle guten Pubs
großer Beliebtheit, vor allem bei Backpackern. Dieses hier ist eher standardmäßig
eingerichtet, aber die Stühle direkt am Geh-
weg sind perfekt geeignet, um Passanten zu
beobachten – oder auch, um von anderen
beobachtet zu werden.

Viper CLUB
(410 The Esplanade, Torquay; ⊙ Mi, Fr & Sa 22–3
Uhr) Das Viper ist die Art Club, bei der jeder
die Augen verdreht, wenn der Name früh
am Abend genannt wird, aber um Mitternacht, vor allem im Sommer, ist die Tanzfläche brechend voll. Die Musik schwankt stark
zwischen fürchterlich schlecht und eigentlich ganz gut.

❶ Praktische Informationen

Hervey Bay Visitor Information Centre
(☑1800 811 728; www.visitfrasercoast.com;
Ecke Urraween Rd & Maryborough Rd) Das
Infozentrum ist eine hilfreiche Institution mit
guten Broschüren und Informationen. Am
Stadtrand gelegen.
Marina Kiosk (☑07-4128 9800; Buccaneer
Ave, Urangan Boat Harbour, Urangan; ⊙6–
18 Uhr)

❶ An- & Weiterreise

BUS
Busse fahren am **Hervey Bay Coach Terminal**
(☑ 07-4124 4000; Central Ave, Pialba) ab. **Greyhound** (☑1300 473 946; www.greyhound.com.
au) und **Premier Motor Service** (☑13 34 10;
www.premierms.com.au) betreiben verschiedene tägliche Verbindungen nach/ab Brisbane
(72 AU$, 6½ Std.), Maroochydore (91 AU$,
6 Std.), Bundaberg (29 AU$, 2 Std.) und Rock-
hampton (92 AU$, 6 Std.).

Tory's Tours (☑ 4128 6500; www.torystours.
com.au) steuert zweimal täglich den Flughafen
von Brisbane an (Erw./Kind 80/68 AU$). **Wide
Bay Transit** (☑ 07-4121 3719; www.torystours.
com.au) fährt werktags stündlich von der Urangan Marina (hält direkt an der Esplanade) nach
Maryborough (8 AU$, 1 Std.), am Wochenende
finden die Fahrten allerdings weniger regelmäßig statt.

FLUGZEUG

Der Flughafen von Hervey Bay liegt am Don Adams Dr, gleich abseits der Booral Rd. **Qantas** (☑ 13 13 13; www.qantas.com.au) und **Virgin** (☑ 13 67 89; www.virginaustralia.com.au) fliegen von hier täglich verschiedene Ziele in ganz Australien an.

SCHIFF/FÄHRE

Fähren nach Fraser Island legen am River Heads, etwa 10 km südlich der Stadt, von der Marina in Urangan ab. Die meisten Touren beginnen am Urangan Harbour.

❶ Unterwegs vor Ort

Nirgendwo kann man besser ein geländegängiges Fahrzeug für einen Besuch auf Fraser Island mieten als in Hervey Bay.

Aussie Trax (☑ 07-4124 4433; www.fraserisland4wd.com.au; 56 Boat Harbour Dr, Pialba)
Fraser Magic 4WD Hire (☑ 07-4125 6612; www.fraser4wdhire.com.au; 5 Kruger Ct, Urangan)
Hervey Bay Rent A Car (☑ 07-4194 6626; www.herveybayrentacar.com.au; 5 Cunningham St, Torquay)
Safari 4WD Hire (☑ 07-4124 4244; www.safari4wdhire.com.au; 102 Boat Harbour Dr, Pialba)

Rainbow Beach

1142 EW.

Rainbow Beach ist eine idyllische australische Stadt vor der Inskip Peninsula, die vor allem für ihre farbenprächtigen Sandklippen und die guten Möglichkeiten bekannt ist, nach Fraser Island überzusetzen. In der Stadt geht es lässig zu, und sie ist bei denjenigen, die keine Schwäche für Jeeps mit Allradantrieb haben und deshalb wenig über die spektakulären Touren entlang der Cooloola Section des Great Sandy National Park wissen, kaum bekannt. Sie ist aber super, um verschiedene Outdoor-Aktivitäten auszuprobieren, die Backpacker-Partyszene zu genießen oder auch nur mit Familie und Freunden zu chillen.

🏃 Aktivitäten

Rainbow Paragliding   PARAGLIDING
(☑ 07-5486 3048, 0418 754 157; www.paraglidingrainbow.com; Sprung 200 AU$) Falls es je eine Stelle gegeben haben sollte, die es wert war, dass man von ihr in die Tiefe springt, dann waren es die farbenfrohen Klippen von Rainbow Beach. Jean Luc veranstaltet hier seit 20 Jahren Paragliding-Sprünge mit begeisterten Kunden. Man bekommt mehr für

sein Geld als beim Fallschirmspringen – und es ist ein sanfterer Nervenkitzel.

Wolf Rock Dive Centre   TAUCHEN
(☑ 07-5486 8004, 0438 740 811; www.wolfrockdive.com.au; 20 Karoonda Rd; Charter mit 2 Tauchgängen ab 240 AU$) Wolf Rock, eine Ansammlung vulkanischer Klippen vor dem Double Island Point, gilt als einer der besten Tauchspots schlechthin. Der gefährdete graue Ammenhai wird hier ganzjährig gesichtet.

Epic Ocean Adventures   SURFEN
(☑ 0408 738 192; www.epicoceanadventures.com.au; 3 Std. Surfunterricht 65 AU$, 3-stündige Kajaktour 75 AU$) Rainbow Beach kann für Surfanfänger durchaus eine Herausforderung sein, aber die Lehrer hier sind klasse. Hier werden auch Seekajaktouren mit Delfinbeobachtung angeboten.

Fraser's on Rainbow   ABENTEUERSPORT
(☑ 07-5486 8885; www.frasersonrainbow.com) Rainbow Beach ist eine clevere Alternative zu Hervey Bay als ein Zugang zu Fraser Island. Diese drei Tage dauernden Mitmachtouren kosten 479 AU$ und machen einfach richtig Spaß.

Surf & Sand Safaris   ABENTEUERSPORT
(☑ 07-5486 3131; www.surfandsandsafaris.com.au; halbtägige Tour Erw./Kind 75/40 AU$) Halbtagesjeeptouren durch den Great Sandy National Park und am Strand entlang zu den farbigen Klippen und zum Leuchtturm am Double Island Point. Ganztägige Ausflüge können auch durch einen Partnerbetreiber arrangiert werden.

Skydive Ramblers   FALLSCHIRMSPRINGEN
(☑ 0418 218 358; www.skydiveforfun.com.au; Sprung aus 3048/4267 m Höhe 350/399 AU$) Weiche Landungen am Strand, berauschende Flüge durch die Lüfte.

Pippies Beach House   GEFÜHRTE TOUREN
(☑ 07-5486 8503; www.pippiesbeachhouse.com.au) Autotouren ab Rainbow Beach; gut organisiert, kleine Konvois nach Fraser Island (417 AU$) mit hohen Sicherheitsstandards. Maximal können 34 Gäste teilnehmen. Das Partyvolk, das in den zugehörigen Schlafsälen nächtigt, empfiehlt die Touren sehr.

🛏 Schlafen

Rainbow Beach
Hire-a-Camp   CAMPING $
(☑ 0419 464 254, 07-5486 8633; All-inclusive-Camping 4 Pers. 145 AU$) Camping am Strand ist

eine der besten Möglichkeiten, diesen Teil der Küste zu erforschen. Wenn man keine Campingausrüstung hat, verleiht Rainbow Beach Hire-a-Camp das Equipment, baut das Zelt auf, stellt Essen, Kochgeschirr und Campingplatz zur Verfügung, organisiert Zeltgenehmigungen und baut das Lager bei Abreise wieder ab. Super-easy!

Dingo's Backpacker's Resort HOSTEL $
(☑1800 111 126; www.dingosresort.com; 20 Spectrum St; B 30 AU$; ✳@🛜📶) Dieses Partyhostel mit gut besuchter öffentlicher Bar ist nichts für Ruhebedürftige. Hier gibt's laute Musik (live oder aus der Konserve) und an den meisten Abenden Karaoke, einen kleinen Chillout-Pavillon für einen kurze Auszeit, Gratis-Pfannkuchen zum Frühstück und abends günstige Mahlzeiten. Die Schlafsäle sind sauber und zweckmäßig. Es können großartige Touren arrangiert werden.

Rainbow Beach Holiday Village WOHNWAGENPARK $
(☑07-5486 3222; www.rainbowbeachholidayvillage.com; 13 Rainbow Beach Rd; Stellplatz mit/ohne Strom ab 43/36 AU$; Villa ab 120 AU$; ✳📶) Beliebter Park am Strand mit zahlreichen Villen, falls man den Vibe, aber nicht die Scherereien haben möchte.

Pippies Beach House HOSTEL $
(☑07-5486 8503; www.pippiesbeachhouse.com.au; 22 Spectrum St; B/DZ 24/65 AU$; ✳@🛜📶) Dieses Strandhaus mit fünf Schlafzimmern wurde in ein entspanntes Hostel umgebaut – die Party in Rainbow geht anderswo ab –, wo man gut zur Ruhe kommen kann zwischen den Outdoor-Aktivitäten. Kostenloses Frühstück, WLAN, Boogie Boards und viele organisierte Gruppenaktivitäten versüßen Gästen den Aufenthalt. Das Pippies hat zwar angebaut, es lohnt sich aber, darauf zu bestehen, im Haupthaus untergebracht zu werden.

★ Debbie's Place B&B $$
(☑07-5486 3506; www.rainbowbeachaccommodation.com.au; 30 Kurana St; DZ/Suite ab 150/180 AU$, Apt. mit 3 Schlafzi. ab 340 AU$; ✳🛜📶) In Debbies sorgfältig gepflegtem B&B gibt's viel Grün. Klar, dass dieses Haus da Maßstäbe für die Urlaubsunterkünfte in Rainbow Beach setzt! Die charmanten Zimmer verfügen alle über eigene Eingänge und Veranden. Die quirlige Debbie hat alle Informationen, die man als Besucher braucht, und schafft eine angenehme, häusliche Atmosphäre. Während seines Ausflugs nach

Fraser kann man sein Auto getrost hier stehen lassen.

Plantation Resort RESORT $$$
(☑07-5486 9600; www.plantationresortatrainbow.com.au; 1 Rainbow Beach Rd; DZ ab 250 AU$) Die High-end-Option in Rainbow verströmt immer noch genug Glanz, um die gehobenen Preise zu rechtfertigen. Es lohnt sich, ein bisschen tiefer in die Tasche zu greifen, weil man dann im Penthouse mit Meerblick (ab 380 AU$) unterkommt. Das Resort ist für Konferenzen und bei Auswärtigen beliebt und besitzt ein schickes Bar-Restaurant, das **Arcobaleno on the Beach** (Pizzas 15–25 AU$; ⏱9–22 Uhr), wo sich die Schickeria zur Happy-Hour, für Livemusik und gewagte Meeresfrüchte-Spezialitäten trifft.

✗ Essen

Rainbow Fruit CAFÉ $
(☑07-5486 3126; 2 Rainbow Beach Rd; Wraps ab 9 AU$; ⏱8–17 Uhr) Im schlichten Café Rainbow Fruit an der Hauptstraße wird frisches Obst und Gemüse geschnitten, gewürfelt und püriert und zu Fruchtsäften, Wraps und Salaten verarbeitet.

★ Waterview Bistro MODERN-AUSTRALISCH $
(☑07-5486 8344; Cooloola Dr; Hauptgerichte 26–35 AU$; ⏱ Mi–Sa 11.30–23.30, So bis 18 Uhr) Drinks bei Sonnenuntergang in diesem noblen Restaurant auf dem Hügel mit sensationellem Blick auf Fraser Island sind ein absolutes Muss. Gäste können sich hier am unvergleichlichen Meeresfrüchte-Chowder, den Steaks und den Meeresfrüchten gütlich tun oder sich damit vergnügen, auf heißen Steinen ihre eigene Mahlzeit zu kochen.

Rainbow Beach Surf Lifesaving Club KNEIPENESSEN $$
(☑07-5486 3249; Wide Bay Esplanade; Hauptgerichte ab 15 AU$; ⏱11–22 Uhr) Das Essen ist eher Standardkneipenessen, aber die Bedienung ist schnell, und es gibt riesige Fleisch- und Nudel-Portionen mit Pommes. Dennoch sind der Ausblick und das unvermeidliche Bier die Gründe, warum man Orte wie Rainbow Beach überhaupt erst aufsucht. Deutlich spürbar ist hier auch der starke Gemeinschaftsgeist, auch wenn der Anblick des kauzigen örtlichen Säufers am frühen Nachmittag eher traurig stimmt.

❶ Praktische Informationen

Rainbow Beach Visitor Centre (☑07-5486 3227; www.rainbowbeachinfo.com.au; 8 Rainbow Beach Rd; ☺7–17.30 Uhr) Trotz der offiziellen Öffnungszeiten nur sporadisch geöffnet.

Shell Tourist Centre (36 Rainbow Beach Rd; ☺6–18 Uhr) An der Shell-Tankstelle; nimmt Tourbuchungen vor und verkauft Tickets für die Überfahrt nach Fraser Island.

❶ An- & Weiterreise

Greyhound (☎1300 473 946; www.greyhound.com.au) bietet täglich mehrere Busverbindungen ab Brisbane (51 AU\$, 5 Std.), Noosa (34 AU\$, 3 Std.) und Hervey Bay (28 AU\$, 2 Std.). **Premier Motor Service** (☎13 34 10; www.premierms.com.au) ist preiswerter. **Active Tours and Transfers** (☎07 5313 6631; www.activetransfers.com.au) betreibt einen Shuttle-Bus ab dem Brisbane Airport (135 AU\$, 3 Std.) und dem Sunshine Coast Airport (95 AU\$, 2 Std.) nach Rainbow Beach.

Die meisten Anbieter, die Geländewagen vermieten, organisieren auch die Genehmigungen und Fährtickets nach Fraser Island (hin & zurück 100 AU\$/Fahrzeug) und vermieten Campingausrüstung. **All Trax** (☎07-5486 8767; www.fraserisland4x4.com.au; Rainbow Beach Rd, Shell-Tankstelle; ab 165 AU\$/Tag) und das **Rainbow Beach Adventure Centre** (☎07-5486 3288; www.adventurecentre.com.au; 13 Spectrum St; ab 180 AU\$/Tag) gibt es auch noch.

Maryborough

23113 EW.

Das 1847 gegründete Maryborough ist eine der ältesten Städte Queenslands. Sein Hafen war im 19. Jh. für Tausende freier Siedler auf der Suche nach einem besseren Leben der erste Berührungspunkt mit dem neuen Land. Maryboroughs Hauptattraktionen sind sein Erbe und seine Geschichte, und der einstige Glanz spiegelt sich in den wunderschön restaurierten Kolonial- und Queenslander-Bauten wider.

Die charmante Provinzstadt ist zudem der Geburtsort von Pamela Lyndon Travers, Schöpferin der regenschirmschwingenden Mary Poppins. Der preisgekrönte Film *Saving Mr. Banks* erzählt Travers Geschichte im Maryborough des frühen 20. Jhs. Eine lebensgroße Statue von Mary Poppins lässt sich in der Ecke von Richmond und Wharf Str finden. Fans von Mary Poppins sollten ihre Route so planen, dass sie das Mary Poppins Festival in Juni/Juli besuchen können.

◉ Sehenswertes

Brennan & Geraghty's Store   MUSEUM
(☎07-4121 2250; 64 Lennox St; Erw./Fam. 5,50/13,50 AU\$; ☺10–15 Uhr) Dieses Geschäft steht auf der Liste der Australischen Kulturerbestätten (National Trust Heritage Register) und wurde 100 Jahre lang betrieben, bevor es seine Türen schloss. Das Museum ist vollgestopft mit Konservendosen, Flaschen und Päckchen, etwa mit frühen Vegemite-Gläser und Currypulver aus den 1890er-Jahren. Das Ganze ist ein nostalgisches Wunderland mit Altem aus Australien und Großbritannien und toll für alle, die sich für den Geschmackswandel im Laufe der Zeit interessieren.

Portside   HISTORISCHE STÄTTE
(101 Wharf St; ☺Mo–Fr 10–16, Sa & So bis 1 Uhr) Im historischen Hafenbezirk am Mary River wartet Portside mit 13 denkmalgeschützten Gebäuden, Parkanlagen und Museen auf. Das **Portside Centre** (☎07-4190 5730; Ecke Wharf St & Richmond St; ☺Mo–Fr 10–16, Sa & So bis 13 Uhr) ist im früheren Zollhaus untergebracht und birgt interaktive Darstellungen zur Lokalgeschichte. Das Bond Store Museum gehört zum Portside Centre, befindet sich aber ein paar Hauseingänge entfernt. Auch dort geht es um Maryboroughs Vergangenheit. Die Treppe hinunter findet man den Originalkeller mit festgestampftem Boden und ein paar Alkoholfässern von 1864.

Maryborough Heritage City Markets   MARKT
(Ecke Adelaide St & Ellena St; ☺Do 8–13.30 Uhr) Ein witziger Markt, der noch unterhaltsamer wird durch das Abfeuern der Kanone (13 Uhr), einen Ausrufer und Fahrten mit der Dampflok *Mary Ann* (Erw./Kind 3/2 AU\$) durch den Queen's Park.

Heritage Centre   GEBÄUDE
(☎07-4123 1842; Ecke Wharf St & Richmond St; ☺9–16 Uhr) Alle Australier, die sich für ihren Stammbaum interessieren, begeben sich zum Heritage Centre, wo man Einwanderungsaufzeichnungen aus den Logbüchern der Schiffe findet, und wenn der liebe alte Ur-ur-ur-großvater als Gefangener Ihrer Majestät in Australien ankam, gibt's hier auch Sträflingsregister zu besichtigen.

Maryborough Military & Colonial Museum   MUSEUM
(☎07-4123 5900; www.maryboroughmuseum.org; 106 Wharf St; Erw./Paar/Fam. 5/8/10 AU\$; ☺9–15 Uhr) Sehenswert ist z. B. das letzte dreirädrige Girling-Auto, das 1911 in London gebaut wurde. Außerdem hat das Museum einen nachgebauten Cobb-&-Co.-Wagen und eine der größten Militärbibliotheken Australiens.

☞ Geführte Touren

Zu kostenlosen **Stadtführungen** (☉ Mo–Sa 9 Uhr) trifft man sich am Rathaus. Besichtigt werden die Sehenswürdigkeiten der Stadt.

Tea with Mary TOUREN
(☎ 1800 214 789; 20 AU$/Pers.; ☉ Do & Fr 9.30 Uhr) Bei diesem Spaziergang durch das historische Viertel plaudert eine als Mary Poppins verkleidete Fremdenführerin aus dem städtischen Nähkästchen. Gebucht werden kann über das Visitor Centre.

Ghostly Tours & Tales FÜHRUNG
(☎ 1800 811 728; Tour inkl. Abendessen 75 AU$; ☉ letzter Sa des Monats 18 Uhr) Bei der geführten Tour zu den Mordschauplätzen, Opiumhöhlen, Spukhäusern und dem Friedhof – und das alles im Schein der Taschenlampe – ist Gruseln angesagt. Die Führung beginnt am Postamt in der Bazaar St.

🎉 Feste & Events

Mary Poppins Festival KULTUR
(www.marypoppinsfestival.com.au; ☉ Juni–Juli) Ein superkalifragilistischexpialegetisches Festival zu Ehren P. L. Travers' und der berühmten Mary Poppins. Jeden Juni bzw. Juli in den Schulferien.

🛏 Schlafen & Essen

Ned Kelly's Motel MOTEL $
(☎ 07-4121 0999; www.nedkellymotel.com.au; 150 Gympie Rd; EZ/DZ 45/75 AU$; Hütte ab 89 AU$; ❄ ⛱) Der sagenumwobene viktorianische Bushranger Ned Kelly schaffte es nie bis so weit in den Norden – seine Statue am Straßenrand kann also für den Moment irritieren. Keine Sorge, es ist nur ein günstiges Motel, das seinen Namen trägt, nichts weiter! Die Zimmer sind einfach, aber es gibt einen Pool und Waschmaschinen. Sehr günstige Preise.

★ Standy's B & B B & B $$
(50 Ferry Rd; Studio mit 1/2 Schlafzi. 150/180 AU$) Benannt nach zwei Rennpferden, die nun ihre Rente im fruchtbaren Umland des Flusses genießen, steht dieser neue Familienbetrieb am Rand von Maryborough und bietet luxuriöses Landleben zu fairen Preisen. Das Haus selbst ist eine weiße Schönheit an den Ufern des Mary River und befindet sich auf 6 ha wunderschönen Geländes. Die Gäste können aus zwei geräumigen Studios im Landhausstil mit weißen Wänden und polierten Holzdielen auswählen. Das Essen, der Service und die Umgebung sind top.

Eco Queenslander BOUTIQUE HOTEL $$
(☎ 0438 195 443; www.ecoqueenslander.com; 15 Treasure St; pro Paar ab 140 AU$) 🌿 Die liebe Cecile, die französische Abenteurerin, die sich in Maryborough verliebt hat, ist eine enthusiastische Gastgeberin in dem Haus, das sie mit Leidenschaft restauriert hat. Der alte Queenslander hat eine gemütliche Lounge, eine voll ausgestattete Küche, Waschmaschinen und gusseiserne Badewannen. Zu den nachhaltigen Besonderheiten gehören Solarenergie, Regenwassertanks, energieeffizientes Licht und Gästefahrräder. Mindestaufenthalt zwei Nächte.

★ Pop In CAFE $
(203 Bazaar St; Sandwiches 8,50 AU$; ☉ Mo–Fr 7–15, Sa bis 13 Uhr) Sehr beliebtes lokales Café mit einer wechselnden Salatkarte und einem guten Ruf in Sachen Sandwiches und Kuchen. Der Service ist effizient und freundlich – der richtige Ort für ein schnelles Essen, wenn man durch Maryborough fährt.

Toast CAFE $
(☎ 07-4121 7222; 199 Bazaar St; Gerichte 6–12 AU$; ☉ Mo–Sa 6–16, So 6–14.30 Uhr) Edelstahl-Armaturen, polierte Zementböden und Kaffee aus Pappbechern verleihen diesem stylishen Café das Metro-Chic-Siegel. Der beste Kaffee, den wir in der Gegend finden konnten!

ℹ Information

Maryborough/Fraser Island Visitor Centre
(☎ 1800 214 789; www.visitfrasercoast.com; Kent St; ☉ Mo–Fr 9–17, Sa & So bis 13 Uhr)

ℹ An- & Weiterreise

Queensland Rail (☎ 1800 872 467; www.queenslandrail.com.au) hat zwei Linien: den *Spirit of Queensland* (75 AU$, 5 Std.) und den *Tilt Train* (75 AU$, 3½ Std.), der Brisbane mit der Maryborough West Station verbindet. Der Bahnhof befindet sich 7 km westlich des Zentrums. Er ist mit einem Shuttle-Bus zu erreichen.

Greyhound (☎ 1300 473 946; www.greyhound.com.au) und **Premier Motor Service** (☎ 13 34 10; www.premierms.com.au) bieten Busverbindungen nach Gympie (30 AU$, 1 Std.) Bundaberg (40 AU$, 3 Std.) und Brisbane (64 AU$, 4½ Std.) an.

Wide Bay Transit (☎ 07-4121 4070; www.widebaytransit.com.au) betreibt einen Bus, der stündlich (am Wochenende aber seltener) zwischen Maryborough und Hervey Bay (8 AU$, 1 Std.) verkehrt. Abfahrt ist jeweils am Rathaus in der Kent St.

Gympie

18 359 EW.

Gympie ist ein reizendes, ehemaliges Goldgräberstädtchen mit viel Architektur aus der Kolonialzeit, üppigen Parklandschaften und echtem Country-Feeling. Es lohnt sich, im August hierher zu fahren, denn dann findet das **Gympie Music Muster** (www.muster.com. au) statt, eines der besten Festivals für Country-Musik in Australien.

Dem **Gympie Gold Mining & Historical Museum** (📱 07-5482 3995; www.gympiegoldmu seum.com.au; 215 Brisbane Rd; Erw./Kind/Fam. 10/5/25 AU$; ⊙ 9–16 Uhr) gehört eine vielfältige Sammlung von Bergbaugeräten und Dampfmaschinen, während das **Woodworks Forestry & Timber Museum** (📱 07-5483 7691; www.woodworksmuseum.com.au; Ecke Fraser Rd & Bruce Hwy; 5 AU$; ⊙ Mo–Sa 10–16 Uhr) Erinnerungsstücke und Ausrüstung aus der Zeit der Holzfällerei in der Region zeigt.

Wem jetzt die Energie ausgeht, um noch ein Stück weiter zu fahren, der begebe sich zum **Gympie Muster Inn** (📱 07-5482 8666; www.gympiemusterinn.com.au; 21 Wickham St; DZ ab 140 AU$), einem freundlichen Motel.

Childers

1570 EW.

Umgeben von üppigen, grünen Feldern und reichhaltiger roter Erde, liegt Childers, eine charmante, kleine Stadt, deren Hauptstraße gesäumt ist von großen, schattigen Bäumen und historischen Häusern mit Gitterfenstern. Das schöne, 100 Jahre alte Federal Hotel hat schwingende Saloontüren, und vor dem Grand Hotel steht eine Bronzestatue von zwei herumtollenden Kampfhunden. Backpacker strömen nach Childers, um sich bei der Obsternte oder generell bei der Farmarbeit nützlich zu machen.

Es gibt hier ein bewegendes Denkmal für die 15 Backpacker, die 2000 bei einem Feuer in einem Hostel auf tragische Art und Weise ums Leben kamen, und fantastische Kunst in der **Childers Palace Memorial & Art Gallery** (📱 07-4130 4660; 72 Churchill St; ⊙ Mo–Fr 9–17, Sa & So bis 15 Uhr) GRATIS.

Die interessante **Old Pharmacy** (📱 0400 376 359; 90 Churchill St; Erw./Kind 5/3 AU$; ⊙ Mo–Fr 9–15.30, Sa 9–13 Uhr) war von 1894 bis 1982 als Apotheke in Betrieb, die außerdem auch als Zahnarztpraxis, Tierarztpraxis, Optiker und Fotoladen für die ganze Stadt fungierte.

🛏 Schlafen & Essen

Sugarbowl Backpackers CAMPING $
(📱 07-4126 1521; www.sugarbowlchilders.com; Bruce Hwy; Stellplatz mit Strom 29 AU$, Hütte 90 AU$; @🏊) Diese Teilzeit-Backpacker-Arbeitsvermittlung ist gut in Schuss und heißt alle jene, die Farmarbeit suchen, herzlich willkommen. Das Sugarbowl liegt zehn Minuten außerhalb der Stadt, und ist ein sauberes und grünes Plätzchen, das viele saisonale Pflücker sehr wertschätzen. Die Preise gelten für zwei Gäste; wer länger bleibt, zahlt weniger. Zeltplätze sind verfügbar.

Mango Hill B&B B&B $$
(📱 1800 816 020, 0408 875 305; www.mangohill cottages.com; 8 Mango Hill Dr; DZ inkl. Frühstück ab 150 AU$; 🏊) Die gemütlichen, ländlichen Gastfreundschaft verströmenden Hütten des Mango Hill B&B, 4 km südlich der Stadt, sind mit handgefertigten Holzmöbeln, Landhausdekor und bequemen Betten eingerichtet und verströmen Charme und Romantik. Es gibt eine Bio-Weinkellerei namens Hill of Promise vor Ort. Perfekt als Zwischenstopp auf einem Ostküsten-Roadtrip, vor allem für Paare!

Mammino's EIS $
(115 Lucketts Rd; Eis 5 AU$; ⊙ 9–17 Uhr) Auf dem Weg aus der Stadt lohnt sich ein Abstecher zu Mammino's auf ein extrem leckeres, handgemachtes Macadamia-Eis. Die Lucketts Road liegt am Bruce Highway gleich südlich von Childers. Nicht von den verblichenen Schildern abschrecken lassen!

Drunk Bean CAFÉ $
(📱 07-4126 1118; Childers Shopping Centre, Bruce Hwy; Hauptgerichte 8–14 AU$; ⊙ 7–16 Uhr) Dieses exzellente Café, gleichzeitig auch ein Kunsthandwerksladen, liegt nahe dem Woolworth-Supermarkt. Frühstück, Smoothies, leichte Mittagessen … einfach mal die Beine ausstrecken! Rechts ranfahren lohnt sich.

Federal Hotel KNEIPENESSEN $$
(📱 07-4126 1438; 71 Churchill St; Hauptgerichte ab 17 AU$) Dieser prachtvolle alte Pub aus dem 18. Jh. ist berühmt für herzhaftes Kneipenessen und eine eiskalte Lager zum Runterspülen. Bei Parmigiana oder Steak kann man hier einen Querschnitt der Einwohnerschaft von Childers beobachten.

ℹ Praktische Informationen

Childers Visitor Information Centre (📱 07-4126 3886; 72 Churchill St; ⊙ Mo–Fr 9–16, Sa

FRASER ISLAND & FRASER COAST GYMPIE

& So bis 15 Uhr) Unterhalb der Childers Palace Memorial & Art Gallery.

❶ An- & Weiterreise

Childers liegt 50 km südlich von Bundaberg. Busse von **Greyhound Australia** (☑ 1300 473 946; www.greyhound.com.au) und **Premier Motor Service** (☑ 13 34 10; www.premierms. com.au) halten an der Shell-Tankstelle nördlich der Stadt. Sie rollen täglich aus Brisbane (91 AU$, 6½ Std.), Hervey Bay (19 AU$, 1 Std.) und Bundaberg (27 AU$, 1½ Std.) heran.

Burrum Coast National Park

Der Burrum Coast National Park weist sowohl Tieflandvegetation mit Eukalyptusarten auf, als auch dichte Mangroven und flache Küstendünen. Natur pur! Der Park ist bei erfahrenen Campern, Vogelbeobachtern, Fischern und Kanufahrern beliebt. Er erstreckt sich über zwei Küstenabschnitte auf jeder Seite der kleinen Feriengemeinde Woodgate, 37 km östlich von Childers. Der Woodgate-Teil des Parks beginnt am südlichen Ende der Esplanade und verfügt über schöne Strände sowie üppige Fischgründe. Der abgelegenere Kinkuna-Teil des Parks besteht aus dichtem Busch und ist nur für wirklich erfahrene Entdecker geeignet, besitzt aber einen schönen Strand mit respektabler Brandung.

Der **NPRSR Camping Ground** (www.nprsr. qld.gov.au; pro Pers./Fam. 6,75/24,60 AU$) am Burrum Point kann nur mit einem Fahrzeug mit Allradantrieb erreicht werden. Einige Wanderwege beginnen am Campingplatz, oder in der Acacia St in Woodgate.

Der **Woodgate Beach Tourist Park** (☑ 07-4126 8802; www.woodgatebeachtouristpark. com; 88 The Esplanade; mit/ohne Strom 30/35 AU$, Hütte 60–115 AU$, Villa am Strand 140 AU$; ❄ @) liegt direkt am Strand.

Bundaberg

70 588 EW.

Bundaberg ist die größte Stadt in der Region Fraser Coast und im ganzen Land bekannter für den gleichnamigen dunklen Rum und die obstpflückenden Backpacker als für die korallengesäumten Strandsiedlungen. Die Stadt selbst ist ein Zentrum der Landwirtschaft mit einigen einladenden Pubs und einer schönen Kunstgalerie mit Werken lokaler Künstler. Dennoch sind in den Augen vieler Menschen die Dörfchen um Bundaberg attraktiver als die Stadt selbst. Etwa 25 km nördlich des Zentrums liegt Moore Park mit seinen weitläufigen, flachen Stränden. Südlich befindet sich das sehr beliebte Elliott Heads mit einem schönen Strand, felsiger Küste und einigen guten Angelplätzen.

◉ Sehenswertes & Aktivitäten

★ Bundaberg Rum Distillery   DISTILLERIE

(☑ 07-4131 2999; www.bundabergrum.com.au; Hills St; Tour mit Audioguide Erw./Kind 19/9,50 AU$, Führung 28,50/14,25 AU$; ⊙ Mo–Fr 10–15, Sa & So bis 14 Uhr) Bundabergs größtes Highlight ist der Bundaberg-Rum: Man sieht den Bundy-Rum-Eisbären auf Schildern und Autoaufklebern in der ganzen Stadt. Besucher haben die Wahl zwischen einer Tour mit Audioguide durch das Museum und einer Führung durch die Brennerei – jeweils zur vollen Stunde geht's los. Zu beidem gehört eine Verkostung für Volljährige. Geschlossene Schuhe tragen!

Bundaberg Barrel   BRAUEREI

(☑ 07-4154 5480; www.bundaberg.com; 147 Bargara Rd; Erw./Kind 12/5 AU$; ⊙ Mo–Sa 9–16.30, So 10–15 Uhr) Bundabergs alkoholfreies Ingwer-

---

SCHILDKRÖTEN BEOBACHTEN

Mon Repos, 15 km nordöstlich von Bundaberg, ist einer von Australiens am einfachsten erreichbaren Schildkrötennistplätzen. Von November bis in den späten März kriechen die weiblichen Meeresschildkröten emsig den Strand hinauf, um ihre Eier in den Sand zu legen. Etwa acht Wochen später graben sich die Schlüpflinge aus und schlüpfen im Schutz der Dunkelheit in Massen, um runter ins Meer zu krabbeln, so schnell es die kleinen Flossen erlauben.

Das Bundaberg Visitor Centre (S. 405) hat Informationen über den Schildkrötenschutz und organisiert während der Saison ab 19 Uhr nächtliche Touren (Erw./Kind 12/6,25 AU$). Buchungen sind obligatorisch und müssen über das Visitor Centre oder online unter www.bundabergregion.org vorgenommen werden. Das Bundaberg Visitor Centre hat auch Aufzeichnungen darüber, wie viele Schildkröten während der Saison gesichtet wurden.

Bundaberg

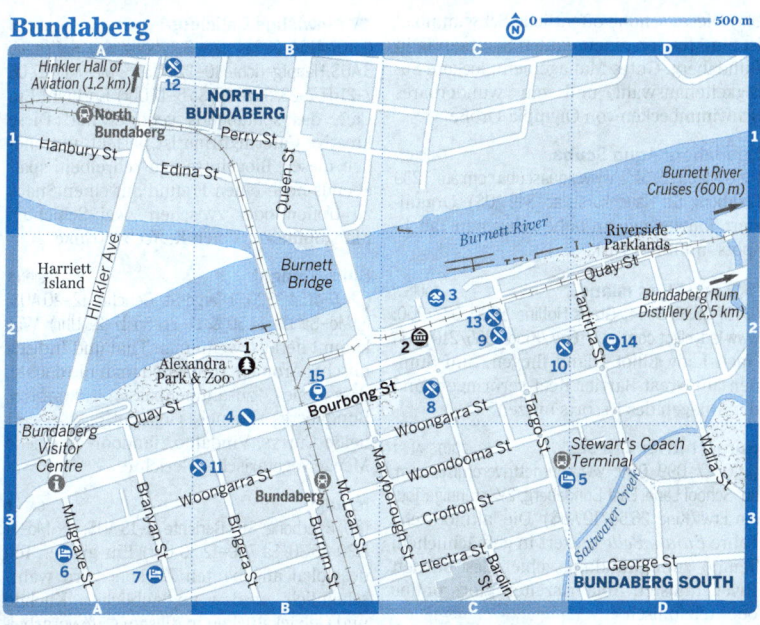

N 0 ————————— 500 m

Hinkler Hall of
Aviation (1,2 km) 12

**NORTH
BUNDABERG**

North
Bundaberg

Perry St

Hanbury St

Edina St

Queen St

*Burnett River
Cruises (600 m)*

Harriett
Island

Hinkler Ave

Burnett River

Riverside
Parklands

Quay St

*Bundaberg Rum
Distillery (2.5 km)*

Burnett
Bridge

3

Tantitha St

13
9

14

10

1

Alexandra
Park & Zoo

15

2

Bourbong St

8

Quay St

4

Woongarra St

Targo St

Stewart's Coach
Terminal

Walla St

Bundaberg
Visitor
Centre

11

Woongarra St

Woondooma St

5

Bundaberg

McLean St

Maryborough St

Crofton St

Saltwater Creek

Mulgrave St

Branyan St

Bingera St

Burrum St

Electra St

Barolin St

George St

6

7

BUNDABERG SOUTH

Bundaberg

◎ Sehenswertes
1 Alexandra Park & Zoo.............................. B2
2 Bundaberg Regional Arts Gallery..........C2

◆ Aktivitäten, Kurse & Touren
3 Anzac Park Pool C2
4 Bundaberg Aqua Scuba B2

◉ Schlafen
5 Bigfoot Backpackers C3
6 Bundaberg Spanish Motor Inn A3
7 Inglebrae A3

⊗ Essen
8 Alowishus Delicious................................C2
9 Cool Banana's Cafe C2
10 Indulge..C2
11 Les Chefs.. B3
12 Oodies Cafe A1
13 Spicy Tonight C2

◉ Ausgehen & Nachtleben
14 Bargara Brewing Company D2
15 Spotted Dog Tavern B2

---

bier und andere Softdrinks sind zwar nicht so berühmt wie der Bundy Rum, aber trotzdem sehr lecker. Eine Besichtigung im Barrel lohnt sich wegen der Audiotour durch das kleine Museum, Verkostungen inklusive. Familien sind willkommen.

Bundaberg Regional Arts Gallery GALERIE
(☏ 07-4130 4750; www.bundabergregionalgalleries. com.au; 1 Barolin St; ⊙ Mo–Fr 10–17, Sa & So 11–15 Uhr) GRATIS Die kleine (sehr lilafarbene) Galerie beherbergt erstaunlich schöne Werke.

Hinkler Hall of Aviation MUSEUM
(☏ 07-4130 4400; www.hinklerhallofaviation.com; Mt. Perry Rd, Botanic Gardens; Erw./Kind 18/10 AU\$; Fam. 28–40 AU\$; ⊙ 9–16 Uhr) Das moderne Museum befindet sich auf dem Gelände des

botanischen Gartens und beherbergt Multimediaausstellungen, einen Flugsimulator und informative Darstellungen zum Leben des Piloten Bert Hinkler. Der berühmte Sohn der Stadt schaffte 1928 den ersten Soloflug von England nach Australien.

Alexandra Park & Zoo PARK,
(Quay St) GRATIS Ein hübscher, weitläufiger Park direkt am Burnett River mit vielen Schatten spendenden Bäumen, Blumenbeeten und großen Rasenflächen für gemütliche Picknicks. Zudem gibt's einen kleinen Zoo für die Kids.

Anzac Park Pool SCHWIMMEN
(☏ 07-4151 5640; 19 Quay St; Erw./Kind 4/3 AU\$; ⊙ Mo–Do 5.30–18, Fr 5.30–21, Sa 6–18, So 9–17

Uhr) Dieses schöne öffentliche Schwimmbad ist ein Muss an einem faulen Sommertag in Bundaberg. Gutes Management, leckere Süßigkeitenauswahl und ein wunderbares Schwimmbecken von Olympia-Größe.

Bundaberg Aqua Scuba
TAUCHEN

(07-4153 5761; www.aquascuba.com.au; 239 Bourbong St; Tauchkurse ab 349 AU$) Organisiert Tauchgänge an nahe gelegenen Tauchspots um Innes Park.

★ Lady Elliot Island
TOUREN

(07-5536 3644, Gratis-Hotline 1800 072 200; www.ladyelliot.com.au; Erw./Kind 365/210 AU$) Nach Lady Elliot Island fliegen, fünf Stunden am Great Barrier Reef verbringen, und die Anlagen des Resorts nutzen.

Burnett River Cruises
BOOTSFAHRT

(0427 099 009; www.burnettrivercruises.com.au; School Lane, East Bundaberg; 2½-stündige Touren Erw./Kind 26,50/10 AU$) Die altmodische Fähre *Bundy Belle* tuckert in gemächlichem Tempo zum Mündungsgebiet des Burnett River. Infos zu Abfahrtszeiten gibt's online oder telefonisch.

🛏 Schlafen & Essen

Bigfoot Backpackers
HOSTEL $

(07-4152 3659; 66 Targo St; B ab 24 AU$; P ✳) Die schlichten Schlafsäle in diesem zentral gelegenen Hostel sind ziemlich düster, aber man wohnt hier ideal, wenn man als Obstpflücker jobbt oder in der großzügigen Spiele-Lounge andere Reisende treffen will.

Bundaberg Spanish Motor Inn
MOTEL $

(07-4152 5444; www.bundabergspanishmotorinn.com; 134 Woongarra St; EZ/DZ 115/120 AU$; ✳ 🛜 ≋) Ein Motel im spanischen Hacienda-Stil fühlt sich im Klima Bundabergs nicht fehl am Platz an - und dieses altmodische Motel in einer ruhigen Nebenstraße abseits der Hauptstraße ist *muy bueno* (sehr gut). Die blitzsauberen Wohneinheiten liegen alle separat, und von sämtlichen Zimmern aus haben Gäste Blick auf den Pool in der Mitte. Das Frühstück ist *deliciosa*.

★ Inglebrae
B&B $$

(07-4154 4003; www.inglebrae.com; 17 Branyan St; Zi. inkl. Frühstück 130–150 AU$; ✳) Altmodischer britischer Charme in einem stattlichen Queenslander-Bau – das bietet dieses wunderschöne B&B. Poliertes Holz und Buntglas prägen das Dekor vom Eingang bis in die Zimmer, in denen hohe Betten und Antiquitäten stehen.

★ Alowishus Delicious
CAFÉ $

(07-4154 2233; 176 Bourbong St; Kaffee ab 3 AU$, Hauptgerichte 10–22 AU$; Mo–Mi 7–17, Do 7–21, Fr 7–23, Sa 8–23, So 8–17 Uhr) Endlich! Ein Café, das spätabends geöffnet hat! Diese kreative Cateringfirma ist perfekt, um endlich diesen Blogeintrag zu schreiben, spätabends noch einen Freund auf einen Snack zu treffen oder zwischen zwei Schichten Mangopflücken einen Kaffee zu trinken.

Spicy Tonight
FUSION $

(07-4154 3320; 1 Targo St; Gerichte 12–20 AU$; Mo–Sa 11– 14.30 & 17–21, So 17–21 Uhr) Was kommt heraus, wenn man Thai und Indisch mischt? Aromen, von denen man nie dachte, dass sie zusammenpassen könnten. Bundabergs kleiner Geheimtipp serviert heiße Currys, Vindalho, Tandoor- und jede Menge vegetarischer Gerichte.

Indulge
CAFÉ $

(80 Bourbong St; Gerichte 9–18 AU$; Mo–Fr 8.30–16.30, Sa 7.30–12.30 Uhr) Ein großer Teil des lokal angebauten Zuckers wird wahrscheinlich zu den unglaublichen Kuchen und Gebäckstücken in diesem Café verarbeitet, das mit hiesigen Zutaten wirbt.

★ Oodies Cafe
CAFÉ $$

(07-4153 5340; www.oodies.com.au; 103 Gavin St; 6.30–16 Uhr) Das coolste Café der Stadt hat eine unglaubliche Location: Es befindet sich in einer Doppelgarage am Rand von Bundabergs Geschäftsviertel. Das Oodies ist ein kurioses Plätzchen, wo man entweder in Ledersesseln relaxen und an seinem Chai Latte nippen oder sich am gesunden, preisgünstigen Frühstück und Mittagsmenü gütlich tun kann. Sandwiches, Burger, Kuchen und mehr stehen auf der Speisekarte.

Cool Banana's Cafe
CAFÉ $$

(07-4198 1182; 91 Bourbong St; Mahlzeiten ab 10 AU$; 8–20.30 Uhr) Günstiges und fröhliches Café, das von derselben Crew betrieben wird wie **Les Chefs** (07-4153 1770; 238 Bourbong St; Hauptgerichte 27 AU$; Di–Fr mittags, Mo–Sa abends) Tägliche Specials: Fish & Chips, Kebab, Lammbraten. Kaffee und Frühstück sind ebenfalls lecker.

🍸 Ausgehen & Nachtleben

Spotted Dog Tavern
BAR

(07-4198 1044; 217 Bourbong St) In Bundabergs beliebtester Restaurantbar ist den ganzen Tag was los. Das Essen ist nichts Besonderes – Standard-Pub-Gerichte ohne viel Brimborium –, aber die Musik, das Public Viewing und die konstante Feierlaune im geräumigen Innenhof machen die Spotted Dog Tavern zu einem Liebling der Locals.

Bargara Brewing Company CRAFT-BIER
(☑ 07-4152 1675; 10 Tantitha St; ⊙ Mi–Sa 11–22, So 17–22 Uhr) Diese Hausbrauerei ist Bundabergs gefragter, neuer Rivale des Rum-Monopols. Hier gibt's feine Häppchen als Begleitung zu Pints der Sorten Drunk Fish, Great Barrier Beer und Hip Hop.

❶ Information

Bundaberg Visitor Centre (☑ 07-4153 8888, 1300 722 099; www.bundabergregion.org; 271 Bourbong St; ⊙ 9–17 Uhr) Dieses zuverlässige Infozentrum informiert ausgezeichnet über die Region. Man sollte auf jeden Fall vorbeifahren, wenn man durch die Gegend fährt.

❶ An- & Weiterreise

BUS

Der **Busbahnhof** (☑ 07-4153 2646; 66 Targo St)liegt an der Targo St. **Greyhound** (☑ 1300 473 946; www.greyhound.com.au) und **Premier Motor Service** (☑ 13 34 10; www.premierms. com.au) bieten tägliche Verbindungen zwischen Bundaberg und Brisbane (94 AU$, 7 Std.), Hervey Bay (29 AU$, 2 Std.) und Rockhampton (54 AU$, 5 Std.).

Duffy's Coaches (☑ 1300 383 397 4226) fährt werktags mehrmals täglich nach Bargara (5 AU$, 35 Min.). Abfahrt ist an der Rückseite des Target-Kaufhauses an der Woongarra St.

FLUGZEUG

Bundaberg wird täglich von **Virgin** (☑ 13 67 89; www.virginaustralia.com.au) und **Qantas** (☑ 13 13 13; www.qantas.com.au) angeflogen.

ZUG

Der *Tilt Train* von **Queensland Rail** (S. 400) hält auf dem Weg nach Brisbane (49 AU$, 4½ Std., So–Fr) am Bahnhof von Bundaberg. Der *Spirit of Queensland* (89 AU$, 7 Std., 3-mal wöchentl.) passiert auf seiner Fahrt nach Cairns und Rockhampton auch Brisbane und Bundaberg.

Bargara

6893 EW.

16 km östlich von Bundaberg liegt Bargara, das bei Queensländern aufgrund seines Surfstrandes, seiner langen Promenade und der ruhigen, familienfreundlichen Atmosphäre ein beliebter Ferienort ist.

Kacy's Bargara Beach Motel (☑ 07-4130 1100; www.bargaramotel.com.au; 63 Esplanade; DZ ab 139 AU$, Apt. mit 2 Schlafzi. ab 199 AU$; ✹ 🖥

☎) hat eine großartige Lage gegenüber der Esplanade und eine ganze Reihe Unterkünfte, von schönen Motelzimmern bis hin zu separaten Apartments.

Bei der **Windmill at Bargara** (☑ 07-4130 5906; 12 See St; Hauptgerichte ab 13 AU$; ⊙ 6.30–17 Uhr; ☎ 🖥) haben Kinder viel Platz, können auf dem Rasen herumtoben und am Chai Latte nippen, während die schmunzelnden Eltern ihr Eis genießen und sich in der Nachmittagssonne erholen.

Fraser Island

Die hier ursprünglich heimischen Butchulla nennen sie K'Gari – Paradies –, und dies aus gutem Grund. Aus Wind, Sand und Wellen geformt bilden die leuchtend blauen Süßwasserseen, Buchten mit kristallklarem Wasser, riesigen Dünen und üppigen Regenwälder dieser gigantischen Sandbank ein rätselhaftes Inselparadies, das seinesgleichen sucht. Fraser Island ist die größte Sandinsel der Welt (120 x 15 km), und ist der einzige bekannte Ort, an dem Regenwald auf Sand wächst.

Im Landesinneren wechselt die Vegetation zwischen dichtem, tropischen Regenwald, rauer Heidelandschaft und Sumpfgebieten mit Mineralquellen und Süßwasserseen, die sich zu langen Sandstränden hin öffnen. Die Insel, von der der Großteil als Teil der Great Sandy National Park unter Schutz steht, beherbergt eine Menge Vögel und Wildtiere, so auch den berühmten Dingo, während die Gewässer vor der Küste von Dugongs, Delfinen, Teufelsrochen, Haien und wandernden Buckelwalen wimmeln.

⊙ Sehenswertes & Aktivitäten

Die Tour beginnt an der Südspitze der Insel, wo die Fähre zum Inskip Point auf dem Festland übersetzt. Ein hoch gelegener Pfad, der auch bei Flut passierbar ist, führt landeinwärts um den gefährlichen Hook Point herum und trifft schließlich auf die Hauptverkehrsstraße am Eastern Beach. Als Erstes taucht die Siedlung Dilli Village auf, wo sich einst ein Sandwerk befand. Eurong mit seinen Läden, Tankstellen und Lokalen liegt 9 km nördlich. Von dort aus quert eine Jeepstrecke das Inland und verbindet Eurong mit Central Station und Wanggoolba Creek (Fähre nach River Heads).

In der Mitte der Insel befindet sich das Ranger-Zentrum Central Station, ein Ausgangspunkt für zahlreiche Wanderungen.

Fraser Island

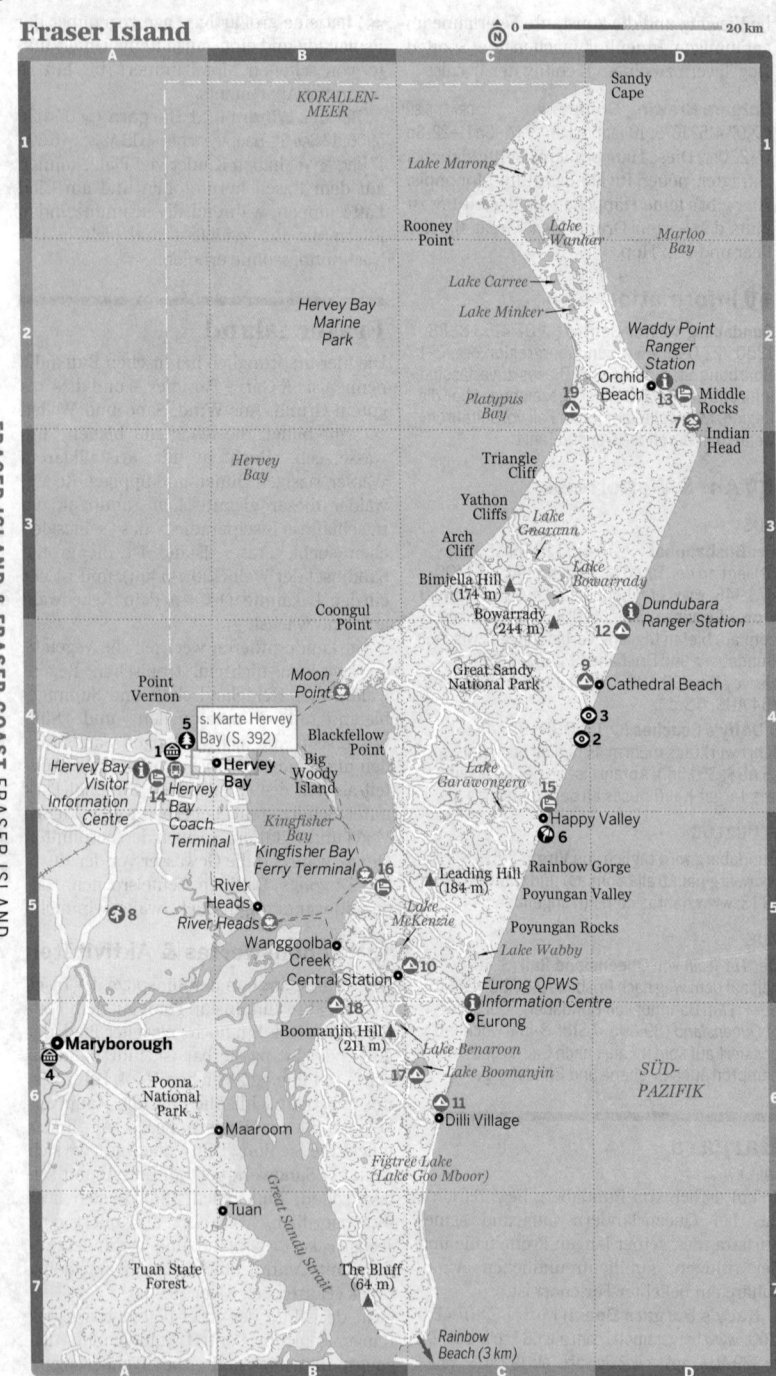

N 0 —————————— 20 km

KORALLEN-
MEER

Sandy
Cape

Lake Marong

Rooney
Point

Lake Wanter

Marloo
Bay

Lake Carree

Hervey Bay
Marine
Park

Lake Minker

Waddy Point
Ranger
Station

Platypus
Bay

Orchid
Beach

19   13   Middle
Rocks

7   Indian
Head

Hervey
Bay

Triangle
Cliff

Yathon
Cliffs

Lake
Gnaraun

Arch
Cliff

Bimjella Hill
(174 m)

Lake
Bowarrady

Coongul
Point

Bowarrady
(244 m)

12   Dundubara
Ranger Station

Moon
Point

Great Sandy
National Park

9   Cathedral Beach

Point
Vernon

5   s. Karte Hervey
Bay (S. 392)

Blackfellow
Point

3

Big
Woody
Island

Lake
Garawongera

2

1   Hervey Bay
Visitor
Information
Centre

14

HERVEY
BAY

Hervey
Bay
Coach
Terminal

15

Happy Valley

Kingfisher
Bay

7   6

Kingfisher Bay
Ferry Terminal

16

Leading Hill
(184 m)

Rainbow Gorge

River
Heads

Poyungan Valley

River Heads

Lake
McKenzie

Poyungan Rocks

Wanggoolba
Creek

Lake Wabby

Central Station

10

Eurong QPWS
Information Centre

8

18

Eurong

Boomanjin Hill
(211 m)

Maryborough

17   Lake Benaroon

4

Lake Boomanjin

SÜD-
PAZIFIK

Poona
National
Park

11   Dilli Village

Maaroom

Figtree Lake
(Lake Goo Mboor)

Tuan

The Bluff
(64 m)

Great Sandy Strait

Rainbow
Beach (3 km)

Tuan State
Forest

Fraser Island

Diverse Pfade führen zu den herrlichen Seen McKenzie, Jennings, Birrabeen und Boomanjin. Der McKenzie, umrahmt von weißem Sand, ist kristallklar und herrlich zum Baden, am Birrabeen geht's weniger touristisch zu.

4 km nördlich von Eurong verläuft ein ausgeschilderter Wanderpfad am Strand entlang bis zum wunderschönen Lake Wabby, der unter allen Seen auf Fraser Island am leichtesten zugänglich ist. Besucher können auch dem Weg ab dem Aussichtspunkt an der Jeeproute folgen, die landeinwärts führt. Der Wabby wird von Eukalyptuswäldern gesäumt und an einer Seite von einer Sanddüne begrenzt, die jedes Jahr 3 m weiter in den See „hineinwächst". Achtung: Tauchen ist hier sehr gefährlich!

Wer weiter am Strand Richtung Norden fährt, muss bei Flut eventuell einen Umweg landeinwärts machen, um Poyungan Rocks und Yidney Rocks zu umgehen. So kommt man nach Happy Valley mit einigen Unterkünften, einem Laden und einem Bistro. 10 km weiter nördlich plätschert der Eli Creek, ein glasklarer, schneller Wasserlauf, von dem man sich stromabwärts tragen lassen kann. Das vor sich hin rostende Wrack der Maheno ist nur 2 km entfernt. 1935 sollte das ehemalige Passagierschiff zu einem japanischen Schiffsschrottplatz transportiert werden, wurde jedoch unterwegs von einem Wirbelsturm an Land gespült.

5 km nördlich des Wracks befindet sich der Abschnitt mit den Pinnacles – durch Erosion geformte farbige Sandklippen –, und 10 km weiter stößt man auf Dundubara mit einer Ranger-Station und einem super Campingplatz. Dahinter erstreckt sich ein 20 km langer Strand bis zur Felsnase Indian Head. Von der Landzunge aus können oft Haie, Mantarochen, Delfine und (in der Saison) auch Wale beobachtet werden.

Zwischen Indian Head und Waddy Point zweigt der Pfad ins Inselinnere ab. Er führt an den Champagne Pools vorbei, dem einzigen Fleck auf der Insel, wo man sicher in Salzwasser baden kann. Am Waddy Point und in Orchid Beach kann man campen.

Viele Pfade nördlich von hier wurden zum Schutz der Natur gesperrt.

Air Fraser Island (S. 393) hat eine wunderbare Day-Away-Tour (150 AU$) für all diejenigen im Programm, die auf der Insel landen und zu Fuß auf Entdeckungstour gehen möchten. Los geht's ab Hervey Bay oder der Sunshine Coast.

🛏 Schlafen

Um auf den NPSR-Campingplätzen und auf allen öffentlichen Plätzen (z. B. am Strand) übernachten zu können, braucht man eine Campinggenehmigung. Die am besten ausgebauten **NPSR Camping Grounds** (☎13 74 68; www.npsr.qld.gov.au; pro Pers. 6,15/24,60 AU$) haben münzbetriebene Warmwasserduschen, Toiletten und Grilleinrichtungen. Sie liegen bei **Waddy Point** (☎13 74 68; www.nprsr.qld.gov.au; pro Pers./Fam. 6,15/24,60 AU$), **Dundubara** (www.nprsr.qld.gov.au; pro Pers./Fam. 6,15/24,60 AU$) und **Central Station** (☎13 74 68; www.nprsr.qld.gov.au; pro Pers./Fam. 6,15/24,60 AU$). Camper mit Auto können auch die kleineren, weniger gut angelegten Campingplätze am **Lake Boomanjin** (☎13 74 68; www.nprsr.qld.gov.au; pro Pers./Fam. 6,15/24,60 AU$), am **Lake Ungowa** (☎13 74 68;

SAND-SAFARIS

Die einzige Möglichkeit, Fraser Island zu erkunden, ist (außer zu Fuß) per Jeep. Für die meisten Traveller gibt's drei Optionen: Mitmachtouren, organisierte Touren oder das Mieten eines Jeeps; eine vierte Option besteht darin, in einer der Unterkünfte auf der Insel zu bleiben und von dort Tagestouren zu unternehmen. Das Ökosystem ist fragil, und der Umweltschaden ist umso größer, je mehr einzelne Autos auf dem Sand fahren. Die Insel wird von etwa 1000 Menschen am Tag besucht – das kann sich anfühlen wie ein riesiger Sandkasten mit eigener Rush-Hour auf einem überfüllten Strand-Highway.

Mitmachtouren

Bei diesen bei Backpackern beliebten Touren folgen die Teilnehmer in einen Jeep-Konvoi einem Führungsfahrzeug mit einem erfahrenen Führer und Fahrer. Man wechselt sich beim Fahren ab, was riesig Spaß machen kann, aber auch schon zu Unfällen geführt hat. Die Preise belaufen sich auf etwa 400 bis 430 AU$; am besten nachfragen, ob die Tour Essen, Treibstoff, Alkohol etc. beinhaltet. Untergebracht ist man häufig in Zelten.

Vorteile Man gewinnt schnell neue Freunde; am Strand zu fahren ist toll.

Nachteile Wenn das Essen nicht inklusive ist, muss man kochen; die Gruppen können sogar noch größer sein als bei Bustouren.

Folgende Betreiber bieten Mitmachtouren an:

Dropbear Adventures (☏1800 061 156; www.dropbearadventures.com.au) Vielen Fahrten ab Hervey Bay, Rainbow Beach und Noosa nach Fraser Island; einfach zu buchen.

Fraser's on Rainbow (S. 397) Abfahrten ab Rainbow Beach.

Pippies Beach House (S. 397) Abfahrten ab Rainbow Beach; gut organisiert, kleine Konvois mit hohen Sicherheitsstandards.

Geführte Touren

Die meisten Touren decken Frasers Highlights ab: die Regenwälder, Eli Creek, den McKenzie und den Wabby Lake, die Sandformationen und das Wrack der *Maheno*.

Vorteile Expertenkommentare, gutes Essen und angenehme Unterbringung; häufig auch die preisgünstigste Variante.

Nachteile Tagestourbusse sind häufig zur selben Zeit am selben Ort; weniger gesellig.

Folgende Betreiber bieten geführte Touren an:

Cool Dingo Tours (☏07-4120 3333; www.cooldingotour.com; 2-/3-Tages-Touren ab 360/ 415 AU$) Übernachtung in Lodges mit Verlängerungsoption; *die* Party-Option.

Fraser Explorer Tours (S. 394) Sehr erfahrene Fahrer, häufige Fahrten.

Fraser Experience (S. 394) Kleinere Gruppen, also mehr Freiheiten bei der Route.

Remote Fraser (☏07-4124 3222; www.tasmanventure.com.au; Touren 150 AU$) Tagestouren zur weniger besuchten Westküste.

Mieten eines Geländewagens

Jeeps können in Hervey Bay, Rainbow Beach oder auf Fraser Island gemietet werden. Alle Anbieter verlangen eine Kaution, meist in Form eines Kreditkartenabdrucks, den man nie wieder sieht, sollte man durch Salzwasser fahren. Letzteres ist keine gute Idee!

Bei der Planung sollte man auf den Wegen im Inselinneren mit einer Geschwindigkeit von 20 km/h, auf dem Strand an der Ostseite mit 40 km/h rechnen. Die meisten Anbieter helfen bei der Organisation von Fähren, Genehmigungen und Ausrüstung. Die Preise für Mietzeiträume von mehreren Tagen beginnen bei etwa 185 AU$ pro Tag.

Vorteile Vollkommen freie Hand bei der Gestaltung der Route; keine Menschenmassen.

Nachteile Teilweise sind der Zustand von Strand und Wegen selbst für Profis schwierig.

Es gibt Jeeps in Hervey Bay (S. 397) und Rainbow Beach (S. 399). Auf Fraser hat **Aussie Trax** (☏07-4124 4433; www.fraserisland4wd.com.au) Jeeps (ab 283 AU$/Pers. & Tag).

www.nprsr.qld.gov.au; pro Pers./Fam. 6,15/ 24,60 AU$) sowie am **Lake Wathumba** (☎13 74 68; www.nprsr.qld.gov.au; pro Pers./Fam. 6,15/ 24,60 AU$) an der Westküste nutzen. Die Wandercamps liegen abseits der Hauptzeltplätze entlang des Fraser Island Great Walk Trail. Auf der Wanderkarte sind die Campingplätze und ihre Anlagen aufgeführt. Camping ist an ausgezeichneten Abschnitten an der Ostküste erlaubt, aber sanitäre Einrichtungen gibt es hier natürlich nicht. Feuermachen ist verboten, außer an den Gemeinschaftsfeuerstellen am Waddy Point und in Dundubara – eigenes Feuerholz in Form von unbehandelten Holzscheiten mitbringen!

Lebensmittel sind auf der Insel nur begrenzt vorhanden und teuer. Man sollte viel Verpflegung mitbringen und auf Moskitos und Bremsen vorbereitet sein.

Dilli Village Fraser Island
CAMPING $
(☎07-4127 9130; www.usc.edu.au; Stellplatz pro Pers. 10 AU$, B/Hütte 50/120 AU$) Dilli Village wird von der University of the Sunshine Coast gemanagt, die den Ort als Forschungsbasis nutzt. Es gibt gute Stellplätze auf einem leicht abschüssigen Campingplatz. Tolles Preis-Leistungs-Verhältnis.

Cathedrals on Fraser
WOHNMOBILPLATZ $
(☎07-4127 9177; www.cathedralsonfraser.com.au; Cathedral Beach; Stellplatz mit/ohne Strom 39/ 29 AU$, 2B-Hütte mit/ohne Bad 200/180 AU$; @) Die neuen Besitzer des Geländes mit flachen Grasflächen haben den Standard erhalten und die Preise gesenkt. Der Hit bei Familien.

★ Kingfisher Bay Resort
RESORT $$
(☎1800 072 555, 07-4194 9300; www.kingfisher bay.com; Kingfisher Bay; DZ ab 178 AU$, Villa mit 2 Schlafzi. 329 AU$; ✱@✼) ⊘ Das elegante Öko-Resort hat Zimmer mit Balkonen und schicke Holzvillen mit zwei bis drei Schlafzimmern, die erhöht liegen, um die Umwelt zu schonen. Während der Hauptsaison beträgt der Mindestaufenthalt drei Nächte. Das Restaurant Seabelle ist fantastisch (Hauptgerichte ab 18 AU$), und die drei Bars sind im Sommer bei Sonnenuntergang großartig, vor allem die Dingo-Bar.

Fraser Island Retreat
HÜTTEN $$
(☎07-4127 9144; www.fraserisretreat.com.au; Happy Valley; DZ/Apt. ab 140/200 AU$; @☎✼) Die neun Holzhütten dieser Unterkunft (jede mit Platz für 4 Pers.) im abgelegenen Happy Valley, etwa mittig an der Ostküste, sind ideal für eine angenehme Erfahrung in der Natur. Die Hütten sind hübsch, eingebettet in

FRASER ISLAND GREAT WALK

Wer dem Fraser Island Great Walk folgt, erlebt Fraser Island besonders intensiv. Der 90 km lange Wanderweg windet sich durch das Inselinnere, von Dilli Village bis Happy Valley. Er kann in etwa sieben 6 bis 16 km lange Etappen unterteilt werden (plus Abstecher entlang der Hauptstrecke). Man wandelt auf den Spuren der Ureinwohner, der Butchulla. Der Weg führt unterm Blätterdach des Regenwalds und zwischen Dünen hindurch sowie an Seeufern entlang.

Der Besuch der Seite www.npsr.qld. gov.au ist obligatorisch, um sich Karten herunterzuladen , sich detailliert zu informieren und Aktuelles zum Zustand des Weges zu erfahren, der bei schlechter Witterung gesperrt werden kann.

natürliche Wälder und nah am Strand. Es gibt eine Campingküche, ein Restaurant mit Lizenz und ein Geschäft mit Benzinverkauf.

★ Eliza Fraser Lodge
HÄUSCHEN $$$
(☎0418 981 610; www.elizafraserlodge.com.au; 375 AU$/Pers.) Diese Lodge in einem beeindruckenden Haus an Orchid Beach im Nordosten der Insel ist die schickste Unterkunft. Sie wird von Air Fraser direkt angeflogen (regelmäßige Fährverbindungen gibt's auch). Das zweistöckige Haus ist super für Familien und kleine Gruppen. Die Gastgeber sind Führer mit Fachkenntnis und organisieren Angelausflüge, Wanderungen in der Natur und Abenteuer mit dem Jeep oder lassen den Besucher die sturmfreie Bude und die spektakuläre Umgebung genießen.

ⓘ Praktische Informationen

NPSR (☎13 74 68; www.npsr.qld.gov.au) verkauft die Genehmigungen für Fahrzeuge (unter 1 Monat 48,25 AU$) und Campinggenehmigungen für NPSR-Campingplätze (pro Pers./Fam. 6,15/24,60 AU$). Solche Genehmigungen sind für private Campingplätze und Resorts nicht nötig. Sie können online erworben werden, oder man holt sich bei den Visitor Centres aktuelle Listen der Orte, wo die Genehmigungen erworben werden können.

Eurong QPWS Information Centre (☎07-4127 9128) ist die Haupt-Ranger-Station. Weitere befinden sich in **Dundubara** (☎07-4127 9138) und **Waddy Point** (☎07-4127 9190). Die Büros sind häufig nicht besetzt, da die Ranger auf Patrouille sind.

ℹ️ RICHTIGER UMGANG MIT DINGOS

Trotz der zahlreichen natürlichen Attraktionen und Abenteuer, die die Insel bereithält, gibt es wohl nichts Aufregenderes als die erste Begegnung mit einem Dingo. Die Dingos auf Fraser Island gehören zu den reinrassigsten der Welt. Sie sind elegant, agil und schön. Sie sind aber auch Wildtiere und können ohne Vorwarnung aggressiv werden – nicht selten wegen einer duftenden Tüte mit Essen –, und obwohl es nur selten zu Angriffen kommt, muss jeder Besucher der Insel gewisse Vorsichtsmaßnahmen beachten:

➡ Egal wie abgemagert sie einem erscheinen oder welch mitleiderregenden Blick sie einem zuwerfen mögen: Dingos dürfen nicht gefüttert werden. Tiere, die von Menschen gefüttert werden, verlieren schnell ihre Scheu und können kampflustig werden und mit anderen rivalisieren. Das Füttern von Dingos ist illegal und hat hohe Bußgelder zur Folge.

➡ Essensreste nie herumliegen lassen und auch kein Essen mit an die Seen nehmen, da dieses am Ufer auf „Dingo-Ebene" und somit eine leichte Beute für die Aasfresser ist.

➡ Immer in Gruppen bleiben und darauf Acht geben, dass Kinder jeden Alters zu jeder Zeit in unmittelbarer Nähe bleiben!

➡ Dingos zu reizen, ist nicht nur gemein, sondern auch gefährlich. Wenn man sie in Ruhe lässt, tun sie das auch.

➡ Dingos beobachtet man am besten aus sicherer Entfernung. Also Zoomobjektiv auspacken und einfach mal den Mund halten, dann wird man mit tollen Fotos – und intakten Gliedmaßen – nach Hause kommen.

ℹ️ An- & Weiterreise

Bevor man die Überfahrt mit der Fähre entweder von Rainbow Beach oder Hervey Bay antritt, sollte man sicherstellen, dass das Fahrzeug die angemessene Freigabe hat (wenn man einer der wenigen ist, die nicht im Rahmen einer Tour kommen) und, wenn man campen möchte, dass man genügend Essen, Wasser und Treibstoff hat.

FLUGZEUG

Der Preis für einen Hin- und Rückflug zum östlichen Strand der Insel (hin & zurück 30 Min.) beginnt bei **Air Fraser Island** (☎1300 172 706, 07-4125 3600; www.airfraserisland.com.au) bei 150 AU$. Abflug ist am Flughafen von Hervey Bay.

SCHIFF/FÄHRE

Autofähren verbinden Fraser Island mit River Heads, etwa 10 km südlich von Hervey Bay, oder noch südlicher mit dem Inskip Point nahe Rainbow Beach. Die Fähren ab Hervey Bay legen in Moon Point an.

Fraser Venture Barge (☎1800 227 437, 07-4194 9300; www.fraserislandferry.com. au) bietet Überfahrten (Fußgänger Erw./Kind 58/30 AU$; Fahrzeug inkl. 4 Pers. hin & zurück 175 AU$, 30 Min.) von River Heads nach Wanggoolba Creek an Fraser Islands Westküste an. Abfahrt ist täglich in River Heads um 8.30, 10.15 und 16 Uhr, von der Insel wird um 9, 15 und 17 Uhr abgelegt.

Kingfisher Bay Ferry (☎07-4194 9300, 1800 227 437; www.fraserislandferry.com) betreibt eine täglich verkehrende Fähre für Autos und Passagiere (Fußgänger hin & zurück Erw./Kind 50/25 AU$, Fahrzeug inkl. 4 Pers. hin & zurück 160 AU$, 50 Min.), die in River Heads ablegt und nach Kingfisher Bay fährt. Die Abfahrtszeiten in River Heads sind um 6.45, 9, 12.30, 15.30, 18.45 und 21.30 Uhr, zurück fährt sie um 7.50, 10.30, 14, 17, 20.30 und 23 Uhr (nur Fr & Sa).

Manta Ray (☎07-5486 3935; www.mantaray fraserislandbarge.com.au) Wer aus Rainbow Beach kommt, der nimmt am besten eine der beiden Fähren von Manta Ray, welche die 15-minütige Überfahrt von Inskip Point nach Hook Point auf Fraser Island jeden Tag durchgängig von 6 bis 17.30 Uhr ermöglichen (Fahrzeug hin & zurück 120 AU$).

ℹ️ Unterwegs vor Ort

Um sich auf Fraser Island mit einem Fahrzeug fortzubewegen, ist ein Allradantrieb nötig; man braucht eine Genehmigung. Teuren Treibstoff kann man in den Läden in Cathedral Beach, Eurong, Kingfisher Bay, Happy Valley und Orchid Beach erwerben. Hat das Fahrzeug eine Panne, ruft man den **Tow-Truck Service** (☎0428 353 164, 07-4127 9449) in Eurong an.

Der **Fraser Island Taxi Service** (☎07-4127 9188; www.fraserservice.com.au) mit Jeeps ist auf der ganzen Insel aktiv. Unbedingt im Voraus buchen, da es nur ein Taxi gibt!

Möchte man während seines Aufenthalts auf der Insel einen Jeep mieten, empfiehlt sich Aussie Trax (S. 408) mit Jeeps mittlerer Größe, von Suzuki Sierras bis hin zu LandCruisers, verfügbar im Kingfisher Bay Resort (S. 409).

Capricorn Coast & Southern Reef Islands

Gut essen

➡ Getaway Garden Café
(S. 415)

➡ Ginger Mule (S. 421)

➡ Lightbox (S. 416)

➡ Megalomania (S. 423)

➡ Sol Foods (S. 414)

Schön übernachten

➡ Svendsen's Beach
(S. 423)

➡ Cool Bananas (S. 413)

➡ Lady Elliot Island Eco Resort (S. 418)

➡ Takarakka Bush Resort
(S. 426)

Auf zur Capricorn Coast & zu den Southern Reef Islands!

Die Küste am Wendekreis des Steinbocks gehört zu den ruhigsten, schönsten Regionen der Ostküste. In den Ferien tummeln sich hier Familien, aber sonst ist wenig Betrieb; selbst in der Hauptsaison ist ein einsamer Strand schnell gefunden.

Agnes Water und Town of 1770 sind Zwillingsstädte mit gutem Ruf, und viele Traveller kommen wegen der Schnorchel- und Tauchspots an den Southern Reef Islands. Außerdem gibt's viele Gelegenheiten, Wildtiere zu beobachten.

Der Great Keppel National Park ist ein weiterer aufstrebender Touristenmagnet. Der pulvrige weiße Sand und das türkisblaue Wasser der Capricorn Coast sind ein Traum für Reiseprospekte. Auch unberührte, wenig besuchte Nationalparks wie Deepwater oder Byfield finden sich entlang der Küste.

Im Binnenland liegt das geschäftige Rockhampton – das Wirtschaftszentrum der Region und die Hauptstadt der Viehzucht, was Steakhäuser, Rodeos und riesige Hüte unter Beweis stellen.

Reisezeit
Rockhampton

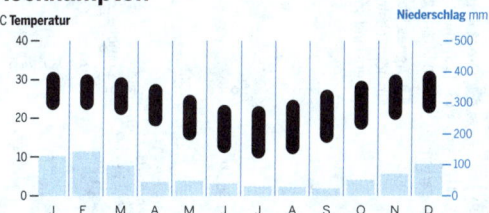

Feb. Das Agnes Blues & Roots Festival rockt die Discovery Coast.

Mai–Sept. Die Temperaturen sind ideal zum Schwimmen und Sonnenbaden.

Dez. Die Natur veranstaltet zur Sonnenwende ein Lichtspektakel in den Capricorn Caves.

Highlights

1 **Heron Island** (S. 418) und **Lady Elliot Island** (S. 417) Zu spektakulären Korallengärten im Meer tauchen

2 **Great Keppel Island** (S. 423) Einen Tag einen tropischen Strand ganz für sich haben.

3 **Agnes Water** (S. 413) Am nördlichsten Surfstrand von Queensland surfen und chillen

4 **Carnarvon Gorge** (S. 425) Auf der Suche nach Felskunst der Ureinwohner Wanderungen unternehmen

5 **Rockhampton** (S. 418) In Australiens Rinderhauptstadt ein mächtiges Steak verdrücken.

6 **Capricorn Caves** (S. 420) Durch dunkle Löcher und enge Tunnel kriechen

7 **Edelsteinfelder** (S. 425) Selbst einmal nach wertvollen Saphiren graben.

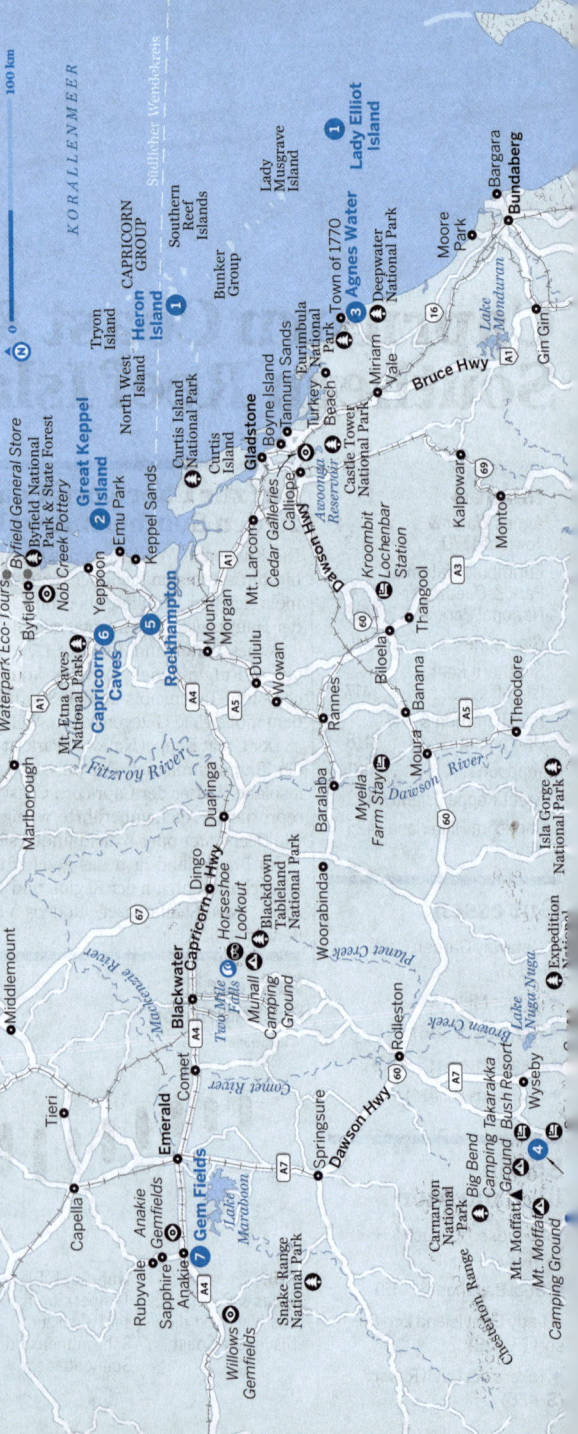

Agnes Water & Town of 1770

1650 EW.

Vor gar nicht so langer Zeit tippten Grundstücksspekulanten auf die Zwillingsstädte Agnes Water und Town of 1770 als Australiens nächstes Noosa oder auch als nächstes Gold Coast. Für Besucher dieser hübschen Vorposten 70 km südlich von Gladstone, die von Nationalparks, versteckten roten Felsbuchten und dem Pazifischen Ozean umgrenzt werden, ist es erfreulich, dass sich aber tatsächlich wenig verändert hat und der angekündigte Tourismusboom mehr wie ein Sturm im Wasserglas verlief.

Agnes Water ist der nördlichste Surfstrand an der Ostküste; eine lange, prächtige Point-Break rollt auf das idyllische Ufer zu, das von einer freundlichen Ladenzeile gesäumt wird. 6 km weiter die Straße hinunter gelangt man zu jener Stätte, wo Captain Cook, natürlich im Jahr 1770, das erste Mal in Queensland an Land ging. Die kurzen Wanderungen an den Klippen sind hinreißend, und der Campingplatz ist einer der herrlichsten im ganzen Bundesstaat. Von ihm aus kann man Kajak- und Paddel- sowie Angelausflüge in den Meeresarmen der „Discovery Coast" unternehmen.

⊙ Sehenswertes & Aktivitäten

Miriam Vale Historical Society Museum
MUSEUM

(☑ 07-4974 9511; www.agneswatermuseum.com; Springs Rd, nahe Ecke Captain Cook Dr, Agnes Water; Erw./Kind 3 AU$/frei; ☺ Mo & Mi–Sa 13–16, So 10–16 Uhr) Das Museum zeigt Auszüge aus Cooks Schiffstagebuch und das Teleskop aus dem ersten Leuchtturm an Queenslands Küste.

★ Scooter Roo Tours
ABENTEUERSPORT

(☑ 07-4974 7697; www.scooterrootours.com; 2694 Round Hill Rd, Agnes Water; 3-std. Tour 85 AU$) Man muss kein Rennsportfreak sein, um von der lustigen und informativen 50 km langen Tour durch das Gebiet von Agnes Water begeistert zu sein. Und man braucht auch nur einen normalen Autoführerschein, um sich hier auf einen echten „Chopper" zu schwingen. Darüber hinaus braucht man lange Hosen und geschlossene Schuhe, die Lederjacke (mit Flammen) für harte Kerle wird vom Veranstalter gestellt.

1770 SUP
WASSERSPORT

(☑ 0421 026 255; www.1770sup.com.au; 1½-/2-std. Tour 45/50 AU$) Hier kann man die ruhigen Gewässer und Sandbänke von 1770 mit einem erstklassigen Stehpaddel-Lehrer erkunden. Die Touren beinhalten eine Einführungsstunde. Man kann auch einfach ein Stehpaddelbrett ausleihen (25/30 AU$ für 1/2 Std.). Der umherziehende SUP-Trailer ist oft an der Uferpromenade von 1770 gegenüber der Tree Bar zu finden.

1770 Liquid Adventures
KAJAKFAHREN

(☑ 0428 956 630; www.1770liquidadventures.com.au) Eine spektakuläre Kajaktour in der Abenddämmerung: Für 55 AU$ paddelt man auf den Wellen vor 1770 und kehrt dann bei Sonnenuntergang für Drinks und Snacks an den Strand zurück. Unterwegs sollte man nach Delfinen schauen. Außerdem kann man hier auch Kajaks mieten (ab 20/30 AU$ für 1/2 Std.). Die Familientouren (30 AU$ / Pers.) konzentrieren sich auf Vogelwelt und Meerestiere und sind auch gut für Kinder geeignet, wenn sie selbst paddeln können.

1770 Larc Tours
TOUR

(☑ 07-4974 9422; www.1770larctours.com.au; Tagestour Erw./Kind 155/95 AU$) 🌿 Mit dem Versorgungs-Amphibienfahrzeug, das einst im Dienst der Marine stand, lassen sich die Naturschönheiten von Bustard Head und des Eurimbula National Park komfortabel erkunden. Die Guides kennen sich aus und gestalten die Tour unterhaltsam für Jung und Alt. Abgesehen von der siebenstündigen Tagestour (mit Mittagessen) gibt's auch einstündige Nachmittagstouren (Erw./Kind 38/17 AU$) und Sandboarding-Safaris (120 AU$).

Hooked on 1770
BOOTSTOUR

(☑ 07-4974 9794; www.1770tours.com; halb-/ganztägige Tour 175/250 AU$) Die halb- und ganztägigen Angeltouren dieses Veranstalters werden von Ortsansässigen genauso gelobt wie von Besuchern, die immer wieder nach Australien kommen.

★ Feste & Events

Agnes Blues & Roots Festival
MUSIK

(www.agnesbluesandroots.com.au; SES Grounds, Agnes Water; ☺ Feb.) Große Namen und aufstrebende australische Musiker lassen es am letzten Februarwochenende so richtig krachen.

🛏 Schlafen

★ Cool Bananas
HOSTEL $

(☑ 07-4974 7660, 1800 227 660; www.coolbananas.net.au; 2 Springs Rd, Agnes Water; B 29 AU$; @ ☎) Die jungen und Wilden flippen angesichts dieses schrillen, toleranten Backpackertreffs nahezu aus. Das liegt aber sicher nicht an dem fragwürdigen Farbschema, sondern an der unwiderstehlichen Stimmung, die die freundlichen Inhaber verbreiten. Die geräumigen Schlafsäle mit sechs oder acht Betten sind funktional, und die Zimmer bleiben offen, damit man miteinander in Kontakt kommen kann. Das Konzept funktioniert erstaunlich gut, und alle wirken zufrieden. Das Hostel ist nur fünf Gehminuten vom Strand und den Läden entfernt.

Backpackers @ 1770 HOSTEL $

(☑ 0408 533 851; www.backpackers1770.com.au; 22 Grahame Colyer Dve, Agnes Water; B/DZ 26/60 AU$) Das etablierteste Hostel von 1770 ist wirklich schön. Die Pluspunkte liegen auf der Hand: ungezwungener Austausch zwischen dem Personal und den Gästen, makellose Schlafsäle, drei smarte Doppelzimmer zu einem günstigen Preis und ein üppiger Gemeinschaftsgarten, in dem das Essen aufgetischt wird und man sich mit anderen über seine Erlebnisse austauscht. Für viele junge Traveller ist dieses Hostel ein Muss an der Ostküste.

1770 Camping Ground CAMPING $

(☑ 07-4974 9286; www.1770campingground.com. au; Captain Cook Dr, Town of 1770; Stellplatz mit/ ohne Strom ab 39/35 AU$, Stellplatz am Strand 44 AU$) Der beliebteste Campingplatz von 1770 läge im Wettbewerb um die schönste Lage an der Ostküste ganz vorn. Aus einem unter schattenspendenden Bäumen aufgestellten Zelt fällt man praktisch gleich ins flache Wasser.

Workmans Beach Camping Area CAMPING $

(Workmans Beach, Springs Rd, Agnes Water; Stellplatz 9 AU$/Pers.) Der von der Gemeinde geführte Campingplatz hat geräumige Stellplätze in prächtiger Strandumgebung. An Einrichtungen gibt's Kaltwasserduschen, Plumpsklos und Gasgrills. Wer sich in das Gelände verliebt, kann bis zu 44 Tage bleiben. Man kann die Stellplätze aber nicht buchen. Man kommt einfach hin, und zu unchristlicher Zeit klopft am nächsten Morgen ein freundlicher Gemeindemitarbeiter an Wohnwagen oder Zelt an und kassiert den fälligen Betrag.

1770 Southern Cross Backpackers HOSTEL $

(☑ 07-4974 7225; www.1770southerncross.com; 2694 Round Hill Rd, Agnes Water; B/DZ mit Frühstück 25/85 AU$; @ 🛜 🖂) Das Refugium in einem großen Eukalyptuswald liegt 2,5 km außerhalb der Ortschaft und dürfte ruhigeren Backpackern (oder solchen, die mal eine Erholungspause brauchen) gefallen. Es gibt viel Platz, um am Pool zu entspannen, Spiele zu spielen, zu grillen oder sich in die Hängematte zu legen. Ein kostenloser Shuttlebus bringt Partylustige und Strandgänger ins Zentrum der Action in Agnes Water, aber die meisten Gäste pendeln einfach zwischen ihrem schlichten Vier-Bett-Schlafsaal bzw. ihrem netten Doppelzimmer und den Anlagen und abends der Buddha Bar.

The Lovely Cottages PENSION $$

(☑ 07-4974 9554; www.thelovelycottages.com.au; 61 Bicentennial Dr, Agnes Water; Cottages 155 AU$, 2 Übernachtungen 300 AU$; P ❄ 🛜 🖂) Neue Eigentümer und ein Namenswechsel haben bei dem Ökorefugium mit Freiluftgalerie, das zum Inbegriff von Queenslands zwanglosem Busch-Schick geworden ist, neue kreative Energien freigesetzt. In den farbenfrohen Cottages kommen jeweils bis zu fünf Personen unter. Es gibt einen ausgezeichneten, wie eine Lagune gestalteten Pool, in dem man prima inmitten der Buschvegetation schwimmen kann.

Agnes Water Beach Club APARTMENTS $$

(☑ 07-4974 7355; www.agneswaterbeachclub.com. au; 3 Agnes St, Agnes Water; Apt. mit 1/2 Schlafzi. ab 180/280 AU$; ❄ @ 🛜 🖂) Der Beach Club liegt in bequemster Nähe zu den Läden und dem überwachten Strand von Agnes Water. Die Apartments sind hell und komfortabel und blicken auf den ziemlich großen Pool. In den Gemeinschaftsbereichen herrscht eine familiäre Atmosphäre.

★ 1770 Getaway RESORT $$$

(☑ 07-4974 9323; www.1770getaway.com.au; 303 Bicentennial Dve, Agnes Water; DZ ab 170 AU$; P ⊖ 🛜 🖂) Das allseits beliebte Getaway Garden Cafe (S. 415) hat sein Angebot um hübsche Villen auf einem 1,6 ha großen Buschgelände an einem unbebauten Strandabschnitt erweitert. Die Villen wirken luftig und offen und haben luxuriöse Bäder. Ein Frühstück am Teich kann zusätzlich gebucht werden. Vor Ort gibt's eine hippe kleine Boutique.

✖ Essen

Sol Foods VEGAN $

(☑ 07-4974 9039; 1 Round Hill Rd, Agnes Water; Salate ab 10 AU$, Kuchen ab 6 AU$; ⊙ 8–16.30 Uhr)

Dieser Laden für Grundnahrungsmittel ist zugleich ein Café und eine Quelle für gute Infos zur Gegend. Die veganen Kuchen sind unschlagbar, und die Salate herzhaft und preisgünstig.

Agnes Water Bakery BÄCKEREI $
(☎ 07-4974 9500; Round Hill Rd, Agnes Water; Pies 5,50 AU$; ⊙ Mo–Sa 6–16, So bis 14 Uhr) Wer einen der tollen Pies in dieser beliebten Bäckerei verspeisen will, sollte nicht trödeln. Unter den Feinschmeckerfüllungen gibt's auch vegetarische Optionen. Vom süßen Angebot sind die Schoko-Éclairs, Marmeladenschnecken und Apfeltaschen in der Regel bis zum Mittag ausverkauft. Brot gibt's hier natürlich auch.

★ Getaway Garden Café MODERN-AUSTRALISCH $$
(☎ 07-4974 9323; 303 Bicentennial Dr, Agnes Water; Frühstück 7–19 AU$, Mittagessen 10–22 AU$, Abendessen 20–25 AU$; ⊙ So–Do 8–16 & Mi & So 17.30 Uhr–open end) Das angesehenste Restaurant der Region beeindruckt weiterhin mit schlichten kulinarischen Genüssen aus ausschließlich regionalen Zutaten, makellosem, familienfreundlichem Service und einer schönen Uferlage. Zu den gesunden Frühstücksgerichten gibt's feinen Kaffee und Säfte. Mittags stehen Pizza, Fisch und Burger auf der Karte. Das gebratene Lamm vom Spieß am Mittwoch- und Sonntagabend ist bei den Einheimischen sehr begehrt, deswegen sollte man vorab reservieren. Außerhalb der Küchenzeiten erhält man Kuchen und Kaffee.

Tree Bar MODERN-AUSTRALISCH $$
(☎ 07-4974 7446; 576 Captain Cook Dr, Town of 1770; Hauptgerichte 16–34 AU$; ⊙ früh, mittags & abends) In 1770 ist dies die beste Adresse für einen Drink zum Sonnenuntergang und ein Steaksandwich. Das kleine, am Ufer stehende salzverkrustete Diner mit Bar ist sicher nicht preisverdächtig, bekommt aber durch die Bäume die Meeresbrise ab. Die Preise sind angesichts der gebotenen Qualität etwas zu hoch, aber die Aussicht ist unschlagbar.

Agnes Water Tavern KNEIPENKOST $$
(☎ 07-4974 9469; 1 Tavern Rd, Agnes Water; Hauptgerichte 15–30 AU$; ⊙ ab 11.30 Uhr) Einen breiten Querschnitt des australischen Lebens lernt man in dieser riesigen Taverne gleich außerhalb der Stadt kennen, wo man trinken, spielen, Sport-TV schauen, Party machen, essen, sich mit Freunden treffen und an den Tischen draußen die Sonne genießen kann. An manchen Abenden sorgen Backpacker für viel Betrieb. Die Tagesgerichte gibt's mittags und abends.

❶ Praktische Informationen

Agnes Water Visitors Centre (☎ 07-4902 1533; 71 Springs Rd, Town of 1770; ⊙ Mo–Fr 9–17, Sa & So bis 16 Uhr) Das Büro wird von Freiwilligen geführt, die so engagiert sind, dass sie draußen Infomaterial und Broschüren liegenlassen, wenn das Büro geschlossen ist, nur damit niemand umsonst kommt.

Discover 1770 (☎ 07-4974 7557; www.discover1770.com.au; neben der Shell-Tankstelle) Angesichts so vieler verschiedener Veranstalter an der Discovery Coast – die oft den Besitzer wechseln oder mit anderen Unternehmen verschmelzen – sind die freundlichen Leute von Discover 1770 sehr hilfreich, wenn es gilt, eine Entscheidung zu treffen. Zur Zeit der Recherche war dies auch die einzige Stelle, die Boote zur Lady Musgrave Island organisieren konnte.

❶ An- & Weiterreise

Nur eine Handvoll Busse macht den Abstecher vom Bruce Hwy bis nach Agnes Water. Zu den täglich verkehrenden Bussen von **Greyhound** (☎ 1300 473 946; www.greyhound.com.au) zählen die Linien, die Bundaberg (28 AU$, 1½ Std.) und Cairns (210 AU$, 21 Std.) zum Ziel haben. **Premier Motor Service** (☎ 13 34 10; www.premierms.com.au) bedient den Ort ebenfalls.

Eurimbula National Park & Deepwater National Park

Der **Deepwater National Park** (www.nprsr.qld.gov.au/parks/deepwater), 8 km südlich von Agnes Water, ist eine unberührte Küstenlandschaft mit langen Sandstränden, Wanderwegen, Süßwasserbächen, guten Angelstellen und zwei nur mit Geländewagen erreichbaren Campingplätzen. Er ist auch ein Nistgelände von Unechten Karettschildkröten, die zwischen November und Februar an den Stränden Nester bauen und ihre Eier ablegen; die Jungen schlüpfen in einer Nacht zwischen Januar und April.

Der 78 km² große Eurimbula National Park nördlich des Round Hill Creek ist von Dünen, Mangroven und Eukalyptuswäldern geprägt. Beide Parks bieten schöne Strände, Wanderwege und eine einsame Lage im australischen Busch ohne allzu schwierig erreichbar zu sein.

Campinggenehmigungen erhält man vom **NPSR** (☎ 13 74 68; www.npsr.qld.gov.au; Genehmigung 6,15/24,60 pro Pers./Fam.). Der Wreck

Rock Campground bietet ein recht großes Picknickareal, Regen- und Brunnenwasser sowie Komposttoiletten.

Gladstone

37 941 EW.

Gladstone ist eine mittelgroße Stadt, die landesweit als wichtiger Hafen des Bergbaus berühmt-berüchtigt ist. Die Industriestadt besitzt ein Kraftwerk und einen irgendwie nicht dazu passenden Ausblick aufs Great Barrier Reef. Traveller eilen oft schnurstracks zur Marina (Bryan Jordan Dr), der Hauptanlegestelle der Boote zu den südlichen Koralleninseln Heron, Masthead und Wilson am Great Barrier Reef. Wenn in der Stadt etwas los ist, dann an dem Ende der Gondoon St am Hafen.

Lake Awoonga Boat Hire (☑ 07-4975 0930; kleine Boote 80 AU$/halber Tag, Kajaks 15 AU$/Std.) ist eine inoffizielle Touristeninformation und ein freundlicher Bootsverleih. Man kann auch die **MV Mikat** (☑ 0427 125 727; www.mikat.com.au) chartern.

🛏 Schlafen

Gladstone Backpackers
HOSTEL $

(☑ 07-4972 5744; www.gladstonebackpackers.com. au; 12 Rollo St; B/2BZ 28/66 AU$; @ 🛜 🏊) Das in einem großen, blauen Queensländer-Haus

---

CURTIS ISLAND

Gladstone gleich gegenüber liegt Curtis Island. Die Insel ist alles andere als eine Touristenhochburg. Mal abgesehen davon, dass man hier schwimmen, angeln und gemütlich durch die Dünen streifen kann, ist die einzige wirkliche Attraktion das alljährliche Auftauchen der seltenen Wallriffschildkröten zwischen Oktober und Januar am Ostufer des Eilands. Campinggenehmigungen erteilt das **NPRSR** (☑ 13 74 68; www.nprsr. qld.gov.au; Genehmigung pro Pers./Fam. 5,45/21,80 AU$); alternativ bieten die freundlichen Besitzer der **Capricorn Lodge** (☑ 07-4972 0222; capricornlodge@ bigpond.com; Unterkunft ab rund 80 AU$) Übernachtungsmöglichkeiten an. Dort gibt's auch einen Tante-Emma-Laden, und es wird Alkohol ausgeschenkt. Curtis Ferry Services (S. 417) betreibt Fähren, die zwischen der Insel und Gladstone verkehren (tgl. außer Di & Do).

---

am Jachthafen residierende Hostel wurde renoviert. Es gibt eine große Gemeinschaftsküche und Gemeinschaftsbäder, und die Schlafsäle und Zweibettzimmer wirken brandneu. Grauhaarige Nomaden, Minen-Wanderarbeiter und europäische Weltenbummler sitzen gern auf der luftigen Veranda und entdecken Gemeinsamkeiten. Es gibt Gratis-Leihfahrräder und eine kostenlose Abholung von den diversen Ankunftsorten.

🍴 Essen & Ausgehen

Gladstone Yacht Club
KNEIPENKOST $$

(☑ 07-4972 2294; www.gyc.com.au; 1 Goondoon St; Hauptgerichte ab 22 AU$; ⊘ Mo–Do 12–14 & 18–20.30, Fr & Sa 11.30–14.30 & 17.30–21, So 11.30–14 & 18–20.30 Uhr) Clubs sind eine wichtige Anlaufstelle im ländlichen Australien: Gesellige Orte, wo das Bier fließt, Geschichten erzählt werden und gutes Essen in meist riesigen Portionen aufgetischt wird. Dieser Club ist ein einladendes Lokal, in dem Burger und Meeresfrüchte die beste Wahl sind. Man kann auch auf der Terrasse mit Blick aufs Wasser essen.

Tables on Flinders
SEAFOOD $$$

(☑ 07-4972 8322; 2 Oaka La; Hauptgerichte ab 38 AU$; ⊘ Di–Fr mittags, Di–Sa abends) Wer sich in Gladstone mal so richtig was gönnen möchte, der ist in diesem Restaurant mit seinen exzellenten lokalen Meeresfrüchten goldrichtig. Die Speisekarte wird von frischen Mangrovenkrabben, Garnelen und sonstigem Meeresgetier beherrscht.

Lightbox
WEINBAR

(☑ 07-4972 2698; 56 Goondoon St; ⊘ 7 Uhr–open end) Als Zeichen für die wachsende Ausgehszene in Gladstone hat diese schicke Weinbar im neu erschlossenen Unterhaltungsviertel auch eine lange Cocktailkarte und serviert köstliche Wurstplatten. Das Frühstück und der Kaffee sind ebenfalls zu empfehlen.

ℹ Praktische Informationen

Visitor Centre (☑ 07-4972 9000; Bryan Jordan Dr; ⊘ Mo–Fr 8.30–16.30, Sa & So 9.30–16.30 Uhr) an der Marina befindet sich die Ablegestelle der Boote nach Heron Island und der Treffpunkt für kostenlose Führungen durch die Aluminiumraffinerien, die die Wirtschaft der Region am Laufen halten.

ℹ An- & Weiterreise

BUS

Greyhound Australia (☑ 1300 473 946; www. greyhound.com.au) hat mehrere Verbindungen

ABSTECHER INS KÜNSTLERDORF

Cedar Galleries (☑ 07-4975 0444; www.cedargalleries.com.au; Bruce Hwy, Calliope; ☺ Do–
Sa 9–16, So 8–16 Uhr) ist ein ruhiges Künstlerrefugium mitten in der Natur, wo man Malern
und Bildhauern bei der Arbeit zusehen kann. Ihre Ateliers befinden sich in rustikalen
Bretterhütten. Wer seiner eigenen kreativen Ader freien Lauf lassen will, der nimmt an
einem Kunst- & Kunsthandwerkskurs teil, der von gastierenden Künstlern vor Ort angeboten wird (im Voraus telefonisch buchen!). Alternativ kann man auch einfach durch
Garten und Galerie schlendern. Auf dem Gelände gibt's auch ein Café, eine wunderschöne, kunstvoll errichtete Hochzeitskapelle, eine Hüpfburg für die Kleinen, einen Weinkeller
sowie eine Herde zahmer Alpakas. Die Cedar Galleries organisieren zudem jeden Sonntag einen Bauernmarkt (8–12 Uhr). Dort kann man sich in freundlicher Atmosphäre mit
Feinschmeckerkost, frisch gebackenem Brot, Weinen aus der Region und handgearbeite-
ten Souvenirs eindecken. Wer vor lauter Begeisterung länger bleiben möchte, kann eine
der begrenzt vorhandenen **Farmstay-Unterkünfte** (Studio 1. Nacht 100 AU$, jede
weitere Nacht 60 AU$) ergattern.

Die einzigartige, traditionelle Künstlerkolonie (25 km südl. von Gladstone) ist 7 km
südlich von Calliope vom Bruce Hwy aus ausgeschildert.

ab Brisbane (154 AU$, 10 Std.), Bundaberg
(47 AU$, 3 Std.) und Rockhampton (24 AU$,
1½ Std.) im Programm. Der Busbahnhof befindet
sich an der BP-Tankstelle am Dawson Hwy, etwa
200 m südwestlich vom Zentrum.

FLUGZEUG

Qantas (☑ 13 13 13; www.qantas.com.au) und
Virgin (☑ 13 67 89; www.virginaustralia.com)
fliegen den Gladstone Airport 7 km außerhalb
vom Stadtzentrum an.

SCHIFF/FÄHRE

Curtis Ferry Services (☑ 07-4972 6990; www.
curtisferryservices.com.au; hin & zurück Erw./
Kind/Fam. 30/18/ab 84 AU$) bedient Curtis
Island montags, mittwochs, freitags, samstags
und sonntags. Die Fähren starten an der Glad-
stone Marina und legen unterwegs am Farmers
Point auf Facing Island einen Zwischenstopp ein.
Auf Anfrage kann auch der Transport zu anderen
Inseln in der Gegend arrangiert werden.

Auch diverse Charterboote steuern die Inseln an.

Wer auf Heron Island übernachtet, kann das
kleine Boot des Resorts nehmen (einfache Strecke Erw./Kind 50/25 AU$, 2 Std.), das täglich
um 11 Uhr am Jachthafen von Gladstone ablegt.

ZUG

Queensland Rail (☑ 07-3235 1122, 1800 872
467; www.queenslandrail.com.au) bietet Verbindungen in nördlicher und südlicher Richtung, die
durch Gladstone führen. Der *Tilt Train* ab Brisbane (ab 84 AU$, 5 Std.) und Rockhampton (ab
26 AU$, 1 Std.) hält auch in Gladstone.

Southern Reef Islands

Während viel von der Pracht des nördlichen
Great Barrier Reef geschwärmt wird, kann

man auf den südlichen Riff-Inseln seine
Robinson-Träume ausleben: Die winzigen
Korallenatolle locken mit puderweichem
Sand, türkisblauer See und ungestörter Ein-
samkeit. Von Lady Elliot Island 80 km
nordöstlich von Bundaberg erstrecken sich
abgeschiedene, unbewohnte Korallenriffe
und -atolle im Meer über rund 140 km bis
hinauf nach Tryon Island. Lady Musgrave
Island ist eine blaue Lagune mitten im Ozean, Heron Island ein erlesenes Naturrefugi-
um für abenteuerlustige Familien mit
Tauchstellen von Weltklasse.

Mehrere Inselchen in diesem Teil des
Riffs bieten ausgezeichnete Bedingungen
zum Schnorcheln, zum Tauchen oder auch
einfach nur zum Eintauchen in die Natur.
Allerdings ist es generell wesentlich teurer,
diese Inseln zu erreichen als jene, die näher
an der Küste liegen. Manche der Inseln sind
wichtige Nistplätze für Meeresschildkröten
und Meeresvögel; Besucher sollten alle Vor-
kehrungen treffen, um die Natur nicht zu
beeinträchtigen.

Lady Elliot Island

Die 40 ha große, mit Vegetation überzogene
Koralleninsel am Südrand des Great Barrier
Reef wird von nistenden Meeresschildkröten und einer eindrucksvollen Zahl von
Meeresvögeln bevölkert. Hier sollen die besten Schnorchelbedingungen des südlichen
Great Barrier Reef sowie gute Tauchbedingungen herrschen: Man kann einen Meeresboden voller Schiffswracks, Korallengärten,
Korallenzinnen und Blowholes bewundern
und eine reiche Fauna erkunden, zu der

Barracudas, riesige Manta-Rochen und harmlose Leopardenhaie gehören.

Das **Lady Elliot Island Eco Resort** (☑ 1800 072 200; www.ladyelliot.com.au; Zi. 175–420 AU$, Kind 95 AU$) existiert schon ein paar Jahrzehnte, hat aber glücklicherweise nur wenig von seinem improvisierten Charme verloren. Die Hütten sind ein großartiges Budgetangebot für Gruppen von vier Personen; die Gartensuiten bieten etwas mehr Schutz vor dem Wind und mehr Platz, um sich nachts richtig auszustrecken.

Heron Island & Wilson Island

Heron Island gehört zu der kleineren Gruppe der Capricornia Cays sowie zu den besten Tauchregionen der Welt, vor allem auch dank der leichten Erreichbarkeit. Die Besucher der Insel wissen für gewöhnlich ganz genau, warum sie kommen – nämlich wegen des Unterwasserparadieses –, aber die raue Schönheit der Insel ist auch Grund genug, sich mal an Land umzuschauen. Das Koralleneiland ist dicht mit Pisonienbäumen bewachsen und von einem 24 km² großen Riff umgeben. Das nordöstliche Drittel der Insel nehmen ein Resort und eine Forschungsstation ein, das übrige Gebiet ist ein Nationalpark. Rund 200 000 Vögel halten sich zu verschiedenen Zeiten im Jahr hier auf, manchmal türmt sich daher der Guano.

Heron Island bietet ausgezeichnete Strände und erstklassige Bedingungen zum Schnorcheln und (während der Saison) zum Beobachten von Meeresschildkröten.

Das **Heron Island Resort** (☑ 1300 863 248; www.heronisland.com; DZ/Suite ab 330/572 AU$) ist trotz des hohen Zimmerpreises nicht wirklich glamourös, aber die Nähe zu einer so unglaublich eindrucksvollen natürlichen Umgebung ist anderswo kaum zu finden. Das Resort selbst sollte jedoch nicht der Grund sein, auf die Insel zu kommen. Auf der Website gibt's oft tolle Sonderangebote. Die Pauschale für Mahlzeiten kostet extra, und für die Anreise schlagen noch einmal per Boot 62/31 AU$ (pro Erw./Kind; einfache Strecke) und per Wasserflugzeug ab Gladstone 338 AU$ zu Buche.

Der **Heron Islander** (☑ 1800 837 168; www.heronisland.com; einfache Strecke Erw./Kind 62/31 AUS) legt täglich um 14 Uhr in Gladstone zu seiner 2½-stündigen Fahrt ab.

Glamouröser ist natürlich die Anreise mit einem **Wasserflugzeug** (☑ 1300 863 248; www.heronisland.com; einfache Strecke 338 AU$). Die Flüge starten bei entsprechender Nachfrage täglich; die Termine können aber variieren.

North West Island

North West Island ist eine spektakuläre, 106 ha große Koralleninsel – die zweitgrößte des Riffs. Wie große Teile des Capricornia Cays National Park ist auch North West Island ein abgelegenes Tropenparadies, dessen Wanderwege und Campinggelegenheiten in den letzten Jahren stetig angewachsen sind. Heute ist die Insel ein wichtiger Nistplatz für Suppenschildkröten und Vögel; in jedem Oktober kommen Hunderttausende Keilschwanz-Sturmtaucher auf die Insel, um hier zu nisten und die Zelter mit ihren unheimlichen Schreien bei Nacht in Angst und Schrecken zu versetzen. Man kann sich kaum noch vorstellen, dass diese Insel einmal Sitz einer Guano-Mine sowie einer Schildkrötensuppenfabrik war, denn heute ist das Paradies zurückgekehrt.

Rockhampton & Umgebung

66 192 EW.

Willkommen in Rockhampton (von seinen Freunden auch „Rocky" genannt), wo Hüte, Stiefel und Nutzfahrzeuge vor allem eines sind: zahlreich. Nur die Rinder hier sind noch zahlreicher. Mit über 2,5 Mio. Stück Vieh in einem Umkreis von 250 km gilt Rocky nicht umsonst als die Rindfleischhauptstadt Australiens. Die weitläufige Stadt ist das Verwaltungs- und Wirtschaftszentrum von Zentralqueensland, und seine breiten Straßen und die vielen herrlichen Gebäude aus der viktorianischen Zeit (man sollte unbedingt einmal die Quay Street entlangschlendern) spiegeln den durch Gold- und Kupferminen ebenso wie durch Rinderzucht bedingten Wohlstand der Region im 19. Jh. wider.

Rocky liegt direkt am südlichen Wendekreis. Da es zudem 40 km landeinwärts liegt und somit die angenehme Meeresbrise der Küste fehlt, werden im Sommer entsprechend hohe Temperaturen und eine zeitweise unerträglich hohe Luftfeuchtigkeit erreicht. Es gibt hier eine ganze Reihe Attraktionen, der größte Pluspunkt ist aber seine Eigenschaft, ein Tor zu den an der Küste gelegenen Juwelen Yeppoon und Great Keppel Island sowie dem Byfield National Park im Norden zu sein.

◉ Sehenswertes

★ Botanic Gardens
GARTEN

(☑ 07-4932 9000; Spencer St; ☺ 6–18 Uhr) GRATIS
Unmittelbar südlich der Stadt liegt dieser
botanische Garten, eine wunderschöne Oase
mit tropischen und subtropischen Regenwäldern, Gartenanlagen und von Seerosen
bedeckten Lagunen. Der akkurate japanische Garten ist eine Zone der Ruhe, es gibt
dort ein **Café** (☺ 8–17 Uhr) und in dem kleinen, gut gepflegten Zoo (☺ 8.30–16.30 Uhr,
Einlass frei) gibt's Koalas, Wombats, Dingos,
Affen, eine begehbare Voliere und vieles
mehr zu sehen.

Dreamtime Cultural Centre
KULTURZENTRUM

(☑ 07-4936 1655; www.dreamtimecentre.com.au;
Bruce Hwy; Erw./Kind 15,50/7,50 AU$; ☺ Mo–Fr
10–15.30 Uhr, Touren 10.30 & 13 Uhr) Die
Geschichte der örtlichen Dharumbal-
Aborigines wird in diesem Kulturzentrum
vermittelt, das einen gut verständlichen Einblick in die Geschichte und das Erbe der
Aborigines und der Torres-Strait-Insulaner
gibt. Die ausgezeichneten 90-minütigen
Führungen sind interaktiv – man darf selber
einmal einen Bumerang werfen – und sprechen alle Altersgruppen an. Die Einrichtung
befindet sich rund 7 km nördlich vom Stadtzentrum.

Kershaw Gardens
GARTEN

(☑ 07-4936 8254; über die Charles St; ☺ 6–18 Uhr)
GRATIS Der herrliche botanische Park gleich
nördlich des Fitzroy River widmet sich den
in Australien heimischen Pflanzen. Zu den
Attraktionen hier gehören künstliche Stromschnellen, ein Regenwaldbereich, ein Duft-
garten und denkmalgeschützte Architektur.

Mt. Archer
BERG

Überall auf dem Berg (604 m) gibt es Wanderwege, die sich durch von wilden Tieren
bevölkerte Eukalyptus- und Regenwälder
schlängeln. Eine entsprechende Broschüre
liegt in den Visitor Centres aus.

Rockhampton Art Gallery
GALERIE

(☑ 07-4936 8248; www.rockhamptonartgallery.
com.au; 62 Victoria Pde; ☺ 10–16 Uhr) GRATIS Die
Galerie zeigt eine eindrucksvolle Sammlung
australischer Gemälde, darunter Werke von
Sir Russell Drysdale und Sir Sidney Nolan.
Auch zeitgenössische indigene Künstler sind
hier vertreten.

Archer Park Rail Museum
MUSEUM

(☑ 07-4936 8191; www.rockhamptonregion.qld.gov.
au; 51-87 Denison St; Erw./Kind/Fam. 8/5/26 AU$;

☺ Mo–Do 10–16 Uhr; So 10–13 Uhr) Das Museum
ist in einem ehemaligen Bahnhof aus dem
Jahr 1899 untergebracht. Anhand von Foto-
grafien und Ausstellungen erzählt es die Geschichte des Bahnhofs und der einzigartigen
dampfbetriebenen Bahn Purrey. Wer möchte, kann sonntags zwischen 10 und 13 Uhr
mit dieser restaurierten Tram mitfahren
(das einzige noch existierende Exemplar der
Welt!).

Heritage Village
MUSEUM

(☑ 07-4936 8688; www.heritagevillage.com.au;
296 Boundary Rd; Erw./Kind/Fam. 14/8,50/40 AU$;
☺ 9–16 Uhr) Das Museumsdorf mit nachge-
bauten historischen Gebäuden und Darstel-
lern, die in Kostümen der Zeit altmodischen
Tätigkeiten nachgehen, ist prima für eine
Stippvisite, insbesondere mit Kindern. Die
Klassenzimmer, Werkstätten und rekonstru-
ierten Läden sind für Leute jeden Alters interessant. Es gibt auch ein Besucherzentrum. Das Dorf befindet sich 10 km nördlich
vom Stadtzentrum gleich abseits des Bruce
Highway (A1).

🛏 Schlafen

Southside Holiday Village
CAMPING $

(☑ 07-4927 3013; www.sshv.com.au; Lower Dawson
Rd; Stellplatz mit/ohne Strom 38/30 AU$, Hütten
93 AU$, Villa 98–125 AU$; ✳ @ 🛜 ⛹) Das South-
side Holiday Village ist einer der besten
Campingplätze der Stadt. Er befindet sich
rund 3 km südlich vom Zentrum an einer
stark befahrenen Straße und hat nette, voll
ausgestattete Hütten und Villen, große Grasflächen zum Zelten und eine gute Küche.
Die Preise gelten jeweils für zwei Personen.

Rockhampton Backpackers
HOSTEL $

(☑ 07-4927 5288; www.rockhamptonbackpackers.
com.au; 60 MacFarlane St; B/DZ 23,50/60 AU$;
✳ @ 🛜 ⛹) Das sehr schnellem Gästewechsel
unterliegende, unprätentiöse YHA-Hostel
erinnert zuweilen irgendwie an ein Arbeits-
amt. Das Hostel hat eine Gemeinschaftsküche von der Größe einer Werkskantine, offene Wohnbereiche, wo Traveller ihre
Erfahrungen über Rinderranches und Obstplantagen austauschen, sowie schlichte
Schlafsäle mit vier Betten. Der Pool ist klein,
aber bei der brutalen Sommerhitze wird
man trotzdem gern hineinspringen.

Myella Farm Stay
FARMSTAY $$

(☑ 07-4998 1290; www.myella.weebly.com; Barala-
ba Rd; DZ/3BZ ab 90/130 AU$, 2/3 Tage
250/390 AU$, Stellplatz mit Strom 22 AU$;

CAPRICORN CAVES

Die **Capricorn Caves** (☎ 07-4934 2883; www.capricorncaves.com.au; 30 Olsens Caves Rd; Erw./Kind/Fam. 30/15/75 AU$; ☻ 9–17 Uhr) sind ein seltenes akustisches und visuelles Phänomen tief unter der Berserker Range, 24 km nördlich von Rockhampton nahe der Ortschaft Caves. Bei der beliebtesten einstündigen Tour hört man sich eine Aufnahme klassischer Musik an und bewundert vormittags, wie sich ein Sonnenstrahl wunderschön in der Höhle bricht. In den uralten, wabenartigen Kalksteinhöhlen kann man Höhlenkorallen, Stalaktiten, herunterhängende Feigenbaumwurzeln und vielleicht auch kleine, Insekten fressende Fledermäuse sehen.

Im Dezember dringen rund um die Sommersonnwende (1. Dez.–14. Jan.) Sonnenstrahlen durch einen 14 m langen Schacht in die Belfry Cave und erzeugen ein faszinierendes Lichtspiel. Wenn man direkt unter dem Strahl steht, taucht das reflektierte Sonnenlicht die gesamte Höhle in die Farbe, die man gerade trägt.

Kühne Höhlenforscher können eine zweistündige „Abenteuertour" (75 AU$; einen Tag oder mehr im Voraus buchen) unternehmen, bei der man enge Stellen mit Namen wie „Fat Man's Misery" passiert. Für die Teilnahme an der Tour muss man mindestens 16 Jahre alt sein.

Zum Komplex der Capricorn Caves gehören Grillbereiche, ein Pool, ein Kiosk und Unterkünfte (Stellplatz mit Strom 35 AU$, Hütte 150–180 AU$).

✳ @ ✉) Das Myella Farm Stay 125 km südwestlich von Rockhampton vermittelt auf einer 10,6 km² großen Farm einen Vorgeschmack vom Outback. Viele Optionen werden angeboten, darunter auch komfortable Stellplätze sowie Busch-Mahlzeiten (10–20 AU$) für Leute, die hier nur durchfahren. Das meiste hat man jedoch davon, sich auf die vielen Aktivitäten einzulassen, die in einem Pauschalpaket zu haben sind. Dazu zählen die Erkundung des Buschs zu Pferd, mit dem Motorrad oder dem Geländewagen, alle Mahlzeiten, die Unterkunft in einem renovierten Bauernhaus mit Holzdielen und einer großen Veranda, die passende Farmerkluft und die kostenlose Abholung aus Rockhampton.

Criterion
HOTEL $$

(☎ 07-4922 1225; www.thecriterion.com.au; 150 Quay St; Pub Zi. 65–90 AU$, Motel Zi. 130–160 AU$; ✳ ☎) Das Criterion ist Rockhamptons prächtigstes altes Gasthaus mit einem eleganten Foyer, einer freundlichen Bar und einem angesehenen Steakhaus. Für Traveller – oder Leute, die zu tief ins Glas geschaut haben – gibt's in den oberen Geschossen Dutzende betagter Zimmer, manche noch im originalen Stil, die alle ein ausgezeichnetes Preis-Leistungs-Verhältnis bieten. Alle Zimmer haben Duschen, die Toiletten befinden sich allerdings auf dem Korridor. Wem das Haus ein bisschen zu ungeschliffen oder zu laut ist, findet gleich nebenan eine Reihe unspektakulärer, moderner Motelzimmer.

Coffee House
MOTEL, APARTMENTS $$

(☎ 07-4927 5722; www.coffeehouse.com.au; 51 William St; Zi. 150–180 AU$; ✳ ☎ ✉) Das Coffee House hat kleine, geflieste Motelzimmer, in sich abgeschlossene Apartments und Suiten mit Whirlpool. Alle Unterkünfte sind überlegt dekoriert und enthalten auch Schreibtische aus dunklem Holz. Vor Ort gibt's ein beliebtes, stilvolles Restaurant mit Café und Weinbar.

★ Denison
Boutique Hotel
BOUTIQUE HOTEL $$$

(☎ 07-4923 7378; www.denisonboutiquehotel.com. au; 233 Denison St; DZ 200 AU$) Das neueste Hotel in Rockhampton ist auch das beste; und es residiert in einem prächtigen weißen Gebäude von 1885. Das von Rosengärten und Hecken eingefasste Denison hat Zimmer mit großen Himmelbetten, hohen Decken und großen Plasmafernsehern. Online gibt's Sonderangebote, damit sich der Aufenthalt richtig lohnt.

✗ Essen & Ausgehen

Saigon Saigon
ASIATISCH $

(☎ 07-4927 0888; www.saigonbytheriver.com; Quay St; Hauptgerichte 12–28 AU$; ☻ Mi–Mo Mittagessen & Abendessen) In der zweistöckigen Bambushütte mit Blick auf den Fitzroy River werden köstliche panasiatische Gerichte mit lokalen Zutaten wie Känguru- und Krokodilfleisch serviert, das brutzelnd heiß auf den Tisch kommt. Keine Lust auf Reptil? Die Speisekarte ist so bunt wie die Neonlichtanzeige vor dem Restaurant. Auch Vegetarier kommen voll auf ihre Kosten.

Ginger Mule
STEAKS $

(☑07-4927 7255; 8 William St; Hauptgerichte ab 10 AU$; ⊙ Di–Do 12–24, Fr 12–2, Sa 16–2 Uhr) Rockys coolstes Lokal bezeichnet sich als Tapasbar, aber in Wahrheit kommen alle nur wegen der Steaks. Das Steaksandwich (11 AU$) gehört zu den besten günstigen Gerichten in Queensland, und die Filets für 12 AU$ kommen bis in die Nacht aus der geschäftigen Küche. Spät am Abend verwandelt sich das Restaurant in eine Cocktailbar.

Pacino's
ITALIENISCH $$

(☑07-4922 5833; Ecke Fitzroy & George St; Hauptgerichte 25–40 AU$; ⊙ mittags & abends) Das seit 30 Jahren von derselben Familie geführte Lokal am Fluss ist sehr beliebt und kilometerweit das beste italienische Restaurant. Der Laden ist recht teuer, aber dank der Pastagerichte in riesigen Portionen und der vielen regionalen Spezialitäten überaus beliebt. Das Lammhirn und die Hummer-Ravioli sind deutlich besser, als man in einer so kleinen Ortschaft erwarten würde, doch auf die Pizza sollte man lieber verzichten.

Restaurant 98
MEERESFRÜCHTE $$

(☑07-4920 1000; www.98.com.au; 98 Victoria Pde; Hauptgerichte 18–46 AU$; ⊙ tgl. früh, Mo–Fr mittags, Mo–Sa abends) Austern, Steaks und feiner Rotwein sind die Markenzeichen in diesem Speisesaal mit Schanklizenz, der an das **Motel 98** (DZ ab 124 AU$) angeschlossen ist. Man sitzt drinnen oder draußen auf der Terrasse mit Blick auf den Fitzroy River.

★ Great Western Hotel
PUB

(☑07-4922 1862; www.greatwesternhotel.com.au; Ecke Stanley & Denison Sts; ⊙ 10–2 Uhr) Das GWH ist teils Landgasthaus, teils Konzertstätte und gehört zum geselligen Gefüge von Rockhampton. Wer am Mittwoch- oder Freitagabend in „Rocky" ist, kann zuschauen, wie brave Landburschen von buckelnden Bullen oder nicht zugerittenen Pferden abgeworfen werden. Der Pub ist ein spaßiger Ort mit genügend Andenken zur Ausstaffierung eines B-Westerns. Hier treten tourende Bands auf, daneben gibt es auch Ultimate Fighting und Stand-up-Comedy – die Tickets sind online erhältlich. Beim Essen dreht sich alles um tolle Steaks.

❶ Praktische Information

Tropic of Capricorn Visitor Centre (☑1800 676 701; Gladstone Rd; ⊙ 9–17 Uhr) Die hilfreiche Touristeninformation befindet sich 3 km südlich des Zentrums am Highway neben der Markierung des südlichen Wendekreises.

❶ An- & Weiterreise

BUS
Greyhound (☑1300 473 946; www.greyhound.com.au) fahren von Rockhampton u. a. nach Brisbane (168 AU$, 12 Std.) und Mackay (65 AU$, 4 Std.).

FLUGZEUG
Qantas (☑13 13 13; www.qantas.com.au) und **Virgin** (☑13 67 89; www.virginaustralia.com) verbinden Rockhampton mit verschiedenen Städten. Der Flughafen liegt etwa 6 km vom Stadtzentrum entfernt.

ZUG
Queensland Rail (☑1800 872 467; www.queenslandrailtravel.com.au) betreibt einen täglichen Zug nach Brisbane (135 AU$, 12 Std.) und Gladstone (39 AU$, 3 Std.).

Yeppoon
17 241 EW.

Yeppoon hat sich langsam von einem winzigen Dorf, das als Sprungbrett für Ausflüge zur Great Keppel Island bekannt war, zu dem heutigen besser etablierten Ort am Meer entwickelt. Der lange, schöne Strand ist ein Ferienziel oder das Highlight für viele Viehzüchter, Bergleute und andere Einwohner aus dem nahen Rockhampton, die hier der Hitze entfliehen wollen. Mit seinem Hinterland aus vulkanischen Felsvorsprüngen und Ananasplantagen sowie dem (eine kurze Autofahrt nördlich gelegenen) wundervollen Byfield National Park besitzt Yeppoon eine Vielfalt, die von Travellern aus anderen Teilen Australiens oft übersehen wird. Die breiten, ruhigen Straßen, verschlafenen Motels und Strandcafé erleben nachts einen beeindruckenden Zug von Schwarzen und Roten Flughunden, die gegen Sonnenuntergang in eindrucksvoller Zahl über den Hauptstrand weiter ins Landesinnere fliegen.

🏃 Aktivitäten

Sail Capricornia
BOOTSFAHRT

(☑0402 102 373; www.sailcapricornia.com.au; ganztägige Bootsfahrt inkl. Mittagessen Erw./Kind 115/75 AU$) Sail Capricornia bietet Schnorcheltouren mit dem Katamaran *Grace* sowie Bootsfahrten in den Sonnenuntergang (55 AU$) und dreitägige Bootstouren (499 AU$).

Funtastic Cruises
BOOTSRUNDFAHRT

(📞 0438 909 502; www.funtasticcruises.com; ganztägige Rundfahrten Erw./Kind/Fam. 98/80/350 AU$) Funtastic Cruises veranstaltet ganztägige Schnorcheltrips an Bord eines 17 m langen Katamarans mit einem zweistündigen Zwischenstopp auf Great Keppel Island. Im Preis inbegriffen sind der Morgen- und Nachmittagstee sowie die gesamte Schnorchelausrüstung. Kann auf Anfrage unterwegs auch Camper auf verschiedenen Inseln absetzen.

🛏 Schlafen & Essen

Beachside Caravan Park
CAMPING $

(📞 07-4939 3738; Farnborough Rd; Stellplatz mit Strom 31–34 AU$/ ohne Strom 28 AU$) Dieser schlichte, nette kleine Campingplatz nördlich des Stadtzentrums lockt mit bester Lage am Strand. Er verfügt über gute Einrichtungen und Rasenflächen mit etwas Schatten, hat aber weder Hütten noch Mobilheime. Die Preise gelten für zwei Personen.

★ Surfside Motel
MOTEL $$

(📞 07-4939 1272; www.yeppoonsurfsidemotel.com.au; 30 Anzac Pde; Zi. ab 140 AU$; ✷ @ 🛜 🏊) Mit seiner Lage und seinem Service steht dieses Motel in Yeppoon an der Spitze. Die Anlage mit limettengrünen Motelzimmern aus den 1950er-Jahren liegt nahe der Stadt, ist vom Strand nur durch eine Straße getrennt und gleichsam der Inbegriff von einem sommerlichen Strandurlaub. Das Preis-Leistungs-Verhältnis ist ausgesprochen gut: Die Zimmer sind geräumig und mit Toaster, Fön und WLAN außergewöhnlich gut ausgestattet. Bei drei oder mehr Übernachtungen werden die Preise noch günstiger.

While Away B & B
B&B $$

(📞 07-4939 5719; www.whileawaybandb.com.au; 44 Todd Ave; EZ 115 AU$, DZ 140–155 AU$, mit Frühstück; ✷) Das seit Urzeiten beliebte B & B hat saubere Zimmer von ordentlicher Größe, einen Zugang für Rollstuhlfahrer und eine ruhige Lage hinter dem Strand. Die mitteilsamen Eigentümer kredenzen kostenlose Knabbereien, Tee, Kaffee, Portwein, Sherry und ein großzügiges Frühstück.

Coral Inn Yeppoon
HOSTEL $$

(📞 07-4939 2925; www.coralinn.com.au; 14 Maple St; DZ/4BZ ab 129/149 AU$; ⊝ ✷ @ 🛜 🏊) Mit den schönen Rasenflächen und seinen Zimmern in hellen, freundlichen Farben mit allen modernen Einrichtungen sowie angeschlossenen Bädern ist das Coral Inn eine tolle Entdeckung gleich hinter dem Strand. Familien und wählerische Reisegruppen schätzen die Vierbettzimmer, die Gemeinschaftsküche und den kleinen „Strand"-Bereich mit Hängematten und einem einla-

---

ABSTECHER

BYFIELD

Byfield ist ein Dorf 40 km nördlich von Yepoon im Byfield National Park, in einer gut versteckten Landschaft von seltener Vielfalt mit einsamen Sanddünen, Felsnadeln, Feuchtgebieten und semitropischen Regenwäldern. Ein Geländewagen bringt einen zu abgelegenen Wanderwegen und einsamen Stränden, die so schön sind, dass man noch viel länger bleiben will.

Die **Nob Creek Pottery** (📞 07-4935 1161; www.nobcreekpottery.com.au; 216 Arnolds Rd; ⊙ Do–Mo 10–16 Uhr) GRATIS ist eine Töpferei und Galerie in einem grünen Regenwald. Die Galerie zeigt mundgeblasene Gläser, Holzarbeiten und Schmuck; die handgemachten Keramiken sind wunderschön. Mit **Waterpark Eco-Tours** (📞 07-4935 1171; www.waterparkecotours.com; 201 Waterpark Creek Rd; 2- bis 3-std. Tour 27,50 AU$, Hütte 150 AU$) kann man eine Bootstour durch den Regenwald unternehmen und man sollte dabei unbedingt die Augen nach leuchtend blauen Eisvögeln, Baby-Schildkröten und großen Aalen offenhalten.

Vor Ort gibt's fünf **Campingplätze** (📞 13 74 68; www.nprsr.qld.gov.au; 6,15/24,60 AU$ pro Pers./Fam.; reservieren erforderlich). Die beiden Plätze Nine Mile Beach und Five Rocks liegen am Strand, und man braucht einen Geländewagen, um sie zu erreichen.

Das auf einem 26 ha großen Gelände mit duftendem Regenwald, in dem Vögel kreischen, gelegene **Byfield Mountain Retreat** (📞 07-4935 1161; www.byfieldmountainretreat.com; 216 Arnolds Rd; pro Nacht/Woche 250/1300 AU$) ist nur eine kurze Fahrt vom Ort Byfield entfernt und genau richtig für alle, die einmal Zwiesprache mit der Natur halten wollen.

denden Pool. Die Betreiber setzen bestimm-te Regeln konsequent durch, um rüpelhafte Backpacker fernzuhalten.

Strand Hotel　　　　　　KNEIPENKOST **$**

(☑ 07-4939 1301; www.thestrandyeppoon.com.au; 2 Normanby St; Hauptgerichte ab 16 AU$; ☺ Mo–Fr 12–14.30 & 18–21, Sa & So 11.30–14.30 & 17.30–21 Uhr) Mit einer Glasfront und Kunstledermö-beln hat dieser tolle alte Pub am Meer eine willkommene Auffrischung erhalten. Das Essensangebot ist verlässlich und reicht von Pizza (16–24 AU$) bis hin zu fantastischen Steaks (29–42 AU$). An den meisten Wo-chenenden und manchmal auch unter der Woche gibt's abends Livemusik.

★ **Megalomania**　　　　　　FUSION **$$$**

(☑ 07-4939 2333; www.megalomaniabarandbistro. com.au; Ecke James & Arthur St; Hauptgerichte 26–40 AU$; ☺ Di–Sa 12–14 & 18 Uhr–open end) Das australisch-asiatische Fusionrestaurant mit seinem stilvollen Ambiente, das sich nir-gends und schon gar nicht in einem kleinen Küstenort einfach so kopieren ließe, wird vom Chefkoch Callan Crigan geleitet. Wir haben uns für panierte Riesengarnelen und mit rotem Meersalz gewürzte Weichschalen-krebse als Vorspeise (je 18 AU$) entschie-den, gefolgt von Byron-Bay-Schweinebauch und weißer Barramundi-Miso als Hauptge-richte (je 36 AU$). Das vermittelt wohl schon mal einen Eindruck von dem, was ei-nen hier erwartet. Man hängt unter dem Feigenbaum mit einem starken Cocktail ab oder klappert drinnen in dem holzgetäfelten Raum mit dem Tafelsilber.

ⓘ Information

Das **Capricorn Coast Information Centre** (☑ 1800 675 785; www.capricorncoast.com. au; Ross Creek Kreisverkehr; ☺ 9–17 Uhr) hält viele Infos zur Capricorn Coast und Great Keppel Island bereit und kann auch Unterkünfte und Touren buchen.

ⓘ An- & Weiterreise

Yeppoon liegt 43 km nordöstlich von Rockhamp-ton. **Young's Bus Service** (☑ 07-4922 3813; www.youngsbusservice.com.au) hat häufig verkehrende Busse von Rockhampton (einfache Strecke 6,70 AU$) nach Yeppoon und hinunter zur Rosslyn Bay Marina.

Autofahrer können ihr Fahrzeug für einen Tag kostenlos auf dem Parkplatz am Jachthafen abstellen. Wem ein sicheres Parkhaus lieber ist, der findet südlich von Yeppoon am Scenic Hwy in der Nähe der Ausfahrt zur Marina den **Great**

Keppel Island Security Car Park (☑ 07-4933 6670; 422 Scenic Hwy; ab 15 AU$/Tag).

Keppel Konnections und Funtastic Cruises (S. 422) legen beide täglich von Yeppoon zur Great Keppel Island und zum Great Keppel National Park ab.

Great Keppel Island

Das Juwel der Capricorn Coast ist für Travel-ler aus der Stadt gleichbedeutend mit Fanta-sien von einer einsamen Insel. Einst Sitz ei-nes der berühmtesten Resorts Australiens besteht die 4 km² große Insel zu 90% aus natürlichem Busch. Sie besitzt 17 Strände, die alle traumhaft schön sind. Ein neues Megaresort, ein Umweltforschungszentrum und ein Golfplatz sind geplant – wer die Insel noch in ungestörter Einsamkeit erle-ben will, muss sich beeilen.

🏃 Aktivitäten

Freedom Fast Cats　　　　　　BOOTSFAHRT

(☑ 07-4933 6888; www.freedomfastcats.com; Kep-pel Bay Marina, Rosslyn Bay; Touren Erw./Kind ab 78/50 AU$) Veranstaltet eine ganze Reihe von Inseltouren, darunter Ausflüge mit dem Glasbodenboot, Schnorcheltrips und Boom-Netting (man lässt sich in einem gro-ßen Netz von einem Boot ziehen).

Great Keppel Cruises　　　　　　BOOTSFAHRT

(☑ 0401 053 666; www.greatkeppelcruises.com.au; Tour halber/ganzer Tag 65/125 AU$) Die *Keppel Dreams* startet vom Fisherman's Beach zu Schnorchelausflügen rund um die Insel. Die Abfahrten sind auf die Ankunft der Fähre von Keppel Konnections aus Yeppoon abge-stimmt.

Watersports Hut　　　　　　WASSERSPORT

(☑ 0415 076 644; Putney Beach; ☺ Sa, So & Schul-ferien) Der Veranstalter am Hauptstrand ver-mietet Schnorchelausrüstung, Kajaks und Katamarane und veranstaltet Tube-Rides.

🛏 Schlafen & Essen

★ **Svendsen's Beach**　　　　　　HÜTTEN **$$**

(☑ 07-4938 3717; www.svendsensbeach.com; DZ ab 115 AU$) 🍃 Der Mindestaufenthalt von drei Übernachtungen in diesem einsamen Bou-tique-Refugium auf „der anderen Seite" von Great Keppel Island ist eigentlich nicht ge-nug. Die von den kundigen Inhabern Carl und Lindy geführte umweltfreundliche An-lage verwendet Solar- und Windenergie, und es gibt sogar eine Buschdusche mit Wassereimer. Der Ort ist ideal zum Schnor-

Great Keppel Island

cheln, Wandern im Busch sowie für etwas Romantik. Die Gäste haben die Wahl zwischen luxuriösen Zelt-Bungalows (DZ 115 AU$) auf erhöhten Holzplattformen, einer farbenfrohen Einraumwohnung (150 AU$) und einem Haus (für bis zu 4 Pers., ab 220 AU$) – allesamt in kurzer Gehentfernung zum Strand.

Great Keppel Island Hideaway   RESORT $$
(☎ 07-4939 2050; www.greatkeppelislandhideaway.com.au; Safarizelt 90 AU$, Zi. 140–200 AU$, Hütte 200–360 AU$) Die Anlage erstreckt sich über ein riesiges Gelände an einer herrlichen Biegung des Fisherman's Beach. Der Abstand zwischen den diversen Hütten, Häusern und Safarizelten gibt dem Familienurlaub eine Anmutung von rauer Einsamkeit. Tatsächlich aber gibt's in der Nähe ein Strandrestaurant (Hauptgerichte 12–25 AU$), in dem die Gäste von ihrer Unterbringung erzählen, sich bei Sonnenuntergang einen Drink genehmigen und darüber nachsinnen, einen Spaziergang in der Natur zu unternehmen, der nicht zu lang werden sollte.

Keppel Lodge   PENSION $$
(☎ 07-4939 4251; www.keppellodge.com.au; Fisherman's Beach; DZ 65–75 AU$/Pers., Haus 520–600 AU$; @ 🖎) Die Keppel Lodge hat ein hervorragendes Preis-Leistungs-Verhältnis und ist nur ein kurzes Stück vom Fisher-

man's Beach entfernt. Das nette Haus mit offenem Grundriss bietet vier große Schlafzimmer (mit eigenen Bädern) rund um eine große Gemeinschaftslounge mitsamt Küche. Man kann das Haus als ganzes – ideal für Gruppen – oder auch nur eine einzelne Suite mieten.

Island Pizza   PIZZA $
(☎ 07-4939 4699; The Esplanade; Gerichte 6–30 AU$; ⊙ unterschiedlich) Wer herausfindet, wie es um die Öffnungszeiten dieser Pizzeria in seltsamer Lage bestellt ist, hat etwas geschafft, woran wir gescheitert sind. Wer lange genug hier abhängt, wird aber schon irgendwann hineinkommen. Die Pizzen sind riesig und lecker – am besten wählt man irgendeine mit Ananas.

ℹ An- & Weiterreise
Great Keppel Island ist eine 30-minütige Fährfahrt von der Roslyn Bay Marina in Yeppoon entfernt. **Keppel Konnections** (www.keppelkonnections.com.au) bietet zweimal täglich Fähren zur Insel, die in Yeppoon um 9 bzw. um 15 Uhr ablegen und um 10 und 16 Uhr zurückfahren. **Freedom Fast Cats** (☎ 07-4933 6888; www.freedomfastcats.com; hin & zurück Erw./Kind/Fam. 55/35/160 AU$) legt in Yeppoon um 9.15 Uhr ab und kehrt je nach Tag und Jahreszeit entweder um 14.30 oder auch erst um 15.45 Uhr zurück.

Capricorn Hinterland

Im zentralen Hochland westlich von Rockhampton gibt's zwei ausgezeichnete Nationalparks. Der Blackdown Tableland National Park ist ein eindrucksvoller Ort mit starker Ausstrahlung. Besucher des Carnarvon National Park sind von der spektakulären Schlucht hingerissen.

Bei Emerald, 270 km weiter im Binnenland, kann man in der Hitze im Geröll nach Edelsteinen schürfen, umgeben von netten Leuten und der guten Stimmung des Outback. Am besten tut man das in den kühleren Monaten (April–Nov.).

Carnarvon National Park

Die Carnarvon Gorge ist ein spektakuläres Stück australischer Natur. Die 30 km lange und 200 m hohe Schlucht wurde über Jahrmillionen vom Carnarvon Creek und seinen Nebenflüssen ausgehöhlt, die sich durch das weiche Sedimentgestein fraßen. So entstand eine üppige, paradiesische Oase, in der das Leben, abgeschirmt vom rauen Gelände, gedeiht. Man findet hier riesige Brotpalmfarne, Königsfarne, Kasuarinen, Eukalyptusbäume, Australische Livingstonepalmen, tiefe Wasserbecken und Schnabeltiere. Entflohene Strafgefangene versteckten sich hier einst unter uralten Felsmalereien. Das Gebiet wurde 1932 zum Nationalpark erklärt, nachdem man den dortigen Farmern ihre Weiderechte aberkannt hatte.

Für die meisten Menschen ist der Carnarvon National Park die Carnarvon-Schlucht, weil dessen andere Abschnitte – darunter Mt. Moffatt (wo indigene Gruppen schon vor rund 19 000 Jahren lebten), Ka Ka Mundi und Salvator Rosa – nur schlecht zu erreichen sind.

Von Rolleston aus ist die Straße auf 75 km asphaltiert und auf 20 km unbefestigt. Von Roma über Injune und Wyseby Homestead ist die Straße auf rund 215 km gut asphaltiert, danach aber unbefestigt und auf den letzten 30 km sehr rau. Beide Routen können nach starkem Regen unpassierbar sein.

Der Hauptwanderweg folgt dem Carnarvon Creek durch die Schlucht, mit Abstechern zu verschiedenen interessanten Stellen. Zu diesen gehören der Moss Garden (3,6 km vom Picknickbereich entfernt), der Ward's Canyon (4,8 km), die Art Gallery (5,6 km) und die Cathedral Cave (9,3 km). Für einen Besuch sollte man mindestens einen ganzen Tag einplanen.

ABSEITS DER ÜBLICHEN PFADE

EDELSTEINFELDER

Die Edelsteinfelder im zentralen Queensland sind eine raue Landschaft, die Prospektoren anlockt, die sich hier mehr schlecht als recht ihren Lebensunterhalt verdienen, bis sie ein Glücksfund (oder ein Sonnenstich) ereilt. Die Edelsteinsucher strömen im Winter herbei; in den heißen Sommern sind die Ortschaften nahezu verlassen. Saphire machen das Gros der Funde aus, aber auch Zirkone werden entdeckt und sehr selten auch Rubine. Sapphire und Rubyvale sind zwei der wichtigsten Ortschaften in der Gegend.

Um nach Edelsteinen zu suchen, braucht man eine Lizenz, die online (www.dnrm. qld.gov.au; Erw./Fam. 7,75/11,15 AU$) sowie an einigen anderen Stellen in der Gegend gekauft werden kann – das **Central Highlands Visitors Centre** (www.centralhighlands. com.au; 3 Clemont St, Emerald; ⊘10–16.30 Uhr) in Emerald hat eine Liste. Wer nur ein bisschen Goldgräber spielen will, kauft einen Eimer mit „wash" (in Wasser gelöste Erde) in einem der Edelsteingräberparks und siebt das Zeug von Hand durch.

Bobby Dazzler Mine Tours (☏07-4981 0000) sorgt dafür, dass man sich die Hände auf die richtige Art schmutzig macht und liefert einen großen Schlag Lokalgeschichte und Spaß für ein nettes Erlebnis.

Pat's Gems (☏07-4985 4544; 1056 Rubyvale Rd, Sapphire; ⊘8.30–16 Uhr) ist ein skurriler Laden und eine Edelsteingräberstation, wo Stammgäste und durchreisende Edelsteinsucher Ausrüstung mieten und Tipps zur Suche nach den kostbaren Edelsteinen bekommen können.

Der supersaubere und freundliche **Sapphire Caravan Park** (☏07-4985 4281; www. sapphirecaravanpark.com.au; 57 Sunrise Rd, Sapphire; Stellplatz mit/ohne Strom 29/25 AU$, Cottages 115 AU$) bietet auf einem 1,6 ha großen Gelände Stellplätze und Hütten, die sich im Eukalyptuswald verstecken und prima für Edelsteinsucher geeignet sind.

Sunrover Expeditions (☎1800 353 717; www.sunrover.com.au; Safari inkl. aller Mahlzeiten 940 AU$/Pers.) veranstaltet von August bis Oktober fünftägige Campingsafaris in die Carnarvon Gorge.

🛏 Schlafen

Campen im Nationalpark kann man auf den Plätzen **Big Bend** (☎13 74 68; www.qld.gov.au/camping; Stellplatz 6,15/24,60 AU$ pro Pers./Fam.) und **Mt. Moffat** (☎13 74 68; www.qld.gov.au/camping; Stellplatz 6,15/24,60 AU$ pro Pers./Fam.) sowie im ausgezeichneten **Takarakka Bush Resort** (☎07-4984 4535; www.takarakka.com.au;

Wyseby Rd; Stellplatz mit/ohne Strom ab 45/38 AU$, Hütte 195–228 AU$), wo Safarizelte, Cottages und verschiedene Hütten zur Verfügung stehen.

Carnarvon Gorge
Wilderness Lodge
LODGE $$$

(☎1800 644 150; www.carnarvon-gorge.com; Wyseby Rd; DZ ab 220 AU$; ⊙Nov.–Feb. geschl.; ✈) Vor den attraktiven Zelt-Chalets weiden morgens die Kängurus. Die Anlage bietet Outback-Schick tief im Busch. Es werden ausgezeichnete geführte Touren angeboten, und man kann die Unterkunft auch mit Vollpension mieten (ab 155–300 AU$/Pers.).

Whitsunday Coast

Gut essen

➡ Mr Bones (S. 443)

➡ Fusion 128 (S. 431)

➡ Harry's Corner (S. 443)

➡ Jochheims Pies (S. 450)

➡ Paddock & Brew Company
(S. 431)

Schön übernachten

➡ Qualia (S. 448)

➡ Kipara (S. 440)

➡ Stoney Creek Farmstay
(S. 429)

➡ Riviera Mackay (S. 430)

➡ Platypus Bushcamp
(S. 434)

Auf zur Whitsunday Coast!

Viele Urlauber – und vor allem diejenigen mit einem Faible fürs Segeln – fahren direkt zu den Whitsunday Islands und bleiben dort. Die weißen Strände sind das überwältigende Merkmal dieser Inselgruppe im Korallenmeer und vom Land aus leicht zu erkennen. Opal- und jadefarbenes Wasser sowie weiße Sandstrände umgeben die bewaldeten Inseln. Im klaren Wasser des Barrier Reef Marine Park, dem weltweit größten Korallengarten, tummeln sich unzählige Fische. Airlie Beach, das Tor zu den Inseln, ist eine Backpacker-Hochburg mit vielen braun gebrannten Menschen, die zwischen Booten, Stränden und Nachtclubs umherschwirren. Näher ran an die Inseln kommen einige Budget-Traveller vermutlich nicht.

Südlich von Airlie liegt Mackay, eine typische Küstenstadt für Queensland mit von Palmen und Art-déco-Häusern gesäumten Straßen. Der Ort ist eine gute Basis für Trips in die grüne Hinterland-Oase, dem Eungella National Park mit seinen Schnabeltieren. Nördlich von Airlie Beach ist das niedliche, kleine Bowen eine preiswerte Alternative für Backpacker.

Reisezeit

Mackay

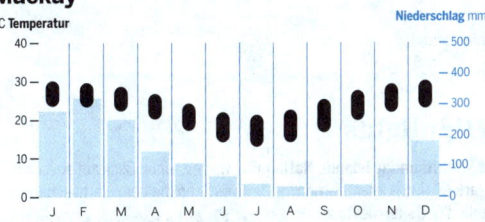

Juni–Okt. Die perfekte Zeit: Sonne, friedliche Tage, milde Temperaturen und quallenfreies Meer.

Aug. Segelboote gleiten übers Wasser, und wilde Partys steigen während der Airlie Beach Race Week.

Sept. & Okt. Optimale Bedingungen für Kajaktouren um die Inseln.

Bowen

Gloucester
Island

Stone
Island

Dingo
Beach

Hydeaway
Bay

Cape
Gloucester

Bruce Hwy

A1

Armit
Island

Grassy
Island

Hayman
Island

Hook
Island

**Whitsunday
Islands** 2

**Whitsunday Islands
National Park** 1

Airlie
Beach 4

Cannonvale

South Molle
Island

Shute
Harbour

Whitsunday
Island 7

**Whitehaven
Beach**

**Great
Barrier
Reef** 5

Cedar
Creek
Falls

Long
Island

Conway
National
Park

Lindeman
Island

**Hamilton
Island** 6

KORALLEN-
MEER

Proserpine

Conway

A1

Cape
Conway

Shaw
Island

Thomas
Island

East
Repulse
Island

Blacksmith
Island

Laguna
Whitsundays

Midge Point

Goldsmith
Island

Linne Island

Tinsmith
Island

Wigton
Island

Bloomsbury

Bruce Hwy

Rabbit
Island

Brampton
Island

Carlisle
Island

Cockermout
Island

Broken River

Cameron's
Pocket

Calen

Seaforth

A1

**Cape
Hillsborough
National
Park** 9

Scawfe
Islan

Keswick
Island

**Eungella
National
Park** 3

Mt. Ossa

St. Bees
Island

Finch
Hatton
Gorge

Kuttabul

Yakapari

Bucasia

Eimeo

Eungella

Marian

Blacks Beach

Slade Point

Broken
River

Finch
Hatton

Mirani

Lake
Kinchant

Walkerston

70

Mackay

Bowen River

Eton

Bakers
Creek

Homebush

Bruce Hwy

Hay Point

Elphinstone

Nebo Creek

70

Sarina

A1

Sarina Beach

Highlights

① **Whitsunday Islands National Park** (S. 435) Unter Sternen zelten und sich wie Robinson Crusoe fühlen

② **Whitsunday Islands** (S. 435) Durch traumhaftes aquamarinblaues Wasser segeln

③ **Eungella National Park** (S. 433) Durch den diesigen Regenwald wandern und darauf

warten, einen Blick auf ein scheues Schnabeltier zu erhaschen

④ **Airlie Beach** (S. 438) Im feierwütigen Airlie Beach ein paar Bierchen trinken und feiern

⑤ **Great Barrier Reef** (S. 435) Am Außenriff tauchen und schnorcheln

⑥ **Hamilton Island** (S. 448) Auf steilen Waldwegen wandern

⑦ **Whitehaven Beach** (S. 449) Sich von dem schneeweißen Quarzsand blenden lassen

⑧ **Bowen** (S. 449) In der entspannten Stadt bei der Obsternte helfen oder in einsamen Buchten schwimmen

⑨ **Cape Hillsborough National Park** (S. 435) An diesem abgelegenen Ort trifft Busch auf Strand

Mackay

82 500 EW.

Die unprätentiöse, mittelgroße Stadt in Queensland, in der früher der Opernstar Dame Nellie Melba zu Hause war, steht bei Travellern nicht allzu hoch im Kurs. Und obwohl Mackay ein Zentrum der Zuckerindustrie und Landwirtschaft ist, so hat die tropische Umgebung der Stadt doch einiges zu bieten. Zunächst einmal ist es ein Ort mit beeindruckenden Art-déco-Gebäuden, aber noch besser ist die Lage zwischen verschlungenen Mangroven und einem netten, von Sand umgebenen Jachthafen. Mackay ist ein praktischer Ausgangspunkt für Trips ins Umland, und wer vom Backpacker-Gewusel und Inselhopping genug hat, findet hier in den Open-Air-Cafés schnell urbane Abwechslung. Nach Airlie Beach und zu den Booten, die die Whitsundays ansteuern, fährt man nur anderthalb Stunden. Die interessante Fahrt zum Eungella National Park führt vorbei an Zuckerrohrfeldern.

◉ Sehenswertes

Seine eindrucksvolle Art-déco-Architektur verdankt Mackay größtenteils einem verheerenden Wirbelsturm, der 1918 viele der Stadthäuser zerstörte. Architekturfreaks sollten sich im Visitor Centre die Broschüre *Art Deco in Mackay* besorgen.

Einen tollen Blick auf den Hafen hat man vom Rotary Lookout in North Mackay; vom Lampert's Lookout sieht man gut auf den Strand.

Die **Mackay Marina** (Jachthafen Mackay) ist ein angenehmes Plätzchen für ein Abendessen und ein Gläschen Wein mit Blick aufs Wasser. In der künstlich angelegten **Bluewater Lagoon** (◷ 9–17.45 Uhr) GRATIS in der Nähe des Caneland Shopping Centre gibt es Wasserfontänen, Wasserrutschen, grasbewachsene Picknickbereiche, Gratis-WLAN und ein Café.

Mackay Regional Botanical Gardens   GÄRTEN

(Lagoon St) Die 33 ha großen Gärten 3 km südlich des Stadtzentrums sind ein Muss für jeden Pflanzenliebhaber. Hier gibt es fünf Themengärten und das Lagoon Café/Restaurant (geöffnet Mi–So).

Artspace Mackay   GALERIE

(☑ 07-4961 9722; www.artspacemackay.com.au; Gordon St; ◷ Di–Fr 10–17, Sa & So 10–15 Uhr) GRATIS Artspace Mackay ist eine einladende Kunst-

galerie mit Werken von einheimischen und auswärtigen Künstlern. Wer will, kann sich durch die Leckereien im dazu gehörigen Foodspace (S. 431) futtern.

Strände

Mackay hat viele Strände, aber nicht alle sind ideal zum Baden. Die beste Option in Stadtnähe ist der bewachte Harbour Beach gleich südlich der Mackay Marina und 6 km nördlich vom Zentrum. Im nahen Mulherin Park gibt's Grills und Picknicktische.

☞ Geführte Touren

Reeforest Adventure Tours   KULTUREXKURSION

(☑ 07-4959 8360, 1800 500 353; www.reeforest.com) Der erfahrenste Veranstalter in Mackay bietet zahlreiche Vergnügungstouren an, u. a. eine Öko-Safari in den Regenwald auf der Suche nach Schnabeltieren, zweitägige Eungella-Touren und eine Cape-Hillsborough-Expedition ins Land der Yuibera. Während der Zuckerrohrernte (Juni–Dez.) können Besucher der Farleigh Sugar Mill (Erw./Kind 28/14 AU$) auf einer zweistündigen Führung zusehen, wie aus Zuckerrohr die süßen Kristalle entstehen. Unbedingt lange Hosen und feste Schuhe tragen.

Heritage Walk   STADTSPAZIERGANG

(☑ 07-4944 5888; ◷ Mai–Sept. Di & Mi 8.45 Uhr) GRATIS Einmal pro Woche werden die Sehenswürdigkeiten und Geheimnisse des alten Mackay erkundet (1½–2 Std.). Los geht's an Paxton's Warehouse an der Ecke River St und Carlyle St.

☆☆ Feste & Events

Wintermoon Folk Festival   MUSIK

(www.wintermoonfestival.com; ◷ April/Mai) Folk- und Weltmusikfans kommen hier jedes Jahr auf ihre Kosten.

⛱ Schlafen

★ Stoney Creek Farmstay   FARMSTAY $

(☑ 07-4954 1177; www.stoneycreekfarmstay.com; Peak Downs Hwy; B/Pferdestall/Hütte 25/130/175 AU$) ⚐ Diese Unterkunft im Busch (32 km südlich von Mackay) ist eine im positiven Sinne abgewrackte Option. Übernachtet wird in einer liebenswert klapperigen Hütte, in einem rustikalen Pferdestall oder in dem charismatischen Dead Horse Hostel. Hier im Busch vergisst man schnell alle modernen Annehmlichkeiten. Ein dreistündiger Ausritt kostet 105 AU$ pro Per-

Mackay

N 0 ————— 200 m

Abfahrtspunkt der Mackay Transit Coaches

Caneland Shopping Centre

Mangrove Rd

Mackay Marina (6,1 km)

Pioneer River

Forgan Bridge

Twilight Markets (220 m); Maria's Donkey (320 m)

River St

2

5

NPRSR Office

MACKAY

13

Victoria St

6

Mackay Bus Terminal

Nelson St

3 4

14

12

8

9

Sydney St

7

11

Gordon St

1

Macalister St

Gregory St

Wood St

10

East Gordon St

Potter's Oceanside Motel (950 m)

Milton St

Peel St

Wellington St

Jubilee Park

Showgrounds

Mackay Showgrounds Markets (50 m); Mackay Regional Botanical Gardens (2,5 km)

Alfred St

Mackay

◎ Sehenswertes

1 Artspace Mackay	B3
2 Bluewater Lagoon	B1

🛌 Schlafen

3 Coral Sands Motel	C2
4 International Lodge Motel	C2
5 Riviera Mackay	C1

✖ Essen

6 Austral Hotel	B2
7 Burp Eat Drink	D2

Foodspace	(siehe 1)
8 Fusion 128	D2
9 Kevin's Place	D2
10 Oscar's on Sydney	D3
11 Paddock & Brew Company	C2
12 Woodsman's Axe Coffee	D2

🍷 Ausgehen & Nachtleben

13 Ambassador Hotel	D1
14 Cartel	C2

son; es werden aber auch noch viele andere Aktivitäten angeboten. Wer zwei aufeinanderfolgende Tage reitet, kann umsonst im Schlafsaal übernachten.

Mackay Marine Tourist Park   CAMPING $
(☎ 07-4955 1496; www.mmtp.com.au; 379 Harbour Rd; Stellplatz mit/ohne Strom 35/32 AU$, Villa 110–180 AU$; ❄ @ 🛜 ⊠ ⊠) Hier ist alles einen Tick besser als in anderen Wohnwagenparks. Die Hütten und Villen haben eigene Terrassen und Großbildfernseher, und in das riesige Hüpfkissen wird sich mit Sicherheit jeder verlieben.

Riviera Mackay   APARTMENT $$
(☎ 07-4088 1459; www.rivieramackay.com.au; 5-7 Nelson St; 1-/2-Zi.-Apt. 171/256 AU$) Mackay hat

lange auf diese helle, schicke Unterkunft gewartet. Architektonisch erinnert sie sowohl an Palm Springs als auch an hippe innerstädtische Apartments in weiter südlich gelegenen Städten. Sehr gutes Preis-Leistungs-Verhältnis in einer Stadt, in der Unterkünfte im Allgemeinen recht teuer sind.

Coral Sands Motel   MOTEL $$
(☎ 07-4951 1244; www.coralsandsmotel.com.au; 44 Macalister St; Zi. ab 115 AU$; ❄ 🛜 ⊠) Eine von Mackays besseren Mittelklasseoptionen mit superfreundlichem Management und großen Zimmern in zentraler Lage. Der Hauch von Tropenkitsch dieser bei Saisonarbeitern beliebten Unterkunft wird durch die Lage am Fluss, die Geschäfte, die Kneipen

und Cafés unmittelbar vor der Haustür wieder wett gemacht. Grandioses Preis-Leistungs-Verhältnis.

Potter's Oceanside Motel
MOTEL **$$**

(☑ 07-5689 0388; www.pottersoceansidemotel.com.au; 2c East Gordon St; DZ 149–169 AU$, FZ 269 AU$; ✳ 🛜 ❄ ⛵) In der Nähe des wenig attraktiven Town Beach ist das Potter's genau das Richtige, um sich mal wieder etwas Komfort zu gönnen, wenn man lange unterwegs war. Beim Einchecken wird von dem sehr zuvorkommenden Manager eine Flasche Bier geköpft. Die modernen (teilweise barrierefreien) Zimmer sind blitzsauber und bieten einen schönen Blick auf den Garten. In dem kleinen Restaurant wird ein gutes Frühstück serviert, Zimmerservice fehlt auch nicht.

International Lodge Motel
MOTEL **$$**

(☑ 07-4951 1022; www.internationallodge.com.au; 40 Macalister St; Zi. ab 105 AU$; 🅿 ✳ 🛜) Das hässliche, senffarbene Gebäude mit braunem Dach und Betongarten gehört zu Mackays besseren Mittelklassemotels. Es bietet saubere, helle, freundliche Zimmer und ist in der Nähe von Mackays Ausgehmeile.

Clarion Hotel
Mackay Marina
LUXUSHOTEL **$$$**

(☑ 07-4955 9400; www.mackaymarinahotel.com; Mulherin Dr; DZ ab 249 AU$; ✳ @ 🛜 ❄) Als dieses große, zu einer Kette gehörende Hotel am Jachthafen aufmachte, war es in aller Munde. Auch heute ist es nicht in Vergessenheit geraten und besonders bei Geschäftsreisenden sehr beliebt. Es verfügt über ein ausgezeichnetes Restaurant und einen riesigen Pool. Die Zimmer sind mit Kochecken und Balkonen ausgestattet. Das Hotel befindet sich 6,5 km nordöstlich des Stadtzentrums. Hin kommt man auf der Sydney St gen Norden und dann über die Forgan Bridge. Online-Rabatte führen die Standardpreise ad absurdum.

 Essen

Woodsman's Axe Coffee
CAFÉ **$**

(41 Sydney St; Kaffee ab 4,30 AU$; ⏲ Mo–Fr 6–14, Sa & So 7–14 Uhr) Zum besten Kaffee der Stadt gibt's diverse leichte Gerichte, von Wraps über Quiches bis zu Muffins.

Maria's Donkey
TAPAS **$**

(☑ 07-4957 6055; 8 River St; Tapas 8–15 AU$; ⏲ Mi & Do 12–22, Fr–So 12–24 Uhr) In dem witzigen, energiegeladenen Lokal gibt's Tapas, Sangria und gelegentlich Livemusik, gute Laune ist fast immer garantiert. Fahriges Personal – aber das gehört irgendwie dazu.

Fusion 128
MODERN-AUSTRALISCH **$$**

(☑ 07-4999 9329; 128 Victoria St; Hauptgerichte 13,50–33 AU$; ⏲ 11.30–14 & 17.30–22 Uhr) Mackay entpuppt sich ganz allmählich zu einer Feinschmecker-Adresse. Das neue, von dem spleenigen David Ming betriebene Fusion 128 ist ein hervorragendes, ungezwungenes Restaurant mit einem Touch von Industriedesign. Auf der Speisekarte stehen asiatische Gerichte aus australischen Buschzutaten, leckere Desserts und gute Cocktails.

Paddock & Brew Company
AMERIKANISCH **$$**

(☑ 0487 222 880; 94 Wood St; Hauptgerichte 18–30 AU$) Endlich gibt es in Mackay ein vornehmes Restaurant mit gutbürgerlichen amerikanischen Gerichten und Craft-Bier. Aus der Küche kommen leckere Burger (25 AU$). Die Betreiber des Paddock & Brew gehören zur neuen Szene der kulinarischen Kreativen in Queensland. An den Holztischen trifft man sich gern, um den Party-Abend einzuläuten.

Oscar's on Sydney
FUSION **$$**

(☑ 07-4944 0173; Ecke Sydney St & Gordon St; Hauptgerichte 10–23 AU$; ⏲ Mo–Fr 7–17, Sa 7–16, So 8–16 Uhr) Die leckeren *poffertjes* (niederländische Pfannkuchen mit traditionellen Garnierungen) in diesem beliebten Eckcafé sind noch immer schwer angesagt, aber auch die anderen Gerichte lohnen einen Versuch. Super Frühstücks-Location!

Kevin's Place
ASIATISCH **$$**

(☑ 07-4953 5835; 79 Victoria St; Hauptgerichte 16–27 AU$; ⏲ Mo–Fr 11.30–14 & 17.30–20, Sa 17.30–20 Uhr) Das Kevin's befindet sich in einem schönen Art-déco-Gebäude in der Victoria St. Hier sitzen große Gruppen an runden – oder auf der Straße an eckigen – Tischen und verputzen brutzelnd servierte, pikante Gerichte aus Singapur. Klassiker wie Mee Goreng (18 AU$) sollte man nicht verpassen. Die Mittagsangebote ab 12 AU$ sind sehr günstig.

Austral Hotel
KNEIPENESSEN **$$**

(☑ 07-4951 3288; www.theaustralhotel.com.au; 189 Victoria St; Hauptgerichte 19–36 AU$, Steaks 24–47 AU$; ⏲ 12–14.30 & 18–21 Uhr) Jede Menge Steaks, wenig Zeit. Das Austral ist zwar ein Spezialist für rotes Fleisch, ist aber auch eine typische Aussie-Kneipe mit Holzverkleidung, Pferdewetten und vielen älteren, alleinstehenden, Bier schlürfenden Männern.

Foodspace
CAFÉ **$$**

(www.artspacemackay.com.au; Gordon St; Hauptgerichte 16–26 AU$; ⏲ Di–So 9–15 Uhr) In diesem Café mit Schanklizenz, das sich im

Artspace Mackay (S. 429) befindet, bereiten junge Köche köstliche Salate, Sandwiches und leichte Gerichte zu.

Burp Eat Drink
MODERN-AUSTRALISCH **$$$**

(07-4951 3546; www.burp.net.au; 86 Wood St; Hauptgerichte ab 33 AU$; ⊙ Di–Fr 11.30–15 & 18 Uhr–open end, Sa 18 Uhr–open end) Das von dem geschäftstüchtigen NE-Food-Mob betriebene Burp wirkt wie ein Melbourner Nobelrestaurant in den Tropen. Auf der kurzen, aber verführerischen Speisekarte stehen Gerichte wie Schweinebauch mit Jakobsmuscheln, Krebse in Kaffir-Limetten-Kruste und gute Steaks.

🍷 Ausgehen & Nachtleben

Cartel
CLUB

(99 Victoria St; ⊙ Do–Sa 22–4 Uhr) Wilder Tanzclub, in dem einheimische und auswärtige DJs für Stimmung sorgen. Der Name des Clubs ändert sich so oft wie Musiktrends.

Ambassador Hotel
BAR

(07-4953 3233; www.ambassadorhotel.net.au; 2 Sydney St; ⊙ Do 17 Uhr–open end, Fr–So 16 Uhr–open end) Das Ambassador ist sowohl eine historische als auch eine soziale Institution – draußen steppt der Bär, drinnen steppt der Bär. Der Trubel erstreckt sich an den Wochenenden über mehrere Ebenen bis zur einzigen Dachterrassenbar in Mackay. Zudem wird man hier bald in renovierten Schlafsälen und Doppelzimmern übernachten können.

🛍 Shoppen

Mackays Märkte sind beliebt. Lohnend sind die **Mackay Showgrounds Markets** (Milton St; ⊙ Sa 6.30–10 Uhr), die **Twilight Markets** (Northern Beaches Bowls Club; ⊙ 1. Fr im Monat 17–21 Uhr) und der **Troppo Market** (Parkplatz des Mt. Pleasant Shopping Centre; ⊙ 2. So im Monat ab 7.30 Uhr).

ℹ Praktische Informationen

Mackay Visitor Centre (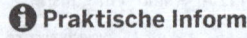1300 130 001; www. mackayregion.com; 320 Nebo Rd; ⊙ 9–17 Uhr; 🛜) Etwa 3 km südlich des Zentrums. Internetzugang und WLAN.
NPRSR Office (07-4944 7818; www.nprsr.qld. gov.au; Level 5, 44 Nelson St; ⊙ Mo–Fr 8.30–16.30 Uhr) Hier gibt's Camping-Genehmigungen.
Post (69-71 Sydney St)

ℹ An- & Weiterreise

BUS

Busse halten am **Mackay Bus Terminal** (Ecke Victoria & Macalister St), wo auch Tickets

gekauft werden können. **Greyhound** (☎1300 473 946; www.greyhound.com.au) rollt die Küste hinauf und hinunter. Beispiele für Preise (einfache Strecke; Erw.) und Reisedauer: Airlie Beach (33 AU$, 2 Std.), Townsville (72 AU$, 6½ Std.), Cairns (127 AU$, 13 Std.) und Brisbane (227 AU$, 17 Std.).
Premier (☎13 34 10; www.premierms.com. au) ist günstiger als Greyhound, fährt aber nicht so häufig.

FLUGZEUG

Der Flughafen liegt ca. 3 km südlich von Mackays Zentrum. **Jetstar** (☎13 15 38; www.jetstar.com. au), **Qantas** (☎13 13 13; www.qantas.com.au) und **Virgin** (☎13 67 89; www.virginaustralia. com) fliegen nach bzw. ab Brisbane.

ZUG

Der *Spirit of Queensland* von **Queensland Rail** (☎1800 872 467; www.queenslandrail.com. au) verbindet Mackay mit Brisbane (199 AU$, 13 Std.) und Cairns (159 AU$, 14 Std.). Der Bahnhof befindet sich in Paget, 5 km südlich des Stadtzentrums.

ℹ Unterwegs vor Ort

Alle großen Autovermieter sind am Mackay Airport vertreten (vollständige Liste unter www. mackayairport.com.au/travel/car-hire). **NQ Car & Truck Rental** (☎07-4953 2353; www.nqcar truckrentals.com.au; 6 Malcolmson St, North Mackay) ist ein zuverlässiger Autovermieter vor Ort.

Die Busse von Mackay Transit Coaches (☎07-4957 3330; www.mackaytransit.com.au) bedienen mehrere Strecken in der ganzen Stadt und fahren zum Hafen und zu den nördlichen Stränden. Fahrpläne sind im Visitor Centre und online erhältlich.

Mackay Taxis muss man telefonisch bestellen (☎13 10 08).

Mackays nördliche Strände

Die großartige, kurvige Küstenlinie nördlich von Mackay bis zum wilden Cape Hillsborough ist relativ menschenleer. Auf mehreren Landzungen und in Buchten liegen kleine Ortschaften, in denen sich im Sommer Feriengäste und ganzjährig Wochenend-Romantiker tummeln.

Am 6 km langen Blacks Beach kann man die Seele baumeln lassen und einen Tag lang ein Stück der Küste am Korallenmeer erobern. Der **Blacks Beach Holiday Park** (☎07-4954 9334; www.mackayblacksbeachholi daypark.com.au; 16 Bourke St; Stellplatz ohne/mit

Strom 30/35 AU$, Villa 150–180 AU$; (P ❋ ✉)
verfügt über gute Einrichtungen am Strand.
Auch das **Blue Pacific Resort** (☑ 07-4954
9090; www.bluepacificresort.com.au; 26 Bourke
St; DZ 114–152 AU$, Wohneinheit 209–220 AU$;
❋ 🛜 ✉) ist wunderschön gelegen.

Nördlich von Dolphin Heads liegt Eimeo
mit dem **Eimeo Pacific Hotel** (☑ 07-4954
6805; www.eimeohotel.com.au; Mango Ave; Hauptgerichte 18,50–32,50 AU$; ⊙ 10–22 Uhr), hier kann
man wunderbar den Sonnenuntergang bei
einem Drink genießen. An der Sunset Bay gegenüber von Eimeo und Dolphin Heads liegt
Bucasia. Das **Bucasia Beachfront Caravan
Resort** (☑ 07-4954 6375; www.bucasiabeach.com.
au; 2 The Esplanade; Stellplätze mit Strom 30–
45 AU$; ❋ 🏊) bietet mehrere Stellplätze mit
sensationellem Blick auf Strand und Wasser.

Sarina

5730 EW.

Das 34 km südlich von Mackay gelegene Sarina ist eine Zuckerhochburg. Der ruhige Ort
am Bruce Hwy lohnt einen Zwischenstopp,
interessanter ist aber der Umweg entlang
der Küste, vor allem der Abschnitt rund um
Sarina Beach und Armstrong Beach. Hier ist
an den Wochenenden immer viel los.

Das **Sarina Tourist Art & Craft Centre**
(☑ 07-4956 2251; Railway Sq, Bruce Hwy; ⊙ 9–17
Uhr) versorgt Besucher mit Touristeninfos
und stellt einheimisches Kunsthandwerk aus.

Der **Sarina Sugar Shed** (☑ 07-4943 2801;
www.sarinasugarshed.com.au; Railway Sq; Erw./Kind
21/11 AU$; ⊙ 9–16 Uhr; Führungen Mo–Sa 9.30, 11,
12.30 & 14 Uhr) ist die landesweit einzigartige
Miniaturausgabe einer Zuckerraffinerie und
Schnapsbrennerei. Nach der Führung gibt's
in Letzterer ein Gratisschlückchen.

Der **Armstrong Beach Caravan Park**
(☑ 07-4956 2425; www.caravanpark.wixsite.com/
armstrongbeach; 66 Melba St; Stellplatz mit Strom
für 2 Pers. 32 AU$) ist ein sehr ruhiger Platz
mit großen Stellplätzen.

Egal, was man im **The Diner** (11 Central St;
Hauptgerichte 5–12 AU$; ⊙ Mo–Fr 4–18, Sa 4–10
Uhr) bestellt, die Teller sind stets randvoll.
Besonders beliebt sind Grillgerichte, Sandwiches und Burger, dazu gibt's Shakes, Kaffee
und „Spiders" (Speiseeis in Soda). Das Frühstück ist vor allem bei LKW-Fahrern beliebt.

Sarina Beach

Das nette Küstendorf mit dem wunderbaren, breiten, langen Strand und einer Boots-
rampe am Sarina Inlet verfügt über einen
Gemischtwarenladen mit Tankstelle. Es ist
einer der schönsten Strände der Gegend mit
ausgezeichneten Möglichkeiten zum Relaxen, Angeln, Strandwandern und Tiere beobachten (z. B. Meeresschildkröten bei der
Eiablage) – aber Vorsicht vor Krokodilen.

Fernandos Hideaway (☑ 07-4956 6299;
www.sarinabeachbb.com; 26 Captain Blackwood Dr;
EZ/DZ/Suite 130/140/160 AU$; ❋ ✉) ist ein B&B
im Stil einer Hazienda. Auf einer schroffen
Landzunge in der Nähe von Sarina gelegen,
punktet es mit sensationellem Küstenblick
und direkter Strandlage. Das Wohnzimmer
zieren ein ausgestopfter Löwe, eine Ritterrüs-
tung und alle möglichen Souvenirs des weit
gereisten, exzentrischen Eigentümers.

Eungella

Das nette, kleine Eungella (*yang*-gälla; „Land
der Wolken") klebt in einer Höhe von 600 m
über dem Meeresspiegel direkt am Rand des
Pioneer Valley. Die bekannteste Stadt in der
Gegend ist auch Synonym für den beeindruckenden Eungella National Park.

Am ersten Sonntag im Monat (April–Dez.
ab 9 Uhr) findet am Rathaus ein quirliger
Markt statt.

Im schönen **Eungella Mountain Edge
Escape** (☑ 07-4958 4590; www.mountainedge
escape.com.au; North St; 1-/2-Zi.-Hütten 120/
40 AU$; ❋) mit drei guten Selbstversorgerhüt-
ten kann man Eungella wirklich genießen.

Das **Eungella Chalet** (☑ 07-4958 4509; www.
eungellachalet.com.au; Chelmer St; Zi. ab 90 AU$,
1-/2-Zi.-Hütten 115/155 AU$; ✉) mit seinen einfa-
chen Hotelzimmern und geräumigen Hütten
verströmt den gewissen Charme vergangener
Zeiten. Das Kneipenessen im **Speisesaal** des
Chalets (Hauptgerichte 17–28 AU$; ⊙ 12–14 & 18–
20 Uhr) ist zufriedenstellend.

Explorers' Haven (☑ 07-4958 4750; 32 North
St; Stellplatz ohne/mit Strom 25/30 AU$; @ 🛜) ist
ein einfacher Campingplatz. Campinggäste
müssen bei Ankunft selbst Einchecken.

Eungella National Park

Der mystische, bergige Eungella National
Park bedeckt fast 500 km² der hohen Clark
Range, aber viele Teile des Bergparks sind
nicht zugänglich. Eine Ausnahme bilden die
Wanderwege rund um den Broken River
und die Finch Hatton Gorge. Diese großen
Abschnitte mit tropischer und subtropischer
Vegetation waren über Tausende von Jahren

von den übrigen Regenwaldgebieten getrennt und beheimaten nun einige einzigartige Tierarten, z. B. Skinke und die faszinierenden Magenbrüterfrösche, die ihre Eier im Magen ausbrüten und später die geschlüpften Kaulquappen ausspucken.

Finch Hatton Gorge

Die Finch Hatton Gorge ist ein bemerkenswerter prähistorischer Ort inmitten eines wilden subtropischen Regenwalds. Landwirtschaftlich genutzte Hügel gehen in eine grüne Schlucht über, in der überall Vulkangesteinsbrocken liegen und wo Vögel und Insekten umherschwirren. Man meint fast, man wäre durch ein geographisches schwarzes Loch in eine andere Welt eingetaucht.

Ein 1,6 km langer Wanderweg führt zu den sich in die Tiefe stürzenden Araluen Falls mit ihren Badestellen. Nach einem weiteren Kilometer erreicht man die Wheel of Fire Falls mit einer tiefen Badestelle. Beide Wasserfälle werden an den Wochenenden gern von Einheimischen besucht.

Rainforest Scuba (☏ 0434 455 040; www.rainforestscuba.com; 55 Anzac Pde, Finch Hatton) beansprucht für sich den dubiosen Titel als erster Regenwald-Tauchveranstalter der Welt. Getaucht wird in kristallklaren Bächen zwischen Aalen, Schnabeltieren, Schildkröten und Fischen.

Wer den Regenwald auf total lustige und informative Art erkunden will, kann mit **Forest Flying** (☏ 07-4958 3359; www.forestflying.com; 60 AU$) durch die Baumwipfel schweben. Bei den geführten Touren in Schwindel erregender Höhe (25 m über dem Boden) hängt man an einem 350 m langen Seil; die Geschwindigkeit bestimmt man selbst über ein Flaschenzugsystem.

Das **Platypus Bushcamp** (☏ 07-4958 3204; www.bushcamp.net; Finch Hatton Gorge; Stellplätze/B/Hütte 7,50/25/75 AU$; ☂) ist ein echtes Buschrefugium, das Wazza, der exzentrische Eigentümer, selbst von Hand errichtet hat. Die drei einfachen Hütten sind vom Regenwald umgeben. Direkt neben dem Camp fließt ein Bach mit schönen Badestellen, an denen sich auch Schnabeltiere tummeln. Herz des Ganzen ist der große, gemeinschaftliche Küchen- und Essbereich.

Für einen ruhigen Schlaf sollte man in den **Finch Hatton Gorge Cabins** (☏ 07-4958 3281; www.finchhattongorgecabins.com.au; Hütte 155 AU$; ☂) übernachten, die in einer bezaubernden subtropischen Umgebung stehen. In der Nähe fließt ein Bach.

Broken River

Das kühle, manchmal von Dunstschwaden umhüllte Broken River lohnt den Umweg von Mackay aus landeinwärts wegen seines hoch gelegenen Regenwalds. Auf dem hügeligen Gelände der hiesigen Rinderfarmen tummeln sich glückliche Kühe und unzählige Vögel. Broken River hat einige der besten Wanderwege der Region zu bieten, und mit etwas Glück bekommt man auch ein paar im Unterholz lebende Beuteltiere zu sehen.

Der **Fern Flat Camping Ground** (www.npsr.qld.gov.au/camping; Stellplatz pro Pers./Fam. 6,15/24,60 AU$) mit seinen schattigen Stellplätzen in Flussnähe ist ein schöner Ort zum Campen und zum Beobachten von Schnabeltieren. Dieser Campingplatz ist nur zu Fuß erreichbar, für Fahrzeuge ist er gesperrt. Der Eingang befindet sich aber nur 500 m hinter dem Informationszentrum und dem Kiosk. Online-Registrierung erforderlich.

Der **Crediton Hall Camping Ground** (www.npsr.qld.gov.au; Stellplatz pro Pers./Fam. 6,15/24,60 AU$) 3 km hinter Broken River ist für Autos erreichbar. Einfach links in die Crediton Loop Rd fahren und dann hinter dem Eingang zum Wishing-Pool-Rundweg nach rechts abbiegen.

Wer keine Lust auf Campen hat, kann im **Broken River Mountain Resort** (☏ 07-4958 4000; www.brokenrivermr.com.au; DZ 140–200 AU$; ✳@🛜☂) in einer der gemütlichen Hütten aus Zedernholz übernachten. Das Spektrum reicht von kleinen Wohneinheiten im Motelstil bis hin zu großen Lodges für bis zu sechs Personen. Zur gemütlichen Gästelounge mit offenem Kamin gehört auch das freundliche **Possums Table Restaurant & Bar** (Hauptgerichte 25–35 AU$; ⏱ morgens & abends).

ℹ An- & Weiterreise

Der Park liegt 84 km westlich von Mackay. Nach Eungella und Finch Hatton fahren keine Busse. Wer länger dort bleiben möchte, kann sich jedoch von **Reeforest Adventure Tours** (S. 429) im Rahmen eines Tagesausflugs ab Mackay hinbringen und abholen lassen. Da diese Touren aber nicht täglich stattfinden, können Aufenthalte länger als geplant ausfallen.

Cumberland Islands

Die rund 70 Inseln der Cumberland-Gruppe werden manchmal als südliche Whitsundays bezeichnet. Fast alle Inseln sind ausgewiesene Nationalparks. Brampton Island ist für ihre Naturwanderwege bekannt und wird bald die Heimat eines „Sieben-Sterne"-Resorts sein. Einrichtungen sind auf allen Inseln, außer auf Keswick Island, nur sehr begrenzt vorhanden. Wer kein eigenes Boot hat und es sich auch nicht leisten kann, ein Boot (oder Wasserflugzeug) zu chartern, für den könnte sich der Besuch der Inseln als schwierig erweisen. Detaillierte Infos bekommt man im Mackay Visitor Centre (S. 432).

Der **Keswick Island Campground** (☑1300 889 290; Stellplatz ohne Strom ab 20 AU$, Suite ab 80 AU$) bietet nur ein paar Schritte von der noch unberührten Basil Bay entfernt etliche Stellplätze ohne Strom – ein echter Geheimtipp unter Campingfreaks.

Das **Beach House** (☑1300 889 290; www.keswickisland.com.au; 6 Coral Passage Dr, Keswick Island; Haus 275 AU$) ist eine gute Unterkunft, wenn man die Schönheit von Keswick in aller Ruhe genießen will. In dem modernen, schicken Haus mit direktem Zugang zum Strand an der Basil Bay können bis zu sechs Personen bequem übernachten.

Cape Hillsborough National Park

Der Cape Hillsborough National Park wäre vielerorts ein Muss, aber hier ist er nur einer unter vielen. Das abgeschiedene Buschland reicht etwa 50 km nördlich von Mackay bis ans Meer und hätte eigentlich mehr Aufmerksamkeit verdient. Auf Wanderungen über die schöne Landzunge kann man Kängurus, Wallabys und Kurzkopfgleitbeutler erspähen. Schildkröten sind in Ufernähe keine Seltenheit und auch Kängurus kann man vor allem abends und frühmorgens am Strand sichten.

In dem Park stößt man auf raue Felsen, einen breiten Strand, felsige Landzungen, Sanddünen, Mangroven, Neuguinea-Araukarien und Regenwald. Über gute Wanderwege gelangt man zu Überresten von Aborigine-Midden (Muschelhaufen) und Steinfischreusen. Richtung Küstenvorland führt ein interessanter Uferweg durch einen Mangrovenwald (auf die Gezeiten achten!). Kürzlich durchgeführte Erneuerungsarbeiten erleichtern das Erkunden auf eigene Faust.

Auf dem Rasen des kleinen, netten **Smalleys Beach Campground** (www.nprsr.qld.gov. au; Stellplatz pro Pers./Fam. 6,15/24,60 AU$) an der Küste hüpfen zahllose Kängurus herum. Weil es keine Selbstregistrierung gibt, muss man sich die Genehmigungen online besorgen.

Das **Cape Hillsborough Nature Resort** (☑07-4959 0152; www.capehillsboroughresort. com.au; 51 Risley Pde; Stellplatz ohne/mit Strom 29/34 AU$, Hütte 80–265 AU$; ❄@☎) ist bei Familien aus Mackay und Ruheständlern aus dem Süden beliebt.

WHITSUNDAY ISLANDS

Von oben gesehen erscheinen die Whitsundays wie ein atemberaubender Organismus unter einem Mikroskop. Indigofarbene, aquamarinblaue, gelbe und flaschengrüne zellenförmige Kleckse betören die Sinne. Weil die Eilande vom Great Barrier Reef geschützt werden, eignen sich die hiesigen Gewässer perfekt zum Segeln. Vom Wasser aus gesehen, fühlt man sich von den 74 aus dem Korallenmeer ragenden Inseln wie hypnotisch angezogen und gerät vor Glück fast ins Taumeln.

Hier befinden sich einige der ältesten archäologischen Stätten an der Ostküste. Man kann den Missmut der Ngaro nur allzu gut verstehen, als sie dieses Fleckchen Erde Sägemühlen und Co. überlassen mussten.

Auf nur fünf Inseln befinden sich Ferienresorts, die meisten sind unbewohnt, und mehrere bieten Zurück-zur-Natur-Erlebnisse mit Camping am Strand und Buschwanderungen. Whitehaven Beach ist der schönste Strand der Whitsundays und für viele ist er sogar der schönste Strand der Welt. Airlie Beach auf dem Festland ist das Küstenzentrum und das größte Tor zu den Inseln. Hier kann man unzählige Touren und Aktivitäten buchen oder auch einfach nur Party machen.

🏃 Aktivitäten
Segeln & Segeltörns
Atlantic Clipper   BOOTFAHREN
(www.atlanticclipper.com.au; 2 Tage, 2 Nächte ab 460 AU$) Junge, schöne Gäste, die gern einen trinken... entkommen kann man dem Treiben nicht. Schnorcheln (oder erholen) auf Langford Island ist das Highlight des Törns.

Derwent Hunter   BOOTFAHREN
(☑1800 334 773; www.tallshipadventures.com.au; Tagestörn 195 AU$) Beliebte Segelsafaris auf einem wunderschönen Holzschoner mit Gaffeltakelung. Eine gute Alternative für Paare und all diejenigen, die sich eher für Wildtiere und Natur als für wilde Partys interessieren.

SV Domino   BOOTFAHREN
(www.aussieyachting.com; Tagestörn 180 AU$) Die Törns mit maximal acht Gästen führen nach

Whitsunday Islands

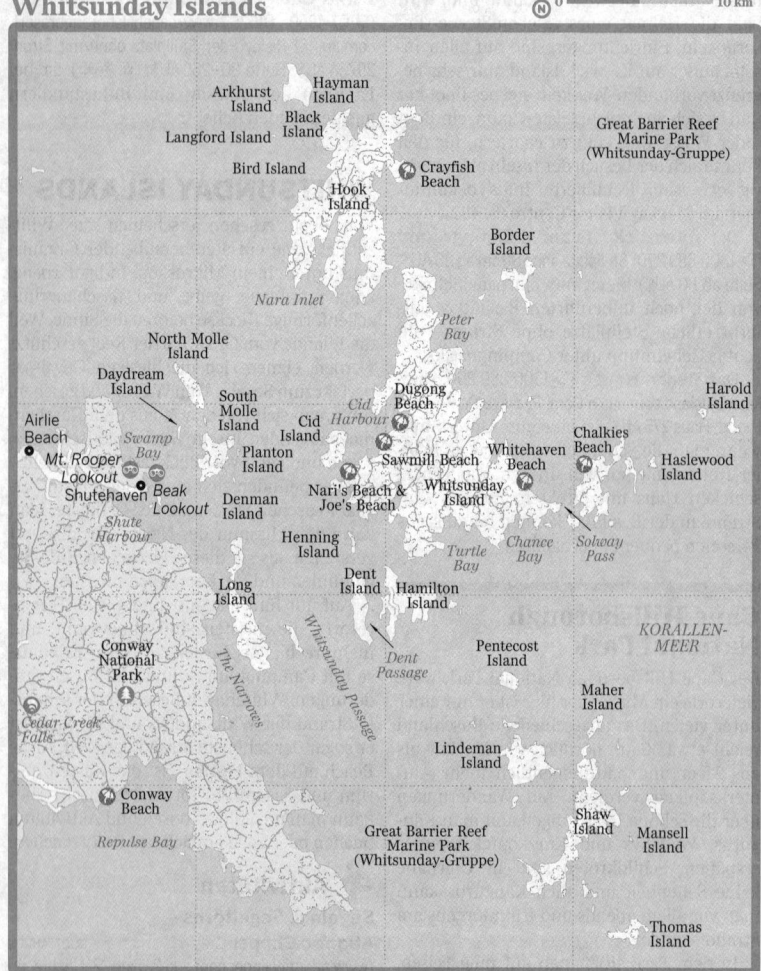

N 0 ━━━━━━━━━━ 10 km

Arkhurst Island
Hayman Island
Black Island
Langford Island
Bird Island
Great Barrier Reef Marine Park (Whitsunday-Gruppe)
Crayfish Beach
Hook Island
Border Island
Nara Inlet
Peter Bay
North Molle Island
Daydream Island
South Molle Island
Cid Harbour
Dugong Beach
Harold Island
Airlie Beach
Swamp Bay
Cid Island
Chalkies Beach
Haslewood Island
Mt. Rooper Lookout
Planton Island
Sawmill Beach
Whitehaven Beach
Shutehaven
Beak Lookout
Denman Island
Nari's Beach & Joe's Beach
Whitsunday Island
Shute Harbour
Henning Island
Turtle Bay
Chance Bay
Solway Pass
Long Island
Dent Island
Hamilton Island
KORALLEN-MEER
Conway National Park
The Narrows
Whitsunday Passage
Dent Passage
Pentecost Island
Maher Island
Cedar Creek Falls
Lindeman Island
Conway Beach
Shaw Island
Mansell Island
Repulse Bay
Great Barrier Reef Marine Park (Whitsunday-Gruppe)
Thomas Island

Bali Hai Island, einem wenig besuchten „Geheimtipp" in den Whitsundays. Mittagessen und ein zweistündiger Schnorchelstopp sind im Preis enthalten. Das Schiff kann auch privat für individuelle Touren gechartet werden.

Prima Sailing　　　　BOOTFAHREN
(☑ 0447 377 150; www.primasailing.com.au; 2 Tage, 2 Nächte ab 390 AU$) Witzige Törns mit maximal zwölf Teilnehmern. Ideal für Pärchen auf der Suche nach Stil und dem Wesentlichen.

Whitehaven Xpress　　　BOOTFAHREN
(☑ 07-4946 1585; www.whitehavenxpress.com.au; Tagestörn 160 AU$) Es werden diverse Boots-

ausflüge angeboten, am beliebtesten sind die Tagestörns zum Whitehaven Beach.

Tauchen

Am meisten getaucht wird an den leicht zu erreichenden Saumriffen rund um die Whitsundays, aber Traveller können auch Tauchgänge weiter draußen am Great Barrier Reef unternehmen.

Open-Water-Kurse mit mehreren Tauchgängen kosten ab ca. 900 AU$. Die Whitsunday Diving Academy (☑ 1300 348 464; www.whitsundaydivingacademy.com.au; 2579 Shute Harbour Rd, Jubilee Pocket) ist eine gute Einrichtung, um Tauchen zu lernen.

Mehrere Segeltörns enthalten Tauchgänge als optionales Extra. Die Preise fangen für Anfänger oder zertifizierte Taucher bei 95 AU$ an. Der Fährbetreiber Cruise Whitsundays (S. 440) bietet Tagestrips mit Tauchgängen (ab 119 AU$) an seinem Riff-Ponton an.

Die meisten **Inselresorts** haben Tauchschulen und kostenlose Schnorchelausrüstungen.

Kajakfahren

Seite an Seite mit Delfinen und Schildkröten zu paddeln, ist eine der besten Methoden, die Whitsundays zu erkunden. **Salty Dog Sea Kayaking** (☎07-4946 1388; www.saltydog. com.au; Shute Harbour; Halb-/Ganztagstour 80/130 AU$) hat geführte Touren im Angebot und verleiht Kajaks (halber/ganzer Tag 50/80 AU$). Die tollen sechstägigen Kajak- und Camping-Exkursionen (1650 AU$) sind auch für Anfänger geeignet.

👉 Geführte Touren

Ocean Rafting BOOTSFAHRT
(☎07-4946 6848; www.oceanrafting.com.au; Erw./Kind/Fam. ab 134/87/399 AU$) In einem sehr schnellen, großen, gelben Speedboat lernt man die „wilde" Seite der Inseln kennen. Die Gäste schwimmen am Whitehaven Beach, unternehmen eine geführte Tour durch den Nationalpark oder schnorcheln an den Riffen von Mantaray Bay und Border Island.

Ecojet Safari GEFÜHRTE TOUR
(☎07-4948 2653; geführte Tour 195 AU$/Pers.) Auf den dreistündigen Jetski-Safaris in kleinen Gruppen werden die Inseln, Mangroven und die Meeresflora und -fauna der nördlichen Whitsundays erkundet (2 Pers. pro Jetski).

Big Fury BOOTSFAHRT
(☎07-4948 2201; www.magicwhitsundays.com; Erw./Kind/Fam. 130/70/350 AU$) Das offene Sportboot rast zum Whitehaven Beach. Es folgen Mittagessen und Schnorcheln an einem einsamen Riff in der Nähe. Grandioses Preis-Leistungs-Verhältnis und buchbar über Reisebüros in Airlie Beach.

HeliReef PANORAMAFLUG
(☎07-4946 9102; www.helireef.com.au) Panoramaflüge im Helikopter ab 135 AU$.

🛏 Schlafen

Auf mehreren Inseln verwaltet das NPRSR (www.nprsr.qld.gov.au) die Campingplätze des Whitsunday Islands National Park, die von Individualreisenden und Pauschalreisegrup-

pen benutzt werden können. Campinggenehmigungen (Pers./Fam. 6,15/24,60 AU$) gibt's online oder beim **NPRSR-Buchungsbüro** (☎13 74 68; www.npsr.qld.gov.au; Ecke Shute Harbour & Mandalay Rd; ⊙Mo–Fr 9–16.30 Uhr) in Airlie Beach.

Camper müssen sich komplett selbst versorgen und sollten 5 l Trinkwasser pro Person und Tag mitnehmen – und für den Fall der Fälle einen Extravorrat für drei Tage. Auch ein Campingkocher gehört ins Gepäck; Holzfeuer sind auf allen Inseln verboten.

Der *Scamper*, der von **Whitsunday Island Camping Connections** (☎07-4946 6285; www.whitsundaycamping.com.au) betrieben wird, fährt von Shute Harbour aus zu den Inseln South Molle, Denman oder Planton (hin & zurück 65 AU$), zur Whitsunday Island (hin & zurück 105 AU$), zum Whitehaven Beach (hin & zurück 155 AU$) und zur Hook Island (hin & zurück 160 AU$).

ℹ An- & Weiterreise

BUS
Greyhound (☎1300 473 946; www.greyhound. com.au) und **Premier** (☎13 34 10; www.pre

TOP-STRÄNDE

Die Whitsundays haben einige der besten Strände des Landes zu bieten. Hier ein paar Tipps:

Whitehaven Beach (S. 449) Azurblaues Wasser und ein schneeweißer Strand aus Quarzsand – Whitehaven auf der Whitsunday Island ist atemberaubend.

Chalkies Beach Ein idyllischer, weißer Sandstrand auf der Haslewood Island gegenüber vom Whitehaven Beach.

Langford Island Bei Flut ist Langford ein schmaler Sandstreifen am Rand einer aberwitzig malerischen, türkisfarbenen Lagune voller Korallen.

Butterfly Bay In der geschützten Bucht an der Nordseite von Hook Island flattern im Winter unzählige Schmetterlinge durch die Luft.

Catseye Beach (S. 449) Der Catseye Beach auf Hamilton Island ist ein beliebter, typischer Strand der Whitsundays, der mit seinen Schatten spendenden Palmen und dem türkisfarbenen Wasser bereits in die sozialen Medien Einzug gehalten hat.

mierms.com.au) biegen vom Bruce Hwy gen Airlie Beach ab. **Whitsunday Transit** (☑ 07-4946 1800; www.whitsundaytransit.com.au) verbindet Proserpine, Cannonvale, Abel Point, Airlie Beach und Shute Harbour.

Whitsundays 2 Everywhere (☑ 07-4946 4940; www.whitsundaytransfers.com) schickt Shuttles von den Flughäfen Mackay und Proserpine bzw. Whitsunday Coast nach Airlie Beach.

FLUGZEUG

Die beiden Hauptflughäfen für die Whitsundays liegen auf Hamilton Island und in Proserpine (Whitsunday Coast). Der kleine Whitsunday Airport befindet sich in Airlie Beach ca. 6 km außerhalb der Stadt.

Jetstar (☑ 13 15 38; www.jetstar.com.au) fliegt von Melbourne und Brisbane nach Proserpine, Virgin von/nach Brisbane, Tiger von Sydney nach Proserpine; **Qantas** (☑ 13 13 13; www.qantas.com.au), Jetstar und Virgin fliegen von den meisten australischen Großstädten zur Hamilton Island.

Proserpine

3875 EW.

Es gibt keinen wirklichen Grund, sich in dieser Stadt der Zuckerindustrie, die als Drehscheibe für Airlie Beach und die Whitsundays dient, länger als nötig aufzuhalten. Trotzdem lohnt es sich, gleich südlich der Stadt in dem nützlichen **Whitsundays Region Information Centre** (☑ 1300 717 407; www.whitsundaytourism.com; ⊘ 10–17 Uhr) Infos über die Whitsundays und die Umgebung einzuholen.

Wer in Proserpine etwas Zeit über hat, sollte einen Abstecher zu **Colour Me Crazy** (☑ 07-4945 2698; 2b Dobbins Lane; ⊘ Mo–Fr 8.30-17.30, Sa 8.30-15.30, So 9.30-14.30 Uhr) machen. Hier gibt es ein tolles Angebot an ungewöhnlichen Schmuckstücken, Klamotten und Haushaltswaren. Man kann kaum glauben, was man aus Pailletten alles machen kann.

Airlie Beach

9165 EW.

Abgesehen davon, dass Airlie Beach der Ausgangspunkt für die meisten Trips zu den unvergleichlichen Whitsunday Islands ist, so ist der Ort doch auch ein Ziel par excellence für Autotouren und Trinkgelage an der Ostküste. Die vielen Hostels und großen Biergärten befinden sich gegenüber einer von Wiesen umgebenen Schwimmlagune, an der man nichts anderes zu tun hat, als eine unbeschwerte Zeit zu genießen.

Klar, es gibt jetzt auch den relativ neuen Jachthafen Port of Airlie mit seinem pseudoeleganten Hotel- und Restaurantkomplex und den beeindruckend großen Jachten. Das Herz von Airlie aber schlägt noch immer im Rhythmus von Hobbyseglern, die übernächtigt in die funkelnde See stechen und die dicht bewachsenen Inseln erforschen.

🏃 Aktivitäten

Lagoon SCHWIMMEN
(Shute Harbour Rd) GRATIS Das ganze Jahr über kann man sich in der Lagune im Stadtzentrum ohne Angst vor Quallen, Krokodilen oder sonstigem Viehzeug abkühlen.

Red Cat Adventures BOOTFAHREN
(☑ 1300 653 100, 07-4940 2000; www.redcatadventures.com.au) Ausgezeichneter Familienbetrieb, der auf drei verschiedenen Schiffen Touren anbietet. Empfehlenswert ist der „Ride to Paradise" (569 AU$), ein Trip mit zwei Übernachtungen zu einem „geheimen" Resort. Gut sind auch die Fahrten zu vielen anderen Highlights der Whitsundays.

Airlie Beach Skydivers FALLSCHIRMSPRINGEN
(☑ 1300 759 348; www.airliebeachskydivers.com.au; 2/273 Shute Harbour Rd; Sprung aus 4270 m ab 249 AU$) Fallschirmsprünge mit Landung am Strand in Airlie Beach werden nur von dieser engagierten Crew mit kleinem Laden in der Shute Harbour Rd angeboten.

Skydive Airlie Beach FALLSCHIRMSPRINGEN
(☑ 07-4946 9115; www.skydive.com.au/airlie-beach; Sprung ab 199 AU$) Wie wär's mit einem Sprung aus einer Höhe von 1830, 2440 oder 4270 m? Festen Boden unter den Füßen hat man danach wieder vor den Cafés in Airlie Beach. Tolle Truppe und ein todesmutiger Sprung mit Traumblick auf die Welt.

Whitsunday Sailing Adventures BOOTFAHREN
(☑ 07-4946 4999; www.whitsundayssailingadventures.com.au; The Esplanade) Diese Agentur hat gute Beziehungen und kann Plätze auf jedem Segelboot der Stadt sowie auch ein paar Tauchausflüge organisieren.

Pioneer Jet Whitsundays BOOTFAHREN
(☑ 1800 335 975; www.pioneerjet.com.au; Abel Point Marina; Erw./Kind 69/49 AU$) Der Ultimate Bay Blast ist eine donnernde halbstündige Spritztour auf einem Jetboot. Spaß und sachkundige Führer runden die Erfahrung ab. Aber Achtung: Man wird mit Sicherheit klatschnass.

Airlie Beach

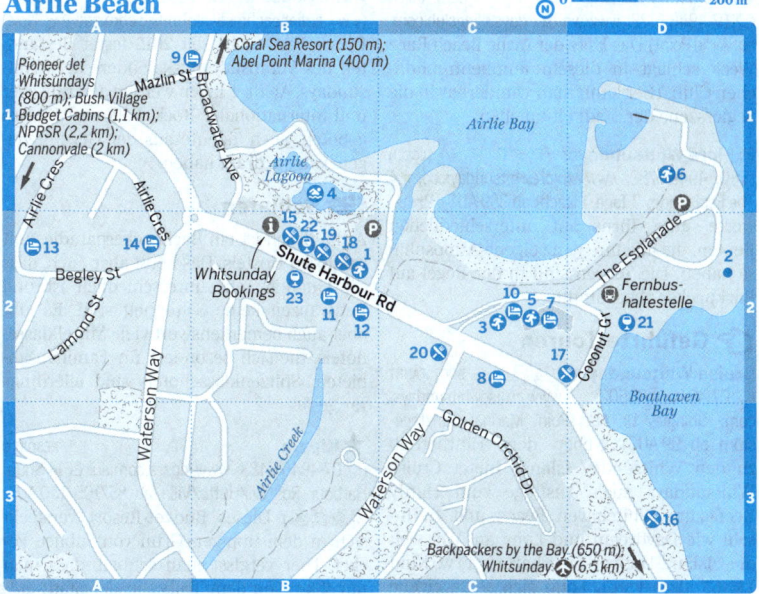

N 0 —————————— 200 m

Airlie Beach

🟢 Aktivitäten, Kurse & Touren
1	Airlie Beach Skydivers	B2
2	Cruise Whitsundays	D2
3	Explore Whitsundays	C2
4	Lagoon	B1
5	Whitsunday Sailing Adventures	C2
6	Whitsunday Sailing Club	D1

🔵 Schlafen
7	Airlie Beach Hotel	C2
8	Airlie Beach YHA	C2
9	Airlie Waterfront B&B	B1
10	Airlie Waterfront Backpackers	C2
11	Beaches Backpackers	B2
	Heart Hotel and Gallery	(siehe 1)
12	Magnums Backpackers	B2
13	Sunlit Waters	A2
14	Waterview	A2

🔴 Essen
15	Airlie Beach Treehouse	B2
16	Denman Cellars Beer Cafe	D3
17	Fish D'vine	C2
18	Harry's Corner	B2
19	Mr Bones	B2
	Village Cafe	(siehe 12)
	Wisdom Health Lab	(siehe 18)
20	Woolworths Supermarket	C2

🟣 Ausgehen & Nachtleben
21	Just Wine & Cheese	D2
22	Mama Africa	B2
23	Paddy's Shenanigans	B2

Just Tuk'n Around GEFÜHRTE TOUR

(www.justtuknaround.com.au; geführte Tour 30 AU$/Pers.) Die witzigen und informativen 30-minütigen Touren rund um die „Geheimnisse" von Airlie Beach enthüllen mehr, als man von einer kleinen Küstenstadt erwartet hätte.

Lady Enid BOOTFAHREN

(☎0407 483 000; www.ladyenid.com.au; Törn ab 225 AU$) Veranstaltet maßgeschneiderte Segeltörns der Extraklasse für Pärchen an Bord einer Traditionsjacht.

Illusions BOOTFAHREN

(☎0455 142 021; www.illusion.net.au; Tagestörn 125 AU$) Preiswerte und stets gute Segeltrips auf einem 12-m-Katamaran zu den Inseln.

Solway Lass BOOTFAHREN

(☎1800 355 377; www.solwaylass.com; 3 Tage, 3 Nächte ab 589 AU$) Angeboten werden drei ganze Tage und Nächte auf einem 28 m langen Segelschiff, dem einzigen echten Großsegler in Airlie Beach. Bei Backpackern ist dieser Ausflug sehr beliebt.

Whitsunday Sailing Club
BOOTFAHREN

(☏ 07-4946 6138; www.whitsundaysailingclub.com.au; Airlie Point) Das Herz der Airlie Beach Race Week schlägt in diesem familienfreundlichen Club. Hier kann man wunderbar in die Seglerszene der Stadt eintauchen.

Explore Whitsundays
SEGELN

(☏ 07-4946 5782; www.explorewhitsundays.com; 4 The Esplanade; 2 Tage, 1 Nacht ab 359 AU$) Preiswerte, gute Törns auf unterschiedlichen Booten, die alle ihre ganz eigene Atmosphäre haben. Die Touren sind in der Regel auf Backpacker abgestimmt.

🖝 Geführte Touren

Cruise Whitsundays
BOOTSFAHRT

(☏ 07-4846 70602; www.cruisewhitsundays.com; Shingley Dr, Abel Point Marina; Ganztagestörn ab 99 AU$) Neben dem Fährbetrieb zu den Whitsunday Islands bietet Cruise Whitsundays auch Ausflüge zum Hardy Reef, zum Whitehaven Beach und zu Inseln wie Daydream und Long an. Wer sich die Island-Hopper-Tageskarte (Erw./Kind 125/65 AU$) kauft, kann sich seine eigene Route zusammenstellen. Angeboten werden auch die beliebten Tagestrips an Bord der *Camira* (195 AU$).

Air Whitsunday
PANORAMAFLUG

(☏ 07-4946 9111; www.airwhitsunday.com.au; Terminal 1, Whitsunday Airport) Diverse Touren einschließlich Tagestrips nach Whitehaven (255 AU$) und Panoramaflüge mit Schnorchelstopps am Great Barrier Reef (375 AU$).

Whitsunday Crocodile Safari
GEFÜHRTE TOUR

(☏ 07-4948 3310; www.crocodilesafari.com.au; Erw./Kind 120/60 AU$) Wild lebende Krokodile beobachten, geheimnisvolle Meeresarme erkunden und echtes Buschessen genießen!

🎓 Kurse

Maritime & Sailing Training Centre
BOOTFAHREN

(☏ 07-4946 6710; www.maritimetrainingcentre.com.au) Angesehene Segellehrer bieten Segelkurse für all diejenigen an, die mehr als das Übliche lernen wollen.

✹ Feste & Events

Airlie Beach Race Week
SEGELN

(www.airlieraceweek.com; ⊙ Aug.) Das Segelereignis der Stadt findet alljährlich im August statt. An der Regatta in Airlie nehmen Segler aus aller Welt teil.

Airlie Beach Music Festival
MUSIK

(www.airliebeachfestivalofmusic.com.au; ⊙ Nov.) Dieses Festival ist seit 2012 fester Bestandteil des Veranstaltungskalenders der Whitsundays. An drei Tagen werden australischer und internationaler Rock, Folk und Electro geboten, auch Talente aus der Gegend zeigen, was sie drauf haben.

🛏 Schlafen

Airlie Beach ist ein Backpackerparadies mit zahllosen Hostels. Das heißt aber auch, dass die Qualität sehr unterschiedlich ist und Bettwanzen keine Seltenheit sind. Es gibt aber auch bemerkenswert viele Mittelklassehotels, die sich besonders für Familien anbieten. Spitzenklassehotels sind allerdings rar gesät.

★ Kipara
RESORT $

(☏ 07-4946 6483; www.kipara.com.au; 2614 Shute Harbour Rd; Zi./Hütte/Villa ab 85/105/130 AU$; ❄@🖧🐾) Dieses Budget-Resort versteckt sich in dem üppigen Grün von Jubilee Pocket. Hier vergisst man schnell, dass man nur 2 km von dem Trubel in der Stadt entfernt ist (die Bushaltestelle ist gleich nebenan, sodass man kein eigenes Auto braucht). Es ist eine blitzsaubere Unterkunft mit hervorragendem Preis-Leistungs-Verhältnis, zuvorkommendem Personal, Kochgelegenheiten und regelmäßigen Ausflugsangeboten. Eine der besten Optionen in ganz Airlie. Außerdem gibt's einen tollen Pool mit Sonnendeck und Rabatt bei Online-Buchung.

★ Sunlit Waters
APARTMENT $

(☏ 07-4946 6352; www.sunlitwaters.com; 20 Airlie Cres; Wohnstudio ab 95 AU$, 1-Zi.-Apt. 115 AU$; ❄🖧🐾) Ein Wahnsinnspreis für einen Touristenort wie Airlie Beach! Wir hatten winzig kleine oder heruntergekommene Wohnstudios und Apartments erwartet, fanden aber wunderschön eingerichtete Unterkünfte vor, die alles bieten, was das Herz begehrt (darunter eine voll eingerichtete kleine Küche und lange Balkone mit Traumblick). Sogar einen Pool gibt es.

Flametree Tourist Village
CAMPING $

(☏ 07-4946 9388; www.flametreevillage.com.au; 2955 Shute Harbour Rd; Stellplatz mit/ohne Strom 40/30 AU$, Hütte ab 109 AU$; ❄@🐾🖧) Der beliebte Campingplatz und Wohnwagenpark wurde ordentlich aufgemöbelt und ist eine Top-Alternative zu dem Chaos in Airlie Beach. Die großen Stellplätze verteilen sich über ein hübsches Gartengelände mit vielen

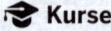

Vögeln. Es gibt eine gute Campingküche und einen Grillbereich. Die Anlage befindet sich 6,5 km westlich von Airlie.

Airlie Beach YHA
HOSTEL $

(☑ 07-4946 6312; www.yha.com.au; 394 Shute Harbour Rd; B 33 AU$, DZ ab 85 AU$; ❄ @ ☎ ✉) Diese Herberge ist für junge Budgettraveller eine echte Alternative zu den schäbigen Hostels und miesen Anlagen im Busch. Die zentrale und halbwegs ruhige Unterkunft hat einen tollen Pool und eine gute Küche. Die Doppelzimmer sind allerdings etwas düster.

Airlie Waterfront Backpackers
HOSTEL $

(☑ 1800 089 000; www.airliewaterfront.com; 6 The Esplanade; B/DZ ab 22/74 AU$; ❄ ☎) Einfaches Hostel mit Meerblick in absolut zentraler Lage. Hier geht es weniger hektisch zu als in anderen Unterkünften im Stadtzentrum.

Bush Village Budget Cabins
HOSTEL $

(☑ 07-4946 6177, 1800 809 256; www.bushvillage. com.au; 2 St Martins Rd; B ab 33 AU$, DZ mit/ohne Bad ab 97/82 AU$; P ❄ @ ☎ ✉) Diese Budgetunterkunft ist nichts für Partygänger. Hier fühlen sich Traveller mit eigenem Auto wohl, die nach einem langen Tag am Riff oder einer Nacht auf der Piste an einen ruhigen Ort zurückkehren möchten. Die Schlafsäle und Doppelzimmer sind in Selbstversorgerhütten untergebracht. Das Hostel verfügt über eine Alkohollizenz, sodass man am Pool in aller Ruhe ein Bier genießen kann. Zur Abel Point Marina sind es fünf Gehminuten, ins Zentrum von Airlie Beach eine halbe Stunde. Da die Rezeption früh schließt, sollte man rechtzeitig vor Ort eintreffen.

Beaches Backpackers
HOSTEL $

(☑ 07-4946 6244; www.beaches.com.au; 356 Shute Harbour Rd; B/DZ ab 20/85 AU$; ❄ @ ☎ ✉) Die Hostelszene in Airlie ist recht unbeständig, aber die Gäste im Beaches sind stets gleichbleibend partybegeistert (und das auch wegen der tollen Open-Air-Bar). Die Schlafsäle sind in Ordnung, könnten aber etwas sauberer sein.

Achtung: Unbedingt checken, ob das Hotelbetrieb schon wieder aufgenommen wurde, denn das Hostel erlitt Schäden durch den Wirbelsturm Debbie.

Backpackers by the Bay
HOSTEL $

(☑ 07-4946 7267; www.backpackersbythebay.com; 12 Hermitage Dr; B 27 AU$, DZ & 2BZ 83 AU$; ❄ @ ☎ ✉) Dieses sehr ruhige Hostel ist ca. zehn Gehminuten von Airlies Zentrum entfernt. Es ist genau die richtige Unterkunft für

all jene, die Abstand zwischen Feiern und Schlafen wünschen. Die kleinen Zimmer werden jeden zweiten Tag gereinigt, und rund um den recht großen Pool baumeln Hängematten. Touren kann man hier nicht buchen.

Waterview
APARTMENT $$

(☑ 07-4948 1748; www.waterviewairliebeach.com. au; 42 Airlie Cres; Wohnstudio ab 140 AU$, 1-Zi-Wohneinheit ab 155 AU$; ❄ ☎) Dank der Lage und des Komforts sind die kleinen Wohneinheiten eine hervorragende Wahl. Die Unterkunft liegt an der Hauptstraße und bietet einen tollen Blick auf die Bucht. Die modernen, luftigen Zimmer sind geräumig und haben eine Kochnische. Großartiges Preis-Leistungs-Verhältnis vor allem für Paare, die auf einen Pool verzichten können.

Airlie Beach Hotel
HOTEL $$

(☑ 07-4964 1999; www.airliebeachhotel.com.au; Ecke The Esplanade & Coconut Gr; Motel Zi. ab 145 AU$, Hotel Zi. 195–295 AU$; ❄ ☎ ✉) Das ABH ist zwar schon etwas in die Jahre gekommen, aber die Zimmer zum Meer gehören in dieser Preisklasse zu den besten in ganz Airlie. Angesichts dreier Restaurants, einem Getränkeladen und der super Lage im Zentrum wohnt es sich anderswo wesentlich schlechter.

Das Hotel wurde durch den Wirbelsturm Debbie beschädigt und musste vorübergehend geschlossen werden. Einige Bereiche des ABH, darunter die Motelzimmer, sind inzwischen wieder zugänglich; die vollständige Wiedereröffnung ist aber für das Frühjahr 2018 geplant.

Coral Sea Resort
RESORT $$$

(☑ 07-4964 1300; www.coralsearesort.com; 25 Ocean View Ave; DZ ab 275 AU$; ❄ @ ☎ ✉) Das Coral Sea Resort ist eine ausgezeichnete Wahl für Familien und ältere Gäste, die Wert legen auf guten Service, geräumige, gefliest Zimmer und einen Pool in Traumlage. Die Unterkunft liegt am Ende einer flachen Landzunge gleich westlich des Zentrums. Der Jachthafen ist auch nur einen kurzen Spaziergang entfernt. Viele Zimmer haben einen umwerfenden Blick. Eine Menge Geld sparen kann man, wenn man sich für ein Zimmer mit Blick auf den Garten entscheidet und den Meerblick vom Pool aus genießt.

Airlie Waterfront B&B
B&B $$$

(☑ 07-4946 7631; http://airliewaterfrontbnb.com. au; Ecke Broadwater Ave & Mazlin St; 1-/2-Zi.-Apt. ab 209/252 AU$; ❄ @ ☎ ✉) Karen und Malcolm

NICHT VERSÄUMEN

SEGELN IN DEN WHITSUNDAYS

Die Whitsundays sind der Ort, um bei einer tropischen Brise durch das fantastische blaue Wasser zu gleiten. Wer zeitlich flexibel ist, kann mit Last-Minute-Standby-Angeboten viel Geld sparen und weiß außerdem besser über die Witterungsbedingungen Bescheid. Viele Traveller verbringen genau aus diesem Grund ein paar Tage in Airlie Beach, allerdings läuft man dort Gefahr, seine ganzen Ersparnisse in Kneipen auszugeben!

Die meisten Boote haben in ihrem Angebot Schnorcheln an den Saumriffen, die die Inseln umgeben. Hier gibt es oft mehr farbenprächtige Weichkorallen als am Außenriff. Tauchen und andere Aktivitäten kosten fast immer extra. Wer sich für eine Tour entschieden hat, kann sie in einem der vielen Reisebüros in Airlie Beach buchen.

Abgesehen von der superschnellen, von Cruise Whitsundays (S. 440) betriebenen *Camira* schaffen es die Segelboote auf einem Tagestörn von Airlie Beach nicht zu Orten wie dem Whitehaven Beach. Stattdessen steuern sie in der Regel das schöne Langford Reef und die Hayman Island an; vor der Buchung sollte man sich informieren, wohin es geht.

Bareboat Charter

Man kann auch Boote ohne Skipper, Crew und Proviant chartern. Formelle Qualifikationen sind nicht erforderlich, aber mindestens eine Person in der Gruppe muss nachweisen, dass sie ein Boot sicher führen kann.

In der Hochsaison (Sept.–Jan.) muss man für eine Jacht, auf der vier bis sechs Personen übernachten könnten, mit 500 bis 1000 AU$ pro Tag rechnen; dazu kommen eine Buchungsgebühr und eine Sicherheitskaution (diese wird erstattet, wenn das Boot unbeschädigt zurückgegeben wird). Die meisten Charterunternehmen haben eine Mindestmietdauer von fünf Tagen.

In der Gegend um Airlie Beach gibt es mehrere Bareboat-Charterunternehmen:

Charter Yachts Australia (☏1800 639 520; www.cya.com.au; Abel Point Marina; 4 Pers. ab 495 AU$)

Cumberland Charter Yachts (☏1800 075 101; www.ccy.com.au; Abel Point Marina)

Queensland Yacht Charters (☏1800 075 013; www.yachtcharters.com.au; Abel Point Marina)

Whitsunday Escape (☏1800 075 145; www.whitsundayescape.com; Abel Point Marina)

Whitsunday Rent A Yacht (☏1800 075 000; www.rentayacht.com.au; 6 Bay Tce, Shute Harbour).

Arbeit gegen Koje

Wer auf einem Boot anheuert, wird als Gegenleistung für seine kostenlose Koje, die Verpflegung und das Segelabenteuer damit beschäftigt sein, das Großsegel zu hissen und die Toiletten zu putzen. Im Jachthafen, in Restaurants und in Hotels Ausschau halten nach Schildern mit der Aufschrift „Crew Wanted". Ob das eine gute oder schlechte Erfahrung wird, hängt vom Boot, vom Skipper, von den anderen Crewmitgliedern (so vorhanden) und der eigenen Einstellung ab. Auf jeden Fall sollte man jemandem Bescheid sagen, wohin man mit wem wie lange aufbricht. Das ist nicht nur eine Sicherheitsmaßnahme, es macht die an Land Gebliebenen auch richtig schön neidisch.

sind die geselligen Gastgeber dieser falsch bezeichneten Unterkunft, denn sie ist eher ein kleines Resort als ein B&B. Aufgrund der Lage etwas oberhalb der Stadt ist der Blick grandios. Die Zwei-Zimmer-Apartments haben das beste Preis-Leistungs-Verhältnis der Stadt, einige Zimmer haben sogar einen Whirlpool. Die Unterkunft ist in nur fünf Minuten über die Promenade zu erreichen.

Heart Hotel and Gallery BOUTIQUEHOTEL $$$
(☏1300 847 244; www.hearthotelwhitsundays. com.au; 277 Shute Harbour Rd; DZ 225–275 AU$, Suite 300–350 AU$) Ein brandneues Luxusboutiquehotel mitten im Zentrum von Airlie. Die Architektur erinnert an die früher für Queensland typischen Gebäude. Die Zimmer sind klein, aber elegant eingerichtet. Bei Online-Buchung gibt's beträchtliche Rabatte.

✖ Essen

An dem Abschnitt gegenüber vom Hafen am neuen Port of Airlie gibt's eine gute Auswahl an eleganten, gehobenen Restaurants; im Zentrum von Airlie Beach sind dagegen alle Varianten vorhanden, von billigen Take-away-Kebab-Läden bis zu schicken Restaurants mit Terrasse. Für Selbstversorger gibt's im Stadtzentrum einen riesigen **Woolworths Supermarket** (Shute Harbour Rd; ⊙8–21 Uhr).

Harry's Corner
CAFÉ $

(📞07-4946 7459; 273 Shute Harbour Rd; Hauptgerichte 7–18 AU$; ⊙7–15 Uhr) Die Einheimischen lieben Harry's und das altmodische europäische Teegeschirr, die dänischen Sandwiches, die gefüllten Bagels und guten Salate. Die Frühstücksgerichte, die den ganzen Tag über serviert werden, sind ein Muss gegen den Kater.

Wisdom Health Lab
CAFÉ $

(1b/275 Shute Harbour Dr; Toasts ab 5,50 AU$, Säfte ab 7 AU$; ⊙7.30–15.30 Uhr; 📞) In dem geschäftigen Eck-Café, das hauptsächlich Takeaway-Speisen verkauft, stehen drinnen und draußen ein paar Tische. Aus der Küche kommen gesunde Toasts, Sandwiches (darunter viele vegetarische Optionen wie der leckere Linsen-Burger) und eine große Auswahl an frischen Smoothies und Säften.

★ Mr Bones
PIZZA $$

(📞0413 017 331; Lagoon Plaza, 263 Shute Harbour Rd; Teller zum Teilen 12–17 AU$, Pizza 15–23 AU$; ⊙Di–Sa 9–21 Uhr) Seit der Eröffnung vor ein paar Jahren ist das Mr Bones mit seiner sorgfältig zusammengestellten Speisekarte und den knusprig dünnen, kreativ zubereiteten Pizzas das coolste Lokal in Airlie. In dem sonnigen Restaurant mit Blick auf die Lagune gibt es auch eine „Nicht-Pizza-Karte" mit Vorspeisen. Schneller, aufmerksamer Service. Guter Kaffee.

Airlie Beach Treehouse
MODERN-AUSTRALISCH $$

(📞07-4946 5550; www.airlietreehouse.com; 6/263-265 Shute Harbour Rd; Hauptgerichte 18–36 AU$; ⊙8.30–21.30 Uhr) Das neue, viel Schatten bietende Restaurant an der Laguna schlägt Wellen mit seinem unkomplizierten Service und dem guten Essen.

Denman Cellars Beer Cafe
TAPAS $$

(📞07-4948 1333; Shop 15, 33 Port Dr; Tapas 10 AU$, Hauptgerichte 18–38 AU$; ⊙Mo–Fr 11–22, Sa & So 8–23 Uhr) In dieser Tapas-Bar, in der regelmäßig Livemusik geboten wird, herrscht stets eine gesellige Stimmung. Hier gibt's mehr Boutique-Biere – 700 Sorten! – als die ganze Stadt zusammen zu bieten hat. Auch das Essen kann sich sehen lassen: Seafood-Platten zum Teilen (57 AU$), „Bierhäppchen" wie Zucchini-Bällchen (14 AU$) und Enten-Pfannkuchen (17 AU$). Größere Hauptgerichte sind ebenfalls erhältlich.

Fish D'vine
SEAFOOD $$

(📞07-4948 0088; 303 Shute Harbour Rd; Hauptgerichte 17–33 AU$; ⊙17 Uhr–open end) Die Piraten wussten schon, was gut ist. Diese Fisch-und-Rum-Bar macht einfach nur Spaß. Serviert werden Gerichte aus Neptuns Reich und jede Menge Rum (über 200 Sorten). Wer's wissen will, bestellt sich „Seafood Indulgence", ein Berg aus Muscheln und Meeresfrüchten für ganze 149 AU$.

Village Cafe
CAFÉ $$

(📞07-4946 5745; 366 Shute Harbour Rd; Hauptgerichte 15–34 AU$; ⊙7.30–21.30 Uhr) Interaktives Speisen macht wirklich Spaß in dem sehr beliebten Village Café, in dem man sich seine Gerichte auf einem Lavastein selbst brutzeln kann. Bevor in See gestochen wird, treffen sich hier die Crews zu einem deftigen Frühstück.

🍷 Ausgehen & Nachtleben

Es heißt, dass Airlie Beach eine Partystadt mit Seglerproblem ist. Die beiden großen Backpacker-Bars **Magnums** (📞07-4964 1199, 1800 624 634; www.magnums.com.au; 366 Shute Harbour Rd; Stellplatz Zelt/Wohnmobil 24/26 AU$, B/DZ ab 24/56 AU$; ❄@🛜) und Beaches (S. 441) im Stadtzentrum sind immer voll. Es sind die perfekten Startlocations für eine ausgelassene Nacht.

Mama Africa
CLUB

(263 Shute Harbour Rd; ⊙21–5 Uhr) Der Nachtclub im afrikanischen Safaristil lockt mit einem dröhnenden Beat, dem Jäger wie Beute nur schwer widerstehen können. Themenabende und ganz unterschiedliche Angebote ziehen partywütige Backpacker jeden Abend in diese Location.

Just Wine & Cheese
WEINBAR

(Shop 8, 33 Port Dr; Wein pro Glas 7–18 AU$; ⊙15–22 Uhr) Dieser schöne Getränkeladen mit Bar wird von zwei aufgeweckten Weinliebhabern betrieben. Die Bar mit Blick auf die Marina von Port of Airlie hält, was sie verspricht, und hier wird den Gästen ausgezeichneter Wein serviert.

ⓘ ACHTUNG WIRBELSTURM

In Queenslands hohem Norden gehören Zyklone – auf der nördlichen Halbkugel heißen sie Hurrikane – zwischen November und April zum alltäglichen Leben. Pro Saison gibt es durchschnittlich vier oder fünf davon. Nur selten entwickeln sich Zyklone zu ausgewachsenen, zerstörerischen Wirbelstürmen. Im März 2017 traf der Severe Tropical Cyclone Debbie unweit Airlie Beach auf Land und verursachte im Südosten von Queensland und der Northern-Rivers-Gegend in New South Wales schwere Schäden und Überflutungen. Auch Airlie Beach und Bowen waren betroffen.

Dem Sturm, der sintflutartige Regenfälle, Starkwind und ein aufgewühltes Meer mit sich brachte, fielen in Australien mindestens zwölf Menschen zum Opfer. Schuld daran waren hauptsächlich die extremen Überschwemmungen. Zum Zeitpunkt der Recherchen waren die Aufräumarbeiten in vollem Gange. Es wird empfohlen, vor Antritt der Reise zu checken, ob es Unterkünfte gibt und sich nach dem Zustand der Strände zu erkundigen.

In der entsprechenden Jahreszeit sollte man Augen und Ohren offen halten und auf Sturmvorhersagen und -warnungen achten. Unbedingt die örtlichen Radiosender hören und die Website des Bureau of Meteorology (www.bom.gov.au) immer wieder nach Updates und Empfehlungen durchforsten. Die Einheimischen haben zwar eine Art Laisser-faire-Haltung in puncto Wirbelstürmen, kaufen aber dennoch den ganzen Getränkeladen leer, wenn ein Zyklon vorhergesagt wird!

Paddy's Shenanigans　　　IRISH PUB
(352 Shute Harbour Rd; ⊙ 17–3 Uhr) Jeden Abend Livemusik, Sport-TV und ausgiebiger Alkoholkonsum.

ⓘ Praktische Informationen

Whitsunday Bookings (☑ 07-4948 2201; www.whitsundaybooking.com.au; 346 Shute Harbour Rd) Tina hilft Travellern schon seit Jahren bei der Buchung von Touren. Eine Zeit lang wurde dieses Büro fälschlicherweise sogar als Touristeninformation angesehen. Heute sieht der Laden aber so aus wie die vielen anderen Reisebüros an der Hauptstraße.

Das **Whitsundays Central Reservation Centre** (☑ 1800 677 119; www.airliebeach.com; 259 Shute Harbour Rd) ist bei der Suche nach einer passenden Unterkunft behilflich.

ⓘ An- & Weiterreise

BUS

Greyhound (☑ 1300 473 946; www.greyhound.com.au) und **Premier Motor Service** (☑ 13 34 10; www.premierms.com.au) biegen vom Bruce Hwy gen Airlie Beach ab. Von dort gehen Busse nach Brisbane (248 AU$, 19 Std.), Mackay (31 AU$, 2 Std.), Townsville (49 AU$, 4 Std.), Cairns (100 AU$, 9 Std.) und zu allen anderen Großstädten entlang der Küste.

Zwischen dem Segelclub und dem Airlie Beach Hotel stoppen Fernbusse an der Esplanade.

Whitsunday Transit (☑ 07-4946 1800; www.whitsundaytransit.com.au) verbindet Proserpine (Whitsunday Airport), Cannonvale, Abel Point, Airlie Beach und Shute Harbour miteinander. Auf der Shute Harbour Rd gibt's mehrere Haltestellen.

FLUGZEUG

Whitsunday Coast (Proserpine) und Hamilton Island sind die nächsten Großflughäfen.

Der kleine **Whitsunday Airport** (☑ 07-4946 9180) liegt 6 km östlich von Airlie Beach auf halbem Weg nach Shute Harbour.

SCHIFF/FÄHRE

Cruise Whitsundays fährt zwischen **Port of Airlie** (www.portofairlie.com.au) und Hamilton, Daydream und Long Island (S. 445).

Conway National Park

Der Conway National Park hat genügend Schönheiten zu bieten, um Airlie-Beach- und selbst Whitsunday-Traveller in den hügeligen Regenwald und an die einsamen Strände zu locken, die einst das Jagdrevier der Giru Dala waren. Die Berge dieses Nationalparks und die Whitsunday Islands sind Teil derselben Küstengebirgskette. Der steigende Meeresspiegel nach der letzten Eiszeit hat die tieferen Täler überflutet und nur die höchsten Gipfel als Inseln zurückgelassen. Sie sind heute vom Festland abgeschnitten.

In der Nähe des Picknickbereichs beginnen mehrere Wanderwege. Weiter entlang der Hauptstraße in Richtung Coral Point und vor Shute Harbour führt ein 1 km langer Weg hinunter zum Coral Beach und zum Aussichtspunkt The Beak.

Etwa 1 km hinter dem Picknickbereich beginnt die 2,4 km lange Wanderung hinauf zum Aussichtspunkt am Mt. Rooper, der einen herrlichen Blick auf die Whitsunday Passage und die Inseln bietet.

Um die wunderschönen Cedar Creek Falls zu erreichen, muss man an der Straße von Proserpine nach Airlie Beach 18 km südwestlich von Airlie Beach in die Conway Rd abbiegen. Von dort sind es noch ca. 15 km bis zum Wasserfall; die Strecke ist gut ausgeschildert.

Long Island

Long Island lockt mit einsamen, schönen weißen Stränden, vielen niedlichen, wilden Felskängurus und 13 km an Wanderwegen.

Campen kann man an Long Islands **Sandy Bay** (www.nprsr.qld.gov.au; Stellplatz pro Pers./Fam. 6,15/24,60 AU$).

Das **Palm Bay Resort** (☏1300 655 126; www.palmbayresort.com.au; Villa/„Bures"(kleine Hütten)/Bungalow ab 229/249/329 AU$) ist ein Luxusresort für Selbstversorger. Hier können die Gäste zwischen einer Vielzahl ruhig gelegener Häuser wählen. Es gibt einen riesigen Pool, aber der Kameradschaftsgeist unter den Gästen lässt aufgrund des fehlenden Essbereichs zu wünschen übrig. Im zum Resort gehörenden Laden werden Delikatessen verkauft, außerdem gibt's eine rustikale Bar mit Alkoholausschank. Wer sich seine Vorräte anliefern lassen möchte, sollte sich an **Whitsundays Provisions** (☏07-4946 7344; www.whitprov.com.au) wenden. Bei diesem Resort handelt es sich um ein Modell für nachhaltigen Tourismus, das Zukunft haben könnte.

Cruise Whitsundays (☏07-4946 4662; www.cruisewhitsundays.com) verkehrt mehrmals täglich zwischen dem Palm Bay Resort und dem Port of Airlie (einfache Fahrt 48 AU$).

Hook Island

Die 53 km² große Hook Island ist die zweitgrößte Insel der Whitsundays. Sie ist in erster Linie ein Nationalpark und erreicht mit dem Hook Peak eine Höhe von 450 m. Neben ein paar schönen Stränden befinden sich rund um die Insel auch einige der besten Tauch- und Schnorchelspots der Gegend.

Nationalpark-Campingplätze (www.npsr. qld.gov.au; Stellplätze Pers./Fam. 5,45/21,80 AU$) gibt's an der Maureen Cove, am Steen's Beach, am Curlew Beach und am Crayfish Beach. Auf diesen einfachen, aber wunderschönen Plätzen findet man zurück zur Natur.

South Molle Island

South Molle (4 km²) ist die größte Insel der Molle-Gruppe, die noch Mid und North Molle Island umfasst. Abgesehen vom Privat- und Golfplatzgelände an der Bauer Bay im Norden steht ganz South Molle unter Nationalparkschutz. Sein kreuz und quer verlaufendes Wanderwegnetz (15 km) führt zu ein paar fantastischen Aussichtspunkten.

Nationalpark-Campingplätze (☏13 74 68; www.npsr.qld.gov.au; Stellplätze Erw./Fam. 6,15/24,60 AU$) gibt's an der Sandy Bay im Süden und an der Paddle Bay nahe dem Resort.

Daydream Island

Da die Daydream Island die dem Festland am nächsten gelegene Insel ist, zieht sie ganze Horden von Travellern an. Mit einer Länge von kaum mehr als 1 km und einer Breite von 200 m kann sie in nur ein oder zwei Stunden vollständig erkundet werden. Erwähnenswert ist das Meeresbiologieprogramm, das Besuchern ermöglicht, einen Großteil der Tierwelt in kurzer Zeit kennenzulernen. Aber leider erweckt das Ganze manchmal einen eher sterilen als naturbezogenen Eindruck. Die Insel wurde kürzlich von einer Investmentgruppe gekauft, die daraus eine „Luxus"-Destination machen möchte. Sie wird aber wohl auch weiterhin ein beliebtes Tagesziel für jedermann bleiben, vor allem für lebhafte Familien und Traveller, die nur wenig Zeit haben, um die „echten" Whitsundays zu erkunden. Anfang 2017 hat der Wirbelsturm Debbie großen Schaden angerichtet, sodass die Bauarbeiten schnell vorangetrieben werden. Die Wiedereröffnung des Resorts ist für 2018 geplant.

Da das **Daydream Island Resort & Spa** (☏1800 075 040; www.daydreamisland.com; DZ ab 245 AU$; ✳☎⊠) in puncto Unterbringung das Monopol auf der Insel hat, bemüht man sich hier nicht allzu sehr um die Kundschaft – man kennt schließlich seine Gäste: Familien mit Kindern, eher ruhige Traveller aus aller Welt und Urlauber mit wenig Zeit, die alle allein schon von der Lage begeistert sind. Viele der preisgünstigen Zimmer bieten einen Blick auf das wunderschöne Korallenmeer. Tennisplätze, ein Fitnessstudio, Katamarane, Windsurfbretter, drei Pools und ein Open-Air-Kino stehen den Gästen gratis zur Verfügung. Außerdem gibt es einen Club, der durchgängig diverse Aktivitäten für den Nachwuchs anbietet.

Tore zum Riff

Es gibt zahlreiche Möglichkeiten, sich Australiens riesigem Unterwasser-Königreich zu nähern. Man kann in eine beliebte Stadt am Riff fahren und sich dort einer organisierten Tour anschließen, einen mehrtägigen Segeltörn unternehmen, eine Tauchexpedition zu weniger besuchten äußeren Rändern des Riffs buchen oder hinaus zu einer abgelegenen Insel fliegen, wo man das Riff praktisch für sich allein hat.

Southern Reef Islands

Wer eine idyllische Zuflucht vor den Touristenmassen sucht, bucht einen Trip zu einer der von Riffen gesäumten abgelegenen Inseln am Südrand des Great Barrier Reef. Dort findet man direkt vor der Insel fantastische Schnorchel- und Tauchbedingungen vor.

Port Douglas

Das eine Fahrtstunde nördlich von Cairns gelegene Port Douglas ist ein entspannter Strandort, von dem aus Boote mehr als ein Dutzend Tauchstellen ansteuern, darunter unberührte Außenriffe wie das Agincourt Reef.

Whitsundays

Die von türkisblauem Wasser, Korallengärten und palmengesäumten Stränden umgebenen Whitsunday Islands bieten viele Gelegenheiten, das Riff zu erkunden: Man kann auf einer Insel Quartier beziehen, segeln gehen oder auch in Airlie Beach wohnen und bei Tagestouren eine Insel nach der anderen besuchen.

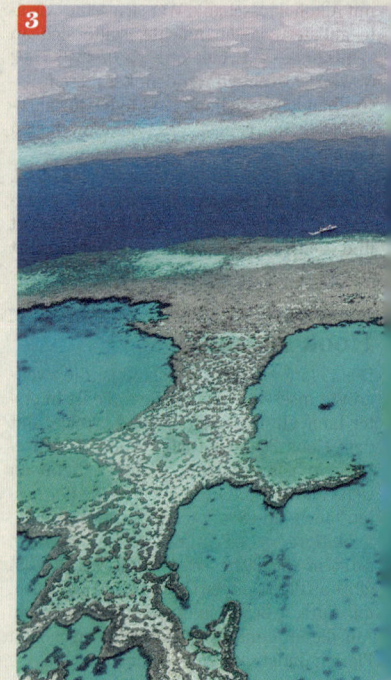

Townsville

Australiens größte tropische Stadt liegt zwar ein größeres Stück (2½ Std. per Boot) vom äußeren Riff entfernt, hat aber auch außerordentliche Vorzüge: Zugang zu Australiens bester Wracktauchstelle, ein ausgezeichnetes Aquarium, Museen zu Meeresthemen sowie mehrtägige Bootstouren für Taucher mit Übernachtung an Bord.

Cairns

Als beliebtestes „Tor" zum Riff hat Cairns Dutzende Veranstalter, die Tagestouren per Boot inklusive Schnorcheln sowie mehrtägige Riff-Erkundungen mit Übernachtung an Bord anbieten. Cairns ist auch der richtige Ort, um Tauchen zu lernen.

1. Clownfisch 2. Port Douglas (S. 501) 3. Great Barrier Reef aus der Luft 4. Schnorcheln in der Nähe von Cairns (S. 475)

SUPERJOSEPH / SHUTTERSTOCK ©

GLENN VAN DER KNIJFF / GETTY IMAGES ©

Hamilton Island

1346 E.W.

Willkommen in einem kleinen Resort-Paradies, wo auf den asphaltierten Straßen Golfcarts fahren, wo sich Wanderwege kreuz und quer über die steilen, felsigen Hügel winden und wo an den weißen Stränden Wassersport aller Art betrieben wird. Das mag vielleicht nicht jedermanns Vorstellung vom perfekten Inselleben entsprechen, dennoch ist es schwer, sich nicht von der riesigen Auswahl an Nobelunterkünften, Restaurants, Bars und Aktivitäten beeindrucken zu lassen – für jeden, der das nötige Kleingeld mitbringt, ist etwas dabei.

Tagesbesucher können einige Einrichtungen des Resorts nutzen, z. B. Tennisplätze, eine Driving Range und einen Minigolfplatz. So kann man die Insel für vergleichsweise wenig Geld erleben.

Einige Tauchshops am Hafen organisieren Tauchgänge und Zertifizierungskurse, und fast überall kann man diverse Bootsfahrten zu anderen Inseln und zum äußeren Riff buchen.

Wer nur Zeit für eine Wanderung hat, sollte den Passage Peak (239 m) in der Nordostecke der Insel in Angriff nehmen.

🛏 Schlafen & Essen

⭐ Qualia
RESORT $$$

(☎ 1300 780 959; www.qualia.com.au; DZ ab 1100 AU$; ❄ @ 🤖 🏊) Das umwerfende, ultraluxuriöse Qualia liegt auf einem abgeschiedenen, 12 ha großen Grundstück. Die modernen Villen an dem grünen Abhang wirken wie himmlische Baumhäuser. Das Resort hat einen Privatstrand, zwei Restaurants, ein Spa und zwei Pools. Diese Unterkunft ist und bleibt unser Lieblingsluxusresort.

Reef View Hotel
HOTEL $$$

(☎ 02-9007 0009; www.hamiltonisland.com.au/reef-view-hotel; DZ ab 370 AU$; ❄ @ 🏊) Das Resort mit dem passenden Namen bietet einen spektakulären Blick über grüne Hügel auf das türkisfarbene Meer. Es ist zentral gelegen und sehr beliebt bei Familien und Gruppen. Der Preis ist auch für einen längeren Aufenthalt erträglich, und die Stimmung ist hier nicht ganz so ausgelassen.

Whitsunday Holiday Homes
APARTMENTS $$$

(☎ 13 73 33; www.hihh.com.au; ab 320 AU$; ❄ @ 🤖 🏊) Privatunterkünfte von Drei-Sterne-Apartments über familienfreundliche Häuser bis hin zu Fünf-Sterne-Luxusvillen.

Im Preis enthalten ist der eigene Golfbuggy für die standesgemäße Fortbewegung. In einigen Unterkünften muss man mindestens vier Nächte bleiben.

Popeye's Fish n' Chips
FISH & CHIPS $

(Front St; Fish & Chips 11,50 AU$; ❄ So–Do 10–21, Fr & Sa 11.30–21 Uhr) Die großen Fish & Chips-Portionen reichen für zwei Personen. Außerdem gibt's Burger, Hähnchen...und Angelköder.

Manta Ray Cafe
CAFÉ $$

(☎ 07-4946 8213; Marina Village; Hauptgerichte 17–30 AU$; ❄ 10.30–21 Uhr) Die Gourmetpizza aus dem Holzofen ist der Renner. Nachmittags kann man aber auch wunderbar Drinks und Austern genießen. Bei Familien und Tagesbesuchern beliebtes Café.

Romano's
ITALIENISCH $$$

(☎ 07-4946 8212; Marina Village; Hauptgerichte 33–40 AU$; ❄ Do–Mo 18–24 Uhr) Beliebtes italienisches Restaurant mit einer großen umzäunten Terrasse direkt über dem Wasser.

🍷 Ausgehen & Nachtleben

Marina Tavern
KNEIPE

(☎ 07-4946 8839; Marina Village; Hauptgerichte ab 17,50 AU$; ❄ 11–24 Uhr) Diese Taverne besucht man nicht wegen des Essens. Hierher kommt man vielmehr wegen des Biers und der Cocktails – und auch zum Leutebeobachten.

ℹ An- & Weiterreise

FLUGZEUG

Der Hamilton Island Airport – das Tor zu den Whitsundays – wird von **Qantas** (☎ 13 13 13; www.qantas.com.au), **Jetstar** (☎ 13 15 38; www.jetstar.com.au) und **Virgin** (☎ 13 67 89; www.virginaustralia.com.au) angeflogen.

SCHIFF/FÄHRE

Cruise Whitsundays (☎ 07-4946 4662; www.cruisewhitsundays.com) verbindet den Hamilton Island Airport und den Jachthafen mit dem Port of Airlie in Airlie Beach (48 AU$).

Hayman Island

Die nördlichste Insel der Whitsunday-Gruppe ist die kleine Hayman Island. Sie misst nur 4 km² und ragt 250 m aus dem Meer. Auf der Insel befinden sich bewaldete Hügel, Täler, Strände und ein Fünf-Sterne-Resort. Die Hayman Island ist seit Langem die Bühne der Reichen und Schönen. Hier steht Australiens berühmtestes Island Resort. Es wurde von einem Airline-Magnaten entworfen und ist seitdem ein beneidenswerter Tummelplatz von Promis und Würdenträgern jeder Art. Durchschnittsurlauber müssen sich leider mit einer der 73 anderen Inseln zufrieden geben. Hayman darf nur von Resortgästen betreten werden.

Eine von Dattelpalmen gesäumte Allee führt zum Eingang des **One&Only Hayman Island Resort** (📞 07-4940 1838; www.hayman. com.au; Zi.inkl.Frühstück730–12 300 AU$; ❄ @ 🛜 🛜). Diese Unterkunft mit den riesigen (rund um die Uhr geöffneten) Swimmingpools, der schönen Gartenlandschaft und den exklusiven Boutiquen ist eines der luxuriösesten Resorts am ganzen Great Barrier Reef. Die Zimmerauswahl reicht von gut eingerichteten Hütten mit Pool über Luxussuiten mit drei Zimmern bis hin zu alleinstehenden Villen – einfach grandios.

Resortgäste müssen zum Hamilton Island Airport fliegen und werden von dort mit Luxusjachten zum Resort gefahren.

Lindeman Island

Die 15 km südöstlich von der Luxusinsel Hamilton entfernte Lindeman Island war einst Standort eines schicken Resorts, wurde dann aber von Insolvenzverwaltern der Natur zurückgegeben. In den letzten zehn Jahren haben nur noch Naturfotografen und Wanderer für einen Hauch von Betriebsamkeit gesorgt. Auf der Suche nach besonderen Inselbäumen wandern sie allein über die Insel, besteigen den Mt. Oldfield (210 m) und genießen den traumhaften Blick von dort oben. Das wird sich aber bald ändern, denn 2017 sollte ein 600 Mio. AU$ schweres Bebauungsprojekt starten. Noch ist Lindeman Island größtenteils Nationalpark mit beeindruckenden Wanderwegen (20 km). Man sollte die Insel besuchen, bevor es zu spät ist.

Boat Port (Stellplatz pro Pers./Fam. 6,15/ 24,60 AU$) ist ein offener, von Regenwald gesäumter Campingplatz am Strand. Es gibt einfache Toiletten und Picknickeinrichtungen. Früher wurden hier in der Bucht Segelboote gereinigt, daher der Name.

Whitsunday Island

Der Whitehaven Beach auf Whitsunday Island wurde von der Tourismusbranche lange Zeit als einer der schönsten Strände Australiens angepriesen. Der 7 km lange, makellose Strandstreifen (er besteht zu 98 % aus rei-

nem Quarz und ist somit einer der weißesten Strände weltweit) wird begrenzt von üppiger Tropenvegetation und einem strahlend blauen Meer. Ab dem Hill Inlet am Nordende des Strands kreieren die reinweißen, verwirbelten Sandmuster im türkis- und aquamarinfarbenen Wasser ein magisches Bild. Am südlichen Strandende bieten sich ausgezeichnete Schnorchelmöglichkeiten.

Nationalpark-Campingplätze (Stellplätze pro Erw./Fam. 6,15/24,60 AU$) gibt's am Dugong Beach, Nari's Beach und Joe's Beach im Westen, an der Chance Bay im Süden, am Südende des Whitehaven Beach und an der Peter Bay im Norden.

Weitere Whitsunday Islands

Die nördlichen Inseln sind unerschlossen und werden nur selten von Ausflugsbooten oder Wassertaxis angesteuert. Auf einigen Inseln – Gloucester Island, Saddleback Island und Armit Island – gibt's Nationalpark-Campingplätze.

Der größte **Campingplatz** (📞 13 74 68; www.npsr.qld.gov.au; Stellplatz pro Erw./Fam. 6,15/ 24,60 AU$) ist in der Bona Bay auf Gloucester Island. Er hat Toiletten, Picknicktische und ist gut geschützt. Der einfache Campingplatz auf Armit Island hat auch eine Toilette und Picknicktische, der schlichte Platz auf Saddleback ist nicht weit vom Festland entfernt und verfügt ebenfalls über Picknicktische.

Bowen

9277 EW.

Bowen, das kleine Küstenstädtchen auf einem Hügel direkt nördlich von Airlie Beach, ist berühmt für seine Mangos, und in der Erntezeit geht es hier recht betriebsam zu. Die Einheimischen lieben ihren Ort wegen seiner einsamen Buchten und Meeresarme. Er ist geprägt von breiten Straßen, Queenslander-Häusern aus Holz und entspannten, freundlichen Menschen, die einen geruhsamen Lebensstil schätzen. Der Uferbereich mit der schön gestalteten Promenade, Picknicktischen und Grillplätzen ist ein lokaler Lieblingstreffpunkt. Außerdem gibt es nordöstlich des Stadtzentrums ein paar wirklich umwerfende – und wenig besuchte – Strände und Buchten.

Ausschau halten nach dem Schild mit der Aufschrift „Bowenwood" am Wasserturm.

Hier wurde 2007 Baz Luhrmanns Filmepos *Australia* gedreht, auf den die Einheimischen extrem stolz sind.

🛏 Schlafen & Essen

Bowen Backpackers   HOSTEL $

(☎ 07-4786 3433; www.bowenbackpackers.com.au; Herbert St; B Nacht/Woche ab 40/190 AU$; ✳ @ 🛜) Diese Unterkunft am Strandende der Herbert St (hinter dem Grandview Hotel) ist genau das Richtige, wenn man auf einer der Obstplantagen in der Umgebung arbeitet. Das neue Management genießt einen ausgezeichneten Ruf in der Stadt. Die Zimmer sind sauber und relativ geräumig.

Barnacles Backpackers   HOSTEL $

(☎ 07-4786 4400; www.barnaclesbackpackers.com; 18 Gordon St; B ab 30 AU$; 🛜) Das Hostel mit seinen 84 Zimmern hat neue Betreiber, die in enger Verbindung mit den Verwaltern der Obstplantagen stehen. Die Gemeinschaftsbereiche sind völlig unpersönlich, extrem funktional und ruhig. Es wird sich zeigen, was daraus wird. Am besten informiert man sich bei anderen Backpackern über den aktuellen Stand der Dinge.

Rose Bay Resort   RESORT $$

(☎ 07-4786 9000; www.rosebayresort.com.au; 2 Pandanus St; Zi. 160–300 AU$; ✳ @ 🌊) Rose Bay ist – vor allem in puncto Schnorcheln – ein wirklich unterschätzter Strand, den die Gäste dieses freundlichen Resorts fast für sich allein haben. In den geräumigen Wohnstudios und gemütlichen Wohneinheiten können bequem bis zu vier Personen übernachten. Um hierher zu kommen, benötigt man einen fahrbaren Untersatz. Die Mindestaufenthaltsdauer im Rose Bay Resort beträgt zwei Nächte.

Jochheims Pies   BÄCKEREI $

(49 George St; Pasteten 5 AU$; ⊙ Mo–Fr 5.30-15.30, Sa 5.30–12.30 Uhr) Die Bewohner Bowens stopfen sich seit 1963 mit den hausgemachten Pasteten und Backwaren von Jochheims voll. Unbedingt eine Hugh-Jackman-Pastete („Shunky Beef") probieren – der Schauspieler war während der Dreharbeiten von *Australia* Stammgast hier.

Food Freaks   MODERN-AUSTRALISCH $$

(☎ 07-4786 5133; Hauptgerichte 16–26 AU$; ⊙ mittags & abends) Bowen ist nicht der coolste Ort in Queensland, und dieses Restaurant ist nicht der hippste Ort zum Essen, aber genau so mag man es hier. Die modern-australischen Speisen genießt man mit Blick über den Jachthafen. Frisch, schnell, köstlich.

Cove   CHINESISCH, MALAIISCH $$

(☎ 07-4791 2050; Coral Cove Apartments, Horseshoe Bay Rd; Hauptgerichte 17–28,50 AU$; ⊙ Di–So mittags & abends) Von der Holzterrasse dieses ungewöhnlich großen China-Thai-Restaurants genießt man einen sensationellen Blick aufs Korallenmeer. Auf der Speisekarte stehen die üblichen australischen Fusiongerichte sowie zahlreiche vegetarische Speisen und Seafood. Exzellenter Service. Wer will, kann sein Essen auch mitnehmen.

🍸 Ausgehen & Nachtleben

Grand View Hotel   KNEIPE

(☎ 07-4786 4022; www.grandviewhotelbowen.com; 5 Herbert St) Trotz der kürzlich erfolgten Renovierung steht das tolle alte Grand View noch immer hoch im Kurs. Es ist eine herrliche Aussie-Kneipe mit super Biergarten und Unmengen Erinnerungsstücken (u.a. von Baz Luhrmanns Film *Australia*). Das Restaurant sieht vielversprechend aus. Wenn man aber in der späten Nachmittagssonne ein Bier schlürft, vergisst man nur allzu schnell, dass man eigentlich auch etwas essen wollte.

ℹ Praktische Informationen

Im Ort gibt es einen **Informationsstand** (Santa Barbara Pde; ⊙ Mo–Fr 10–17 Uhr, Sa & So wechselnde Öffnungszeiten) und 7 km südlich von Bowen am Bruce Hwy (Ausschau halten nach einer gigantischen Mango) ein **Besucherzentrum** (☎ 07-4786 4222; www.tourismbowen.com.au; ⊙ Mo–Fr 8.30–17, Sa & So 10.30–17 Uhr). Beide verkaufen große Kugeln Mango-Sorbet.

ℹ An- & Weiterreise

Greyhound (☎ 1300 473 946; www.greyhound.com.au) und **Premier** (☎ 13 34 10; www.premierms.com.au) fahren regelmäßig nach bzw. ab Airlie Beach (26 AU$, 1½ Std.) oder Townsville (29 AU$, 4 Std.).

Townsville & Mission Beach

Inhalt ➡

Gut essen

➡ PepperVine (S. 471)

➡ Bingil Bay Cafe (S. 470)

➡ Oliveri's Continental Deli (S. 473)

➡ Longboard Bar & Grill (S. 457)

➡ Wayne & Adele's Garden of Eating (S. 457)

Schön übernachten

➡ Jackaroo Hostel (S. 469)

➡ Sejala on the Beach (S. 470)

➡ Civic Guest House (S. 455)

➡ Orpheus Island Lodge (S. 464)

➡ Base Backpackers (S. 461)

Auf nach Townsville & Mission Beach!

Zwischen den Touristenmagneten Cairns und Whitsunday Islands erstreckt sich diese weniger bekannte, von Regenwald geprägte Region mit palmengesäumten Stränden, riesigen Laufvögeln und Koalas, die auf den Eukalyptusbäumen auf von türkisfarbenem Wasser umgebenen Inseln hocken. Das oft übersehene Townsville bietet hübsche, moderne Straßen, eine grüne Promenade, prächtige Architektur aus dem 19. Jh., Kultur und Sport. Zudem dient die Stadt als Ausgangspunkt für Ausflüge nach Magnetic Island. Die günstige Alternative zu den Whitsundays wartet mit vielfältiger Tierwelt auf – Besucher können Wallabys füttern, auf Buschwanderwegen die Vogelwelt entdecken und nach Koalas Ausschau halten.

Mission Beach nördlich von Townsville ist ein entspanntes Örtchen. Ironischerweise lockt es viele Adrenalinjunkies an, die mit dem Fallschirm über dem Riff in Richtung weißer Sandstrände schweben oder auf dem Tully River raften.

Reisezeit

Townsville

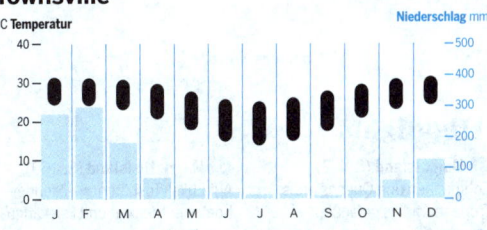

Mai–Okt. Weil das Meer quallenfrei ist, ist dies die beste Zeit für Aktivitäten im Wasser.

Aug. Townsville präsentiert auf dem Australian Festival of Chamber Music seine Kulturszene.

Sept. Den ganzen Monat gibt's auf Magnetic Island beim Bay-Dayz-Festival jede Menge Spaß.

Wooroonooran National Park
Eubenangee Swamp National Park
Flying Fish Point
Innisfail
Millaa Millaa
Ravenshoe
Mamu Tropical Sky Walk
Mourilyan
Silkwood
El Arish
Kurrimine
Bingil Bay
Tully Gorge National Park
Mission Beach
Wongaling Beach
Tully
1 Dunk Island
2 South Mission Beach
Murray Falls
Tully River
Girringun National Park (Edmund Kennedy Section)
Goold Island
Cardwell
Girringun National Park
Hinchinbrook Island
Burdekin River
Lucinda
Pelorus Is (North Palm Island) (Yanooa Island)
Halifax
Orpheus Island (Goolboddi)
Curacoa Island (Noogoo)
6 Ingham
Wallaman Falls
Forest Beach
Fantome Island (Eumilli)
Great Palm Island
Jourama Falls
Havannah Island
Mt. Fox (811 m)
Mt. Spec (1000 m)
Lake Paluma
Herald Island
3 Mutarnee
Paluma Range National Park
Paluma
Rattlesnake Island
Magnetic Island
4 Horseshoe Bay
Nelly Bay
Cape Cleveland
Australian Institute of Marine Science
7 **Townsville**
Thuringowa
Bowling Green Bay National Park
Nome
Yongala
Giru
Alva Beach
5
Mt. Elliot National Park
Ayr
Home Hill
Burdekin River
Burdekin River
Charters Towers **8**
Ravenswood

KORALLEN- MEER

Great Barrier Reef

0   40 km

Highlights

1 **Dunk Island** (S. 472) Entspannen und Queenslands Tropenparadies genießen

2 **Tully River** (S. 465) Auf einem Floß den Fluss abfahren

3 **Paluma Range National Park** (S. 466) Mit etwas Geduld die scheuen Schnabeltiere nahe den Wanderwegen dieses Nationalparks erspähen

4 **Magnetic Island** (S. 460) Auf Eukalytusbäumen dösende Koalas entdecken und Felskängu-rus füttern

5 **Yongala** (S. 457) An einem der eindrucksvollsten Wracks Australiens tauchen

6 **Wallaman Falls** (S. 463) Nachdem man den Ausblick von oben genossen hat, zur Basis von

Australiens höchstem einstufigen Wasserfall hinabsteigen

7 **Townsville** (S. 453) Den Cowboys, North Queenslands beliebtem National-Rugby-League-Team zujubeln

8 **Charters Towers** (S. 459) In der Goldrauschstadt im Outback unter freiem Himmel den Film *Ghosts After Dark* ansehen

Townsville

174 797 EW.

Townsville ist von den Städten im nördlichen Queensland zwar die größte, aber auch die am wenigsten besuchte. Die schöne Stadt ist dank ihrer endlosen Promenaden im Stadtzentrum ein Paradies für Spaziergänger. Townsville punktet auch als Aussichtsplattform auf die zauberhafte Küste von Magnetic Island. Die prachtvoll restaurierten Bauten aus dem 19. Jh. bieten sich bestens als Orientierungspunkte an. Wenn man sich doch verlaufen sollte, kann man sich einfach an der Menge Menschen orientieren, die strammen Schrittes auf den roten Hügel Castle Hill marschieren, um dort den Blick auf die Stadt zu genießen, um die herum so wenig Regen fällt.

Die lebendige, junge Bevölkerung von Townsville prägen Tausende Studenten und Militärangehörige sowie alteingesessene Einheimische, Minenarbeiter, die während ihrer Arbeitseinsätze vor Ort leben, und Urlauber, die die durchschnittlich 320 Sonnentage im Jahr genießen. Wir brauchen es fast gar nicht zu erwähnen: Das Nachtleben hat es meist in sich.

⊙ Sehenswertes

★ Reef HQ Aquarium   AQUARIUM

(www.reefhq.com.au; Flinders St E; Erw./Kind 28/14 AU$; ⊙ 9.30–17 Uhr) Eindrucksvolle 2,5 Mio. l Wasser fließen hier durch das Korallenriffbecken, in dem 130 Korallen- und 120 Fischarten leben. Kinder wird das Schildkrötenkrankenhaus begeistern, wo sie die Tiere ansehen, füttern und berühren können. Den ganzen Tag über finden (im Eintritt inbegriffene) Vorträge und Führungen zu verschiedenen Themen zum Riff und zum Aquarium statt.

★ Museum of Tropical Queensland   MUSEUM

(☎ 07-4726 0600; www.mtq.qm.qld.gov.au; 70–102 Flinders St E; Erw./Kind 15/8,80 AU$; ⊙ 9.30–17 Uhr) Ein absolutes Muss für Schulkinder und alle Anhänger von Wissenschaft und Geschichte! Das Museum of Tropical Queensland rekonstruiert Szenen mithilfe von originalgetreuen Modellen und interaktiven Exponaten. Jeweils um 11 und 14.30 Uhr können die Besucher eine Kanone aus den 1700ern laden und abfeuern. In der Kunstgalerie gibt es das MindZone Science Centre speziell für Kinder. Es erläutert die Geschichte Nord-Queenslands von der Zeit der Dinosaurier bis zum Zeitalter der Regenwälder und Riffe.

Australian Institute of Marine Science   FORSCHUNGSINSTITUT

(AIMS; ☎ 07-4753 4444; www.aims.gov.au) Nach umfassenden Renovierungsarbeiten wurden Mitte 2017 die kostenlosen zweistündigen Führungen wieder aufgenommen (März–Nov. Fr 10 Uhr). Dieses Institut für Meeresforschung auf Cape Ferguson führt wichtige Forschungsarbeiten zum Thema Korallenbleiche durch und kümmert sich um den Schutz des Great Barrier Reef. Außerdem erläutert es dessen Bedeutung für die Kommune. Unbedingt vorab buchen! Auf dem Bruce Highway kommt 35 km südwestlich von Townsville die Abzweigung, die zum Institut führt.

Billabong Sanctuary   NATURSCHUTZGEBIET

(www.billabongsanctuary.com.au; Bruce Hwy; Erw./Kind 35/22 AU$; ⊙ 9–17 Uhr) Nur 17 km südlich von Townsville erstreckt sich der Wildpark mit Ökosiegel, in dem man australische Wildtiere – von Dingos bis Kasuaren – in ihrem natürlichen Lebensraum beobachten kann. In dem 11 ha großen Park kann man locker einen ganzen Tag verbringen. Etwa alle 30 Minuten finden Fütterungen, Vorführungen und Erläuterungen statt.

Botanic Gardens   GARTEN

(⊙ Sonnenaufgang–Sonnenuntergang) GRATIS Der botanische Garten ist in drei üppig grüne Bereiche unterteilt. Sie sind unterschiedlich gestaltet, warten aber alle mit tropischen Pflanzen auf. Dem Zentrum am nächsten gelegen sind die repräsentativen Queens Gardens (Ecke Gregory St & Paxton St; ⊙ Sonnenaufgang–Sonnenuntergang) GRATIS am Fuß des Castle Hill (1 km nordwestl. der Stadt).

Castle Hill   AUSSICHTSPUNKT

GRATIS Wer eine Wanderung auf diesen großartigen, 286 m hohen roten Hügel (einen separat stehenden rosafarbenen Monolithen) unternimmt, der die Skyline von Townsville dominiert, wird mit tollen Blicken auf die Stadt und die Cleveland Bay belohnt. Man erreicht ihn über den unbefestigten „Ziegenpfad" (einfache Strecke 2 km) vom Hillside Cres aus. Wer ein Auto hat, kann auch über die Gregory St die enge verschlungene 2,6 km lange Castle Hill Rd hinauffahren. Oben erläutert eine Informationstafel kurze Wege zu verschiedenen Aussichtspunkten.

Townsville

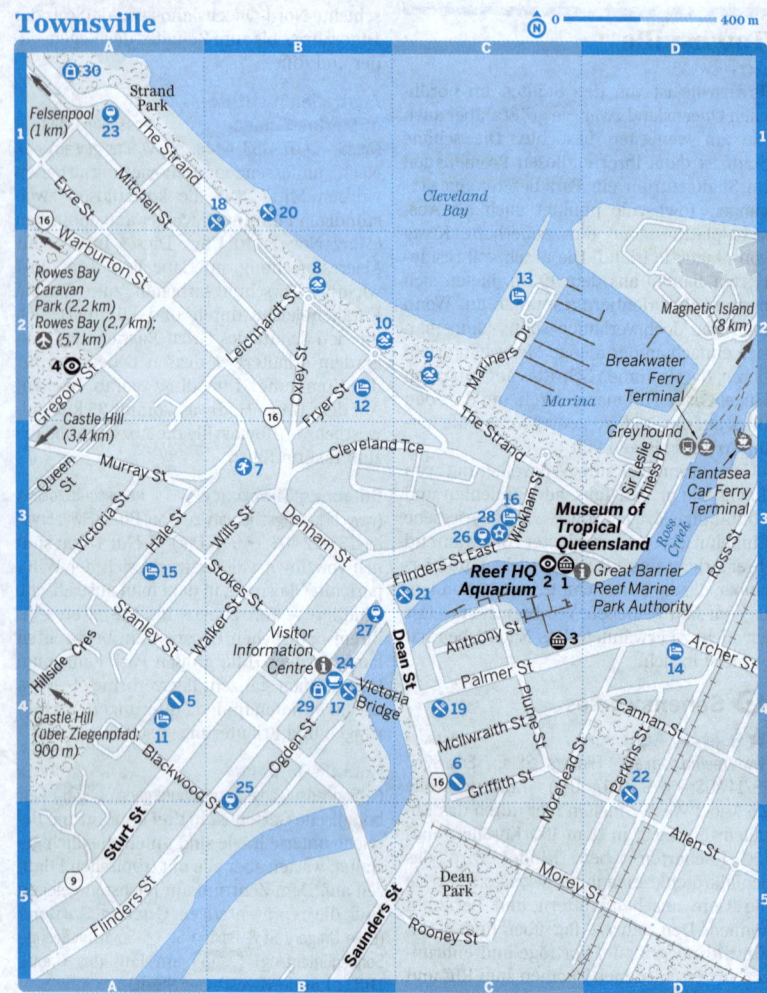

Cultural Centre
KULTURZENTRUM

(07-4772 7679; www.cctownsville.com.au; 2–68 Flinders St E; Erw./Kind 5/2 AU$; 9.30–16.30 Uhr) Beleuchtet die Geschichte, die Traditionen und Bräuche der einheimischen Wulgurukaba und Bindal. Wann geführte Touren stattfinden, kann man telefonisch erfragen.

Maritime Museum of Townsville
MUSEUM

(07-4721 5251; www.townsvillemaritimemuseum.org.au; 42-68 Palmer St; Erw./Kind/Fam. 6/3/15 AU$; Mo–Fr 10–15, Sa & So 12–15 Uhr) Neben der Geschichte des Schiffsbaus im Norden Queenslands ist eine ganze Empore des Schifffahrtsmuseums dem Wrack der *Yongala* gewidmet. Eine Besichtigung des außer Dienst gestellten Patrouillenboots HMAS *Townsville* ist ebenfalls möglich.

🏃 Aktivitäten

Strand
SCHWIMMEN

Die Strandpromenade ist 2,2 km lang und wird durch Parks, Pools, Cafés und Spielplätze aufgelockert. Hunderte Palmen spenden Schatten. Netze schirmen den Strand gegen gefährliche Meeresbewohner ab.

Am nördlichen Ende liegt der **Felsenpool** (24 Std.) **GRATIS**, ein riesiges, künstliches Schwimmbecken umgeben von Rasen und sandigen Stränden. Alternativ bieten die

Townsville

denkmalgeschützten **Tobruk Memorial Baths** (www.townsville.qld.gov.au; Erw./Kind 5/3 AU$; ⊙ Mo–Do 5.30–19, Fr bis 18, Sa 7–16, So 8–17 Uhr) olympische Maße (und gechlorte Sicherheit!). Für Kinder gibt's auch einen tollen **Wasserspielplatz** (⊙ Dez.–März 10–20, Sept.–Nov. & April–Mai bis 18, Juni–Aug. bis 17 Uhr) GRATIS .

Skydive Townsville FALLSCHIRMSPRINGEN
(☑ 07-4721 4721; www.skydivetownsville.com.au; 182 Denham St; Tandemsprünge aus 3050/4270 m Höhe ab 395/445 AU$) Hier stürzt man sich aus einem gut gewarteten Flugzeug, um später direkt am Strand zu landen oder bis Magnetic Island zu schweben.

☞ Geführte Touren

Townsville History Walking Tour WANDERN & TREKKEN
(☑ 0400 560 471; www.townsvillehistorywalking tours.com.au; Wanderungen 20–80 AU$) Neue Wandertouren, die die Geschichte Townsvilles zum Thema haben, finden bei Einheimischen und neugierigen Travellern viel Anklang. Besonders zu empfehlen sind die Tagestour durch die Stadt (50 AU$) und die Palmer St Wine and Dine Tour (80 AU$).

✦ Feste & Events

In der Stadt finden jede Menge Feste und Veranstaltungen statt. Dazu gehören die Heimspiele des hier heiß geliebten Teams der Nationsonal Rugby League, der North Queensland Cowboys (www.cowboys.com.au).

Townsville 500 SPORT
(www.v8supercars.com.au; ⊙ Juli) Jeden Juli röhren während des V8 Supercar Championship V8-Motoren über einen eigens angelegten Straßenparcours.

Australian Festival of Chamber Musik MUSIK
(www.afcm.com.au; ⊙ Aug.) Im August zeigt Townsville während dieses international bekannten Festivals seine kulturelle Seite: Es finden zahlreiche Kammermusikveranstaltungen in der ganzen Stadt statt.

⊨ Schlafen

★ Civic Guest House HOSTEL $
(☑ 07-4771 5381; www.civicguesthousetownsville. com.au; 262 Walker St; B/DZ ab 20/56 AU$; @ ☎) Das charmante Civic mit seinem kolonialen Flair punktet besonders in den Bereichen Sauberkeit, Komfort, Sicherheit und freundliches Personal. Somit ist es eine willkommene Abwechslung von den üblichen hektischen Backpacker-Unterkünften. Der Transport ab/zum Fährhafen oder Busbahnhof ist kostenlos.

Orchid Guest House PENSION $
(☑ 07-4771 6683, 0418 738 867; www.orchidguest house.com.au; 34 Hale St; B 28 AU$, DZ mit/ohne Bad 90/65 AU$; ❄) Das Orchid Guest House

AUSFLÜGE ZUM GREAT BARRIER REEF AB TOWNSVILLE

Das Great Barrier Reef liegt näher an Cairns und Port Douglas als an Townsville, deswegen sorgen die höheren Treibstoffkosten für höhere Preise. Andererseits ist in Townsville weniger los, und das Riff hat weniger unter dem Besucheransturm zu leiden. Touren ab Townsville richten sich in der Regel an Taucher. Wer nur Schnorcheln möchte, schließt sich einem Tagesausflug zum Riff an – das Wrack der *Yongala* ist ausschließlich Tauchern vorbehalten. Die *Yongala* liegt um einiges näher an Alva Beach bei Ayr als an Townsville, wer also in erster Linie am Wracktauchen interessiert ist, bucht am besten eine Exkursion mit Yongala Dive in Alva Beach.

Das Visitor Centre (S. 458) hat eine Liste der Veranstalter in Townsville. Diese bieten Anfängerkurse unter Leitung von zertifizierten Professional Association of Diving Instructors (PADI) mit zweitägigem Training in einem Pool plus mindestens zwei Tagen und einer Übernachtung an Bord eines Bootes an. Die Preise beginnen bei rund 600 AU$, und potenzielle Teilnehmer müssen eine Tauchtauglichkeitsuntersuchung (ca. 60 AU$) durchführen lassen.

Anbieter sind u. a.:

Adrenalin Dive (☏ 07-4724 0600; www.adrenalinedive.com.au; 252 Walker St) Ganztagesausflüge zur *Yongala* (ab 264 AU$) und zum Lodestone Reef (ab 229 AU$), beide mit je 2 Tauchgängen. Touren mit Übernachtung an Bord und Tauchzertifizierungskurse.

Remote Area Dive (RAD; ☏ 07-4721 4424; www.remoteareadive.com.au; 16 Dean St) Veranstaltet Tagesausflüge (ab 225 AU$) zu den Inseln Orpheus und Pelorus sowie Touren mit Übernachtung an Bord und Tauchkurse.

---

hat sich seit unserem letzten Besuch sehr schön herausgeputzt. Die Lage am Berg ist ruhig, und doch sind es nur wenige Minuten bis zum Stadtzentrum. Die ehemals vorstädtische Bleibe passt nun perfekt in das modisch hübsche Queensland. Wenn neue Gäste kommen, passiert das hier ohne große Hektik: Es sind Traveller, die eine Bleibe brauchen, bevor sie Magnetic Island besuchen, oder Work-and-Travel-Backpacker, die hier für eine kurze Zeit einen Job gefunden haben.

Reef Lodge HOSTEL $
(☏ 07-4721 1112; www.reeflodge.com.au; 4 Wickham St; B 23–35 AU$; DZ mit/ohne Bad 80/62 AU$; ※@奈) Das einzige Hostel im Stadtzentrum, das eine Überlegung wert ist, verfügt über ein großes Labyrinth von Zimmern. Dem Personal gelingt es jedoch, ein Gemeinschaftsgefühl entstehen zu lassen: Es gibt einen Raum für Videospiele, einen Chill-out-Bereich und Hängematten im Garten. Wer seine Reisekasse in den nahe gelegenen Nachtclubs geplündert hat, kann in der Region Jobs finden.

Rowes Bay Caravan Park CAMPING $
(☏ 07-4771 3576; www.rowesbaycp.com.au; Heatley Pde; Stellplatz mit/ohne Strom 36/28 AU$, Hütte mit/ohne Bad ab 110/75 AU$, Bungalow 115–140 AU$; ※@奈❄) Der schattige Campingplatz liegt direkt gegenüber des Strands von Rowes Bay. Die Bungalows sind zwar kleiner als die Hütten, aber wesentlich schicker.

Historic Yongala Lodge Motel MOTEL $
(☏ 07-4772 4633; www.historicyongala.com.au; 11 Fryer St; Motel-Zi. 79–139 AU$, Apt. mit 1/2 Schlafzi. 115/159 AU$; ❄奈❄) Das zauberhafte historische Gebäude von 1884 mit Zierbalustraden ist nur einen kurzen Spaziergang vom Strand und Zentrum entfernt. Zimmer und Apartments sind klein, aber preisgünstig. Langzeitmieter oder laute Partygänger schmälern den guten Gesamteindruck teilweise ein bisschen, es gibt aber genug Abwechslung und Platz, sodass der Aufenthalt am Ende doch prima ist.

Oaks M on Palmer BOUTIQUEHOTEL $$
(☏ 07-4753 2900; 81 Palmer St; DZ ab 100 AU$; P❄奈❄) Sehr gut geeignet für After-Partys oder einen Drink im Zimmer, bevor es zum Abendessen geht. Das Hotel liegt am Ende der Palmer St. Die Zimmer sind klein, aber fein. Alleinreisende kommen gern hierher. Kostenloser Parkplatz, diskretes Personal und ein kleiner Kraftraum.

Mariners North FERIENWOHNUNG $$$
(☏ 07-4722 0777; www.marinersnorth.com.au; 7 Mariners Dr; Apt. mit 2/3 Zi. ab 209/360 AU$; P❄奈❄) Für Familien, die in Townsville übernachten möchten, ist Mariners North,

im neueren Teil der Hafenstadt gelegen, eine perfekte Wahl. Es gibt Zugang zum Stand und einen herrlichen Pool. Die Apartments sind sehr gut, besonders die im Erdgeschoss, da sie über einen direkten Zugang zum Pool und zum Garten verfügen. Wer will, kann sich auch für den Blick auf die Cleveland Bay entscheiden.

✖ Essen

Die senkrecht zum Strand verlaufende Gregory St säumen einige Cafés und Imbisse. Die Restaurantmeile Palmer St bietet eine große kulinarische Vielfalt – man sucht sich einfach das Passende aus. Viele der hiesigen Bars und Kneipen servieren auch Essen.

Harold's Seafood   SEAFOOD $
(Ecke The Strand & Gregory St; Hauptgerichte 4–10 AU$; ⏱ Mo–Do 8–21, Fr–So bis 21.30 Uhr) Der große Fish-&-Chips-Imbiss an der Ecke verkauft Fisch-Burger (12 AU$) und große Portionen Barramundi mit Salat (11 AU$).

★ Longboard Bar & Grill   MODERN-AUSTRALISCH $$
(📞 07-4724 1234; www.longboardbarandgrill.com; The Strand, gegenüber der Gregory St; Hauptgerichte 15–37 AU$; ⏱ 11.30–15 & 17.30 Uhr–open end) Dieses Pub-Restaurant mit Surf-Deko ist die angesagte Location von Townsville, wenn man eine kleine Mahlzeit und eine kleine Party bei Meerblick genießen will. Abends gibt es tolle Angebote, u. a. Tacos und Buffalo Wings. Das normale Steak, Seafood und Pasta sind immer eine gute Wahl. Man muss an der Bar bestellen, das ist bei der meist sehr guten Stimmung aber kein Problem, da die Angestellten schnell und verlässlich arbeiten.

Jam   MODERN-AUSTRALISCH $$
(📞 07-4721 4900; 1 Palmer St; Hauptgerichte 15–30 AU$; ⏱ 7–22 Uhr) Gepflegtes Restaurant für den durchschnittlichen Geldbeutel. Hauptsächlich ungezwungenes Publikum aus dem Norden Queenslands findet sich in diesem Restaurant auf der belebten Palmer St ein, um sich die lange Speisekarte mit feudalem Frühstück und Desserts rauf und runter zu essen.

Wayne & Adele's Garden of Eating   MODERN-AUSTRALISCH $$
(📞 07-4772 2984; 11 Allen St; Hauptgerichte ab 19 AU$; ⏱ Mo 6.30–22.30, Do–Sa bis 23, So 12–15 Uhr) Mit einem kessen Augenzwinkern kommen die Gerichte in diesem Gourmet-Restaurant daher, das von einem Ehepaar geführt wird. Man sitzt in einem Hinterhof (oder nennen wir es doch Innenhof?). Wer auf extravagante Beilagen steht, der darf sich Hauptgerichte wie „Safety Net" (Krokodilfleisch mit asiatischem Salat in einem aus Ei hergestellten Netz) oder „Bounce Back" (Kängurufilet aus dem Tandur mit Limetten-Gurken-Joghurt) nicht entgehen lassen.

Summerie's Thai Cuisine   THAI $$
(📞 07-4420 1282; www.summeriesthaicuisine.com.au; 232 Flinders St; Mittagstisch 13 AU$, Hauptgerichte abends ab 17 AU$; ⏱ 11.30–14.30 & 5.30–22 Uhr) Ein überaus beliebtes Thai-Restaurant mit dem Hauptrestaurant im Zentrum und einer Filiale etwas weiter draußen. Das Summerie's passt traditionelle Thai-Gerichte den australischen Essgewohnheiten an und kreiert mit lokalen Erzeugnissen aus dem Korallenmeer Gerichte wie „Barrier Reef" (Fischsauce, Koriander, mit Chilikonfitüre gewürzte Meeresfrüchte), „Heaven on Earth" (geschmorte Kokosgarnelen mit Knuspergemüse) und „Summer Sunset" (süß-saure Ananassauce).

A Touch of Salt   MODERN-AUSTRALISCH $$$
(📞 07-4724 4441; www.atouchofsalt.com.au; 86–124 Ogden St; Hauptgerichte 35–37 AU$; ⏱ 12–15 & 18–23.30 Uhr) Obwohl das bei der Noblesse Townsvilles beliebteste Restaurant auf den ersten Blick nicht sehr stylish aussieht, ist die Bar gewieft, die Bedienung pedantisch, und auch in der ehrgeizigen Küche weiß man, was man tut (auch wenn sie es manchmal übertreibt).

♟ Ausgehen & Nachtleben

Townsville Brewery   BRAUHAUS
(252 Flinders St; ⏱ Mo–Sa 11.30–24 Uhr) Die betriebsame Brauerei in einer ehemaligen

---

TAUCHEN ZUR YONGALA

Yongala Dive (📞 07-4783 1519; www.yongaladive.com.au; 56 Narrah St, Alva Beach) bietet Tauchausflüge zum Wrack der *Yongala* an (259 AU$ inkl. Ausrüstung). Startpunkt ist Alva Beach, 17 km nordöstlich von Ayr. Von dort braucht man nur 30 Minuten bis zum Wrack (von Townsville aus 2½ Std.!). Die zu Yongala Dive gehörende **Taucherlodge** (B/DZ 29/68 AU$; @) hat den Standard eines Hostels (reservieren!). Die Gäste können sich in Ayr abholen lassen (kostenlos).

wunderschön restaurierten Post aus den 1880er-Jahren stellt ihr Bier vor Ort her. Ein Townsville Bitter oder Bandito Loco probieren!

Beach Bar
BAR

(Watermark Hotel, 72–74 The Strand) Hier kommen sogar die Reichen und Schönen hin! Wenn die Beach Bar sogar der australischen Musikgrößen Missy Higgins und Silverchair gefällt, dann muss sie für alle ein Highlight sein. An einigen Sonntagen geht hier in der Tavernenbar am Ende des Strands mit exklusiv schönem Ozeanblick so richtig der Beat ab.

Coffee Dominion
CAFÉ

(www.coffeedominion.com.au; Ecke Stokes & Ogden Sts; ⊙Mo–Fr 6–17, Sa & So 7–13 Uhr) ✐ Das umweltbewusst betriebene Café röstet Bohnen aus nah (Atherton Tableland) und fern (Mombasa, Kenia). Wer möchte, kann sich eine eigene Mischung zusammenstellen und mahlen lassen.

Grand Northern Hotel
PUB

(☑07-4771 6191; 500 Flinders St) Nicht wirklich ein ruhiges Plätzchen ist der historische Pub aus dem Jahr 1901 im belebten Zentrum von Townsville. Wer Lust auf ein Bier hat oder sich gern ins Gewühl stürzen möchte, ist hier zu jeder Zeit richtig.

Heritage Bar
BAR

(☑07-4724 1374; www.theheritagetownsville.com; 137 Flinders St E; Bar-Snacks ab 11 AU$; ⊙Di–Sa 17–2 Uhr) Eine überraschend schicke Craft-Bar. Nette Barkeeper bereiten kreative Cocktails (18 AU$) für Gäste, die mehr wollen als sich mit Bier abzufüllen. Auch die Speisekarte ist ausgefeilt (darauf stehen etwa gegrilltes Bourbon-Fleisch vom Schwein und Jakobsmuscheln sowie Chorizo-Gnocchi), aber auch kleine Häppchen, beispielsweise Kokosgarnelen.

☆ Unterhaltung

Flynns
LIVEMUSIK

(www.flynnsirishbar.com; 101 Flinders St E; ⊙Di–So 17 Uhr–open end) Netter Irish Pub, der sich nicht zu krampfhaft darum bemüht, „total irisch" zu sein. Superbeliebt ist die Livemusik (jeden Abend außer mittwochs – dann ist Karaoke angesagt!).

🛍 Shoppen

Gute Tipps sind die wöchentliche **Cotters Market** (www.townsvillerotarymarkets.com.au; Flinders St Mall; ⊙So 8.30–13 Uhr) und der ein-

mal im Monat stattfindende **Strand Night Market** (www.townsvillerotarymarkets.com.au; The Strand; ⊙Mai–Dez. jeweils 1. Fr des Monats 5–21.30 Uhr).

ℹ Praktische Informationen

Great Barrier Reef Marine Park Authority (☑07-4750 0700; www.gbrmpa.gov.au) Nationale Einrichtung zur Überwachung des Great Barrier Reef.

Visitor Information Centre (☑07-4721 3660; www.townsvilleholidays.info; 280 Flinders St; ⊙9–17 Uhr) Umfangreiche Infos zu Townsville, Magnetic Island und die nahe gelegenen Nationalparks. Eine weitere Niederlassung befindet sich am Bruce Hwy 10 km südlich der Stadt.

ℹ An- & Weiterreise

BUS

Täglich fahren drei Busse von **Greyhound** (☑1300 473 946; www.greyhound.com.au; The Breakwater, Sealink Travel Centre, Sir Leslie Thiess Dr) nach Brisbane (249 AU$, 24 Std.), Rockhampton (129 AU$, 12 Std.), Airlie Beach (49 AU$, 4½ Std.), Mission Beach (44 AU$, 3¾ Std.) und Cairns (64 AU$, 6 Std.). Die Busse halten am **Breakwater Ferry Terminal** (2/14 Sir Leslie Thiess Dr; Schließfach pro Tag 4–6 AU$).

Premier Motor Service (☑13 34 10; www.premierms.com.au) bietet eine Verbindung täglich nach/ab Brisbane (184 AU$, 24 Std.) und Cairns (55 AU$, 6 Std.). Abfahrt und Ankunft ist am **Fantasea-Autofährenterminal**.

FLUGZEUG

Vom **Townsville Airport** (www.townsvilleairport.com.au) aus fliegen **Virgin** (☑13 67 89; www.virginaustralia.com), **Qantas** (☑13 13 13; www.qantas.com.au), **Air North** (☑1800 627 474; www.airnorth.com.au) und **Jetstar** (☑13 15 38; www.jetstar.com.au) nach Cairns, Brisbane, an die Gold Coast, nach Sydney, Melbourne, Mackay und Rockhampton.

SCHIFF/FÄHRE

SeaLink (☑07-4726 0800; www.sealinkqld.com.au) betreibt eine exzellente Passagierfähre ab dem Breakwater Terminal in Townsville nach Magnetic Island (Erw./Kind hin & zurück inkl. Tagesticket für Busse 35/17,50 AU$, 25 Min.). Zwischen 5.30 und 22.30 Uhr findet ungefähr jede Stunde eine Fahrt statt. Ankunft und Abfahrt aller Fähren auf Magnetic Island ist am Nelly Bay Terminal.

ZUG

Der **Bahnhof** (Charters Towers Rd) liegt 1 km südlich des Zentrums.

Fünfmal wöchentlich hält der *Spirit of Queensland* (unterwegs zwischen Brisbane und Cairns)

RAVENSWOOD & CHARTERS TOWERS

Ein kleiner Abstecher in Richtung Landesinnere zu diesen zwei Goldgräberstädten genügt schon, um einen Eindruck vom Outback Queenslands zu bekommen.

Ravenswood (160 Ew.) ist ein winziges Goldgräberdorf mit wechselhafter Geschichte. Heute ist die Stadt vor allem für ihre beiden Grand Hotels bekannt. In einem spukt dem Vernehmen nach der wohl bekannteste und aktivste Geist von Queensland.

Übernachtungsmöglichkeiten, Essen und natürlich etwas zu trinken findet man in den zwei Pubs der Stadt, im **Imperial Hotel** (☎ 07-4770 2131; 23 Macrossan St; EZ/DZ 39/65 AU$; P ⊖ ✳ 🕾) und im **Railway Hotel** (☎ 07-4770 2144; 1 Barton St; EZ/2BZ/DZ 42/79/90 AU$; P ⊖ ✳ 🕾).

Die Goldrauschstadt Charters Towers (8500 Ew.), die im 19. Jh. gegründet wurde, liegt etwa 140 km südwestlich von Townsville am Flinders Hwy. William Skelton Ewbank Melbourne (W. S. E. M.) Charters war hier während des Goldrauschs, als die Stadt die zweitgrößte und wohlhabendste in Queensland war, der Goldbeauftragte. Die „Towers" sind die umliegenden *tors* (Hügel). Mit ihren fast 100 Minen, etwa 90 Pubs und einer eigenen Börse wurde die Stadt bald nur noch „The World" genannt. Heute gehört ein Spaziergang vorbei an den eindrucksvollen Fassaden zu den Highlights eines Besuchs in Towers. Dabei werden die berauschenden Tage von damals wieder in Erinnerung gerufen.

Die **Stock Exchange Arcade** (☎ 07-3223 6666; www.nationaltrust.org.au/places/stock-exchange-building-and-arcade; 76 Mosman St; ⏰ 9–17 Uhr) mit ihrem von Säulen getragenen Eingangsbereich war das Wirtschaftszentrum des späten 19. Jhs. Heute sind dort ein luftiges, sonnendurchflutetes Café und eine Kunstgalerie untergebracht.

Nach Einbruch der Dunkelheit dient der Towers Hill (Panoramablick!), wo erstmals Gold entdeckt wurde, als stimmungsvolle Kulisse für ein Open-Air-Kino. Gezeigt wird der 20-minütige Film *Ghosts After Dark*; das Visitor Centre informiert über die saisonalen Vorstellungszeiten und verkauft Tickets (10 AU$).

Wenn man im einladenden alten **Royal Private Hotel** (☎ 07-4787 8688; www.royalprivate-hotel.com; 100 Mosman St; Zi. ab 60 AU$; ✳ 🕾) mit seiner tollen Atmosphäre nächtigt, fühlt man sich wie bei einem Museumsbesuch – oder aber wie auf einer Reise durch die Vergangenheit. Die knarrenden Holzbetten und das schwarz-weiß gefliese Badezimmer sind zauberhaft und kitschig zugleich.

Wer lieber auf einer echten Viehfarm hausen möchte, sollte die reizende Rhonda von **Bluff Downs** (☎ 07-4770 4084; www.bluffdowns.com.au; B 20 AU$, DZ 90–300 AU$, Stellplätze 20 AU$) kontaktieren. Meist jobben die hiesigen Gäste für eine Weile, aber auch Kurzzeitbesucher sind willkommen. Bluff Downs liegt 110 km nordwestlich von Charters Towers.

Healthy Treat (☎ 07-4787 4218; 14 Gill St; Mahlzeiten 12–24 AU$) ist seit jeher ein beliebtes Lokal, das riesige, selbst gemachte Burger, Sandwiches und Fleischgerichte serviert. Hier herrscht reger Betrieb; von Familien bis Arbeitern schaut hier jeder mal vorbei. Sehr lecker sind die Milchshakes à la Mars, Nutella und Salzkaramell (8 AU$).

Das exzellente **Charters Towers Visitor Centre** (☎ 07-4761 5533; www.charterstowers.qld.gov.au; 74 Mosman St; ⏰ 9–17 Uhr) vermittelt alle Touren in der Stadt, auch zur Venus Gold Battery, wo es spuken soll. Dort wurde von 1872 bis 1973 goldhaltiges Erz zerkleinert und verarbeitet.

in Townsville. Von Brisbane bis Townsville benötigt er 25 Stunden (einfache Strecke ab 189 AU$); Tickets nach Cairns (6½ Std.) kosten ab 79 AU$ aufwärts. Auskunft gibt **Queensland Rail** (☎ 1800 872 467; www.queenslanrail.com.au).

ℹ Unterwegs vor Ort

BUS

Sunbus (☎ 07-4771 9800; www.sunbus.com.au) organisiert den Stadtbusverkehr in Townsville.

Netz- und Fahrpläne sind im Visitor Information Centre oder im Internet einzusehen.

VOM/ZUM FLUGHAFEN

Der Flughafen von Townsville liegt 5 km nordwestlich des Zentrums in Garbutt. Eine Taxifahrt in die Innenstadt kostet etwa 22 AU$.

TAXI

Taxis stehen an Ständen in der ganzen Stadt oder können bei **Townsville Taxis** (☎ 13 10 08; www.tsvtaxi.com.au) angefordert werden.

Magnetic Island

2500 EW.

Magnetic Island ist eine grüne Insel, die nur einen Steinwurf von Townsville entfernt liegt. Sie ist eine der entspanntesten Adressen in ganz Queensland. Die Bewohner, von denen die meisten nach Townsville pendeln oder in der Tourismusindustrie beschäftigt sind, müssen sich wohl selbst kneifen, weil sie dort wohnen, wo andere Urlaub machen: zwischen felsigen Küstenwegen, Eukalyptusbäumen mit dösenden Koalas (die meisten Besucher entdecken welche) und dem glitzernden türkisfarbenen Meer.

Über die Hälfte der 52 km² großen, bergigen dreieckigen Insel ist Nationalparkgebiet mit malerischen Wanderwegen und einer vielfältigen Tierwelt, zu der eine große (und wirklich entzückende) Population von Wallabys gehört. Hübsche Strände laden zu Wasseraktivitäten und zum Sonnenbaden ein. Die Granitfelsen, Araukarien und Eukalyptusbäume sind eine erfrischende Abwechslung vom Klischee des tropischen Inselparadieses.

👁 Sehenswertes

Eine Hauptstraße führt quer über die Insel von der Picnic Bay vorbei an der Nelly Bay und der Geoffrey Bay zur Horseshoe Bay. Die örtlichen Busse bedienen diese Strecke regelmäßig. Buschwanderrouten führen auch zu den größeren Orten in der Nähe. Landkarten hierfür gibt's am Ticketschalter des Terminals am Fährhafen.

👁 Picnic Bay

Picnic Bay ist mittlerweile einer der ruhigsten Orte der Insel. Geprägt wird er in erster Linie von seinen freundlichen Bewohnern. In der Saison (Nov.– Mai) schützt ein Netz im Meer vor Seewespen, und die Bademöglichkeiten sind großartig. Für Angelfreunde gibt's auch einen schönen Steg.

👁 Nelly Bay

Wenn man mit der Fähre anreist, beginnt und endet der Aufenthalt auf „Maggie" hier. Es gibt eine breite Palette von gut besuchten aber auch sehr relaxten Restaurants und Unterkünften und einen recht anständigen Strand. In der Nähe des Nordendes des Strandes befindet sich auch ein Kinderspielplatz, und im Korallenriff vor der Küste kann man prima schnorcheln.

👁 Arcadia Bay

Die Ortschaft Arcadia besteht aus einer recht faden Ansammlung von Läden, Lokalen und Unterkünften. Am Südende des größten Strandes, der Geoffrey Bay, befindet sich ein Riff (von Riff-Spaziergängen bei Ebbe wird abgeraten). Sein mit Abstand hübschester Abschnitt ist die Bucht von Alma Bay, wo riesige Felsen ins Meer hineinragen. Neben jeder Menge Schatten gibt es hier Picknicktische und einen Kinderspielplatz.

Am Ende der Straße, dem Bremner Point zwischen Geoffrey Bay und Alma Bay, kann man gegen 17 Uhr wildlebende Wallabys sehen. Diese fressen Besuchern quasi aus der Hand, da sie sich daran gewöhnt haben, jeden Tag zur selben Zeit gefüttert zu werden. Wer den Fußmarsch auf sich nimmt, wird mit einem echten Highlight belohnt.

👁 Radical Bay & die Festungen

Townsville war im Zweiten Weltkrieg eine Versorgungsbasis für die Pazifikregion, und die Festungen sollten die Stadt gegen Angriffe vom Meer her schützen. Wer nur einen Spaziergang unternehmen möchte, sollte sich unbedingt für die Festungswanderung (hin & zurück 2,8 km, 1½ Std.) entscheiden. Sie beginnt unweit der Abzweigung nach Radical Bay und führt an ehemaligen militärischen Stätten, Geschützstellungen und falschen „Felsen" vorbei. Man gelangt zu einem Beobachtungsturm mit tollem Ausblick auf die Küste und wird unter Garantie den einen oder anderen herumlungernden Koala in einem Baumwipfel erspähen. Zurück geht's auf demselben Weg oder aber auf einem der abzweigenden Pfade, die zur Horseshoe Bay führen (dort geht's mit dem Bus weiter nach Hause).

In der Nähe der Balding Bay liegt der inoffizielle FKK-Strand von Maggie.

👁 Horseshoe Bay

Die Horseshoe Bay an der Nordküste ist der schönste der zugänglichen Strände der Insel und zieht junge, hippe Naturliebhaber und ältere Tagesausflügler an. Vor Ort gibt es einen Verleih für Wassersportausrüstung, ein Seewespennetz, verschiedene Cafés und eine fantastische Kneipe. Das Bungalow Bay Koala Village hat einen eigenen **Naturpark** (📞 07-4778 5577, 1800 285 577; www.bungalowbay. com.au; 40 Horseshoe Bay Rd; Erw./Kind 29/

13 AU$; ⊘ 2-stündige Tour 10, 12 & 14.30 Uhr), in dem man mit Krokodilen und Koalas auf Tuchfühlung gehen kann. Regionale Kunst und Kunsthandwerk kann man auf dem **Markt** (⊘ jeden 2. & letzten So des Monats 9–14 Uhr) bewundern, der sich entlang der Strandpromenade erstreckt.

🏃 Aktivitäten

Big Mama Sailing   BOOTSFAHRT
(☎ 0437 206 360; www.bigmamasailing.com; ganzer Tag Erw./Kind 195/110 AU$) Hier gibt's Touren auf einem 18 m hohen Ketsch (Segelboot mit zwei Masten) mit den leidenschaftlichen Seglern Stu, Lisa und Fletcher. Erst vor Kurzem (Frühjahr 2017) ist Big Mama von der Mission Beach nach Townsville umgezogen.

Pro Dive Magnetic   TAUCHEN
(☎ 0424 822 450; www.prodivemagnetic.com; 43 Sooning St, Nelly Bay) Diese Tauchschule an der Nelly Bay bietet unvergessliche Magnetic-Island-Tagestrips für Schnorchler (149 AU$) und Taucher (199 AU$) an. PADI-Kurse kosten 299 AU$.

Tropicana Tours   GELÄNDEWAGENTOUR
(☎ 07-4758 1800; www.tropicanatours.com.au; ganzer Tag Erw./Kind 198/99 AU$) Bei den ganztägigen Touren mit den Guides Ziggy & Co. in ihren Geländewagen (mit langem Radstand) werden Teilnehmer zu den schönsten Flecken der Insel gefahren. Im Preis inbegriffen sind Begegnungen mit Wildtieren, Mittagessen in einem hiesigen Café und ein Cocktail bei Sonnenuntergang. Zur Auswahl stehen auch kürzere Touren, die 8-stündige Tour ist aber unschlagbar!

Horseshoe Bay Ranch   REITEN
(☎ 07-4778 5109; www.horseshoebayranch.com.au; 38 Gifford St; 2-stündige Ausritte 120 AU$) Die beliebten zweistündigen Ausritte führen durch den Busch zum Strand und dort auch gern mit dem Pferd ins relativ ruhige Wasser. Die Kleinen dürfen auf Ponys reiten (20 Min., 20 AU$).

Magnetic Island Sea Kayaks   KAJAKFAHREN
(☎ 07-4778 5424; www.seakayak.com.au; 93 Horseshoe Bay Rd; Morgen-/Abendtour 85/60 AU$) ⚲ Magnetic Island ist der ideale Ort für Kajakfahrten. Es gibt eine Menge Anlegestellen, geheime Strände, Meeresgetier zum Beobachten und entspannte Cafés, in denen man sich nach dem vielen Paddeln wieder stärken kann. Hier kann man sich einer ökozertifizierten Tour am Morgen oder bei Sonnenuntergang anschließen oder sich ein Kajak ausleihen (Einzel-/Doppelkajak 85/160 AU$/Tag).

Pleasure Divers   TAUCHEN
(☎ 07-4778 5788; www.pleasuredivers.com.au; 10 Marine Pde, Arcadia; Open-Water-Kurse ab 300 AU$/Pers.; ⊘ 8.30–17 Uhr) Dank einer Schnorcheltour mit Pleasure Divers aus Arcadia bekommt man zu einem günstigen Preis einen tollen Eindruck von der Natur rund um Geoffrey Bay. Es werden dreitägige PADI-Open-Water-Kurse sowie Kurse für Fortgeschrittene und Tauchgänge zum Wrack der *Yongala* angeboten.

🛌 Schlafen

Auf www.bestofmagnetic.com oder www.magneticislandtourism.com findet man Unterkünfte für seinen Urlaub.

⭐ Base Backpackers   HOSTEL $
(☎ 1800 242 273; www.stayatbase.com; 1 Nelly Bay Rd, Nelly Bay; Stellplatz 15 AU$/Pers., B 32–37 AU$, DZ ab 110 AU$; @ 🛜 🏊) Hier gibt es keine ruhigen Urlauber, die einen beim Ausleben seines Naturells stören könnten. Base ist wohl eines der Hostels Australiens mit der besten Lage: Es liegt zwischen Nelly und Picnic Bay. Das Base ist berühmt für wilde Vollmondpartys, es kann aber dank der berüchtigten hauseigenen Island Bar zu jeder Tag- und Nachtzeit heiß hergehen. Es gibt Pakete mit Übernachtung, Essen und Transport.

Arcadia Beach Guest House   PENSION $
(☎ 07-4778 5668; www.arcadiabeachguesthouse.com.au; 27 Marine Pde, Arcadia; B ab 35 AU$, Safarizelt 65 AU$, Zi. mit/ohne Bad ab 135/75 AU$; 🏊 🛜 🏊) Guter Preis, toller Service! Mit seinem überschwänglichen Personal macht das Arcadia Beach Guest House so einiges richtig. So bietet es etwa eine sehr hohe Anzahl verschiedenster Schlafquartiere an: Wie wär's mit hellen, nach den Buchten von Magnetic Island benannten Zimmern mit Strandflair? Oder mit einem Safarizelt? Oder doch mit einem Schlafsaal? Darüber hinaus kann man Schildkröten vom Balkon aus beobachten, ein Kanu, einen Moke oder einen Geländewagen mieten – oder einfach alles zusammen tun.

Magnetic Island B & B   B & B $$
(☎ 07-4758 1203; www.magneticislandbedandbreakfast.com; 11 Dolphin Ct, Horseshoe Bay; DZ 150 AU$) Die Doppelzimmer sind schnell ausgebucht, aber eine neue Anlage im Busch (190 AU$) mit vier Betten ist eine gute Wahl

für Urlauber, die die Abgeschiedenheit in der Natur lieben. Die Zimmer sind luftig hell; das Personal ist fix. Es gibt einen kleinen Salzwasserpool und ein im Preis inbegriffenes hervorragendes Frühstück. Mindestaufenthalt zwei Nächte.

Shambhala Retreat
BUNGALOW **$$**

(☎0448 160 580; www.shambhala-retreat-magnetic-island.com.au; 11 Barton St, Nelly Bay; DZ ab 105 AU$; ❄☞❄) 🐾 Das Shambhala ist eine der besten Unterkünfte auf der Insel, was das Preis-Leistungs-Verhältnis angeht, und wird außerdem vollkommen autonom betrieben. Die Anlage wird mit Ökostrom versorgt und ist mit buddhistischen Wandteppichen und Buddha-Brunnen dekoriert. Zwei Wohneinheiten haben Außenduschen im Garten, alle zudem komplett ausgestattete Küchen, große Bäder und Waschmaschinen. Auf Terrassen kann man nach Wildtieren Ausschau halten. Der Mindestaufenthalt beträgt zwei Nächte.

Arcadia Village Motel
HOTEL **$$**

(☎07-4778 5481; www.arcadiavillage.com.au; 7 Marine Pde, Arcadia; Zi. ab 120 AU$; ❄☞❄) Am ruhigen Ende der Marine Pde (was bei einem so entspannten Ort wie Maggie durchaus etwas heißt) liegt dieses familienfreundliche Motel mit hauseigener Bistro-Bar. In dieser kann es am Wochenende schon mal richtig laut zugehen. Es gibt zwei großartige Pools, zudem führt ein kurzer Spaziergang zu einem tollen Strand.

Island Leisure Resort
RESORT **$$**

(☎07-4778 5000; www.islandleisure.com.au; 4 Kelly St; DZ/FZ in Buré ab 197/247 AU$; ❄☞❄) Die komplett ausgestatteten Hütten im traditionellen Stil der Polynesier (burés) stehen direkt am Strand und sorgen für ultimatives Tropen-Feeling. Wer dieses Paradies alleine genießen will, tut dies auf der eigenen Terrasse. Ansonsten stehen ein Lagunen-Pool und ein großer Grillplatz zur allgemeinen Verfügung.

Magnetic Sunsets
APARTMENTS **$$**

(☎07-4778 1900; www.magneticsunsets.com.au; 7 Pacific Dr; Apt. mit 1/2/3 Schlafzi. 195/295/395 AU$, B&B-EZ/-DZ 115/159 AU$; ❄☞❄) Diese Unterkünfte sind preislich ein guter Deal: Die Apartments für Selbstversorger liegen nur einen Steinwurf vom Strand entfernt. Vom eigenen Balkon aus hat man Ausblick über die Bucht. Die Zimmer haben Klimaanlagen und sind sauber und gemütlich. Die neuen B&B-Zimmer sind eine gute Alternative.

Tropical Palms Inn
MOTEL **$$**

(☎07-4778 5076; www.tropicalpalmsinn.com.au; 34 Picnic St, Picnic Bay; EZ/DZ 120/130 AU$; ❄☞❄) Ein wunderbarer, kleiner Pool gleich vor der Tür, sehr freundliche Gastgeber und einfache, helle und gemütliche Moteleinheiten für Selbstversorger. Bei einem Aufenthalt ab zwei Nächten sind die Preise niedriger, zudem gibt es einen Geländewagenverleih. Preisnachlässe für Langzeitmieter.

🍴 Essen & Ausgehen

⭐ Cafe Nourish
CAFÉ **$**

(☎07-4758 1885; 3/6 Pacific Dr, Horseshoe Bay; Wraps ab 9 AU$; ⏱8–16 Uhr) Horseshoe Bay ist inzwischen der Ort, wo sich angesagte Cafés niederlassen. Das Cafe Nourish, unser hiesiger Favorit, macht vor allem die einfachen Dinge hervorragend: Wraps, Frühstück, Smoothies und Energy Balls – alles frisch und gesund. Und vom Kaffee fangen wir gar nicht erst an zu schwärmen! Die Bedienung hier ist voller Energie und Herzlichkeit.

Arcadia Night Market
MARKT **$**

(RSL Hall, Hayles Ave, Arcadia; ⏱Fr 17.30–20 Uhr) Der kleine, aber sehr lebhafte Nachtmarkt hat eine Bar mit Alkoholausschank und jede Menge preisgünstiger Essensstände.

Noodies on the Beach
MEXIKANISCH **$**

(☎07-4778 5786; 2/6 Pacific Dr, Horseshoe Bay; Hauptgerichte ab 10 AU$; ⏱Mo–Mi & Fr 10–22, Sa 8–22, So 8–15 Uhr; 🅿) Wichtiger Bestandteil der Gastroszene von Horseshoe Bay: Dies ist ein keckes Café im mexikanischen Stil, das eine Buchbörse anbietet. Unbedingt probieren sollte man die Margarita, die es wirklich in sich hat.

Gilligan's Cafe
CAFÉ **$$**

(Arcadia Village; Burger 14–18 AU$; ⏱8–16 Uhr) In diesem Café muss man einfach Spaß haben. Toll sind das Frühstück und die Burger! Auch genügend Drinks werden gereicht. Der Name spielt auf eine alte amerikanische Fernsehserie über schiffbrüchige Amerikaner an, und so ist das Café auch entsprechend dekoriert.

Marlin Bar
KNEIPENESSEN **$$**

(☎07-4758 1588; 3 Pacific Dr, Horseshoe Bay; Hauptgerichte 16–24 AU$; ⏱11–20 Uhr) Die Marlin Bar ist bei Seglern beliebt, die in Horseshoe Bay angelegt haben. Außerdem kommen Ortsansässige hierher, die auf Livemusik stehen. Die Gerichte sind großzügig und haben den Schwerpunkt erwartungsgemäß auf Meeresfrüchten. Hunde können mitgebracht werden.

Picnic Bay Hotel KNEIPENESSEN **$$**
(☑ 07-4778 5166; www.picnicbayhotel.com.au; 1 The Esplanade, Picnic Bay; Hauptgerichte 11–26 AU$; ☻ 9.30–22 Uhr) Bei einem Drink kann man auf die funkelnden Lichter von Townsville jenseits der Bucht blicken. Den ganzen Tag über gibt's in diesem Hotel an der ruhigen Picnic Bay Gerichte à la carte und riesige Salate.

❶ An- & Weiterreise

SeaLink (☑ 07-4726 0800; www.sealinkqld.com.au) betreibt eine exzellente Passagierfähre ab Townsville nach Magnetic Island (Erw./Kind hin & zurück inkl. Tagesticket für Busse 35/17,50 AU$, 25 Min.). Es findet zwischen 5.30 und 22.30 Uhr etwa stündlich eine Fahrt statt. Alle Fähren kommen am Nelly Bay Terminal auf Magnetic Island an und fahren dort auch ab. Parkplätze stehen Fährpassagieren in Townsville zur Verfügung.

Fantasea (☑ 07-4796 9300; www.magneticislandferry.com.au; Ross St, South Townsville) setzt eine Autofähre ein, die an Werktagen achtmal und am Wochenende siebenmal täglich von der Südseite des Ross Creek aus nach Magnetic Island übersetzt (35 Min.). Die Fahrt kostet 178 AU$ (hin & zurück) für einen Pkw mit bis zu drei Passagiere, Reisende ohne eigenes Fahrzeug zahlen 29/17 AU$ (Erw./Kind hin & zurück). Man muss auf jeden Fall im Voraus reservieren. Der Fahrradtransport allerdings ist kostenlos.

❶ Unterwegs vor Ort

Sunbus (www.sunbus.com.au/sit_magnetic_island) verkehrt zwischen Picnic und Horseshoe Bay, fährt auf alle Fährfahrpläne abgestimmt und hält bei den größeren Unterkünften. Ein Tagesticket für das gesamte Netz kostet 7,20 AU$, es gibt aber auch eine Kombinationsmöglichkeit mit dem Fährticket. Ein Gespräch mit den Busfahrern, die sehr gern über ihr geliebtes Magnetic Island sprechen, lohnt sich!

Mini Mokes (kleine Fahrzeuge) und Motorroller werden praktisch überall vermietet. Für beide muss man mindestens 21 Jahre alt sein, einen gültigen internationalen oder australischen Führerschein haben und eine Kaution per Kreditkarte hinterlegen. Ein Motorroller kostet ab etwa 40 AU$ pro Tag, ein Mini Moke etwa 75 AU$. Bei **Miwheels** (☑ 07-4758 1111; www.miwheels.com.au; 138 Sooning St, Nelly Bay) gibt's die klassischen Mini Mokes, bei **Roadrunner Scooter Hire** (☑ 07-4778 5222; 3/64 Kelly St, Nelly Bay) Motorroller und Motocross-Motorräder.

NÖRDLICH VON TOWNSVILLE

Wenn man von Townsville aus nach Norden fährt, weicht die braune, verbrannte Landschaft allmählich Zuckerrohrpflanzungen entlang des Highways und von Regenwald bedeckten Hängen.

Im Hinterland locken Wasserfälle, Dörfer und Nationalparks, z. B. der Paluma Range National Park (gehört zum UNESCO-Welterbe Feuchttropen); in den Visitor Centres in der Gegend sind Broschüren zu Wanderwegen, Schwimmgelegenheiten und Campingplätzen erhältlich.

Ingham & Umgebung

4681 EW.

Ingham ist ein Zuckerrohrzentrum mit Stolz auf seine italienische Vergangenheit und der Zugangspunkt zu den 120 ha umfassenden **Tyto Wetlands** (Tyto Wetlands Information Centre; ☑ 07-4776 4792; www.tyto.com.au; Ecke Cooper St & Bruce Hwy; ☻ Mo–Fr 8.45–17, Sa & So 9–16 Uhr). Dort gibt es insgesamt 4 km Spazierwege und rund 230 Vogelarten, darunter auch weit gereiste Gäste aus Sibirien und Japan. Auch hiesige Spezies fühlen sich hier wohl, darunter Hunderte Wallabys, die sich in der Morgen- und Abenddämmerung blicken lassen. Ingham dient als Ausgangsbasis für Ausflüge zu den majestätischen, sehr besuchenswerten Wallaman Falls, dem mit 305 m höchsten einstufigen Wasserfall Australiens.

Ab der **Mungalla Station** (☑ 07-4777 8718; www.mungallaaboriginaltours.com.au; 2-stündige Touren Erw./Kind 70/35 AU$) ⚑, 15 km östlich von Ingham, werden interessante Touren unter der Leitung von Aborigines veranstaltet, u. a. mit Bumerangwerfen und Geschichten der hiesigen Nywaigi-Kultur. Außerdem gibt es ein traditionelles Kupmurri-Mittagessen. Die Touren finden erst ab zehn Teilnehmern statt, daher vorher anrufen! Einfache Campingplätze sind verfügbar.

Im August findet das **Australian Italian Festival** (www.australianitalianfestival.com.au) statt, mit dem die italienischen Wurzeln von 60 % der Einwohner Inghams gefeiert werden. Da heißt es: *Eat, drink and celebrate!*

Campen kann man auf dem **Wallaman Falls Campground** (www.npsr.qld.gov.au; Stellplatz pro Pers./Fam. 6,15/24,60 AU$).

Das Gedicht, das dem bekannten Slim-Dusty-Hit *Pub With No Beer* (1957) zugrun-

ABSTECHER

ORPHEUS ISLAND

Orpheus Island ist eine paradiesische, 1300 ha große Insel 80 km nördlich von Townsville. Auf ihr liegt ein geschützter Nationalpark. Das Meeresgebiet, in dem sie sich befindet, ist Teil des Great Barrier Reef Marine Park. Ihr trockener Hartlaubwald ist so weit nördlich eine geographische „Anomalie". Hier laufen Beuteldachse, Korallenfinger-Laubfrösche, Ameisenigel und erstaunlich viele Ziegen herum; Fischadler gibt es ebenfalls. Die Ziegen waren Teil eines etwas skurrilen Plans aus dem 19. Jh.: Sie sollten möglichen Überlebenden eines Schiffsbruchs als Nahrung dienen. Beliebt bei den Inselbesuchern sind die nach Eukalyptus duftenden Wanderwege und Schnorcheln im kristallklaren Meer.

Orpheus Island gehört zur Inselgruppe Palm Islands und ist von einem herrlichen Saumriff umgeben, an dem unglaublich viele Fischarten (1100) heimisch sind. Außerdem wachsen hier unfassbar viele verschiedenartige Stein- und Weichkorallen. Schnorchler und Taucher können diese Schönheiten das ganze Jahr über genießen, wobei sie im Sommer einen Quallenschutzanzug *(stinger suit)* tragen sollten. Zwei Naturphänomene machen einen Tauchgang hier jedoch noch reizvoller: Von August bis November begeben sich riesige Mantarochenschwärme auf die Reise in wärmere Gewässer, und Mitte November ist die Zeit, in der Korallen ablaichen.

Die **Orpheus Island Lodge** (☏07-4839 7937; www.orpheus.com.au; DZ inkl. Mahlzeiten ab 1500 AU$) ist wohl das schönste Fünf-Sterne-Resort in Queensland und konkurriert mit dem noch bekannteren Hayman Island Resort um die tollste Tropenatmophäre, das leckerste Essen, den besten Service und das größte Prestige.

Nautilus Aviation (☏07-4034 9000; www.nautilusaviation.com.au; Hinflug ab Townsville 275 AU$) bietet ab Townsville täglich um 14 Uhr Helikopterflüge für 275 AU$ (nur Hinflug) an. Dieser spektakuläre Ausflug dauert 30 Minuten. Wenn man sich in Lucinda umhört, kann man auch eine Überfahrt mit dem Boot arrangieren.

de liegt, wurde im **Lees Hotel** (☏07-4776 1577; www.leeshotel.com.au; 58 Lannercost St; EZ/ DZ ab 90/105 AU$, Hauptgerichte ab 14 AU$; ☺Mo–Sa mittags & abends; ✵☎) von dem aus Ingham stammenden Zuckerrohrarbeiter Dan Sheahan geschrieben, nachdem US-Soldaten die Alkoholvorräte weggetrunken hatten. Die Zimmer mit angeschlossenem Bad sind sehr gemütlich, das beliebte Bistro zaubert tolle Steaks und Pastagerichte. Und natürlich gibt es ausreichend Bier!

Das ausgezeichnete **Hinchinbrook Marine Cove Resort** (☏07-4777 8395; www.hinchinbrook-marine-cove-resort.com.au; 54 Dungeness Rd; DZ 135 AU$, Bungalow 150 AU$; ✵☀) ist aufgrund seiner hellen und geräumigen Bungalows ein super Angebot. Es gibt bis zu fünf Betten, jederzeit hilfsbereites Personal, und nach Hinchinbrook Island kommt man auch sehr schnell.

Cardwell

1300 EW.

Es wird schnell deutlich, warum Cardwell unter Truck-Fahrern als Highlight gilt: Der Großteil des Bruce Hwy verläuft mehrere Kilometer von der Küste entfernt im Landesinneren, deshalb überrascht der plötzliche Anblick des Meeres direkt rechts neben der Straße. Der Ausblick auf Hinchinbrook Island ist ein Genuss! Die meisten Besucher kommen zur Zeit der Obsternte hierher (Arbeitssuchende wenden sich am besten an die Hostels), aber auch sonst empfiehlt sich ein kleiner Zwischenstopp hier.

Der Cardwell Forest Dr ist eine malerische, 26 km lange Rundstrecke ab dem Ortszentrum durch den Nationalpark und wartet mit verschiedenen Aussichtspunkten, Wanderwegen und Picknickplätzen auf, die unterwegs ausgeschildert sind. Die **Attie Creek Falls** bieten hervorragende Bademöglichkeiten, ebenso wie der **Spa Pool** (der Name passt!), wo in einem Felsloch das Wasser über einem sprudelt.

Am **Girringun Aboriginal Art Centre** (www.art.girringun.com.au; 235 Victoria St; ☺Mo-Do 8.30–17, Fr bis 14 Uhr) ✐ werden u. a. traditionell gewobene Körbe, Gemälde und farbenfrohe Holzskulpturen ausgestellt und zum Verkauf angeboten.

🛏 Schlafen & Essen

Cardwell Beachcomber Motel & Tourist Park CAMPING $
(☏07-4066 8550; www.cardwellbeachcomber.com.au; 43a Marine Pde; Stellplatz mit/ohne Strom

38/29 AU$, Motel-DZ 98–125 AU$, Hütte & Studio
120–130 AU$; ✳ @ 🛜 🏊) Das Beachcomber ist
sehr hübsch gegenüber dem Meer gelegen
und wartet mit verschiedenen Übernachtungsoptionen auf, auch wenn die Stellplätze etwas eng bemessen sind. Nette Studios
und moderne Villen am Pool mit Meerblick
sorgen für die nötige Entspannung und Abkühlung. Das kleine **Beachcomber Restaurant** (Hauptgerichte ab 25 AU$; ☉ tgl. mor-
gens, Mo–Sa mittags & abends) serviert leichte
Mahlzeiten und täglich ein leckeres Frühstück.

Cardwell Central Backpackers   HOSTEL $
(✆ 07-4066 8404; www.cardwellbackpackers.com.
au; 6 Brasenose St; B 24 AU$; @ 🛜 🏊) Das Card-
well Central Backpackers wird von den Ar-
beitern auf der Bananenplantage empfohlen. Das Hostel heißt sowohl Saisonarbeiter
als auch andere Übernachtungsgäste herzlich willkommen. Kostenloses Internet und
Billardtisch.

Seaview Cafe   FAST FOOD $$
(87 Victoria St; Hauptgerichte 12–25 AU$; ☉ 24 Std.)
Mit der Riesenkrabbe auf dem Dach ist das
Seaview kaum zu übersehen. Es ist sehr be-
liebt bei Reisenden mit Kohldampf. Gereicht
werden Erzeugnisse der Region in Form von
Seafood-Sandwiches. Außerdem überzeugt
das riesige Frühstück (17 AU$), das man den
ganzen Tag über bestellen kann. Vielleicht
nicht ausgefallen, aber doch ein guter Tipp.

ℹ Praktische Informationen

Das **Rainforest & Reef Centre** (✆ 07-4066
8601; www.greatgreenwaytourism.com; 142
Victoria St; ☉ Mo–Fr 8.30–17, Sa & So 9–13 Uhr)
neben dem Bootsanleger von Cardwell hält eine
absolut geniale, interaktive Ausstellung zum
Regenwald und ausführliche Infos über Hinchin-
brook Island und die anderen Nationalparks in
der Gegend bereit.

Hinchinbrook Island

Australiens größter Insel-Nationalpark
(399 km²) ist ein echtes Wanderparadies,
aber schwer zu erreichen, weshalb Vorabpla-
nung erforderlich ist. Granitberge ragen
spektakulär aus dem Meer auf, und im Ge-
strüpp herrscht ein ständiges Kribbeln und
Krabbeln. Die Festlandseite ist dicht mit tro-
pischer Vegetation bedeckt und lange Sand-
strände sowie labyrinthartige Mangroven-
haine erstrecken sich an der Ostküste.

Hinchinbrook Island Cruises (✆ 07-4066
8601; www.hinchinbrookislandcruises.com.au) fährt
von Cardwell (Anlegestelle Port Hinchin-
brook) nach Ramsay Bay auf Hinchinbrook
Island (einfache Strecke 90 AU$/Pers.,
1½ Std.). Ebenso wird eine vierstündige Tour
auf zwei Inseln (Goold und Garden Island)
angeboten (Erw./Kind 110/99 AU$). Hierbei
können Delphine, Dugongs und Meeres-
schildkröten beobachtet werden, bevor es
zum 9 km langen Spaziergang an der Strand-
promenade von Ramsay Bay geht und es an-
schließend ein Picknick gibt.

Entlang des tollen, 32 km langen
Thorsborne Trail (auch East Coast Trail ge-
nannt) stehen Besuchern NPRSR-**Camping-
plätze** (✆ 13 74 68; www.npsr.qld.gov.au; Stell-
platz 6,15 AU$/Pers.) zur Verfügung.

Tully

2350 EW.

Auf den ersten Blick mag es aussehen wie
ein x-beliebiger Zuckerrohrort, doch Tully
kommt als selbstbewusste Stadt daher und
bezeichnet sich selbst als die Stadt Australi-
ens mit der höchsten Niederschlagsmenge.
Gleich bei der Einfahrt begegnet einem ein
überdimensionaler goldener Gummistiefel,
der so hoch ist wie 1950 das Wasser anstieg:
7,9 m! Wer die Wendeltreppe im Inneren des

RAFTING AUF DEM TULLY RIVER

Dank der legendär hohen Niederschlagsmengen und vielen Fluttore zur Stromerzeu-
gung herrschen auf dem Tully River das ganze Jahr über beste Bedingungen für echtes
Wildwasser-Rafting. Die Rafting-Touren sind auf die täglichen Öffnungszeiten der Flut-
tore abgestimmt, sodass man vor der Kulisse des atemberaubenden Regenwalds durch
Stromschnellen der Kategorie IV rauscht.

Bei den Tagestouren von **Raging Thunder Adventures** (✆ 07-4030 7990; www.ra
gingthunder.com.au; ganztägiges Rafting 189 AU$) und **R 'n' R White Water Rafting** (✆ 07-
4041 9444; www.raft.com.au; ganztägiges Rafting ab 179 AU$) ist jeweils ein Barbecue-Mittag-
essen und der Transfer von Tully oder dem benachbarten Mission Beach enthalten. Der
Transfer von Cairns kostet 10 AU$ extra.

PALUMA RANGE NATIONAL PARK

Es lohnt sich sehr, sich die Zeit zu nehmen, den Bruce Hwy zu verlassen und in Richtung Paluma Range National Park zu fahren. Dieser ist der südliche Zugangspunkt zur Wet Tropics World Heritage Area. Der Park besteht aus zwei Teilen: dem Bereich um Mt. Spec und dem nördlichen Bereich der Jourama Falls, die beide mit einer Vielzahl von Wasserlöchern, Binnenstränden und Wanderwegen aufwarten und so einen prima Überblick über das tropische Nord-Queensland gewähren. Diese herrliche Parallelwelt entlang des Bruce Hwy von Ingham nach Townsville ist auch eines der besten Gebiete, wenn man Schnabeltiere in freier Wildbahn sehen will.

Mt. Spec

Der Park rund um den Mt. Spec (61 km nördlich von Townsville bzw. 40 km südlich von Ingham) besteht aus paradiesischen Nebelwäldern und Eukalyptusbäumen, die von unzähligen Wanderwegen kreuz und quer durchzogen sind. Dieser Lebensraum ist die Heimat einer unglaublichen Anzahl unterschiedlichster Vogelarten wie Säulengärtner und Rabenkakadus.

Wer auf dem Bruce Hwy von Norden kommt, fährt auf der 4 km langen, teilweise befestigten Spiegelhauer Rd nach Big Crystal Creek. Vom Parkplatz führt ein bequemer, 100 m langer Fußweg zum Paradise Waterhole, wo sich ein populärer Sandstrand befindet und man einen tollen Blick auf die Berge hat.

Aus Richtung Süden windet sich die befestigte, aber kurvenreiche Mt. Spec Rd durch die Berge in den Ort Paluma hoch. Manch einer, der „nur wegen der Fahrt" hierher kam, wurde von der frischen Bergluft und der herzlichen Bevölkerung eines Besseren belehrt.

Auf dem Weg nach Paluma sollte man einen Stopp beim Little Crystal Creek einlegen, einem malerischen Badebecken mit Steinbrücke, Picknickplatz und Wasserfall.

Das coole **Paluma Rainforest Inn** (☎ 07-4770 8688; www.rainforestinnpaluma.com; 1 Mt Spec Rd; DZ 125 AU\$; ❄) im Dorf Paluma hat schön gestaltete Zimmer und eine Restaurantbar ganz in der Nähe.

Jourama Falls

Der **Waterview Creek** stürzt sich in mehreren Kaskaden an Palmen und Strahlenaralien vorbei in die Tiefe. Ein herrlicher Ort für ein Picknick und eine kleine Wanderung! Ein steiler Weg führt zum Aussichtspunkt hinauf. Unterwegs kann man Ausschau halten nach Eisvögeln, Wasserschildkröten und den vom Aussterben bedrohten Gleithörnchenbeutlern. Der **Campingplatz der NPRSR** (www.npsr.qld.gov.au; 6,15/ 24,60 AU\$ pro Pers./ Fam.) hat Kaltwasserduschen, Gasgrills, Wasser, das unbehandelt nicht zum Trinken geeignet ist, und Komposttoiletten.

Diesen Teil des Nationalparks erreicht man über eine 6 km lange, befestigte Straße, die 91 km nördlich von Townsville bzw. 24 km südlich von Ingham beginnt. Der Creek, durch den sie zu Anfang führt, kann in der Regenzeit allerdings unpassierbar sein. Bevor man den Highway verlässt, sollte man unbedingt noch einmal volltanken.

Stiefels hinaufsteigt, der bekommt auf der Aussichtsplattform einen Eindruck dieser unglaublichen Höhe. Da aber auch Babinda die Bezeichnung „nasseste Stadt Australiens" für sich in Anspruch nimmt, bleibt als Highlight die Tatsache, dass der viele Regen für Stromschnellen im nahe gelegenen Tully River sorgt, auf denen man raften kann. Zudem profitieren die Obstplantagen vom regelmäßigen Nass – hier werden ständig Arbeiter gesucht.

Das **Golden Gumboot Festival** (❂ Mai) feiert die Regenfälle mit einer Parade und zahlreichen Shows.

Im Visitor Centre können 90-minütige Führungen durch die **Tully Sugar Mill** (Erw./ Kind 17/11 AU\$; ❂ Ende Juni–Anfang Nov. tgl.) gebucht werden.

🏃 Aktivitäten

Ingan Tours  GEFÜHRTE TOUREN
(☎ 07-4068 0189; www.ingan.com.au; 5 Blackmar St) Ingan Tours wird von Einheimischen betrieben, die Travellern im Rahmen von Ganztagestouren (Di, Do & So) historische Orte zeigen und eindrucksvolle, authentische Einblicke ins Leben der Ureinwohne

dieser Region im Einklang mit der Natur gewähren. Eine solche Tour ist aufregend und bleibt den meisten Australienreisenden unvergesslich.

Schlafen & Essen

Banana Barracks
HOSTEL $

(07-4068 0455; www.bananabarracks.com; 50 Butler St; 8/4-B 135/165 AU$/Woche; @🛜🅿) Wer gern auf den Obstplantagen rund um Tully arbeiten möchte, der sollte im Banana Barracks Hostel absteigen. Hier ist nämlich dank eines angeschlossenen Nachtclubs (der Rafters Bar) auch bestens für coole Partys gesorgt.

Mount Tyson Hotel
PUB $

(07-4068 1088; www.mttysonhotel.com.au; EZ/ DZ 60/105 AU$) Diesem frisch renovierten Pub fehlt es zwar ein wenig an Atmosphäre, die Motelzimmer sind jedoch sauber und eine recht gute Option für einen kurzen Aufenthalt.

★ Redgates Steakhouse
DINER $$

(0400 773 315; 99 Butler St) Das Redgates Steakhouse ist ein cooler, ziemlich großer Laden. Es befindet sich an der Straße Richtung Stadtzentrum. Die Speisekarte ist lang, und es steht immer mal wieder irgendwas Neues darauf. Die Hauptattraktion sind aber sicherlich die Burger – wir lieben sowohl die Fisch-Burger als auch die mit Rindfleisch (12 AU$)! Die Milchshakes und der Kaffee landen nur knapp dahinter. Das WLAN ist kostenlos und schnell.

❶ Praktische Information

In der Broschüre des **Tully Visitor & Heritage Centre** (07-4068 2288; Bruce Hwy; Mo–Fr 8.30–16.45, Sa & So 9–14 Uhr) ist der Heritage Walk durch die Stadt beschrieben, der mit 17 Informationstafeln ausgeschildert ist, von denen sich eine auch den in Tully gesichteten UFOs widmet. Neben Wanderkarten für die Nationalparks in der Nähe gibt's in dem Besucherzentrum auch kostenloses Internet und eine Bücherbörse.

❶ An- & Weiterreise

Die Busse von **Greyhound** (1300 473 946; www.greyhound.com.au) und **Premier** (13 34 10; www.premierms.com.au) legen auf ihren Fahrten von Brisbane nach Cairns einen Zwischenstopp in Tully ein. Die einfache Fahrt nach Cairns kostet 28 AU$, nach Townsville 43 AU$. Tully liegt auch an der **Queensland Rail** (1800 872 467; www.traveltrain.com.au), deren Züge ebenfalls Brisbane mit Cairns verbinden.

Mission Beach

Regenwald trifft Korallenmeer: Die tropische Enklave aus Küstensiedlungen war lange von der weit verbreiteten Auswanderungswelle bedroht. Doch diese versteckte Ecke am Korallenmeer hält eindrucksvollerweise die Balance zwischen Yoga-Livestyle, Backpackertum und Öko-Paradies. Zudem gibt es nirgendwo anders in Australien so viele Kasuare wie hier. Dieser 14 km lange, von Palmen gesäumte Küstenstreifen mit seinen abgeschiedenen Buchten und weiten, menschenleeren Stränden liegt keine 30 km vom Bruce Hwy entfernt in einem UNESCO-geschützten Regenwaldgebiet. Er ist ein Sprungbrett zum Great Barrier Reef, weil er diesem sehr nahe liegt, und dient zudem als Ausgangspunkt für Fahrten nach Dunk Island.

Auch wenn die ganze Gegend allgemein nur Mission Beach oder einfach „Mission" genannt wird, besteht sie aus einer Reihe einzelner, sehr kleiner und ruhiger Dörfer, die sich entlang der Küste aneinanderreihen. Bingil Bay liegt 4,8 km nördlich des eigentlichen Mission Beach (manchmal auch North Mission genannt). Wongaling Beach liegt 5 km südlich, von hier aus sind es weitere 5,5 km Richtung Süden bis South Mission Beach. Die meisten Service-Einrichtungen findet man in Mission Beach und Wongaling Beach.

🏃 Aktivitäten

Seewespennetze garantieren, dass auch in der Hauptverbreitungszeit dieser Tiere (Jan.–Ende März) sichere Schwimmbedingungen herrschen.

Ingan Tours
WANDERN & TREKKEN

(1800 728 067; www.ingan.com.au; 4-stündige Tour Erw./Kind 130/70 AU$; Di, Do & Sa) Dank einheimischer Aborigines lernt man in einzigartiger Art und Weise den ursprünglichen Regenwald der Mission-Beach-Region kennen. Ebenfalls sehr zu empfehlen ist eine neue Kajaktour den Tully entlang. (Erw./Kind 100/65 AU$). Für diesen Preis wird man von Mission Beach abgeholt und erhält auch ein kleines Mittagessen.

Skydive Mission Beach
FALLSCHIRMSPRINGEN

(1300 800 840; www.skydivemissionbeach.com.au; 1 Wongaling Beach Rd; Fallschirmsprünge aus 1830/4270 m Höhe 199/334 AU$) Mission Beach gilt zu Recht als einer der besten Orte in Australien, wenn man sich mit einem Fall-

Mission Beach

schirm aus einem Flugzeug stürzen möchte. Dann blickt man aus der Vogelperspektive auf das Meer und die wundervolle Inseln. Ganz weich landet man nach einer Weile in einem traumhaft weißen Sandstrand. Skydive Australia, das vor Ort Skydive Mission Beach genannt wird, bietet pro Tag mehrere Flüge an.

Altitude Skydivers FALLSCHIRMSPRINGEN
(☎ 07-4088 6635; www.altitudeskydive.com.au; 4/46 Porter Promenade; Sprung aus 4270 m Höhe 299 AU$) Dieses kleine Unternehmen ist neu in der Stadt, aber sehr fachkundig. Günstige Preise.

Coral Sea Kayaking KAJAKFAHREN
(☎ 07-4068 9154; www.coralseakayaking.com; halb-/ganztägige Touren inkl. Mittagessen 80/136 AU$) Tagestouren unter kundiger Leitung nach Dunk Island sowie relaxte halbtägige Ausflüge. Es können auch längere dreitägige Touren zu den Barnard Islands und zu der Family Islands organisiert werden.

Fishin' Mission ANGELN
([📞]0427 323 469; www.fishinmission.com.au;
halb-/ganztägige Touren 160/260 AU$) Ent-
spannte Angelausflüge zum Riff mit einheimischen Experten. Mit Abstand der renom-
mierteste Anbieter in der ganzen Mis-
sion-Bay-Region.

🛏 Schlafen

⭐ Jackaroo Hostel HOSTEL $
([📞]07-4068 7137; www.jackaroohostel.com; 13 Fri-
zelle Rd; Stellplatz 12–15 AU$, B/DZ inkl. Frühstück
ab 25/58 AU$; [P @ 🛜 ❄]) Was für ein schönes
Gefühl, wieder jung genug zu sein, um die
Tage in diesem herrlichen, auf Holzpfählen
gebauten Hostel verweilen zu können, tief
im Regenwald an einem riesigen Pool mit
Blick aufs Korallenmeer! Einfach alles stehen und liegen lassen, am Clump Mountain
vorbei ins Landesinnere fahren, ein ruhiges
Doppelzimmer buchen und die Gegend erkunden… Einen Gruß an die jungen Typen,
die sich in der australischen Sonne bräunen!

Dunk Island View Caravan Park CAMPING $
([📞]07-4068 8248; www.dunkislandviewcaravan
park.com; 21 Webb Rd; Stellplatz 30–32 AU$,
Wohneinheit mit 1/2 Schlafzi. 105/135 AU$; [❄ 🛜
❄ ❄]) Einer der besten Wohnmobilparks, die
wir im Norden von Queensland besucht haben: toller Blick auf Dunk Island, sehr gepflegte Anlage. Der kleine Pool ist gerade in
der Hauptsaison der Seewespen sehr willkommen, außerdem gibt es ein hauseigenes
Café (Fish & Chips 9 AU$).

Mission Beach Ecovillage HÜTTEN $
([📞]07-4068 7534; www.ecovillage.com.au; Clump
Point Rd; DZ 119–150 AU$, 2-B-Bungalow 180 AU$;
[❄ 🛜 ❄]) Das Ökodorf mit eigenen Bananen-
stauden und Limettenbäumen inmitten eines tropischen Gartens und einem direkten
Weg durch den Regenwald zum Strand versteht es, seine natürliche Umgebung perfekt
zu nutzen. Um einen felsigen Swimmingpool herum liegen etwas abgewohnte Bungalows. Das angeschlossene Restaurant mit
seinem herzerfrischenden Personal entschädigt dafür aber allemal.

Mission Beach Retreat HOSTEL $
([📞]07-4088 6229; www.missionbeachretreat.com.
au; 49 Porter Promenade; B 22–25 AU$, DZ 56 AU$;
[❄ @ 🛜 ❄]) Die entspannte, luftige Backpa-
ckerbleibe mitten im Zentrum, aber trotzdem am Strand muss man einfach mögen.
Dank ihrer YHA-Akkreditierung ist sie
schnell ausgebucht. Kostenlose Extras sind

beispielsweise ein Shuttle-Bus zum Supermarkt und WLAN. Das Personal ist beschäftigt sich viel mit den Gästen.

Rainforest Motel MOTEL $
([📞]07-4088 6787; www.rainforestmotel.com; 9 Endeavour Ave; DZ/2BZ 95/105 AU$; [❄ @ 🛜 ❄]) Es
kann sicherlich nicht mit modernstem Luxus glänzen, dennoch bietet dieses versteckte Motel abseits der Hauptstraße der Stadt
ein gutes Preis-Leistungs-Verhältnis. Auch
der Service hier ist gut. Die Zimmer verfügen über Klimaanlage und sind sehr sauber.
Die Gemeinschaftsbereiche am Pool lassen
einen fast glauben, dass man sich inmitten
eines Regenwaldgartens befindet. Fahrräder
werden kostenlos verliehen.

Sanctuary HÜTTEN $
([📞]1800 777 012, 07-4088 6064; www.sanctuaryat
mission.com; 72 Holt Rd; B 40 AU$, EZ-/DZ-Hütten
ab 75/80 AU$, Häuschen 185 AU$; ⊙ Mitte April–
Mitte Dez.; [@ 🛜 ❄]) ⊘ Ein steiler, 600 m langer Spaziergang durch den Regenwald führt
vom Parkplatz (es gibt einen Abholservice
per Geländewagen) zum Sanctuary. Gäste
können in einer einfachen Hütte auf einer
Plattform geschützt durch ein Moskitonetz
nächtigen oder aber in einem Häuschen mit
eigenem Bad und Dusche mit Panoramablick auf den Regenwald. Yogakurse, Nacht-
wanderungen und Massagen können gegen
Aufpreis gebucht werden.

Scotty's Mission Beach House HOSTEL $
([📞]07-4068 8676, 1800 665 567; www.scottys
beachhouse.com.au; 167 Reid Rd; B 24–29 AU$, DZ
71 AU$; [❄ @ 🛜 ❄]) Toll gelegen an einem ru-
higen Strandstreifen, YHA-Zertifizierung,
gemütliche Zimmer, die um den grasbewachsenen Poolbereich angeordnet sind.
Das Management steht den Gästen stets zur
Verfügung und hilft gerne bei der Planung
ihrer Abenteuer. In **Scotty's Bar & Grill**
(Hauptgerichte 12–24 AU$; ⊙ 17–24 Uhr) im vor-
deren Bereich (auch für Nicht-Gäste) wird
jeden Abend etwas geboten, von Feuershows
über Billardwettbewerbe bis hin zu Livemusik.

Hibiscus Lodge B & B B&B $$
([📞]07-4068 9096; www.hibiscuslodge.com.au; 5
Kurrajong Cl; Zi. ab 145 AU$; [🛜]) Dieses reizende
Anwesen ist die perfekte Kulisse, um die hiesige Tierwelt genießen zu können. Die Leitung dieses B & Bs ist sehr anspruchsvoll,
was z. B. beim Frühstück deutlich wird. Es
gibt nur drei (sehr private) Zimmer, deswegen muss man vorab reservieren. Gute Rabatte bei Online-Buchungen. Keine Kinder.

Licuala Lodge
B&B $$

(☑ 07-4068 8194; www.licualalodge.com.au; 11 Mission Circle; DZ inkl. Frühstück ab 135 AU$; 🛜📶) Wer Ruhe sucht und ein eigenes Fahrzeug hat, der ist hier genau richtig! Die Unterkunft liegt 1,5 km vom Strand und dem restlichen Trubel entfernt. Die Gäste pendeln für gewöhnlich zwischen der wundervollen Veranda, auf der man frühstücken und die von der Landschaft geformten Gärten überblicken, und dem mit großen Felsen geschmückten Swimmingpool hin und her. Kasuare kommen gelegentlich auf einen Sprung vorbei.

Nautilus B&B
B&B $$

(1 Nautilus St; Apt. mit 2 Schlafzi. ab 180 AU$) Eigentlich kann man nur online buchen, es kann sich aber lohnen, vorbeizuschauen und Dena um Hilfe zu bitten. Es gibt zwei neu erbaute, strahlend weiß gekachelte Apartments, die nebeneinander auf einem Hügel liegen, von dem aus man die Stadt überblickt. Da kann es ja nur ein gelungener Aufenthalt werden! Es gibt ein großes Gemeinschaftsbad mit einer Dusche mit hohem Wasserdruck. Jedes Apartment hat seinen eigenen, kleinen Vorhof.

Die Lounge und die offene Wohnküche eignen sich ideal, um zu frühstücken (18 AU$/Pers.) und den Tag zu planen. Manchmal leisten einem Wallabys bei Sonnenuntergang Gesellschaft.

★ Sejala on the Beach
HÜTTEN $$$

(☑ 07-4088 6699; www.sejala.com.au; 26 Pacific Pde; DZ 275 AU$; ❄📶) Zur Auswahl stehen verschiedene Strandhütten für Selbstversorger – sie heißen Waves, Coral und Beaches und stehen alle zwischen raschelnden Kokospalmen. Sie sind ausgestattet mit Regenwaldduschen und einer schön gestalteten Terrasse mit Grill. Ideal um Zweisamkeit zu genießen!

Castaways Resort & Spa
RESORT $$$

(☑ 07-4068 7444; www.castaways.com.au; Pacific Pde; DZ 115–265 AU$, Wohneinheit mit 1/2 Schlafzi. 290/360 AU$; ❄@🛜📶) Die wichtigste Unterkunft für Familien in Mission Beach bietet Quartiere, von denen man den langersehnten Ausblick aufs Meer hat. Für Reisende mit kleinem Budget bietet sich das einfache Rainforest-Zimmer an (115 AU$). Es gibt zwei langgezogene Pools und ein Luxus-**Spa** (www.driftspa.com.au; Pacific Pde), und man hat vom **Barrestaurant** (Hauptgerichte 12–32 AU$; ⊙morgens, mittags & abends) aus einen einzigartigen Blick auf die Küste. Dienstags ist immer tropischer High Tea angesagt.

✕ Essen

Early Birds Cafe
CAFÉ $

(Shop 2, 46 Porter Promenade; Hauptgerichte 7–18 AU$; ⊙ Do–Di 6–15 Uhr; 📶) Frühaufsteher lieben die frühen Öffnungszeiten. Dank seines günstigen, leckeren Frühstücks (vegetarisch 14 AU$), das zu gutem Kaffee auf den Tisch kommt, und den berühmten, überdurchschnittlich großen frisch gepressten Fruchtsäften kommen Gäste immer wieder gern ins Early Birds zurück.

Fish Bar
SEAFOOD $

(☑ 07-4088 6419; Porter Promenade; Hauptgerichte 10–17 AU$; ⊙10–24 Uhr) Günstige Fischgerichte und andere Spezialitäten aus dem Meer werden in entspannter Atmosphäre gereicht. Vom kleinen Innenhof hat man einen tollen Blick auf den Ozean. Gerichte auch zum Mitnehmen.

★ Bingil Bay Cafe
CAFÉ $$

(☑ 07-4068 7146; 29 Bingil Bay Rd; Hauptgerichte 14–23 AU$; ⊙6.30–22 Uhr; 📶) Sonne, Regenbogen, Kaffee und Feinschmecker-Spezialitäten – das alles bekommt man in diesem in lavendelfarben gestrichenem Café geboten. Auf der schönen Veranda kann man toll abschalten. Das Frühstück ist ein Highlight, zudem gibt es Kunstausstellungen, Livemusik und gesellige Stimmung.

Caffe Rustica
ITALIENISCH $$

(☑ 07-4068 9111; 24 Wongaling Beach Rd; Hauptgerichte 13–25 AU$, Pizzas 10–25 AU$; ⊙Mi–Sa 17 Uhr–open end, So 10–21 Uhr; 📶) In der modernen Strandhütte aus Wellblech gibt's ausgezeichnete, traditionell hergestellte Pasta und Pizza sowie hausgemachtes Eis und Sorbet. Sehr beliebt bei den Einheimischen, daher unbedingt im Voraus reservieren!

Garage Bar & Grill
MODERN-AUSTRALISCH $$

(☑ 07-4088 6280; 41 Donkin Lane; Meze-Teller 17 AU$; ⊙9–open end; ❄📶) Leckere „Sliders" (Miniburger) und fachmännisch gemixte Cocktails (14 AU$) zeichnen diesen Hot-Spot in Mission aus. Ein tüchtiger Koch peppt die Speisekarte immer wieder mit neuen Kreationen auf. Außerdem sorgen gute Musik und Tapas dafür, dass im Biergarten immer beste Stimmung herrscht.

Millers Beach Bar & Grill
KNEIPENESSEN $$

(☑ 07-4068 8177; www.millersbeachbar.com.au; 1 Banfield Pde; Hauptgerichte 14–38 AU$; ⊙Di–Fr

KASUARE: VOM AUSSTERBEN BEDROHT

Er könnte *Jurassic Park* entsprungen sein, dieser flugunfähige prähistorische Vogel, der durch den Regenwald stakst. Er ist sehr groß, hat drei Zehen mit rasiermesserscharfen Krallen, einen leuchtend blauen Kopf mit einem helmartigen Kamm, rote Kehllappen und ein schwarzes Federkleid wie ein Emu. Kasuare sind ein wichtiger Bestandteil des Ökosystems Regenwald. Kein anderes Tier kann die Samen von mehr als 70 Baumarten verteilen, deren Früchte zu groß sind, um von anderen Regenwaldbewohnern aufgenommen und verdaut zu werden. Am wahrscheinlichsten ist eine Begegnung mit einem Kasuar in der Wildnis rund um Mission Beach, in Etty Bay und der Gegend von Cape Tribulation im Daintree National Park. Vorsicht: Die Tiere können aggressiv sein, vor allem, wenn sie Junge haben! Man sollte sich ihnen nicht nähern, aber auch nicht wegrennen, wenn sie in Angriffsposition gehen. Am besten ist es, irgendetwas Solides zwischen sich und den Vögeln zu haben – z. B. einen Baum.

In der Wildnis Nord-Queenslands sollen noch etwa 1000 oder weniger Kasuare leben. Die Vogelart ist vom Aussterben bedroht, weil ihnen der Lebensraum streitig gemacht wird. Unlängst hatte das natürliche Ursachen: Zyklon Yasi mähte den Großteil des Regenwalds rund um Mission Beach nieder. Die Kasuare müssen nun weite Strecken zurücklegen, um Nahrung zu finden, und werden leichter von Hunden gerissen oder von Autos überfahren.

Neben dem Mission Beach Visitor Centre kann man im **Wet Tropics Environment Centre** (www.wettropics.gov.au) mehr über die Kasuare erfahren. In dem Zentrum arbeiten Freiwillige der **Community for Cassowary & Coastal Conservation** (www.cassowaryconservation.asn.au). Und wer etwas im Andenkenladen kauft, unterstützt damit den Kauf von Land für die Kasuare. Viele tolle Infos liefert die Website www.savethecassowary.org.au.

15–open end, Sa & So 12 Uhr–open end) Ein Ausgeh-Highlight von Wongaling Beach. Das Millers liegt so nahe am Strand, dass man fast schon den Sand aus dem Bier filtern muss. Die tolle Atmosphäre, besonders bei Sonnenuntergang mit Blick aufs ferne Dunk Island zieht viele neue Gäste an. Der Fischburger (18 AU$) war bei unserem Besuch ein Genuss.

Zenbah INTERNATIONAL **$$**
(☏ 07-4088 6040; 39 Porter Promenade; Hauptgerichte 12–28 AU$; ☺ Fr & Sa 10–1.30, So–Do bis 24 Uhr) Die farbenfrohen Stühle auf dem Bürgersteig zeugen vom lebendigen Charakter des kleinen Lokals. Die Küche bereitet alles Mögliche von nahöstlichen Speisen über asiatische Gerichte bis hin zu Pizzas zu. Verdauungsfördernd wirkt die Livemusik am Freitag und Samstag.

Sealevel SEAFOOD **$$**
(☏ 07-4088 6179; 42 Donkin Lane; Hauptgerichte 15–30 AU$; ☺ 12–21 Uhr) Ein Neuling unter den Restaurants in Mission Beach und mit bester Lage direkt am Meer. Leider gibt es ein paar Kinderkrankheiten, da Aufmachung und Speisekarte noch nicht ausgefeilt sind. Der frisch gefangene Barsch war überragend (17 AU$), der Barramundi (18 AU$)

nicht frisch. Der Biergarten ist eine karge Betonfläche. Mal sehen, was daraus wird.

★**PepperVine** MODERN-AUSTRALISCH **$$$**
(☏ 07-4088 6538; 2 David St; Hauptgerichte 16–32 AU$; ☺ 4.30–23 Uhr) In der grünen Lunge von Mission Beach gelegen, ist PepperVine ein ungezwungenes, modernes Restaurant, das kulinarische Einflüsse aus der italienischen, spanischen und modernen australischen Küche hat. Prima Atmosphäre und Bedienung. Pizza aus dem Holzofen und ein Glas australischer Wein – so kann der Abend beginnen! Fein diniert man hier nach Sonnenuntergang, wenn der große Andrang langsam nachlässt.

🛍 Shoppen

An drei Sonntagen pro Monat finden Märkte statt: **Mission Beach Markets** (Porter Promenade; ☺ 1. & 3. So des Monats 8–13 Uhr) und der **Mission Beach Rotary Monster Market** (Marcs Park, Cassowary Dr, Wongaling Beach; ☺ April–Dez. jeweils letzter So des Monats 8–12.30 Uhr)

ℹ Praktische Informationen

Mission Beach Visitor Centre (☏ 07-4068 7099; www.missionbeachtourism.com; Porters

ABSTECHER

PARONELLA PARK

Wer einige kleine Buchten und Wasserfälle hinter sich gelassen hat (und mindestens ein einheimisches Krokodil), erreicht 50 km nordwestlich von Mission Beach den **Paronella Park** (☏07-4065 0000; www.paronellapark.com.au; Japoonvale Rd, Mena Creek; Erw./Kind 44/23 AU$). Er ist ein reizendes Tropenparadies und eine romantische, etwas surreale Möglichkeit, der Wirklichkeit zu entfliehen: moosbewachsene Stufen, üppiges Tropengestrüpp und riesige, prunkvolle Bauten, die eine perfekte Filmkulisse darstellen ...

Der Selfmade-Millionär und spanische Immigrant José Paronella erbaute den Park als Geschenk an seine Frau Margarita, bevor er ihn der Öffentlichkeit zugänglich machte. Paronella starb im Jahr 1948; heute befindet sich der Park in Privatbesitz und ist im National Trust aufgelistet.

In der Nähe kann man campen und schöne Hütten (90 AU$) mieten.

Promenade, Mission Beach; ⏺Mo–Sa 9–16.45, So 10–16 Uhr) Hält jede Menge Infomaterial in verschiedenen Sprachen bereit.

Wet Tropics Environment Centre (☏07-4068 7197; www.wettropics.gov.au; Porter Promenade; ⏺10–16 Uhr) Neben der Touristeninformation in Mission Beach zeigt dieses Zentrum Exponate und Filme über Naturphänomene der Region, natürlich auch über die Kasuare.

❶ An- & Weiterreise

Die Busse von **Greyhound** (☏1300 473 946; www.greyhound.com.au) und **Premier** (☏13 34 10; www.premierms.com.au) halten in Wongaling Beach neben dem „Großen Kasuar". Eine Fahrt mit Greyhound/Premier nach Cairns kostet 25/19 AU$ (2 Std.), nach Townsville 44/46 AU$ (3½ Std.).

Dunk Island

Die Djiru-Aborigines nennen die Insel Coonanglebah, die Insel des Friedens und der Fülle – völlig zu Recht, denn mit üppigem Urwald, weißen Sandstränden und unwahrscheinlich blauem Meer ist Dunk Island das tropische Inselparadies schlechthin.

Wanderwege durchziehen Dunk Island und umrunden die Insel fast komplett. Wer das Inselinnere und die facettenreiche Tierwelt in Eigenregie erkunden möchte, nimmt sich am besten den Rundweg (9,2 km) vor. In Muggy Muggy kann man inmitten hoher Wellen schnorcheln und *bommies* bewundern (über die Wasseroberfläche hinausragende Korallen). Zudem gibt es am traumhaften Coconut Beach tolle Bademöglichkeiten. Während der Hauptsaison finden am Wochenende oft spezielle Veranstaltungen statt, z. B. Bongo-Kurse oder Auftritte von Ukulele-Bands; Infos liefert das Mission Beach Visitor Centre.

Dunk Island wurde 2011 vom Zyklon hart getroffen, hat sich seitdem aber gut erholt. Teile des alten Inselresorts sind noch geschlossen und sehen nicht schön aus.

Mission Beach Charters (☏07-4068 7009; Erw./Kind hin & zurück 35/18 AU$; 3-stündige Tour 50 AU$) betreibt einen Shuttle, veranstaltet aber auch einige Angel-, Tauch- und Campingtrips. Oder man bleibt auf dem **Dunk Island Campground** (☏0417 873 390; pro Pers./Fam. 6,15/24,60 AU$).

Innisfail & Umgebung

7500 EW.

Innisfail ist eine entspannte, hübsche Stadt im nördlichen Queensland, die für Flussfischerei, Farmen und eine bemerkenswerte Sammlung von Gebäuden in Art-déco-Architektur bekannt ist. Nur 80 km südlich vom Touristentrubel in Cairns kann man hier Fischer beobachten, wie sie im breiten Johnstone River ihrem Geschäft nachgehen, Traktoren, die die Hauptstraße entlangtuckern, oder Einheimische, wie sie die letzten Ergebnisse ihrer heißgeliebten Rugbymannschaft diskutieren.

Das entspannte, am Strand gelegene Örtchen Flying Fish Point befindet sich 8 km nordöstlich vom Zentrum von Innisfail; Nationalparks, z. B. mit dem unterhaltsamen Mamu Tropical Sky Walk (ein 2,5 km langer, rollstuhlgerechter Rundweg durchs Blätterdach), eine kurze Autofahrt entfernt sind. Abzweigungen führen zu Strandgemeinden wie dem exquisiten Etty Bay mit umherwandernden Kasuaren, felsigen Landzungen, Regenwald, großen Seewespennetzen und einem einfachen, aber traumhaft gelegenen Wohnmobilpark.

Im März findet das **Feast of the Senses** (www.feastofthesenses.com.au) statt, ein Highlight im kulinarischen Veranstaltungskalender der Nord-Queenslands.

◉ Sehenswertes

Mamu Tropical Sky Walk AUSSICHTSPUNKT
(www.mamutropicalskywalk.com.au; Palmerston Hwy; Erw./Kind/Fam. 23/12/64 AU$; ⊘ 9.30–17.30, letzter Einlass 16.30 Uhr) 🖉 Nach 27 km auf dem Palmerston Hwy (4 km nordwestlich von Innisfail ausgeschildert) kommt man zu diesem „Gehweg" zwischen den Baumwipfeln, kann Blumen, Vögel und Früchte betrachten und den Blick von dem 37 m hohen Turm genießen (100 Stufen!). Für den 2,5 km langen Rundweg (barrierefrei) sollte man mindestens eine Stunde einplanen.

Der Palmerston Hwy führt weiter gen Westen nach Millaa Millaa, vorbei am Eingang zum Waterfalls Circuit.

🛏 Schlafen & Essen

Backpackers Shack HOSTEL $
(☎ 0499 042 446, 07-4061 7760; www.backpackersshack.com; 7 Ernest St; B 195 AU$/Woche; P ✳ @) Schlichtes Hostel mit Schlafsälen. Hier ist auch eine inoffizielle Arbeitsagentur („Shack" genannt) ansässig, die Saisonarbeit auf den Obstplantagen vermittelt.

Flying Fish Tourist Park CAMPING $
(☎ 07-4061 3131; www.ffpvanpark.com.au; 39 Elizabeth St, Flying Fish Point; Stellplatz mit Strom 32–39 AU$, Hütten 50–99 AU$, Villa 119–125 AU$; ✳ @ 🛜 🏊) Reisende mit eigenem Fahrzeug (oder Campingausrüstung) werden diesen entspannten Park lieben. Hier kann man direkt am Meer angeln, oder man mietet sich ein Boot. Die Hütten sind groß und angenehm. Vorab anrufen und sich den Weg erklären lassen!

★ Barrier Reef Motel MOTEL $$
(☎ 07-4061 4988; www.barrierreefmotel.com.au; Bruce Hwy; EZ/DZ ab 135/145 AU$; ✳ @ 🛜 🏊) Das Barrier Reef Motel allein ist fast schon eine Reise nach Innisfail wert und somit mehr als nur eine x-beliebige Roadtrip-Bleibe. Es gibt tolle, luftige gefliesste Zimmer mit großen Badezimmern. Kundenservice wird hier großgeschrieben. Man findet das Motel direkt rechts neben dem Visitor Centre. Das zugehörige **Restaurant** (Hauptgerichte 28–30,50 AU$; ⊘ morgens & abends; 🖉) hat leckeres Surf & Turf (Steak und Meeresfrüchte). Der Salzwasserpool und die Bar sind das i-Tüpfelchen.

★ Oliveri's Continental Deli FEINKOST $
(www.oliverisdeli.com.au; 41 Edith St; Sandwiches 8,50–11 AU$; ⊘ Mo–Fr 8.30–17.15, Sa bis 12.30 Uhr; 🖉) Eine Institution in der Stadt. Zur Auswahl stehen über 60 leckere Varianten von europäischem Käse, Schinken und Salami sowie leckere Sandwiches. Der Kaffee ist fantastisch.

Innisfail Seafood SEAFOOD $
(51 Fitzgerald Esplanade; ⊘ Mo–Fr 8–18, Sa 9–16, So 10–16 Uhr) Fangfrischer Fisch für den Grill und gekochte Biogarnelen im Beutel (18–20 AU$/kg).

Flying Fish Point Cafe SEAFOOD $
(9 Elizabeth St, Flying Fish Point; Hauptgerichte 12–25 AU$; ⊘ 7.30–20 Uhr) Stammgäste schätzen die idyllische Atmosphäre hier genauso wie das leckere Essen: Fisch im Teigmantel oder in Panade gegrillte Calamares, Wonton-Garnelen, Tempura-Jakobsmuscheln und mehr.

ℹ Praktische Informationen

NPRSR (www.nprsr.qld.gov.au) Hier gibt's detaillierte Informationen zu Campingplätzen und Wanderwegen.

Visitor Information Centre (☎ 07-4061 2655; Ecke Eslick St & Bruce Hwy; ⊘ Mo–Fr 9–16.30, Sa bis 13, So bis 12 Uhr) Hier erhält man Rabattgutscheine für viele Attraktionen der Region und außerdem eine vollständige Liste der Unterkünfte, die auch bei der Arbeitssuche helfen können.

ℹ An- & Weiterreise

Die Busse von **Premier** (☎ 13 34 10; www.premierms.com.au) fahren einmal täglich, die von **Greyhound** (☎ 1300 473 946; www.greyhound.com.au) mehrmals täglich zwischen Innisfail und Townsville (45–52 AU$, 4½ Std.) bzw. Cairns (19–22 AU$, 1½ Std.).

Innisfail liegt auch an der Strecke der **Queensland Rail** (☎ 1800 872 467; www.queenslandrail.com.au), deren Züge Brisbane mit Cairns verbinden. Ausführliche Infos gibt's im Internet oder per Telefon.

Cairns &
Daintree Rainforest

Inhalt ➡

Gut essen

➡ Vivo (S. 495)

➡ Coco Mojo (S. 496)

➡ Ganbaranba (S. 486)

➡ Prawn Star (S. 488)

➡ On the Inlet (S. 507)

Schön übernachten

➡ Peppers Beach Club (S. 506)

➡ Cape Trib Beach House (S. 514)

➡ Cedar Park Rainforest Resort (S. 498)

➡ Coral Beach Lodge (S. 505)

➡ Sarayi (S. 494)

Auf nach Cairns & zum Daintree Rainforest!

Das tropische, touristische Cairns ist ein Muss auf jedem Ostküstentrip. Die schwüle Stadt lockt erfahrene Taucher und wasserliebende Erstbesucher mit leichtem Zugang zum Great Barrier Reef. Wer stattdessen lieber feucht-fröhlich feiert, auf den warten hier unzählige Bars und Clubs. Die Atherton Tablelands mit ihrem kühleren Klima, ihren Vulkankratern, Wasserfällen und Feinkostproduzenten sind von Cairns nur eine kurze, idyllische Autofahrt landeinwärts entfernt.

Die kurvenreiche Straße, die von Cairns ins nördlich gelegene elegante Port Douglas führt, bietet spektakuläre Küstenabschnitte. Wer weiter gen Norden fährt, erreicht schließlich die Autofähre über den mächtigen Daintree River. Ab hier erstreckt sich ein üppiger, unter Naturschutz stehender Regenwald bis zum Cape Tribulation und weiter bis an die langen, weißen Sandstrände. Aber Achtung: Angesichts der tollen Landschaft bitte nicht vergessen, dass es hier Krokodile gibt!

Reisezeit

Cairns

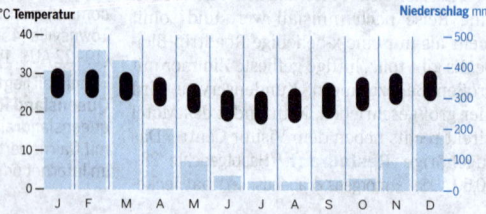

Mai Port Douglas kommt beim Karneval mächtig in Schwung; Ende der Quallensaison.

Aug. Mit milderen Temperaturen und dem Cairns Festival ist August die perfekte Reisezeit.

Nov. Die jährliche Korallenblüte am Riff ist ein Traum für Taucher.

CAIRNS

160 285 EW.

Seit seinen turbulenten Anfangstagen als sumpfiger Hafen für die Goldfelder hat sich Cairns (Aussprache „Cans") sehr stark verändert: Heute ächzt es unter der Last unzähliger Resorts, Touranbieter und Souvenirshops. Auch die überall beworbene Nähe zum Great Barrier Reef zeigt, dass die Stadt ungeniert auf Touristen abzielt.

Alteingesessene sind der Meinung, Cairns habe seine Seele verloren. Nichtsdestotrotz ist die lokale Urlaubsstimmung höchst ansteckend. Im Zentrum sieht man mehr Surfer-Shorts als Aktentaschen. Und so treten jegliche Hektik und Zeitplanung hier schnell in den Hintergrund – unterstützt durch das feucht-heiße Klima und eine herzliche Gastfreundlichkeit, die kurze Spaziergänge mitunter spontan zu Gemeinschaftsevents macht. Passenderweise strotzt Cairns vor Bars, Clubs, Restaurants und Cafés für jeden Geldbeutel. Für den fehlenden Stadtstrand entschädigt die herrliche Esplanade Lagoon mehr als genug. Alternativ liegen die nördlichen Strände nur eine kurze Regionalbus- oder Autofahrt entfernt.

◉ Sehenswertes

Cairns neueste Attraktion, das hochmoderne **Cairns Aquarium** (☎ 07-4044 7300; www.cairnsaquarium.com.au; 163 Abbott St; Erw./Kind/Fam. 42/28/126 AU$; ⊙ 9–17.30 Uhr), hat Mitte 2017 seine Pforten geöffnet.

★ **Cairns Esplanade, Boardwalk & Lagoon**   UFERBEREICH
(www.cairns.qld.gov.au/esplanade; ⊙ Lagune Do–Di 6–21, Mi 12–21 Uhr; 🚻) GRATIS Alle, die Sonne und Spaß lieben, tummeln sich an Cairns spektakulärer Schwimmlagune an der Esplanade des aufgeschütteten Uferbereichs der Stadt. Der künstlich angelegte, von Sand eingefasste, 4800 m² große Salzwasserpool wird von Rettungsschwimmern bewacht und ist nachts beleuchtet. Auf der angrenzenden, 3 km langen Uferpromenade gibt's Picknickbereiche, Vogelbeobachtungspunkte, kostenlose Grillplätze und Fitnessgeräte. Wer den Schildern folgt, kommt zu dem ausgezeichneten **Muddy's-Spielplatz** (www.cairns.qld.gov.au/esplanade/facilities/playgrounds/muddys) GRATIS mit Wasserspaß für Kleinkinder, einer Skaterampe, Beachvolleyball-Plätzen, Kletterwänden und dem Fun-Ship-Spielplatz.

★ **Flecker Botanic Gardens**   GÄRTEN
(☎ 07-4032 6650; www.cairns.qld.gov.au/cbg; 64 Collins Ave; ⊙ Gelände 7.30–17.30 Uhr, Besucherzentrum Mo–Fr 9–16.30, Sa & So 10–14.30 Uhr) GRATIS Der wunderschöne Garten wartet mit üppigem Grün und unzähligen Regenwaldpflanzen auf. Zu den Highlights gehören der Gondwana Heritage Garden, ein Bereich, der der Pflanzennutzung der Aborigines gewidmet ist, und der hervorragende Wintergarten mit Schmetterlingen und exotischen Blumen. Im vollständig verspiegelten Besucherzentrum bekommt man Auskunft über kostenlose Gartenführungen (täglich ab 10 Uhr).

Der Rainforest Boardwalk führt zum Saltwater Creek und zu den Centenary Lakes, einem Paradies für Vogelbeobachter. Im **Mt Whitfield Conservation Park** (www.cairns.qld.gov.au/facilities-sport-leisure/sport-and-recreation/active-living/red-and-green-arrow-walking-tracks; Edge Hill) oberhalb des Gartens führen

---

GALERIEN IN CAIRNS

Cairns Regional Gallery (☎ 07-4046 4800; www.cairnsregionalgallery.com.au; Ecke Abbott St & Shields St; Erw./Kind 5 AU$/frei; ⊙ Mo–Fr 9–17, Sa 10–17, So 10–14 Uhr) Die ständige Sammlung dieser angesehenen Galerie besteht hauptsächlich aus Werken einheimischer und indigener Künstler.

Canopy Art Centre (☎ 07-4041 4678; www.canopyartcentre.com; 124 Grafton St; ⊙ Di–Sa 10–17 Uhr) Hier sind Drucke, Gemälde, Skulpturen und Webarbeiten indigener Künstler aus Cairns und dem hohen Norden bis Torres Strait zu sehen.

Tanks Arts Centre (☎ 07-4032 6600; www.tanksartscentre.com; 46 Collins Ave; ⊙ Mo–Fr 9.30–16.30 Uhr) Drei gigantische Treibstofftanks aus dem Zweiten Weltkrieg wurden in Kunstgalerien umfunktioniert. Es werden auch inspirierende Kunst-Performances präsentiert.

KickArts (www.kickarts.org.au; CoCA, 96 Abbott St; ⊙ Mo–Sa 10–17 Uhr) GRATIS zeigt zeitgenössische Kunst aus der Region und Wanderausstellungen.

Highlights

1 Great Barrier Reef
(S. 486) Zwischen Fischen, Schildkröten und bunten Korallen tauchen, schnorcheln und schwimmen

2 Kuku-Yalanji Dreamtime Walks
(S. 509) Eine Wanderung entlang des glasklaren Wassers in der Mossman Gorge unternehmen

3 Kuranda (S. 497)
Mit der Skyrail-Seilbahn über dem Regenwald zu den Märkten fahren und mit der Kuranda Scenic Railway nach Cairns zurückkehren

4 Palm Cove
(S. 494) In den romantischen Restaurants und Resorts des unberührten Palm Cove das Leben genießen

5 Hartley's Crocodile Adventures
(S. 495) Hier kommt man den prähistorischen Tieren ganz nahe

Hartley's Crocodile Adventures

Green Island
Fitzroy Island
Cape Grafton
Yarrabah
High Island
Ella Bay National Park
Flying Fish Point
Double Point
Etty Bay
Mourilyan
Cowley
Innisfail
Deeral
Babinda
Mt. Bellenden Ker (1593 m)
Mt. Bartle Frere (1622 m)
Gordonvale
Mirriwinni
Paronella Park
Bruce Hwy
Ellis Beach
Palm Cove
Trinity Beach
Yorkeys Knob
Clifton Beach
Kuranda
Cairns
Barron Gorge National Park
Caravonica
Mt. Molloy
Mareeba
Biboohra
Danbulla Forest Drive
Danbulla State Forest
Lake Tinaroo
Walkamin
Kairi
Tolga
Atherton
Herberton
Yungaburra
Malanda
Crater Lakes National Park
Wooroonooran National Park (Palmerston Section)
Josephine Falls
Zillie Falls
Ellinjaa Falls
Mungalli Falls
Millaa Millaa Falls
Millaa Millaa
Hann Tableland National Park
Kingsborough
Mt. Mulligan Station
Tyrconnel Historic Gold Mine
Dimbulah
Irvinebank
Petford
Almaden
Chillagoe
Mt. Garnet
Innot Hot Springs
Kennedy Hwy
Ravenshoe

6 **Yungaburra Hotel**
(S. 501) Ein Bier in dieser Kneipe in Yungaburra ist ein absolutes Muss

7 **Atherton Tablelands** (S. 496) Über die grünen Hügel fahren und einen Badestopp am Millaa Millaa Waterfalls Circuit einlegen

8 **Chillagoe**
(S. 504) Hier bekommt man eine Ahnung des Outbacks und kann 400 Mio. Jahre alte Höhlen erkunden

9 **Port Douglas**
(S. 501) Erst am Four Mile Beach sonnenbaden und dann die Bars und Restaurants rund um die Macrossan St unsicher machen

10 **Cape Tribulation** (S. 511) Im ruhigen Cape Trib reiten, Kajak fahren, an einer Zipline durch die Luft rasen, schnorcheln oder einfach nur die Seele baumeln lassen

Cairns

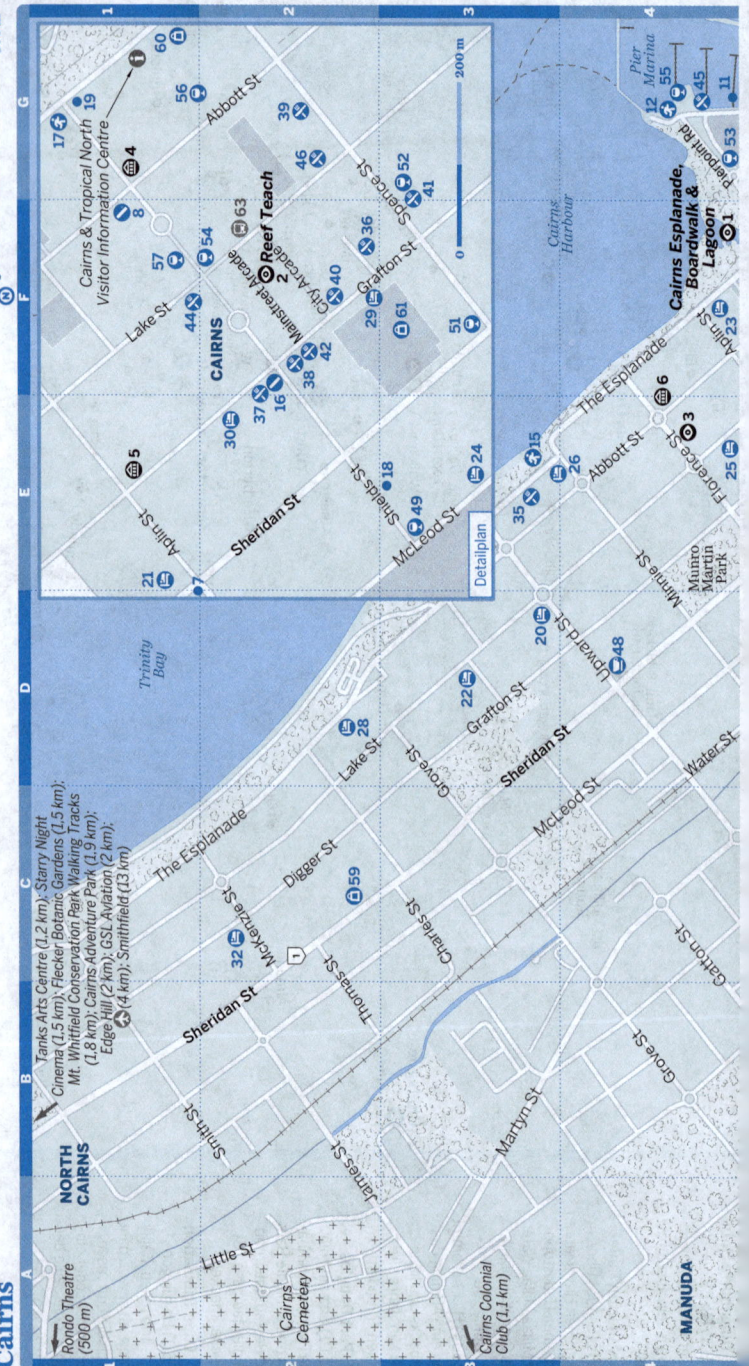

CAIRNS

Cairns Esplanade,
Boardwalk &
Lagoon

Reef Teach

Pier Marina

Cairns Harbour

Trinity Bay

NORTH
CAIRNS

MANUNDA

Tanks Arts Centre (1.2 km); Starry Night
Cinema (1.5 km); Flecker Botanic Gardens (1.5 km);
Mt. Whitfield Conservation Park Walking Tracks
(1.8 km); Cairns Adventure Park (1.9 km);
Edge Hill (2 km); GSL Aviation (2 km);
(4 km); Smithfield (13 km)

Cairns Colonial
Club (1.1 km)

Rondo Theatre
(500 m)

Cairns & Tropical North
Visitor Information Centre

500 m
200 m

Wanderwege durch den Regenwald zu Aussichtspunkten mit Blick über die Stadt.

★ Reef Teach KULTURZENTRUM
(☏ 07-4031 7794; www.reefteach.com.au; 2. OG, Mainstreet Arcade, 85 Lake St; Erw./Kind/Fam. 23/14/60 AU$; ☺ Vorträge Di–Sa 18.30–20.30 Uhr) ◢ In diesem unterhaltsamen, informativen Zentrum kann man sein Wissen vertiefen. Meeresexperten erklären, wie man verschiedene Fisch- und Korallenarten voneinander unterscheidet und respektvoll mit dem Riff umgeht.

Mangrove Boardwalk NATURSCHUTZGEBIET
(Airport Ave) GRATIS Auf einer lehrreichen Wanderung durch die Feuchtgebiete entdeckt man die sumpfigere Seite der Stadt. Gruseliges Klicken, Knacken und Platschen bilden den passenden Soundtrack zur gespenstischen Umgebung. Es gibt Infotafeln über die skurrilen Lebewesen, die im Schlamm unterhalb der Besucher herumwuseln. Insektenspray nicht vergessen. Der Weg (wie auch der dazugehörige Parkplatz) befinden sich kurz vor dem Cairns Airport (S. 557).

Tjapukai Aboriginal Cultural Park KULTURZENTRUM
(☏ 07-4042 9999; www.tjapukai.com.au; Cairns Western Arterial Rd, Caravonica; Erw./Kind/Fam. 62/42/166 AU$; ☺ 9–17 Uhr) Das preisgekrönte Kulturzentrum, das von den Urhütern der Region verwaltet wird, erzählt mithilfe riesiger Hologramme und unter Mitwirkung von Schauspielern die Geschichte der Schöpfung. Es gibt ein Tanztheater, eine Galerie, Shows mit Bumerang- und Speerwerfen sowie Kanufahrten zum Beobachten von Schildkröten. Höhepunkt des Nightfire-Dinner-und-Show-Pakets (Erw./Kind/Fam. 123/75/321 AU$, 19–21.30 Uhr) ist ein *corroboree* am Lagerfeuer.

Australian Armour & Artillery Museum MUSEUM
(☏ 07-4038 1665; www.ausarmour.com; 1145 Kamerunga Rd, Smithfield; Erw./Kind/Fam. 25/15/65 AU$; ☺ 9.30–16.30 Uhr) Militär- und Geschichtsfreaks werden dieses Museum zu schätzen wissen. Zu sehen ist die größte Ausstellung von Panzern und Artillerie auf der südlichen Halbkugel. Hier kann man in einem Panzer fahren (Erw./Kind 15/10 AU$) und in einem unterirdischen Bunker mit Repetierbüchsen (u.a. einer britischen Lee-Enfield 303 aus dem Zweiten Weltkrieg und einer deutschen Mauser) schießen (ab 80 AU$).

Cairns

◎ **Highlights**
1 Cairns Esplanade, Boardwalk & Lagoon..F4
2 Reef Teach F2

◎ **Sehenswertes**
3 Cairns Aquarium E4
4 Cairns Regional Gallery G1
5 Canopy Art Centre..................................E1
6 KickArts E4

✪ **Aktivitäten, Kurse & Touren**
7 Cairns Discovery Tours D1
8 Cairns Dive Centre F1
9 Cairns Zoom & Wildlife Dome G5
10 Deep Sea Divers Den C5
11 Falla Reef Trips.......................................G4
12 Great Barrier Reef Helicopters.............G4
13 Hot Air Cairns G5
14 Mike Ball Dive Expeditions G6
15 Muddy's..E3
16 Pro-Dive...F2
17 Raging Thunder G1
Reef Encounter .... (siehe 6)
Reef Magic ....(siehe 13)
18 Skydive Cairns E3
19 Tusa Dive G1

🛏 **Schlafen**
20 201 Lake Street D3
21 Accommodation Centre.........................E1
22 Bay Village Tropical Retreat D3
23 Bellview..F4
24 Cairns Central YHA E3
25 Cairns Girls Hostel E4
26 Cairns Plaza Hotel...................................E3
27 Cairns Sharehouse..................................D6
28 Floriana Guesthouse..............................D2
29 Gilligan's Backpacker's Hotel & Resort F2
Harbour Lights...............................(siehe 13)
30 Northern Greenhouse E2
31 Pacific Hotel...G5
32 Reef Palms C2
33 Shangri-La..G5
34 Travellers Oasis......................................D6

✖ **Essen**
35 Bagus..E3
Bayleaf Balinese Restaurant .... (siehe 22)
36 Bobby's...F2

Bushfire Flame Grill .... (siehe 31)
37 Cafe Fika F2
Dundees .... (siehe 13)
38 Fetta's Greek Taverna............................F2
39 Ganbaranba G2
40 Lillipad F2
41 Marinades G3
42 Meldrum's Pies in Paradise F2
43 Night Markets..F5
Ochre .... (siehe 13)
Perrotta's at the Gallery............. (siehe 4)
44 Pineapple Cafe F1
45 Prawn Star G4
Spicy Bite .... (siehe 19)
46 Tokyo Dumpling.......................................G2

🍸 **Ausgehen & Nachtleben**
47 Conservatory Bar G6
48 Flying Monkey Cafe D4
49 Grand Hotel E3
50 Green Ant Cantina E6
51 Jack...F3
52 Lyquid Nightlife G3
53 Pier Bar G4
54 PJ O'Briens F2
55 Salt House G4
56 Three Wolves...G1
57 Woolshed F1

🎭 **Unterhaltung**
Centre of Contemporary Arts .... (siehe 6)
JUTE Theatre .... (siehe 6)
Pop & Co Tapas & Music Bar ......(siehe 6)
Reef Hotel Casino ....(siehe 9)

🛍 **Shoppen**
58 Cairns Central Shopping Centre E6
59 Crackerbox Palace C2
60 Doongal Aboriginal Art G1
61 Rusty's Markets F3

🚌 **Transport**
62 Cairns Cooktown Express E6
63 Cairns Transit Mall.................................F2
Greyhound Australia .... (siehe 64)
64 Interstate Coach Terminal G5
John's Kuranda Bus ....(siehe 63)
Premier Motor Service..............(siehe 62)
Sunbus ....(siehe 63)
Trans North ....(siehe 62)

Crystal Cascades
WASSERFALL

(Via Redlynch) Etwa 14 km von Cairns entfernt befinden sich die Crystal Cascades, eine Reihe wunderschöner Wasserfälle mit idyllischen, krokodilfreien Naturpools, die die Einheimischen am liebsten für sich behalten würden. Man erreicht sie in 30 Minuten über einen 1,2 km langen Pfad. Die Crystal Cascades sind über einen steilen Wanderweg durch den Regenwald mit dem Lake Morris (dem Wasserreservoir der Stadt) verbunden. Für diesen Weg muss man hin und zurück 3 Stunden einplanen. Los geht's in der Nähe des Picknickplatzes.

Es gibt keine öffentlichen Verkehrsmittel zu den herrlichen Naturpools. Man fährt bis zum Vorort Redlynch und folgt anschließend den Schildern.

🏃 Aktivitäten & Geführte Touren

Zahllose Anbieter veranstalten Abenteuertouren ab Cairns, der Transfer von und zu der Unterkunft ist meistens inklusive.

Überwältigend: In Cairns starten täglich mehr als 800 Touren per Auto, Bus, Boot und Flugzeug. Wofür soll man sich nur entscheiden? Empfehlenswert sind Veranstalter mit langjähriger Erfahrung, die in der Regel wissen, was Besucher unternehmen möchten. Nachstehend eine kleine Auswahl.

⭐ Cairns Zoom & Wildlife Dome ABENTEUERSPORT, NATUR

(📞 07-4031 7250; www.cairnszoom.com.au; Wharf St; Wildlife-Eintritt 24 AU$, Wildlife & Zoom 45 AU$; ⏰ 9–18 Uhr) Karten, Croupiers und… Krokodile? Dieser ungewöhnliche Park oben auf dem Reef Hotel Casino (S. 490) bringt die besten Outdoor-Abenteuer von Far North Queensland in geschlossene Räume: einen Zoo mit einheimischen Tieren, eine Voliere und einen neu erschaffenen Regenwald. Zudem gibt's Ziplines, Schaukeln, Hindernisstrecken und vieles mehr; wirklich Abenteuerlustige können im Freien eine Kuppel erklimmen.

⭐ Behana Days Canyoning OUTDOORAKTIVITÄTEN

(📞 0427 820 993; www.behanadays.com; Tour 179 AU$) Wer genug vom Salzwasser hat, kann an einer tollen Süßwasser-Expedition in die schöne Behana Gorge teilnehmen. Diese Regenwaldoase mit zahlreichen Pools, Wasserfällen und Canyons befindet sich nur 45 Minuten südlich von Cairns. Die Ganztagestouren enthalten Abseilen, Ziplining, Kliffspringen, Schnorcheln und Schwimmen. An einem Tag kann man wahrhaft vieles unternehmen. Transfer und Mittagessen inklusive.

⭐ Rapid Boarders WASSERSPORT

(📞 0427 364 311; www.rapidboarders.com.au; Tour 235 AU$) Wer sich lieber in als auf Stromschnellen austobt, sollte an diesem total berauschenden, eintägigen Abenteuer teilnehmen. Auf Riverboards liegend den mächtigen Tully mit seinen Stromschnellen der Klasse 3 runterzurasen, sorgt für echten Nervenkitzel. Nirgendwo sonst in Australien werden derartige Touren angeboten. Für Wasserscheue ist das allerdings nichts. Die Teilnehmer müssen gute Schwimmer und relativ fit sein.

⭐ Aussie Drifterz OUTDOORAKTIVITÄTEN

(📞 0401 318 475; www.facebook.com/aussiedrifterz; Erw./Kind 75/55 AU$) Auf einem riesigen Reifen gleiten Traveller gemütlich durch die malerische, ruhige Landschaft der wunderschönen Behana Gorge (und ganz nebenbei wird dabei der Kater verjagt). Der kristall-

---

TAUCHKURSE & -TRIPS

Cairns ist das Sporttaucher-Mekka des Great Barrier Reef und ein beliebter Ort, um den Open-Water-Tauchschein der Professional Association of Diving Instructors (PADI) zu machen. Es gibt unzählige Kurse (viele auch mehrsprachig); man sollte vorab genau checken, welche Leistungen enthalten sind. Alle Anbieter verlangen eine ärztliche Bescheinigung über die Tauchtauglichkeit, die man vor Ort bekommen kann (ca. 60 AU$). Es können außerdem Riffsteuern (20–80 AU$) anfallen.

Passionierte, zertifizierte Taucher sollten nach speziellen Tauchmöglichkeiten Ausschau halten, z. B. Nachttauchen, Trips zum jährlichen Korallenlaichen und nach Cod Hole in der Nähe der Lizard Island, einer der hervorragendsten Tauchspots Australiens. Empfehlenswerte Tauchschulen und Veranstalter sind:

Mike Ball Dive Expeditions (📞 07-4053 0500; www.mikeball.com; 3 Abbott St; Tauchkreuzfahrt ab 1827 AU$, PADI-Kurs ab 395 AU$)

Cairns Dive Centre (CDC; 📞 07-4051 0294; www.cairnsdive.com.au; 121 Abbott St; Tauchkreuzfahrt 1-/2-Nächte ab 435/555 AU$, Tagestörn ab 120 AU$, Tauchkurs ab 520 AU$)

Deep Sea Divers Den (📞 07-4046 7333; www.diversden.com.au; 319 Draper St; Tagestörn ab 165 AU$)

Pro-Dive (📞 07-4031 5255; www.prodivecairns.com.au; Ecke Grafton St & Shields St; Tagestörn Erw./Kind ab 195/120 AU$, PADI-Kurs 765 AU$)

Tusa Dive (📞 07-4047 9100; www.tusadive.com; Ecke Shields St & Esplanade; Tagestörn Erw./Kind ab 205/130 AU$) 🖊

klare Fluss führt durch natürliche Baumtunnel. Außerdem wird man mit Sicherheit neugierige Tiere erspähen (aber keine Angst, Krokodile gibt's hier nicht).

Cairns Adventure Park ABENTEUERSPORT
(☎ 07-4053 3726; www.cairnsadventurepark.com.au; 82 Aeroglen Dr, Aeroglen; Pakete ab 39 AU$; ⏱ 9–17 Uhr) Atemberaubende Aktivitäten wie Ziplining, Klettern oder Abseilen im Regenwald mit Blick aufs Meer. Wer es etwas ruhiger bevorzugt, der kann im Cairns Adventure Park auch Buschwandern und Vögel beobachten. Infos über den Abholservice von der Unterkunft bekommt man im Büro. Mit dem eigenen Auto muss man bis zur Aeroglen-Abzweigung gegenüber vom Cairns Airport (S. 557) fahren.

Flyboard Cairns WASSERSPORT
(☎ 0439 386 955, 0487 921 714; www.flyboard cairns.com.au; 30/60 Min. 169/299 AU$) Flyboarden ist eine Kombi aus Wasserski, Wakeboarden und Snowboarden und gibt Wagemutigen die Chance, mithilfe einer Wasserrakete durch die Lüfte zu fliegen und die Welt aus der Vogelperspektive zu betrachten. Das hört sich kompliziert an, aber die erfahrenen Lehrer garantieren, dass selbst Anfänger in die Luft befördert werden. Wer nicht abhebt, muss nicht bezahlen.

AJ Hackett Bungy & Minjin ABENTEUERSPORT
(☎ 07-4057 7188; www.ajhackett.com/cairns; McGregor Rd, Smithfield; Bungeejumping 169 AU$, Minjin-Schaukel 129 AU$, beides ab 259 AU$; ⏱ ab 10 Uhr) Hier kann man von einem 50 m hohen Turm im Regenwald einen Bungeesprung wagen oder sich mit der Minjin-Schaukel 45 m in die Tiefe fallen lassen und mit 120 km/h durch die Bäume schwingen. Der Transfer von Cairns ist im Preis enthalten.

Panoramaflüge
Great Barrier Reef Helicopters PANORAMAFLUG
(☎ 07-4081 8888; www.gbrhelicopters.com.au; Helipad, Pierpoint Rd; Flüge ab 175 AU$/Pers.) Im Angebot ist eine breite Auswahl an Helikopterflügen: von zehnminütigen Flügen über Cairns City bis zu einstündigen Trips über das Riff und den Regenwald (699 AU$).

GSL Aviation PANORAMAFLUG
(☎ 1300 475 000; www.gslaviation.com.au; 3 Tom McDonald Dr, Aeroglen; Flüge 40 Min. ab 179 AU$/Pers.) Wer das Riff von oben sehen will, sollte einen dieser Panoramaflüge in Betracht ziehen. Sie sind billiger als Helikopterflüge und man verbringt mehr Zeit in der Luft.

Wildwasserrafting
Raging Thunder ABENTEUERSPORT
(☎ 07-4030 7990; www.ragingthunder.com.au; 59-63 Esplanade) Der erfahrene Veranstalter bietet Rafting- und Canyoningtouren (169 AU$) sowie Heißluftballonflüge (250 AU$) an. Man wählt zwischen ganztägigen Rafting-Trips auf dem Tully River (Standardtrip 209 AU$, „xtreme"-Trip 250 AU$) und halbtägigen Trips auf dem Barron (133 AU$). Es werden auch der jeweilige Transfer (Erw./Kind/Fam. 75/48/205 AU$) und Aktivitäten auf der Fitzroy Island angeboten.

Foaming Fury RAFTING
(☎ 07-4031 3460; www.foamingfury.com.au; Halb-/Ganztagstrip ab 138/200 AU$) Ganztägige Touren auf dem Russell River und halbtägige Touren auf dem Barron. Der Transfer ist im Preis enthalten. Es gibt auch Raftingtrips für Familien und Mehrtagesangebote.

Ballonfahren & Fallschirmspringen
Hot Air Cairns BALLONFAHREN
(☎ 07-4039 9900; www.hotair.com.au/cairns; Reef Fleet Terminal; Flug 30 Min. Erw./Kind ab 250/219 AU$) Start ist in Mareeba. Die Ballon-Passagiere bekommen den wunderschönen Sonnenaufgang über den Atherton Tablelands zu sehen. Im Preis ist der Transfer von/nach Cairns inbegriffen. Der Ausflug lohnt das frühe Aufstehen (4 Uhr) unbedingt.

Skydive Cairns ABENTEUERTOUR
(☎ 1300 663 634; www.skydive.com.au/cairns; 47 Shields St; Tandemsprung ab 334 AU$) Bei dem Sprung aus einer Höhe von 4270 m sieht man das Riff und den Regenwald aus einer völlig neuen Perspektive.

Stadttouren
★ Segway Tours OUTDOORAKTIVITÄTEN
(☎ 0451 972 997; www.cairnsninebottours.com; geführte Tour 79 AU$; ⏱ Touren 9.30 & 15.30 Uhr) Wie wär's mit einer Fahrt auf dem beherrschenden Segway? Die 90-minütigen Touren ab der Esplanade führen vorbei an Mangroven, den Centenary Lakes und den Botanic Gardens – eine bequeme Art, Cairns schöne Natur kennenzulernen (ein oder zwei Krokodile sieht man vielleicht auch).

Cairns Discovery Tours GEFÜHRTE TOUR
(☎ 07-4028 3567; www.cairnsdiscoverytours.com; 36 Aplin St; Erw./Kind 75/40 AU$; ⏱ Mo-Sa) Aufschlussreiche Nachmittagstouren (unter der

SEX AM RIFF

Egal, ob passionierter Taucher oder Romantiker – man sollte versuchen, seinen Besuch in die Zeit des Korallenlaichens zu legen. Es ist eine wahre Orgie: Riffkorallen scheiden gleichzeitig Millionen Eier und Sperma im Wasser aus. Das Befruchtungsevent sieht wie ein psychedelischer Schneesturm aus, Samenspuren bilden im Meer kunterbunte Schlieren, die meilenweit zu sehen sind.

Das Laichen findet in der Regel im November oder Dezember statt. Die genauen Daten hängen von ganz unterschiedlichen Faktoren ab: Wassertemperatur (mindestens 26°C), Datum des Vollmonds, ruhiges Meer und perfektes Gleichgewicht zwischen Hell und Dunkel (stimmungsvolles Licht weiß doch jeder zu schätzen, oder?). Die meisten Veranstalter in Cairns bieten in der Laichzeit spezielle Nachttauchgänge an. Und selbst an Land wird man in der Nacht des enormen Love-Ins einen gewissen, ähm, „amourösen" Hauch verspüren.

Leitung von Gartenbauexperten) zur Barron Gorge, zu den Botanic Gardens (S. 475) und zum Palm Cove.

Angeln

Fishing Cairns ANGELN
(☑ 0448 563 586; www.fishingcairns.com.au; Halbtagstouren ab 95 AU$) Im Angebot sind halb- bis mehrtägige Angel- und Chartertouren zum Fliegen-, Sport- und Freizeitangeln in ruhigem Wasser oder auf offener See. Unterschiedliche Preise.

Catcha Crab Tours ANGELN
(☑ 07-4051 7992; www.cairnscatchacrab.com.au; Erw./Kind 95/75 AU$) Diese seit Langem angebotenen Ausflüge bieten den Teilnehmern nicht nur die Möglichkeit, leckeres Essen zu fangen, sie sind gleichzeitig auch eine spannende und entspannte Art, Mangroven und Schlickwatt des Trinity Inlet kennenzulernen. Die vierstündigen Touren mit Frühstücks- oder Nachmittagstee und mittags leckeren Krabben starten um 8.30 und um 13 Uhr. Wer im Stadtzentrum wohnt, kann sich kostenlos abholen lassen.

✨ Feste & Events

Cairns Show KARNEVAL
(☉ Juli) Drei Tage Fahrgeschäfte, Landwirtschaftsausstellungen, spannende Events (z. B. tanzende Bergarbeiter und Holzfällerwettbewerbe) und viel Frittiertes gegen den Hunger. Der letzte Tag der Show ist in Cairns ein gesetzlicher Feiertag.

Cairns Ukulele Festival MUSIK
(www.cairnsukulelefestival.net; ☉ Ende Aug.) Ukulele-Spieler aus aller Welt treffen sich jedes Jahr im August zum gemeinsamen Zupfen. Workshops, Jamsessions und Partys fehlen natürlich auch nicht.

Cairns Festival VOLKSFEST
(www.cairns.qld.gov.au/festival; ☉ Ende Aug.–Anfang Sept.) Das Cairns Festival beschert der Stadt ein vollgepacktes Programm mit Musik, Familienveranstaltungen und darstellender sowie bildender Kunst.

🛏 Schlafen

Als Backpackerhochburg hat Cairns Hostels von anheimelnden, umgebauten Wohnhäusern bis hin zu hangargroßen Resorts zu bieten. Über die ganze Stadt verteilt gibt's Anlagen mit Ferienwohnungen. Dutzende langweilige Motels säumen die Sheridan St.

Für Familien und Gruppen empfehlen sich die **Cairns Holiday Homes** (☑ 07-4045 2143; www.cairnsholidayhomes.com.au). Wer länger in der Stadt bleiben will, wendet sich am besten an das **Cairns Sharehouse** (☑ 07-4041 1875; www.cairns-sharehouse.com; 17 Scott St; ab 120–260 AU$/Woche; ❄ 🛜 🏊), das über die ganze Stadt verteilt ca. 200 Langzeitzimmer vermietet. Das **Accommodation Centre** (☑ 1800 807 730, 07-4051 4066; www.accomcentre.com.au) informiert über viele verschiedene Übernachtungsmöglichkeiten.

⭐ Bellview HOSTEL $
(☑ 07-4031 4377; www.bellviewcairns.com.au; 85-87 Esplanade; B/EZ/DZ 22/35/55 AU$, Motel-Wohneinheit 59–75 AU$; P ❄ 🛜 🏊) Das einfache Hostel ist – zumindest gefühlt – seit einer Ewigkeit auf dem Radar anspruchsvoller Backpacker. Dank der perfekten Lage an dem trubeligsten Abschnitt der Esplanade, der einfachen, aber gepflegten Zimmer, des sachkundigen Personals und des hübschen Pools ist es nicht verwunderlich, dass es diese Unterkunft schon so lange gibt. Trotz der zentralen Lage ist in den Zimmern des Bellview von dem Straßenlärm kaum etwas zu hören.

★ Cairns Coconut Holiday Resort
CAMPING $

(☎ 07-4054 6644; www.coconut.com.au; Ecke Bruce Hwy & Anderson Rd, Woree; Stellplatz mit Strom/Hütte/Wohneinheit/Villa/Ferienwohnung ab 43/115/135/155/245 AU$; P ✳ ⊚ ⊚ ▦) Wer mit Kindern reist und wem es nichts ausmacht, etwas außerhalb der Stadt (8 km) zu wohnen, sollte sich für diesen Ferienpark entscheiden. Er bietet auf elf makellosen Hektar einen großen Wasserpark, zwei Pools mit Rutschen, Spielplätze, eine gigantische Hüpfburg, Tennisplätze, Minigolf, Spas, ein Freiluftkino und vieles mehr. Die Vielfalt der Unterkünfte steht den angebotenen Einrichtungen in nichts nach.

★ Cairns Plaza Hotel
HOTEL $

(☎ 07-4051 4688; www.cairnsplaza.com.au; 145 Esplanade; DZ/Wohnstudio/Suite ab 124/150/170 AU$; P ✳ @ ⊚ ▦) Das Plaza ist eins der ältesten Wolkenkratzerhotels von Cairn und dank der umfassenden Renovierung und den professionellen Mitarbeitern auch eins der besten. Die Zimmer mit funktionellen kleinen Küchen haben ein frisches, sauberes Dekor und bieten einen umwerfenden Blick über die Trinity Bay. Eine Gästewäscherei, das freundliche Personal an der rund um die Uhr besetzten Rezeption und die tollen Preise machen das Hotel zu einer ausgezeichneten Wahl. Kids werden von der Lage direkt gegenüber vom Muddy's-Spielplatz (S. 475) begeistert sein.

★ Travellers Oasis
HOTEL $

(☎ 07-4052 1377; www.travellersoasis.com.au; 8 Scott St; B/EZ/DZ ab 28/57/68 AU$; P ✳ @ ⊚ ▦) Das beliebte kleine Hippie-Hostel versteckt sich in einer Seitenstraße hinter Cairns Central Shopping Centre. Es ist intim, einladend und weniger partyverrückt als andere Unterkünfte in der Stadt. Es gibt eine gute Auswahl an unterschiedlichen Zimmern: Schlafsäle für drei, vier und sechs Personen, Einzelzimmer sowie Zweibett- und Luxusdoppelzimmer. Die Klimaanlage kostet für drei Stunden 1 AU$.

★ Tropic Days
HOTEL $

(☎ 07-4041 1521; www.tropicdays.com.au; 28 Bunting St, Bungalow; Stellplatz 14 AU$/Pers., Zelt 18 AU$, B/DZ ab 26/64 AU$; P ✳ @ ⊚ ▦) Das beliebte Hostel hinter dem Ausstellungsgelände hat einen kostenlosen Shuttlebus in die Stadt und ist eine tropische Oase mit Hängematten, einem Billardtisch, Schlafsälen ohne Stockbetten, frischer Bettwäsche und Handtüchern, Gratis-WLAN und netter Stimmung. Die montäglichen Grillabende mit Krokodil-, Emu- und Kängurufleisch sind legendär. Die Klimaanlage kostet für drei Stunden 1 AU$.

Tropic Days und das ebenfalls großartige Travellers Oasis sind Schwesterhotels.

★ Gilligan's Backpacker's Hotel & Resort
HOSTEL $

(☎ 07-4041 6566; www.gilligans.com.au; 57-89 Grafton St; B/Zi. ab 24/120 AU$; ✳ @ ⊚ ▦) Kein anderes Hostel ist wie das Gilligan's: ein lautes, stolzes, partyfreudiges Flashpacker-Resort, in der alle Zimmer eigene Bäder und die meisten Balkone haben. Die teureren Zimmer sind mit Kühlschrank und TV ausgestattet. Hostelgäste können für 4 AU$ zu Abend essen. In der riesigen Bar und dem angrenzenden Lagunenpool kann man wunderbar Leute treffen. Jeden Abend gibt es unzählige Unterhaltungsangebote. Sehr zentral gelegene Unterkunft.

★ Lake Placid Tourist Park
CAMPING $

(☎ 07-4039 2509; www.lakeplacidtouristpark.com; Lake Placid Rd; Stellplatz mit Strom ab 37 AU$, Bungalows ab 60 AU$, Hütte mit Bad ab 85 AU$, Cottage ab 110 AU$; P ✳ ⊚ ⊚ ▦) Der Campingplatz am See mit dem passenden Namen ist zwar nur 15 Autominuten vom Stadtzentrum entfernt, aber für echtes Regenwald-Relaxen dennoch weit genug davon entfernt – eine ausgezeichnete Alternative für alle, die ein Auto haben. Hier kann man campen oder in ganz unterschiedlichen, preisgünstigen, geschmackvoll eingerichteten Unterkünften übernachten. Der Park befindet sich in unmittelbarer Nähe von zahlreichen Attraktionen und den nördlichen Stränden.

★ Northern Greenhouse
HOSTEL $

(☎ 07-4047 7200; www.northerngreenhouse.com.au; 117 Grafton St; B/Apt. ab 26/95 AU$; P ✳ ⊚ ▦) Mit Schlafsälen und entspannter Atmosphäre würde das freundliche Hostel eigentlich zur Budget-Kategorie gehören. Dank schicker, an Wohnstudios erinnernder Apartments mit Küche und Balkon rangiert es aber einen Tick höher. Die zentrale Terrasse, der Pool und das Spielezimmer sind perfekt, um Leute kennenzulernen. Das kostenlose Frühstück und das sonntägliche Barbecue runden den Deal ab.

Cairns Central YHA
HOSTEL $

(☎ 07-4051 0772; www.yha.com.au; 20-26 McLeod St; B/EZ/DZ ab 27,50/59,50/71 AU$; ✳ @ ⊚

Helles, makellos sauberes und preisgekröntes Hostel gegenüber vom Cairns Central Shopping Centre mit professionellem Personal. Es gibt Zimmer mit Bad und zum Frühstück Gratispfannkuchen.

Floriana Guesthouse
PENSION $
(☎ 07-4051 7886; www.florianaguesthouse.com; 183 Esplanade; EZ/DZ 79/89 AU$, Wohnstudio 130–150 AU$; ❄ @ ⚡ ☎) In dieser eigentümlichen Pension lebt das alte Cairns weiter. Das Haus besitzt noch seine alten, auf Hochglanz polierten Dielen und Art-déco-Elemente. Eine geschwungene Treppe führt hinauf zu zehn individuell gestalteten Zimmern mit Bad.

Cairns Girls Hostel
HOSTEL $
(☎ 07-4051 2016; www.cairnsgirlshostel.com.au; 147 Lake St; B/2BZ 20/48 AU$; ☎) Das blitzsaubere Hostel gehört zu den angenehmsten Budget-Bleiben in Cairns. Jungs haben jedoch Pech: Hier dürfen nur Frauen übernachten.

Cairns Colonial Club
RESORT $$
(☎ 07-4053 8800; www.cairnscolonialclub.com.au; 18-26 Cannon St, Manunda; Zi. 95–175 AU$; P ❄ ⚡ ☎) Dieses seit 1986 bestehende Resort im Queenslander Stil ist eine Institution in Cairns. Die Unterkunft hat für jeden etwas zu bieten. Hier fühlen sich sowohl Familien als auch Geschäftsleute und Alleinreisende gleichermaßen wohl. Der 4,5 ha große Komplex versteckt sich in einem grünen Vorort und hat drei Pools, Spielplätze, eine Bar, ein beliebtes Restaurant und eine wunderschöne Gartenanlage zu bieten. Das Resort ist 4 km vom Stadtzentrum entfernt. Den Gästen steht ein regelmäßig verkehrender Shuttlebus zur Verfügung.

Bay Village Tropical Retreat
APARTMENTS $$
(☎ 07-4051 4622; www.bayvillage.com.au; Ecke Lake St & Gatton St; DZ 135 AU$, Apt. 165–275 AU$; P ❄ ⚡ ☎) Der schicke, glänzende und etwas von Cairns Trubel entfernt gelegene Komplex bietet große, coole Apartments (mit ein bis drei Zimmern) und geräumige Zimmer. Es ist ein wunderbarer Ort, um sein müdes Haupt zu betten und ein vielleicht noch viel besserer Ort, um seinen Hunger zu stillen, denn zur Anlage gehört das preisgekrönte Bayleaf Balinese Restaurant (S. 488).

Pacific Hotel
HOTEL $$
(☎ 07-4051 788; www.pacifichotelcairns.com; Ecke Esplanade & Spence St; DZ ab 144 AU$; P ⚡ ☎) Das kultige, frisch renovierte Hotel in erst-klassiger Lage am südlichen Ende der Esplanade befindet sich in einem liebevoll gepflegten Zustand. Die Zimmer mit Originaldekor aus den 1970er-Jahren und viel Holz verfügen über nette, moderne Annehmlichkeiten. Alle haben Balkon. Die freundlichen, hilfsbereiten Mitarbeiter machen das Pacific zu einem exzellenten Mittelklassehotel. Zum Hotel gehört auch das witzige Restaurant **Bushfire Flame Grill** (☎ 07-4044 1879; www.bushfirecairns.com; Steaks ab 38 AU$, Churrasco 55 AU$/Pers.; ⊙ 17.30 Uhr–open end).

Reef Palms
APARTMENTS $$
(☎ 07-4051 2599; www.reefpalms.com.au; 41-47 Digger St; Apt. ab 120 AU$; P ❄ @ ⚡ ☎) Paare und Familien werden das ausgezeichnete Preis-Leistungs-Verhältnis und den freundlichen Service in diesem ruhigen Komplex lieben. Die blitzeblanken Apartments haben Kochecken und Balkone oder Innenhöfe, die größeren sogar einen Wohnbereich und einen Whirlpool.

★ 201 Lake Street
HOTEL $$$
(☎ 07-4053 0100, 1800 628 929; www.201lakestreet.com.au; 201 Lake St; Zi. ab 205 AU$, Apt. 270–340 AU$; ❄ ⚡ ☎) Der umwerfende Apartmentkomplex mit dem grandiosen Pool und einem Hauch von Exklusivität wirkt wie den Seiten eines Trendmagazins entsprungen. Strahlendes Weiß ist die vorherrschende Farbe. Die Gäste können zwischen schicken Hotelzimmern und modernen Apartments mit Musikanlage, Plasma-TV und Balkon wählen.

Harbour Lights
APARTMENTS $$$
(☎ 07-4057 0800; www.cairnsharbourlightshotel.com.au; 1 Marlin Pde; Apt. 215–325 AU$; P ❄ ⚡ ☎) Die schicken Apartments für Selbstversorger in grandioser Lage oberhalb des Reef Fleet Terminals (S. 491) bieten einen schönen Blick über den Jachthafen, den man vom Balkon (um ein Zimmer mit Sicht aufs Wasser bitten) oder dem tollen Salzwasserpool genießen kann. Unten auf der Promenade gibt es zahlreiche hervorragende Restaurants.

Shangri-La
HOTEL $$$
(☎ 07-4031 1411; www.shangri-la.com/cairns; 1 Pierpoint Rd; DZ/Suite ab 235/395 AU$; P ❄ ⚡ ☎) Das Shangri-La mit Blick auf den Jachthafen gehört zu Cairns elegantesten Hotels. Alle Zimmer und Suiten haben einen eigenen Balkon und echte Kunst an den Wänden. Wer es sich leisten kann, sollte sich für eine der 74 m² großen Horizon-Club-Suites

TAGESTRIPS AB CAIRNS

Cairns ist ein toller Ausgangspunkt für Tagesausflüge in die Umgebung.

Great Barrier Reef

Im Preis für die Touren zum Riff sind in der Regel Transport, Mittagessen, Quallenschutzanzüge und Schnorchelausrüstung enthalten. Kriterien für die Auswahl einer Tour sollten die Art des Schiffes, die Zahl der Teilnehmer, die enthaltenen Leistungen und das Ziel sein: Die Außenriffs sind unberührter, aber weiter entfernt, die Innenriffs können ungleichmäßig sein und weisen zum Teil schon Schäden auf.

Die meisten Boote legen gegen 8 Uhr an der Marlin Wharf ab und kehren gegen 18 Uhr zurück. Die Check-in- und Buchungseinrichtungen befinden sich im Reef Fleet Terminal (S. 491). Kleinere Anbieter checken ihre Passagiere direkt am Liegeplatz ein – einfach vorher nachfragen.

Falla Reef Trips (☎ 0400 195 264; www.fallareeftrips.com.au; D-Finger, Marlin Marina; Erw./Kind/Fam. ab 145/90/420 AU$, Taucheinführung 85 AU$) Die Fahrt zum Riff mit dem wunderschönen Perlenfischerboot aus den 1950er-Jahren ist einzigartig. Die Touren mit Ziel Coral Gardens und Upolu Cay vermitteln ein Gefühl des Besonderen. An den individuell gestalteten Schnorcheltouren nehmen max. 22 Gäste teil, die beim Segeln Hand anlegen dürfen. Das Traditionsschiff ist das genaue Gegenteil der schnittigen GfK-Boote, die überall am Riff im Wasser schaukeln.

Reef Magic (☎ 07-4031 1588; www.reefmagiccruises.com; Reef Fleet Terminal; Erw./Kind/Fam. Tagestörn ab 210/105/525 AU$) Der Hochgeschwindigkeitskatamaran von Reef Magic eignet sich perfekt für Familien. Ziel ist der wetterfeste Marine-World-Ponton, der am Rand des Außenriffs vertäut ist. Für Wasserscheue werden auch Touren auf Booten mit Glasboden organisiert. Außerdem kann man sich vor Ort mit Meeresbiologen unterhalten oder eine Massage genießen!

Reef Encounter (☎ 07-4037 2700; http://reefencounter.com.au; 100 Abbott St; Tauchkreuzfahrt 2 Tage ab 450 AU$) Wer nicht nur einen Tag am Riff verbringen möchte, kann auf der Reef Encounter einen „reef sleep" (einen Törn mit Übernachtung) buchen. In 27 klimatisierten Kabinen mit Bad können max. 42 Gäste übernachten. Auch wer weder schnorchelt noch taucht, wird den Aufenthalt in diesem schwimmenden Hotel zu schätzen wissen. Die Programmauswahl ist groß, die Mahlzeiten sind inklusive und es gibt täglich

mit Rundumblick entscheiden. Der Service ist so aufmerksam wie man es von dieser Luxuskette erwartet.

🍴 Essen

Die **Night Markets** (www.nightmarkets.com.au; Esplanade; Gerichte 10–15 AU$; ◷ 10–23 Uhr) sind ein preiswerter, viel besuchter, asiatisch angehauchter Food-Court, der ungeachtet des Namens auch tagsüber geöffnet ist.

Frisches Obst und Gemüse sowie einheimische Leckereien gibt's am Wochenende auf den Rusty's Markets (S. 490); Lebensmittelgeschäfte befinden sich im **Cairns Central Shopping Centre** (☎ 07-4041 4111; www.cairns central.com.au; Ecke McLeod St & Spence St; ◷ Mo–Mi, Fr & Sa 9–17.30, Do 9–21, So 10.30–16 Uhr).

⭐ Ganbaranba　　　　　JAPANISCH **$**
(☎ 07-4031 2522; 12 Spence St; Hauptgerichte 8–12 AU$; ◷ 11.30–14.30 & 17–20.30 Uhr) Das kleine Restaurant erkennt man an den Schlangen draußen und den glückseligen Gesichtern der Gäste drinnen. Es ist ein Kultlokal und ganz ohne Zweifel der beste Ort in Cairns, um Ramen zu essen. Man kann den Köchen bei der Zubereitung der Nudeln zuschauen, und wer einfach nicht genug kriegen kann, bekommt für nur 1,50 AU$ Nachschlag. Sich in die Warteschlange einzureihen, lohnt sich auf jeden Fall.

Cafe Fika　　　　　SCHWEDISCH **$**
(☎ 07-4041 1150; www.swedishshop.com.au; 111-115 Grafton St; Gerichte 9,50–15 AU$; ◷ Mo–Fr 7–16, Sa 9–14 Uhr) In der kleinen europäischen Oase treffen sich hungrige, heimwehkranke Skandinavier und Australier, die Lust auf Neues haben. Auf der Speisekarte stehen u. a. Fleischbällchen mit Preiselbeermarmelade und Toast mit *skagen* (Shrimps, Dill und Sauerrahm). In dem dazugehörigen

Abfahrten von Cairns. Eine ausgezeichnete Wahl für diejenigen, die mal etwas anderes erleben wollen.

Cape Tribulation & der Daintree

Active Tropics Explorer (☐ 07-4031 3460; www.capetribulationadventures.com.au; Tagestrip ab 159 AU$) Unterhaltsame Tagesausflüge zu sehenswerten und kulturellen Highlights der Mossman Gorge, des Daintree und Cape Trib. Auf den Touren mit Übernachtung kann man Reiten, Seekajakfahren und „Dschungelsurfen".

Billy Tea Safaris (☐ 07-4032 0077; www.billytea.com.au; Tagestrip Erw./Kind/Fam. 220/165/665 AU$) Dieser zuverlässige Anbieter organisiert aufregende Tagestouren in kleinen Gruppen zum Cape Trib in eigens angefertigtem Geländewagen. Es gibt auch mehrtägige Safaris nach Norden zum Cape York und auf die Torres-Strait-Inseln.

Atherton Tablelands

Barefoot Tours (☐ 07-4032 4525; www.barefoottours.com.au; Tour 105 AU$) Backpacker werden begeistert sein von diesen witzigen, ganztägigen Touren rund um die Tablelands. Die Teilnehmer werden ab 7 Uhr kostenlos von ihrer Unterkunft im Zentrum abgeholt, zwischen 19 und 20 Uhr ist man wieder in der Stadt. Mindestalter 13 Jahre.

On the Wallaby (☐ 07-4033 6575; www.onthewallaby.com; Tagestrip 99 AU$, Tour mit Übernachtung 139–189 AU$) Ausgezeichnete Aktivtouren in den Regenwald und zu den Wasserfällen der Tablelands. Auf dem Programm stehen Schwimmen, Radfahren, Wandern und Kanufahren. Um 8 Uhr werden die Teilnehmer in Cairns abgeholt.

Uncle Brian's Tours (☐ 07-4033 6575; www.unclebrian.com.au; Tour 1-/2-Tage 119/219 AU$; ◷ Mo–Sa) Energiegeladene Tagesausflüge in kleinen Gruppen und Trips mit Übernachtung zu den Babinda Boulders, Josephine Falls, Millaa Millaa, Yungaburra, den Crater Lakes und mehr. Badesachen nicht vergessen!

Food Trail Tours (☐ 07-4041 1522; www.foodtrailtours.com.au; Erw./Kind/Fam. ab 195/115/570 AU$) Die Feinschmeckertour führt zu Farmen auf dem Hochplateau, die Macadamianüsse, tropische Früchte, Wein, Käse, Schokolade und Kaffee erzeugen. Die Touren finden montags, dienstags, donnerstags und samstags statt. Der Transfer von der Unterkunft in Cairns und den Stränden im Norden ist im Preis enthalten.

Feinkostladen werden hervorragende Leckereien aus Schweden (logisch), Deutschland, Ungarn, Estland, Frankreich und anderen Ländern verkauft.

Pineapple Cafe GESUND $
(www.facebook.com/pineapplecafecairns; 92 Lake St; Hauptgerichte 10–18 AU$; ◷ Mo–Sa 7–15 Uhr) In dem bezaubernden Café werden gesunde, frische und kreative Speisen kellenweise serviert, u. a. Açaifrucht- und Smoothie-Schalen, Super-Food-Salate, Burger aus Weidefleisch und Frühstücksgerichte. Die Feel-Good-Stimmung endet aber nicht mit dem letzten Happen im Mund, auch das Café selbst vermittelt mit seinen Wandgemälden und den stets lächelnden Mitarbeitern gute Laune.

Bagus INDONESISCH $
(☐ 07-4000 2051; www.baguscafe.info; 149 Esplanade; Hauptgerichte 10–20 AU$; ◷ Mo, Di, Do & Sa

6.45–14.30 & 17.30–20.30, Mi & Fr 6.45–14.30, So 12–15 & 17.30–20.30 Uhr) In dem winzigen, netten, indonesischen Lokal wabern berauschende Düfte in der Luft. Das Nasi Goreng könnte geradewegs aus der Küche eines Strandcafés auf Bali kommen. Die Frühstücksgerichte (4,50–11,50 AU$) haben ein gutes Preis-Leistungs-Verhältnis. Das Lokal befindet sich gegenüber vom Muddy's-Spielplatz (S. 475).

Tokyo Dumpling JAPANISCH $
(☐ 07-4041 2848; www.facebook.com/tokyodumpling46; 46 Lake St; Klöße ab 4,50 AU$, Schalen ab 13,80 AU$; ◷ 11.30–21.30 Uhr) In diesem makellosen kleinen Lokal mit Gerichten zum Mitnehmen gibt's sagenhaft leckere hausgemachte Klöße und außergewöhnlich gute Reis- und Nudelgerichte. Zwischen 11 und 14 Uhr werden Mittagsspecials angeboten. Ins Tokyo Dumpling kommt man mit Sicherheit nicht nur einmal.

Meldrum's Pies in Paradise
BÄCKEREI **$**

(☏07-4051 8333; 97 Grafton St; Pies 5,30–6,80 AU$; ◷Mo–Fr 7–16.30, Sa 7–14.30 Uhr; ☑) Das vielfach preisgekrönte Meldrum's verdient seine Auszeichnungen wirklich, die es seit 1972 für seine unzähligen Variationen des einfachen australischen Pies erhalten hat. Und das spricht Bände in einer Touristenstadt wie Cairns. Wer Appetit auf etwas Besonderes hat, sollte den Pie mit Hühnchen und Macadamia-Satay oder den mit Thunfisch-Mornay und Spinat probieren. Auch die vielen vegetarischen Pies sind köstlich und folglich schnell ausverkauft.

Lillipad
CAFÉ **$**

(☏07-4051 9565; www.lillipadcafe.com; 72 Grafton St; Gerichte 12–22 AU$; ◷7–15 Uhr; ☑) Ob Crêpes, Wraps oder zahlreiche vegetarische Optionen: Das Angebot ist üppig und das Preis-Leistungs-Verhältnis ist eines der besten vor Ort. Da der leicht hippiemäßige Laden immer gut besucht ist, muss man eventuell etwas warten. Unbedingt einen der frisch gepressten Säfte bestellen!

★ Spicy Bite
INDISCH, FUSION **$$**

(☏07-4041 3700; www.spicybitecairns.com; Ecke Shields St & Esplanade; Hauptgerichte 15,50–35 AU$; ◷17–22 Uhr; ☑) In Cairns gibt es viele gute indische Restaurants, aber keines ist so innovativ wie dieses bescheidene Lokal, in dem aus Fusion-Gerichten eine Erfahrung wird, über die man zu Hause noch spricht. Wo sonst auf der Welt könnte man Krokodil-Masala oder Känguru-Tikka probieren? Die klassischen Currys sind himmlisch, und auch die vielen vegetarischen und veganen Gerichte können sich sehen lassen.

★ Prawn Star
SEAFOOD **$$**

(☏0456 421 172; www.facebook.com/prawnstarcairns; E-Finger, Berth 31, Marlin Marina; Seafood ab 20 AU$; ◷10–20 Uhr) Das Fischdampfer-Restaurant Prawn Star ist ein tropischer Traum. Einfach an Bord klettern und sich mit Shrimps, Mangrovenkrabben, Austern und allem, was an dem jeweiligen Tag gefangen wurde, vollstopfen und dabei den Blick auf den Hafen genießen. Ein zweites Boot namens „Prawn Star Too" wurde Mitte 2017 der Flotte hinzugefügt. Da allerdings die Sitzplätze begrenzt sind und die beiden Boote sehr gefragt sind, sollte man unbedingt früh erscheinen. Warum die Küste von Cairns nicht mit Restaurants wie diesem gesäumt ist, wird wohl für alle Zeiten ein Rätsel bleiben.

★ Bayleaf Balinese Restaurant
BALINESISCH **$$**

(☏07-4051 4622; www.bayvillage.com.au/bayleaf; Bay Village Tropical Retreat, Ecke Lake St & Gatton St; Hauptgerichte 14–25 AU$; ◷Mo–Fr 12–14, tgl. 18 Uhr–open end) Eins der besten Restaurants der Stadt befindet sich weder an der Küste noch in der Lobby eines vornehmen Hotels, sondern gehört zu einer Apartmentanlage der Mittelklasse. Von außen ist es nichts Besonderes, aber die balinesischen Speisen, die der Küchenchef kreiert, sind grandios und sehr authentisch. Wie wär's mit einer Tonne von Vorspeisen, einem Bankett oder einem Berg von Hauptgerichten zum Teilen?

★ Perrotta's at the Gallery
MEDITERRAN **$$**

(☏07-4031 5899; www.perrottasatg.com; 38 Abbott St; Frühstück 7–23 AU$, Hauptgerichte 19–37 AU$; ◷6.30–22 Uhr; ☑) Das unbedingt empfehlenswerte Lokal neben der Cairns Regional Gallery (S. 475) lockt seine Gäste mit Feinschmeckerfrühstück (bis 15 Uhr!), frisch gepressten Säften, super Kaffee und kreativen mediterranen Gerichten auf seiner überdachten Terrasse. Ein schicker Ort mit interessanten Gästen, der sich auch perfekt zum Leutebeobachten eignet.

Bobby's
VIETNAMESISCH, CHINESISCH **$$**

(☏07-4051 8877; Oceana Walk Arcade, 62 Grafton St; Hauptgerichte ab 12 AU$; ◷7–22 Uhr) Einheimische und Traveller lieben Bobby's wegen der authentischen vietnamesischen und chinesischen Gerichte. Das Lokal hat den Ruf, die beste *pho* der Stadt zu servieren. Wer mittags einen Happen essen möchte, sollte die marinierten vietnamesischen Fleischröllchen bestellen.

Fetta's Greek Taverna
GRIECHISCH **$$**

(☏07-4051 6966; www.fettasgreektaverna.com.au; 99 Grafton St; Hauptgerichte 26,50–28,50 AU$, Festpreis-Menü 35 AU$; ◷Mo–Fr 11.30–15, tgl. 17.30 Uhr–open end) Die weißen Wände und die Fenster mit blauen Akzenten erinnern an Santorin. Hiesige Hauptattraktion ist aber die klassisch griechische Küche. Das Festpreis-Menü bietet das volle Programm: Dip, Saganaki, Mousaka, Salat, Grillfleisch, Tintenfisch, Baklava und Kaffee. Zudem darf der Teller zertrümmert werden.

Marinades
INDISCH **$$**

(☏07-4041 1422; 43 Spence St; Hauptgerichte ab 16 AU$, mittags Thali ab 11.30–14.30 & 17.30–21.30, Sa & So 17.30–21.30 Uhr; ☑) Mit seiner wirklich langen Speisekarte voller aromatischer Gerichte wie in Cashewpaste marinierter Hummer und Garnelencurry à la Goa ist das Marinades eines der besten indischen Restaurants in Cairns. Die Mittagsspecials haben ein gutes Preis-Leistungs-Verhältnis.

⭐ Ochre
MODERN-AUSTRALISCH $$$
(☏ 07-4051 0100; www.ochrerestaurant.com.au; Marlin Pde; Hauptgerichte 28–40 AU$; ⊘ 11.30–14.30 & 17.30–21.30 Uhr) Das innovative Restaurant am Wasser bringt uraustralische Fauna (z. B. Krokodil mit einheimischer Paprika oder Känguru mit Quandong-Chili-Glasur) und Flora (wie Damper-Brot aus Akaziensamen oder Mousse aus den Davidson-Pflaumen) auf den Tisch. Auch perfekt gebratene Tablelands-Steaks kommen aus der Küche. Wer sich nicht entscheiden kann, bestellt einen Probierteller.

Dundees
SEAFOOD $$$
(☏ 07-4051 0399; www.dundees.com.au; Marlin Pde; Hauptgerichte 25–82 AU$; ⊘ 11.30 Uhr–open end) Probiert und für gut befunden: Das Restaurant am Ufer punktet mit Ambiente, großzügigen Portionen und freundlichem Service. Die vielseitige Speisekarte mit ansprechenden Vorspeisen beginnt mit Meeresfrüchtesuppe, Tempura-Weichschalenkrabben und Calamaristreifen; als Hauptgericht gibt's gegrillten Hummer, Rib Eye Steak vom Wagyu-Rind und riesige Seafood-Platten.

🍸 Ausgehen & Nachtleben

⭐ Three Wolves
BAR
(☏ 07-4031 8040; www.threewolves.com.au; Red Brick Laneway, 32 Abbott St; ⊘ Di–Sa & Mo 16–24, So 14–22 Uhr) Die neue, vertraute, unterbewertete und trendige Bar mit Edison-Glühlampen, Kupferbechern und Barkeepern mit traditionellen Schürzen vorm Bauch hat einen Hauch von Melbourne in die Stadt gebracht. Es gibt eine ausgezeichnete Auswahl an alkoholischen Getränken, Cocktails und Bieren sowie kleine Speisen wie Pulled-Pork-Tortillas, Sandwiches und Hotdogs à la New York. Klein, aber fein.

⭐ Green Ant Cantina
BAR
(☏ 07-4041 5061; www.greenantcantina.com; 183 Bunda St; ⊘ Di–So 16 Uhr–open end) Die fetzige, alternative, leicht schmuddelige Tex-Mex-Bar hinter dem Bahnhof (S. 491) mit hellen Wandgemälden und freundlichen Menschen braut ihr eigenes Bier und organisiert regelmäßig Musikevents. Leckeres Essen gibt's auch, z. B. Quesadillas mit Pulled Pork, Jambalaya und die berühmt-berüchtigten Wings of Death.

⭐ Salt House
BAR
(☏ 07-4041 7733; www.salthouse.com.au; 6/2 Pierpoint Rd; ⊘ Mo–Fr 11–2, Sa & So 7–2 Uhr) Die coolste und stilvollste Bar der Stadt liegt am Jachthafen und wird vor allem von hippen und glücklichen Gästen besucht. Geboten werden killermäßige Cocktails, eine Wahnsinnsaussicht, gelegentliche Livemusik und DJs. Aus der Küche kommen hervorragende modern-australische Speisen. Das Salt House ist ein absolutes Muss.

⭐ Conservatory Bar
WEINBAR
(☏ 0467 466 980; www.theconservatorybar.com.au; 12-14 Lake St; ⊘ Mi & So 16–22, Fr & Sa 16–24, So 16–21 Uhr) Cairns beste Weinbar versteckt sich in einem kleinen Raum in einer kleinen Gasse. Ein toller Ort, um ein Schlückchen gleich welcher Rebe zu genießen. Es gibt außerdem hervorragende Cocktails und unzählige Craft-Biere. Ein wirklich lockerer, freundlicher Ort mit tollem Tropentouch. In der Bar gibt's auch regelmäßig Ausstellungen und (sanfte) Livemusik.

⭐ Lyquid Nightlife
CLUB
(☏ 07-4028 3773; www.lyquid.com.au; 33 Spence St; ⊘ 21–3 Uhr) Der heißeste Club in Cairns: Also aufbrezeln und die Nacht durchfeiern. Erstklassige DJs, professionelle Barkeeper und hippe junge Gäste.

⭐ Jack
KNEIPE
(☏ 07-4051 2490; www.thejack.com.au; Ecke Spence St & Sheridan St; ⊘ 10 Uhr–open end) Das Jack ist in jeder Hinsicht eine tolle Kneipe in einem nicht zu übersehenden, unter Denkmalschutz stehenden Queenslander-Haus mit riesigem, schattigem Biergarten. Jeden Abend ist etwas los, beispielsweise werden Livekonzerte geboten oder es legen DJs auf. Das Kneipenessen ist superlecker, und für Gäste, die sich einfach nicht losreißen können, gibt's nebenan ein Hostel (B ab 26 AU$).

Flying Monkey Cafe
CAFÉ
(☏ 0411 084 176; www.facebook.com/theflyingmonkeycafe; 154 Sheridan St; ⊘ Mo–Fr 6.30–15.30, Sa 7–12 Uhr) Pflicht für Koffein- und Kulturjunkies: Das Monkey punktet mit hervorragendem Kaffee, ständig wechselnden Kunstausstellungen, kunterbunten Straßenkünstlern und extrem freundlichem Personal.

Pier Bar
BAR
(☏ 07-4031 4677; www.thepierbar.com.au; Pier Shopping Centre, 1 Pierpoint Rd; ⊘ 11.30 Uhr–open end) Diese Institution ist vor allem wegen der Traumlage am Wasser und der täglichen

Happy Hour (17–19 Uhr) beliebt. Die Sonntags-Sessions sind perfekt, um Leute zu treffen. Livemusik, Essen- und Getränkespecials sorgen für fröhliche Stimmung.

Grand Hotel   KNEIPE
(☑07-4051 1007; www.grandhotelcairns.com; 34 McLeod St; ⊙Mo–Mi 10–21, Do 10–23, Fr & Sa 10–24, So 10–20 Uhr) Die 1926 gegründete Kneipe lohnt sich allein schon wegen des Tresens, auf dem man sein Bier abstellen kann – es ist ein 11 m langes aus Holz geschnitztes Krokodil! Am Wochenende wird in der Regel Livemusik geboten. Ein toller Ort, um mit Einheimischen in Kontakt zu kommen.

Woolshed   BAR
(☑07-4031 6304; www.thewoolshed.com.au; 24 Shields St; ⊙So–Do 19–3, Fr & Sa 19–5 Uhr) Ein ewiger Backpackermagnet und „Frischfleischmarkt", wo junge Traveller, Tauchlehrer und in Saus und Braus lebende Einheimische sich fröhlich betrinken und auf den Tischen tanzen. Der klassischere Cotton Club, eine Speakeasy-Cocktailbar, befindet sich im Erdgeschoss.

PJ O'Briens   IRISH PUB
(www.pjobriens.com.au/cairns; Ecke Lake & Shields St; ⊙11.30 Uhr–open end) Der Irish Pub mit Gammelteppichen riecht nach abgestandenem Guinness. Nichtsdestotrotz lockt er zahlreiche Gäste mit Party-Abenden, Pole-Dancing und spottbilligem Essen.

☆ Unterhaltung

Pop & Co Tapas & Music Bar   LIVEMUSIK
(☑07-4019 6132; 92 Abbott St; ⊙Mi–So 17 Uhr–open end) Livejazz, Blues und Schnulzen sowie leckere Kleinigkeiten und die preiswertesten Fassbiere der Stadt. Die winzige Perle unter den Bars ist bei Australiern sehr beliebt, was bedeutet, dass es hier manchmal richtig voll ist. Zu finden ist die Bar in der Nähe der riesigen Gummibärchen vor dem Centre of Contemporary Arts, wenn man auf der Abbott St gen Norden läuft.

Rondo Theatre   THEATER
(☑1800 855 835; www.therondo.com.au; 46 Greenslopes St) Das kleine Theater gegenüber der Centenary Lakes zeigt regelmäßig Theaterstücke und Musicals. Es befindet sich 4,5 km nordwestlich des Stadtzentrums (die Sheridan St bis zur Greenslopes St fahren).

Starry Night Cinema   KINO
(www.starrynightcinema.com.au; Flecker Botanic Gardens, Collins Ave, Edge Hill; Erw./Kind ab

13/5 AU$) Filmklassiker im Grün des Botanischen Gartens (S. 475). Infos über die meist ein- oder zweimal im Monat stattfindenden Filmvorführungen stehen auf der Website.

Reef Hotel Casino   KASINO
(☑07-4030 8888; www.reefcasino.com.au; 35-41 Wharf St; ⊙ Fr & Sa 9–5, So–Do 9–3 Uhr) Neben Spieltischen und -automaten bietet das Kasino von Cairns vier Restaurants und vier Bars, darunter auch die riesige Casino Sports Arena Bar.

Centre of
Contemporary Arts   GALERIE, THEATER
(CoCA; www.centre-of-contemporary-arts-cairns.com.au; 96 Abbott St; ⊙Mo–Sa 10–17 Uhr) Das CoCA beherbergt die Galerie KickArts (S. 475), die zeitgenössische bildende Kunst aus der Region präsentiert, und das JUTE Theatre (www.jute.com.au). Ausschau halten nach den großen Gummibärchen vor dem Eingang.

🔒 Shoppen

★ Rusty's Markets   MARKT
(☑07-4040 2705; www.rustysmarkets.com.au; 57-89 Grafton St; ⊙Fr & Sa 5–18, So 5–15 Uhr) Kein Wochenende in Cairns wäre komplett ohne einen Besuch dieses geschäftigen, lebendigen Multikulti-Markts, an dessen Ständen tropische Früchte der Saison, Gemüse und Kräuter aufgetürmt sind. Außerdem gibt's frischen Honig, Blumen aus der Gegend, ausgezeichneten Kaffee, Currys, kalte Getränke, Antiquitäten und vieles mehr.

Doongal Aboriginal Art   KUNST
(☑07-4041 4249; www.doongal.com.au; 49 Esplanade; ⊙9–18 Uhr) Authentische Kunstwerke, Bumerangs, Didgeridoos und andere traditionelle Artefakte von indigenen Künstlern aus der Region und Central Australia. Die erworbenen Stücke können in alle Welt versandt werden.

Crackerbox Palace   VINTAGE
(☑07-4031 1216; www.crackerboxpalace.com.au; 228 Sheridan St; ⊙Mo–Fr 10–17, Sa 10–15 Uhr) Diese Schatzkiste voller Vintage-Artikel lockt die Einheimischen schon seit über 20 Jahren an. Der Laden ist rappelvoll mit einmaligen Klamotten, Möbeln, Schallplatten, Schnickschnack und tollen Kuriositäten. Unbedingt checken, wie viel Freigepäck man mit in den Flieger nehmen darf, bevor man durch die Tür des Palace tritt. Wer einmal mit dem Shoppen begonnen hat, kann nur schwer wieder aufhören.

❶ Praktische Informationen

MEDIZINISCHE VERSORGUNG

Cairns 24 Hour Medical Centre (☑ 07-4052 1119; Ecke Grafton St & Florence St; ☺24 Std.) Zentral gelegenes Ärztezentrum, das auch medizinische Taucherchecks macht.

Cairns Base Hospital (☑ 07-4226 0000; 165 Esplanade) Das größte Krankenhaus in Far North Queensland.

POST

Post (☑ 13 13 18; www.auspost.com.au; 38 Sheridan St; ☺Mo–Fr 8.30–17.30, Sa 9–12.30 Uhr)

TOURISTENINFORMATION

Cairns & Tropical North Visitor Information Centre (☑ 07-4051 3588; www.tropicalnorth queensland.org.au; 51 Esplanade; ☺Mo–Fr 8.30–18, Sa & So 10–18 Uhr) In der einzigen staatlichen Touristeninformation mit neutraler Beratung sind Hunderte kostenlose Broschüren, Karten und Heftchen erhältlich. Die freundlichen Mitarbeiter helfen bei der Buchung von Unterkünften und Touren. Ausschau halten nach dem gelben „i" auf blauem Hintergrund.

❶ An- & Weiterreise

AUTO & MOTORRAD

Alle großen Autovermieter sind am Flughafen und in der Innenstadt (vorwiegend in der Sheridan St) vertreten. Die Tagespreise beginnen bei ca. 40 AU$ für ein Fahrzeug der Kompaktklasse und bei 80 AU$ für einen Geländewagen. **Cruising Car Rental** (☑ 07-4041 4666; www. hirecarcairns.com; 196 Sheridan St; ab 39 AU$/ Tag) und **Rent-a-Bomb** (☑ 07-4031 4477; www. rentabomb.com.au; 144 Sheridan St; ab 33 AU$) haben billigere Preise für ältere Fahrzeugmodelle. Wer ein billiges Wohnmobil sucht, bekommt bei **Jucy** (☑ 1800 150 850; www.jucy.com.au; 55 Dutton St, Portsmith; ab 40 AU$/Tag), **Spaceships** (☑ 1300 132 469; www.spaceshipsren tals.com.au; 3/52 Fearnley St, Portsmith; ab 40 AU$/Tag) und **Hippie Camper Hire** (☑ 1800 777 779; www.hippiecamper.com; 432 Sheridan St; ab 44 AU$/Tag) hochwertige Fahrzeuge zu Budgetpreisen. **Bear Rentals** (☑ 1300 462 327; www.bearrentals.com.au; ab 127 AU$/Tag) vermietet erstklassige Land Rover Defenders, mit denen Fahrten durch den Busch eine wahre Freude sind.

Hostels, die Website www.gumtree.com.au und das große Schwarze Brett in der Abbott St informieren Langzeittraveller über gebrauchte Wohnmobile und Backpacker-Autos.

Wer lieber auf zwei Rädern unterwegs ist, kann sich bei **Choppers Motorcycle Tours & Hire** (☑ 07-4051 6288; www.choppersmotorcycles. com.au; 150 Sheridan St; ab 90 AU$/Tag) oder **Cairns Scooter & Bicycle Hire** (☑ 07-4031

3444; www.cairnsbicyclehire.com.au; 47 Shields St; Motorroller/Fahrrad ab 87/11 AU$/Tag) das passende Gefährt mieten.

BUS

Fernbusse starten am **Interstate Coach Terminal** (Reef Fleet Terminal), an der Cairns Central Railway Station, am Flughafen und an der **Cairns Transit Mall** (Lake St). Zu den Busgesellschaften gehören u. a.:

Cairns Cooktown Express (☑ 07-4059 1423; www.cairnsbuscharters.com/services/ cairns-cooktown-express)

Greyhound Australia (☑ 1300 473 946; www. greyhound.com.au)

John's Kuranda Bus (☑ 0418 772 953)

Premier Motor Service (☑ 13 34 10; www. premierms.com.au)

Sun Palm (☑ 07-4087 2900; www.sunpalm transport.com.au)

Tablelands Tours & Transfers (☑ 07-4045 1882; www.tablelandstoursandtransfers.com. au)

Trans North (☑ 07-4095 8644; www.trans northbus.com; Cairns Central Railway Station)

FLUGZEUG

Qantas (☑ 13 13 13; www.qantas.com.au), **Virgin Australia** (☑ 13 67 89; www.virginaustralia. com), **Jetstar** (☑ 13 15 38; www.jetstar.com.au) und mehrere internationale Fluggesellschaften starten und landen am Cairns Airport (S. 557), der ca. 6 km vom Stadtzentrum entfernt ist. Sie bieten Direktflüge in alle australischen Hauptstädte (außer Canberra und Hobart) sowie zu regionalen Zentren wie Townsville, Weipa und Horn Island. Zu den internationalen Direktverbindungen gehören Bali, Singapur, Manila, Tokyo und Port Moresby.

Hinterland Aviation (☑ 07-4040 1333; www. hinterlandaviation.com.au) fliegt mindestens zwei Mal täglich von Cairns nach Cooktown.

Skytrans (☑ 1300 759 872; www.skytrans. com.au) bedient die Cape York Peninsula und die Torres Strait Islands.

SCHIFF/FÄHRE

Fast alle Rifftouren von Cairns beginnen an der Marlin Wharf (manchmal auch Marlin Jetty genannt). Die Buchungs- und Check-in-Schalter befinden sich im **Reef Fleet Terminal** (Pierpoint Rd). Der Check-in einiger kleiner Anbieter erfolgt direkt am Boot, also am Anlegesteg selbst. Unbedingt vorher nach der genauen Nummer des Anlegers fragen.

Internationale Kreuzfahrtschiffe und die Fähren von **SeaSwift** (☑ 1800 424 422, 07-4035 1234; www.seaswift.com.au; 41-45 Tingira St, Portsmith; einfache Fahrt/hin & zurück ab 650/1166 AU$) nach Seisia am Cape York starten am **Cairns Cruise Terminal** (☑ 07-4052

3888; www.cairnscruiselinerterminal.com.au;
Ecke Wharf St & Lake St).

ZUG

Die Züge der Kuranda Scenic Railway (S. 498)
fahren täglich; der Savannahlander bietet von
der **Cairns Central Railway Station** (Bunda St)
diverse Zugreisen ins Outback an.

Queensland Rail (📱 1300 131 722; www.
queenslandrailtravel.com.au) verkehrt zwischen
Brisbane und Cairns.

ⓘ Unterwegs vor Ort

BUS

Sunbus (📱 07-4057 7411; www.sunbus.com.
au/cairns; Einzelfahrschein/Tages-/Wochen-
karte ab 2,40/4,80/19,20 AU$)

FAHRRAD

In Cairns gibt es unzählige Radwege. Die beliebtesten Strecken führen über die Esplanade,
durch die Botanic Gardens und entlang der Centenary Lakes. Eine detaillierte Liste der Radwege
und Karten gibt's unter www.cairns.qld.gov.au/
region/tourist-information/things-to-do/cycle.

Cairns Scooter & Bicycle Hire (📱 07-4031
3444; www.cairnsbicyclehire.com.au; 47
Shields St; Motorroller/Fahrrad ab 87/11 AU$
pro Tag)

Pro Bike Rental (📱 0438 381 749; www.probi
kerental.com.au; Fahrrad ab 120 AU$/Tag)

VOM/ZUM FLUGHAFEN

Der Flughafen liegt etwa 6 km nördlich vom
Stadtzentrum; viele Hotels bieten einen kostenlosen Abholservice an. **Sun Palm** (📱 07-4087
2900; www.sunpalmtransport.com.au) stellt
sich auf alle ankommenden Flüge ein und betreibt einen Shuttlebus (Erw./Kind 15/7,50 AU$)
direkt zu den Hotels. Der **Airport Connect
Shuttle** (4 AU$) verkehrt zwischen dem Flugha-
fen und einer Sunbus-Haltestelle in der Sheridan
St direkt nördlich der Stadt. **Cairns Airport
Shuttle** (📱 0432 488 783; www.cairnsairport
shuttle.com.au) ist eine gute Alternative für
Gruppen, denn je mehr Fahrgäste es sind, desto
billiger wird es.

Taxis ins Stadtzentrum kosten um die 25 AU$
(plus 4 AU$ Flughafenzuschlag).

Einige Traveller laufen vom Flughafen in die
Stadt, um Geld für Bus oder Taxi zu sparen. Man
darf aber nicht vergessen, dass es sich hier um
viel befahrene Straßen handelt – 2015 wurde ein
Fußgänger angefahren und ist seinen Verletzungen erlegen. Auch Krokodile sollen schon über
die Airport Ave gelaufen sein – die Straße ist von
Mangrovensümpfen gesäumt, also...

TAXI

Cairns Taxis (📱 13 10 08; www.cairnstaxis.
com.au)

RUND UM CAIRNS

Inseln vor Cairns

Green Island

Dem schönen Koralleninselchen (nur 45 Min.
von Cairns entfernt) haben Ruhm und Beliebtheit zwar schon einige Narben zugefügt,
aber dennoch konnte es sich seine Schönheit
erhalten. Die Insel ist mit Regenwald bedeckt, den Naturlehrpfade durchziehen; sie
verfügt über einen weißen Sandstrand und
bietet grandiose Schnorchelmöglichkeiten –
genau das Richtige für Kinder. Man kann in
30 Minuten um die Insel wandern, die zusammen mit dem sie umgebenden Ozean als
National- und Meerespark geschützt ist.

Die größte Attraktion im **Marineland
Crocodile Park** (📱 07-4051 4032; www.greenis
landcrocs.com.au; Erw./Kind 19/9 AU$; ⏱ 9.30–16
Uhr), einem Aquarium in Familienhand, ist
Cassius, das weltweit größte in Gefangenschaft lebende Krokodil. Es ist 5,5 m lang,
soll über 110 Jahre alt sein und wird täglich
um 10.30 Uhr und um 13.30 Uhr gefüttert.

Wer trockene Haaren behalten will, bekommt bei **Seawalker** (www.seawalker.com.au;
172 AU$/Pers.) einen Helm auf den Kopf, be-
vor man sich aufmacht zu einem (geführten)
Bummel auf dem Meeresboden, 5 m unter
der Wasseroberfläche.

Das luxuriöse **Green Island Resort** (📱 07-
4031 3300; www.greenislandresort.com.au; Suite ab
580 AU$; ❄ @ ☎) konnte sich ein Gefühl von
Privatsphäre und Exklusivität bewahren, obwohl inzwischen einige Bereiche auch für
die Öffentlichkeit zugänglich sind, u. a. Restaurants, Bars, eine Eisdiele und Wasser-
sporteinrichtungen. Die geräumigen Suiten
auf zwei Ebenen sind mit Holzmöbeln und
einladenden Balkonen ausgestattet. Das Dekor ist ganz im Tropenstil gehalten.

Big Cat (📱 07-4051 0444; www.greenisland.
com.au; Erw./Kind/Fam. ab 90/45/225 AU$) bie-
tet Transfers und Tagestouren zur Green Island an.

Fitzroy Island

Die tolle Fitzroy Island, ein steil aus dem
Meer herausragender Berggipfel, hat koral-
lenübersäte Strände, riesige Felsbrocken
und Wanderwege durch den Regenwald zu
bieten, von dem einer an einem nunmehr
stillgelegten Leuchtturm endet. Hier kann

man wunderbar schwimmen und schnorcheln. Am besten breitet man sein Handtuch am Nudey Beach aus, der trotz seines Namens kein offizieller Nacktbadestrand ist.

Das **Cairns Turtle Rehabilitation Centre** (www.saveourseaturtles.com.au; Erw./Kind 8,80/5,50 AU$; ☺Führungen 13 & 14 Uhr) kümmert sich um kranke und verletzte Meeresschildkröten und entlässt sie nach ihrer Genesung wieder in die Wildnis. Auf dem Programm der täglich stattfindenden Bildungstouren (45 Min., max. 15 Teilnehmer) steht auch der Besuch des Schildkröten-Krankenhauses. Buchungen erfolgen über das Fitzroy Island Resort.

Die tropisch-coolen Unterkünfte des **Fitzroy Island Resort** (☎07-4044 6700; www.fitzroyisland.com; Wohnstudio/Hütte ab 185/445 AU$, Suite/Apt. ab 300/350 AU$; ❋☎☒) reichen von schicken Wohnstudios über Suiten und Strandhütten bis hin zu Luxusapartments. Das Restaurant, die Bar und der Kiosk heißen auch Tagesausflügler willkommen. Budget-Traveller können hier Stellplätze auf dem **Fitzroy Island Camping Ground** (Stellplatz 35 AU$) buchen.

Fast Cat (www.fitzroyisland.com/getting-here; Erw./Kind/Fam. 78/39/205 AU$) startet um 8, 11 und 13.30 Uhr von Cairns Marlin Wharf (Anleger 20; Buchung erforderlich) und erreicht nach nur 45 Minuten die Fitzroy Island. Zurück nach Cairns geht's um 9.30, 12.15 und 17 Uhr.

Frankland Islands

Wer gern auf einer von fünf unbewohnten, korallengesäumten Inseln mit tollen Schnorchelmöglichkeiten und herrlich weißen Sandstränden abhängen will, der sollte in den Frankland Group National Park fahren. Die Kontinentalinseln bestehen aus High Island im Norden sowie den Inseln Normanby, Mabel, Round und Russell im Süden.

Frankland Islands Cruise & Dive (☎07-4031 6300; www.franklandislands.com.au; Erw./Kind ab 169/99 AU$) veranstaltet exzellente Tagesausflüge, u. a. auch eine Bootsfahrt auf dem Mulgrave River. Schnorchelausrüstung, Unterricht und Mittagessen sind inklusive.

Strände nördlich von Cairns

Entgegen der Aussagen in einigen Broschüren hat Cairns keinen eigenen Badestrand. Aber nach einer nur 15-minütigen Auto-/Busfahrt (im Bus gilt das Stadtticket) erreicht man eine Reihe reizender Strandgemeinden, die alle ihren ganz eigenen Charakter haben: Yorkeys Knob ist bei Seglern beliebt, Trinity bei Familien, Holloways bei Einheimischen (und ihren Hunden) und Palm Cove ist ein mondänes Flitterwochenparadies.

Vor Ort bringt **Northern Beaches Bike Hire** (☎0417 361 012; www.cairnsbeachesbikehire.com; Fahrrad Erw./Kind ab 20/14 AU$/Tag, 80/50 AU$/Woche) Leihräder zu den meisten Unterkünften und holt sie dort wieder ab.

Yorkeys Knob

2766 EW.

Yorkeys Knob ist eine entspannte Gemeinde, die vor allem für ihren Jachthafen und **Golfplatz** (☎07-4055 7933; www.halfmoonbaygolf.com.au; 9/18 Löcher 26/42 AU$, Clubmiete 25 AU$), aber auch für die hier lebenden frechen Krokodile bekannt ist. Das „Knob" im Namen animiert die fröhlichen Einheimischen zu Glucksern und Rippenstößen; andere fragen sich, wo der Apostrophe geblieben ist. Yorkeys ist im Sommer durch ein Quallennetz geschützt.

Blazing saddles (☎07-4055 7400; www.blazingsaddles.com.au; 154 Yorkeys Knob Rd; Ausritt ab 125 AU$) veranstaltet halbtägige Ausritte durch Regenwald, Mangroven und Zuckerrohrfelder.

Frische Meeresfrüchte und der tolle Blick auf die teuren schwimmenden Spielzeuge im Jachthafen machen den Trip von Cairns zum **Yorkeys Knob Boating Club** (☎07-4055 7711; www.ykbc.com.au; 25-29 Buckley St; Hauptgerichte 18–30 AU$; ☺Mo–Do 10–24, Fr & Sa 10–2, So 8–24 Uhr; ☛) wirklich empfehlenswert.

Trinity Beach

Trinity Beach gehört zu den besser gehüteten Geheimnissen der Region. Trotz des tollen geschützten Sandstrands, der schönen Esplanade und der preiswerten Restaurants und Unterkünfte ist es dem Ort gelungen, den Massentourismus abzuwehren, obwohl er für Einheimische mit Insiderkenntnissen ein beliebtes Ferien- und Gastronomieziel ist. Man kann hier nicht viel tun außer essen, schlafen und relaxen, aber die zentrale Lage von Trinity Beach macht den Ort zu einem perfekten Ausgangspunkt für Aktivitäten.

Die am Strand gelegene Unterkunft **Sea Point on Trinity Beach** (☎07-4057 9544; www.seapointontrinitybeach.com; 63 Vasey Esplanade; Apt. 165–230 AU$; ℗❋☎☒) gehört zu den besten. Sie bietet offene und geschlossene Balkone, gefliese Fußböden und einen schönen Blick.

Die lockere Strandatmosphäre lässt eigentlich nicht vermuten, dass das Essen im **Fratelli on Trinity** (☏07-4057 5775; www.fratelli.net.au; 47 Vasey Esplanade; Hauptgerichte 20–35 AU$; ◷Mi–So 7–22, Mo & Di 17.30–22 Uhr) derart hervorragend ist. Die Pastagerichte sind umwerfend, und Gerichte wie Shrimps mit Pistazien sowie Weichschalenkrabben mit Granatapfel- und Safran-Aioli schaffen es sogar, die Gäste vom fantastischen Ausblick abzulenken.

Der **Blue Moon Grill** (☏07-4057 8957; www.bluemoongrill.com.au; Shop 6, 22-24 Trinity Beach Rd; Hauptgerichte 22–40 AU$; ◷Mo–Do 16–22, Fr–So 7–11 & 15–22 Uhr) bietet eine überwältigende Speisekarte mit kreativen und originellen Gerichten. Wo sonst kann man Krokodil-Popcorn probieren?

Palm Cove

1215 EW.

Palm Cove, der bekannteste Strandort nördlich von Cairns, hat sich zu einer ganz eigenen Urlaubsdestination entwickelt. Er ist heimeliger als Port Douglas und luxuriöser als seine südlichen Nachbarn. Die abgeschiedene Küstengemeinde hat eine wunderschöne Promenade, die an der von Myrtenheiden gesäumten Williams Esplanade entlangführt. Der wunderschöne weiße Sandstrand und die schicken Restaurants tun ihr Bestes, um die jungen Liebespaare aus ihren Luxusresorts zu locken, was zweifelsohne auch gelingt.

Wer es schafft, sich vom Strand oder Pool loszueisen, findet in Palm Cove einige ausgezeichnete Veranstalter, die Wassersportaktivitäten anbieten, u. a. **Beach Fun Co** (☏0411 848 580; www.beachfunco.com; Ecke Williams Esplanade & Harpa St), **Palm Cove Watersports** (☏0402 861 011; www.palmcovewatersports.com; 149 Williams Esplanade; Kajakverleih ab 20 AU$/Std.) und **Pacific Watersports** (☏0413 721 999; www.pacificwatersports.com.au; 41 Williams Esplanade). Letzterer hat Schildkrötentouren per SUP oder Kajak im Programm.

🛏 Schlafen & Essen

★ **Cairns Beaches Flashpackers** HOSTEL $
(☏07-4055 3797; www.cairnsbeachesflashpackers.com; 19 Veivers Rd; B/DZ 45/120 AU$; P ❄ ☎ ☒) Obwohl es nur als Hostel eingestuft ist – es ist das erste und einzige in Palm Cove – ist diese grandiose, makellose Unterkunft, die nur 100 m vom Strand entfernt ist, ruhiger

als manch anderer Party-Palast. Die Schlafsäle (ohne Etagenbetten) sind sauber und komfortabel, die Zimmer haben Bäder und Schiebetüren zum Pool. Gäste können sich in der einwandfreien Küche etwas kochen oder auf einem Piaggio-Roller in eins der Restaurants in der Umgebung fahren.

Palm Cove Holiday Park CAMPING $
(☏07-4055 3824; www.palmcovehp.com.au; 149 Williams Esplanade; Stellplatz mit/ohne Strom ab 36/29 AU$; P ☎) Preiswert übernachten kann man auf diesem modernen, gut geführten Strand-Campingplatz in der Nähe des Anlegers. Er verfügt über Stellplätze für Zelte und Wohnmobile, eine neue Gemeinschaftsküche, einen Grillbereich und Waschmaschinen.

★ **Sarayi** BOUTIQUEHOTEL $$
(☏07-4059 5600; www.sarayi.com.au; 95 Williams Esplanade; DZ 115–240 AU$; P ❄ ☎ ☒) Weiß, hell und in perfekter Lage mitten in einem Hain aus Myrtenheiden gegenüber vom Strand – das Sarayi ist eine wunderbare Unterkunft für Paare, Familien und die stets zunehmende Anzahl von Heiratswilligen, die sich oben auf der Dachterrasse das Jawort geben wollen. Sarayi ist türkisch und bedeutet „Palast", und genau das ist es. Das lockere, aber tatkräftige Management tut alles, damit man sich wie ein Royal fühlt.

Reef Retreat APARTMENT $$
(☏07-4059 1744; www.reefretreat.com.au; 10-14 Harpa St; Apt. ab 165 AU$; P ❄ ☎ ☒) Der ausgezeichnete Service wird dem Ruf dieser schönen Unterkunft absolut gerecht. Die ruhige Anlage mit schattigem Pool ist von Wald umgeben, und die gut in Schuss gehaltenen Ein-, Zwei- und Dreizimmerapartments sind mit viel Holz, hochwertigen Möbeln, kleinen Küchen und großen, luftigen Balkonen ausgestattet.

★ **Reef House Resort & Spa** BOUTIQUEHOTEL $$$
(☏07-4080 2600; www.reefhouse.com.au; 99 Williams Esplanade; DZ ab 300 AU$; P ❄ ☎ ☒) Das ehemalige Wohnhaus eines Brigadegenerals ist gemütlicher und zurückhaltender als die meisten anderen Ferienunterkünfte in Palm Cove. Weißgetünchte Wände, Korbmöbel und breite Betten mit romantischen Musselin-Vorhängen unterstreichen das kultivierte Ambiente. Die Brigadier's Bar funktioniert auf Vertrauensbasis in die Ehrlichkeit der Gäste. In der Abenddämmerung wird kostenloser Punsch im Kerzenschein gereicht.

★ Chill Cafe
CAFÉ **$$**

(☑ 0439 361 122; www.chillcafepalmcove.com.au;
41 Williams Esplanade; Hauptgerichte ab 19 AU$;
☺ 6 Uhr–open end) Die 1-a-Lage am Rand der
Ufer-Esplanade, der fröhliche, freundliche
und aufmerksame Service, die tolle Musik
und die riesige Terrasse sind großartige
Gründe, um dieses angesagte Café zu besu-
chen. Aus der Küche kommen übergroße,
leckere Portionen (z. B. Fischtacos und riesi-
ge Club-Sandwiches). Man kann aber auch
einfach nur den Sonnenschein bei einem
Gläschen Saft oder Bier genießen.

Seafarer's Oyster
Bar & Restaurant
SEAFOOD **$$**

(☑ 07-4059 2653; 45 Williams Esplanade; Austern
ab 20 AU$/Dutzend, Hauptgerichte ab 19 AU$;
☺ Mo–Do 12–15 & 17–20.30, Fr–So 12–20.30 Uhr)
Hier bekommt man die köstlichsten Austern
und die frischesten Meeresfrüchte des Ortes; Strandfeeling und Geselligkeit inklusive.

★ Vivo
MODERN-AUSTRALISCH **$$$**

(☑ 07-4059 0944; www.vivo.com.au; 49 Williams
Esplanade; Hauptgerichte ab 30 AU$; ☺ 7.30–21
Uhr) Das schönste Restaurant an der Espla-
nade ist auch eins der besten. Die Gerichte
(Frühstück, Mittag- und Abendessen) sind
kreativ und werden aus frischen, regionalen
Zutaten zubereitet. Der Service ist hervorra-
gend, der Ausblick traumhaft und die Ta-
gesmenüs haben ein ausgezeichnetes
Preis-Leistungs-Verhältnis.

★ Beach Almond
SEAFOOD **$$$**

(☑ 07-4059 1908; www.beachalmond.com; 145 Williams Esplanade; Hauptgerichte ab 27 AU$; ☺ Mo-
Sa 17–23, So 12–15 & 17–23 Uhr) Beim Anblick des
rustikalen, leicht baufälligen Strandhauses
auf Stelzen glaubt man kaum, dass hier eine
ganz außergewöhnliche Erfahrung in Sachen
Essen auf die Gäste wartet. Garnelen mit
Schwarzem Pfeffer, Mangrovenkrabben à la
Singapur und Barramundi in Bananenblät-
tern sind nur einige der leckeren Kreationen
mit asiatischen Aromen und Gewürzen.

Nu Nu
MODERN-AUSTRALISCH **$$$**

(☑ 07-4059 1880; www.nunu.com.au; 1 Veivers Rd;
Hauptgerichte ab 38 AU$, Probiermenü 70 AU$/
Pers.; ☺ 6.15 Uhr–open end) Das angesagte Nu
Nu verwendet nur frische Zutaten aus der
Region für seine Mod-Oz-Meisterwerke wie
pochierte Garnelen mit kandiertem Bacon,
Apfel, Samenbröseln und Chicorée oder um-
werfende im Wok zubereitete Mangroven-
krabben mit süßem Schweinefleisch, Chili,
Tamarinde, Ingwer und Blattgemüse.

🍷 Ausgehen & Nachtleben

Apres Beach Bar & Grill
BAR

(☑ 07-4059 2000; www.apresbeachbar.com.au; 119
Williams Esplanade; ☺ 8–23 Uhr) Der belebteste
Laden in Palm Cove ist abgefahren mit alten
Motorrädern und Rennwagen eingerichtet;
an der Decke hängt ein Doppeldecker. Zu-
dem warten hier regelmäßige Livemusik
und große Steaks aller Art.

Surf Club Palm Cove
BAR

(☑ 07-4059 1244; www.surfclubpalmcove.com.au;
135 Williams Esplanade; ☺ Mo & Di 11–22, Mi–Sa
11–24, So 8–24 Uhr) Ein toller Ort, um in der
sonnigen Gartenbar einen Drink zu neh-
men. Zudem kann man hier günstig Meeres-
früchte essen und für Kinder gibt es ordent-
liche Gerichte.

Ellis Beach

Der kleine Ellis Beach ist der letzte – und
wohl auch der beste – Strand von Cairns. Er
liegt dem Highway am nächsten, der direkt
daran vorbeiführt. Die lange, geschützte
Traumbucht hat einen von Palmen gesäum-
ten und von Rettungsschwimmern bewach-
ten Badestrand (im Sommer mit Quallen-
netz). Buchans Point, Cairns einziger (nicht
offizieller) FKK-Strand, befindet sich am
Südende von Ellis. Hier gibt's kein Quallen-
netz, sodass man sein Wertvollstes schützen
sollte, bevor man im Adams- oder Evakos-
tüm ins kühle Nass springt.

Hartley's Crocodile Adventures (☑ 07-
4055 3576; www.crocodileadventures.com; Captain
Cook Hwy, Wangetti Beach; Erw./Kind/Fam.
37/18,50/92,50 AU$; ☺ 8.30–17 Uhr) 🅿 liegt
nördlich von Ellis Beach in Richtung Port
Douglas. Das tägliche Angebot aufregender
Events beinhaltet Führungen über die Kro-
kodilfarm, Fütterungen, Schlangen- und
„Krokodilattacken"-Shows sowie Bootsfahr-
ten durch die vor Krokodilen nur so wim-
melnde Lagune.

Ellis Beach Oceanfront Bungalows
(☑ 1800 637 036, 07-4055 3538; www.ellisbeach.
com; Captain Cook Hwy; Stellplatz mit/ohne Strom
ab 41/34 AU$, Hütte mit Gemeinschaftsbad ab
115 AU$, Bungalow ab 170 AU$, Bungalows am Was-
ser ab 190 AU$; ✱ @ ☒) verfügt über Stellplät-
ze, Hütten und moderne Bungalows – die
besten mit Meerblick. Der Versuch, an **Ellis
Beach Bar 'n' Grill** (☑ 07-4055 3534; www.
ellisbeachbarandgrill.com.au; Captain Cook Hwy;
Hauptgerichte 10–30 AU$; ☺ 8–20 Uhr) vorbei-
zufahren und nicht für ein Bier und einen
Burger anzuhalten, scheitert meistens.

CAIRNS & DAINTREE RAINFOREST STRÄNDE NÖRDLICH VON CAIRNS

Clifton Beach

Das niedliche Clifton ist ein Strand für Einheimische. Hier gibt's nur wenig Bebauung. Die langen, oft einsamen von Palmen gesäumten Strände erstrecken sich bis Palm Cove. Wer auf der Suche nach Privatsphäre ist oder einem Ort, an dem die Kleinen ungehindert toben können, sollte sich hier eine Bleibe suchen.

Das idyllische, ruhige und von einem sehr gastfreundlichen Paar geführte South Pacific B&B (07-4059 0381; www.southpacificbnbcliftonbeach.com.au; 18 Gibson Cl; EZ/DZ ab 100/120 AU$; P✳🌐🏊) bietet geräumige, tropische Zimmer und Cottages. Zum Frühstück gibt's u. a. Unmengen exotische Früchte.

Selbst wenn man nicht in Clifton übernachtet, so ist doch ein Abstecher ins Coco Mojo (07-4059 1272; 14 Clifton Rd; Hauptgerichte 23–40 AU$; ⊙ Mo & Di 17.30–23.30, Mi–Fr 12–23.30, Sa & So 9–23.30 Uhr) lohnend. Auf der langen Speisekarte steht vorwiegend Streetfood aus aller Welt – von Nigeria und Texas über Indonesien bis in den Libanon –, das von den erfahrenen internationalen Köchen aufs Beste zubereitet wird.

Südlich von Cairns

Babinda

7 km landeinwärts von der kleinen Arbeiterstadt Babinda befinden sich die Babinda Boulders mit einem malerischen Flüsschen, das zwischen 4 m hohen Granitfelsen hindurchrauscht. Der Bach ist krokodilfrei, birgt aber eine Gefahr ganz anderer Art: extrem heimtückisches Wasser. Traumgeschichten der Aborigines zufolge soll sich eine junge Frau, nachdem sie von ihrer großen Liebe getrennt wurde, in das damals noch ruhige Wasser gestürzt haben. Ihr Schmerz hat den Fluss zu dem reißenden Strom gemacht, der er heute ist. Fast 20 Besucher haben an den Felsen schon ihr Leben gelassen. Schwimmen ist nur an einigen ruhigen, gut markierten Stellen des Flusses erlaubt, aber man sollte genau auf die Warnschilder achten. Mehrere Wanderwege bieten sichere Möglichkeiten zum Luft holen und für die obligatorischen Fotos.

Kostenlos campen kann man auf der Babinda Boulders Camping Area.

Wooroonooran National Park

Der dampfende Wooroonooran National Park ist wie ein Traum. Er ist Teil der Wet Tropics World Heritage Area und strotzt vor atemberaubenden Naturspektakeln wie Queenslands höchstem Berg (Mt. Bartle Frere; 1622 m), dramatischen Wasserfällen, ursprünglichen Regenwäldern, einer ungewöhnlichen Flora und Fauna sowie kühlen Schwimmlöchern. Es ist ein Paradies für Wanderer und all diejenigen, die sich eine Auszeit aus der Tretmühle Cairns wünschen.

Infos über Campinggenehmigungen gibt's bei NPRSR (13 74 68; www.nprsr.qld.gov.au/parks/wooroonooran; Campinggenehmigung pro Pers./Fam. 6,15/24,60 AU$).

ATHERTON TABLELANDS

Als fruchtbarer Brotkorb des hohen Nordens ragen die Atherton Tablelands landeinwärts zwischen Innisfail und Cairns empor. Malerische Landstädtchen, Öko-Wildnislodges und luxuriöse B&Bs überziehen die üppig grünen Hügel. Dazwischen erstreckt sich ein Flickenteppich aus Feldern, Regenwaldgebieten, spektakulären Seen und Wasserfällen. Hinzu kommen Queenslands höchste Berge: der Bartle Frere (1622 m) und der Bellenden Ker (1593 m).

Die Tablelands sind ein grandioser Ort, wenn man von der Hitze an der Küste genug hat. Hier ist es fast immer ein paar Grad kühler als in Cairns, im Winter wird es nachts sogar richtig kalt.

ℹ An- & Weiterreise

Busse von Trans North (S. 509) verbinden Cairns regelmäßig mit verschiedenen Haltestel-

---

EIN STEINHAUFEN NAMENS CAIRNS

Die Landschaft entlang der Straße nach Port Douglas scheint nicht unverwegen genug zu sein, denn der Captain Cook Hwy hat jetzt noch einen weiteren Blickfang zu bieten: Hunderte von mysteriösen, gefährlich aufeinander gestapelten Steinen. Die Identität und die Aktion der Stein-Stapler stellt die amüsierten Einheimischen vor ein Rätsel: Ist es ein Wortspiel („Cairns" bedeutet Steinhaufen)? Konzeptkunst? Egal, man muss einfach anhalten und grübeln. Die eigenartige Sammlung befindet sich direkt nördlich von Ellis Beach.

len in den Tablelands: nach Kuranda (6,70 AU$, 30 Min.), Mareeba (19,60 AU$, 1 Std.), Atherton (25,30 AU$, 1¾ Std.) und Herberton/Ravenshoe (32/37,40 AU$, 2/2½ Std., Mo, Mi & Fr).

Kuranda

2966 EW.

Versteckt im dichten Regenwald liegt eins der beliebtesten Ausflugsziele von Cairns aus: das alternative Künstlerdorf Kuranda. Tagsüber tummeln sich in dieser Hippie-Oase unzählige Besucher, die den hiesigen Vibe in sich aufsaugen, Tierschutzgebiete besichtigen und über die berühmten Märkte bummeln. Kaum dass der Abend Einzug hält, scheint der Ort aufzuatmen. Die Einheimischen (und auch das eine oder andere herumhopsende Wallaby) ergreifen wieder Besitz von ihren Straßen und Kneipen.

Allein die Fahrt nach Kuranda ist schon ein Abenteuer: egal, ob mit dem Auto über die kurvige Waldstraße, der dampfenden Eisenbahn oder mit Australiens längster Seilbahn (S. 498).

⊙ Sehenswertes & Aktivitäten

★ Kuranda Original Rainforest Markets MÄRKTE
(☏ 07-4093 9440; www.kurandaoriginalrainforest market.com.au; Therwine St; ⊙ 9.30–15 Uhr) Räucherwerkschwaden weisen den Weg hinunter zu den stimmungsvollen, authentischen Dorfmärkten. Seit 1978 sind die Märkte landesweit der beste Ort, um künstlerische Arbeit und Hippies zu beobachten. Das Angebot reicht von Avocado-Eiscreme bis zur Unterwäsche aus Bio-Textilien. Zudem können einheimische Produkte wie Honig oder Fruchtwein probiert werden.

BatReach NATURSCHUTZGEBIET
(☏ 07-4093 8858; www.batreach.com.au; 13 Barang St; Spende erwünscht; ⊙ Di, Mi, Do & So 10.30–14.30 Uhr) Besucher sind in diesem Rettungs- und Rehabilitationszentrum für verletzte und verwaiste Fledermäuse, Opossums und Kurzkopfgleitbeutler gern gesehen. Die passionierten Freiwilligen sind überglücklich, Besuchern die Anlage zu zeigen und ihnen ihre Arbeit zu erklären. BatReach befindet sich neben der Feuerwache.

Rainforestation PARK
(☏ 07-4085 5008; www.rainforest.com.au; Kennedy Hwy; Erw./Kind/Fam. 47/23,50/117,50 AU$; ⊙ 9–16 Uhr) Für die Erkundung des riesigen Komplexes sollte man einen ganzen Tag einplanen.

Das Gelände ist in drei Bereiche eingeteilt: ein Park mit Koalas und anderen Tieren, die interaktive Pamagirri Aboriginal Experience und eine Fluss- und Regenwaldtour an Bord des Amphibienfahrzeugs Army Duck.

Der Park liegt 3 km östlich von Kuranda. **Shuttlebusse** (einfache Fahrt/hin & zurück Erw. 7/12 AU$, Kind 3,50/6 AU$) verkehren alle 30 Minuten zwischen dem Park und Kuranda.

Rainforestation ist im Capta 4 Park Pass (www.capta.com.au) enthalten. Mit diesem Pass kommt man verbilligt in vier Far-North-Queensland-Attraktionen.

Heritage Markets MARKT
(☏ 07-4093 8060; www.kurandamarkets.com.au; Rob Veivers Dr; ⊙ 9.30–15.30 Uhr) Auf Kurandas Touristenmarkt werden vor allem australische Souvenirs verkauft, z.B. Emu-Öl, Fliegen aus Känguruleder und Akubra-Hüte. Auf dem Markt befinden sich auch das Café **Frogs** (www.frogsrestaurant.com.au; Hauptgerichte 12,40–35 AU$; ⊙ 9.30–16 Uhr; ☏ ✏) und einige Tierreservate, darunter **Kuranda Koala Gardens** (☏ 07-4093 9953; www.koalagardens. com; Erw./Kind 18/9 AU$, Koalafotos kosten extra; ⊙ 9–16 Uhr), **Australian Butterfly Sanctuary** (☏ 07-4093 7575; www.australianbutter flies.com; Erw./Kind/Fam. 19,50/9,75/48,75 AU$; ⊙ 9.45–16 Uhr) und **Birdworld** (☏ 07-4093 9188; www.birdworldkuranda.com; Erw./Kind 18/9 AU$; ⊙ 9–16 Uhr).

Kuranda Riverboat BOOTSFAHRT
(☏ 07-4093 0082; www.kurandariverboat.com.au; Erw./Kind/Fam. 18/9/45 AU$; ⊙ stündl. 10.45–14.30 Uhr) Wie wär's mit einer 45-minütigen Fahrt auf dem ruhigen Barron River oder mit einem einstündigen lehrreichen Spaziergang durch einen abgelegenen und nur per Boot zu erreichenden Teil des Regenwaldes? Kuranda Riverboat ist am Anleger hinter dem Bahnhof zu finden. Tickets (nur Barzahlung) sind an Bord erhältlich. Den Spaziergang muss man online buchen.

🛏 Schlafen & Essen

Kuranda Rainforest Park CAMPING $
(☏ 07-4093 7316; www.kurandarainforestpark.com. au; 88 Kuranda Heights Rd; Stellplatz mit/ohne Strom 32/30 AU$, EZ/DZ ohne Bad 35/70 AU$, Hütte 90–110 AU$; P ❄ 🛜 🐾) Mit grasbewachsenen Stellplätzen mitten im Regenwald macht dieser gut gepflegte Park seinem Namen alle Ehre. Die einfachen, aber gemütlichen „Backpacker-Zimmer" grenzen an eine Holzterrasse mit Blechdach. Von den Hütten schaut man auf den Pool oder den Garten.

Das hervorragende Hausrestaurant serviert einheimische Produkte. Vom Ort führt ein Waldweg hierher (10 Min. zu Fuß).

Fairyland House
B&B $

([☎] 07-4093 9194; www.fairylandhouse.com.au; 13 Fairyland Rd; Zi. ab 60 AU$/Pers.; [P]) Unterkunft mit veganem Rohkost-Restaurant, Tarotkartenlesen, Yogaunterricht, großem Obstgarten und Wellness-Workshops. Typisch Kuranda! Die luftigen Zimmer öffnen sich alle zum Garten hin. Das B&B ist 4 km vom Dorf entfernt. Hier gibt es weder gekochte noch tierische Produkte. Zigaretten, Alkohol, Tiere und Drogen sind verboten.

★Cedar Park Rainforest Resort
RESORT $$

([☎]07-4093 7892; www.cedarparkresort.com.au; 250 Cedar Park Rd, Koah; EZ/DZ inkl. Frühstück ab 165/175 AU$; [P]❀🛜) 🍴 Die ungewöhnliche Hotelanlage tief im Busch (20 Autominuten von Kuranda in Richtung Mareeba) ist eine Mischung aus europäischer Burg und australischem Buschresort. Statt fernzusehen, schauen sich die Gäste Wallabys, Pfauen und Dutzende einheimische Vögel an. Es gibt viele Hängematten, einen Zugang zum Bach, eine Feuerstelle und ein Gourmetrestaurant mit preiswerten Gerichten und Gratis-Portwein.

German Tucker
DEUTSCH $

(www.germantucker.com; Therwine St; Würstchen 7,50–9 AU$; [⊙]10–15 Uhr) In diesem witzigen Lokal kann man klassische Würstchen sowie herzhafte Emu- und Krokodilwürste probieren. Dazu gibt's Blasmusik und erstklassiges deutsches Bier in Steinkrügen.

Petit Cafe
CRÊPES $

(www.petitcafe.com.au/kuranda; Original Kuranda Rainforest Markets, 7 Therwine St; Crêps 10–17 AU$; [⊙]8–15 Uhr) Hinten im Kuranda Original Rainforest Markets (S. 497) gelegenes Restaurant mit einer verlockenden Auswahl an Crêpes mit herzhafter oder süßer Füllung. Verführerische Kombinationen wie Macadamia-Pesto und Feta lassen einem das Wasser im Mund zusammenlaufen.

Annabel's Pantry
BÄCKEREI $

(15 Therwine St; Pies 4,50–6,50 AU$; [⊙]10–15 Uhr) Die beliebte Bäckerei hat rund 25 Pie-Varianten im Angebot, darunter auch welche mit Kängurufleisch und vegetarische.

★Kuranda Veranda
INTERNATIONAL $$

(www.kurandarainforestpark.com.au; Kuranda Rainforest Park, 88 Kuranda Heights Rd; Hauptgerichte 13–27 AU$; [⊙]Mo, Di & Do–Sa 17.30–21.30, So 11.30–21.30 Uhr; [♿]🔧) Das ausgezeichnete Restaurant versteckt sich im Kuranda Rainforest Park und serviert riesige Portionen Steaks, Pfannengerichte und Salate. Kids werden viel Spaß dabei haben, sich die Zutaten für ihre eigene „create-a-tayta" (gefüllte Ofenkartoffel) auszusuchen und sich eigene Eisbecher zusammenzustellen. In dem Restaurant herrscht Telefonverbot, sodass man zur Abwechslung mal dem echten Gezwitscher lauschen kann.

ℹ Praktische Informationen

Kuranda Visitor Information Centre ([☎]07-4093 9311; www.kuranda.org; Centenary Park; [⊙]10–16 Uhr) Die kompetenten Mitarbeiter des unübersehbaren Besucherzentrums im Centenary Park geben gern Empfehlungen. Außerdem gibt's hier jede Menge Karten.

ℹ An- & Weiterreise

Wer von Cairns nach Kuranda will, reist getreu dem Motto „Der Weg ist das Ziel". Man hat die Wahl zwischen der **Skyrail Rainforest Cableway** ([☎]07-4038 5555; www.skyrail.com.au; Ecke Cook Hwy & Cairns Western Arterial Rd, Smithfield; Erw./Kind einfache Fahrt ab 50/25 AU$, hin & zurück 75/37,50 AU$; [⊙]9–17.15 Uhr) und der **Kuranda Scenic Railway** ([☎]07-4036 9333; www.ksr.com.au; Erw./Kind einfache Fahrt ab 50/25 AU$, hin & zurück ab 76/38 AU$) oder einer Kombi aus Beidem (hin & zurück Erw./Kind ab 109,50/54,75 AU$). Die Fahrt von Kuranda nach Cairns kostet mit Trans North (S. 509) 6,70 AU$, mit dem Cairns Cooktown Express (S. 491) 16 AU$ und mit John's Kuranda Bus (S. 491 5 AU$.

Kuranda ist 25 km von Cairns entfernt.

Mareeba
10 181 EW.

Mareeba hat ein typisches Wild-West-Flair: Örtliche Händler erfüllen Cowboy-Träume mit Ledersätteln, handgefertigten Buschhüten und übergroßen Gürtelschnallen. Wen wundert es also, dass hier eins der größten **Rodeos** (www.mareebarodeo.com.au; [⊙]Juli) Australiens stattfindet.

Früher war Mareeba das Zentrum von Australiens größter Tabakanbauregion. Mit Obsthainen, Kaffeeplantagen und Destillerien nutzt der Ort heute seinen Boden für gesündere Produkte. Die Region hat außerdem etliche ungewöhnliche Naturattraktionen zu bieten, die sich von denen in den höher gelegenen Tablelands deutlich unterscheiden.

CAIRNS & DAINTREE RAINFOREST ATHERTON TABLELANDS

Die **Mareeba Tropical Savanna & Wetland Reserve** (☎07-4093 2514; www.mareeba wetlands.org; Erw./Kind/Fam. 10/5/25 AU$; ☺April–Dez. 8.30–16.30 Uhr) ist ein wunderschönes, 20 km² großes Naturschutzgebiet mit Wald, Weideland, Sümpfen und der großen Clancy's Lagoon – ein Paradies für Vogelfreunde. Der 12 km von Mareeba entfernte **Granite Gorge Nature Park** (☎07-4093 2259; www.granitegorge.com.au; Erw./Kind 10/3 AU$) mutet mit seinen gigantischen Granitfelsen, Höhlen, Wasserlöchern, in denen sich Schildkröten tummeln, und seiner bunten Tierwelt fast außerirdisch an.

Campen kann man das ganze Jahr auf dem **Rodeo Campingplatz** (☎07-4092 1654; www.mareebarodeo.com.au; Kerribee Park; Stellplatz mit/ohne/ Strom für 2 Pers. 18/15 AU$).

Atherton

7287 EW.

Die größte Siedlung und inoffizielle Hauptstadt der gleichnamigen Tablelands ist ein lebhaftes Landstädtchen und eine hervorragende Ausgangsbasis für alle, die die Highlights der Region erkunden wollen.

Viele Backpacker kommen hierher, um bei der das ganze Jahr über stattfindenden Obsternte zu helfen. Im **Atherton Visitor Information Centre** (☎07-4091 4222; www.itablelands.com.au; Ecke Main St & Silo St; ☺9–17 Uhr) erfährt man alles über aktuelle Jobs.

Ende des 19. Jhs. kamen Tausende chinesische Migranten in die Region, um nach Gold zu suchen. Von Athertons Chinatown ist heute aber nur noch der aus Wellblech bestehende **Hou-Wang-Miau-Tempel** (☎07-4091 6945; www.houwang.org.au; 86 Herberton Rd; Erw./Kind 10/5 AU$; ☺Mi–So 11–16 Uhr) übrig. Im Eintrittspreis ist eine Führung enthalten.

Crystal Caves (☎07-4091 2365; www.crystalcaves.com.au; 69 Main St; Erw./Kind/Fam. 22,50/10/55 AU$; ☺Mo–Fr 9–17, Sa & So 9–16 Uhr; ♿) ist ein skurriles Mineralienmuseum, das die größte Amethystdruse beherbergt (sie ist über 3 m hoch und 2,7 t schwer).

Millaa Millaa

Das bezaubernde Millaa Millaa mit dem passenden Spitznamen „Village in the Mist" ist eine kleine milchproduzierende Gemeinde, die für ihre wunderschönen Wasserfälle bekannt ist. Auf dem hügeligen Ackerland rund um den Ort tummeln sich schwarz-weiße Kühe. Ein malerischer Ort, an dem man

NICHT VERSÄUMEN

DIE MÄRKTE DER TABLELANDS

In malerischen ländlichen Gegenden ist es anscheinend Pflicht, dass in jeder winzigen Ortschaft einmal im Monat Markttag ist, und der in Kuranda ist legendär. Die folgenden Märkte sind lohnend für alle, die lieber einen etwas bodenständigeren Markt besuchen möchten:

Malanda Markets (Malanda Showgrounds; ☺3. Sa des Monats 7–12 Uhr)

Yungaburra Markets (www.yungaburramarkets.com; Gillies Hwy; ☺4. Sa des Monats 7.30–12.30 Uhr)

Atherton Undercover Markets (Merriland Hall, Robert St; ☺2. So des Monats 7–12 Uhr)

Tumoulin Country Markets (63 Grigg St; ☺4. So des Monats 8–12 Uhr)

wunderbar einen Zwischenstopp zum Mittagessen einlegen oder auch ein paar schöne, ruhige Nächte verbringen kann.

Übernachtungsmöglichkeiten gibt's im **Millaa Millaa Tourist Park** (☎07-4097 2290; www.millaacaravanpark.com.au; Ecke Malanda Rd & Lodge Ave; Stellplatz mit/ohne Strom 29/24 AU$, Hütte 65 AU$, mit Bad 75–110 AU$; ♟❄�📶🐕🏊) und im **Millaa Millaa Hotel** (☎07-4097 2212; www.millaamillaahotel.info; 15 Main St; EZ/DZ 85/95 AU$; ♟❄🏊). Im **Falls Teahouse** (☎07-4097 2237; www.fallsteahouse.com.au; 6 Theresa Creek Rd; Gerichte ab 10 AU$; ☺9–16 Uhr, Mi geschl.) kann man ausgezeichnet einen Devonshire-Tee genießen.

Malanda & Umgebung

Im Norden von Queensland gilt Malanda als Synonym für „Milch", seit 1908 560 Rinder von New South Wales aus in 16 Monaten hierher getrieben wurden. Im zur hiesigen Molkerei gehörigen **Malanda Dairy Centre** (☎07-4095 1234; www.malandadairycentre.com; 8 James St; ☺Mi–So 9–15 Uhr) GRATIS ist ein kinderfreundliches Museum untergebracht, in dem die Rindergeschichte der Region beleuchtet wird.

Die Umgebung von Malanda und der Ort selbst – einschließlich des wie aus einer anderen Welt wirkenden Mt. Hypipamee-Kraters – ist von Regenwald eingebettet und die Heimat der seltenen und recht schüchternen

NICHT VERSÄUMEN

DIE TABLELANDS FÜR GOURMETS

Die Atherton Tablelands sind bekannt für ihre Erzeugnisse, Gourmetfeste und andere leckere Veranstaltungen. Zu den Besten gehören:

Rainforest Bounty (☑07-4076 6544; www.rainforestbounty.com.au; 66 Lindsay Rd, Malanda; Kurse ab 220 AU$) Slow-Food-Kochschule am Fluss. In den eintägigen Kursen werden lokale Zutaten verarbeitet.

Cheesemaking & More (☑07-4095 2097; www.cheesemakingandmore.com.au; Quinlan Rd, Lake Eacham) In den zwei Mal im Monat angebotenen, zweitägigen Kursen kann man lernen, wie Käse gemacht wird. In den eintägigen Kursen erfährt man alles über die Brot-, Butter- und Hartkäseherstellung.

Gallo Dairyland (☑07-4095 2388; www.gallodairyland.com.au; Atherton-Malanda Rd; ☉9.30–16.30 Uhr; ♿) Bewirtschafteter Bauernhof außerhalb von Atherton mit Käsefabrik und von Hand hergestellter Schokolade.

Honey House (www.honeyhousekuranda.com; 7 Therwine St; ☉9–15 Uhr; ♿) Institution in Kuranda mit erstklassischem Rohhonig, Bienenstöcken und Bienenzüchter.

Tastes of the Tablelands (www.tastesofthetablelands.com; ☉Okt.) Auf dem eintägigen Fest werden die Produkte der Tablelands vorgestellt; es gibt Von-der-Weide-auf-den-Teller-Ausstellungen, Vorführungen und Festessen.

Mt Uncle Distillery (☑07-4086 8008; www.mtuncle.com; 1819 Chewko Rd, Walkamin; ☉10–16.30 Uhr; ♿) Whiskys, saisonale Liköre und Spirituosen aus Bananen, Kaffee, Maulbeeren und Zitronen aus der Region.

Lumholtz-Baumkängurus. Wer sie erspähen will, sollte sich abends mit einer schwachen Taschenlampe auf die Lauer legen.

Im **Australian Platypus Park & Tarzali Lakes Aquaculture Centre** (☑07-4097 2713; www.tarzalilakes.com; Millaa Millaa-Malanda Rd, Tarzali; ☉10–16 Uhr; ♿) kann man Schnabeltiere bewundern und Barramundis angeln.

Das **Malanda Falls Visitor Centre** (☑07-4096 6957; www.malandafalls.com; 132 Malanda-Atherton Rd; ☉9.30–16.30 Uhr) zeigt nachdenklich stimmende Ausstellungen und organisiert geführte Wanderungen durch den Regenwald.

Yungaburra

Das kleine Yungaburra ist einfach nur reizend: von Bäumen gesäumte Straßen, 19 denkmalgeschützte Stätten, eine einladende Kneipe mit rowdyhaften Einheimischen, schicke Boutiquen und Cafés sowie eine spezielle Schnabeltier-Beobachtungsplattform. Die Nähe zum Lake Tinaroo und zu einigen der grandiosesten Naturattraktionen der Gegend machen Yungaburra zu einer guten Ausgangsbasis in die Tablelands.

Rund 3 km außerhalb des Orts steht der heilige, 500 Jahre alte **Curtain Fig Tree** (Gardinen-Feigenbaum) (Fig Tree Rd, East Barron), dessen riesige, außerirdisch anmutende Luftwurzeln wie ein gigantischer „Vorhang" herabhängen – ein absolutes Muss. Wer sich ganz still verhält, kann von der **Schnabeltier-Beobachtungsplattform** (Gillies Hwy) am Peterson Creek vielleicht eines der scheuen Kloakentiere erspähen.

Die von **Alan's Wildlife Tours** (☑07-4095 3784; www.alanswildlifetours.com.au; Tagestour 90–500 AU$, Mehrtagestour ab 1790 AU$) angebotenen Ausflüge in die Gegend rund um Yungaburra werden von passionierten Naturkundlern geleitet.

Das **Tablelands Folk Festival** (www.tablelandsfolkfestival.org.au; ☉Okt.) ist ein sagenhaftes kommunales Event in Yungaburra und im benachbarten Herberton mit Musik, Workshops, Vorführungen und einem Markt.

Schlafen & Essen

★ On the Wallaby HOSTEL $
(☑07-4095 2031; www.onthewallaby.com; 34 Eacham Rd; Stellplatz 15 AU$/Pers., B/DZ mit Gemeinschaftsbad 25/60 AU$; ☎) Gemütliches Hostel mit handgefertigten Holzmöbeln, Mosaikdekor und blitzsauberen Zimmern ohne TV! Es werden Naturtrips (40 AU$) mit Nachtkanufahrten angeboten. Zudem gibt es Tourpakete und Transfers ab Cairns. Wer keine Lust hat, sich in der Gemeinschaftsküche etwas zu kochen, kann sich beim allabendlichen Barbecue (12 AU$) vollfuttern.

★ **Yungaburra Hotel** KNEIPENESSEN $$
(Lake Eacham Hotel; ☑07-4095 3515; www.yunga
burrahotel.com.au; 6-8 Kehoe Pl; Hauptgerichte ab
23 AU$; ⏱Restaurant 11–20 Uhr, Kneipe 11–23 Uhr)
Die wunderschöne, einladende Originalholz-
kneipe ist eine der besten des Bundesstaates,
ganz zu schweigen der Tablelands. Es wer-
den öfters Jamsessions veranstaltet, manch-
mal treten auch Bands auf. Aber auch wenn
nichts los ist, ist die Kneipe ein idealer Ort,
um ein großes Bier zu trinken, Einheimische
zu treffen und die Atmosphäre der guten al-
ten Zeit zu genießen. Im Restaurant werden
große Portionen gesunder Gerichte serviert.

❶ Praktische Informationen

Yungaburra Information Centre (☑07-4095
2416; www.yungaburra.com; Maud Kehoe Park;
⏱Mo–Sa 9–17, So 10–16 Uhr) Die superfreundli-
chen Freiwilligen in dem erstklassigen Besucher-
zentrum können Unterkünfte empfehlen, über
geführte Touren und Wanderungen informieren
und Geschichten über Yungaburra erzählen.

Lake Tinaroo

Der Lake Tinaroo – alias Tinaroo Dam – soll
seinen Namen einem Goldgräber verdanken,
der zufällig eine Alluvialzinn-Ader entdeckte
und vor Begeisterung „Tin! Hurroo!" schrie.
Die Begeisterung ist bis heute geblieben –
viele Einheimische flüchten vor der Hitze an
der Küste hierher, um Boot und Wasserski zu
fahren oder um sich einfach am Ufer zu ent-
spannen. **Angeln von Barramundi** (☑0438
012 775; www.tinaroobarra.com; Angeln ganzer/
halber Tag 600/350 AU$) ist ganzjährig erlaubt.
Wer sich keiner Tour anschließt, muss sich
in den Geschäften oder Unterkünften vor
Ort eine Genehmigung besorgen.

Der 28 km lange Danbulla Forest Drive
windet sich entlang des Nordufers des Sees
durch Regenwald und Nadelholzplantagen.
Die Straße, die zwar unbefestigt, aber in gu-
tem Zustand ist, führt vorbei an dem schö-
nen Lake Euramoo und der Cathedral Fig,
eine gigantische 500 Jahre alte Würgefeige
ähnlich der Curtain Fig im nahe gelegenen
Yungaburra. Zu dem Baum kommt man
auch über eine ab dem Gillies Hwy ausge-
schilderte Straße.

Im Danbulla State Forest betreibt Queens-
land Parks fünf **Campingplätze** (☑13 74 68;
www.npsr.qld.gov.au/parks/danbulla; Genehmi-
gung pro Pers./Fam. 6,15/24,60 AU$). Alle haben
Wasser, Grillplätze und Toiletten (Reservie-
rung unbedingt erforderlich).

Der **Lake Tinaroo Holiday Park** (☑07-
4095 8232; www.laketinarooholidaypark.com.au; 3
Tinaroo Falls Dam Rd, Tinaroo Falls; Stellplatz mit/
ohne Strom 37/27 AU$, Hütte ab 90 AU$; ℗❄🛜🛁)
ist ein moderner, gut ausgestatteter, schatti-
ger Campingplatz. Wer will, kann sich kleine
Aluboote, Kanus und Kajaks mieten.

Crater Lakes National Park

Die beiden spiegelglatten, von Regenwald
gesäumten und krokodilfreien vulkanischen
Kraterseen Lake Eacham und Lake Barrine
sind Teil der Wet Tropics World Heritage
Area. Sie sind bei Wasserratten sehr beliebt.

Informationen bekommt man im **Rainfo-
rest Display Centre** (McLeish Rd, Lake Eacham;
⏱Mo, Mi & Fr 9–13 Uhr).

Auf einer 45-minütigen **Bootsfahrt** (www.
lakebarrine.com.au/cruises; Erw./Kind/Fam. 18/8/
40 AU$; ⏱9.30, 11.30 & 13.30 Uhr) über den Lake
Barrine kann man Wasseragame und Schild-
kröten erspähen oder einfach relaxen und
die Aussicht genießen. Die Boote starten am
Lake Barrine Teahouse (☑07-4095 3847;
www.lakebarrine.com.au; Gillies Hwy; Hauptgerichte
ab 8,50 AU$; ⏱9–15 Uhr), wo man auch buchen.

Der 1 km vom Lake Eacham entfernte
Lake Eacham Tourist Park (☑07-4095 3730;
www.lakeeachamtouristpark.com; Lakes Dr; Stell-
platz mit/ohne Strom 27/22 AU$, Hütte 110–130 AU$;
@🛜) bietet schattige Stellplätze, nette Hüt-
ten, einen Gemischtwarenladen und ein Café.

PORT DOUGLAS

3205 EW.

Aus dem einstigen Fischerdorf Port Douglas
ist ein kultivierter, vornehmer Urlaubsort
geworden. Er bildet ein wahres Kontrastpro-
gramm zu Cairns hektischer Touristenszene.
Das äußere Great Barrier Reef liegt weniger
als eine Stunde vor der Küste entfernt, der
Daintree Rainforest praktisch im Hinterhof,
und es gibt unzählige Resorts, weshalb im-
mer mehr Flashpacker, betuchte Paare und
wohlhabende Familien Port Douglas als ihre
Far-North-Basis wählen.

Neben der leichten Erreichbarkeit des
Riffs und der täglich stattfindenden Sonnen-
untergangsfahrten durch die Bucht ist die
Hauptattraktion der Stadt die Four Mile Be-
ach (S. 503), ein breiter, von Palmen ge-
säumter, weißer Sandstrand. Er beginnt am
Ostende der Macrossan St, der Hauptge-
schäftsstraße mit Geschäften, Bars und Res-

CAIRNS & DAINTREE RAINFOREST

Port Douglas

Low Isles (15 km);
Great Barrier Reef

Korallenmeer

Anzac
Park

Douglas Shire
Historical
Society

🛈 1

35

Wharf St

3

28

Dixie St

31

25

33

34

Ashford
Ave

29 Port Douglas
Tourist Information Centre

24

23

Macrossan St

Murphy St

7

Island Point Rd

4

Magazine
Island

10

Inlet St

27

22

26

36

11

8

32

12

Grant St

Warner St

Owen St

21

19

15

16

Dickson Inlet

9

5

6

Reef
Marina

Mowbray St

Four
Mile
Beach

Mudlo St

Davidson St

17

Esplanade

Bally Hooley Railway

30

Wharf St

Sundowner Cl

Puckers Creek

Oval

20

Beryl St

Reynolds
Park

Bade-
bereich

Garrick St

Sand St

Trinity
Bay

2

Blake St

Wharf St

Port St

13

Craven Cl

Davidson St

Port Douglas Rd

Crimmins St

14

18

Mirage Country Club (1,3 km);
QT Resort (1,5 km);
Moonlight Cinema (1,5 km)

0 — 500 m

Port Douglas

taurants. Am westlichen Ende der Macrossan befindet sich das malerische Dickson Inlet und die Reef Marina, in der die Reichen und Berühmten ihre Wasserspielzeuge parken.

◎ Sehenswertes

Four Mile Beach STRAND
Der breite, von Palmen gesäumte Streifen knirschenden Sandes ist so lang, wie das Auge reicht. Vor dem Surfer- und Rettungsschwimmerclub befindet sich ein bewachter Bereich (im Sommer mit Quallennetz). Hier kann man auch Sonnenliegen ausleihen.

⭐ **Wildlife Habitat Port Douglas** ZOO
(☎ 07-4099 3235; www.wildlifehabitat.com.au; Port Douglas Rd; Erw./Kind/Fam. 34/17/85 AU$; ⊙ 8–17 Uhr) Dieses Tierschutzgebiet zeigt heimische Tiere in Gehegen, die ihren natürlichen Lebensräumen ähneln. Hier kann man Koalas, Kängurus, Krokodile, Kasuare und viele andere Tiere aus nächster Nähe bewundern. Die Tickets sind drei Tage lang gültig. Eine besondere Erfahrung ist das **Breakfast with the Birds** (Erw./Kind/Fam. Frühstück inkl. Eintritt 53/26,50/132,50 AU$; ⊙ 8–10.30 Uhr) oder das **Lunch with the Lorikeets** (Erw./Kind inkl. Eintritt 56/28 AU$; ⊙ 12–14 Uhr). Der Zoo befindet sich 5 km außerhalb der Stadt (Shuttlebus 5 AU$).

Trinity Bay Lookout AUSSICHTSPUNKT
(Island Point Rd) Oben vom Flagstaff Hill genießt man einen absolut sensationellen Blick über den Four Mile Beach und das Korallenmeer. Hin kommt man zu Fuß oder mit dem Auto über die Wharf St. Außerdem gibt's einen Weg, der vom Nordende des Four Mile Beach hinaufführt.

Court House Museum MUSEUM
(☎ 07-4098 1284; www.douglashistory.org.au; Wharf St; Erw./Kind 2 AU$/frei; ⊙ Di, Do, Sa & So 10–13 Uhr) Das Gerichtsgebäude von 1879 beherbergt historische Exponate und erzählt u. a. die Geschichte von Ellen Thompson, die 1887 wegen Mordes vor Gericht stand und die einzige Frau ist, die in Queensland je gehängt wurde.

St. Mary's by the Sea KIRCHE
(☎ 0418 456 880; 6 Dixie St) GRATIS Falls sich hier nicht gerade Hochzeitsgesellschaften tummeln, lohnt ein kurzer Blick in diese malerische und nicht konfessionsgebundene Kirche (erb. 1911) aus weißem Holz.

🏃 Aktivitäten

Port Douglas ist für seine bunte Mischung aus Aktivitäten und geführten Touren bekannt – sowohl an Land als auch auf und im Wasser. Golfer haben die Wahl zwischen zwei der besten Golfclubs im Norden Queenslands: **Mirage Country Club** (☎ 07-4099 5537; www.miragecountryclub.com.au; 9/18 Löcher 55/85 AU$) und **Palmer Sea Reef** (☎ 07-4087 2222; www.palmergolf.com.au; 9/18 Löcher mit Golfcart 85/145 AU$).

ABSTECHER

CHILLAGOE

Die charismatische ehemalige Goldgräberstadt lässt die wildesten und romantischsten Träume vom Outback wahr werden. In dem rauen Ort geht es gemächlich zu: Er liegt mitten in einer Gegend, die beeindruckende Kalksteinhöhlen, Stätten mit indigener Felskunst und die gruseligen Ruinen einer **Schmelzhütte** (www.nprsr.qld.gov.au/parks/chillagoe-caves) aus dem frühen 20. Jh. zu bieten hat. Im **Chillagoe Observatory** (☏ 07-4094 7155; www.coel.com.au; Hospital Ave; Erw./Kind ab 6 Jahren 20/15 AU$; ⊗ Ostern–Okt. 19.30 Uhr) kann man den klaren Himmel über dem Outback durch zwei riesige Teleskope erforschen.

Im **Hub** (www.qwe.com.au/chillagoe/the_hub.html; Queen St; ⊗ Mo–Fr 8–17, Sa & So 8–15 Uhr) erfährt man alles über weniger bekannte Highlights in Chillagoe. Auf der Website des **Chillagoe–Mungana Caves National Park** (www.nprsr.qld.gov.au/parks/chillagoe-caves; Tour 1 Höhle/2 Höhlen/3 Höhlen 26,30/41,75/52,45 AU$) stehen Infos über Wanderwege im Park.

Die wichtigsten, jährlich stattfindenden Ereignisse in Chillagoe sind das **Rodeo** (www.chillagoerodeo.com.au; ⊗ Mai) und das **Great Wheelbarrow Race** (www.greatwheelbarrowrace.com; ⊗ Mai).

Diverse Veranstalter bieten neben dem Erlangen des PADI Open-Water-Scheins auch Tauchscheine für Fortgeschrittene an, so auch **Blue Dive** (☏ 0427 983 907; www.bluedive.com.au; 32 Macrossan St; Einführungskurse Rifftauchen ab 300 AU$). Einzelunterricht bekommt man in der **Tech Dive Academy** (☏ 0422 016 517; www.tech-dive-academy.com; 4-tägige Open-Water-Kurse ab 1290 AU$).

★ **Wind Swell**   WASSERSPORT
(☏ 0427 498 042; www.windswell.com.au; Barrier St; Unterricht ab 50 AU$) Kitesurfen und Stehpaddeln für alle. Kitesurfunterricht und SUP-Touren kosten ab 50 AU$, aber es gibt auch viele Angebote für Fortgeschrittene. Die meisten Aktivitäten finden am Südende des Four Mile Beach (S. 503) statt.

Port Douglas Yacht Club   BOOTFAHREN
(☏ 07-4099 4386; www.portdouglasyachtclub.com.au; 1 Spinnaker Close; ⊗ Mi ab 16 Uhr) Jeden Mittwoch kann man gratis mit Clubmitgliedern segeln; Anmeldung ab 16 Uhr. Von den Ausgewählten wird erwartet, dass sie zum Abendessen und für Drinks im Club bleiben.

Aquarius Sunset Sailing   BOOTSFAHRT
(☏ 07-4099 6999; www.tropicaljourneys.com; Erw./Kind 60/50 AU$; ⊗ Fahrten starten um 16.45 Uhr) Eine Bootsfahrt in der Dämmerung ist fast ein Muss in Port Douglas. Auf dem 1½-stündigen Katamaran-Törn gibt's Canapés; eigene alkoholische Getränke kann man mitbringen.

Ballyhooley Steam Railway   EISENBAHN
(☏ 07-4099 1839; www.ballyhooley.com.au; 44 Wharf St; Tagespass Erw./Kind 12/6 AU$; ⊗ So; ⊛) Die Kids werden von dem hübschen Minizug, der jeden Sonntag (und an manchen Feierta-

gen) von der kleinen Haltestelle am Reef Marina zum Bahnhof von St. Crispins (4-mal zwischen 10 und 16 Uhr) dampft, begeistert sein. Die ganze Rundfahrt dauert etwa eine Stunde, Teilstrecken sind günstiger.

Port Douglas Boat Hire   BOOTFAHREN
(☏ 07-4099 6277; www.pdboathire.com.au; Berth C1, Reef Marina; Bootsverleih 45 AU$/Std.; ⊗ 8.30–17.30 Uhr) Die Firma vermietet überdachte, familienfreundliche Pontonboote für bis zu sechs Personen. Eine tolle Art, das Mündungsgebiet zu erkunden oder um zu angeln.

☞ Geführte Touren

Das äußere Riff liegt näher an Port Douglas als an Cairns, und der andauernde Besucherstrom hat hier ebenso deutliche Spuren hinterlassen. Farbenfrohe Korallen und buntes Meeresleben sind zwar immer noch zu bewundern, aber an manchen Stellen ist das Riff schon recht mitgenommen.

Fast alle Boote für die Tagesausflüge legen am Reef Marina ab. Im Tourenpreis inbegriffen sind normalerweise der Transfer von der jeweiligen Unterkunft, die Riffgebühr, Mittagessen, Getränke und Schnorcheln.

★ **Quicksilver**   BOOTSFAHRT
(☏ 07-4087 2100; www.quicksilver-cruises.com; Reef Marina; Erw./Kind/Fam. 238/119/535 AU$) Der größte Anbieter fährt mit Schnellbooten zu seinem eigenen Ponton am Agincourt Reef. Empfehlenswert ist der „Ocean Walk", ein Helmtauchgang (166 AU$) auf einer Plattform unter Wasser, oder Schnorcheln mit einem Meeresbiologen (ab 60 AU$). Oder wie wär's mit einem 10-minütigen Rundflug im Hubschrauber (175 AU$, mind. 2 Pers.)?

Reef Sprinter
SCHNORCHELN

(📞07-4099 6127; www.reefsprinter.com.au; Shop 3, Reef Marina; Erw./Kind ab 130/110 AU$) Schneller kommt man nicht zum Riff. Der 2¼-stündige Schnorcheltrip führt in nur 15 Minuten zu den Low Isles – so verbringt man ca. 1½ Stunden im Wasser. Es werden auch halbtägige Trips zum Außenriff angeboten (ab 200 AU$).

Poseidon
GEFÜHRTE TOUREN

(📞07-4087 2100; www.poseidon-cruises.com.au; Reef Marina; Erw./Kind 240/171 AU$) Der Luxuskatamaran spezialisiert sich auf Schnorchelausflüge zu den Agincourt Ribbon Reefs und Sporttauchen (1/2 Tauchgänge plus 46/66 AU$).

Sail Tallarook
BOOTFAHREN

(📞07-4099 4070; www.sailtallarook.com.au; halbtägiger Segeltörn Erw./Kind 120/100 AU$) Halbtägige Segeltörns am Vor- und Nachmittags) auf einer historischen 30 m langen Jacht. Sonnenuntergangs- und Ganztagestörns werden ebenfalls angeboten.

Sailaway
SEGELN, SCHNORCHELN

(📞07-4099 4200; www.sailawayportdouglas.com; Shop 18, Reef Marina; Erw./Kind 255/178 AU$; 🚸) Die Segel- und Schnorcheltrips zu den Low Isles auf einem Katamaran sind bei Familien sehr beliebt. Die Nachmittags- und Sonnenuntergangstörns sind nur für Erwachsene.

★ Tony's Tropical Tours
GEFÜHRTE TOUREN

(📞07-4099 3230; www.tropicaltours.com.au; Tagestour ab 185 AU$) Der Anbieter von Luxustouren in kleinen Gruppen (8–10 Teilnehmer) spezialisiert sich auf Trips zu den abgelegenen Teilen der Mossman Gorge und des Daintree Rainforest (Erw./Kind 185/160 AU$) sowie zu den Bloomfield Falls und nach Cape Trib (nur Erwachsene 215 AU$ – gute Beweglichkeit erforderlich). Eine dritte Tour geht nach Süden zu den Tablelands. Sehr empfehlenswert.

Bike N Hike
RADTOUR

(📞0477 774 443; www.bikenhiketours.com.au; Tour 120–128 AU$) Die Teilnehmer holpern auf Mountainbikes den passend benannten Bump Track hinunter – entweder im Cross-Country-Stil oder richtig wild auf einer Nachttour. Halbtägige Rad- und Wandertouren werden auch angeboten.

Back Country Bliss Adventures
ABENTEUERTOUR

(📞07-4099 3677; www.backcountryblissadventures.com.au; Tour 99–249 AU$) Sich einfach mit dem Strom treiben lassen und den Mossman River hinunter schnorcheln. Im Angebot sind auch Touren im Seekajak sowie Wander- und Mountainbiketrips in kleinen Gruppen.

Lady Douglas
BOOTFAHREN

(📞0408 986 127; www.ladydouglas.com.au; Reef Marina, Wharf St; 1½-stündige Fahrt Erw./Kind/Fam. 35/15/90 AU$; ⊙Fahrten 10.30, 12.30, 14.30 & 16.30 Uhr) Der schöne Radschaufeldampfer schippert auf seinen Krokodil-Touren täglich vier Mal (inkl. einer Sonnenuntergangsfahrt) über das Dickson Inlet.

🎆 Feste & Events

Port Douglas Carnivale
KARNEVAL

(www.carnivale.com.au; ⊙Mai) Das zehntägige Fest mit Livemusik, einem farbenprächtigen Straßenumzug und viel gutem Essen und Trinken zieht die Massen nach Port Douglas.

Portoberfest
BIERFEST

(Reef Marina; ⊙Ende Okt.) Das Oktoberfest mit Livemusik, deutschem Essen und Bier findet im Lure Restaurant in der Reef Marina statt.

🛏 Schlafen

Obwohl es in Port Douglas ein paar Backpackerunterkünfte und Campingplätze gibt, ist der Ort kein echtes Budgetziel wie Cairns. Hier übernachtet man vielmehr in Fünf-Sterne-Resorts und superschicken Ferienwohnungen. Ein Großteil der Unterkünfte liegt außerhalb der Stadt rund um die 5 km lange Port Douglas Rd, während sich die meisten Restaurants, Bars und Pubs sowie der Jachthafen an der Hauptstraße, der Macrossan St, befinden.

★ Coral Beach Lodge
HOSTEL $

(📞07-4099 5422; www.coralbeachlodge.com; 1 Craven Close; B 25–39 AU$, DZ 114 AU$; ❄@🛜🚐) 🅿 Diese fabelhafte, lockere Unterkunft ist eine Stufe besser als die meisten anderen Backpackerbleiben. Sie verfügt über gut eingerichtete Schlafsäle mit Bad und vier oder fünf Betten sowie Zwei- und Dreibettzimmer mit Flachbild-TVs, neuen Bädern und bequemen Betten. Von diesem Hostel könnten sich viele Motels eine Scheibe abschneiden. Jedes Zimmer hat einen Bereich im Freien mit Hängematte, außerdem gibt's einen Pool, ein Spielezimmer, eine Küche und hilfsbereite Besitzer. Sehr empfehlenswert.

Dougies
HOSTEL $

(📞1800 996 200, 07-4099 6200; www.dougies.com.au; 111 Davidson St; Zelt EZ/2BZ 25/40 AU$, Stellplatz 25 AU$/Pers., B/DZ 30/75 AU$; ❄@🛜🚐) Auf dem weitläufigen Gelände kann man tagsüber gemütlich in der Hängematte relaxen und sich abends in der Bar vergnügen. Für weniger Faule gibt's ausleihbare Fahrräder und Angelausrüstung, und zum östlich gelegenen Strand sind es 300 m zu Fuß. Gratisshuttles ab Cairns (Mo, Mi & Sa).

Port Douglas Backpackers   HOSTEL $
(☑ 07-4099 5011; www.portdouglasbackpackers. com.au; 37 Warner St; B 20–28 AU$; DZ 85 AU$; ✳☎) Traveller, die ein preiswertes Bett im Stadtzentrum und Action wünschen, werden sich in dieser brandneuen Unterkunft wohl fühlen. Es gibt eine peppige Bar im vorderen Bereich, saubere Vier- bis Achtbettzimmer, ein paar Privatzimmer im hinteren Teil und dazwischen einen Pool. Dienstags, donnerstags und sonntags wird ein kostenloser Transfer nach Cairns angeboten.

Tropic Breeze
Caravan Park   CAMPING $
(☑ 07-4099 5299; www.tropicbreeze.com.au; 24 Davidson St; Stellplatz mit/ohne Strom 48/37 AU$, Hütte 120 AU$; ✳☎) Kleiner, schön gelegener Campingplatz. Strand und Stadt sind fußläufig erreichbar. Grasbedeckte Stellplätze und Wohneinheiten mit Kochecken, aber ohne Bad.

★ Pink Flamingo   BOUTIQUEHOTEL $$
(☑ 07-4099 6622; www.pinkflamingo.com.au; 115 Davidson St; DZ 145–205 AU$; ✳@☎☎) Die kunterbunt gestalteten Zimmer mit eigenen Hofgärten und die coole Open-Air-Bar am Pool machen das Pink Flamingo zu einer der hippsten schwulenfreundlichen Unterkunft in ganz Port Douglas. Mit nur zwei Wohnstudios und 10 Villen ist diese intime Bleibe eine schöne Abwechslung zu den vielen Mega-Resorts. Es gibt zudem einen beheizten Pool, einen Fitnessraum und Leihfahrräder.

Mantra Aqueous on Port   APARTMENT $$
(☑ 07-4099 0000; www.mantraaqueousonport. com.au; 3-5 Davidson St; DZ ab 180 AU$, 1-/2-Zi.-Apt. ab 280/415 AU$; ✳☎☎) Die Lage dieses einzigartigen Resorts mit vier Pools ist einfach unschlagbar. Von den Balkonen der teureren Erdgeschoßzimmer hat man direkten Zugang zum Pool. Alle Zimmer haben einen Whirlpool im Freien! Außerdem gibt es Wohnstudios sowie Ein- und Zweizimmerapartments. Wer länger bleibt, zahlt weniger.

Birdsong Port Douglas   B&B $$
(☑ 07-4099 1288; www.portdouglasbnb.com; 6188 Captain Cook Hwy; DZ ab 165 AU$; P✳☎☎) Vornehmes B&B auf einem weitläufigen Tropengrundstück abseits der Schnellstraße 5 km von Port Douglas entfernt. Hier werden Träume von Pracht und Herrlichkeit wahr. Es gibt einen privaten Hubschrauberlandeplatz und ein Heimkino. Je länger der Aufenthalt, desto niedriger die Preise. Hier kann man sich sein Lieblingsfrühstück bestellen und sogar kochen lernen.

Martinique on Macrossan   APARTMENT $$
(☑ 07-4099 6222; www.martinique.com.au; 66 Macrossan St; Apt. 215 AU$; ✳☎☎) Das Martinique ist ein schicker Terrakottablock mit zauberhaft gefliesten Einzimmerapartments, die über eine kleine Küche, Privatbalkon, farbenfrohe Akzente und Jalousien verfügen. Die netten Gastgeber und die ausgezeichnete Lage an der Hauptstraße in Strandnähe runden das Angebot ab. Der Pool hat sechs Einbuchtungen und wird von einem schönen Elefanten- und Delfinschrein bewacht. Gutes Preis-Leistungs-Verhältnis.

★ Peppers Beach Club   RESORT $$$
(☑ 1300 737 444; www.peppers.com.au/beach-club; 20-22 Davidson St; Spa-Suite ab 309 AU$, 1-/2-Zi.-Suite ab 409/566 AU$; ✳☎☎) Eine Traumlage und ein außergewöhnlicher, riesiger, sandiger Lagunenpool gepaart mit luxuriösen, luftigen Apartments mit High-End-Möbeln und -Einrichtungen tragen dazu bei, dass das Peppers zu den besten Unterkünften in Port Douglas gehört. Einige Zimmer haben einen Whirlpool auf dem Balkon, einen eigenen Zugang zum Pool oder voll eingerichtete Küchen. Familienfreundlich, aber auch empfehlenswert für junge Romantiker.

Thala Beach Nature Reserve   RESORT $$$
(☑ 07-4098 5700; www.thalabeach.com.au; Captain Cook Hwy; DZ 255–668 AU$; ✳☎☎) Das Thala Beach auf einer privaten Landzunge 15 km südlich von Port Douglas ist ein vornehmes Öko-Resort. Hier kann man so gut entspannen, dass sogar Einheimische gern ein Wochenende hier verbringen. Die luxuriösen Bungalows im Baumhausstil mit Zugang zum Privatstrand stehen verstreut im Dschungel. Es gibt zwei Pools, Wanderwege und ein erstklassiges Restaurant.

QT Resort   RESORT $$$
(☑ 07-4099 8900; www.qthotelsandresorts.com/ port-douglas; 87-109 Port Douglas Rd; DZ 279–299 AU$, Villa 329–439 AU$; ✳@☎☎) Das QT ist frisch, fröhlich und flippig und zielt auf ein trendiges Publikum im Alter von 20 bis Ende 30 ab. Es gibt einen Lagunenpool, eine Poolbar sowie Zimmer mit Retro-Kitsch-

Deko und kostenlosem WLAN. Die gut aussehenden Mitarbeiter sind superfreundlich und in der Cocktailbar Estilio legen DJs Loungemusik auf. Das Frühstücksbüffet gehört zu den besten in ganz Port Douglas.

✖ Essen

Das kleine Zentrum von Port Douglas hat zahlreiche edle Cafés und Restaurants zu bieten, viele mit Plätzen im Freien. Auch die Resorts verfügen über Restaurants.

Selbstversorger können sich in dem großen **Coles Supermarket** (11 Macrossan St; ⊙7–18 Uhr) im Port Village Shopping Centre mit Proviant eindecken.

Cafe Fresq
CAFÉ **$**

(☏07-4099 6111; 27 Macrossan St; Hauptgerichte 6–19 AU$; ⊙7–15 Uhr) Im Cafe Fresq kann man wunderbar an Tischen draußen auf dem Gehweg frühstücken. Es gibt guten Kaffee, köstliche Frühstücksgerichte, Pfannkuchen und mittags auch Speisen wie Burger aus Weichschalenkrabben.

Cafe Ziva
FRANZÖSISCH **$**

(20 Macrossan St; Hauptgerichte 7,50–22 AU$; ⊙12.30–22 Uhr; ☎) Das Ziva ist spezialisiert auf französische Pfannkuchen wie pikante Galettes (z. B. mit Schinken und Käse) und süße Crêpes. Außerdem im Angebot sind Sandwiches, Smoothies und frisch gepresste Obstsäfte. Das zur Straße hin offene Café eignet sich perfekt zum Leute beobachten.

Mocka's Pies
BÄCKEREI **$**

(☏07-4099 5295; 9 Grant St; Pies 4,50–6 AU$; ⊙8–16 Uhr) Diese Institution serviert klassische Aussie-Pies mit exotischen Füllungen wie Krokodil, Känguru und Barramundi.

★ Yachty
MODERN-AUSTRALISCH **$$**

(☏07-4099 4386; www.portdouglasyachtclub.com.au; 1 Spinnaker Close; Hauptgerichte 22–34 AU$; ⊙12–14.30 & 17.30–20 Uhr) In dem Restaurant des hiesigen Jachtclubs kann man einen wunderbaren Abend verbringen. Die gut zubereiteten Gerichte (von marokkanischem Lamm bis zu Hummerschwänzen) werden abends mit Blick auf den Sonnenuntergang über dem Dickson Inlet serviert. Die Mittagsgerichte sind ähnlich, aber billiger.

★ On the Inlet
SEAFOOD **$$**

(☏07-4099 5255; www.ontheinlet.com.au; 3 Inlet St; Hauptgerichte 26–42 AU$; ⊙12–23.30 Uhr) Hier hat man den Eindruck, über dem Dickson Inlet zu schweben. An den Tischen auf der großen Terrasse warten die Gäste auf George,

den Zackenbarsch (250 kg), der hier an den meisten Tagen gegen 17 Uhr zur Fütterung erscheint. Man sollte das Special mit einem Eimer Garnelen und einem Getränk bestellen (18 AU$; 15.30–17.30 Uhr) und die vom Riff zurückkehrenden Boote beobachten.

Seabean
TAPAS **$$**

(☏07-4099 5558; www.seabean.com.au; 3/28 Wharf St; Tapas 9–15 AU$, Paella ab 35 AU$; ⊙Mo–Do 15–21, Fr–So 12–21 Uhr) Die coole, kleine Tapasbar mit hellroten Hockern und aufmerksamen Mitarbeitern serviert hervorragende spanische Gerichte, darunter auch Paella.

Little Larder
CAFÉ **$$**

(☏07-4099 6450; Shop 2, 40 Macrossan St; Hauptgerichte 10–19 AU$; ⊙7.30–15 Uhr) Frühstück bis 11.30 Uhr, leckere Sandwiches und umwerfende Cocktails ab 12 Uhr. Wie wär's mit einem guten Kaffee oder einem frisch gebrühten, supergesunden Kombucha-Tee?

Beach Shack
MODERN-AUSTRALISCH **$$**

(☏07-4099 1100; www.the-beach-shack.com.au; 29 Barrier St; Hauptgerichte 26–31 AU$, Pizza 21–26 AU$; ⊙16–22 Uhr; ☎) Es ist ein schöner Spaziergang bis zum Südende des Four Mile Beach (S. 503). Das Lieblingslokal der Einheimischen lohnt den Weg auf jeden Fall, denn es gibt himmlische Pizzas, Tapas und Gerichte wie Barramundi in Macadamiakruste. Der von Laternen beleuchtete Garten mit Sandboden vervollständigt das Strandfeeling. Samstags ist Pizza-Abend (20 AU$).

★ Harrisons Restaurant
MODERN-AUSTRALISCH **$$$**

(☏07-4099 4011; www.harrisonsrestaurant.com.au; 22 Wharf St; Hauptgerichte mittags 19–26 AU$, abends ab 38 AU$; ⊙12–14 & 17–22 Uhr) Chefkoch und Inhaber Spencer Patrick, der bei Marco Pierre White gelernt hat, zaubert kulinarische Köstlichkeiten, die zu den besten Australiens gehören. Frische Zutaten aus der Region werden in Gerichte wie geräucherte Entenbrust und Rinderbäckchen mit Tamarinde verwandelt. Das Lokal ist wohl der einzige Ort in Port Douglas, wo die Gäste in Schuhen statt Badelatschen kommen.

Sassi Cucina e Bar
ITALIENISCH **$$$**

(☏07-4099 6744; www.sassi.com.au; Ecke Wharf St & Macrossan St; Hauptgerichte 30–48 AU$; ⊙12–22 Uhr) Es ist nicht gerade billig, in diesem legendären, beliebten Restaurant ein echtes italienisches Festmahl zu genießen. Das Lokal ist das geistige Kind des Besitzers und Küchenchefs Tony Sassi aus den Abruzzen. Seine

Meeresfrüchte-Variationen und *spuntini* (kleine Gerichte) sind weltberühmt. Die Erinnerung an die ausbalancierten Aromen der Gerichte hält bestimmt länger an als die Sonnenbräune vom Four Mile Beach (S. 503).

2 Fish Restaurant
Port Douglas SEAFOOD $$$
(☑07-4099 6350; www.2fishrestaurant.com.au; Shop 11, 56 Macrossan St; Hauptgerichte 32–44 AU$; ☺12–22 Uhr) In dieser Stadt gibt es zwar Seafood im Überfluss, aber das 2 Fish mit seinen hervorragenden Gerichten fällt aus dem Rahmen. Über zwölf Fischarten werden kreativ zubereitet – von Leopard-Forellenbarsch und Kaiser-Schnapper bis hin zu wildem Barramundi, in der Region gefangenen Austern, Garnelen und Jakobsmuscheln. Nachmittags kommen Tapasplatten aus der Küche.

★ Flames
of the Forest MODERN-AUSTRALISCH $$$
(☑07-4099 3144; www.flamesoftheforest.com.au; Mowbray River Rd; Abendessen mit Show, Getränken & Transfers ab 219 AU$; ☺Di, Do & Sa) Dieses einzigartige Erlebnis geht weit über das traditionelle Konzept „Dinner & Show" hinaus. Die Gäste werden tief in den Regenwald geleitet, um dort einen Abend mit Theater, Kultur und Gourmetküche zu genießen. Die Fahrt von Port Douglas oder Cairns ist im Preis enthalten. (Die Anfahrt im eigenen Wagen ist nicht möglich). Reservierung erforderlich.

Ausgehen & Unterhaltung

Die Kneipen verwandeln sich später am Abend in Clubs. In der Saison gibt's in Port auch ein **Moonlight Cinema** (www.moonlight. com.au/port-douglas; QT Resort, 87-109 Port Douglas Rd; Erw./Kind 17,50/13 AU$; ☺ Juni–Okt. Do–So).

★ Hemingway's KLEINBRAUEREI
(☑07-4099 6663; www.hemingwaysbrewery.com; Reef Marina, 44 Wharf St) Port Douglas hat eine eigene Brauerei wirklich verdient. Das Hemingway's in grandioser Lage an der Reef Marina bietet eine breites Sonnendeck, eine lange Bar und einen tollen Blick aufs Dickson Inlet. Derzeit gibt es sechs Biere vom Fass, u.a. das dunkle Lager Hard Yards und das helle Pitchfork Betty's. Essen gibt's natürlich auch, aber hierher kommt man eigentlich, um gutes Bier zu trinken.

Tin Shed CLUB
(☑07-4099 5553; www.thetinshed-portdouglas. com.au; 7 Ashford Ave; Hauptgerichte 22–29 AU$; ☺10–22 Uhr) Der Port Douglas' Combined Services Club (man muss sich als Gastmit-

glied eintragen) hat sich seit der Zeit, als er noch Tin Shed hieß, ziemlich gemausert. Aber das Sonnendeck über dem Wasser, die Gerichte mit gutem Preis-Leistungs-Verhältnis und die erschwinglichen Getränke machen diese Location noch immer zu einem einladenden Ort, egal zu welcher Tageszeit.

Iron Bar KNEIPE
(☑07-4099 4776; www.ironbarportdouglas.com.au; 5 Macrossan St; ☺11–3 Uhr) Abgefahrenes Outback-Dekor trifft auf Wild-West-Dekor. Altes Holz und Wellblech schaffen die perfekte Kulisse für eine Partynacht. Die allabendlich um 20.30 Uhr stattfindenden Aga-Kröten-Rennen (5 AU$) sollte man nicht verpassen.

Court House Hotel KNEIPE
(☑07-4099 5181; Ecke Macrossan St & Wharf St; ☺9 Uhr–open end) Elegant und unübersehbar – das alte „Courty" in einem Eckhaus ist eine lebhafte, von Einheimischen besuchte Kneipe, in der an den Wochenenden Bands auftreten. Es gibt auch gutes Essen.

Shoppen

Auf den beiden wöchentlich stattfindenden **Reef Marina Sunset Market** (Reef Marina, Wharf St; ☺Mi 12–18.30 Uhr) und **Port Douglas Markets** (Anzac Park, Macrossan St; ☺So 8–14 Uhr) werden Handwerksartikel, Souvenirs und frisches Obst und Gemüse aus der Region verkauft.

Praktische Informationen

Es gibt viele Reisebüros in PD, die sich als Infobüros für Touristen ausgeben. Eine offizielle Touristeninformation gibt es aber nicht.
Douglas Shire Historical Society (☑07-4098 1284; www.douglashistory.org.au; Wharf St; ☺Di, Do, Sa & So 10–13 Uhr) Auf der Website kann man sich individuelle historische Spaziergänge durch Port Douglas, Mossman und den Daintree herunterladen. Im Court House Museum (S. 503) kann man ein Schwätzchen mit Einheimischen halten.

Port Douglas Tourist Information Centre (☑07-4099 5599; www.infoportdouglas.com. au; 23 Macrossan St; ☺8–18 30 Uhr) Es ist kein staatliches Touristeninformationszentrum, sondern vielmehr ein zuverlässiges privates Reisebüro. Hier bekommt man Broschüren und kann Touren buchen.

Post (☑07-4099 5210; 5 Owen St; ☺Mo–Fr 8.30–17, Sa 9–12 Uhr)

An- & Weiterreise

Port Douglas Bus (☑070-4099 5665; www. portdouglasbus.com.au) und **Sun Palm** (☑07-

4087 2900; www.sunpalmtransport.com.au;
Erw./Kind 35/17,50 AU$) verkehren täglich zwischen Port Douglas, Cairns und dem Flughafen.

Trans North (☐ 07-4095 8644; www.trans northbus.com.au) fährt über Port Douglas an der Küstenstraße von Cairns nach Cooktown.

ⓘ Unterwegs vor Ort

Bicycle Centre (☐ 07-4099 5799; www.port douglasbikehire.com.au; 3 Warner St; halber/ganzer Tag ab 16/20 AU$; ⊙ 8–17 Uhr) verleiht Fahrräder.

Minibusse von **Coral Reef Coaches** (☐ 07-4098 2800; www.coralreefcoaches.com.au) pendeln zwischen der Stadt und dem Highway (ca. 5 AU$).

Alle großen Autovermieter haben in der Stadt Zweigstellen, auch einheimische Firmen wie **Comet Car Hire** (☐ 07-4099 6407; www.cometcarhire.com.au; 3/11 Warner St) sind empfehlenswert.

MOSSMAN

1733 EW.

20 km nördlich von Port Douglas ist diese bodenständige Stadt inmitten von Zuckerrohrfeldern vor allem für ihre wunderschöne Mossman Gorge bekannt, die Teil des Daintree National Park ist. Mossman selbst lohnt den Zwischenstopp, um eine Vorstellung vom Leben einer Arbeitergemeinde in Far North Queensland zu bekommen und – wer weiter gen Norden fahren will – um sich mit Proviant einzudecken.

⊙ Sehenswertes & Aktivitäten

★ Mossman Gorge   SCHLUCHT
(www.mossmangorge.com.au) Die Mossman Gorge liegt nur 5 km westlich von Mossman in der Südostecke des Daintree National Park. Sie gehört zum traditionellen Gebiet des Kuku-Yalanji-Volkes. Die Schlucht ist ein von Felsen übersätes Tal, über dessen Boden schäumendes Wasser über uralte Felsbrocken schießt. Vom **Visitor Centre** (☐07-4099 7000; www.mossmangorge.com.au; ⊙8–18 Uhr) führt eine Straße zu einem 3 km entfernten Aussichtspunkt und zu einem erfrischenden Badeloch – aber Vorsicht: die Strömung kann recht stark sein. Man kann die 3 km auch zu Fuß zurücklegen, die Besucher werden aber ermutigt, den **Shuttlebus** (Erw./Kind hin & zurück 9,10/4,55 AU$, alle 15 Min.) zu nehmen.

Es gibt kilometerlange Holzstege zum Wandern und einen Picknickbereich bei der Schlucht, aber keinen Campingplatz.

★ Kuku-Yalanji
Dreamtime Walks   OUTDOORAKTIVITÄTEN
(Erw./Kind 62/31 AU$; ⊙10, 11, 12, 13 & 15 Uhr) Die unvergesslichen 1½-stündigen, von Aborigines geführten Wanderungen durch die Mossman Gorge beinhalten eine Rauchzeremonie, Buschtee und Buschbrot. Buchen kann man im Mossman Gorge Centre.

🛏 Schlafen & Essen

Mossman Motel Holiday Villas   VILLA $$
(☐ 07-4098 1299; www.mossmanmotel.com.au; 1-9 Alchera Dr; Villa 140–200 AU$; 🅿 ❄ @ 🤶 🐾) Auf dem schön gestalteten Grundstück gibt's neben geräumigen Villen mit großartigem Preis-Leistungs-Verhältnis auch einen Felswasserfall mit Pool.

★ Silky Oaks Lodge   RESORT $$$
(☐07-4098 1666; www.silkyoakslodge.com.au; Finlayvale Rd; Baumhaus 440–698 AU$, Suite 898–998 AU$; ❄ @ 🤶 🐾) Das internationale Öko-Resort am Mossman River ist bei Flitterwöchnern und gestressten Managern beliebt. Es empfängt seine Gäste in toll gestalteten Baumhäusern und Lodge-Suiten am Fluss mit Luxushängematten, Verjüngungskuren, viel poliertem Holz und Whirlpools in den Bädern. Es gibt Tennisplätze, ein Fitnessstudio, Yogaunterricht und Kanus. Das umwerfende **Treehouse Restaurant & Bar** (☐07-4098 1666; Finlayvale Rd; Hauptgerichte 36–50 AU$; ⊙7–10, 12–14.30 & 18–20.30 Uhr) ist nach vorheriger Reservierung auch für Gäste, die nicht im Hotel wohnen, geöffnet.

DIE REGION DAINTREE

Mit „Daintree" können eigentlich mehrere Dinge gemeint sein: ein zum UNESCO-Weltkulturerbe gehörender **Regenwald** (www.daintreerainforest.com), ein Fluss, ein Riff, nette Dörfer und die Heimat der traditionellen Hüter dieses Landes, der Kuku Yalanji. Das Gebiet umfasst das Flachland an der Küste zwischen den Flüssen Daintree und Bloomfield, wo der Regenwald bis ans Wasser heranreicht. Nachdem das uralte, empfindliche Ökosystem durch Abholzung stark bedroht war, ist es heute als Nationalpark geschützt.

Die zur Wet Tropics World Heritage Area gehörende unglaublich schöne Region, die sich vom Daintree River nach Norden bis zum Cape Tribulation erstreckt, besteht aus uraltem Regenwald, Sandstränden und zerklüfteten Bergen. Nördlich des Daintree River wird die Stromversorgung durch Generatoren und zunehmend auch durch Solarkraft bereitgestellt. Es gibt nur wenige Geschäfte und Dienstleister und größtenteils auch keinen Handyempfang. Die **Daintree River Ferry** (www.douglas.qld.gov.au/community/daintree-ferry; Auto einfache Fahrt/hin & zurück 14/26 AU$, Motorrad 5/10 AU$, Fußgänger & Fahrrad 1/2 AU$; ☺ 6–24 Uhr) bringt Wanderer und ihre Fahrzeuge ca. alle 15 Minuten über den Fluss.

Daintree Village

Für Tierliebhaber und Vogelbeobachter lohnt sich der 20 km lange Umweg von der Mossman-Daintree Rd ins winzige Daintree Village, das inmitten von Weideland auf einem Plateau am Upper Daintree River liegt. Das Highlight sind hier Krokodilbeobachtungstouren. Empfehlenswert sind der alteingesessene Veranstalter **Crocodile Express** (☑ 07-4098 6120; www.crocodileexpress.com; 1-Std.-Tour Erw./Kind/Fam. 28/14/65 AU$; ☺ Touren 8.30 Uhr), **Daintree River Wild Watch** (☑ 0447 734 933; www.daintreeriverwildwatch.com.au; 2-Std.-Tour Erw./Kind 60/35 AU$), der informative Vogelbeobachtungstouren bei Sonnenaufgang und Fotosafaris bei Sonnenuntergang anbietet, und **Daintree River Cruise Centre** (☑ 07-4098 6115; www.daintreerivercruisecentre.com.au; 2914 Mossman-Daintree Rd; Erw./Kind 28/14 AU$; ☺ 9.30–16 Uhr).

Ein paar Kilometer südlich des Dorfs thronen die Boutique-„Banyans" (Baumhäuser) der **Daintree Eco Lodge & Spa** (☑ 07-4777 7377; www.daintree-ecolodge.com.au; 3189 Mossman-Daintree Rd; Baumhaus 325–425 AU$;

✳ @ ⚏ ✉) ✎ hoch oben im Regenwald. In dem ausgezeichneten **Julaymba Restaurant** (☑ 07-4098 6100; www.daintree-ecolodge.com.au; 3189 Mossman-Daintree Rd; Hauptgerichte 28–32 AU$; ☺ abends ab 16.30 Uhr) sind auch Gäste, die nicht hier übernachten, gern gesehen. Für die leckeren Speisen werden größtenteils Produkte aus der Region verwendet.

Im Dorf serviert das **Big Barramundi Garden** (☑ 07-4098 6186; www.bigbarra.daintree.info; 12 Stewart St; Hauptgerichte 18–22 AU$, Burger ab 9 AU$; ☺ 10–16 Uhr) exotische Barramundi-, Krokodil- und Känguruburger sowie Smoothies, Obstsäfte (z. B. aus Schwarzer Sapote oder Papau) und Devonshire-Tee.

Cow Bay & Umgebung

Das winzige Cow Bay ist die erste Gemeinde, die man nach Verlassen der Daintree Ferry erreicht. Der **Walu Wugirriga Lookout** (Alexandra Range Lookout) liegt an einer steilen, kurvigen Straße zwischen Cape Kimberley und Cow Bay und bietet einen schönen, vor allem bei Sonnenuntergang fesselnden Blick auf die Mündung des Daintree River.

Der Cow Bay Beach am Ende der Buchanan Creek Rd macht mit seinem weißen Sand jedem anderen Küstenparadies Konkurrenz.

Das preisgekrönte **Daintree Discovery Centre** (☑ 07-4098 9171; www.discoverthedaintree.com; Tulip Oak Rd; Erw./Kind/Fam. 32/16/78 AU$; ☺ 8.30–17 Uhr) bietet Hochstege durch Baumwipfel. Ein kleines Kino zeigt Filme über Kasuare, Krokodile, Umweltschutz und Klimawandel.

DAINTREE: NATURSCHUTZ, KONTROVERSEN & KONTROLLE

Fast der ganze Daintree Rainforest steht als Teil des Daintree National Park unter Naturschutz, aber dieser Schutz ist nicht ohne Kontroversen. Gegen den massiven Widerstand von Umweltschützern wurde 1983 der heutige Bloomfield Track vom Cape Tribulation zum Bloomfield River mitten durch den küstennahen Regenwald geschlagen. Die Beachtung, die dieses Projekt fand, veranlasste die australische Bundesregierung, den feuchttropischen Regenwald von Queensland für die Aufnahme in die Liste des Welterbes vorzuschlagen. Dies führte wiederum zu Protesten seitens der Regierung von Queensland und der Holzindustrie. 1988 wurde das Gebiet tatsächlich zum Weltnaturerbe erklärt und somit war jedes kommerzielle Abholzen mit sofortiger Wirkung verboten.

Da die Aufnahme in die Liste des UNESCO-Welterbes (www.whc.unesco.org) keinerlei Auswirkungen auf die Eigentums- oder Kontrollrechte hat, bemühen sich die Regierung von Queensland und Umweltschutzorganisationen seit den 1990er-Jahren darum, Grundbesitz zurückzukaufen und Eigentumsrechte wieder herzustellen, um das Land zum Daintree National Park hinzuzufügen. Der Ausbau der Straße zum Cape Tribulation 2002 leitete den Rückkauf von weiterem Land ein, was in Verbindung mit einer kontrollierten Entwicklungspolitik dazu führte, dass sich der Regenwald wieder erholen kann. Weitere Informationen gibt's bei **Rainforest Rescue** (www.rainforestrescue.org.au).

LIZARD ISLAND

Etwa 100 km nördlich von Cooktown liegen die fünf Inseln der Lizard-Island-Gruppe 33 km vor der Küste. Lizard, die Hauptinsel der Gruppe, verfügt über felsiges, bergiges Terrain, funkelnd weiße Strände und spektakuläre Saumriffe zum Schnorcheln und Tauchen. Der größte Teil der Insel gehört zu einem Nationalpark mit vielen Tieren. Das exklusive **Lizard Island Resort** (☑ 1300 863 248; www.lizardisland.com.au; Anchor Bay; DZ 1900–2900 AU$; ❈ @ 🛜 🏊) wurde während des Wirbelsturms Ita im April 2014 schwer beschädigt, 2015 wieder aufgebaut und schön restauriert. Heute bietet es mit seinen prächtigen Unterkünften und dem Gourmetrestaurant erstklassigen 5-Sterne-Luxus. Auf dem **Campingplatz** (☑ 13 74 68; www.npsr.qld.gov.au/parks/lizard-island/camping.html; Watsons Bay; Erw./Fam. 6,15/24,60 AU$) 🏷 der Insel stehen ein paar Stellplätze im Busch zur Verfügung. Es gibt keine Geschäfte auf der Insel. Flugtranfers von/nach Cairns bucht man über das Resort.

Daintree Air Services (☑ 07-4034 9300; www.daintreeair.com.au; Tagestouren ab 740 AU$) bietet beeindruckende Tagestouren ab Cairns zu den schönsten Orten dieses unberührten Ökosystems an. Im Preis enthalten sind ein Gourmet-Mittagessen, Schnorchelausrüstung, Transfer und ein Führer.

Wirklich dicht an die Natur kommt man auf einer Bootsfahrt mit **Cape Tribulation Wilderness Cruises** (☑ 0457 731 000; www.capetribcruises.com; Cape Tribulation Rd; Erw./Kind ab 30/22 AU$) oder einer Wanderung mit **Cooper Creek Wilderness** (☑ 07-4098 9126; www.coopercreek.com.au; 2333 Cape Tribulation Rd; geführte Wanderungen 60–170 AU$).

🛏 Schlafen & Essen

★ Epiphyte B&B   B&B $

(☑ 07-4098 9039; www.rainforestbb.com; 22 Silkwood Rd; EZ/DZ/Hütte ab 80/110/150 AU$) Die liebevoll geführte, lockere Unterkunft befindet sich auf einem üppig grünen, 3,5 ha großen Gelände. Die individuell gestalteten Zimmer haben verschiedene Größen, verfügen aber alle über eine Veranda. Es gibt auch eine geräumige, private Hütte mit Terrasse, Kochnische und tiefer gelegtem Bad. Mindestaufenthalt zwei Nächte.

Lync-Haven Rainforest Retreat   CAMPING $

(☑ 07-4098 9155; www.lynchaven.com.au; Lot 44, Cape Tribulation Rd; Zeltstellplatz 14 AU$/Pers., Stellplatz mit Strom 32 AU$, DZ ab 150 AU$; ❈) Der familienfreundliche Campingplatz erstreckt sich auf einem 16 ha großen Gelände an der Hauptstraße, etwa 5 km nördlich von Cow Bay. Hier gibt's Wanderwege, zahme Kängurus, Stellplätze mit viel Grün und gemütliche Regenwaldhütten mit Bad. Das Restaurant serviert deftige Steaks sowie gute Nudel- und Fischgerichte.

★ Heritage Lodge & Spa   LODGE $$$

(☑ 07-4098 9321; www.heritagelodge.net.au; Lot 236/R96 Turpentine Rd, Diwan; Hütte 330 AU$; ❈ 🛜

🏊) Die freundlichen, entgegenkommenden Besitzer dieser Unterkunft geben ihr Bestes, damit man sich wie zu Hause fühlt. Die niedlichen, geräumigen und geschmackvoll renovierten Hütten stehen mitten im Regenwald. Zu den Highlights gehört ein Bad im klaren Wasser des Naturpools am krokodilfreien Cooper Creek. Das hauseigene **Restaurant** (Hauptgerichte 26–37 AU$; ⊙ 12–14 & 17.30–21 Uhr) und der Wellnessbereich sind grandios.

Daintree Ice Cream Company   EIS $

(☑ 07-4098 9114; www.daintreeicecream.com.au; Lot 100, Cape Tribulation Rd; Eis 6,50 AU$; ⊙ 11–17 Uhr) Man sollte unbedingt diesen Eisladen besuchen, der nur natürliche Zutaten verwendet und eine täglich wechselnde Palette an Eissorten anbietet. Wie wär's mit Aromen wie Macadamia, Schwarzem Sapote oder Akaziensamen? Einfach köstlich.

Cow Bay Hotel   KNEIPENESSEN $$

(☑ 07-4098 9011; 1480 Cape Tribulation Rd; Hauptgerichte 18–24 AU$; ⊙ 12–14 & 18–20 Uhr, Bar 10–22 Uhr) Wem es nach gutem Kneipenessen, Bier und typisch australischer Country-Pub-Atmosphäre gelüstet, ist im Cow Bay, der einzigen echten Kneipe auf dieser Seite des Daintree River, genau richtig.

Cape Tribulation

330 EW.

Cape Trib, dieses paradiesische Fleckchen Erde, liegt am Ende der kurvenreichen, asphaltierten Straße am Daintree River und hat zwei Traumstrände, eine lockere Atmosphäre, Spaziergänge im Regenwald und ein kleines Dorf zu bieten.

Cape Tribulation

N

0 ———————————— 5 km

Wujal Wujal (24 km);
Cooktown (95 km)

Emmagen
Beach

Bloomfield
Track

Mt. Halcyon
(874 m)

Emmagen Creek

Cape Tribulation
Beach

14

Cape
Tribulation

Mt. Sorrow
(770 m)

Mt. Pieter
Botte
(928 m)

13   3

Camelot Cl

2

20   19

23

Myall Creek

Daintree
National
Park

8   6

12   15

Myall
Beach

Mt. Hemmanth
(1092 m)

Oliver Creek

5

Noah Creek

Noah
Beach

Table
Mountain
(450 m)

Thornton
Peak
(1375 m)

17

10

Struck
Island

Cape Tribulation Rd

9

Thornton Beach

Mt. Hutchinson
(190 m)

Hutchinson Creek

18

22

Bailey Hill
(282 m)

Buchanan Creek Rd

21

16

4

Daintree
Discovery
Centre

1

Cow Bay
Beach

Mt. Alexandra
(483 m)

Forest Creek Rd

Cape Tribulation Rd

7

Cape Kimberley Rd

11

Daintree Eco
Lodge & Spa (2,3 km);
Julaymba Restaurant
(2,3 km); Daintree
Village (7 km)

Daintree River
Ferry

Daintree River

Cape
Kimberley

Cape
Kimberley
Beach

Snapper Island

Mossman
(25 km)

Trinity Bay

Snapper Island
National Park

Snapper
Island

Great Barrier Reef

Cape Tribulation

Trotz der Backpacker-Bars und Touran-bieter (Lust auf Dschungel-Surfen?) wirkt Cape Trib noch immer wie Grenzland. Die Straßenschilder warnen vor querenden Ka-suaren, und abendliche Strandspaziergänge sind wegen der überall lauernden Krokodile nicht wirklich entspannend. Die Tatsache, dass sowohl der Handyempfang als auch der Internetzugang eher schlecht sind, hat schon so manch einen Traveller ausflippen lassen!

Der Regenwald geht direkt in die wunder-schönen Strände von Myall und Cape Tribu-lation über, die durch ein knorriges Kap

voneinander getrennt sind. Das Dorf hier markiert das Ende der asphaltierten Straße: Dahinter beginnt der nur mit Geländewa-gen befahrbare Bloomfield Track, der gen Norden bis nach Wujal Wujal weiterführt.

◉ Sehenswertes & Aktivitäten

Zu den Stränden Cape Trib und Myall ge-langt man über die ausgeschilderten Wege Kulki bzw. Dubuji.

Bat House   TIERSCHUTZGEBIET
(☑ 07-4098 0063; www.austrop.org.au; Cape Tribu-lation Rd; 5 AU$; ☺ Di–So 10.30–15.30 Uhr) Die Pflegestation für verletzte oder verwaiste Flughunde wird von der Naturschutzorgani-sation Austrop betrieben.

Mt. Sorrow Ridge Walk   WANDERN & TREKKEN
Der Mt. Sorrow Ridge Walk ist eine anstren-gende Tagestour für fitte Wanderer. Der Weg beginnt etwa 150 m nördlich vom Parkplatz des Kulki-Picknickgeländes an der Bloom-field Rd. Auf der mühsamen Wanderung (7 km, hin & zurück 5–6 Std., Start spätes-tens um 10 Uhr) hat man spektakuläre Aus-blicke über den Regenwald und das Riff.

◉ Geführte Touren

Die meisten Tourveranstalter holen die Teil-nehmer gratis von ihrer Unterkunft ab.

★ Ocean Safari   GEFÜHRTE TOUREN
(☑ 07-4098 0006; www.oceansafari.com.au; Cape Tribulation Rd; Erw./Kind/Fam. 139/89/415 AU$; ☺ 8 & 12 Uhr) Ocean Safari veranstaltet Vor-mittags- und Nachmittagsausflüge zum Schnorcheln für kleine Gruppen (max. 25 Pers.) am Great Barrier Reef, das nur eine halbe Stunde vor der Küste liegt. Neopren-anzüge können geliehen werden (8 AU$).

Paddle Trek Kayak Tours   KAJAKFAHREN
(☑ 07-4098 1950; www.capetribpaddletrek.com.au; Lot 7, Rykers Rd; geführte Halbtagestour 75–85 AU$) Die geführten Seekajaktouren (vormittags/ nachmittags 2½/3½ Std.) starten am Cape Trib Beach House (S. 514).

Mason's Tours   JEEPTOUR, WANDERN & TREKKEN
(☑ 07-4098 0070; www.masonstours.com.au; Mason's Store, Cape Tribulation Rd) Lawrence Mason lebt schon ewig vor Ort und leitet informative Regenwaldwanderungen mit Nachtspaziergang für Kleingruppen (max. 5 Pers., 2 Std./halber Tag 300/500 AU$). Zu-dem bietet er Jeeptouren an, die dem Bloom-field Track nach Cooktown folgen (max. 5 Pers., halber/ganzer Tag 800/1250 AU$).

Jungle Surfing
Canopy Tours OUTDOORAKTIVITÄTEN
(☑ 07-4098 0043; www.junglesurfing.com.au; Ziplining 95 AU$, Nachtwanderung 45 AU$, Kombi-Paket 130 AU$; ⏱ 7.45–15.30 Uhr, Nachtwanderung 19.30 Uhr) Auf geht's in den Regenwald für ein aufregendes, zweistündiges Zipline-Abenteuer durch die Baumkronen. Die Nachtwanderungen werden von Biologen geführt, die Licht in den dunklen Dschungel bringen. Die Abholung der Teilnehmer von ihren Unterkünften in Cape Trib ist im Preis enthalten (die Anfahrt im eigenen Auto ist nicht erlaubt).

D'Arcy of the Daintree AUTOTOUR
(☑ 0402 849 249; www.darcyofdaintree.com.au; 116 Palm Rd, Diwan; Tour Erw./Kind ab 146/108 AU$) Der Australier Mike D'Arcy bietet unterhaltsame Touren im Geländewagen an. In kleinen Gruppen geht's den Bloomfield Track hinauf zu den Wujal Wujal Falls (halber Tag) und bis nach Cooktown (ganzer Tag).

Cape Trib Horse Rides REITEN
(☑ 07-4098 0043; www.capetribhorserides.com.au; Ausritt ab 99 AU$/Pers.; ⏱ 8 & 14.30 Uhr) Gemütliche Ausritte (vor- und nachmittags) am Strand und im Wald.

🛏 Schlafen & Essen

Die Restaurants der Resorts in Cape Trib stehen auch Gästen offen, die nicht hier übernachten. Im **Supermarkt** (☑ 07-4098 0015; Cape Tribulation Rd; ⏱ 8–18 Uhr) können Selbstversorger ihre Vorräte aufstocken.

⭐ Cape Trib Beach House HOSTEL, RESORT $
(☑ 07-4098 0030; www.capetribbeach.com.au; 152 Rykers Rd; B 29 AU$, Hütte 150–180 AU$; ✢ @ 🛜) Alles, was Cape Trib zu bieten hat, bietet auch das Beach House – einsamer Regenwald, der bis an einen makellosen Strand reicht, und eine freundliche Atmosphäre, in der sich Backpacker genauso wohl fühlen wie Pärchen und Familien. Das Spektrum der Unterkünfte reicht von sauberen Schlafsälen bis hin zu romantischen Hütten fast direkt am Strand. Das lizenzierte **Restaurant** (Hauptgerichte 18–30 AU$) mit Freilufterrasse und die Bar sind so gut, dass viele Einheimische hier einkehren. HI-Mitglied.

Cape Tribulation Camping CAMPING $
(☑ 07-4098 0077; www.capetribcamping.com.au; Lot 11, Cape Tribulation Rd; Erw./Kind Stellplatz mit Strom 20/10 AU$, ohne Strom 15/10 AU$) Myall Beach ist nur ein paar Schritte von diesem netten Campingplatz entfernt. Die grasbewachsenen Stellplätze sind relativ groß und die Einrichtungen gut (es gibt aber keinen Pool). Die Sand Bar ist ein ungezwungenes Restaurant, das die beste Holzofenpizza von Cape Trib serviert.

PK's Jungle Village HOSTEL $
(☑ 07-4098 0040; www.pksjunglevillage.com; Cape Tribulation Rd; Stellplatz ohne Strom 15 AU$/Pers., B 25–32 AU$, DZ in Hütte 70–125 AU$; ✢ @ 🛜 🏊) Das PK's mit der **Jungle Bar** (Hauptgerichte 11–25 AU$; ⏱ 7.30–22 Uhr), einem Plankenweg zum Myall Beach und vielen unterschiedlichen Budgetunterkünften ist eine seit vielen Jahren bei Backpackern beliebte Bleibe. Die Zeltstellplätze und Schlafsäle sind zwar klein, aber die Anlage ist gepflegt und gesellig.

Rainforest Hideaway B&B $
(☑ 07-4098 0108; www.rainforesthideaway.com; 19 Camelot Close; DZ 135–149 AU$) 🚭 Das farbenfrohe B&B, das aus einem Zimmer im Haupthaus und einer alleinstehenden Hütte besteht, wurde von dem Inhaber, Künstler und Bildhauer „Dutch Rob" eigenhändig gebaut – selbst die Möbel und Betten sind Handarbeit. Durch das Anwesen schlängelt sich ein Skulpturenpfad.

⭐ Whet AUSTRALISCH $$
(☑ 07-4098 0007; www.whet.net.au; 1 Cape Tribulation Rd; Hauptgerichte 16,50–33 AU$; ⏱ 11–16 & 16–20.30 Uhr) Das Whet gilt als Cape Tribs schickstes Restaurant mit dem Flair einer Cocktailbar. Gespeist wird im Kerzenschein an romantisch gedeckten Tischen im Freien. Wie wär's mit Barramundi-Tempura oder Hühnchen-Curry? Mittags kosten alle Gerichte unter 20 AU$. An der Bar treffen sich oft auch Einheimische.

⭐ Mason's Store & Cafe CAFÉ $$
(☑ 07-4098 0016; 3781 Cape Tribulation Rd; Hauptgerichte 9–18 AU$, Probierplatten ab 29 AU$; ⏱ 10–16 Uhr) Ins Mason's geht man, um Touristeninfos zu bekommen, Alkohol zu kaufen oder exotische Fleischgerichte zu verputzen. Der ganze Stolz der Speisekarte dieses entspannten Freiluftcafés sind Krokodil-Burger, es gibt aber auch Kamel-, Emu- und Känguru-Burger sowie Probierplatten. Nur ein paar Schritte entfernt befindet sich ein kristallklarer, krokodilfreier Naturpool (1 AU$).

ℹ Praktische Informationen

Mason's Store (☑ 07-4098 0070; Cape Tribulation Rd; ⏱ 8–18 Uhr) Hier gibt's Infos über die Region und den aktuellen Zustand des Bloomfield Track.

Die Ostküste Australiens verstehen

Die Ostküste aktuell

Den meisten Menschen kommt beim Wort Australien als erstes die Ostküste in den Sinn: große Städte, fotogene Strände, Korallenriffe und wunderbare Wellen. Aber in Wirklichkeit ist der größte Teil Australiens – das „Outback" – eine ungeheuer große Wüste. Die Ostküste wendet diesem sonnenverbrannten Inneren den Rücken zu und feiert an seinem Rand das Leben; sie ist ein lang gezogener, fruchtbarer Streifen Land, auf dem die meisten Aussies leben, arbeiten und spielen.

Top-Filme

Australia (Baz Luhrmann; 2008) Mitreißendes Drama mit tollen Bildern aus NSW und Queensland.
Mad Max: Fury Road (George Miller; 2015) Kein Mel Gibson, aber der vierte „Mad Max" ist ein postapokalyptischer Hammer. Teilweise in Sydney gedreht.
Todesstille (Phillip Noyce; 1989) Nicole Kidman sitzt auf einer Jacht im Great Barrier Reef fest.
Picknick am Valentinstag (Peter Weir; 1975) Schülerinnen „verschwinden" in der mysteriösen Landschaft Victorias.
Two Hands (Gregor Jordan; 1999) Schwarzer Humor in Sydneys Unterwelt.

Top-Bücher

The Bodysurfers (Robert Drewe; 1983) Sexy Geschichten aus Sydneys Strandvororten.
He Died with a Felafel in his Hand (John Birmingham; 1994) Der Alltag in einer WG in Brisbane und anderswo.
Der verborgene Fluss (Kate Grenville; 2005) Über das Leben eines Sträflings Anfang des 19. Jhs. in der Gegend um Sydney.
Johnno (David Malouf; 1975) Erwachsenwerden im Brisbane der 1940er.
Mango Country (John Van Tiggelen; 2003) Exzentrische komische Story über Leute in Far North Queensland.

Sorgen um das Riff

Der Klimawandel bleibt ein heißes (Wortspiel nicht beabsichtigt) Thema entlang der Ostküste, ganz besonders betrifft dies Queenslands größte Touristenattraktion, das Great Barrier Reef. 2016 führten ungewöhnlich hohe Meerestemperaturen zu einer katastrophalen „Bleiche", bei dem die empfindlichen Korallen nicht mit der wärmeren Umwelt zurechtkamen und in Massen zugrunde gingen. Nur ein Jahr später kam es zu einer weiteren Korallenbleiche – noch bevor die Korallen sich von der letzten erholt hatten. Ähnliche Ereignisse gab es in den Jahren 1998 und 2002, doch niemals in diesem Ausmaß: Über 50 % des Riffs waren dieses Mal betroffen, Teile davon sind möglicherweise für immer verloren.

Einige Schätzungen deuten darauf hin, dass das Riff in spätestens 50 Jahren nahezu vollständig verwüstet sein wird, wenn der Klimawandel im gegenwärtigen Tempo fortschreitet und solche Korallenbleichen regelmäßiger eintreten. Die zusätzliche Bedrohung durch Wellenschäden wegen häufiger auftretender Wirbelstürme, die anhaltende Geißel der korallenfressenden Dornenkrone sowie die zunehmende Umweltverschmutzung durch Expansions- und Baggerarbeiten entlang der Küste von Queensland stehen in Verbindung mit dem verstärkten Vorkommen der Korallenbleiche. Sollten sich die Schätzungen bewahrheiten, wären die Auswirkungen enorm, nicht zuletzt wegen der wirtschaftlichen Konsequenzen: Allein der Tourismus um das Riff generiert für Australien jährlich geschätzte 4 Mrd. AU$ an Einnahmen.

Stabil & Beliebt

In den vergangenen Jahren hat sich Australien wirtschaftlich vergleichsweise gut geschlagen. Die vor allem von ihrem Rohstoffreichtum profitierende Nation war eines der wenigen OECD-Länder (Organisation für wirtschaftliche Zusammenarbeit und Entwicklung), das während der globalen Finanzkrise 2008 eine Rezession vermeiden konnte. Prognosen, die wegen der globalen Finanzkrise eine Arbeitslosenquote von 8–10 % erwarten ließen, bewahrheiteten sich nicht – sie stieg nicht über 6 %. Doch als das Wirtschaftswachstum in China (einer der wichtigsten Exportmärkte Australiens) ins Stocken geriet, kam der Bergbau-Boom, der Australien während der Finanzkrise über Wasser gehalten hatte, zum Stillstand. Die konservative liberal-nationale Koalitionsregierung sieht sich nun einem wachsendem Haushaltsdefizit gegenüber.

Trotz dieser schwierigen finanziellen Bedingungen bleibt Australien ein äußerst begehrtes Ziel für Einwanderer, und das Land bietet nach wie vor einen der höchsten Lebensstandards der Welt. Im Human Development Index (Index für menschliche Entwicklung) der Vereinten Nationen ist Australien aufgrund seines hohen Bildungsniveaus, seiner Gesundheitsversorgung, seiner demokratischen Freiheiten, der Sicherheit sowie der hohen Lebenserwartung konstant unter den Top 5 der führenden Ländern der Welt vertreten. Australier genießen ein hohes Pro-Kopf-Einkommen, und Metropolen wie Melbourne, Sydney und Brisbane führen regelmäßig die Listen der „lebenswertesten Städte der Welt" an.

Auf Sand gebaut?

Trotz der guten Lebensqualität machen sich einige Australier hinsichtlich der Zukunft durchaus Sorgen, vor allem in Bezug auf den Immobiliensektor.

Als die Finanzkrise die Welt umklammert hielt, stellten Ökonomen und Banker in der westlichen Welt vernünftigerweise fest, dass sie „… Leuten Geld für viel zu teure Immobilien geliehen haben, die nicht wirklich in der Lage waren, es auch zurückzuzahlen" – bis die Immobilienpreise fielen. In Australien sah man das anders. Der schon erwähnte Bergbau-Boom war in vollem Gange und niemand machte sich Sorgen über lächerliche Immobilienpreise, gab es doch schließlich das nächste Stück Westaustraliens, das nur darauf wartete, ausgebuddelt und nach China verkauft zu werden. Die Australier kauften also auch weiterhin teure Häuser und trieben so die Immobilienpreise immer mehr in die Höhe.

Jetzt, da der Bergbau-Boom Geschichte ist, hat das Land einen Wendepunkt erreicht: Der Hauspreis beträgt im Durchschnitt inzwischen mehr als das Fünffache des durchschnittlichen Jahreseinkommens eines Haushalts – die australischen Immobilienpreise gehören zu den am wenigsten bezahlbaren auf dem Planeten. Die Angst vor einer Immobilienblase, die kurz davor ist zu platzen, ist groß. Solange die Zinsen jedoch niedrig bleiben und Australien in der Wahrnehmung der Menschen weiterhin als „Glücksland" gilt – und scheinbar immun gegen globale Krisen ist –, wird die nationale Immobiliensucht nur schwer zu heilen sein.

BEVÖLKERUNG: **19 034 510**

FLÄCHE: **7 692 000 KM²**

BIP: **1,26 BILLIONEN AU$**

ARBEITSLOSENQUOTE: **5,1 %**

Gäbe es nur 100 Ostküstler, wären ...

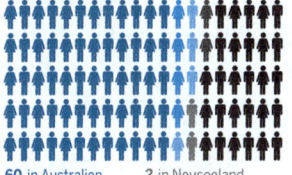

60 in Australien geboren
4 in Großbritannien geboren
4 in China geboren
2 in Neuseeland geboren
2 in Indien geboren
28 anderswo geboren

Religionen
(% der Bevölkerung)

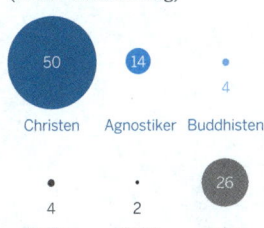

50 Christen
14 Agnostiker
4 Buddhisten
4 Muslime
2 Hindus
26 andere

Einwohner pro km²

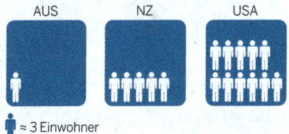

AUS   NZ   USA

≈ 3 Einwohner

Sport! Sport! Sport!

Nirgendwo in Australien ist die Leidenschaft für Sport so ausgeprägt wie an der Ostküste – und nirgendwo sonst im Land entfaltet sie stärkere spalterische Kräfte. Hier scheinen sich die Sportfans entscheiden zu müssen: entweder für die National Rugby League (NRL; www.nrl.com.au), der vorherrschenden Spielklasse in Queensland, New South Wales (NSW) und dem Australian Capital Territory (ACT), oder für die Australian Football League (AFL; www.afl.com.au), des in Victoria und dem Rest von Australien dominierenden Aussie Rules Football. Die gegenseitige Abscheu zwischen Fans nördlich und südlich des Murray River ist fast mit den Händen greifbar.

So verwirrend es für die Australier auch sein mag, aber in letzter Zeit waren die Sydney Swans eines der erfolgreicheren Teams in der AFL. 2012 gewannen sie das große Finale in Melbourne und in den Jahren 2014 und 2016 wurden sie Vizemeister. Unterdessen gewann Melbourne Storm das 2012er Grand Final der NRL in Sydney und war im Jahr 2016 Zweitplatzierter. Es geschehen noch Zeichen und Wunder...

Geschichte

Australien ist ein sehr alter Kontinent – manche Felsen müssen schon jenseits des Archaikums vor 3,8 Mrd. Jahren entstanden sein. Ureinwohner leben hier seit mehr als 50 000 Jahren. Vor diesem Hintergrund scheint die hier beschriebene „Geschichte" etwas kurz zu sein… aber deshalb nicht weniger interessant!

Erste Australier

Vor der Ankunft der Europäer verbanden die vielen kulturellen Aspekte, die allen Ureinwohnern gemeinsam waren, indigene Völker in ganz Australien und ermöglichten ihnen den Austausch untereinander. Diese gemeinsam erlebte Geschichte eint die Aborigines auch im postkolonialen Australien. Die Forschung geht davon aus, dass die indigenen Australier einst von woanders her auf den Kontinent kamen. Laut wissenschaftlichen Belegen ist dies vor 40 000 bis 60 000 Jahren geschehen. Die Aborigines selbst glauben jedoch, sie hätten das Land schon immer bewohnt.

Zur Zeit des ersten Kontakts mit den Europäern bestand die Aborigine-Bevölkerung aus 300 oder mehr unterschiedlichen Stämmen mit verschiedenen Sprachen und Landesgrenzen. Die meisten Ureinwohner hatten keine festen Siedlungen, sondern wanderten innerhalb ihres Territoriums umher und folgten dabei den jahreszeitlichen Vorgaben durch Wanderungen der Tiere und die Verfügbarkeit von Pflanzen. Jahrtausende lang lebten die Aborigines in einem komplexen Verwandtschaftssystem, das sie mit ihrer natürlichen Umgebung verband. Von der Wüste bis zum Meer richteten die Ureinwohner ihr Leben nach ihrer Umwelt aus und entwickelten unterschiedliche Fähigkeiten sowie ein weitreichendes Wissen über ihr Territorium.

Eindringlinge

Im April des Jahres 1770 präsentierte sich einigen Aborigines, die an einem Strand im Südosten Australiens standen, ein erstaunliches Spektakel: Vor ihnen lag ein englisches Schiff, die *Endeavour*, unter dem Kommando von James Cook, der in jenen Tagen den Rang eines Leutnants innehatte. Unter seinen hochherrschaftlichen Passagieren befanden sich

> Vor Ankunft der Europäer lebten in Australien etwa 750 000 Ureinwohner, verteilt auf mehr als 300 Aborigines-Gemeinschaften. Sie unterhielten sich untereinander in mindestens 300 Aborigines-Sprachen und Dialekten.

ZEITLEISTE	**60 000 v. Chr.**	**43 000 v. Chr.**	**3000 v. Chr.**
	Obwohl nicht bekannt ist, wann die ersten Menschen Australien besiedelt haben, gehen Experten doch davon aus, dass die Ureinwohner Australiens zu dieser Zeit auf dem Kontinent ankommen.	Eine Gruppe Aborigines besiedelt das Nepean Valley nahe dem heutigen Sydney und arbeitet mit Werkzeugen aus Stein. Archäologische Funde dieser Art werden später in ganz Australien gemacht.	Die letzte bekannte große Immigrationswelle aus Asien erreicht den Kontinent. Mehr als 300 Sprachen sind in Australien zu hören.

englische Wissenschaftler, die in den Pazifik gesegelt waren, um astronomische Beobachtungen durchzuführen und „neue Welten" zu erkunden. Als sie entlang der Küste dieses neu entdeckten Landes gen Norden segelten, begann Cook die erste britische Karte der australischen Ostküste anzufertigen – der Auftakt jeder Menge Konflikte zwischen europäischen Siedlern und indigenen Völkern.

Einige Tage nach der ersten Sichtung führte Cook eine Gruppe von Männern an einen Ort, der den Aborigines als Kurnell bekannt war. Obwohl die Aborigines von Kurnell die Botaniker der *Endeavour* einen alles andere als begeisterten Empfang bereiteten, freuten sich die Forscher über all die ihnen unbekannten Pflanzen in den Wäldern hier. Angesichts dieses Reichtums benannte Cook den Ort in Botany Bay um. Bei seiner Reise entlang der Küste nach Norden vergab Cook viele weitere englische Namen. Zu seinen Täuflingen gehören die Hervey Bay in Queensland (nach einem englischen Admiral), Dunk Island (nach einem englischen Herzog), Cape Upstart, die Glass House Mountains und die Wide Bay.

Eines Nachts, die *Endeavour* durchkreuzte das Great Barrier Reef in den Gewässern vor den großen Regenwäldern der Kuku Yalanji-Aborigines (weit im Norden des heutigen Queensland), wurde die Besatzung durch das Geräusch von berstendem Holz aufgeschreckt – ihr Schiff war in der Nähe eines Kaps aufgelaufen. Cooks finsterer Stimmung entsprechend und „weil hier alle unsere Probleme begannen", taufte er es Cape Tribulation – das Kap der Trübsal (heute ein Touristenparadies). Sieben Tage später gelang es Cook, das beschädigte Schiff in einen Hafen der Aborigines namens Charco (den Cook in Endeavour umbenannte) zu segeln, wo seine Zimmerleute den Rumpf reparierten.

Die Sträflingskolonie

18 Jahre später, im Jahr 1788, kamen die Engländer zurück: Es handelte sich um 751 zerlumpte Sträflinge und Kinder sowie rund 250 Soldaten, Beamte und deren Ehefrauen. Diese bunt zusammengewürfelte „First Fleet" stand unter dem Kommando des jovialen, gewissenhaften Marinekapitäns Arthur Phillip. An einer kleinen Bucht im idyllischen Gebiet der Eora-Aborigines gründete dieser eine Strafkolonie und benannte den Ort nach dem britischen Innenminister Lord Sidney.

Robert Hughes Bestseller *Australien: Die Besiedlung des fünften Kontinents* (1987) beschreibt die Kolonie als einen grauenhaften Gulag, in dem britische Obrigkeiten Rebellen, Landstreicher und Kriminelle quälten. Andere Historiker heben dagegen hervor, dass einflussreiche Männer in London die Deportation als eine Möglichkeit ansahen, Gefangene in ein neues, nützliches Leben einzugliedern. Tatsächlich wurden viele Gefangene schon bald auf Bewährung freigelassen, konnten wohnen, wo sie wollten, und sich Arbeit suchen.

1607	1770	1776	1788
Der spanische Entdecker Luis Torres segelt durch die Meerenge zwischen Australien und Neuguinea, ohne den großen Kontinent im Süden zu entdecken. Die Meerenge trägt heute seinen Namen.	Der britische Seefahrer James Cook zeichnet auf seinem Schiff *Endeavour* eine Karte von Australiens Ostküste. Danach läuft er beim Great Barrier Reef in der Nähe eines Orts, den er Cape Tribulation nennt, auf Grund.	In den USA erklären die 13 britischen Kolonien ihre Unabhängigkeit. Nun hat die Regierung des Königs Georg III. keinen Ort mehr, an dem sie Sträflinge loswerden kann. Ihre Aufmerksamkeit richtet sich auf Australien.	Die Eora von Bunnabi stellen fest, dass sie neue Nachbarn haben. Elf Schiffe mit Soldaten und Strafgefangenen werfen Anker an der Stelle, die von den Neuankömmlingen Botany Bay genannt wird.

Doch das System konnte grausam sein. Frauen, die im Verhältnis 1:5 in der Unterzahl waren, drohte die ständige sexuelle Ausbeutung. Weibliche Strafgefangene, die ihre Wärter gegen sich aufbrachten, siechten in deprimierenden „Frauenfabriken" dahin. Männliche Wiederholungstäter wurden brutal ausgepeitscht und konnten für kleinere Vergehen wie Diebstahl gehängt werden. 1803 etablierten englische Offiziere eine zweite Sträflingskolonie im „Van Diemens Land" (dem heutigen Tasmanien). Schnell füllten Wiederholungstäter das üble Gefängnis von Port Arthur an der schönen und wilden Küste bei Hobart. Andere erlitten sinnlose Qualen auf Norfolk Island im abgelegenen Pazifik. Anfangs waren Sydney und diese kleineren Siedlungen auf Schiffe angewiesen, die sie mit allem Lebensnotwendigen versorgten. Die Regierung teilte daraufhin Soldaten, Offizieren und freigelassenen Häftlingen Land zu, um damit die Landwirtschaft anzukurbeln, und nach 30 Jahren voller Mühen und Fehlschlägen begannen die Farmen endlich zu florieren.

Land

Auf der Suche nach Weideland und Wasser drangen die Siedler – man nannte sie Sqatters – Jahr für Jahr weiter in das Territorium der Aborigines ein, besetzten nach Gutdünken Land und verteidigten es mit Waffengewalt. In den USA war der Konflikt zwischen Siedlern und Einheimischen die Basis für den Mythos vom „Wilden Westen", aber in Australien blieben die Auseinandersetzungen kaum im Gedächtnis der Siedlernachkommen, sodass manche Historiker heute am Ausmaß der Gewalt zweifeln. Die Ureinwohner Australiens haben jedoch von Generation zu Generation weitergegeben, wie man ihre Vorfahren niedergemetzelt und ihre Wasserlöcher vergiftet hat. Einige der erbittertsten Kämpfe ereigneten sich in entlegenen Gegenden des zentralen Queensland. In Tasmanien waren die Folgen dieser Besiedlungen so verheerend, dass heute alle verbliebenen Ureinwohner der Insel aus Mischehen abstammen.

Auf dem Festland gelang es vielen Siedlern, einen Waffenstillstand mit den Ureinwohnern zu vereinbaren. In abgelegenen Gegenden gehörte es bald zur Tagesordnung, dass Aborigines schlecht bezahlte Arbeiten auf Höfen annahmen und auf Schaf- sowie Rinderfarmen als Viehtreiber, Hilfsarbeiter, Scherer sowie Hausangestellte Beschäftigung fanden. Jene, die weiter auf ihrem traditionellen Land arbeiten durften, passten sich den neuen Bedingungen an. Dieses Arrangement blieb auf Weideflächen im Hinterland noch bis nach dem Zweiten Weltkrieg bestehen.

Gold & Rebellion

Der Sträflingstransport nach Ostaustralien endete in den 1840er-Jahren, und das war auch gut so, denn 1851 entdeckten Schürfer Gold in New South Wales und Victoria. Diese Nachricht schlug ein wie eine Bombe.

1789	1824	1835	1844–1845
Mit den Kolonisten erreichen auch Krankheiten Australien: Bei einer Pockenepidemie sterben 50 % der Darug-Aborigines.	Die Regierung errichtet die schreckliche Strafkolonie von Moreton Bay, einen Ort des Grauens. Eine zweite Strafkolonie in Brisbane folgt zwei Jahre später.	Für Mehl und billigen Schmuck „erwirbt" John Batman von den Aborigines des Dutigalla-Stamms 2500 km² Land. Melbourne wird am Nordufer des Yarra River gegründet.	Ludwig Leichhardt schreibt den ersten Reiseführer über Australien in Form eines Tagebuchs. Darin hält er seine Expedition von Brisbane bis fast nach Darwin fest. 1848 verschwindet er spurlos.

Junge Männer und auch abenteuerlustige Frauen aus allen Schichten begaben sich nun auf Schatzsuche, und es dauerte nicht lange, bis ihnen ein Strom aus Goldgräbern, Unterhaltungskünstlern, Wirten, Schnaps-schmugglern, Prostituierten und Gaunern folgte. In Victoria machte sich der britische Gouverneur größte Sorgen. Nicht nur, weil die Standesge-sellschaft völlig aus den Fugen geriet, sondern auch, weil nun zusätzliche Kosten anfielen, um Recht und Gesetz auf den Goldfeldern zu sichern. Seine Lösung war es, allen Glückssuchern eine hohe monatliche Schürf-lizenz abzuverlangen. Damit ging die Hoffnung einher, dass die Ärmeren unter ihnen in ihre Heimatorte zurückkehren würden.

Doch der Reiz des Edelmetalls war zu groß. Die Stimmung auf den Goldfeldern war so ausgelassen, dass sich zunächst kaum jemand von der berittenen Polizei abschrecken ließ, die auf brutale Weise die Gebüh-ren für Lizenzen eintrieb. Doch nach drei Jahren war das leicht zugäng-liche Gold in Ballarat erschöpft, und die Schürfer mussten sich nun in tiefen, wassertriefenden Schächten abmühen. Inzwischen waren sie wü-tend auf das korrupte und gewalttätige Rechtssystem, das ihnen nur Verachtung entgegenbrachte. Unter Führung des charismatischen Iren Peter Lalor hissten sie ihre eigene Flagge, das „Southern Cross", und schworen, ihre Rechte und Freiheiten zu verteidigen. Sie bewaffneten sich, verschanzten sich in Eureka hinter Palisaden und warteten auf die Reaktion der Staatsmacht.

Im Morgengrauen des 3. Dezember 1854, eines Sonntags, stürmte eine Polizeitruppe die Befestigung. Innerhalb von 15 Minuten töteten die Po-lizisten 30 Goldgräber und verloren fünf eigene Männer. Die Geschichte von der Eureka Stockade wird häufig als Kampf für nationale Unabhän-gigkeit und Demokratie dargestellt, so als ob Letztere nur durch Blutver-gießen entstehen könnte. Dabei waren die Opfer eigentlich völlig unnö-tig. In den Ostkolonien entstanden bereits erste demokratische Parla-mente – und zwar mit voller Unterstützung britischer Behörden. In den 1880er-Jahren schließlich wurde Lalor Parlamentssprecher in Victoria.

Der Goldrausch lockte auch zahlreiche Chinesen an, denen prompt die Feindschaft der Weißen entgegenschlug. 1860/61 wurden viele von ihnen Opfer schwerer Rassenunruhen auf den Goldfeldern von Lambing Flat (heute Young) in New South Wales. Schon bald entwickelten sich chinesische Bezirke in den Seitenstraßen von Sydney sowie Melbourne, und in den 1880er-Jahren schwelgte die Literatur regelrecht in Geschich-ten über chinesische Opiumhöhlen, zwielichtige Spielhöllen und orienta-lische Bordelle. Tatsächlich etablierten sich dort viele Chinesen als Ge-schäftsleute, vor allem als Gemüsehändler. Heute ist in den chinesischen Vierteln der Städte immer viel los; auch die Chinarestaurants in vielen Orten des Landes weisen auf die wichtige Rolle hin, die Chinesen mitt-lerweile einnehmen.

1871 Der Aborigines-Angehörige Jupiter, ein Viehzüchter, entdeckt Gold in Queensland, und der Rausch nimmt seinen Lauf. Innerhalb von zehn Jahren macht Brisbane ein Vermögen mit Gold und Wolle.

1891 Der Streik der Schafscherer in der Gegend um Barcaldine, Queensland, geht in die Geschichte ein. Die Konfrontationen führen dazu, dass die Australian Labor Party ins Leben gerufen wird.

1901 Australien wird ein föderativer Staat. Das neue Bundesparlament trifft sich in Melbourne. Die White Australia Po-licy wird verabschiedet, Nichteuropäer erhalten Einwanderungsverbot.

1911 Das Australian Capital Territory wird eingerichtet, wo sich die neue Hauptstadt Canberra befindet. Bis 1927 bleibt Melbourne aber Regierungssitz.

Gold und Wolle brachten Melbourne und Sydney jede Menge Geld und Stil ein. Bereits in den 1880er-Jahren präsentierten sich beide Städte modern und elegant. Es gab Gaslaternen, Eisenbahnen und eine geniale neue Erfindung: den Telegrafen. Die Hauptstadt im Süden zeigte sich so reich an Theatern, Hotels, Galerien und Modegeschäften, dass man sie nur noch „Marvellous Melbourne" (fantastisches Melbourne) nannte.

Weit entfernt von den südlichen Zentren der politischen und wirtschaftlichen Macht lag das großflächige Queensland. Es war eine raue Grenzkolonie, in der Geld mit harter Arbeit verdient wurde, ob in Minen, im Wald oder auf Viehfarmen. Durch die Zuckerindustrie an der Küste

BURKE & WILLS

Die Great Northern Expedition war der Versuch, Australien von Melbourne bis zum Golf von Carpentaria (vor der Nordküste Australiens) zu durchqueren. Das Ganze wurde von der Kolonialregierung finanziert. Obwohl es Robert O'Hara Burke an Erfahrung fehlte, sollte er die 19-köpfige Expedition zusammen mit seinem Stellvertreter William „Jack" Wills leiten. Unter dem Jubel von 10 000 Schaulustigen nahm die Gruppe im August 1860 in Melbourne die 3200 km lange Strecke in Angriff. Sie war wirklich nicht gut vorbereitet und nahm Sachen wie Holztische, Raketen, Flaggen, einen chinesischen Gong und Marschverpflegung für mindestens zwei Jahre mit. Alles in allem verstaute sie 20 t auf 26 Kamelen, 23 Pferden und sechs Wagen. Die Transportmittel waren völlig überladen und kamen nur im Schneckentempo voran. Für 750 km brauchte die Gruppe fast zwei Monate (eine Postkutsche hätte diese Strecke in rund zehn Tagen geschafft). Überall an der Strecke ließ sie ausrangierte Gegenstände zurück. Außerdem erreichte sie die heißesten Gegenden Australiens im Hochsommer. Temperaturen von über 50 °C sorgten dafür, dass die Gruppe echte Probleme bekam – Defekte am Material, ständige Streitereien, Resignation und den Rausschmiss von Expeditionsteilnehmern.

Burke wurde immer frustrierter, teilte schließlich die Gruppe auf und stürmte dann im Dezember mit drei anderen (Wills, Charles Gray und John King) in Richtung Küste. Die Hauptgruppe blieb zurück. Burke hatte ihr befohlen, erst nach einer Wartezeit von drei Monaten in den Süden zurückzukehren. Er ging davon aus, dass sein Vierertrupp die Strecke zur Küste und zurück in zwei Monaten bewältigen würde. Er brauchte aber mehr als vier Monate, und als er schließlich in die Nähe der Küste kam, war es unmöglich, die Mangrovensümpfe zu durchqueren und das Meer zu erreichen. Die Verbliebenen kehrten in das Basislager zurück (Gray starb unterwegs), wo sie feststellen mussten, dass die Gruppe sich wenige Stunden zuvor mit Sack und Pack auf den Weg gen Süden gemacht hatte. Die drei gingen zu einer Hirtensiedlung in der Nähe von Mt. Hopeless. Burke und Wills kamen ums Leben. King wurde von Aborigines gerettet und wieder aufgepäppelt. Er war der Einzige, der das Land durchquert hatte und lebend wieder an den Ausgangspunkt zurückgekehrt war.

1915	1918	1929	1937
Zusammen mit Großbritannien unterstützen australische und neuseeländische Truppen (die ANZACs) die Alliierten bei ihrer Türkeiinvasion auf Gallipoli. Die ANZAC-Legende ist geboren.	Der Erste Weltkrieg ist zu Ende. 320 000 von 4,9 Mio. Einwohnern wurden in den Kampf nach Europa geschickt; fast 20 % kamen ums Leben. Das australisch-britische Verhältnis bekommt Risse.	Weltwirtschaftskrise: Die Volkswirtschaft bricht zusammen, Tausende hungern. 1932 erreicht die Arbeitslosigkeit 28 % und ist eine der höchsten der industrialisierten Welt (übertrumpft nur von der in Deutschland).	Agakröten werden ausgesetzt, um den Schädlingen auf Queenslands Zuckerrohrfeldern beizukommen. Die Aktion erweist sich als katastrophal. Die Kröten werden auch in anderen Bundesstaaten zur Plage.

häuften südliche Investoren Reichtümer an, indem sie auf ihren Plantagen Arbeiter von den Pazifischen Inseln (sog. „Kanaken") ausbeuteten. Viele von Letzteren hatte man gekidnappt.

Der Australische Bund

Am 1. Januar 1901 wurden aus den sechs australischen Kolonien ein Verbund sich selbstverwaltender Staaten – der Commonwealth of Australia. Als die Abgeordneten des neuen Bundesparlaments in Melbourne zusammentraten, sahen sie es als ihr oberstes Ziel an, Identität und Werte eines europäisch geprägten Australiens gegen den Einfluss von Asiaten und Südseeinsulanern zu schützen.

Die Lösung war die Einführung der sogenannten „White Australia Policy" (Politik des weißen Australiens). Eigentlich sollte damit die Einwanderung von Nicht-Weißen nach Australien verhindert werden, doch die Auswirkungen trafen auch die Ureinwohner des Landes. Alle Behörden ermutigten die Anpassung an die weiße Gesellschaft mit der Absicht, die Aborigines nach und nach verschwinden zu lassen. Die zwangsweise Herausnahme der Kinder aus Familien der Aborigines und der Torres-Strait-Insulaner war von 1909 bis 1969 offizielle Politik, wurde jedoch auch davor und danach praktiziert. Genaue Zahlen wird es wohl niemals geben, aber man schätzt, dass etwa 100 000 Aborigine-Kinder – oder eines von drei Kindern – ihren Familien entrissen wurden.

1902 bekamen weiße Frauen das Wahlrecht bei den Bundeswahlen. Mit einer Reihe radikaler Neuerungen führte die Regierung ein umfassendes Sozialsystem ein und schützte das australische Lohnniveau durch Importzölle. Die Mischung aus kapitalistischer Dynamik und sozialistischer Fürsorge wurde als *Australian settlement* bekannt.

Krieg & Weltwirtschaftskrise

Da sie isoliert vom Rest der Welt am Rand eines unwirtlichen Landes lebten, empfanden viele Australier es als durchaus beruhigend, noch Teil des Britischen Weltreichs zu sein. Nachdem 1914 der Erste Weltkrieg ausgebrochen war, folgten deshalb auch Tausende von ihnen dem Ruf des Empires, die Waffen zu ergreifen. Ihre erste Begegnung mit dem Tod fand am 25. April 1915 statt: Das Australian and New Zealand Army Corps (ANZAC) kämpfte an der Seite britischer und französischer Truppen bei einem Angriff auf die türkische Halbinsel Gallipoli. Es dauerte jedoch acht Monate, bis die britischen Kommandeure das Scheitern ihrer Taktik eingestanden; inzwischen hatten 8141 junge Australier ihr Leben gelassen. Bald darauf kämpfte die Australian Imperial Force auch auf Europas Schlachtfeldern. Bis Kriegsende fielen 60 000 australische Männer. Zu ihren Ehren werden am ANZAC-Day (25. April) in Australien und auf Gallipoli Gedenkfeiern abgehalten.

Viele verehren ihn als *den* großen Australien-Roman: Patrick Whites *Voss* (1957) wurde von der Geschichte des preußischen Forschers Leichhardt inspiriert. Er ist eine psychologische Erzählung, eine Liebesgeschichte und eine epische Reise durch die australische Wüste.

Beste Geschichtsmuseen

Rocks Discovery Museum (Sydney)

Museum of Sydney (Sydney)

Melbourne Museum (Melbourne)

Queensland Museum (Brisbane)

National Museum of Australia (Canberra)

1941	1956	1962	1969
Die Japaner bombardieren Townsville, der Krieg hat den Pazifik erreicht. Australische Truppen strömen auf die Schlachtfelder der Welt. Tausende US-Soldaten kommen ins Land – und trinken jede Menge Bier.	In Melbourne werden die Olympischen Sommerspiele ausgetragen – das erste Mal finden die Spiele auf der Südhalbkugel statt. Australien erreicht den dritten Platz im Medaillenspiegel nach der UdSSR und den USA.	Die Aborigines dürfen an den Bundeswahlen teilnehmen, müssen aber bis 1967 warten, bis ihnen durch ein überwältigendes landesweites Referendum die Staatsbürgerschaft zuerkannt wird.	Joh Bjelke-Petersen wird für die nächsten 21 Jahre Queenslands Premierminister. Sein politisches Programm kann weitestgehend mit „Wachstum um jeden Preis" beschrieben werden

Die 1920er-Jahre waren wilde Jahre. Australien investierte in Immigration und Wachstum, bis die Wirtschaft während der Weltwirtschaftskrise 1929 in sich zusammenfiel. Die nun folgende Zeit der Arbeitslosigkeit brachte jedem dritten Haushalt Not und Elend. Wer Geld oder Arbeit hatte, spürte von der Krise allerdings wenig, denn durch die extreme Deflation nahm die Kaufkraft sogar zu.

Helden

Bei all den Problemen bot der Sport der spiel- und wettbegeisterten Nation Abwechslung. Das vielversprechende Rennpferd Phar Lap holte 1930 mühelos den Melbourne Cup (bis heute bekannt als *the race that stops a nation* – ein absoluter Straßenfeger). 1932 sollte das Tier dann auch die amerikanischen Rennbahnen erobern, starb dort aber unter mysteriösen Umständen. In Australien halten sich seitdem Verschwörungstheorien, dass Phar Lap von neidischen Amerikanern vergiftet worden sei.

Das berühmte Rennpferdes Phar Lap wurde ausgestopft und steht nun im Melbourne Museum. Das Herz des Tieres befindet sich im National Museum of Australia in Canberra; sein Skelett ist in seinem Geburtsland Neuseeland zu bestaunen.

Auch auf dem Cricketfeld gab es 1932 Ärger. Das englische Team setzte unter seinem Mannschaftskapitän Douglas Jardine eine brutale neue Wurftechnik namens „Bodyline" ein. Ziel war es, Australiens Star-Schlagmann Donald Bradman aus der Fassung zu bringen. Die Verbitterung war groß, und Bradman machte trotzdem weiter: mit unübertroffenen 99,94 Runs im Durchschnitt.

Zweiter Weltkrieg

1939 zogen die australischen Soldaten in den Zweiten Weltkrieg. Obwohl Japan eine Bedrohung darstellte, waren sich die meisten Australier sicher, dass die britische Kriegsmarine sie schützen würde. Im Dezember 1941 bombardierte Japan die US-Flotte in Pearl Harbor. Wenige Wochen später war auch der „unüberwindbare" britische Marinestützpunkt in Singapur angeschlagen, und schon bald fanden sich Tausende australische und alliierte Soldaten in grausamen japanischen Kriegsgefangenenlagern wieder.

Die Japaner drangen unterdessen bis nach Papua-Neuguinea vor, woraufhin die Briten erklärten, dass sie keine Möglichkeiten mehr hätten, Australien zu verteidigen. Der legendäre US-Kommandeur General Douglas MacArthur sah in Australien allerdings einen perfekten Stützpunkt für amerikanische Einsätze im Pazifik. In einer Reihe erbitterter Kämpfe auf See und an Land schlugen die alliierten Kräfte die japanische Offensive deshalb nach und nach zurück. Entscheidend war, dass nicht die Briten, sondern die Amerikaner zu Hilfe eilten. Die Tage des Bündnisses mit England waren nun gezählt.

Frieden, Wohlstand & Multikulti

Als der Krieg vorbei war, ging ein neuer Slogan durchs Land: *populate or perish* (bevölkern oder untergehen). Die australische Regierung entwi-

1970er	1972	1975	1992
Inflation, steigende Zinssätze und zunehmende Arbeitslosigkeit setzen den goldenen Nachkriegsjahren ein Ende. Die Immobilienpreise schießen in die Höhe, ein Eigenheim ist für viele unerreichbar.	Die Aboriginal Tent Embassy wird auf den Grünflächen des Parlamentsgebäudes in Canberra errichtet. Sie soll in den nächsten Jahrzehnten daran erinnern, dass den Aborigines ihr Land genommen wurde.	Der Great Barrier Reef Marine Park wird gegründet und später zum Weltnaturerbe erklärt. Das wurmt Joh Bjelke-Petersen, denn er wollte im Riff nach Erdöl bohren lassen.	Nach zehnjährigem Zug durch alle Instanzen erkennt der Oberste Gerichtshof in seiner wegweisenden Mabo-Entscheidung das dauerhafte Landrecht der Aborigines in ganz Australien an.

ckelte ehrgeizige Pläne, um eine möglichst große Anzahl Einwanderer ins Land zu locken. Mit staatlicher Hilfe kamen sie dann auch, Engländer, Griechen, Italiener, Slawen, Serben, Kroaten, Holländer, Polen, Türken, Libanesen und viele andere. Auf diese „neuen Australier" setzte man große Hoffnungen und erwartete, dass sie sich in Vorstädten ansiedeln sowie an den australischen Lebensstil anpassen würden.

Es folgten die große Zeit der Kleinfamilien sowie ein lang anhaltender Wirtschaftsaufschwung. Viele Zugezogene fanden Jobs in der verarbeitenden Industrie, wo Firmen wie General Motors und Ford durch großzügige Zollbestimmungen unterstützt wurden. Zeitgleich wuchs fast überall in der Welt die Nachfrage nach australischen Erzeugnissen: Metalle, Wolle, Fleisch und Weizen. Das Land wurde sogar zu einem der Hauptexporteure von Reis nach Japan.

Diese Ära des wirtschaftlichen Wachstums und Wohlstands wurde von Robert Menzies geprägt, dem Gründer der modernen Liberal Party sowie dem dienstältesten Premierminister. Er besaß eine Art onkelhaften Charme und war ein wachsamer Gegner des Kommunismus. Als der Kalte Krieg immer größere Dimensionen annahm, schlossen Australien und Neuseeland 1951 ein formales Militärbündnis mit den USA, das ANZUS-Abkommen. Als sich die USA in den Vietnamkrieg stürzten, schickte auch Menzies Truppen in den Kampf. Ein Jahr später trat er zurück und hinterließ seinem Nachfolger ein schwieriges Erbe. Die Antikriegsbewegung spaltete das gesamte Land.

Künstler, Intellektuelle und Jugendliche fanden Menzies Australien langweilig, selbstgefällig sowie mehr mit der amerikanischen und britischen Kultur verbunden als mit eigenen Talenten und Traditionen. Der Kontinent litt ihrer Ansicht nach unter „Minderwertigkeitskomplexen". Jugendliche Rebellion und ein neu entdecktes Nationalgefühl lagen in der Luft, und die Australier begannen, sich wieder mehr für ihre eigene Geschichte und Kultur zu interessieren. Die Kunst erlebte ebenso wie die

Die am einfachsten verständliche Version der ANZAC-Legende ist Peter Weirs australisches Epos Gallipoli (1981) mit dem jungen Mel Gibson.

MABO & TERRA NULLIUS

Im Mai 1982 führte Eddie Mabo eine Gruppe von Torres-Strait-Insulanern an, die vor Gericht ihren auf der Tradition begründeten Rechtsanspruch auf Mer (Murray Island) geltend machen wollten. Sie argumentierten gegen das Rechtsprinzip der *terra nullius* (wörtlich „Land, das niemandem gehört") und demonstrierten so ihre seit Tausenden Jahren ungebrochene Verbundenheit mit ihrem Land. Im Juni 1992 entschied der High Court zugunsten von Mabo und den Torres-Strait-Insulanern und hob das Prinzip der *terra nullius* auf – diese Entscheidung wurde als Mabo-Beschluss bekannt und sollte weitreichende Auswirkungen auf Australien haben, u. a. wurde 1993 der Native Title Act eingeführt.

1999	2000	2005	2008
In einem Referendum stimmen 55 % der Australier gegen die Einrichtung einer Republik, sodass das Land eine konstitutionelle Monarchie bleibt.	Sydney ist Gastgeber der Olympischen Sommerspiele: Sie werden ein Spektakel. Die Aborigine-Läuferin Cathy Freeman entzündet die olympische Flamme bei der Eröffnungszeremonie und gewinnt Gold über 400 m.	In einem Vorort Sydneys finden gewalttätige Krawalle zwischen weißen und libanesischstämmigen Australiern statt. Die Cronulla Riots lösen eine Debatte über multikulturelle Gesellschaften aus.	Im Namen des Parlaments entschuldigt sich Premierminister Kevin Rudd in einer bewegenden Rede bei den australischen Ureinwohnern für Gesetze und eine Politik, die „zu tiefem Leid, Schmerz und Verlusten führten"

Universitäten eine neue Blütezeit, und eine eigenständige Filmindustrie brachte mit staatlicher Unterstützung beachtliche Werke hervor.

Zu dieser Zeit gelangten viele weiße Australier zu der Überzeugung, dass den Aborigines großes Unrecht angetan worden war und nun Zeit zum Handeln sei. Zwischen 1976 und 1992 errangen die Aborigines daraufhin größere Siege beim Kampf um Landrechte. Australiens Handel mit China und Japan florierte, die White Australia Policy wurde mit wachsender Tendenz als peinlich empfunden und infolgedessen Anfang der 1970er-Jahre offiziell aufgelöst. Australien wurde schließlich sogar zum Mitglied beim Kampf gegen die rassistische Apartheidspolitik in Südafrika.

In den 1970er-Jahren wuchs zudem die Zahl der Einwanderer aus nicht englischsprachigen Ländern auf über 1 Mio. an. Mit ihnen kamen neue Sprachen, Kulturen, Essgewohnheiten und Ideen ins Land. Gleichzeitig lösten China und Japan Europa allmählich als Australiens wichtigste Handelspartner ab. Als immer mehr Asiaten in Australien leben wollten, errangen die vietnamesischen Gemeinschaften sowohl in Sydney als auch in Melbourne Berühmtheit. In beiden Städten wehte ein neuer Geist der Toleranz und man war stolz auf das multikulturelle Flair.

Neue Herausforderungen

In den 1970er-Jahren begann das Land, sein protektionistisches Gerüst abzubauen. Mit neuer Effizienz kam auch neuer Wohlstand. Gleichzeitig wurden Löhne und Arbeitsbedingungen, die zuvor durch eine unabhängige Instanz geschützt waren, angreifbarer, als das Gleichheitsprinzip dem Wettbewerb Platz machte. Nach zwei Jahrhunderten der Entwicklung wurden auch die negativen Auswirkungen auf die Umwelt sichtbar – auf Wasserversorgung, Wälder, Boden- und Luftqualität und die Meere.

Unter dem konservativen John Howard, dem am zweitlängsten amtierenden Premierminister Australiens (1996–2007), schloss sich das Land enger als je zuvor den USA an. Man zog auch mit den Amerikanern in den Irakkrieg. Der Umgang mit Asylsuchenden, die Weigerung der Regierung, den Klimawandel anzuerkennen, ihre Anti-Gewerkschaftsreformen und das scheinbar mangelnde Einfühlungsvermögen des Premierministers in die Belange der australischen Ureinwohner erschreckte eher liberal gesinnte Australier. Aber Howard regierte in einer Phase des Wirtschaftswachstums, in der Werte wie Eigenverantwortung betont wurden, was ihm die dauerhafte Unterstützung von Australiens Mitte sicherte.

2007 wurde Howard von Kevin Rudd, dem Kandidaten der Labor Party, abgelöst, einem ehemaligen Diplomaten, der sich sogleich offiziell bei den Aborigines für das Unrecht entschuldigte, das sie in den letzten 200

Die Olympischen Sommerspiele im Jahr 2000 in Sydney wurden als eine der erfolgreichsten und reibungslosesten Olympiaden aller Zeiten bezeichnet – insbesondere für das australische Team waren sie das zweifellos: Mit 58 Medaillen (davon 16 Gold) belegte der Gastgeber den vierten Platz.

2009	2011	2011	2016 & 2017
Eine Hitzewelle, die alle Rekorde bricht, führt zu den katastrophalen Buschfeuern des „Schwarzen Samstags" in Victoria. Mehr als 170 Menschen sterben, der Sachschaden beläuft sich auf gut 1 Mrd. AU$.	Überschwemmungen zerstören weite Gebiete Queenslands einschließlich Brisbane, töten 35 Menschen und verursachen einen Milliardenschaden. Zyklon Yasi folgt Wochen später und zerstört Teile Nord-Queenslands.	Die Gold Coast in Queensland wird als Ausrichter der Commonwealth Games 2018 bekannt gegeben. Die Arbeiten zur Verbesserung der Infrastruktur beginnen, darunter der Bau einer neuen Straßenbahntrasse.	Da die Wassertemperaturen wärmer als üblich sind, kommt es zweimal in Folge zu einer katastrophalen Korallenbleiche mit schwerwiegenden Auswirkungen auf das Great Barrier Reef.

Jahren erlitten hatten. Die neue Regierung versprach umfassende Reformen im Umweltschutz und im Bildungswesen, kam aber angesichts der Weltfinanzkrise von 2008 in Schwierigkeiten. Im Juni 2010 verlor Rudd sein Amt. Die neue Premierministerin Julia Gillard musste sich zusammen mit den anderen Führern der Welt drei zusammenhängenden Herausforderungen stellen – dem Klimawandel, den abnehmenden Erdölvorräten und einer schrumpfenden Wirtschaft. Diese Schwierigkeiten und schwindende Unterstützung ihrer Partei führten dazu, dass Gillard 2013 von einem wiedererstarkten Rudd abgesetzt wurde. Rudds Labor Party verlor jedoch die landesweiten Wahlen im gleichen Jahr und übergab die Regierungsgeschäfte an die rechtsgerichtete liberal-nationale Koalition mit Tony Abbott an der Spitze. Nachdem Abbotts Umfragewerte abstürzten, verlor er 2015 gegen seinen Parteikollegen Malcolm Turnbull.

Der Klimawandel & das Great Barrier Reef

Das Great Barrier Reef (GBR) ist nicht nur eines der vielfältigsten, sondern auch das größte Korallenriffsystem der Erde. Das Riff mit seinen vielen Inseln ist so riesig, dass es mit bloßem Auge vom Weltraum aus zu erkennen ist. Doch genau wie alle anderen Korallenriffe hat auch das GBR mit massiven Umweltproblemen zu kämpfen.

Das Riff

Zum Ökosystem des Riffs gehören die Lebensräume auf dem Meeresboden zwischen den einzelnen Riffen, Hunderte von kontinentalen Inseln und Korallenriffen sowie die Strände, Landzungen und Flussmündungen entlang der Küste. Die insgesamt 2900 Riffe des GBR, die von weniger als einem bis hin zu 26 km lang sind, beherbergen eine wirklich erstaunliche biologische Vielfalt: Mehr als 1500 Fischarten, über 400 Korallenarten und Hunderte Arten von Mollusken (Muscheln, Schnecken, Kraken) und Stachelhäutern (Seesterne, Seegurken, Seeigel), Schwämme, Würmer, Krustentiere und Meeresalgen leben hier. Das GBR ist aber auch die Heimat von Meeressäugetieren wie Delfinen, Walen und Seekühen, unzähligen Vogelarten und sechs der sieben Arten von Meeresschildkröten, die es weltweit gibt. Unter den gut 900 Inseln des GBR finden sich kurzlebige „Eintagsfliegen", kaum oder überhaupt nicht bewachsene, aber auch dicht bewaldete Sandbänke und kontinentale Inseln.

Am Scheideweg

Korallenriffe haben es in der heutigen Zeit nicht leicht. In den vergangenen 30 Jahren fegten über das GBR mehr Wirbelstürme und Torna-

DER GREAT BARRIER REEF MARINE PARK

Der 1975 eingerichtete Meerespark ist mit 360 000 km² fast so groß wie Italien und eines der am besten geschützten, marinen Ökosysteme unseres Planeten. In gut einem Drittel des Parks ist jede Art des Eingreifens verboten, ansonsten sind kommerzieller Fischfang und Freizeitangeln erlaubt. Entlang der südlichen Küste gibt's ein paar größere Städte wie Cairns, Townsville, Mackay und Gladstone, von denen einige über einen Hafen verfügen, um den Export von Vieh und Zucker sowie den Handel mit Erz abzuwickeln. Schifffahrtsstraßen führen kreuz und quer durch das Riff, doch die Erzfrachter sowie die anderen Fracht- und Kreuzfahrtschiffe müssen sich von ortskundigen Seeleuten lotsen lassen, um die Gefahr des Auflaufens oder einer Kollision zu vermindern.

Australien wird weltweit gelobt für die vorbildlichen Maßnahmen zum Schutz des Great Barrier Reefs: Der Meerespark gehört zum Weltkulturerbe der UNESCO und wird von der Great Barrier Reef Marine Park Authority beneidenswert gut verwaltet. Dennoch fürchten die mit dem Riff befassten Wissenschaftler um die Zukunft dieses einmaligen Ökosystems. Umfassende Informationen sowie Unterrichtsmaterial für alle Klassenstufen gibt's unter www.gbrmpa.gov.au und www.coralwatch.org.

dos hinweg als im ganzen letzten Jahrhundert. Immer wieder kommt es zu massiven Invasionen des zerstörerischen Dornenkronenseesterns, der die Korallen frisst. Durch die ungewöhnlich hohen Wassertemperaturen kam es schon dreimal zu ausgedehnten Korallenbleichen. Und die Rekordhochwasser der letzten Jahre schwemmten riesige Mengen an Süßwasser, Sedimenten, Dünger und anderen landwirtschaftlichen Chemikalien ins Meer, was zu einer übermäßigen Zunahme von Plankton führte, das wiederum den Lichteinfall behinderte und damit die Grundlage für das Leben und die Widerstandskraft der Korallenriffe zerstörte.

Angesichts dieser Entwicklungen ist es nicht weiter überraschend, dass man schon nach kurzer Internetrecherche den Eindruck gewinnt, das GBR sei weitaus stärker geschädigt als alle anderen Korallenriffe der Erde. Doch die Vielzahl an Informationen über die Gefahren für das Riff belegen nur den großen Umfang der Forschungsarbeiten, staatlichen Investitionen und dem landesweitem Engagement, um sich der Aufgabe zu stellen, anstatt so zu tun, als ob alles in Ordnung wäre. Es ist eben leider so, dass es heute wesentlich mehr geschädigte Riffe gibt als noch vor 30 Jahren. Dennoch ist das GBR immer noch eines der schönsten Korallenriffe der Welt, das man am besten mit einem der vielen offiziell zugelassenen Veranstalter erkundet. Wie alle anderen Korallenriffe der Welt ist auch das GBR in Gefahr, doch hier arbeiten Wissenschaftler, Meeresparkverwaltung, Küstenbewohner und sogar Besucher eng zusammen, um das Riff heil durch die schwierigen Zeiten dieses Jahrhunderts zu manövrieren.

Das Fundament bröckelt

Wie ein Damoklesschwert schwebt der Klimawandel über der Korallenriffen. Die Erderwärmung ist eine ernsthafte Gefahr für diese einmaligen Ökosysteme, die für ihre Entstehung zwar warmes Wasser benötigen und deshalb vor allem im klaren, nicht allzu tiefen Meerwasser entlang des Äquators und bis zum nördlichen und südlichen Wendekreis zu finden sind.

Den Grundstock von Korallenriffen bilden vorrangig Stein- oder Hartkorallen, von denen mehr als 400 der weltweit existierenden 700 Arten im GBR heimisch sind. Das Geheimnis ihres Erfolgs – und zugleich auch ihre Achillesferse im immer wärmer werdenden Wasser – ist die Symbiose zwischen der Koralle und winzigen Einzellern, den sogenannten Zooxanthellen, die in den Korallenpolypen leben. Mithilfe des Sonnenlichts und des warmen Wassers produzieren die Einzeller durch Photosynthese Glukose und andere Kohlenhydrate, welche die Korallen bzw. ihre Polypen benötigen, um die zum Überleben wichtige Außenhaut zu ernähren, Samenzellen und Eier zu produzieren und das Kalkskelett des Korallenriffs aufzubauen. Dieses Skelett, das von Abertausenden von Polypen besiedelt ist und in verschiedensten Formen bis zu mehreren Metern hoch werden kann, ist ein Wunderwerk der Evolution: Es sorgt für einen festen Rahmen, den die Polypen nutzen, um möglichst viel Sonnenlicht einzufangen und mit ihren spitzen Tentakeln ihre Nahrung in Form von stecknadelkopfgroßen Krustentierchen aus dem Wasser zu fischen. So entstanden in Tausenden von Jahren Riffe aus Korallenskeletten, sandige Lagunen, Korallenstrände und Koralleninseln, welche die Grundlage des gesamten Ökosystems bilden. Doch in der heutigen Zeit, in der sich das Meerwasser auf eine bislang nie erreichte Temperatur „aufheizt", sind diese Grundlagen ernsthaft gefährdet.

Umwelteinflüsse & Korallenbleiche

Die idyllische Symbiose zwischen Koralle und Zooxanthellen war perfekt an die natürlichen Bedingungen angepasst. Korallen mögen keine

DIE GEOLOGIE DES RIFFS

Aus geologischer Sicht ist das Great Barrier Reef im Verhältnis zum australischen Festland noch recht jung. Es entstand vor ca. 500 000 Jahren, als der Norden Australiens noch von tropischen Gewässern umgeben war und der Kontinent sich allmählich von der Landmasse Gondwana am Südpol in Richtung Norden entfernte. Dabei wuchs und verschwand das GBR immer wieder, um sich an den ständig ändernden Meereswasserspiegel anzupassen. Vor gerade einmal 20 000 Jahren war der heutige Meeresboden noch eine Küstenebene, welche die Ureinwohner Australiens bewohnten, denn der Meeresspiegel war in der Eiszeit um 130 m niedriger als heute. Als vor 6000 bis 8000 Jahren die Eiskappen schmolzen, wurden die Festlandsockel überflutet und der Meeresspiegel erreichte in etwa den heutigen Stand. Die Korallen siedelten sich auf den höher gelegenen Teilen des Festlandsockels vor Queensland an und begannen in der einzigartigen Verbindung von biologischen und geologischen Prozessen mit dem Aufbau des Riff-Ökosystems, wie wir es heute kennen.

Veränderungen, werden jedoch in letzter Zeit mit wesentlich drastischeren Veränderungen konfrontiert als in den gesamten 400 000 Jahren zuvor.

Helles Sonnenlicht und warmes Wasser sind unabdingbare Voraussetzungen für die Entstehung von Korallenriffen, doch der Grat zwischen warm genug und zu warm ist leider sehr schmal. Etwa um die Jahrtausendwende – am Great Barrier Reef vor allem zwischen 1998 und 2002 sowie erneut 2016 – führte der Anstieg der Wassertemperatur zu einer metabolischen Überreaktion der dicht an dicht lebenden Zooxanthellen: Sie produzierten freie Radikale und andere chemische Stoffe, die für die Koralle tödlich waren. Um sich von dem zerstörerischen Gift zu befreien, stießen die Korallen die Zooxanthellen ab. Erst wenn das Wasser seine normale Temperatur wieder erreicht hat, können sich die wenigen noch vorhandenen Zooxanthellen vermehren und die Koralle ausreichend ernähren. Wenn die Überhitzung aber länger als ein paar wenige Wochen anhält, fehlt den extrem gestressten Korallen die Kraft zur Erholung und sie sterben schnell ab. Bald darauf sind ihre Skelette von einem Teppich aus feinen, struppigen Algen bedeckt – die sogenannte Korallenbleiche. 2016 kam es zu einer bislang nie dagewesenen, geradezu katastrophalen Bleiche der Korallen mit einer geschätzten Korallensterblichkeitsrate von 67% in den vorgelagerten Riffen nördlich von Cape Melville und 26% in den Küstenriffen nördlich von Port Douglas. Entscheidend ist, dass die zentralen und südlichen Riffgebiete südlich von Cairns weitgehend von der Bleiche verschont blieben. In diesen Abschnitten wurden „nur" Korallensterblichkeitsraten von 6% (im zentralen Riffbereich) bzw. 1% (im südlichen Bereich) registriert.

Ein wichtige Tatsache ist, dass diese Korallenbleichen nicht allein für das Sterben der Korallen verantwortlich gemacht werden können: Die hohen Wellen bei Stürmen und das massive Auftreten des korallenfressenden Dornenkronenseesterns tragen ebenfalls dazu bei. Angesichts der Gesamtheit dieser Auswirkungen in Verbindung mit der Aussicht auf immer heftigere Wirbelstürme und häufigeres Auftreten der Korallenbleiche ist bei einem anhaltenden Klimawandel wohl mit einem großflächigen Korallensterben zu rechnen.

Ein gesundes Korallenriff kann sich innerhalb von 10 bis 20 Jahren nach der Zerstörung erholen. Bis jetzt haben sich die geschädigten Bereiche des GBR als beachtlich widerstandsfähig erwiesen, aber die Zukunft sieht nicht so rosig aus, denn die mit dem Klimawandel immer häufiger auftretenden Schädigungen zerstören die Riffe, bevor sie sich vollständig erholen können. Korallenriffe in anderen Teilen der Welt, die jahrzehntelang unter Umweltverschmutzung und Überfischung gelitten haben, sind heute nur noch öde Landschaften aus Schotter und Seegras.

Weltweit sorgen, vor Ort handeln

Wenn man durch das warme Wasser des GBR gleitet und das großartige Riff unter dem Einfluss des Klimawandels sieht, glaubt man schnell, dass alles Handeln vergeblich ist. Doch es ist wissenschaftlich erwiesen, dass die Anstrengungen vor Ort durchaus etwas bewirken. Eine Reduzierung des Einleitens von Nährstoffen (aus Düngemitteln) in das Wasser des GBR kann die Toleranz höherer Temperaturen durch die Korallen erhöhen, das Auftreten des Dornenkronenseestern verringern und die Überwucherung der Korallen mit Seegras verhindern. Die Bundes- und Staatsregierungen arbeiten daher mit den Landwirten zusammen, um bessere Methoden zu entwickeln und den Abfluss von Chemikalien und wertvollen Ackerbodens ins Riff einzudämmen. Diese Bemühungen zeigen bereits vielversprechende Erfolge.

Ebenso haben die Wissenschaftler vorgeschlagen, den Fang von Pflanzen fressenden Fischen im Riff einzuschränken, um die Erholung der Korallen zu unterstützen. Mit der sorgfältigen Regulierung des Fischfangs ist das GBR ein seltenes Beispiel für ein Korallenriff, in dem ein gesundes Gleichgewicht zwischen Korallen und Seegras herrscht und das gleichzeitig als nachhaltige Quelle für Meeresfrüchte zum Verzehr dient. So verwenden das kommerziellen Fischer weder Reusen noch Speere und auch Haie werden nicht gejagt – wobei dies allein nicht reicht, um das Überleben dieses wichtigen Raubfischs zu sichern. Die Garnelen-Schleppnetzfischerei wurde in den letzten Jahrzehnten drastisch eingeschränkt, was zu einer deutlichen Verbesserung der Gesundheit der Bewohner des Meeresbodens zwischen den Korallenriffen führte. Weitere Gefahren gehen von strandenden Schiffen, dem Ausbaggern von Fahrrinnen und der Erweiterung von Häfen – wie den geplanten Häfen entlang des Riffs, darunter Abbot Point, Gladstone, Hay Point, Mackay and Townsville – aus.

Der Tourismus am GBR ist weltweit führend in puncto Nachhaltigkeit, Umwelt- und Klimaverträglichkeit. Wer das Riff mit einem ökologisch zertifizierten Veranstalter besucht, lernt nicht nur die Schönheit und Pracht der Korallenriffe kennen, sondern trägt auch zur Rettung des GBR bei, denn ein kleiner Teil des Tourpreises geht direkt in die Erforschung und Verwaltung des Riffs.

Es sind nicht nur die Korallen …

Korallenriffe bestehen aber nicht nur aus Korallen – eine Vielzahl an Lebewesen bewohnen dieses Ökosystem. Suppen- und Unechte Karettschildkröten legen ihre Eier an den Stränden der Koralleninseln ab und lassen ihre Jungen im warmen Sand schlüpfen. Das Geschlecht der

WAS KANN MAN TUN?

Reisende können dem Riff auf vielerlei Art Gutes tun. Hat man etwas Auffälliges im Riff gesehen oder ein Problem erkannt, so kann man dies direkt über das *Eye on the Reef Program* an die Great Barrier Reef Marine Park Authority weiterleiten (im Internet auf www.gbrmpa.gov.au oder die kostenlose App „Eye on the Reef" herunterladen). Wer lange genug bleibt oder zur richtigen Zeit hier ist, kann sich zum freiwilligen Helfer bei Reef Check ausbilden lassen (Infos unter www.reefcheckaustralia.org). Wer sich für Meeresschildkröten interessiert, findet auf www.seaturtlefoundation.org jede Menge Angebote für Freiwilligenarbeit. Ortsansässige können sich bei www.seagrasswatch.org engagieren und Angler ihre Aktivitäten mit diversen Forschungsarbeiten für www.info-fish.net verbinden.

Schildkrötenbabys wird durch die Temperatur des Eis bestimmt: Aus kühleren Eiern schlüpfen Männchen, aus wärmeren Eiern Weibchen. Wissenschaftler fürchten nun, dass die Erderwärmung zu einem Ungleichgewicht der Geschlechter führen und die ohnehin vom Aussterben bedrohten Meeresschildkröten weiter dezimieren könnte. Und das ist erst der Anfang. Bei einem Anstieg des Meeresspiegels um voraussichtlich bis zu 1,10 m bis zum Ende des Jahrhunderts würden viele ihrer Nistplätze überflutet sein. Die Schildkröten müssten ihre Eier an höheren Stellen ablegen, doch an vielen Küsten ist dies aufgrund natürlicher Barrieren oder städtischer Bebauung nicht möglich.

Ein Anstieg des Meeresspiegels wäre für die Fische des Korallenriffs kein großes Problem, wohl aber eine höhere Wassertemperatur, die den Zeitpunkt und Erfolg wichtiger Prozesse wie der Fortpflanzung beeinträchtigen könnte. Es wird auch immer deutlicher, dass die Fische unter der Übersäuerung des Meerwassers leiden, die eine direkte Folge der erhöhten Aufnahme von Kohlendioxid durch die Weltmeere ist. Andererseits verhindert dies, dass sich die Atmosphäre noch schneller erwärmt. Doch der pH-Wert des Meerwassers spielt bei einer Vielzahl chemischer und biologischer Prozesse eine wichtige Rolle, z. B. der Fähigkeit von Fischen, in ihr angestammtes Riff zurückzufinden und ihren Feinden auszuweichen.

Die Veränderung der Meeresströmungen stellt für alle Tiere eine potenzielle Gefahr dar, deren Überleben von Zeit und Ort der Wasserbewegungen abhängt. So sind junge Seevögel gefährdet, wenn deren Eltern zu weit fliegen müssen, um die Fischschwärme zu finden, mit denen sie ihren noch flugunfähigen Nachwuchs füttern wollen. Auch das Plankton leidet unter den veränderten Wasserverhältnissen und Strömungen, was sich auf die gesamte Nahrungskette auswirken kann. Selbst die Korallen sind nicht immun gegen die Übersäuerung des Wassers. In saurem Wasser ist es für die Korallen schwieriger, ihr Kalkskelett aufzubauen, sodass sie langsamer wachsen und zerbrechlicher sind.

Wie geht es weiter?

Wissenschaftler sind bei ihrer Arbeit zwar grundsätzlich eher skeptisch eingestellt, doch es gibt wohl kaum Riffexperten, die den Klimawandel nicht als ernstes Problem betrachten. Nicht ganz so einig sind sich die Wissenschaftler über den Grad und das Ausmaß der möglichen Anpassung der Korallenriffe und ihrer unglaublichen Artenvielfalt an die veränderten Umstände.

Einige sind der Meinung, „das Klima hat sich schon früher geändert und die Korallen haben es überlebt." Auch wenn dies ein Körnchen Wahrheit enthält, führte ein rasanter Klimawandel in der Vergangenheit immer zu einem Massensterben, von dem sich die Natur erst nach Millionen von Jahren erholte. Es gibt hinreichend Belege dafür, dass es einen Klimawandel gibt und dass die Korallenriffe massiv bedroht sind. Es muss unbedingt diskutiert werden, wie das Problem am besten zu lösen ist, wobei eines ganz klar ist: Es muss schnell und entschlossen auf regionaler, nationaler und internationaler Ebene gehandelt werden, damit die Korallenriffe eine echte Überlebenschance haben und auch künftige Generationen diese wunderbare Einzigartigkeit erleben können.

Wenn die Menschheit in dem gleichen Maße wie bisher die Atmosphäre mit Treibhausgasen verschmutzt, überfordern wir damit sehr wahrscheinlich das einzigartige Ökosystem der Korallenriffe. Die Korallenriffe sind auf der ganzen Welt die „Kanarienvögel in den Bergwerken" des Klimawandels. Das Ausmaß der weltweiten Zerstörung von Riffen nach der massiven Erwärmung rund um den Äquator 1998 war so gewaltig und nie dagewesen, dass Wissenschaftler, Riffverwaltungen und die ganze Welt sich fragten, wie das weitergehen würde – die Korallenbleiche des Jahres 2016 unterstreicht die Notwendigkeit, etwas zu unternehmen, mit Nachdruck. Genau wie die Pole sind Korallenriffe Warnsysteme, welche die Auswirkungen des Klimawandels auf die Natur und Umwelt (und die Millionen von Menschen, die von diesen Ökosystemen leben) deutlich machen. Doch das Ende dieser Geschichte muss noch geschrieben werden. Mit jeder Handlung, die den Druck auf die Korallen und die anderen Riffbewohner reduziert, gewinnen die Korallenriffe wertvolle Zeit, um sich anzupassen – und sich hoffentlich zu erholen –, bis die Menschheit die notwendigen Schritte zum Schutz des Klimas unternimmt.

Essen & Trinken

Früher waren die Australier stolz darauf, mit der Ernährungsweise „Fleisch und dreimal Gemüse" zu leben. Gutes Essen war ein Sonntagsbraten und Lasagne galt als exotisch. Glücklicherweise hat die Esskultur im Land aber Fortschritte gemacht. Die australische Gastronomie lebt heute davon, Regeln zu brechen, unterstützt von Spitzenköchen, weltbekannten Weinen, ausgezeichnetem Kaffee und einer wachsenden Brauereiszene. Überall an der Ostküste bekommt man unglaublich leckere Meeresfrüchte, am einfachen Fish-and-Chips-Stand ebenso wie im Gourmetrestaurant mit Blick aufs Meer. Fantastische Lebensmittelmärkte und eine hippe Café-Kultur garantieren erstklassige kulinarische Genüsse.

Modernes Australien (Mod Oz)

Der Begriff „Modern Australian" (Mod Oz) wurde geprägt, um die heutige australische Küche zu klassifizieren: eine Mischung aus Ost und West, ein bisschen Atlantik und ein bisschen pazifischem Raum, ein Schnörkel authentische französische und italienische Küche.

Der Schlüssel für diese kulinarische Zubereitung heißt Immigration. Der Zustrom seit dem Zweiten Weltkrieg aus Europa, Asien, dem Nahen Osten und Afrika hat neue Zutaten gebracht und neue Wege, vorhandene Lebensmittel zu verwenden. Vietnam, Japan, Fidschi – woher das Nahrungsmittel auch kommt, es gibt Einwanderer und Einheimische, die wild darauf sind, es zu kochen und zu essen. Man findet Jamaikaner, die Scotch Bonnets („Schottenmützen", karibische Chilischoten) verwenden und Tunesier, die ein Tajine-Gericht zubereiten.

Mit dem Appetit der Australier nach Vielfalt und neuen Kreationen wächst auch die Esskultur. Kochbücher und Gourmetmagazine sind Bestseller und Australiens gefeierte Küchenchefs – im Ausland sehr gesucht – reflektieren mit ihrem Background und ihren Gerichten Australiens Multikulturalismus.

Das hört sich überwältigend an? Keine Angst! Die Bandbreite des Angebots ist ein echter Gewinn. Die Gerichte sind von starken und interessanten Aromen sowie frischen Zutaten geprägt. An der Ostküste ist für alle Geschmäcker gesorgt: Das Chilimeter reicht von sanft bis extrem, Fisch und Meeresfrüchte gibt es massenhaft, alle Arten von Fleisch sind vollmundig und auch die vegetarischen Bedürfnisse werden gestillt (vor allem in den Städten).

Mehr als die Gesamtsumme am Ende der Restaurantrechnung muss man in Australien nicht bezahlen. Trinkgeld ist hier kein Zwang, aber gern gesehen, wenn das Personal mit einem Lächeln bedient hat. Etwa 10 % sind die Norm (oder auch mehr, wenn die Kinder den Speisesaal zerlegt haben).

Frische Lebensmittel vor Ort

Australien ist riesig, das Klima reicht vom tropischen Norden bis zum gemäßigten Süden. Deshalb ist das Angebot an frischen Lebensmitteln extrem vielfältig.

Kenner schätzen die Sydney-Felsenauster – die besten kommen von der Südküste in New South Wales (NSW) – und Jakobsmuscheln aus Queensland. Langusten schmecken fantastisch und sind ebenso teuer, Schlammkrabben sind trotz ihres Namens ein süßer Leckerbissen. Eine weitere Spezialität mit komischem Namen sind *bugs* (Bärenkrebse) – sie sehen aus wie Hummer mit Schaufelnasen, sind aber nicht so teuer. Vor

Vegemite: Man liebt den Brotaufstrich aus konzentriertem Hefeextrakt oder man hasst ihn. Barack Obama etwa nannte ihn diplomatisch „schrecklich". Es ist sicherlich ein anerzogener Geschmack, aber die Australier verzehren davon jedes Jahr mehr als 22 Mio. Gläser.

allem die Arten an der Balmain Bay und der Moreton Bay sind zu empfehlen. Auch die Garnelen sind überaus köstlich, besonders die School Prawns oder die Eastern King (Yamba) Prawns, die es an der Nordküste von New South Wales gibt.

Australier lieben Fisch und Meeresfrüchte, aber ihr Faible für ein deftiges Steak haben sie nicht verloren. Rockhampton ist die Rindfleischhauptstadt Australiens, auch Lamm aus dem üppigen Gippsland in Victoria wird hoch gehandelt.

Auf den fruchtbaren Böden Queenslands gedeihen Bananen- und Mangopflanzungen, Obstplantagen und riesige Zuckerrohrfelder. Im Sommer werden so viele Mangos geerntet, dass die Leute sie irgendwann nicht mehr sehen können. Die cremefarbenen einheimischen Macadamianüsse wachsen überall im südöstlichen Queensland – man findet sie in Salaten, in Eiscreme und in klebrigen Kuchen.

Es gibt kleine, aber ausgezeichnete Käsereien in Australien, deren Produkte man direkt beim Bauernhof kaufen kann. Obwohl die Milch grundsätzlich pasteurisiert werden muss, können die Ergebnisse spektakulär ausfallen.

Kaffeekultur

Ganz Australien ist mittlerweile kaffeesüchtig. Jedes Café ist mit einer italienischen Espressomaschine ausgestattet, Kaffeeröstereien sind der letzte Schrei und in städtischen Gebieten ist der qualifizierte Barista allgegenwärtig (es gibt sogar Baristas in Cafés, die an Tankstellen angeschlossen sind). In Sydney und Melbourne hat sich eine ganze Generation von Kaffee-Snobs gebildet, beide Städte streiten sich um das Recht, mit dem Titel „Australiens Kaffeehauptstadt" angeben zu können. Melbournes Café-Szene gibt sich besonders künstlerisch; am besten schlendert man einfach durch die von Cafés gesäumten Straßen der Innenstadt. Auch in anderen größeren und kleineren Städten ist der Kaffee nicht zu verachten, aber auf dem Land könnte es manchmal noch immer schwierig sein, eine gute Tasse zu bekommen.

Top Lebensmittelmärkte

Sydney Fish Market

Prahran Market (Melbourne)

Noosa Farmers Market

Byron Farmers Market

Jan Powers Farmers Market (Brisbane)

Koonwarra Farmers Market (South Gippsland)

Hot Spots für Gourmetreisen

Das mit Weinreben bepflanzte Hunter Valley (nur wenige Stunden von Sydney entfernt) produziert weit mehr als nur Wein. In den sanften Hügelhängen sind außerdem Bio-Käse, geräucherter Fisch und Fleisch, saisonale Früchte (Feigen, Zitrusfrüchte, Pfirsiche, Avocados), belgische Pralinen, Spezialbiere, Oliven und vieles mehr im Angebot. Hier kann man sich also alles für ein Picknick mit ausgesuchten Spezialitäten zusammenstellen.

Im Atherton Tableland in North Queensland kann man sich einen Eindruck von den besten Kaffeeplantagen des Landes verschaffen – und den Kaffee auch probieren. Man sollte außerdem den hiesigen Kaffee-Likör und die Kaffeebohnen in dunkler Schokolade nicht außer Acht lassen.

DAS AUSTRALISCHE BARBECUE

Das stilechte australische Barbecue (kurz BBQ oder *barbie*) hat in Australien Kultstatus und ist nahezu verpflichtend. Im Sommer laden die Australier am späten Nachmittag ihre Freunde ein und werfen den Grill an, um Burger, Würstchen (*snags*), Steaks, Meeresfrüchte oder auch Gemüse-, Fleisch- oder Meeresfrüchtespieße zuzubereiten (wer zu einem BBQ eingeladen wird, bringt Fleisch und kaltes Bier mit). An Wochenenden wird der Grill das ganze Jahr über auch für gemütliche Mittagessen aufgebaut. In den Grünanlagen im ganzen Land findet man münzbetriebene und kostenlose Grills – eine hervorragende Option für Traveller.

BYO

Wenn ein Restaurant BYO anbietet, darf man seinen eigenen Alkohol mitbringen. Wird dort ebenfalls Alkohol verkauft, ist BYO normalerweise auf Flaschenweine begrenzt (kein Bier, keinen Weinschlauch) und die Rechnung enthält ein „Korkengeld". Der Betrag gilt entweder pro Person oder pro konsumierte Flasche und kann in schickeren Etablissements bis zu 20 AU$ pro Flasche betragen.

Bauernmärkte

Örtliche Bauernmärkte sind bestens geeignet, um die kulinarischen Schätze der Region kennenzulernen, heimische Produzenten zu unterstützen und die dazu passende Stimmung zu genießen (Livemusik, freundliches Gepänkel, gratis Kostproben). Die Märkte an der Ostküste bieten Obst, Gemüse, Meeresfrüchte, Nüsse, Fleisch, Brot, Gebäck, Liköre, Bier, Wein, Kaffee und noch viel mehr. Die Standorte findet man auf der Website der **Australian Farmers Market Association** (www.farmersmarkets.org.au).

Weinregionen

South Australia ist vielleicht der größte Weinproduzent der Nation, aber Australiens älteste Weinregion, das Hunter Valley, wird seit den 1820er-Jahren bewirtschaftet. Hier gibt es über 120 Weingüter: eine Mischung aus exklusiven, familiengeführten Kleinbetrieben und Großunternehmen. Das untere Tal ist bekannt für Shiraz und nicht im Holzfass gereiften Semillon. Die Winzer im Upper Hunter haben sich auf Cabernet Sauvignon und Shiraz spezialisiert, mit Vorstößen Richtung Verdelho und Chardonnay. Auch Canberra ist umgeben von einer wachsenden Zahl hervorragender Weingüter.

Im Süden, in Victoria, gibt's mehr als 500 Weingüter. Gleich nordöstlich von Melbourne wird im Yarra Valley sowohl feiner Pinot Noir und toller Chardonnay als auch prickelnder Schaumwein gekeltert. Noch weiter südlich wachsen auf den Hügeln und in den Tälern der Mornington Peninsula und der Bellarine Peninsula Trauben für wundervolle frühreifende Rot- und Weißweine – die bekanntesten sind Pinot Noir, feiner, honigsüßer Chardonnay, Pinot Gris und Pinot Grigio. Auch Gippsland gewinnt zunehmend an Beachtung als Weinregion für seine im maritimen Klima gedeihenden Pinots und Chardonnays.

Und auch Queensland hat seine Weinregion – den Granite Belt, zwei Stunden südwestlich von Brisbane –, die sich in den letzten Jahren einen Namen gemacht hat. Die Nachbarstädte Stanthorpe und Ballandean sind die Einfallstore in dieses bislang eher unterschätzte Gebiet.

Die meisten Weingüter sind für Besucher geöffnet und bieten kostenlose Weinproben, allerdings haben einige begrenzte Öffnungszeiten (d. h. sie öffnen nur am Wochenende).

**Essen:
Infos im
Internet**

www.dimmi.com.au
*(Sydney, Canberra
und Brisbane)*

www.broadsheet.
com.au
(Melbourne)

www.grabyourfork.
blogspot.com
(Sydney)

www.melbourne
gastronome.com
(Melbourne)

www.eating
brisbane.com
(Brisbane)

www.lifestylefood.
com.au

Bier, Brauereien & Bundaberg

Mit steigenden Ansprüchen an den Geschmack sind auch heimische Biersorten in Australien auf dem Vormarsch, vor allem Kleinbrauereien profitieren davon. Die Standardbiere (Carlton, VB, XXXX und Tooheys) sind ganz passabel, wenn man an heißen Tagen durstig ist, aber wer etwas Schmackhafteres sucht, sollte sich die folgenden Labels genauer ansehen:

Balter Brewery (www.balter.com.au) Surfside-Biere aus Currumbin in Queensland, die einen „zum Grinsen bringen" sollen.

Burkes Brewing Company (www.burkesbrewingco.com) Besonders bekannt ist das Hemp Premium Ale, ein süßes, goldfarbenes Bier, dessen Sud (natürlich legal) durch Hanffilter gegossen wird. Aus Brisbane.

Burleigh Brewery Co (www.burleighbrewing.com.au) Standhafter Craftbrauer in Burleigh Heads an der Gold Coast: „Balance, Charakter und Seele."

Grifter Brewing Co (www.thegrifter.com.au) Ausgezeichnete Ales (Red, Pale, IPA), Pils und Stout, direkt aus Marrickville in Sydney.

Mountain Goat (www.goatbeer.com.au) Gebraut im Melbourner Vorort Richmond (nicht besonders bergig); das Hightale Ale nach englischer Art ist perfekt für ein Pint. Heutzutage fast Mainstream.

Fortitude Brewing Co (www.fortitudebrewing.com.au) Einige der besten Craftbiere in Queensland (auch unter dem Label Noisy Minor).

Piss (www.pi55.com.au) Wenn man die Wortspiele hinter sich hat, ist es ein ausgezeichnetes, vollmundiges Helles. Aus Victoria.

Young Henrys (www.younghenrys.com) Mutige Gebräue aus Newtown in Sydneys Westen. Und eine Destillerie!

Dem Bundaberg Rum (www.bundabergrum.com.au) begegnet man nahezu überall an der Ostküste. Der reichhaltige Trunk aus Bundaberg in Queensland wird in Flaschen ausgeliefert, auf denen unpassenderweise ein Eisbär prangt.

Sport

Australier investieren eine Menge in den Sport – Geld wie Emotionen –, ob sie nun in Stadien sitzen, in Kneipen vor der Leinwand kleben oder auf dem Sofa vor dem Fernseher. Die Regierung unterstützt den Sport jährlich mit über 300 Mio. AU$, damit die Nation mit der weltweiten Konkurrenz mithalten kann. Obwohl Australien bei den Olympischen Spielen 2016 in Rio am Ende nur auf dem zehnten Platz des Medaillenspiegels landete (im Vergleich zum vierten Platz mit 58 Medaillen bei den Spielen in Sydney im Jahr 2000), blickt man hier weiterhin erwartungsfroh in die Zukunft.

Besessen von Sport

Alle drei Ostküstenstaaten haben Anrecht auf den Titel des australischen Sportmekkas. Sogar in Canberra gibt's Profiteams und eine ordentliche Menge Fans. Der Gegenstand der Leidenschaft variiert allerdings von Staat zu Staat. In New South Wales (NSW) und Queensland dreht sich alles um Rugby League. In Victoria unten im Süden ist Australian Football League (AFL) angesagt. Cricket – vereint alle – erfreut sich im Sommer landesweit großer Beliebtheit.

Und das ist längst nicht alles. Australier begeistern sich für alle möglichen Sportarten, von Basketball und Autorennen (Formel 1: der Große Preis von Australien findet jedes Jahr im März in Melbourne statt) über Tennis, Fußball, Pferderennen, Korbball, Surfen bis hin zu Bullenreiten. Steht irgendwo ein Wettbewerb an, sind jubelnde Zuschauer garantiert. Brisbanes Australia Day Cockroach Races (also Kakerlakenrennen) locken jedes Jahr über 7000 begeisterte Fans an.

Australian Rules Football

Die auch einfach „Aussie Rules" genannte Footballvariante lockt die meisten Australier in die Stadien und verzeichnet die zweithöchste Zuschauerquote im Fernsehen. Die fest in der Kultur und Identität von Victoria verwurzelte Australian Football League (www.afl.com.au) ist längst im ganzen Land bekannt und beliebt, selbst in den vom Rugby beherrschten Staaten NSW und Queensland. Lange Schüsse, hohes Marken (Absprünge beim Fangen des Balles) und brutale Zusammenstöße begeistern die Zuschauer, und wenn 50 000 Fans lautstark „Baaall!!!" brüllen, jaulen sogar die Hunde in den Gärten der Vorstädte mit.

In der von März bis September dauernden Saison steht ganz Australien kopf, es wird getippt wie verrückt, ausgiebig über Zerrungen und andere Verletzungen diskutiert und äußerst rüpelhaftes Verhalten (auf und neben dem Platz) gepflegt. Ihren Höhepunkt erreicht die Fieberkurve am letzten Samstag im September, wenn in Melbourne das große AFL-Finale ausgetragen wird – und in der Stadt der Ausnahmezustand herrscht. Rund 100 000 Fans verfolgen das Spiel im Melbourne Cricket Ground, Millionen fiebern vor dem Fernseher mit.

Einige Mannschaften, darunter Essendon, Richmond und Port Adelaide, haben Projekte zur Förderung des Sports unter den Aborigines, und in allen Mannschaften spielen Ureinwohner mit, deren einzigartige Übersicht (wie bei Ballvorlagen) und besondere Fähigkeiten sehr geschätzt sind.

„Footy" kann in Australien eine ganze Menge bedeuten: In NSW und Queensland ist gewöhnlich Rugby League Football gemeint, aber der Begriff wird auch für Australian Rules Football und Fußball verwendet. Der nationale Fußballverband heißt „Football Federation of Australia".

Rugby

Auch wenn die Einwohner von Melbourne davon nichts wissen wollen oder höchstens mit abfälligem Blick davon sprechen, gibt es noch andere Varianten des „Footy" in Australien. Die **National Rugby League** (NRL; www.nrl.com) ist der beliebteste Sportwettbewerb nördlich des Murray River. In der Liga, deren Saison wie beim Aussie Rules ebenfalls von März bis September dauert, spielen 16 Mannschaften: zehn aus NSW, drei aus Queensland und jeweils eine aus ACT, Victoria und Neuseeland. In einem Rugby-Spiel kommen sämtliche Newtonschen Gesetze der Bewegung zur Anwendung – ein echt harter Sport mit vollem Körpereinsatz.

Höhepunkt der Ligasaison ist neben dem großen Finale im September die State of Origin-Serie im Juni oder Juli, wenn sich die besten Spieler aus Queensland mit ihren Pendants aus NSW ein hoch brisantes Lokalderby liefern. Die NSW Blues waren zuletzt in schlechter Form – seit 2006 gelang es ihnen nur ein einziges Mal (2014) ihre Queensland Erzrivalen, die Maroons, zu schlagen. 2015, 2016 und 2017 gab's dann wieder wie gewohnt auf die Mütze.

Das in der Australian Rugby Union (www.rugby.com.au) gespielte **Rugby Union** (15er-Rugby) erfreut sich ähnlich großer Beliebtheit wie Rugby League. In früheren Zeiten wurde Rugby Union als Amateursport der Oberschicht an renommierten britischen Privatschulen gespielt, während Rugby League eher in den Arbeitersiedlungen im Norden Englands verbreitet war. Diese ideologische Zweiteilung gelangte auch nach Australien, wo sie im Prinzip bis ins letzte Jahrhundert bestand.

Die Union-Nationalmannschaft der Wallabies wurde 1991 und 1999 Rugby-Weltmeister und 2003 und 2015 Vizeweltmeister. Zwischen den Weltmeisterschaften findet jedes Jahr der Bledisloe Cup statt, in dem die Nationalmannschaften Australiens und seines Erzrivalen Neuseelands (die einzigartigen „All Blacks") vor großem Publikum aufeinandertreffen. Der Bledisloe Cup ist Teil der alljährlichen **Rugby Championship** (www.sanzarrugby.com/therugbychampionship) der südlichen Hemisphäre, die zwischen Australien, Neuseeland, Südafrika und Argentinien ausgetragen wird.

Die Rugby-Union-Mannschaften aus Australien, Südafrika und Neuseeland spielen auch im überaus populären **Super Rugby** (www.superxv.com) mit, wobei Australien mit fünf Mannschaften antritt: den Waratahs aus Sydney, den Reds aus Brisbane, den Brumbies aus dem Australian Capital Territory, den Force aus Perth und den Rebels aus Melbourne.

Cricket

Australien dominierte in den 1990er-Jahren sowohl das Test- als auch das One-Day-Cricket und war in jenem Jahrzehnt zumeist die Nummer eins der Welt. Doch der Rücktritt von Jahrhundertspielern wie Shane Warne und Ricky Ponting zwang das Team zu einem grundlegenden Neuaufbau. Die Niederlagen gegen den Erzrivalen England in den Jahren 2009, 2011, 2013 und 2015 stürzten das ganze Land in tiefe Trauer, daran änderte auch der zwischenzeitliche Erfolg 2014 nichts, als Australien England mit 5:0 vernichtend schlug. Dieser alle zwei Jahre stattfindende Wettbewerb wird „The Ashes" genannt, weil der Siegerpokal eine kleine Terracotta-Urne ist, in der sich die Asche eines 1882 verbrannten Cricket-Bails (Querstab) befindet (die ideale Gesprächseinleitung bei einem australischen Barbecue ist es, einen Einheimischen zu fragen, was ein „Bail" ist).

Trotz des schlechten Rufs der australischen Mannschaft, die ihre Gegner auf dem Feld gern verbal niedermacht, ist Cricket immer noch das Spiel der Gentlemen. Wer noch nie ein Spiel gesehen hat, sollte sich die

Ein gern verwendetes Zitat lautet: „Rugby [Union] ist ein Hooligan-Spiel, das von Gentlemen gespielt wird. Fußball ist ein Gentlemen-Spiel, das von Hooligans gespielt wird." – Und Rugby League, so fügen manche hinzu, sei ein Hooligan-Spiel, das von Hooligans gespielt wird.

Das erste australische Cricket-Team, das 1868 durch England tourte, bestand zu 100 % aus Aborigines aus Victoria. Ihre große Leistung wurde lange Zeit nicht gewürdigt, denn Cricket galt bis vor Kurzem noch als „weiße" Sportart.

Zeit dafür nehmen – allein schon wegen der taktischen Nadelstiche, all der Nuancen, der Eleganz … Aktuelle Informationen findet man unter www.espncricinfo.com.

Fußball

Keine Ballsportart wird von australischen Kids häufiger gespielt als Fußball. Aber auch bei den älteren Aussis erfreut sich dieser Sport großer Beliebtheit, ausländische Ligen werden mit großem Interesse verfolgt und auch die lokalen Wettbewerbe werden von einer stetig zunehmenden Leidenschaft der Fans begleitet.

Nach einer langen Reihe gescheiterter Anläufe qualifizierte sich Australiens Fußballnationalmannschaft, die **Socceroos** (www.socceroos.com. au), endlich für die Weltmeisterschaften 2006, 2010 und 2014 – mit gemischten Ergebnissen: 2006 kam man immerhin ins Achtelfinale, 2014 war hingegen schon in der Gruppenphase Schluss.

Die nationale **A-League** (www.a-league.com.au) darf sich seit ein paar Jahren ebenfalls über zunehmende Beliebtheit freuen und konnte einige bekannte Spieler aus dem Ausland einkaufen, um die einheimischen Nachwuchstalente zu unterstützen. Auch die **W-League** (www.w-league. com.au) der Frauen wächst stark. Um der Konkurrenz von Rugby und AFL aus dem Weg zu gehen, findet die Saison während des australischen Sommers statt und endet Anfang Mai mit einem großen Endspiel.

> Böse Zungen behaupten, dass mehr Australier den Schlagdurchschnitt der Cricket-Legende Don Bradman (99,94) kennen als das Jahr, in dem Captain Cook in Australien an Land ging (1770).

SPORT FUSSBALL

Tennis

Jedes Jahr im Januar locken die **Australian Open** (www.australian open.com) mehr Menschen nach Australien als jedes andere sportliche Ereignis. Mark Edmondson ist der bislang letzte Australier, der den Wettkampf der Männer gewonnen hat (1976). Nachdem Lleyton Hewitt, die ehemalige Nummer 1 der Welt, im Jahr 2016 ausschied, ruht alle Hoffnung auf den unbeliebten, aber talentierten Nick Kyrgios und Bernard Tomic. Seit Chris O'Neil 1978 den Pokal überreicht bekam, ist es keiner weiteren Australierin gelungen, die Australian Open zu gewinnen. Sam Stosur aus Queensland, seit Jahren unter den Top-20-Spielerinnen, gilt seit ihrem Sieg bei den US Open im Jahr 2011 als aussichtsreichste Kandidatin.

Schwimmen

Australien, von Meer umgeben und mit unzähligen Schwimmbädern ausgestattet, hat eine schwimmbegeisterte Bevölkerung. Die bekannteste Schwimmerin des Landes ist Dawn Fraser. Sie gewann dreimal nacheinander die Goldmedaille über 100 m Freistil bei den Olympischen Spielen (1956–64) und 1956 auch Gold mit der 4x-100-m-Freistilstaffel. Ihr männliches Pendant ist Ian Thorpe (auch Thorpie oder Thorpedo genannt), der 2006 mit 24 Jahren und dekoriert mit fünf olympischen

SURFEN

Seit die Beach Boys den Strand Narrabeen im Norden von Sydney in ihrem Hit *Surfin' USA* besungen haben, ist das Surfen ein Synonym für Australien. Auch andere Strände der Ostküste wie Bells Beach, Pass bei Byron Bay und Burleigh Heads an der Gold Coast sind bei Surfern aus aller Welt angesagt. Iron-Man- und Surf-Lifesaving-Meisterschaften werden dort und an anderen Stränden des ganzen Landes veranstaltet und ziehen die begeisterten Fans in Scharen an.

Nicht wenige australische Surfer haben Weltmeisterstatus erlangt, darunter Legenden wie Mark Richards, Tom Carroll, Joel Parkinson, der dreimalige Weltmeister Mick Fanning, Wendy Botha, die siebenfache Weltmeisterin Layne Beachley, die sechsfache Weltmeisterin Stephanie Gilmore und Tyler Wright, die 2016 Weltmeisterin wurde.

Goldmedaillen zurücktrat. Anfang 2011 kündigte Thorpe mit Blick auf die Olympischen Spiele 2012 in London sein Comeback an, konnte sich allerdings nicht qualifizieren, kletterte wieder aus dem Pool und beendete seine Autobiografie.

Pferderennen

Die Australier lieben es, auf *nags* (Gäule) zu wetten. Tatsächlich sind Pferdewetten und -rennen so alltäglich und wenig elitär, dass man fast schon von einem Volkssport sprechen könnte.

Beim größten Rennen in Australien, dem **Melbourne Cup** (www.flemington.com.au/melbourne-cup-carnival) am ersten Dienstag im November, hält das ganze Land buchstäblich den Atem an. Der berühmteste Cup-Gewinner war der in Neuseeland geborene Phar Lap, der im Rennen von 1930 siegte und danach in Amerika an einer rätselhaften Krankheit (vermutlich einer Arsenvergiftung) starb. Das präparierte Pferd ist heute eine der Hauptattraktionen des Melbourne Museum. Der jüngste Star am Pferdehimmel ist die in Großbritannien gezüchtete, aber in Australien trainierte Makybe Diva, die den Cup dreimal in Folge gewann, bevor sie 2005 in den Ruhestand trabte.

Praktische Informationen

Tödlich & gefährlich

Pessimisten achten vielleicht vorrangig auf das, was sie in Australien beißen, stechen, verbrennen oder ertränken könnte: Buschfeuer, tückische Brandungen, brennende Hitze, Quallen, Schlangen, Spinnen, Haie, Krokodile, Zecken… Aber die Chancen stehen gut, dass die schlimmsten Begegnungen für Traveller jene mit ein paar lästigen Fliegen und Moskitos sind (von Krokodilen abgesehen). Mit etwas Insektenschutzmittel bewaffnet kann man sich mutig hinauswagen!

DRAUSSEN UNTERWEGS

Am Strand

Jedes Jahr ertrinken etwa 80 Menschen an Australiens Stränden, wo der starke Brandungsrückstrom eine ernsthafte Gefahr darstellen kann. Wer vom Sog hinausgetragen wird, sollte sich immer parallel zur Küste halten, bis er aus der Strömung heraus ist und dann zurück zum Strand schwimmen – wer versucht, gegen die Strömung anzuschwimmen, ermüdet nur schneller.

Buschfeuer

Überall in Australien kommt es regelmäßig zu Buschbränden. Bei heißem, trockenem und windigem Wetter sowie an Tagen mit totalem Feuerverbot sollte man mit offenem Feuer (auch Zigarettenkippen) extrem vorsichtig sein, und man sollte sicherheitshalber keine Campingkocher oder Grills benutzen und keine Lagerfeuer entfachen. Buschwanderer sind gut beraten, ihre Ausflüge auf kühlere Tage zu verschieben. Wer sich draußen im Busch befindet und Rauch sieht, nimmt das besser ernst und sucht das nächste offene Gelände auf (wenn möglich bergab). Bewaldete Berggrate sind gefährlich. Auf die Ratschläge der Behörden achten!

Hitze

An Australiens Ostküste herrschen fast immer sehr hohe Temperaturen, die (durch extremen Flüssigkeitsverlust) zu einem Hitzekollaps oder gar Hitzschlag führen können. Wer aus gemäßigten oder kühleren Gefilden anreist, sollte unbedingt daran denken, dass die Akklimatisierung in einer wärmeren Zone zwei Wochen dauern kann.

Jahr für Jahr sterben in entlegenen Gegenden Australiens schlecht vorbereitete Reisende an Dehydrierung. Man sollte auf jede Tour ausreichend Wasser mitnehmen (ob man nun mit dem Auto unterwegs ist oder zum Wandern aufbricht) und immer jemandem Bescheid sagen, wohin man fährt und wann man etwa dort sein will. Kommunikationsmittel mitnehmen! Bei Problemen sollte man lieber beim Fahrzeug bleiben, als zu Fuß Hilfe zu holen!

Korallenschnitte

Korallen können extrem scharf sein. Bei nur leichter Berührung kann man sich schon schneiden. Die Schnitte gründlich reinigen und dann mit einem Antiseptikum desinfizieren!

Sonneneinstrahlung

Die Hautkrebsrate in Australien ist eine der höchsten weltweit. Man sollte immer darauf achten, wie lange man sich dem direkten Sonnenlicht aussetzt. Am stärksten ist die UV-Strahlung zwischen 10 und 16 Uhr. Man sollte seiner Haut in dieser Zeit also kein Sonnenbad zumuten. Um Hautschäden zu vermeiden, sollte man einen Hut mit breiter Krempe und ein langärmliges Hemd mit Kragen tragen. Die Sonnencreme sollte immer mindestens Lichtschutzfaktor 30 haben und eine halbe Stunde, bevor man in die Sonne geht, aufgetragen werden. Außerdem ist regelmäßiges Nachcremen unerlässlich!

DINGE, DIE BEISSEN & STECHEN

Haie

Trotz der ausführlichen Berichte in den Medien ist das Risiko, einem Haiangriff ausgesetzt zu sein, in Australien nicht größer als in anderen Ländern mit vergleichbarer Küstenlänge. Surfer und Rettungsschwimmer geben Auskunft über die Risiken vor Ort.

Krokodile

Die Gefahr, im tropischen Norden Queenslands von einem Krokodil angegriffen zu werden, ist zwar durchaus gegeben, aber vorherzusehen und damit weitgehend vermeidbar. „Salties" sind Salzwasserkrokodile (Leistenkrokodile), die bis zu 7 m lang werden. Sie leben in Küstengewässern und auch in den Tidegebieten der Flüsse, wurden aber auch schon in Strandnähe und Süßwasserlagunen gesichtet. Man sollte also Hinweise wie Warnschilder unbedingt beachten und nicht annehmen, dass man gefahrlos schwimmen kann, wenn irgendwo keine Schilder aufgestellt sind. Im Zweifelsfall also lieber nicht ins Wasser springen!

Wer an leeren Stränden nördlich von Rockhampton ist, sollte sich weder in Flüssen oder Tümpeln noch im Meer unweit von Flussmündungen abkühlen. Fische oder andere Lebensmittel nicht in Ufernähe putzen oder zubereiten und mindestens 50 m vom Wasser entfernt campen! Krokodile sind in der Paarungszeit (Okt.–März) besonders mobil und gefährlich.

Meerestiere

Die Stacheln von Meerestieren wie Seeigeln, Skorpion-

und Steinfischen sowie Stechrochen können ausgesprochen heftige Schmerzen verursachen. In diesem Fall die betroffene Stelle sofort in heißes Wasser (so heiß, dass es gerade noch erträglich ist) tauchen und einen Arzt aufsuchen!

Kontakte mit blau geringelten Kraken und Barrier-Reef-Kugelschnecken können tödlich sein, nicht anfassen! Wenn jemand gestochen wurde, sollte man einen Druckverband anbringen, die Atmung beobachten, bei Atemstillstand Mund-zu-Mund-Beatmung vornehmen und natürlich sofort einen Arzt aufsuchen.

Moskitos

„Mozzies" können eigentlich überall in der Region ein Problem sein. Über Malaria ist nichts bekannt, aber das Denguefieber stellt besonders während der Regenzeit (Nov.–April) im nördlichen Queensland eine Gefahr dar. Die meisten Kranken erholen sich nach einigen Tagen, doch es gibt auch schwere Verlaufsformen.

Das kann man tun, um Stiche zu vermeiden:

➡ Lockere, langärmlige Kleidung tragen.

➡ Auf entblößter Haut ein Insektenschutzmittel mit mindestens 30 % DEET auftragen.

➡ Moskitospiralen verwenden.

➡ Unter sich schnell drehenden Deckenventilatoren schlafen.

Quallen

Quallen – darunter die potenziell tödliche Würfelqualle und die Irukandji-Qualle – sind in den tropischen Gewässern Queenslands heimisch. Es ist nicht ratsam, zwischen November und Mai nördlich von Agnes Water zu schwimmen, wenn keine Stinger-Netze den Strand

schützen. Sogenannte *stinger suits* (Ganzkörperanzüge aus Lycra) schützen ebenso wie Neoprenanzüge vor den Stichen. Rund um die Riffinseln in Queensland ist Schwimmen und Schnorcheln normalerweise das ganze Jahr über sicher, doch gibt es Berichte über das Vorkommen der seltenen (und winzigen) Irukandji-Qualle am äußeren Riff und an den weiter draußen gelegenen Inseln.

Wer gestochen wurde, sollte die Haut mit Essig abwaschen, um weitere Entladungen durch verbliebene Nesselzellen zu verhindern, und dann schnell ein Krankenhaus aufsuchen. Auf keinen Fall sollte man versuchen, die Tentakel selbst zu entfernen.

Schlangen

Es lässt sich nicht leugnen: In Australien gibt es jede Menge Giftschlangen. Nur wenige Arten sind aggressiv. Solange man die Schlangen nicht ärgert oder aus Versehen auf eine tritt, ist es unwahrscheinlich, dass man gebissen wird. In 80 % der Schlangenbisse sind die unteren Extremitäten betroffen, man sollte also beim Buschwandern Schutzkleidung tragen, etwa Stulpen.

Nach einem Schlangenbiss wickelt man am besten einen elastischen Verband (ersatzweise geht es auch mit einem T-Shirt) fest um das gesamte Bein – das Blut muss aber noch zirkulieren können – und stellt es mit einem Stock oder einer Schlinge ruhig. Dann sucht man einen Arzt auf. Keinen Druckverband anlegen und nicht versuchen, das Gift auszusaugen.

Spinnen

In Australien gibt es Giftspinnen, aber Todesfälle durch Spinnen sind extrem selten. Zu den bekannten Arten gehören:

➡ Trichternetzspinne: Die Spinne mit dem tödlichen Gift kommt in New South Wales und Sydney vor. Nach einem Biss Druck ausüben und den betroffenen Körperteil ruhig stellen, dann ab ins Krankenhaus!

➡ Rotrückenspinne: Das Tier kommt in ganz Australien vor. Bisse verursachen steigende Schmerzen, gefolgt von Schweißausbrüchen. Eis auf die Bissstelle, dann ab ins Krankenhaus!

➡ White-Tail-Spinne: Sie steht im Verdacht, einen schwer zu behandelnden Krebs auszulösen. Nach einem Biss die Stelle reinigen und ärztliche Hilfe in Anspruch nehmen!

➡ Huntsman- oder Riesenkrabbenspinne: Dies ist eine verstörend große Spinne, die normalerweise harmlos ist, allerdings kann ihr Anblick Auswirkungen auf den Blutdruck (und/oder die Unterwäsche) haben.

Zecken

Hiesige Zecken können gefährlich werden, wenn sie sich in die Haut bohren und unentdeckt bleiben. Wer in zeckenverseuchten Gebieten wandert, sollte seinen Körper (und den von Kindern und Hunden) jeden Abend gut absuchen. Zecken, die in der Haut stecken, mit Spiritus oder Kerosin übergießen und dann vorsichtig samt Kopf entfernen (oder vom Arzt entfernen lassen). Auf jeden Fall zum Arzt gehen, wenn sich Bissstellen entzünden (es wurden Fälle von Australischem Zeckenbissfieber beschrieben)!

Allgemeine Informationen

Arbeiten in Australien

Wer mit einem Touristenvisum nach Australien gereist ist, darf nicht gegen eine Entlohnung arbeiten. Deutsche Staatsbürger brauchen hierfür ein Working-Holiday-Visum (417; S. 555). Weitere Infos unter www.border.gov.au.

Arbeit finden

Während der Hauptsaison findet man in den größeren Städten und in Touristenhochburgen wie in Cairns, an der Gold Coast und in den Resorts entlang der Küste von Queensland relativ einfach Arbeit in Bars oder Unterkünften.

Um in Australien Alkohol servieren zu dürfen, muss man den Online-Kurs Responsible Service of Alcohol (RSA) belegen. Er ist sehr einfach und schnell zu erledigen, muss jedoch für jeden Bundesstaat extra gemacht werden. Der Kurs für New South Wales ist z. B. teurer (ca. 110 $) als der für Victoria oder Queensland.

Bei der Obsternte baut man in Australien auf Saisonarbeiter. Das ganze Jahr über muss hier immer irgendwas gepflückt werden. Bei dieser anstrengenden Arbeit verdient man allerdings kein Vermögen.

Wer Fähigkeiten im IT-Bereich, bei der Buchhaltung, in der Pflege oder im Unterrichten vorweisen kann, der findet über die Arbeitsagenturen der großen Städte bestimmt etwas.

Infos im Internet

Backpackermagazine, Schwarze Bretter in Hostels und Zeitungen eignen sich gut für die Suche nach freien Stellen.

Australian JobSearch (www.jobsearch.gov.au) Unzählige Jobs im ganzen Land.

Career One (www.careerone.com.au) Stellen für alle Berufsgruppen (vor allem in den Großstädten).

Gumtree (www.gumtree.com.au) Toll für die schnelle Jobsuche.

Harvest Trail (www.harvesttrail.gov.au) Auf Jobs bei der Obsternte spezialisiert.

National Harvest Telephone Information Service (☑1800 062 332) Tipps, wann und wo man am besten Saisonarbeit finden kann.

Seek (www.seek.com.au) Allgemeine Jobangebote, besonders in Großstädten.

Travellers at Work (www.taw.com.au) Ausgezeichnete Seite für arbeitende Traveller in Australien.

Workabout Australia (www.workaboutaustralia.com.au) Sortiert Saisonjobs nach Bundesstaaten.

Steuern

Wer in Australien Geld verdient, muss Steuern bezahlen und beim australischen Finanzamt (Australian Taxation

PRAKTISCH & KONKRET

Fernsehen Frei empfangbar sind ABC (staatlich), SBS (multikulturell) die drei Privatsender Seven, Nine und Ten sowie mehrere Zusatzkanäle dieser verschiedenen Hauptanbieter.

Gewichte und Maße In Australien gilt das metrische System.

Radio Unter www.abc.net.au/radio informiert die ABC über ihr Radioprogramm

Rauchen Verboten in Kneipen, Bars, Restaurants, Büros, Geschäften, Theatern etc. sowie auf manchen öffentlichen Freiflächen wie etwa in der Nähe von Flughäfen, an Busbahnhöfen und vor Kinos.

Zeitungen Zu den wichtigen Tageszeitungen gehören der *Sydney Morning Herald*, Melbournes *Age*, Brisbanes *Courier-Mail* oder der landesweit erscheinende *Australian*.

Office; www.ato.gov.au) einen Antrag auf Rückerstattung stellen. Die ATO-Website erklärt u. a., wie das erforderliche Payment Summary des Arbeitgebers zu bekommen ist, das offiziell Auskunft über den Gesamtverdienst und alle Steuerzahlungen gibt. Zudem erfährt man dort alle Fristen bzw. Termine für die Antragsabgabe und die Vorgehensweise zum Erhalt des Steuerbescheids.

Für dieses Prozedere ist es auch sehr sinnvoll, sich eine Steuernummer (Tax File Number; TFN) zur Vorlage beim Arbeitgeber zuteilen zu lassen: Ohne TFN greift bei sämtlichen Löhnen nämlich der höchste Steuersatz. Nachdem man die Nummer online beim ATO beantragt hat, dauert die Bearbeitung bis zu vier Wochen.

Botschaften & Konsulate

In Canberra gibt es jede Menge ausländische Botschaften. Viele Länder unterhalten außerdem Konsulate in Sydney und/oder Melbourne, einige in Brisbane und ein paar in Cairns. Siehe protocol.dfat.gov.au.

Deutschland Canberra (📞02-6270 1911; www.canberra.diplo.de; 119 Empire Circuit, Yarralumla, ACT 2600); Sydney (📞02-8302 4900; www.sydney.diplo.de; 100 William Street, Woolloomoolo, NSW 2011); Melbourne (📞03-9642 8088; www.melbourne.diplo.de; 118 Queen St, Melbourne, VIC 3000)

Österreich Canberra (📞02-6295 1533; www.bmeia.gv.at/

botschaft/canberra.html; 12 Talbot St, Forrest, ACT 2603)

Schweiz Canberra (📞02-6162 8400; www.eda.admin.ch/australia; 7 Melbourne Ave, Forrest, ACT 2603)

Ermäßigungen

Senioren Mit entsprechendem Altersnachweis erhalten Traveller über 60 Jahren oft Ermäßigung, oft setzt dies aber die australische Staatsbürgerschaft voraus.

Schüler & Studenten Der weltweit anerkannte Internationale Studentenausweis (International Student Identity Card; www.isic.org) ist für Vollzeitstudenten oder Schüler ab zwölf Jahren erhältlich. Damit gibt es Ermäßigungen bei Unterkünften, Verkehrsmitteln und diversen Sehenswürdigkeiten. Der Internationale Jugendreiseausweis (International Youth Travel Card; IYTC) der gleichen Organisation bringt ähnliche Rabatte für Touristen unter 26 Jahren, die nicht studieren. Dasselbe gilt für die International Teacher Identity Card (ITIC) für hauptberufliche Lehrer. Alle drei Ausweise sind bereits in der Heimat online oder bei studentischen Reisebüros erhältlich (15 € bzw. 20 SFr).

Essen & Trinken

Allerlei Wissenswertes gibt es ab S. 535.

Feiertage & Ferien

Die gesetzlichen Feiertage variieren je nach Bundesstaat (und teilweise auch nach Jahr; manche werden nur alle

zwei Jahre begangen). Die folgende Übersicht nennt die wichtigsten landesweiten und regionalen Feiertage (genaue Termine am besten direkt vor Ort erfragen!).

Nationale Feiertage

Neujahr 1. Januar

Australia Day 26. Januar

Ostern (Karfreitag bis Ostermontag) Ende März oder Anfang April

Anzac Day 25. April

Geburtstag der Königin Zweiter Montag im Juni.

Weihnachten 25. Dezember

Zweiter Weihnachtsfeiertag (Boxing Day) 26. Dezember

Australian Capital Territory

Canberra Day Zweiter Montag im März

Bank Holiday Erster Montag im August

Labour Day Erster Montag im Oktober

New South Wales

Bank Holiday Erster Montag im August

Labour Day Erster Montag im Oktober

Queensland

Labour Day Erster Montag im Mai

Royal Queensland Show Day (nur in Brisbane) Erster oder dritter Mittwoch im August

Victoria

Labour Day Zweiter Montag im März

Melbourne Cup Day (nur in Melbourne) Erster Dienstag im November

Schulferien

Zu diesen Zeiten sind Unterkünfte am teuersten und oft schon im Voraus ausgebucht:

➡ Weihnachtsferien (Mitte Dez.–Ende Jan.)

➡ Ostern (März–April)

➡ Drei kürzere bzw. zweiwöchige Ferien fallen in die Zeiträume Mitte April,

Ende Juni bis Mitte Juli und Ende September bis Mitte Oktober.

Frauen unterwegs

Obwohl Frauen an der Ostküste Australiens generell sehr sicher reisen, gelten die üblichen Vorsichtsmaßnahmen auch hier. Sexuelle Belästigungen sind selten, wenngleich es auch in Down Under immer noch Machos gibt, die aus der Reihe tanzen – vor allem in ländlichen Gegenden und wenn zu viel Alkohol im Spiel ist. Trampen ist auch in Australien keine so gute Idee, selbst dann, wenn man zu zweit unterwegs ist.

Freiwilligenarbeit

Volunteer: A Traveller's Guide to Making a Difference Around the World von Lonely Planet enthält nützliche Infos zur Freiwilligenarbeit.

Infos im Internet

Conservation Volunteers Australia (www.conservation volunteers.com.au) Gemeinnützige Organisation, die Bäume pflanzt, Wanderwege anlegt und Bestandserhebungen in Sachen Flora oder Fauna durchführt.

Go Volunteer (www.govolun teer.com.au) Verzeichnis mit Freiwilligenjobs im ganzen Land.

Greening Australia (www.greeningaustralia.org.au) Hilft freiwilligen Helfern dabei, sich bei Umweltprojekten im Busch oder bei Pflanzung von Baumschulen einzubringen.

Reef Check (www.reefcheckaustralia.org) Überwacht den (zuletzt nicht sehr guten) Zustand des Great Barrier Reef mithilfe von Freiwilligen.

Sea Turtle Foundation (www.seaturtlefoundation.org) Freiwilliges Engagement beim Schutz von Meeresschildkröten.

Volunteering Australia (www.volunteeringaustralia.org) Hilfe, Tipps und Training für Freiwillige.

Volunteering Qld (www.volunteeringqld.org.au) Infos und Hinweise zu Freiwilligenjobs in ganz Queensland.

Willing Workers on Organic Farms (www.wwoof.com.au) Beim „WWOOFing" arbeitet man für Kost und Logis (meist zwei Mindestübernachtungen) pro Tag mehrere Stunden auf einer Farm mit. Die meisten Arbeitgeber pflegen in gewissem Maß alternative Lebensmodelle. Interessenten können sich online anmelden. Für die Teilnahmegebühr (70 AU$) gibt's eine Mitgliedsnummer und ein Handbuch, das teilnehmende Unternehmen aufführt. Der Postversand nach Übersee kostet 5 AU$ extra. Es ist auch eine App verfügbar (20 AU$).

Geld

Bankautomaten gibt es an jeder Ecke. Kreditkarten werden fast überall akzeptiert, auch wenn hier oft eine Gebühr fällig ist.

Währung

Ein australischer Dollar (AU$) entspricht 100 Cent. Es gibt Münzen zu 5, 10, 20 und 50 Cent sowie zu 1 und 2 AU$. Geldscheine gibt es im Wert von 5, 10, 20, 50 und 100 AU$.

Geldautomaten & Bargeldloses Bezahlen

Bargeldloses Bezahlen (EFTPOS) Dieses System wird heute von den meisten Supermärkten, Restaurants, Cafés und Geschäften verwendet. Einkäufe werden mit der Kredit- oder sogar der Bankkarte bezahlt, oftmals kann man gleichzeitig auch Bargeld abheben (siehe rechte Spalte).

Gebühren Mitunter werden recht hohe Gebühren bei Barabhebungen oder EFTPOS-Transaktionen fällig. Auskünfte hierzu sollte man vor Reiseantritt bei der eigenen Bank einholen.

Geldautomaten In den Städten an der Ostküste gibt es jede Menge Geldautomaten, in abgelegeneren Gegenden oder in kleineren Städten sind sie jedoch eher rar. Die meisten Geldautomaten akzeptieren anstandslos Kreditkarten. Bei Bankkarten kann es jedoch aus Sicherheitsgründen Beschränkungen geben – die eigene Bank kann hierzu Auskünfte erteilen.

Geld umtauschen

Fremde Währungen umzutauschen, ist in australischen Banken oder in lizenzierten Wechselstuben z. B. von Travelex oder AmEx an Flughäfen und in größeren Städten unproblematisch. Allerdings fallen Gebühren an.

Kredit- & Debitkarten

Kreditkarten wie MasterCard und Visa werden von den meisten Unterkünften und Dienstleistern akzeptiert. Wer ein Auto mieten will, benötigt unbedingt eine Kreditkarte (oder eine hohe Summe Bargeld). Man bekommt mit ihnen auch Bargeld am Bankschalter oder am Automaten – je nach Karte. Allerdings fallen Gebühren an. Diners Club- und American Express-Karten werden seltener akzeptiert.

Unter der **telefonischen Sperrnummer** 0049 116 116 kann man deutsche Bank- und Kreditkarten, Online-Banking-Zugänge, Handykarten und die elektronische Identitätsfunktion des neuen Personalausweises bei Verlust sperren lassen. Für Österreich gilt die Telefonnummer: 0043 1 204 8800. Die Schweiz hat keine einheitliche Notfallnummer. Die wichtigsten sind: 0041 44 659 69 00 (Swisscard); 0041 8 48 88 86 01 (UBS Card Center); 0041 58 9 58 83 83 (VISECA); 0041 44 8 28 32 81 (PostFinance).

Steuern & Erstattungen

Die Goods and Services Tax (GST) ist eine Mehrwertsteuer von 10 % auf alle Waren und Dienstleistungen in ganz Australien. Wer innerhalb von 60 Tagen vor der Abreise aus

Australien bei einem einzigen Händler Waren mit einem Mindestgesamtwert von 300 AU$ gekauft hat, kann sich nach dem Tourist Refund Scheme die GST zurückerstatten lassen. Hierzu die Rechnungen aufbewahren und die Waren als Handgepäck mitnehmen (oder vor dem Einchecken überprüfen lassen). Die Rückerstattungen gibt es an speziellen Schaltern an den internationalen Flughäfen (siehe www.border.gov.au für weitere Informationen).

Trinkgelder

Trinkgelder sind in Australien unüblich, werden bei gutem Restaurantservice aber inzwischen immer häufiger spendiert (etwa 10 % des Rechnungsbetrags). Auch Hotelpagen, Gepäckträger und Taxifahrer bekommen mittlerweile oft ein paar Dollar extra.

Gesundheit

Obwohl in Australien eigentlich sogar recht viele Gefahren lauern, werden die meisten Touristen kaum Schlimmeres als einen Sonnenbrand oder Kater erleiden. Und falls doch mehr passiert, profitieren Patienten vom hohen Standard des hiesigen Gesundheitssystems.

Reisekrankenversicherung

Eine umfassende Reisekrankenversicherung ist für alle Traveller ein absolutes Muss. Eine Versicherung, die Ärzte und Krankenhäuser direkt bezahlt, ist besser als eine, bei der man die Kosten vorstrecken muss. Im letzteren Fall sollte man unbedingt alle Dokumente aufbewahren.

Die Versicherung sollte die Kosten für Krankenwagen und im Notfall den Rücktransport per Flugzeug in die Heimat beinhalten.

Medizinische Versorgung & Kosten

Deutschland, Österreich und die Schweiz haben mit Australien kein gegenseitiges Gesundheitsabkommen abgeschlossen. Es wird daher eine umfassende Reisekrankenversicherung benötigt (s. linke Spalte). Ein kurzer Besuch beim Arzt sollte lediglich 60 bis 70 AU$ kosten.

MEDIKAMENTE

Landesweit sind Schmerzmittel, Hautsalben und Antihistaminika für Allergiker rezeptfrei in Apotheken erhältlich. Arzneien, die man anderswo eventuell ohne Rezept bekommt, können in Australien verschreibungspflichtig sein; wer dauerhaft auf ein bestimmtes Medikament angewiesen ist, sollte dieses also besser von Zuhause mitbringen.

Internetzugang

➡ Am einfachsten gelangt man ins Internet, indem man sich eine australische Prepaid-SIM-Karte und eine Datenflatrate kauft. Die SIM-Karte gibt es für 2 AU$, Pakete mit Freiminuten, Textnachrichten und Datenvolumen für 30 bis 50 AU$ pro Monat.

➡ Fast alle Hotels und Hostels bieten eine WLAN-Zugang an, viele jedoch (vor allem Spitzenklassehotels) berechnen diesen Service extra oder drosseln die kostenlose Internetverbindung so sehr, dass man praktisch

dazu gezwungen wird, sich ein Upgrade zu kaufen.

➡ In vielen Cafés und Bars wie auch in den meisten öffentlichen Bibliotheken und Einkaufszentren gibt es kostenloses WLAN.

➡ WLAN-Hotspots sind häufig an belebten Orten wie Flughäfen anzutreffen.

➡ Mobiles Internet und WLAN-Hotspots haben dafür gesorgt, dass Internetcafés nahezu komplett von der Bildfläche verschwunden sind.

Karten

Wer in Australien ankommt, wird mit jeder Menge Karten konfrontiert. Die Touristeninformationen bieten üblicherweise kostenlose Karten von der Region und den Städten, auch wenn die Qualität sehr unterschiedlich ist. Auch die Automobilclubs bieten sehr zuverlässiges Material an. Straßenverzeichnisse wie die Ausgaben von Ausway, Gregory's und UBD sind sehr nützlich, aber teuer und unhandlich und meistens nur sinnvoll, wenn man beabsichtigt, viel in einer Stadt umherzufahren.

Für Buschwanderungen eignen sich die topografischen Karten von Geoscience Australia (www.ga.gov.au). Viele der beliebtesten Blätter gibt es auch in den Outdoor-Läden.

Kinder

Wenn man die riesigen Entfernungen kindgerecht meistert, können Trips an der australischen Ostküste für die Kleinen eine feine Sache sein. Australier sind Kindern gegenüber sehr tolerant und sowohl drinnen als auch draußen warten jede Menge Attraktionen und Aktivitäten: Strände, Freizeitparks, Museen, Wildparks, Nationalparks, Spielplätze, Radwege, ...

Der englischsprachige Lonely Planet *Travel with Child-*

LEITUNGSWASSER

Australisches Leitungswasser kann allgemein bedenkenlos getrunken werden. Wer Wasser direkt aus Bächen, Flüssen oder Seen entnimmt, sollte es vor dem Trinken jedoch unbedingt angemessen aufbereiten.

ren enthält nützliche Informationen. Die ausgezeichneten (und kostenlosen) Magazine *Melbourne's Child, Sydney's Child, Brisbane's Child* oder *Canberra's Child* (www.childmags.com.au) sind voll mit Tipps über die Region.

Praktisch & Konkret

Betreuung Wer seinen Sprössling ein paar Stunden gut untergebracht wissen will, der wendet sich am besten an Babysitter-Agenturen wie R Us (www.babysittersrus.com.au), Busy Bees Babysitting (www.busybeesbabysitting.com.au) oder Dial-an-Angel (www.dialanangel.com).

Ermäßigungen Kinderrabatte (bis zu 50 % des jeweiligen Erwachsenentarifs) gibt's z. B. bei Unterkünften, Eintrittspreisen, Flug-, Bus- und Zugtickets. Allerdings variiert die Altersgrenze zwischen zwölf und 18 Jahren.

Essen In den meisten Restaurants gibt es Kinderteller, allerdings ist die Auswahl nicht allzu groß (Pizza Hawaii, Fischstäbchen, Chicken Nuggets, etc.). Hat ein Restaurant keines entsprechendes Angebot, fragt man einfach, ob die Portion kleiner gemacht werden kann. Normalerweise hat niemand etwas dagegen, wenn Babymahlzeiten selbst mitgebracht werden. In den meisten Restaurants gibt es Hochstühle.

Kindersitze sind für alle Kinder bis zum Alter von sieben Jahren gesetzlich vorgeschrieben. Große Autovermietungen verleihen und montieren Kindersitze gegen eine einmalige Gebühr (ca. 25 AU$). Taxiunternehmen sollten bei der telefonischen Bestellung informiert werden, wenn ein Kindersitz benötigt wird.

Medizinische Versorgung Der Standard der medizinischen Versorgung und Infrastruktur in Australien ist sehr hoch. Artikel wie Einwegwindeln und Babypflegeprodukte sind überall erhältlich.

Unterkunft Motels stellen zumeist Kinderbetten zur Verfügung – oft gibt es auch Spielplätze, Pools und einen Betreuungsservice. Viele B & Bs haben sich dagegen zu kinderfreien Refugien erklärt.

Wickeln & Stillen Alle größeren Städte haben hierfür öffentliche Räume eingerichtet. Wickeln oder Stillen in der Öffentlichkeit stört die meisten Australier nicht.

Öffnungszeiten

Die Öffnungszeiten variieren je nach Bundesstaat. Die folgenden Angaben können jedoch als allgemeine Richtlinien betrachtet werden.

Banken Mo–Do 9.30–16, Fr bis 17 Uhr

Bars 16 Uhr–open end

Cafés 7–17 Uhr

Geschäfte Mo–Sa 9–17 Uhr

Kneipen 11–24 Uhr

Nachtclubs Do–Sa 22–4 Uhr

Postfilialen Mo–Fr 9–17 Uhr (teilweise auch Sa 9–12 Uhr)

Restaurants 12–14.30 & 18–21 Uhr

Supermärkte 7–20 Uhr

Post

Die **Australia Post** (www.auspost.com.au) agiert landesweit. Die meisten größeren Orte haben zumindest eine Postfiliale; alternativ gibt es häufig einen Postschalter in einer Bank. Der Service ist zuverlässig, aber – wegen der Einsparungen zuletzt – nicht mehr so schnell wie früher. Die Express Post stellt Pakete oder Briefe innerhalb Australiens am nächsten Werktag zu. Normale Sendungen sind in Städten bis zu vier Tage unterwegs, in ländlichen Gegenden kann's auch länger dauern.

Rechtsfragen

➡ Australien ist sehr streng, was das Fahren unter Alkohol- oder Drogeneinfluss betrifft. Auf den Straßen ist die Polizeipräsenz recht hoch und die Beamten haben das Recht, einen jederzeit anzuhalten, sich den Führerschein zeigen zu lassen (stets mitführen!), das Fahrzeug auf Verkehrssicherheit zu überprüfen und einen Alkoholtest zu machen. Die Promillegrenze liegt bei 0,5 ‰ – wer diese überschreitet, muss mit einem saftigen Bußgeld und weiteren Sanktionen rechnen.

➡ Wer erstmals mit einer kleinen Menge illegaler Drogen erwischt wird, kommt oft mit einer Geldstrafe davon. Allerdings kann jedes polizeilich registrierte Vergehen den Aufenthaltsstatus beeinträchtigen.

➡ Wer über die Gültigkeitsdauer seines Visums hinaus im Land bleibt, gilt als *overstayer* und muss mit einer Festnahme und der Ausweisung rechnen. Zudem kann in diesem Fall ein Einreiseverbot von bis zu drei Jahren Gültigkeit verhängt werden.

Reisen mit Behinderung

Australien pflegt ein großes Bewusstsein für behinderte Menschen. Nach dem Gesetz müssen alle neuen Unterkünfte standardmäßig für Reisende mit Handicap geeignet sein. Außerdem verstößt deren Benachteiligung durch Tourismusanbieter gegen geltendes Recht. Immer mehr Unterkünfte sind mittlerweile rollstuhlgerecht gestaltet, während der erforderliche Umbau vieler älterer Adressen noch auf sich warten lassen. Einfach vorher nachfragen!

Unter http://lptravel.to/AccessibleTravel.Resources kann man sich einen kostenlosen Guide von Lonely Planet runterladen.

Infos im Internet

Australian Tourist Commission (www.australia.com) Veröffentlicht detaillierte Infos für Traveller mit Handicap (u. a. Reise- und Verkehrstipps sowie Kontaktadressen von Organisationen in allen Bundesstaaten). Man kann sie von der Website herunterladen.

Deaf Australia (www.deafau. org.au) Hilfe für Hörgeschädigte.

National Disability Service (☎02-6283 3200; www.nds. org.au) Nationaler Verband für nichtstaatliche Behinderten-services.

National Information Commu-nication & Awareness Network (Nican; ☎1300 655 535 od. 02-6241 1220; www.nican.com. au) Landesweites Verzeichnis mit Infos zu Barrierefreiheit, Unterkünften, Verkehrsmitteln, spezialisierten Tourveranstaltern, Sport- und Freizeitaktivitäten.

Vision Australia (☎1300 847 466; www.visionaustralia.org. au) Beistand für Blinde und Sehbehinderte.

Allgemeine Infos zum Reisen mit Handicap:

Mobility International Schweiz (www.mis-ch.ch)

MyHandicap Deutschland (www.myhandicap.de)

MyHandicap Schweiz (www. myhandicap.ch)

Nationale Koordinierungsstelle Tourismus für Alle e. V. (Natko; www.natko.de)

Schwule & Lesben

Australiens Ostküste – be-sonders Sydney – ist ein be-liebtes Reiseziel LBGT-Com-munity. Das legendäre, jähr-lich stattfindende **Sydney Gay & Lesbian Mardi Gras** (www.mardigras.org.au; ☉Feb.–März) und das **Midsumma Festival** (www.midsumma.org. au; ☉Jan./Feb.) in Melbourne ziehen jede Menge Besucher an.

Allgemein sind Australier Schwulen und Lesben gegen-über aufgeschlossen. Je wei-ter man jedoch ins Landesin-nere reist, desto höher ist die Wahrscheinlichkeit, mit Ho-mophobie konfrontiert zu werden. Homosexuelle Hand-lungen sind landesweit legal, das gesetzliche Mindestalter variiert jedoch von Bundes-staat zu Bundesstaat.

Zu den schwul-lesbischen Lifestylemagazinen gehören *DNA*, *Lesbians on the Loose*

(LOTL) sowie das in Sydney erscheinende *SX*. Speziell für Melbourne gibt es noch das *MCV* und für Queensland das *Queensland Pride*.

Infos im Internet

Gay & Lesbian Tourism Australia (www.galta.com.au)

Gay News Network (www. gaynewsnetwork.com.au)

Same Same (www.samesame. com.au)

Strom

**Typ I
240 V/50 Hz**

Telefon

Notruf & Wichtige Nummern

Ländercode	☎61
Internationale Vorwahl	☎0011
Notruf, Feuer-wehr, Polizei	☎000
Zentrum gegen sexuellen Missbrauch	☎1800 806 292
Über-setzungs- & Dolmetscher-agenturen	☎131 450

Handys

Handybenutzung vor Ort Wer kein eigenes Handy dabei hat, ist am besten mit einem Starter-Kit aus SIM-Karte und Handy beraten. Ansonsten besorgt man sich eine SIM-Karte (ca. 2 AU$), mit Datenpaket oder Guthaben. Starter-Kits und SIM-Karten kön-nen in Handyläden am Flughafen oder in den Einkaufszentren in größeren Städten erworben werden. Ladekabel gibt es in Elektroläden oder in Schreib-warengeschäften. Ein Paket für Telefonate und Datenvolumen von 3–5 GB kostet pro Monat um die 30 AU$.

Empfang An der Ostküste ist der Handyempfang in der Regel sehr gut. In den Landesinneren oder im Norden (z. B. im Daintree Forest) kann es allerdings größere Funklöcher geben.

Nummern Australische Handy-nummern beginnen mit 04xx.

Ortsgespräche

➡ Anrufe von Festnetzan-schlüssen kosten einmalig 0,30 AU$.

➡ Ortsgespräche von öf-fentlichen Telefonen kosten einmalig 0,50 AU$.

➡ Die höheren Tarife bei Mobiltelefonnummern wer-den hingegen minutenweise abgerechnet.

Auslandsgespräche

➡ Anrufe nach Übersee beginnen mit dem aust-ralischen Code für Aus-landsgespräche (☎0011). Anschließend folgen die jeweilige Landes- und die Ortsvorwahl ohne die Null am Anfang (nach Berlin also z. B. ☎0011 49 30).

➡ Für internationale Ferng-espräche aus Deutschland, Österreich oder der Schweiz nach Australien wählt man zunächst ☎0061 und dann die Regionalvorwahl des jeweiligen Bundesstaats/ Territoriums ohne die Null.

Ferngespräche & Ortsvorwahlen

➡ STD-Gespräche (Fern-gespräche) können von

privaten Anschlüssen, Handys und jedem öffentlichen Telefon geführt werden und sind zwischen 19 und 7 Uhr günstiger.

→ Innerhalb eines Gebiets mit derselben Vorwahl muss man diese vor der eigentlichen Nummer nicht wählen. Gespräche über eine Distanz von mehr als 50 km werden als Ferngespräche abgerechnet, auch wenn dieselbe Ortsvorwahl gilt.

→ Ortsvorwahlen an der Ostküste:

Bundesstaat/ Territorium	Vorwahl
Australian Capital Territory (ACT)	☑02
New South Wales (NSW)	☑02
Queensland	☑07
Victoria	☑03

Auskunftsdienste & Gebührenfreie Nummern

→ Nummern mit der Vorwahl 1800 sind gebührenfrei, können aber nicht von überall oder Handys aus gewählt werden.

→ Nummern mit ☑13 oder ☑1300 am Anfang werden als Ortsgespräch abgerechnet.

→ Unter 1800-REVERSE (☑1800 738 3773) sind R-Gespräche von allen öffentlichen und privaten Anschlüssen aus möglich.

→ Telefonnummern beginnend mit ☑1800, ☑13 oder ☑1300 können nicht von außerhalb Australiens angerufen werden.

Telefonkarten

Zeitungshändler, Hostels und Postfilialen verkaufen Telefonkarten (zu 10 AU$, 20 AU$ usw.), die man an allen öffentlichen oder privaten Anschlüssen benutzen kann.

Die meisten öffentlichen Telefone funktionieren mit Telefonkarten, teilweise auch mit Kreditkarten. Altmodische Münzfernsprecher wer-

den immer seltener und sind – wo noch vorhanden – oft defekt.

Touristeninformation

Innerhalb Australiens werden touristische Auskünfte von verschiedenen Regional- und Lokalbüros erteilt. Häufig arbeitet in Urlaubsregionen ein sehr kompetentes und auskunftsfreudiges Personal. Jeder Bundesstaat hat auch eine von der Regierung geleitete Touristeninformation, die über jede Menge Infomaterial verfügt:

New South Wales (www.visitnsw.com)

Queensland (www.queenslandholidays.com.au)

Victoria (www.visitvictoria.com)

Die Australian Tourist Commission ist die landesweite Organisation für Tourismus.

Unterkunft

Die Ostküste ist ein gut besuchtes Reiseziel mit jeder Menge Unterkünfte für jeden Geldbeutel. Dennoch ist es vor allem im Sommer, über Ostern und während der Schulferien ratsam, im Voraus zu buchen.

Die Unterkünfte sind nach Preiskategorie und Beliebtheit sortiert.

B&Bs

Die an der Ostküste angebotenen B&Bs reichen von restaurierten Bergmannshäuschen, umgebauten Scheunen, großen, alten Häusern und luxuriösen Landsitzen bis hin zu Strand-

bungalows oder einfachen Gästezimmern bei einheimischen Familien. Im Normalfall liegen die Unterkunftspreise im mittleren Bereich (150–250 AU$/Nacht mit Frühstück), sie können aber auch sehr viel höher ausfallen. In einigen B&Bs wird für die Gäste auch Abendessen angeboten (24 Std. vorher Bescheid geben).

Touristeninformationen führen üblicherweise entsprechende Verzeichnisse. Infos im Internet liefern:

B&B and Farmstay Far North Queensland (www.bnbnq.com.au)

B&B and Farmstay NSW & ACT (www.bedandbreakfastnsw.com.au)

Bed & Breakfast Site (www.babs.com.au)

Hosted Accommodation Australia (www.australianbedandbreakfast.com.au)

OZ Bed and Breakfast (www.ozbedandbreakfast.com)

Buchungsdienste

Nützliche Websites:

Couchsurfing (www.couchsurfing.com) Spontan ein Bett finden.

Flatmates (https://flatmates.com.au) Haustausch für längere Aufenthalte.

Lonely Planet (www.lonelyplanet.com/australia/hotels) Empfehlungen und Buchungen.

Camping & Holiday Parks

Wer die Ostküste günstig erkunden will, für den ist Campen die beste Möglichkeit. Noch besser ist es, ein Wohnmobil zu mieten, mit dem man diese lange Küste entlangcruisen kann. Die Wohnmobilplätze liegen oft nah am Strand oder an den Stadt-

---

UNTERKÜNFTE ONLINE BUCHEN

Unter http://lonelyplanet.com/australia/east-coast-australia/hotels gibt's weitere Unterkunftsbewertungen und unabhängig recherchierte Infos von Lonely Planet Autoren – inklusive Empfehlungen zu den besten Adressen. Außerdem kann online gebucht werden.

PREISKATEGORIEN: UNTERKÜNFTE

Die folgenden Preisspannen gelten jeweils für ein Doppelzimmer mit eigenem Bad in der Hauptsaison (im Süden Dez.–Feb., im Norden Juni–Sept.):

**$** unter 130 AU$

**$$** 130–250 AU$

**$$$** über 250 AU$

In teuren Gegenden (vor allem Sydney) und während Schulferien und Feiertagen müssen 20 bis 50 AU$ dazugeschlagen werden.

zentren und sind eine tolle Alternative für Familien. Campingplätze in Nationalparks sind oft noch günstiger.

PREISE

In manchen Nationalparks darf umsonst gecampt werden, in anderen zahlt man bis zu 15 AU$ pro Person – die Nächte am Lagerfeuer unter freiem Sternenhimmel sind unvergesslich. Stellplätze auf privaten Campingplätzen kosten normalerweise zwischen 22 und 32 AU$ für zwei Personen pro Nacht (mit Strom etwas mehr). Auf vielen dieser Plätze werden auch kleine Hütten mit Küchenzeile vermietet. Sie kosten zwischen 70 und 170 AU$ und bieten bis zu sechs Personen Unterschlupf.

NATIONALPARKS

Die Campingplätze in den Nationalparks werden von den Bundesstaaten verwaltet und können unkompliziert online gebucht werden.

New South Wales (www.environment.nsw.gov.au/nationalparks)

Queensland (www.nprsr.qld.gov.au)

Victoria (www.parkweb.vic.gov.au)

CAMPINGPLATZ-KETTEN

Wer oft im Zelt oder Wohnmobil übernachten will, kann mit einer Mitgliedschaft bei einer der großen Ketten Bares sparen.

Big 4 (www.big4.com.au)

Discovery Holiday Parks (www.discoveryholidayparks.com.au)

Top Tourist Parks (www.toptouristparks.com.au)

Farmstays

Viele Farmen an der Küste wie im Hinterland bieten neben einem Domizil für die Nacht auch die Chance, in die ländliche Arbeitswelt Australiens einzutauchen. Bei manchen Farmstays schaut man anderen Leuten relaxt beim Schwitzen zu, woanders ist tagtäglich aktive Mithilfe gefragt. Infos findet man bei B & B Australia (www.babs.com.au , unter „Family Holidays" bzw. „Farmstays") und Willing Workers on Organic Farms (www.wwoof.com.au). Auch Touristeninformationen haben oft Details zu Farmstays in ihren Zuständigkeitsbereichen parat.

Ferienwohnungen

Wer länger an der Ostküste verweilen oder eine oder zwei Wochen in einer Stadt wohnen möchte, der kann mit einer Ferienwohnung kräftig sparen – besonders, wenn man mit Kindern oder in einer größeren Gruppe unterwegs ist und sich selbst verpflegt. Hier zahlt man 150 AU$ pro Nacht aufwärts. Strandbungalows und Country Cottages sind teurer; es gibt sie ab ca. 200 AU$ pro Nacht, wobei oft das Frühstück inklusive ist.

Gasthäuser (Pubs)

Gasthäuser mit Bierausschank werden an der Ostküste meist als *pub* bezeichnet. Von den meist kleinen und abgenutzten Zimmern ist es oft ein recht langer Weg bis zum Bad am Ende des Korridors. Die Quartiere sind oft zentral gelegen und günstig (EZ/DZ mit Gemeinschaftsbad ab 60/80 AU$, mehr mit eigenem Bad). Wer einen leichten Schlaf hat, sollte jedoch kein Zimmer oberhalb des Barbereichs nehmen und vorher feststellen, ob unten am jeweiligen Abend eine Liveband spielt.

Hostels

Backpacker-Hostels an der Ostküste sind sehr gesellige und preiswerte Unterkünfte. Es gibt sie in Hülle und Fülle und in jeder Ausführung: von einfachen Zimmern in familienbetriebenen, umgebauten Häusern bis hin zu extra errichteten Resorts mit Bars, Clubs und Partys ohne Ende. Die Standards reichen von überragend bis schrecklich, die Betreiber von superfreundlich bis furchteinflößend.

Ein Bett im Schlafsaal kostet zwischen 28 und 35 AU$, Einzelzimmer um die 70 AU$ und Doppelzimmer zwischen 80 und 110 AU$ pro Nacht. Die bekanntesten Hostelketten sind:

Base Backpackers (www.stayatbase.com)

Global Backpackers (www.globalbackpackers.com.au)

Nomads (www.nomadsworld.com)

VIP Backpackers (www.vipbackpackers.com)

YHA (www.yha.com.au) YHA-Hostels haben Schlafsäle, Zweibett- und Doppelzimmer sowie Koch- und Waschgelegenheiten. Hier wird meistens nicht so viel Party gemacht wie in privaten Hostels ... dafür gibt es immer ausreichend Besteck. Die Übernachtungspreise starten für Mitglieder bei 27 AU$, Nichtmitglieder zahlen jeweils 3 AU$ extra. Die YHA gehört zu Hostelling International (www.hihostels.com); wer in seinem Heimatland bereits HI-Mitglied ist, kann auch in den australischen Hostels zu Mitgliedspreisen übernachten.

Man kann online bei den nationalen Jugendherbergsverbänden oder in jedem YHA-Hostel einen Jugendherbergsausweis für ein oder zwei Jahre kaufen. Auch eine Familienmitgliedschaft ist möglich, bei der die Erwachsenen den normalen Preis zahlen, alle Kinder unter 18 Jahre jedoch kostenlos übernachten.

Hotels

Hotels entlang der Ostküste gehören meist zu Business- oder Luxusketten (Mittel- bis Spitzenklasse): Sie vermieten komfortable, private Zimmer mit allen Annehmlichkeiten in mehrstöckigen Betonklötzen. Für ein Doppelzimmer wird man pro Nacht mindestens 150 AU$ loswerden. In Zeiten geringer Auslastung können aber kräftige Rabatte drin sein.

Interessanter (aber auch teurer) sind die Boutiquehotels, die sich meist in hervorragender Lage befinden (an den Hauptstraßen in großen Städten oder abgeschieden auf tropischen Inseln) und ein etwas anderes Übernachtungserlebnis bieten. Hier zahlt man mindestens 250 AU$ pro Nacht – doch das lohnt sich!

Motels

An der ganzen Ostküste gibt es komfortable Mittelklasse-Motels mit Parkplätzen vor der Zimmertür. Da diese Bleiben fast nie Rabatte gewähren, wenn man sie als Alleinreisender bezieht, sind sie für Paare oder kleine Familien ein besserer Deal. Ein einfaches Zimmer mit Wasserkocher, Kühlschrank, TV, Klimaanlage und Bad kostet zwischen 100 und 150 AU$. Dazu kommt dieses unbestreitbar romantische Flair eines Motels am Highway.

Resorts

In Queensland gibt es jede Menge Inseln – und auf vielen davon stehen Resorts. Hier kann man entweder seine Kinder abgeben und eine Woche lang schlafen, ab und zu mal in den Pool springen und einen Cocktail schlürfen oder man nimmt an den zahlreichen Aktivitäten teil, die hier für die ganze Familie angeboten werden: Schnorcheln, Kajakfahren, Buschwanderungen, Windsurfen, Schwimmen, Segeln ... Die meisten Resorts kosten mindestens 250 AU$ pro Nacht, es gibt aber vor allem außerhalb der Hauptsaison gute Rabatte für Familien.

Versicherung

Eine gute Reiseversicherung, die Diebstahl, Verlust und medizinische Behandlungskosten abdeckt, ist ein absolutes Muss. Manche Policen schließen „Risikosportarten" wie Tauchen, Wildwasser-Rafting und sogar Bushwalking ausdrücklich aus. Somit ist es wichtig, dass die gewählte Versicherung auch wirklich vollen Schutz bei den geplanten Aktivitäten bietet und die Kosten für Krankentransporte und die Rückreise im Notfall abdeckt.

Die weltweit gültige Reiseversicherung unter www.lonelyplanet.com/travel-insurance kann jederzeit online abgeschlossen, erweitert und in Anspruch genommen werden – selbst, wenn die Reise schon begonnen hat.

Visa

Jeder Australien-Besucher benötigt ein Visum. Anträge gibt es online über das **Department of Immigration and Border Protection** (☏1300 363 263, 02-6275 6666; www.border.gov.au).

eVisitor (651)

➜ Deutsche, Österreicher und Schweizer können kostenlose eVisitor-Visa beantragen, die innerhalb einer zwölfmonatigen Gültigkeitsdauer zu einem maximal dreimonatigen Aufenthalt im Land berechtigen.

➜ eVisitor-Visa müssen online beantragt werden. Sie werden elektronisch gespeichert und erfassen auch die Reisepassnummer, sodass der herkömmliche Visumstempel entfällt.

➜ Anträge sollten spätestens 14 Tage vor der geplanten Abreise getätigt werden.

Visitor (600)

➜ Touristenvisa wurden weitestgehend von den eVisitor-Visa und den ETAs abgelöst. Wer länger als drei Monate bleiben will, muss trotzdem noch ein Touristen-Visa beantragen.

➜ Die Standard-Touristen-Visa erlauben einen Aufenthalt von bis zu drei, sechs oder zwölf Monaten innerhalb von einem Jahr ab Ausstellungsdatum.

➜ Touristen-Visa kosten zwischen 130 und 1000 AU$.

Working Holiday (417)

➜ Deutsche (nicht aber Österreicher und Schweizer) im Alter von 18 bis 30 Jahren können ein Working-Holiday-Visum beantragen, das zur Annahme von Gelegenheitsjobs während eines maximal einjährigen Aufenthalts berechtigt.

➜ Das Visum berechtigt innerhalb dieser zwölf Monate zur beliebigen Ein- und Ausreise.

➜ Die Annahme von Gelegenheitsjobs beim gleichen Arbeitgeber ist auf sechs Monate begrenzt.

➜ Das Visum muss bereits vor der Einreise nach Australien erteilt worden sein (Antrag bis zu einem Jahr im Voraus möglich). Auf australischem Boden kann man ein Touristenvisum nicht mehr in ein Working-Holiday-Visum umwandeln.

➜ Interessenten müssen ein Rückflugticket oder ausreichende finanzielle Mittel (5000 AU$) für die Rück-, bzw. Weiterreise vorweisen.

➜ Die Antragsgebühr beträgt 440 AU$.

➜ Unter bestimmten Voraussetzungen (z. B. eine gewissen Anzahl an Arbeitstagen auf einer Farm) kann ein zweites WHV beantragt werden, während man bereits in Australien ist.

Visumverlängerungen

Wer über die Gültigkeitsdauer seines Visums hinaus in Australien bleiben will, muss ein neues Visum beantragen (üblicherweise ein Touristenvisum; Visitor 600). Der Antrag sollte online mindestens zwei oder drei Wochen vor Ablauf des gültigen Visums erfolgen.

Zeit

Australien ist in drei Zeitzonen unterteilt:

Australian Eastern Standard Time (MEZ+9 Std.) Queensland, New South Wales (NSW), Australian Capital Territory (ACT), Victoria und Tasmanien

Australian Central Standard Time (MEZ+8½ Std.) Northern Territory, South Australia

Australian Western Standard Time (MEZ+7 Std.) Western Australia

In Queensland gilt ganzjährig die Australian Eastern Standard Time, das übrige Land stellt im Sommer (Okt.–Anfang April) größtenteils auf Sommerzeit (*daylight-saving time*, eine Stunde vor) um.

Zollbestimmungen

Einreisende können die meisten Artikel zollfrei nach Australien einführen – vorausgesetzt, der **Australian Customs Service** (☏1300 363 263; www.border.gov.au) lässt sich davon überzeugen, dass die Waren ausschließlich für den persönlichen Gebrauch bestimmt sind und bei der Ausreise wieder mitgenommen werden.

➡ Zollfreie Einfuhrmengen pro Person: 2,25 l Alkohol (ab 18 Jahren), 50 Zigaretten (ja, richtig gelesen) und zollpflichtige Waren bis zum Gesamtwert von 900 AU$ (450 AU$ unter 18 Jahren).

➡ Ab einem Gesamtwert von 10 000 AU$ (Fremdwährung mit eingerechnet) muss

Bargeld beim Zoll angemeldet werden.

➡ Die Behörden nehmen die Biosicherheit sehr ernst und gehen rigoros dagegen vor, dass Schädlinge ins Land eingeführt werden. Alle tierischen oder pflanzlichen Waren müssen beim Zoll angegeben werden. Der Import von Frischwaren und Blumen ist untersagt. Wer kürzlich auf einem Bauernhof oder in ländlichen Gegenden unterwegs war, sollte seine Schuhe gut putzen, bevor er zum Flughafen fährt. Sie müssen dem Zoll ebenfalls vorgelegt werden.

➡ Schuss- und Feuerwaffen sind entweder verboten oder erfordern eine Genehmigung und Sicherheitsprüfung. Des Weiteren verboten ist die Einfuhr von lebenden Tieren, Produkten, die aus geschützten Tieren hergestellt wurden, und nicht genehmigten Telekommunikationsgeräten.

➡ Bei der Ausreise sollte man auf keinen Fall etwas mitnehmen, das aus geschützten Tieren und Pflanzen produziert wurde. Der Zoll geht hart gegen Schmuggler vor.

Verkehrsmittel & -wege

AN- & WEITER-REISE

Je nach Startpunkt ist es für die meisten Traveller sehr weit bis zu Australiens Ostküste (auch von der Westküste aus). So erfolgt die Anreise in der Regel per Langstreckenflug. Geführte Touren, Flug- und Zugtickets lassen sich online unter lonelyplanet.com/bookings buchen.

Einreise

Wer mit einem Auslandsflug an der Ostküste ankommt, kann normalerweise problemlos und zügig nach Australien einreisen: Meistens sind nur die üblichen Passkontrollen und Zollformalitäten zu erledigen.

Flugzeug

Die Hauptsaison mit den teuersten Flügen deckt sich grob mit dem australischen Sommer (Dez.–Feb.). Nachsaison ist allgemein im Winter (Juni–Aug.), der aber wiederum die Hauptsaison für den tropischen Norden darstellt.

Flughäfen & Fluglinien

An der Ostküste landen die meisten internationalen Flüge in Sydney, Melbourne oder Brisbane. Eine Auslandsverbindung gibt es aber auch in Cairns, Coolangatta (Gold Coast Airport) und Canberra.

Brisbane Airport (www.bne.com.au; Airport Dr)

Cairns Airport (☑07-4080 6703; www.cairnsairport.com; Airport Ave)

Canberra Airport (☑02-6275 2222; www.canberraairport.com.au; 2 Brindabella Circuit)

REISEN & KLIMAWANDEL

Der Klimawandel stellt eine ernste Bedrohung für unsere Ökosysteme dar. Zu diesem Problem tragen Flugreisen immer stärker bei. Lonely Planet sieht im Reisen grundsätzlich einen Gewinn, ist sich aber der Tatsache bewusst, dass jeder seinen Teil dazu beitragen muss, die globale Erwärmung zu verringern.

Fast jede Art der motorisierten Fortbewegung erzeugt CO_2 (die Hauptursache für die globale Erwärmung), doch Flugzeuge sind mit Abstand die schlimmsten Klimakiller – nicht nur wegen der großen Entfernungen und der entsprechend großen CO_2-Mengen, sondern auch, weil sie diese Treibhausgase direkt in hohen Schichten der Atmosphäre freisetzen. Die Zahlen sind erschreckend: Zwei Personen, die von Europa in die USA und wieder zurück fliegen, erhöhen den Treibhauseffekt in demselben Maße wie ein durchschnittlicher Haushalt in einem ganzen Jahr.

Die englische Website www.climatecare.org und die deutsche Internetseite www.atmosfair.de bieten sogenannte CO_2-Rechner. Damit kann jeder ermitteln, wie viele Treibhausgase seine Reise produziert. Das Programm errechnet den zum Ausgleich erforderlichen Betrag, mit dem der Reisende nachhaltige Projekte zur Reduzierung der globalen Erwärmung unterstützen kann, beispielsweise Projekte in Indien, Honduras, Kasachstan und Uganda.

Lonely Planet unterstützt gemeinsam mit Rough Guides und anderen Partnern aus der Reisebranche das CO_2-Ausgleichs-Programm von climatecare.org. Alle Reisen von Mitarbeitern und Autoren von Lonely Planet werden ausgeglichen. Weitere Informationen gibt's auf www.lonelyplanet.com.

Gold Coast Airport (www.goldcoastairport.com.au; Longa Ave, Bilinga)

Melbourne Airport (MEL; ✆03-9297 1600; www.melbourne airport.com.au; Departure Rd, Tullamarine)

Sydney Airport (✆02-9667 9111; www.sydneyairport.com.au; Airport Dr, Mascot)

Qantas (www.qantas.com.au) ist Australiens Landesfluglinie und hat eine hervorragende Sicherheitsstatistik (wie Dustin Hoffman in *Rain Man* sagte: „Qantas ist noch nie abgestürzt"). Der Walkabout-Rabattpass der Gesellschaft gilt nicht nur für Auslandsflüge zum fünften Kontinent: Vor Ort sind damit auch vergleichsweise günstigere Inlandstrips zu rund 80 Zielen möglich (für Details s. Website). Dank Kooperation steht der Pass auch Passagieren von American Airlines vollumfänglich zur Verfügung.

Auf dem Landweg

Bei Rundreisen durch ganz Australien begeben sich viele Traveller per Überlandtrip zur Ostküste dieses weiten braunen Landes.

Auto & Motorrad

Ab South Australia und dem Northern Territory führen gut gewartete, verkehrsreiche Highways nach Victoria, New South Wales und Queensland.

Bus

Fernbusfirmen verkehren zwischen den Bundesstaaten an der Ostküste. Zudem fahren sie vom Northern Territory aus nach Queensland und ab South Australia nach Victoria oder New South Wales. Marktführer ist Greyhound (www.greyhound.com.au).

Zug

Züge von **Great Southern Rail** (www.greatsouthernrail.com.au) rollen ab Adelaide nach Melbourne und verbinden sogar das weit entfernte Perth mit Sydney.

Übers Meer

Kreuzfahrt- & Frachtschiffe

Viele Urlaubskreuzfahrten aus aller Welt machen an Australiens Ostküste Station. Vergleichsweise kürzere Varianten schippern ab Brisbane, Melbourne oder Sydney zu Zielen in Neuseeland und im Pazifikraum.

Alternativ sind Seereisen nach bzw. ab Australien mitunter auch mit Frachtschiffen möglich (Details unter www.freighterexpeditions.com.au und www.freightercruises.com).

Jacht

Zwischen Australien und Zielen im Pazifikraum (z. B. Papua-Neuguinea, Indonesien, Neuseeland, diverse Inseln) sind mitunter Jachten unterwegs, auf denen man mitfahren oder anheuern kann. Diese Methode ist aber weder entspannt noch sicher und erfordert in der Regel zumindest eine Beteiligung am Preis für den Bordproviant. Interessenten können z. B. die Jachthäfen und Segelclubs von Coffs Harbour, Great Keppel Island, Airlie Beach, Cairns oder den Whitsundays abklappern. Der April empfiehlt sich für die Kojensuche im Großraum Sydney.

UNTERWEGS VOR ORT

Auto & Motorrad

Die Ostküste erkundet man am besten per Auto: Dies ist definitiv die einzige Möglichkeit, interessante Orte in entlegenen Ecken zu besuchen, ohne an einer geführten Tour teilzunehmen.

Motorräder sind vor Ort sehr beliebt, da das Klima den Großteil des Jahres über bikerfreundlich ist. Eine Tankreichweite von 350 km ist ausreichend, um entlang der Küste locker die Distanzen zwischen den Tankstellen zu überbrücken. Die langen, breiten Regionalstraßen sind für große Maschinen mit einem Hubraum ab 750 cm³ wie gemacht.

Automobilclubs

Die Automobilclubs in den einzelnen Staaten gehören zur **Australian Automobile Association** (AAA; ✆02-6247 7311; www.aaa.asn.au), das ist die nationale Dachorganisation.

Die regionalen Organisationen haben Abkommen mit anderen Bundesstaaten bzw. Territorien und ähnlichen Vereinigungen im Ausland geschlossen. Wer Mitglied in einem Automobilclub ist, sollte seine Mitgliedskarte auf jeden Fall einstecken.

NRMA (✆13 11 22; www.mynrma.com.au) In NSW und dem Australian Capital Territory.

RACQ (✆13 19 05; www.racq.com.au) In Queensland.

RACV (✆13 72 28; www.racv.com.au) In Victoria.

Benzin

Australische Tankstellen verkaufen Diesel, bleifreies Benzin und in stark bevölkerten Gegenden auch Auto- bzw. Flüssiggas (*liquefied petroleum gas*; LPG). Letzteres ist an entlegeneren Raststätten aber nicht immer erhältlich. An den Haupt-Highways der Ostküste kommt normalerweise ca. alle 50 km eine kleine Ortschaft oder Tankstelle in Sicht.

Zum Recherchezeitpunkt kostete 1 l Bleifrei in Großstädten zwischen 1,40 und 1,60 AU$. Draußen auf dem Land sind die regional variierenden Spritpreise jedoch deutlich höher: Im Outback von Queensland wird man bis zu 2,20 AU$ pro Liter los.

Führerschein

In Australien benötigen Selbstfahrer einen gültigen nationalen Führerschein mit englischsprachigen Angaben. Falls Letztere nicht vorhanden sein sollten, braucht man zusätzlich eine internationale Fahrerlaubnis (*international driving permit*; IDP). Diese wird in der Heimat von amtlichen Führerscheinstellen ausgestellt und gilt ausschließlich zusammen mit dem nationalen Führerschein.

Kaufen

Wer mehrere Monate im Land bleiben und dabei viel herumfahren will, kommt mit einem eigenen Vehikel wahrscheinlich günstiger weg als mit einem Mietwagen. Optionen für den Kauf sind Autohändler, Privatleute oder die Traveller-Automärkte in Sydney.

ZULASSUNG & FORMALITÄTEN

In Australien müssen Autokäufer die Zulassung innerhalb von 14 Tagen auf den eigenen Namen umschreiben lassen. In jedem Bundesstaat bzw. Territorium sind die Bestimmungen diesbezüglich und die zuständigen Organisationen leicht andere. Auch beim Fahrzeugverkauf ist die betreffende Straßenverkehrsbehörde über den Besitzerwechsel zu informieren.

In NSW, Queensland oder Victoria sind Käufer und Verkäufer verpflichtet, ein Formular zur Zulassungsübertragung vollständig auszufüllen und jeweils zu unterschreiben. Im ACT gibt es kein solches Formular. Stattdessen müssen Käufer und Verkäufer auf der Rückseite der Zulassung unterschreiben.

Hinweis: Ein Auto lässt sich deutlich einfacher wieder in dem Bundesstaat verkaufen, in dem es zugelassen wurde. Andernfalls muss man es selbst (bzw. der Käufer) im neuen Bundesstaat anmelden, was eventuell ganz schön stressig sein kann.

Der Käufer hat sicherzustellen, dass das Auto weder gestohlen noch mit Schulden belastet ist. Diesbezügliche Details lassen sich mittels des **Personal Property Securities Register** (www.ppsr.gov.au) überprüfen.

VERKEHRSSICHERHEITSNACHWEIS

Autoverkäufer müssen Käufern einen Verkehrssicherheitsnachweis (*roadworthy* bzw. *safety certificate*) aushändigen, wenn folgende Situationen zutreffen:

Australian Capital Territory Ab einem Fahrzeugalter von sechs Jahren; bei gasbetriebenen Autos muss zusätzlich der Nachweis der obligatorischen Jahresüberprüfung beiliegen.

New South Wales Ab einem Fahrzeugalter von fünf Jahren.

Queensland Für alle Fahrzeuge vorgeschrieben; Zusatz-Prüfungszertifikat für gasbetriebene Autos erforderlich.

Victoria Für alle Fahrzeuge vorgeschrieben.

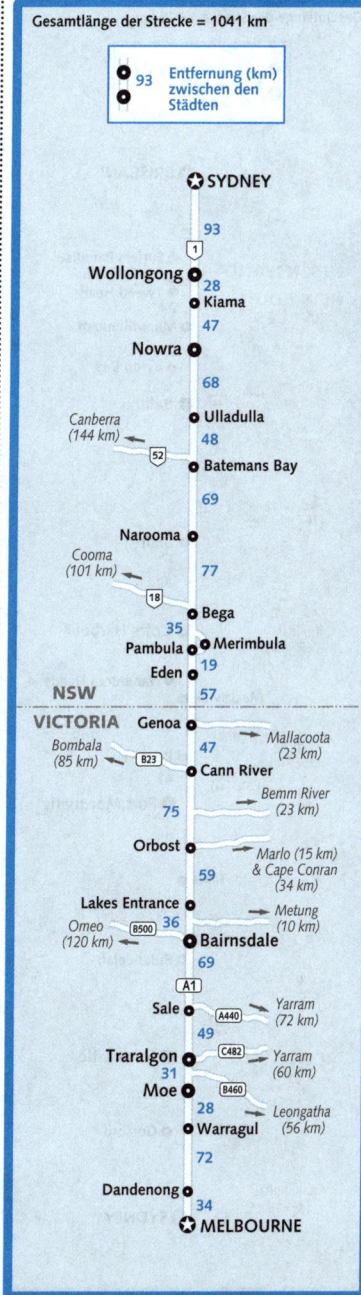

Von Sydney nach Melbourne via Princes Hwy

Gesamtlänge der Strecke = 1041 km

93 — Entfernung (km) zwischen den Städten

- ✪ SYDNEY
- 93
- [1]
- ○ Wollongong
- 28
- ○ Kiama
- 47
- ○ Nowra
- 68
- Canberra (144 km) ○ Ulladulla
- 48
- [52] ○ Batemans Bay
- 69
- ○ Narooma
- Cooma (101 km) — 77
- [18] ○ Bega
- 35
- Pambula ○ ○ Merimbula
- Eden ○ 19
- 57

NSW

VICTORIA ○ Genoa
- Bombala (85 km) — [B23] 47 → Mallacoota (23 km)
- ○ Cann River
- 75 → Bemm River (23 km)
- ○ Orbost → Marlo (15 km) & Cape Conran (34 km)
- 59
- ○ Lakes Entrance → Metung (10 km)
- Omeo (120 km) — [B500] 36 ○ Bairnsdale
- 69
- [A1]
- ○ Sale [A440] → Yarram (72 km)
- 49
- ○ Traralgon [C482] → Yarram (60 km)
- 31
- ○ Moe [B460]
- 28 → Leongatha (56 km)
- ○ Warragul
- 72
- ○ Dandenong
- 34
- ✪ MELBOURNE

Von Sydney nach Brisbane via Pacific Hwy

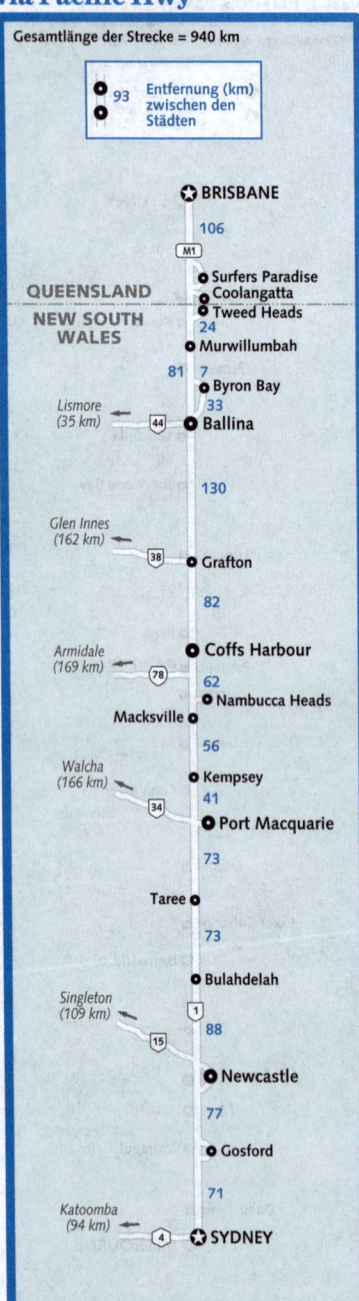

Gesamtlänge der Strecke = 940 km

93 Entfernung (km) zwischen den Städten

★ BRISBANE

106

M1

● Surfers Paradise
● Coolangatta
● Tweed Heads
24

QUEENSLAND

NEW SOUTH WALES

● Murwillumbah
81 7
● Byron Bay
33

Lismore (35 km) ← 44 ● Ballina

130

Glen Innes (162 km) ← 38 ● Grafton

82

Armidale (169 km) ← 78 ● Coffs Harbour
62
● Nambucca Heads

Macksville ●
56

Walcha (166 km) ← 34 ● Kempsey
41
● Port Macquarie

73

Taree ●

73

● Bulahdelah
Singleton (109 km) ← 1
15 88

● Newcastle

77

● Gosford

71

Katoomba (94 km) ← 4 ★ SYDNEY

Falls das angepeilte Vehikel kein *roadworthy certificate* hat, empfiehlt sich vor dem Kauf eine fachmännische Überprüfung von neutraler Seite. Die Automobilverbände der einzelnen Bundesstaaten führen Verzeichnisse mit offiziell zugelassenen Werkstätten.

STRASSENVERKEHRSBEHÖRDEN

Weitere Infos zu Formalitäten und Kosten liefern folgende staatliche Stellen:

Access Canberra (www.rego.act.gov.au) Im ACT.

Roads & Maritime (www.rta.nsw.gov.au) In NSW.

Department of Transport & Main Roads (www.tmr.qld.gov.au) In Queensland.

VicRoads (www.vicroads.vic.gov.au) In Victoria.

AUTOMÄRKTE

Sydney und Cairns sind besonders gute Pflaster, um Autos von Travellern zu kaufen, die ihren Trip bereits beendet haben. Entsprechende Anzeigen stehen z. B. auf Schwarzen Brettern in Hostels. Auch Sydney hat ein paar große Backpacker-Automärkte. In beiden Fällen gilt jedoch: Solche Autos sind eventuell schon ein paar Mal quer durch Australien gerollt und daher eher mit Vorsicht zu genießen! **Sydney Travellers Car Market** (☏02-9331 4361; www.sydneytravellerscarmarket.com.au; Level 2, Kings Cross Car Park, Ward Ave, Kings Cross; ⏰ Mo–Sa 10–17 Uhr; Ⓡ Kings Cross) empfiehlt sich.

Mieten

Viele große und kleine Autovermieter warten vor Ort nur darauf, Traveller hinters Steuer zu bringen. Hauptaspekt sind die geplanten Distanzen: Wer weit reisen will, braucht unbegrenzte Fahrtkilometer.

Größere Firmen unterhalten Rückgabestellen in großen Städten bzw. Ortschaften. Eventuell gestatten sie auch eine Fahrzeugmiete für die einfache Strecke, wobei die Rückgabe am Ziel erfolgt (z. T. gratis). Kleinere Lokalanbieter sind manchmal günstiger, erlegen einem aber mitunter Beschränkungen auf. Bei den meisten Unternehmen müssen Kunden mindestens 21 Jahre alt sein (z. T. auch 18 od. 25 Jahre). Meist stehen Vehikel in verschiedenen Größen zur Auswahl (klein/mittelgroß/groß pro Tag ab ca. 40/60/80 AU$).

In Australien sind alle großen internationalen Autovermieter vertreten (Avis, Budget, Europcar, Hertz, Thrifty). Auf den folgenden Websites finden sich Tarifvergleiche und Last-Minute-Angebote in Sachen Mietwagen:

Carhire.com (www.carhire.com.au)

Drive Now (www.drivenow.com.au)

Webjet (www.webjet.com.au)

WOHNMOBILE

Bei Wohnmobilvermietern wie den folgenden liegt der Mindesttarif grob bei 90 (2 Schlafplätze) bzw. 150 AU$ (4 Schlafplätze) pro Tag.

Normalerweise muss man das Fahrzeug mindestens für fünf Tage mieten und bekommt unbegrenzte Fahrtkilometer.

Apollo (☎1800 777 779; www.apollocamper.com)

Britz (☎1300 738 087; www.britz.com.au)

Hippie Camper (☎1800 777 779; www.hippiecamper.com)

Jucy Rentals (☎1800 150 850; www.jucy.com.au)

Maui (☎1800 827 821; www.maui.com.au)

Mighty Campers (☎1800 821 824; www.mightycampers.com)

Spaceships (☎1300 132 469; www.spaceshipsrentals.com.au)

Travelwheels (☎0412 766 616; www.travelwheels.com.au)

GELÄNDEWAGEN

Mit einem Geländewagen kann man sich abseits bekannter Pfade bewegen und dabei Naturwunder erleben, die vielen anderen Travellern verborgen bleiben. Zur Auswahl stehen z. B. mittelgroße Nissan X-Trails (ca. 100–150 AU$/Tag) oder Toyota Land Cruisers (ca. 150–200 AU$/Tag, idealerweise inkl. unbegrenzte Fahrtkilometer). Unbedingt den Mietvertrag sorgfältig durchlesen und dabei vor allem auf die Selbstbeteiligung achten: Diese kann extrem hoch sein!

Gute Adressen sind Apollo, Britz und die großen Autovermieter.

FAHRZEUG-ÜBERFÜHRUNGEN

Fahrzeugüberführungen sind normalerweise günstig, bieten aber wenig zeitliche Flexibilität. Die meisten großen Autovermieter offerieren diese Option. Parallel empfehlen sich die folgenden Firmen:

Drive Now (www.drivenow.com.au)

imoova (www.imoova.com)

Relocations2Go (www.facebook.com/relocations2go)

Transfercar (www.transfercar.com.au)

Parken

In großen Städten wie Sydney, Brisbane oder Melbourne (oder in Touri-Orten wie Byron Bay) kann einen die Parkplatzsuche in den Wahnsinn treiben. Wenn man dann endlich ein Plätzchen gefunden hat, darf man vermutlich nur begrenzt lange dort stehen bleiben bzw. muss ein Parkticket ziehen oder die Parkuhr mit Münzen füttern. Für ein „Knöllchen" zahlt man 50 bis 120 AU$. Wer im Halteverbot steht, wird abgeschleppt bzw. darf sich auf eine Radkralle freuen – besser aufmerksam die Schilder studieren!

In den Städten gibt's große Parkplätze, auf denen man den Wagen für 20 bis 40 AU$ pro Tag abstellen kann.

Straßenzustand & Gefahren

Übermüdung Achtung: Vor allem bei Hitze können Langstreckenfahrten extrem anstrengend sein. Eine häufige Folge davon ist gefährlicher Sekundenschlaf. Darum spätestens etwa alle zwei Stunden einen Zwischenstopp mit Fahrerwechsel, etwas Gymnastik und/oder Kaffee einlegen!

Unbefestigte Straßen Sind landesweit in sehr unterschiedlichem Zustand, was auch abhängig vom aktuellen Wetter und dem jeweiligen Fahrzeugtyp immer eine gut angepasste Fahrweise erfordert (u. a. in puncto Brems- und Kurvenverhalten). Generell gilt: Auf unbefestigten Pisten jeder Art maximal 80 km/h fahren – andernfalls wird rechtzeitiges Reagieren auf unerwartete Haarnadelkurven, Hindernisse (z. B. unbeschilderte Tore, Viehsperren) oder Tiere auf der Fahrbahn sehr schwierig bis unmöglich. Mietwagenverträge immer sorgsam und vollständig durchlesen, um festzustellen, ob das Benutzen unbefestigter Straßen gestattet ist!

Wildunfälle Landesweit ein sehr großes Problem. Viele Australier fahren nach Möglichkeit nicht bei Dunkelheit, da dann das Risiko durch nachtaktive Tiere auf den Straßen stark ansteigt.

Zweispurige Straßen Die Highways an Australiens Ostküste sind nur selten mehrspurig bzw. zumeist nur zweispurig. Dennoch gibt es in regionalen Ballungsräumen auch ein paar Strecken mit vier oder sechs Spuren (darunter die Mautstraßen von Sydney, Melbourne und Brisbane).

Verkehrsregeln

In Australien herrscht Linksverkehr; alle Autos sind daher Rechtslenker.

Alkohol & Drogen Die Polizei kann jederzeit Atem- oder Drogentests bei Fahrern vornehmen und macht von diesem Recht auch oft Gebrauch. Wer mit mehr als 0,5 ‰ und/oder Drogen im Blut erwischt wird, muss mit einer Gerichtsvorladung nebst Bußgeld und Führerscheinentzug rechnen.

Handys Telefonieren am Steuer ist in Australien nur mit geeigneter Freisprecheinrichtung erlaubt.

Sicherheitsgurte & Kindersitze In Australien besteht Gurtpflicht. Kinder bis zum Alter von sieben Jahren sind sicher in einem offiziell zugelassenen Kindersitz anzugurten.

Tempolimit Das Tempolimit liegt innerhalb geschlossener Ortschaften allgemein bei 50 km/h (z. T. auch 60 km/h), in der Nähe von Schulen normalerweise bei 25 km/h (zur Bring- bzw. Abholzeit). Auf Highways darf man 100 oder 110 km/h fahren. An strategisch günstigen Stellen benutzt die Polizei gern Radarpistolen und Kameras.

Vorfahrt Wenn eine Kreuzung oder ein Kreisverkehr unbeschildert ist (eher selten), hat der von rechts kommende Verkehr Vorfahrt.

Versicherung

Kfz-Versicherung In Australien beinhaltet die Gebühr für die Fahrzeugzulassung stets eine Kfz-Haftpflicht, um eine Grundversicherung zu garantieren. Diese sollte man aber zumindest so aufstocken, dass sämtliche Sachschäden abgedeckt werden: Selbst kleine Unfälle können sehr teuer werden!

MAUTPFLICHT

An der Ostküste gibt's einige mautpflichtige Straßen (vor allem große Freeways rund um Melbourne, Sydney und Brisbane). Egal, ob man mit dem eigenen Auto oder einem Mietwagen unterwegs ist: Unbedingt die Mautgebühren online begleichen – andernfalls setzt es heftige Bußgelder! Wer sich nicht schon vorab einen Mautpass besorgt hat, hat nach dem Benutzen der jeweiligen Straße normalerweise noch zwei bis drei Tage Zeit zum Bezahlen.

New South Wales Bezahlen per online beantragtem Mautpass (erhältlich unter www.roam.com.au, www.myRTA.com oder www.roamexpress.com.au).

Queensland Bezahlen übers Internet (unter www.govia.com.au).

Victoria Bezahlen per online beantragtem Mautpass (erhältlich unter www.citylink.com.au).

Mietwagen Kunden sollten sich vorab genau nach den Haftungsbedingungen im Fall eines Unfalls erkundigen. Meist kann an den Vermieter eine tageweise berechnete Extragebühr bezahlt werden, um die Selbstbeteiligung zu senken (von teils über 3000 AU$ auf ein paar Hundert Dollar).

Haftungsausschlüsse Selbst bei der Nutzung eines Geländewagens deckt der Versicherungsschutz eventuell keine Fahrten auf unbefestigten Straßen ab: Bei Unfällen auf Pisten jeglicher Art sind alle Schäden potenziell selbst zu bezahlen. Gleiches gilt generell sehr oft bei Glas- und Reifenschäden. Daher auch das Kleingedruckte des Versicherungsvertrags immer ganz genau durchlesen!

Bus

Das Busnetz an der Ostküste ist verlässlich, in puncto Fernstrecken aber nicht sonderlich günstig. Die meisten Busse verfügen über Klimaanlagen und Toiletten; das Rauchen ist nicht gestattet. Die Plätze an Bord sind nicht in separate Klassen eingeteilt (sehr demokratisch) und sollten allerspätestens am Vortag der geplanten Reise gebucht werden (im Sommer eine bis zwei Wochen früher). Kleine Ortschaften

haben statt „offizieller" Busbahnhöfe nicht selten nur provisorische Haltestellen (z. B. vor einem Laden oder einer Postfiliale).

Buspässe

Bei vielen geplanten Zwischenstopps sind Buspässe eine gute Option. Reservierungen per Internet oder Telefon sollten jeweils allerspätestens am Vortag erfolgen.
Greyhound bietet Sparpässe an (für Details s. Website). Die wichtigsten Varianten:

Hop-On/Hop-Off Gilt maximal 90 Tage lang in einfacher Fahrtrichtung auf acht beliebten Fernrouten (u. a. Cairns–Melbourne, 529 AU$; Brisbane–Cairns, 345 AU$). Dabei ist beliebiges Aus- und Zusteigen möglich.

Kilometre Pass Gilt zwölf Monate lang und bietet ein Höchstmaß an Flexibilität (u. a. dank der Möglichkeit zur Hin- und Rückfahrt auf derselben Route). Die Auswahl reicht von 1000 (189 AU$) bis hin zu 25 000 Gesamtkilometern (2675 AU$).

Short-Hop Gilt sechs Monate lang auf kürzeren Hop-On-/Hop-Off-Routen (z. B. Sydney–Melbourne, 105 AU$; Sydney–Byron Bay, 115 AU$; Sydney–Brisbane, 139 AU$).

Premier Motor Service hat mehrere Pässe für Ostküst-

entrips im Programm (jeweils nur in einfacher Fahrtrichtung gültig). Abgedeckt werden dabei z. B. die Routen Sydney–Cairns (350 AU$, sechs Monate Gültigkeit) oder Sydney–Brisbane (100 AU$, drei Monate Gültigkeit).

Busunternehmen

Australiens Ostküste wird u. a. von folgenden Fernbusfirmen bedient:

Con-x-ion (www.coachtrans online.com.au) Verbindet die Flughäfen von Sydney, Melbourne, Brisbane, Coolangatta (Gold Coast) und Marcoola (Sunshine Coast) mit Zielen in deren jeweiliger Umgebung.

Firefly Express (www.fireflyex press.com.au) Verkehrt zwischen Sydney, Canberra, Melbourne und Adelaide.

Greyhound Australia (www.greyhound.com.au) Marktführer mit großem Streckennetz in ganz Australien.

NSW TrainLink (www.nswtrain link.info) Betreibt Fernbusse und Züge in New South Wales.

Premier Motor Service (www.premierms.com.au) Greyhounds Hauptkonkurrent an der Ostküste; verkehrt pro Tag vergleichsweise seltener, ist aber meist etwas günstiger.

Trans North (www.transnorth bus.com.au) Fährt von Cairns nach Cooktown – entweder durchs Landesinnere (via Kuranda, Mareeba) oder entlang der Küste (via Port Douglas, Daintree).

V/Line (www.vline.com.au) Ergänzt seine Regionalzüge in Victoria mit eigenen Buslinien.

Preise

Typische Preisbeispiele für beliebte Ostküstenrouten (jeweils einfache Strecke ohne Ermäßigung):

STRECKE	PREIS (AU$)	DAUER (STD.)
Brisbane–Airlie Beach	247	20
Brisbane–Airlie Beach	344	32

STRECKE	PREIS (AU$)	DAUER (STD.)
Melbourne–Canberra	88	8
Melbourne–Sydney	133	12
Sydney–Brisbane	188	17
Sydney–Byron Bay	157	12
Townsville–Cairns	65	5½

Reservierungen

Für Fahrten im Sommer, während der Schulferien oder an Feiertagen sollten vor allem Fernbustickets stets frühzeitig gebucht werden. Ansonsten sind Sitzplätze auf gewünschten Routen aber recht problemlos zu bekommen.

Inhaber von Buspässen sollten spätestens am Vortag reservieren.

Fahrrad

Die Ostküste ist eine großartige Gegend zum Radfahren. In den meisten Städten gibt es schöne Radwege, und auch auf dem Land findet man etliche geeignete lange Strecken (die nicht zu hügelig sind). Viele Radler nehmen ihre Campingausrüstung mit, aber man kann durchaus auch von Ort zu Ort reisen und in Hostels, Hotels oder Wohnwagenparks übernachten.

Gesetzliche Bestimmungen
Vor Ort besteht Helmpflicht; bei Dunkelheit sind ein weißes Vorderlicht und ein rotes Rücklicht zu benutzen.

Klima Achtung: Der australische Sommer ist mörderisch heiß! Darum immer ausreichend Trinkwasser mitnehmen, Sonnenschutzmittel verwenden, nicht in der Mittagshitze radeln und einen Schutzhelm mit Sonnenschild tragen (bzw. eine Schirmmütze unter dem Helm). Die sogenannten *northerlies* (Sommer-Nordwinde) können Radlern die Reise nach Norden extrem erschweren. Für Victoria und das Landesinnere von NSW empfiehlt sich angemessene Kleidung, da es dort jeweils sehr kalt werden kann.

Infos im Internet

Alle Bundesstaaten bzw. Territorien haben eigene Radfahrorganisationen, die Lokalinfos liefern und den Kontakt zu Tourenclubs herstellen:
Bicycle Network Victoria (www.bicyclenetwork.com.au)
Bicycle NSW (www.bicyclensw.org.au)
Bicycle Queensland (www.bq.org.au)
Pedal Power ACT (www.pedalpower.org.au)

Kaufen

Vor Ort gibt's neue Straßenräder oder Mountainbikes ab ca. 600 AU$. Mit aller nötigen Ausrüstung für unterwegs (z. B. Schutzhelm, Beleuchtung, Gepäcktaschen) ist man jedoch schnell bei mindestens 1700 AU$.

Um die Drahtesel nach der Tour zu verkaufen oder sich davor einen gebrauchten zuzulegen, empfehlen sich beispielsweise Schwarze Bretter in Hostels. Weitere Optionen sind Online-Plattformen wie Trading Post (www.tradingpost.com.au), Gumtree (www.gumtree.com.au) oder Bike Exchange (www.bikeexchange.com.au).

Leihen

Bei den meisten Verleihern stehen Straßenräder und Mountainbikes zur Auswahl (10–15 AU$/Std. bzw. 25–50 AU$/Tag). Die Kaution (50–200 AU$) variiert abhängig von der Mietdauer.

Flugzeug

Viele große und kleine Fluglinien bedienen regelmäßig Australiens Ostküste.
Hinterland Aviation (www.hinterlandaviation.com.au) Flüge zwischen Cairns und Cooktown.
Jetgo (www.jetgo.com) Verbindet den Essendon Airport in Melbournes nördlichen Vororten mit Brisbane und Port Macquarie und fliegt zwischen der Gold Coast, Rockhampton und Townsville.
Jetstar (www.jetstar.com.au) Qantas-Billigtochter mit großem Liniennetz.
Qantas (www.qantas.com.au) Australischer Marktführer mit großem Liniennetz.
Regional Express (www.regionalexpress.com.au) Verbindet Melbourne, Sydney, Brisbane, Cairns und Townsville mit kleinen Regionalflughäfen.
Skytrans (www.skytrans.com.au) Bedient das nördliche Queensland und die Torres Strait Islands; fliegt auch ab Cairns zu ungewöhnlichen Zielen (z. B. nach Bamaga an Australiens Nordspitze).
Tiger Airways (www.tigerair.com) Billigtochter von Singapore Airlines; steuert viele Ostküstenziele von Melbourne bis Cairns an.
Virgin Australia (www.virginaustralia.com.au) Landesweite Inlandsflüge.

Nahverkehr

Brisbane, Melbourne und Sydney haben Nahverkehrsnetze mit Bussen, Zügen, Fähren und/oder Straßenbahnen. Stadtbusse und Taxis gibt's auch in größeren Regionalzentren.

Die neue Straßenbahnlinie G:link (Gold Coast Light Rail; www.goldlinq.com.au; 13 km, 16 Stationen) zwischen Southport und Broadbeach ist nunmehr in Betrieb.

Trampen & Mitfahrzentralen

Trampen ist nirgendwo auf der Welt wirklich sicher und wird von Lonely Planet auch nicht empfohlen. Wer dennoch per Anhalter reisen will, sollte sich stets bewusst sein, dass er damit ein kleines, aber potenziell ernstes Risiko eingeht. Man sollte gemeinsam mit einer weiteren Person trampen und immer einen vertrauenswürdigen Dritten über die geplante Route informieren.

Mitfahrzentralen sind eine gute Option, um die Umwelt zu schonen und Kosten zu sparen. Doch wie beim Trampen bestehen auch in diesem Fall gewisse Risiken. Daher sollte man sich mit dem Chauffeur und den Mitreisenden an einem öffentlichen Ort treffen und im Zweifelsfall sofort auf die Fahrt verzichten! Mitfahrgelegenheiten lassen sich z. B. gut über die Schwarzen Bretter von Hostels oder über folgende Online-Plattformen finden:

Catch a Lift (www.catchalift.com)

Coseats (www.coseats.com)

HopHop Ride (www.hophopride.com.au)

Share Ur Ride (www.shareurride.com.au)

Schiff/Fähre

Mangels Linienfähren kann man an Australiens Ostküste nur per Privatjacht entlangschippern. Für die Recherche nach solchen Mitfahrgelegenheiten empfehlen sich die Jachthäfen bzw. Segelclubs von Coffs Harbour, Great Keppel Island, Airlie Beach, Sydney, Cairns und den Whitsundays.

Zug

Züge sind eine komfortable Option für Kurz- oder Langstreckentrips entlang der Ostküste. Im Vergleich zu Busreisen sind Bahnfahrten

jedoch etwas teurer und dauern mitunter ein paar Stunden länger.

Alle Bundesstaaten haben eigene Bahngesellschaften (teils mit Verbindungen in Nachbarstaaten):

NSW TrainLink (☎13 22 32; www.nswtrainlink.info) Schickt Züge von Sydney südwärts nach Canberra und Melbourne sowie gen Norden entlang der Küste nach Brisbane (jedoch nicht nach Byron Bay).

Queensland Rail Travel (☎1300 131 722; www.queenslandrailtravel.com.au) Verbindet Brisbane mit der Gold Coast und der Sunshine Coast; bedient zudem Cairns (inkl. Nebenstrecken nach Charleville, Mt. Isa und Longreach).

Sydney Trains (☎13 15 00; www.sydneytrains.info) Verbindet Sydney mit den Blue Mountains, der South Coast und der Central Coast.

V/Line (☎1800 800 007; www.vline.com.au) Verbindet Victoria mit NSW, South Australia und dem ACT.

Preise

Kinder, Studenten und Backpacker bekommen generell Ermäßigung auf Standardpreise. Falls es die Reisekasse zulässt, empfiehlt sich eine Schlafwagenkabine: Es ist zumeist nicht sonderlich angenehm, aufrecht und von schnarchenden Mitpassagieren umgeben auf einem normalen Sitz zu schlafen. Wichtig: Bei vergünstigten Tickets gibt's zumeist keine Rückerstattung; auch Zugwechsel sind nicht erlaubt. Beispiele für beliebte Routen:

Brisbane–Cairns Erw./Kind in Großraumwagen ab

369/185 AU$, in Einzelabteil ab 519/311 AU$

Sydney–Brisbane Erw./Kind in Großraumwagen 92/46 AU$, in Einzelabteil 216/180 AU$

Sydney–Canberra Erw./Kind in Großraumwagen 40/20 AU$

Sydney–Melbourne Erw./Kind in Großraumwagen 92/46 AU$, in Einzelabteil 216/180 AU$.

Reservierungen

Für Reisen während der Schulferien oder an gesetzlichen Feiertagen und an Wochenenden empfiehlt sich eine rechtzeitige Reservierung (idealerweise eine bis zwei Wochen im Voraus). Bei vielen Sparangeboten ist dies sogar obligatorisch.

Zugpässe

Das Streckennetz an der Ostküste ist recht gut, und Zugpässe können mitunter praktisch sein:

Discovery Pass (14 Tage 232 AU$, 1/3/6 Monate 275/298/420 AU$) Erlaubt die unbegrenzte Nutzung (inkl. beliebiger Zwischenstopps) der Regionalzüge und -busse von NSW TrainLink; gilt zusätzlich für Fahrten nach Melbourne, Brisbane und Canberra. Die einzelnen Reiseabschnitte sind vorab zu reservieren.

Queensland Coastal Pass (1/2 Monate 209/289 AU$; nur für ausländische Besucher) Ermöglicht Reisen in einfacher Richtung mit den wichtigsten Zügen von Queensland Rail Travel zwischen Gold Coast und Cairns.

Queensland Explorer Pass (1/2 Monate 299/389 AU$; nur für ausländische Besucher) Gestattet die beliebige Nutzung aller Züge von Queensland Rail Travel.

Sprache

Briten, Amerikaner, Australier und Neu-seeländer, deutsche Geschäftsleute und norwegische Wissenschaftler, der indische Verwaltungsbeamte und die Hausfrau in Kapstadt – fast jeder scheint Englisch zu sprechen. Und wirklich: Englisch ist die am weitesten verbreitete Sprache der Welt (wenn's auch nur den zweiten Platz für die am meisten gesprochene Muttersprache gibt – Chinesisch ist die Nr. 1).

Logisch, dass es bei einer solchen Verbrei-tung nicht *das* Englische gibt, sondern viel-mehr eine Unmenge von lokalen Eigenheiten in der Aussprache und im Wortschatz. Ein texanischer Ranger wird also wahrschein-lich seine Schwierigkeiten haben, einen australischen Jugendlichen aus Sydney zu verstehen.

Hier folgen nur die wichtigsten Begriffe und Wendungen, um sich in Australien durch-schlagen zu können – Fortgeschrittene wer-fen für den letzten Schliff noch einen Blick ins Glossar auf S. 571, wo typische Aussi-Ausdrü-cke aufgelistet sind.

Konversation & Nützliches

Hallo.	*Hello.*
Guten...	*Good...*
Tag	*day*
Tag (nachmittags)	*afternoon*
Morgen	*morning*
Abend	*evening*
Auf Wiedersehen.	*Goodbye.*

NOCH MEHR GEFÄLLIG?

Noch besser kommt man mit dem *Sprachführer Englisch* von Lonely Planet durch Australien. Man findet den Titel unter **http://shop.lonelyplanet.de** und im Buchhandel.

Bis später.	*See you later.*
Tschüss.	*Bye.*
Wie geht es Ihnen/dir?	*How are you?*
Danke, gut.	*Fine. And you?*
Und Ihnen/dir?	*...and you?*
Wie ist Ihr Name?/ Wie heißt du?	*What's your name?*
Mein Name ist...	*My name is...*
Wo kommen Sie her?/ Wo kommst du her?	*Where do you come from?*
Ich komme aus...	*I'm from...*
Wie lange bleiben Sie/ bleibst du hier?	*How long do you stay here?*
Ja.	*Yes.*
Nein.	*No.*
Bitte.	*Please.*
Danke/Vielen Dank.	*Thank you (very much).*
Bitte (sehr).	*You're welcome.*
Entschuldigen Sie,...	*Excuse me,...*
Entschuldigung.	*Sorry.*
Es tut mir leid.	*I'm sorry.*
Verstehen Sie (mich)?	*Do you understand (me)?*
Ich verstehe (nicht).	*I (don't) understand.*
Könnten Sie...?	*Could you please...?*
bitte langsamer sprechen	*speak more slowly*
das bitte wieder-holen	*repeat that*
es bitte aufschreiben	*write it down*

Fragewörter

Wer?	*Who?*
Was?	*What?*

Wo?	*Where?*
Wann?	*When?*
Wie?	*How?*
Warum?	*Why?*
Welcher?	*Which?*
Wie viel/viele?	*How much/many?*

Gesundheit

Wo ist der/die/das nächste ...?
Where's the nearest ...?

Apotheke	*chemist*
Zahnarzt	*dentist*
Arzt	*doctor*
Krankenhaus	*hospital*

Ich brauche einen Arzt.
I need a doctor.

Gibt es in der Nähe eine (Nacht-)Apotheke?
Is there a (night) chemist nearby?

Ich bin krank.	*I'm sick.*
Es tut hier weh.	*It hurts here.*
Ich habe mich übergeben.	*I've been vomiting.*
Ich habe ...	*I have ...*
Durchfall	*diarrhoea*
Fieber	*fever*
Kopfschmerzen	*headache*
(Ich glaube,)	*(I think)*
Ich bin schwanger.	*I'm pregnant.*
Ich bin allergisch ...	*I'm allergic ...*
gegen Antibiotika	*to antibiotics*
gegen Aspirin	*to aspirin*
gegen Penizillin	*to penicillin*

Mit Kindern reisen

Ich brauche ...	*I need a/an ...*
Gibt es ...?	*Is there a/an ...?*
einen Wickelraum	*baby change room*
einen Babysitter	*babysitter*
einen Kindersitz	*booster seat*
eine Kinderkarte	*children's menu*
einen Kinderstuhl	*highchair*
(Einweg-)Windeln	*(disposable) nappies*
ein Töpfchen	*potty*
einen Kinderwagen	*stroller*

Stört es Sie, wenn ich mein Baby hier stille?
Do you mind if I breastfeed here?

NOTFALL

Hilfe!
Help!

Es ist ein Notfall!
It's an emergency!

Rufen Sie die Polizei!
Call the police!

Rufen Sie einen Arzt!
Call a doctor!

Rufen Sie einen Krankenwagen!
Call an ambulance!

Lassen Sie mich in Ruhe!
Leave me alone!

Gehen Sie weg!
Go away!

Sind Kinder zugelassen?
Are children allowed?

Papierkram

Name	*name*
Staatsangehörigkeit	*nationality*
Geburtsdatum	*date of birth*
Geburtsort	*place of birth*
Geschlecht	*sex/gender*
(Reise-)Pass	*passport*
Visum	*visa*

Shoppen & Service

Ich suche ...
I'm looking for ...

Wo ist der/die/das (nächste) ...?
Where's the (nearest) ...?

Wo kann ich ...kaufen?
Where can I buy ...?

Ich möchte ...kaufen.
I'd like to buy ...

Wie viel (kostet das)?
How much (is this)?

Das ist zu viel/zu teuer.
That's too much/too expensive.

Können Sie mit dem Preis heruntergehen?
Can you lower the price?

Ich schaue mich nur um.
I'm just looking.

Haben Sie noch andere?
Do you have any others?

Können Sie ihn/sie/es mir zeigen?
Can I look at it?

mehr	*more*
weniger	*less*
kleiner	*smaller*
größer	*bigger*
Nehmen Sie ...?	*Do you accept ...?*
Kreditkarten	*credit cards*
Reiseschecks	*traveller's cheques*
Ich möchte ...	*I'd like to ...*
Geld umtauschen	*change money*
einen Scheck einlösen	*cash a cheque*
Reiseschecks einlösen	*change traveller's cheques*
Ich suche ...	*I'm looking for ...*
einen Arzt	*a doctor*
eine Bank	*a bank*
die ... Botschaft	*the ... embassy*
einen Geldautomaten	*an ATM*
das Krankenhaus	*the hospital*
den Markt	*the market*
ein öffentliches Telefon	*a public phone*
eine öffentliche Toilette	*a public toilet*
die Polizei	*the police*
das Postamt	*the post office*
die Touristen-information	*the tourist information*
eine Wechselstube	*an exchange office*

Wann macht er/sie/es auf/zu?
What time does it open/close?

Ich möchte eine Telefonkarte kaufen.
I want to buy a phone card.

Wo ist hier ein Internetcafé?
Where's the local Internet cafe?

Ich möchte ...	*I'd like to ...*
ins Internet	*get Internet access*
meine E-Mails checken	*check my email*

Uhrzeit & Datum

Wie spät ist es?	*What time is it?*
Es ist (ein) Uhr.	*It's (one) o'clock.*
Zwanzig nach eins	*Twenty past one*
Halb zwei	*Half past one*
Viertel vor eins	*Quarter to one*

morgens/vormittags	*am*
nachmittags/abends	*pm*
jetzt	*now*
heute	*today*
heute Abend	*tonight*
morgen	*tomorrow*
gestern	*yesterday*
Morgen	*morning*
Nachmittag	*afternoon*
Abend	*evening*
Montag	*Monday*
Dienstag	*Tuesday*
Mittwoch	*Wednesday*
Donnerstag	*Thursday*
Freitag	*Friday*
Samstag	*Saturday*
Sonntag	*Sunday*
Januar	*January*
Februar	*February*
März	*March*
April	*April*
Mai	*May*
Juni	*June*
Juli	*July*
August	*August*
September	*September*
Oktober	*October*
November	*November*
Dezember	*December*

Unterkunft

Wo ist ...?	*Where's a ...?*
eine Pension	*bed and breakfast guesthouse*
ein Campingplatz	*camping ground*
ein Hotel/Gasthof	*hotel*
ein Privatzimmer	*room in a private home*
eine Jugend-herberge	*youth hostel*

Wie ist die Adresse?
What's the address?

Ich möchte bitte ein Zimmer reservieren.
I'd like to book a room, please.

Für (drei) Nächte/Wochen.
For (three) nights/weeks.

EIN ZIMMER RESERVIEREN

(per Brief, Fax oder E-Mail)

An...	To...
Vom...	From...
Datum	Date

Ich möchte reservieren ...
I'd like to book ...

| **auf den Namen...** | in the name of... |
| **vom...bis zum...** | from...to... |

(Bett-/Zimmeroptionen s. Liste Unterkunft)

Kreditkarte	credit card
Nummer	number
gültig bis	expiry date

Bitte bestätigen Sie Verfügbarkeit und Preis.
Please confirm availability and price.

Haben Sie ein...?	Do you have a...room?
Einzelzimmer	single
Doppelzimmer	double
Zweibettzimmer	twin

Wieviel kostet es pro Nacht/Person?
How much is it per night/person?

Kann ich es sehen?
May I see it?

Kann ich ein anderes Zimmer bekommen?
Can I get another room?

Es ist gut, ich nehme es.
It's fine. I'll take it.

Ich reise jetzt ab.
I'm leaving now.

Verkehrsmittel & -Wege

Öffentliche Verkehrsmittel

Wann fährt...ab?
What time does the...leave?

das Boot/Schiff	boat/ship
die Fähre	ferry
der Bus	bus
der Zug	train

Wann fährt der...Bus?
What time's the...bus?

erste	first
letzte	last
nächste	next

Wo ist der nächste U-Bahnhof?
Where's the nearest metro station?

Welcher Bus fährt nach...?
Which bus goes to...?

U-Bahn	metro
(U-)Bahnhof	(metro) station
Straßenbahn	tram
Straßenbahnhaltestelle	tram stop
S-Bahn	suburban (train) line

Eine...nach (Sydney).
A...to (Sydney).

einfache Fahrkarte	one-way ticket
Rückfahrkarte	return ticket
Fahrkarte 1. Klasse	1st-class ticket
Fahrkarte 2. Klasse	2nd-class ticket

Der Zug wurde gestrichen.
The train is cancelled.

Der Zug hat Verspätung.
The train is delayed.

Ist dieser Platz frei?
Is this seat free?

Muss ich umsteigen?
Do I need to change trains?

Sind Sie frei?
Are you free?

Was kostet es bis...?
How much is it to...?

Bitte bringen Sie mich zu (dieser Adresse).
Please take me to (this address).

Private Transportmittel

Wo kann ich ein...mieten?
Where can I hire a/an...?

Ich möchte ein...mieten.
I'd like to hire a/an...

Allradfahrzeug	4WD
Auto	car
Fahrrad	bicycle
Fahrzeug mit Automatik	automatic
Fahrzeug mit Schaltung	manual
Motorrad	motorbike

VERKEHRSSCHILDER

Danger	Gefahr
No Entry	Einfahrt verboten
One-way	Einbahnstraße
Entrance	Einfahrt
Exit	Ausfahrt
Keep Clear	Ausfahrt freihalten
No Parking	Parkverbot
No Stopping	Halteverbot
Toll	Mautstelle
Cycle Path	Radweg
Detour	Umleitung
No Overtaking	Überholverbot

Wieviel kostet es pro Tag/Woche?
How much is it per day/week?

Wo ist eine Tankstelle?
Where's a petrol station?

Benzin	petrol
Diesel	diesel
Bleifreies Benzin	unleaded

Führt diese Straße nach ...?
Does this road go to ...?

Wo muss ich bezahlen?
Where do I pay?

Ich brauche einen Mechaniker.
I need a mechanic.

Das Auto hat eine Panne.
The car has broken down.

Ich habe einen Platten.
I have a flat tyre.

Das Auto/Motorrad springt nicht an.
The car/motorbike won't start.

Ich habe kein Benzin mehr.
I've run out of petrol.

Wegweiser

Können Sie mir bitte helfen?
Could you help me, please?

Ich habe mich verirrt.
I'm lost.

Wo ist (eine Bank)?
Where's (a bank)?

In welcher Richtung ist (eine öffentliche Toilette)?
Which way's (a public toilet)?

Wie kann ich da hinkommen?
How can I get there?

Wie weit ist es?
How far is it?

Können Sie es mir (auf der Karte) zeigen?
Can you show me (on the map)?

links	left
rechts	right
nahe	near
weit weg	far away
hier	here
dort	there
an der Ecke	on the corner
geradeaus	straight ahead
gegenüber ...	opposite ...
neben ...	next to ...
hinter ...	behind ...
vor ...	in front of ...
Norden	north
Süden	south
Osten	east
Westen	west
Biegen Sie ...ab.	Turn ...
links/rechts	left/right
an der nächsten Ecke	at the next corner
bei der Ampel	at the traffic lights

Zahlen

0	zero
1	one
2	two

SCHILDER

Police	Polizei
Police Station	Polizeiwache
Entrance	Eingang
Exit	Ausgang
Open	Offen
Closed	Geschlossen
No Entry	Kein Zutritt
No Smoking	Rauchen verboten
Prohibited	Verboten
Toilets	Toiletten
Men	Herren
Women	Damen

3	three	20	twenty
4	four	21	twentyone
5	five	22	twentytwo
6	six	23	twentythree
7	seven	24	twentyfour
8	eight	25	twentyfive
9	nine	30	thirty
10	ten	40	fourty
11	eleven	50	fifty
12	twelve	60	sixty
13	thirteen	70	seventy
14	fourteen	80	eigthy
15	fifteen	90	ninety
16	sixteen	100	hundred
17	seventeen	1000	thousand
18	eighteen	2000	two thousand
19	nineteen	100 000	hundred thousand

GLOSSAR

Jeder, der meint, Australisch *(Strine)* sei nur eine etwas seltsam klingende Variante des Englischen, wird überrascht sein: Die australische Umgangssprache ist ein merkwürdiges Labyrinth, in dem man schnell den Faden verliert. Einige Wörter haben eine völlig andere Bedeutung als in den übrigen englischsprachigen Ländern. Häufig benutzte Wörter werden zumeist bis zur Unkenntlichkeit abgekürzt, andere leiten sich aus der Sprache der Ureinwohner oder der frühen Siedler ab.

Wer als Aussie durchgehen will, sollte Folgendes versuchen: nasal sprechen, alle Wörter auf höchstens zwei Silben verkürzen, an jedes Wortende einen Vokal hängen, wo immer es geht Verniedlichungsformen verwenden und jeden Satz mit einem Kraftausdruck garnieren.

Der englischsprachige Lonely Planet Band *Australian Phrasebook* gibt eine Einführung ins australische Englisch und in einige Sprachen der Aborigines. Die folgende Liste könnte auch hilfreich sein.

4WD – Wagen mit Allradantrieb

ACT – Australian Capital Territory

Akubra hat – Hut der australischen Buschmänner; heute häufiger auf dem Kopf deutscher Rentner auf Urlaub zu sehen

ALP – Australian Labor Party

Anzac – Australian and New Zealand Army Corps

Aussie rules – Australian Rules Football; eine Variante des Rugby; das Team besteht aus 18 Spielern

award wage – Mindestlohn

Banana Bender – Einwohner Queenslands

bastard – allgemeine Form der Anrede mit unterschiedlicher Bedeutung: Sie drückt Lob oder Respekt aus (z. B. „He's the bravest bastard I know!" – „Er ist der tapferste Kerl, den ich kenne!"), kann aber auch beleidigend sein (z. B. „You bastard!" – „Du Idiot!"). Wer sich nicht sicher ist, ob der Ausdruck passt, sollte ihn eher vermeiden.

bathers – Badebekleidung (in Victoria)

B&B – Bed and Breakfast

BBQ – Barbecue

bêche-de-mer – Seegurke

bevan – s. *bogan* (in Queensland)

billabong – Wasserloch in einem Flussbett während der Trockenzeit

billy – Blechkessel zum Wasserkochen im *bush*

bitumen – Asphaltstraße

bogan – sehr einfach gestrickter Mensch

bombora – „bommie"; separates küstennahes Riff

boogie board – kleines Surfbrett

boom netting – Passagiere werden in einem Netz am Bug oder Heck eines Bootes durch die Brandung gezogen

boomerang – Bumerang

booner – s. *bogan* (im ACT)

bora ring – ein kreisförmiger, von aufgehäufter Erde begrenzter Bereich, dient den Aborigines zu zeremoniellen Zwecken; hauptsächlich in NSW und im Südosten Queenslands zu finden

bottle shop – Getränkeladen, Wein- und Spirituosenhandlung

box jellyfish – eine tödliche Quallenart; auch *sea wasp, box jelly, sea jelly, stinger*

brekky – Frühstück

budgie smuggler – kleine, enge Männerbadehose

bug – *Moreton Bay/Balmain bug*; essbarer, kleiner Krebs

bunyip – mythisches Tier oder Wesen im *bush*

bush, the – Land voller Bäume und Sträucher; alles, was sich außerhalb der Stadt befindet

bush tucker – einheimische Nahrung, die man im *outback* findet

bushranger – das australische Äquivalent zu den Gesetzlosen des amerikanischen Wilden Westens

BYO – „Bring your own"; Restaurant, bei dem Gäste ihren *grog* selbst mitbringen

camp-o-tel – ein Zelt mit Betten und Beleuchtung

chook – Huhn

Cockroaches – Australier in und um Sydney

counter meal – Essen in der Kneipe, wird meist an der Theke verspeist

cozzie – Badebekleidung (in NSW)

cuppa – „cup of"; eine Tasse Tee, Kaffee o. Ä.

dag – schmutziger Wollklumpen am Hintern eines Schafs; nett gemeintes Schimpfwort für jemanden, der sich nicht an gesellschaftliche Konventionen hält

damper – Buschbrot aus Wasser und Mehl, oft in einem *camp oven* gebacken

DEET – Permethrinhaltiges Insektenschutzmittel

didjeridu (didgeridoo), didj – Blasinstrument aus einem hohlen Holzstück; traditionelles Instrument der Aborigines

donga – kleine, mobile Hütte, oft im *outback* verwendet

Dreamtime – Traumzeit; Grundlage des Glaubens der Aborigines: Geisterwesen erschufen die Welt und leben als ewige Kräfte fort; der Begriff „Dreaming" wird alternativ benutzt, da er keine Verbindung zur „Zeit" herstellt

Dry, the – Trockenzeit im nördlichen Australien (April–Okt.)

dunny – Freilufttoilette

Eftpos – *Electronic Funds Transfer at Point of Sale* (Geldkarte, mit der man bargeldlos die Rechnungen für Einkäufe und Dienstleistungen begleichen kann)

EPA – *Environmental Protection Agency* (Umweltschutzbehörde; in QLD QPWS)

Esky – große Kühltasche für Essen und Getränke

flake – Haifleisch; oft in Fish-&-Chips-Läden erhältlich

freshie – Süßwasserkrokodil (harmlos, es sei denn, man provoziert es); neue Bier-*tinny*

galah – lauter Papagei; nerviger Idiot

grog – allgemein für alkoholische Getränke

gum tree – Eukalyptusbaum

jackaroo – männlicher Trainee in einer *outback station*

jillaroo – weiblicher Trainee in einer *outback station*

jumper – Sweatshirt; Pulli

Koorie – Aborigines aus Südostaustralien; in NSW *Koori*; s. auch *Murri*

lamington – quadratischer Biskuitkuchen mit Schokoguss und Kokosraspeln

larrikin – Rowdy, Jugendlicher mit Blödsinn im Kopf

lay-by – in einem Laden für einen Kunden Zurückgelegtes

live-aboard – Tauchsafari mit Übernachtungsoptionen

long black – doppelter Espresso

mal – Abkürzung für „Malibu surfboard"

mangrove – ein in Küstennähe zu findender Baum, der in Salzwasser wächst

mate – gebräuchliche familiäre Anrede

Mexicans – Leute aus Victoria

middy – kleines Glas Bier (285 ml), NSW; s. auch *pot*

milk bar – kleiner Laden, der Milch und andere Grundnahrungsmittel verkauft

Mod Oz – moderne australische Küche, die von vielen ausländischen Stilen beeinflusst wird, aber alles mit einer regionalen Note versetzt

mozzies – Mücken

Murri – Aborigines aus Australiens Nordosten; s. auch *Koorie*

NRMA – *National Roads and Motorists Association* (Automobilclub von NSW)

NSW – New South Wales

outback – einsame Gegend im *bush*

paddock – Viehweide

PADI – *Professional Association of Diving Instructors* (international anerkannte Organisation für Tauchkurse)

piss – Bier

pokies – Spielautomaten

pot – Glas Bier (in Victoria und Queensland); s. auch *middy*

QPWS – *Queensland Parks & Wildlife Service* (s. *EPA*)

Queenslander – Holzhaus auf Stelzen und mit großer Veranda

RACQ – *Royal Automobile Club of Queensland*

RACV – *Royal Automobile Club of Victoria*

rashie – *rash-vest* (UV-beständiges enges Oberteil für Surfer)

road train – Sattelschlepper mit mehreren Anhängern

RSL – *Returned Servicemen's League* (Bund australischer Veteranen) bzw. das Vereinshaus, das vom Bund betrieben wird

saltie – Salzwasserkrokodil; auch *estuarine crocodile*; s. auch *freshie*

scar tree – ein Baum, von dem die Rinde entfernt wurde, um daraus Kanus, Geschirr usw. herzustellen

schoolies – ein paar Wochen Ende November/Anfang Dezember, in denen australische Teenager ihren Abschluss in Massen am Strand feiern und sich hemmungslos betrinken

schooner – großes Glas Bier (in New South Wales)

scrub – *bush*; Bäume, Sträucher und andere Pflanzen, die in einem trockenen Gebiet wachsen

sea wasp – Seewespe; s. auch *box jellyfish*

sealed road – befestigte Straße; s. auch *bitumen*

Session – eine lange Zeitspanne intensiven Trinkens

shout – eine Runde Bier ausgeben („Your shout!")

SLSC – *Surf Life Saving Club*; ein Ableger der *Surf Life Saving Association*

station – große Farm

stinger – tödliche Qualle; s. auch *box jellyfish*

Stolen Generations – Kinder von Aborigines und Torres Straiters, die während der Assimilationspolitik der Regierung von ihren Familien getrennt wurden

stubby – 375-ml-Flasche Bier

Surf Life Saving Association – Organisation, die für den Wasserschutz und Rettung von Menschenleben zuständig ist und hauptsächlich von Freiwilligen betrieben wird

surf 'n' turf – ein Steak, das mit Meeresfrüchten garniert wird; meist in Kneipen zu bekommen

swag – Bettrolle zum Übernachten im *outback*; große Menge

swagman – Vagabund (veraltet); umherziehender Arbeiter

terra nullius – die britische Krone legte fest, dass Australien niemandem gehörte, und nahm es für sich selbst in Anspruch

thongs – Flip-Flops

tinny – 375-ml-Bierdose; kleines Beiboot aus Alu

tucker – Essen

veggie – Gemüse; Vegetarier

walkabout – lange, einsame Wanderung

wattle – australische Akazienart mit haarigen gelben Blüten

Wet, the – Regensaison im Norden (Nov.–März)

yabbie – kleiner Süßwasserkrebs

yum cha – klassisches chinesisches Festessen im Süden

Hinter den Kulissen

....

WIR FREUEN UNS ÜBER EIN FEEDBACK

Post von Travellern zu bekommen, ist für uns ungemein hilfreich – Kritik und Anregungen halten uns auf dem Laufenden und helfen, unsere Bücher zu verbessern. Unser reiseerfahrenes Team liest alle Zuschriften ganz genau, um zu erfahren, was an unseren Reiseführern gut und was schlecht ist. Wir können solche Post zwar nicht individuell beantworten, aber jedes Feedback wird garantiert schnurstracks an die jeweiligen Autoren weitergeleitet, rechtzeitig vor der nächsten Nachauflage.

Wer Ideen, Erfahrungen und Korrekturhinweise zum Reiseführer mitteilen möchte, hat die Möglichkeit dazu auf **www.lonelyplanet.com/contact/guidebook_feedback/new**. Anmerkungen speziell zur deutschen Ausgabe erreichen uns über **www.lonelyplanet.de/kontakt**.

Hinweis: Da wir Beiträge möglicherweise in Lonely Planet Produkten (Reiseführer, Websites, digitale Medien) veröffentlichen, ggf. auch in gekürzter Form, bitten wir um Mitteilung, falls ein Kommentar nicht veröffentlicht oder ein Name nicht genannt werden soll. Wer Näheres über unsere Datenschutzpolitik wissen will, erfährt das unter www.lonelyplanet.com/privacy.

....

DANK VON LONELY PLANET

Vielen Dank an alle Reisenden, die mit der letzten Auflage unterwegs waren und uns hilfreiche Tipps sowie interessante Anekdoten geschickt haben: Chris Senior, Helen Snazell, Jack and Deidre Evans, Jane Edwards, Jenny Williams, Jerry Palmer, Kay Blaha, Nadine Kleeman, Sain Alizada, Sebastian Hochradner, Sergio Estevao, Steve Walker

DANK DER AUTOREN

Andy Symington

Als verlorener Sohn, der für das Projekt zurück nach Sydney kam, war ich auf den Rat und die Hilfe vieler Freunde angewiesen, um auf den aktuellen Stand zu kommen, was hier vor sich geht. Dafür kann ich mich gar nicht genug bedanken! Auch die Touristenzentren in der Region waren eine große Hilfe. Besonderer Dank gilt Stephen Freiberg, Kate McGuinness, Hugh O'Keefe, Ben Hamilton, Matthew Beech, Iain und Amanda Ashley, Tasmin Waby und dem Lonely Planet-Team – sowie, wie immer, meiner Familie.

Kate Armstrong

Ein besonderes Dankeschön geht an Jacqui Loftus-Hills von Visit Victoria, Wendy Jones von Goulburn River Valley Tourism, Sue Couttie von Tourism Northeast, Marie Glasson, die Stadträtin von Greater Shepparton, und Fran Martin vom Visitor Information Centre in Echuca. Schließlich danke ich meinen lieben Freunden Sue Mulligan, Lou Bull und Emmo!

Cristian Bonetto

Vor allem möchte ich mich bei Drew Westbrook für seine Gastfreundschaft und Großzügigkeit bedanken. Herzlichen Dank auch an Craig Bradbery, Tim Crabtree, Amy Ratcliffe, Leanne Layfield, Terese Finegan, Michael Flocke, Simon Betteridge, Annabel Sullivan, Garry Judd und all die vielen Einheimischen, die mich unterwegs an ihrem Wissen teilhaben ließen. Bei Lonely Planet gilt Tasmin Waby ein großes Dankeschön für ihre Unterstützung und Ermutigung.

Peter Dragicevich

Die Recherche zu diesem Reiseführer war ein absolutes Vergnügen, vor allem wegen der wunderbaren Gesellschaft, die ich unterwegs hatte. Mein besonderer Dank geht an Braith Bamkin, Peter van Gaalen, Marg Toohey und Jo Stafford für ihre hilfreiche Unterstützung in Melbourne sowie an David Mills und Barry Sawtell für die Canberra-Morrissey-Safari. Ein „Prost" all den lieben Menschen, die mit mir unterwegs Speis und Trank geteilt haben, vor allem Errol Hunt, Kim Shearman, Cristian Bonetto und Maryanne Netto.

ÜBER DIESES BUCH

Dies ist die 4. deutschsprachige Auflage von *Australien Ostküste*, basierend auf der mittlerweile 6. englischsprachigen Auflage von *East Coast Australia*, das von Andy Symington, Kate Armstrong, Cristian Bonetto, Peter Dragicevich, Paul Harding, Trent Holden, Kate Morgan, Charles Rawlings-Way, Tamara Sheward, Tom Spurling und Donna Wheeler recherchiert und geschrieben wurde. Die vorangegangene Auflage wurde von Charles Rawlings-

Way koordiniert. Dieser Reiseführer wurde mit folgenden Mitarbeitern produziert:

Projektredakteurin
Tasmin Waby

Produktredakteure Jessica Ryan, Catherine Naghten

Leitende Kartografin
Julie Sheridan

Layoutdesign
Nicholas Colicchia

Redaktionsassistenz
Andrew Bain, Sarah Bailey, Imogen Bannister, Michelle Bennett, Laura Crawford, Melanie Dankel, Andrea Dobbin, Gabrielle Innes, Ali Lemer, Jodie Martire, Rosie

Nicholson, Lauren O'Connell, Charlotte Orr, Susan Paterson, Chris Pitts, Gabrielle Stefanos, Saralinda Turner, Simon Williamson

Kartografin
Rachel Imeson

Umschlagrecherche
Campbell McKenzie

Dank an Jennifer Carey, Heather Champion, Daniel Corbett, Megan Eaves, Sandie Kestell, Claire Naylor, Karyn Noble, MaSovaida Morgan, Lauren O'Connell, Rachel Rawling, Vicky Smith, Angela Tinson, Maureen Wheller, Clifton Wilkinson

Paul Harding

Ich danke allen Travellern und Einheimischen, die mir auf meiner Reise durch die abgelegensten Winkel von Queensland mit Rat und Tat zur Seite gestanden haben, vor allem den hilfsbereiten Leuten, die mir in Eliot Falls bei dem Ärger mit meinem fahrbaren Untersatz geholfen haben. Danke an Tamara für Kaffee und einen Schwatz in Cairns und an Tasmin bei Lonely Planet. Aber am meisten möchte ich mich bei Hannah und Layla bedanken... einfach dafür, dass es sie gibt.

Trent Holden

Zunächst ganz lieben Dank an Tasmin Waby für den Auftrag, den Großteil des Regionenkapitels „Victoria" zu aktualisieren. Es ist mir eine absolute Ehre, über meinen Heimatstaat berichten zu dürfen. Ich bin immer noch von den Socken, wie viel cooles Zeug es hier zu besuchen gibt. Vielen Dank an alle Besucherzentren des Staates, in denen fantastische Teams von Freiwilligen einen sensationellen Job machen. Danke auch an alle, die Zeit für eine Plauderei hatten und die mir dabei geholfen haben, diese neue Ausgabe zusammenzustellen. Wie immer gilt meine ganze Liebe meiner Familie, vor allem meiner Partnerin Kate, die mir dieses Mal die große Freude bereitete, mich auf dieser Reise zu begleiten.

Kate Morgan

Mein Dank gilt meiner Redakteurin Tasmin Waby für die Gelegenheit, mich durch die besten Viertel Melbournes zu futtern und zu trinken! Vielen Dank an Caro Cooper für die tolle Anregungen und dafür, dass wir gelegentlich einen gemeinsamen Drink nehmen. Schließlich gilt mein Dank auch meinem Partner Trent für all seine Hilfe und Unterstützung.

Charles Rawlings-Way

Ein großes Dankeschön an Tasmin für den Job! Vielen Dank auch an all den hilfsbereiten Seelen, die ich unterwegs getroffen habe, und an meine

Freunde, die ich auf meiner Reise endlich wiedersehen durfte und die all meine Fragen mit größter Leichtigkeit beantwortet haben. Mein größter Dank gilt Meg, die unser zunehmend chaotischeres Zuhause beisammen gehalten hat, während ich im Sonnenschein herumtollte („Wo ist Papa?"), und die dafür sorgte, dass Ione, Remy Liv und Reuben geschult, gefüttert, gegossen und ins Bett gebracht wurden... mitsamt Gute-Nacht-Geschichte!

Tamara Sheward

Eine verschwitzte Cairns-Umarmung und ein herzliches Dankeschön meinen Freunden, meiner Familie, den Experten vor Ort und den Zufallsbekanntschaften, die mir geholfen haben, immer tiefer in die Wunder meiner Heimatstadt und ihrer Umgebung einzutauchen. Es immer ein Aha-Erlebnis, den eigenen Hinterhof mit den Augen eines Travellers/Reiseschriftstellers (neu) zu entdecken. Bei Lonely Planet möchte ich mich ausdrücklich bei Tasmin Waby für den Auftrag und die unablässige Unterstützung bedanken; gleiches gilt auch für Paul Harding, meinen Co-Autoren bei dem Kapitel. Die größten Kokosnüsse gehen wie immer an meinen Lieblings-FNQler – meine verrückten Krokodile Dušan und Mascha.

Tom Spurling

Danke, Goose, weil Du auf dem Weg nach Rockhampton ein guter Beifahrer warst – und dafür, dass Du mich zum Joggen gebracht hast. Danke an Lucy dafür, dass Du auf dem Rücksitz geschlafen und kein Interesse an kryptischen Kreuzworträtseln gezeigt hast. Danke den Angestellten der Bar in Ravenswood, weil sie mich daran erinnert haben, warum ich diesen Job überhaupt wollte. Danke den Whitsundays dafür, dass es sie gibt. Danke an Town of 1770 für all die vielen Dinner-Partys („Eine Zahl? Ernsthaft?"). Danke an meine Kinder, weil sie mich nicht sonderlich vermisst haben (das werde ich euch beiden nie vergessen, O. und P.).

Donna Wheeler

Meine Liebe und meine Dankbarkeit gilt Juliette Claire für ihre Inspiration und ihr unfassbares Wissen über ihre Heimat. Danke an die Ex-Einheimischen Peter Maclaine und Debbie Wheeler, vor allem für Petes Surf-Kenntnisse. Danke an Harry in Broadbeach, an die Fallschirmspringer von Byron und an Amanda und Simon in Brunswick Heads für ihre tollen Einblicke ins Gastgewerbe. Vielen Dank an Nic Wrathall für die Gesellschaft während einiger langer Tage voller Recherche. Vielen Dank auch an Brigid Healy, Andrew King, Kate Dale und Darryn Devlin für den liebevollen Empfang in Sydney.

Schließlich möchte ich mich außerdem noch bei Joe Guario bedanken. Für einfach alles.

QUELLENNACHWEIS

Die Daten für die Klimakarten stammen von Peel MC, Finlayson BL & McMahon TA (2007), *Updated World Map of the Köppen-Geiger Climate Classification*, Hydrology and Earth System Sciences, Ausgabe 11, 163344.

Titelfoto: Surfen in der Nähe von Noosa, Queensland, Nick Rains/Getty Images ©

Register

Kartenlegende

Sehenswertes

- Strand
- Vogelschutzgebiet
- buddhistisch
- Schloss/Palast
- christlich
- konfuzianisch
- hinduistisch
- islamisch
- jainistisch
- jüdisch
- Denkmal
- Museum/Galerie/historisches Gebäude
- Ruine
- Sento-Bad/Onsen
- schintoistisch
- sikhistisch
- taoistisch
- Weingut/Weinberg
- Zoo/Tierschutzgebiet
- andere Sehenswürdigkeit

Aktivitäten, Kurse & Touren

- bodysurfen
- tauchen
- Kanu/Kajak fahren
- Kurs/Tour
- Ski fahren
- schnorcheln
- surfen
- Schwimmbecken
- wandern
- windsurfen
- andere Aktivität

Schlafen

- Unterkunft
- Camping

Essen

- Lokal

Ausgehen & Nachtleben

- Bar/Kneipe
- Café

Unterhaltung

- Unterhaltung

Shoppen

- Shoppen

Praktisches

- Bank
- Botschaft/Konsulat
- Krankenhaus/Arzt
- Internetzugang
- Polizei
- Post
- Telefon
- Toilette
- Touristeninformation
- andere Einrichtung

Geografisches

- Strand
- Hütte/Unterstand
- Leuchtturm
- Aussichtspunkt
- Berg/Vulkan
- Oase
- Park
- Pass
- Picknickplatz
- Wasserfall

Städte

- Hauptstadt (Staat)
- Hauptstadt (Bundesland/Provinz)
- Großstadt
- Kleinstadt/Ort

Verkehrsmittel

- Flughafen
- BART-Station
- Grenzübergang
- T-Station (Boston)
- Bus
- Seilbahn/Gondelbahn
- Fahrrad
- Fähre
- Metro/Muni-Station
- Einschienenbahn
- Parkplatz
- Tankstelle
- U-Bahn/SkyTrain-Station
- Taxi
- Bahnhof/Zug
- Straßenbahn
- U-Bahnhof
- anderes Verkehrsmittel

Achtung: Nicht alle der abgebildeten Symbole werden auf den Karten im Buch verwendet

Verkehrswege

- Mautstraße
- Autobahn
- Hauptstraße
- Landstraße
- Verbindungsstraße
- sonstige Straße
- unbefestigte Straße
- Straße im Bau
- Platz/Promenade
- Treppe
- Tunnel
- Fußgänger-Überführung
- Stadtspaziergang
- Abstecher (Stadtspaziergang)
- Pfad/Wanderweg

Grenzen

- Internationale Grenze
- Bundesstaat/Provinz
- umstrittene Grenze
- Region/Vorort
- Meerespark
- Klippen
- Mauer

Gewässer

- Fluss/Bach
- periodischer Fluss
- Kanal
- Wasser
- Trocken-/Salz-/periodischer See
- Riff

Gebietsformen

- Flughafen/Startbahn
- Strand/Wüste
- Friedhof (christlich)
- Friedhof
- Gletscher
- Watt
- Park/Wald
- Sehenswürdigkeit (Gebäude)
- Sportgelände
- Sumpf/Mangrove

DIE AUTOREN

Andy Symington
Sydney & Central Coast, South Coast NSW Andy hat an mehr als 100 Bänden und anderen Updates für Lonely Planet (vor allem über Europa und Lateinamerika) und weitere Verlage geschrieben oder sie bearbeitet, sowie Artikel über zahlreiche Themen für eine Vielzahl von Zeitungen, Magazine und Websites veröffentlicht. Er ist Teilhaber einer Rock-Bar, die er auch betreibt, hat einen Roman geschrieben und arbeitet derzeit an mehreren Romanen und Sachbüchern. Ursprünglich gebürtiger Australier, verschlug es Andy vor vielen Jahren nach Nordspanien. Wenn er nicht mit seinem Rucksack durch irgendeinen abgelegenen Winkel der Welt zieht, fiebert er wahrscheinlich nach einem langen Spaziergang in den Bergen mit seiner bedauerlich wenig erfolgreichen lokalen Fußballmannschaft mit oder testet heimische Weine.

Mehr über Andy gibt's hier:
lonelyplanet.com/profiles/andy_symington

Kate Armstrong
Victoria Kate hat einen Großteil ihres Erwachsenenlebens damit verbracht, um die Welt zu reisen und hat dabei auch gelegentlich hier und da ihre Zelte für einen längeren Zeitraum aufgeschlagen. Als freiberufliche Journalistin hat sie zu rund 40 Lonely Planet Reiseführern und Fachpublikationen beigetragen und veröffentlicht regelmäßig Beiträge in australischen und internationalen Publikationen. Sie ist Autorin mehrerer Bücher und Bildungstitel für Kinder. Im Laufe der Jahre arbeitete Kate in Mosambik, pflückte Trauben in Frankreich und tanzte in einer bolivianischen Folklore-Truppe. Als begeisterte Fotografin, unersättliche Feinschmeckerin und frenetische Festivalbesucherin erkundet sie gerne abgelegene Orte, Restaurants und Theater.

Mehr über Kate gibt's hier:
lonelyplanet.com/profiles/kate_armstrong

Cristian Bonetto
Brisbane, Noosa & Sunshine Coast, Melbourne Cristian hat bislang zu mehr als 30 Lonely Planet Führern beigetragen, darunter New York City, Italien, Venedig & Venetien, Neapel & Amalfiküste, Dänemark, Kopenhagen, Schweden und Singapur. Seine Gedanken zu Reisen, Essen, Kultur und Design sind in zahlreichen Publikationen und Medien auf der ganzen Welt erschienen, u.a. auch im *Telegraph* (UK) und *Corriere del Mezzogiorno* (Italy). Sofern er nicht gerade den Erdball erkundet, schlürft der Dramatiker und TV-Drehbuchautor irgendwo in seiner geliebten Heimatstadt Melbourne einen Espresso.

Peter Dragicevich
Canberra, Melbourne Nach einer erfolgreichen Karriere als Herausgeber kleinerer Zeitungen und Zeitschriften, sowohl in seiner Heimat Neuseeland als auch in Australien, gab Peter schließlich seinem Fernweh nach, kündigte sein altes Leben auf und beschloss, seine vielfältigen Wurzeln in weiten Teilen Europas zu ergründen. In den vergangenen zehn Jahren hat er an Dutzenden von Reiseführern für Lonely Planet mitgeschrieben, die ihn in die unterschiedlichsten Länder geführt haben (und die er alle liebgewonnen hat). Inzwischen nennt er Auckland, Neuseeland, erneut sein Zuhause – obwohl seine nomadischen Neigungen ihn die meiste Zeit woanders hin verschlagen.

Paul Harding
Port Douglas & Daintree Rainforest Paul hat als Schriftsteller und Fotograf im Großteil der vergangenen zwei Jahrzehnte die Welt bereist. Ihn interessieren besonders entlegene und ungewöhnliche Orte, Inseln und Kulturen. Als Autor hat er zu mehr als 50 Lonely Planet Bänden beigetragen, die sich mit so unterschiedlichen Ländern und Regionen wie Indien, Island, Belize, Vanuatu, Iran, Indonesien, Neuseeland, Finnland, den Philippinen und – seiner Heimat – Australien befassen.

Trent Holden

Victoria Der in Geelong, vor den Toren Melbournes, lebende Schriftsteller arbeitet seit 2005 für Lonely Planet. Er hat zu mehr als 30 Reiseführern über Asien, Afrika und Australien beigetragen. Wegen seiner Vorliebe für Megastädte ist Trent sofort am Start, wenn es darum geht, die Hauptstadt einer Nation zu erobern – je chaotischer, desto besser –, um dort coole Bars, Kunst, Streetfood und Underground-Subkultur zu entdecken. Andererseits schreibt er auch gern Reiseführer über idyllische tropische Inseln in ganz Asien und geht zwischendurch auf Safari in afrikanischen und indischen Nationalparks. Sofern er nicht gerade auf Reisen ist, arbeitet Trent als freiberuflicher Redakteur und Rezensent und gibt sein ganzes Geld für Live-Auftritte aus.

Kate Morgan

Melbourne In den inzwischen mehr als zehn Jahren, in denen Kate schon für Lonely Planet arbeitet, ging es für sie als Reiseschriftstellerin zu Zielen wie Schanghai, Japan, Indien, Simbabwe, den Philippinen und Phuket. Zwischendurch hat sie in London, Paris und Osaka gewohnt, lebt heute aber an einem ihrer Lieblingsorte – in Victoria, Australien. Wenn sie nicht gerade um die Welt reist und darüber schreibt, genießt Kate ihren Schreibtisch, an dem sie als freie Redakteurin arbeitet.

Charles Rawlings-Way

Reiseplanung, Die Ostküste verstehen Charles ist ein erfahrener Reiseschriftsteller, der für Lonely Planet rund 30 Titel geschrieben hat, darunter Reiseführer über Singapur, Toronto, Sydney, Tasmanien, Neuseeland, den Südpazifik und Australien, sowie zahlreiche Artikel. Nachdem er sich einige Jahre lang mit Architektur, Kartografie, Projektmanagement und Straßenmusik beschäftigt hatte, zog es Charles 2005 in die weite Welt, die er seither unablässig durchstreift.

Tamara Sheward

Cairns & Umgebung Nach Jahren des freiberuflichen Reiseschreibens, des Rock'n'Roll-Journalismus und des ungesunden Autorendaseins, ergriff Tamara 2009 die Chance, sich Lonely Planet anzuschließen. Seitdem arbeitete sie an Reiseführern zu einem unvereinbaren Durcheinander von Ländern wie Montenegro, Australien, Serbien, Russland, Samoa, Bulgarien und Fidschi. Sie hat eine Vielzahl von Reiseartikeln für die BBC, The Independent, Sydney Morning Herald usw. verfasst und zudem als Dokumentationsmoderatorin für Lonely Planet TV, Nat Geo und Al-Jazeera vor der Kamera gestanden. Tamara hat ihre Basis im fernen Norden Australiens, aber wahrscheinlich findet man sie eher anderswo, in der einen Hand ein zerfleddertes Notizbuch und an der anderen das wohl am weitesten gereiste Kleinkind der Welt.

Tom Spurling

Küste von Queensland Tom ist ein australischer Autor von Lonely Planet Reiseführern und High-School-Lehrer, der derzeit in Hongkong lebt. Er hat an 13 Lonely Planet Titeln mitgearbeitet, darunter an Bänden zu Japan, China, Mittelamerika, der Türkei, Indien, Südafrika und Australien. Wenn er nicht gerade durch die Gegend hetzt, sitzt er auch mal mit gekreuzten Beinen still – für die eine oder andere Minute.

Donna Wheeler

Gold Coast, Nördliches NSW Donna schreibt seit 10 Jahren Reiseführer für Lonely Planet und hat an Bänden wie Italien, Norwegen, Belgien, Afrika, Tunesien, Algerien, Frankreich, Österreich und Melbourne mitgearbeitet. Sie ist die Autorin von Paris Precincts, einem kuratierten fotografischen Führer zu den besten Bars, Restaurants und Läden der Stadt, und ist Reporterin des italienischen Verlages für zeitgenössische Kunst, My Art Guides. Donnas Arbeiten zu zeitgenössischer Kunst, Architektur und Design, zu Essen, Wein, Wildnis und Kulturgeschichte wurden darüber hinaus in einer Vielzahl weiterer Publikationen veröffentlicht.

Mehr über Donna gibt's hier:
lonelyplanet.com/profiles/ donnawheeler

DIE LONELY PLANET STORY

Ein ziemlich mitgenommenes, altes Auto, ein paar Dollar in der Tasche und eine Vorliebe für Abenteuer – 1972 war das alles, was Tony und Maureen Wheeler für die Reise ihres Lebens brauchten, die sie durch Europa und Asien bis nach Australien führte. Die Tour dauerte einige Monate, und am Ende saßen die beiden – pleite, aber voller Inspiration – an ihrem Küchentisch und schrieben ihren ersten Reiseführer *Across Asia on the Cheap*. Innerhalb einer Woche hatten sie 1500 Exemplare verkauft. Lonely Planet war geboren.

Heute hat der Verlag Büros in Melbourne, London und Oakland und mehr als 600 Mitarbeiter und Autoren. Und alle teilen Tonys Überzeugung: „Ein guter Reiseführer sollte drei Dinge tun: informieren, bilden und unterhalten."

Lonely Planet Global Limited

Unit E, Digital Court,
The Digital Hub,
Rainsford Street,
Dublin 8,
Ireland

Verlag der deutschen Ausgabe:
MAIRDUMONT, Marco-Polo-Str. 1, 73760 Ostfildern,
www.lonelyplanet.de, www.mairdumont.com
lonelyplanet-online@mairdumont.com

Chefredakteurin deutsche Ausgabe: Birgit Borowski

Übersetzung: Berna Ercan, Tobias Ewert, Derek Frey, Karen Gerwig, Marion Gref-Timm, Gabriela Huber Martins, Christina Kagerer, Britt Maaß, Marion Matthäus, Christopher Purrer, Dr. Christian Rochow, Christiane Zender

An früheren Auflagen haben außerdem mitgewirkt: Julie Bacher, Anne Bacmeister, Tobias Büscher, Monika Grabow, Eva Kemper, Laura Leibold, Ute Perchtold, Margit Riedmeier, Petra Sparrer, Erwin Tivig, Katja Weber, Karin Weidlich

Redaktion: Annegret Gellweiler, Frank J. Müller, Olaf Rappold, Julia Wilhelm, Stephanie Ziegler (red.sign, Stuttgart)

Redaktionsassistenz: Helin Dag, Annika Häfner, Sara Kimmich, Sylvia Scheider-Schopf (red.sign, Stuttgart)

Satz: Gerhard Junker, Sylvia Scheider-Schopf (red.sign, Stuttgart)

Australien Ostküste
4. deutsche Auflage Februar 2018, übersetzt von *East Coast Australia*, 6th edition, November 2017,
Lonely Planet Global Limited

Deutsche Ausgabe © Lonely Planet Global Limited, Februar 2018

Fotos © wie angegeben 2017

Printed in Poland

Obwohl die Autoren und Lonely Planet alle Anstrengungen bei der Recherche und bei der Produktion dieses Reiseführers unternommen haben, können wir keine Garantie für die Richtigkeit und Vollständigkeit dieses Inhalts geben. Deswegen können wir auch keine Haftung für eventuell entstandenen Schaden übernehmen.

MIX
Papier aus verantwortungsvollen Quellen
FSC® C018236
www.fsc.org